# 中国文物志

不可移动文物编 II

古墓葬 古建筑

中国文物志编纂委员会 编

董保华 总编纂

刘小和 乔梁 副总编纂

文物出版社

# 总 目 录

## 本册目录

第二章

古墓葬

在中国长期的历史进程中，各时期都有对死者进行埋葬的行为，遗留有大量埋葬死者的遗迹，包括墓地、墓穴、葬具、人类骨骼和随葬器物等。中国的古墓葬年代久远，分布广泛，且形式多样，或家族丛葬，或因山为体，或凿石为穴，或以石为棚，考古发掘往往出土有大量具有较高历史、艺术、科学价值的珍贵文物，是研究当时政治、经济、社会、文化的重要资料。根据2011年第三次全国文物普查结束时公布的数据，中国有古墓葬139458处，占不可移动文物766722处的18.19%。通过对这些古墓葬的调查、发掘和研究，可以揭示其年代、范围、性质及内涵，进而考察当时的社会状况。因此，古墓葬的保护和研究一直是文物工作的重要组成部分。在第一至七批全国重点文物保护单位中，有390处古墓葬。其中，陕西秦始皇陵及兵马俑，山东曲阜三孔（孔庙、孔府及孔林），明清皇家陵寝，吉林高句丽王城、王陵及贵族墓葬，安阳殷墟等古墓葬较为集中的遗址被列为世界文化遗产。

中国最早的埋葬遗迹始见于旧石器时代晚期的北京周口店山顶洞遗址，在专门用于埋葬的墓地中发现有分属10个个体的人类骨骼，尸骨上撒有赤铁矿粉并随葬有多件装饰品。新石器时代早期墓葬，一般墓坑较小，墓葬方向一致，排列有序，多为单人葬，没有葬具，随葬器物不多，彼此间没有显著差别。陕西西安半坡遗址的墓葬区有墓葬250座，包括有174座成人墓葬和76座儿童墓。成人墓均为浅竖穴墓坑，多为仰身直肢单人葬。儿童墓多为瓮棺葬，多分布于居住区内房址周边。新石器时代中期墓葬已发现明显的木质葬具痕迹，随葬品也有显著的差别。陕西宝鸡北首岭发现墓葬共451座，其中土坑墓385座，瓮棺葬66座。土坑墓绝大多数为长方形竖穴式，个别发现有二层台。部分墓葬发现有木质葬具痕迹。葬式有单人葬和合葬墓，其中仰身直肢葬是最常见的葬式，另外还有侧身葬、俯身葬、屈肢葬、二次葬等。山东兖州王因大汶口遗址发掘墓葬近200座，墓向大多朝东，形制以长方形土坑竖穴为主，有的墓葬内筑有二层台等结构；墓室规模以长度2米、宽度1米左右为主，墓葬的平面分布有集群分组埋葬的迹象，同一墓组内会埋葬不同时期的死者，不同规模墓葬中的随葬品数量和种类差距较大。新石器时代晚期发现有采用木质葬具的大墓，随葬器物非常丰富，有的随葬上百件陶器和较多的玉器，表明墓主生前占有大量财富。山西陶寺遗址发现墓葬1000余座，皆为土坑竖穴墓，分为大、中、小三种类型。大型墓发掘6座，排列稍有错落，一般长2.9～3.1米，有棺无椁，随葬品十分丰富，一般有成套的彩绘陶器、彩绘木器、玉器、石器、骨器等。最多的出土近200件，一般的有近百件，其中有5座出有鼍鼓、陶鼓和特磬等礼乐器，6座墓中共出有4个彩绘陶龙盘，这些情况反映了墓主人的身份已相当显赫。中型墓共清理六七十座，一般长2.2～2.5米。多数有随葬品10余件至20余件不等。小墓数量最多，并多成排、成组。葬式多为仰身直肢，头朝东南，一般无随葬品。辽宁建平牛河梁发现的红山文化积石冢、浙江余姚反山发现的良渚文化土墩墓，分别用石块和土堆垒筑而成，是目前所知年代最早的有地面标志的丛葬墓。

商周时期，随着社会阶层的分化和等级制度的确立，埋葬制度也有了严格的等级区分，影响此后几千年的埋葬制度在这时达到一个新的发展阶段。"孝莫重乎丧""以孝治天下"的礼制思想影响日趋广泛，重视丧葬不仅仅是统治阶级满足自己的物质占有欲望，事死如生的观念也使其有了深厚的社会文化基础。已发掘的商周时期墓葬数以万计，其中绝大多数为中小型墓葬，但少数大型墓葬的出土文物却占这一时期墓葬中出土文物总数的绝大部分。社会上层的贵族墓葬，墓室规整宏大，有墓道，使用多层棺椁，有些在地面上建有专门用于祭祀的建筑。随葬品十分丰富，普遍使用人殉、人祭，有的还陪葬有车马坑。而小型墓葬，墓穴狭小，仅随葬少量陶器等，有的甚至空空如也、一无所有。河南安阳殷墟王陵区东西长约450米，南北宽约250米，共发现13座大墓（包括1座未完成大墓）、2000余座殉葬坑和祭祀坑。西区墓葬有8座四墓道大墓，分成4排，南北分列。东区墓葬有5座大墓，分别是四墓道大墓1座，两墓道大墓3座，单墓道大墓1座。陵区东南分布着2000余座小墓葬，其中东区已发掘1383座，西区已发掘104座。这些墓葬除少数为陪葬墓外，大多是祭祀坑。这些祭祀坑呈长方形、方形等，集中有序地成组排列。著名的妇好墓位于殷墟宫殿宗庙遗址区西南，该墓面积仅20多平方米，无墓道，但随葬品十分丰富，出土青铜器和玉器各数百件，墓上建有被甲骨卜辞称为"母辛宗"的享堂。四川广汉三星堆遗址是古蜀国都邑遗址，仁胜村墓地位于三星堆遗址西北部（西城墙外）的仁胜村，系首次在三星堆遗址发现成片分布的公共墓地，在约900平方米的范围内就发现29座小型长方形竖穴土坑和狭长形竖穴土坑墓葬。墓葬分布密集，排列有序，墓向基本一致，墓室加工较为考究，绝大多数墓葬有一具人骨架，葬式均为仰身直肢葬。共有17座墓葬出土有玉器、石器、陶器、象牙等随葬品。三星堆遗址的墓地中出土了大量的精美文物，有的前所未见，代表了当时人类文明的巨大成就。陕西西安的西周丰镐遗址张家坡附近的井叔墓地，以周王重臣井叔的"中"字形大墓为中心，布局主次分明，是考察西周高级贵族葬制的典型材料。周原遗址是周人灭商以前的都城遗址，位于陕西的扶风、岐山一带。该遗址历年来已发掘了数百座周人墓葬，除个别带墓道的大型墓葬外，多为长方形竖穴土坑的中、小型墓葬，还发现埋葬百匹马的大型车马坑等。这些墓葬出土了较多青铜礼器、玉器、陶器等，为研究周代的礼乐制度、墓葬制度及历史文化等提供了重要资料。

春秋战国时期的墓葬主要发现在列国都城和其他城市遗址附近。列国国君的陵墓多单独集中在一个墓区，整体布局有一定的规制。陕西凤翔附近的秦公陵墓，包括13个相对独立的陵园，每个陵园都有一两座"中"字形大墓。山东临淄故城附近的田齐王陵为周代齐国国君陵墓，是战国时期取代姜齐的田氏王陵区。王陵区由"四王冢"和"二王冢"组成，依山而建，规模宏大，气势雄伟，被誉为"东方金字塔"。其主体在南部依山而建，陵前有排列有序的陪葬墓，外有环绕的壕沟，反映出应有统一的规划，形成了比较完备的兆域布局，为研究古代帝王陵制提供了重要例证。湖北随州曾侯乙墓擂鼓墩古墓群是战国时期曾国墓地，分为5个墓区，共8个墓地，其中曾侯乙墓椁室分东、中、西、北四室，除曾侯乙的外棺和内棺外，另有21具陪葬棺和一具狗棺。墓内出土文物15000余件。随葬器物包括礼器、乐器、兵器、车马器、甲胄、生活用器、丧葬用器及竹简等，其中编钟、编磬架、尊盘、金盏、鉴缶、16节龙凤玉佩、鹿角立鹤、联禁大壶、大尊缶等九件/套为国宝级文物。湖北荆门纪山楚墓群为东周时期楚国王公贵族的公墓区，共有48处墓群，有封土的墓葬不少于266座。其中郭店一号墓出土的郭店楚简，是中国迄今出土楚简中保存最好、数量较多的一批，为研究当时思想观念提供了重要材料。郭家岗一号墓与战国女尸同时出土的丝绸，种类繁多，花纹独特，具有较高的艺术价值。

自两周以来形成的严格的埋葬制度在秦汉时期达到顶峰，历代帝王和达官显贵逐渐形成以等级为核心的厚葬之风，以家族为单元拥有共同的墓地，地面有高大封土和占地广阔的陵园，墓内随葬有墓主生前使用的器物，汉代以后，这些生前使用的器物逐渐以专门用于随葬的明器所替代。陕西咸阳秦始皇陵是秦代帝王陵园。《史记·秦始皇本纪》载："始皇初即位，穿治骊山，及并天下，天下徒送诣七十余万人，穿三泉，下铜而致椁，宫观百官奇器珍怪徒臧满之。令匠作机弩矢，有所穿近者辄射之。以水银为百川江河大海，机相灌输，上具天文，下具地理。"整个秦始皇陵的修建工程前后历时38年。自20世纪70年代以来，对包括秦俑坑在内的秦始皇陵园的调查及发掘工作从未间断，已基本探明秦始皇陵、陵园乃至整个陵区的布局和结构。陵区面积达56平方千米，秦始皇陵遗存封土呈覆斗形，周长1390米，高76米。陵园以封土为中心，由内、外两重城垣构成，呈"回"字形。在内城的中部，发现3处大型礼制性建筑遗址，疑为寝殿、便殿。陵园内外共发现从葬坑184座，包括陵园内77座，陵园外107座。其中重要的有兵马俑坑、铜车马坑、马厩坑、石铠甲坑、百戏俑坑、踞坐俑和珍禽异兽坑等。兵马俑坑由排列有序的四坑组成，其中一号坑呈长方形，系以步兵为主、战车与步兵相间排列的大型军阵，推测共有陶俑、陶马6000余件，战车50余乘。二号坑平面呈曲尺形，估计共有陶俑、陶马1400余件。三号坑规模最小，出土战车1辆、陶俑68件、陶马4匹，为指挥部所在。四号坑为未建成而废弃的空坑。

西汉皇帝十一陵，除文帝霸陵和宣帝杜陵在西安市东郊和南郊外，其余都在渭河北岸的咸阳原上。西汉帝陵拥有各自独立的陵区，部分陵区相互毗连，早中期帝陵由陵园、陪葬墓、陵邑三大部分组成，晚期帝陵不设陵邑，陵区面积2.5～50平方千米不等。西汉帝后同茔不同陵，后陵小于帝陵。而诸陵之外都有陪葬墓，最多的达60多座。西汉帝陵举国之力所建，营建时间跨度大，前后历时200余年，陵区面积广大，地面遗迹丰富，地下文物数量巨大，对研究西汉时期的政治、经济、军事、社会生活等具有重要价值。河北省保定市满城区中山靖王墓是汉代中山靖王刘胜及王后窦绾的墓葬，又名满城汉墓，是中国已知保存最完整、规模最宏大的凿山为穴的洞室墓。刘胜墓与窦绾墓结构大体相同，由墓道、甬道、南耳室、北耳室、中室和后室构成，墓内均设置了一套完整的排水系统。两墓共出土文物10633件，其中玉石器、金银器、铜器、铁器等精品4000多件，举世闻名的金缕玉衣、长信宫灯、错金博山炉、朱雀衔环杯等，就出土于中山靖王墓。湖南省长沙市的马王堆汉墓于1972年开始发掘，发现有3座墓，1号墓出土一具女尸，外形、内脏器官均保存完整，这在世界尸体保存记录中实属罕见。三座墓的棺椁用巨大的木板制成，置于墓底正中。墓底和椁室周围，都塞满木炭和白膏泥，然后层层填土，夯实封固。椁室内由隔板隔成4个边箱和中间棺室。三座墓随葬物品非常丰富，总数达3000余件，有丝织品、帛书、帛画、漆器、陶器、竹简、竹木器、木俑、农畜产品、中草药等，它们在研究中国古代历史、思想、文化、艺术与科学技术等领域占有很重要的学术地位。东汉帝陵在汉魏洛阳故城附近，除北宋以来所传光武帝

原陵外，其余都无法肯定。据记载，东汉帝陵前建石殿，并有石刻群，这种规制对后世影响很大，但目前尚未发现确切的遗迹。曹魏和西晋帝陵也在汉魏洛阳故城附近。由于当时主张薄葬，地面无封无树，也无陵寝，鲜有发现。2009年发掘的河南安阳西高穴大墓，被学界认定为曹操墓。曹操高陵平面为"甲"字形，坐西向东，是一座带斜坡墓道的双室砖墓，由墓道、墓门、封门墙、甬道、前后主室和四个侧室组成，结构复杂，规模宏大。

南朝陵墓多在南京附近，陵前有很长的神道，列峙石柱、石兽和石碑。北朝陵墓经过发掘的，只有大同方山文明太后永固陵。

从汉代开始，黄河流域和北方地区的一般墓葬，多为结构简单的土圹墓或土洞墓，并长期流行。这时出现了几种新的墓制，如空心砖墓、砖室墓、画像石墓等。空心砖墓是指用模印图像空心砖砌筑墓室的墓葬，始见于战国晚期，流行于西汉时期。砖室墓则用小型长方砖砌筑墓室，东汉以后广为流行，成为全国各地常见的一种墓制，其中许多墓内绘有彩色壁画。画像石墓是用雕刻画像的石材垒砌墓室，结构和布局仿照现实生活中的住宅。河南密县打虎亭汉墓为砖石结合墓室，既有画像石，又有壁画。四川则流行画像砖墓和崖墓，画像为模印，内容则多为生活场景。东北地区高句丽和渤海时期的上层人物墓葬，沿袭汉代旧制，并结合本族葬俗。形制有积石墓和封土石室墓等，排列比较规整，多数有彩绘壁画。在川南，当地少数民族流行比较特殊的葬俗，如悬棺葬等。在随葬器物方面，普通民众的墓葬一般随葬生前的日常器物，自西汉中期开始出现陶质明器，东汉时更为盛行；从南北朝开

始，大量随葬仪仗俑和伎乐俑，并使用方形石质墓志。

唐代历时289年，共21帝20陵（高宗李治与女皇武则天合葬乾陵），除昭宗李晔的和陵与哀帝李柷的温陵分别在河南偃师和山东菏泽外，其余18座陵墓集中分布在陕西省关中地区。唐代帝陵形制有依山为陵和积土为冢两种，且以依山为陵为主。依山为陵，一方面是为了显示气势雄伟，另一方面也是为了防盗。陵园的平面布局自乾陵开始形成定制，基本包括陵园（内外城）、寝宫遗址、陪葬墓区三部分。除依山为陵外，陵前大多存有体量巨大的石刻是陕西唐代帝陵的另一个显著特征。乾陵是唐朝第三代皇帝高宗李治与中国历史上唯一的女皇帝武则天的合葬陵，依山为陵，其居之梁山，三峰耸立，北峰最高，海拔1047.3米，乾陵寝宫即凿建其中；南二峰稍低，且东西对峙，形成陵之天然门阙。整个陵园仿唐长安城格局营建，分内城、宫城和外城，内城占地230万平方米。

五代时期的帝陵已发掘的有南唐二陵、成都的前蜀王王建墓和后蜀的孟知祥墓，它们沿用了唐代的某些制度，但规模较小。魏晋以后的贵族墓葬布局简单，规模较小。墓室内画有壁画，内容有墓主人、侍者、四神图、天象图等。除中原地区外，边疆少数民族地区也发现了一批极具地方特色的重要墓葬。固原北朝隋唐墓地是丝绸之路沿线著名的墓葬群，也是中国境内发现的中亚粟特人唯一的大型墓地，墓地的造茔时间为6~7世纪，涉及北朝、隋、唐三个朝代。至今已发掘大中小型墓葬60余座，其中著名墓葬有北周时期的李贤与其妻

吴辉合葬墓、田弘墓、宇文猛墓，隋朝的史射勿墓，唐代的史索岩与夫人安娘合葬墓、史铁棒墓、史道洛墓、史诃耽墓、史道德墓、梁元珍墓等。固原北朝隋唐墓地出土了大量中、西方文物，是北朝隋唐时期丝绸之路上中西方文化交流与融合的重要物证。青海都兰热水墓群是唐代早期吐蕃大型墓葬群，已发现墓葬160余座。墓葬大部分"依山面河"，聚族而葬，均有封土堆，部分大型墓葬还有墓上祭祀性建筑。墓冢以夯土筑成或堆满砾石后盖以夯土，夯层间铺有沙柳枝条。夯土下方均筑有平面为等腰梯形的石墙，并在其外侧涂以红色石粉。墓室以石块砌筑，由墓道、中室、左右侧室和后室组成。这一墓葬群的发掘，对研究吐蕃文明史及丝绸之路的文化交流等均有重要价值。墓葬中出土的大量丝织品，有力地证明了从南北朝晚期到中唐时期（6世纪末至8世纪后半叶），丝绸之路青海道是丝绸之路上的重要干线和东西方贸易的中转站，其地位不亚于河西走廊。

北宋的皇家陵寝宋陵位于河南省巩义市境内西南部，埋葬着除死于五国城（黑龙江依兰县）的徽、钦二帝之外的宋朝7位皇帝，加上被追封为宋宣祖的赵匡胤之父赵弘殷，统称为"七帝八陵"。陵区同时祔葬有皇后陵21座、皇室宗亲墓144座、名将勋臣墓7座及各帝系子孙墓200余座。根据帝陵分布情况，可将宋陵划分为4个陵区，总面积达156平方千米。北宋皇陵陵园建制统一，平面布局相同，皆坐北朝南，分别由帝陵、皇后陵、皇室勋臣陪葬墓组成，围绕陵园修建的另有寺院、庙宇和行宫。每座陵均筑有高大的陵台，其下是安放灵柩的

地宫。南神门外设神道，神道两侧排列对称的马、羊、象、虎、麒麟、瑞禽、望柱及文官武吏和番使等组成的雄伟壮观的石雕仪仗，是国内遗存唯一的宋代大型石雕群。

宁夏回族自治区银川市西夏王陵是以西夏（1038～1227年）的历代统治者陵墓为主体的大型墓葬群，是西夏文明留存至今规模最大、等级最高、保存完整的物质遗存。陵区内遗存9座帝陵、271座陪葬墓、1处北端建筑遗址和10余座砖瓦窑遗址。帝陵是西夏陵的主体部分，每座帝陵陵域面积大小不等，坐北朝南，各为完整建筑群。陵园基本格局仿宋陵而建，有献殿、墓道、墓室，唯陵塔建筑是党项民族对陵园建筑布局的创新。西夏陵是中国遗存规模最大、地面遗迹最完整的帝王陵园之一，以其造型宏伟、风格独特的陵墓建筑以及建筑遗构与建造技术等方面的特色，展现出西夏王朝在党项统治下的多民族兼容并存而又不失创造力的文化特性，在东亚文明史上具有不可替代的地位。

辽代的6位皇帝分别埋葬在内蒙古巴林左旗、巴林右旗的辽太祖耶律阿保机陵寝祖陵和奉陵邑祖州，辽太宗耶律德光陵寝怀陵和奉陵邑怀州（其子穆宗祔葬怀陵），辽圣宗耶律隆绪、兴宗耶律宗真、道宗耶律洪基的陵寝庆陵和奉陵邑庆州。这5座皇陵同时祔葬有以上6位皇帝的后妃、皇子和勋戚。均依山为陵，陵前有享殿遗址。内蒙古赤峰市的宝山壁画墓群保存有大量精美的壁画，现存壁画面积150平方米，表现各类人物46位，反映了契丹贵族的日常生活及神话故事等内容，堪称辽代早期绘画艺术的宝库。壁画绘于墓室及石室内外，主要内容有吏仆图、侍仆图、牵马图、宴饮图、厅堂图、高逸图、降真图、寄锦图、诵经图等。

内蒙古赤峰市的罕苏木墓群陵区内约有古墓18座，为契丹大贵族耶律羽之家族墓群。耶律羽之墓葬为三室墓，主室呈方形，全部用琉璃砖砌筑。出土文物100余件，其中金器、金花银器、鎏金银器、瓷器和丝织品异常精美，具有重要的历史价值、科学价值和艺术价值。在墓葬中出土一方墓志，题为"大契丹国东京太傅相公墓志铭并序"，用1210个楷书文字记载了耶律羽之属皇族近支的显耀世系及其生平事迹。内蒙古通辽市奈曼旗的萧氏家族墓是发现保存最完整、出土文物最丰富的契丹大贵族墓葬群。已发现墓葬1000余座，且形制基本相同，其中以陈国公主与驸马合葬墓最具代表性。墓主人陈国公主与驸马头枕金花银枕，脸戴金面具，头罩金银冠，脚穿金花银靴，尸身罩银丝网络，均佩琥珀璎珞，腰部各束有金丝带和银丝蹀躞带。整个墓葬共发掘清理出金、银、玉、玛瑙、琥珀、珍珠等贵重材料制成的随葬品3227件。此外，墓道东西两壁和前室东西两壁绘有反映墓主人生活场景的壁画出行图与归来图，极具民族特色和艺术特色，是辽代早中期绘画的珍品。

北京市房山区的金陵是金代皇帝、后妃和宗室诸王的陵墓群，规模极大，陵区内计有17座金帝陵，已发现睿陵、兴陵和景陵等陵寝。在陵区内还发现有宝顶和享殿、神路等大量遗址。初步认为金陵陵区分为帝陵区、坤厚陵陵区和诸王兆域三部分。金陵主陵区是金代皇室陵寝的重要组成部分，平面布局采用中国传统的建筑模式，以神道为中心轴，两侧对称布局。由石桥、神道、石踏道、东西台址、东西大殿、陵墙及地下陵寝等组成。山西省运城市稷山县的马村砖雕墓是金大定年间的段氏家族墓地，发现有14座仿木构砖雕墓，总面积约1.6万平方米。其以砖雕的形式表现了墓主人生前居室的布局样式，一般多为前厅后堂、左右配置厢房的四合院结构，并以写实的手法再现了当时的建筑风格。该墓地出土的戏曲乐舞砖雕，生动再现了当时的戏楼结构和戏剧表演的舞台形式，是迄今所发现的最为重要的戏剧史实物资料。同时，该墓地发现的二十四孝立体雕塑，造型生动，体态优美，也是不可多得的艺术珍品。

明清两代的帝王陵寝制度有较大变化，帝王坟冢不再是覆斗形，而改为平面圆形、前建方城明楼的宝城宝顶形。坟冢前面的陵园为纵长方形，并取消寝宫，扩大享殿。明代帝后同陵合葬，清代帝后不同陵。北京市昌平区的明十三陵是明朝迁都北京后十三位皇帝陵墓的总称，是明代帝陵最具代表性的陵墓建筑，也是国内遗存最集中、最完整的陵墓建筑群之一。明十三陵自明永乐七年（1409年）开始营建，及至清代顺治初年，前后长达230多年，先后建造了13座金碧辉煌的皇帝陵墓，陵区内共计葬有皇帝13人、皇后23人、皇贵妃1人，以及数十名殉葬贵妃，形成了体系完整、规模宏大、气势磅礴的陵寝建筑群。十三陵规模宏大，典制完备，选址审慎，设计精到，施工精细，用材考究，其布局经营，在满足礼制功用的同时，与山川、水流等自然环境因素密切结合，达到了极高的艺术境界。它

从一个侧面记录了明王朝盛衰兴亡的历史，也记录了明朝文化、艺术、科学和技术的发展状况。清代王陵除开国皇帝清太祖努尔哈赤和第二代开国君主太宗皇太极葬于辽宁省沈阳市的福陵和昭陵外，其余皇帝分别葬于河北遵化的清东陵和河北易县的清西陵。清东陵有埋葬顺治帝的孝陵、康熙帝的景陵、乾隆帝的裕陵、咸丰帝的定陵、同治帝的惠陵，还有4座皇后陵，即孝庄文皇后的昭西陵、孝惠章皇后的孝东陵、慈安陵和慈禧陵。根据全国第三次文物普查记录，清东陵15座陵寝原有各类建筑物、构筑物580余座（组），遗存508座（组），占原建筑总数的87.6%；15千米长的神路比较完整。整个清东陵基本保持了建筑的完整性与真实性。清西陵包括4座帝陵，即雍正皇帝的泰陵、嘉庆皇帝的昌陵、道光皇帝的慕陵、光绪皇帝的崇陵，3座后陵（泰东陵、昌西陵、慕东陵），3座妃陵（泰妃园寝、昌妃园寝、崇妃园寝），还有2座王爷园寝，公主、阿哥园寝各1座，共计14座。清东陵、清西陵规模宏大，是建筑体系完整的清代帝王陵寝，代表着清代陵寝建筑的最高水平。

帝王陵寝和家族墓群之后，古墓葬中还包括一些历史名人墓，例如纪念民族始祖的黄帝陵、大蒙古国的建立者成吉思汗陵；属于文化名人或民族英雄的孔林、司马迁墓、张衡墓、张仲景墓、司马光墓、岳飞墓、李时珍墓、徐光启墓、郑成功墓；少数民族代表人物的杨粲墓、奢香墓、阿巴和加麻扎（墓）；反映中外关系的苏禄国王墓、利玛窦墓等。

# 第一节　帝王陵寝

　　**虢国墓地**　是一处保存完好的西周晚期至春秋早期的大型邦国公共墓地。位于河南省三门峡市湖滨区会兴街一道西北—东南向的土岭——上村岭上，墓地北部边缘距黄河岸边约600米，南距虢都上阳城遗址约2千米。

　　据《左传》可证，虢仲之西虢在今陕西宝鸡，西周末年东迁至河南三门峡及山西平陆一带。晋献公二十二年（前655年），晋国假虞灭虢，留下了"唇亡齿寒"的千古遗训。三门峡之虢国，乃西周末年（前8世纪初）西虢东迁而建，至晋献公二十二年为晋所灭。

　　1956年，在配合三门峡水库建设的考古工作中首次发现虢国墓地。先后经过四次钻探及两次大规模发掘，探明各类遗迹500余处，发

墓主人头部玉器出土情况

墓底随葬品出土情况

掘墓葬250多座、车马坑9座、马坑3座，出土各类文物3万余件。

墓地南北长约590米，东西宽约550米，占地32.45万平方米。所有墓葬依其规格及墓主人身份高低，由北向南各自成组，依次排列，共分为八组。第一组墓葬位于整个墓地最南端，即春秋路西段、虢国车马坑陈列馆一带，墓葬以中、小型墓葬为主，总数86座。第二组墓葬位于20世纪50年代发掘区中部，即湖滨火车站、十一工程局总库院内，墓葬总数为74座，其中15座墓葬规格为中型或以上。第三组墓葬分布在南区的北部，即十一工程局总库货场一带，共计74座，大、中、小型都有。第四组墓葬紧邻界沟，位于居民小区的西部，已探明的41座墓葬多为中小型墓。第五组墓葬位于三门峡市涂层布厂以西的居民小区内，已探明40座墓葬，大、中、小型都有。第六组墓葬位于茅津路北段西侧，即三门峡市水利枢纽局、医药局仓库院内，已发掘的数十座墓葬均为中小型墓，由于地面建筑物占压，故无法探明墓葬究竟有多少座。第七组墓葬位于北区西部，以M2001虢季墓为代表，称之为虢季组墓葬，共有墓葬及车马坑27座。第八组墓葬位于北区的东部，以M2009虢仲墓为代表，称之为虢仲组墓葬，共有墓葬及车马坑89座。第七、八两组为虢国国君家族墓地，位于墓地的最北端，称之为国君兆域区。其南有界沟与其他六组贵族家族墓地分开，范围明晰，秩序井然，为典型的邦国公墓，是先秦时期政治制度、宗法制度的集中体现。

虢国墓地虢季墓出土缀玉幎目

1990年发掘的M2001虢季墓，计出土各类随葬品5293件，其中玉茎铜柄铁剑为中国人工冶铁的最早实例，缀玉幎目（玉覆面）则提供完备的西周时期国君敛玉制度的实物资料。1991年发掘的M2009虢仲墓为九鼎大墓，随葬品3600多件／套，其中724件玉器极其精美，圭形墨书遣册实属罕见，为研究两周之际的虢国历史和文化提供珍贵资料。

虢国墓地出土的文物数量之多，品类之全，制作之精，价值之高，是两周考古中极为罕见的，对研究虢国历史及西周春秋时期的社会经济、文化、宗法、族葬制度弥足珍贵，具有十分重要的历史、艺术和科学价值。

1958年，在虢国墓地南区1727号车马坑原址上建起了临时保护房对遗址进行保护。到

1986年，三门峡市正式建成了三门峡市文物陈列馆，负责虢国墓地遗址的保护管理工作。1963年，河南省人民委员会将虢国墓地车马坑公布为第一批省级文物保护单位。虢国墓于1984年在南区1727号车马坑原址上建成虢国车马坑陈列馆。1996年11月20日，虢国墓地被国务院公布为第四批全国重点文物保护单位，编号4-0059-2-003。2000年，在虢国墓地北区遗址上建立三门峡市虢国博物馆（后更名为三门峡市文物陈列馆），专门负责虢国墓地的文物安全、规划实施及旅游接待等保护管理工作。2002年，三门峡市人民政府颁布实施《虢国墓地保护管理办法》。2004年，河南省建设厅、河南省文物局联合印发《关于全国重点文物保护单位和省级文物保护单位保护范围和建设控制地带的通知》，确定虢国墓地保护范围和建设控制地带。"四有"档案由三门峡市虢国博物馆保管。

**纪山楚墓群** 为东周时期楚国贵族墓群，主要分布在湖北省沙洋县纪山镇，部分分布在荆州市川店镇和马山镇境内，分布范围涉及纪山镇的纪山村、金桥村、郭店村、砖桥村和四方社区，川店镇紫荆村、太阳村、古松村，马山镇濠林村，占地约50平方千米。

纪山地域是楚国王公贵族的公墓区。1987年春，发掘包山墓地，其中二号墓墓主邵佗系

纪山楚墓群远景

楚怀王时期人，官至左尹，爵至大夫。1993年、1994年对郭店一号墓和郭家岗一号墓进行考古发掘，出土闻名海内外的郭店楚简和战国女尸等重要文物。郭店一号墓出土郭店楚简共804枚，其中有字的竹简有726枚，字数有13000余个，全部为先秦时期的儒家和道家典籍，共18篇。战国女尸是迄今中国发现最早的一具湿尸，女尸出土时被大量丝织衣物包裹，种类有棉被、棉袄、棉衣、夹衣、单衣等近20种，织物上新发现的对龙、对凤、对鹿织花等为前所未见的种类，是继江陵马山一号墓之后的又一丝绸宝库。2000年冬，配合襄（樊）荆（州）高速公路建设，发掘纪山楚墓群北的左冢，从墓葬形制和规模分析，墓主的身份不低于下大夫。

据第三次全国文物普查统计，纪山楚墓群共有48处墓群，有封土的墓葬不少于266座（不含荆州境内部分）。代表性的墓地有大薛家墓地、小薛家墓地、尖山墓地。

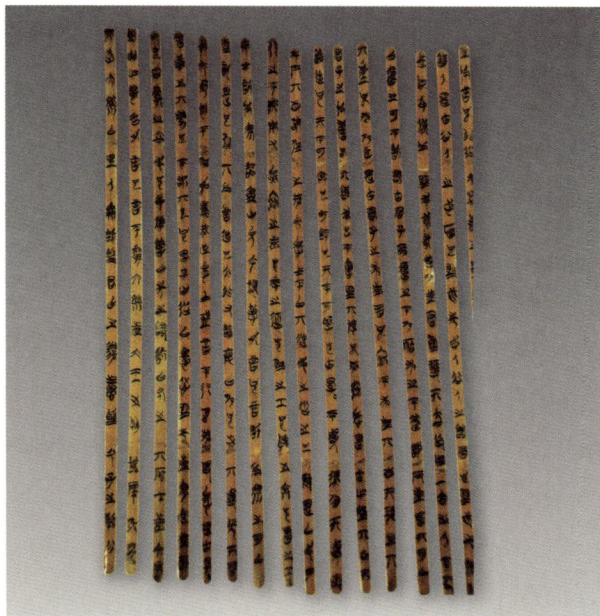

郭店一号墓出土竹简

大薛家墓地位于纪山寺西北、小薛家墓地之东、王家湾墓地之南，地处在一南北向形似龟背的自然岗地上，长650米，宽300米，墓地最高处高于周围低处约20米。墓地两侧的低凹地向南延伸，交会后形成一条宽阔的低凹地带。考古勘查发现，墓地经人工借助自然地形

纪山楚王陵

修筑而成，由矩形台、祭坛、陪冢区和台阶组成，存墓冢48座，1号墓冢位于墓地最南部；2号墓冢位于墓地中部；3～42号墓冢（5、6号封土已平）位于2号墓冢以北，南北成行，东西成排，排列有序；43～48号墓冢位于墓地北端，呈南北不规则排列。墓地东侧5级台阶成台地状分布。大薛家墓地构成宏大，由几部分组成，其墓葬的规模与格局，在楚墓地中为仅见的一例，有学者推测其可能为楚国王公贵族墓地，墓地不论是否为楚王冢，其特殊的规模和格局表明墓主生前具有较高的地位。大薛家墓地整体保存较完整，基本保存历史风貌。5、6号墓葬封土已平，其余墓冢封土保存基本完好。东部墓地台阶部分由于农业耕作部分地方已呈缓坡状。

小薛家墓地位于纪山镇西北约3千米，东邻大薛家墓地，西北与冯家岗相连，南为纪山村四组居民点，东南为洼地和堰塘，视野开阔。存墓冢9座，保存状况不一。该墓地分布在竹林和苗木林中，因修路、种植苗木等生产生活活动，导致大部分墓冢水土流失严重，封土较矮小，个别墓葬封土已破坏，该墓地整体

保存一般。

尖山墓地处在一南北向的岗地上，墓地长750米、宽500米，地势起伏，南抵柳皮水库，北接钱家湾水库。尖山墓地是纪山楚墓群内墓冢数量最多的，地跨荆门、荆州两地，墓地南部被纪山镇至荆州市藤店的公路分为南、北两部分，中南及东南部为荆州市川店镇太阳村地界，仅西南部分在荆门市纪山镇境内。墓地在荆门境内共存有封土墓葬42座。墓地墓葬分布较分散，规格相对较低，封土大小不一，保存状况各不相同。墓冢上多种植经济林木或长满荆棘。墓地原始风貌保存相对较好，推测其为宗族墓地。

纪山为楚国之名山。纪南故城因地处纪山之南而得名，结合文献记载以及对纪山楚墓群与楚纪南城地理环境的综合分析，学术界基本认为纪山楚墓群是在楚纪南城建都后逐步形成，并逐步成为楚纪南城存续期间楚国王室及贵族等重要墓地之一。

纪山楚墓群是中国东周时期重要的楚文化遗存，数十座高等级贵族墓地和墓葬区整体格局得到完整保存，为楚文化研究尤其是楚国墓葬制

度研究提供重要物证。其中郭店一号墓出土的郭店楚简，是中国迄今出土楚简中保存最好、数量较多的一批，为研究当时的思想理论提供重要材料。郭家岗一号墓与战国女尸同时出土的丝绸，种类繁多，花纹独特，具有较高的艺术价值。作为中国南方大遗址保护示范区的重要组成部分，纪山楚墓群在墓葬本体科学保护、安防与监测体系建立、考古遗址展示、遗产管理体系完善等方面，提供宝贵的实践经验。

1972年，纪山楚墓群被荆门县人民政府公布为第一批县级文物保护单位。1981年，纪山楚墓群被湖北省人民政府公布为湖北省第二批文物保护单位。1994年，荆门市成立纪山文物管理所负责管理。1996年11月20日，纪山楚墓群被国务院公布为第四批全国重点文物保护单位，编号4-0060-2-0004。1999年，沙洋县人民政府颁布实施《沙洋县纪山楚墓群保护管理规定》。2000年7月29日，湖北省人民政府办公厅印发《关于公布文物保护单位保护范围和建设控制地带的通知》，确定保护范围和建设控制地带。2004年，沙洋县文物管理所建立纪山楚墓群的全国重点文物保护单位记录档案，由沙洋县文化体育和广播电视电影局保管，并报国家文物局和湖北省文物局备案。2012年，国家投资建设纪山楚墓群安防中心工程。2016年，《纪山楚墓群保护总体规划》通过专家评审。

**双墩春秋墓** 是春秋时期钟离国国君的墓葬，位于安徽省蚌埠市淮上区小蚌埠镇双墩村，地貌属于淮北平原，地势平坦。

双墩春秋墓由两座南北并列的墓葬组成，一号墓居北，二号墓在南，两墓相距80米，均有堆筑而成的高大馒头状封土。一号墓封土高10米，底径60～80米。二号墓封土高8.5米，底径50～60米。20世纪70年代，空军某部雷达

蚌埠双墩一号墓封土堆

钟离柏墓墓坑

站曾在此驻扎，将两座墓封土堆顶部推平修建砖混结构的防空设施，致使两座古墓的封土结构遭到严重的破坏。后雷达站撤离，废弃的防空洞给墓葬保护带来极大的隐患。2005年6月，一号墓被盗未遂。2006年，经国家文物局批准，安徽省文物考古研究所、蚌埠市博物馆联合对双墩一号墓进行抢救性发掘。

一号墓由封土堆、墓道和墓穴三部分组成。封土堆筑而成，封土堆下与墓口交界处，铺有一层直径60米、厚0.2～0.3米的环状白色垫土，土质细腻纯净，形似玉璧。墓道位于墓葬正东，平面长8.8米，斜长10米，宽3～3.2米，墓口外长6米，并延伸至墓坑5米深处，由上至下有14级台阶。墓穴为口大底小的圆筒形，墓口直径20米，底部直径14米，深8米。在墓口的填土面上，有深浅不同颜色的填土构成的放射性太阳纹图案，呈扇面状分布，计有20条。在墓口周边2米范围内，有18个大小不

同的馒头状土丘，内置1000多个土偶。土偶形状为尖顶圆体或方体，体表有明显的绳索痕，高20～25厘米，直径10～15厘米。墓穴内，距墓口2米深处有一圈宽1.8米的生土二层台，台上由3～4层土偶堆砌成土偶墙，高0.34～0.4米。在墓道两侧，土偶墙均有一个方形的转角，转角中间有可容人的空间，墓道两侧均有台阶通往走廊，俨然一座城池展现眼前。墓底置放11具木棺，墓主人的木棺居中，四周整齐放置着10具殉葬人的木棺，东、西、北侧各

钟离柏墓出土方形土偶

钟离柏墓出土青铜鼎

有三棺，南侧一棺。随葬器物椁室位于南侧殉人之南，分南北两箱，南箱置食物，北箱置器物。食物箱有猪、马、牛、羊骨残骸。器物箱内放置铜器、石磬、陶器等。

在一号墓发掘期间曾对二号墓做过考古钻探，其结构与一号墓类似，应为同期墓葬，推测可能为钟离国君柏的夫人墓葬。

双墩春秋墓出土随葬品400余件，以铜器、陶器、玉器、石器为主，还有少量几何印纹硬陶和彩绘瓷陶器、海贝、金箔饰件及漆木器等。在10余件青铜器上发现相同的"童君柏"铭文，铭文中的"童丽"即钟离，国名；"君"为身份；"柏"为人名。证明墓的主人是春秋中晚期的钟离国君柏。结合《左传》《史记》等文献中关于春秋钟离国的零星记载，以及出土文物的年代学特征，墓葬的具体年代大约为距今2600年。将双墩春秋墓的发现，与位于凤阳县淮河岸边的钟离古城，凤阳卞庄春秋墓以及安徽舒城过去出土的春秋青铜鼓座联系起来，对了解钟离国的分布、历史、

文化有重要实物资料价值。

双墩春秋墓是中国发现的时代较早的大型封土墓。一号墓形制独特，遗迹现象复杂，寓意深刻，随葬品丰富精美，对研究中国墓葬形制结构、埋葬制度和埋葬习俗提供全新的材料，对研究春秋时期钟离国的地望、历史及考古学文化具有重大价值。

1982年，双墩春秋墓被蚌埠市人民政府公布为第一批市级文物保护单位。2012年，双墩春秋墓被安徽省人民政府公布为第六批省级文物保护单位。2013年5月3日，双墩春秋墓被国务院公布为第七批全国重点文物保护单位，编号7-0579-02-063。2016年，国家文物局批准《双墩春秋墓保护规划》。同年，蚌埠市人民政府发布《关于调整国家级文物保护单位部分省级文物保护单位保护范围与建设控制地带的函》，调整双墩春秋墓保护区划。双墩春秋墓原由蚌埠市文物管理处负责保护管理，2016年，成立双墩遗址国家考古遗址公园管理处，负责保护管理。2014年，编制完成"四有"档案，存放于蚌埠市文物管理局。

**八岭山古墓群** 为东周至明代墓群，位于湖北省荆州市荆州区。古墓群分布于八岭山镇、马山镇，南北长约8千米，东西宽约5千米，总面积约43平方千米，东南距荆州古城8千米，东距楚纪南故城5千米。

八岭山古墓群存有封土堆古墓498座，其他古墓葬和古遗址不计其数，以东周时期楚王墓和明代藩王墓最为著名，其他各期古墓葬也有分布，前后延续2000余年。史载，"楚庄王冢在城西龙山乡"，"前后陪葬十冢，皆成行列"；五代"南平武信王高季兴墓、文献王高

明辽简王墓牌坊及神道

从晦墓、餐懿王高保融墓"三代墓俱在龙山，明"辽简王墓城西北八岭山，松滋安惠王墓，益阳安熹王墓，麻阳悼喜王墓，应山悼恭王墓，枝江庄惠王墓"，"肃王贵绥墓，靖王豪盛墓，惠王恩稽墓，恭王宠绥墓，庄王致格墓"俱在八岭山。截至2016年，通过数次考古调查工作，基本上弄清八岭山地区有封土堆墓冢的数量、封土直径以及高度。由于八岭山古墓群仅仅抢救发掘明辽简王墓，东周时期的大型墓葬一座也没有发掘，对八岭山古墓群的墓葬的陵园布局、墓葬形制、随葬器物、葬式葬俗等情况尚不清楚。综合墓冢封土堆直径及高度等相关资料，可推断八岭山是楚国王公贵族墓群埋葬地之一。

有封土的东周墓葬主要有：

平头冢，封土高约17米，周长约260米。北有一陪冢，封土高约7米，周长约70米。两冢相距10余米。

冯家冢，封土高16米，周长300米。陪冢成列。2014年，对冯家冢墓地中东侧及南侧的隋唐、明朝墓葬进行考古发掘，总计发掘18座墓葬（编号为JBFWM1~18），其中有13座隋唐时期砖室墓，1座明朝砖石墓，4座土坑竖穴墓。2015~2016年，对八岭山墓群中的冯家冢墓地南侧5座殉葬墓进行考古发掘，编号分别为JBFNXM1、JBFNXM5、JBFNXM9、JBFNXM13、JBFNXM17。墓葬呈南北向有序排列，方向一致，墓坑尺寸接近，形制均为口大底小的土坑竖穴式。坑口上方残存有灰黄色封土，土质纯净，每座墓的封土之间有明显的界线。坑内填土中夹杂多寡不一、大小不均的砂岩碎块，还有少量陶豆、罐的残片。葬具可辨长方形单棺痕，棺痕内底有零星红色漆痕。人骨腐化，仅存少量牙齿。对这批墓葬的具体年代判断，更主要的还是依靠随葬陶罐以及填土中陶豆、罐残片的型式分析，初步判断为战国中期。东侧遗迹（发掘面积150平方米）因历年的林业生产破坏，发掘情况不理想，原勘探发现的多条南北向平行的灰沟实为近现代植树造林时形成，出土包含物中仅有少量陶豆盘、铜片等为战国时期遗物。

换帽冢，相传因蜀将关羽曾在此换帽而得名。封土高约15米，周长约200米。

仙女庙冢，封土高约10米，周长约150米。

落帽台，史载东晋桓温之参军孟嘉于此登高酒酣，风吹帽落，作文称绝，故名。封土高约9米，周长约140米，台顶平面约70平方米。

已抢救发掘的明辽简王墓，封土底径约60米，残高4.5米，为朱元璋第十五子朱植之墓。朱植于明洪武十一年（1378年）封卫王，二十五年（1392年）封辽王，就藩广宁（辽宁北镇市）。建文年间移藩荆州。永乐二十二年（1424年）薨，谥曰"简"。次年葬于八岭

明辽简王墓室

山。1987年，文物考古工作者对辽简王墓进行发掘清理。辽简王墓墓室系砖石结构，呈"王"字形，共有5室。墓室总面积102平方米，5室均为拱形顶，墙裙为磨砖对缝，工艺精细，室内地面铺有陶质方砖。前室安有大型石门，门上为九排九行石制门钉，前室与中室、中室与后室之间装有两道木门。墓道长17米，墓室门前立有墓志铭，墓在历史上虽多次被盗掘，但仍出土铜器有锁、带盖锅、盘、瓢、提梁炉及器盖等；锡器有圜底钵、盘、壶、鼎、杯、勺、筷子等；漆木器有碗、盘、车、马、龟、木俑等；其他有金钉、银币、铁锁、陶缸等，共计100余件。

八岭山古墓群延续年代上至东周时期，下至明清，前后2000年之久，规模宏大，多数墓葬保存较好，对楚文化研究具有极高价值。

1956年，八岭山古墓群被湖北省人民委员会公布为第一批湖北省文物保护单位，名为八岭山明代王墓群。1988年1月13日，八岭山古墓群被国务院公布为第三批全国重点文物保护单位，编号3-0230-2-001。1988年，辽简王墓被批准为旅游景区，正式对游客开放。2000年，湖北省人民政府办公厅印发《关于公布文物保护单位保护范围和建设控制地带的通知》，公布八岭山古墓群保护范围和建设控制地带。2004年，荆州市荆州区文物宗教旅游局建立八岭山古墓群的"四有"档案，由荆州市荆州区文物宗教旅游局保管，并报国家文物局和湖北省文物局备案。

**印山越国王陵**　是春秋时期越国国君的陵园，位于浙江省绍兴市西南约13千米的半丘陵地带。在群山环抱的东北—西南走向的宽阔走

印山越王陵鸟瞰

廊地带，由东向西依次分布着五座大小相若的小山，大型古墓葬分布在五座小山中的印山和浪网山上。

根据墓葬填土及墓内残存的遗物判断，墓葬的时代为春秋晚期。根据墓葬结构、墓葬规模、隍壕的设置等判断，印山大墓为春秋晚期越国王陵；结合《越绝书》《吴越春秋》《水经注》及地方志的记载，进一步判断大墓为越王允常之陵。印山越国王陵是被正式发掘并确认的第一座越国王陵。

20世纪80年代初，发现印山大墓。1996年春，调查中发现大墓遭遇严重盗掘，经报请国家文物局批准，由浙江省文物考古研究所主持，进行抢救性发掘。发掘工作1996年9月1日开始，1998年4月8日结束。

整个陵园由隍壕和墓葬本体两部分组成。

隍壕是印山越国王陵的有机组成部分，系人工挖掘而成，分布在印山外围东、南、西、北四角，隍壕的四个转角均为曲尺形，四边整齐，转角规整。隍壕总体平面呈南北向长方形，南北长320米，东西宽265米，围大墓于其中。四面隍壕总长约888米，每面隍壕正中均有40～60米宽一段未连通，应是当时有意留设的四面对称的通道。隍壕开口宽16～29米，深2.1～2.7米。经实测，隍壕东边长266米，中间留出的通道宽60米；南边长190米，中间通道宽50米；西边长287米，中间通道宽48米；北边长218米，中间通道宽37米。据估算，整个隍壕共挖去土方约4万立方米。

墓葬封土用五花土夯筑，覆盖整个墓坑及连接墓坑的一部分墓道。封土为东西向长方形覆斗状，封土底面东西长72米，南北宽36米，中心最高处9.8米。从内部结构和夯层形态观察，可分为下封土、上封土以及墓坑和墓道连接处封土三大部分。

墓穴为平面东西向长方形的竖穴岩坑，四壁陡峭，不设台阶。由于山体岩层结构不一，北部岩石坚硬，不易崩塌，而南半部是极易崩塌的红色软岩基结构。所存墓穴口长46米，最宽处19米。根据墓穴东南和西南两个规整的转角推知，原坑口宽14米左右，坑深12.4米。坑底修凿平整，四面边壁略内收，长40米，宽12米左右。

墓道设在墓坑东壁正中，全系凿岩而成。墓道平面呈两头宽中间窄的东西向长条形，全长54米，开口宽6.5～14米，底宽3.4～8.7米，与墓穴相连的西端，墓道壁高9.3米。墓道底部内段平缓，外段顺山势向东渐低，倾斜度为5～6°。东端的墓道口正对东面隍壕的中间通道。墓道东端入口向内（西）7～21米处，发现底部岩石面上有11个小柱洞分列墓道南北两侧，柱洞平面圆形，直径8～25厘米，柱洞填土多与墓道填土一致，立柱应是在使用后拔除了，可能与下葬时举行的某种活动有关。

墓穴除南侧用夹大量碎石的黄土填筑外，其余全部填筑青膏泥，中心部位超出坑口1米左右，边缘部位紧扣住坑口。青膏泥分层夯筑，质地细腻，结构紧密，对墓室的防渗、隔水和密封起到重要的作用。

墓室建于墓穴正中，在构建墓室之前，首先在墓穴底部平整铺垫1.3米厚的木炭，再在平整的炭面上铺垫出两条东西向垫木。然后在

印山越王陵墓室平面

越王陵墓坑填土出土青铜铎

越王陵墓内出土玉镇

两条垫木上平铺枋木形成墓室底面，同时设置好四周挡坎和分室门槛。在墓室底面的南北两侧分别用枋木紧密排列，互相斜撑，从而构成断面呈等腰三角形的人字坡状墓室。最后在墓室的顶部压盖半圆形的粗大脊木，类似房屋的屋脊。而墓室前端的封门墙是在埋葬完成后再用粗大直立的枋木封闭的。

墓室平面为东西向长条形，与墓穴走向一致。墓室外缘东西长34.8米，南北宽6.7米；墓室内壁长33.4米，宽4.78～4.98米，高约5.5米。墓室内分为前、中、后三室，其中前室长9.15米，宽4.98米；中室长13.85米，宽4.78米；后室长9.1米，宽4.88米。各室间以门槛、门梁和门板相隔，中室放置一个巨大的独木棺。建墓所用的枋木均极为巨大，底木长6.7米，侧墙斜撑木长5.9米。枋木截面宽、厚0.50～0.80米，加工极为平整光滑，棱角方正，压顶木与斜撑木紧密地扣合在一起。

木结构墓室构建完成后，在人字坡状的墓室两侧斜坡面及压顶脊木之上，均匀铺设了一层厚约0.20米的树皮，经仔细剥开清理竟有140层之多。在树皮层之上，再铺设1米厚的木炭，木炭顶面平整，两侧为斜坡，与墓室形态

一致。木炭外面再用树皮包裹。

甬道位于墓室东端正中，平面呈东西向长条形，小部分在墓坑之内，大部分延伸至墓道内，与墓室构成一个整体呈"甲"字形的平面结构。甬道两侧为枋木构建斜撑的人字坡顶，甬道底部未见用枋木铺底，为铺垫平整的炭面，斜撑木底脚直接支撑在墓坑底部的基岩上，使得斜撑木的下段被木炭覆盖的部分得以保存。将所存斜撑木复原，甬道内实际活动炭面宽3.15米。甬道内顶端距活动炭面高约2.60米，甬道外顶端低于墓室外顶端约2.70米。

墓室内葬具系一巨大的独木棺，位于中室靠西段。它是用整根巨大的圆木对剖挖空而成，一半作棺身，另一半作棺盖。独木棺东西顺向放置，位置基本居中。棺身及棺盖内外均髹黑漆。棺身两侧圆弧，底部加工出宽约0.40米的稍平整的底平面，以利于棺木摆放平稳。棺身长6.05米、口宽1.12米、残存厚仅0.13米。棺内两端未见横头挡板。棺盖略呈弧形拱起，棺身两端底部正中各有一个凸出于棺体的凸榫，是挖凿棺木时有意留出的，其目的显然是为了便于抬运棺木时拴绳。独木棺底部与墓室底木之间有三根南北横置的垫木，自东向

西基本呈等距离垫置。垫木加工方正，长1.8米，宽、厚约0.11～0.14米。

墓葬遭严重盗掘，墓室清理中出土遗物共41件／套，包括玉镇19件，玉钩2件，玉剑1件，玉镞2件，玉玦1件，玉珠、管2组，长方形玉饰3件，纽扣形玉饰1件，石环、石矛各1件，另有朽烂严重的漆木器、泥质陶器等8件。

印山越国王陵是正式发掘并确认的第一座越国王陵，对推动越文化研究具有重要意义。越国是春秋战国时期中国东南沿海国家，曾为"春秋五霸"之一。自越王允常时始称王，其子勾践灭吴后，北上中原，称霸诸侯，国力强大。规模宏大、气势雄伟、墓室豪华的越国王陵的发现与发掘，为研究越国历史提供实物资料。越国王陵仍完整保存于印山周围的隍壕，为墓主身份的确定提供重要依据，为研究越国的陵园制度提供宝贵资料。墓葬外围挖掘围沟用以防护的做法，在浙江并无先例，在中国南方春秋战国时期的墓葬中也属罕见。

1995年，绍兴县人民政府公布为绍兴县文物保护单位。1998年，浙江省人民政府公布印山越国王陵为第四批浙江省文物保护单位。1998，绍兴县人民政府印发《关于建立绍兴县越国王陵保护区的通知》，确定印山越国王陵保护区。2000年，浙江省政府公布保护范围与建设控制地带。2001年5月25日，印山越国王陵被国务院公布为第五批全国重点文物保护单位，编号5-0162-2-018。印山越国王陵由绍兴县文物保护管理所具体负责日常保护和管理工作。2004年，绍兴县文保所完成印山越国王陵国保单位"四有"档案编制，存于绍兴市柯桥区文保所。

**擂鼓墩古墓群** 是战国时期曾国贵族墓地，位于湖北省随州市曾都区南郊办事处擂鼓墩社区。地处桐柏山地东南边缘，所在区域为近南北走向的系列垄冈，地势高低起伏，南临涢水，东依涢水。擂鼓墩古墓群总面积12平方千米。

擂鼓墩古墓群被岗地自然分隔成不同墓地，可分5个墓区8个墓地，分别是：第Ⅰ区，包括团坡墓地和吴家塆墓地；第Ⅱ区，即庙儿坡墓地；第Ⅲ区，即擂鼓墩墓地；第Ⅳ区，包括吕家塝墓地和王家塆墓地；第Ⅴ墓区，包括蔡家包墓地和王家包墓地。

团坡墓地M1，即曾侯乙墓，时代为战国早期，1978年发掘。墓为大型岩坑竖穴墓，平面呈不规则多边形，面积220平方米，方向正南。椁室分东、中、西、北四室，主棺分外棺和内棺。另有21具陪葬棺和一具狗棺。出土文物15404件。随葬器物包括礼器、乐器、兵器、车马器、甲胄、生活用器、丧葬用器及竹简等，质地有青铜、铅锡、金、玉、石、骨、角、漆木、竹简、丝、麻、陶等。其中，编钟、编磬架、尊盘、金盏、鉴缶、16节龙凤玉佩、鹿角立鹤、联禁大壶、大尊缶等九件／套

曾侯乙墓椁室全景

曾侯乙编钟

为国宝级文物，尤以曾侯乙编钟闻名于世，是20世纪最重要的考古发现之一。

团坡墓地M2，即擂鼓墩二号墓，时代为战国中期偏早。1981年发掘。墓为岩坑竖穴木椁墓，正东西方向。残存墓口近方形，长7.3米，宽6.9米；墓底正方形，边长6.2米。根据痕迹判定，主棺分内、外棺，有一陪葬棺。出土器物有青铜乐器、容器、杂器、车马器及陶器、玉石器等，共计2770余件，其中一套36件编钟被称为曾侯乙墓编钟的"姊妹钟"。关于擂鼓墩二号墓墓主，学界有曾侯或曾侯夫人两种看法。

1983年，在吴家湾墓地（原擂鼓墩砖瓦厂）发掘30余座中小型墓葬，均为长方形土坑竖穴墓，方向一致，南北向，但有腰坑、墓道、台阶等差异。出土文物300余件，常见陶器组合鼎、盂、壶等礼器，以及罐、豆等日用器。铜器见于少数墓中，偶见鼎、敦、壶等礼器，兵器如剑、戈、镞的数量略多。据器物组合和器形具有楚文化特征，故认为擂鼓墩墓群中小型墓葬为楚墓葬，年代属战国中晚期。

擂鼓墩古墓群是中国保存最好的先秦时期诸侯墓葬群之一，出土众多珍贵文物，具有极高的历史、科学、艺术等价值。擂鼓墩古墓群是随州大遗址片区的一个重要组成部分，也是建立曾随文化遗址走廊的重要组成部分。

曾侯乙墓发掘后其遗址予以原址留存并对外展示开放。1988年1月13日，擂鼓墩古墓群被国务院公布为第三批全国重点文物保护单位，编号3-0231-2-0002。1989年，成立随州市擂鼓墩文物管理所（1994年更名为随州市擂鼓墩文物管理处），负责文物保护和景区接待工作。1993年，国家文物局拨专款扩建曾侯乙墓保护棚。1997年，为编制擂鼓墩保护规划，国家文物局拨专款对擂鼓墩古墓群进行重点调查、钻探和试掘，初步探明墓群的分布范围、

曾侯乙墓出土青铜尊盘

年代及墓葬规模。1998年，国家文物局拨专款，对曾侯乙墓墓坑椁木实施原地脱水保护工程。2004年3月，随州市文体局编制完成擂鼓墩古墓群的全国重点文物保护单位记录档案。2005年，成立随州市曾侯乙墓遗址博物馆，与随州市擂鼓墩文物管理处合署办公，隶属随州市文体局。2008年，国家文物局批准《擂鼓墩古墓群保护规划》，确定保护范围和建设控制地带。2010年，湖北省人民政府公布实施《擂鼓墩古墓群保护规划》。2013～2015年，国家文物局拨专款实施擂鼓墩古墓群一期安防工程，2016年3月通过验收并投入运行。

**赵王陵** 是战国时期赵国的王陵，是已知的单体规模最大的战国王陵墓葬群，位于河北省邯郸市西北紫山东麓的丘陵地带，南距赵邯郸故城王城区13.5千米。

晋昭公时期，正卿赵鞅（赵简子）实施卓有成效的改革，奠定赵氏基业。晋定公十二年（前500年），赵鞅将邯郸纳入自己的势力范围，邯郸从此成为赵氏的世袭领地。晋定公三十七年（前475年），赵襄子继立，标志着赵国的建立，《史记·赵世家》也是从赵襄子开始使用赵室纪年。韩、赵、魏三家分晋后，赵烈侯六年（前403年），周威烈王封赵烈侯赵籍为诸侯，有史学家将这一年作为春秋和战国的分水岭。赵国最初建都晋阳（太原），晋幽公十一年（前421年），献侯迁都中牟（河南鹤壁），敬侯元年（前386年）迁至邯郸。自赵敬侯元年迁都邯郸至赵王迁八年（前228年）赵国被秦国所灭，计158年，共历8代国君。5座陵台7个墓冢的墓主人应该是敬侯至幽缪王中的几位。关于赵王陵墓主人的考证尚无定论，根据出土文物铭文、昭穆制度和埋葬顺序及历史文献记载的几种推测。比较一致的看法认为，惠文王、孝成王、悼襄王墓在丛台区三陵乡；悼襄王陵在1～3号陵台中；2号陵台北封土墓主人可能是惠文王；不排除肃侯和武灵王的陵墓在5座陵台中的可能；7座封土墓的主人可能是除赵王迁之外的其他7位赵国君主。

赵王陵5座陵均以自然山丘为基筑成，各自成体系，建筑气势恢宏，整体格局基本保存完好。5座陵均坐西朝东，有把山顶整平修筑而成的长方形陵台。陵台以山丘为基础，内填土石，周围夯筑拦土坝，台面覆以黄土，形成长方形平台，除4号陵台为东西长度大于南北外，其余四座陵台均为南北大于东西的长方形，面积2万～6万平方米不等，与地面的相对高度为20～35米。台面上中部修筑主墓，其中1、3、5号陵陵台上各有封土墓1座，2、4号陵

赵王陵 2 号陵航拍图

陵台上各有封土墓2座。2号陵陵台上的封土墓东侧还发现有5个陪葬坑，勘查还发现2、3号陵台周边有垣墙夯土基址遗迹。根据中山王陵铜版兆域图及战国时期周王室和其他诸侯国君墓葬的研究推测，邯郸赵王陵各陵都应有垣墙、享堂等陵园建筑。各陵台东侧都筑有黄土夯筑的斜坡状神道，位置与台面上的封土堆相对，宽61～78米，直达陵台顶部。陵台四周及神道边缘均经夯土加固，有的砌石护边，异常坚固。陵台周边发现若干有封土或无封土的陪葬墓，四周探测出有陵园遗迹，陵台周边斜坡及神道已为梯田，台面及周边多为耕地，地下文化遗存十分丰富。

1号陵，位于丛台区三陵乡陈三陵村北700米处。陵台台面平面呈矩尺形，台面南北长290米，东西宽190米，距地表高10～20米。一座封土墓位于台面正中。封土底面略呈长方形，南北长57米，东西宽47米，高约8.6米。台面正东为黄土夯筑的斜坡状神道，与封土相对，宽45～80米，长249米。在陵台北侧和东侧发现有大量的建筑构件遗存，瓦当以卷云纹半瓦当为主。

2号陵，位于丛台区三陵乡陈三陵村西北约1.5千米。台面平坦，略呈长方形，南北长234米，东西宽190米。陵台台面高出自然地表36米，台面正中筑高于台面1.8米的长方形封土平台，其上南北并列封土墓两座。封土底面略呈方形，北封土堆高11米，底面40米×35米；南封土高约8.37米，底面40米×40米。

2000年，文物部门对2号陵北封土墓进行实地勘查，邯郸市文物部门组成赵王陵考古队，对2号陵进行全面钻探及局部小规模试掘。发现两座封土墓均有东西两条墓道，在东墓道南侧有若干陪葬坑，陵台的西北部有南北并列的两组建筑基址，台下北侧有一处大型的建筑基址，三处建筑基址的面积共3100平方米，出土有大量的板瓦、筒瓦等建筑构件。2002年，赵王陵考古队发掘2号陵台西北隅寝殿建筑遗址，揭露面积800平方米，探明是一处带檐廊、铺地砖和瓦砌散水的大型高台式寝殿建筑基址。考古人员在对2号陵进行全面铲探时，发现台面周边全部经过夯打加固，认为是2号陵台四周原筑土墙或回廊式内宫垣，东侧设门阙，陵墙基址保存基本完整。

2001～2002年，河北省文物部门组成的文物考古队对赵王陵2号陵进行局部抢救性发掘，并对2号陵陪葬坑进行部分试掘。勘查发现有五个陪葬坑，并对其中的1号、5号陪葬坑进行发掘。1号陪葬坑位于北主墓东墓道南侧，平面呈长方形，东西长19米，南北宽2米，深2.4米，坑底有13辆小型木车模型，考古人员认为车是专门用来陪葬的明器"偶车"。赵王陵"偶车"的发现，为中国明器陪葬的历史提供难得的资料，将"偶车"陪葬的历史提早百余年。5号陪葬车马坑位于陵台南封土墓道南侧约8米处。车马坑平面呈东西向长方形，东西长约21米，南北坑口宽约6.4米，清理出彩绘木车4辆、马14匹，车前后纵列，马、车方向同陵区的坐落方向相一致，是一处同位葬车马坑。神道南北两侧有大小陪葬墓23座，其中带一条墓道的"甲"字形墓4座，不带墓道的19座。墓主当属赵国的贵族。

3号陵，位于丛台区三陵乡周窑村东约800米处，南、西两面地势高平，北面为低地沟谷，东面为高峻陡坡，周边多沟壑。附近地表为淤积黄土。陵台筑于一座小山丘上，台面平

2号陵5号陪葬车马坑

坦，平面呈长方形，南北长156米，东西宽74米。台周各面有宽约2.5米的片石垒筑的斜坡状护坡，护坡内填黄土夯筑。一座封土墓位于台面中央，平面呈长方形，南北长72米，东西宽38米，高约5.7米。台西、南两侧为较平坦的台地，台地西南角和西北角各有一座袝葬墓，西北角的袝葬墓于1978年进行发掘，两墓之间有若干封土低矮的陪葬墓。陵台东坡高峻，神道已毁。20世纪50年代，文物部门对赵王陵3号陵进行调查时发现，在3号陵台四周，沿3号陵台边沿外扩约150米，有陵园垣墙，东墙长496米，西墙长498米，南墙长464米，北墙长489米。墙体大部分已经坍塌，北墙中部尚有一段长约16米、高约1米的残墙，东墙中部残存一段长16米、高1.1～1.3米的残墙，其余仅存地面以下的夯土墙基，长7～11米不等。内多瓦片、瓦当，和其他陵台附近调查时发现的筒瓦、板瓦、瓦当等残片或夯土遗迹基本相同，可见各陵原来都应该有陵堂或陵园等建筑。台面西坡散存板瓦、绳纹砖等建筑材料残片，瓦当少见，仅采集到素面残瓦当一件。

1978年，省、地文物部门对周窑1号墓（3号陵台西北角袝葬墓）进行发掘，对3号陵也做了细致的勘查。3号陵西北角袝葬墓是一座"中"字形竖穴墓，由墓室和东、西墓道组成，总长达77米。椁室在墓室中部，近长方形，东西长5.4米，东宽4.35米，西宽4.2米。椁有两层，外石内木，椁室以外全是夯土。石椁是用大小互异、厚薄不匀的片状石块砌成。砌法甚不规则，外面较整齐，内面因贴近木椁较粗糙。椁中置棺，棺已不存，仅剩漆皮，有红黑两色。几经盗掘，人骨全无，随葬品几乎全部被盗光。东墓道自东至西呈斜坡状，偏西处向下挖有一坑，即车马坑，坑内随葬品被盗狼藉，马骨凌乱，计有马两匹。西墓道仅略呈坡度，近东端向下挖有一坑，即殉葬坑，内有木椁一个，大小与坑相等，高度不清。椁内偏南有二棺，南北并列，内无物，用途不明。在殉葬坑的南北两侧，贴墓道壁各有一道夯土台。人骨均头向东，南为仰身葬；北为俯身葬，面向南，腿微屈。均腐朽。牙齿不显磨损，系未成年的儿童。

4号陵，位于永年县界河店乡温窑村西北约800米处，北近石山，南临河谷。陵台以自然山丘为基筑成，台面平坦，略呈东西向长方形，南北长172米，东西宽201米，是5座陵台

2号陵北封土墓出土的举头行走马

2号陵北封土墓出土的透雕夔龙纹金饰牌

2号陵北封土墓出土的部分圭形玉片

3号陵祔葬墓出土的铜铃

中唯一东西大于南北的一座，陵台台面距自然地表高约24米，整座陵台呈近似方形覆斗状。台面中央有黄土夯筑高0.8米的长方形平台，平台南北长约112米，东西宽约46米。平台中部南北并列两座封土堆，南封土底面39米×37米，高约11.6米，北封土底面43米×30米，高约11.53米。陵台东侧有黄土夯筑的斜坡状神道，宽约56～75米，与南封土堆相对，不同于其他陵台神道居于陵台东侧中央的布局。1997年12月，4号陵台北封土顶部中央被盗墓分子采用爆破手段炸出直径0.5米、深度达30余米的竖井，直达墓内。经文物部门探查，墓顶至墓底通高32米，为土坑竖穴墓，墓室下部筑于山石内。陵台下东南原有两个带封土的陪葬墓，当地俗称"将军墓"，1963年因水位升高浸泡导致墓顶坍塌。

5号陵，位于永年县界河店乡温窑村北800米处，是5座陵台中最大的一座。陵台附近都为沟壑，无河流，少树木，土壤为淤积黄土。陵台台面平坦，平面呈长方形，南北长340米，东西宽216米，陵台高出自然地表28米，

整座陵台呈长方形覆斗状。封土堆置于台面中央，底面近似方形，东西长52米，南北长53米，顶面东西长20米，南北长27米，呈近似二层方形覆斗状，封土总高度约5.38米。陵台东北角有一座小山，俗称老高山。陵台北面与"老高山"山脊相连。陵台东侧正中为黄土夯筑而成的斜坡状神道，宽49～80米，长约157米。

1956年，河北省人民委员会公布其为第一批河北省文物保护单位，当时将丛台区三陵乡（原属邯郸县）境内的1～3号陵及周围墓葬定名为"寺西窑墓群"。1976年之前，赵王陵4号、5号陵属永年县文化馆负责保护管理，之后由邯郸市永年县文物保管所保护管理。1982年，河北省人民政府公布河北省文物保护单位时，将原公布的"寺西窑墓群"更名为"三陵墓群"。1993年，邯郸地、市合并后，市文物管理处鉴于5座陵台的时代、性质、形制完全相同的情况对原公布的两处单位进行统一编号、建档，定名为"战国赵王陵"。1998年，由邯郸县文物保管所、永年县文物保管所编制

赵王陵记录档案，同时将永年境内的两座陵台4、5号陵公布为河北省文物保护单位，定名为"温窑陵台"。2001年6月25日，被国务院公布为第五批全国重点文物保护单位，定名为"赵王陵"，编号为5-0146-2-002。2015年6月25日，邯郸市赵王陵文物管理处编制《河北省邯郸市赵王陵文物保护规划》。2002年前，赵王陵1～3号陵一直属邯郸县文物保管所保护管理，之后由邯郸市丛台区文物保管所保护管理。2016年，邯郸市人民政府印发《邯郸市人民政府关于加强赵王陵遗址保护工作的意见》，规定在赵王陵遗址保护总体规划颁布实施前，决定将赵王陵遗址保护区划分为保护区、环境控制区和环境协调区。

**田齐王陵** 是战国时期取代姜齐的齐国国君田氏王陵区，位于山东省淄博市临淄区。陵区南依山岭，北面淄水，隔淄河与临淄齐故城南北相望，相距7.5千米。

战国时期，齐国的政坛发生重大变动。以田和为相的田氏取代姜氏，并被周王正式立为齐侯。《史记·田敬仲完世家》记载："田太公相齐宣公。……宣公卒，子康公贷立。贷立十四年，淫于酒、妇人，不听政。太公乃迁康公于海上，食一城，以奉其先祀。明年，鲁败齐平陆。三年，太公与魏文侯会浊泽，求为诸侯。魏文侯乃使使言周天子及诸侯，请立齐相田和为诸侯。周天子许之。康公之十九年，田和立为齐侯，列于周室，纪元年。"田氏代齐至公元秦始皇二十六年（前221年）齐王建降秦，前后173年，共历八君，即太公和、田侯剡、桓公午、威王因齐、宣王辟疆、湣王地、襄王法章和齐王建。据文献记载，田齐八位国君中田侯剡、湣王地和齐王建或没有入葬田齐公墓。田侯剡为桓公午篡权所杀，即便受到一定的国君礼遇，也不可能为其修筑如此规模宏大的陵墓。湣王是在乐毅伐齐逃亡时被楚将淖齿杀害于莒地，应葬在莒地而不在临淄。至田单复国，已是五年之后的事，此时，湣王

田齐王陵二王冢

尸骨已朽，不可能返葬临淄。按周礼，"凡死于兵者，不入兆域"，即使襄王将其尸骨迁回临淄，也不可能葬入公墓兆域。齐王建降秦，被迁于共（河南辉县），饿死在松柏之间，此时，他已是国破家亡，死后当葬于共地（辉县）而不可能在临淄。因此，葬于田齐王陵区的齐国君主只能是田太公、桓公、威王、宣王和襄王。

田齐王陵分为四王冢陵区和二王冢陵区。四王冢又名四豪冢，俗称四女坟，位于齐陵街道淄河店村以南约1000米。郦道元在《水经·淄水注》中称其为"田氏四王冢"，《齐记补遗》和顾炎武的《四王冢记》认为四王是田齐的威、宣、湣、襄四王。四王冢地势高亢，依山建造，陵台南部与小山衔接，叠压在北山坡上。由于长期雨水冲刷和人为因素，陵台四面已遭不同程度的破坏，北面更是沟壑连绵，面目全非，西端被一条通往南山的道路占压，路西有50米左右的陵台已被夷平。陵台东端亦非原貌。保存较好的只有陵台南部，台面平整，棱角清晰。

1991年冬至1992年春，山东省文物考古研究所对田齐王陵进行专项勘探，基本搞清田齐王陵的兆域范围、墓葬形制及陪葬墓的分布情况。四王冢临淄墓群编号为LM36，陵台底部东西长约789米，南北宽约188米；台顶东西长约650米，南北宽约150米。陵台依山修筑，因此陵台南、北两面的高度相差悬殊，陵台北部的相对高度达15米，而南部的相对高度只有4.8米。陵台之上有方基圆坟4座，由西向东编号为LM36：1、LM36：2、LM36：3、LM36：4。

LM36：1号陵台方基台阶三层。基底南北长122米，东西长109米。基顶南北长70米，东西长65米，高8.5米。基顶圆锥形坟堆底径49.8米；平顶，径19米，高7.9米。通陵台北部高31.4米，南部高21.2米。墓道朝南。

LM36：2号陵台西距LM36：1号陵台约42米，方基三级台阶。基底南北长120米，东西

田齐王陵四王冢

淄河店 2 号墓车坑

长 110 米。顶部南北长 100 米，东西长 90 米，高 7.1 米。圆坟底径 59 米；平顶，径 12 米，高 11.1 米。通陵台北部高 33.2 米，南部高 23 米。这是四王冢四座墓葬中封土最高的一座墓葬。未探明墓道。

LM36：3 号陵台西距 LM36：2 号陵台约 20 米，方基三层。基底南北长 128 米，东西长 131 米。基顶南北长 85 米，东西长 80 米，高 3.4 米。圆坟底径 56 米；平顶，径 16 米，高 12.3 米。通陵台北部高 30.7 米，南部高 20.5 米。南向墓道。

LM36：4 号陵台西距 LM36：3 号陵台约 62 米，两墓间有一条南北向的道路几乎将陵台切断，方基三层。基底南北长 112，东西长 117 米。基顶南北长 85 米，东西长 80 米，高 6.1 米。圆坟底径 43 米；平顶，径 15 米，高 4.8

米。通陵台北面高 25.9 米，南部高 15.7 米。墓道向南。

四王冢周边围有陵园壕沟，系人工挖掘或夯筑而成，状似短圭形，底在南而角朝北，将四王冢及其陪葬墓环抱其中。南沟是四王冢陵台与冢南山岗之间夯筑的东西向凹状沟槽。沟槽东、西两端已被破坏，残长 450 米，宽 30～50 米，深 4.8 米。西沟南端是被破坏抑或是利用自然冲沟，结构不明，余均系人工挖掘而成。壕沟残长 1700 米，复原壕沟通长约 3200 米。壕沟宽窄不一，东沟较宽，约 50 米，北沟较窄，一般在 30 米左右。沟壁作斜坡状，底略呈弧形。沟内淤土呈黄褐色或褐色，并夹杂螺蛳等水生物残骸。由于陵园地势南高北低，为使除南沟以外的沟底大致保持在同一平面上，沟的南部较深，北部较浅。东沟南部深达 6 米尚不见底，而北沟的深度则不足4米。即使如此，沟底仍呈南高北低倾斜状。因长年淤积以及平整土地，地面已无痕迹。

四王冢陵区内有陪葬墓30座，分布在四王冢北的坡地上。其中，陪葬墓都有封土的陪葬墓三座。有封土的陪葬墓贴近四王冢，三墓东西并列，几乎与四王冢平行。墓葬封土形制属于方基圆坟类型，都是"甲"字形墓葬，墓道均朝南。27座无封土的陪葬墓。墓室平面有"甲"字形和曲尺形两种类型。"甲"字形墓葬20座，墓室呈方形或南北长方形，墓道除LM36P7号墓一座朝北外，余均朝南。最大的"甲"字形陪葬墓为LM36P11号墓，墓室正方形，边长20米。墓道上口长22米，里口宽12米，外口宽6米。最小的"甲"字形陪葬墓是LM36P6号墓，长方形墓室，南北长8米，东西宽7.5米，墓道上口长6.5米，里口宽5米，外口宽3米。曲尺形陪葬墓7座，墓室多作长方形，墓道开在墓室一侧边，或左或右并无定规，均为南向墓道。最大的曲尺形墓葬为LM36P16号墓，墓室东西长24.5米，南北宽20米。墓道位于墓室左侧边，上口长38米，

里口宽14米，外口宽12米。最小的曲尺形墓为LM36P8号墓，墓室南北长5.5米，东西宽4.5米。南墓道在墓室左侧边，上口长15米，里口宽3米，外口宽2米。

四王冢的30座陪葬墓，除4座埋葬比较散乱外，其余26座墓葬分四排埋葬。第一排5座，其中3座有封土；第二排8座；第三排9座；第四排4座。墓葬排列整齐，井然有序，相互间无叠压打破现象。

二王冢位于四王冢东北，俗称二女坟，又称齐王冢，位于齐陵街道郑家沟村东500余米的鼎足山上，隔胶济铁路与四王冢相望。陵墓系一基二坟的异穴并葬墓。陵墓底部为长方形的陵台，其上东西并列两个方基圆坟，自西往东编号为LM40：1、LM40：2。陵台西端与菟头山相衔接，叠压在菟头山东坡上，呈三级台阶状内收。陵台底部东西长296米，南北宽172米；台顶东西长230米，南北宽110米，高16米。封土下面两墓东西并列，墓道朝南。

LM40：1号墓方基三层，基底东西长88米，南北长75米。基顶东西长30米，南北长40米，高10.5米。圆坟底径21米；平顶，径10

淄河店2号墓出土编钟

米，高5米。通陵台高31.5米。

LM40：2号墓西距LM40：1号墓约50米，方基一层，基底南北长59米，东西长53米。基顶东西长50米，南北长45米，高5.5米。圆坟底径31米；平顶，径8米，高5米。通陵台高26.5米。

二王冢有陪葬墓5座。LM40P1即LM41，传为晏娥冢，位于二王冢东北70米。墓葬封土的残余部分仍可看出其形制属于方基圆坟形。LM40P2即LM42，传为无亏墓，位于紫荆山北麓、郑家沟村西，与LM40P1南北相对，相距400米。系一基两坟的象山形异穴并葬墓。东西长方形陵台作三级台阶状内收。台顶并列两个方基圆坟形坟堆（自西向东编号为LM40P2：1、LM40P2：2）。

四王冢和二王冢的封土形制都是分别在长方形的陵台上再修筑4座、2座方基圆顶形坟丘，与战国时期国君与王后、夫人异穴并葬方式有关。四王冢和二王冢每处应只有一座是齐王，余皆为齐侯夫人或齐王后、夫人。战国时期并列埋葬的墓主之间的关系只能是夫妻，而不是父子。因此，四王冢四座墓葬的主人不可能是《水经·淄水注》《齐地补遗》和顾炎武《四王冢记》所说的田齐威、宣、湣、襄四王。四王冢名不副实，应为一位齐王与王后和夫人陵墓。同样，二王冢也应为一位齐王与王后的陵墓，而非二王所属。

田齐王陵是战国时期齐国国君的重要陵墓区，四王冢和二王冢依山而建，规模宏大，气势雄伟，是名副其实的"东方金字塔"。特别是四王冢，其主体在南部依山而建，陵前有排列有序的陪葬墓，外有环绕的壕沟，反映出陵区应有统一的规划，形成比较完备的兆域布局，为研究古代帝王陵制提供重要例证。

1957年，临淄成立文物管理委员会。1975年，临淄区建立文物管理所，负责全区的文物管理。1977年，田齐王陵被山东省革命委员会公布为山东省第一批重点文物保护单位。1981～1987年，临淄区文化部门与公安部门先后印发《关于文物古迹保护管理的通告》《关于进一步加强保护文物古迹的通告》。1988年1月13日，田齐王陵被国务院公布为第三批全国重点文物保护单位，编号3-0232-2-003。1992年，临淄区成立文物稽查队，隶属临淄区文化局。1997年，临淄区人民代表大会常务委员会做出《关于加强文物保护工作的决议》《临淄区文物保护管理细则》。2003年，成立临淄区文物局。2004年3月，成立临淄区文物管理局，投资建设墓地安全防范系统工程，并编制《田齐王陵保护总体规划（2016～2030）》。2005年，淄博市人民政府印发《淄博市人民政府关于市级以上重点文物保护单位保护范围的通知》，确定田齐王陵的保护范围和建设控制地带。

**秦始皇陵** 是中国历史上第一位统一帝国皇帝的陵园，位于陕西省西安市临潼区以东5千米处的骊山北麓。

秦始皇（前259～前210年），姓嬴，名政，秦庄襄王之子，秦庄襄王三年（前247年）被立为秦王，秦王政九年（前238年）亲政，历17年先后灭韩、赵、魏、楚、燕、齐六国，建立中国历史上第一个统一的封建中央集权国家，推行一系列统一政策，对中国历史产生深远的影响。始皇帝三十七年（前210年）病逝于沙丘（河北广宗），葬于临潼骊山。

《史记·秦始皇本纪》载："始皇初即位，穿治骊山，及并天下，天下徒送诣七十余万人，穿三泉，下铜而致椁，宫观百官奇器珍怪徙臧满之。令匠作机弩矢，有所穿近者辄射之。以水银为百川江河大海，机相灌输，上具天文，下具地理。"整个秦始皇陵的修建工程前后历时38年。

对秦始皇陵园的勘测调查始自明代正德八年（1513年），礼部郎中都穆《骊山记》较为详细地记录陵园内外城及门址之规模。清光绪三十二年（1906年），日本学者足立喜六首次对陵冢详细测量。1962年，陕西省文物管理委员会对陵园开展全面的考古勘查，绘制出第一张陵园平面布局图。1974年，在秦始皇陵园东部发现秦俑一号坑俑后，拉开秦始皇陵园考古发掘的序幕。此后40年，对包括秦俑坑在内的秦始皇陵园的勘探调查及考古发掘未曾中断，经过10余次发掘，已基本探明秦始皇陵、陵园乃至整个陵区的布局和结构。陵区东起代王街道办事处，西至临潼城区，南到骊山，北至新丰原下，面积广及56.25平方千米。

秦始皇陵封土呈覆斗形，南北长350米，东西宽345米，周长1390米，高76米。陵园以封土为中心，由内外两重城垣构成，呈"回"字形。内城垣南北长1355米，东西宽580米，周长3870米，东、西、南三面各有一门，北面设两门；外城垣南北长2188米，东西宽970米，周长6321米，东、西、南、北四侧各有一门。内、外城东西四门规模巨大，形制相似，其间司马道两侧发现遗存所见时代最早、级别最高的三出阙建筑遗址。在内城的中部、封土的北侧，发现3处大型礼制性建筑遗址，疑为寝殿、便殿。内、外城之间西门的北部，发现南北排列的三组建筑遗址，据出土的刻有"丽山飤官"的陶片、错金银"乐府"铜钟、两诏铜权、铜雁足灯残件等分析，应为飤官、园寺吏舍遗址。陵园外城西垣西侧发现建筑遗址2处，北垣北侧发现建筑遗址1处，亦为园寺吏舍的组成部分。外城北侧1300米处发现夯土墙垣、房屋、排水管道、水井、灰坑等，可能是修建陵园时官邸等建筑。陵园外城东南骊山脚下的五岭，有夯土筑成的防洪堤遗址。

截至2012年，陵园内共发现从葬坑184座，其中陵园内77座，陵园外107座。重要的有兵马俑坑、铜车马坑、马厩坑、石铠甲坑、百戏俑坑、跽坐俑和珍禽异兽坑等。

兵马俑坑位于外城之外的东侧，由排列有序的四坑组成，其中四号坑为未建成而废弃

秦始皇陵远景

的空坑。一号坑呈长方形，东西长230米，南北宽62米，系以步兵为主、战车与步兵相间排列的大型军阵（矩阵），推测共有陶俑、陶马6000余件，战车50余乘。二号坑平面呈曲尺形，东西最长处96米，南北最宽处84米，为弩兵、车兵、步兵及骑兵的诸兵种混合编列，形成四个独立的单元。其中，车、骑与混编队等三个单元并列，居后排，处于门内，似为营地布置。门外弩兵自成一习射的练兵场，似为校场。二号坑估计共有陶俑、陶马1400余件。三号坑规模最小，平面呈"凹"字形，东西长17.6米，南北宽21.4米，出土战车1辆，陶俑68件，陶马4匹。三号坑似为指挥部（军幕）所在。

铜车马坑位于始皇陵封土西侧约20米处，平面呈"巾"字形，东西和南北均长55米，面积为3025平方米。1980年，在一处东西长7米、南北宽2.3米、距地表深7.8米的试掘方内发现。坑的底部及四壁铺砌枋木，上面搭盖棚木，形成一长方形盒状木椁。两乘铜车马面西，一前一后置于木椁内。车均为双轮、单辕，前驾四匹铜马。车上各有铜御官俑1件。车、马、俑的大小为真车、真马和真人的二分之一。铜车马通体彩绘，出土时色彩已大部分剥落。

马厩坑位于秦始皇陵外城垣东侧约350米处的上焦村西，是秦始皇陵的从葬坑，象征宫廷厩苑。共发现马厩坑93座，分作南北向的3行，排列密集有序。已清理37座，其中马坑28座，踞坐俑坑3座，俑马同坑者6座。坑均为竖穴土圹。出土马骨架34具，踞坐俑9件，陶罐、陶盆、陶灯以及铁锸、铁镰等遗物124件。有的陶盆内还存有谷子和秸草朽迹。出土的器物上刻有"中厩""小厩""大厩四斗三升""宫厩""左厩容八斗"等文字。

石铠甲坑位于东内、外城垣之间的南部，东西长130米，南北宽100米，面积1.38万平方米，出土大量多种形式的石质铠甲和石质兜

秦始皇陵一号兵马俑坑

一号铜马车

鍪，似为专储护体战服的武库之一。

百戏俑坑位于石铠甲坑南侧39米，东西长40米，南北宽15米，面积600平方米。出土11件造型奇特的彩绘百戏俑及1件大型铜鼎，鼎高60厘米，重212千克，为已知秦代体量最大的铜鼎。

陵区内发现墓葬7处，其中上焦村陪葬墓位于马厩坑西侧5～10米处，共计17座。墓穴均为东西向，南北单行排列，间距2～15米不等。已发掘8座，形制有斜坡道竖穴土圹墓和带斜坡道竖穴洞室墓两种。尸骨极其凌乱，似刑杀致死。墓主可能是被秦二世杀戮的秦始皇的宗室。内城北部东区99座中小型陪葬墓、西内外城垣间61座陪葬墓等均未正式发掘。

陵园外发现修陵人墓地4处，其中位于外城以西赵背户村西的墓地，经发掘、清理，墓均为长方形竖穴土圹，一般长1.1～1.76米，宽0.5～0.76米，距地表深0.2～0.76米。多数墓坑内有尸骨2～3具。死者基本上都是男性青壮年。在墓穴的尸骨上发现18件刻有文字的残瓦片。墓主为陵园修筑者。

在陵以北新丰镇刘寨村一带，发现专为陵园建设而设置的丽邑建筑遗址。外城之外西北边的郑庄附近发现石料加工场遗址。陵园周围发现多处陶窑遗址。

1956年，秦始皇陵被陕西省人民委员会公布为第一批陕西省文物保护单位。1961年3月4日，秦始皇陵被国务院公布为第一批全国重点文物保护单位，编号1-0164-2-003。1974年3月，发现秦兵马俑，陕西省革命委员会文化局成立秦俑考古队，负责秦俑坑考古勘探、发掘事宜。1975年11月24日，陕西省革命委员会文化局成立秦俑博物馆筹建处。1976年3月4日，秦俑博物馆筹建处领导小组成立。1979年，在秦兵马俑坑的基础上，成立秦始皇陵兵马俑博物馆并对外开放。1984年，成立秦陵文物管理所。1987年，秦始皇陵被联合国教科文组织批准列入《世界遗产名录》。1988年6月，陕西省文物局决定秦俑考古队隶属秦俑馆。1992年，陕西省人民政府公布其保护范围和建设控制地带。1999年6月，秦始皇帝陵文物管理所由陕西省政府划归陕西省文物事业管理局直接管理。2002年9月，陕西省政府决定，成立秦始皇陵文物保护工程建设领导小组和以陕西省文物局为主体的工程指挥部，将秦始皇陵交由陕西省文物局管理。2009年，经陕西省政府批准，新征用文物保护用地，成立秦始皇帝陵博物院（包含秦始皇陵兵马俑博物馆、秦始皇陵遗址公园）。2010年，秦始皇陵由国家文物局列入首批国家考古遗址公园。2010年，陕西省人民政府颁布施行《秦始皇陵保护规划》，划定秦始皇陵总体保护范围。建有"四有"档案，由陕西省文物保护研究院保管。

**长陵** 是汉高祖刘邦与吕皇后合葬之陵园，是西汉时期第一座帝陵，位于陕西省咸阳市渭城区正阳镇后排村北的咸阳原上，北靠泾河，南隔渭水与汉长安城相望。

汉高祖刘邦（前256～前195年），字季，秦沛郡丰邑（江苏省丰县）人，曾任泗水亭长。秦末农民起义中，与萧何、曹参等起兵于沛县。刘邦率领的起义军在战争中不断发展壮大，率先占领秦的都城咸阳。秦朝灭亡后，项羽封刘邦为汉王，封地为汉中、巴蜀之地。随后，刘邦与项羽展开了长达四年的楚汉战争，并取得最终的胜利。汉高祖五年（前202年），刘邦在"氾水之阳"登基，成为西汉王朝的第一位皇帝。刘邦称帝后，通过迁都、分封、打击异姓诸侯王等一系列措施，稳固西汉政权。汉高祖十二年（前195年），刘邦驾崩于长安城长乐宫，葬于长陵。

长陵的始建时间无明确文献记载，推测在高祖定都长安之后，其与汉惠帝安陵的名称便是取自都城"长安"二字。"汉兴，立都长安，徙齐诸田，楚昭、屈、景及诸功臣家于长陵。"高后六年（前182年）六月，为长陵修筑城墙。"秩长陵令二千石。六月，城长陵。"高后八年（前180年），皇后吕雉合葬于长陵后，长陵的营建工程便基本结束。西汉时期，长陵有寝园、食官、陵邑等完善的管理机构，上至丞相，下至陵园、陵邑官员，均对长陵负有管理责任，因此受到很好的保护。两汉之际，赤眉军对包括长陵在内的多座西汉帝陵进行严重破坏："发掘诸陵，取其宝货，遂污辱吕后尸。凡贼所发，有玉匣殓者率皆如生，故赤眉得多行淫秽。"东汉时，皇帝经常前往长陵等十一陵祭祀。此后，历代对长陵虽多有保护，但陵区逐渐荒废、衰落。

清光绪三十二年至宣统二年（1906～1910年），日本学者足立喜六曾对长陵进行过踏查，对长陵的封土规模及陪葬墓有所记录。1965年，陕西文物工作者对位于长陵陪葬墓区的杨家湾汉墓陪葬坑进行发掘，清理陪葬坑11座，出土大量彩绘陶俑、车马器及蚌、骨、陶、铁器等。1970～1976年，对杨家湾两座汉墓进行发掘，发掘期间及之后，对长陵进行考古调查。1982年，咸阳博物馆对位于徐家寨老村的长陵陪葬墓的一座陪葬坑进行发掘，坑内共发现5排木车，每排车前驾2匹或4匹陶马。2001～2004年，咸阳市文物考古研究所对包括长陵在内的8座西汉帝陵及云陵进行大规模的钻探调查。2004～2005年，陕西省考古研究所用GPS技术对长陵进行测量。2010～2011年，陕西省考古研究院等多家单位联合对长陵进行全面调查与勘探。

长陵陵区由陵园、陵邑、陪葬墓区三部分组成，东西长约5千米，南北最宽处约4.5千米。

汉高祖长陵远景

杨家湾汉墓出土武士俑

杨家湾汉墓出土骑马俑

长陵陵园，位于陵区西南部，平面形制近方形，南北长944米，东西宽842米。四面园墙都有遗存，以西墙保存得比较好，尚留存有长600米、宽6米、高3米的一段。园墙四面开设有门，东、西、北面各设一门，南面设有两门。陵园内有大型封土堆两座，相距约240米，形状均为覆斗形，大小基本相同。二者分别称为东陵、西陵。东陵封土底部东西长166米，南北宽134米；顶部东西长38.7米，南北宽17.5米；高24.6米。西陵封土底部东西长164米，南北宽134米；顶部东西长40.5米，南北宽15.3米；高约24.5米。两陵东、南、北三面各有一条墓道，西面均未发现墓道，可能是覆压在封土之下。由此推测，两陵的墓葬形制均为"亞"字形。西汉帝陵中帝陵封土规模一般大于后陵，长陵两座封土规模相当，可能与高祖驾崩后吕后长期专权有关。东陵周围共发现陪葬坑33座，其中20多座集中分布在东陵东北部，东西向，南北平行排列，平面基本呈长方形，长20～40米，宽4～7米。东陵东墓道南北两侧各有一条长110米、宽6～7米的陪葬坑，坑内均发现兽骨。东陵封土南侧偏东位

置有两条60米长的陪葬坑，北端压在封土下，坑内发现兽骨、漆皮等。封土东南、西南较远处还有几座陪葬坑，坑内发现漆皮、陶器残块等。陵园内共发现建筑遗址4处，分布在靠近陵园四角处。1号遗址位于东南角，平面为东西向长方形，长112米，宽70米；2号遗址位于东北部，平面近方形，南北长178米，东西宽160米；3号遗址位于西北部，平面为东西向长方形，长203米，宽173米；4号遗址位于西南角，平面近方形，南北长180米，东西宽179米。遗址内发现有夯土、红烧土块、砖瓦残块、瓦当残块、五角形陶管道残块等遗迹、遗物。陵区曾出土过"长陵西当""长陵东当""齐园""齐园宫当""齐一宫当""长乐未央"等文字瓦当及大量的云纹瓦当。建筑遗址是长陵寝殿、便殿等礼制性建筑的遗存。

长陵邑，位于陵区西北部，南与陵园相接，平面呈长方形，南北长，东西

陵区出土"齐园"瓦当拓片

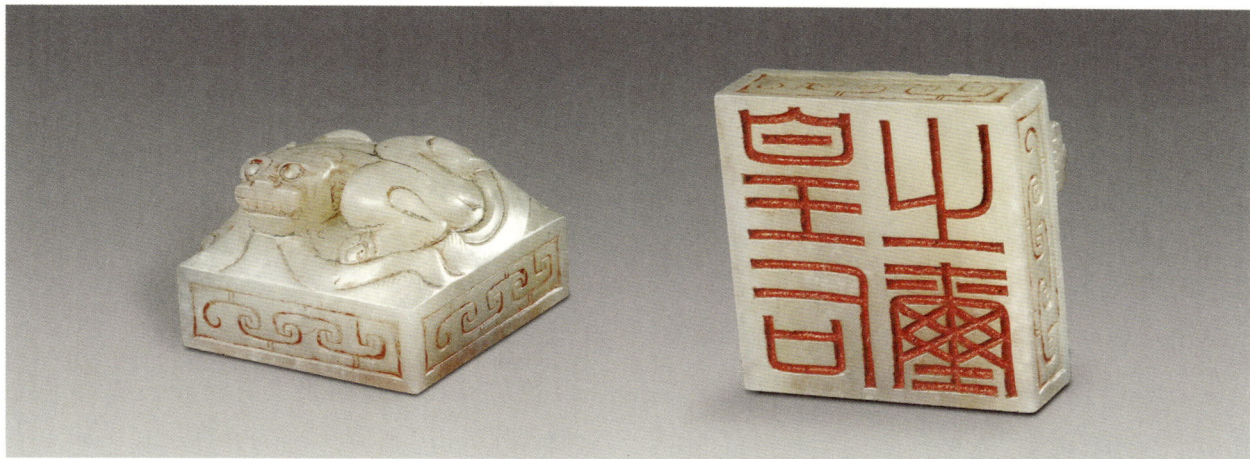

"皇后之玺"

窄，南、西、北三面有夯土筑成的城墙，每面各设一门，东面在历次调查中均未发现城墙遗迹。西晋《关中记》载："长陵城有南、北、西三面，东面无城。"南墙残长1210米，东段与陵园北墙合用，地面有城墙保存，残高2米。西墙南北长2156米，怡魏村西南地面上仍有一段城墙保存，最高达5米，墙基宽10米，顶部宽1～4米。北墙长1347米，孙家村西地面上仍有保存，残高2～3米，墙基宽11米，顶部宽2～6米。城墙西南角朝外凸出南北长26米、东西宽15米的部分，类似"马面"。长陵邑东部地势逐渐变低，分布有自然沟壑，推测陵邑东界或许以沟壑为界。陵邑内发现夯土墙、道路、灰坑等遗迹及大量的瓦片堆积、水管道、生产工具等。

长陵陪葬墓，主要位于陵区东部，东西成行，南北成列，排列有序。20世纪70年代地面保存有70多座封土，至2017年保存有40多座。封土分为单冢、双冢、三连冢三类，形状多为覆斗形，少数为圆丘形、尖锥形。陪葬墓墓道平面多为梯形，外端窄小，靠近墓室逐渐变宽。墓道朝向以东、南居多，北向较少，未发现西向。部分覆斗形封土下发现2条并列

的墓道，属于夫妻异穴合葬墓。但也有三连冢下发现1条墓道的现象。柏家嘴村西的台地上有一大型封土堆，形状为覆斗状，底部南北长64～65米，东西宽54～58米，顶部边长17米，高约8米。传说此墓是戚夫人墓。《咸阳县志》："戚夫人墓在县东三十五里，长陵之东，吕后陵之下。""长安高阙此安刘，祔葬累累尽列侯。"根据文献记载，陪葬长陵的有萧何、曹参、周勃、王陵、戚夫人等。

长陵是西汉第一座帝陵，陵区面积大，遗迹丰富，地下文物数量巨大，对研究汉初的政治、经济、军事、社会生活等具有重要价值。长陵陵区设施、布局既有对秦始皇帝陵的继承，又有所创新发展，对西汉帝陵及中国古代帝陵制度产生了深远影响。

1956年，陕西省人民委员会公布长陵为陕西省第一批重点文物保护单位。1988年1月13日，长陵被国务院公布为第三批全国重点文物保护单位，编号3-0233-2-004。2011年，陕西省人民政府印发《陕西省人民政府关于调整周原遗址等部分全国重点文物保护单位保护范围和建设控制地带的通知》，调整公布长陵保护

范围和建设控制地带。长陵文物管理所专职负责长陵保护、管理工作。长陵"四有"档案资料齐全，保存在渭城区文物旅游局。

汉济北王墓 由双乳山汉墓、福禄山汉墓和东辛汉墓三处汉墓组成，为西汉时期封国济北国的诸侯王墓，位于山东省济南市长清区。双乳山汉墓位于双乳山村内的双乳山顶；福禄山汉墓坐落于归德镇翟庄村南偏东，西南距双乳山汉墓约1千米；东辛汉墓位于东辛村内，西北距双乳山汉墓1.5千米。

西汉时期先后曾有过三个济北国。第一个济北国，所封的为齐国悼惠王刘肥之子刘兴居，初置于汉文帝前元元年（前179年），第二年刘兴居因谋反受戮，国除为郡。第二个济北国，始建于文帝前元十六年（前164年），

立刘肥之子刘志为济北王，后徙为淄川王。第三个济北国，受封于汉景帝前元四年（前153年），徙衡山王的刘勃（淮南王刘长之子）为济北王，经刘胡，至武帝后元二年（前87年）刘宽畏罪自杀，国除为北安县。前两个济北国，仅历一世，国君或被诛，或徙他处，故双乳山汉墓应属于第三济北国。

曾从双乳山村西采集有石碑，载有"庄前旧有双乳山一座……如有开动接脉之处，庄中即出不意之祸"而严禁开山采石等语，为清末宣统元年（1909年）长清县正堂发布的封山告示。"文化大革命"期间，地上文物被毁，山体石料和墓顶封土几乎被完全取走，墓道开始显露。1982年，经第二次全国文物普查初步认定为汉代大墓。1995年，二号墓遭到严重破

汉济北王墓发掘现场

汉济北王墓发掘现场

刘宽墓出土玉覆面

汉济北王一号墓出土错金银铜环

坏，整个墓地处于十分危急的状态。10月，山东大学考古专业师生与长清县文物部门联合对双乳山一号汉墓进行抢救性发掘，确认大墓没有被盗。经国家文物局批准，山东省文物局组建考古队1996年3月开始考古发掘。

双乳山两座汉墓，东西并列于山之顶部，依山为陵，凿岩成穴，东大西小，形制相同，封土相连，相距仅42.3米，占满整座山头。据残存的部分和挡土墙的形状确认，两座墓葬的封土造型均为覆斗状。经发掘的一号墓位于东侧，坐南朝北，由山顶直接下凿而成，由封土、墓室和墓道组成。墓室、墓道均设有二层台，形成大小相套的两个"甲"字形：墓室东西宽24.3米，南北长25米，构成"甲"字形的上部；墓道北高南低，上口宽14米，长60米，构成了"甲"字形下部竖笔。

椁室由外椁和内椁两大部分组成。外椁南北长9.5米，东西宽6米，高3.8米，由头箱、足箱和东西两侧边箱组成，平面呈"Ⅱ"形。内椁即棺室，平面亦呈"Ⅱ"形，南北长4.15

米，东西宽3米。棺室内有三重漆棺，规格分别为：外棺长3.3，宽2.35米；中棺长2.85，宽1.65米；内棺长2.45，宽1.05米。均黑漆朱绘卷云纹，棺内红漆墨绘。

一号墓共出土各类随葬品2000余件，主要有铜器、陶器、玉器、漆器、铁器、金饼、车马器等，以玉器、车马器和金饼为精。玉器均为碧玉，有玉枕、玉覆面各1组，玉璧5件，玉握2件，玉剑璏、七窍塞和饭玉等。其中玉覆面由额片、印堂片、颊片、颊中片、颌片、唇片、耳片和鼻罩等18件组成，是已知唯一的一件专门为殓葬特别设计的、完全写实的标本，特别是鼻罩，极是罕见。马车共发现大小5辆车，其中外椁藏有大车3辆、小车1辆，从配套的青铜构件和马具上的磨痕看，应为实用车。5号小车出土于椁室足箱内。另发现各类车马器234套、1416件。

2001年6月25日，汉济北王墓被国务院公布为第五批全国重点文物保护单位，编号5-0168-2-024。管理机构为长清区文物局。

2013年，山东省人民政府授权山东省文物局印发《关于公布第四批省级文物保护单位保护范围和建设控制地带并调整公布其他省级以上文物保护单位保护范围和建设控制地带的通知》，公布汉济北王墓的保护范围和建设控制地带。

**西汉帝陵**　作为全国重点文物保护单位的西汉帝陵，是除长陵、茂陵、杜陵之外西汉时期其他8位皇帝的陵寝，位于陕西省咸阳市和西安市，包括汉惠帝安陵、汉文帝霸陵、汉景帝阳陵、汉昭帝平陵、汉元帝渭陵、汉成帝延陵、汉哀帝义陵、汉平帝康陵。霸陵处于白鹿原上，其他几陵，由西向东依次为平陵、延陵、康陵、渭陵、义陵、安陵、阳陵，分布在咸阳原上。

西汉帝陵田野考古与研究工作开展的历史比较长。清光绪三十二年至宣统二年（1906～1910年），日本学者足立喜六曾对西汉帝陵进行过踏查和测量，成果公布在《长安史迹研究》一书中。20世纪30～40年代，西京筹委会、陕西考古会、西北史地考察团、教育部西京艺术文物考察团先后对西汉帝陵进行过考古调查。1949～1976年，陕西省考古研究所、陕西省文物管理委员会、陕西省博物馆、咸阳市博物馆等单位陆续对西汉帝陵进行调查与测量，对霸陵、窦皇后陵外藏坑进行发掘，确定部分帝陵的名位，初步了解西汉帝陵的形制特点。1977～2005年，中国社会科学院考古研究所与陕西的考古工作者对西汉帝陵进行进一步的考古调查、勘探与测量，对平陵外藏坑、阳陵外藏坑、建筑遗址、陪葬墓、陵邑等进行发掘，确认咸阳原西汉九陵的名位及排列顺序，大致掌握和了解西汉帝陵的形制结构和布局特点。2006～2016年，陕西省考古研究院、咸阳市文物考古研究所、西安市文物保护考古研究院、中国社会科学院考古研究所等多家单位联合对西汉帝陵进行大规模的田野考古工作，"全方位调查、大面积普查、重点区域详探、关键部位试掘、高精度测绘及资料数字化"，全面了解西汉帝陵的范围、布局及结构，为西汉帝陵保护、研究、利用奠定基础。

西汉帝陵拥有各自独立的陵区，部分陵区

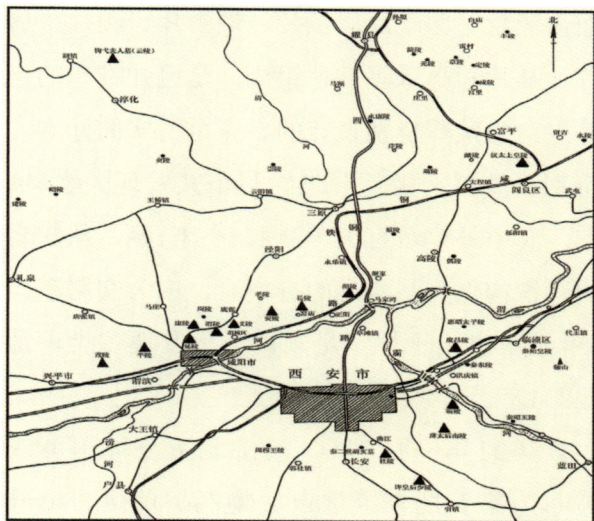

西汉帝陵分布图

文帝霸陵远景

景帝阳陵罗经石

相互毗连，早中期帝陵由陵园、陪葬墓、陵邑三大部分组成，晚期帝陵不设陵邑。陵区面积2.5～50平方千米不等。

安陵陵区，由陵园、陵邑、陪葬墓区三个区域组成，安陵陵园位于陵区西南部，陵邑在陵园北侧，陪葬墓居于陵园东侧。陵区东西长3500米，南北宽2000米；其中陵园东西长约967.6米，南北宽约883.5米；陵邑平面呈曲尺形，东西长约1664米，南北宽约1000.4米；陪葬墓区东西长约2000米，南北宽600米。

霸陵陵区，由陵园、陵邑、陪葬墓区三个区域组成，陵园位于陵区南部，陵邑在陵园北侧，暂未确定，陪葬墓居于陵园西北部。陵园与陪葬墓分布范围东西长约5000米，南北宽约1000米。

阳陵陵区，由陵园、陵邑、陪葬墓区三个区域组成，陵园位于陵区西部，陪葬墓分布在陵园东侧、北侧，陵邑位于陵区东部。陵区东西长约6000米，南北宽约2000米。

平陵陵区，由陵园、陵邑、陪葬墓区三个区域组成，陵园位于陵区中部，陵邑位于陵园东北部，陪葬墓分布在陵园、陵邑周围。陵区近正方形，边长约6500米。

渭陵陵区，由陵园及陵园外陪葬墓两大部分组成，陵园位于陵区北部，陵园外陪葬墓分布在陵园西、南、东三面。陵区南北长约3500米，东西宽约3000米。

延陵陵区，由陵园及陵园外陪葬墓两大部分组成，陵园位于陵区中部，陵园外陪葬墓分布在陵园西、南、东三面。陵区东西长约3000米，南北宽约2500米。

义陵陵区，由陵园及陵园外陪葬墓两大部分组成，陵园位于陵区西北部，陵园外陪葬墓分布在陵园南侧、东侧。陵区东西长约3500米，南北宽约3300米。

康陵，是西汉末代皇帝平帝刘衎的陵园，陵园周围没有陪葬墓分布。陵园东西长2200米，南北宽1700米。

汉阳陵13号外藏坑发掘现场

景帝阳陵出土彩绘女坐俑

元帝渭陵出土玉虎

西汉帝陵倾举国之力所建，营建时间跨度大，前后历时200余年，陵区面积广大，地面遗迹丰富，地下文物数量巨大，对研究西汉时期的政治、经济、军事、社会生活等具有重要价值。西汉帝陵既有对秦始皇帝陵的继承，又有所创新发展，对中国古代帝陵制度产生了深远影响。

西汉帝陵的各个帝陵因所在地不同分属于陕西省咸阳市秦都区、渭城区、兴平市和西安市灞桥区、雁塔区地方文物管理部门管理，后来相继成立专门的管理机构。1956年，陕西省人民委员会公布西汉帝陵安陵、霸陵、阳陵、平陵、延陵、义陵、康陵为陕西省第一批重点文物保护单位。1957年，陕西省人民委员会公布渭陵为陕西省第二批重点文物保护单位。2001年6月25日，西汉帝陵被国务院公布为第五批全国重点文物保护单位，编号5-0183-2-039。西汉帝陵保护区按单个陵予以划定。2002年7月，国家文物局批准《汉阳陵保护与利用规划》，将汉阳陵重点保护区、一般保护区及建设控制地带的范围作详细规定。2010年，西安市西汉帝陵保护管理中心成立，负责霸陵管理工作；平陵、延陵、康陵、渭陵、义陵、安陵均成立有文物管理所。2011年1月13日，陕西省人民政府印发《陕西省人民政府关于调整周原遗址等部分全国重点文物保护单位保护范围和建设控制地带的通知》，将汉惠帝安陵、汉昭帝平陵、汉元帝渭陵、汉成帝延陵、汉哀帝义陵、汉平帝康陵等六座西汉帝陵的保护范围和建设控制地带做调整，公布有详细的范围及四至控制点坐标。霸陵保护范围执行陕西省人民政府1992年4月公布的区域。西汉帝陵"四有"档案资料齐全，分别保存在秦都区文物旅游局、渭城区文物旅游局、西安市西汉帝陵保护管理中心。

**茂陵** 是西汉第五位皇帝汉武帝刘彻的陵园，位于陕西省兴平市西北部，是咸阳原上九座西汉帝陵中最西端的一座。

汉武帝刘彻（前156～前87年），小名彘，4岁被封为胶东王，7岁被立为太子，16岁登基成为西汉王朝的第五位皇帝，统治时间长达55年。统治期间，在思想文化方面"罢黜百家，独尊儒术"，兴办中央与地方各级学校。政治体制方面，通过多种方式选拔官吏，唯才是举；在朝廷中设置中朝或曰内朝，大大加强皇权对国家各方面的控制，削减丞相的权利和地位；加强对官员的管理与监督，对叛乱的诸侯王进行坚决镇压，并通过推恩分封、剥夺爵位、取消封邑等办法彻底解除诸侯国对中央政权的威胁，并对地方豪强势力进行无情打击。经济方面，前后对货币制度进行六次改革，禁止地方郡国铸钱，中央政权完全控制货币的铸造权；对盐、铁、酒等重要商品实行国家垄断经营，并由国家垄断一般商品的运输、买卖、价格等，通过征收财产税、卖爵、卖官和用钱赎罪等措施来改善国家财政状况。军事方面，对匈奴发动长达44年的战争，解除匈奴对中原地区的威胁；通过战争、招抚或和亲政策使周边的楼兰、姑师、乌孙、大宛、朝鲜、南越、东越、西南夷等国家及地区臣服于汉朝，使中国出现大一统的局面。西汉后元二年（前87年）二月，汉武帝驾崩于五柞宫（位于陕西省

汉武帝陵封土

周至县），三月葬于茂陵。

茂陵从汉武帝即位后第二年开始修建，到西汉后元二年（前87年）入葬，前后历时53年，是西汉帝陵中营建时间最长的陵园。西汉时期，茂陵有陵庙、寝园、陵邑等完善的管理机构，上至丞相，下至陵园、陵邑官员，均对茂陵负有管理责任，因此受到较好保护。两汉之际，赤眉军对茂陵进行严重破坏。东汉时，茂陵设有专门的管理机构，并且皇帝经常前往茂陵等十一陵祭祀。此后，历代对茂陵虽多有保护，但陵区逐渐荒废、衰落。

茂陵田野考古与研究工作开展的历史比较长。清光绪三十二年至宣统二年（1906～1910年），日本学者足立喜六曾对茂陵进行过踏查，对茂陵的封土规模及陪葬墓有所记录。1962年，陕西省文物管理委员会对茂陵进行考古调查与钻探。1981年，茂陵博物馆对位于兴平市西吴乡窦马村的一座陪葬墓的外藏坑进行抢救性发掘。20世纪80年代，中国社会科学院考古研究所对包括茂陵在内的西汉帝陵进行考古调查；90年代初，陕西省考古研究所在茂陵钻探出外藏坑119座，并发掘1座陪葬墓。21世纪初，咸阳市文物考古研究所对茂陵进行调查

茂陵阳信陪葬墓出土鎏金马

和钻探，探明武帝陵东侧、南侧墓道，李夫人墓的墓道及182座外藏坑，确定茂陵邑的位置。2006～2008年，陕西省考古研究院与咸阳市文物考古研究所联合对茂陵进行全面调查、重点勘探和部分发掘，调查、勘探总面积达13平方千米，查清茂陵的陵区范围和布局，新发现茂陵陵园外围墙、外壕沟、帝陵的四条墓道、多座建筑遗址、数百座外藏坑及陪葬墓，确认茂陵邑、修陵人墓地的位置和范围。对修陵人墓地、二号建筑遗址、汉武帝陵园外藏坑进行部分发掘，取得重大的考古成果。

茂陵陵区由茂陵陵园、茂陵邑、陪葬墓区及修陵人墓地四大部分组成，分布范围东西长约9.5千米，南北宽约7千米。茂陵陵园位于陵区的中央，茂陵邑位于陵区的东北部，陪葬墓分布在茂陵陵园的四周，其中东侧墓葬较为集中，等级较高，修陵人墓地则位于陵区的西端。

茂陵陵园是整个陵区的核心区，平面呈东西向长方形，长2080米，宽1390米，围墙宽2.5～3.5米。四面设置有门，墙外有壕沟围绕。茂陵陵园内分布有汉武帝陵园、李夫人墓园、多座建筑遗址、多座外藏坑及9座中型墓葬。汉武帝陵园雄踞陵园中心偏东南处，平面近方形，边长433～435.5米，四面围墙中间处设有阙门。汉武帝陵封土位于陵园中心，形状呈覆斗形，底部边长238～243.2米，顶部边长36～41.7米，高48.5米。封土正南立有清代陕西巡抚毕沅书写的"汉孝武帝茂陵"石碑。汉武帝陵墓葬形制为"亚"字形，由位于封土底部的墓室及四条斜坡墓道组成。四条墓道位于封土四侧的中部，平面均呈梯形，靠近墓室一端宽、深，外端窄、浅。由于封土堆积过厚，

墓室形制结构尚不明确。墓室周围呈放射状分布有150座外藏坑。李夫人墓园位于茂陵陵园西北部，平面呈南北向长方形，长228米，宽180米。李夫人墓封土呈带二层台的覆斗状，底部南北长127.6米，东西宽110.8米；顶部南北长36.3米，东西宽15米；高28米。封土距顶部13米处内收成台，台面宽3.5～4.5米。墓室情况不明，仅在封土东侧偏南处发现斜坡墓道一条。墓园内共发现陪葬坑6座，4座位于封土南侧，2座位于封土北侧。此外，在墓园北侧东西向分布有7座祭祀坑。茂陵陵园内共发现建筑遗址11处。建筑遗址距离汉武帝陵园有远有近，面积有大有小，形制结构各不相同，性质、用途应存在差别。茂陵陵园内，汉武帝陵园与外围墙之间分布有大量的外藏坑，总数达244座。茂陵陵园东北部分布的9座中型墓葬，可能是嫔妃陪葬墓。

茂陵邑，位于茂陵陵区东北部，平面为东西向长方形，长1813.8～1844.5米，宽1534～1542.7米。茂陵邑周围未发现围墙遗迹，四周以壕沟为界。陵邑内道路纵横交错，主干道为"三横七纵"，将整个陵邑划分为近三十个矩形区间。

茂陵陵园，外有大量西汉墓葬，四周均有分布，可以确定为茂陵陪葬墓的共113座（组），分布规律性不强，大致分为以下几个区域：东侧较为集中，规模也较为宏大，大中型墓葬达到26座；南侧发现大中型墓葬8座；西侧发现大中型墓葬12座；北侧仅发现大中型墓葬5座。陪葬墓中14座规模较大的仍保留有封土，有卫青墓、霍去病墓、金日磾墓、"阳信"冢、霍光墓等。封土形状有山形、覆斗形

茂陵陵区出土
银竹节熏炉

和圜丘状三种。拥有独立墓园的有5座，分别为卫青墓、霍去病墓、"延冢"、上官桀墓等。墓葬形制有竖穴土圹墓和洞室墓两种，均为单一墓道的"甲"字形。

茂陵修陵人墓地，位于陈王村南1.4千米的台塬边部，地处茂陵陵区西端，距茂陵陵园西墙约3.8千米。整个墓地分布在一条南北向的冲沟两侧。20世纪六七十年代，当地农民在这里平整土地时发现过大量戴刑具的人骨，茂陵博物馆保存有当时采集的刑具。钻探发现，冲沟两侧有大量排列密集的小型墓葬，面积约4万平方米，推测整个墓地埋葬尸骨为2万具以上。

茂陵是西汉时期规模最大的帝陵，陵区面积大，遗迹丰富，地下文物数量巨大，制作精美，对研究西汉中期的政治、经济、军事、社

会生活等具有重要价值。

1956年，陕西省人民委员会公布茂陵为陕西省第一批重点文物保护单位，茂陵文物管理所成立，负责茂陵日常管理工作。1961年3月4日，茂陵由国务院公布为第一批全国重点文物保护单位，编号1-0165-2-004。1979年，茂陵博物馆成立，负责茂陵日常管理工作。2008年，陕西省咸阳市人民政府颁布实施《汉茂陵文化遗产保护管理办法》。2011年，陕西省人民政府印发《陕西省人民政府关于调整周原遗址等部分全国重点文物保护单位保护范围和建设控制地带的通知》，将茂陵保护范围和建设控制地带进行调整。《陕西兴平汉茂陵石刻保护修复设计方案》《茂陵石刻廊房保护设施建设工程方案》《茂陵陪葬墓（卫青墓、霍去病墓、金日磾墓）保护设施建设及环境整治工程》《茂陵杜陵陵园遗址保护展示工程》《西汉帝陵——茂陵保护设施建设工程》等，均得到国家文物局批准或立项。茂陵"四有"档案资料齐全，保存在茂陵博物馆。

**霍去病墓** 为中国汉代军事家霍去病的墓葬，位于陕西省兴平市南位镇道常村西北。

霍去病（前140～前117年），是霍仲孺与卫少儿的私生子，卫少儿是卫子夫和卫青的姐姐。霍去病仰仗其姨母，18岁为侍中，后跟随舅舅卫青参加抗击匈奴的战争，任剽姚校尉。霍去病善于骑射，作战勇敢，在战争中显示卓越的军事才干。首战带领800轻骑兵，孤军深入数百里，斩首俘虏敌人2000余人，因军功封为冠军侯。西汉元狩二年（前121年），任骠骑将军，两次率军长途奔袭，获得大胜，摧毁匈奴在河西走廊的势力，使这一地区牢牢控制在了汉王朝手中。元狩四年（前119年），霍去病与卫青兵分两路远征漠北，与匈奴主力进行决战，大获全胜，赢得抗击匈奴的决定性胜利。之后，二人皆为大司马。"匈奴未灭，无以家为"，表现霍去病抗击匈奴的英雄气概和决心。元狩六年（前117年），霍去病英年早逝，年仅24岁，葬于茂陵。汉武帝为悼念霍去病，为其举行极其隆重的葬礼，"发属国玄甲，军陈自长安至茂陵，为冢象祁连山"。谥号"景桓"。

2006～2008年，陕西省考古研究院等单位对茂陵进行考古调查、勘探时，对霍去病墓的墓园、墓道等进行考古勘探。

霍去病墓位于茂陵陵园和茂陵邑之间，卫青墓的东侧，封土为山形。封土底部为南北向长方形，边长分别为东94.1米，南59.2米西93.4米，北57.6米；顶部南北长15.1米，东西宽8.8～9.9米；高19.3米。封土上置有大量巨

霍去病墓前马踏匈奴石雕

霍去病墓前跃马石雕

霍去病墓前人与熊石雕

石，有石人、石马等大型石刻雕塑14件。墓室压在封土之下，情况不明，仅在封土北侧发现斜坡墓道一条，平面呈梯形，封土外部分长55.3米，宽3.2（北）～15.5（南）米，南端深16.5米。封土四周筑有围墙，大部分压在茂陵博物馆下。围墙平面为南北向长方形，探明南北长56.8～63.7米，东西宽105米。

霍去病墓前石刻雕塑有马踏匈奴、石人、伏虎、卧象、石牛、跃马、卧马、人与熊、怪兽吃羊、青蛙、蟾蜍、石猪、石鱼等14件。石刻都是用砂岩巨石雕琢而成，雕刻技法有圆雕、浮雕、线雕等，或使用一种，或相互结合，刀法准确、有力，线条流畅、清晰。墓前石刻群是中国所发现的时代较早的大型陵墓石刻艺术珍品，具有重要的历史价值与艺术价值，对此后中国历代陵墓石刻产生深远影响。

霍去病墓封土上堆压有大量的巨石，在西汉列侯墓中是绝无仅有的，西汉帝陵封土也没有此种现象，目的是使封土形状与祁连山更加接近而为之，同时还可以起到防盗作用。

1956年，茂陵文物管理所成立，负责茂陵及霍去病墓的日常管理工作。1961年3月4日，霍去病墓被国务院公布为第一批全国重点文物

保护单位，编号1-0166-2-005。1979年，茂陵博物馆成立，负责茂陵及霍去病墓的日常管理工作。1992年，陕西省人民政府印发《陕西省省级以上重点文物保护单位保护范围》，公布霍去病墓保护范围及建设控制地带。2008年，陕西省咸阳市人民政府颁布实施《汉茂陵文化遗产保护管理办法》。2011年1月13日，陕西省人民政府印发《陕西省人民政府关于调整周原遗址等部分全国重点文物保护单位保护范围和建设控制地带的通知》，其中茂陵保护范围将霍去病墓保护范围包括在内。霍去病墓"四有"档案资料齐全，保存在茂陵博物馆。

**汉代长沙王陵墓群** 位于湖南省长沙市岳麓区和望城区境内。

据《史记·高祖本纪》《史记·汉兴以来诸侯王年表》《汉书·异姓诸侯王表》《汉书·诸侯王表》《汉书·韩彭英卢吴传》《汉书·景十三王传》《后汉书·光武帝纪》等载，汉高祖五年（前202年）封吴芮为长沙王，建立长沙国，都临湘（长沙），吴氏长沙王五代五传，至吴著（《汉书》记为吴产）于文帝后元七年（前157年）薨时"无后，国除"。景帝前元二年（前155年）封其庶子刘

发为长沙王，复置长沙国，仍都临湘，刘氏长沙王八代九传（王莽始建国元年废，约光武帝建武二年，公元26年复封），至汉光武帝建武十三年（37年）废长沙王刘兴为临湘侯，长沙国断续存续约220年。

汉代长沙王陵墓群主要分布在湘江西岸南起岳麓山、北至谷山一线的沿江低矮山丘上，介于岳麓山、谷山之间的古咸嘉湖北岸、西南岸亦有分布，分布范围平面略呈曲尺梯形，南北长约12千米，东西宽约6千米，共包括23处高等级墓葬，分布密集，保存相对完整。

陡壁山曹嬛墓，位于岳麓区望月湖街道望月公园西侧的陡壁山，是一座带斜坡墓道的大型竖穴岩坑木椁墓。1974年12月至1975年1月，由长沙市文化局文物组发掘。墓口长12.8米、宽10米，底长11.6米、宽9.5米，残深2～2.8米，采用黄肠题凑葬制，三棺二椁。曾被盗掘。墓中出土金属器、玉石器、漆木器、陶（泥）器及其他器物共300余件。标识性器物有"曹嬛"玉印、"曹嬛""姜嬛"玛瑙印和"长沙后丞"封泥等。墓主应为某代吴氏长沙王之王后。

象鼻嘴汉墓，位于岳麓区望月湖街道溁湾镇北约2千米的象鼻嘴，是一座带斜坡墓道的大型长方形竖穴岩坑木椁墓。1978年9～11月，由湖南省博物馆发掘。墓口长20.55米、宽18.5～18.9米，底长17.1～17.35米、宽15.65～15.7米，深7.9米，采用黄肠题凑葬制，三棺二椁。曾被盗掘。墓中出土陶器、漆器、丝织物、玉器等器物，绝大多数为陶器。墓主应为某代吴氏长沙王。

渔阳墓，位于岳麓区望城坡街道湖南财政经济学院内，是一座带斜坡墓道的"甲"字形大型竖穴岩坑木椁墓。1993年2～7月，长沙市文物工作队、长沙市文物管理委员会办公室组织发掘。该墓墓口长15.98米、宽13.3米，底长11.6米、宽9.76米。墓中出土金器、玉器、石器、铁器、漆木器、骨角器、陶器和纺织品等大量文物，总数超过3000件。标识性器物有"长沙后府"封泥和"渔阳"漆耳杯等。墓主应为代某吴氏长沙王之王后。

风篷岭汉墓，位于望城区星城镇银星村风篷岭，是一座带斜坡台阶式墓道的"中"字形大型竖穴岩坑木椁墓。2006年3～10月，由

象鼻嘴1号汉墓葬具全貌

西汉长沙王后"渔阳"墓墓室全景照

长沙市文物考古研究所、望城县文物管理局联合发掘。墓坑口残长19.3米、残宽14.6米，残深3.26米，采用题凑（楠木）葬制，二棺，椁层不详。曾被盗掘。墓中出土陶器、铜器与铜钱、漆（木）器、玉器、水晶器、金器、鎏金器、银器、铁器、丝织品等器物共200余件。标识性器物有"长沙王后家杯"漆耳杯、"张或姬栳盘"漆盘、"长沙元年"铜灯和玉衣等。墓主应为某代刘氏长沙王之王后。

风盘岭汉墓，位于望城区星城镇戴公庙村风盘岭，是一座带斜坡墓道的"甲"字形大型竖穴岩坑木椁墓。2008年5～7月，长沙市文物考古研究所、长沙市望城区文物管理局联合发掘。墓坑口残长9.7米、宽7.6米，残深0.4～3.65米，采用题凑葬制，因曾被盗掘，题凑木质和棺椁层数不详。墓中出土陶器、泥钱、铜器、漆器、玉器、铁器等器物共数十件（泥钱按1件计）。重要器物有"中府"铜琴轸。墓葬年代为西汉早中期，墓主应为某代长沙王或王后。

天马山一号汉墓，位于岳麓区麓山街道天马山南侧的一个山包顶上。封土略呈方台形，有盗洞，盗洞附近发现盗掘出土的一段残断木椁板，残长约50厘米，厚约20厘米。

天马山二号汉墓，位于岳麓区麓山街道天马山中部一个山包顶上。封土堆略呈椭圆锥台形，顶部海拔112米。2008年底至2009年初、2011年、2012年数次被盗（已破案）。在封土堆顶部发现6处盗洞，平面分圆形和长方形两种，其中圆形盗洞直径为2～4米不等；长方形盗洞坑口长1.5～2米，宽0.7～1米不等。从盗洞四壁看，表层均为含大量风化岩石碎块的土层，厚约1米，其下土层则较为纯净，含少量风化岩碎块，且碎石较小，明显为人工堆筑。盗洞旁堆放有少量盗掘出的墓坑青膏泥土块。2011年，于墓北侧西坡山麓平缓坡地处发现一处残断的夯筑与石砌结合的墙体，略呈弧形，残长约230米，残高1米余，夯土内夹杂灰陶筒瓦、板瓦残片，初步判断为陵寝类建筑垣墙。

凤凰山汉墓，位于岳麓区麓山街道凤凰山山顶中部。未见盗洞，亦未发掘。

扇形山汉墓，位于岳麓区溁湾镇北约2千米的王陵公园扇形山山顶。东距象鼻嘴1号墓约160米。1975年，在扇形山西坡发掘一处畜俑坑，为扇形山存在大型陵墓提供实物证据。坑残长4.1米，宽1米，深0.95米，出土有牛、羊、猪、狗等陶俑40余件，应为王陵墓葬的外藏系统。

狮子山汉墓，位于岳麓区溁湾镇北约2千米的王陵公园狮子山山顶。东南距象鼻嘴汉墓约200米，南距扇形山汉墓约150米，三座山包呈鼎足之势。1975年调查勘探确认该墓为一处西汉大型陵墓，封土保存较好。

东山汉墓，位于岳麓区观沙岭街道岳华村傅家坪组东山上。规模较大，有盗洞，盗洞外填土中清理出墓室棺椁残片、髹黑漆漆器残片及红褐色陶碗残片等器物，可确认为墓葬内随葬物。

马坡山汉墓，位于望城区星城镇银星村南区五组与岳麓区谷山村交界处马坡山。有盗洞。

庙坡山汉墓，位于望城区星城镇银星村南区五组与岳麓区谷山村交界处庙坡山。有盗洞，盗洞旁发现有盗掘出土的残断墓室椁板残片。据公安机关提供资料，盗掘出土有滑石器、陶器、漆器等100余件文物。

郭家山汉墓，位于望城区星城镇银星村南区四组郭家山。东南距庙坡山汉墓约260米，西南距马坡山汉墓约380米。封土略呈方形，明显由黏土和风化岩碎块交错堆积，符合长沙汉代大型陵墓的封土堆积情况。

杉树拱汉墓，位于望城区银星村中区二组杉树拱山。有盗洞，洞内发现四块鎏金青铜器物残片。鎏金青铜器常见于西汉贵族墓葬中，说明该墓墓主身份等级较高。

半边围子山汉墓，位于望城区星城镇银星村中区一组半边围子山。东北距杉树拱汉墓约220米。封土略呈方形。

陶家山汉墓，位于望城区星城镇银星村南区二组陶家山。西距杉树拱汉墓约120米，两座墓的墓主应存在紧密关系。封土略呈方形，明显高于周边地面。

狮子拱一号墓，位于望城区星城镇银星村中区二组狮子拱山。此山共有3座墓，该墓为最东边一座。有盗洞。根据公安机关提供资料，在2008年长沙"12·29"盗墓案中，螭纹玉剑饰、谷纹圆柱状柄形器、兽形琥珀饰件、"长沙王玺"金印等文物即出土于此墓中。

狮子拱二号墓，位于望城区星城镇银星村中区二组狮子拱山。此山上共有3座墓，该墓为中间一座，在狮子拱一号汉墓西侧。封土平面略呈方形。有盗洞。根据公安机关提供资料，在2008年长沙"12·29"盗墓案中，龟纽玉印、镂空三兽圆形铜镇、双面龙纹玉璧、弦纹双铺首铜药罐、镂空羽人蟠龙纹金扣饰等文物即出土于此墓中。

狮子拱三号墓，位于望城区星城镇银星村中区二组狮子拱山。此山上共有3座墓，该墓为最西边一座，在狮子拱二号汉墓西侧。封土略呈方形，有盗洞。

栗树嘴汉墓，位于望城区星城镇银星村中区三组栗树嘴山。北距风篷岭一号墓约200米。

桃花岭汉墓，位于望城区星城镇银星村中区四组桃花岭。封土及上部填土保存较为完整，封土底边长46～47米，顶边长约31.5～36.6米，高约5.7米。封土分为8层，有明显夯筑痕迹。根据公安机关提供资料，在2008年长沙"12·29"盗墓案中，有双面云纹青玉璧、"长沙王印"金印等文物出土。

蜈蚣蒂汉墓，位于望城区星城镇戴公庙村十六组毛塘冲谷山主峰北侧支脉蜈蚣蒂山。东北距风盘岭汉墓约400米。有盗洞，从盗洞填土中清理出方格纹硬陶罐残片、泥金饼、"五铢"泥钱等随葬品。

汉代长沙王陵墓群对研究汉代诸侯王的埋葬制度、汉代长沙国的历史具有重大价值。

20世纪80年代，为加强对象鼻嘴汉墓、扇形山汉墓、狮子山汉墓保护，长沙市设立王陵公园管理处专司保护展示。1993年，狮子山、扇形山、象鼻嘴汉墓被湖南省人民政府公布为省级文物保护单位。1996年，渔阳墓被湖南省人民政府公布为省级文物保护单位。2013年5月3日，汉代长沙王陵墓群被国务院公布为第七批全国重点文物保护单位，编号7-0632-2-116。2013年，国家文物局批复同意《长沙国王陵遗址保护总体规划》，2014年由湖南省人民政府公布实施。2015年，成立长沙国王陵考古遗址公园管理处，负责汉代长沙王陵墓群的日常保护和管理工作。

**中山靖王墓** 又名满城汉墓,是汉代中山靖王刘胜及王后窦绾的墓葬,位于河北省保定市满城区城西南1.5千米的陵山上。陵山地处太行山东麓,系由三个连在一起的山头组成,陵山居中,山势最大,山顶较平坦,它的东南、东北各有一小山头,左右对峙,主峰海拔235.8米,东面为辽阔的华北平原。中山靖王墓坐落于陵山主峰东侧196米处,包括靖王和王后的两座墓葬。

满城汉墓是中国保存较完整、规模较宏大的凿山为穴的洞室墓。

1968年5月,解放军某部在陵山上施工时偶然发现,经国务院总理周恩来批示,由中国科学院考古研究所和河北省的文物机构联合对墓葬进行发掘清理,考古学家郭沫若曾现场指导和考证研究。

中山靖王墓位于陵山主峰东坡近山顶处,南北并列,均坐西向东,属夫妇合葬墓,可理解为所谓"同坟异葬"。墓室开凿在山岩中,规模宏大。刘胜墓全长51.7米,最宽处37.5米,最高处6.8米。窦绾墓全长49.5米,最宽处65米,最高处7.9米。两墓形制结构大体相同,由墓道、甬道、南耳室、北耳室、中室和后室构成,中室和后室有石门相隔。两座墓墓道口的封闭方式不同,其中刘胜墓用土坯,窦绾墓用砖砌筑,两者均再以铁水浇灌封护,刘胜墓的甬道、南北耳室和中室以及窦绾墓的中室原来均在岩洞内建有木构屋室,但早已腐朽坍塌。两墓的后室,包括放置棺椁的主室和一个象征浴室的小侧室,均系在岩洞中修建的石屋,两墓内均设置一套完整的排水系统,各洞室的顶部均作拱形或穹隆形顶,周壁为弧形。

刘胜是汉景帝刘启之子,汉武帝刘彻的庶兄,汉景帝前元三年(前154年)立为中山王,死于汉武帝元鼎四年(前113年)二月。窦绾,乃刘胜之妻,其名未见于史书,据《满城汉墓发掘报告》分析,其埋葬时间在汉武帝元狩五年(前118年)到汉武帝太初元年(前104年)之间,即两座墓都建于西汉中期。

两墓共出土文物10633件,其中玉石器、金银器、铜器、铁器等精品4000多件。铜器有铜壶、铜钫、铜杯等酒器,有铜炉、铜灯等生活用具,有铜剑、弩机等武器,有铜豹、铜人等工艺品,还有大量的铜质部件。金器有金银针和金饰等。银器主要有银医针、盒、漏斗形器、箸形器、镞等。两墓还出土大量漆器残

中山靖王墓(满城汉墓)远景

中山靖王墓出土长信宫灯

中山靖王墓出土铜朱雀灯

中山靖王刘胜金缕玉衣

片、纺织品残片和10辆马车、29具马骨、11具狗骨、1具鹿骨以及5件石俑、18件陶俑、69枚金饼、4028枚铜钱、161颗珍珠。举世闻名的金缕玉衣、长信宫灯、错金博山炉、朱雀衔环杯等均出土于中山靖王墓。陵山作为西汉中山国的墓区，除刘胜夫妇墓外，由地表迹象可辨的陪葬墓有18座，为石块垒成的坟茔，分布于陵山南坡及其东南小山头的毗连处，外形上圆下方，每边长10～20米，高3～5米。

中山靖王墓的发掘取得重要的成果，其中许多在当时都是首次发现，围绕墓葬的发现学术界进行深入的研究，在汉代诸侯王埋葬制度、宫室活动、墓葬出土重要文物以及体现的文化影响和交流等方面发表较多的论述。

1988年1月13日，中山靖王墓被国务院公布为全国重点文物保护单位，编号3-235-6-006。保护机构为河北省满城县文物旅游局。1991年，对中山靖王墓进行整修。1992年3月，河北省人民政府印发《河北省国家级、省级文物保护单位保护范围及建设控制地带》的通知，划定墓葬的保护范围及建设控制地带。1992～1993年，为加强保护，防止山体渗水，实施部分山体防渗排水工程（即满城汉墓防渗加固一期工程），之后又陆续进行防渗二期、三期工程。2005年，编制"四有"档案，由满城县文物旅游局负责管理。

**汉楚王墓群** 为西汉楚王及王后墓群，位于江苏省徐州市鼓楼区、云龙区、铜山区的楚王山、龟山、东洞山、北洞山、南洞山、卧牛山、驮篮山、狮子山等处，共8处20余座墓。已发掘或清理的有龟山、北洞山、东洞山、驮篮山、南洞山和狮子山的汉墓。

西汉初年，高祖刘邦为屏卫汉室，剪除异姓王，大封同姓王。汉高祖六年（前201年），其同父异母弟刘交被封为楚王，开始西汉楚国200余年的历史，共传12代，按照汉制，楚王均葬在楚国（徐州）境内。

狮子山汉楚王墓，位于徐州市云龙区狮子山南坡、西坡及北侧。墓葬凿山为藏，墓门南向，由墓道、天井、耳室、甬道、前室、后室等部分组成，全长117米，总面积880平方米。墓道内有一陪葬墓，两侧开凿耳室3个。东耳室为庖厨；西耳室一为武库，一为储藏室。墓道之北为甬道，前部用双层双列共16块塞石封堵。甬道东侧有4个耳室，除一个未完成外，其余均作长条状，一为钱库，另两个为女性陪葬墓。甬道西侧有两个耳室，均为储藏室。甬道之北为前室，即主墓室，东侧有高出的棺床。最北为后室，系宴饮乐舞室。前、后室原为前堂、后寝，后因故调换了用途，可能是未及时完成之故，留有许多未完成的痕迹。该墓虽早年被盗，但子遗甚丰，出土有金缕玉衣

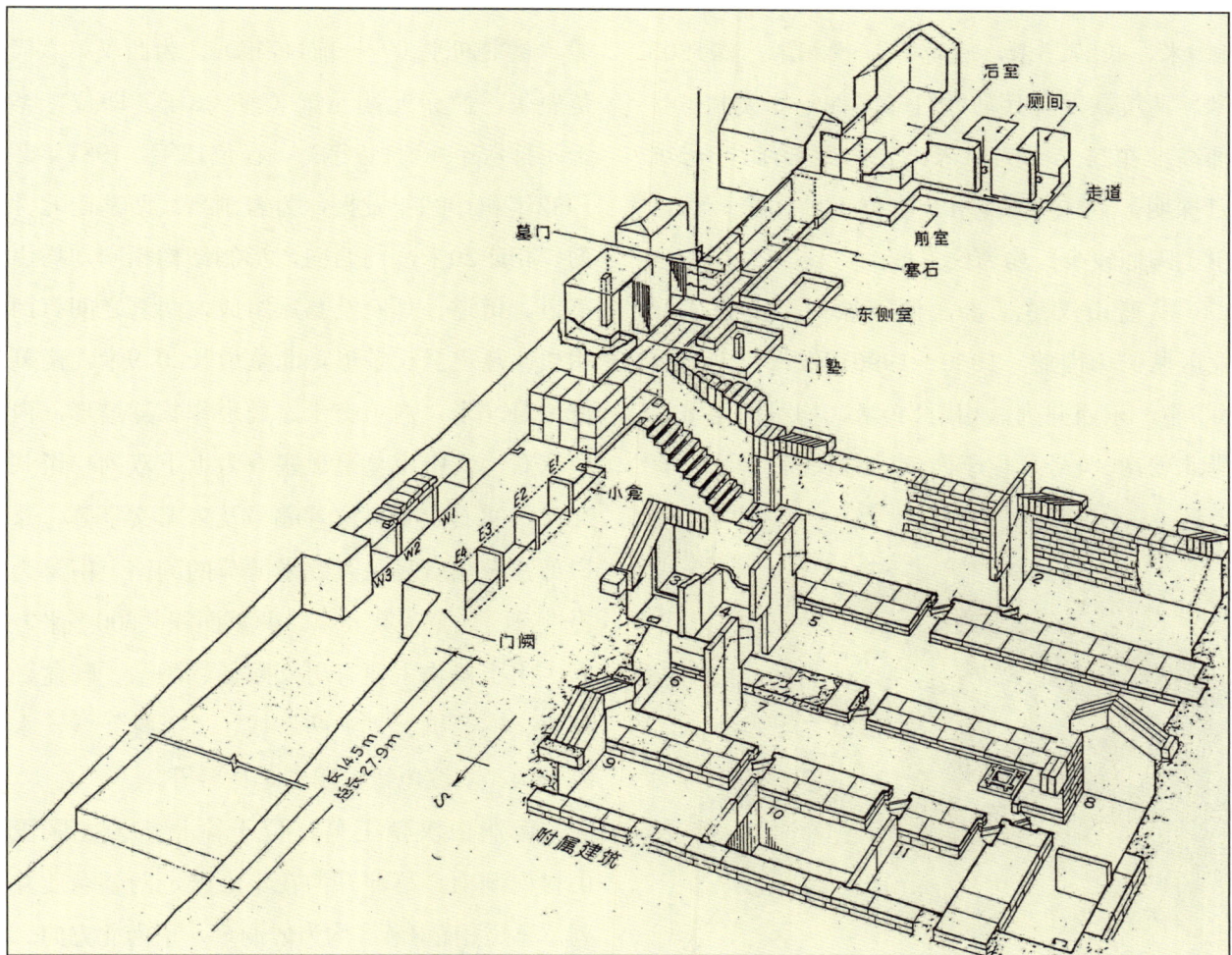

狮子山汉楚王墓透视图

（金缕被盗）片、镶玉漆棺（仅存玉棺片）、枕、璧、璜、佩、印以及银、铜、漆、骨、铁、陶器和石磬等各类遗物2000余件／套，仅"半两"钱就达17万枚之多。墓主为西汉早期的某代楚王。

狮子山汉楚王墓陪葬兵马俑坑位于狮子山汉楚王墓西，1984年发掘。主坑区面积约4000平方米，有俑坑4条，即1～4坑，在主俑坑西北有一马俑坑，已被破坏。1号坑长近27.7米，底宽1.25～1.4米，深1.05米。1号坑中间以自然岩石为界分为前、后两组兵阵，前阵为步兵，后阵前部为车兵，为驷马战车一乘，车上立一将军俑，后部为徒兵。2号坑距1号坑南4.9米，长27.5米，底宽1.4～1.6米，深1.03米。两坑共发现兵马俑2100多件，均模制，兵俑高度在25.5～54厘米，表面施彩绘。3号坑已探明，尚未发掘。4号坑位于后（东）部，出土陶俑较少，均为仪卫俑。

驮篮山汉楚王墓，位于徐州经济技术开发区驮篮山南麓。1989～1990年发掘，共有墓葬2座，东西并列，相距140米，均凿山为藏，坐北朝南。1号墓位于西侧，总长53.74米，有

狮子山汉楚王墓陪葬兵马俑坑

13个墓室，甬道两侧凿出三组对称耳室，墓主男性。2号墓位于东侧，总长51.6米，共有11个墓室，甬道两侧凿有6个耳室，墓主女性。甬道内置双层双列塞石，其中1号墓置塞石五组20块，2号墓置三组12块。墓室中除前堂、后室、耳室外，每座墓还设有单独的厕所、浴室、钱库、武库等。各室顶部依用途不同凿成平顶、两面坡、四面坡、盝顶四种形式。两墓早年均被盗，但仍出土各式铁质造墓工具，各类陶俑、石磬、铜铺首、铜轮、门臼、铁矛、甲片、灯、玉棒等近千件。墓主为西汉某代楚王夫妇。

龟山汉楚王墓，位于徐州市鼓楼区龟山西麓。墓主刘注（？～前117年），为西汉第六代楚襄王，武帝元朔元年（前128年）即位，卒于元狩六年（前117年），在位12年。1981年、1982年和1992年发掘，为岩洞墓。两墓南北并列，相距20米，门西向，形制结构相同，均由墓道、甬道、耳室及墓室组成，两墓之间有门相通。墓道呈长条形，北墓道长20.9米，南墓道长21.6米，内填夯土。甬道作长隧道形，内填塞石，其中南墓墓道塞石为上下双列13组共26块，塞石上刻有位置编号及朱书文字等，墓口部塞石上有墓主人要求薄葬的刻铭。南墓为男性墓，北墓为其妻墓。两墓面积共600多平方米。出土器物主要有男女陶俑、陶马、陶盆、陶饼、铜弩机、"半两"钱、"五铢"钱、水晶带钩、刘注龟纽银印、车马器等。

南洞山汉楚王墓，位于徐州市云龙区段山村南洞山。墓葬开凿在半山腰，两墓东西并列，墓道相距8米，均为岩洞墓，正南北方向。早年已被盗，墓口长期敞开，墓内已空无一

驮篮山汉楚王墓斜坡墓道

刘注银印

物。1号墓规模较大，全长近90米，由墓道、甬道、耳室、前室、后室、侧室组成。2号墓位于1号墓西侧，结构与1号墓相同，但规模较小，由墓道、甬道、东西耳室及主室组成。1号墓的耳室与2号墓的主室之间有长廊相连。墓为西汉中、晚期的某代楚王夫妇的合葬墓。

东洞山汉楚王墓又称石桥汉墓，位于徐州经济技术开发区东洞山西麓。墓葬占地约3000平方米，共有墓葬3座，均为岩洞墓。1号墓位于中间，早年被盗，由于墓壁上刻有明代造像，故志书上称其为仙人洞。1982年发掘，由墓道、甬道及7个墓室组成，全长约61米，最宽处16.5米，墓内面积210平方米，出土铜釜、玉璧、玉衣片等。2号墓位于1号墓北侧，1982年发掘，亦由墓道、甬道及墓室组成，但规模较小，平面呈刀形，甬道尽端仅有一个墓室，甬道前端以两块塞石叠压封堵。2号墓中

的漆木棺已朽，出土"明光宫"铜锤、铜鼎、灯、盘、博山炉、勺、鎏金沐器、铁器、陶器、玉璜、佩、环、滑石器及大量漆器的铜银扣件等共计167件。3号墓位于1号墓南侧，1997年7月发掘，墓仅凿出部分甬道，未完工，出土器物有漆奁盒、铜镜等。墓主为西汉中期某代楚王夫妇墓。

卧牛山汉楚王墓，位于徐州市泉山区卧牛山北麓，1980年发掘。墓葬为岩洞墓，墓北向，由墓道、甬道、耳室、主室及侧室组成，全长40米，墓内面积70多平方米。墓道为斜坡形，长18米，前端宽2米、后端宽1米，深6米。甬道分为前后两段，中间有一耳室，甬道长11.8米，宽1米，高1.8米，平顶。耳室长5.9米，宽3.6米，顶高3.2米，两坡式顶，当为车马室。主室位于甬道后部，长6.6米，宽5.6米，顶高4米，两面坡顶，地面铺石板，墓

壁四周堆积大量板、筒瓦。主室发现有人骨架一具，已散乱。侧室位于主室东，长4米，宽3.8米。墓早年被盗，出土遗物较少，陶器有盆、猪圈，瓷器有瓶、罐，铜器有镇、"大布黄千"钱和"大泉五十"钱，其他还有小玉环、无字玉印等玉器。墓葬时代为新莽，推测墓主人为第十二代楚王刘纡。

楚王山古墓葬群，位于铜山区大彭镇楚王山北麓，推测为楚元王刘交及其家族的陵园。楚元王刘交为刘邦的同父异母弟，西汉刘姓第一代楚王。《后汉书·郡国志》引《北征记》记载："城西二十里有山，山有楚元王墓。"《水经注》载："获水又东径同孝山北，山阴有楚元王冢，上圆下方，累石为之，高十余丈，广百步许，经十余坟悉结石也。"墓群原有坟冢10余座，墓周砌有石护坡墙作为墓垣。大型封土堆4座，呈东西向排列，自西向东分别编为1～4号墓。1号墓封土高约50米，凿山为藏，与楚王山主峰浑然一体，推测应为楚元王刘交之墓。为防止洪水冲刷封土，当时在上坡上凿有长20米、宽4米的排水沟。墓道东向，露出痕迹。2～4号墓均呈上圆下方的覆斗形，规模略小，为主墓的陪葬墓。2号墓位于1号墓北，封土堆高约8米，底周长200米。3号、4号墓均位于1号墓东。楚王山汉墓群尚未发掘，保存状况良好。

北洞山汉楚王墓，位于铜山区茅村镇北洞山南坡，1986年发掘。墓南向，由墓道、主体建筑和附属建筑三部分组成，计有墓室19间、小龛7个和走廊1条，建筑面积480余平方米。主体建筑开凿于山腹部，附属建筑则以块石砌筑于主体建筑东坡的石圹中，且低于主体建筑

3米左右。出土金器、铜器、玉器、石器、骨器、彩绘陶俑及陶器等文物500余件，特别是出土一批有价值的玻璃器共20件，有玻璃杯、蜻蜓眼饰纹玻璃、玻璃兽等，其中玻璃杯是中国发现最早的玻璃容器。出土的11枚铜印章为考证墓主人身份提供重要依据，初步推断为西汉早期某代楚王墓。

狮子山汉楚王墓形制之特别，出土遗物之多，文物质量之高，是以往汉代考古中不曾多见的，其发掘对于汉代文物考古、典章制度和社会历史等方面的研究具有重要意义。驮篮山汉楚王墓是徐州地区发现的又一处大型西汉崖洞墓，对研究中国建筑史具有重要的参考价值。龟山汉楚王墓规模宏大，结构复杂，是徐州西汉中期诸侯王墓的典型代表。南洞山汉楚王墓和龟山汉楚王墓一样有主次关系，应是"同茔异穴"墓的另一种形式。东洞山汉楚王墓与河北满城汉楚王墓、山东曲阜九龙山汉楚王墓的形制结

北洞山汉楚王墓彩绘仪卫俑

构相似，为研究西汉王侯墓葬和西汉史提供实物资料，也提出对明光宫、中宫、灵平宫、赵姬以及明光宫铜器如何来徐州等进行考证的课题。卧牛山汉楚王墓应为王莽时期的楚王墓，对研究楚王世系和两汉之交墓葬结构都有重要意义。北洞山汉楚王墓是徐州地区发掘的规模最大的西汉洞（石）室墓，也是已发掘的规模巨大、结构最复杂的墓葬之一。

1956年，楚王山古墓群被江苏省人民委员会列为省文物保护单位。1985年，徐州市人民政府明令划定东洞山汉楚王墓保护区。1985年，成立徐州汉兵马俑博物馆，俑坑遗址厅建成开放。1986年，狮子山汉兵马俑被公布为徐州市文物保护单位。1987年，铜山县人民政府核定北洞山汉楚王墓为县级文物保护单位。同年，徐州市人民政府核定北洞山汉楚王墓为市级文物保护单位。1992年，徐州市、铜山县、拾屯乡政府兴建了龟山汉墓陈列馆。1995年，龟山汉墓陈列馆划归市，管理上仍归拾屯乡政府。1996年，陈列馆划归九里区管理，并成立龟山汉墓管理处。1993年，徐州市人民政府公布驮篮山汉楚王墓为文物保护单位。1995年，建成狮子山楚王陵陈列馆。同年，汉楚王墓群整体经江苏省人民政府批准列为省级文物保护单位。1996年11月20日，汉楚王墓群被国务院公布为第四批全国重点文物保护单位，编号4-0063-2-007。2004年，徐州市博物馆建立汉楚王墓群"四有"档案。2005年，完成国家文物遗址保护项目——狮子山楚王陵的墓体加固工程。2010年，编制完成《徐州汉墓王墓群保护规划》，并划定汉楚王墓群的保护范围和建设控制地带。

**汉梁王墓群** 是西汉时期梁孝王刘武及后代各王的陵墓，位于河南省永城市东北约30千米的芒砀山。

西汉文帝前元十二年（前168年），文帝徙其嫡次子、淮阳王刘武为梁王，都睢阳（商丘睢阳区）。汉景帝前元三年（前154年）七国之乱时，刘武曾率兵抵御吴楚联军，使叛军无法越过梁国向西进兵，巩固西汉政权。后因居勤王之功，更仗其母窦太后宠爱和梁国地广兵强，成为西汉最为显赫的诸侯王。景帝中元六年（前144年），刘武病死，谥号"孝王"，葬于芒砀山。此后，梁国疆土一分为五，四子一代而终，只有长子刘买一支相沿。西汉中期以后，梁国不振，平帝元始五年（公元5年），梁王刘音被废，梁国国除。历代梁王及其王室贵族、大臣即葬于此地。

20世纪30年代，河南古迹研究会调查梁孝王墓。1984年，河南省文物局组织文物普查，在对芒砀山重点调查的基础上，确认了这是一处西汉梁国的王陵墓地。1986～2003年，河南省文物考古研究所、商丘市博物馆等单位先后对保安山三号墓、僖山一号墓、柿园汉墓、窑山二号墓、黄土山三号墓、保安山二号墓一号陪葬坑、保安山二号墓、梁孝王寝园基址、磨山墓群、夫子山三号墓、铁角山二号墓一号陪葬坑、僖山二号墓、黄土山二号墓等进行抢救性发掘。2006年在芒砀山主峰发现一处汉代建筑基址，由河南省文物考古研究所进行考古发掘，被认为是一座与梁国礼仪祭祀活动密切相关的重要礼制建筑。

陵区面积约10平方千米，已发现大中型墓葬18座，陵园2处，寝园1处，礼制建筑基址1

处，中小型土坑墓数百座。主要的陵墓有梁孝王陵、王后陵、梁共王陵、柿园汉墓、僖山汉画像石墓等。在每个埋葬单元内，王和王后并列而葬，排列有序。截至2017年，经省、市文物部门正式发掘和清理的王或王后、嫔妃墓8座，尚有10余座大墓已暴露出墓道或墓门。

汉梁王墓群按墓室结构可分为三类：一是崖洞墓，即所谓的"斩山作廓，穿石为藏"；二是石室墓，即先在石山体上凿制方形或长方形崖坑，在崖坑中用方形或长方形石条砌筑墓室；三是土坑墓，梁王陵墓以第一、二类为主。

保安山一号墓，即梁孝王墓，位于保安山南峰，属崖洞墓。由墓道、车马室、甬道、主室、侧室、回廊、排水设施组成，墓内面积700平方米，容积2800立方米。历史上多次被盗，墓内遗物荡然无存。

保安山二号墓，即梁孝王李后墓，位于保安山北峰，也是崖洞墓。1991年发掘。由两条墓道、三条甬道、前庭、车马室、前室、后室、34个侧室以及回廊、隧道等复杂结构组成，东西全长210.5米，最宽处72.6米，墓内面积1600平方米，容积6500多立方米。墓道、甬道、前庭等皆用巨型塞石封堵，共清理出近3000块，近乎每块塞石上均刻有文字，内容为塞石的位置、编号、尺寸、刻工姓名等，亦遭多次盗掘，劫掠之余尚出土有少许铜、银、铁、玉、陶、石器等。

柿园汉墓，位于保安山东南约500米东山头，崖洞墓。1987～1991年，由商丘地区文化局组织发掘。墓门朝向西北，全长95.7米，最宽处13.5米，最高处3.1米。由墓道、甬道、主室及多个侧室组成，面积383.55平方米，容积1738立方米。墓道、甬道填满塞石，发现100余块塞石上刻有塞石尺寸、刻石日期、刻

汉梁王墓室

汉梁王墓厕间

汉梁王墓四神壁画

工姓名、编号位置内容的信息。墓内主室顶部及南、西壁绘有巨幅以青龙、白虎、朱雀及云气图案为主要内容的彩色壁画,线条流畅,色彩鲜艳。墓葬亦遭多次盗掘,仅残存有金饼、"半两"钱、玉片、陶器等少量遗物。但在墓道东南角靠近墓门处发现一处钱窖,出土铜钱约225万枚,重约5.5吨,多为"半两"钱,也有极少数先秦圜钱。塞石以西墓道底部出土24辆车马器(模型)、45件陶俑(含守门俑、女侍俑、骑马俑等)以及刀、剑、戟、镞、弩机等兵器,初步推断为梁共王刘买的陵墓。

僖山一号墓,位于僖山山顶东部。1986年发掘。竖穴石室墓,由墓道、墓室组成,平面呈"甲"字形。墓道东向,残长11米,宽4.2米,塞石上多刻有文字。出土遗物较丰富,包括金缕玉衣片1000余片,已复原成一套完整的金缕玉衣;玉璧70余件;玉质刀剑装饰品24件及玉戈、玉钺、玉圭、玉贝、玉鸽、玉鸠、玉舞人等;铁器有刀、剑、斧等;另有漆器、纺织品残片等,初步推断为西汉末期某位梁国国王之墓。

僖山二号墓,位于僖山山顶西部,东距一号墓约50米。1995年发掘清理。竖穴石室墓,墓道西向,与一号墓相背而葬。墓室东西长7.05米,南北宽4.1米,室内高4.25米,内壁多处有刻字。其中1号陪葬坑在不足10平方米的范围内出土1800多件实用鎏金车马器、玉器、兵器和其他遗物,多数是西汉梁王陵出土器物中罕见的珍品。推测为西汉末期某位梁国王后之墓。

黄土山二号墓,位于黄土山北峰,崖洞墓。1999年发掘。由墓道、甬道、主室和侧室组成。墓道北向。出土大批实用鎏金青铜器,含滤烟宫灯、枝形灯、沐盘、壶、盆、勺及玉器、陶器、木俑等,推测为某位梁国王后墓。

芒砀山礼制建筑基址位于芒砀山主峰,坐北朝南,是平面呈方形的石质台基,东西长31.5米,南北宽33.5米,因其所处西汉梁王陵中心突出位置,专家认为此基址应为梁国的重要祭祀建筑遗址。

汉梁王墓群多是依山开凿的大型崖洞墓,虽多数曾遭盗掘,但墓室结构保存完好,是中国发现规模最大的石室陵墓群。墓室和陪葬坑中出土的以西汉早期壁画和金缕玉衣为代表的大批文物,具有重要的历史、艺术、科学价值。芒砀山主峰西汉大型礼制建筑基址的发

梁孝王墓"孝园"铭铜瓦

现，为汉代的陵寝制度、祭祀制度的研究增添新的资料。

1978年，永城县成立文物管理委员会，负责全县文物保护管理工作。1979年，汉梁王墓群被公布为永城县第一批文物保护单位。1986年，汉梁王墓群被河南省人民政府公布为第二批省级文物保护单位。1996年11月20日，汉梁王墓群被国务院公布为第四批全国重点文物保护单位，编号4-0064-2-0008。1999年，永城市文物旅游管理局成立，具体负责该陵墓群的保护管理工作。2013年，河南省文物局编制《永城市芒砀山汉梁王墓群保护总体规划》，划定保护范围和建设控制地带。汉梁王墓群文物"四有"档案，由永城市文物旅游管理局保管。

**汉中山王墓** 是西汉中山国历代中山王（除靖王刘胜的墓葬在满城外）的墓葬，共有175座汉墓，分布在河北省定州市城区东、西、南部的村庄附近。定州在东周时期地属中山国，西汉景帝沿用旧国名，封于此地的诸侯王仍称中山王。西汉历代中山王的陵墓大多分布于此。

定州位于冀中平原西部，古称"中山"。据史料记载，尧帝在定州受封为唐侯。到商代，定州仍为方国（1991年定州北庄商墓发掘证明）。春秋战国始用"中山"之名。汉高祖刘邦时，中山郡领有卢奴（定州）。汉景帝前元三年（前154年），刘胜被封为中山靖王，定都卢奴，中山郡改为中山国，辖14个县，相袭17代，历时300余年。中山王死后除靖王刘胜的墓葬在满城外，大部分都葬于定州境内。

1959年3～9月，河北省文物工作队对北庄子汉墓M150进行发掘清理。1964年，河北省文物工作队对定县境内进行文物勘探调查。1969年，定县博物馆对定县43号汉墓进行发掘清理。1973年，河北省文物保护管理处和定县博物馆对定县40号汉墓进行发掘清理。1995年，河北省文物研究所对陵北M137号汉墓进行发掘清理，没有出土文物。

北庄子第150号汉墓，位于定县（1986年改为定州市）城北1.5千米的北庄西北边，墓室庞大，封土堆积高阔，高约20米，长、宽均

汉中山简王刘焉墓出土白玉蝉

约40米，面积1600平方米，平夯筑起，为石椁砖室墓结构，由墓道、东耳室、甬道、前室、主室和回廊等部分组成。砖室外部有用4000余块方形和长方形的石块构成的石椁，椁长、宽各20米，高8.4米，椁顶铺砌石块三层，厚0.8米，四壁砌石块一层，厚约1米。墓虽早被盗掘破坏，但仍出土有陶、铜、铁、玉石、骨、金银器等，共计401件。陶器208件，保存较为完整，在种类上有壶、罐、鼎、盒、勺、盘、碗、魁、耳杯、灶、井、仓房和楼等；铜器129件，其中包括日用器具、兵器和一些铜饰件等；玉石器47件，有玉枕、带钩、璧、豚、塞、眼盖以及"玉匣"饰片等，其中以玉璧件数最多；骨器7件；金银器各1件；钱币为五铢钱一种，共计153枚；石块中带有刻铭和墨书文字的共计800块，记载的地名不仅包括中山国的大部分县名，还有邻近的国和郡县的名称，为北庄子汉墓的年代下限问题研究提供可靠根据。从墓葬构造、随葬器物方面考证，墓葬年代为公元56～88年，墓主人应为中山简王刘焉。出土器物收藏在河北博物院。

中山王墓第120～122号墓，三墓东西并列，坐北朝南，为三座大型土坑竖穴木椁墓。墓葬分前、后两部分，外椁置随葬品、车马器。121号墓出土有"中山"字样的封泥；122号墓出土有"中山内府"铜钟，"刘骄君""刘展世"铜印。三墓共出土车9辆，马35匹，错金银铜车伞盖1个。从墓制形式和史料记载推测，此墓为中山哀王昌和穈王昆侈及其家族墓。出土器物现收藏在河北博物院。

43号汉墓，位于定州市城南北陵头村村西约200米处，封土高12米，直径约40米，为夫妻合葬砖室墓。墓室结构复杂、规模宏大，由墓道、东耳室、西耳室、前室、中室、东后室、西后室等部分组成。墓室南北全长（不计墓道）27米多，东西最宽处13.8米。清理出金器80件，贵重的有掐丝龙形金饰片1件，掐丝金龙1件，掐丝金辟邪2件，掐丝金羊群1件；银器25件；玉器32件，其中贵重的有玉座屏、乳丁纹青玉璧、扇形玉饰片等；铜器、铁器、陶

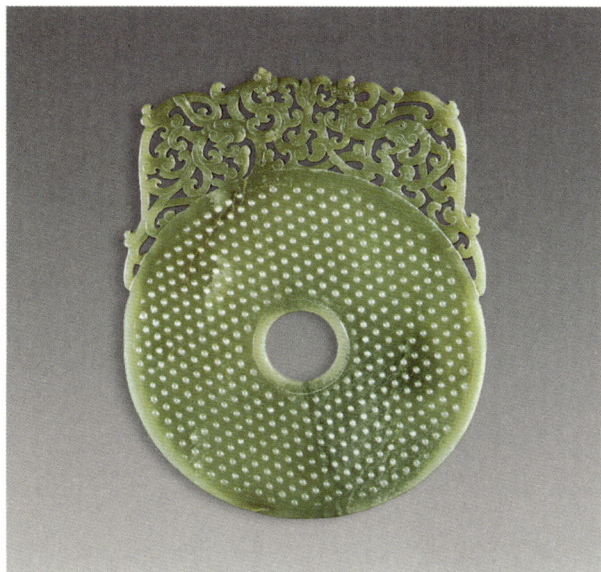

汉中山简王刘焉墓出土透雕双螭纹玉璧

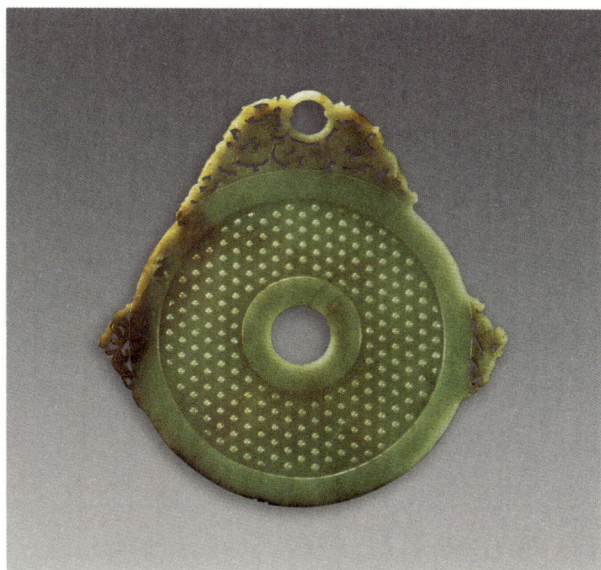

汉中山穆王刘畅墓出土二龙衔环谷纹玉璧

器、骨器等共计1100余件；银缕玉衣散片1000余片；石衣散片400余片；五铢钱235枚，分4种类型。出土的器物生动再现当时东汉社会贵族阶层的奢侈生活和虽死犹生的厚葬习俗。从墓室结构和出土器物推测，此墓为熹平三年（174年）去世的第十六代中山穆王刘畅之墓。刘畅为汉光武帝第三代孙，父为中山孝王刘弘，在位34年。43号汉墓是河北省继中山靖王刘胜墓、中山简王刘焉墓之后发掘的又一汉中山王王墓，为系统研究汉代中山国政治、历史、社会经济、日常生活等各个方面提供了大量实物资料。出土器物现收藏在定州市博物馆。

40号汉墓，位于定州市西南4千米的八角廊村西南部。封土残高约16米之多，周围有城垣，呈长方形，南北长145米，东西宽127米。墓道为斜坡状，长30米。墓室全长31米，最宽处12.9米，墙基厚11米左右。封土直径约90米，均为夯筑。墓室向南，平面为"凸"字形，分墓道、前室、后室三部分，通长约61米。墓葬形制为西汉时期最高规格的黄肠题凑，前室墓顶、墓壁用三层方木垒成，后室室壁为六层方木一横一顺叠垒而成，室顶横铺五层方木，动用柏木2000立方米。出土陶器300多件，铜器1件，长方形铁炉1件，车马饰1件，铁戟5件，铜敦11件，金缕玉衣1套，昭明铜镜1件，贴金箔饰漆奁1件，玉璧1件，玉瑗1件，金饼40块，掐丝贴花镶琉璃面马蹄金、麟趾金3块。有大量的炭化竹简古籍，经初步整理有《论语》《太公书》《文子》《六安王朝五凤二年正月起居记》等重要古籍。从墓室结构和出土器物推测，此墓为中山怀王刘修墓。

1982年，定县汉墓群被列为河北省文物

保护单位。1990年，定州市文物保护管理所成立，负责汉中山王墓的保护和管理工作。2001年5月25日，汉中山王墓被国务院公布为第五批全国重点文物保护单位，编号5-0147-2-003。其中有的王墓已经发掘，并列有未发掘王墓的保护范围和建设控制地带。2011年第三次文物普查完成以后，建立汉中山王墓"四有"档案，保存于定州市文物保护管理所档案室。

**六安汉代王陵墓地** 是西汉六安国诸侯王陵墓地，位于安徽省六安市金安区三十铺镇双墩村。墓地北临沔河干渠，东依百家堰河，南望青龙岗，西临三叉河，丘陵起伏，地势高敞。

汉武帝元狩二年（前121年），汉武帝取"六地平安，永不反叛"之意，置六安国，封胶东王刘寄之子刘庆为六安王，都六安。六安国历经恭、夷、缪、顷、刘育五王，最后一代六安王刘育汉成帝阳朔二年（前23年）继位，汉元延三年（前10年）被王莽降为公（爵），次年被废为庶人，六安国延续130年。

20世纪70年代当地修建灌溉水渠时，在马大墩北冢西北10米处，发现车马坑一座，出土遗物100余件，器形主要是马具、车具等文物。2006年3月至2007年1月，为配合铁路建设，安徽省文物考古研究所和六安市文物管理局联合对双墩一号汉墓进行抢救性发掘。发现保存完整的黄肠题凑葬具以及车马坑、陪葬坑、陪葬墓等，出土漆木器、金银箔、玛瑙、青铜器、车马器等文物500余件，还发现多种农作物果实。根据出土的"六安飤丞"封泥和带"共府"铭文的铜壶等考证，墓主为西汉六安国第一代国王刘庆。2006~2007年，经省、市文物部门分别两次对双墩一号汉墓周边进行科学调查，发现多座墓葬，其中有8座大型土墩墓冢，2座一组，南北向排列，紧密相连，俗称"四对八大墩"。经考证，应是前4代六安王及王后的陵墓。确定其为西汉六安国王陵墓葬区，即六安汉代王陵墓地。2012年年底，六安市文物管理局和王陵墓地管理所对六安汉代王陵墓地进行全面调查，新发现部分小型墓葬和文物标本。

六安汉代王陵墓地分布在海拔57～60米以上的丘陵高岗地段，南北长5千米，东西宽3千米，面积15平方千米。宁西、合武两条铁路从东西方向横穿墓地，以宁西铁路为界分南、北两个小区。北区为王陵墓地核心区（国保单位），有30座墓，其中有4座巨大的南北向并列双连冢墓葬，即双墩、马大墩、三星墩、高大墩，俗称八大墩王陵（含双墩一号汉墓）。每对墓葬之间相距约500米，其余墓葬大都为零星分布的单冢或个别一线排列的中型墓葬，散布于八大墩墓葬的周围，属于陪葬墓。南区为附属墓葬区（市保单位），有14座墓，多为单冢，少数为双冢，除玄武墩、青龙岗墩墓冢较大外，其他墓则较小。王陵区内地面建筑不存，采集有瓦当、板瓦、砖等建筑构件，表明当时曾有墓上建筑。

六安双墩一号墓的发掘和六安国王陵区的发现，对研究西汉诸侯王陵制度以及汉代的政治、经济、文化等具有重要的科学价值，填补了汉代六安国历史研究的空白。

1979年，成立六安地区文物工作组，开展日常管理工作。2007年，六安汉代王陵墓地被安徽省人民政府公布为省级文物保护单位。2008年，在原皖西博物馆院内盖起保护大棚，对一号汉墓出土的部分黄肠题凑木质文物和内棺等进行技术性保护。同年，安徽省文物事业

双墩一号汉墓黄肠题凑墓室木结构

双墩一号汉墓出土的玉瑵

双墩一号汉墓出土的金箔、银箔

管理局和安徽省住房与建设厅联合印发《关于公布六安汉代王陵墓地等三处省级文物保护单位保护范围和建设控制地带的通知》，确定保护范围。2010年，在一号汉墓原址建成钢构保护大棚，在墓坑南侧修筑挡土墙保护墓室。2011年，成立六安汉代王陵墓地管理所，专司王陵墓地的保护和管理职责。2012年，实施六安双墩一号汉墓黄肠题凑地下墓室工程，达到隔绝墓室与地下水。2013年后，曾发生多起盗掘王陵案件，由于文物和公安部门的密切配合，防范及时，破获了三起案件。2013年5月3日，六安汉代王陵墓地被国务院公布为第七批全国重点文物保护单位，编号7-0580-2-0064。2014年，六安市文物管理局（王陵管理所）建立"四有"档案并存管。2015年以来，启动了《六安汉代王陵墓地保护规划》的编制，完成一号墓本体保护工程技术方案，安防工程正在施工中。

**定陶王墓地（王陵）** 是西汉定陶国王刘康恭王陵，位于山东省菏泽市定陶区马集镇大李家村西北约2000米，20世纪50年代墓地仍保留三座封土大墓，后被夷平。

整个墓地（王陵）占地面积14.84万平方米，因处于黄泛区内，整个陵园淤埋较深，确切陵园面积没有勘探清楚。但据《汉书》及郦道元《水经注》记载，陵园确实存在，且"城郭数重"。陵园北门曾被重修，南门外有残碑两通，世谓之"丁姬冢"。

定陶王墓地内发现三座封土大墓，呈三角分布。其中1号墓位于墓地的东部，为一座大型"甲"字形土坑竖穴券顶石室墓，1999年进行抢救性发掘。墓葬由墓道、墓门、前室、后室组成。地表封土直径70多米。垒砌墓室石材部分刻有文字。残存随葬品较少，出土有鎏金铜器残件，包括承弓器、金箔、五铢铜钱、铜镜以及车马器等，另有硬釉陶陶壶、玉尺、陶罐、铁矛等。墓主人身份不清。

2号墓位于墓地的西部，多次遭盗掘。2010年，山东省文物考古研究所正式开始发掘工作。2号墓葬在墓地当中属于最大一座。探明汉代地表上封土覆斗形，边长约180米。墓葬属于大型土坑竖穴木椁墓。墓坑、墓道外围为大型版筑夯土台构筑的地上墓坑。墓坑基本方形，边长28.4米，墓坑上部封填青膏泥。整个木椁墓室是一座大型木构黄肠题凑墓室，墓室顶部、四周及底部都被青砖围护，四周为宽2.4米的积沙槽。墓葬由墓道、甬道、前室、中室、后室及前中后三室的八个耳室、回廊、回廊外南北、东西相互对称的12个室组成。黄肠题凑三周大约3万余根，每根题凑长1.15米，基本三根一组，用榫卯连接。墓室黄肠题凑为柏木，墓室上部五层枋木为松木和楠木。中室内单棺为梓木。整个墓室木材总量2200余立方米。墓室外围护青砖4万多块，大多数有墨书、朱书、刻画的文字及符号等。文字内容多为人名，另有少量地名及数字等。

2011年，清理2号墓室顶部青砖及墓室内，墓室内没发现任何可移动文物。2012年6月，清理中室东门道内墓地板下木板构筑的随葬坑，出土丝织品包裹的竹笥一个，竹笥内有一件女式丝质汉袍，汉袍的领部缝制一枚玉璧。

2012年，中国文化遗产研究院开始制定2号墓的整体原址保护方案。文保人员拆解了三组黄肠题凑。每根黄肠题凑都墨书有文字，文字内容多是制作题凑墓的题记。其中一组题凑墓上的文字："上，补节三所深八分至寸一分"；"中，建始四年四月癸丑护临匠充斫奴小王宜作掾谭啬夫宣佐通护敞长乐省匠由补节，奴疆书，令政作丞晏临槎"；"下，补节四所深五分至八分"，"补节深寸一分"。从此题记可以判定题凑制作年代以及墓的大致相对年代为成帝以后的西汉晚期。

2014年，对2号墓积沙槽局部解剖发掘，解决地下水问题，搞清墓室下部所铺砖沙与枋木结构。2015年，秦始皇帝陵博物院、山东省文物考古研究所、定陶区文物局成立定陶汉墓2号墓彩绘文字砖保护修复工作组，启动文字砖保护修复项目。截至2017年，共修复文字砖12597块。文字多为隶书，个别为篆书，记录内容丰富，对研究汉代书法艺术、人文地理等是十分珍贵的资料。

2015年，开始启动定陶王陵2号墓整体原址保护方案一期工程。

2016年，2号墓原址保护方案的一期工程项目施工。在墓坑周围南北137米、东西98米的范围内设置深29米的止水帷幕。施工期间，发现有围绕墓坑的大型版筑夯土台，以及东向墓道及墓道两侧南北两个版筑阙台。加上版筑夯土台上围绕墓坑、墓道边缘的柱洞、柱坑，形成一大型礼制性夯土建筑台基，是在大型墓葬发掘中首次发现。

关于定陶王墓地（王陵）的墓主人身份，从文字砖地名、人名分析，出现"丁明""昌邑"和定陶王刘康有密切关联，加上黄肠题凑制作年代，都说明该墓地属于定陶王刘康的恭王陵。此外，郦道元《水经注》中有定陶恭王

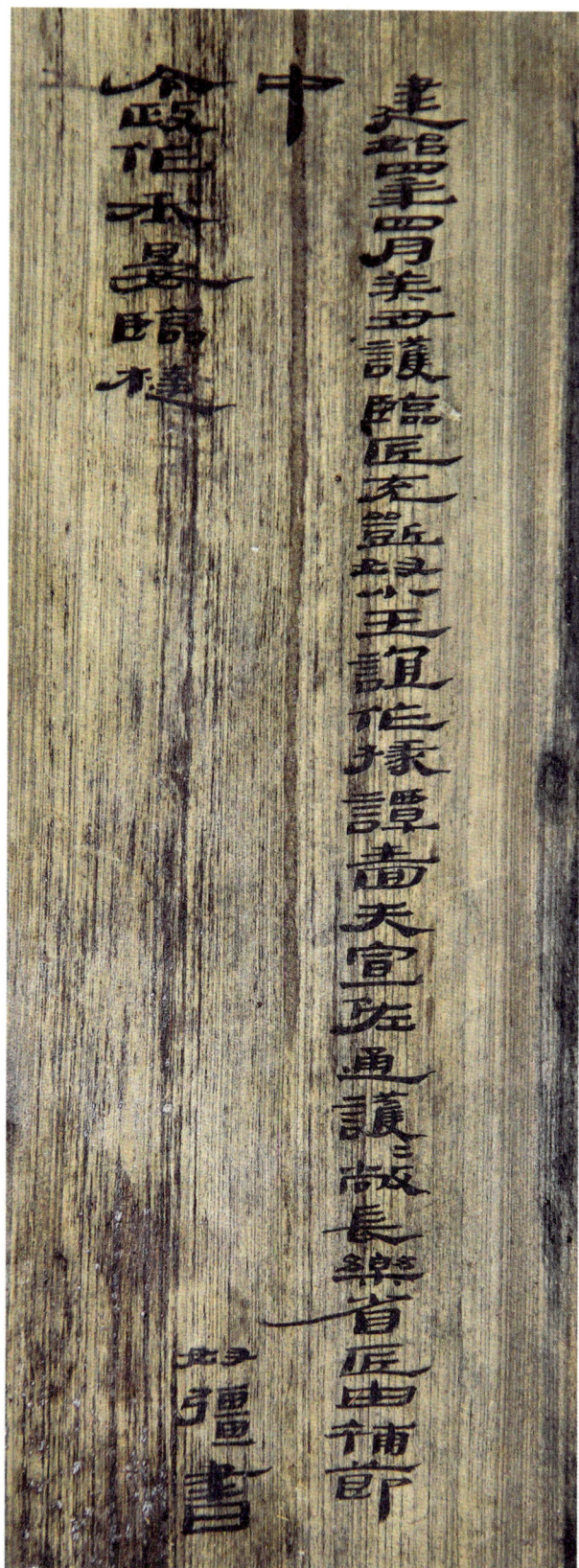
黄肠题凑上的部分文字

陵在左山北的记载。此墓地正南2000多米就是左山，因此，确定定陶恭王陵既是此地。

墓地内2号墓主人，根据大型黄肠题凑墓葬的规格，属于亚帝王墓。出土汉袍据专家考证为女式丝袍。结合《汉书》等文献记载，墓主人可能为定陶王刘康的妻子丁昭仪。其死后，汉哀帝刘欣以丁太后（帝太后）的身份将其母亲归葬恭王陵。母以子贵，墓葬规格之高与之相符合。

定陶王墓地3号墓位于1号墓、2号墓两座墓中间偏南，呈三角分布，与很多汉代王陵布局（王、后墓）相一致。墓葬比一号墓规模略大，也是一座大型石室墓。

2013年5月3日，定陶王墓地被国务院公布为第七批全国重点文物保护单位，编号7-0602-2-086。专门管理机构为定陶区文物局设立的定陶王墓管理所。"四有"档案齐全，保管机构为定陶区文物局。

杜陵 是汉宣帝刘询与王皇后合葬之陵园，位于陕西省西安市雁塔区曲江街道办事处三兆村南，地处少陵塬东北部，东临浐河。

汉宣帝刘询（前91～前49年），字次卿，是汉武帝的曾孙，戾太子刘据的孙子。刘询出生不久，"巫蛊之祸"爆发，祖父母及父母全部遇害，幸亏廷尉监邴吉照顾，方使牢狱中的他存活下来。刘询青少年时期生活在社会下层，聪明好学，崇拜游侠，深知民间疾苦。昭帝英年早逝，没有子嗣，大将军霍光先是立昌邑王刘贺为皇帝，后又因其不道而将其废掉，刘询这才得以继承皇位。刘询执政期间裁减用度，整饬吏治，惩治贪腐，轻徭薄赋，降服匈奴，囊括西域，出现天下殷富、百姓康乐的繁荣局面，史称"宣帝中兴"。黄龙元年（前49年）十二月，宣帝驾崩于长安城未央宫，次年正月葬于杜陵。

汉宣帝即位后第九年开始营建杜陵，"元康元年（前65年）春，以杜东原上为初陵，更名杜县为杜陵。徙丞相、将军、列侯、吏二千石、赀百万者杜陵"。汉元帝初元元年（前48年），宣帝葬于杜陵。汉成帝永始元年（前16

杜陵远景

年）孝宣王皇后合葬于杜陵东园，杜陵营建工程基本结束。西汉时期，杜陵有寝园、食官、陵邑等完善的管理机构，上至丞相，下至陵园、陵邑官员，均对杜陵负有管理责任，因此得到很好保护。东汉时，皇帝经常前往杜陵等十一陵祭祀。杜陵在西晋末年遭到群发性盗掘，"三秦人尹桓、解武等数千家，盗发汉霸、杜二陵，多获珍宝"。此后，历代对杜陵虽多有保护，但陵区逐渐荒废、衰落。

清光绪三十二年至宣统二年（1906～1910年），日本学者足立喜六曾对杜陵进行过踏查，对杜陵的帝陵封土、陵园墙址、陵区建筑遗址及陪葬墓的保存状况有所记录。1982～1985年，中国社会科学院考古研究所对杜陵进行大规模的考古勘查，对部分门址、寝园遗址、外藏坑等进行考古发掘，对陵区布局、结构、内涵有了较为清楚的认识，取得重大考古成果。2005年，陕西省考古研究所在杜陵邑遗址附近发掘一处汉代厕所。2011～2013年，陕西省考古研究院等单位对杜陵进行全面考古调查与勘探。

杜陵陵区包括汉宣帝陵园、王皇后陵园、陵区建筑遗址、外藏坑、杜陵邑、陪葬墓等，南北长4千米，东西宽3千米。

汉宣帝陵园，位于陵区南部，平面为方形，边长433米。陵园周围有夯筑垣墙，墙基宽6～10米。四面垣墙中部各设一门，大小、形制基本相同，门址面阔82～84米，进深20～22米。东、北门址进行过考古发掘，出土有大量的砖、瓦、瓦当等建筑材料。和汉景帝陵园南、东门址相比较，汉宣帝陵园门址的规模、形制较小，建筑形式应为二出阙。汉宣帝陵封土位于陵园中央，形状为覆斗形，底部、顶部平面均为方形，边长分别为172米和50米，高29米。封土南侧有清代石碑5通。墓葬形制为"亞"字形，封土四侧正中各有一条墓道，大小、形制基本相同。封土外部分长20米、宽约8米，底部为斜坡状，填土夯筑。墓室压在封土之下，形制结构不清楚。汉宣帝寝园遗址位于陵园南侧，二者相连，共用陵园

杜陵

南墙东段。遗址平面为东西向长方形,长174米,宽120米。四面筑墙,墙宽1.2～6米。寝园中有寝殿和便殿。寝殿遗址位于寝园西部,南北长120米,东西宽116米。便殿遗址位于寝园东部,南北长120米,东西宽73.5米。遗址中出土有汉代砖瓦、铜器、铁器、陶器以及大量动物骨头等。

王皇后陵园,位于汉宣帝陵园东南,平面为方形,边长335米。四周有夯筑垣墙,墙基宽3.9米。四面垣墙中部各开一门,四个门的形制、大小基本相同。门址面阔67.8米,进深19.3米,形制与汉宣帝陵园门址基本相同。王皇后陵封土位于陵园中央,形状为覆斗形,底部边长148米,顶部边长45米,高24米。王皇后寝园遗址位于陵园南侧,二者相连,共用陵园南墙西段。遗址平面为东西向长方形,长129米,宽86米。寝园包括寝殿和便殿。寝殿遗址位于寝园西部,东西长90米,南北宽86米。便殿位于寝园东部,自成一组院落,南北长72.5米,东西宽42米。

陵区建筑遗址有3处。八号遗址位于汉宣帝陵东北400米处,遗址高出周围地面1～3米,中央的夯土台基东西长73米,南北宽70米,深5米。出土大量汉代砖、瓦及龙、凤纹空心砖等建筑材料。八号遗址可能是杜陵的陵庙遗址。九号遗址位于汉宣帝陵东北550米处,夯土基址东西长40米,南北宽20米,深2.9～4.7米。十号遗址位于汉宣帝陵寝园遗址南7米处,东西长174米,南北宽70米。遗址东西界基本与寝园东、西墙南北相对。遗址内多为小型房屋和庭院,大概属于园寺吏舍类建筑。

外藏坑,分布在汉宣帝陵园的北面和南面,以北面为主。其中,1号坑位于汉宣帝陵北520米处,由通道、坑体两部分组成。通道位于东端,由平面、台阶和斜坡组成,以台阶为主。通道西端设门,门宽2.6米,高1.76

王皇后陵

米。坑体平面近方形，东西长12.04米，南北宽10.4米，分为主室和车室。主室为方形，东西长8.56米，南北宽8.28米，高2.6米，出土有着衣式陶俑40件。车室位于坑体东南角，南北长3.12米，东西宽2.2米，放置两辆木质髹漆彩绘明器车。1号坑出土遗物1551件，按质料分有陶、石、铁、铜、金等遗物，绝大多数为明器。4号坑位于1号坑西侧130米处，由通道、坑体两部分组成。通道位于东端，长3.9米，宽1.4米，底部为斜坡状。坑体平面呈长方形，宽4.2米，深4.4米。4号坑被盗严重，出土陶俑9件及铜带钩、镦、"大仓"印章、铁戟等。另外，在宣帝陵北290米、500米处和陵园西南角以南60米处，各发现一座陪葬坑。

杜陵邑遗址，位于三兆村北、缪家寨村南，西自曲江化工厂，东至杜陵北部陪葬墓区西。陵邑平面为东西向长方形，东西长2250米，南北宽700米。陵邑城墙地面无存，墙基宽2.5～3米，残存厚0.4～0.8米。杜陵邑当年的人口为3～5万户，达30万余人。曾居住在杜陵邑的高官有张安世、张延寿、苏武、杜周、杜延年、韦贤、韦玄成、赵充国、韩延寿、萧望之、冯奉世、冯野王、史丹、王商及富商樊嘉等。

杜陵陪葬墓，分为东南、东北两大区，有封土的62座，无封土的45座。东南陪葬墓区位于王皇后陵园东南，北至宣帝陵东司马门道，西至王皇后陵园，南至甘寨村，东至原边，墓区范围东西长1200米，南北宽700米。东南陪葬墓区封土24座，无封土者29座，共计53座。大型陪葬墓主要分布在东南区，成组分布，大致可分为6组。东北陪葬墓区位于汉宣帝陵东北，南至宣帝陵东司马门道，西至穿过宣帝陵的南北线，北至缪家寨村东北，东至原边，墓区范围南北长2100米，东西宽1100米。共有陪葬墓54座，其中有封土者38座，无封土者16座。此区南部的陪葬墓分布比较集中。东北区陪葬墓的规模一般较小，有17组成组排列的墓葬，二墓或东西排列，或南北排列。成组的墓葬可能属于夫妻合葬墓。东西并列者距离帝陵较近，茔域和封土规模较大，南北并列者距离帝陵较远，茔域和封土规模较小。成组墓葬中，东西并列者西边墓一般大于东边墓，南北排列者南边墓通常大于北边墓。二墓的距离根据规模大小而异，封土规模越大者距离越远，反之则较近。陪葬墓封土一般夯筑，形制有覆斗形、圆丘形两种。前者规模较大，距离帝陵较近，大多分布在东南陪葬区，墓室多积石积沙。文献记载陪葬杜陵的有丞相邴吉、卫尉金安上和中山哀王刘竟等。杜陵陪葬墓只完成勘查工作，没有进行考古发掘。

杜陵是西汉中期修建的帝陵，陵区面积大，遗迹丰富，地下文物数量巨大，制作精美，对研究西汉中期的政治、经济、军事、社会生活等具有重要价值。

1956年，陕西省人民委员会公布杜陵为陕西省第一批重点文物保护单位。1988年1月13日，杜陵由国务院公布为第三批全国重点文物保护单位，编号3-0234-2-005。陕西省人民政府印发《关于批准公布全国重点文物保护单位杜陵和统万城遗址保护规划的通知》，划定杜陵保护范围和建设控制地带。西安市西汉帝陵保护管理中心负责霸陵、杜陵日常管理工作。杜陵"四有"档案资料齐全，保存在西安市西汉帝陵保护管理中心。

**洞沟古墓群**　是汉至唐时期高句丽遗存中规模最大的墓葬群，位于吉林省集安市，分为墓群和采石场遗址两个部分。2005年统计墓葬7836座，其中积石墓4018座，封土墓3806座，未编号墓葬12座，包括已注销墓的3574座墓葬在内，总数为11410座。年代跨度从公元前后至668年高句丽灭亡近700年。

墓群（含好太王碑）主要分布在以集安市区为中心的通沟平原周边，东西长约30千米，南北宽约1～3千米，面积约943万平方米。墓群依据墓葬自然分布状况及现行行政区划，划分为7个墓区，自西向东依次为麻线墓区、七星山墓区、万宝汀墓区、山城下墓区、禹山墓区、下解放墓区、长川墓区。采石场位于集安市区北23千米的阳岔乡高台村，遗址南北长约1250米，东西宽约1000米，范围约172.34万平方米。

清光绪三年（1877年），好太王碑被发现，集安高句丽遗迹开始逐渐为世人所知。19世纪末叶，王国维、罗振玉等学者对好太王碑开展研究，为中国学者高句丽学术研究之始。19世纪末至20世纪中叶，对洞沟古墓群的调查和研究，主要是由日本学者开展的。中国学者只有金毓黻于民国24年（1935年）赴辑安（集安）对部分大型墓葬、好太王碑、国内城、丸都山城等遗迹进行实地踏查，而日本学者却以"日满文化协会"的名义，多次对洞沟古墓群中的大型积石墓、壁画墓实施调查、测绘和著录。民国24年（1935年）、民国25年（1936年），由池内宏和梅原末治主持辑安高句丽遗迹调查，调查成果《通沟》上、下卷分别于民国27年（1938年）、民国29年（1940年）出版。

20世纪50～60年代，吉林省博物馆、吉林省文物管理委员会和辑安县博物馆对洞沟古墓

禹山墓区远景

西大墓铭文瓦当

将军坟全景

群开展多次调查、测绘和著录工作。1962年，结合第一次全国文物普查工作，吉林省博物馆辑安工作队、辑安文物保管所对洞沟古墓群开展调查、研究，陆续对一批重要墓葬进行清理、著录、拍照和壁画临摹。1964年，文化部文物管理局、吉林省博物馆、辑安县文物保管所对好太王碑进行化学封护。1966年，吉林省文物管理委员会、吉林省博物馆、集安县文物保管所对洞沟古墓群进行全面实测、编号、分类和登记。20世纪70年代开始，配合各类基本建设，对洞沟古墓群开展几次大规模的发掘工作。1976年，吉林省博物馆、吉林大学历史系清理墓葬350余座。1982年，修建好太王碑保护亭和围墙。1984~1986年，吉林省考古所、集安市文物保管所清理墓葬230座。1993年，对洞沟古墓群51座墓葬进行保护性维修。1997年，吉林省文物考古研究所、集安市文物保管所对洞沟古墓群进行全面测绘。2003年，配合集安高句丽遗迹申报世界文化遗产，吉林省文物考古研究所组织全省业务力量，对洞沟古墓群40个遗产申报点实施考古清理、发掘以及保护、展示的业务指导。2005年后，结合高句丽遗址后续保护项目的开展，又对麻线一号墓等

5座重点墓葬进行清理和保护。

洞沟古墓群高句丽墓葬，成群密集分布在河谷、岗地和山麓之上，均在地表保留有封石、石坛或封土。墓葬类型总体上可分为积石墓和封土石室墓两大类。积石墓依据外部形态分为无坛、有坛（圆坛或方坛）、阶坛三类，其内部结构分为石圹、石室两部分。封土墓包括无坛石室墓、方坛石室墓、阶坛石室墓和大量的小型石室墓。

积石墓大部分为边长20米以下的中小型墓葬，少数墓葬边长30米上下，当为重要的王室贵族墓葬。其中超大型积石墓有十余座，都有独立的墓区，墓上多见建筑瓦件，原本应有墓上建筑，在墓葬的周围发现祭台、墓域铺石、墙垣等与陵寝设施有关的遗迹。其中，将军坟、太王陵、千秋墓、西大墓、临江墓、七星山211号墓、七星山871号墓、麻线626号墓、麻线2100号墓、麻线2378号墓、禹山2110号墓、山城下36号墓、禹山992号墓13座墓葬，经2003年考古发掘调查，被推定为高句丽早中期积石墓王陵。

将军坟，位于禹山墓区东缘，为一座阶坛石室墓，平面方形，边长31.58米，高12.4

米。阶坛7级，墓基环周用12块巨石依护。墓室在第3级阶坛之上，平面方形。室内有石棺床两座，墓顶用巨石封盖。北侧有陪坟多座。西南200米有陵寝建筑遗址，面积5万平方米。将军坟设计完美，石造工艺考究，堪称高句丽石构墓葬的巅峰之作，学界普遍推定为高句丽第20代王长寿王的陵墓。

太王陵，位于禹山墓区东南部，为一座超大型的阶坛积石石室墓，因墓上多次发现"愿太王陵安如山固如岳"铭文砖，学界普遍认为太王陵是高句丽第19代王好太王的陵墓。太王陵阶坛可辨认出11级，边长66米，高14.8米。墓室建在阶坛顶部，石室内安置硬山顶房屋形石椁。墓上瓦件较多，是高句丽王陵中唯一确知年代、葬者身份的墓葬。

千秋墓，位于麻线墓区，是一座超大型的阶坛积石石室墓，因墓上发现"千秋万岁永固"铭文砖得名。千秋墓阶坛尚存5级，环周有巨石依护，边长60余米，高约9米。阶坛顶部残存有数块墓道盖顶石或门楣石的大型石条及加工规整的沉积岩石板，推测石室内应安置石椁，但千秋墓石室已破坏殆尽，结构不明。在墓葬南40米处，发现石筑陵园遗迹。

封土石室墓使用石材或石块砌筑，通常由墓道、墓门、墓室、耳室等结构组成。大型封土石室墓使用石材构筑墓室，较为高大，顶部有藻井结构，外部以黄土培封。大型封土石室墓中包括30余座壁画墓，年代多在5～7世纪，属高句丽中晚期墓葬。其中舞俑墓、角觝（抵）墓、冉牟墓、长川一号墓、三室墓、四神墓、五盔坟四号墓、五盔坟五号墓等保存较好，壁画精美。早期壁画内容以社会风俗为

角觝墓北壁壁画

主，壁画绘于石壁的白灰地仗层上，以彩色成稿，后加黑线勾勒。晚期壁画以仙人、四神题材为主，壁画直接绘于平整的石壁之上，色彩鲜艳，构图紧凑。

角觝（抵）墓，位于禹山墓区，为单室石壁画墓，由墓室、甬道、左右耳室组成。壁画绘于墓室、耳室及甬道。墓室北壁绘有宴饮、墓主夫妇对坐图，东壁绘角觝图，藻井绘日月神、蔓草纹等。

长川一号墓，位于长川墓区，为前后二室壁画墓，由前墓室、后墓室、通道、甬道组成。壁画绘于通道及前后墓室。前室北壁绘画题材丰富，有狩猎、出行、百戏、舞蹈等画面。藻井绘菩萨、飞天、莲花等佛教内容。后室遍绘连续的莲花团，藻井绘北斗并题"北斗七青（星）"汉字。

五盔坟五号墓，位于禹山墓区，为单室壁画墓，由墓室和甬道组成。壁画绘于墓室和甬道。墓室四壁绘有四神图，间绘莲花、火焰，横枋绘蟠龙，藻井绘神仙、伏羲、女娲、牛首人物、羽人及龙虎缠绕等图像。

好太王碑位于禹山墓区，是北魏神瑞元年（414年）高句丽第20代长寿王为纪念其父第19代好太王和加强王陵守护制度所立。碑体由整块方柱形角砾凝灰岩修琢而成，高6.39米，

好太王碑亭外景

宽1.34～2米不等。东南为正面，碑文环刻，共44行，满行41字，共1775字，均为汉字。碑文分别记述高句丽建国神话、王系传承、好太王功业、王陵守护制度等内容，是研究高句丽历史的珍贵资料。

采石场遗址，位于集安市区北23千米，遗址内的山坡上可见大小不一、带有人工开凿痕迹的石块，石材为花岗岩，质地、颜色与洞沟古墓群很多积石墓所用石材接近，应为高句丽时期建造墓葬的采石地点。

洞沟古墓群是规模最大、墓葬数量最多、时间跨度最长、墓葬类型最为丰富的高句丽墓群，是开展高句丽墓葬年代、分期、类型演变和丧葬习俗研究的宝贵资料，也是高句丽建筑技术、艺术成就、历史文化、高句丽文化与中原及同时期东北亚其他民族、政权关系研究中重要的实物史料，作为高句丽时期重要遗迹之一，在东北亚历史与考古中占有重要地位。同时，洞沟古墓群因其突出的历史文化价值成为东北亚地区的重大历史文化资源，对研究地域文化交流、民族融合、政权性质、国家形成等具有重大历史和现实意义。采石场遗址是唯一一处高句丽时期的采石场地点，作为洞沟古墓群高句丽王室贵族大型石墓所用石材的重要来源地之一，对研究高句丽时期

的生产力水平、墓葬修筑工艺、运输方式等具有重要意义。

1961年3月4日，洞沟古墓群被国务院公布为第一批全国重点文物保护单位，编号1-0168-2-007。洞沟古墓群保护单位记录档案自20世纪50年代辑安（集安）县博物馆成立前后即开始建立并逐步更新，由集安市文物局保管和更新。1992年，吉林省人民政府印发《关于公布我省境内全国及省级文物保护单位保护范围的通知》，确定了洞沟古墓群的保护范围。2003年，《吉林省集安市高句丽王城、王陵及贵族墓葬保护规划》编制完成，并启动第一期保护工程，对洞沟古墓群42处王陵及贵族墓葬进行重点保护。2010年，集安高句丽考古遗址公园被列为第一批国家考古遗址公园。2015年，编制《洞沟古墓群保护总体规划》。

**邙山陵墓群** 是洛阳邙山地区的古代帝王陵墓和陪葬墓群，位于河南省洛阳市区的北部、东部和东北部。包括东汉、曹魏、西晋、北魏四个朝代帝王的陵寝和皇后、大臣的墓葬，还有大批唐宋时期的墓葬，总数在千座以上。

对于洛阳历代帝陵相关问题的考证开始较早，现代意义上的考古调查、考古发掘开始略晚，大致发端于20世纪50年代。1991年，对北魏宣武帝景陵进行考古发掘。2002年5月27日，国家文物局批准邙山陵墓群考古调查与勘测项目立项。2003年10月，第一阶段的古代墓冢文物普查工作正式启动，历时近4年，至2007年6月全部完成。2004～2014年，考古勘探工作一直持续进行。先后对北魏孝文帝长陵、大汉冢、二汉冢、三汉冢、刘家井大冢、玉冢、编号722和707的东汉帝陵等进行系统的考古钻

邙山陵墓群北魏孝文帝长陵

探，并对百余座中小型墓冢的封土和墓葬形制进行钻探查证。2009～2010年，在配合连霍高速公路改扩建的工作中，对编号722、707的东汉帝陵陵园遗址进行考古发掘，并发掘曹魏曹休墓。2012～2013年，对683号墓冢（俗称"李密冢"）墓园遗址进行考古发掘。2014～2015年，对722号墓陵园遗址进行发掘。

邙山陵墓群占地面积约756平方千米，所在区域东西长50千米，南北宽20千米。地跨洛阳市所属的西工区、老城区、涧西区、瀍河区、洛龙区、偃师市、孟津县七个区县20余个乡镇360多个自然村。大致呈东西向长条形分布，可分为4个区段：西段（北魏陵区）、中段（东周、东汉、后唐陵区）、东段（西晋、曹魏陵区）、夹河段（东汉、西晋墓群）。调查发现古墓冢共计972座，其中墓冢339座、夷

东汉安帝陵远景

平墓冢600座、已发掘墓冢33座。

邙山陵墓群具体包括东周、东汉、曹魏、西晋、北魏、后唐等六个时代帝陵及其陪葬墓群。陵墓群以大型封土墓为主，是邙山古墓群的主体。根据文献记载和考古发现，已知在邙山地区埋葬着共计24座帝王的陵墓，其中东周时期的王墓8座，东汉帝陵5座，曹魏帝陵1座，西晋帝陵5座，北魏帝陵4座，五代后唐帝陵1座。东汉帝陵分别是光武帝原陵、安帝恭陵、顺帝宪陵、冲帝怀陵、灵帝文陵；曹魏帝陵为文帝首阳陵；西晋帝陵分别是宣帝高原陵、景帝峻平陵、文帝崇阳陵、武帝峻阳陵、惠帝太阳陵；北魏帝陵分别是孝文帝长陵、宣武帝景陵、孝明帝定陵、孝庄帝静陵；后唐帝陵为明宗的徽陵。帝陵周围分布有数量众多的陪葬墓和其他封土墓冢。

邙山地区是中国最大的古墓集中地，汇集两周、两汉、曹魏、西晋、北魏、隋、唐、五代、宋、金、元、明、清等各个时期、各种类型的古代墓葬，估计约有数十万之众，号称"无卧牛之地"。邙山是全国著名的地下文物宝库，出土数以万计的珍贵文物，具有很高的历史、艺术、科学价值。

2001年6月25日，邙山陵墓群被国务院公布为第五批全国重点文物保护单位，编号5-0171-2-0027。2011年，成立邙山陵墓群管理处。同年，河南省第十一届人民代表大会常务委员会二十四次会议通过《洛阳市邙山陵墓群保护条例》，明确邙山陵墓群的保护范围和建设控制地带，自2012年3月1日起实施。陵墓群涉及封土墓冢数量众多，绝大多数暴露在野外，除北魏宣武帝景陵位于洛阳古代艺术馆院内，其他墓冢未进行围挡封护等保护设施。洛阳古代艺术馆将宣武帝景陵作为博物馆展示的内容之一。"四有"档案，由洛阳市文物管理局保管。

**磁县北朝墓群** 是南北朝时期东魏、北齐的帝王、皇室贵胄墓葬群，位于河北省磁县县城南、西南和西北一带，共有134座墓冢，分布在全县8个乡镇38个自然村辖区内，南北长约40千米，东西宽约20千米。

磁县北朝墓群，东起古邺城脚下平原，西至太行山东麓山前丘陵，其间散落着大大小小百余个墓冢，有的封土大如山包，高30余米；有的封土小如土堡，高10余米；有的封土已于早年被削为平地，但墓址痕迹仍依稀可见。据统计，只有2座墓冢封土前保留有石碑，极少数墓冢附近存有石像生，主要以石羊为主，偶尔有石虎和石人。其他地面建筑遗迹均不复存在。从磁县北朝墓群已发掘清理的墓葬来看，主要出土的器物有陶俑、陶制禽畜、陶质模

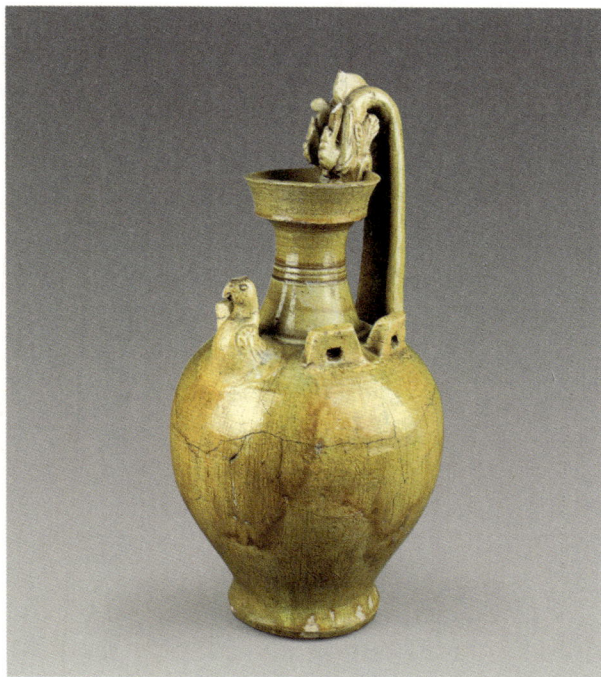

磁县北朝墓群出土瓷鸡冠壶

型、镇墓兽、瓷器、银器、铁器、志石、壁画等，甚至还有拜占庭金币，共计约5000件／套。已发掘清理的北朝墓葬共有10余座，如东魏茹茹公主墓、尧赵氏墓、元祐墓、元良墓，北齐高润墓、高孝绪墓、尧峻墓、李尼墓，北朝湾漳壁画墓等。

东魏茹茹公主墓，位于磁县县城南2千米的大冢营村北。1978～1979年，中央美术学院、河北省文物管理处和磁县文化馆开展抢救性发掘清理。本次发掘出土彩绘陶俑1000余件，还有两枚拜占庭金币、一合墓志和大量壁画。《北史·齐本纪下》有高欢为其第九子、长广郡公高湛"聘蠕蠕太子庵罗辰女，号邻和公主"的记载。墓志记载，东魏兴和四年（542年）茹茹公主作嫔给高湛为妻时，年方5岁，卒于武定七年（549年），仅13岁。

湾漳北朝壁画墓，位于城南湾漳村。1987年，中国社会科学院考古研究所和河北省文物研究所合作组成的邺城考古队，对其进行发掘，清理出各类随葬品2000余件，主要有陶俑、陶牲畜、陶镇墓兽、陶质模型和大量壁画等。从墓葬的形制、规模，宏伟的壁画及其内容，随葬陶俑的精美和数量，以及地面的石刻人像来看，墓可能属于某个帝王的陵墓。

北齐尧峻墓，于1975年进行发掘清理，出土陶俑、套衣俑、持盾俑、侍卫俑、陶镇墓兽和陶马等随葬品。墓志记载，"君讳峻，字难宗，上党长子人也"，系北朝魏相州刺史尧暄之孙，员外散骑侍郎尧荣之第三子。尧峻卒于北齐天统二年（566年）六月七日，"春秋六十二"；葬于天统三年（567年）二月。由此可知，尧峻生于北魏宣武帝正始二年（505年）。墓是一夫二妻的合葬墓，尧峻妻吐谷浑静媚，卒于天统元年（565年），享年47岁，先其夫一年而卒，天统三年（567年）二月与尧峻同穴合葬。尧峻妻独孤思男，卒于东魏

磁县北朝墓墓道壁画仪仗图

磁县北朝墓出土舞俑

东魏茹茹公主墓出土大风帽俑

武平二年（571年）七月，享年60岁，后其夫五年而卒；她在北齐天保元年（550年）曾受"建州芷平郡君"的封号，应是原配。

东魏尧赵氏墓，位于城南5千米东陈村，村西北0.5千米"四美冢"处。1974年，磁县文化馆在河北省文管处的协助下进行发掘清理，出土有陶器、瓷器、石灯和墓志等器物。确定墓主人为东魏尧赵氏。墓志记载，尧赵氏名胡仁，"南阳菀人也，南阳太守之女"，北魏司农卿尧暄的儿媳，尧峻之母。

北齐高润墓，位于县城西约4千米东槐树村西北。1975年，磁县文化馆在中央美术学院和河北省文管处的大力协助下主持发掘，出土器物有陶俑、青瓷罐、青瓷烛台、青瓷碗、石器、铜器和墓志等。此墓出土文物丰富，有明确纪年，为北朝考古学提供了新的科学资料。北齐高润墓发现的较完整的墓室壁画填补中国绘画史上的空白。墓志记载："王讳润，字子泽，渤海条人……神武皇帝高欢之十四子……以武平六年（575年）八月……廿二日薨于州

馆。"高润为北齐皇族，故得"出膺连率，入据中司"，显赫一时。

北齐元良墓，位于讲武城镇孟庄村南。1978年，磁县文物保管所进行发掘清理，出土有陶俑、青瓷器和墓志等器物。墓志记载："君讳良，字士良，河南洛阳人也，魏太武皇帝之玄孙，太傅司徒公，录尚书祐之子……于天保四年十一月廿四日壬午薨于京师"，"春秋卅有三"。墓主为北魏皇族后代。

北齐高孝绪墓，位于磁县讲武城镇刘庄村西350米处。2009年，河北省文物研究所与磁县文物保护管理所联合组成考古队，对39号墓进行抢救性考古发掘。经考古发掘清理得知，39号墓为北齐皇族修城王高孝绪墓葬。墓地存较大的封土，墓葬遭到盗掘，墓室破坏严重，但墓道东西两壁的人物仪仗出行壁画保存较为完整。39号墓封土底缘平面呈椭圆形，南北长41.5米，东西长30米，残存高度近6米。39号墓地下部分由斜坡墓道、甬道、墓室三部分组成，墓葬坐北朝南，总长25.7米。墓室平面为

磁县北朝墓出土镇墓兽

弧方形，墓圹平面呈圆角长方形，下收缩成长方形，南北长7.6米，东西宽7.5米；墓室南北长5.2米，东西宽5.6米，面积约30平方米；墓室为四角攒尖式结构，从墓底距北朝时地面6米，复原墓室高度为7.4米；墓室四壁高约3.7米，砖壁由两层砖砌成，砌筑方法为两顺一丁，厚0.72米。39号墓彩绘壁画近40平方米，墓道两壁、甬道门墙及砖壁上涂抹厚0.4～0.5厘米白灰层，在其上绘制壁画。墓室发现墓志盖一件，青石质，边长0.8米，盝顶形，上篆书"大齐故修城王墓志铭"9个字。《北齐书》卷十四记载："阳州公永乐，神武从祖兄子也……永乐卒于州……谥曰武昭。无子，从兄恩以第二人孝绪为后，袭爵。天保初，改封修城郡王。"证实39号墓主人为北齐皇族修城王高孝绪。

东魏元祐墓，位于磁县县城南约9千米、京广铁路之西1.1千米处。2006年，中国社会科学院考古研究所河北工作队发掘003号墓，经发掘清理得知，003号墓是东魏皇族元祐的

墓葬。墓未被盗掘，随葬品组合完整，墓室残存壁画格局基本清晰。地表上尚残存少量封土，高约1.8米。墓葬坐北朝南，由斜坡墓道、过洞、天井和甬道、墓室构成，全长约25.5米。土洞墓室近方形，顶部塌落，推测原为直壁、穹隆顶结构；墓室大部分地面平铺青砖，四壁残存有壁画；墓室东西4.5～4.7米，南北4.3～5米，面积约22平方米；墓室地面距北朝时地面深9.2米。随葬品保存状态较好，总计190余件。墓室中原绘制有壁画，由于墓室顶部塌落，仅残存四壁部分壁画。壁画虽然残缺，但是内容格局基本明确。元祐墓壁画是罕见的东魏王朝画迹。

东魏孝静帝陵，位于磁县讲武城镇前港村南，是北朝墓群中封土最大的一座。陵区基本呈方形，南北长1350米，东西宽1300米。陵墓呈圆形，封土高37米，直径120余米。整个陵区占地约1.3万平方米。元善见（524～552年）于北魏永熙三年（534年）十月十七日在洛阳城东北即皇帝位，改年号为"天平"。元善见在位期间先后受掣于高欢、高澄及高洋父子，东魏武定八年（550年）五月，在十万精兵的逼迫下，被迫禅位于高洋。高洋即位之初，封他为中山王，食邑一万户。在封地，元善见可以悬挂天子旌旗，用天子年号，文书可以不称臣，三个儿子也都封官食邑。一年后，天保二年（551年）十二月初十日，元善见被高洋用毒酒害死，时年仅28岁。被追谥为孝静皇帝。陵墓原有城墙，常年有专人看守，后毁仅存残基。

北齐高肃墓，位于磁县讲武城镇刘庄村东，为北朝墓群之一。陵区北有封土，南有碑

亭。碑亭距封土30余米，是所存"磁县三高碑"中保存较好的。碑额篆阳文4行16字"齐故假黄钺太师太尉公兰陵忠武王碑"，碑身文字真实地记载兰陵忠武王高肃生平经历和立碑年份，是唯一了解兰陵王身世的文献资料。高肃，字长恭，北齐神武皇帝高欢之孙，文襄皇帝高澄之三子，祖籍河北景县，生于邺，长于邺，葬于磁县。兰陵王自幼聪明英武，后在对敌交战中，因其容貌俊美不能震慑敌军，发明狰狞可怕的"大面"（鬼脸），令敌胆寒。《旧唐书》载："（兰陵王）尝击周师金墉城下，勇冠三军。齐人壮之，为此舞以效其指击刺之容，谓之兰陵王入阵曲。"后又形成24板136字的词牌"兰陵王"，屡见之于宋词中。后皇帝高纬因忌怕兰陵王夺其皇位，于武平四年（573年）将兰陵王毒杀。

磁县北朝墓群为了解和研究北朝时期特别是东魏、北齐的政治、经济、文化、军事、宗教、艺术及东西方经贸往来，提供了不可多得的珍贵素材，具有重要的历史、艺术和科学研究价值。

由于历史上的误传，磁县北朝墓群起初被人们错认为是历史上三国时期曹操的墓葬。1956年，河北省人民委员会将磁县北朝墓群定名为磁县七十二疑冢，公布为省级文物保护单位。20世纪七八十年代，为配合生产建设，发掘七八座墓葬，出土大量北朝时期的珍贵文物，研究认为，墓葬群和曹操无关，应是北朝时期的墓葬群。1980年，河北省人民政府将磁县七十二疑冢更名为磁县北朝墓群。1988年1月13日，磁县北朝墓群被国务院公布为第三批全国重点文物保护单位，编号3-0242-2-013。河北省人民政府印发《关于河北省国家级、省级文物保护单位保护范围及建设控制地带的通知》，划定磁县北朝墓群的保护范围及建设控制地带。磁县北朝墓群属河北省磁县文物保管所直接管理，"四有"档案资料保存在磁县文物保管所。

泰陵 是隋王朝的创立者隋文帝杨坚与皇后独孤氏合葬陵园，位于陕西省咸阳市杨陵区五泉镇王上村东北约200米处。

杨坚（541～604年），隋代开国皇帝，弘农郡华阴（陕西华阴市）人。曾为北周重臣。北周大定元年（581年），杨坚废周静帝

隋文帝泰陵

753

夺取帝位，定国号隋。在位期间，灭陈，安抚岭南，实现中国历史上第二次大统一；励精图治，发展经济，推行三省六部制，开科举制度之先河，国运昌隆，遂有"开皇之治"，被认为是中国历史上最伟大的帝王之一。仁寿四年（604年）杨坚驾崩，在位24年，谥号文皇帝，故后世称其为隋文帝。

独孤氏（544～602年），名伽罗，隋朝云中（内蒙古自治区和林格尔县）人，北周大司马独孤信之七女，14岁时嫁与杨坚。杨坚即位后，封为文献皇后。柔顺恭孝，谦卑自守，很受隋文帝宠爱。平日生活俭朴，不好华丽，专喜读书，识达古今，颇有政治才能，每当与隋文帝议论国家大事，看法往往不谋而合，十分一致，故而宫中称为"二圣"。仁寿二年（602年）八月，病逝于永安宫，葬于泰陵。仁寿四年（604年）十月，隋文帝杨坚与独孤皇后合葬，同茔而异穴。

1970～1984年，扶风县博物馆根据《扶风县志》《隋书》《太平寰宇记》等史料的记载，多次对泰陵进行勘查。2010年之后，陕西省考古研究院通过对隋文帝泰陵进行考古调查

泰陵持剑石翁仲

和勘探，确认陵园遗址的布局、范围及陵墓玄宫墓道部分结构，证实泰陵确为文献所记载的"同坟而异穴"。

泰陵陵园由陵墙、封土、文帝祠三部分组成。经勘探调查，陵园平面呈长方形，南北长628.9米，东西宽592.7米，面积近4万平方米，陵墙墙基宽约4.4米。四面各辟一门，门外均有一对门阙。门阙平面呈梯形。以南门阙为例：东西长25米，南北宽13米，两侧与墙垣相接。封土呈覆斗状，顶部东西长42米、南北宽33米，底部东西长155米、南北宽153米。陵底四周已被挖掉3～5米。封土南侧有东、西两条墓道，相距23.8米，均为7天井、7过洞，西侧的较长、较宽，应为帝西后东，与文献记载的同陵异穴契合。封土南侧约10米处有清乾隆

泰陵石刻鸵鸟

年间陕西巡抚毕沅所书、扶风知县熊家振所立之墓碑一通，碑高350厘米，宽95厘米，碑阳镌刻隶书"隋文帝泰陵"5个大字。封土上栽植有成片柏树林木。

隋文帝祠位于陵园东南0.5千米处，经勘探平面呈长方形，垣墙南北长384米，东西宽354米，面积13.6万平方米。南墙宽10.1米，东墙宽16.4米，西墙宽10.9～12.8米，北墙宽9.8米。垣墙上有马面6处，其中南墙4处，北墙2处。南墙正中开有门。

隋朝恢复秦汉时期封土为陵的规制，因之，泰陵作为中国隋代唯一规模宏大、保存完整的帝王陵寝，在中国陵寝史上具有承前启后的地位。泰陵及祠庙遗址内遗物多为铺地方砖、砌墙砖和瓦当等建筑材料，以菩萨纹瓦当最为珍稀，对研究隋代政治、经济、文化等方面具有重要的价值。

1957年，泰陵被陕西省人民委员会公布为第二批陕西省文物保护单位。1992年，陕西省人民政府印发《关于划定省级以上重点文物保护单位保护范围的通知》，确定泰陵的保护范围与建设控制地带。1996年11月20日，泰陵被国务院公布为第四批全国重点文物保护单位，编号4-0069-2-013。泰陵文物管理所专门负责泰陵的安全保护及发展建设工作。已编制泰陵"四有"档案，由泰陵文物管理所保管。

**昭陵** 是唐太宗李世民（598～649年）文德皇后长孙氏的合葬陵墓，首开中国唐代"因山为陵"之先例，为陕西关中唐十八陵中规模最大的一座。位于陕西省礼泉县东北22.5千米的九嵕山上，地处泾河之阴，渭河之阳，南为关中平原，与秦岭太白山、终南山诸峰遥相对峙。

李世民（599～649年），唐朝第二位皇帝（626～649年在位），年号贞观。唐朝建立与统一过程中战功赫赫。在位期间，知人善用，虚心纳谏，以农为本,休养生息,复兴文教,完

九嵕山

善科举，平定外患，稳固边疆⋯⋯天下大治，史称"贞观之治"。

昭陵依九嵕山主峰为陵，是唐太宗李世民生前选定。自贞观十年（636年）始建，至贞观二十三年（649年）太宗李世民入葬，历时13年。贞观十一年（637年），太宗下诏"功臣密戚，德业佐时者，赐给坟茔"，遂确定昭陵的陪葬制度，群臣皆以陪葬昭陵为荣，于是形成一个总面积达200平方千米、周长60千米、陪葬墓200余座的规模宏大的帝王陵园。

20世纪初，日本学者足立喜六考察昭陵。20世纪40年代，中国学者王子云率西北艺术考察团对昭陵进行踏勘。1982年，昭陵博物馆对昭陵北司马门遗址作勘查及试掘。2002年，为配合大遗址保护，陕西省考古研究所和昭陵博物馆联合对北司马门遗址进行了发掘，揭露遗址主要为唐代及明清两个时期。明清遗址平面呈长方形，外围砖墙，围墙南北长95米，东西宽54米。围墙内建筑以北端山门到南端大殿间的通道为中轴，东西对称，地貌呈三级台地状。遗迹自北部第3台地到南部第5台地，每个台地有一组建筑，各组间距较大，向南逐级升高。遗址内有山门、礓磋墁道、房屋建筑。至2002年底，唐代遗迹发掘清理的范围南北长约86米，东西最宽处61米。整个唐代遗迹以两阙间南北中线为纵轴，东西对称，并以门址为界，分内、外两部分。门址以外遗迹有最北部东西对称的双阙和双阙后的长方形房址。东西双阙间距31.5米，东阙东西长14米。门址位于阙南部正中，两侧与夯土围墙相连接。门址内西部遗存保存较好，其中最南端的长廊状房址形制基本完整。门址东南的遗迹大部不存。出

昭陵六骏之一"青骓"

郑仁泰墓出土贴金彩绘文官俑　　　　　张士贵墓出土贴金彩绘武官俑　　　　　李贞墓出土三彩牵马俑

土的唐代建筑构件有长方形砖、方砖、筒瓦、板瓦，各种纹样与规格的瓦当、鸱尾以及兽面脊头瓦、柱头石构件等近10类。出土有十四国蕃君长和六骏石刻残块。遗物中比较突出的为印有工匠名款的长方砖、板瓦、兽面和莲花瓦当、石刻残块等。2005年，陕西省考古研究所对遗址进行钻探，了解城墙的总体范围和结构，发现其他3座门址，与陵园北司马门已发掘的门址结构大体相同。

陵园及陪葬墓区东西长15.45千米，南北宽12.65千米，占地面积113.15平方千米，地跨县域内昭陵、烟霞、赵镇三个乡镇。原地面建筑均已不存。建筑遗址主要分布在九嵕山南北两面。在陵山北侧500米处，保留有唐至明清时期的部分建筑遗址，主要有山门、北阙门、原来置放昭陵六骏及十四国君长的叠落

廊、山门东西两边墙垣遗迹等。所存石刻包括十四国君长像部分残石基座、20余通历代御制祝文碑、昭陵六骏浮雕石屏。在遗址的北端矗立有清代陕西巡抚毕沅所书"唐太宗昭陵"碑。山陵四周计有陵园建筑群三处，即北司马门、南司马门、寝宫遗址。

陵山正南900米处为南司马门遗址，西南900～1000米处为寝宫遗址，东北面有北司马门遗址。陵山北面处地势较为平缓，而陵山南侧陡峭，故于北面修建北司马门并放置昭陵六骏及十四国蕃君长像，明清在此设祭坛。陵山西南有较大面积的平坦地带，当地称为陵下宫或皇城，是昭陵寝宫遗址。南司马门外有一对三出阙，门址曾出土一大型屋脊鸱尾，高1.5米，长1.0米，厚0.65米，重150千克。

昭陵陪葬墓众多，为历代帝陵之最，分

布于山上及山南平原地带，东西长12千米，南北宽10千米，北起九嵕山北麓，南临沂水赵村一带，东至东页谷村，西至庄河。已确知的有187座。陪葬者有皇室宗亲、嫔妃、文臣武将及少数民族首领。根据勘探，陪葬区可分为陵山陪葬区、平原陪葬区及三省官员陪葬区三大区。其中，皇亲国戚有越国太妃，韦贵妃，燕妃，废太子李承乾，赵王李福，越王李贞及其子李冲，蜀悼王李愔，曹王李明，纪王李慎，襄城、清河、兰陵、临川、长乐、城阳、新城诸公主。文武臣僚有长孙无忌、程知节、姜简、王大礼、魏徵、温彦博、段志玄、高士廉、房玄龄、孔颖达、李靖、尉迟敬德、张士贵、裴艺、薛收、房仁裕、郑仁泰、马周、许敬宗、邱行恭等。少数民族将领有史大奈、阿史那社尔、阿史那忠、阿史那苏尼失、执失思力、执失善光（以上突厥人）、契苾何力（铁勒人）、安元寿（安息胡人）等。1949年后，陆续清理发掘的有郑仁泰、张士贵、尉迟敬德、李勣、安元寿、临川公主、长乐公主、韦贵妃、越王李贞、程知节、段简璧等陪葬墓10余座。

昭陵的地上、地下遗存有大量的碑石等文物。“昭陵六骏”原列置于北司马门内的廊房中，并列有少数民族蕃君圆雕像14座，据新、旧《唐书》记载，分别为突厥颉利可汗、突厥答布可汗、突厥突利可汗、突厥乙弥泥孰侯利苾可汗、薛延陀真珠毗伽可汗、吐蕃赞普、吐谷浑河源郡王、于阗王、焉耆王、高昌王、龟兹王、新罗乐浪郡王、林邑王、婆罗门帝那伏帝国王。雕像屡遭毁损。据2002～2004年的考古调查，发现众多蕃君长躯体、头部和题名基座残石。至此，有名可考者达13尊。此外，昭陵所存遗物中，有不少遗物表现和反映丝绸之路沿线的少数民族，对于研究唐代西域各民族的历史、民族融合以及丝绸之路上的中外文化交流具有极其重要的价值。

考古出土文物8000多件，其中等级文物3000多件，主要有石像生、陶俑、壁画、碑石和墓志等，是初唐走向盛唐的实物见证，也是研究唐代乃至中国封建社会政治、经济、文化不可多得的文物宝库。

1956年，陕西省人民委员会公布昭陵为第一批陕西省文物保护单位。1961年3月4日，昭陵被国务院公布为第一批全国重点保护单位，编号1-0170-2-009。1972年，在陵园中心的李勣（徐懋功）墓前，建昭陵文物管理所（1978年5月改为昭陵博物馆），负责昭陵及其陪葬墓的保护和管理工作。1991年，成立隶属昭陵博物馆的长乐公主墓文物管理所、韦贵妃墓文物管理所，对两墓进行保护和管理。1992年，陕西省人民政府公布昭陵保护范围与建设控制地带。1996年，昭陵博物馆依据陵区陪葬墓分布特点，把陵区划分成5个保护区域，选定业余文保员协助陵区陪葬墓及田野文物的保护工作。1999年，昭陵博物馆成立田野文物保护大队，负责陵山及田野文物保护。同年，成立石鼓文物管理所，负责对昭陵部分陪葬墓进行保护管理。2002年，成立昭陵陵山文管所，负责对昭陵陵山进行保护管理。2004年开始，加大对陵区环境的整治力度，取缔违法采石企业，关停昭陵周边的石灰窑。地方政府编制《唐昭陵景区绿化规划》《唐昭陵陵区绿化工程实施方案》。昭陵文物保护植被覆盖率达85%以上，改善昭陵文物保护区的生态环境。2011年1月，经陕西省人民政府重新调整保护范围和建设控制地带，划分为28个独立的保护区。已建立昭陵"四有"档案，由昭陵博物馆保管。

恭陵 是唐高宗李治第五子李弘的陵墓，位于河南省偃师市缑氏镇东北2.5千米滹沱岭村西南景山之巅，南望嵩岳，北临洛河，东南群山环抱，西北岗峦起伏。

李弘（653～675年），字宣慈，唐显庆元年（656年）正月被立为太子，后因与武则天政见不合，失宠于母后，上元二年（675年）四月，在东都合璧宫饮鸩而死（一说病死），年仅24岁，被追谥为孝敬皇帝。高宗对李弘之死倍感悲伤，下旨以天子之礼葬李弘于偃师缑氏景山，号恭陵。时朝廷令蒲州刺史李仲寂为山陵使，征用河南、河东等地民夫修建陵墓。是年七月，洛州特地恢复缑氏县，管理恭陵。

1983年，洛阳市文化局、洛阳市文物管理

恭陵全景

恭陵唐代石华表

恭陵唐代石人

处等单位重点调查偃师恭陵。1985年，由洛阳文物部门再次对唐恭陵进行调查。1998年，唐恭陵哀皇后墓墓道被盗掘后，偃师市博物馆对被盗的墓道壁龛进行清理。

整座陵区占地面积35万平方米。陵园坐北朝南，平面正方形，长、宽均为440米，建筑规划工整。钻探得知陵园四周原有神墙围护，地面已无存，已探明墙基大部分保存完好，基槽宽2.8米。神墙四角原有角阙，阙台之上有角楼建筑，仅存阙台夯土台基，地面之下砖砌墙基尚存。四面神墙中部各辟一神门，东、西、北三神门外各置一对坐狮，南神门外置一对立狮。神道设于南神门外，南北长300米，东西宽54米，两侧分列有石像生。神道南50米处设有东西对称的阙台，基址尚存。陵园内设陵台和李弘之妃哀皇后墓，陵台呈长方形覆斗状，东西长164米，南北宽146米，残高24米。哀皇后墓位于陵台东北40米处，呈方锥形，长、宽各约50米，残高13米。

陵园地面存石刻19件。东、西、北三神门外各置一对坐狮，南神门外为一对立狮。神道两侧石像生分别为望柱一对、天马一对和石翁仲三对，东列第二、三翁仲之间立有唐高宗李治撰书"孝敬皇帝睿德之纪"碑一通。唐高宗撰写的《孝敬皇帝睿德之纪》全文2000余字。碑文楷书，大部分已漫漶不清。碑文内容在《全唐文》《金石萃编》等文献中录有大约1700余字，有重要的历史价值和较高的书法艺术价值。

恭陵是中原地区保存较完整的帝陵之一，是研究唐代陵寝制度、墓仪规制、丧葬习俗的珍贵资料。恭陵石刻，规模宏大，气势雄伟，雕刻精美，形神兼备，堪称中原唐代陵墓石雕之冠。

1963年3月4日，恭陵被河南省人民委员会公布为河南省第一批重点文物保护单位。1978年，成立偃师县文物管理委员会，下设办公室，开展包括恭陵的日常文物管理工作。1985年，经文化部文物事业管理局批准，对恭陵石刻进行专项修复。对"睿德纪碑"、石狮、望柱、石马、石人等19件石刻进行整修黏合、扶正、浇注、加固。2001年6月25日，恭陵被国务院公布为第五批全国重点文物保护单位，编号5-0172-2-028。2004年8月19日，河南省建设厅、河南省文物管理局联合发布《关于公布全国重点文物保护单位和省级文物保护单位保护范围和建设控制地带的通知》，公布恭陵的保护范围和建设控制地带。2004年，成立恭陵管理处，归偃师市文物管理所直接领导，专职负责恭陵的日常保护和管理工作。2005年7月，河南省文物考古研究所建立唐恭陵"四有"档案，存管于偃师市文物旅游局。

**乾陵** 是唐高宗李治与中国历史上唯一的女皇武则天的合葬陵墓，也是中国历史上唯一的两个帝王合葬墓，位于陕西省乾县县城北6千米的梁山上。

李治（628～683年），唐太宗第九子，为长孙皇后所生，得母舅长孙无忌的相助选为太子。太宗崩，即帝位，在位34年。唐弘道元年（683年），卒于洛阳，于次年归葬乾陵。武则天（624～705年），名曌，原籍山西文水县人，生于利州（四川广元），原为太宗才人，唐永徽五年（654年），被高宗李治接入宫，立为昭仪，次年立为皇后，随后参与朝政。李

乾陵主峰

治晚年多病，政事多出武则天。李治死后，武则天先后废中宗、睿宗，并登皇帝位，改国号为"周"，成为中国历史上第一位女皇帝。神龙元年（705年）正月，宰相张柬之等发动政变，拥立中宗复位。同年十一月，武则天病死于洛阳上阳宫，次年与李治合葬。

唐时建有乾陵署，署丞为正五品，负责管理陵园事务。宋、元、明、清均有管理机构。1949年后，乾陵隶属乾县人民政府民政科。1957年7月，陕西省文化局、文物管理委员会投资2.7万元，整修乾陵地面石刻，加固了10件大型石刻。

20世纪50年代后期，陕西省文物管理委员会对乾陵陵园地貌、地宫隧道口、内外城遗址及乾陵陪葬墓进行调查。1960年，曾对地宫隧道进行试掘，结合文献记载，认为乾陵可能是唯一未被盗掘的唐代帝陵。1960～1972年，陕西省文物管理委员会、陕西省博物馆以及乾县文化文物管理部门先后发掘乾陵陪葬墓永泰公主李仙墓、章怀太子李贤墓、懿德太子李重润墓以及李谨行墓、薛元超墓，出土包括唐墓壁画在内的大量各类文物。20世纪90年代，陕

乾陵南神门东阙基址

761

西省考古研究所（院）先后于乾陵开展一系列的考古调查和发掘工作，包括对陵园东西乳峰阙楼、六十一蕃臣像廊房基址、无字碑与述圣纪碑碑亭基址的发掘清理。2005年，结合开展"中日合作唐陵石刻保护项目"，对陵园的调查更是取得多方面的成果。

乾陵依山为陵，其居之梁山，三峰耸立，北峰最高，海拔1047.3米，乾陵寝宫即凿建其中；南二峰稍低，且东西对峙，形成陵之天然门阙。陵园坐北朝南，规模宏大，陵域占地"周八十里"。经勘查，整个陵园仿长安城格局营建，有内、外两重城墙，其中内城南北墙各长1450米，东城墙长1583米，西城墙长1438米，总面积接近240万平方米。陵园城墙四面各有一门，四门形制基本相同，东、西、北三座门址皆由一对三出阙、一对列戟廊和殿堂式大门组成。阙台为夯筑高台，周边用砖包砌，殿堂式大门均有夯土台基，周边也用砖包砌。门址宽约27米。南门则由殿堂式门、列戟廊、蕃酋殿、门阙、碑亭等建筑构成。地面存有门阙阙台、蕃酋殿柱础、碑亭柱础等建筑遗迹。南门遗址北侧一约500平方米的平台上立有清乾隆年间陕西巡抚毕沅所书"唐高宗乾陵"石碑、郭沫若所书"乾陵唐高宗与则天皇帝合葬之墓"石碑以及原陕西省文物管理委员会所立乾陵保护标志碑各一通。

陵园西南缓坡地带有乾陵寝宫遗址，钻探资料表明，寝宫由内、外两重城垣环绕，南面辟门。总体略呈方形，南北长382米，东西宽约380米，城垣内有夯土建筑基址。

乾陵陪葬墓分布于陵园东南。见诸文献者有章怀太子李贤，懿德太子李重润，泽王李上

金，许王李素节，邠王李守礼，义阳、新都、永泰、安兴四公主，特进李及善、刘审礼，中书令薛元超、豆庐钦望、李再恶、刘仁轨，右卫将军李谨行，左武卫将军高侃等17座。墓葬封土基本保存完好，个别墓前立有石刻。1960～1972年，考古工作者先后发掘永泰公主李仙蕙、章怀太子李贤、懿德太子李重润、燕国公李瑾行、中书令薛元超等5座陪葬墓，出土大量珍贵文物。其中永泰公主墓坐北朝南，覆斗形封土，冢前有石狮1对、石人2对、石柱1对。封土周围原有长方形夯筑墙垣环绕，南北长195米，东西宽111米，墙垣四角各有夯土构筑的角阙，南面正中辟门，门外有一对阙台。地表存南门外阙台和西北、东北角阙。墓葬由墓道、甬道、前室、后室组成，全长87.5米。后墓室内置有庑殿式石椁。章怀太子墓为覆斗形封土，冢高18米，冢前有石羊1对、残石柱1件。封土周围原有长方形墙垣和围沟环

乾陵陪葬墓懿德太子墓壁画内侍图

绕，墙垣南北长133米，东西宽108米，四角有角阙，南面正中辟门。地表遗存南门阙遗迹。墓葬由墓道、过洞、天井、甬道、前室、后室组成，全长71米。墓内除石椁外，伴出墓志、陶器等600余件随葬器物。懿德太子墓，封土为覆斗形，南北长56米，东西宽55米，高17.9米。封土周围原有长方形墙垣环绕，四角有夯筑角阙，南面正中辟门。墙垣南北长259米，东西宽214米。地表存四角角阙和南门门阙等遗迹。墓前有石狮1对、石人2对、石柱1对，多有残损。1962年，对乾陵进行勘探试掘，发现墓道长63.1米，宽3.9米，内填砌石条，使用铁栓板和灌注铅铁加固，上有夯土层，均原封未动。据此，专家多认为，乾陵可能为关中唐十八帝陵中唯一未遭盗掘的帝陵。

乾陵地面石刻众多，被称为唐代石刻艺术的露天博物馆，其中各国使节石刻反映了当时的中外交流，是研究唐代前期社会政治、经济、军事、外交和文化艺术发展状况的重要实物资料。外城以内有石刻129件／套，主要分布于南门外和司马道两侧。所存石刻从南向北依次为石柱1对、翼马1对、鸵鸟1对、仗马及牵马人5对、石人10对，其中仗马及牵马人多有残破。四门外原各有石狮1对，后仅存南门石狮1对、东门石狮1对、西门石狮1件。北门外原有石马及牵马人3对、石虎1对，后仅存石马4件、石虎1件。南门阙外东、西两侧矗立有巨型石碑两通。西为述圣纪碑，通高6.78米，武则天撰文，中宗李显所书，碑文8000余字，内容为颂扬高宗文治武功。原字笔画填金，个别字迹仍可见黄金留存。东为无字碑，高与述圣纪碑相同，初立时碑上未刻一字，故名无字

乾陵六十一蕃臣像

碑。南门阙以北有61尊"番酋"石像，身高为1.65～1.85米，服饰各异，多为圆领袍服，腰束宽带，足蹬皮靴，背部刻有国名、官名及姓名，有7尊背部刻铭依稀可见。有文献记载，或系参加高宗葬礼的各国首领，武后为纪念刻石立像以志有功。存有60尊，东31尊，西29尊。除西部有2尊头部残存外，余皆无头。

除地面石刻遗存外，已发掘的5座陪葬墓中，出土以唐三彩为主的珍贵文物4000余件，壁画1200多平方米，石雕线刻画150平方米，为研究唐代社会政治、经济、军事、民俗及文化艺术提供珍贵资料。

乾陵在历史上屡有修葺维护。唐时曾设乾陵署，专司陵园祭祀管理事务。唐贞元十四年（798年）整修乾陵时，曾建造房屋378间。金代天会十二年（1134年），也曾"爰命有司，鸠工修饰"。

1961年3月4日，乾陵被国务院公布为第一批全国重点文物保护单位，编号1-0171-2-010。成立有乾陵文物管理所。1978年，在永泰公主墓所在地设立乾陵博物馆，进行保护管理。1992年，陕西省人民政府印发《关于划定省级以上重点文物保护单位保护范围的通

知》，确定乾陵保护范围与建设控制地带。1995年，在考古发掘的基础上，在乾陵乳峰双阙外围修建遗址保护设施。1997年，与台湾合资修建懿德太子博物馆并对外开放。2002年，对内城南门外双阙进行砌砖保护。2005年，在乾陵实施中日合作唐陵石刻保护工程。已建立乾陵"四有"档案，由乾陵博物馆保管。

**顺陵** 是唐武则天之母杨氏陵墓，位于陕西省咸阳市渭城区底张镇陈家村南约500米处。

杨氏为武则天的父亲武士彟的第二任夫人。唐武德三年（620年），武士彟原配夫人相里氏去世，唐高祖与长广公主做媒为他续弦。40多岁的杨氏与武士彟结为夫妻，并生三女，武则天行二。咸亨元年（670年）九月，杨氏死于必成宫，以王礼葬于咸阳原，称墓。永昌元年（689年）追尊为忠孝太后，改墓为明义陵。天授元年（690年）九月，武则天称帝，追封其母为孝明高皇后，改明义陵为顺陵。

1962年3月，陕西省考古研究所对顺陵陵园进行全面勘查，初步了解陵园城垣、石刻和墓道情况。1980年12月，咸阳市博物馆对顺陵及陪葬墓进行调查。1989年4月，咸阳市文物管理委员会对顺陵陵墓和陵前石刻行了调查。

2004年，陕西省考古研究所、西安市文物保护修复中心对陵前石阙进行考古发掘与保护。

顺陵积土为冢，陵园分内城和外城。内城为长方形，南北长1264米，东西宽866米。四角有夯土墙，南门有两土阙，间距20米。

陵冢底部平面呈方形，边长48.5米，陵高12.6米。经钻探获知，墓道为斜坡形，长28.5米，高2米，两壁绘有壁画。外城系改墓为陵后扩建，陵前有石人13尊，石羊1尊，石坐狮1对，莲花座1个，华表顶1件，石础1对，石走狮1对，石天禄1对。陵的东、西两面各有石坐狮1对，陵北有坐狮、石马各1对。

顺陵陵园遗物主要为陵前石刻，存34件。司马道东侧的石走狮和天禄是顺陵石刻中的精品。石走狮和其他唐代石狮不同，作阔步行走的动态，与唐高祖李渊陵上的行虎相类似，体积巨大，造型雄伟，气势磅礴，威武有力。天禄（又名独角兽）头似鹿，身如牛，有双翅，翅上雕有卷云花纹，足为马蹄，尾垂与石座相连，体积巨大，腹下可坐数人，雕刻细致且极具气势。顺陵外城中部，原有武则天为其母所立石碑，碑刻于长安二年（702年）正月，系武三思撰文，相王李旦（睿宗）书，字体方

顺陵远景

顺陵走狮

正，稍兼篆隶，与景云钟铭相同。惜明代嘉靖三十四年（1555年）地震时倒地，断为数节，余8块，藏于咸阳博物馆。

顺陵陵园和神道石刻均系仿帝陵规制布列，气势磅礴，雕工精湛。尤其是南门走狮和天禄，形体庞大，雕刻生动，体现初唐文化气韵和特征，堪称唐代陵前石刻艺术的珍品和中国古代石刻艺术史上的瑰宝，是研究唐代文化艺术的典型实例。

1961年3月4日，顺陵被国务院公布为第一批全国重点文物保护单位，编号1-0172-2-011。1980年，成立咸阳市顺陵文物保护管理所，专门负责顺陵的文物保护和管理工作，同时渭城区文物稽查大队配合顺陵文管所负责顺陵田野文物保护工作。1985～1986年，对独角兽、走狮4大件石雕进行基础加固。1987年，设

置了保护铁栅栏。1992年，陕西省人民政府印发《关于划定省级以上重点文物保护单位保护范围的通知》，确定保护范围。顺陵文管所对石刻进行扶正加固，对陵园进行绿化。已建立顺陵"四有"档案，由顺陵文物管理所保管。

**桥陵** 为唐睿宗李旦的陵墓，位于陕西省蒲城县西北15千米的坡头镇安王村丰山南坡。

唐睿宗李旦（662～716年），唐高宗李治第八子，武则天幼子。李旦前后两次登基，一共在位8年（684～690年，710～712年），真正掌权两年。第一次在位，三让天下，成就其母武则天一代女皇伟业；第二次在位，于先天元年（712年）禅位于其子李隆基。开元四年（716年）驾崩，终年55岁，庙号睿宗。

1963年，陕西省考古研究所对桥陵进行勘查，试掘墓道，探查陵墙。1973～1978年，中国科学院考古研究所对关中唐十八陵进行为期六年的全面调查。1993年始，陕西省考古研究所与德国罗马—日耳曼中央博物馆合作调查了蒲城县境内的桥陵、景陵、光陵、泰陵4座唐代帝陵。1995～1996年、2000～2001年，陕西省考古研究所先后对陪葬桥陵的惠庄太子墓和让皇帝李宪惠陵进行抢救性发掘。2006年，经国家文物局批准，桥陵被列入陕西省考古研究所陕西唐陵大遗址保护项目，进行全面的调查勘探和局部发掘。已经探明四门门址，探出布局完整的下宫遗址，明确陪葬墓区的布局和每一座陪葬墓的墓园形制。

桥陵依乾陵旧制，依山为陵。在丰山主峰南坡半山腰处向山体内开凿墓道，修建玄宫。墓道以阶梯式深入山腹达20米，以石条叠砌封闭，石灰灌注，计用石条约3900块，每块大者

桥陵远景

长122厘米、宽56厘米，最小者长55厘米、宽37厘米，厚约40厘米。围绕陵山修筑城垣，主体呈方形，东北部因山势向北拓展。城四角均置角阙，四面各开一门。南墙全长2800米，东墙全长2640米，北墙全长5080米，西墙全长2800米，周边13320米。四门外各有石狮1对、门阙1对，南、北门外均有神道。南门神道长达625米，宽110米，两侧由南向北分别置石柱1对、翼兽（獬豸）1对、鸵鸟1对、仗马5对、石人10对，神道南端有乳台阙1对。北门神道两侧列仗马3对。整个陵园存石刻50余件，其中南门神道两侧数量最多，有36件。其保存大都完好，雕刻精湛生动，时代风格鲜明，充分体现盛唐时期的社会风貌和时代特征，堪称唐代陵前石刻艺术的珍品和中国古代石雕艺术的瑰宝。陵园西南有寝宫建筑群。整个陵园最南端筑有鹊台阙1对。陵园存阙址16处，其中14处部分夯土基址存在，其余如城垣、门址、寝宫宫殿等建筑，地面上已无明显遗迹。

桥陵寝宫遗址由内、外两重围墙构成外宫城及内宫城，总体平面呈南北向长方形，内、外两宫城均在南墙中部设门。外宫城南北515米，东西401米，总面积约20万平方米。内宫城处于外宫城偏东北位置，南北长290米，东西宽252.5米，面积7万多平方米，主体建筑均集中分布于内宫城。

桥陵神道西侧石刻

桥陵神道东侧獬豸

桥陵南神门西侧石狮

南门西阙以南偏西处有蕃酋殿遗址，其建筑散水东北角距南门西阙台基西南角直线距离43米。蕃酋殿遗址夯土基址平面为曲尺形。主体基址南北向与神道平行，南端向西直角拐出。其与神道平行的基址部分，南北长18.6米（不包括散水）；南端向西拐出的基址长8米，南北通长（不包括散水）17.9米。东、南两段夯土基址均宽6.9米，基址保存最高处高0.35米。

考古勘探已知桥陵陪葬墓有12座，包括让皇帝惠陵、肃明刘后、昭成窦后、惠庄太子、惠文太子、惠宣太子、凉国公主、邸国公主、金仙公主、彭国公李思训等墓葬。陪葬墓均有围墙或围沟四周环绕，呈封闭型，墓前多有神道碑等石刻。自20世纪70年代开始，先后对金仙公主墓、惠庄太子及让皇帝李宪惠陵进行发掘，墓葬均为封土单室墓，封土形制为覆斗

形，南侧有长斜坡墓道，带数量不等的天井、小龛、过洞。其丰富的出土实物，为研究唐代陵寝制度、建筑技术和文化艺术提供了重要的资料。

1956年，桥陵由陕西省人民委员会公布为第一批陕西省文物保护单位。1982年，成立桥陵文物管理所，专司保护和管理。此后，设立文物旅游稽查大队和群众文物保护小组协助文物保护工作。1988年1月13日，桥陵被国务院公布为第三批全国重点文物保护单位，编号3-0243-2-014。1992年，陕西省人民政府公布其保护范围与建设控制地带。已建立桥陵"四有"档案，由桥陵文物管理所保管。

藏王墓 系吐蕃王室的赞普（藏王）们的墓葬群，位于西藏自治区琼结县城琼结河南，范围包括木惹山南麓和东嘎沟口。墓地东西长约2075米，南北宽约1407米，面积约305万平方米。

5～6世纪，雄踞在雅隆河谷（山南乃东、琼结一带）的雅隆部落崛起，先后兼并邻近部落，逐渐统一青藏。松赞干布继位赞普之后，迁都拉萨，琼结一带是吐蕃的发祥之地，仍对山南经营十分重视，不时移居于此，作为王朝本营，将藏王的陵墓也建在富有根基的琼结。

藏王墓群的确切墓葬数目及其墓主，历来说法不一。据收录于《弟吾宗教源流》之《密级小策》等记载，东嘎沟口和木惹山麓的藏王陵区内，藏王墓和王妃墓共有25座，其中藏王墓葬16座，王妃墓葬9座。

1985年，西藏自治区文物管理委员会文物普查队确认藏王墓地有16座墓葬。2002年，中国社会科学院考古研究所等单位确认藏王陵的墓葬为20座。2013年，四川大学与西藏文物保

松赞干布墓

护研究所合作开展藏王墓考古，确认26座封土墓葬，并在松赞干布陵外围找到类似陵垣的附属建筑遗迹。

根据藏王墓的墓葬分布情况，将王陵划分为两个区。一区（西区）位于墓地西南面的木惹山麓和河谷台地，范围较大，有墓冢十余座。二区（东区）位于藏王陵的东北面东嘎沟口，有墓冢六座，两区相距800米。初步能确定墓主的有9座，分别是松赞干布墓、芒松芒赞墓、赤德松赞墓、赤松德赞墓、赤祖德赞墓、赤德祖赞墓、朗达玛墓、赤都松芒波杰墓、牟尼赞普墓。

藏王墓的封土形制一般分为两种，一种是方形平顶，另一种则是梯形平顶，其中方形顶者居多。墓群中封土最大的墓是赤松德赞墓，位于西区，为方形平顶，边长180米；最小的是朗达玛墓，位于西区，为方形平顶，边长30米。藏王墓封土半数高达10米以上，其结构大多数是以土、木、石夯筑而成，夯层一般厚0.07～0.28米，内有圆木加固。据《密级小策》和晋美林巴《箴言集》记载，松赞陵墓形

制方形；墓室内共有5座神庙，四角各有一座，中间一座；中间为方形。墓室内随葬有来自吐蕃周边各国，以及吐蕃本土的各种奇珍异宝。

藏王墓的建筑、分布、墓内情况等，在藏文史料《西藏王统记》《智者喜宴》《西藏王臣记》等书中都有详略不一的记载。如说墓内一般分九室，充塞金、银、宝石以及丝绸皮

赤德松赞墓碑

赤松德赞墓前石狮

革制品，有的还供奉佛像。《白史》载：吐蕃"君死，赞普之乘马、甲胄、珍玩之类皆入墓"。《国王遗教》说藏王墓"墓内九格，中央置赞普尸体，涂以金，墓内装满财宝"。《通典》中说的吐蕃"其墓正方，累石为之，状若平头屋"，也可能是指这类藏王墓。

1961年3月4日，藏王墓被国务院公布为第一批全国重点文物保护单位，编号1－0174-1-013。2011年，于松赞干布墓葬北侧修建设立寺庙管理委员会。2004年，建立"四有"档案，保管于山南市文物局。2011～2015年，列入国家重点文物保护维修工程项目中，共投资9919万元，主要用于夯土保护、保护规划、改善基础设施、整治环境等工作。根据西藏自治区人民政府《关于确定布达拉宫等32处全国重点文物保护单位的保护范围和建设控制地带》的批复，确定了保护范围和建设控制地带。制定有《西藏山南市琼结县藏王墓文物保护规划》。

**唐代帝陵** 作为国务院公布为第五批全国重点文物保护单位的唐代帝陵系指昭陵、乾陵、顺陵和桥陵之外其他安葬在关中地区唐代皇帝的陵墓，位于陕西省关中地区的富平、蒲城、乾县、礼泉、泾阳、三原六县境内，东西绵延100余千米。

唐代从618年建国，907年灭亡，历时289年，共21帝20陵（高宗李治与女皇武则天合葬乾陵），除昭宗李晔的和陵与哀帝李柷的温陵分别在河南偃师和山东菏泽外，其余18座陵墓集中分布在陕西省关中地区，称为关中十八陵，分别为乾县的高宗和武则天乾陵、僖宗靖陵，礼泉的太宗昭陵、肃宗建陵，泾阳的宣宗贞陵、德宗崇陵，三原的高祖献陵、敬宗庄陵、武宗端陵，富平的中宗定陵、懿宗简陵、代宗元陵、文宗章陵、顺宗丰陵，蒲城的睿宗桥陵、玄宗泰陵、宪宗景陵和穆宗光陵。最东为玄宗的泰陵，最西为高宗与武则天的乾陵。

《旧五代史·温韬传》载："韬在镇七年，唐诸陵在其境内者悉发掘之。"清代乾隆年间，陕西巡抚毕沅曾对十八陵进行整修，并树立碑石标志。20世纪60年代开始，中国科学院考古研究所（1977年改隶中国社会科学院）、陕西省考古研究所先后多次对唐十八陵进行考古勘探、调查和局部试掘，发掘一大批陪葬墓。1996年，陕西省考古研究所抢救性发掘唐僖宗靖陵，是唯一一座经考古正式发掘的唐代帝陵，为全面了解唐陵陵园的总体布局和范围、陵园建筑的分布与结构、陵园石刻的组合与保存现状以及陵园相关遗存，为保护范围的划定和保护规划的制定提供翔实的资料，进一步推进唐代帝陵陵寝制度的研究。2006年，经国家文物局批准，陕西考古研究所正式启动了陕西唐陵大遗址保护项目。已经完成献、乾、建、贞、崇、桥、泰等13座陵的考古勘探和调查工作，发现寝宫遗址11处，出土石刻造像等大量文物，基本清楚唐代帝陵的布局、结构特点、石刻组合及演变规律。

唐代帝陵形制有依山为陵和积土为冢两种，以依山为陵为主。依山为陵一方面是为了显示气势雄伟，另一方面也是为了防盗。陵园的平面布局自乾陵开始形成定制，基本包括陵园（内外城）、寝宫、陪葬墓区三部分。墓室一般凿在山南的半腰处，高踞陵园北部，为全陵主体建筑，四周筑围墙，分内外两道，内城墙四面设门，南门内修筑献殿。外墙南面有3道门，石刻群（石狮、王宾像、碑石、石人、石马、鸵鸟和华表）置于由南而北的第二、三道门之间。第一道门外分布着皇族和文武大臣的陪葬墓。除依山为陵外，陵前大多存有体量巨大的石刻是陕西唐代帝陵的另一个显著特征。

献陵，为唐代开国皇帝高祖李渊（566～635年）的陵寝。献陵依东汉光武帝原陵之规格修筑，陵园地跨咸阳市三原县与渭南市富平县境，坐北朝南，封土为陵，呈覆斗形。陵园平面略呈方形，为夯筑城垣，四面中部各辟一门，门外各置石虎一对。南神门外设神道，神道两侧自南而北依次列置华表、犀牛、翁仲等石刻造像。陵园西南2.5千米处为下宫遗址。陪葬区位于陵园东北，调查统计共有52座，存有封土26座，仅襄邑李神符墓在三原县境内，其余陪葬墓均在渭南市富平县境内。

定陵，为唐中宗李显（656～710年）的陵墓，位于富平县宫里镇三凤村北的凤凰山上。由三个墨青石岩山峰组成，好像一只飞翔的凤凰，以此而得名凤凰山。陵园为长方形，坐北

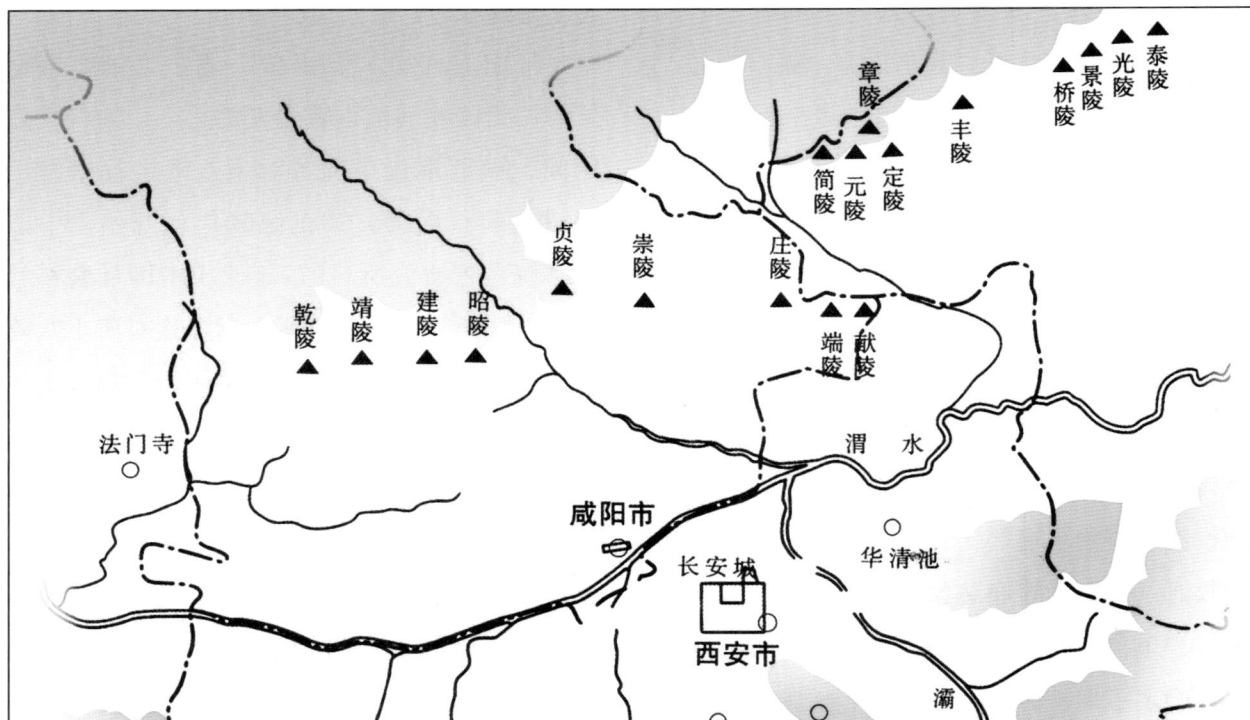

陕西关中唐十八陵分布示意图

高祖献陵东侧华表

朝南，东西宽2千米，南北长3千米，周围约10千米。地形北高南低，由南面向北分为多层台地，以陵墓为最高点。四面中部各辟一门，南神门外设神道，两侧对称列置石刻。惜石刻多已无存，仅有南面一个石狮、一对石人比较完好，东门及北门虽然有石狮、石马，但都残破不堪。地宫墓道入口开凿在中部山梁上，左右两条山梁恰成陵区东、西墙垣的天然基座。陵园南部为下宫区，东南部为陪葬墓区，对其中节愍太子李重俊墓曾进行考古发掘，出土的三彩马、陶器数量多，保存完整，墓道壁画极为精湛。

泰陵，为唐玄宗李隆基（685～762年）的陵墓，位于蒲城县东北15千米的金粟山西峰尖

山之阳。依山为陵，在山腹中凿玄宫。陵区以玄宫为中心，依山势构筑陵墙，平面布局分内外两城，酷似京师长安，内城四周各开一门，陵园周长38千米。四门外各置石狮2件，阙台一对。南神门外设神道，神道两侧列置石刻。神道南端有阙台一对，称为乳台。乳台南600米处为下宫遗址，乳台东南1300米处有高力士陪葬墓。

建陵，为唐肃宗李亨（711～762年）的陵墓。李亨，玄宗第三子，至德元年至上元二年（756～762年）在位。建陵位于礼泉县城东北15千米的武将山上，因山为陵。武将山东西走向，南濒泔河，东临昭陵，北面群山环绕，西与高宗乾陵相望。山巅海拔1000多米，山势突兀，居高临下，气势巍巍壮观，依山顶南望，八百里秦川尽收眼底。建陵陵园因地形起伏呈南宽北窄的不规则四边形，四面中部各辟一门，门外各置石狮2件，夯筑阙台1对，南神门外设神道，两侧列置石刻。神道南端设乳台1对，陵西南有郭子仪等陪葬墓。陵墓遗存石刻在唐关中十八陵中保存最完整，雕凿最细腻。

元陵，为唐代宗李豫（727～779年）的陵墓，位于富平县西北15千米的檀山。依山为

中宗定陵神道东侧石人

玄宗泰陵

陵，坐北向南。玄宫凿建于檀山南麓中峰，陵园为夯筑城垣，平面呈不规则矩形，四面各辟一门，乳台、四门阙台遗址尚在。南神门外神道两侧石刻存翁仲、翼马各1件，东、西、北神门各存石狮1对，北门外尚存仗马5件（均残毁严重）。陵南下宫遗址尚未发现，陪葬墓情况亦无线索。

崇陵，为唐德宗李适（742～805年）的陵墓。李适，代宗长子，建中元年至贞元二十一年（780～805年）在位。崇陵位于泾阳县西北20千米的嵯峨山上，依山为陵，全用方形和长方形青石叠砌而成，石块凿出凹槽，卡有铁拴板，浇灌铁汁，极为坚固。陵周围约20千米，地跨泾阳、三原两县，平面呈不规则形。陵区内分布有石狮、翁仲、仗马、石柱等石刻造像40余件。史载崇陵有陪葬墓43座，名位均无可考。

丰陵，为唐顺宗李诵（761～806年）的陵墓，位于富平县城东北约20千米处的金瓮山之阳，东北距唐睿宗之桥陵26千米。因山为陵，陵区周围20千米。陵园建置和唐定陵略同，陵园垣墙为不规则矩形，四面各辟一门。北门仅存石狮1件，西门石狮2件（埋于地下），神道石刻损毁严重，仅存石柱1件（残）。下宫遗址位于陵南，《长安志》载"去陵五里"，不知其详。陵园东南陪葬有庄宪王皇后墓，封土早年已平。

景陵，为唐宪宗李纯（778～820年）的陵墓，中晚唐帝陵的代表。位于蒲城县三合乡义龙村北、金帜山之阳，依山为陵，陵园垣墙平面呈不规则矩形，东西约2900米，南北约2500米，四面各设一门，四角建角楼，南神门外设神道，其南有乳台、鹊台各1对。《长安志》记载："陵区规模为封内四十里。"存四门阙址及石狮，神道两侧列置的石刻现有华表、翼马、鸵鸟、石马、石人，及若干残件。

光陵，为唐穆宗李恒（795～824年）的陵墓，位于蒲城县城北10千米的尧山上。依山为陵，玄宫凿于山南麓。陵园垣墙夯筑，平面呈长方形，南北长2900米，东西宽2350米，四面中部各开一门。《长安志》记载："其规模封内四十里，下宫去陵五里。"陵墙四隅有角楼，四门前均有门阙和石狮，南神门外设神道，神道南有乳台、阙台遗址。陵园西南有下宫，东南有陪葬墓2座。

庄陵，为唐敬宗李湛（809～826年）的陵寝。位于三原县陵前镇柴窑村东，陵冢系积土为冢，呈覆斗形，居陵园正中。陵园城垣为夯筑，平面呈方形，四角建角楼，四面正中各辟一门，门外设双阙，南门外设神道，自南向北依次排列石柱、翼马、鸵鸟、翁仲等石刻造像。神道前有清代立"唐敬宗庄陵"碑一通。城垣已毁，石像已残缺不全。陵园北大约800米处原有陪葬墓一座，封土已平。

章陵，为唐文宗李昂（809～840年）的陵墓，位于富平县城西北约15千米的天乳山。

依山为陵,坐北朝南。陵园平面略呈方形,东西长约1350米,南北宽约1300米。四面各辟一门,门外原各有石狮1对、阙台1对。南神门外设神道,两侧石刻残毁严重。陵西南1200米处有下宫遗址,未发现陪葬墓迹象。

端陵,为唐武宗李炎(814～846年)的陵墓。李炎,穆宗第五子,会昌元年至六年(841～846年)在位。端陵位于三原县徐木乡桃沟村,东距高祖李渊献陵约5千米,西北距代宗李豫元陵约6千米。积土为冢,封土为覆斗形,居陵园中部,高15米,东西58米,南北60米,顶被侵蚀成圆锥形。陵园为夯筑城垣,平面略呈方形,东西长540米,南北长593米;四面各辟一门,门外各置石狮一对,筑阙台一对。南神门外设神道,长248米。神道由南向北依次排列石柱、翼马、鸵鸟、翁仲等石刻造像。

贞陵,为唐宣宗李忱(810～859年)的陵墓,晚唐时期规模最大、保存较好的一座帝陵。李忱,宪宗第十三子,大中元年至十三年(846～859年)在位。贞陵位于泾阳县北仲山上(陵园北门阙进入淳化县境内),依山为陵,陵墓坐北朝南,居高临下。陵园平面呈东西窄、南北长的不规则矩形,四面各辟一门,各门外置阙1对,东、西门阙分别位于山巅上,形势壮观。东西门相距1950米,南北相距3300米。陵园四角建角楼。南神门外设神道,长505米,其南筑乳台1对,乳台南1.5千米筑鹊台1对。鹊台西北方发现有下宫遗址。存石刻,除四门各置一对石狮外,大宗集中于南神门前神道两侧,依次为翁仲6对、石马3对、鸵鸟1件、翼马1对、石柱1对。

简陵,为唐懿宗李漼(833～873年)的陵墓,位于富平县长春乡东窑里村。依山为陵,玄宫凿建于山南麓。陵园为夯筑城垣,平面略

敬宗庄陵神道西侧翼马

宣宗贞陵神道西侧石人

773

靖陵陵冢

呈方形，四面各辟一门，门外各置石狮1对，筑阙台1对。东、西二神门外阙台筑于山上，所在山峰海拔分别为814米和883米；北神门及门外阙址位于耀州区境内，所在直线距离均在2100米左右。城垣四隅筑角楼，南神门外设神道，南端筑乳台1对。北神门外有仗马3对。下宫遗址位于陵南，地面迹象不显。陪葬墓文献无载，调查亦无发现。

靖陵，为僖宗李儇（862~888年）与惠圣安孝皇后的合葬陵墓，为关中唐陵中最后一座帝陵，也是中国唯一发掘的一座唐陵。李儇，懿宗第五子，乾符元年至文德元年（873~888年）在位。靖陵位于咸阳市乾县阳峪镇南陵村东约500米处，西南距县城5.5千米。积土为陵，夯土筑冢于丘陵台地上。陵呈覆斗形，底部边长48.5米，高8.6米。陵园平面略呈方形，夯土城垣，南北长471米，东西长450米，封土居中，陵园四面各辟一门，四隅建角阙，南神门外设神道，长325米，其南筑乳台一对。陵园门阙基址多已无存，角阙基址大部分完好，遗有部分陵园石刻。1996年抢救性发掘，发现墓道及墓室残存有壁画，并出土一批珍贵文物。

唐代帝陵的体量巨大、数量众多的陵前石刻与其他帝陵遗存一道，多方位反映唐代政治、经济、文化、科学艺术、社会习俗、宗教以及中外交流等方面的成就，从一个侧面反映唐王朝的兴衰。

1956年起，陕西省人民政府先后将关中唐代多处帝陵公布为省级文物保护单位。20世纪90年代之后，陕西省人民政府先后公布18座唐代帝陵的保护范围。2001年6月25日，国务院以"唐代帝陵"之名将尚未公布为国保单位的15座唐代帝陵公布为第五批全国重点文物保护单位，编号5-0184-2-040。陕西的18座唐代帝陵均设有文物管理所，专职负责日常保护和管理工作，完成"四有"档案建设以及保护管理规划的编制。有些帝陵还在文管所的基础上设立博物馆，负责日常保护和管理工作，开展保护性展示工作。

**六顶山古墓群**　是唐至五代时期渤海国（698～926年）早、中期王室贵族墓地。位于吉林省延边朝鲜族自治州敦化市，地处城区南部约5千米的六顶山南麓，西临牡丹江，东临六顶山水库。

1948年，敦化启东中学师生发现贞惠公主墓。1949年，延边大学历史系和敦化启东中学的部分师生对包括贞惠公主墓在内的9座墓葬进行清理，发现贞惠公主墓志，六顶山古墓群开始引起学术界的关注。1953～1957年，吉林省文物管理委员会对墓群开展多次调查，将墓群划分为两个墓区。1959年，吉林省博物馆和吉林师范大学历史系在第一墓区发掘墓葬12座（包括9座1949年发掘墓葬的再次清理）。1963、1964年，中国科学院考古研究所东北考古工作队第二队对墓群内20座墓葬进行发掘。1997年，延边朝鲜族自治州文物管理委员会办公室聘请吉林省地质局物探大队，对墓群进行全面的物理探查，初步认定第一墓区有墓葬56座，第二墓区有墓葬110座。是年，延边朝鲜族自治州文物管理委员会办公室会同延边州博物馆，对第二墓区的1座石椁墓和1座圹室（石圹）墓进行清理。2004～2005年，吉林省文物考古研究所、敦化市文物管理所对六顶山古墓群进行全面的调查和清理，共清理发掘36座墓葬、12座石台和2座房址，明确六顶山古墓群的墓葬数量、分布、类型和保存状况，重新测绘墓群平面分布图。2009～2010年，延边朝鲜族自治州文物管理委员会办公室、敦化市文物管理所配合墓葬本体保护工程，又对第一墓区的贞惠公主墓和4号墓葬的外围进行清理。

六顶山古墓群主要分布在六顶山主峰南侧的两个山坳之中，占地面积约35000平方米，已发现墓葬235座，分为两个墓区，以一道山梁相隔。西侧山坳内为第一墓区，南北狭长，坡度相对较大，南北长200米，东西宽100米，面积约20000平方米，存墓葬105座。根据墓葬的分布特点，大体可分为南、北二区。南区以规模较大的石室墓为主，是六顶山古墓群中大型墓葬集中分布的区域，墓群中所有石室墓均位于这一区域。除墓葬外，墓群内发现的与墓葬停灵待葬或祭祀有关的石台遗迹也集中于这一区域，此区还发现房址遗迹。北区的墓葬类型多样，包括圹室墓、石棺墓和土坑墓。东侧

六顶山墓群远景

山坳内为第二墓区，地势相对平缓，墓区大致呈横向长方形，南北长100米，东西宽150米，面积约15000平方米，存墓葬130座。以土坑墓为主，石构墓葬数量较少，也少见大型墓葬。

六顶山古墓群包括土坑墓、石椁（棺）墓、圹室（石圹）墓、石室墓四种墓葬类型。土坑墓多在地表挖出长方形浅坑，无墓门和墓道，墓内多有棺，有的墓内发现有垫棺石，有的墓棺椁并用。部分土坑墓墓口外缘有垒砌少量石块的做法，部分土坑墓的封土外围包砌有围护封土的块石。石椁（棺）墓在土坑内壁砌石成椁（棺），无墓门、墓道，部分墓葬存有盖顶石，部分墓内有木棺痕迹。圹室墓是六顶山古墓群首次确认的渤海墓葬类型。此类墓葬多呈方形，长、宽多在2米以上。墓葬构筑有宽厚低矮的四壁，有墓门、墓道，但无盖石，圹内普遍有棺，或棺椁并用，埋葬后封土或土石混封。石室墓为地上或半地上建筑，墓室普遍高大，墓室呈长方形，部分近正方形，墓门、墓道，均辟于墓室南壁，墓顶盖石有平盖和抹角叠涩两种。六顶山古墓群发现的石室墓分为两种：一种为石室封土墓；一种构筑石室后，不加封土，使石室直接裸露。发掘的墓葬以火葬居多，也多见二次葬现象。土坑墓、石椁（棺）墓、圹室（石圹）墓以火葬二次葬为主，石室墓无火葬，见有二次葬。

著名的贞惠公主墓（2号墓），位于第一墓区的中央偏东处，为封土石室墓，地面保存有圆丘状封土。墓室修于地下深约2米处，平面近方形，墓门辟于南壁中央，南北长2.80～2.94米，东西宽2.66～2.84米，高2.68米。四壁以玄武岩石块叠砌，抹角叠涩顶。墓葬早年被盗，发掘时墓内出土遗物较少，主要有雌雄石狮各一尊和碑形墓志一方。墓志记载：墓主人为渤海国第三代王文王大钦茂次女贞惠公主，卒于渤海宝历四年（777年），渤海宝历七年（780年）下葬，并"陪葬于珍陵之西原"。

一区 M4 墓东北角

贞惠公主墓出土石狮

六顶山古墓群发现文献中记载的有关渤海停灵和"冢上做屋"的实物资料。2004～2005年，六顶山古墓群共发现清理12座石台遗迹，其中11座集中于一墓区南部大墓之间。石台构筑简单，多见遗物，无火烧痕迹，发掘者认为这些石台与墓葬的停灵和祭祀有关。2004～2005年发掘的一墓区3号墓葬封土之上发现有序分布的础石，墓葬周边出土较多的瓦当、兽面砖、瓦等建筑瓦件，当存在实体墓上建筑。此外，在一墓区的多座大型石室墓周边都发现有为数不少的瓦、瓦当、兽面砖等建筑材料，墓葬之上应存在某种形式的墓上建筑。1964年发掘的二墓区209号墓虽然是一座土坑墓，但在墓葬封土之上发现规律分布的瓦件，可能也是一种"冢上做屋"的形式。

六顶山古墓群是中国唐代地方政权渤海国的早期王室贵族墓地，是渤海国的重要遗迹，是研究渤海国早期墓葬制度的珍贵科学资料，

也是研究渤海国政治、经济、历史、文化及族属等的重要资料。其中，贞惠公主墓出土的墓志碑是渤海国考古的重大发现。碑文楷书，清秀挺拔，文体是唐朝流行的骈体文，辞藻华丽，用典精良，充分证明渤海国不仅使用汉字，习识中原文化，而且汉文学造诣很深。墓志碑的发现为研究中国唐代渤海史及东北中世纪史、边疆与中原文化交流史提供翔实而有力的物质资料，具有相当重要的科学价值。

1958年，敦化县组建文物保护小组。1961年，成立六顶山古墓群业余保护小组。1961年3月4日，国务院将六顶山古墓群公布为第一批全国重点文物保护单位，编号1-0173-2-012。1976年，敦化县文物管理所成立，负责六顶山古墓群的日常保护与管理工作，健全六顶山古墓群记录档案。1982年2月，敦化县文物管理委员会成立，1985年更名为敦化市文物管理所。1991年3月，重新调整敦化市文物管理委员会。2004年，敦化市成立六顶山古墓群大遗址保护工作委员会，负责六顶山古墓群的大遗址保护和管理工作。2005年，由吉林省文物考古研究所、敦化市文物管理所重新整理编制六顶山古墓群全国重点文物保护单位记录档案，由敦化市文物管理委员会和敦化市文物管理所进行保护管理，并逐年进行补充更新。

**龙头山古墓群**　为唐至五代时期渤海国（698～926年）早、中期王室陵寝。位于吉林省延边朝鲜族自治州和龙市，东临福洞河，北望头道平原，东南500米为石国水库，南面群山连绵。

1980年10～12月、1981年5～6月，延边州文物管理委员会办公室和延边州博物馆先后

发掘清理贞孝公主墓。其后，文物部门对贞孝公主墓所在的龙头山及周边区域开展多次考古调查，发现墓葬十余座，命名为龙头山墓群。1989年，延边州文管办、延边州博物馆对龙湖墓区1号墓进行抢救性考古发掘。1998年和2008年，延边州文管办、延边州博物馆先后对石国墓区1号墓（三室墓）、2号墓（崖墓）进行抢救性考古发掘。2004～2005年，经国家文物局批准，吉林省文物考古研究所、延边州文管办对龙头山古墓群龙海墓区进行考古发掘，共发掘墓葬14座、水井1眼，获得丰富的考古资料。

龙头山古墓群分为石国墓区、龙海墓区、龙湖墓区三个墓区，全长6千米。石国墓区年代较早，为8世纪初，占地面积6.6万平方米。龙海墓区的年代略晚，约在8世纪中叶至9世纪初，占地面积9万平方米，墓区内有渤海第三代文王大钦茂之女贞孝公主墓和渤海第三代王文王大钦茂妻孝懿皇后、渤海第九代简王妻顺穆皇后墓；龙湖墓区年代大体与龙海墓区相当，或略晚于前者，占地面积近5万平方米。

石国墓区，位于墓群南端，经地面调查有

真孝公主墓北壁壁画

墓葬和疑似墓葬12座，在墓区正南方向500米处的山上有一处建筑址。1998年，延边州文管办对墓区东部受破坏的墓葬1号墓进行清理。墓葬为同封异穴墓，由3座独立的墓室组成。墓葬四壁以石块垒砌，墓顶用大石板铺盖后封土，封土呈圆丘状，上铺有一层大小不等的石块。中间的墓室编号为M1A，墓室南北长3.6米，东西宽1.6米，高1.5米。墓门位于南壁中部，用整块大石封堵。墓道土筑，墓门外侧充填大小不等的石块。墓葬早年被盗，随葬品无存。东侧墓室编号为M1B，墓室结构、修筑方式与M1A基本相同，墓内未经人为扰动，出土有三彩女俑、银笄、鎏金棺环以及大量鎏金泡钉和铁钉。西侧墓室编号为M1C，墓室结构、修筑方式与M1A基本相同，墓内未经人为扰动，出土文物有绞胎瓷枕、鎏金冠饰、鎏金带銙、鎏金棺环、铁钉等。

龙海墓区，位于墓群中部，经考古发掘和考古钻探确认有墓葬20座、建筑基址1处、水井1眼。墓葬中有2座塔墓，1座同封异穴砖椁木棺墓，其余为已发掘的15座大中型石室墓和砖室墓。墓区内有8处台地，V号台地位于墓区最高处，共有5座墓葬，渤海第三代王文王大钦茂之四女贞孝公主、大钦茂之妻孝懿皇后、第九代王简王大明忠之妻顺穆皇后均葬于此台地。贞孝公主是大钦茂第四女，死于渤海大兴五十六年（792年，唐贞元八年）六月，"陪葬染谷之西原"。墓葬由墓道、墓室和地面塔体组成。塔身已倒塌，只存塔基。墓室砖筑，平行叠涩顶，南北长3.1米，东西宽2.1米，通高1.9米。墓室东、西、北壁及两侧甬道共绘有侍者和武士人物画像12幅。侍者头戴帕首或

龙头山墓群出土三彩女俑

龙头山墓群出土铜镜

幞头，长袍束带，足蹬黑靴或麻鞋，乐伎手持拍板、箜篌、琵琶等乐器，武士则挎刀佩弓执挝。绘画风格和服饰制度与唐代贵族墓壁画相同。墓葬早年被盗，出土文物极少，有陶俑残件、鎏金饰件、鎏金铜泡钉、铁钉等。在甬道出土碑形墓志一方，花岗岩质，圭形，通高1.05米，宽0.58米，厚0.26米。正面镌刻骈体志文18行，728个汉字。孝懿皇后是贞孝公主的母亲，墓葬形制为封土石室墓。墓葬曾被盗掘。墓内出土碑形墓志一方，花岗岩质，通高0.93米，碑身圭形，高0.86米、宽0.52米、厚0.29米，底座高0.07米、宽0.56米、厚0.31米。正面镌刻骈体志文19行，972个汉字。志文载：孝懿皇后薨于"宝历二年二月"（775年），同年十月"迁葬于珍陵台"。顺穆皇后墓葬形制为封土石室墓。墓葬曾被盗掘。墓内出土碑形墓志一方，砂岩质，圭形，通高0.55米，宽0.34米，厚0.13米，正面镌刻骈体志文7行，14个汉字。有"简王皇后泰氏也"，"建兴十二年七月十五日，迁安□陵，礼也"

等记载。

龙湖墓区，位于墓群北端，经考古钻探确认墓葬4座。1989年，延边州文管办对遭到破坏的1号墓进行抢救性发掘。墓葬为石室封土墓，封土已被农耕破坏，原有形状不明。墓室以石块垒砌，抹角叠涩顶，南北长2.8米，东西宽1.85米，通高1.8米。墓内早年被盗，只在墓室发现有金银饰件、铜棺环，以及铜泡钉和陶器残片。

龙头山古墓群是渤海国早、中期王室家族陵寝所在，墓葬规模大、分布有序、类型丰富，是开展渤海墓葬研究的实物资料，对渤海王室陵寝制度、渤海丧葬习俗等问题的研究具有重要的学术价值。贞孝公主墓中的十二幅人物画像和出土的三彩男俑、女俑皆着唐装，出土的墓志以汉字楷书镌刻，不仅是渤海国"濡染唐风"的真实写照，而且对渤海国和中原唐王朝关系等问题的研究具有极为重要的学术意义。

1981年，贞孝公主墓被吉林省人民政府公布为第二批省级文物保护单位。是年，和龙县文物管理委员会成立，负责和龙县日常的文物管理和保护工作。1983年，和龙县文物管理所成立，负责日常的保护与管理。1988年1月13日，龙头山古墓群被国务院公布为第三批全国重点文物保护单位，编号3-0244-2-015。1996年开始，和龙市文物管理所建立龙头山墓群的记录档案，并逐年进行补充更新。2004年起，根据国家文物局的工作部署，对龙头山古墓群龙海墓区进行了文物本体保护和周边环境整治工作。2005年，吉林省文物考古研究所、和龙市文物管理所，以原龙头山墓群记录档案为基础，进一步编制龙头山古墓群全国重点文物保护单位记录档案，由和龙市文物管理所保管并逐年更新。2007年，编制《唐渤海国龙头山古墓群遗址保护工程设计方案》。截至2010年，龙海墓区的本体保护和环境整治工作基本完成。2013年，渤海中京国家考古遗址公园成为第二批国家考古遗址公园，同年编制《吉林省渤海中京国家考古遗址公园规划》。2014年10月，编制《渤海中京城遗址与龙头山古墓群文物本体展示提升工程一期方案》，已通过国家文物局审批，正在实施中。吉林省政府尚未正式公布遗址的保护范围和建控地带。

**辽陵及奉陵邑（包括祖陵及祖州城、庆陵及庆州城）** 位于内蒙古自治区赤峰市。由辽太祖耶律阿保机陵寝祖陵和奉陵邑祖州城，辽太宗耶律德光陵寝怀陵和奉陵邑怀州城（其子穆宗耶律璟附葬怀陵），圣宗耶律隆绪、兴宗耶律宗真、道宗耶律洪基的陵寝庆陵和奉陵邑庆州城组成。5座皇陵同时葬有以上6位皇帝的后妃、皇子和勋戚。

20世纪初，辽庆陵遭受军阀和日本学者盗

辽祖陵远景

掘与破坏。中华人民共和国成立后，内蒙古考古工作者进行系统调查和部分发掘，并且组织美术人员临摹陵墓内的壁画图"四时捺钵"。

辽祖陵和奉陵邑祖州城，位于内蒙古自治区赤峰市巴林左旗林东镇西25千米的山谷内。辽祖陵是辽太祖耶律阿保机的陵寝，于契丹国天赞四年（925年）建设完工，位于祖州西1.5千米的袋状山谷内。四周山巅间豁口处均以石块筑成围墙，谷口中间有敌楼遗迹，高阜上有建筑遗址，一峦头上遗存龟形碑座一具，周围曾多次出土契丹大字碑石残片。谷口内有宫殿建筑遗址。谷后部西北有一小谷，俗称石人沟。沟东侧一大山峦峦头断层回填土痕迹明显，疑为祖陵。山南侧有佚首断臂石人一躯，半埋于土中，两手交握于腹前，留有长辫，似陵前翁仲之类。石像西和南有建筑遗址。祖州城位于祖陵东侧石房子林场所在地，略呈长方形，周长1785米，残墙高约3米。墙为夯土版筑，四面各有一门，北墙东、西两端有角楼遗迹。城内偏北为内城，有门址和角楼遗址。内城中尚存高大的建筑基址，应是文献所记二仪殿和黑龙殿等。内城外两侧台地上有矩形院落，院后方遗有七块巨大花岗岩板构筑的石屋，俗称石房

辽奉陵邑石房子

子，其用途应与契丹民族的习俗有关。

辽怀陵与怀州城，位于赤峰市巴林右旗大板镇东北56千米的床金沟和岗岗庙村，建于辽大同元年（947年）。辽怀陵位于怀州城北3千米的床金沟内，沟口及山谷四周山峦低凹处用石墙封堵，有陵门遗址。陵园中部一道石墙遗迹将陵园分割为内、外两个陵区。怀陵位于山谷北端的内陵区。西侧山峰脚下一平缓台地上有祭殿址和陵墓址。陵墓主应是太宗耶律德光。其子穆宗葬于怀陵之侧，位置尚难确定。陵寝已遭盗掘破坏，周围残存雕工精美的汉白玉莲花柱础和牡丹花纹铺地方砖。外陵区有两处夯土台基建筑基址，应是与祭祀有关的大型殿址。辽怀州城位于岗岗庙村内，夹在南北走向的两条山脉之间，地处联系北部草原的交通要道。城址呈方形，周长2000米，除西墙被河水冲毁，其余三面城墙尚存，墙高1~4米。北墙、南墙各辟一门，四角有角楼。西侧有两组宫殿基址，清代的岗岗庙曾建在殿址上。城北有面积较大的建筑遗址和夯土台基，大部分民居遗址散布在城外。

辽庆陵与奉陵邑庄州城遗址，位于赤峰市巴林右旗大板镇北98千米的白塔子镇及其北

侧山谷中。圣宗陵称永庆陵，兴宗陵称永兴陵，道宗陵称永福陵，通称三陵为庆陵。辽庆陵是辽代极盛阶段建造的三座帝陵，所在地瓦林辉特乌拉山南麓名王坟沟。北负庆云山，前临溪水，永庆陵、永兴陵、永福陵三陵一字排开，根据方位又称中陵、东陵和西陵。各陵旁有行宫遗址，方圆约5千米。中陵为圣宗耶律隆绪的陵寝，其东为兴宗耶律宗真的东陵，西为道宗耶律洪基的西陵。三陵均为穹庐形多室墓。墓壁绘人物、花鸟、山水等壁画。在东陵西南侧又发现兴宗两个皇子耶律弘本和耶律弘世的墓葬，墓室有精美的壁画，并出土汉字和契丹文墓志6方。三陵出土遗物多已散失，仅存部分汉文及契丹文石刻哀册。其中的

庆州释迦佛舍利塔

辽庆州城遗址

契丹小字，是最早发现的契丹文资料。庆陵哀册几经周折，得以完整保存，藏于辽宁省博物馆。辽庆州城位于庆陵东南125千米的查干沐沦河冲积平原，是辽代最大的州城，营建于辽景福元年（1031年）。东侧罕山即辽代著名的"黑山"。城由内城和外城组成，呈"回"字形。内城保存较好，位于外城中部偏北，南北长1150米，东西宽950米。四面设有城门，有瓮城。墙体夯土版筑，高约4～5米，有马面。城内遗迹密集，正中偏北有高大的宫殿群，宫殿前为衙署、民居和作坊区，东北隅有园林建筑。内城西北隅留存一座建于辽重熙十八年（1049年）的释迦如来舍利塔，俗称白塔子，为八角七檐空心楼阁式仿木砖结构建筑。1989年维修期间，从塔刹内发现一批精美的辽代佛教遗物，有写经、舍利小塔和衬垫的丝织品及砖铭等。

1988年1月13日，辽陵及奉陵邑（包括祖陵及祖州城、庆陵及庆州城）被国务院公布为第三批全国重点文物保护单位，编号3-0247-2-0018。2001年，国务院公布第五批全国重点文物保护单位时，将怀陵及奉陵邑归入辽陵及奉陵邑。"十一五"期间，实施庆陵及奉陵邑围封工程，并对庆州城内的部分居民进行搬迁，对比图河渠实施改造，将横穿城内的公路改由城外绕行。2016年，国家文物局批复原则同意《辽陵及奉陵邑保护规划》。

**吴越国王陵（临安吴越国王陵）**　包括吴越国王钱镠墓，钱镠父母钱宽及水丘氏墓，钱镠第七子、吴越国二世王钱元瓘之后马氏墓康陵及次妃吴汉月墓等。钱镠墓位于浙江省临安市锦城街道太庙山南坡；钱宽及水丘氏墓位于临安市锦城街道西墅村明堂山；康陵位于临安市玲珑街道祥里村庵基山的东北坡；吴汉月墓位于杭州市上城区施家山南坡。

自后梁开平元年（907年，唐天祐四年）五月，钱镠受封为吴越王，至北宋太平兴国三年（978年）五月钱俶纳土归宋，吴越有国72年，历三世五王。

据《吴越备史》《十国春秋》等文献记载，吴越国的开国者钱镠（852年～932年），字具美，小名婆留，浙江临安人，父钱宽，母水丘氏。钱镠少年时以贩盐谋生，后投身行伍，屡有建树。唐乾符二年（875年），成为临安石镜镇镇将董昌的偏将，后任石镜镇衙内知兵马使，迁镇海军右副使。唐中和二年（882年），授杭越管内都指挥使、上武卫大将军兼杭州刺史。景福二年（893年），升镇海军节度使、浙西道观察处置使、润州刺史。乾宁二年（895年），钱镠奉诏出兵剿灭董昌，唐昭宗特赐铁券以示嘉奖。随后又击退杨行密，占据浙东之地。乾宁五年（898年），钱镠将治所从润州迁至杭州，又夺取婺州、温州和处州，平定徐绾、许再思之变，最终统一两浙。后梁开平元年（907年）被封为吴越王，龙德三年（923年）被封为吴越国王。钱镠在位四十一年，实行"保境安民"的明智政策，对吴越国的建立和繁荣起到至关重要的作用。后唐长兴三年（932年）四月，钱镠子传瓘嗣立，改名元瓘。应顺元年（934年）被封为吴越王，后晋天福二年（937年）四月被封吴越国王。钱元瓘在位十年，遵钱镠遗训，

继续执行"善事中国"的政策。吴越国在钱镠时曾有天宝（908～923年）、宝大（924～925年）、宝正（926～932年）等年号，元瓘继位后取消吴越国私行的年号，接受中原朝廷的晋封，并尊行中原朝廷后唐、后晋的年号。天福六年（941年）九月，元瓘第六子弘佐继位；十一月，封为吴越国王。弘佐在位七年，经济上积极实行富国强民的政策，轻徭薄赋，奖励垦殖。开运四年（947年）六月弘佐卒，元瓘第七子弘倧继位。同年十二月，内衙统军使胡进思等发动政变，废弘倧立弘俶，弘倧在位仅半年。钱弘俶为元瓘第九子，后汉乾祐元年（948年）正月即位。乾祐二年（949年）三月封吴越国王。后周显德七年（960年）正月，赵匡胤称帝，国号宋，改元建隆。钱弘俶遵祖宗遗训，以名犯宋祖讳，去弘以俶单行，并遣

吴越国王陵远景

使奉贺,宋授其为天下兵马大元帅。钱俶为维持自己的统治,向北宋朝廷朝奉大量的奇珍异宝和方物特供,并携子亲自北上入朝,以表恭顺和忠心。他又积极协助北宋灭后蜀、攻南唐,为北宋最终统一中国做出了贡献。北宋太宗太平兴国三年(978年)五月,钱俶上表纳土归宋,吴越国亡。宋改封钱俶为淮海国王,后又为汉南国王、南阳国王、许王、邓王。端拱元年(988年)八月,钱俶暴卒,年60岁,在位32年,宋追封秦国王,谥"忠懿",葬河南洛阳贤相里陶公原。

钱镠墓,位于浙江省临安市锦城街道太庙山南坡,未经发掘。钱镠卒于后唐长兴三年(932年)三月,庙号太祖,谥"武肃"。遗存钱王陵园的主体,共占地8万平方米。封土平面呈圆形,墓前原有华表、石兽、石翁仲等石刻;存一通墓碑,为清代所立,上刻"唐故天下兵马都元帅尚父守尚书令兼中书令吴越国王谥武肃钱王之墓"。1997年,在实施墓园环境整治工程时,在神道左侧发现石质仗马、石翁仲和华表底座残件。2010年,又在神道右侧发现石质华表、石翁仲残件等。

钱宽及水丘氏墓,位于临安市锦城街道西墅村明堂山。钱宽卒于唐乾宁二年(895年),葬于光化三年(900年);水丘氏卒于唐天复元年(901年)。1978年11月,当地砖瓦厂在取土时发现钱宽墓。1980年,又发现水丘氏墓。明堂山是一座小山丘,东西两侧有向南延伸的丘陵,山前为比较开阔的平地,形似一把交椅。两墓就位于山之阳、交椅中间,成东西排列,钱宽墓在西,水丘氏墓居东,相距6米。两墓同茔异穴,均为船形砖砌券顶结构,分前、后室,并有耳室和壁龛。前室为长方形,后室略呈船形,前室前有短甬道和封门,前、后室之间有短过道,后室内均绘有椭圆形天文星象图。钱宽墓全长6.78米,随葬有瓷器、银器、铜器、铁器、木器和石器等。水丘氏墓长8.4米,随葬瓷器、金银器、铜器、玉器、石器等100余件。

钱元瓘王后马氏墓——康陵,位于临安

钱镠墓

水丘氏墓出土越窑青釉褐彩云纹熏炉

康陵墓室石刻彩绘浮雕

市西南玲珑街道祥里村庵基山的东北坡。后靠庵基山，左为松树山，右有青支山，墓前空旷腹地原有小土丘（案山），后被平为水田，前朝东山。1996～1997年发掘，康陵总长11米，带墓道，长方形砖石结构，分前、中、后三室，墓前设有弧形排水沟。墓室内尚存石刻和彩绘，后室有石刻天文星象图，四壁有石刻浮雕和彩绘的牡丹图案及四神，十二壁龛内雕刻十二人俑和十二生肖。前室和中室均绘有大型牡丹树和云纹、斗拱等，保存完好。墓内出土大量精美的随葬品，共计312件/套，有瓷器、玉器、金银器、铜器、铁器、石器和木器等。根据前室出土的墓志记载，马氏葬于后晋天福四年（939年）十二月。

钱元瓘次妃、钱弘俶生母吴汉月墓，位于杭州市上城区南星街道施家山南坡，西距钱元瓘墓约400米。吴汉月卒于后周广顺二年（952年）。1958年发掘。墓全长7.6米，宽2.87米，高3.10米，为带墓道的长方形砖石结构，分前、后二室。前室石扉雕有双手持幡的两侍女像，形态逼真。后室四壁上端刻宝相花带，

中部浮雕四神，南壁浮雕朱雀惜毁于早年盗墓时。四壁下部浮雕十二星官神像，自北壁正中"子"开始，顺时针方向排列，尚有八龛保存较完整。墓后室顶板原刻有天文星象图，后入藏杭州碑林。墓葬虽早年被盗，随葬品很少，但墓内石刻保存较好，其精美的雕刻代表吴越文化的发展水平。

吴越国王陵的发现对研究当时的丧葬礼俗具有重要意义，同时墓中彩绘、石刻及大量精美文物的发现，反映当时社会经济的发展水平，为研究吴越国的农业、手工业、商品贸易及科技文化等方面的发展提供重要的实物资料。

1961年，浙江省人民委员会公布钱镠墓、吴汉月墓为第一批全省重点文物保护单位。1981年，浙江省人民政府重新公布钱镠墓、吴汉月墓为省级文物保护单位。当年开始筹建钱王陵公园，以钱镠墓为主体，作出规划，分年实施。1984年，临安县人民政府划定钱镠墓的保护范围。1990～1991年，先后拆除陵墓前的宿舍楼等建筑，重建墓道约100米，门楼一座，墓道两旁有文武将臣各一个，重建拜台，

将原墓碑加添碑座与碑盖移立置拜台上。2000年，对原有的谒王殿、安国楼、望锦亭等建筑进行维修。2003年，经国家文物局批准，对东侧的重要文物古建筑太庙进行维修。1998年，浙江省人民政府印发《关于划定杭州六和塔等123处文物保护单位保护范围及建设控制地带的批复》，批准划定意见，公布吴汉月墓的保护范围和建设控制地带。2000年7月14日，浙江省人民政府又印发《关于划定宁波镇海口海防遗址等54处文物保护单位保护范围及建设控制地带的批复》，同意康陵省级文物保护单位保护范围及建设控制地带的意见。2001年6月25日，吴越国王陵（临安吴越国王陵）被国务院公布为第五批全国重点文物保护单位，编号5-0163-2-0019。2006年5月25日，国务院公布第六批全国重点文物保护单位时，将吴汉月墓与临安吴越国王陵合并，合并后名称变更为吴越国王陵。2003年，东南大学城市规划设计研究院规划设计钱镠墓的整体保护方案。钱镠墓作为钱王陵园的主体部分对外开放，其他墓葬均回填保护。目前，钱镠墓由1992年专门成立的临安市钱王陵公园管理处负责管理；吴越国第二代国王的王后墓康陵及钱镠的父母钱宽、水丘氏墓均由1984年成立的临安市文物馆直接管理；吴汉月墓则由杭州市园林文物局下属凤凰山管理处（杭州南宋皇城遗址文物保护管理所）负责日常保护及管理。2004年，临安市文物馆建立临安吴越国王陵记录档案，由临安市文物馆保护管理。2007年，杭州市园林文物局凤凰山管理处（杭州南宋皇城遗址文物管理所）编制吴越国王陵吴汉月墓记录档案，并管理档案。

**南唐二陵**　系南唐烈祖李昪、中祖李璟的陵墓，位于江苏省南京市江宁区东善桥乡祖堂山南麓。

李昪是五代杨吴政权权臣徐温的养子，改名徐知诰，南吴天祚三年（937年）称帝，国号齐。南唐升元三年（939年），改名李昪，又改国号为唐，史称南唐。升元七年（943年）二月，李昪去世，葬于钦陵（永陵）。李璟是李昪的长子，初名景通，曾更名瑶，字伯玉，后改名李璟。北宋建隆二年（961年），被逼迁都南昌，同年六月卒，归葬金陵，是为顺陵。

南唐二陵位于祖堂山南麓，陵园占地5.8万平方米，二陵并列向南，相对50米左右，曾多次被盗，第一次是在宋兵围困金陵时，最后一次是在民国时期。地面已无建筑遗存。1950年，南京市文物保管委员会会同南京博物院对南唐二陵进行发掘。南唐二陵共出土陶俑、陶兽、陶禽以及铜器、铁器、漆器、木器和玉哀册等文物640余件。二陵出土器物大致相同，但李璟墓中出土较少，同样的东西，如陶俑动物像等，尺寸也较小，质料也比较差，是南唐国力衰退的表现。2010年末，在南唐二陵西北侧新发现三号墓，此墓位于原陵墙范围内，也是南唐二陵的重要组成部分。

钦陵为砖石结构的多室墓，地宫全长21.48米，宽10.45米，高5.3米。陵墓封土存高8米，底径30米，墓门外有八字砖墙，中为拱形墓门，墓门涂朱，系枋木结构，在壁面上砌出柱、梁、斗拱等。地宫分前、中、后3个主室和10个侧室。前室和中室用砖造，后室以石砌。墓室作仿木结构，所有立枋、倚柱、斗拱、阑额、柱头枋均用石灰粉刷，上绘牡丹、

钦陵中室

陶男舞俑

陶女舞俑

海石榴、宝相花、柿蒂、云气等纹样。后室顶部绘日月星辰，地面刻凿江河图案，正中有青石棺床，棺床两侧有6条飞龙。其10间侧室均设有陈放随葬品的砖石台。随葬品残存玉哀册28片（完整11片，余皆残），另有玉佩、白瓷碟、青瓷盅和陶四耳罐、男女俑、动物俑、人首鱼身俑等。

顺陵在钦陵西25米，形制与钦陵相似，但规模较小，地宫长21.9米，宽10.12米。地宫有前、中、后3个主室和8个侧室，中室稍大，长5.3米，顶作穹隆顶。全部砖砌仿木结构，无彩绘和雕刻装饰。随葬品残存石哀册40片（均残）、陶男女俑54件，另有骨珠、铜帽钉、铁钉和白瓷残片、青瓷残片、陶片等。

南唐二陵墓室继承隋唐陵墓建筑的基本特点，布局规矩，结构严谨，并保存有精细的石雕和彩画，对研究唐宋时期的建筑、帝王陵寝制度、艺术都有重要价值。

1950年，南唐二陵发掘后，就地保护，对陵墓进行简单维修。1956年，江苏省人民委员会公布南唐二陵为省级文保单位。1982年，江宁县政府同意江宁县文物局的建议，划定南唐二陵保护范围和建设控制地带。1984年，建立南唐二陵文物保管所。1988年1月13日，南唐二陵被国务院公布为第三批全国重点文物保护单位，编号3-0245-2-0016。2004年，江宁区文化局建立南唐二陵的"四有"档案。

**后周皇陵**　是五代后周时期三帝一后的皇家陵墓群，位于河南省新郑市郭店镇陵上村和高孟村。

后周是五代时期中国北方地区的一个承前启后但又短命的王朝。自后周广顺元年（951年）太祖郭威代后汉称帝建国，至后周恭帝显德七年（960年）宋太祖赵匡胤发动陈桥兵变，恭帝被迫逊位，前后仅10年时间。后周皇陵遗存4座，即嵩陵、庆陵、顺陵和懿陵。

民国年间，军阀混战，后周皇陵尤其是庆陵遭到严重破坏。1956～1957年，在全省范围内进行第一次文物普查，对后周皇陵进行田野调查。1961年，进行第二次调查。1962年，河南省对全省古代碑刻、墓志和石刻进行调查登记时，详细调查庆陵墓前的祭祀碑。

后周嵩陵土冢远景

后周世宗庆陵

1984～1986年，调查后周皇陵。1992年，顺陵被盗，新郑市文物管理所对墓室进行清理，发现有壁画。

嵩陵，为后周太祖郭威的陵墓，位于新郑市郭店镇高家村北500米处，存墓冢高约10米，周长105米。太祖郭威（904～954年），后汉时因助刘知远称帝有功，位至宰相。后汉隐帝初年，再因平定河中节度使李守贞、永兴节度使赵思绾、凤翔节度使王景崇等的拥兵反叛，大败契丹进犯，使风雨飘摇的后汉政权转危为安，郭威获晋封邺都留守、天雄军节度使兼枢密使，掌管全国兵马大权。后因不堪隐帝猜忌，于乾祐四年（951年）代后汉称帝，建都汴京（开封）。他生性节俭，虚心纳谏，改革弊政，使北方地区的政治、经济形势渐趋好转。郭威在位三年，显德元年（954年）以疾崩，四月葬于嵩陵。

庆陵，为后周世宗柴荣陵墓，位于新郑市郭店镇陵上村西100米处。墓冢高约10米，周长约105米。世宗柴荣（921～959年），出身邢州望族，从小在姑丈郭威家长大，因谨慎笃厚被

郭威收为养子。北汉乾祐四年（951年），郭威建立后周，委任柴荣治理澶州，其"为政清肃，盗不犯境"。后周显德元年（954年），郭威驾崩，柴荣继位为帝。柴荣在位期间，励精图治，整军练卒，裁汰冗弱，招抚流亡，减少赋税，发展农商，中原社会经济逐步复苏。他又南征北战，西败后蜀，夺取秦、凤、成、阶四州；南摧南唐，尽得江北、淮南十四州；北破辽国，连克三州三关。显德六年（959年），柴荣在进军幽燕途中病逝，年仅39岁，庙号世宗，谥号睿武孝文皇帝，葬庆陵。《旧五代史》评其曰："神武雄略，乃一代之英主……而降年不永，美志不就，悲夫！"明朝初年，庆陵开始修建陵园。民国时期《郑县志》载，明洪武三年（1370年），御制祭周世宗碑。陵园呈方形，边长约200米，总面积4万平方米。墓前有砖筑方形祭坛，高约1米。陵墓四周古柏参天，祭坛附近石碑林立。

顺陵，为恭帝柴宗训陵墓，位于新郑市郭店镇陵上村东北200米处，距庆陵东北500米。墓冢高4米，周长40米。恭帝柴宗训（953～973年），为世宗第四子，显德六年（959年）嗣位，后因殿前都检点赵匡胤发动陈桥兵变逊位入宋，被封为郑王，迁往房州。宋开宝六年（973年）卒，终年20岁，谥恭皇帝，葬于顺陵。墓室平面呈圆形，直径6.2米，高约7米，穹隆顶，墓室及甬道壁面均涂白灰，彩绘仿木结构建筑和人物图像，墓室顶部绘星象图。墓室周壁的中部墙体上有六处凸出叠砌的两块砖，为放灯之用。壁画大部分被盗墓者铲除或剥落，仅墓室西侧留下武吏端斧图、甬道东侧留下文吏迎侍图各一幅，两幅画

绘画方式基本上是用黑色线条勾勒出整体轮廓，然后用红色或白色颜料填色而成。

懿陵，为世宗皇后符氏陵，是后周皇陵中唯一留存下来的皇后陵墓，位于新郑市郭店镇庆陵东侧100米处陵上村内。墓冢高1.5米，周长30米。符氏，后周世宗柴荣第二位皇后。父亲符彦卿是五代、北宋时期名将，天雄军节度使，官封魏王。符氏最初曾嫁李守贞的儿子李崇训。后来李守贞叛变北汉，郭威受命征讨，攻陷城池，并把她送还给其父符彦卿。符氏感恩，拜郭威为义父。柴荣镇守澶州时，郭威将符氏再嫁予柴荣。柴荣即帝位，于显德元年（954年）册封符氏为皇后。世宗征伐南唐时，符氏忧患成疾而崩，时年26岁，谥号"宣懿"，葬于懿陵。

1963年，后周皇陵被河南省人民委员会公布为河南省第一批文物保护单位。"文化大革命"期间，部分石碑被砸毁。1983年，新郑县文物保护管理所成立，负责后周皇陵的保护工作。后机构改为新郑市旅游和文物局，下设文物管理科负责后周皇陵的日常管理工作。2001年6月25日，后周皇陵被国务院公布为第五批全国重点文物保护单位，编号5-0173-2-0029。同年，新郑市人民政府对庆陵进行维修，将明宣宗宣德元年（1426年）至清宣统元年（1909年）所立的三十三通石碑（均为祭文碑和祝文碑）挖出重新竖立，又立一神道碑，上刻"周世宗陵"。2004年，河南省人民政府印发《关于调整我省全国重点文物保护单位、省级文物保护单位保护范围和建设控制地带的批复》，公布后周皇陵的保护范围和建设控制地带。遗址本体大多采取原状保存。"四有"

档案由新郑市旅游和文物局保存。庆陵有33通御制祭文碑，在原址露天展示，其余3座陵墓地面上没有特别遗存，尚未对外展示。

**王建墓** 史称永陵，是五代十国时期前蜀开国皇帝王建的陵墓，建于前蜀天汉元年至二年（917～918年），位于四川省成都市一环路内金牛区永陵路东北侧，紧邻西安北路和三洞桥路。

王建（847～918年），字光图，许州舞阳（河南省舞阳县）人，晚唐时期军队将领。唐天复三年（903年），受唐朝封为蜀王。天佑四年（907年），朱温代唐，建立后梁政权；王建亦在成都称帝，国号大蜀，史称前蜀。前蜀光天元年（918年），王建病殁，葬于永陵。幼子王衍继位。后唐同光三年（925

王建造像

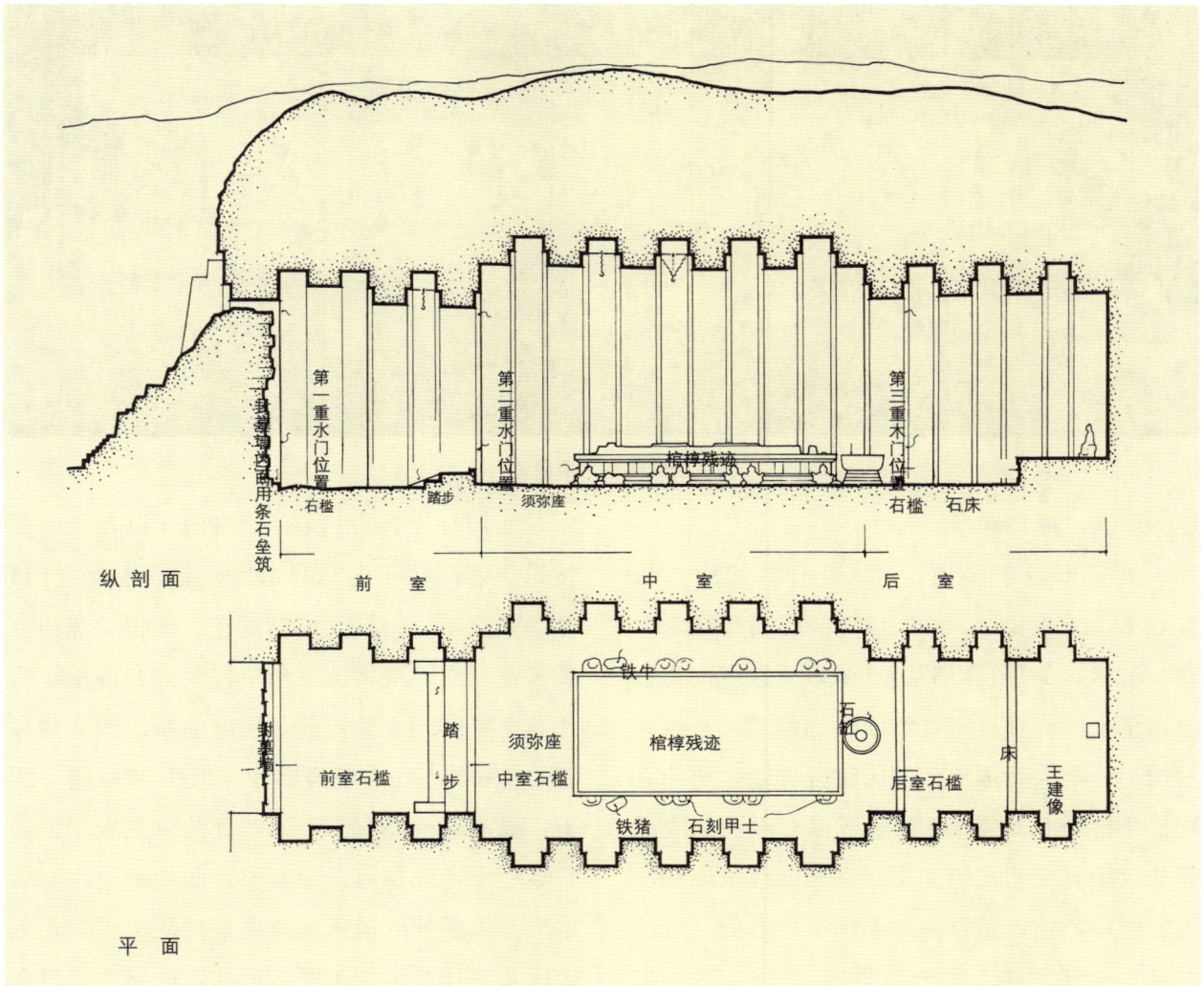

纵剖面

第一重水门位置

封墓墙内面用条石垒筑

石槛

踏步

第二重水门位置

须弥座

第三重木门位置

石槛 石床

前 室

中 室

后 室

棺椁残迹

封墓墙

前室石槛

踏步

须弥座
中室石槛

棺椁残迹

铁牛

铁猪 石刻甲士

后室石槛

床

王建像

平 面

**王建永陵平、剖面示意图**

年），前蜀为后唐所灭，共历两代18年。

民国29年（1940年），天成铁路局挖建防空洞时，发现砖墙，经冯汉骥考察推测为墓葬遗址。民国31年（1942年）开始考古发掘，经出土文物印证，所谓抚琴台实为王建墓。次年，发掘工作全部结束，除墓室外，在封砖墙外发现砖建筑遗迹三道。王建墓曾被盗掘，但仍出土金银器、玉器等随葬品20余件，其中王建石雕像是所存唯一一尊中国古代皇帝的真容雕像；玉质谥宝，其钮作兔头龙身，造型奇特，将本人生肖属相与龙的形象融为一体；玉

大带，确认为王建生前随身佩戴，并于死后陪葬的物品。

王建墓建造在一处汉代居住遗址之上，墓冢高约15米，直径80余米，圆形，周围界以九层石条，原埋于地下者四层，地面上有五层。墓室总体呈南北向，为长方形纵列式券拱顶建筑，全长30.8米，室内长23.4米，分前、中、后三室，每室均有木门。墓室内拱采用多重肋状券拱，由14道横券构成，用大小不等的红砂岩以平竖互嵌法铺砌，券与券之间铺石板；地宫的外券则使用特制大型青砖，最大的青砖长

永陵棺床正面雕刻

达69厘米，厚18厘米。

前室相当于羡道，由4道石券构成，长4.45米，宽3.8米，高5.45米；门高4.86米、宽4.62米。第1道券墙从1.6米以下较宽，发掘时白垩表面尚残存有红绿颜色的痕迹，当绘有守门神一类人物形象，但因过分剥蚀，所绘之物已不能辨认。第3道券的下重券额顶部尚保存一段绘有宝相花纹的彩画，画面线条流畅，色彩鲜艳，估计墓室内的彩画不止一处，可惜因常年掩埋于淤土之中而剥蚀，只存约4.5米长的一段。

中室由7道石券构成，为全墓最主要的部分，是放置棺椁的地方，全长12米、宽6.1米、高6.4米，门高4.74米、宽4.6米。室中央稍偏后有红砂岩修造的棺床，采用须弥座式，高0.84米，长7.45米，宽3.35米，棺床上铺一层5厘米厚的珉玉版，发掘时堆积有木质棺椁及台阶朽坏后的残迹。棺床四周用高浮雕、半圆雕、减底平雕等手法刻二十四伎乐、龙、鸾凤、莲花、云气等图案。方涩的东、南、西三面均刻飞龙戏珠，北面刻云气纹，罨涩刻仰莲一圈。床身东、西两面各雕壶门10方，内刻伎乐，壶门柱子皆雕莲花；南面壶门4方，中刻伎乐，壶门柱子上刻有鸾凤；北面也雕壶门4方，壶门与壶门柱子均刻莲花。床脚上部刻宝装覆莲一圈，束腰部分刻单枝条仰、覆相间的莲花，牙脚刻宝装覆莲。棺床的东、西两侧各置神像6尊，均为半身雕像，股下部埋于地下，像高50～63厘米，最宽处约51厘米。神像身穿铠甲，或戴冠，或着盔，面朝墓门，圆睛怒视，双手伸入棺床底座，作抬扶棺床状。距棺床北部16厘米的中室最后部，放置着一口直径为1米多的红砂岩石缸，缸内有同样石料的石饼1块、陶盆1只、灯台2盏。

后室由3道石券构成，长5.7米，宽4.4米，高5.5米；门高3.53米，宽4.58米，此室主要放置死者造像及谥宝、玉册等法物。仿帝王生前所用御床而制作的石床位于后室最后，约占后室面积的一半。石床正中高79厘米，两端略为下沉，正面有一道突出的檐，檐宽16厘米，上面浮雕双龙戏珠。檐下正中雕有蟠龙和火焰宝珠，左右两边各雕有一头狮形兽，兽旁又各雕有一龙戏珠，龙与兽之间刻有云纹。

王建墓是中国古代唯一在地面建地宫的

王建墓出土永陵瓷灯台

帝王陵墓，也是中国现代首次进行科学考古发掘的古代帝王陵墓。王建墓规模宏大，结构科学，建筑形式在古代大型建筑中独树一帜，历经千年完好无损，是中国晚唐五代建筑的代表杰作，在中国古代建筑史上占有重要地位。地宫石刻技术高超，是晚唐五代石刻艺术的杰作。棺床石刻二十四伎乐是唯一完整展现晚唐及前蜀宫廷乐队组合的遗存，其中舞伎2人、乐伎22人，各类演奏乐器共计20种23件，在中国古代音乐史上占有重要地位，是研究唐代艺术的宝贵资料。

王建墓在民国31年（1942年）发掘结束后，由四川博物院负责管理。1953年，中央人民政府拨款对王建墓墓室进行首次维修，增修地宫入口甬道。1957年，对墓室券拱进行保护加固处理。1961年3月4日，王建墓被国务院公布为第一批全国重点文物保护单位，编号1-0175-2-014。1978年，成立王建墓文物管理所。1982年，四川省文物管理委员会加固处理墓前室券额上残存彩画。1984年，完成墓冢保坎修复工程。1989～1990年，国家文物局批准并拨款进行了王建墓地宫防渗排水抢救保护大揭顶工程，彻底解决墓室长期渗水的问题。1990年，改设王建墓博物馆负责保护管理，1998年更名为成都永陵博物馆。2005年，成都永陵博物馆建立"四有"档案，并报四川省文物局备案。2010年，四川省人民政府印发《关于公布广元皇泽寺等26处全国重点文物保护单位保护规划的通知》，确定保护范围和一类、二类建设控制地带。2012年，四川省文物局批准实施永陵（王建墓）地宫保护展示工程，通过物理手段，减缓地宫石刻风化剥蚀。

**宋陵** 是北宋王朝的皇家陵寝，位于河南省巩义市境内西南部，包括巩义市西村镇、芝田镇、孝义镇、回郭镇及巩义市区浅山丘陵地带广阔区域内。

宋陵埋葬着除被掳于金地五国城（黑龙江依兰县）的徽、钦二帝之外自宋太祖至宋哲宗七位皇帝，加上被追封为宋宣祖的赵匡胤之父赵弘殷，统称为七帝八陵。宋陵自宋太祖乾德元年（963年）开始营建，按照建陵的先后顺序，依次为宋宣祖赵弘殷的永安陵、宋太祖赵匡胤的永昌陵、宋太宗赵光义的永熙陵、宋真宗赵恒的永定陵、宋仁宗赵祯的永昭陵、宋英宗赵曙的永厚陵、宋神宗赵顼的永裕陵、宋哲宗赵煦的永泰陵。陵区同时祔葬有皇后陵21座、皇室宗亲墓144座，陪葬有名将勋臣墓7座及各帝系子孙墓200余座。根据帝陵分布情况，可将宋陵划分为4个陵区：西村陵区（包括永安陵、永昌陵、永熙陵）、蔡庄陵区（永定陵）、孝义陵区（包括永昭陵、永厚陵）、八陵陵区（包括永裕陵、永泰陵），总面积达156平方千米。

20世纪50年代末，开始对宋陵进行调查勘探。1984年10月至1985年9月，河南省文物考古研究所和巩县文物保护管理所联合抢救发掘宋太宗元德李皇后陵。1992年夏至1995年秋，河南省文物考古研究所对宋陵进行全面的测绘、勘查、试掘。1995年9月至1998年6月，河南省文物考古研究所配合宋陵抢救保护工程组成宋陵考古队，对宋仁宗永昭陵上宫进行考古发掘。

永安陵，太祖赵匡胤之父赵弘殷的陵墓，位于巩义市西南20.5千米的西村镇常村村西，北宋乾德二年（964年）自开封东南迁葬于此。陵园占地约8万平方米，神墙四边设神门，门外各立石狮。陵台呈长方形覆斗状，底面东西长29米、南北宽23米，高8米。冢前神道长120米，两侧残存石雕仪仗8件，包括石人、石羊、石虎、石马及望柱。孝惠贺后陵和淑德尹后陵祔葬于永安陵西北，太祖王后、太宗符后也祔葬于此，唯陵园规模略小于永安陵。

永昌陵，太祖赵匡胤陵墓，位于西村镇龙洼，永安陵西北约500米处，太平兴国二年（977年）葬于此。陵园南北长540米，东西宽230米。陵台近方形，南北长62米，东西宽60米，高21米。陵南神道两侧存有石人7件、石羊4件、石虎4件、石马4件、石角端2件、石瑞禽2件、石象2件和石望柱2件。陵北祔葬有太祖孝章宋后陵，西北祔葬真宗章怀潘后陵。

永熙陵，太宗赵光义陵墓，位于西村镇滹沱村东，永昌陵西北1.5千米处。陵园南北长1300米，东西宽450米，四面神门各立石狮一对，陵台前设石拜台，周围存16座土丘，为当时的门阙和角阙建筑基址。陵前神道石刻仪仗保存完整，石望柱、石象、石人、石瑞禽、石角端、石马、石虎、石羊等各两两相对，计49件，形象生动，雕琢精美。元德李后、明德李后、真宗章穆郭后祔葬于陵区之侧。

永定陵，真宗赵恒的陵墓，位于芝田镇蔡庄村北约1000米，乾兴元年（1022年）葬此。周围存有建筑基址16座，方形覆斗状陵台底边

永定陵远景

永定陵神道石刻

南北长57米，东西宽55米，神道两侧石雕仪仗48件，含石人14件，石羊、石虎、石马各2件，石角端、石瑞禽、石象、望柱各1件，东西对称排列。陵北袝葬有刘后陵，西北后泉沟村南袝葬李后陵，李后陵西北袝葬杨后陵。二后陵西陪葬有亲王墓，北有包拯墓，墓前立清代石碑一通。寇准墓隔沟与二后陵相望，墓碑镌刻"宋寇莱公墓"字样。陵南并列二冢，分别是高怀德墓和蔡齐墓，墓前立宋代六棱石幢，书刻"蔡文忠公之墓"。南边另有宋碑一通，唯碑额"大宋"两字可辨，俗称为驸马碑。

永昭陵，仁宗赵祯的陵墓，位于巩义市区南部，嘉祐八年（1063年）葬此。陵园南北长340米，东西宽230米，方形覆斗状陵台位于陵园北部，边长南北长57米，东西宽53米，高22米，四周有建筑基址16座，陵台南部神道两侧对称排列石雕仪仗46件。陵园西北袝葬有曹皇后陵。

永厚陵，英宗赵曙的陵墓，位于永昭陵西约500米。因仁宗无子，乃立太宗第四子商王元份之孙、濮安懿王第十三子赵曙为太子，治平四年（1067年）死，葬此。陵园南北长726米，东西宽320米，方形覆斗状陵台南北长60米，东西宽57米，高21米，神道两侧有石雕仪仗34件。陵园西北角外袝葬高后陵，高后陵北袝葬有燕国公主和哀献公墓。

永裕陵，神宗赵顼的陵墓，位于八陵村东南，元丰八年（1085年）葬此。陵园南北长740米，东西宽330米，陵台南北长60米，东西宽57米，高17米，神道两侧有石雕仪仗49件。陵西北袝葬有钦圣宪肃向后、钦成朱后、钦慈陈后和徽宗惠恭王皇后陵。

永泰陵，哲宗赵煦的陵墓，位于八陵村南，元符三年（1100年）葬此。陵园南北长730米，东西宽308米，陵台南北长55米、东西宽50米、高21米，神道两侧排列石雕仪仗49件。陵园西北角袝葬昭怀刘皇后陵。

北宋皇陵陵园建制统一，平面布局相同，皆坐北朝南，分别由帝陵、皇后陵、皇室陪葬墓组成，围绕陵园修建的另有寺院、庙宇和行宫。每座陵均筑有高大的陵台，其下是安放灵柩的地宫。陵台四周筑以围墙称神墙，四面神墙中间设有神门，门前各置石狮，神墙四隅并有角阙。南神门外设神道，神道两侧排列对称的马、羊、象、虎、角端、瑞禽、望柱及文官武吏和番使等组成的雄伟壮观的石雕仪仗，是所存唯一的宋代大型石雕群。有帝陵石雕像407件，后陵石雕像336件，陪葬墓石雕像69件，是宋代雕刻艺术之精华。

1963年，河南省人民委员会公布宋陵为河南省第一批省级文物保护单位。1979～1980年，国家文物事业管理局拨款对各帝后陵石刻进行扶正竖直，采用环氧树脂胶黏剂对崩裂、掉块、半截的石刻进行黏接、注浆。1981年，设立巩义市文物保护管理所，保护管理宋陵。1982年2月23日，宋陵被国务院公布为第二批全国重点文物保护单位，编号2-0058-2-0003。1984年春，文化部文物事业管理局拨款对宋陵石刻进行扶正、黏结、加固工作。1993年，国家文物局把巩义市北宋永昭陵抢救保护工程定为全国首批唯一的大型帝陵抢救保护示范工程，由巩县文化局具体负责，1995年6月22日正式动工，工期5年。1996年，河南省文物局拨款用于偏远陵区零散石刻文物保护。

1997年4月29日，宋陵对外开放。2013年，《宋陵永昌陵展示利用设计方案》通过国家文物局审批。2006年，成立北宋皇陵管理处，具体负责"七帝八陵"的文物保护管理工作。2007年，国家文物局投资对宋陵实施安全技术防范工程，2008年11月通过国家文物局验收。2008年，《宋陵保护规划纲要》和《永昌陵环境整治方案》通过国家文物局审批。2009年，《永昌陵土遗址保护方案》《永昌陵石雕像保护方案》通过国家局审批。2010年，实施宋陵抢救性文物保护设施建设。2012年2月20日，《宋陵抢救性文物保护设施项目实施方案》通过河南省文物局审批。2013年，《宋陵保护总体规划》通过国家局审批，规划中将保护范围进行调整。"四有"档案完整，存放于巩义市文物和旅游局资料室。

**西夏陵**　是以西夏历代统治者陵墓为主体的大型墓葬群，位于宁夏回族自治区银川市西郊35千米处贺兰山东麓洪积扇地带，西傍贺兰

西夏陵全景鸟瞰图

西夏皇陵 2 号陵

山，背风向阳，靠山建陵，东向银川平原，背山面河，地势西高东低，田野开阔。陵区分布范围南起贺兰山榆树沟，北至甘沟，西抵贺兰山脚，东至110国道，南北长约1.3千米，东西宽1.2～6.8千米，分布范围42.8平方千米。

西夏陵的营建约始于11世纪初，《宋史·夏国传》载："景德元年（1004年）秋七月，葬保吉（李继迁）于贺兰山。"明道元年（1032年）十月，德明卒，"葬于嘉陵，在贺兰山"。景祐五年（1038年），元昊称帝建国，"元昊令群臣奉册，谥祖保吉曰神武皇帝，庙号太祖，妣野利氏曰顺成懿孝皇后；父德明曰光圣皇帝，庙号太宗，妣卫慕氏曰惠慈敦爱皇后"。随后，西夏陵区上升为帝陵建制，成为维护统治者权利的象征和国家文化的核心载体。之后，西夏陵还埋葬了景宗元昊至襄宗安全连续七代西夏国王，但太祖继迁、太宗德明、景宗元昊、毅宗谅祚、惠宗秉常、崇宗乾顺、仁宗仁孝、桓宗纯祐、襄宗安全皆仅知墓号分别为裕陵、嘉陵、泰陵、安陵、献陵、显陵、寿陵、庄陵、康陵，而不记其方位。13世纪初，西夏与蒙古战事频起并最终灭亡（1227年），后三主神宗遵顼、献宗德旺、末主睍未及建陵。

13世纪至20世纪初，西夏陵经历元、明、清、民国等时代，期间盗掘行为时有发生，对西夏陵造成一定程度损坏。20世纪70年代初，空军某部在贺兰山泉齐沟施工时发现大量文物，从清理出土数量众多的汉文残碑和西夏文残碑得知，此为西夏皇家陵园所在。

西夏陵的考古调查与发掘工作始于20世纪70年代，1972～1977年对西夏陵6号陵墓室及部分单体建筑遗址、5号陵和7号陵各两座碑亭、3座陪葬墓（三区107号墓、四区1号墓、二区67号墓）、两座砖瓦窑址和1座石灰窑进

西夏文残碑

西夏皇陵3号陵碑亭遗址及石像座

行发掘，出土国家一级文物琉璃鸱吻、鎏金铜牛等。在发掘的同时，对陵区进行调查，发现的陵墓由15座增加到70多座，后又增加到近百座。20世纪80年代至90年代初，连续3次对陵区进行全面系统的调查与测绘，共发现帝陵9座、陪葬墓206座，绘制西夏陵陵墓总分布图及帝陵和典型陪葬墓剖面图，对陵区陵墓重新进行统一编号。1986年、1987年，两次对陵区北端建筑遗址进行清理和发掘，出土大量建筑构件及陶瓷器、泥塑、石刻及铜铁器等。1987年，清理3号陵东碑亭遗址，初步探明3号陵东碑亭的结构和地层堆积。1998年，对3号陵西碑亭进行清理发掘。2000～2001年、2007～2008年，分别对3号陵和6号陵陵园地面建筑遗迹进行清理。

西夏陵陵区内存9座帝陵、271座陪葬墓、1处陵邑建筑遗址和10余座砖瓦窑遗址。陵区所在地由于山洪的冲刷与分割，形成4个自然区域：一区包含1、2号陵，陪葬墓66座；二区包含3、4号陵，陪葬墓67座；三区包含5、6号陵，陪葬墓118座；四区包括7、8、9号陵及陪葬墓20座。

帝陵是西夏陵的主体部分，陵区内有9座帝陵。每座帝陵陵域面积大小不等，坐北朝南，各为完整建筑群。高大的阙台犹如威严的大门，耸立于陵园南端，碑亭位于其后。碑亭后是月城，呈长方形，南墙居中建门阙，月城内神道两侧置放着由文臣武将、勋臣贵戚的石雕像组成的石像生群。月城之北是内城，四面以神墙环绕，正中辟门建门阙。入南门是献殿，日常供奉皇帝亡灵和上陵朝拜祭祀时举行祭奠活动的地方。献殿过后为形似鱼脊的墓道封土，封土下为墓道，墓室在墓道北端，为多室土洞式结构。墓道封土尽头屹立着陵塔，陵塔高约30米，夯土实心，外层砖木混合的密檐式佛塔建筑。陵园基本格局仿宋陵而建，有献殿、墓道、墓室，陵塔偏西。陵塔建筑是党项民族对陵园建筑布局的创新。

1号、2号帝陵，位于西夏陵区最南端，地势开阔平坦。两陵相邻，俗称双陵。1号、2号陵陵园规模布局及建筑形制一致，为封闭式外城结构，茔域面积8万平方米。陵园由封闭式外城、陵城、月城以及陵城外的建筑组成。陵城内有献殿、墓道封土、陵塔等建筑。月城包括东、南、西三面墙体,南墙中央带门阙的月城门,以及月城内的石像生台基。陵城外建筑包括角台、两座阙台、3座碑亭。外城呈长方形,东西墙长342米,南北墙长224米。陵塔存高28.3米。其中陵塔、中心台、阙台、角台保存相对较好。陵城的门阙、角阙尚存部分夯土遗迹,碑亭、献殿仅存基址。

3号帝陵,为无外城式结构,茔域面积15.8万平方米,由陵城、月城以及陵城外的建筑组成。陵城内有献殿、墓道封土、陵塔等建筑。月城包括东、南、西三面墙体和南墙中央带门阙的月城门,以及月城内的石像生台基。陵城外建筑包括两座阙台和东西两座碑亭,以及远离陵城的四座角台。陵城东西墙长180米,南北墙长164米。陵塔通高21.5米。3号陵是陵园遗迹保存最完好的一座。

4号帝陵,紧靠贺兰山脚下,陵园西、北两面环山,茔域面积10万平方米。陵园为无外城式结构,由陵城、月城以及陵城外的建筑组成。陵城内有献殿、墓道封土、陵塔等建筑。月城包括东、南、西三面墙体,南墙中央带门阙的月城门,以及月城内的石像生台基。陵城外建筑包括两座阙台、碑亭,以及远离陵城的四座角台。陵城东西墙长170米,南北墙长110米。陵塔高12.5米。

5号帝陵,南与3号陵相对,西与6号陵相邻,由半封闭式外城、陵城、月城,以及陵城外的建筑组成,茔域面积10万平方米。外城无南墙,陵城内有献殿、墓道封土、陵塔等建筑。月城包括东、南、西三面墙体,南墙中央

带门阙的月城门,以及月城内的石像生台基。陵城外建筑包括2座阙台、3座碑亭,以及远离陵城的四座角台。陵城南北墙186米,东西墙183米。陵塔底径18米,残高9米。角台、墙垣部分倒塌,陵塔只余少部。

6号帝陵,陵园紧依贺兰山脚,西北两面环山,由半封闭式外城、陵城、月城,以及陵城外的建筑组成,茔域面积10万平方米。外城无南墙,陵城内有献殿、墓道封土、陵塔等建筑。月城包括东、南、西三面墙体,南墙中央带门阙的月城门,以及月城内的石像生台基。陵城外建筑包括两座阙台、东西碑亭,以及远离陵城的四座角台。陵城南北墙长184米,东西宽133米。陵塔存夯土八棱锥形台体,底面边长12米,高18.6米。地上建筑部分尚存,角台、阙台、陵城门阙及部分城墙均保存较好。1972~1975年对6号陵进行正式发掘。

7号帝陵,位于陵区北部,茔域面积8万平方米。陵园建筑三分之二已不存,所存建筑遗址包括外城墙的西南部、陵城的南墙和西墙、陵塔、月城、两座阙台、东西碑亭以及西南角台。陵城西墙残存71米,南墙残存64米,陵塔残高11.9米。依据陵园出土的西夏文残碑碑额,其

西夏皇陵 3 号陵灰陶迦陵频伽

西夏陵出土青铜镀金牛

西夏陵石像座

上文字可译为"大白高国护城圣德至懿皇帝寿陵志铭",确定7号陵为西夏第五代皇帝仁宗仁孝之寿陵,陵主仁孝,为崇宗乾顺长子。

8号帝陵,位于7号陵西北,紧靠山脚。地上建筑存陵塔,其底部直径约27米,残高14.2米,塔身四周可见柱孔,周围散落各种残损建筑构件。

9号帝陵,位于7号陵东北,地上建筑存陵塔,其断面上显露的夯土层和内部木骨清晰可辨。陵塔为5级,底部直径18.2米,残高8.8米。周围有少量灰陶和绿釉砖瓦等建筑材料。

帝陵的排序与陵主考证研究,学界有两种观点:一为帝陵是由南向北依次排列,采用角姓贯鱼葬法。即1号、2号陵分别为太祖继迁之裕陵、太宗德明之嘉陵,3号、4号陵分别为景宗元昊之泰陵、毅宗谅祚之安陵,5号、6号陵分别为惠宗秉常之献陵、崇宗乾顺之显陵,7~9号陵则分别为仁宗仁孝之寿陵、桓宗纯祐之庄陵、襄宗安全之康陵。此观点较为普遍。二是西夏帝陵分为3个区域,其中中区分布3~6号陵,是西夏的祖陵区,4号陵为太祖继迁之裕陵、6号陵为太宗德明之嘉陵、3号陵为

景宗元昊之泰陵、5号陵为惠宗秉常之献陵;北区7~9号陵分别为仁宗仁孝之寿陵、毅宗谅祚之安陵、崇宗乾顺之显陵;南区1号、2号陵则分别是襄宗安全之康陵、桓宗纯祐之庄陵。

陪葬墓是西夏陵的重要组成部分,陵区内已发现271座。陪葬墓冢林立,有三五成群,或成贯鱼之形,或大小不同,丛葬一园。与帝王陵相比,陪葬墓规模小,形制较为简单,布局变化多,有黄土夯筑冢,形状分圆柱形、圆锥形、圆台形;有沙土积石冢、夯土冢,还有积石冢。有的墓园有碑亭,碑亭往北依次有月城、墓园、照壁、墓道封土、墓冢;有的只有墓冢。墓葬方式有一域双墓、一域三墓,有的无墓园或墓园遗址已不存。陪葬墓依等级、规格的不同,主体建筑取材也有区别,有的用夯土,有的用河床石,有的用黄土夹砂石修筑,外表多敷白灰泥皮。陵区大量陪葬墓的存在,表明陪葬是西夏陵寝制度的一项重要内容。

陵区最北端有一处建筑遗址,平面略呈长方形,坐北朝南,东西宽160米,南北长350米,为三进院落,总面积约56000平方米,遗址保存状况较好,或为西夏宗庙之所在。另有

10余处砖瓦、石灰窑遗址分布在南北绵亘的昊王渠西侧的自然岗丘上，南北长8千米、东西宽0.5千米的条形区域内，推测为陵区建造烧制建筑构件而建。

西夏陵是中国遗存规模最大、地面遗迹最完整的帝王陵园之一，对研究西夏历史文化有着重要的价值，反映西夏的文化艺术和经济发展状况，体现西夏人民的智慧和审美，为揭示西夏的古代文明提供实证资料。西夏陵遗址状态，保持清晰的陵区选址和陵园布局特征，展现出12~13世纪在西夏地区所产生的跨区域的多种文明与文化的融会与冲突交替作用，不仅反映出中原农业文明中心北宋王朝的重大影响，也反映出周边诸多民族不同程度的文化影响，在亚洲文明史上具有不可替代的地位。丰富的出土器物可展现出农牧并重的生业特征，同时坚持本民族的游牧文化传统与激情，形成兼具多元文化交流与融合特征的党项西夏民族文化。西夏陵以其造型宏伟、风格独特的陵墓建筑，以及建筑遗构与建造技术等方面的特色，展现出西夏王朝在党项统治下的多民族兼容并存、不失创造力的文化特性，在东亚文明史上具有不可替代的地位。西夏陵作为西夏王朝的帝王陵寝群，与佛教在亚洲北方的传播、西夏文字的发明等重大事件等具有直接或实质性的联系。

1986年，银川市设立银川西夏陵旅游管理所，对西夏陵遗址进行保护和管理。自1986年开始，西夏陵实行开放。1988年1月13日，西夏陵被国务院公布为第三批全国重点文物保护单位，编号3-0248-2-019。1991年，宁夏回族自治区人民政府划定西夏陵保护范围和建设

控制地带。1997年，银川市成立西夏陵区管理处，全面负责陵区的文物保护工作。西夏陵管理处建立西夏陵"四有"档案。1998年，对西夏陵区1号、2号陵进行抢救性维护。2000年，实施3号陵园清理加固保护工程。2001年，宁夏回族自治区人民政府公布《西夏陵保护规划》，划定保护区划，制定管理规定，对整体格局实施严格的保护。2003年，宁夏回族自治区人大常委会审议批准并颁布实施《银川市西夏陵保护条例》。2005~2006年，敦煌研究院完成6号陵抢险加固保护工程。2012~2013年，由敦煌研究院制定4号陵保护方案，对现残留的夯土残体进行加固保护，对所有夯土体的底部掏蚀部分进行土坯砌护。2014~2016年，1号、2号陵及93号陪葬墓由敦煌研究院进行加固保护，实施遗址本体表面风化加固、裂隙加固、墙体悬空区及坍塌区加固保护工程。2016年开始，逐步实施西夏陵5~9号陵及陵区40座陪葬墓抢险加固保护工程，全面保护遗址的真实性和完整性。2016年，《银川西夏陵保护条例（修订草案）》修正，修订草案主要对保护范围内容进行新的修改和扩充。是年，编制完成《西夏陵保护规划（2014~2025）》，并获国家文物局批复。

**金陵** 是金代皇帝、后妃和宗室诸王的陵墓群，位于北京市房山区周口店镇西北五六千米的龙门口村北大房山山脊。其中主陵区坐落于九龙山，占地约6.5万平方米。

据已经调查探明的情况看，金代帝王陵主要分布在大房山东麓，即九龙山、连三顶东峪、三盆山鹿门谷。此外，大房山南侧的长沟峪也有陵墓。金陵陵区分为帝陵区、坤厚陵陵

金陵主陵区鸟瞰

区和诸王兆域三部分。帝陵区分三个茔域：九龙山陵区，为主陵区，有太祖、太宗、德宗、梁王宗弼、睿宗、世宗；石门峪十帝陵区，位于周口店车场村南，金建国前的始祖以下10位先帝葬于北峪，均凿山为陵；峨眉峪区，位于周口店西序村西，有熙宗思陵。坤厚陵陵区是世宗时期埋葬嫔妃的陵园，是世宗为昭德皇后乌林答氏修建的，原葬有世宗后乌林答氏以下六位后妃，其他诸帝后均祔葬于帝陵。世宗逝后，乌林答氏从坤厚陵迁兴陵与世宗合葬。诸王兆域位于石门峪的西峪内，是完颜宗室中有爵位者的墓地，海陵王也改葬于此。

金海陵王贞元三年（1155年）三月，金海陵王迁都燕京中都，命以大房山云峰寺为山陵，出于安葬和谒陵、祭陵的需要，在山陵东端的入陵口处建立行宫。五月，营建大房山山陵，自上京迁太祖、太宗梓宫，十月至中都；

大房山行宫磐宁宫成。十一月改葬太祖、太宗陵寝于中都大房山，太祖仍号睿陵，太宗仍号恭陵。正隆元年（1156年）七月，迁上京金始祖以下梓宫，十月抵中都，改葬始祖以下十帝于大房山。海陵王葬熙宗于大房山蓼香甸，与诸王同兆域。金大定初号曰思陵，大定二十八年（1188年）改葬于峨眉谷，仍号思陵，恢复帝陵规制。海陵王死于扬州，先葬于大房山鹿门谷诸王兆域中，降为庶人后改葬于山陵西南20千米。世宗于大定二十九年（1189年）葬兴陵。章宗时期又在山陵制高点大房山主峰茶楼顶上建离宫崇圣宫和白云亭，金陵的规模大致形成。章宗于泰和八年（1208年）葬道陵。经章宗、卫绍王、宣宗等朝的营建，大房山金陵形成了一处规模宏大的皇家陵寝。金陵共葬始祖以下十帝、太祖以下五帝，有行宫，有两处诸王兆域。明天启元年（1621年）下诏，罢金陵祭祀；次年，明王朝派大批官兵摧毁陵区内所有建筑物，大房山金陵遭到灭顶之灾。清朝对大房山金陵受到统治者的重视，清顺治三年（1646年），清世祖派礼部官员修复金太祖、世宗二陵，设守陵者并祭祀太祖、世宗陵。

1986年，北京市文物研究所对金陵进行考古调查，发现大量汉白玉、青石、花岗岩等建筑构件，发现一通"睿宗文武简肃皇帝之陵"青石碑。2001年春，北京市文物研究所对金陵主陵区进行全面考古调查，初步了解陵寝的分布范围、形制和遗址的地层关系及其内涵。2002年7～12月，北京市文物研究所进行第二次发掘，对主陵区地下遗存的具体位置、形制和结构等有了大致了解，先后发现并清理主陵区石桥、神道、台址、大殿基址、排水沟等多处遗迹，出土大量的建筑构件和随葬品等重要文物。金陵主陵区先后发现左右石阙、双侧排水渠、金水桥、水闸、神道、玉阶、东西配殿、兴陵墓道及陪葬墓、明代关帝庙遗址、清代小宝顶等遗迹。

金陵主陵区，是金代皇室陵寝的重要组成部分，平面布局采用中国传统的建筑模式，以神道为中心轴，两侧对称布局。由石桥、神道、石踏道、东西台址、东西大殿、陵墙及地下陵寝等组成。

金太祖睿陵，位于九龙山下清代大宝顶前约15米处。睿陵地宫形制为石圹竖穴，平面长方形，四壁为麻岩石凿穴而成。地宫口大底小，东壁略向内倾斜，其他三面向外略有缓坡。地宫内共瘗葬4具石椁，其中两具青石素面椁南北向放置于地宫西侧，两具汉白玉玉雕凤纹、龙纹石椁东西向放置于地宫中部偏北。金太宗恭陵位于九龙山主峰下太祖陵东侧1.5米处，清理中发现有石龟趺残件和"皇""帝"等字样的残石碑。金德宗顺陵位于太祖陵西侧1.5米处。金世宗兴陵位于太祖陵（6号墓）西南约70米处，墓有南北向石条构筑的台阶墓道，共19层，每层錾刻菱形花纹图案；墓道外西南侧为一条西南向东北并向下倾斜的石槽，是一条灌注铁水的甬道，直至墓门。金睿宗景陵位于太祖陵东南侧，1986年在太祖陵西南侧10余米处发现一通金代石碑，青石雕凿而成，盘龙螭首，高2.1米，宽0.86米，厚0.25米，单面双钩阴刻"睿宗文武简肃皇帝之陵"楷书大字，内填朱砂，镀金粉，碑首雕刻四条团龙，尾部托起火焰球。

金陵主陵区除陵寝外，发现有5座其他墓

金陵 2002FJLM6 地宫全貌

金陵M6-4石椁东椁壁龙纹细部

金陵M6-3石椁出土玉雕凤鸟纹饰件

葬，均位于神道西侧、太祖陵西南第四台地上。5座墓葬形制相同，均为长方形竖穴石圹墓，花岗岩条石砌筑墓圹四壁，但埋葬形式不同。

陵区清理中出土并收集大量的生活用品、建筑构件、铁器、钱币等。生活用品根据遗物的材质分为铜器、瓷器、石器等三大类。铜器有坐龙、人像、簋及饰件。坐龙3件，其中2件完整，可分为两式。铜簋1件，宋仿西周礼器。小铜人像1件，东大殿夯土中出土。铜饰件有13件，均为模制，造型别致。瓷器类的生活用品数量不多，以盘、碗为主，分别属于定窑、霍窑、龙泉务窑、钧窑、磁州窑和吉州窑等处的产品。石质生活用品共4件，石笔洗1件，石杵3件。建筑构件按质地分有石质、陶质和琉璃制品主要有：石坐龙、鸱吻、栏板、望柱、龙头螭首、水篦子、柱础等；砖、瓦件、瓦当、武士俑等，主要以房屋构件为主。遗址内零散出土大量铁器，其中生产工具数量最多，有镐、凿、锤、锨、斧、剁斧、链等，另有少量兵器及生活用具。金陵地宫中出土4具石椁，其中雕龙纹、凤纹的汉白玉石椁，体量硕大，纹饰精美而气势磅礴，为国内首次发现。金陵陵区已无地面建筑。

金陵作为金朝女真族营建的帝王陵墓群，是北京第一个皇陵群，也是北京重要的古代帝王陵寝之一。陵区内计有17座金帝陵，已确定的有睿陵、兴陵和景陵等。陵区内还发现有宝顶和享殿、神路等大量遗址，以及明、清两代的建筑文化遗存，对研究金代的历史发展，研究金代的建筑文化、建筑艺术、营建工程等具有非常重要的作用。

2005年6～10月，北京市文物局拨专款，由北京市文物古建公司具体施工，对金陵主陵区发掘的神道、台址、踏道等遗迹进行修复和科学保护。2006年5月25日，金陵被国务院公布为第六批全国重点文物保护单位，编号6-0221-2-001。2007年4月30日，北京市人民政府印发《关于公布第七批六十一项文物保护单位保护范围及建设控制地带名单的通知》，公布金陵的保护范围及建控地带。金陵遗址发掘期间由北京市文物研究所管理，2008年2月由房山区文物所管理。2008年10月20日建立"四有"档案，存于北京市房山区文物管理所。

**成吉思汗陵** 是古代蒙古族领袖成吉思汗的纪念性陵寝，位于内蒙古自治区鄂尔多斯市伊金霍洛旗伊金霍洛镇，坐落在著名的甘德力敖包上。

成吉思汗，名铁木真（1162～1227年），大蒙古国可汗、元太祖，尊号成吉思汗，政治家、军事家。南宋绍兴三十二年（1162年金大定二年），出生在漠北草原斡难河上游地区（蒙古国肯特省），全名孛儿只金·铁木真。南宋开禧二年（1206年，金泰和六年）春，建立大蒙古国，此后多次发动对外征服战争，征服地域西达中亚、东欧的黑海海滨。南宋宝庆三年（1227年，西夏保义二年）在征伐西夏时去世，终年66岁。据《元史》《太祖纪》载："葬起辇谷。"叶子奇《草木子》云："元诸帝陵，皆在起辇谷。"近人考证认为"起辇谷"在不尔罕山（蒙古国肯特山）接近斡难河源头的地方。成吉思汗去世后，其子孙后代每年都要举行祭祀活动。为了便于祭祀，蒙古人便在葬地以外另一处地建立祭祀成吉思汗的场地，并由专人守护。据明代《蒙古源流》记载："因不能请出其金身，遂造永安之陵寝，

并建天下奉戴之八白宝焉。"元代，在太庙建立"八室"以供奉祭祀成吉思汗等祖先的神主，是"八白室"的来历。元至元二年（1265年）十月，元世祖忽必烈追尊成吉思汗庙号为太祖；至元三年（1266年）十月，太庙建成，追赠谥号"圣武皇帝"。后元武帝加谥，谥号为"法天启运圣武皇帝"。

成吉思汗陵，史称"八白室"，即八顶白色蒙古包组成的供奉物，形成于元朝年间。自建立之后直到鄂尔多斯部进入河套前，一直在蒙古高原被世代祭祀，一切重要仪式都要在八白室前举行。清顺治年间，蒙古各部实行盟旗制度，伊克昭盟第一任盟长多罗郡王额磷臣把八白室迁到郡王旗的伊金霍洛。

民国28年（1939年），抗日战争进入相持阶段，为了避开战乱，成吉思汗陵宫迁移至甘肃省兴隆山安放。民国38年（1949年）8月，又迁移至青海省塔尔寺。1954年，迁回伊金霍洛旗即将新建起的成吉思汗陵园。1956年，新

成吉思汗陵外景

元太祖成吉思汗御容像

建成的成吉思汗陵园在伊金霍洛旗甘德力敖包落成。陵园总占地面积1.55平方千米，陵宫院占地56176平方米，陵宫院墙四周长840米。通往陵宫步道中段，建有四柱三孔牌楼，牌楼占地600平方米，东西长17米，高8.2米，于1984年建成。成吉思汗陵宫为蒙古包样式，陵宫由正殿、后殿、东殿、西殿、东过厅、西过厅六部分组成。陵宫建筑面积1691平方米。正殿高24.18米，东西殿高18米。陵宫正殿里，雕有金色盘龙的八根柱子支撑着的古朴典雅的正殿，在正面中央有一尊高4.3米的成吉思汗汉白玉雕像，雕像背后是大蒙古国疆域图。

陵宫后殿，也叫寝宫，安放着三顶灵包，供奉着成吉思汗及几位皇后的灵柩，是成吉思汗八白宫的组成部分，中间灵包安放着成吉思汗和孛儿帖皇后的灵柩，右边灵包供奉着侧妃忽兰的灵柩，左边灵包供奉着古日别勒津的灵柩。陵宫西殿供奉着成吉思汗八白宫组成部分吉劳（鞍辔）白宫、胡日萨德格（弓箭）白宫和宝日温都尔（圣奶桶）白宫。陵宫东殿安放

着一座灵包，灵包内供奉着成吉思汗四子托雷和夫人额希哈屯的灵柩。陵宫西过厅陈列着成吉思汗时期的部分珍贵文物和"成吉思汗丰功伟绩"壁画。陵宫东过厅陈列着成吉思汗陵上供的部分银制祭器和"成吉思汗子孙们的伟业"壁画。

在成吉思汗陵宫大院内，陵宫右侧是成吉思汗战神——苏勒德祭坛，左侧是八白宫之一商更斡尔阁（珍藏）白宫，东侧是成吉思汗祭祀文化展览馆，大门东西侧是碑亭，门厅内有成吉思汗陵史展览。陵宫大院正中，高高竖立的两根山叉铁矛（由成吉思汗的战神苏勒德演变而来），中间印有凌空腾飞的骏马图案的五色小旗连接，是吉祥、兴旺的象征——"黑慕热"（天马旗）。苏勒德祭坛，占地面积290平方米，高3.5米，1997年建成，是安放、祭祀成吉思汗哈日苏勒德的地方，以主苏勒德和四柄陪苏勒德组成，哈日苏勒德是成吉思汗的战神，曾跟随他南征北战打天下。商更斡尔阁（珍藏）白宫，建筑面积108平方米，于1997年重建，曾经主要是存放几百年来为供奉八白宫进献的大量各种金银器皿、祭祀用具、金银财宝，《白史》《红史》《黄史》《金册》等蒙古巨著及有关成吉思汗祭奠的各种书籍的地方。

成吉思汗陵由达尔扈特人专司祭祀供奉之职。达尔扈特人完整地保留了独特的成吉思汗祭祀和蒙古族古老的文化习俗。成吉思汗祭奠每年进行30多次，每次祭奠都有其特定的内容、程序和时间，700多年延续不变。

清康熙年间《理藩院则例》规定："伊克昭盟境内，有成吉思汗园寝，鄂尔多斯七旗向设有看守园寝、承法祭祀之达尔哈特五百户。

此项人户，不得作为该王等所属，于该盟内择贤能札萨克一员，专司经理。"1982年2月23日，成吉思汗陵被国务院公布为第二批全国重点文物保护单位，编号2-0062-2-0007。20世纪80年代以来，国家和地方政府多次拨款对成吉思汗陵进行修缮。1989年，伊克昭盟决定成立成吉思汗研究所，所址设在成吉思汗陵园。1991年，成立成吉思汗陵文物旅游事业管理局，1998年更名为伊克昭盟成吉思汗陵园管理局。2001年11月，随着伊克昭盟撤盟建鄂尔多斯市，伊克昭盟成吉思汗陵园管理局更名为鄂尔多斯市成吉思汗陵园管理局。2004年，开始进行全面修缮建设。2006年1月16日，内蒙古自治区人民政府正式批准公布《成吉思汗陵保护规划》。

**吐虎鲁克·铁木尔汗麻扎** 为东察合台汗国汗王陵墓，是新疆唯一保存较好的元代建筑，位于新疆维吾尔自治区伊犁哈萨克自治州霍尔果斯市莫乎尔乡开干村南，周围地势平坦，为农耕区。

吐虎鲁克·铁木尔（约1330～1363年）为成吉思汗次子察合台的后代，是成吉思汗的七世孙，元至正六年（1346年）被拥为东察合台汗国的第一任汗。至正十四年（1354年），正式信奉伊斯兰教，是西域地区最早接受伊斯兰教的蒙古可汗。其在位期间大力推行伊斯兰教，使伊斯兰教于15世纪末至16世纪初成为新疆境内主要的宗教。至正二十三年（1363年）病逝，后人修麻扎予以纪念。

建筑主要有1号拱拜及其墓道和2号拱拜。

1号拱拜，是一座具有浓郁的伊斯兰风格的砖木结构建筑，为吐虎鲁克·铁木尔汗的陵墓。陵墓坐西朝东，大寝殿为方形建筑，南北面宽10.7米，东西进深15米，高7.9米，大寝殿拱顶高5.45米，建筑面积160平方米。顶部为穹庐形，无立柱横梁，室内有暗梯可登临其顶；拱拜正面墙壁用紫、白、蓝三色釉砖，镶嵌出20余种几何图案和植物纹样，精致华丽，

吐虎鲁克·铁木尔汗麻扎侧面

装饰面积为85平方米。拱形的门额上两侧有阿拉伯文写的颂词，右侧为颂扬吐虎鲁克·铁木尔的伟大功绩；左侧为颂扬其妻碧蒂帕丽可郭美丽贤德，愿她长寿，懿德永存。上方的铭文是"此陵系一沙尔巴夫所建"。

拱拜内设有两处封堆，南北排列，北侧封堆较大，南侧封堆较小。封堆为条砖砌筑，条砖外抹一层黄泥，外观为白灰墙皮。封堆顶端呈拱形棺椁状，下端有三级台基，应为后人祭拜的灵台。拱拜四角有墓道，在20世纪80年代维修麻扎建筑测量建筑地基时发现，但仅发现当时围墙范围内部分，围墙范围外部分未进行勘探，情况不详。

2号拱拜，位于1号拱拜南侧，形制同于1号拱拜，高度与面积略小于1号拱拜。外立面以麦草泥加白灰罩面，内部以白灰抹面。2号拱拜内亦有两处封堆，封堆东西排列，东侧较大，西侧较小。封堆形制基本与1号拱拜内相同，但体量相对较小。

当时察合台汗国的统治范围极其辽阔，最盛时期疆域东至吐鲁番、罗布泊，西及阿姆河，北达塔尔巴哈台山，南越兴都库什山，首府设在伊犁河谷的阿力麻里城。据史料记载，吐虎鲁克·铁木尔汗麻扎位于阿力麻里古城东郊，其遗存成为研究阿力麻里古城曾经存在的证据之一。作为曾经短期统一过察合台汗国及为伊斯兰教在新疆传播做出过重要贡献的可汗的麻扎，吐虎鲁克·铁木尔汗麻扎充分反映了当时政治、文化、宗教等各方面的特征，为研究考证元代新疆地区民族、文化发展和表现形式提供重要依据。

20世纪50年代，考古学家黄文弼到伊犁实地考察，对吐虎鲁克·铁木尔汗麻扎进行调查。1989年6月，第二次全国文物普查过程中对吐虎鲁克·铁木尔汗麻扎进行调查、记录并建档。2008年7月，第三次全国文物普查过程中对吐虎鲁克·铁木尔汗麻扎进行复查。

1957年1月4日，吐虎鲁克·铁木尔汗麻扎被新疆维吾尔自治区人民委员会公布为第一批自治区级文物保护单位。1981年3月，霍城县文物保护管理所成立，对吐虎鲁克·铁木尔汗麻扎划定保护范围。1986年，对麻扎主体建筑部分进行维修，并修建围墙，进行绿化。1994～1996年，对麻扎主体建筑穹顶、平台等进行修缮。2001年6月25日，吐虎鲁克·铁木尔汗麻扎被国务院公布为第五批全国重点文物保护单位，编号5-0194-2-050。2004年12月，建立吐虎鲁克·铁木尔汗麻扎全国重点文物保护单位记录档案，存放在伊犁州文物局。2008年，霍城县文物保护管理所更名为霍城县文物局，负责吐虎鲁克·铁木尔汗麻扎的日常保护和管理。2009年7月22日，新疆维吾尔自治区人民政府印发《关于公布新疆维吾尔自治区全国重点文物保护单位保护范围、建设控制地带的通知》，划定公布吐虎鲁克·铁木尔汗麻扎保护范围和建设控制地带。2013年5～9月，实施吐虎鲁克·铁木尔汗麻扎抢救性保护修缮工程。2015年，吐虎鲁克·铁木尔汗麻扎的日常保护和管理工作移交霍尔果斯市文化体育广播影视局。2015年4月，《吐虎鲁克·铁木尔汗麻扎保护规划》通过国家文物局审核批准。

**明祖陵** 是明朝开国皇帝朱元璋之高祖、曾祖的衣冠冢及其祖父的实际葬地，是明代早期陵寝建筑的典型代表，位于江苏省盱眙县城西北洪泽湖西畔的杨家墩。

朱元璋建立明朝后，明洪武十八年（1385年）追尊其高祖朱百六为玄皇帝，曾祖朱四九为恒皇帝，祖父朱初一为裕皇帝。洪武十九年（1386年），太子朱标受命修建祖陵，率文武群臣开始声势浩大的营建工程。洪武二十年（1387年），享殿建成。以后陆续营建神厨、宰牲亭、燎炉、神道、城墙，至永乐十一年（1413年）祖陵建筑大致完备。陵墓外罗城土墙，周长"九里二十步"，中间为砖城，周长"四里十步"，里面为砖砌皇城。祖陵原有殿庑、金门、玉桥、厨库、井亭、宰牲所、拜斋、宿直房、铺舍、碑亭、仪从等，栽植柏树万株。神道全长250多米，两侧立望柱二对、石像十九对，并有祭田149顷，规模宏大，气

明祖陵金水桥

势不凡。明弘治七年（1494年），刘大夏筑太行堤阻断黄河北支，使南支夺淮入海后，河道开始紊乱，淮河中、下游连年洪水泛滥，祖陵不断遭受水患。嘉靖十二年（1533年），明皇陵更换黄瓦，增设议位。嘉靖二十一年（1542年）后，在陵东不断增修堤防。万历二十六年

明祖陵神道

明祖陵神道石雕武将

（1598年），曾修金水河堤一道。到清康熙十九年（1680年），明祖陵和泗州城终于被滔滔洪水吞没。1963年春，由于大旱，洪泽湖水位下降，明祖陵神道石刻露出水面，被江苏省文物管理委员会考古调查人员发现，其后进行多次较大规模的文物保护维修。

根据《帝乡纪略》记载，祖陵内原有城墙3道，金水桥3座，神道石刻21对，殿亭楼阁、宫室宅地近千间，占地面积约666.67万平方米，城内外遍植松柏7万余株。明祖陵仅存神道石刻21对、石柱础28根、墙角石4根和地宫一座，所存的遗物全部对称分布在长250米的神道中轴线上，自南向北依次为石像生、金水桥遗址、棂星门遗址、享殿遗址和玄宫遗址。神道石刻有两对麒麟、六对狮子、两对华表、一对拉马侍（1人1马）、两对马官、一对

天马、一对侍者、两对文臣、两对武将、两对太监，艺术风格上继唐宋，体量巨大，规制严谨，技法娴熟，造型优美，纹饰华贵，整体风格与宋陵石刻的风貌相近，某些细节仿造唐乾陵，是研究明代历史文化难得的实物资料。据记载，明祖陵玄宫葬有朱元璋以上三世祖的"帝后冠服"。玄宫封土利用自然山势并进行人工加筑，玄宫南边有南北走向的墓道。玄宫为9座砖砌拱券一字排列，左右对称，券下各有对开门两扇，中间的最高，左右依次有规律递减。明祖陵玄宫未经发掘。

明祖陵始建于明代初年，成为明孝陵、明十三陵等明代帝陵建造的雏形和典范。明祖陵的发掘保护，为研究明代早期陵寝建筑和明清帝陵发展演变提供珍贵的实物资料。

1976年起，国家拨专款筑堤保护明祖陵。1981～1983年，对明祖陵石刻开展清理、修复工程。1982年，成立明祖陵文物保管所。1987年，盱眙县成立明祖陵管理委员会，负责保护和管理。1996年11月20日，明祖陵被国务院公布为第四批全国重点文物保护单位，编号4-0073-2-0017。1996年，盱眙县人民政府确定重点保护区域与建设控制地带。2004年，盱眙县文化局建立明祖陵"四有"档案。已建成明祖陵遗址公园，内设有文物资料陈列室，开展展示利用工作。

**明孝陵** 为明太祖朱元璋与其皇后马氏的合葬陵墓。作为全国重点文物保护单位，还包括早亡太子朱标以及周边部分明初功臣的墓葬。位于江苏省南京市玄武区孝陵卫街道孝陵卫社区紫金山南麓玩珠峰下，东毗中山陵，南临梅花山，位于钟山风景名胜区内。

明太祖朱元璋（1328～1398年），字国瑞，原名重八。后取名兴宗，濠州钟离人（安徽凤阳），明朝开国皇帝。朱元璋推翻元朝统治，统一全国，加强中央集权，稳定政治局势，调整生产关系，恢复发展经济，为明朝的历史发展奠定了坚实的基础。朱元璋所制定的一套典章制度，为明清两朝的历史发展产生了深远的影响。

朱元璋登基做皇帝后，于洪武二年（1369年）在文臣刘基、武将徐达与汤和等人参与下选定陵址。洪武九年（1376年），正式动迁陵址上建于梁代的古刹开善寺（元末明初改称蒋山寺）。洪武十四年（1381年），正式营建陵墓，参加建陵的工匠总数达数万人，工程规模十分浩大。次年，皇后马氏去世，入葬孝陵地宫，因马皇后的谥号是"孝慈"，陵墓被命名为"孝陵"。此后，孝陵建筑工程仍在进行，

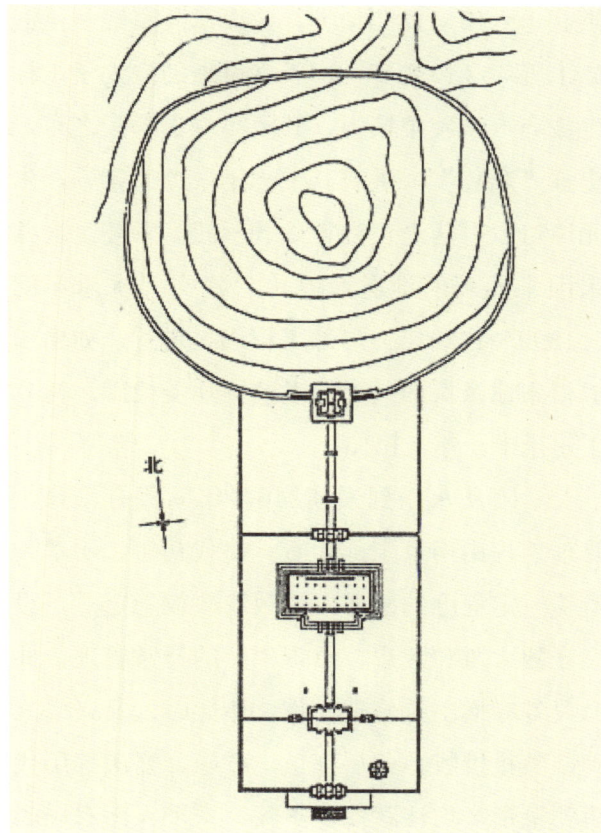

明孝陵平面示意图

明孝陵文武方门

洪武十六年（1383年），建成孝陵享殿。洪武二十五年（1392年），不幸早逝的皇太子朱标也被葬入孝陵陵域内，其陵寝位于孝陵之东，史称"东陵"。洪武三十一年（1398年），朱元璋71岁时病逝，当年入葬孝陵。孝陵工程并未因朱元璋的逝世而停止，建文、永乐年间（1399～1424年）局部工程仍在进行，如由明成祖朱棣亲撰的《大明孝陵神功圣德碑》树立于永乐十一年（1413年）。

孝陵从永乐到崇祯240多年间代有修葺，修理工程由南京工部负责。清代初年，明孝陵遭受一定程度的破坏，清政府政权稳定后，设立守陵太监和陵户，负责孝陵的日常管理，并命灵谷寺僧主持修理工作。康熙时，又兴修立碑，禁止樵牧。此后雍正、乾隆、嘉庆等历代清朝皇帝，均注意保护孝陵。太平天国农民起义期间，清朝政府在孝陵卫驻有江南大营，太平军利用钟山作为抵御清兵进攻的阵地，因此，明孝陵处于两军对垒交战地域，大多数殿宇的木构建筑毁于战火。战后，清同治年间，地方官员又加修葺，并重建部分建筑，但规模已不如以前。清宣统元年（1909年），两江洋务总局道台和江宁府知府还会衔竖立"特别告示"碑于孝陵陵宫门外及碑殿前，上用日、德、意、英、法、俄六国文字刊刻保护孝陵告示。民国建立后，明孝陵管理有所松弛，直到民国18年（1929年），孝陵划入中山陵区后，才得到较好的管理和修治。

1998～2001年，南京市文物研究所会同中山陵园管理局文物处分别对明孝陵陵宫门（文武方门）、东配殿、西配殿、御厨、具服殿、宰牲亭、神帛炉、陵宫护城壕进行科学的考古

明孝陵明楼甬道

发掘工作，并运用磁测技术对明孝陵地宫进行初步的无损探测。1999～2000年，全面清理已湮没600余年的东陵遗址，并建成江苏省第一座考古遗址公园。

明孝陵整体布局不是左右对称，而是呈北斗状。正式入口为卫岗东坡的下马坊，下马坊牌其附近有神烈山碑和禁约碑。下马坊西500多米是陵园大门——大金门，大金门向两侧延伸的红墙，即为外郭。以通往陵宫的神道为主线，郭城与陵寝之间有神功圣德碑碑亭（四方城）、外御河桥、石像生、望柱、翁仲、文臣武将、棂星门、金水桥等，还包括太子东陵、嫔妃墓等。陵寝周围建有高峻的宫墙，中轴线及两边有文武方门、宰牲亭、具服殿、中门、享殿、东西配殿等遗址，地面木构建筑基本为清代所建，包括陵门（文武方门）、碑殿（中门原址，竖有康熙手书"治隆唐宋"碑）、孝陵殿（享殿）、内红门等，最后为大石桥、方城、明楼、宝城、宝顶等，地宫应该就在宝顶之下。

明东陵在明孝陵东侧。洪武元年（1368年），朱标被立为皇太子，洪武十年（1377年）开始助父处理朝政，主持过明祖陵的建

方城明楼

设，惜于在洪武二十四年36岁时去世。建文元年（1399年），追尊朱标为孝康皇帝，庙号兴宗。南明弘光政权建都南京时，再次尊朱标为孝康皇帝。东陵寝园坐北朝南，所有建筑呈中轴对称布置，南北长94米，东西总宽49.8米，从南往北由两进院落构成。第一进院落包括寝园大门、享殿前门，以及环绕两侧弧形园墙。第二进院落中心建筑即为享殿，享殿台基东西长33.34米，南北宽18.7米。享殿前门基址长20米，宽13.5米。原有面阔三间、进深二间的建筑。寝园东、西、北三面有园墙围护，寝园以北约300米处则是隆起的宝顶。地面上的建筑已全毁。

徐达墓，位于玄武区板仓街192号。徐达（1332～1385年），明初开国元勋，死后追封为中山王，赐葬紫金山之阴，配享太庙。板仓一带为徐达及其家族墓地。明洪武十八年（1385年），建墓。清光绪六年（1880年），重建神道牌坊。徐达墓平面略呈长方形，占地面积7000平方米。神道长约300米，坐北朝南，前立"御制中山王神道"牌。墓冢为徐达夫妇合葬墓，下用块石垒砌，上为封土堆，直径约14米，高2.4米。冢前有其后裔所立石

碑，上刻"明魏国公追封中山王谥武宁、夫人谢氏之墓"。

李文忠墓，位于玄武区蒋王庙街6号。李文忠（1339～1384年）是朱元璋外甥，明朝开国元勋，死后追封岐阳王。明洪武十七年（1384年），建墓并雕刻石像生。清光绪二十二年（1896年）其十八世孙李永钦在墓前立"岐阳王神道"碑。墓地坐北朝南，正对紫金山，分前、中、后三部分：前为神道，中为享殿遗址，后为墓冢。有碑，为李文忠十八世孙李永钦于清光绪二十二年立。

吴良墓，位于玄武区板仓街3号新世界花园内。吴良（1323～1381年），明朝开国名将，官至都督同知，封江阴侯，死后追封江国公。吴良墓发现于民国39年（1948年）。墓葬于1965年经过考古清理，为长方形券顶砖室墓，墓室长6.78米，宽3米，高3.2米，城砖砌筑拱券式顶，前后两室，中置木门。

吴祯墓，位于玄武区板仓街3号新世界花园内。吴祯（1328～1379年）与其兄吴良一起为朱元璋南征北讨，战功显赫，死后追封海国公。1983年9月，因建设需要，南京市博物馆对其进行清理，墓呈长方形，长6.96米，宽2.87米，高2.82米，系用城砖砌筑，为砖构券顶式。分前后两室。

常遇春墓，位于玄武区岗子村紫金山第三峰西麓。常遇春（1330～1369年）在明朝开国功臣中以骁勇善战著称，死后追封为开平王。常遇春去世后，朱元璋将常遇春"赐葬钟山原，给明器九十事纳墓中。……追封开平王，谥忠武。配享太庙，肖像功臣庙，位皆第二"。墓园占地面积约2500平方米。

邓愈墓，位于雨花台区雨花南路邓府山。邓愈（1337~1377年），官至江西行省右丞、湖广行省平章，明朝开国功臣，洪武十年（1377年）卒，追封宁河王。墓地坐西朝东，占地面积约1.5万平方米。

仇成墓，位于玄武区岗子村钟山第三峰西麓常遇春墓旁。仇成（1324~1388年），随朱元璋攻安庆，守横海，身经百战，死后赐葬钟山，追谥皖国公。墓地留存石人、石虎、石马等。石刻雕凿精美细致，保存完好。

李杰墓，位于雨花台区雨花台东南麓。李杰（1331~1369年），字茂实，安徽霍丘（安徽霍邱）人，明初开国功臣之一。元末参加农民起义，至正十六年（1356年）投奔朱元璋，屡建战功，任广武卫。洪武元年（1368年）随大将军徐达北伐，战死于孔山寨。墓坐北面南，占地面积约200平方米。

明孝陵在中国帝陵发展史上具有里程碑地位，其陵寝制度和规模影响着明、清两代500多年帝陵建设的总体格局和风貌。

1929年，国民政府成立国父陵园管理委员会管理中山陵所在地区，明孝陵在其建制内。中华人民共和国成立后，中山陵园管理处负责陵区的管理。1961年3月4日，明孝陵被国务院公布为第一批全国重点文物保护单位，编号1-0177-2-016。1982年，经江苏省人民政府批准，调整公布为省级文物保护单位。1992年，国家文物局批复《明孝陵保护规划》所划定的保护范围。1996年，中山陵园管理处更名为中山陵园管理局，负责明孝陵遗产地的地面文物修缮和保护工作。另设有直属事业单位明孝陵博物馆，主要承担遗产地的陈列展示和宣传工作以及"四有"档案工作。2003年，中山陵园管理局对景区总体规划进行修订补充，制定《明孝陵景区详细规划》，在注重文物建筑保护的同时，加大陵区环境风貌的保护力度。2003年，作为"明清皇家陵寝"的扩展项目，明孝陵被列入世界文化遗产名录。2006年5月25日，国务院公布第六批全国重点文物保护单位时，将位于南京紫金山西北麓及城南的8座明功臣墓并入全国重点文物保护单位明孝陵。徐达墓、李文忠墓由南京市文物研究所负责保护和管理，吴良墓、常遇春墓、仇成墓由南京中山陵园管理局文物处负责管理，邓愈墓、李杰墓由南京市雨花台区文化局负责管理。诸墓"四有"档案建立工作均已完成，编制有保护规划。

**十三陵** 是明朝迁都北京后的十三位皇帝陵墓的总称，是明代帝陵最具代表性的陵墓建筑，也是中国遗存最集中、最完整的陵墓建筑群，位于北京市昌平区北部天寿山山麓。

明永乐皇帝定都北京后，出于政治和战略两方面考虑，开始在北京卜选陵址。明十三陵自明永乐七年（1409年）开始营建，及至清代顺治初年，前后长达230多年。先后建造13座皇帝陵墓，依照营建时间的先后，依次为长陵（成祖）、献陵（仁宗）、景陵（宣宗）、裕陵（英宗）、茂陵（宪宗）、泰陵（孝宗）、康陵（武宗）、永陵（世宗）、昭陵（穆宗）、定陵（神宗）、庆陵（光宗）、德陵（熹宗）、思陵（思宗）。陵区内共计葬有皇帝13人、皇后23人、皇贵妃1人，以及数十名殉葬贵妃。除帝陵外，陵区内有明朝妃子园寝7座，太监墓1座，以及神宫监、祠祭署等若干

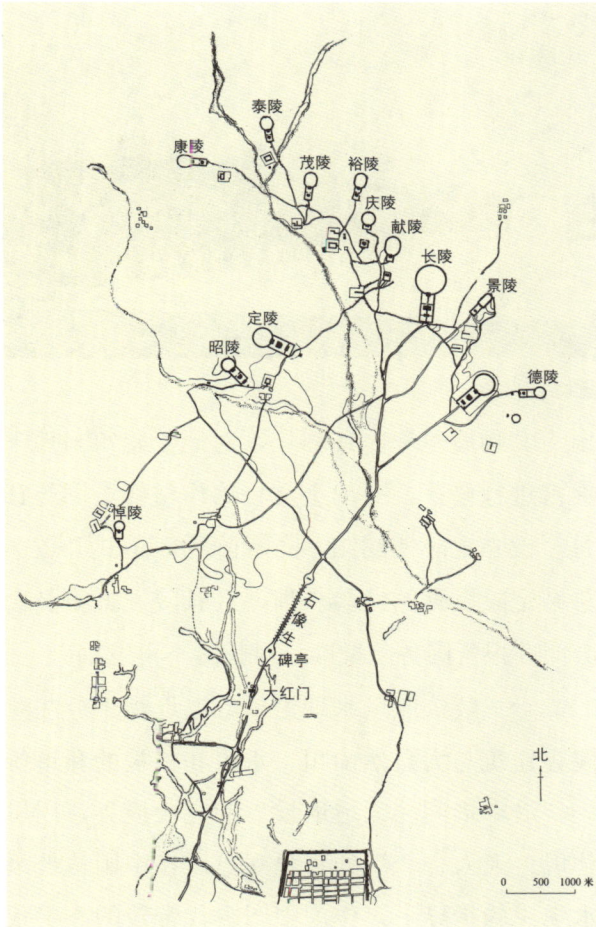

北京明十三陵分布示意图

附属建筑，形成体系完整、规模宏大、气势磅礴的陵寝建筑群，成为保存完整、埋葬皇帝最多的帝王墓葬群。

各陵建成后，受政治、文化等因素的影响，陵园建筑也间有变化之处。明嘉靖十五年（1536年）四月，明世宗下令为长陵神道甃石，在石像生周围加护石台，并命重建景陵殿宇，增崇基构。嘉靖十六年（1537年）七月，明世宗命增建献、景、裕、茂、泰、康六陵陵前神功圣德碑亭及长陵陵宫内碑亭。此后，永、昭、定、庆、德等陵沿用此制，均于陵前建立神功圣德碑亭。嘉靖十七年（1538年）七月，明世宗将朱棣庙号由"太宗"改为"成祖"。长陵明楼内的圣号碑先于嘉靖十八年（1539年）十月嵌上书有新庙号的木套，至万历三十二年（1604年）雷击长陵明楼，碑石损坏，次年三月又重置刻有"大明""成祖文皇帝之陵"的新圣号碑。长、献、景、裕、

十三陵远景

十三陵大红门

茂、泰、康等陵的祾恩门、祾恩殿之称也系嘉靖十七年世宗所改定（原各陵殿，只称某陵殿）。嘉靖十九年（1540年），世宗又下令在大红门之前，增建石牌坊。经过嘉靖年间的添建、改动，使天寿山明陵的规制更为完善。

清朝时，朝廷出于政治的考虑，对明十三陵采取保护政策，对残坏的陵寝建筑也进行过两次大规模维修。20世纪30年代，北平特别市国民政府出资对长陵陵宫及神道碑亭等建筑进行修缮。但由于陵园建筑年久失修，加上时局动荡和战争破坏，陵区古迹残坏情况十分严重。

1955年10月15日，中国科学院院长郭沫若、文化部部长沈雁冰、北京市副市长吴晗、人民日报社社长邓拓、中国科学历史研究所第三所所长范文澜、全国人民代表大会常务委员会副秘书长张苏等六人联名上书国务院总理周恩来，建议发掘明长陵，并得到批准，成立长陵发掘委员会。经过反复勘查研究，决定在长陵发掘之前先对定陵进行试掘。1956年5月至1958年7月，定陵发掘工作完成，地宫内器物清理工作基本结束，出土各类器物总计2648件。在发掘期间，由中央新闻纪录电影制片厂摄制了彩色纪录影片《地下宫殿》。发掘工作结束后，1958年9月在北京故宫神武门举办"定陵出土文物展览"。1959年，对地上建筑与地下玄宫进行修葺，对出土文物略作整修。同年10月，设立定陵博物馆，布置陈列，正式开放。总结定陵发掘的经验教训，经长陵发掘委员会会商并报告国务院批准，对长陵不再发掘。

十三陵依照风水理论精心选址，十分注重陵寝建筑与大自然山川、水流和植被的和谐统一，追求形同"天造地设"的完美境界，用以体现"天人合一"的哲学观点。在中国传统风水学说的指导下，作为中国古代帝陵的杰出代表，十三陵展示了中国传统文化的丰富内涵。

十三陵诸陵营建规模各不相同，凡是皇帝生前营建的规模都比较大，如长陵、永陵、定陵，而死后营建的规模就小，如献陵、景陵、康陵等。思陵，因明末崇祯皇帝是亡国之君，所用陵墓原是贵妃田氏的墓穴，因此规模最小。

十三陵陵域面积约为40平方千米。陵区三面环山，地域广阔，盆地内的各个山坡上错落有致地分布着这些帝王的陵墓，陵墓建筑群以长陵为中心，呈环绕之势，形成了一套完整的陵墓总体规划建筑格局。陵区依山势筑有围墙，总长达12千米，是陵区重要的保护设施。明十三陵陵区最重要的建筑形制分为祭祀区、埋葬区、衙署机构、保护机构等几部分，各陵主体建筑仍保存，地下墓室完好，规划、布局依然完整，古建筑与遗址未受后人过多的干预与改变。

十三陵各有宝城、明楼。宝城内地下为安葬墓主的玄宫建筑，各陵宝城除思陵系复建外，均保持原有形制，且较为完整。明楼，仅思陵已不存（毁于民国时期），昭陵明楼于1986年修缮时，依明朝原制进行修复。其余各陵明楼均保存。各陵仅定陵于1956年进行考古发掘，定陵玄宫除加护必要的防护网罩，地面铺设保护性橡胶皮，出土文物入库妥为保藏外，其他陵寝墓室建筑均保持着原有的真实性和完整性。各陵宝城之前原制均建成有祾恩门、祾恩殿、左右配殿、神帛炉、棂星门、石五供及宰牲亭、神厨、神库等建筑。祾恩门、祾恩殿、神帛炉，除长陵完好保存，昭陵祾恩门、祾恩殿系1986年复建外，其他在1949年前有些局部坍塌，有些保存着建筑基址，未有改变。各陵宰牲亭、神厨、神库，除昭陵于1990年依旧址按原制进行复建外，均保持原有的遗址状况。各陵前设有神道，长陵神道设置的石牌坊、大红门、神功圣德碑亭、石像生、龙凤门等主要建筑保存较好，其中神功圣德碑亭、大红门、龙凤门于中华人民共和国成立后曾进行修缮。其余各陵神道、神功圣德碑亭于清代拆除，存石碑及部分石桥。明朝时各陵陵宫内外及神道两旁栽植大量的松柏树，陵宫内松柏树长势茂盛，神道两侧松柏多于清代被砍伐。各陵陵宫之外，明朝时均设有神宫监、祠祭署、朝房等附属建筑，神宫监在清朝时已变成自然村落。但围墙、门楼尚有存者，祠祭署、朝房等毁于清代，已无遗址保存。

祭祀区，主要指陵区各陵园的地上建筑和陵区的先导部分。地面建筑主要有神路、石牌坊、大红门、大碑楼、石像生、神桥和陵园等。神路，又称神道，是十三座陵寝共用的神道，是明代帝陵地面建筑的导引部分，南起石牌坊，北至长陵，全长7000米。神路建有石像生、棂星门、五孔桥、七孔桥等。从七孔桥开始，神路由此分支，通向各陵园。石牌坊，全部为白石结构，是整个陵区导入口的标志性建筑，位于陵区正南面两侧砂山之间。建于明嘉靖十九年（1540年），是明世宗为颂扬祖先圣德所建，故称"圣德牌坊"。整座牌坊是用多块巨大的青白石经雕刻后榫卯衔接而成。石牌坊共计五间，仿木结构建筑，宽28.86米，高约12米，构件上雕有龙、狮、花卉等精美的图案，反映明代石质建筑工艺的卓越水平。大

定陵地宫

德陵三座门

红门，又名大宫门，为陵园的正门。门为三洞券门，庑殿顶，上覆黄琉璃瓦顶，墙体用砖石砌筑，通体皆涂红色。大门的两侧接陵区围墙。大红门前面东西两侧各竖下马碑一通，通体由汉白玉石雕刻而成，上刻"官员人等至此下马"字样，凡是前来祭陵的人，都必须从此步入陵园，以显示皇陵地位的尊严。门内东侧稍远处原有拂尘殿，又称时陟殿，是专为帝后所建的更衣之所，已无存。碑亭，位于神路的前部，为长陵"神功圣德碑亭"，建于正统元年（1436年）。碑亭平面呈方形，高25.14米，重檐歇山顶，上覆黄琉璃瓦，墙体用砖石砌筑，通体皆涂红色，四面辟门。亭内竖有龙首龟跌石碑一通，高7米多，汉白玉石雕成。石碑四面刻字，碑首篆书"大明长陵神功圣德碑"，碑文是明仁宗朱高炽撰写，明初书法家程南云所书。碑亭四隅立有华表一座，是碑亭的重要点缀，高10.8米，柱雕云龙纹，顶部有云板，顶端圆盘上各雕有一蹲立异兽，俗称望天吼。华表皆用汉白玉石雕刻而成，给人以肃穆端庄的感觉。石像生，从碑亭至龙凤门的神路两旁，整齐地排列着石人和石兽，两两相对，人兽分开，排列有序。石像生计18对，有石人12座，为文臣、武臣、勋臣；石兽24座，为狮子、獬豸、骆驼、象、麒麟、马。石人像身高3.2米，文臣及勋臣像头戴七梁冠，勋臣外加笼巾貂蝉。武臣像头戴凤翅盔，身着铠甲，手持金瓜，腰挂佩刀。石兽体形高矮不一，矮的约为2米，高的有3米多。石兽的作用各有不同，狮子生性凶猛，放置陵前有威慑作用。獬豸是古代传说中的神兽，能明辨是非，善辨邪正曲直，头生一角，专顶不正之人。骆驼是沙漠中不可缺少的运输工具，用于此地，是表示帝王统治疆域的广阔。大象性情温顺，象征吉祥和驱鬼怪之意。麒麟是传说中吉祥、太平的瑞兽。马是古代帝王的坐骑，地位尤为重要。棂星门，又叫龙凤门。古代皇帝都自称为天子，死后要"归天"。棂星门就是天门的意思，进入此门就算上天了。棂星门宽34米多，高8.15米，形制为三门六柱，门柱各雕成华表形式，柱上有云板，顶雕坐龙，在三个门额枋上的中央部分分别雕有火焰宝珠装饰，因而该门又称火焰牌坊。龙凤门西北侧，原建有行宫，是帝后祭陵时的歇息之处。陵园，又称陵宫建筑，是各帝陵园地面建筑的集中所在，是祭祀活动的重要专用场所。各陵园皆背山而建，陵园与陵园之间距离少至500米，多至8000米。除思陵偏在西南一隅外，其余均呈扇形分列于长陵左右，方向、规模虽然不同，但地面建筑布局、形式基本一致，特别是主要建筑几乎完全相同。明十三陵各陵宫建筑自成整体，祭殿在前，寝宫在后，门廊、殿堂、明楼、宝城排列层次分明，严肃整齐，突出了陵墓建筑的特点。建筑分布以中轴线为主体，两侧为附属建筑陪衬，建筑布局合理完整，与中

泰陵

国传统建筑的布局相吻合。随着地势的逐步升高，建筑高低错落有致。

埋葬区，主要指地下建筑——地宫，是帝后棺椁的停放区域。地下建筑前面一般建有隧道和甬道，成为进入地宫的导引部分。地宫平面为"十"字形，石拱券结构，后殿拱券与中殿拱券呈正交，称丁字大券，是专供帝王使用的建筑形式，公侯大臣墓葬是不允许建造此种形式的。明代帝陵"十"字形建筑布局的地宫形制，是仿照皇帝生前居住的内宫建筑布局规划的，即所谓"九重法宫"。法宫即为皇宫中的内廷建筑，是皇帝的寝宫。明代陵寝地宫属多室建筑布局，多室建筑布局虽然唐宋时期已经普遍采用，但是明代的陵寝地宫的建筑布局和建筑形制都超过前朝。地宫的后殿放置帝后的棺木，左右配殿筑有棺床。中殿是梓宫奉安后，护葬官员举行祭祀礼仪活动和放置帝、后的石御座及琉璃五供等随葬物品的场所。

陵区内的妃子坟、太监墓在清末时相继被垦辟为农田，其建筑保存着地下墓室，地上陵寝建筑保存有残垣断壁及部分石雕。行宫、九龙池及各山口墙垣毁于清代，有部分残迹保存。

十三陵规模宏大，典制完备，选址审慎，

设计精到，施工精细，用材考究。其布局经营，在遵循礼制的同时，与山川、水流等自然环境因素密切结合，达到极高的营造境界。十三陵沿袭前朝制度，又有创新，对清朝帝陵的陵寝制度产生重要影响，从一个侧面记录明王朝盛衰兴亡的历史，记录明朝文化、艺术、科学和技术的发展状况。

中华人民共和国成立后，先后多次对长、定、永、景、献、昭、德、康、庆等陵的建筑进行修缮。1949年，设立十三陵管理委员会，隶属河北省通县专署昌平县教育科，负责保护陵墓及招待游人。1952年改称十三陵文物保管所，隶属昌平县文化科。1955年9月，明十三陵由河北省划归北京市管辖，设十三陵管理处，隶属北京市园林局。1961年3月4日，十三陵被国务院公布为第一批全国重点保护单位，编号1-0178-2-017。1971年，十三陵管理处改隶北京市公用局，隶属北京市园林局。1959年，定陵考古发掘工作结束，成立定陵博物馆，隶属北京市文化局。1972年11月，定陵博物馆和十三陵管理处合并，称十三陵管理处，隶属北京市园林局。1981年6月，成立专职保护机构——昌平县十三陵特区办事处，对辖区内的文物古迹实施全面保护和管理。1982年，十三陵被国务院划入第一批国家重点风景名胜区。1990年，北京市人民政府公布北京市第三批划定七项文物保护单位保护范围及建设控制地带（缓冲区），其中对明十三陵的保护范围和建设控制地带（缓冲区）作明确的界定。2003年，经联合国教科文组织第27届遗产大会通过，十三陵被列入《世界遗产名录》。2006年，按国家文物局统一部署和规范要求，北京市昌平区十三陵特区办事处建立十三陵全国重点文物保护单位记录档案。

**浡泥国王墓**　是明代初年浡泥国王麻那惹加那的墓葬，是中国仅存的两处国外君王墓之一，是古代中外交流的例证。浡泥国王墓位于江苏省南京市雨花台区铁心桥街道尹西东向花村软件大道路旁，坐北朝南，前临池塘，遥对牛首山双阙，东、西、北三面环山。

浡泥国即今文莱苏丹国，地处加里曼丹岛北部，拥有千年历史文明。据史载，西汉时期，中浡两国商人开始频繁交往。明永乐六年（1408年）八月，浡泥国王麻那惹加那率亲属近臣150多人到中国进行友好访问，受到永乐皇帝的盛情款待。后浡泥国王忽染急症，经太医会诊抢救无效于10月病故于南京会同馆，终年28岁。国王遗嘱"休魄托葬中华"，遂葬于南京安德门外乌龟山。此后一段时间，浡泥国王墓湮没无闻。1958年，南京的文物工作者发现浡泥国王墓，至2017年，共进行11次文物调查及多次维修。

墓葬原由墓冢、祀祠、神道石刻三部分组成，仅存墓冢、神道石刻7种15件，以及祀

浡泥国王墓神道石刻

祠石柱础若干。神道石刻呈弧形排，有武将、石虎、石羊、石马夫、石马、石柱础各1对。武将均全身披挂，按剑而立，内距5.50米。西为少将，面残无须，高2.30米，胸宽0.83米，厚0.56米，右足残。东为老将，有须，高2.30米，胸宽0.86米，厚0.60米，较为完整。石虎作蹲视状，高1.40米，间距3.60米。石羊，跪伏昂首，作竖耳倾听状，神态生动，高0.91米，长1.60米，东边石羊完整无损，西边石羊头部残缺，两羊相距4米。石马夫身高1.60米，胸宽0.73米，厚0.42米，东首年长者蓄须，西侧年少者无须，均身着朝服，头戴朝冠，双手悬鞭侍立于石马旁，二马夫间距3.30米。石马，高1.35米，长2.50米，背宽0.50米，间距3.80米，两马均作伫立状。石柱础呈正方形，等边长0.65米，原有石柱插其内。石柱础向南折东110米处有石碑一通，残缺之龟首，通高4米，宽1.09米，碑文记载麻那惹加那的生平事迹等，龟首已修复。墓冢西南，仍存祀祠石柱础若干。

浡泥国王墓的神道石刻，无论题材、造型或者雕琢技巧，都具有鲜明的特点。石雕风格简朴，线条圆润。4个石人，脸部均为高鼻

浡泥国王墓冢、墓碑

浡泥国王墓神道石刻

梁、拱嘴唇，有须的均呈"八"字形翘起，颈部有领结。不难看出石工们的雕琢比较精准地表现了外国人形象。

1982年，浡泥国王墓被江苏省政府公布为第三批江苏省文物保护单位，是年8月被南京市政府公布为南京市第一批文物保护单位。1984年，成立雨花台区文物事业管理委员会，负责浡泥国王墓的日常管理与保护工作。1995年，复制浡泥国王墓陵墓神道碑，陈列于文莱国家历史中心展览厅。2002年，南京市人民政府、雨花台区人民政府和铁心桥街道先后复建牌坊、神道碑亭、墓冢、祭台；新建陈列室和入园道路、服务用房、景观广场和停车场。依据江苏省文化厅《关于认真做好省第五批全国重点文物保护单位有关工作的通知》以及江苏省人民政府《关于重新公布江苏省文物保护单位的通知》，确定保护范围与建设控制地带。2001年6月25日，浡泥国王墓被国务院公布为第五批全国重点文物保护单位，编号5-0160-2-0016。2004年，南京市文物局编制"四有"档案。

**苏禄王墓** 是古苏禄东王巴都葛叭答喇的墓葬，位于山东省德州市德区城北营村。

明永乐十五年（1417年），苏禄群岛上的三位国王——东王巴都葛叭哈剌、西王麻哈剌叱葛麻丁、峒王巴都葛叭剌卜率领家眷官员一行340人组成的友好使团，浮海朝贡。居27天，三王辞归，途经位于大运河之东的德州，东王卒于馆。是年九月十三日，皇帝遣礼部郎中陈世启以王之礼厚葬于州城之北，封其长子都马含承袭王爵，率众归国，留王妃葛木宁、次子温哈剌、三子安都鲁等余人，留居中国看守坟墓。永乐十六年（1418年），敕建祠庙，"正殿五楹，奉王画像，东西配殿各三楹，御碑亭一座，仪门一间，大门三间，牌楼一座，翁仲、马、羊如其秩"。清雍正九年（1731年），根据东王后裔加入中国籍的请求，折奏清廷，定为以温、安二姓入籍中国。

整座陵区占地面积约2万平方米，王墓总体布局为前殿后墓，坐北朝南，平面呈"L"形，建筑规划工整。苏禄王墓已有近六百年历史，因时代变迁、水灾和战乱，陵园原古建筑已荡然无存，东王陵墓保存完好。东王墓冢高4.8米，直径16.4米，墓基和墓冢四周皆以青石契起护坡，王墓周围松柏环绕，一片青翠。墓前立墓碑一方，原东王墓碑青石质，高50厘米，宽50厘米，厚14厘米，碑面阴刻楷书"故

苏禄国东王墓

苏禄王墓祾恩殿

苏禄国恭定王墓”两行，左款“大明永乐十五年十月初三日立”，此墓碑由于年久风化，中间断裂，陈列于祾恩殿内。墓区神道设于祾恩门外，南北长80米，东西宽10米，神道两侧石刻群分列有华表、石狮、石豹、石羊、石马、翁仲。王妃葛木宁墓（高1.8米，直径4米）、次子温哈刺、三子安都鲁墓（均高1.5米，直径3米），在王墓东南隅约123.60米处，三墓平面呈“品”字形，均以黄土覆盖，保存完好。神道南端东侧立有一座御碑楼，内陈御制苏禄国东王碑，为尊重东王后裔的宗教信仰，在东王墓西南108米修建清真寺礼拜堂一座（始建年代不详），仅窑殿保留原貌外，其他均已翻建。窑殿建成方形攒尖顶，木构亭状。

御制苏禄国东王碑是王陵重要的文物，书法、刻工精妙，碑体庄严雄伟，气魄恢宏。碑额篆刻“御制苏禄国东王碑”，碑高3.80米，宽1.15米，碑文685字。碑文为明成祖朱棣于永乐十六年（1418年）亲自撰写，字迹苍劲有力。

苏禄王墓是中国境内一座保存完整并有后裔守墓的外国国王陵墓，是中国与菲律宾友好的历史见证，也是中国历史上利用京杭大运河对外进行政治、经济、文化交流留下的重要遗迹之一。

1956年，山东省人民委员会把苏禄王墓列为重点文物加以保护。1986年，德州市人民政府在王墓前重建祾恩殿五间，东西配殿各三间，大门三间，牌楼一座，维修御碑楼，复制“故苏禄国恭定王墓”碑，栽种松柏等树木。1997年，维修苏禄王墓建筑群，扩建御碑楼，新建碑廊一座，立碑24通，使苏禄王墓初具规模。2001~2002年，对苏禄王墓主体进行维修改造，修建石牌坊、御碑亭，并对原始的御碑及碑趺进行复制，维修苏禄王墓古建筑群。2014~2016年，全面开展苏禄王墓保护维修和环境景观提升工程，

1977年，山东省革命委员会公布苏禄王墓为省级文物保护单位。1987年，正式成立德

州市文博馆，对苏禄王墓进行日常管理。1988年1月13日，苏禄王墓被国务院公布为第三批全国重点文物保护单位，编号3-0252-2-021。1991年，德州市文化局与德州市城乡建设委员会共同批准，划定苏禄王墓保护区和重点保护区及建设控制地带。1995年，更名为德州市苏禄王墓管理处。2015年9月，组建成立苏禄文化博物馆，具体负责苏禄王墓的保护。苏禄王墓的"四有"档案由德州市苏禄王墓管理处进行保护管理。

**景泰陵**　为明朝第七位皇帝朱祁钰的陵寝，位于北京市海淀区玉泉山北麓金山口。

明代前期，由于蒙古军撤往北方的残余势力不断骚扰，成为明朝北部边防的严重边患。明正统十四年（1449年），蒙古瓦剌部首领也先率军分四路南下攻明，边关告急。明英宗朱祁镇在宦官王振的怂恿下，亲率大军50万，贸然御驾亲征。由于仓促应战，加之指挥失误，致使明军于土木堡大败，英宗被俘，史称"土木之变"。也先乘胜直逼京师。大敌当前，以兵部侍郎于谦为代表的主战派，誓死保卫京城，一边加强京师的防守，一边调各地明军勤王，并在危难之际拥立英宗弟朱祁钰为监国，同年九月即皇位，国号景泰。十月，也先挟英宗直抵北京，于谦拒绝英宗议和的建议，并亲自率军迎击敌军，在德胜门、西直门大败敌军，也先率残部仓皇逃窜，京师保卫战取得胜利。景泰二年（1451年），也先将已失去利用价值的英宗皇帝放回。英宗归来不久，便开始对皇位的争夺，于景泰八年（1457年）正月，与石亨、徐有贞及宦官曹吉祥等人，趁景泰帝病重之机发动政变，夺回皇位，史称"夺门之变"。英宗复辟后，改年号"天顺"，废景泰帝，于谦、王文等因曾支持朱祁钰即帝位而被杀或下狱。朱祁钰也在被废后不久死去。由于英宗不承认他的皇帝身份，不让他葬于十三陵，只以亲王礼制葬于京西金山口。英宗死后，宪宗朱见深即位，为朱祁钰平反，追复景

景泰陵祾恩门

景泰陵御碑亭

景泰陵御碑亭内乾隆御碑

景泰陵御碑亭梁架

泰年号，重新营建陵寝。嘉靖年间又将绿琉璃瓦改为黄琉璃瓦，使之符合帝陵规制。但是，总体看来，景泰陵的陵寝比明十三陵的规模要小得多。清乾隆三十四年（1769年），修建御碑亭。清代后期和民国期间，皇陵失修，建筑残破不堪，行将圮毁。

景泰陵是由亲王墓改扩成皇陵的，是明代特殊的皇陵，位置不在十三陵内，且规模较明代十三陵小，致使有些建筑体量较小，甚至缺少。但整体看，符合明代皇陵规制，具备同时期明皇陵的主体建筑和布局特点，是研究明代皇陵建筑的范例。主要建筑全部建于南北中轴线上，有碑亭、祾恩门、祾恩殿、宝顶以及神库、神厨、宰牲亭、内官房等主要建筑。"文化大革命"期间陵园遭到破坏，建筑多有不存。保存有御碑亭、祾恩门和宝顶等原有的中路部分的主体建筑。

御碑亭，建于清乾隆三十四年（1769年），碑亭坐北朝南，面阔一间，重檐歇山顶，顶覆黄色琉璃瓦，上层檐施重昂五踩斗栱四攒，下层檐施单昂三踩斗栱六攒，木构架绘以旋子彩画，彩绘有部分脱落，前后檐及山面中间为过道，两侧墙体上身抹红灰，下碱槛墙，墙体部分缺损。前后各有垂带踏跺五级碑亭，四周建有矮墙，墙身抹红灰。碑亭内有乾隆御笔碑，碑南面刻乾隆皇帝题《明景泰陵文》，北面刻"大明恭俭康复景皇帝之陵"，为乾隆三十四年（1769年）立石。石碑表面有黑色沉积物，碑身阴阳两面都有石质损毁现象。

祾恩门，位于御碑亭北侧，坐北朝南，面阔三间，单檐硬山灰筒瓦屋面，木构架绘以旋子彩画，有部分脱落。明间为中柱大门，两侧为余塞板，原有门扇后无存，次间中柱位置为墙，前后檐柱间有雀替。山面墙面丝缝到顶。明间前有垂带踏跺四级。

宝城已被辟为球场。

景泰陵是明十三陵之外的又一座明代皇帝陵寝，是明代迁都北京之后唯一的没有集中葬在明十三陵陵区内的帝陵，是明代政治斗争的产物，承载更多的历史信息，是研究明代政治的宝贵实物见证。

1979年，景泰陵由中国人民解放军总参三部北京一干休所代管。1979年，景泰陵被北京市人民政府公布为北京市文物保护单位。1987年，北京市人民政府批转市规划局、文物局第二批划定文物保护单位保护范围和建设控制地带的报告，确定景泰陵保护范围和建设控制地带。2001年6月25日，景泰陵被国务院公布为第五批全国重点文物保护单位，编号5-0145-2-001。2004年，按照国家文物局统一部署和规范要求，北京市古代建筑研究所建立景泰陵全国重点文物保护单位记录档案。

**显陵** 是明世宗嘉靖皇帝朱厚熜的父亲恭睿献皇帝朱祐杬和母亲章圣皇太后蒋氏的合葬墓，地处湖北省钟祥市市区东北5千米的纯德山。在明代的18座帝陵中，它为第12座，是中南地区唯一的明代帝陵。

墓主朱祐杬是明宪宗朱见深的第二子、明孝宗朱祐樘的异母弟、明武宗朱厚照的叔父、明世宗朱厚熜的亲生父亲。生于成化十二年（1476年）七月初二日，生母为朱见深的宸妃邵氏。成化二十三年（1487年）七月十一日封为兴王，弘治七年（1494年）九月十八日就藩湖广安陆州（钟祥市）。正德十四年（1519年）六月十七日薨，享年44岁。按明朝典制，明武宗赐其谥号为"献"，史称兴献王。并在松林山（嘉靖十年，即1531年，敕封为纯德山）选定吉地，按亲王规制建置墓园，翌年四月初三日安葬。

正德十六年（1521年）三月，明武宗朱厚照无嗣崩殂，根据太祖朱元璋"兄终弟及"的遗训，袭封为兴王不久的朱厚熜被迎往北京入继大统，是为明世宗。朱厚熜继皇帝位后，

显陵全景鸟瞰图

想自立统嗣体系，不顾朝臣反对，追尊生父朱祐杬为皇帝。正德十六年十月，推尊其父朱祐杬为兴献帝；嘉靖二年（1523年），"命兴献帝家庙享祀乐用八佾"；嘉靖三年（1524年）三月，又加尊为献皇帝，七月献皇帝神主奉安于奉先殿东室观德殿，上尊号皇考恭穆献皇帝，九月改称孝宗敬皇帝为皇伯考；嘉靖五年（1526年）九月，"奉安恭穆献皇帝神主于世庙"；嘉靖七年（1528年），封尊号为恭睿渊仁宽穆纯圣献皇帝；嘉靖十七年（1538年）九月，则追尊庙号为睿宗，又上尊号为知天守道洪德渊仁宽穆纯圣恭俭敬文献皇帝；嘉靖二十四年（1545年）献皇帝神主供入太庙，位及正德毅皇帝之上。

朱祐杬被追尊为皇帝后，原兴献王墓也相应按帝陵规制升级改建。嘉靖二年（1523年）四月，其墓原覆黑瓦换为黄琉璃瓦，并修筑神路桥等。嘉靖三年（1524年）三月，王墓正式更名为显陵。嘉靖十七年十二月初四日，章圣

皇太后蒋氏经过三年的疮毒折磨，不治崩逝，享年61岁，尊谥为慈孝贞顺仁敬诚一安天诞圣献皇后。其棺椁由北京迁移到钟祥与睿宗朱祐杬合葬于显陵。

显陵，始建于明正德十四年（1519年），迄于明嘉靖三十八年（1559年），历时四十年建成。陵园占地面积183.15万平方米，其中陵寝部分占地52万平方米，陵园内所有山体、水系、林木植被都作为陵寝的构成要素来统一布局和安排。

陵区后部的自然山丘为祖山，作为陵寝的依托，两侧的山体作为环护，中间台地安排建筑，九曲河蜿蜒其间，前面山丘为屏山，构成前朱雀、后玄武、左青龙、右白虎的风水格局，体现"陵制与山水相称"的原则。陵墓的最南端建有纯德山碑亭一座，为嘉靖十年（1531年）敕封而建，平面呈方形，亭已毁，内供汉白玉石碑一通，通高3.59米，宽1.15米，上书"纯德山"三个大字，碑座、碑身、

显陵水桥及神道

碑文和碑额保存完好。纯德山碑东侧天子岗脚下建有敕谕碑亭一座，坐南朝北，为嘉靖二十年（1541年）五月，由守备太监付霖请奏而建，记载着陵区的范围及管理方面的内容。

陵寝外围建有墙，高4～6米，厚1.6米，长达4730米。平面呈金瓶形状的外罗城，修建于嘉靖十八年（1539年），朱红色墙体，琉璃墙帽。外罗城前端因池塘和东面砂山的影响，依山就水建造歇山顶宫门一座，名新红门，建于嘉靖十八年，面阔18.5米，进深8米，有券门三洞。门前有下马碑两座，位于新红门前敕谕碑北165米处，碑身两面均镌刻有"官员人等至此下马"8个楷体大字。新红门右侧依原有天然池塘建有外明塘，东西与外罗城连接，北面为九曲御河出水口，呈椭圆形，建于嘉靖十八年。外明塘后为三道御桥。过御桥为旧红门，建于嘉靖三年（1524年），红墙黄瓦，歇山顶式，面阔18米，进深7.8米，有券门三洞。进旧红门，神道正中矗立着高大的睿功圣

德碑亭，建成于嘉靖七年（1528年），平面布局为方形，面阔、进深均为18.3米，占地334平方米，汉白玉石台基，下设石须弥座，上为重檐歇山顶，四边各开有券门，正中立龙首龟趺睿功圣德碑，碑首刻有4条高浮雕首尾交盘的蛟龙，碑座是一个昂首远眺的赑屃，坐北朝南。碑亭后63米处设御桥三座。过桥便是陵区最主要的墓饰建筑，迎面为汉白玉望柱，通高12米，下为方形须弥座，柱身为六棱形，二层束腰云盘托着圆柱形有云龙纹浮雕望柱头。

明显陵棂星门

望柱后依次排列有12对石像生，建于嘉靖六年（1527年），分别是狮子1对、獬豸1对、骆驼1对、大象1对、麒麟2对、马2对、武将2对、文臣1对、勋臣1对，造型生动，排列有序。

其后为棂星门，作为石像生的依托，棂星门设计十分精巧，为六柱三门四楼冲天式牌楼，方柱上悬出云板，上覆莲座，莲座上各雕有一尊朝天犼，正中立火焰宝珠，坊身仿木作设额枋、花板、抱框，上额枋设有门簪，方柱前后夹有抱鼓石，影壁墙下设须弥座，上盖黄色琉璃瓦，整个棂星门不仅洁白耀眼，而且金碧辉煌。从棂星门再越御桥便是一条长达290米的神道，神道一反左右对称和通直的原则，呈弯曲龙行状，是为龙形神道。接龙形神道是最后三座御桥。九曲河由东北向西南蜿蜒而过，全长1687米，河道宽均4米，上游深约2米，下游深近3米，呈"凵"形垂直于墙体，河道为砖石结构，河中根据高差建有九道拦水坝。过九曲河最后一道御桥为内明塘，建于嘉靖六年（1527年），内明塘为圆形，直径33米，周边砌有青石护岸。塘两边各设有碑亭一座，西侧为纯德山祭告文碑亭，东侧为纪瑞文碑亭，均建于嘉靖十一年（1532年）。

内明塘后为祾恩门，面阔三间，进深二间，建有月台，前后三出云龙丹陛，门两边有琉璃影壁，影壁正面为蟠枝琼花图案，背面为双龙腾跃，寓意藏龙护生。祾恩门外东侧建有神厨、神库、宰牲亭等，西侧建有神宫监、礼生乐户直房、陵户军户直房、神马房、奉祀房等。祾恩门后，左右为东西配殿，面阔五间，进深二间，前出廊。再后为祾恩殿，建于嘉靖四年（1525年），歇山后抱厦宫殿式建筑，面

明显陵明楼

阔五间，进深四间，前出月台，石雕须弥座台基，雕栏龙凤望柱。祾恩殿后为陵寝门，面阔三间，砖石琉璃结构。陵寝门后为二柱门，仅存石柱，通高6.65米，蹲龙饿鼓，木构无存。

二柱门后为石五供，仅遗存供案和部分石雕供器。供案两侧各有碑亭一座，东为御赐祭文碑亭，西为御赐谥册志文碑亭，建于明正德十五年（1520年），亭内立龙首龟趺碑。供案后是方城明楼，建于嘉靖六年（1527年），方城面阔、进深皆为22.2米，设券门一道，门前有御道礓礤。门后左右设有青石礓礤以供上下。方城上建有明楼，面阔、进深均为17米，重檐歇山顶，石须弥座基础，四道券门。内供"大明睿恭献皇帝之陵"圣号碑，通高4.69米。方城后左右连接着前后宝城。前宝城呈椭圆形，东西最宽112米，南北最长125米，建于嘉靖四年至七年（1525～1528年）。宝城内为宝顶，宝顶下为正德十五年（1520年）所建玄宫。宝城与方城之间建有月牙城，内有琉璃影壁一座。前后宝城由瑶台相连。瑶台为长方形，面阔11.5米，进深40.5米，建于嘉靖十八年（1539年）。后宝城为圆形，直径110

米。内为宝顶，宝顶下为嘉靖十八年所建地下玄宫，玄宫内停放着恭睿献皇帝和皇后棺椁。后宝城与瑶台之间建有月牙城，内有琉璃影壁一座。两座宝城上共有向外悬挑的散水螭首32个，设计精巧，为独特的排水系统。

显陵是嘉靖初年"大礼仪"事件的物质见证。其形制较为独特，在沿用前期明陵形制的基础上，又添加一些新的建筑规制，起到承上启下的作用，具有突出而普遍的历史价值。规划布局上秉承"陵制当与山水相称"的理念，将建筑与自然风貌有机融为一体；建筑尺度上追求"百尺为形，千尺为势"，合理设计九曲河、龙须沟及出水螭首等科学的排水系统；将椭圆形前宝顶通过瑶台与圆形后宝顶相连接，改变宝顶形制为后来明陵效仿。其"一陵两冢"的格局、金瓶形外罗城、龙形神道、内外明塘、八字琼花照壁、众多碑亭，皆为其独特之处。

1956年，显陵被列为湖北省第一批重点文物保护单位。1984年，维修第三座石拱桥、第五座石拱桥及龙鳞神道石构件。1985年，清理、修复内明塘沿及方城基址。1988年1月23日，显陵被国务院公布为第三批全国重点文物保护单位，编号3-0253-2-024。1988~1991年，对明显陵明楼进行维修和复原。20世纪90年代，对旧红门、新红门、两侧罗城、石像生、棂星门等进行维修和安装。2000年，显陵作为"明清皇家陵寝"中明代帝陵遗存之一，被联合国教科文组织列入《世界文化遗产名录》。2004年，明显陵管理处编制完成明显陵的全国重点文物保护单位记录档案，由明显陵管理处保管，并报国家文物局、湖北省文物局

备案。2010年，《明显陵总体保护规划》获得国家文物局批准。2012年7月25日，湖北省人民政府印发《关于钟祥明显陵等10处全国重点文物保护单位保护规划的批复》，确定保护范围与监控地带。

**明蜀王陵** 为明代开国皇帝朱元璋第十一子蜀王朱椿及其后裔家族墓葬群，位于四川省成都市龙泉驿区。墓群主要分布于十陵镇、大面镇方圆10平方千米的范围。

蜀僖王朱友壎，明朝第三代蜀王，为明太祖朱元璋曾孙，生于明永乐七年（1409年），宣德七年（1432年）袭封为蜀王。妃赵氏，新繁县训导赵弼之女。宣德九年（1434年），明蜀王因风疾复发驾薨，享年26岁，葬于成都府华阳县积善乡正觉山。明宣宗赐谥僖，意为欢乐之意。

1979年初，成都市博物院组织考古发掘，并对陵寝地表进行勘探。2015年，启动明蜀王陵大遗址区域考古调查勘探工作。

蜀僖王陵占地面积33万多平方米。陵园坐东北朝西南，东南长294米，东北宽128米。地面原建有陵墙、宗庙、社稷、明楼、神道等建筑，多毁于明末。1979年发掘，出土随葬器物

明蜀怀王陵发掘现场

明蜀僖王陵地宫

明蜀昭王陵出抚琴俑

明蜀昭王陵出土瓷俑

500余件，主要以陶、石器为主。僖王陵地宫仿照当年蜀王府，以都江堰优质青石、琉璃构件相结合修建，以中轴线对称布局，全长32.5米，宽8.96米，内空净高6.59米。地宫内部装饰精美，红墙绿瓦，富丽堂皇。

明蜀昭王朱宾瀚，生于明成化十六年（1480年），成化十九年（1483年）获明宪宗赐名宾瀚，弘治四年（1491年）被册封为世子，弘治七年（1494年）袭蜀王位，为第八代蜀王。正德三年（1508年），朱宾瀚因病驾薨，享年29岁。明武宗赐谥号"昭"，意为昭德有劳。昭王妃刘氏，宁川卫百户、京师南城兵马指挥刘明之女，"以贤淑择配昭王"，弘治十年（1497年）被册封为蜀王妃。生子让栩，嗣蜀王位为成王。正德十六年（1521年），王妃因病驾薨，祔葬昭王陵。

1991年，修建成渝高速公路时发现昭王陵，由洪河镇百鹤村迁建于僖王陵园之后。地宫内通进深22米，前宽6.2米，后宽5.7米，出土文物约300件。

明蜀王陵中出土的彩釉陶俑，其数量之多，是同时期的其他王陵中所没有的，具有极高的研究价值。

1984年，成立明蜀王陵博物馆，进行出土文物展示，占地面积54612平方米。1988年，经龙泉驿区人民政府批准成立明蜀藩王陵墓文物保护所。1996年11月20日，明蜀王陵被国务院公布为第四批全国重点文物保护单位，编号4-0076-2-020。1997年，成都市龙泉驿区人民政府印发《关于划定全国重点文物保护单位明蜀僖王陵昭王陵保护范围的通知》，确定保护范围与建设控制地带。2001年，开始明蜀僖王陵一期维修保护工程。2001年和2003年，明蜀定王次妃墓及明蜀太监墓相继迁建于僖王陵集中保护和管理，共同构成明蜀王陵大遗址。2005年，四川省成都市明蜀王陵博物馆编制"四有"档案并负责保管。2014年，编制《明蜀王陵大遗址保护规划大纲》。

**明楚王墓** 是明朝八代九位楚藩王的陵寝，位于湖北省武汉市东湖新技术开发区流芳街龙泉山风景区内，墓群分布于天马峰和玉屏峰两条山脉相环而形成的葫芦形小盆地中。

龙泉山由天马峰和玉屏峰两条山脉蜿蜒相环，两山相会处有一珠山，形成二龙戏珠之势。明朝，龙泉山称灵泉山，朱元璋六子楚王朱桢看中龙泉山风水宝地，定灵泉山为仙壤，辟为寝山，并强行赶走聚居龙泉山的居民。自朱桢起，在此相继建起昭、庄、宪、康、靖、端、愍、恭、贺八代九王墓，并设置陵卫及陵户，看护王陵，使龙泉山成为王府禁地。据《明史》载：崇祯十六年（1643年），张献忠破楚，末代楚藩王朱华奎被绑在竹笼中沉入大

明楚昭王墓享殿与石五供

明楚王墓享殿

明楚王墓石刻细部

江，楚王茔区地面建筑也被张献忠焚毁。

20世纪50年代末期，湖北省文物管理委员会进行文物调查时发现明楚王墓。20世纪五六十年代，因农村水利建设等原因，宪王墓、恭王墓和贺王墓损毁严重。1982年，武汉市博物馆考古队、武昌县博物馆联合对昭王墓西边垣处的王妃地宫进行清理，并做修缮。1986年，武汉市博物馆考古队、武昌县博物馆对昭王墓内各建筑基址进行全面清理，并记录、测绘、拍摄了各基址的原始资料，随后修复享殿、左右配殿、垣门、金水桥、神道等建筑。1998年、1999年、2000年，武汉市文物考古研究所、江夏区（1995年武昌县改为江夏区）博物馆先后清理、勘测庄、靖、愍、贺诸王茔园内的各建筑基址，对原有的损毁部分基

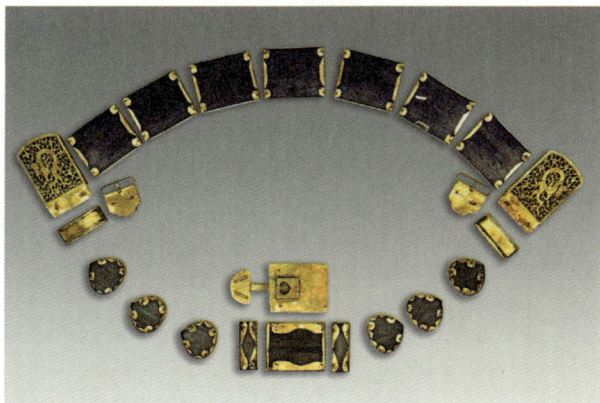

明楚王墓出土带銙

础做规整复原。

明楚王墓占地面积7.6平方千米，由昭、庄、宪、康、靖、端、愍、恭、贺九座王墓组成。昭王、宪王墓位于天马峰南麓，庄、愍、恭、靖、端、贺、康王墓在玉屏峰北麓。早期王墓规模较中晚期的大，其中昭王墓是整个墓群中占地面积最大的，超过11万平方米，宪王墓占地面积最小，2万平方米。九座王墓的总体布局基本上承袭明祖陵的形制，皆设有内外城，平面呈"回"字形；地面建筑由内外茔垣、荷花池、棱恩殿、配殿、石五供、神帛炉、地宫等组成，昭王墓和庄王墓还设有碑亭；各王墓有独立的神道，自成一个完整格局，与天寿山明十三陵共用一条神道完全不同。

明楚王墓中，以昭王墓保存最为完整，也最具代表性。朱桢（1364～1424年），字子长，洪武十四年（1381年）就藩武昌为楚王，为明初朱元璋分封的第一批亲王，也是湖北境内的第一位明代亲王，在位43年，谥号昭。昭王墓地处天马峰下，坐北朝南，依山势修筑而成，茔园布局规整，沿中轴线自南向北设门三道。第一道为正门，其后沿神道设三孔式金水桥；第二道为棱恩门，是整个内园的大门，其后设棱恩殿，左右两侧设配殿；第三道为棂星

门，由此便进入地宫区，其后依次为石五供、昭王及王妃墓冢。另外，在大门外东侧设一碑亭，亭东南有一直径约20米的荷花池，有暗道与园内排水系统相连。1990年11月至1991年1月，湖北省文物考古研究所、武汉市文物考古研究所、武昌县博物馆联合对昭王墓进行清理发掘，出土各类文物170余件。

从昭王受封至贺王灭亡，楚王一脉历时274年，期间居武昌府263年，是明代各系亲王中存续时间最长的一支，几乎与明王朝相始终，形成一个完整的明代藩王葬制，为研究明代的藩王体制、皇家丧葬制度，以及明代武汉地方的政治、经济、文化、世俗等，提供珍贵的实物资料。

1956年，被湖北省人民委员会公布为第一批湖北省文物保护单位，名称为油坊岭明代王墓群。2001年6月25日，明楚王墓被国务院公布为第五批全国重点文物保护单位，编号5-0175-2-0031。2004年，武汉市江夏区文物管理所编制了明楚王墓的全国重点文物保护单位记录档案，由武汉东湖新技术开发区文物管理所保管，并报国家文物局、湖北省文物局备案。2006年，编制单位编制明楚王墓保护规划，2007年获国家文物局批复。2015年，湖北省人民政府办公厅印发《关于公布文物保护单位保护范围和建设控制地带的通知》，公布明楚王墓的保护范围和建设控制地带。设有管理机构明楚王墓文物管理所，隶属于武汉东湖新技术开发区文物管理所。

**明益藩王墓地** 是明代宪宗皇帝朱见深之子益藩王朱祐槟的家族墓地，由洪门益藩王墓地和岳口游家巷益藩王墓地组成，位于江西省南城县。

明宪宗朱见深第四子朱祐槟（1479～1539年），于成化二十三年（1487年）封益王，弘治八年（1495年）就藩建昌（江西抚州），至明朝灭亡（1644年），共世袭七代八王，延续时间150多年。益端王后代皆获封为君王、郡主、镇国将军，绝大部分子孙埋葬在明益藩王墓地区域，共葬有益端王朱祐槟、益庄王朱厚烨、益恭王朱厚炫、益昭王朱载增、益敬王朱常㳦、益宣王朱翊鈏、益定王朱由木及浦阳王朱常浆、益先王朱慈㷑、铜陵王朱载壤、淳河王朱常沥等夫妇合葬墓。益王墓为砖室卷棚结构，郡王墓为砖室墓，墓葬封土前两侧依次竖有文吏武将、石马、石狮、望柱及神道碑，墓地分布广阔，规模宏大，气势雄伟，墓葬形制多样，世系清晰完整，有的墓葬地表保留精美的建构和石雕，是非常重要的明代藩王家族墓地。

1958年开始发掘，先后发掘五座益王陵墓，出土珍贵文物2000多件，种类丰富，包括金器、银器、铜器、玉器、陶器、官民窑瓷器以及各类纺织品，造型美观，工艺精湛，是研究明代工艺史的重要实物材料，部分文物被定为国家一级藏品。

洪门益藩王墓地位于南城县东南15千米外的洪门镇石山中，以洪门镇为中心，北至立城、庄上，东至廖坑、徐田，西至铺前，南至长塘。墓地内包括明益端王朱祐槟和王妃彭氏、孙氏陵墓，益庄王朱厚烨陵墓，益恭王朱厚炫与王妃黄氏、章氏合葬陵墓，益先王朱慈㷑陵墓，铜陵王朱载壤、淳河王朱常沥等夫妇合葬墓。大部分王族子孙及眷属均葬于王墓区内。益王系墓多为券拱式砖室结构，王墓两侧多竖立或建有石雕文官武尉、石马、石羊、石兽、石望柱、神道碑及享堂等。

益端王朱祐槟陵墓，和王妃彭氏、孙氏的墓地分布在洪门镇外源村对面的金华山，墓地坐落在呈交椅状的山窝里，左青龙，右白虎，陵寝周围的山墙长80米、宽46米，前面有一条100多米的神道，两旁依次排列文武翁仲、石兽、神道石柱（华表）。陵寝正前方远处有一条蜿蜒的小溪。神道上有一汉白玉碑刻，碑刻高3米多，宽1米多，厚0.3米，为嘉靖十八年（1539年）赐祭朱祐槟夫妇的"御祭文"。出土的文物有金银器、铜器、玉器、陶俑等类。金银首饰、配饰共计70余件，有簪、扣、坠子、耳环、挖耳、钩、花饰、菱形饰等种类，采用锤、焊接、镶嵌、錾花、累丝、掐丝、鎏金等工艺。铜器有重轮铜镜、铜钱30枚。玉器有釉玉圭、玉饰、玉佩、绿松石、玉带板等种类。陶俑共110件，按其身份大致可分为骑马俑、仪仗俑、吏俑、男女乐俑、轿夫俑、男女侍俑等六种。谥册1件。

益庄王朱厚烨陵墓，面对黎滩河，陵寝山墙长80米，宽35米，已不存在。墓前有享殿遗址，神道直达黎滩河边，两旁依次排列文武翁仲、石狮、神道石柱等石雕。1958年发掘，出土器物有金、银、玉、瓷、铜、铁、锡、陶器等数千件，其中金丝编织镶嵌宝石的金冠和楼阁人物金簪是稀世珍宝，出土文物被中国历史博物馆和江西省博物馆收藏。

益恭王朱厚炫（端王朱祐槟的次子，庄王朱厚烨之弟）陵墓，是与王妃黄氏、章氏的合葬墓地，位于洪门镇庄上村的资圣山，四周翠峰耸立，一湾碧水环抱，有"五马团槽"之势。是所有益王墓地中唯一仍然保存有文武翁仲、石马、石狮、神道石柱（华表）全套石像生的陵墓。陵寝山墙长80米，宽46米，山墙已不存在，1米左右厚实的山墙基础和享殿遗迹清楚可见。

益先王朱慈炱陵墓，位于洪门水库大坝旁边的二仙山，在益庄王朱厚烨墓的旁边。

岳口益藩王墓地位于南城县东北20千米万坊镇（原为岳口乡），以游家巷村为中心，北至长兴，南至港口、里园，东至徐家乡贺家，西至鄱阳良坊，是益王家族后期四王及部分郡王的墓葬区，包括益昭王朱载增与王妃章氏、郑氏合葬陵墓，益宣王朱翊鈏与王妃李氏、孙氏合葬陵墓，益敬王朱常氵廷与王妃颜氏、王氏合葬陵墓，益定王朱由木与王妃王氏、黄氏合葬陵墓浦阳王朱常浆等夫妇合葬墓。益王墓多石灰椁墓结构，王墓设神道、神道碑和享堂，墓区地面建筑多已毁坏，尚存少量神道碑与石像生。昭王、宣王、敬王、定王墓一脉联络，呈现规模巨大的弧形寝园。墓区原立有石碑，上镌"益王墓葬区严禁百姓葬墓"。

益昭王朱载增陵墓，位于岳口乡游家巷的女冠山七宝寨，是与王妃章氏、郑氏的合葬墓。墓地正南面临盱江，背靠大山。

益宣王朱翊鈏陵墓，在岳口乡游家巷的女冠山七宝寨，是与王妃李氏、孙氏的合葬墓。陵墓正南面临盱江，宣王朱翊鈏的陵寝位于父朱载增陵墓围墙内。围墙、享殿被废，文武石翁仲、石龟等只存遗迹。1979年，江西省博物馆对朱翊鈏陵墓进行发掘，出土大量文物，有服饰、花被、布匹、金银器、玉器、铜器、竹木器、纸等，收藏于江西省博物馆。

益敬王朱常淔墓，在岳口游家巷的女冠山九龙窠，是与王妃颜氏、王氏的合葬墓。陵寝的山墙长132米，宽100米，已不存在。

益定王朱由木陵墓，位于岳口乡游家巷村西北角的女冠山蛇形窠，是与王妃王氏、黄氏的合葬墓，东距益宣王朱翊鈏墓约200米。陵寝的山墙长165米，宽100米，前至江边，已不存在，围墙基础清晰可见。墓地封土高3米，陵寝正南面盱江自东向西流过，陵寝左右有两条长形小山顺地势向南延伸。益定王墓是由青砖砌成的三椁室，中间是益定王，左为王妃黄氏，右为次妃王氏。益定王墓出土有金器、银器、玉器、铜器和瓷器等一批文物，许多都是国宝级的器物，尤其是高15厘米、直径3厘米的玉香笼，堪称稀世珍宝。

益王是明代王室分封在江西的三藩之一，分封诸王制度是明代制度中极其重要的组成部分，因而明益藩王墓地是研究明代建筑史、明史以及藩王史、江西省地方史的重要文化遗存，具有重大的历史价值、科学价值和艺术价值。

1983年7月，明益藩王墓地（当时以益王墓葬群为名）被公布为南城县文物保护单位。是年，成立南城县博物馆，为明益藩王墓专门保护机构。1987年12月，明益藩王墓地（当时名益王墓葬群）被公布为第三批江西省文物保护单位。2013年5月3日，明益藩王墓地被公布为第七批全国重点文物保护单位，编号7-0596-2-080。明益藩王墓地建立有完整的国保"四有"档案，划定保护范围和建设控制地带。

**福陵** 是清朝开国皇帝清太祖努尔哈赤和皇后叶赫那拉氏（孝慈皇后）的陵墓，清崇德元年（1636年，明崇祯九年）定名为福陵，俗称东陵。位于辽宁省沈阳市东郊的天柱山上。福陵始建于后金天聪三年（1629年）；顺

清福陵隆恩门正面

清福陵隆恩殿正面

治七年（1650年），立卧骆驼、立马、坐狮子、坐虎各1对，擎天柱4个，望柱2个；顺治八年（1651年）基本建成。顺治十六年（1659年），建福陵城之四隅角楼各1座，两旁衙门各5间，掖门1座，石马8个。康熙二年（1663年），改造福陵地宫、清太祖高皇帝宝宫，设宝座神牌于享殿。康熙四年（1665年），建福陵明楼。康熙二十七年（1688年），建福陵神功圣德碑。光绪三十年（1904年），日俄战争期间，俄军在福陵营宿，任意掠取，破坏仓库、门窗，砍伐树木。

福陵占地面积53.86万平方米，陵园坐北朝南，地势由南向北逐渐升高。四周绕以矩形红色缭墙，南面辟正红门，东西两面辟侧红门。正门两侧为五彩蟠龙琉璃神壁。门前东西相对列有石狮、华表柱、石牌楼各1对，再南面为满汉蒙回藏五种文字的下马石碑。

正红门内砖铺参道两侧，整齐排列有华表、石骆驼、石马、石狮、石虎等。往北随山势修108级砖踏跺，其后为石桥一座，过石桥正中有一石碑亭，内置大清福陵神功圣德碑。碑亭东为茶膳房、涤器房，南为省牲亭、齐班房，均各三间。

再往北是城堡式方城。方城为砖筑长方形，周长370米，墙高均为5米，墙上有马道、垛口和女墙，城四隅建有角楼。南门名隆恩门，中部有正殿隆恩殿，东西两侧配殿各五间，隆恩殿前西侧有石制焚帛亭一座，殿后立有石柱门和石供。方城后部正中有明楼，中置"太祖高皇帝之陵"石碑。

方城之后为月牙形的宝城，宝顶位于城中央，为圆形封土堆，内葬清太祖努尔哈赤和皇后叶赫那拉氏。

民国18年（1929年），经奉天省政府批准，将原属公安处管理的东陵划归市政公所接管，辟为公园。1949年后，清福陵作为文物古迹由东北人民政府划归沈阳市人民政府建设局管理。1956年，成立东陵公园管理所。1958年6月1日，东陵公园红墙内的管理工作移交给沈阳故宫博物馆。1959年11月9日，沈阳市人民政府将清福陵由文化局移交给市城建管理局管理，设东陵公园管理处，负责对东陵公园内的文物古迹实施全面保护和管理。1962年，大明楼因雷击发生火灾，全部被烧毁。1963年，福陵被辽宁省人民委员会公布为省级文物保护单位。1979～1982年，对整个陵寝进行全面维修和翻建。1988年1月13日，福陵被国务院公布为第三批全国重点文物保护单位，编号3-0257-2-0028。2004年，福陵作为明清皇家陵寝的扩展项目，被列为入世界遗产名录。2003年，《沈阳市故宫、福陵和昭陵保护条例》颁布实施，划定保护范围和建设控制地带。沈阳市东陵公园管理中心设立福陵国保档案室，并由专人负责管理，有完备的文物保护管理档案、技术档案。

**清昭陵** 是清太宗皇太极及皇后孝端文的陵墓，位于辽宁省沈阳市皇姑区清代古城北部。

清昭陵始建于清崇德八年（1643年），顺治元年（1644年）八月初九日定名昭陵，顺治八年（1651年）基本建成，康熙、乾隆、嘉庆各朝又做了若干增建和改建，最终形成独具特色的古建筑群。

清昭陵占地面积约16万平方米，清朝时面积约318.74万平方米，地势西南低东北高。陵内建筑布局，自南至北依次为下马碑、石狮、

清昭陵隆恩门

清昭陵陵寝方城内全景

837

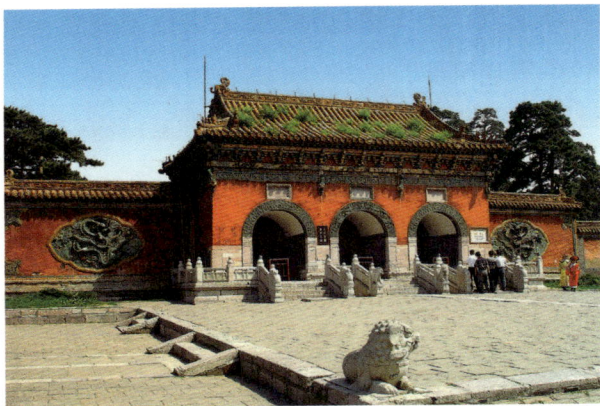
清昭陵正红门

神桥、石牌坊、省牲亭、馔造房。石牌坊以北是陵寝建筑群的集中区域，依次为正红门、神道、华表柱和石像生（包括石狮、石獬豸、石麒麟、石马、石骆驼、石象）、神功圣德碑及碑亭、东朝房、西朝房、方城、隆恩门、隆恩殿、东配殿、西配殿、东配楼、西配楼、棂星门和石祭台、大明楼、月牙城、宝城、宝顶、地宫、隆业山。

陵寝建筑布局遵循"前朝后寝"规制，各主体建筑均建在中轴线上，两侧采取对称形式，系仿明陵而又具有满族特点，是满汉建筑艺术结合的典范。昭陵保护区占地面积近48万平方米，是清初"关外三陵"中规模最大、气势最宏伟、最具代表性的一座清帝陵，是中国所存最完整的古代帝王陵墓建筑群之一。除葬有帝后外，红墙以西百米外原另有一座贵妃园寝，安葬着关雎宫宸妃、麟趾宫贵妃、洐庆宫淑妃等11位后妃佳丽，地上建筑部分已经全部损毁。

昭陵内古建筑群面积1万平方米，建筑结构严谨，雕刻精细，体现中国古代建筑艺术的优秀传统和独特风格。

昭陵建成后，由清朝礼部直接管辖，后改设三陵守护大臣，统管三陵事宜。民国14年（1925年），撤销三陵都统衙门，福、昭两陵由奉天省政府接收，由省警务处看管。民国16年（1927年）5月，昭陵辟为公园，正式向游人开放，先后由奉天省警务处、奉天市政公所、奉天市公署（陵庙办事处）、沈阳市政府工务局、沈阳市建设局、沈阳故宫博物馆、沈阳市公园管理处、沈阳市城建局等机构单位主管。1982年2月23日，清昭陵被国务院公布为第二批全国重点文物保护单位，编号2-0112-6-061。2003年5月，辽宁省第十届人民代表大会常务委员会第二次会议批准沈阳市人大通过的《沈阳市故宫、福陵和昭陵保护条例》，划定保护区划。2004年，作为明清皇家陵寝的扩展项目，清昭陵被联合国教科文组织列入世界文化遗产名录。清昭陵建立有古建档案184余卷，包括历史文献汇集、现状勘测报告、保护工程档案、监测检查记录、开放管理记录等。

**清东陵** 是清朝皇室陵墓群之一，位于河北省遵化市西北部的昌瑞山南麓。

清东陵始建于清顺治十八年（1661年），最后一座陵寝完工于清宣统元年（1909年），占地面积80平方千米，沿昌瑞山南麓，依次修建15座帝陵、后陵、妃园寝和公主园寝。根据全国第三次文物普查，清东陵15座陵寝原有各类建筑物、构筑物580余座／组，存508座／组，约占原建筑总数的87.6%；15000多米长的神路比较完整。整个清东陵保存完整。

清东陵遵循"居中为尊，尊卑有别"的封建礼制：入关第一帝顺治的孝陵居中而建，至尊至贵；其他陵寝各依山势，分列孝陵东西两侧，呈扇形排列，形成子孙陪护之势，辈分高

清东孝陵龙凤门

的距孝陵近，辈分低的距孝陵较远。各代皇后陵和妃园寝又以本朝皇帝陵为中心，建在左右两边，另成一个小的体系。皇后陵的神道与本朝皇帝陵的神道相接，而各皇帝陵神道又与孝陵神道相接，形成一个庞大的树状神道网络，统绪分明。

顺治帝孝陵，是清东陵的第一座皇帝陵，位于昌瑞山主峰下，整个陵区的中轴线上。孝陵南北长达5.5千米，规模最大，其建筑规制总体上取法明朝长陵，局部略有改创，成为有清一代皇帝陵寝的建筑蓝本。顺治十八年（1661年）孝陵动土，康熙二年（1663年）二月十五日正式兴工，康熙三年（1664年）十一月十九日主体建筑完工。整个孝陵保存基本完整，其建筑布局可分为神路区、宫殿区和神厨库区三个区。孝陵的神路区建筑配置最为丰富，自南至北依次为石牌坊、东西下马牌、大红门、具服殿、圣德神功碑亭、石像生、龙凤门、一孔桥、七孔桥、五孔桥、东西下马牌、三路三孔桥及平桥。宫殿区按照前朝后寝的格局营建，自南至北依次为神道碑亭、东西朝房、东西值班房、隆恩门、东西燎炉、东西配

殿、隆恩殿、陵寝门、二柱门、石五供、方城明楼、琉璃影壁及月牙城、宝城宝顶，宝顶下是地宫。隆恩门以北部分环以围墙，前后三进院落。神厨库区位于宫殿区左侧，坐东朝西，由神厨房、南北神库、省牲亭组成，环以围墙。围墙外建井亭。孝陵建筑除值班房覆以灰布瓦外，全部用黄琉璃瓦覆顶。

入关第二帝康熙皇帝的景陵，位于孝陵以东1千米处，是清东陵的第二座皇帝陵，康熙十五年（1676年）二月初十日开工，康熙二十年（1681年）工程基本完成。景陵建筑规制和丧葬制度具有承上启下的重要意义。景陵建筑保存基本完好，唯圣德神功碑亭于1952年被雷击焚毁，后复建。景陵承袭孝陵规制，宫殿区和神厨库区与孝陵相同，唯神路区有较大改动，主要表现在：一是不建石牌坊、大红门、具服殿；二是圣德神功碑亭改竖双碑，分刻满、汉碑文；三是石像生由18对缩减为5对；四是改砖石结构的龙凤门为木石结构的牌楼门；五是裁撤了七孔桥、一孔桥，保留了五孔桥和三路三孔桥；六是五孔桥改建在石像生以南。

入关第四帝乾隆皇帝的裕陵，位于清东

陵胜水峪，东距孝陵1.5千米。裕陵建于乾隆八年（1743年）至十七年（1752年），适逢"乾隆盛世"，工精料美，建筑质量堪居清陵之冠，尤其是裕陵地宫，表面雕刻大量佛教经文造像，是发现的最精美的地下宫殿。裕陵建筑保存较好，地宫却于民国17年（1928年）7月被盗掘一空。裕陵基本承袭景陵规制，但稍有展拓：一是神路区的牌楼门以北增加一孔拱桥；二是石像生增至8对，比景陵多出3对；三是在陵寝门前建设三路一孔玉带桥；四是隆恩殿内东暖阁开辟为佛楼；五是地宫雕刻大量佛教造像和经咒。

入关第七帝咸丰皇帝的定陵，位于清东陵最西侧的平安峪。咸丰九年（1859年）四月十三日申时，定陵破土兴工，但由于当时内有太平天国运动，外有西方列强侵略打击，政局动荡，工程修修停停，直到同治四年（1865年）八月才完工。为了节省费用，定陵使用大量宝华峪道光陵拆剩的旧料。定陵建筑保存较完整，唯西朝房、西配殿、井亭仅存台基。定陵基本沿用祖陵的规制，但又借鉴其父道光皇帝慕陵的某些做法，如裁撤圣德神功碑亭、二柱门，将地宫做成蓑衣顶形式等。

入关第八帝同治皇帝的惠陵，位于清东陵东端的双山峪，建于同治帝死后，光绪元年（1875年）三月十二日午时破土兴工，除神路及石像生没有修建外，其余均照定陵规制。光绪四年（1878年）九月，惠陵工程完工。惠陵主体建筑使用了楠楠木，俗称"铜（铁）操"，有"铜梁铁柱"的美称。惠陵除神厨库内的南北神库无存外，其余建筑基本完整。惠陵规制在定陵基础上更为减缩，裁撤了石像生

清昭西陵鸟瞰图

和神路。

清制，皇后若死于皇帝入葬之后，另建皇后陵。清东陵有4座皇后陵，即昭西陵、孝东陵、慈安陵和慈禧陵，是清东陵的重要组成部分。

孝庄文皇后的昭西陵，位于清东陵风水墙外大红门东侧500米处。康熙二十六年（1687年）十二月，孝庄皇后崩，遗命在孝陵附近安厝。康熙二十七年（1688年）春，康熙帝为祖母在昭西陵所在地营造暂安奉殿；四月十九日投入使用。雍正三年（1725年），暂安奉殿改建成昭西陵；当年十二月初十日，孝庄文皇后葬入昭西陵地宫。孝庄文皇后的昭西陵因为是由暂安奉殿改建而成，因而规制极为特殊：一是因其与远隔千里的沈阳皇太极昭陵同属一个体系，所以神路区设置神道碑亭一座，神道碑刻墓主人名号；二是宫殿区建内外两层围墙；三是隆恩殿为重檐庑殿顶，有别于其他帝后陵的歇山顶。民国20年（1931年）3月，昭西陵地宫被盗一空。昭西陵除方城、明楼及外围墙保存较好外，其余建筑大多仅剩基础。

孝惠章皇后的孝东陵，是清朝第一座皇后陵，它尊顺治帝孝陵为主陵，西距孝陵500

米。孝东陵约建于康熙三十二年（1693年），初建成时称"新陵"，康熙五十七年（1718年）孝惠章皇后入葬后称"孝惠章皇后陵"，次年二月二十一日正式称"孝东陵"。其建筑规模和规制较皇帝陵缩减，以示尊卑有别：神路区仅设一路三孔桥，宫殿区不设二柱门，其余则与皇帝陵相同。但由于当时陵制不完备，孝东陵兼有妃园寝的功能，其内还祔葬顺治帝的28位妃嫔，成为皇后陵兼妃园寝的格局。孝东陵除东值班房、神厨房、省牲亭仅存遗址外，其余建筑保存较好。

慈安陵，位于清东陵普祥峪，西距定陵妃园寝500米，东与慈禧陵并排而建。同治十二年（1873年）八月二十日未时，慈安陵和慈禧陵同时兴工，光绪五年（1879年）六月二十二日竣工，历时六年。慈安陵地面建筑保存较好，唯神厨库内省牲亭仅存基础。

慈禧陵，位于清东陵菩陀峪，东邻裕陵妃园寝，西与慈安陵仅隔一条马槽沟。同治十二年至光绪五年，慈禧陵与慈安陵同步开工建设，和慈安陵建筑规制相同，基本参照孝东陵，但又有所区别：一是在神路区仿昭西陵成例，增建下马牌和神道碑亭；二是隆恩殿前设置"凤压龙"丹陛石，一改以往皇后陵"左龙右凤"图案，突出墓主人垂帘听政的高贵身份；三是陵院内不再埋葬妃嫔。光绪二十一年（1895年），因"年久失修"，慈禧陵大规模重修，至光绪三十四年（1908年）慈禧死前几天才结束。重修后的慈禧陵富丽堂皇，有金绝、木绝、石绝"三绝"之称，豪华程度在清陵中首屈一指。民国17年（1928年）7月，慈禧陵和乾隆裕陵同时被盗，地宫殉葬品损失惨重。慈禧陵地面建筑保存较好。

清东陵建有5座妃园寝，即景陵妃园寝、景陵皇贵妃园寝、裕陵妃园寝、定陵妃园寝和惠陵妃园寝。清代妃园寝主要是埋葬妃嫔的合葬墓，在位置上近依当朝皇帝陵，多与皇帝陵同时营建，成为帝陵附属建筑。受封建等级制影响，清代妃园寝建筑规模和单体建筑体量相比帝、后陵要小许多，并且屋顶使用绿色琉璃

慈禧太后定东陵全景

瓦，以示尊卑有别。

景陵妃园寝是清王朝入关后营建的第一座妃园寝，位于康熙帝景陵以东500米处，是康熙皇帝妃嫔的墓园，与景陵同时修建，康熙二十年（1681年）建成，初称"妃衙门"，雍正五年（1727年）尊为妃园寝。其布局只有宫殿区，自南向北依次为：一孔拱桥和平桥、东西厢房、东西班房、宫门、燎炉、享殿、园寝门，后院建墓主人的宝顶群，均各有墓室。厢房、班房均以布瓦覆顶。大门、享殿为单檐歇山式建筑，并以绿琉璃瓦覆顶。景陵妃园寝成为后世各园寝的蓝本。景陵妃园寝现状较为残破，朝房、值班房、燎炉仅存遗址，享殿仅存台基，宫门彩画无存，园寝门仅存墙垛，围墙残破。

景陵皇贵妃园寝是清东陵内建造的第二座妃园寝，位于景陵妃园寝东南500米处，西邻东沟村。该园寝约建于乾隆四年至八年（1739～1743年），系乾隆帝为报答悫惠、惇怡两位祖母辈皇贵妃的抚育之恩而修建。该园寝与景妃园寝相比，规制有所拓展：一是增加绿瓦单檐歇山顶的东西配殿；二是享殿月台前设置丹陛石；三是为两位皇贵妃各建立方城和绿瓦单檐歇山式的明楼，使其园寝成为清代等级最高的妃园寝。园寝班房仅存遗址，享殿仅存台基和部分墙体，其余建筑较好。

裕陵妃园寝位于裕陵以西500米处，建于乾隆十二年至十七年（1747～1752年）。初建时仿照景陵妃园寝制度，园寝门开在享殿两侧的面阔墙上，仅纯惠皇贵妃墓前建有一座方城明楼。乾隆二十五（1760年）年，纯慧皇贵妃行将入葬，对该园寝做较大规模的改造，历时两年。民国18年（1929年）阴历十一月，纯惠皇贵妃地宫被盗。稍后，容妃地宫亦被盗。园寝厢房和东配殿仅存台基，其余建筑保存较好。

定陵妃园寝位于定陵以东的顺水峪，恰在定陵和慈安陵中间。该园寝与定陵同时兴工，建成于同治四年（1865年）八月，使用了道光宝华峪妃园寝的部分旧料。其规制均与景陵妃园寝相同。定陵妃园寝基本保存完整。

惠陵妃园寝位于惠陵西侧的西双山峪，向东紧邻惠陵，建于光绪二年（1876年）八月初三日至光绪四年（1878年）九月。民国9年（1920年），逊清皇室曾将园寝内后排的3座

裕陵妃园寝

砖券地宫一律改成石券。其规制均与景陵妃园寝相同。园寝东西厢房及燎炉已无存,其余建筑也较残破。

在东陵风水墙外东侧的许家峪村,还建有一座端悯固伦公主园寝,单成体系,是清东陵附近唯一的一座公主园寝,和宝华峪道光陵同时营建,道光七年(1827年)建成。次年,宝华峪道光陵地宫渗水,随后将整个帝陵并妃园寝拆除废弃,但公主园寝保存下来。端悯固伦公主园寝的厢房、值班房已无存,其余建筑较好。

清东陵是清代规模最大、保存较好的帝王陵墓建筑群。陵园内葬有孝庄文皇后、顺治皇帝、康熙皇帝、乾隆皇帝和慈禧太后等著名历史人物,对研究清代历史有重要价值。清东陵是建筑体系完整的清代帝王陵寝和清代皇陵建筑的杰出典范,为研究清陵规制、传统礼仪、建筑工艺提供了不可多得的实物资料。世界遗产委员会对清东陵给予高度评价:"在中国传统风水理论指导下的清东陵,其建筑景观与自然景观的和谐统一是人类具有创造性的天才杰作,世界上独一无二的文化景观,记录中国历史上重大事件的场所。"

民国元年(1912年)后,由逊清皇室派驻的东陵办事处负责保护和管理,但名存实亡,各陵日渐残破,陵上大量物品被盗,尤其是民国17年(1928年)裕陵和慈禧陵地宫被盗,震惊中外。民国34~38年(1945~1949年),东陵地区秩序混乱,再度发生大规模毁陵盗陵事件,各陵寝几乎无一幸免,唯孝陵地宫没有盗开。

20世纪50年代,对各陵寝建筑进行第一次普查登记。1975年6月至1977年底,对裕陵地宫进行清理。1979年2~4月,对慈禧陵地宫进行清理。1979年10月,容妃地宫发生坍塌,随即进行抢救性清理。1981~1983年,对纯惠皇贵妃地宫进行清理。

中华人民共和国成立后,由东陵造林局代管。1952年9月29日,成立专门的文物保护管理机构——清东陵文物保管所。1958年5月7日,东陵文保所划归遵化县委领导。1961年3月4日,清东陵被国务院公布为第一批全国重点文物保护单位,编号1-0179-2-018。1984年,成立清东陵文物管理处,负责对清东陵周边环境和文物建筑实施保护与管理。20世纪90年代中后期,陆续建立各陵寝的科学记录档案,由清东陵文物管理处保管。1999年,《清东陵保护管理办法》公布施行,明确清东陵的保护范围、保护内容和执法主体,是有效保护清东陵的重要法规依据。2000年,清东陵被联合国教科文组织列入世界文化遗产名录。2003年,河北省人民政府批准了新修订的《清东陵总体规划》,对清东陵实施三个层级的保护和管理,确定保护范围共80平方千米,包括绝对保护区、历史环境恢复区和环境协调区。2012年,唐山市成立清东陵保护区管理委员会,负责清东陵的文物保护、旅游开发及周边地区的行政管理工作。2012年,新修定的《清东陵保护管理办法》正式颁布施行。

**清西陵** 是清朝皇室陵墓群之一,位于河北省易县县城西约8千米,距北京120千米。

自雍正至光绪的185年间,清西陵逐步建成一个规模宏大、富丽堂皇的陵墓建筑群,包括4座帝陵(雍正皇帝的泰陵、嘉庆皇帝的昌陵、道光皇帝的慕陵、光绪皇帝的崇陵)、3座后陵(泰东陵、昌西陵、慕东陵)和3座妃

泰陵石桥

泰陵隆恩殿

泰陵石牌坊

园寝（泰妃园寝、昌妃园寝、崇妃园寝），另外还有2座王爷园寝，公主、阿哥园寝各1座，共计14座，埋葬着4个皇帝、9个皇后、57个妃嫔以及王爷、公主，共计80余人。此外，还有行宫、永福寺2处服务性建筑群，分散于陵区村落中的营房、衙署、内务府等多种服务设施的建筑遗址，以及神道、风水墙等陵寝建置要素。陵寝与自然融为一体。

泰陵，是雍正皇帝的陵寝，位于永宁山主峰下西陵镇五道河村，距县城16千米，占地面积约8.46万平方米，建筑面积约17962平方米。泰陵是清西陵营建年代最早、建造规模最大、建筑规模最完备的陵寝，位居整个陵区的

中心，其他陵寝分建于东西两侧。雍正七年（1729年）始建，乾隆二年（1737年）竣工，历时8年。泰陵的所有建筑，自南向北由一条2.5千米长的砖石神道连贯起来，整体布局肃整严密，浑然一体。最南端是一座五孔石拱桥，桥北有三座巍峨高大的石牌坊，一座位于中轴线上，另两座稍后且分列左右，前面形成一个广场，其结构是五间六柱十一楼式，用青白石砌筑。上雕立体卧兽，浮刻龙凤、狮子、麒麟、山水、花草等纹饰，为陵区各种彩画、雕刻图案的综合。广场之北是大红门，为陵区的正门，有"官员人等到此下马"的两道下马牌分立两侧。门左有具服殿，是皇帝或主祭大

臣更衣之所。北行不远，神道上有座大碑楼，高25.91米，重檐歇山顶，黄瓦布顶，内竖两通圣德神功碑，用满、汉文字镌刻皇帝的"功德"。碑楼外广场的四角，矗立着四座汉白玉石华表，环柱有蟠龙腾云浮雕，上有云板，柱顶雕一石兽名吼。前行数十米，又是一座七孔石拱桥，过桥有望柱和狮子、大象、骏马、文臣、武将等石像生5对，排列在神道两旁，形象逼真，栩栩如生。往北绕过蜘蛛山，便是龙凤门，为四壁三门，门壁上用琉璃构件嵌面，正面嵌云龙，背面嵌花卉装饰，黄绿相间。远处隆恩门在望，近处有一座小碑亭（神道碑亭），亭内石碑上用满、汉、蒙三种文字镌刻有皇帝的谥号。亭前有三座三孔石桥，并排跨在马槽沟上。桥北侧是广阔的海墁（广场），东侧为神厨库，是存放供品、制备祭品的地方。神厨库东南是建造别致的井亭。广场北面平台上，有东西朝房各五间和东西班房各三间。正北面为隆恩门，面阔五间，三门并列，单檐歇山顶，檐端为五踩单昂斗拱，门内台下东西各有焚帛炉一座。稍北是东、西配殿，东殿是放祝版的地方，西殿是喇嘛念经之处。隆恩殿为主体建筑，坐落在月台上，面阔五间，进深三间，重檐歇山黄琉璃瓦顶，木结构卯榫对接，明柱为沥粉贴金包裹。殿内顶上有旋子彩画，梁枋上饰以金线大点金。枋心彩画为"江山一统"和"普照乾坤"。大殿是举行祭祀活动的地方，殿内有三个暖阁，一个供佛像，两个供帝、后牌位。殿后是三座门、二柱门、石五供、方城明楼。明楼上有庙号碑，用满、蒙、汉文字刻着皇帝的庙号、谥号。明楼有马道通宝城，宝城上面称宝顶，宝顶下面即

是安葬皇帝的地宫。雍正十三年（1735年），雍正帝暴死，乾隆二年（1737年）三月与已故入葬的孝敬宪皇后、敦肃皇贵妃合葬于地宫。

泰东陵，坐落于泰陵东北1.5千米处，位于西陵镇晓新村。整座陵寝占地面积3.7万平方米，建筑面积约4934平方米。泰东陵主要建筑由南至北依次为东西下马牌、三孔桥、神厨库、东西朝房、东西班房、隆恩门、东西焚帛炉、东西配殿、隆恩殿、琉璃花门、宝顶。泰东陵建于乾隆二年（1737年）至乾隆四十二年（1777年），内葬雍正皇帝的孝圣宪皇后。

泰妃园寝，坐落于泰东陵东南1千米处，位于西陵镇忠义村。整座陵寝坐北偏东3°，占地面积约2万平方米，建筑面积约3157平方米。主要建筑由南至北依次为一孔石桥、东西朝房、东西班房（西班房仅存遗址）、宫门、焚帛炉、享殿、陵寝门、宝顶。泰妃园寝建筑年代与泰陵相同，乾隆元年（1736年）完工。内葬纯懿皇贵妃等妃嫔21人。

昌陵，是嘉庆皇帝的陵墓，位于泰陵西南约1千米的西陵镇太平峪村，嘉庆八年（1803年）建成。占地面积约8.06万平方米，建筑面积约14001平方米。昌陵的建筑布局与泰陵相仿，规模并列，从南至北园寝建筑一应俱全。但昌陵的宝城比泰陵还高大。隆恩殿内地面用珍贵的花斑石铺墁，黄色的方石板上有天然雅致的紫色花纹。嘉庆八年，先葬进孝淑睿皇后喜塔腊氏。道光元年（1821年）三月，嘉庆皇帝入葬。

昌西陵，坐落于昌陵西侧约1千米处，位于西陵镇太平峪村。整座陵寝坐北偏西2°，占地面积约1.7万平方米，建筑面积约3551平

方米。建筑布局与泰东陵相仿。始建于咸丰元年（1851年），完工于咸丰三年（1853年），葬嘉庆皇帝的孝和睿皇后钮祜禄氏。

昌妃园寝，位于昌陵西南约500米处，西陵镇太平峪村。占地面积约1.92万平方米，建筑面积约650平方米。建筑布局与泰妃园寝相仿，规模小三分之一。昌妃园寝始建于嘉庆四年（1799年），葬17位妃嫔。

慕陵，是道光皇帝的陵墓，有孝穆、孝慎、孝全皇后合葬，在泰陵西5千米的西陵镇龙泉庄村。整座陵寝坐北偏西52°，占地面积3.04万平方米，建筑面积约11111平方米，建于道光十二年至十六年（1832～1836年）。建筑格局比较特殊，规模小于泰、昌两陵，没有大碑楼、神道、石像生和方城、明楼等建筑，工程坚固精细，围墙磨砖对缝，干摆灌浆，光滑整齐。隆恩殿及东西配殿的建筑别具一格，三座大殿均用珍贵典雅的楠木建成，不饰彩绘，皆为本色烫蜡，呈黄褐色，闪闪发光。两配殿雀替上稍加黄、绿、蓝三色参差配合，富有变化。隆恩殿内藻井、雀替、檩枋、门窗及两配殿的雀替上，雕刻着数以千计的云龙和蟠龙，龙头采用透雕手法，龙身和云纹高、浅浮雕并用。

慕东陵，位于慕陵东北约1千米处。整座陵寝坐北偏东13°，占地面积约2.17万平方米，建筑面积约4550平方米。原是妃园寝，咸丰念孝静皇贵妃抚育之恩，进尊谥为"孝静康慈弼天抚圣太后"，但慕陵的妃园寝是道光定的墓次，不能更改，咸丰便钦定在宝城内葬孝静皇贵妃，宝城外至围墙葬16个妃嫔，形成以孝静为中心的大园小园局面，一改常规，后妃合葬。

崇陵，是光绪皇帝的陵墓，位于泰陵东5千米的金龙峪，始建于宣统元年（1909年）。整座陵寝坐北偏西2°，占地面积约3.6万平方米，建筑面积约9108平方米。辛亥革命推翻清王朝，崇陵由逊清皇室继续营建，至民国4年（1915年）竣工，是中国所存帝陵中最后一座。崇陵的范围、规模较小，没有大碑楼、神道、石像生，但此陵排水系统较完善，明楼和三座门前有御带河，月牙城内有泄水孔，宫殿基部有五尺宽泛水。另外，木结构建筑用铜铁操做成，质地坚硬，殿内彩绘依然艳丽，隆恩殿前的龙凤垂带石雕刻透剔富立体感。崇陵地宫在民国期间曾被盗掘。地宫为拱券式石结构

慕陵

崇陵外景

建筑，由四道石门、一条隧道月牙形壁和闪当券、罩门券、明堂券、穿堂券、门洞券、金券等部分组成，还有金井一眼，龙须沟两条，漏眼14个。墓道全长63.19米，面积349.95平方米，空间2000多立方米。地宫内券券相连，高低参差，走向多变，嵌接巧妙，牢固美观。四道石门的门楼，各用一块巨大的青白石做成，雕有脊、瓦垄、勾滴等式样。门垛上为马蹄形，雕有高山、云团和景瓶。八扇石门正面雕有八尊菩萨立像，每尊高1.99米，雕工精细，形象逼真。金券是地宫的主体建筑，光绪的棺椁停放在金券内宝床正中，压在金井上，隆裕皇后的棺椁停放在光绪棺椁左侧。周围有16块绘有五彩山水云龙的龙山，夹在棺椁的边角。棺椁周身刻着涂金的藏文、梵文经咒。宝床前左右各有一座安放宝印和册录箱的须弥石座。

崇妃园寝，位于崇陵东侧500米处，整座陵寝坐北偏东25.5°，占地面积约1.9万平方米，建筑面积约1807.9平方米。建筑布局与昌

崇陵方城与明楼

妃园寝相仿，内葬瑾、珍二妃。

阿哥园寝，位于崇陵西南2千米处的梁格庄镇张各庄村。整座陵寝坐北偏东17.5°，占地面积约0.31万平方米，建筑面积约1183平方米。内葬雍正第三子弘时、弘时之子永珅和雍正第八子福沛。

公主园寝，位于崇陵西南2.5千米处的梁格庄镇张各庄村。整座陵寝占地面积约2600平方米，建筑面积约724.87平方米。内葬嘉庆皇帝第五女慧安和硕公主和第九女慧愍固伦公主。

端王园寝，位于崇陵西南2千米处的梁格

庄镇张各庄村。整座陵寝坐北偏东16.5°，占地面积约0.3万平方米，建筑面积约1027平方米。内葬雍正第一子和硕端亲王弘晖和雍正未序齿的第二子弘昐、第二子弘昀、第六子福宜。

怀王园寝，位于昌西陵西侧3千米处，西陵镇太平峪村。整座陵寝坐北偏东18°，占地面积约0.4万平方米，建筑面积约823平方米。内葬雍正第七子福惠。

服务性建筑群，包括清西陵行宫和永福寺。行宫位于崇陵东南的梁格庄镇梁各庄村西，又称"梁各庄行宫"，建于乾隆十三年（1748年），是乾隆皇帝为拜谒泰陵而修建的休息之所。向北过石平桥，穿宫门及两侧倒座房进入行宫院落。院落东西宽83米，南北长270米，建筑面积2650平方米，分东、中、西三路，主体建筑为中路，以游廊相连，依次为垂花门、正殿、后殿。永福寺俗称喇嘛庙，是清朝皇家陵寝御用寺庙，位于行宫西侧，建成于乾隆五十三年（1788年），占地面积4000平方米，建筑面积约2500平方米，分东、中、西三路，主体建筑为中路，包括山门、钟鼓楼、大雄宝殿、石牌坊、东西配殿、碑亭、普光明殿、宝云阁。

清西陵系清王朝在关内开辟的第二处规模宏大的皇室陵墓群，为中国封建社会规模最大、保存最完整的皇家陵寝之一。清西陵的设计和建造过程反映出清代中期和晚期官式建筑营造的高超技术水平，从不同侧面展示清中晚期中国陵寝建筑艺术风格及皇家宗教信仰的重大发展、变化，是研究清代陵寝规制、丧葬制度、祭祀礼仪、建筑技术与工艺的不可多得的实物资料。清西陵的选址布局、空间规制、建

筑形式、室内装修、附属文物、景观设计等，不仅展现出清代官式建筑艺术发展的典型特征和最高水平，也是中国传统的审美倾向与满族独有的审美意趣的融合与体现。清西陵保护和利用模式的确立，对于该地区的社会、文化、经济发展具有重要引导作用，对该地区生态环境保护和可持续发展具有重要支撑作用。

1951年，成立清西陵文保所，后调整为清西陵文物管理处。1961年3月4日，清西陵被国务院公布为第一批全国重点文物保护单位，编号1-0180-6-019。1979年之后，泰陵、昌西陵、慕陵、崇陵、永福寺等逐步对外开放。1992年，河北省人民政府印发《河北省国家级、省级文物保护单位保护范围及建设控制地带》，公布清西陵的保护范围和建设控制地带。1992年10月，《清西陵总体规划》对清西陵的保护范围重新进行了调整，1994年2月河北省人民政府批准实施。2000年，清西陵与清东陵一起，作为明清皇家陵寝被第24届世界遗产委员会列为世界文化遗产。2002年，河北省第九届人大常委会第二十九次会议通过关于《〈清东陵保护管理办法〉适用于清西陵保护和管理》的决定，自2002年11月1日起施行，清西陵文物管理处再次重新调整保护范围和建设控制地带。2006~2010年，国家有关部门曾对清西陵泰陵西配殿，崇陵西配殿，慕陵隆恩殿、东西配殿、石构件以及泰陵五孔石拱桥等进行保护维修，实施泰陵石像生、昌陵石像生等安防工程，完成泰陵、昌陵内部分马槽沟清淤、泊岸石补配归安等工程。2011~2015年，清西陵保护维修工程全面启动，累计实施保护维修项目33项。清西陵总体保护规划已经按程

序上报。2013年，成立清西陵保护区管理委员会，负责清西陵遗产保护及管理工作的组织监督管理；清西陵文物管理处为其直属机构，负责具体开展清西陵遗产保护及管理工作。建有"四有"档案，由清西陵文物管理处负责编制、保管。

**哈密回王墓** 是清代哈密回王及其王室成员的墓葬群，位于新疆维吾尔自治区哈密市伊州区回城乡阿勒屯村，地处哈密西河坝两侧的平原地带，原为明清哈密王的领地。

哈密回王是清政府对哈密地方封建领主的称谓。1697年，哈密维吾尔首领额贝都拉因助清廷平定噶尔丹叛乱有功，被康熙册封为"一等札萨克达尔汗"，其部被编为镶红回旗，爵位世袭，由王公、贝子、贝勒一直晋封至和硕亲王。其中第四世玉素甫被封为郡王，第七世伯锡尔谥为和硕亲王。又因清代伊斯兰教被称为回教，信仰伊斯兰教的民众被称为回部，在哈密实行政教合一统治的人被称为回王。

哈密回王墓中有清康熙、雍正时期修建的，也有民国时期修建的。据史料记载，清康熙四十八年（1709年），第一代哈密王额贝都拉死后便葬于此。从此便成为历代哈密王王室的墓地，当地人习惯将此处称为"阿勒屯勒克"，意为"黄金之陵"。在九世回王统治结束（1930年）之前，一直由回王派专人看管，只是在农民暴动起义时遭到不同程度的破坏。20世纪六七十年代，哈密回王墓遭受严重破坏，一世、二世、三世、五世王陵地上建筑无存；四世王陵四层木质飞檐斗拱式亭陵和六世王陵两层木质盝顶式亭陵被焚毁。哈密回王墓遗存有七世回王伯锡尔墓、九世回王墓及台吉墓、艾提尕尔清真寺等。

七世回王伯锡尔墓高17.8米，下部呈长方形，东西长20米，南北宽15米，上部为有一长方形基座的穹隆顶，基座四面开有小窗，周围有女儿墙，四角修筑塔柱式，两侧各有4个小尖拱壁龛，另有小门，由小门沿中空的塔柱

哈密回王墓全景

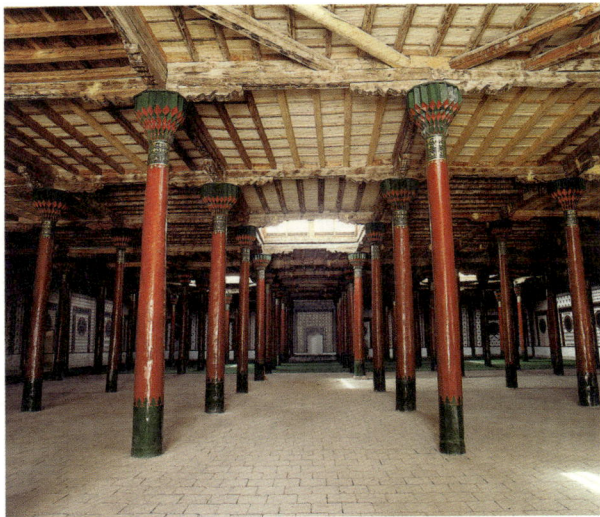
艾提尕尔清真寺内景

内台阶盘旋而上，可至墓顶。墓内外镶有琉璃砖，外壁有绿花、蓝花，穹隆顶外饰琉璃砖，内印团花。墓内埋葬着七世回王伯锡尔及大小福晋、八世回王默哈莫特及其王妃、王室成员等40人。

伯锡尔墓南侧东西排列着九世回王沙木胡索特墓和台吉墓。沙木胡索特墓平面呈正方形，边长15.5米，高15米，内部是以土坯垒砌的伊斯兰式穹隆顶墓室，罩在其上的是中原建筑风格的八角攒尖顶亭榭式木结构建筑，飞檐起脊，别具一格。墓室内通体粉白，印有蓝色团花。共葬有沙木胡索特及其王室成员等13人。西部台吉墓平面为正方形，边长12米，高14米，重檐盝式顶的木构建筑，内有藻井式平顶。墓内埋葬有台吉等12人。

艾提尕尔清真寺位于伯锡尔墓西面，最初修建于清康熙、雍正时期，后经四世和六世回王扩建，形成现在规模。清真寺东西60米，南北38米，占地面积2280平方米。门向东开，内门壁上镶有石碑，其上有通过旋梯盘旋而上的唤礼塔。寺内有104根粗大红柱支撑着广大

的平顶，寺顶天花板彩绘花草图案，上开有4处天窗。寺内墙壁书写有古兰经文，周围饰花草。每年肉孜节和古尔邦节，城乡穆斯林在此礼拜，寺内可容纳4000多人。

哈密回王墓是典型的伊斯兰建筑，又别具特色，将多种建筑风格融于一体，其中台吉墓及九世回王墓将中原建筑风格和地方建筑风格融为一体，体现当时各族工匠的智慧结晶，也是多种文化相互影响、融合的历史见证，更是民族团结的象征。哈密回王墓是了解哈密回王历史的一扇窗口，在研究清代哈密政治、经济、文化方面有着重要作用。

1978年，哈密地区文物管理所成立。1990年，哈密回王墓被新疆维吾尔自治区人民政府公布为第三批自治区级文物保护单位。1991年，对艾提尕尔清真寺、九世回王拱拜和台吉陵进行大规模维修。1999～2000年，对回王墓中七世回王伯锡尔拱拜和艾提尕尔清真寺进行维修。2003年9月，哈密市文物保护管理所成立，2004年7月更名为哈密市文物局，专职负责哈密回王墓的日常保护和管理。2004年，在哈密回王墓保护范围四周东、南、西、北四个角安装文物界桩。2006年5月25日，哈密回王墓被国务院公布为第六批全国重点文物保护单位，编号6-0297-2-077。2009年，新疆维吾尔自治区人民政府印发《关于公布新疆维吾尔自治区全国重点文物保护单位保护范围、建设控制地带的通知》，对哈密回王墓保护范围和建设控制地带进行公布。2011年，实施哈密九世回王墓及台吉墓修缮工程。2014年，实施哈密艾提尕尔清真寺修缮工程。2014年，建立"四有"档案，存放在哈密地区文物局。

**黄帝陵** 原称桥陵。《史记·五帝本纪》："黄帝崩，葬桥山。"陵因山而得名。位于陕西省黄陵县，北依桥山，南傍沮河。民国31年（1942年），为远播黄帝声名，并区别于蒲城境内的唐睿宗桥陵而更名黄帝陵。

黄帝陵、庙，自秦汉以来为炎黄子孙拜谒先祖的重要场所。据所存40余通祭祀碑石和相关文献记载，唐、宋、元、明、清历代屡有修葺。《唐会要》卷二十一载："大历五年四月，鄜坊节度使臧希让上言，坊州有轩辕黄帝陵阙，请置庙，四方享祭，列于祀典。诏从之。"《册府元龟》也有相同的记载。唐大历七年（772年），在桥山西麓建成黄帝庙。宋开宝五年（972年），太祖赵匡胤颁旨祭祀"前代帝王有功德昭著、泽及民生者……今坊州黄帝庙即其一也"。坊州地方官将黄帝庙从桥山西麓移至东麓（宋李昉《黄帝庙碑序》）。嘉祐六年（1061年），坊州地方官遵旨在黄帝陵"栽种到松柏树木大小

一千四百一十三根……差寇守文、王文政、杨遇等三户巡守，仍免差役，并免粮税"，具体管理由"圣祖庙道士任维素常切提举照管及具状申报"（《栽植松柏圣旨碑》）。金皇统间，保生宫住持道士对黄帝庙进行较大规模修葺（《雷公寿堂之记》）。元泰定二年（1325年），轩辕庙西院保生宫发生火灾后，泰定帝下诏保护黄帝庙宇，严禁破坏黄帝庙宇建筑设施，禁止砍伐柏树林木，并下令着专人看守保护（元泰定二年《圣旨碑》）。元至正元年（1341年），元惠宗降旨，将轩辕庙西院被焚毁的保生宫重新修复。元至正二十五年至二十八年（1365～1368年），保生宫住持道士惠思仁对黄帝庙进行大规模重修（元张敏《黄帝庙记》）。明洪武四年（1371年），为了筹备祭祀黄帝陵大典，明太祖曾派秘书监丞陶宜等人对黄帝陵、庙进行勘察、修葺。明天启元年（1621年）、崇祯九年（1636年）还有过几次小规模修葺。清初，黄帝陵、庙修葺多采

黄帝陵祭祀大院

轩辕庙大门

黄帝陵人文初祖正殿

用民间集资进行，收效甚微。清雍正十二年
（1734年），皇帝"乃诏天下郡邑，有皇古
圣帝哲王寝陵庙貌悉修勿缺，费资皆取给公
帑"。维修经费由官府承担，不必扰民募捐，
遂成为清代定制。此后，乾隆二十六年（1761
年）、道光二十年（1840年）又对黄帝陵、庙
进行过几次维修。

民国23年（1934年）4月，中国国民党中
央和国民政府致祭于黄帝陵，并确定每年清明
节为"民族扫墓节"，公祭黄帝陵。是年，谒
陵道重修并通车。民国26年（1937年）清明
节，国共两党各派代表共祭黄帝陵，毛泽东亲
撰《祭黄帝陵文》。民国28年（1939年），
陕西省政府令设黄帝"陵园管理处"，对黄
帝陵、庙进行一次较大规模的维修，"凡大
门、享殿、围墙及聩缺者，均加葺补"，并对
庙产进行清理，共得庙产地121亩。民国31年
（1942年），陕西省第三专员公署考虑到黄帝
桥陵的崇高地位，同时为了与蒲城的唐睿宗之
桥陵相区别，遂改桥陵为黄帝陵。自此之后，
黄帝陵一名沿用下来。民国32年（1943年），
陕西省成立黄帝陵修建委员会，向社会募捐，
扩建黄帝庙大殿等。民国33年（1944年），国

民政府将中部县易名为黄陵县，更突显黄帝陵
的独尊地位。

陵园由陵冢、汉武仙台、黄帝庙、桥山古
柏群等组成，总面积3.24平方千米。

黄帝陵区，位于桥山山腰，丘状土冢，
坐北面南，高3.6米，周长48米，面积200平方
米，环冢砌筑青砖花墙。冢丘前为明嘉靖十五
年（1536年）滇南唐锜所题"桥山龙驭"石
碑。碑前为祭亭，歇山顶，飞檐起翘，器宇轩
昂，内树1956年郭沫若手书"黄帝陵"石碑。
冢丘南30米为汉武仙台，传为汉武帝北巡途中
祭祀黄帝陵寝所筑，高20余米。陵区栽植柏树
1337亩，共8.16万株，其中树龄千年以上的古
柏3万余株。

黄帝庙区位于桥山南麓台地之上。原址
在桥山西麓，北宋开宝五年（972年）迁建桥
山南麓，元、明、清各代屡经修葺，占地面积
约1.16万平方米，坐北朝南，由山门、诚心
亭、人文初祖大殿、两厢碑廊和新建的祭祀
大殿等构成。山门面阔五间，原为仿木构廊
庑式建筑，歇山顶，青灰瓦屋面，阑额施旋
子彩画。后改为仿汉风格的石质建筑，简约
大气。五开间由18根4.8米高的花岗岩柱子支

撑，面阔19.2米，进深10米，总建筑面积224平方米。门楣上方为1938年蒋鼎文所题"轩辕庙"匾额。诚心亭，面阔五间13.61米，进深一间6.23米。五架梁，歇山顶，屋面施灰布板瓦、筒瓦，阑额旋子彩画，为历代祭祖者修整衣冠、平心静气之处。人文初祖殿，面阔七间25米，进深三间16米，为木构庑殿式建筑，歇山顶，七架梁，屋面青灰板瓦、筒瓦苦顶，屋檐下四面施斗拱，转角科的昂为象鼻子状。阑额、板枋均为彩绘，楣额悬挂国民党元老程潜所书"人文初祖"匾额。殿内供奉以嘉祥武梁祠黄帝石像为蓝本的巨幅轩辕黄帝浮雕石刻画像。碑廊位于院内左右两厢，树立北宋、元代栽植管理松柏的圣旨碑和历代修葺、祭祀碑记、祭文碑刻40余通，以及国家政要、港台闻人、国内外书法家所题石碑等。前院有传为黄帝手植柏、汉武挂甲柏等千年古柏数十株。院西侧为保生宫遗址，有迁建的黄陵县明清文庙大殿等建筑。后院为新建的祭祀大殿（轩

龙驭阁

辕殿），巍巍矗立在6米高的三层石台之上，均用石材建筑，由36根高3.8米的圆形石柱围合成40米见方的方形空间，建筑面积1700平方米。柱间无墙，上覆巨型覆斗屋顶，中央有直径14米的圆形天光，蓝天、白云、阳光直接映入殿内，象征天圆地方。殿内地面采用青、红、白、黑、黄五色花岗石铺砌，隐喻五色土，黄帝石刻像耸立在殿内上方，象征黄帝恩泽中华大地。大殿檐下正中悬挂着书法家黄苗子书写的隶体"轩辕殿"匾额。厚重的屋檐、硕大的斗拱、简洁而古朴的屋脊，具有汉代建筑风格。整座建筑显得恢宏大气，气派庄严，为每年祭祀黄帝的主要场所。

庙区外为新建的庙前区，由5000块天然河卵石铺设的入口广场、印湖、轩辕桥、登庙龙尾道、庙前广场等构成。

1956年，陕西省人民委员会拨款翻修黄帝陵祭亭。1955年，成立黄帝陵保管所，1990年改为黄陵县文物管理所，2001年更名为黄帝陵管理所，2004年7月升格为延安市黄帝陵管理局，2017年10月升格为陕西省黄帝陵文化园区管理委员会。1956年，黄帝陵保管所对黄帝陵、庙等纪念建筑进行调查并造册登记。同年，黄帝陵被陕西省人民委员会公布为第一批陕西省文物保护单位。1959年，陕西省人民委员会拨款重修黄帝庙，凡"修建宫室大殿七间、后房七间、碑室五间"（《重修轩辕黄帝庙记》）。1961年3月4日，黄帝陵被国务院公布为第一批全国重点文物保护单位，编号1-0162-2-001。1976年，陕西省革命委员会文化局拨款，修缮黄帝陵区祭亭、黄帝庙大殿和围墙。1977年，陕西省文物管理委员会将轩

辕庙并入黄帝陵保护范围。1984年，将县城内文庙大殿及戟门迁到黄帝庙西边保生宫院遗址内。1981年、1984年、1988年，又对黄帝陵、庙等进行三次全面调查登记。1986年，修建陵区棂星门、围墙、汉武仙台。1991年以来，陕西省成立了整修黄帝陵工作领导小组。黄帝陵祭祀典礼也被列入国家非物质文化遗产名录。1992年，陕西省人民政府批转省文物事业管理局《关于划定省级以上重点文物保护单位保护范围的报告的通知》，公布黄帝陵保护范围。2005年，完成黄帝陵记录档案，并上报省、市文物局、国家文物局。2010年，陕西省人民政府常务会议审议并通过《陕西省黄帝陵保护管理办法》，为陕西省首部关于黄帝陵保护的地方性法规。

**炎帝陵**　为中华民族始祖纪念建筑之一，位于湖南省炎陵县鹿原镇鹿原陂。

炎帝神农氏是新石器时期部落联盟首领（共主），神农为其世号，炎帝为其身号。史传，炎帝神农发明耒耜，教民耕播，先民始有粒（谷物）食；遍尝百草，宣医疗疾，发明医药，救天伤人命；致天下之民，聚天下之货，日中为市，首创交易；始造明堂，作教化民，礼义以兴；经土分域，以火纪官，以穗书记事，建都创制。同时吸取前人经验，分时立节，耕而作陶，治麻为布，削桐为琴，开中国农耕文化之先河。据史料记载，炎帝神农氏在位120年，炎族后裔遍布四方。数百年后，炎帝部族与黄帝部族联盟，形成以炎、黄二族为主体，融合众多部族而为华夏族。作为华夏族的肇基者，炎帝、黄帝同尊为中华民族人文始祖。

据史载，炎帝陵汉代有陵，唐代建寺，宋初立庙开始御祭。炎帝陵殿宇始建于宋乾德五年（967年），以后历代祭祀不辍，明清两

神农大殿

炎帝陵午门

代御祭58次。所存9块历代祭文石碑。宋至民国年间，前后共修葺过19次。1955年因香客失火，主殿及行礼亭被焚；"文化大革命"中再遭摧毁。1986年，湖南省人民政府拨专款重建，1988年竣工。

新修复的炎帝陵殿，按清代皇宫式样设计，采用接三重檐歇山顶，规模有所扩大。陵园占地面积7600平方米，建筑面积908平方米。陵寝封土高6米，周长95米；门宽6.88米，高2.2米。遗存建筑为清代皇家陵寝建筑形制，共五进：一进为午门，左右分列戟门和掖门；二进为行礼亭和东西碑房，西碑房内立历代御祭文碑；三进为主殿，殿中立炎帝神农氏祀像；四进为陵碑亭，亭中立胡耀邦"炎帝神农氏之墓"题字；五进为炎帝陵寝，陵碑系清道光四年（1824年）炎陵县知县沈道宽手书。

炎帝陵自建殿后，历代都注重对其保护，宋代置守陵五户，后各代沿袭宋制，只守陵户数有所变化。民国年间，炎帝陵由殿旁的奉圣寺的和尚保护和管理。

1959年，湖南省人民委员会公布炎帝陵为第一批省级文物保护单位。炎帝陵重修后，酃县（1994年改为炎陵县）人民政府于1989年特设立酃县炎帝陵管理局。1986年，炎帝陵对外开放。1996年11月20日，炎帝陵被国务院公布为第四批全国重点文物保护单位，编号4-0078-2-022。炎帝陵建立"四有"档案，并

炎帝陵石碑

设有档案室。2014年,国家文物局批复《炎帝陵文物保护规划》,并经湖南省人民政府公布,确定保护范围与建设控制地带。2015年,《炎帝陵安防工程》《炎帝陵消防工程》《炎帝陵修缮工程》获国家文物局批复。

**大禹陵** 是传说中的中国历史上第一个王朝夏的创立者、古代最负盛名的治水英雄大禹的墓地,位于浙江省绍兴市区东南6千米的会稽山北麓,即越城区稽山街道禹陵村。

相传上古时代,神州大地洪水泛滥,民不聊生。大禹奉虞舜之命治理水患,身执耒锸,栉风沐雨,"劳身焦思,居外十三年,过家门不敢入",历尽千辛万苦,采用疏川导滞的方法,终于平定水患。继而,大禹大会诸侯,"到大越,上茅山,大会计,爵有德,封有功,更名茅山曰会稽",死后葬于绍兴会稽山。绍兴大禹陵历史悠久,据《史记·太史公自序》记载,西汉史学家司马迁曾登临会稽山,探寻"禹穴"。大禹陵相传始建于夏启之时,《越绝书》曰:"少康立祠于禹陵。"又曰:"故禹宗庙在小城南门外大城内。"北宋

大禹陵碑

政和四年(1114年),敕改禹庙为告成观。元明清时期又经多次重修。民国21年(1932年),浙江省省长张载阳集役修庙,重建大殿(为钢筋混凝土仿清木构建筑形式),以箔捐充资,用银近十万元,第二年落成。大禹陵址系明嘉靖年间闽人郑善夫所考定。陵碑"大禹陵"三字系时任知府南大吉所书,历年来多有修缮。1956年、1962年,进行两次维修。1976年春至1979年止,绍兴县文物管理委员会委托绍兴县城关镇修建队对禹陵进行了中华人民共和国成立后的第三次大修,投放资金、人力、物力均超过以往两次。

大禹陵区由禹陵、禹庙、禹祠三部分组成,占地面积约10万平方米。建筑面积3000余平方米。临山傍水,周以丹墙,高低错落,各抱形势,是一处规模宏大的宫殿式建筑群。禹陵面临禹池,前有小山分列左右,会稽山主峰环抱其后。入口有石构牌坊,过百米甬道,有大禹陵碑亭。碑亭方形,单檐歇山顶,翼角昂然。碑高4.1米,碑文系明嘉靖年间绍兴知府南大吉所书,笔势雄健,敦厚隽永。碑北侧有六角重檐石亭,名咸若古亭,也名鼓乐亭,传为祭祀大禹的奏乐之所。

禹庙在禹陵东北,坐北朝南,始建于南朝梁大同十一年(545年),历代均有修建。周匝宫墙,前设东西辕门,建筑依山而筑,沿中轴线自南而北依次为照壁、岣嵝碑亭、棂星门、午门、祭厅、大殿。岣嵝碑亭内置岣嵝碑一通,高3.85米,碑文系明嘉靖二十年(1541年)十二月知府张明道据湖南岳麓书院本翻刻,字形奇古,非篆非蝌蚪文,碑文共77字,相传为颂扬大禹治水之功的碑刻。岣嵝碑亭与

大禹陵大殿

午门间铺设甬道三条，左右有东西辕门，甬道中残存南向棂星门的石柱石质。午门后亦有甬道三条，直通拜厅和左右配殿。拜厅正对大殿，大殿之前有月台，殿左右各建碑亭一座，左前处筑有乾隆御碑亭。大殿前两侧有左右配殿，相向而立。在禹庙东围墙外不远的土坡石崖上，有"菲饮泉"摩崖题刻。

祭厅也称拜厅，是历代帝王君臣祭禹之所，系单檐歇山顶，九檩八架椽厅堂建筑。面阔、进深均作三间，通面阔12米，东配殿立明清告祭禹碑32通。

禹庙大殿重檐歇山顶，巍然耸立，殿脊龙吻鸱尾直刺云天，为民国22年（1933年）重建。大殿内供奉华衮冕旒的大禹立像。檐下"地平天成"匾四字为清康熙御笔。大殿左侧的御碑亭，碑文系清乾隆帝巡幸会稽祭禹时所作。

禹祠位于禹陵南侧，1986年重建。系仿清砖木结构建筑，坐东朝南，为二进三弄间平屋，面阔、进深皆五间，通面阔23.96米，进深21.55米，平面略呈正方形，粉墙青瓦，简朴无华，前进左右两侧有"大禹治水""计功封赏"砖雕。祠前一泓清池，悠然如镜，曰放生池。

大禹陵保存有大量历代摩崖碑刻，比较著名的有禹穴碑和禹穴辨碑。1986年新建的碑廊，长约50米，砖木结构，青瓦屋面，前檐开敞式，后檐砌墙，用于嵌碑。碑廊内存有会稽刻石、往生碑、水利碑等，其中秦会稽刻石（又称李斯碑）最为著名，为秦始皇东巡"上会稽，祭大禹"时，命宰相李斯撰写歌功颂德文章，并勾勒上石，字体小篆，是秦始皇统一六国后颁行的文字。由于年代久远，原碑早

禹祠

已湮废，所存碑系清乾隆年间绍兴知府李亨特根据早期拓本翻刻而成。

1956年，台风使大禹陵碑亭损毁严重，1961年10月有关部门重立此碑。1957年，大禹陵被公布为绍兴县文物保护单位。1961年，浙江省人民委员会公布大禹陵为全省第一批省级文物保护单位。1979年，进行较为全面的大修。1983年，绍兴市文物管理委员会重修大禹陵碑和亭。1988年5月26日，浙江省人民政府印发《关于划定绍兴鲁迅故居等二十五处文物保护单位保护范围和建设控制地带的批复》，确定大禹陵保护范围与建设控制地带。1996年11月20日，大禹陵被国务院公布为第四批全国重点文物保护单位，编号4-0077-2-0021。2003年，大禹陵景区划入绍兴市会稽山大景区管理，文物管理职能仍属绍兴市文物局。2004年，绍兴市文物考古研究所建立，并保存大禹陵的"四有"档案。

# 第二节　族群墓

**僰人悬棺葬（墓）** 是历史上所称"僰人"的特殊安葬遗存，当地人称"挂岩子""僰酋墓""僰儿子坟"，位于四川省珙县。僰人悬棺葬（墓）分两处集中地：曹营苏麻湾悬棺和洛表麻塘坝僰人悬棺。苏麻湾悬棺位于宜宾市珙县曹营乡海棠村二社苏麻湾，邓家河畔；洛表麻塘坝僰人悬棺位于宜宾市珙县洛表镇麻塘村、红卫村。已发现悬棺遗址点41处，计有悬棺280多具。

僰人是一个有着距今2600多年历史，并存世2200多年的古老民族。据历史记载，僰人早在周秦或更古的朝代就劳动生息在四川南部、云南东北部地区，其首领助周武王伐纣有功，被封为僰侯，在川南及川滇、川黔交界地区建立起僰侯国。秦灭巴蜀，僰侯国溃亡。但僰人仍是川南深山密林中生活的主要少数民族。汉时曾设僰道（相当于县，少数民族居住区），名称一直沿袭至宋代。直到明代，珙县洛表、青山和兴文五斗坝、大坝等僰人聚居的地区，一般都只设"土官"治理。宋、元时期，僰人

老鹰岩悬棺

珍珠伞悬棺

僰人悬棺壁画临摹图

为主体的川南少数民族在封建王朝内享有很大的自治权，为开垦川南做出重要贡献。明初到万历年间二百多年中，社会与民族矛盾激化，反抗更是持续不息，此伏彼起。为此，明王朝对僰人进行十多次较大规模的军事镇压。到明代中期，都掌人（僰人）势力更加强大，其首领自立为王，雄视川南，严重威胁到明朝在川南及川滇、川黔边境地区的统治。明万历元年（1573年），四川巡抚曾省吾和总兵刘显调集十余万大军围剿僰人，于九月九日攻陷僰人的王城——九丝山，对僰人进行残酷镇压，使川南一带僰人在历史上消失了。

麻塘坝位于珙县洛表镇西侧，距离县城巡场镇72千米，坝呈狭长形，南北长10千米，东西宽500～2000米，两侧排列着23座形状各异的石灰岩峰峦。228具僰人悬棺分布在溪流东西两侧23座山崖的峭壁上。东岩有棺材铺、

狮子岩、九盏灯、磨盘山、大洞口、龚家沟、邓家岩、牛栏洞、三仙洞、玛瑙包、癞子洞等11处悬棺集中点；西岩有卧狮岩（红岩）、龙洞沟、喳口岩、天星洞、漏风岩、倒洞、马槽洞、白马洞、珍珠伞、地公庙、九颗印、狮子岩、老鹰岩等12处悬棺集中点。

1974年、1984年，先后两次进行考古调查，出土有铜手镯、漆器、木器、牛号角、铁器、棺木、棺桩及各种材质的武器等200余件珍贵文物。

苏麻湾位于珙县曹营乡境内，距麻塘坝8千米。一座长约600米、高约120米的山崖峭壁耸立在落雁河畔，42具僰人悬棺葬（墓）分布在山崖峭壁上，与僰人石寨古堡群隔河相望。置棺高20～120米，棺头多顺山势北向。

珙县的僰人悬棺葬（墓），其形式概括为三种：一为木桩式，即在选好的山崖峭壁上凿

孔安桩，置棺其上，当地人所指的挂岩子、僰人悬棺葬（墓）就是此种葬式的悬棺；二是天然洞穴式，即利用天然的洞穴、崖腔、岩缝、岩墩置棺其间；三是人工凿穴式，即在选好的山崖峭壁上，用人工凿成长约2米、宽约40厘米、高约45厘米的横龛或竖龛，置棺其中。棺木是用整段楠木剡凿而成，分为棺身和棺盖两大部分，不施漆，不遮盖，木质坚硬，叩击能发出金属声。随棺而作的数百幅岩画，色彩鲜艳，内容丰富，再现僰人时代的自然环境、社会生产、民风民俗、宗教信仰。

僰人悬棺葬（墓）是研究川南一带少数民族历史、习俗、宗教、生产发展、军事、政治等难得的实物材料，具有重要的历史价值和观赏价值。

1956年，僰人悬棺葬（墓）被列为省级文物保护单位。1988年1月13日，僰人悬棺葬（墓）被国务院公布为第三批全国重点文物保护单位，编号3-0249-2-0020。文化部、国家文物局于1984年、1992年、1994年、1998年、2006年先后拨款维修。1988年，成立珙县文物管理所，负责僰人悬棺葬（墓）的管理与维护工作。1995年，四川省人民政府公布保护范围和四至说明。2006年，已建立"四有"档案，保存于珙县教育和文化广电局。

**小河墓地** 为公元前2000～前1500年的古墓群，位于新疆维吾尔自治区巴音郭楞蒙古自治州若羌县北部铁干里克镇英苏村东约62千米处，孔雀河下游南流的一条支流小河东侧约4千米的荒漠中。墓地外观为一个巨大的椭圆形沙山，大致呈东北—西南走向，高约7米，长74米，宽35米，总面积约2500平方米。

20世纪初由生活在这片区域的罗布猎人首次发现。民国23年（1934年），瑞典考古学家贝格曼在奥尔德克的引导下，到达小河墓地进行考古调查，发掘墓葬12座。2001年，巴州文物保护管理所对墓地进行位置测定和调查工作。根据统计，墓地原有墓葬约300座。

小河墓地

M13 号墓的木棺及葬制

小河墓地南区第三层墓葬

2002～2005年，新疆文物考古研究所对小河墓地进行发掘，共发掘墓葬167座，出土珍贵文物千余件。

墓葬实行单人葬，使用木质棺具，分层埋葬。墓地的中部偏东和西端分别各有一道平行的木栅墙，将墓地分为南、北两区。南区墓葬保存相对较好，数量较多，且密集。大多数墓葬结构一致，即沙坑中置木棺，棺前栽柱状或桨形立木，棺后竖红柳棍或细胡杨木棍。多数墓葬在墓室的最前端再立一根高3～5米不等的粗木柱，木柱露出地表的部分涂红，木柱顶端部悬挂牛头，根部多置芦苇、骆驼刺、麻黄或甘草等耐旱植物和羊腿骨，旁侧放草篓。死者均头向东，仰身直肢，头戴毡帽，帽多缀红毛绳，伶鼬皮，插羽饰，足蹬短腰皮鞋，身裹毛织斗篷，斗篷边缘捆扎包有麻黄枝、麦或粟粒的小包。随葬品除随身衣物、项饰、腕饰外，每墓必在斗篷外右侧置一草编篓，身上或身下多放置麻黄枝、动物耳尖、动物筋绳、麦粒或黍粒，以及红柳棍、禽类羽毛、弓箭、木梳、皮囊、木祖等。葬俗与随葬品种类也因墓主性

别不同，表现出明显区别：男性木棺前立木为"桨"形，女性木棺前立木呈柱状。

小河墓地是新疆地区年代较早、规模宏大、形制特殊、内涵丰富的重要遗存，具有独特的考古文化特征，对构建新疆区域性考古文化体系有着重要价值。墓地发现的史前宗教遗存极为丰富，从墓葬的地表标志到墓葬的葬俗葬制均表现出强烈的巫术和生殖崇拜的文化内容，为国内外考古所罕见，是研究原始宗教信仰极为珍贵的第一手资料。墓地出土的大量铜片和少量的铜器，为中国境内青铜文化的起源、发展的研究提供重要线索。墓葬资料中蕴含着远古罗布泊居民物质、精神文化方面的众多信息，为新疆古代的历史文化、东西方经济文化的交流等诸多学科领域的探索和研究提供珍贵的实物资料。

1995年，若羌县文物保护管理所成立，专职负责小河墓地的日常保护和管理。2005年4～5月，在小河墓地修建铁丝网保护围栏2800米。2008年，若羌县文物保护管理所、国土资源局划定小河墓地的保护范围与建设控制地

带，办理国有土地使用证，若羌县人民政府进行公布。2009年，小河墓地被若羌县人民政府公布为县级文物保护单位。2013年5月3日，小河墓地被国务院公布为第七批全国重点文物保护单位，编号7-0693-2-177。2014年，建立"四有"档案，存放在巴州文物局。

孔林 本称至圣林，是孔子及其后代的墓地，位于山东省曲阜市明故城北约1.5千米，北临泗河，有神道与明故城北门相接。

孔子（前551～前479年），字仲尼，出生于鲁国陬邑（山东曲阜），东周春秋时期思想家、教育家，儒家学派创始人。孔子去世后，葬于泗上，弟子们筑坟植树，为孔林之始。孔子以后，其子孙围绕孔子墓接冢而葬，经过2000多年70多代的不断延续拓展，逐渐形成面积广大的孔氏宗族专用墓地。

孔林占地面积200万平方米，林周筑有围墙，前有至圣林坊及二道林门。门内有一南北林道，长1266米，宽44米。林道西侧，偏南处即孔子墓葬区。过洙水桥及坊，有思堂、享殿，之后即为孔子墓。孔子墓东有其子孔鲤墓，南有其孙孔伋墓，形成"携子抱孙"之势。孔子墓葬区周围多为战国时代墓葬，再北多为汉代墓葬。明代五十四至六十五代衍圣公墓群在孔子墓西北1千米处。其他均散布林内，穿插而葬。孔林有孔子及其历代子孙的墓葬10万多座，汉、宋、明、清、民国墓碑4000余通，石人、石马、石兽、望柱等石仪85对，门、坊、享殿、碑亭等20余座，历代栽植的树木4.2万余株。

孔子墓，位于孔林中前部，坟以特殊形式筑成，称为马鬣封，径约30米，高5米。墓前石碑2通：后碑为蒙古乃马真后三年（1244年）刻立，篆书"宣圣墓"；前碑为明正统八年（1443年）刻立，篆书"大成至圣文宣王墓"。碑前有明制石供案、石制香炉、石砌拜

孔林万古长春坊

孔子墓

台及砖砌花棂围墙等，甬道两侧有宋刻文豹、角端、望柱，及清刻翁仲等石仪。

孔鲤墓，在孔子墓东南5米，封土南北长23米，东西宽18米，高约3米。墓前立石碑2通，前碑正书"泗水侯墓"，有石供案、石香炉和砖砌拜台，为孔子五十九代孙袭封衍圣公孔彦缙立；后碑篆书"二世祖墓"，为孔子五十一代孙袭封衍圣公孔元措立。

孔伋墓，在孔子墓南约20米，封土南北长21米，东西宽18米，高4米。墓前立石碑2通，前碑正书"沂国述圣公墓"，为孔子五十九代孙袭封衍圣公孔彦缙立；后碑篆书"三世祖墓"，为孔子五十一代孙袭封衍圣公孔元措立。

孔彪墓，在孔子墓西北约500米，封土南北长约24米，东西宽18米，高8米，现立清乾隆年间刻制的石碑，隶书"汉博陵太守孔君之墓"。原立汉碑及石兽、石阙，均移于孔庙内保存。1998年，碑刻、石兽移存汉魏碑刻陈列馆，石阙展陈于孔庙神庖。

孔仁玉墓，在孔子墓东北约百米处，墓前

石碑篆书"宋兵部尚书袭封文宣公之墓"，为明正统八年（1443年）刻立，碑前设石供案。

孔宗愿墓，位于孔子墓西南约50米处，墓前有清乾隆三十四年（1769年）刻立的石碑，圆顶，楷书"宋故四十六代衍圣公尚书比部员外郎通判淮州事子庄先生墓"，其后还有一宋代刻制的小碑，篆书"比部员外郎袭封衍圣公之墓"。

孔尚任墓，在孔林的东北部，中型坟冢。

乾隆碑亭

墓前石碑圆顶螭首，碑文为"奉直大夫户部广东清吏司员外郎东塘先生之墓"，阴刻楷书，为清雍正十三年（1735年）刻立。碑前有一石供案。

孔毓珣墓，在孔林中部偏北，中型坟冢。墓前石碑正楷书"诰授光禄大夫兵部尚书兼都察院右副都御史，总督江南河道提都军务加八级谥温僖孔公，封一品夫人孔母徐氏之墓"，清雍正九年（1731年）刻立。碑前设有石案、石鼎，神道两旁有石人、石兽、望柱、石坊、御碑等。

于氏坊与衍圣公孔宪培墓，位于孔林东北部，为孔宪培之墓及其夫人于氏之坊，墓碑篆书"光禄大夫七十二世袭封衍圣公笃斋先生之墓"。碑文由光禄大夫、军机大臣董诰题。清嘉庆十九年（1814年）三月，两代袭封衍圣公孔庆镕、孙繁灝立石。前有雕刻石供案、石鼎、石仪，原有享殿3间，已毁。甬道南端建有木制牌坊"鸾音褒德"坊，俗称于氏坊。

孔令贻墓，位于孔林东北角，墓前石碑篆书"孔子七十六代孙袭封衍圣公燕庭先生之墓"。碑文由北洋政府国务总理、外交总长、税务督办孙宝琦题写。孙宝琦乃孔令贻原配夫人孙氏之弟。碑下款为"中华民国十年一月，袭封衍圣公德成立"。墓前石仪为近年所立。

孔林是中国保存年代最长、面积最大、历史延续性最完整的宗族墓地，是儒家思想在中国漫长的封建社会中居统治地位的必然产物。孔林的发展脉络反映出孔氏家族的发展历程，浓缩中国古代的风俗人情、丧葬制度、生活理念等文化信息。

1948年，曲阜县成立孔府古物保管科，负责孔府文物保护管理。1961年3月4日，孔林被国务院公布为第一批全国重点文物保护单位，编号1-0163-2-002。1979年，孔林景区对外开放。1994年，孔林被联合国教科文组织列入世界文化遗产名录。1986年6月，曲阜县改为曲阜市（县级市），曲阜市文物管理委员会下设（孔庙孔府）孔林管理处，负责日常开放管理工作。文物局批准，2006年开展孔林圣林坊保护维修工程。2007年，启动实施"三孔"及外围景区安全防范系统工程。建立"四有"档案，保存于曲阜市文物局。2012年，编制完成《曲阜孔庙孔林孔府保护规划》。2012年，开展孔林环林石板路维修工程和国家遗产地孔林保护项目管理基础设施及环境整治工程。2013年，山东省文物局印发《关于公布第四批省级文物保护单位保护范围和建设控制地带并调整公布其他省级以上文物保护单位保护范围和建设控制地带的通知》，确定孔林的保护范围和建设控制地带范围。

**李家山古墓群**　为西南地区滇文化族群的墓葬群，位于云南省玉溪市江川区江城镇温泉村委会早街村后山。李家山西面背靠多依山，与多依山之间为山间流水冲出的溪谷，东南面向星云湖，山势东面陡峭且林木茂密，西面及南面为缓坡，北面修建有一条从山脚通往山顶的游路，山顶地势较平。

1972年，云南省博物馆文物工作队进行第一次考古发掘，清理墓葬27座，出土青铜器1300余件及大批铁器、玉器等随葬器物，牛虎铜案就在此次发掘中出土。1991年，地质部门在山上开挖数十条探槽了解李家山地下矿产资源，其中一条探槽在山顶部无意间破坏古墓1

李家山古墓群远景

座，玉溪地区文物管理所和江川县文物管理所赴现场处理，收回部分随葬铜器。1991～1992年，云南省文物考古研究所同玉溪市文物管理所等部门组成考古发掘队，对李家山古墓群进行第二次发掘，共清理墓葬58座。1994年，清理墓葬1座。1997年，1座墓葬遭到破坏，对墓进行清理，收回部分散失器物。

李家山古墓群占地面积4万多平方米，墓葬主要分布在山顶部及西南面坡，时代从春秋战国延续至东汉。李家山古墓群先后共发掘墓葬87座，为竖穴土坑墓，出土器物3000多件／套，有青铜器、铁器和铜铁合制器、金银器、玉器、石器、玛瑙、绿松石、琉璃器、海贝及少量竹木漆器和陶器、水晶珠、蚀花石髓珠、琥珀珠等，代表性器物有牛虎铜案、贮贝器、扣饰等。

李家山古墓群的墓葬形制、葬式和随葬器物的器类、形式等与晋宁石寨山古墓群相同，同属于滇文化类型，是滇文化的典型代表。李家山墓群出土器物，对研究滇的社会形态及变化、滇文化的演变及衰亡具有重要的意义，同时对研究滇与汉王朝的社会关系提供重要的实物资料。

1988年，江川县（2015年后为玉溪市江川区）文物管理所成立，负责辖区内文物保护管理工作。1989年，李家山古墓群被江川县人民政府公布为第一批县级文物保护单位。1993年，李家山古墓群被云南省人民政府公布为第四批省级文物保护单位。2000年，江川县人民政府公布李家山古墓群保护范围和建设控制地带。2001年6月25日，李家山古墓群被国务院公布为第五批全国重点文物保护单位，编号5-0180-2-0036。"四有"档案已建立，存于江川县文物管理所。2005年，编制《江川李家山

李家山出土祭祀贮贝器

李家山出土四舞俑铜鼓

李家山出土牛虎铜案

李家山出土二牛交合铜扣饰

古墓群保护与利用规划》，2007年经国家文物局审核通过。2009年，李家山进行全方位的考古勘探。同年，江川县文化局组织编制《江川李家山文物保护及展示利用工程设计方案》。

**石寨山古墓群** 为西南地区滇文化族群的高等级墓地，位于云南省晋宁县晋城镇西5千米，隶属于晋宁县上蒜镇石寨村。

石寨山又名鲸鱼山。从滇池岸边向东看，此山北高南低，像一条巨大的鲸鱼横卧于田间，此山地形中段较宽，南、北两端较窄，南北长500米，东西最宽约200米，高处至地平面为33米，西边岩壁陡峭，东面地势平缓，呈斜坡状。

1955年3月至1960年4月，云南省博物馆先后在石寨山腹地进行四次发掘，清理战国晚期至东汉早期的古墓葬50座，出土随葬器物4000

石寨山古墓群远景

6号墓出土的"滇王之印"

石寨山出土鎏金骑士贮贝器

余件，有青铜器、金器、银器、铁器、玉器、玛瑙、绿松石、海贝等，以青铜器为最多，种类有兵器、生产工具、乐器、装饰品等，出土的铜鼓形贮贝器和一些器物上铸有杀人祭祀、战争、献俘、纺织、纳贡、狩猎、放牧、斗

牛、演奏乐器、舞蹈等场面，各种人物形象逼真，题材内容广泛，反映了处于奴隶社会的古滇国的主体民族——靡莫之属的滇人在物质和精神生活方面的种种现象。1956年11月至1957年1月，第二次发掘出土的"滇王之印"印证

《史记》所载元封二年（前109年）汉武帝授滇王之印的史实。1996年5～6月，云南省考古研究所带队进行第五次发掘，面积为300余平方米，发掘清理墓葬36座，出土器物500余件／套，此次发掘成果弥补石寨山墓地早期遗存的资料空缺，为石寨山墓地早期遗存的研究提供十分重要的资料。尤其是墓葬中的一些特殊葬式，如断肢葬、叠肢葬和断头葬等，为石寨山墓地性质的研究提供难得的新材料。

1956年，石寨山古墓群被云南省人民委员会公布为第一批省级文物保护单位。后石寨山古墓群由晋宁县文物管理所负责。1983年，石寨山古墓群被云南省人民政府重新公布为第一批云南省重点文物保护单位。1992年12月2日，晋宁县人民政府印发《关于晋宁县境内各级重点文物保护单位保护范围和建设控制地带划定及有关规定的通知》，确定石寨山古墓群的保护范围和建设控制地带。1992年，晋宁县文物管理所建立"四有"档案。2001年6月25日，石寨山古墓群被国务院公布为第五批全国重点文物保护单位，编号5-0179-2-0035。2007年，编制完成《石寨山古墓群保护规划》。

果园—新城墓群　是丝绸之路上面积较大、延续时间较长的古墓葬群，以其规模之大、时间之久而被誉为"世界最大的地下画廊"和"古丝绸之路上的百科全书"。果园—新城墓群位于甘肃省酒泉市肃州区西20千米处的果园乡和嘉峪关市区新城镇连接地段的砾石滩以及农田中。

果园—新城墓群根据其行政区划及地理位置，分为东区果园墓群和西区新城墓群。其中，果园墓群南北长7千米，东西宽4千米，面积约28平方千米；新城墓群南北长20千米，东西宽3千米，面积约60平方千米。根据现场封土分布情况，整个墓群存有墓葬3100余座。

1972年开始，嘉峪关市文物清理小组、甘肃省博物馆工作队等对墓群陆续进行清理发掘，通过对墓室结构及出土物的分析，墓群年代应为魏晋至唐。

果园—新城墓群地面可见明显封土的墓葬共有1446座，包括丁家闸南北石滩墓群、陶家地湾墓群、佘家坝墓群、果园西沟墓群等中小墓群。1977～2001年，甘肃省博物馆、甘肃省文物考古研究所在果园墓群共发掘墓葬32座，其中魏晋时期墓葬29座，唐代墓葬3座。29座魏晋墓葬中，砖室墓17座，土洞墓12座。3座唐代墓葬均为模印壁画砖墓。1977年，在丁家闸发掘墓葬5座，其中一号墓藻井为彩绘复瓣莲花，出土砖雕"镇军梁府军之墓表"，陪葬有许多小型彩绘木质武士俑。二、三号墓有砖筑的高大照墙。五号墓为典型的十六国时期大型壁画墓。墓葬地表有较大的覆斗顶形封土，墓道向东，长36米。墓室分前、后两室，用青砖砌成，距离地表12米。前室面积11平方米，四壁及顶部绘有彩色壁画，内容为中国传统的表现现实生活场景的画面及东王公、西王母等神仙神瑞题材。1988年，在果园西沟发掘唐墓1座，为盛唐时期砖砌双室墓葬。墓室中共镶嵌模印乐伎砖、骑士砖、柱础砖、守门力士砖100余块。后室后壁下砌有棺床，床面和地面通铺莲花模印方砖。1992年，在西沟发掘2座唐墓，为砖砌单室模印彩绘砖墓，结构相似。1993年，在西沟发掘魏晋壁画砖墓3座，墓门

丁家闸五号墓壁画燕子居行乐图

新城墓群出土画像砖牵驼图

上方有高大的门楼式照墙，镶嵌有砖雕门阙、斗拱、壁画砖等，装饰多达十几层。1999年，在丁家闸发掘清理13座墓葬，出土有残损墓表3块，有"陇西狄道李超夫人尹氏墓表"等。2001年，酒泉市博物馆在小土山清理发掘大型砖室墓一座，地表有圆锥形大砾石封土，墓室距地面深20米。墓结构复杂，由照墙、甬道、前室、中室、后室、两侧耳室等组成。

新城墓群先后发现1700多座墓葬，分布于戈壁滩中，地面多存有砂砾堆积的封土。1972～2002年，嘉峪关市文物清理小组和甘肃省文物考古研究所、甘肃省博物馆合作，先后发掘18座，其中9座为砖砌壁画墓，9座为素砖墓，墓葬年代多为魏晋时期。发掘的嘉峪关魏晋壁画墓多为家族墓葬，建筑形制独特，墓室有二室或三室，有部分小型的单室墓葬。墓葬

新城墓群出土镇墓兽铜獬豸

由墓道、墓门、门楼、墓室、甬道、耳室、壁龛组成。墓砖分为印纹方形砖、长方形砖、雕刻模印砖、画像砖等。墓顶多为覆斗式和栱券式，整个墓葬建筑没有任何黏合材料，全部用干砖叠砌而成。墓葬出土陪葬器物主要有铜器、铁器、木器、漆器、玉器、陶器、丝绸、棺板画等，精品较多，如4号墓出土的铜尺、2号墓出土的骨尺等，十分珍贵，是研究当时度量制度的重要实物资料。出土的彩绘画像砖多为一砖一画。也有几砖组成一幅画面的小型壁画，题材均源于当时的现实生活，包括舞蹈、狩猎、宴乐、出行、农事等，真实描绘了魏晋时期河西走廊的政治、经济、文化、军事等方面的内容，是研究魏晋时期河西地区政治、经济、文化、民族、民俗的实物资料。

果园—新城墓群是丝绸之路上面积较大、延续时间较长的古墓葬。考古调查和发掘证明这里有魏晋、十六国、唐代墓葬，前后相延，不曾中断。果园—新城墓群是东西方文化融合、交流与碰撞的集中遗存，有大型的壁画墓、壁画砖墓、砖雕墓等。墓葬形制特殊，建筑结构复杂；墓室彩绘壁画技法精湛，内容丰富，真实描绘了中国魏晋至隋唐时期河西走廊的社会生活和民俗风情，对研究河西地区的社会、政治、经济、文

化、民族交往、农业生产、军事、环境等提供了实物资料，具有较高的历史研究价值和艺术价值。同时，墓群真实地记录丝绸之路繁荣带来的魏晋时期河西地区本土文明与域外文明流变的轨迹，在东西文化交流史上具有深远的影响。果园—新城墓群出土的魏晋壁画砖在丝绸之路独具地域特征，具有很高的艺术价值。壁画墓数量多，规模大。棺板画和画像砖的绘画以中国传统的写实手法为主，笔法简练，画技高超，成为敦煌壁画的直接源头，填补魏晋时期中国绘画艺术的空白。

1978年，嘉峪关市革命委员会发布《关于对万里长城——嘉峪关和其他文物古迹加强保护的通告》。1981年，果园—新城墓群由酒泉县人民政府重新公布为县级文物保护单位；是年9月，果园墓群被甘肃省人民政府公布为省级

文物保护单位。2001年6月25日，果园—新城墓群被国务院公布为第五批全国重点文物保护单位，编号5-0185-2-041。2004年，由酒泉市和嘉峪关市文物行政部门组织编制果园—新城墓群记录档案，2014年对记录档案做补录，档案分别由魏晋墓区文物管理所和肃州区文物局保管。2005年，甘肃省人民政府印发《关于公布我省第五批全国重点文物保护单位及建设控制地带的通知》，确定保护范围。2008年，嘉峪关市人民政府印发《嘉峪关市新城魏晋墓群保护管理办法》。2009年，酒泉市人民政府制定印发果园—新城墓群等4个全国重点文物保护单位的保护管理办法。果园墓群由肃州区博物馆管理，期间又设立肃州区文物管理所、肃州区文物局、肃州区果园墓群文物管理所；新城墓群由新城魏晋墓区文物管理所专门管理。

西沟1号墓

西沟4号墓

西沟2号唐墓画像砖骑士

**朱然家族墓地** 是三国时期东吴名将朱然及其家族成员墓地，位于安徽省马鞍山市雨山南侧约1000米的一个小土岗上。墓地东连向山，西与采石小九华山和翠螺山相邻，南为开阔平地。

朱然（182～249年），字义封，汉丹阳故鄣（浙江安吉）人。原姓施，出身东汉豪族，13岁过继给舅父朱治为子，少时曾为孙权同窗好友。三国争雄，朱然北抗曹魏，西拒蜀汉，一生屡立战功，黄武二年（223年）封当阳侯，赤乌九年（246年）官至左大司马、右军师，卒于赤乌十二年（249年），享年68岁。死后葬于东吴丹阳郡的牛渚山。

1984年6月，当地纺织厂扩建工程中发现古墓，随即由安徽省文物考古研究所会同马鞍山市文物普查工作队对其进行抢救发掘，据出土的木牍和名刺上的墨书得知，墓主人为朱然，与《三国志》记载吻合。1996年9月，朱然文物陈列馆扩建中，于朱然墓西南方又发现并发掘4座同期砖室墓，其中一号墓保存完好，规模最大。经考证，确定为朱然家族墓葬，实施原地保护。

朱然家族墓地占地面积1.1万平方米，墓地坐北朝南。朱然墓为土坑砖室墓，墓向180°，由封土、墓道、墓坑和墓室组成。封土残高2米，夯筑。墓道位于墓坑正南，长9.10米，阶梯式，共26级，坡度19°，上口宽2.15米，下口宽1.80米，深3.30米。墓室位于墓坑中间，以青砖砌筑，由甬道、前室、过道、后室构成，外侧总长8.70米，宽3.54米，直壁均采用"三顺一丁"砌法，底铺两层"人"字形地砖。甬道为半圆拱券，长0.82米，宽1.26米，高1.54米。甬道口有砖砌封门墙，墓门顶部上砌挡土墙。前室平面近正方形，内长2.76米，宽2.78米，高2.94米，"四隅券进式"穹隆顶。室后部左、右两侧各用两

朱然墓墓室

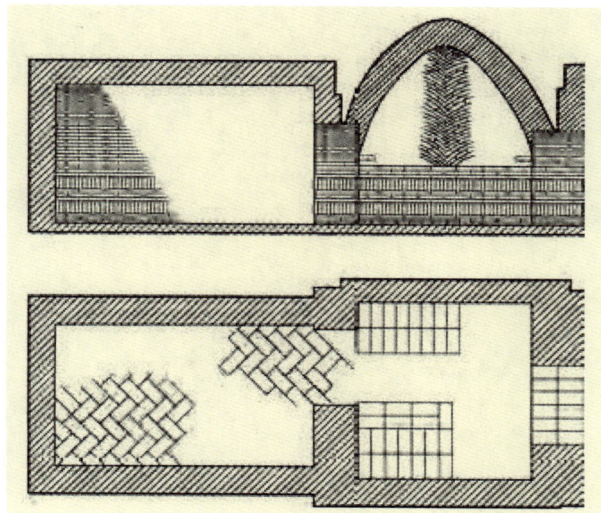

朱然墓平、剖面示意图

层砖砌出祭台，其中西侧祭台上置一黑漆木棺。过道形状、砌法同甬道，长0.64米，宽1.20米，高1.64米。后室平面长方形，内长4.08米，宽2.30米，高2.25米，双层拱券顶，顶上两侧有四个加固支撑的砖垛，后端有挡土墙。室内置一黑漆木棺，棺长2.93米，宽0.92米，高0.73米。券顶正中有一早期盗洞，内填塞的六朝板瓦和筒瓦残片，推测原封土之上可能有享堂之类的建筑物。墓砖为青灰色，有两种形制：一为40厘米×20厘米×5.5厘米长方形扁平砖，一侧模印阳篆文吉语"富且贵至万世"，间以钱纹，一端印阳篆文吉语"富贵万世"或"富且贵"，主要用于墓室；一为36厘米×18厘米×5厘米长方形扁平砖，有的有纹饰，主要用于挡土墙上部、墓顶和加固的砖垛。朱然墓出土文物140余件，其中，漆木器约80件，有案、盘、羽觞、盒、壶、樽、奁、匕、勺、凭几、虎子、屐、扇、砚、梳、刺、谒；瓷器共有33件，均为青瓷，有卣、碗、盘、盏、盆、罐、熏、灯、勺等。墓中还出土6000多枚汉代与三国时期的铜钱。

朱然家族墓一号墓，位于朱然墓西南方34米处，为土坑砖室墓，墓向187°，由封土、墓坑、土质斜坡墓道、墓室组成。封土残高1.5米，斜坡墓道断面呈倒梯形，宽1.61～2.26米，残长5.80米，坡度26.8°。墓室由封门墙、挡土墙、石门、甬道、前室、过道和后室组成，墓室外侧总长10.59米。墓壁采用三顺一丁砌法，墓底铺地砖，除甬道前侧与石门槛交接处为一排青砖横砌外，其余皆铺"人"字形。封门墙由20层青砖纵向侧立犬齿交错垒成，厚0.34米，宽2.50米，残高1.80米，正中发现一块朱雀画像砖。挡土墙青砖平铺，长2.17米，厚0.34米，残高0.42米。石门位于封门墙内侧，宽1.10米，高1.25米。有石门楣、门柱、门槛、门扇，均为麻石，门扇内侧中间阴刻有门闩。甬道为券拱顶，长1.40米，内宽1.38米，内高1.47米。前室平面近方形，四隅券进式穹隆顶已残，边长3.2米，残高2.06米。室内左、右两侧有席纹铺砖祭台。过道为券拱顶，长1.16米，内宽1.12米，内高1.42米。后室平面呈长方形，券拱顶已残，内长4.22米，宽1.80～1.82米，残高1.92米。后部右侧券顶有一早期盗洞。室内中部有砖砌棺床，长2.35米，宽1.80米，高0.16米。墓砖有两种规格：一为33厘米×16厘米×4厘米长方形扁平砖，一为33厘米×16（14）厘米×4厘米楔形砖。砖上有古钱纹、对角线纹、同心圆纹、几何纹等，少量模印阳篆书"富宜贵至万世""富贵万世"铭文砖和模印龙纹砖。该棺具已朽烂不存，仅在室棺床上发现一枚铁棺钉。朱然家族墓出土器物28件，其中青瓷器20件，铁器6件，青铜器和金器各1件。青瓷器中

朱然墓出土季札挂剑图漆盘

朱然墓出土青瓷羊

有家禽畜圈和仓灶井磨等模型明器14件，其余为实用器。

朱然墓是发掘的三国吴墓中已知墓主身份最高、墓葬规模最大、时间最早、等级最高的一座大墓，也是六朝考古的重要发现。家族墓地"聚族而葬"习俗，对研究东吴的埋葬制度及历史文化甚有益处。墓室顶作四隅券进式穹隆顶，是发现的穹隆顶墓中采用此法的最早实例，为研究当时建筑技术提供实物资料。许多漆器上绘有人物故事和动植物图案，如宫闺宴乐图案、季札挂剑图盘、贵族生活图、童子对棍图盘等，构图自然，线条流畅，色彩艳丽，显示出高超的绘画技艺和精湛的漆器制作水平，是研究三国时期美术发展、漆画工艺传承的重要实物，填补三国时期美术史、漆器工艺史的空白。漆木器中的两件犀皮黄口羽觞，工艺精湛，将中国犀皮髹漆工艺已知最早年代提早600年。尤其是彩绘季札挂剑图漆盘、皮胎犀皮河豚鎏金铜扣耳杯、漆木屐、贵族生活图漆盘等4件漆木器，是罕见的文物精品。朱然墓及家族墓出土的青瓷卣形壶、青瓷羊等造型精美，釉色晶莹，极富艺术观赏性，展现

三国时期越窑青瓷烧制工艺的高超水平。漆木器中的两件犀皮黄口羽觞，工艺精湛，是罕见的文物精品，将中国犀皮髹漆工艺提早600年。墓中出土的木刺和谒是迄今所见最早的"名片"。出土的6000多枚汉代和三国时期的铜钱，品类繁多，为研究三国时期的币制和社会经济提供重要的实物资料。可以说，朱然墓及其家族墓以其典型的墓葬形制和精美的随葬品，为研究东吴政治、经济和社会生活提供了重要的实物依据。

1985年，朱然墓被马鞍山市人民政府公布为第一批市级重点文物保护单位，并决定修复朱然墓和建设朱然墓文物陈列馆。1986年，安徽省人民政府公布朱然墓为第二批省级文物保护单位。1987年5月，朱然墓文物陈列馆建成开放。经1996年、1999年两次扩建，正式命名为朱然家族墓地博物馆。2001年6月25日，朱然家族墓地被国务院公布为第五批全国重点文物保护单位，编号5-0166-2-0022。2002年，马鞍山市人民政府公布朱然家族墓地保护范围与建设控制地带。2004年经国家文物局批准，对朱然家族墓地启动防水抢险保护工程，包括

防渗排水和化学保护两部分组成。2014年，编制完成《朱然家族墓地保护规划》。朱然家族墓地由朱然家族墓地博物馆负责管理保护，建有"四有"档案，保管机构为马鞍山市三国朱然家族墓地博物馆和马鞍山市文物局。

封氏墓群　是北魏至隋代封氏族系墓群，位于河北省景县县城东偏南约7.5千米处。

景县封氏家族，是魏晋至隋唐时期近700年间中国北方的名门望族，其鼎盛时期在北魏至隋。据《魏书》《北齐书》《北史》《隋书》《新唐书》宰相系表和《景县志》记载，其家族中见于史传、有官位的有六七十人之多，仅在北魏时期有官位的就有30多人，而位在尚书、刺史以上的有十五六人。

封氏墓群，当地人叫封家坟，俗称十八乱冢，原有封土墓18个，遗存封土墓15个，多数高3～5米，最矮的1米左右，最高的6.5米。墓区南北264米，东西272米，总面积7万多平方米。1948年，附近村民挖开4个墓室和1个墓道，出土文物300多件，包括墓志5合，志盖1方。挖掘的

北朝封氏墓群出土网纹玻璃杯

墓葬均为砖室墓，墓室平面均呈方形，南北比东西稍长，圆券顶，墓门在墓室南壁的中部，用砖封门。由墓志可知，五座墓分别为封魔奴、封延之、封子绘、封延之妻崔氏、封子绘妻王氏之墓。封魔奴死于平城，封延之死于晋阳，封子绘死于邺都，都归葬原籍旧茔，从而可以了解当时大族崇尚族葬的情况。

景县封氏是南北朝时期北方名门望族之一，封氏墓中出土的文物是北魏、北齐时期的珍贵实物资料，对研究北朝大族墓、北朝北方

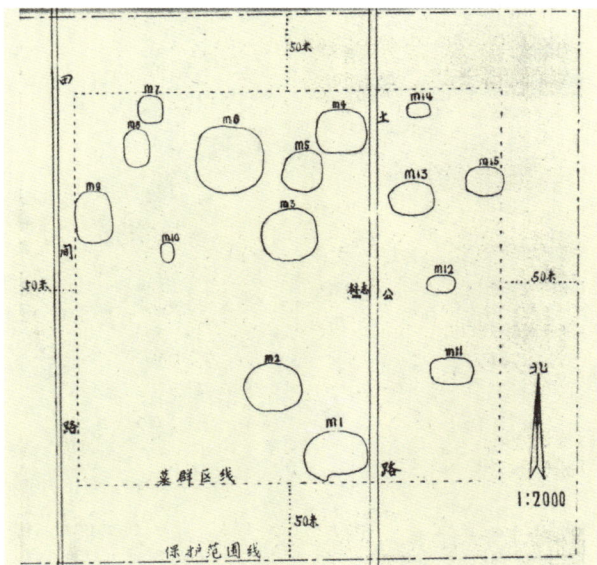

封氏墓群分布示意图

北朝封氏墓群出土笼冠女官陶俑

士族的兴衰和中国陶瓷史具有重要的参考价值，提供了重要的资料。

1955年12月12～19日，北京历史博物馆派张季到景县前后共收集到300多件文物。1961年3月4日，封氏墓群被国务院公布为第一批全国重点文物保护单位，编号1-0169-2-008。同年，划定保护范围与建设控制地带。1982年，河北省人民政府印发《关于重新公布河北省重点文物保护单位的通知》，公布封氏墓群为省级文物保护单位。1996年，衡水市文物管理处建立封氏墓群的"四有"档案，保存于河北省文物保护中心和衡水市文物管理处。1997年，设立景县文物管理所，负责保护与管理封氏墓群。

**北齐高氏墓群**　又名皇姑陵，是北魏至隋渤海高氏族墓，位于河北省景县城南约15千米的王瞳镇、杜桥乡一带。

北齐高氏墓群存有封土墓10座，分布范围较广，总面积约37万平方米，分为四个保护区：隋庄保护区，位于隋庄村东南约1千米处，包括3、4、6、7号墓；大高义保护区，位于大高义村西约500米处，包括8、10、11、12号墓；野林庄保护区，仅有2号墓，位于野林庄村北约700米处；李高义保护区，有14号墓一座，位于李高义村东北约400米处。

1973年4月，河北省博物馆和文物管理处获悉当地村民在耕地中发现隋高六奇墓后，立即派人调查，收集到文物多件（有墓志2方），证实墓葬系南北朝时期渤海高氏族墓，将有封土的墓葬做统一编号，加以保护，有计划地发掘三座墓。三座墓均为南向砖室墓，砌法基本相同，形状大小不一，葬式不同，有的较为罕见。

一为高雅夫妇子女合葬墓，东魏天平四年（537年），编号为M13（13号墓）。由主室、后室和东室构成。墓前有仿地面建筑的墓门，顶部楞砖起脊，下砌飞檐。墓内共有尸骨

北齐高氏墓群

高长命墓出土女仆俑

高长命墓出土武士（左）陶俑（中、右）

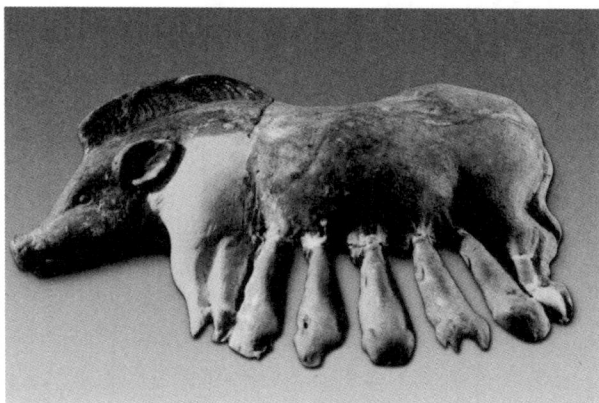

高长命墓出土陶猪

四具。据墓志记载，主室内的两具尸骨是墓主人高雅和其妻司马氏（司马金龙的孙女），后室和东室的尸骨分别为他们的第二子高德云、大女儿北魏孝明帝嫔高元仪。父母与子女，特别是已出嫁的女儿，且是最高封建统治者的妃嫔，葬在一起的情况不多见。高雅字兴贤，北魏末年官至定州抚军府长史，死于北魏熙平三年（518年），东魏天平四年（537年）追赠散骑常侍、冀州刺史，"诏书"改葬。这是一座符合封建礼制的标准的贵族墓，出土器物最多，有115件，摆放位置清晰有序。

二为推测是东魏武定五年（547年）的高长命墓，编号为M1（1号墓）。墓室分前、后两室，平面呈葫芦形，前室顶部农民耕地时被拆除，后室顶部早年遭破坏。墓门门楼，砌三层门额，壁面涂白灰，画红色阑额，两端画槫柱，柱侧各画一门卒，头戴缨盔，身披铠甲，手执骨朵。券门上面画火焰，再上画二异物，人身兽首鸟爪，背后有一枝条。东侧异物，仅存身足，余皆脱落。墓破坏严重，器物仅存陶瓷两种，均不完整。棺木被劈成碎块，尸骨全无，墓志砸碎，仅存"大魏□故"两个半字。前、后室间的甬道和过门，墓门甬道和里外层

封门砖均被拆除或捣毁，室内壁画全被铲掉，地面上有一层零散的着色白灰片。此墓很可能是在死者入葬后不久即被捣毁。此墓在高六奇墓南，与更南的一座等距排列，从墓的位置和残存器物来看，应当是北齐雍州刺史高长命的墓。可复原的不及十分之一的陶瓷器碎片中，有陶俑和动物模型等80多件。

三为隋开皇三年（583年）高谭夫妇墓，编号M5（5号墓）。高谭夫妇墓的形式较为罕见：墓室下部呈正方形，高1.25米，四壁各以相邻两角为点，壁面以弧线形状向外伸张，连砌五层砖后，口部成圆形，然后攒顶。基本上为穹隆顶。顶部在抗日战争期间曾被掘开，室内四角各立一圆柱，高80厘米，上置陶灯。高

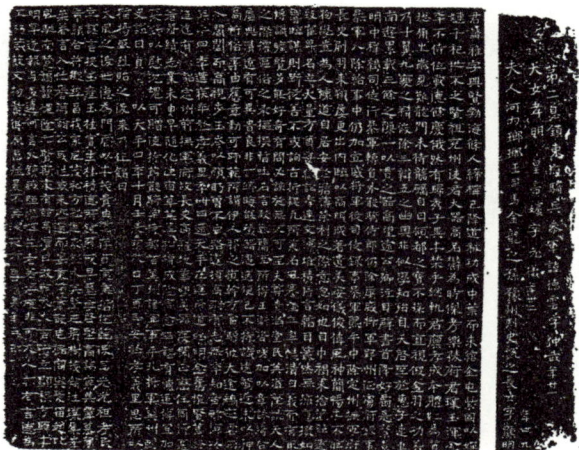

高雅墓志

谭墓自称"不须棺椁，祭奠率尔，勿用牲牢"的节葬墓，但仍有金、铜、陶瓷器90多件，能复原的陶器不到三分之一。

隋庄保护区内原有墓5座，后存4座。已发掘的高谭墓也在隋庄保护区内。据高谭墓志记，其祖为高翼，父为季式。据《北齐书·高乾传》，乾为翼子，兄弟四人，一人降周，季曰季式。又据《北史》，乾为翼"大起冢"。3号墓的封土较一般的大出几倍，与史书所记相符，此五座墓应为高翼祖孙墓。

大高义保护区原有墓6座，后存4座。一座泯没，一座为1973年发掘的高雅夫妇及子女合葬墓。高雅墓与《魏书·高祐传》所载相符。雅为和璧子，祖祐。6座墓当为高祐一支的家族墓。

野林庄保护区原有墓3座，南北等距排列，后存1座。一座为1973年发掘的高长命墓。一座是已遭破坏的高六奇墓，墓志记载墓主为高六奇，父长命，祖永乐。《北齐书·高乾传》附记其事，3座墓应为高长命祖孙三代的墓葬。

李高义村保护区内原有墓两座，一座已

无封土，存一座有封土墓。据《景县志》（民国20年版）载："北魏咸阳公高允墓，在城西南二十五里高义村，又名青冢。"高允埋在景县高氏墓群里是定而无疑的。根据以上情况分析，该墓应为高允或其家族墓。

景县高氏，是当时北方的名门望族一，在历史上繁衍的年代很久，上起于后汉，下至隋唐。从已发掘的三座墓葬可以确定，高氏墓群是研究当时政治、经济、文化艺术及丧葬制度的宝贵资料，具有较高的艺术价值和科学价值。

1982年，河北省人民政府印发《关于重新公布河北省重点文物保护单位的通知》，公布其为省级文物保护单位，名称为北齐高氏墓群。1985年6月，景县文化馆建立墓葬调查登记档案。1996年10月，衡水市文物管理处建立省保档案。2004年，衡水市文物管理处修订省保档案，建立第五批全国重点文物保护单位档案。1992年3月，河北省人民政府公布高氏墓群隋庄保护区、大高义保护区、野林庄保护区、小高义保护区的保护范围和建设控制地带。1997年，设立景县文物管理所，负责高氏墓群的保护与管理。2001年6月25日，北齐高氏墓群被国务院公布为第五批全国重点文物保护单位，编号5-149-2-005。

**固原北朝隋唐墓地** 是丝绸之路沿线著名的墓葬群，也是葬有中亚粟特人的大型墓群，墓地的造茔时间约为6～7世纪，时跨北朝、隋、唐三个朝代。位于宁夏回族自治区固原市原州区开城镇小马庄村、深沟村、寇庄村。

北朝时期三座墓葬呈"一"字形东西向排列在墓地北部，隋唐时期墓葬分布在南侧道路两侧。墓地已探明的墓葬分布区，东西长约4070

米，南北宽约2070米。墓葬区东北侧为九龙山，西侧1千米处为战国秦长城，西南为海子峡水库，东临马饮河、孟家沟，福（州）银（川）高速公路由西向东从墓地东部边缘通过。

1981年，固原文物工作站对固原南塬上的墓冢进行考古钻探，确认为隋唐时期的墓葬群。1982年，固原文物工作站发掘唐史道德墓和82M2号墓。1983年，宁夏博物馆与固原博物馆联合发掘北周李贤夫妇合葬墓。1985年、1986年，固原博物馆发掘了唐史索岩夫妇合葬墓、唐梁元珍墓、唐史诃耽夫妇合葬墓和唐史铁棒墓。1987年，宁夏文物考古研究所固原工作站和固原博物馆联合发掘隋史射勿墓。1993年，宁夏文物考古研究所固原工作站发掘北周宇文猛墓。1995年、1996年，中日原州联合考古队发掘唐史道洛墓与北周田弘夫妇合葬墓。2003～2004年，宁夏文物考古研究所配合银（川）武（汉）高速基本建设，发掘墓葬43座，其中隋唐时期墓葬40座。2014年，宁夏文物考古研究所发掘1401号墓，其中著名的墓葬有北周、隋、唐时期的13座。隋唐时期的7座墓葬出土有墓志铭。据墓志记载可知，墓地隋唐时期主要是史系家族墓地，墓主人是魏晋以来由乌兹别克沙赫里夏勃兹地区东迁，后定居原州（固原）的"昭武九姓"中的史国人氏。固原北朝隋唐墓地中的北周墓葬主要有3座，位于墓地北侧，呈"一"字形排列，3座墓葬之间的距离500～1000米不等。

北周李贤夫妇合葬墓，位于固原市原州区开城镇（西郊乡）深沟村南侧，1983年由宁夏回族自治区博物馆和固原博物馆联合发掘，东距北周宇文猛墓约1500米。墓葬坐北朝南，由

北周李贤夫妇墓出土鎏金银瓶

北周李贤夫妇墓出土凸钉玻璃碗

封土、墓道、天井、过洞、甬道、墓室组成。地面原有高大封土，高5米，顶部是不规则圆形。墓道在封土堆南侧，有3个天井及过洞。甬道长2.2米，宽1.35米。墓室为土洞式，东西长4米，南北宽3.85米，顶部因早年塌方，形状不明。墓门在南壁中间，墓室地面铺砖。墓室中的棺木已朽，从残迹判断，男性居东，

葬具为一棺一椁，女性居西，葬具仅有一棺。墓道、天井、过洞、甬道及墓室均有壁画，内容主要以身着大口绔褶服，手拄或肩扛环首仪刀的侍卫为主。壁画原有20幅，现存18幅。墓中出土金、银、铜、铁、陶、玉等各类随葬品300余件，其中陶俑数量最多，有260多件。还出土有鎏金银瓶、玻璃碗、金戒指、环首铁刀等国之瑰宝。出土李贤及夫人吴辉墓志各一合。据李贤墓志记载，李贤卒于北周天和四年（569年）。

北周宇文猛墓位于固原市原州区开城镇王涝坝村，1993年由宁夏回族自治区考古所固原工作站组织发掘。北周宇文猛墓西距北周李贤墓约1500米，南距隋唐史道德墓约1000米，东南距隋唐史射勿墓约2000米。墓葬坐北朝南，由封土、墓道、天井、过洞、甬道、墓室组成，全长53米。封土残高4.6米，底径12米，顶部呈馒头形。墓道在封土南侧，有5个天井。墓室为土洞式，东西长3.6米，南北宽3.5米，顶部因早年塌方，形状不明。墓室西北壁有长方形棺床，为条砖砌成，长3.2米，宽1.8米，厚0.05米。葬具为一棺一椁，棺木髹漆，残存漆皮上带有金黄色。墓道、天井、过洞、甬道、墓室处均绘有壁画，由于进水，多已漫漶不清，仅第五天井东壁尚存一幅站立武士图。由于此墓早年被盗，出土遗物仅100余件。出土墓志一合。据墓志记载，宇文猛卒于北周保定五年（565年）。

北周田弘夫妇合葬墓，位于固原市原州区清河镇大堡村，1996年由中日原州联合考古队组织发掘。墓葬由封土、墓道、天井、过洞、甬道、墓室六部分组成。封土残高约4米，直径20余米。斜坡墓道，有5个天井。甬道中央有木质封门，已朽，甬道和墓室地面铺有地砖。墓室由主室、后室和侧室组成。主室和后室西北角放置棺木，皆为一棺一椁。后室为墓主人，主室为其夫人。甬道、墓室及后室、侧室的壁面都绘有壁画，仅存后室两侧面的两幅较完整的人物图。墓葬虽经过严重盗掘，但仍出土大量珍贵文物，有玉环、玉佩、东罗马金币及五铢钱、水晶珠饰、玉钗、玻璃串珠、泥质串珠等，还有10余件陶罐、骑马俑、武士俑等。在第五天井距地表约4米处的盗洞内发现墓志一合，记载墓主人田弘的生平事迹。田弘卒于北周建德四年（575年），是年四月从襄州归葬原籍原州。墓主人田弘，原州人，历经

宇文猛墓

田弘墓

北魏、西魏、北周三朝，战功卓著，是北朝时期较为重要的人物，最后官至大司空、少师、柱国大将军。

固原北朝隋唐墓地中，隋唐时期的墓葬主要有7座，均坐北朝南，每座墓葬之间距离数百米不等，从东向西呈"一"字形排列，依次为史索岩墓、史铁棒墓、87M1号墓、史诃耽墓、史道洛墓、史射勿墓、史道德墓、82M2号墓。墓志记载，史射勿、史诃耽、史道洛、史铁棒之间是子孙关系，史索岩和史道德之间为叔侄关系。

史射勿墓位于固原市原州区开城镇小马庄村，1987年由宁夏文物考古研究所和固原工作站联合发掘。墓葬坐北朝南，由封土、墓道、天井、过洞、甬道、墓室等组成，全长29米。封土残高约4.7米，南北直径16米，呈馒头状。墓道水平长13米，有两个天井及过洞。甬道为土坯封门，封门被盗墓者打开。墓室长3.25米，前宽3.35米，后宽3.6米，平面呈方形，顶部及四壁全部倒塌，仅存西南一角，约2米处起券。墓室紧靠北壁有一近似梯形的生土棺床。床身涂白，并绘有红色波状线。墓道、过洞、天井及墓室等处均分布有壁画。墓

史射勿墓

葬因多次被盗，出土物仅20余件，有白瓷钵、四系青瓷罐，金带扣，金钗、萨珊银币、水晶珠饰等。墓志放置在棺床边正对墓门处。据墓志记载，史射勿卒于隋大业五年（609年）。

史道洛夫妇合葬墓位于固原市原州区开城镇小马庄村，1995年由中日原州联合考古队组织发掘。墓葬由墓道、天井、过洞、甬道和墓室组成，有5个天井及过洞，甬道口有木质封门，墓室平面呈长方形，内有生土棺床，无葬具。墓道及墓室内遗有塌落壁画残块。墓葬早年被盗，出土有陶俑、白瓷瓶、白瓷钵、东罗马金币、鎏金马镫和马镳、铜镜、铜质装饰品、玻璃器、骨器等遗物百余件，其中东罗马金币和瓷器等具有较高的历史和艺术价值。墓门处出土4件彩绘描金镇墓武士俑和镇墓兽。墓志放置在甬道封门处，志文记述史道洛及夫人康乐的生平事迹，合葬年代为显庆三年（658年）。

史索岩夫妇合葬墓位于固原市原州区开城镇羊坊村，1985年由宁夏固原博物馆组织发掘。墓葬坐北朝南，由封土、墓道、过洞、天井、甬道和墓室组成，全长41.75米。其封土仅存东北一角，高约2.5米，长5米，宽3.5米，平夯筑。墓道呈斜坡状，有5个过洞及天井。甬道由于盗洞打下，券顶已完全塌毁，亦为土坯封门。甬道中出土墓志一合。另一端有石门，门半掩，框、槛、楣等一应俱全。墓室平面基本是正方形，长3.6米，南宽3.1米，北宽3.6米，已完全塌毁，残高约0.5米，地面用条砖错缝平铺，紧靠西壁有一棺床，为长方形，呈须弥座。墓葬过洞、天井、墓室等处原有壁画，由于后室大量进水，壁画与填土黏合在一起，完

全不可剥离，仅第五过洞上方的一幅朱雀图保存较完整，为唐代朱雀壁画中的精品。墓葬由于早年被盗，随葬品所剩无几，出土一枚东罗马金币仿制品和四系瓷罐、白瓷豆、绿釉辟雍瓷砚、小陶靴、铜镜、海贝等。出土史索岩及其妻安娘墓志各一合。据墓志记载，史索岩夫妇合葬于唐麟德元年（664年）。

史诃耽夫妇合葬墓位于固原市原州区开城镇小马庄村，1986年由宁夏固原博物馆考古队组织发掘。墓葬距史射勿墓约400米，坐北朝南，由封土、墓道、过洞、天井、甬道、墓室组成。墓道上窄下渐宽，有5个天井及过洞。前甬道长2.25米，宽1.37米，内有两道封门，其中石质封门一扇被砸坏，断为两截。后甬道完整无损，长2.3米，宽1.4米，拱形券顶，无封门。墓室平面呈正方形，四边南3.8米、北3.6米、东3.87米、西3.75米。为穹隆顶，顶高5米。墓室中央紧靠北壁有一石棺床。由于墓葬早年被盗，仅出土零星小件物品，以铜器为多，比较珍贵的有东罗马金币，蓝色圆形宝石印章、玻璃碗等。出土墓志一合，据墓志记载，史诃耽夫妇合葬于唐总章二年（669年）。

史铁棒墓位于固原市原州区开城镇羊坊村，1986年由宁夏固原博物馆组织发掘。墓葬西距史诃耽墓400余米，坐北朝南，由封土、墓道、过洞、天井、甬道、墓室组成。封土残高4.3米，呈不规则状。墓道长11.1米，宽0.95米，坡度较大，为25°，有4个天井及过洞。甬道土坯封门，封门已被盗墓者打开。墓室平面为正方形，墓道偏于墓室东侧，呈刀把形，其西侧有一生土棺床，墓主人尸骨足南头北状。墓葬出土遗物较少，有陶、铜、金等，

20余件。出土墓志一合，据墓志记载，史铁棒卒于唐咸亨元年（670年）。

史道德墓位于固原市原州区开城镇王涝坝村，1982年由宁夏固原文物工作站组织发掘。墓葬为南北向，由封土、墓道、天井、过洞、甬道、墓室组成。封土残高3米，底径14米。墓道残长28.5米，有7个天井及过洞。在第七天井北壁和甬道上方有一盗洞，打破甬道封门砖。甬道口用条砖封门，残高1.4米。整个墓葬平面呈刀把状。墓室平面基本为正方形，顶部已塌陷，四壁在1.2米处逐渐内收，墓室两壁下置长方形棺床，东边床沿与甬道两壁在一条直线上。此墓虽盗掘严重，但仍出土一批较为重要的随葬品，其中以金器为多，陶制品次之，共20余件，有金币一枚、金覆面一套、动物纹圆形金饰、素面小铜镜、方形金带銙等。甬道中发现墓志一合，据墓志记载，史道德卒于唐仪凤三年（678年）。

唐史道德墓出土金覆面饰

唐82M2号墓位于固原市原州区开城镇王涝坝村，1982年由宁夏固原文物工作站组织发掘。墓葬距史道德墓约150米，两墓同时发掘。墓葬为南北向，由墓道、天井、过洞、甬道、墓室组成。全长25.2米，有4个过洞及天井。墓道坡度25°，上窄下宽。甬道为长方形，前窄后宽，拱形券顶，长12.5米，顶高1.75米，土坯封门，封门已被打开。墓室平面呈不规则正方形，墓道与墓室东壁在一条直线上，墓室西壁下置一土筑棺床，前窄后宽。墓室完全被积土淤塞，墓主人尸骨散落各处。墓葬因早年盗掘严重，仅在清理过程中发现"开元通宝"钱、刻纹骨管、八棱形石幢及其残块。

梁元珍墓位于固原市原州区开城镇羊坊村，1986年曰宁夏固原博物馆组织发掘。墓葬南距史铁棒墓350余米，坐北朝南，由封土、墓道、过洞、天井、甬道、墓室组成，全长23.9米。封土残高2.9米。墓道坡度为22°，北高南低，有3个元井及过洞。前甬道由于塌毁，完全为土填实。墓室甬道为砖砌，拱形券顶，封门被盗者打开。墓室为砖砌，平面呈正方形，南北长3.45米，东西宽3.55米，为穹隆顶，四壁从2.2米处内收，室内条砖铺地，西北部有一砖砌棺床，呈不规则长方形。棺东西侧有近4厘米厚的白石膏层，上铺一层开元通宝钱，有百余枚。尸体原置其上，人骨已呈黄色粉末。从遗痕看，为直肢葬，头北足南。墓葬天井、过洞、甬道两壁绘有牵马图及执扇图，墓室四壁及顶部绘有人物形象和星象图等。由于早年被盗，出土文物较少，有小陶碗、陶砚、铁剪刀、铜颌等。出土墓志一合，据墓志记载，梁元珍卒于武周圣历二年（699年）。

唐87M1号墓位于固原市原州区杨坊村。墓葬为南北向，北偏东12°，由封土、墓道、过洞、天井、甬道和墓室组成。封土由于当地农民取土所致，已经变为不规则圆形，直径约8米，残存高3.1米。平夯筑成，底部较为坚实。墓道为长方形斜坡式，坡度15°，上口窄下渐宽，长10米，上宽1.5米，下宽1.6米。填土用遍夯夯筑，较硬。甬道，长1.45米，宽1.4米，拱形券顶，高1.75米，封门被打开，盗洞由第五天井与甬道接合部打下，直径0.8米。墓室被盗后曾大量进水，顶部塌毁，四壁高1.9米处开始起券。墓室基本呈正方形，南北长3.2米，东西宽2.95米，紧靠北壁有一棺床，东西长2.95米，宽1.65米，高仅有0.15米，棺床边砖砌。墓中随葬品被盗一空，仅在淤土中发现少量人骨残片和黄色粉末状残痕及几枚残铁棺钉。

唐M1401号墓位于固原市原州区杨坊村，2015年由宁夏考古研究所发掘。墓葬坐北朝南，为斜坡墓道土洞墓（局部用砖），由封土、墓道、过洞、天井、壁龛、甬道、墓室组成，总长47.4米。墓道为斜坡式，过洞、天井各有5个，第4号天井东西壁各有一个壁龛，其内放置泥俑。甬道用砖砌壁并券顶。墓室平面略呈弧方形，其中北壁用砖砌，顶部早年坍塌，用条砖封门。墓道东西壁、过洞、天井、通道东西壁和墓室绘有壁画。由于保存环境较差，完整者较少，天井和甬道东西壁绘有人物，墓室北壁绘侍女、动物，过洞上部绘花卉图案。绘画风格和服饰等与发掘的史射勿墓壁画基本相同，内容和风格及墓室出土的"开元通宝"铜钱等遗物分析，该墓的时代初步定在盛唐。

固原北朝隋唐墓地作为北朝隋唐时期的高等级墓葬区，出土了大量中、西方文物，是北朝隋唐时期丝绸之路上中西方文化交流与融合的重要物证。固原隋唐史姓家族墓地出土的墓志及其葬制葬俗，反映粟特人的侨居史及文化趋同，为研究粟特人的迁徙及其文明提供重要物证。固原北朝隋唐墓地的选址和墓葬形制等特点，反映传统的造茔理念，为研究该时期西北地区高等墓葬提供重要物证。在科学价值上，固原北朝隋唐墓地均为多天井墓葬，反映古人类在特殊地质条件下对墓葬形制与技术的拓展；出土多种族古代人骨，为西北地区的体质人类学研究提供重要物证；出土大量动植物标本，为固原的环境考古提供珍贵物质基础。在艺术价值上，固原北朝隋唐墓地出土数件萨珊风格制品，代表公元6世纪萨珊王朝艺术风格的成就；出土的壁画、陶俑体现北周、隋唐时期绘画艺术和工艺美学的特征、成就，具有较高的艺术价值。

2005年，固原北朝隋唐墓地被宁夏回族自治区人民政府公布为自治区文物保护单位。2007年，固原市人民政府发布《固原古城墙、西南郊墓地、开城遗址、须弥山石窟管理暂行规定》，自2008年8月1日起实施。2013年5月3日，固原北朝隋唐墓地被国务院公布为第七批全国重点文物保护单位，编号7-0691-2-175。2014年，宁夏回族自治区人民政府公布固原北朝隋唐墓地保护范围。2015年，固原市文化广播电视局委托中国建筑设计院有限公司建筑历史研究所编制《固原北朝隋唐墓地保护总体规划》，进一步规范明确固原北朝隋唐墓地保护范围。固原北朝隋唐墓地由固原市原州区文物管理所负责管理。"四有"档案保管于固原市原州区文物管理所。

**宝山、罕苏木墓群**　是辽代贵族墓葬，位于内蒙古自治区阿鲁科尔沁旗，包括东沙布台乡宝山村西的宝山壁画墓群和罕苏木苏木朝克图山山下的耶律羽之家族墓群。

耶律羽之（890～941年），乳名兀里，字寅底晒。契丹迭剌部人，是辽太祖耶律阿保机的堂兄弟，为契丹皇族、大契丹国左丞相，卒于契丹太宗会同四年（941年）。据《辽史·耶律羽之传》，羽之年少时即跟随耶律阿保机征战草原。契丹征服渤海国之后，设立附庸于大辽王朝的东丹国，耶律羽之出任东丹国中台省右次相。由于兼任东丹国国王的耶律倍在皇位争夺中失败，被迫出走，耶律羽之成为东丹国的实际统治者。耶律羽之主政东丹国时期，以其卓越的政治才能有效地稳定东丹国的政局，先后被加封为左相、太尉、太傅、上柱国、东平郡开国公。会同四年（941年），耶律羽之入京朝见，于当年八月十一日去世，享年52岁，谥号"文惠"。

20世纪50年代发现墓地，1993年有2座大型辽代贵族墓葬被盗，1994年9～10月进行抢救性发掘，1996年做补充发掘。

宝山壁画墓群遗址，处于宝山南麓，在主峰阳坡有辽代夯筑茔墙。茔区平面呈长方形，面积3400平方米。东、南各设一门，建有瓮城。茔墙内分布大、中型辽墓10余座，是一处大规模的契丹显贵墓地。1993年冬，墓地中一座大型壁画墓被盗。被盗墓的内部结构独特，装饰华丽，满绘壁画，并有契丹天赞二年（923年）题记，是发现纪年辽墓中最早的契丹大贵

耶律羽之墓地（耶律祺先祖）

族墓。同时，在被盗墓西侧发现另一座绘有大量壁画的墓葬，分别编为1、2号墓。经内蒙古文化厅委托内蒙古文物考古研究所进行抢救性考古发掘，据1号墓墨书题记，1号墓墓主人勤德，死时年仅14岁，其父被称为"大少君"。2号墓主为中年女性，应属同时期，极有可能为"大少君"夫人。两墓均属早期被盗，出土遗物不多，但留下大量精美的壁画。两座壁画墓形制相同，均以砖石砌成，由墓道、门庭、墓门、甬道、墓室、石房等组成。两墓墓室及石房绘满壁画及诗词题记。所存壁画面积150平方米，绘有各类人物46位，反映契丹贵族的日常生活及神话故事等内容，堪称辽代早期绘画艺术的宝库。壁画绘于墓室及石室内外，主要内容有吏仆图、侍仆图、牵马图、宴饮图、厅堂图、高逸图、降真图、寄锦图、诵经图等。壁画大多取自唐代名画家的粉本，如《杨贵妃教鹦鹉诵经图》即取自唐代大画家周昉之作。

罕苏木墓群，以北侧的朝克图山（当地牧民称裂缝山）及东西两侧山脊修筑为陵园墙，南侧修筑陵门。陵区内约有古墓18座。耶律羽之墓葬为三室墓。主室呈方形，全部用琉璃砖

耶律羽之墓出土酱釉皮囊壶

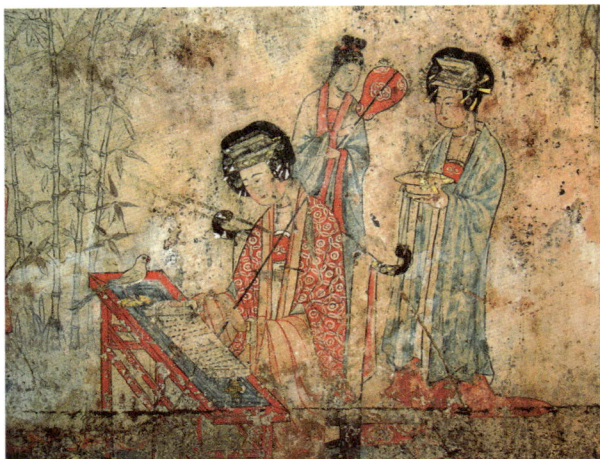

宝山2号墓壁画诵经图（局部）

宝山2号墓东侧室东壁牵马图

砌筑。耳室用规整的石条砌筑。墓门、甬道等处绘有门神、凤凰、流石、飞鹤、花卉等壁画。墓葬全长30余米，出土文物100余件，其中金器、金花银器、鎏金银器、瓷器和丝织品异常精美，具有重要的历史价值、科学价值和艺术价值。在墓葬中出土一方墓志，题为"大契丹国东京太傅相公墓志铭并序"，用1210个

楷书文字记载耶律羽之属皇族近支的显耀世系及其生平事迹，洋洋千余言，史料丰富，特别是有关契丹与鲜卑关系的记载殊为珍贵，墓志铭中"其先宗分佶首，派出石槐"的记载，将契丹族源之争一举定论。

耶律羽之墓是内蒙古地区发现较早的、有明确纪年的契丹贵族墓葬，真实地再现辽朝当

宝山2号墓壁画寄锦图

时在政治、经济、文化、艺术等方面所取得的高超成就，在众多辽墓中堪称一绝，为研究辽代早期政治、经济、文化、艺术、丧葬习俗等提供极为珍贵的实物资料。

1987年成立的阿鲁科尔沁旗文物管理所，承担旗内的文物保护与管理工作。1992年对耶律羽之墓进行抢救性发掘。2001年6月25日，宝山、罕苏木墓群被国务院公布为第五批全国重点文物保护单位，编号5-0154-2-0010。2006年，阿鲁科尔沁旗博物馆新馆建成，并承担宝山、罕苏木墓群的管理。近年来，先后实施相关保护工程和保护规划编制。

**萧氏家族墓** 是包括陈国公主与驸马合葬墓在内的契丹贵族家族墓群，位于内蒙古自治区奈曼旗青龙山镇斯布格图村。

1983年，青龙山镇斯布格图村西北的庙山南坡被山洪冲出一座墓葬，编号为M1。1985年，又发现两座辽墓，编号为M2、M3（陈国公主与驸马合葬墓）。1986年，内蒙古文化局委派内蒙古文物考古研究所与哲里木盟博物馆、奈曼旗博物馆组成考古队，对墓葬进行考古发掘，确定为辽代贵族萧氏家族墓，以及陈国公主与驸马合葬墓。

墓群位于奈曼旗青龙山镇东北部，地处辽西山地北缘的浅山丘陵地带，有1000余座墓，且形制基本相同。其中，以陈国公主与驸马墓最具代表性。据出土的墓志铭所记，陈国公主墓约营建于辽开泰六年（1017年），为辽景宗孙女、秦晋国王圣宗皇太弟耶律隆庆之女陈国公主与驸马萧绍矩的合葬墓；陈国公主卒于开泰七年（1018年），享年18岁；驸马为辽圣宗皇后之兄长，官拜检校太师，享年40岁。

墓葬为中型砖砌多室壁画墓。全长16.7米，由墓道、天井、前室、东西耳室和后室六部分组成。墓主人陈国公主与驸马头枕金花银枕，脸戴金面具，头罩金银冠，脚穿金花银靴，尸身罩银丝网络，均佩琥珀璎珞，腰部各束有金丝带和银丝蹀躞带。带上悬配不同的金、银、玉件和工具，公主耳、手、腕、指均戴有金、银、珍珠等饰件。整个墓葬共发掘清理出金、银、玉、玛瑙、琥珀、珍珠等贵重材料制成的随葬品3227件。此外，墓道东西两壁和前室东西两壁，反映墓主人生活场景的壁画《出行图》与《归来图》，颇具民族特色和艺术特色，成为辽代早中期绘画的珍品。

萧氏家族墓是发现保存最完整、出土文物最丰富的契丹大贵族墓葬群，为研究辽代契

陈国公主与驸马合葬墓发掘现场图

陈国公主用金面具

丹族墓葬形制的演变及政治、经济、文化、宗教、习俗发展等方面，提供了大量的实物资料。

1986年，陈国公主墓被公布为内蒙古自治区第二批重点文物保护单位。2006年5月25日，萧氏家族墓被国务院公布为第六批全国重点文物保护单位，编号6-0240-2-20。经考古发掘清理后，陈国公主与驸马合葬墓的墓室被原址保护，墓室顶部覆罩混凝土挡墙进行防护，并由当地聘用保护员管理、巡护。2017年，启动陈国公主墓周边围封及环境整治保护工作，并对萧氏家族墓保护范围和建设控制地带进一步确定。

**耶律祺家族墓**　是辽代契丹大贵族耶律祺家族墓地，位于内蒙古自治区赤峰市阿鲁科尔沁旗罕苏木苏木古日板呼舒嘎查新村西北1.5千米朝克图山东侧，西距耶律羽之家族墓地约2千米。

1993年，内蒙古文物考古研究所因在耶律羽之墓地发掘期间，此处发现盗墓情况，故对耶律祺墓进行抢救发掘，出土汉文和契丹大字墓志等文物。根据墓志考证可知，墓主人姓耶律，名祺，是辽朝晚期道宗、天祚帝两朝的重臣。辽重熙三年（1034年）生；重熙二十二年（1053年）进入仕途；清宁年间因平定重元之乱有功，赐号靖乱功臣。大安二年（1086年）为南院大王，大安三年晋封漆水郡王；乾统元年（1101年）道宗崩，受顾命，加于越拜守太师；乾统三年封赵王，致仕；乾统八年薨于私

耶律祺家族墓

第，终年75岁，追加尚父，赠齐国王。耶律祺生平虽然不见于《辽史》，但据其生平综合考证，《辽史》中的耶律阿思当为其人。

耶律祺墓为一大型砖结构辽墓，由墓道、墓门、甬道、前室、东西耳室、主室组成，全长34.7米。墓道为斜坡式，墓道的顶部按开口宽度砌石封口，高于地表30～80厘米；墓门为砖砌仿木结构；甬道接长方形前室，前室两侧各有一六边形耳室；主室呈八边形，进深5米，宽4.85米，周边尚残存有木制护壁底框，正中偏后为石板铺棺床，周围有木框，小帐残朽；墓内遍铺方砖，方砖下设有排水系统。因早期遭破坏，前室及主室顶部塌陷，墓室内部被扰乱。据主室散乱人骨，可知为夫妇合葬。随葬品大多被盗，但仍出土一批珍贵文物，其中20余件器底写有契丹大字墨书题字的影青瓷器，书写体的契丹大字极为罕见。另有大型铜片装饰青龙一件、琥珀饰件等。主室棺床前置有汉文墓志和契丹大字墓志各一合。汉文墓志损毁严重，只剩部分残块，有志文430余字。契丹大字墓志较完整，墓志盖正面刻篆体契丹大字，内容与墓志首行相同。墓志石刻契丹大字46行2930余字，除残缺88字外，尚存2845字，其中新出现的契丹大字有数百个。墓志是发现的所有契丹大字石刻中字数最多的一件，是契丹大字资料的空前发现，推动了契丹文字的释读工作。

耶律祺家族墓地呈长方形，东西长192米，南北宽110米，面积约2.1万平方米。墓地面向东南，两侧围有石墙，南墙长22米，宽1.7米，残高0.8米；北墙长67米，宽1.7米，残高0.5米。墓地内有墓葬七座。墓地前有享堂建筑遗迹。耶律祺墓所在墓群共有大型墓葬5座，根据契丹葬俗和耶律祺墓年代判断，其中多数应是他的长辈。在《辽史》中，其父耶律独巘、祖耶律古昱皆有传，耶律古昱又为北院林牙耶律突吕不四世孙，其先宗亦出自皇族。可以说是一处重要的契丹显贵家族墓地。

1996年，内蒙古文物考古研究所对耶律祺墓附近的另一座被盗大型砖室墓进行清理发掘。发现被盗的砖墓由墓道、墓门、甬道、墓室组成，全长26.44米。甬道两侧绘有壁画。出土有少量青瓷片、铜钱等遗物，并有契丹小字墓志一盒。志盖正面线刻十二生肖，背面刻铭文，志石也刻行铭文，近2000字。墓主人耶律副部署，辽景福元年（1031年）生，重熙二十二年（1053年）为率府副率，至大康二年（1076年）晋封镇国大将军，累迁副部署。大康三年（1077年）因故身亡，终年47岁。辽乾统二年（1102年）葬于此地，其下葬年代略早于耶律祺。

耶律祺家族墓地出土的契丹大字、契丹小字墓志，为20世纪契丹文字资料的重大发现之一，对契丹大字、契丹小字以及辽代历史的研究提供了极为珍贵的文献资料。志文在书写篆刻方面，兼有唐代书法遗风，具有很高的鉴赏价值。

2013年5月3日，耶律祺家族墓地被国务院公布为第七批全国重点文物保护单位，编号7-0537-2-021。墓葬考古发掘清理后进行回填保护，目前相关管理工作由阿鲁科尔沁旗博物馆负责。

**下八里墓群** 是一处辽代晚期至金代中期以辽代监察御史张世卿墓葬为代表的家族墓地，位于河北省张家口市宣化区讹子西乡下八

下八里辽墓发掘现场

里村，处于山地向南延伸的坡地上。

张世卿，辽代归化州（宣化）清河郡人，汉族，地方绅士。辽代大安年间赈灾有功，皇帝特授其创业右班殿直，之后又累升到银青崇禄大夫、监察御史、支骑尉等官职。其子张恭谦任辽国枢密院留承，并与耶律氏通婚。是辽代"以汉治汉""辽汉亲善"的体现。

下八里Ⅰ区辽代壁画墓群，于1971年被发现。经1974年、1989年、1991年、1993年、1996年、1998年、2005年先后7次清理，发掘16座辽、金时期的墓葬，墓葬有大型砖室墓、石室墓、小型砖砌墓、石棺墓、骨灰罐墓等多种结构，12座墓内有壁画。其中2、3、7、10、13、14、15号墓未被盗，保存较好，1、4、5、6、12号墓及北区1、2号墓已被盗，随葬品损失较多，但室内壁画保存尚好，9号墓破坏严重，仅存墓门、前室东壁、后室地面。已发掘的16座墓中，有辽代监察御史张世卿家族墓12座，韩师训家族墓2座，另有一契丹家族墓2座，年代均为辽代晚期至金代中期。墓

张匡正墓前室东壁壁画备茶图

张匡正墓前室西壁壁画散乐图

室形制有方形、圆形、六角形、八角形。张、韩家族墓墓主人均为火化。墓室内壁及墓门外壁均绘有彩绘和壁画，壁画内容是墓主人日常生活中的各种活动。墓室顶部都绘有星象图。壁画大多保存完好，形成下八里辽代壁画墓群的最大特点。出土的随葬品有铜、铁、陶、瓷、木、漆、石器，数量较多，其中具有辽代风格的辽三彩和黄釉器出土20余件。

下八里Ⅱ区辽代壁画墓群，于1998年9月被发现。共发现砖室、石室古墓葬6座，均无封土。墓地面积约1200平方米，抢救发掘清理了其中两座石室墓，编号Ⅱ-M1、Ⅱ-M2，出土铜丝网络尸服两套、真人木偶雕像两具及保存

较好的26幅彩色壁画。时代为辽代中晚期，是发现辽代最南端贵族墓地，具有很高的文物价值。Ⅱ区两座墓葬早年被盗，室内扰动严重，均未出土完整器物，但室内壁画保存尚好。墓地地处山坡荒地，由于土质较好，周围农民大量取土，保护现状堪忧。当地文物部门采取了保护措施，对Ⅱ区辽墓进行围护，地面硬化，堆积封土。

1974年，河北省文化厅文物管理处投资，征地450余平方米，修建墓道、围墙，对张世卿墓1号墓加以保护。1982年，经河北省人民政府批准，辽墓被公布为省级文物保护单位。1984年，成立宣化区文物保管所，建立下八里

辽墓群保护小组，负责保护和管理。1992年，宣化区政府投资，对韩师训墓实施保护。1996年11月20日，下八里墓群被国务院公布为第四批全国重点文物保护单位，编号4-0072-2-0016。1996年，河北省文物事业管理局投资，修复张匡正墓墓道、韩师训墓后室墓顶的墓道。1997年，宣化区政府拨款，征地1万平方米，对下八里墓群实施保护。1997年，国家文物局拨款，修建围墙460米，对下八里墓群实施保护。2000年，地方政府投资20万元，对Ⅱ区进行围圈保护。2001年，河北省人民政府批准公布宣化下八里Ⅱ区辽墓列入河北省文物保护单位。2004～2005年，完成长240米、宽1.5米、深8～9米的下八里辽墓防渗治水工程。2001年2月7日，河北省人民政府印发《关于公布河北省第四批省级文物保护单位及其保护范围和建设控制地带的通知》，确定下八里Ⅱ区辽墓群保护范围。2006年5月25日，国务院公布第六批全国重点文物保护单位时将，将下八里Ⅱ区辽墓归入第四批全国重点文物保护单位下八里墓群。2015年，开展下八里墓群墓室保护、壁画保护和保护规划编制三项工程。

**叶茂台辽墓**　为辽代后族萧氏的家族墓地，位于辽宁省法库县叶茂台镇叶茂台村西部的山坡，当地人称之为西山和唐房山。

1953年发现北山石室壁画墓，1973年抢救性发掘6座墓，编号为1～6号墓。1974年发掘7号墓，7号墓保存完好，出土大量国宝级的文物。1976年发掘16号墓，出土辽代末帝天祚帝天庆二年（1112年）北府宰相萧义墓志，可知墓群为辽代后族萧氏的家族墓地。2004年，沈阳市文物考古研究所发掘23号墓，墓葬规模较

大，出土大量定窑白瓷器。自20世纪50年代至2017年，先后发掘24座辽墓。

7号墓，为一座多室砖墓，由墓道、墓门、甬道、前室、耳室和主室几部分构成，墓向165°。墓道为阶梯状，存长9.7米，主室、前室和耳室平面皆为方形。东耳室内地上置大漆盘以及白瓷碗、鸡冠壶等各种瓷器，西耳室地上放银鞍桥、绣花障泥、铁马镫、铁马衔等全套鞍马具及铁斧等生产工具。主室中间后部，横置一具木制屋形棺床小帐，小帐内有一具雕花四神石棺。棺前正中地上置石供桌，桌上满陈漆器和瓷器，内盛各种干果和水果。棺前东南墙角置木桌一张，上有漆碗、玻璃扣边方盘、玛瑙杯，桌下有两件白瓷注壶。棺前西南墙角置一把木椅，棕绳织面，椅上放一副双

7号墓出土双陆棋

7号墓出土白玛瑙小碗

陆棋，椅前还有铜壶等物。墓葬未遭盗扰，共出土300多件珍贵随葬品，其中两轴绢画《山弈候约图》和《竹雀双兔图》是罕见的艺术珍品。"官"字款瓷器、木制棺床小帐、雕花四神石棺、双陆棋、缂丝织品、漆器等是十分重要的发现。根据墓葬形制和出土遗物推断，墓葬年代属辽代早期晚段。

16号墓，是一座八角形多室砖墓，规模宏大，由墓道、墓门、甬道、前室、耳室和主室组成，墓向160°。墓门为砖雕仿木结构。主室、耳室平面皆为八角形，穹隆顶。耳室边长2米，主室边长约2.6米。主室北部横置1具石棺，棺内似男女合葬。此墓早年被盗，随葬品不多，主要是一些青白瓷片、铁门鼻和铁锁等。主室内发现北宋铜钱20枚。在墓道、甬道和门洞两侧绘有壁画。墓门两侧是奉食图和相迎图，甬道两侧绘门卫图。墓道两壁绘有长幅的出行图、归来图，保存较完好，是辽墓壁画中的精品。主室内出土一方墓志，记载墓主人为辽代北府宰相萧义，下葬年代为辽天庆二年（1112年）。

23号墓，为一座八角形多室砖墓，由墓道、天井、墓门、甬道、耳室、前室和主室几部分组成，墓向240°，全长25米，宽7米。墓道为斜坡式，长15.6米。天井呈斗形，两侧有壁画残迹。墓门为砖雕仿木结构，面阔3.5米，通高4米。甬道为券顶，两侧立壁及券顶均抹白灰，绘有壁画。前室平面呈长方形，进深2.5米，宽2.2米，高2.35米。两耳室为长方形，进深1.7，宽2.7米。主室为八角形，最宽

叶茂台辽墓壁画

4.85米，进深4.7米，高4.4米。主室中部可能有木制棺床。东耳室内发现一具不完整的人骨。墓道壁画已脱落，内容不明。墓门正面两侧各彩绘一门吏，顶部绘飞鹤和流云，拱眼壁绘两只鹦鹉和火焰珠。甬道西侧立壁画面保存较差，有人物、飞鹤、祥云及火焰珠图案，人物右手前臂托一只直喙鸟。东侧立壁画面保存较好，绘一契丹男子，髡发，身着圆领窄袖长袍，袖手而立，胸前托一红褐色小动物。墓葬虽然早年被盗，但是仍然出土了80余件瓷器，以白瓷为主，还有少量的青白瓷，以及绿釉瓷、黄釉瓷、白釉绿彩瓷等。此外还出土有金器、银器、铜器、铁器、陶器、骨器、石玉器和契丹小字墓志残块等。年代属辽代晚期。

叶茂台辽墓墓葬数量多，时间跨度较长，出土器物精美，为研究辽代的历史、经济、文化及契丹民族习俗、丧葬制度等提供了重要资料。

2001年6月25日，叶茂台辽墓被国务院公布为第五批全国重点文物保护单位，编号5-0156-2-0012。2002年初，成立叶茂台辽墓群看护站负责保护。

**安丙家族墓地** 是南宋四川宣抚使、同知枢密院事安丙及家人的墓地，位于四川省华蓥市双河街道办事处招勋村。

安丙（1148～1221年），字子文，号晶然山叟，广安军甘溪场（四川华蓥市永兴镇）人，南宋大将，淳熙五年（1178年），安丙登进士第，历知大安军，有惠政。"武兴之变"时，与杨巨源、李好义等诛杀叛乱的吴曦，获授四川宣抚使，累迁资政殿大学士、四川制置大使兼兴元府知府。后迁知潭州。嘉定十二年（1219年），红巾军张福等叛乱，四川大震，

安丙再任四川宣抚使，擒斩张福，进少保。嘉定十三年（1220年），联合西夏发动"秦巩之役"，终师老无功。嘉定十四年（1221年），安丙去世，年74岁，赠少师、鲁国公。端平二年（1235年），谥忠定。有《晶然集》《靖蜀编》，均佚。《全宋诗》录其诗二首。

1996年，当地人埋坟挖掘墓坑时发现安丙夫人墓的墓顶石及墓前左上方的盗洞。四川省文物考古研究所与广安市文体局、华蓥文物管理所组成联合考古队，发掘面积约2000平方米，清理5座石室墓，以及墓前的享台、拜台、护坎等地面建筑遗迹，出土金、银、铜、铁、陶、瓷等种类的随葬品700余件。

安丙家族墓地，占地面积20万平方米，东西走向。墓5座，石室，北向南列，墓向西。

M1号墓后龛内全景

M1号墓石雕浮雕乐伎

M1号墓石雕浮雕花卉

墓由墓道、墓门、墓室三部分组成。墓室长方形，券顶，其中：1号墓长6.63米，宽2.62米，高4.6米；2号墓长6.78米，宽2.68米，高4.56米；3号墓长4.2米，宽2.15米，高2.72米；4号墓长4.65米，宽2.34米，高3.17米；5号墓长4.51米，宽1.84米，残高3.06米。墓室柱、枋以及壁满饰石刻浮雕图案，技法有圆雕、浅浮雕和高浮雕，石刻内容为武士、伎乐、瑞兽、植物、建筑构件、花卉等，享堂遗址面积约2000平方米，由享堂建筑台基、柱础、龛台等组成。九层坎遗址在享堂遗址外，为山地平台，绕墓地外沿1周，长300余米，层高0.8～2.5米不等，石砌，铁水浇铸。石马坪在九层坎下，长30余米，宽18～30米不等。九龙桥遗址在石马坪坎下，未发掘，情况不详。昭勋寺遗址位于九龙桥东南150米处，台基尚

存，4进式轴线布局，面积近1000平方米。

安丙墓是保存较好、墓主人身份较高、墓葬规格较高、规模较大的宋代族群墓。其浮雕雕刻技法精细，线条流畅生动，雕刻内容广泛，内涵丰富，为研究南宋时期的建筑、艺术、雕刻、音乐、历史、绘画等和认识南宋四川的政治、经济、军事、文化提供了宝贵的资料。迄今为止，安丙墓是国内已发掘的，信息保存最多的，集历史、人文、建筑和艺术价值于一处的南宋家族"陵园"，真实地再现安丙家族及南宋中期西部边陲的历史。对安丙墓的发掘与研究，有望弥补宋《营造法式》四个传本中的诸多重大缺憾。

1983年，华云工农区人民政府公布安丙墓为第一批县级文物保护单位。1989年，成立华蓥市文物管理所，负责一般文物管理工作。在墓葬区内设置保护标志碑。2000年，建立安丙墓"四有"档案，存于华蓥市文物管理所。2000年，广安市政府确定安丙家族墓地保护范围和建设控制地带。2001年6月25日，安丙家族墓地被国务院公布为第五批全国重点文物保护单位，编号5-0178-2-034。

**马村砖雕墓**　是金大定年间的段氏家族墓地，当地人称之为百墓坡，位于山西省稷山县城西约4千米汾河北岸马村青龙涧西的台地上。

1973年，被当地群众发现3座墓，随即清理。至1979年共清理9座墓，其中有3座发掘后就地回填，对保存较好的6座墓原址加固保护。

马村砖雕墓，总共有14座仿木构砖雕墓，总面积约1.6万平方米，可分甲、乙两类，由北向南可分三排，呈扇面形，可知其由北向南发展。另外，7号墓出土的"段楫预修墓记"，墓碣文中"修墓于母亲坟之下位"也可证明。到1979年，共发掘9座墓葬，编号为1~9号墓。各墓皆坐北向南，段楫预墓在最南边，可以肯定其修建年代不超过金大定二十一年（1181年）。墓葬形制，装饰犹如一座座四合院，各有千秋。地面已不多见的宋金元时期古代建筑，应有尽有，当时的民风民情、精神信仰、孝子故事，令人动情动容，对宋金元考古、历史、社会、文化等方面的研究具有极高的价值。

甲类墓一般都由墓道、墓门和墓室三部分组成，包括1、2、3、4、5和8号墓。其中，3、8号墓门辟于墓室正南，平面呈"丁"字形，其他墓葬墓门辟于墓室东边，平面呈刀把状。1、2、3号墓被扰乱，葬式不明。4、5、8号墓各有骨架三副，当为一夫二妻。4、5号墓头向北，8号墓头向东。骨架排列整齐，系一次葬入。骨殖不用棺椁收敛，直接置于棺床上。5号墓与8号墓另有木床一具，8号墓木床四周有栏杆，床下堆放煤炭和焦炭各约250千克。4号墓骨架下置木板，5号墓砖床上皆铺棕一层。

墓道均为土筑。1号墓和2号墓为竖穴式，四壁垂直，前后等宽。1号墓长2.8米，宽0.46米，较狭窄；2号墓长2.1米，宽0.6米，相对宽短。4、5、6、7、8号墓为阶梯式，皆极狭长，宽仅0.4米左右。墓道前端近门处约1米一段较为平缓，其后端向上作阶梯，一般每级高0.30米、宽0.25米。

墓为土洞墓，四壁及洞顶全部为砖砌。墓顶正中有天窗，一般长1~2米、宽1~1.5米。墓砖以条形为主，长32厘米，宽16厘米，厚6厘米；次为方砖，为条砖的两倍。木构部分的柱、额、斗拱、勾头滴水、脊兽及装修部分的门窗槅扇等，多为模制仿木构件，也有少量是用特制的砖

马村砖雕墓墓道入口

精雕而成。施工时,砖的压砌面修削较薄较短,内施稀泥黏合,露明面皆水磨合缝,表面光洁。外露面如用砖单表,其外部则附砖加固。墙外皮与土洞之间的空隙施黄土与碎砖充填。有不少墓虽经水泡,依然保存完好。

墓门为砖券门洞。1、2、5、8号墓门洞外口雕作壶门式,并饰以缠枝花边。1、2、4、5、8号墓的门洞上面均砌仿木构门楼,或单檐,或重檐。4、5号墓作重台构栏,形似楼阁。4号墓为单檐歇山顶,斗拱飞檐,翼角挑起,中间拱眼壁上雕"凤"字形牌匾,两侧有二女童,手扶牌匾,足踩祥云。诸墓门洞之内,各砌门框,门框后两侧各贴砌板门一扇。8号墓门口两侧放雕狮一对,一雌一雄。2号墓门口,两侧壁各雕一人,身穿皂衣,手执棍棒。

墓室平面均呈长方形,大小基本相等。一般长2.5米,宽2.1米,高3.5~4米。除2号墓外,皆砌棺床。3号墓与8号墓墓门位于正南面,3号墓沿四壁砌砖床,8号墓以墓室后半部作砖床,其余墓门均辟于南面东边,砖床砌在西边,东边以墓门为限,各留一条夹道。1号墓砖床南边未顶头,南壁与砖床之间亦留一条夹道。砖床或作床腿,或砌须弥座式,其座结构、装饰基本相同。墓室地面及砖床面均不施砖,疑为古地理家所称的"穴"。墓室四壁全部为仿木结构。四面由四座房屋的外檐构成前厅后堂、左右厢房式的四合院。1、2、3、4、5、8号墓于四面檐下砌回廊,并置勾栏,形式特别,结构精巧。1、5、8号墓为重檐屋顶,气魄雄伟。8号墓第一层檐上砌平台勾栏,形似楼阁。这些墓葬基本形式相同,主要由基座、柱额、斗拱、屋檐、墓顶五部分组成。

基座皆为须弥座式,一般结构复杂,形制高大。1、4、5、8号墓为双层须弥座,结构更为复杂雄伟。须弥座式基座一般自下而上砌混肚砖一层,牙脚砖一层,罨牙砖一层,覆莲砖一层,壶门柱子砖三层及仰莲砖一层,方涩平砖一层。壶门间以力士或云盘线柱分隔。束腰部分与壶门内均雕刻牡丹、莲花等花卉,或天马、仙鹿、山羊、狮子等跑兽。形式与《营造法式》的"须弥座"之制基本相同。

各墓均面阔三间,四周共砌檐柱十二根,皆为四方抹角柱式,柱下置宝装莲础,柱头置普拍枋,3、4号墓于普拍枋下连一阑额,1、2、5、8号墓于普拍枋下置雀替,每间两替相交,形呈壶门状,面饰卷草与缠枝花纹。2号墓两雀替之间(壶门尖)下垂卷云头。

斗拱分柱头铺作与补间铺作两种。除1号墓下檐为单下昂四铺作外,余皆双下昂五铺作。1、2、3、4、5、8号墓斗拱较粗大,又用45°斜昂,比例不当,排列拥挤。斜昂在柱头铺作或补间铺作交替使用,有的少出一跳,形制不够规格,但大小相间,极富装饰性。斗拱之上砌撩檐槫,槫下有替木,槫上雕方椽,并列勾头滴水。1号、2号和5号墓砖雕勾头滴水,皆为素面,3号、4号和8号墓勾头滴水为模制,花纹细致,形象逼真,与木构屋顶极为相似。屋顶坡度较小,瓦垅不到头。

墓顶皆为覆斗式,屋顶之上四面砌券,四角各砌一墩,上置一斗,斗口出梁头,形如耍头,然后对角顺着券顶弧线用竖砖砌出一拱形"十"字大梁。

各墓四壁的砖雕装饰,布局大体相同,格调比较一致。

北壁砖雕。正中间皆砌门楼一座，基座部分向外突出，平面呈"凸"字形。基座上左、右两角各置方形抹角柱一根，下置合莲式或覆莲束腰柱础。柱头枋、额、斗拱的结构各与四壁外檐形式相同。屋顶除5号墓为重檐外，皆为单檐。山华朝外，山面饰抟风悬鱼，山顶起脊雕兽，结构精巧秀丽。门楼面里，1、3、4、5、8号墓各砌板门一合，门扇多紧闭，但1号墓门半掩，露一少女，头梳双髻，身着开襟衫，下系长裙，姿态娴雅，扶门而入。4号墓门敞开，内为小龛，墓主人夫妇端坐椅上，面南看戏，男童女婢姿态恭顺，分列左右。8号墓板门前，置墓主人夫妇雕像，左右浮雕二女婢。门楼左侧，又置女墓主人雕像一尊，面对南壁看戏（南壁西次间有杂剧砖雕）。2号墓门楼之后壁未砌板门，而雕墓主人夫妇宴饮图。中间一桌，上置注子、茶盏及果子等，夫妇二人对坐桌边，一面饮茶，一面看戏。北壁两次间装饰不同。1号墓各雕孝子故事图一幅，右为"蔡顺拾椹奉亲"，左为"赵孝舍己救弟"；3号墓各砌破子棂窗一堂；5号墓各砌一方框，内雕牡丹花一枝及蹲狮一对。

南壁砖雕。1、2、3、4、5、8号墓中间砌舞台并雕杂剧。舞台的形式不尽相同。1、5号墓的舞台与北壁门楼相对称，平面亦向外凸出，或单檐或重檐，形制与门楼完全相同。其高耸挺拔之势，与亭相似，可谓舞亭。3号墓、8号墓的舞台与北壁之门楼相对称，形制亦相同，但其基座未向外突出，且中辟墓门，前后相通，上、下两层，形似楼阁，可谓之舞楼。4号墓的南壁，其下为须弥座式台基，上砌单檐屋顶，台基之上其中间置方形抹角柱两根，面阔三间。中间特别大，上施大额枋，枋下两次间由额插中间，形成雀替，另外柱头斗

马村8号墓北壁砖雕

马村 1 号墓北壁砖雕蔡顺拾椹奉亲

马村 1 号墓北壁砖雕赵孝舍己救弟

拱用材较小，且少出一跳，与左、右两次间形成比较明显的区别。这个舞台与舞亭或舞楼不同，其台面宽阔，高广适宜，形似厅堂，可谓舞厅。这些舞亭、舞楼或舞厅内都有杂剧砖雕，或四人或五人为一场。1、4、5 号墓还有乐器伴奏。2 号墓面阔三间，其中间后壁上浮雕杂剧一组，其分间与 4 号墓相反，两次间大而中间小，结构上无明显区别，尚不能肯定其为舞台。各墓南壁舞台两侧装饰内容也不相同。1 号墓舞亭墓门上砌一无字方牌，西侧雕一牡丹栏，栏前雕二小儿骑竹马游戏。2 号墓东侧为墓门，西侧雕牡丹丛与太湖石，东、西二次间各雕孝子故事图二幅，自左至右为"郯子鹿乳""丁兰刻木""韩伯俞哭杖""刘庸行孝"。3 号墓舞楼两侧左右各砌一屏，屏心各雕瓜形宝瓶花卉。4 号墓舞台东侧无装饰，西侧雕破子棂窗一堂。5 号墓舞亭东西两侧各砌一屏，东侧屏上雕花枝，下雕牡丹栏，西侧屏下雕牡丹栏，上雕人物故事图一幅。8 号墓舞楼后壁上部嵌凤凰戏牡丹花砖一块，西侧雕

杂剧，东侧雕格子门四扇。

东西二壁砖雕。均面阔三间，互相对称，装饰相同，间雕格子门一合，其障水板、腰花板及格眼均施雕刻，装饰十分华丽。

各个墓室装修部分的门、窗、槅扇、勾栏等结构形式基本相同。板门皆有门框，其组织两侧下砌门砧，上置立颊与槫柱，下置门槛，上置门额与上额，额间有的饰门簪一枚，簪面雕菱形或柿蒂形纹饰。门框内各雕板门两扇，每扇各饰门钉四排，门环一具，有的肘板上、下雕铁叶抱角，形如燕尾。1 号墓门，高 76 厘米，宽 73 厘米，接近方形，符合法式，但墓门所砌板门都较大，比例不够协调。

窗皆为破子棂窗，外有窗框，两侧下砌窗砧，砧上置立颊与槫柱，下置下串，上置上串及上额。窗心竖砖作破子棂窗。窗棂高度大致相同，而宽度视具体位置而定，窗棂数枚至十数枚不等。

格子门多为四抹头，5 号墓与 8 号墓上端置一横桯，作五抹头。制作较精细，四桯通混

马村1号墓南壁砖雕杂剧乐队

出双线，或四程破瓣双混平地出双线。障水板约为格子门通高的三分之一，比例基本接近法式。障水板多外雕壶门，内饰花卉，主要有牡丹、莲花及海石榴等，形态各异。腰花板皆饰花卉，有牡丹、菊花、忍冬等纹饰，均为模制。格子门窗心的花纹除了常见的龟背、毯纹等以外，还有各种几何形图案，式样共达数十种之多。

勾栏均为花板单勾栏，其结构形式有所不同。2号墓北及东两面回廊下的勾栏直接砌于墓室须弥座上，其分间布柱与墓室各壁相应。望柱方形出头，上面雕瘿项并作石榴状柱头。望柱间上砌桦杖，下砌盆唇，两望柱间又砌华柱及云栱，将其一分为二。柱间装华板，雕忍冬、毯纹或万字等几何形图案。1、4、5、8号墓四墓周围皆有勾栏，皆为预制构件，摆放在回廊的前沿。其形制皆下雕地栿，上雕盆唇、桦杖，中间施花托柱，柱头荷叶栱。华板图案花纹除忍冬、"卍"字纹外，多雕作壶门形。

杂剧砖雕。1、2、3、4、5、8号墓都有杂剧砖雕。其中1号墓系立体圆雕，出土时被群众打碎。其余各墓皆为浮雕，保存完好。1、3、8号墓三墓中有五位剧中人，2、4、5号墓中有四位。1号墓人物个体高大，为50厘米，其余高30～40厘米。2、3、4、5、8号墓中有"副净"形象等，皆巾裹、穿衫，束腰带，有作怪相者，有装痴作呆者，有打口哨或作其他滑稽表演者，形象生动，表情各异。其中，1号墓被打坏的一个人头，鼻梁、眼周围及下颌部皆涂抹白粉，眼睛上用墨斜抹了一道，并画"鸟嘴"；8号墓中的用红色画眼眉和大嘴，右腿直立，左腿微屈，双手举于右肩作拜揖状，而头向左高昂作骄傲姿态；2号墓中的手执长竿，竿首系绳，下结彩球，或为"竹竿拂子"。2、3、8号墓中的"副末"形象等皆戴吏帽，穿圆领窄袖长衫，束腰带，其衣角多被掖起，手中或执板、执棍、执扇等砌末，装束颇似仆吏。5号墓的穿短衫长裤，巾裹作交脚幞头，手执棍者，亦为仆吏，但属下等仆吏。2、3、4、5、8号墓的"末泥"形象等，戴直脚幞头，身穿圆领按袖袍，腰束带，均系官员打扮，但有的空手，有的执笏，可能代表官员的大小。8号墓有"旦角"，梳有发髻，戴花饰，着窄袖衫，外

马村4号墓南壁砖雕杂剧及班子乐队

系长裙，面目清秀，体态丰满，双手捧物。2号墓中"装孤"，为官员穿戴。

还有，1、4、5号墓中与杂剧同时出现的乐队砖雕，说明杂剧伴奏是由大鼓、腰鼓、拍板、笛、筚篥等五种乐器合成。1号墓舞台后壁浮雕伴奏者6人，左上角为大鼓，右上角为拍板，中间一笛一筚篥，前面左右两边为腰鼓，演奏者一击一槌，且步且奏。六人五器统一在一个画面出现，呈梅花桩式。4号墓伴奏乐队下砌高床为"乐床"，其上浮雕伴奏者五人，自左至右为大鼓、腰鼓、笛、筚篥、排板，腰鼓演奏者手舞足蹈，十分活跃。5号墓舞台后壁下雕杂剧，上雕乐床，床上坐四人，除左边一人袖手而坐外，其余三人，一人执排板，一吹笛，一奏筚篥。袖手而坐者可能是在"做排场"。

乙类墓的平面结构与甲类墓相同，亦由墓道、墓门、墓室三部分组成，包括6、7、9号墓等。方向正南，墓门偏东，形呈刀把状。三座墓均有骨架两副，当为一夫一妻。6号墓头向南，7号墓头向北。骨架排列整齐，系一次葬入。骨殖不用棺椁收敛，直接置于棺床上。7号墓砖床上铺棕一层。

墓道皆土筑，作阶梯状，极狭窄。墓门皆为圆券洞，无门楼，不加装饰。

墓室砌在上有天窗的土洞内，砖的尺寸与甲类墓相同。较小，约长2.1米，宽1.7米，高2.3～2.5米。墓室西边亦砌有砖床，床面亦不铺砖。墓室四壁除9号墓外，其余各墓均有束腰基座，结构较甲类墓须弥座层次简单，但束腰部分已有花卉及马、鹿、狮、羊等跑兽。基座之上雕有门窗槅扇，四面为屋，亦属四合院形式。6号墓北壁和东西二壁雕有一门二窗。

门窗槅扇形制与甲类墓相同，但较粗糙，装饰也不细致。

随葬品有瓷灯碗2件、大瓷碗3件、白瓷刻花瓷枕、铜簪、铜钱币6枚、二十四孝故事泥塑。

马村砖雕墓，以砖雕的形式表现了墓主人生前居室的布局样式，一般多为前厅后堂、左右配置厢房的四合院结构，并以写实的手法再现了当时的建筑风格，为宋金时期建筑史的研究提供了翔实的实物资料。该墓地出土的戏曲乐舞砖雕，生动再现了当时的戏楼结构和戏剧表演的舞台形式，是迄今所发现的最为重要的戏剧史实物资料。同时，该墓地发现的二十四孝立体雕塑，造型生动，体态优美，也是不可多得的艺术珍品。马村砖雕墓，时代明确，砖雕精美丰富，对研究宋金时期的建筑、戏剧、社会风俗、伦理道德和宗教信仰都有重要价值。

1982年，马村砖雕墓由山西省考古研究所发掘保护。1996年，成立了山西省金墓博物馆，隶属于山西省考古研究所管理。2001年6月25日，马村砖雕墓被国务院公布为第五批全国重点文物保护单位。2002年，山西省人民政府印发《关于公布太原晋阳古城遗址等102处全国重点文物保护单位保护范围的通知》，确定了马村砖雕墓保护范围和建设控制地带。2013年，国家文物局批准了马村砖雕墓保护规划。2015年，该墓隶属于稷山县文物管理服务中心管理。"四有"档案、相关保护管理文书档案、技术档案等资料，保存于山西省古建筑保护研究所。

**凤腾山古墓群** 是清代广西毛南族的墓地，位于广西壮族自治区环江毛南族自治县，地处下南乡堂八村西北部凤腾山东南面斜坡上。

凤腾山原称凤凰山，因有青龙保护凤凰蛋的民间传说，此地被当地毛南族认为是凤巢天穴。加之凤凰山后面凤腾钦集，前面凤舞三台，龙降虎伏，水蓄沙匀，左舍右库，丰盈朝寨，明堂飞阔，天简奉授。周边村屯大户、小户争相在此安葬祖坟，从毛南族谭氏始祖谭三孝的墓穴安葬于此始，渐渐形成毛南族地区规模最大、数量最多、保存较为完整的古墓群。碑文记载之墓多数为清代不同时期所葬。

1984年全国文物普查时，环江县文物管理所对凤腾山古墓群进行调查。凤腾山古墓群，东西长约200米，南北宽约120米，占地面积约2.4万平方米。墓葬从山脚排向山顶，不规则分布，共有大小墓约1000座，墓冢多呈圆丘形，可分为三类：

Ⅰ类墓，有碑文墓，墓冢较大，墓碑为牌坊式墓碑，碑边框或两侧柱雕刻有汉字对联

及动物、人物、神、佛、鳖鱼、宝葫芦、灯笼、石鼓、花、鸟等各种装饰图案，碑顶用青石雕刻成坡屋顶，墓冢四面均砌有青石护墙。如谭三孝墓，冢呈圆丘形，周边以料石围砌，前立四柱三间三楼牌楼式墓碑，雕刻各种装饰图案，其中主楼檐顶立山字脊，次楼为单檐顶盖。Ⅰ类墓存有19座。

Ⅱ类墓，有碑文墓，且碑顶盖设有"山"字形或三角形脊，碑面多饰有各种雕刻，墓冢四面均有青石护墙。Ⅱ类墓存有56座。

Ⅲ类墓，无字碑墓或土冢，无字碑墓墓前及四周设青石砌筑墓护墙，顶部有封土，有碑无文。土冢仅有封土堆，周无石砌护墙。Ⅲ类墓存有900余座。

Ⅰ类、Ⅱ类墓葬用料较为讲究，墓室或圆或方或上加封土，有单体墓、连体墓，形制多样，墓前大都有墓碑与护碑石，雕刻工艺融

凤腾山古墓群墓葬

合圆雕、浮雕、镂雕、线雕、阴阳雕等不同的技法。III类墓占墓葬的绝大多数，墓葬大都较小，装饰简单，因未经过考古发掘，从被盗掘过的墓穴中可知墓室的内部结构为砖砌拱券棺室。凤腾山古墓群是反映清代毛南族社会发展及历史文化的不可多得的宝贵资料。

1986年，环江县人民政府将凤腾山古墓群公布为县文物保护单位。1990年之前，凤腾山古墓群的保护工作由县文化局组织实施。1990年，环江毛南族自治县人民政府设立文物管理所，负责保护、管理凤腾山墓群。2000年，凤腾山古墓群被广西壮族自治区人民政府公布为第五批文物保护单位。2013年，凤腾山古墓群被国务院公布为第七批全国重点文物保护单位，编号7-0642-2-126。2014年，环江毛南族自治县人民政府划定保护范围和建设控制地带，并经广西壮族自治区人民政府审批。2014年，建立凤腾山古墓群记录档案，由环江毛南族自治县文物管理所保管，并向县文化局及广西壮族自治区文物局备案。

## 第三节　名人墓

**马王堆汉墓**　为西汉初期长沙国丞相、第一代轪侯夫妇及其子的墓地，位于湖南省长沙市芙蓉区古汉路89号马王堆医院红线内西南角上。

马王堆汉墓坐落于浏阳河下游左岸的河谷冲积平原上，长约500米，宽约230米，是一个呈东北—西南向延伸的椭圆形小台地。由于浏阳河的冲积，台地已经被第一级阶地包围，展现为一独特的半掩埋式的蚀余残丘。在其西南角，有两个相互毗邻，高约20米的土冢。据北宋《太平寰宇记》载，马王堆为西汉长沙王刘发安葬其父汉景帝妃子程姬、唐姬（刘发生母）的墓地，名双女坟。清嘉庆年间《长沙县志》称，此地是五代时期封为楚王、定都长沙的马殷及其家族的墓地，故名马王堆。

1952年，中国科学院考古研究所和湖南省文物管理委员会联合进行调查，确认马王堆是一处大型汉墓群。1971年底，解放军366医院在挖防空洞时触动1号墓。经上级批准，于1972年1月16日正式开始发掘，田野工作持续三个多月，于4月28日结束。西土冢为2号墓的封土冢，3号墓的封土堆几乎被1号墓的封土堆所覆盖。1973年11月19日开始发掘2、3号墓。

1号墓出土一具女尸，年龄约50岁，全身裹殓衣被20层。经解剖检验，外形、内脏器官均保存完整，在世界尸体保存记录中实属罕见。2号墓早期被盗，骨骼已不存。3号墓墓主仅存骨骼，经测定为30岁左右男性。

2号墓墓主为利苍，是西汉初期长沙国丞相、第一代轪侯。利苍生于战国末年，逝于汉高后二年（前186年）。利苍在楚汉之争中，为汉高祖刘邦打败项羽，建立和巩固西汉王朝立下了赫赫战功，故长沙国建立之初即任长沙国丞相。惠帝二年（前193年），又因功封轪侯，是汉初所封140多个列侯之一，位列第120位，食邑700户。1号墓墓主为利苍之妻辛追，逝于汉文帝后元元年（前163年）左右。3号墓墓主是利苍和辛追的儿子，多数学者认为他是第二代轪侯利豨（也有学者认为是利苍的另外一个儿子），下葬于汉文帝前元十二年（前168年）；其随葬品中有大量兵器，以及《长沙国南部地形图》《驻军图》等，表明墓主人或许曾参与指挥朝廷征伐南越国的战争。

三座墓的墓坑形式基本相同，都是北侧有斜坡墓道的竖穴土坑墓。1号墓墓坑最大、最

马王堆汉墓出土奏乐木俑

深：墓口南北长19.5米，东西宽17.8米，以下有4层台阶，再下则是斗形坑壁，直达墓底；墓底长7.6米，宽6.7米，深16米。3号墓规模略小，墓坑较浅，从墓口至墓底，深10.3米，墓壁只有3层台阶；墓底长5.8米，宽5.05米。2号墓墓坑作椭圆形，上圆下方，坑底大径10.35米，小径7.9米。墓葬发掘后，1号墓、2号墓进行回填，只保留3号墓墓坑。

三座墓的棺椁用巨大的木板制成，置于墓底正中。墓底和椁室周围，都塞满木炭和白膏泥，然后层层填土，夯实封固。1号墓填木炭厚0.4～0.5米，总重量达1万多斤。分布在木炭层外的白膏泥，厚1～1.3米，黏性甚强，渗透性极低，对于密封起决定性作用。1号墓的白膏泥堆积既厚又匀，封固严密，使深埋地下10多米的木椁形成高标准的恒温、恒湿、缺氧、无菌环境，基本消除物理、化学、生物等因素的损毁作用，故墓内的多层棺椁、墓主尸体及随葬器物都完好地保存下来。2号墓由于早年被盗，棺椁已朽塌，随葬器物完整的已保存不多。3号墓则因白膏泥堆积较薄，分布不匀，密封程度不好，墓内的保存情况较1号墓差。

椁室内由隔板隔成4个边厢和中间棺室。1号墓一椁四棺，四层套棺用梓属木材制作，内壁均髹朱漆，外表则各不相同。外层的黑漆素棺体积最大，长2.95米，宽1.5米，高1.44米，未加其他装饰。第二层为黑地彩绘棺，饰复杂多变的云气纹及形态各异的神怪和禽兽。第三层为朱地彩绘棺，饰龙、虎、朱雀和仙人等祥瑞图案。第四层为直接殓尸的锦饰内棺，盖棺后先横加两道帛束，再满贴以铺绒绣锦为边饰的羽毛贴花锦。2号墓棺椁已朽，从残存

盖在内棺上的"T"形帛画

的痕迹看来，推测为一椁二棺。3号墓一椁三棺，外棺和中棺的外表均髹棕黑色素漆，未加其他装饰，内棺则在加帛束之后满贴以绒圈锦为边饰的绣品。

三座墓随葬物品非常丰富，总数达3000余件，有丝织品、帛书、帛画、漆器、陶器、竹简、竹木器、木俑、农畜产品、中草药等。其中覆盖在1号墓内棺上的一幅彩绘T形帛画，花纹鲜艳，色彩绚丽，画面内容想象丰富，是中国2100多年前的丝织绘画珍品。漆器数量最多，有鼎、钫、盒、壶、盘、卮、奁、耳杯和屏风等。陶器内大多盛有食品，器口用草和泥填塞，缄封"轪侯家丞"封泥，颈部所系竹牌上隶书食品名称。木俑包括着衣俑、雕衣俑和彩绘俑，身份有别，反映出当时的社会等级制度。1号墓出土的丝织衣物，为家蚕丝织造，数量大，品种多，工艺高超，尤以素纱襌衣、绒圈锦最为珍贵，代表汉初纺织最高水平。医简、帛书有50余种、计10多万字，分为六艺类、诸子类、兵书类、数术类、方技类和地图类等，是中国考古史上古代典籍的一次重大发现。

马王堆汉墓的发掘，是在"文化大革命"那个特殊的年代里进行的一次大型考古发掘，在中国考古史上占有很重要的地位。三座汉墓出土的数千件珍贵文物，在研究中国古代历史、思想、文化、艺术与科学技术等领域占有很重要的地位。

1956年，马王堆汉墓被列为湖南省第一批省级文物保护单位。1974年，马王堆汉墓发掘完工后，在墓坑上方搭建了砖木结构的防护大棚。1983年，马王堆汉墓被湖南省人民政府公布为省级文物保护单位，确定保护范围和建设控制地带。湖南省博物馆作为马王堆汉墓的保护机构，对马王堆汉墓实施有效保护和管理。2009年，湖南省博物馆编制马王堆汉墓的"四有"档案。2013年5月3日，马王堆汉墓被国务院公布为第七批全国重点文物保护单位，编号7-0631-2-115。

**司马迁墓和祠**　为《史记》作者司马迁的墓葬以及后代所建祭祀建筑，位于陕西省韩城市芝川镇芝东村。

司马迁（约前145或前135～约前90年），字子长，夏阳（韩城南）人，太史令司马谈之子，西汉史学家、文学家和思想家。早年遍游南北，考察风俗，采集传说。初任郎中，西汉元封三年（前108年）继父职，任太史令，得读史官所藏图书。汉武帝天汉二年（前99年）因替兵败被俘的李陵辩解，获罪下狱，受腐刑。出狱后，忍辱负重完成史书《太史公书》（《史记》），共130卷52万余字，是中国第一部纪传体通史，对后世史学、文学都产生巨大影响，被鲁迅誉为"史家之绝唱，无韵之离骚"。

司马迁墓

司马迁祠

司马迁祠墓有文字记载的历史可追溯到西晋永嘉四年（310年）。《水经注》载："（永嘉四年）汉阳太守殷济瞻仰遗文，大其功德，遂建石室，立碑树桓。"其后，多个朝代均对司马迁祠墓进行扩建重修，尤以北宋和清代两个朝代为主，遗存的献殿与寝宫即为北宋时修建，清康熙年间一次大的维修奠定祠墓的格局。中华人民共和国成立后，在文物部门的努力下，又把韩城市境内的一批濒危古建如彰旭寺、三圣庙、禹王庙迁入司马迁祠，使祠区规模进一步扩大。2009年，第三次全国文物普查活动中，文物部门对司马迁墓和祠进行调查测绘。

据《水经注》和碑刻记载，祠始建于西晋永嘉四年（310年），北宋宣和七年（1125年）韩城县令尹阳率众增修扩建。元、明、清历代均有修葺。祠院整体建筑坐西朝东，包括祠门、献殿、寝殿和道房等建筑。祠外踏步、坡道分布有砖牌坊、木牌坊、山门等建筑。由低至高分别为清光绪十二年（1886年）额书"汉太史司马祠"单檐歇山顶木牌坊；清康熙十年（1671年）正面额书"高山仰止"、背面额书"既景乃冈"的单檐歇山顶木牌坊；宋代

山门；清康熙十年额刻"河山之阳"的仿木砖牌坊等。过砖牌坊，登九十九级台阶，即达祠门。祠门为卷棚硬山顶，面阔三间，额书"太史祠"三字。祠院内正面为三间献殿和三间寝殿。献殿内中央置一清同治年间浮雕石供桌。其两侧分立众多石碑，南北山墙各嵌两排碑碣，内容多为历代重修碑记和吟咏太史公之诗篇，其中包括郭沫若1958年题诗："龙门有灵秀，钟毓人中龙。学殖空前富，文章旷代雄。怜才膺斧钺，吐气作霓虹。功业追尼父，千秋太史公。"

据宋靖康元年（1126年）所刻《芝川新修太史公庙记》，三间寝殿为北宋宣和七年（1125年）所建的"五架四楹之室"，当心间面阔3.6米，通进深8米，金柱前为廊步，廊深1.78米。其结构为四架椽屋刟牵三椽栿用三柱，单檐悬山式屋顶。寝殿额书"君子万年"四字，殿内有砖基，设幔帐、神龛，龛内塑司马迁全身坐像。献殿、寝殿北侧为清康熙六十年（1721年）所建一道院，东为门房，西为住房，祠院围墙为女墙，外观宛若城堡。

司马迁墓位于司马迁祠寝殿后。《水经注》载，西晋永嘉四年（310年），汉阳太守殷济瞻仰遗文，大其功德，遂建石室，墓地初具规模。金大定十九年（南宋淳熙六年，1179年）修复墓冢。此后经历代整修。墓冢为圆形，穹庐形顶，青砖包砌，高2.15米，周长13.19米。冢上有古柏一株，树分五枝，蟠若蛟龙。墓前有清乾隆年间陕西巡抚毕沅所题"汉太史公墓"碑及其碑楼。碑阴记汉太史公墓围墙里地亩长尺、墓户姓名等。

司马迁墓具有世界性历史文化名人的纪念

意义,是研究、考察司马迁及其《史记》的唯一基地,是学习、弘扬中华民族传统文化、道德的教育基地。祠墓依山就势,人文建筑与自然环境有机结合,气势雄伟,体现了人与自然和谐之美感。

1956年,司马迁祠墓被陕西省人民委员会公布为陕西省文物保护单位。1957年,曾拨款修葺。1978年,扩建司马迁祠。次年,迁建禹王庙献殿。1980年,迁建彰耀寺大殿及三圣庙。1984年,迁置河渎碑。1982年2月23日,司马迁墓和祠被国务院公布为第二批全国重点文物保护单位,编号2-0056-2-001。1987～1988年,进行司马迁祠加固工程。1992年,陕西省人民政府划定司马迁墓和祠的保护范围。司马迁墓和祠由司马迁祠墓文物管理所负责保护和管理。"四有"档案由陕西省文物保护研究院建立并保管。

**张衡墓** 是东汉时期科学家张衡的墓地,位于河南省南阳市卧龙区石桥镇小石桥村西侧。

张衡(78～139年),字平子,东汉南阳郡西鄂县(南阳市石桥镇)人。东汉安帝元初二年(115年)任太史令,主持全国天象观测。元初四年(117年),制造出世界上第一台用水力推动的天文仪器——浑天仪。著有《地形图》《浑仪图注》《灵宪》等天文学理论著作,书中已使用赤道、黄道、南北极等概念,总结出一套新的星象体系和观测数据,并认识到宇宙的无限性,第一次科学解释月食成因。汉顺帝阳嘉元年(132年),创造世界上第一架测定地震及方向的仪器——地动仪。阳嘉三年(134年),安放在洛阳灵台上的地动仪测震装置,测出发生在千里之外甘肃东南部的地震。张衡还制造了指南车、计里鼓车、候风仪、土圭、独飞木雕等,被后人尊为科圣。

张衡墓

此外，他在文学、政治、史学、地理、绘画方面的成就也很突出。永和四年（139年），张衡卒，即葬故乡西鄂。

据文献记载，张衡葬后，其同庚好友崔瑗为之撰文刻石，立于墓前，以颂其功德。东汉末年，文学家祢衡到此凭吊，作《吊张衡文》。西晋武帝时期，夏侯湛在赴任南阳相途中到张衡墓拜谒，撰《张平子碑颂》，刻石立墓侧。北魏时期，张衡墓园为世人所广知，并有碑碣尚存。唐代，张衡墓亦称张衡庙，其时，文人墨客多有来此拜谒凭吊者，诗人骆宾王、郑谷均留有诗文。明代，张衡墓渐趋荒芜，朝廷也曾下诏寻找其墓地，未果。明嘉靖四十三年（1564年），乡人周纪寻访当地老者，得墓及读书台遗址所在，遂"修筑之"，并将修筑过程撰文刻碑，立于墓侧。同时，又刻"汉尚书令张公神道"碑一通，立于墓东路侧。清光绪八年（1882年），墓东夏村乡绅师晓亭召集乡人捐资，对张衡墓园进行修葺，并将明嘉靖四十三年所立碑碣重新刻制，与原碑分立于墓前两侧。

张衡墓为半球状土冢，高8米，周长79米，四周砌1.5米高青石围挡，墓周有青砖甬道环绕。墓前立明嘉靖四十三年"汉尚书张公墓"碑。再外环砌八边形青砖花墙，正南方向开圆月形拱门，花墙内遍植翠柏。拱门外东西两侧各立碑刻一通，其东为2012年刻东汉崔瑗"河间相张平子碑"；其西为清光绪八年重刻明"重修汉征尚书张公墓碑记"，皆建有碑楼加以保护。墓前120米神道东侧立明嘉靖四十三年《汉尚书令张公神道》碑。墓北250米处有"汉张平子读书台故址"。

1956年，河南省人民委员会拨专款对张衡墓和读书台进行维修。1963年，张衡墓被河南省人民委员会公布为省级文物保护单位。1984年，南阳县组织专家对张衡墓园所有地上文物，包括碑碣、碑楼、墓葬、遗址等情况进行全面调查，后整理为《张衡墓档案资料》一册，由南阳市张衡博物馆保存。1984年，以张衡墓为基础建立张衡博物馆。1988年1月13日，张衡墓被国务院公布为第三批全国重点文物保护单位，编号3-0237-2-0008。1992年，张衡博物馆一期工程（墓园工程）动工，至2001年基本完成。2004年，河南省人民政府印发《关于调整我省全国重点文物保护单位、省级文物保护单位保护范围和建设控制地带的批复》，公布张衡墓的保护范围和建设控制地带。张衡墓的管理原由南阳县文化馆负责，后为南阳市张衡博物馆负责。

**许慎墓** 是东汉时期经学家、文字学家许慎的长眠之地，位于河南省漯河市召陵区姬石乡许庄村东。

许慎（约58～约147年），字叔重，东汉汝南郡召陵县人（漯河市召陵区姬石乡许庄）。经学家、古文字学家。曾任汝南郡功曹，建初八年（83年）补为太尉南阁祭酒，后任五经博士、校书东观。章和二年（88年），举为孝廉。晚年在家乡及附近村庄授经教书，直至因病辞世。许慎前期致力于《诗》《书》《礼》《易》《春秋》及诸子百家著作的研究，撰著《五经异义》一书，刊正了五经混乱，对古文经学发展产生重大影响。许慎的后半生，由于愤于"俗儒鄙夫，玩其所习"，随意说解古文字之字形字义，为"理群类、解谬误、晓学者、达神旨",于是"博采通人",考文字之本源,辨递变之形迹,耗三十余年心血,撰著中国第一部文字学巨著《说文解字》。

《说文解字》是中国文字学史上第一部分析字形、辨识声读和解说字义的字典,开创部首检字的先河,以六书进行字形分析,比较系统地建立分析文字的理论,同时保存大部分先秦字体和汉代的文字训诂,反映了上古汉语词汇的面貌。《说文解字》集古文经学训诂之大成,上溯造字之源,下辨篆隶行草递变之迹,是中国最早的文字学专著,也是中国乃至世界上第一部大字典。许慎由此被历代学者尊称为"字圣""鼻祖""文宗字源""字典始祖"等。《说文解字》不仅是研究甲骨文、金文等中国古文字的阶梯和桥梁,也是打开古文典籍宝库的一把钥匙。

许慎墓墓冢高5米,周长33米。历史上,

许慎雕像

许慎墓占地有一亩多。明代在许庄村西侧建有祠堂,并置田120亩。明末战乱,祠堂被毁,祠田被废。清顺治十三年(1656年),郾城县知县荆其惇重修墓道;康熙四十六年(1707年),郾城县知县温德裕立"孝廉许公之墓"碑;光绪二年(1876年),郾城知县王风森立"许夫子从祀文庙碑"。光绪二十五年(1899年),郾城知县周世臣为纪念许慎在县城购地3.3亩,修建了许南阁祠。目前,仅存过庭五间。民国35年(1946年),许慎墓两通清碑相继被伐,由许氏后裔运回村中,后不知所终。

1959年前,许慎墓一直由许慎后裔——许庄村民自发保护与管理。1959~1986年,由郾城县文化馆负责保护与管理。1986~2017年,由郾城县许慎纪念馆负责保护与管理。1986年,许慎墓被河南省人民政府公布为第二批省级文物保护单位。2004年,根据河南省人民政府《关于调整我省全国重点文物保护单位、省级文物保护单位保护范围和建设控制地带的批复》,河南省建设厅、河南省文物管理局联合印发《关于公布全国重点文物保护单位和省级文物保护单位保护范围和建设控制地带的通知》,确定许慎墓保护范围及建控地带范围。2006年5月25日,许慎墓被国务院公布为第六批全国重点文物保护单位,编号6-0263-2-043。2008年,以许慎陵园为基础筹建许慎文化园暨许慎文化博物馆。

**张仲景墓及祠** 是东汉时期医学家张仲景的墓葬,位于河南省南阳市医圣祠街温凉河畔的医圣祠内。

张仲景(约150~219年),本名张机,以表字仲景行世,东汉南阳郡涅阳县(河南省

张仲景祠

邓州市穰东镇）人。汉灵帝时举孝廉，官至长沙太守。张仲景勤求古训，博采众长，著《伤寒杂病论》，融理、法、方、药于一炉，开辨证论治之先河，被后世尊称为医圣。其著作与《黄帝内经》《神农本草经》并称为中国医学的经典。

张仲景墓始建无确考，明清时复建并多次修葺。明崇祯元年（1628年），兰阳廪生冯应鳌到宛访求仲景墓，九月刻灵应碑。崇祯五年（1632年），园丁掘井获原墓石碣，高二尺余，文曰"汉长沙太守医圣张仲景墓"。同年，冯应鳌为叶县训导，再拜医圣祠，立石记述访墓始末，并重刻灵应碑。

在修复医圣祠过程中，出土了晋咸和五年（330年）医圣张仲景墓碑以及汉代针灸陶人等代表性文物。张仲景墓为圆形土墓丘，上有墓亭，为砖瓦结构，占地40.5平方米。1990年，河南省文物局、南阳市人民政府各拨款3万元整修仲景墓，将圆形水泥墓丘改建为方形仿汉砖石结构墓冢。墓基为青石砌成，长3.5米，宽2.8米，高0.85米，墓冢由汉砖砌成，阶梯形，共22层，高1.5米，最顶放一青石雕

张仲景墓

莲花台，长0.55米，宽0.55米，高0.45米。墓四角各嵌入一青石雕羊头，并在墓前新建仿汉砖混结构"拜殿"117平方米。仲景墓坐北朝南，由墓、墓亭、拜殿三部分组成，占地157.3平方米。张仲景祠以墓为中心，中轴线自南而北依次为山门、中殿、大殿、东西厢房。偏院有医圣井、素问亭、内经楼、灵枢阁、梅花轩、荷花池、医林会馆等，有一些为增建、重修。祠内有明、清碑刻十五通。山门外有清光绪年间所立"医圣张仲景故里碑"。墓地现已辟为南阳市张仲景博物馆。

1963年，张仲景墓被河南省人民委员会公布为第一批省级文物保护单位。1982年，建立张仲景医史文献馆。1984年，建立张仲景博物馆，负责张仲景墓及祠的保护和管理。1988年1月13日，张仲景墓及祠被国务院公布为第三批全国重点文物保护单位，编号3-0240-2-0011。2004年，河南省人民政府印发《关于调整我省全国重点文物保护单位、省级文物保护单位保护范围和建设控制地带的批复的通知》，确定南阳张仲景墓及祠的保护范围和建控地带范围。"四有"档案保管于南阳市档案局。

**武侯墓**　又名诸葛坟，是三国蜀相诸葛亮的墓葬，位于陕西省勉县城南定军山西北脚下。

诸葛亮（181～234年），字孔明，琅琊阳都（山东沂南）人，三国时期政治家、军事家。建安十二年（207年），刘备三顾茅庐，邀请诸葛亮出山，辅佐其联孙抗曹。赤壁之战后，刘备占荆、益两州。蜀汉建立，诸葛亮官拜丞相，封武乡侯，后受刘备遗诏辅政。建兴十二年（234年）北伐曹魏，与司马懿相抗，病死五丈原军中，葬定军山，谥号"忠武"。据载，武侯墓始建于蜀汉景耀六年（263年），原称武侯祠。明正德八年（1513年），都御史兰璋以祠在定军山下，祀奉不便，乃于当时勉县城附近新建规模更大的新祠。然定军

武侯墓

山下原祠宇并未毁弃，遂更名为武侯墓。

1999年，应勉县人民政府邀请，西北林学院和陕西省森林防护站有关专家对武侯墓的生态环境及古柏生长情况进行调查。2009年，第三次全国文物普查中，文物管理部门对武侯墓进行调查和测绘。

所存墓冢系后代起封土，坐西朝东，覆斗形，高约6米，周长60米。环墓砌石雕围墙。以墓冢为中轴排列，前后建筑包括山门、乐楼、照壁、内山门、南北厢房、拜殿、大殿、坟亭、寝宫、南北道院等。墓前亭内有明万历二十二年（1594年）陕西按察使赵健、清雍正十三年（1735年）果亲王胤礼所立墓碑各一通。另存明至民国碑刻30余通。墓后有古桂2株，高约19米，枝叶茂密如盖，传为汉桂，号曰"护墓双桂"。院内另有千年以上古柏20余株，古木参天，浓荫蔽日。

武侯墓在历史上多有修葺。中华人民共和国成立后，陆续投资对墓庙建筑进行了大规模维修，先后搬迁占用墓园的武侯墓乡政府、武侯墓中学、信用合作社等单位及农户，修建围墙。1957年，武侯墓被陕西省人民委员会公布为陕西省第二批重点文物保护单位。1980年，勉县人民政府成立勉县文物管理所。1992年，陕西省人民政府批转《省文物事业管理局关于划定省级以上重点文物保护单位保护范围的报告的通知》，确定保护范围与建设控制地带。1996年，武侯墓被国务院公布为第四批全国重点文物保护单位，编号4-0068-2-012。勉县武侯墓文物管理所为专职管理机构。建有"四有"档案，由陕西省文物保护研究院建立并保管。2008年"5·12"汶川特大地震，造成大

殿神龛后墙倾斜，壁画受损；南北厢房后背墙裂缝；后坟亭两侧耳房墙体开裂，局部地基下陷等多处损坏，后予以抢救性维修。

**普哈丁墓** 俗称回回堂，亦名巴巴窑，是中国伊斯兰教先贤普哈丁的墓葬，位于江苏省扬州市广陵区曲江街道解放桥社区文昌中路167号，西临古运河。

普哈丁，相传为穆罕默德第十六世裔孙，南宋咸淳年间（1265～1274年）到扬州经商传教。普哈丁被扬州繁华的经济、开放的氛围和便利的交通所吸引，在扬州住下，一住10年。期间，普哈丁主持修建仙鹤寺。德祐元年（1275年）七月二十三日（农历），病逝于由天津南下的舟中，遵其嘱葬于扬州城东古运河畔高岗。墓园后又陆续安葬一些阿拉伯人。

明初，永乐皇帝视墓园为国宝，下诏予以

普哈丁墓园踏道及"天方矩矱"门

普哈丁墓亭

普哈丁墓园明展马陆丁墓、马哈谟德墓墓亭内

元代阿拉伯人墓碑亭

保护。明末清初,墓园遭劫,损毁严重。清康熙十一年(1672年),重建窑亭及四壁围墙。乾隆五十一年(1786年),重修大殿三间、厅房五间。道光年间(1821~1850年),湖水泛滥,石岸墙基被损毁。道光二十五年(1845年)重修殿宇。咸丰三年(1853年),寺毁于战火,其后重修大殿、窑亭、"天方矩篗"门厅。同治七年(1868年),建东讲经堂。光绪三年(1877年),重修大殿、水房。光绪九年(1883年),重建北讲堂、北亭台一座。光绪二十六年(1900年),重修围墙,换造石栏。光绪二十九年(1903年),重修东讲堂。中华人民共和国成立后,仙鹤寺仍作为伊斯兰教的宗教活动场所和宗教圣地开放。

墓园占地15600平方米,分为墓域、古清真寺和花园三部分。三个部分以花墙相隔,以石阶、门道相通。墓园大门面西临运河,门额题"西域先贤普哈丁之墓",下署"乾隆丙辰荷月重建"。门内南侧为礼拜殿和水房，东侧岗上为墓域。普哈丁墓位于墓域院落的北侧，上建砖石结构的墓亭。墓亭平面呈方形，高3.5米，面积约14平方米。四壁开拱门，内为砖砌圆形穹顶，是典型的阿拉伯建筑风格的"拱拜"，外为中国传统亭式四角攒尖顶。墓葬位于墓亭中央地下，上置五级青石矩形墓塔，每层平面线雕牡丹花、立面浮雕缠枝花草和如意纹，第三层阳刻库法体阿拉伯文《古兰经》章节。墓区东北保存一株700余年银杏树，虬枝纷披。墓域内另葬有明、清有资望的中阿伊斯兰教人士的墓葬，另有民国16年（1927年）扬州城南出土的四通元代阿拉伯人墓碑移此保存保护，墓碑呈莲花瓣形，均以青石镌刻而成，用中文、阿拉伯文和波斯文记载四位于元初在扬州的阿拉伯人的姓名、身份和死亡日期。墓区东侧为新建花园园林区，有丘、池、亭、阁等。

普哈丁墓园是中国重要的伊斯兰文化和海上丝绸之路遗迹之一，对研究中国穆斯林的历史和海上丝绸之路具有重要意义，同时也是中国与阿拉伯、波斯人民友谊的见证。

1952年，扬州市人民政府拨款对残破的部分墓亭等古建筑逐步进行修缮，并油漆一新。1957年，普哈丁墓被江苏省人民委员会公布为第二批江苏省文物保护单位。1983～1985年，国务院宗教事务局以及江苏省、扬州市政府先后拨款，对园内的古墓亭、古建筑群及小部分挡土墙进行修整；仿照普哈丁墓的形式新建元代阿拉伯人墓碑亭和双层六角望月亭。1996年，江苏省人民政府办公厅转发省文化厅建委《关于公布江苏省第一二三批全国重点和省级文物保护单位保护范围及建设控制地带的请示的通知》，确定普哈丁墓保护范围与建设控制地带。2016年，扬州市伊斯兰教协会对普哈丁墓进行环境整治，修缮墓区房屋和道路。2001年，普哈丁墓被国务院公布为第五批全国重点文物保护单位，编号5-0159-2-0015。普哈丁墓园由扬州市伊斯兰教协会负责保管与使用。2004年，扬州市文物管理委员会建立普哈丁墓全国重点文物保护单位档案，保存于江苏省文物局。

**司马光墓** 为北宋政治家司马光的墓园，位于山西省夏县县城西北12.5千米处水头镇小晁村边。

司马光（1019～1086年），字君实，陕州夏县（山西夏县）涑水乡人，北宋重要的政治家、历史学家、文学家、诗人。历仕仁宗、英宗、神宗、哲宗四朝，先后任天章阁待制兼侍讲、知谏院，翰林学士兼侍读学士，右谏议大夫，史馆修撰，尚书左仆射兼门下侍郎等职。司马光少年有大志，多机敏，遇事不慌，砸缸救小朋友的故事广为流传。入仕后，作风朴实，敏言纳谏，学识渊博，无所不晓，不事奢华，多所建白，历时十九年完成294卷史籍巨著《资治通鉴》堪称楷模。元祐元年（1086年）病死。死后追封温国公，谥"文正"。司马光史学之外，音乐、律历、天文、书数无所不通，但不喜释、老之学。由他发起并主持编定的《资治通鉴》，开创时经事纬的编年体通史的范例，对中国史学著作体裁的丰富及史料考订学水平的提高做出重大的贡献。《资治通鉴》记载中国古代从周威烈王二十三年（前403年）到后周世宗显德六年（959年）1362年的历史。

司马光的其他主要著作有《温国文正司马公文集》《稽古录》《涑水记闻》《潜虚》等。

司马光墓位于司马光祖茔,司马光死后第二年即元祐二年(1087年)归葬于此。墓区石碑及清乾隆年间《夏县志》载,北宋以前,司马家族名士官宦亦多葬于祖茔。北宋治平二年(1065年)建寺。元丰八年(1085年),司马光请旨于祖茔旁建守坟香火院——余庆禅院。金代之后,历代多有官宦修葺。墓区石碑记载了维修墓区、香火院余庆禅院及修建祠堂等事件。明代司马光十六世孙认祖归宗,万历年间十七世孙司马晰回归故里守坟,连绵延续已至三十一世孙。祖茔、司马光墓、香火院(余庆禅院)、祠堂历经沧桑,保存连延。

1956年,文物普查组到司马光墓调查。1983~1989年,规划维修保护项目,迁移在保护范围内的学校、大队油坊等;修建余庆禅院东西厢房、过厅、祠堂东西厢房、杏花碑厅、

保护范围的围墙、祠堂大门。对局部地段进行钻探调查,确认墓区内司马光父子墓周围的宋代墓垣围墙遗迹、建筑遗迹3处,以及余庆禅院大殿后明代祠堂遗迹等。

司马光祖茔自东晋征东大将军司马阳始葬于斯起,由西向东排列,历代延祀。墓区中部被水沟分隔成两部分。西部的墓区时代久远,墓冢湮灭,仅见残存的石羊、石兽,高大威武,引颈挺立,魏晋风格鲜明,应该确有其东晋祖先葬于此地。东部的墓区以祖茔为主,司马光父兄三座大墓冢居中,前面有一座略小的墓冢横置神道间,东边两座大墓冢环卫,前后左右而今可见13座大小不同的墓冢。西边小东边大,西边多东边少,没有发现排列规律。三座大墓冢中,司马光之父司马池之墓居中,东为其兄司马旦之墓,西为司马光之墓。三座墓周围有砖垣墙围护遗迹,墓前有建筑遗迹,神道朝向为南偏东,两边分列有石翁仲、石虎、

司马光墓神道碑楼

司马光墓地神道

司马光墓余庆禅院大殿内彩塑三世佛

司马光墓祠堂正面

石兽、石羊等石像生20多个，大小稍有差别，方向略有不同。神道前有墓冢。冢前又有神道，朝向东南，两边亦分列石像生，有石羊、石虎、石兽等九组。在神道旁有明代嘉靖年间重立的司马光墓的神道碑及碑楼。在墓区有碑数通，其中有北宋景祐三年（1036年）司马池为其父司马炫立的碑，司马光为司马谘、司马浩所撰的碑，王安石由司马光所请为司马沂所撰的碑（后移置杏花碑厅保存）等。

墓区东南有建筑遗迹。由司马光祖茔、守坟香火院、祠堂三位一体组成，布局严谨、形制规范，中部为祠堂，左为茔地，右为香火院。其中陵园、建筑、石像生、墓碑、墓表齐备，代表中国古代墓葬风俗及规制。墓区东侧

余庆禅院内的大殿，建于宋代，所存实物仍保存有宋代的构件，建制符合宋《营造法式》模数，体现中国早期建筑风格。殿内彩画亦保留宋的风貌。

1962年，对碑楼进行修复。1980～1994年，司马光墓由山西省考古研究所管理并筹资进行前期修缮保护。1988年1月13日，司马光墓被国务院公布为第三批全国重点文物保护单位，编号3-0246-2-017。1993年，山西省人民政府审核批准，印发《关于公布晋国遗址等十六处全国重点文物保护单位保护范围的通知》，公布司马光墓保护范围。1994年10月，司马光墓文物保护管理所成立。1998年，由山西省考古研究所对司马光墓区整体修复保护进行规划。2006年，国

家文物局批准司马光墓余庆禅院大殿保护维修方案。2008年，国家文物局批准司马光墓祠堂维修方案。2012年，国家文物局批准司马光墓保护规划项目立项。2014年，国家文物局批准司马光墓部分建筑维修项目立项，山西省文物局批准司马光墓部分建筑维修方案。2015年，国家文物局批准司马光墓余庆禅院彩绘泥塑保护维修项目立项。司马光墓的"四有"档案、相关保护管理文书档案、技术档案等资料保存于山西省古建筑保护研究所。

**岳飞墓** 又称岳飞墓庙、岳王庙、岳庙，是南宋抗金名将岳飞的墓葬，位于浙江省杭州市西湖区栖霞岭南麓。

据《宋史》《岳庙志略》《重修浙江西湖岳忠武王庙墓征信录》等文献记载，岳飞（1103～1142年），河南汤阴人，南宋抗金名将，因坚决抗金、反对妥协，被宋高宗、秦桧等杀害于临安（杭州）大理寺狱中，其遗体由狱卒隗顺偷偷背出钱塘门外，"潜瘗北山之漘"的九曲丛祠，即宝石山脚的少年宫一带。南宋绍兴三十二年（1162年），孝宗继位，追复岳飞生前官职，以礼改葬其遗骸于栖霞岭南麓。嘉定十四年（1221年），因岳飞孙岳珂之请，朝廷下诏改赐紧邻岳飞墓的下智果寺充岳飞功德院，并赐额"褒忠衍福禅寺"，即杭州岳王庙的始基。景定四年至咸淳三年（1263～1267年），岳飞曾孙岳通重建褒忠衍福寺，共计佛殿一所、神祠四间、法堂五间、过廊四间、穿堂一所和屋数十间。岳飞墓的坟寺建筑始成规模。岳通另购置五十余亩田产，用于坟、寺修造和守寺僧人开支，并刻碑敬示岳氏子孙：庙产不许转售，祠寺有倾必修，有漏必补。

宋亡，元兵入杭，岳庙建筑毁于兵火。元大德五年（1301年），江西九江岳氏后裔委派岳飞六世孙岳士迪联合江苏宜兴的岳氏重新修

岳王庙大门

建，恢复墓、庙旧貌。后墓、庙再度荒废。至
元年间，杭州路总管府经历李全初在乡绅的帮
助下，捐资兴复，修葺荒墓，重建庙宇，并种
植大量松、柏等树木。当时的庙宇格局：前为
庙门；入内，左右两翼为两庑，中为奉祀岳飞
的正殿，正殿口央置相传为岳飞故宅旧藏的岳
飞像，右边是岳云像，左边是张宪像；正殿之
后为寝殿，内塑岳飞父母、四个儿子、五位媳
妇、女儿银瓶和诸孙中名位通显者的像。从大
门，到正殿，再到寝殿，共三进。据重修碑记
和诗词文赋等所叙，岳庙沿用了南宋褒忠衍福
寺的名称。至正辛丑（1361年），平章张士德重
修岳庙，并加额号"保义"。庙旋毁于火。

明洪武四年（1371年）在原庙址复建，
但规模较小。至宣德年间（1426～1435年），
庙毁于火，旋又复新。景泰年间至天顺元年
（1450～1457年），杭州府同知马伟重建岳
庙，建筑规模比此前增加了数倍。马伟并奏请
朝廷赐额"忠烈"，始称忠烈庙。弘治己酉
（1489年），工部主事林沂将岳庙西原奉庙之
土神处改建为翊忠祠，奉祀为岳飞讼冤的南宋
布衣刘允升和不满岳飞冤狱而行刺秦桧的殿前
司使臣施全。后因祠过于简朴，浙江按察使杨
峻携诸僚捐资重修，并增置塑像。弘治十四年
（1501年），镇守太监麦秀率僚属守臣重修
墓、庙，并分列岳飞《送紫岩张先生北伐》
诗碑和《满江红》词碑于东西两庑。正德四
年（1509年），镇守太监刘璟捐资重修，并于
庙门外建一座石牌坊，题额"精忠祠"。正德
十二年（1517年），镇守太监王堂重修岳庙，
在寝殿内重塑岳飞夫人李氏及子女像，并题匾
"一门忠孝"。嘉靖三十七年（1558年），侍

御史胡宗宪巡浙抗倭，借岳飞尽忠报国精神激
励将士，兴师伐寇。命有关部门力加修葺，并
捐己资，对忠烈祠正殿和寝殿进行整修，还在
正殿前增建华屋四楹，围以石栏，雅称"坛
所"。万历三十六年（1608年），在岳庙内创
建专祀岳云的祠宇，额曰"忠孝祠"。天启四
年（1624年），钦差大臣傅宗龙巡浙，捐资缮
修岳庙，并在岳庙内增建启忠、继忠、翊忠、
流芳、土地五祠。

清朝顺治八年（1651年），巡抚都御史
范承谟捐资重修。康熙二十一年（1682年），
两淮转运使罗文瑜与侍御史顾且庵、钱塘迟侯
合力重建，计为正殿五楹，大门三楹，廊屋数
间，并高墙环绕，恢复岳庙盛观。康熙三十一
年（1692年），杭州知府李铎葺祠修墓，复建
启忠祠，以奉祀岳飞父母；后又在正殿前复
建忠烈祠两庑，分塑烈文侯张宪、辅文侯牛皋
二像配祀岳飞；并塑岳飞五子、五媳、银瓶、
岳珂的像列于寝殿内。康熙四十七年（1708
年），浙江总督范时崇重修。雍正九年（1731
年），浙江总督李卫拨款重修墓、庙，整治庙
前杂乱建筑与集市，并于神道前重建石牌坊，
颜其额曰"碧血丹心"，神道两边种植松柏花
木，恢复肃穆的观瞻气氛。乾隆年间，乾隆皇
帝六次南巡到杭，或亲自驾幸岳飞墓、庙，或
委派皇子、大臣拜谒。地方官府对岳飞墓、庙
更是随时修葺，鼎新庙貌，以待临幸。嘉庆
六年（1801年），浙江巡抚阮元重修庙宇，
大门额曰"岳王庙"；入门，中有乾隆御制
诗碑，其北为岳飞部将杨再兴像；二门内，东
庑祀张宪，西庑祀牛皋，正殿奉祀岳飞；入内
为寝殿，中为岳飞与夫人坐像，东庑为岳飞五

岳王庙大殿

子像，西庑为岳飞五儿媳像；西偏建启忠祠，中祀岳飞父母，以岳飞女银瓶、孙岳珂配祀。咸丰十一年至同治三年（1861～1864年），太平天国军占据杭城，坟墓荒芜，庙宇颓圮。同治四年（1865年），浙江布政使蒋益澧捐资重修，恢复旧貌。

民国时期，岳飞墓、庙经三次较大的维修。民国7年（1918年），浙江督军杨树棠通电各省，筹募维修经费，倡议重修。继任督军卢永祥专设重修岳陵事务所。重修工程从民国9年（1920年）4月动工，至民国10年（1921年）12月竣工，共费银15万余元，镌刻"复官改葬并赐谥告词碑"和"重修宋岳忠武王祠墓碑"，分立于忠烈祠大殿前的月台上。民国22年（1933年），浙江省省长张载阳募集民间资金数万，主持重修，并于精忠泉南、碑廊之北添筑南枝巢和正气轩两座轩亭式建筑，作为参

观者休憩之所。还专门设立岳庙保管委员会负责管理。民国35年（1946年），黄元秀继任岳庙保管委员会主席，募款重修墓、庙。

中华人民共和国成立之后，将岳飞墓庙收归国有，对其陆续进行维修。1955年，因忠烈祠屋面漏雨严重，由杭州市园林管理局进行整修。1958年建杭州饭店小礼堂，原翊忠流芳合祠部分被征用。"文化大革命"期间，岳飞墓遭破坏，庙宇建筑被挪作他用，破旧不堪。1978年8月12日，浙江省和杭州市有关部门成立岳飞墓庙维修领导小组，由浙江省革命委员会拨专款对岳飞墓、庙进行全面的整理维修。到1981年9月，分两期完成全面维修。1986年11月3日，忠烈祠东配殿张烈文侯祠失火烧毁。1987年，按西配殿式样，仍采用原砖木结构形式复建。1995年，在庙门外按清光绪丙戌（1886年）的式样复建"碧血丹心"石牌坊一

座。2000～2002年，又对岳飞墓庙进行全面维修。2002年1月，重塑牛皋、张宪塑像。

岳飞墓庙由墓园和附属建筑岳庙组成，总体布局分墓园区、忠烈祠区、启忠祠区三大部分，占地15600余平方米，建筑面积2793平方米。墓园区位于岳飞墓庙整组建筑群的西南部，沿东西向轴线对称布局，轴线总长83.9米，由墓阙分隔成墓地和陵园两部分，包括岳飞墓、岳云墓、石像生、铁跪像、墓阙、"忠泉"古井等。

岳飞墓位于墓道西端，坐西朝东，圆形拱顶，直径7米，通高2.65米。下以青石板围砌，高1.2米，上封土植草。墓系南宋绍兴三十二年（1162年）以礼改葬岳飞之地，民国重修时，改为水泥封顶，1966年被毁，1979年在原址复建。墓前竖石碑一方，为明代遗物，通高3.5米。碑额雕饰云龙纹；碑身高2.11米，宽0.98米，厚0.26米，四周刻双龙戏珠纹，正中刻"宋岳鄂王墓"五字，梯形碑座，高0.57米，四面刻云纹。墓碑前设一长方形石祭桌，前置鼎式石香炉一只，炉两边束腰石烛台一对。在岳飞墓台基的南北两角，立方形石望柱一对，通高2.83米。柱头刻作花苞形，面东一侧刻沙孟海重书的旧联："正邪自古同冰炭，毁誉于今判伪真。"

岳云墓位于岳飞墓的东北侧，圆形拱顶，直径5米，通高2米。下以青石板围砌，上封土植草。岳云为岳飞长子，南宋绍兴十一年十二月二十九日（1142年1月27日）与岳飞同时被害。绍兴三十二年十月，朝廷追复岳云生前原官，依礼祔葬于岳飞墓旁。民国重修时，墓改为水泥封顶。1966年墓被毁，1979年在原址复建。墓前立石碑一方，配碑额、碑座，通高2.47米。上刻沙孟海重书的"宋继忠侯岳云墓"七字，为1979年复刻。

石像生分列于墓道两侧，南北两两对立，自西往东依次为一对文官俑、一对武将俑、一对戎装武将俑、一对石马、一对石羊、一对石虎，皆系明代遗物。

铁跪像位于墓阙的西侧，面墓而跪，阙门以北为秦桧、王氏，阙门以南为万俟卨、张俊。四铁跪像皆赤裸上身，两手反绑，双膝跪

岳飞、岳云墓

地，作俯首就刑状，通高1.14米。跪像外围以高1.11米的铁栅栏。秦桧、王氏、万俟卨、张俊为当年诬陷、残害岳飞父子的四凶，明正德八年（1513年）岳飞墓前始置跪像，1966年佚失，1979年根据河南汤阴岳飞庙的铁跪像重铸。

墓阙位于墓园东西轴线的中部，1979年修复岳飞墓时新建，高7.2米，通面阔6.04米，为一座仿木结构的单檐歇山砖石建筑。

"忠泉"古井位于墓阙东南侧墙脚，井圈八角棱边，圆口，高0.5米，口径0.35米。其上方墙中嵌石碑一方，刻"忠泉"两个大字，系清康熙三十四年（1695年）李铎重修岳飞墓庙时所题。

精忠桥架于墓阙以东的长方形小水池上，为一座东西走向石拱桥，拱券用分节并联砌筑法。桥长7.07米，宽3.27米。桥面上、下坡度和缓，采用锯齿形的磋磴，中部平铺石板，中嵌"瓶升三戟"石刻。桥两边施垂带栏杆，栏板高0.45米，浮雕花草；望柱高0.75米，中间4根望柱的柱头雕蹲狮，两端柱头刻回纹。垂带栏杆的下端置抱鼓石，扶住望柱。

碑廊位于陵园甬道的南北两侧。五架过廊，面阔十三间，通面阔41.19米，进深3.5米。

北碑廊内陈列岳飞的诗词、奏札、手书和画像等历代碑刻81方。南碑廊内陈列47块历代碑刻，主要为历代重修岳飞墓庙的碑记和历代人们拜谒岳飞墓庙的凭吊诗文等，还有根据当年宋高宗给岳飞的御札和南宋各朝对岳飞的追复赐谥等文告摹刻的碑。

照壁位于墓园区轴线的东端，歇山顶，翼角微翘。照壁长11米，西向的白色墙面上，嵌刻"尽忠报国"四个大字，每字高1.5米，宽1.23米，平底刻法，落款"莆人洪珠书"。系据明朝嘉靖十五年（1536年）洪珠所题的手迹复刻。照壁东面依壁墙而筑精忠柏亭。

忠烈祠区位于岳飞墓园的东面和东北面，呈南北向轴线对称布置，由岳庙主体建筑忠烈祠和祠前庭院、山门等组成。其中，忠烈祠东配殿张烈文侯祠于1986年11月3日失火烧毁。1987年以西庑辅文侯祠的实测图样为准，采用原砖木结构形式原址重建。启忠祠区位于墓园区北面，呈南北向轴线对称布置，有启忠祠正殿、东西厢房、南枝巢、正气轩、精忠长廊等建筑。

岳飞墓庙为研究岳飞史迹、墓庙沿革以及南宋史提供了重要的实物资料，对继承和发扬爱国主义精神，建设社会主义精神文明，增强民族凝聚力等方面均具有深远的历史意义。

1961年，岳飞墓被国务院公布为第一批全国重点文物保护单位，编号1-0176-2-015。建立民族英雄纪念馆，负责管理和保护。1998年，浙江省人民政府公布岳飞墓庙的保护范围及建设控制地带。由岳庙管理处负责岳飞墓庙的保护和资料、陈列、宣传等工作。2005年，岳飞墓庙保管所建立"四有"档案，并由该所保管。

**杨粲墓** 是播州杨氏第十三世孙杨粲夫妇的合葬墓，位于贵州省遵义市红花岗区深溪镇平桥村。四周群山拱卫、封闭合围，湘江水弯曲回抱、萦绕环流。

杨粲，字文卿，小字伯强，祖籍山西太原，是杨端第十三世孙，于宋宁宗嘉泰初年（1201～1204年）袭职，称播州安抚使，当政40余年。对外，反对金人入侵，反对吴曦

杨粲墓

杨粲墓墓室

叛国，坚决支持南宋王朝；对内，"不事苛求"，采取一些适应社会发展的政策措施。通过各族人民的辛勤劳动，播州的物质财富日益增多，经济文化有显著发展，从而出现一个"土俗大变""俨然与中土文物同"的大好局面。杨粲官终武翼大夫。由于子孙在西南抗金抗元战争中举足轻重，屡立奇功，宋王朝又陆续给他累赠许多官衔，并"赐庙忠烈，封威毅

杨粲墓墓室石雕文官、武士像

侯"，以示优宠。

杨粲墓1957年清理发掘，由于早年被盗，随葬品幸存不多。在两室棺床淤土中，获得陶瓶、影青瓷碗、残铁三脚、带柄铜镜、"崇宁重宝""崇宁通宝"钱等文物。另在两室墓底腰坑内发现两具铜鼓。

杨粲墓的平面布局是南、北两室并列，每室包括墓门、前室和后室三个部分，男女室之间设有过道互通。通长8.42米，前室宽8.04米，后室宽7.53米，男女室之南北壁和后室后壁的石刻装饰相互对称，内容大同小异。棺床均置于后室中部，长3.42米，宽1.84米，厚43厘米。四角垫有圆雕龙头，棺床下两侧雕交股龙四条。两墓后室墓顶各有一长方形藻井，当中分别镌双钩"庆栋"（男室）、"德宇"（女室）四字。两室墓门的高度、位置、装饰基本相同，安有仿木构单页门扉，可以开合关锁。

杨粲墓不但在结构上具有室幽堂奥、整

齐划一的特色，而且墓内外分布着内容丰富、技艺精湛的石刻装饰。石刻内容大体可分为人物、动物、花草、器物、图案五类。雕刻技法以高浮雕、低浮雕为主，间或加阴线刻技法。圆雕仅施于柱础和盘龙。在28尊人物造像中，以四尊武士为最高，平均1.54米；四尊力士最矮，只有40～50厘米。人物造像因地位不同，穿戴、神情亦各异。墓主正面端坐，衣冠楚楚，慈祥而又严肃。文官、女官均为立像，宽袍大袖，潇洒难掩拘谨。贡使卷发跣足，风尘仆仆。武士顶盔贯甲，威仪可畏。负重力士，两眼圆睁。总角童子，幼稚天真。俱以墓主为中心，安排在同一个"阴间世界"里，等级森严，宁静肃穆，再现播州"阳间世界"的阶级关系和民族关系，具有很高的史料价值。墓壁花草动物装饰，构思巧妙，雕镂精工，生活气息浓郁。其中，"双狮戏球""凤穿葡萄""野鹿衔芝""侍女启门"等，是体现宋代艺术风格和特点的杰作。两室六座壁龛，悉仿木构建筑，其门窗户壁、梁柱斗拱、翘脚栏杆，保存着丰富的古建实物资料。

杨粲墓是中国已发现的规模最为宏大、雕刻最为丰富的南宋墓葬，其雕刻技法纯熟、作风严谨、造型逼真生动，具有五代、北宋高度写实主义传统，被誉为"西南古代石刻艺术宝库"。

杨粲墓于1957年发掘后，贵州省博物馆聘请当地村民代为保管。1958年，贵州省人民委员会将杨粲墓列为贵州省重点文物保护单位。1982年，贵州省人民政府又重新公布为贵州省文物保护单位。1982年1月13日，杨粲墓被国务院公布为第二批全国重点文物保护单位，编号2-0057-2-002。1983年，成立杨粲墓维修指挥部，女墓室雕刻运往贵州省博物馆陈列，男墓室原样保留。1984年，成立杨粲墓文物管理所；同年，遵义县人民政府划定杨粲墓保护区及建设控制地带。1985年，经文化部文物事业管理局批准，重新复原女墓室。1987年，国家文物事业管理局下拨经费对杨粲墓进行第一次大规模修复。1989年之前，杨粲墓由遵义地区文化局、遵义地区文物管理委员会办公室管理。1991年，杨粲墓文物管理所更名为杨粲墓文物馆。2002年，杨粲墓文物馆更名为杨粲墓博物馆，隶属遵义市文化局。2010年，杨粲墓博物馆被列为第三批免费开放博物馆，2011年免费对外开放。2015年，杨粲墓保护规划通过市级、省级专家评审。是年，国家文物局批准杨粲墓进行石刻风化防治工作。

**伊斯兰教圣墓** 又称三贤四贤墓，是早期到中国伊斯兰教教徒的墓葬，位于福建省泉州市丰泽区东湖街道东湖凤山社区东南200米的灵山南坡。

唐武德年间，穆罕默德门徒大贤四人到华，一贤传教于广州，二贤传教于扬州，三贤、四贤传教于泉州，据传为有善行者。三贤、四贤生平不详，在泉州传教时身卒于斯，便葬于东门外灵山。

伊斯兰教圣墓作为全国重点文物保护单位公布的年代为元代。据明代何乔远《闽书》记载，伊斯兰教圣墓于唐武德年间始建。元至治二年（1322年，伊斯兰历722年斋月）重修，穆斯林立阿拉伯文修缮坟墓碑记一方于墓廊内。其后历代均有重修。伊斯兰教圣墓占地面积约300平方米，坐北向南。两座墓东西并排，各呈长方形，均有须弥座阿拉伯风格的花岗岩石墓盖。墓石分三层，通高60厘米，墓盖底下为覆盖墓坑的石板。墓上为1962年新建卷棚歇山式石亭。墓地周围东、西、北三面依陡壁用块石砌筑高3米的半圆形挡土墙，依墙建

伊斯兰教圣墓

仿传统木结构形式的石构墓廊，平面如马蹄形。正中为阿拉伯文重修墓碑，刻于伊斯兰历722年斋月，即元至治二年。此外，尚有元代重修碑记、《郑和行香》碑、明代游记摩崖石刻、重修温陵圣墓碑、夏必第重修记、同治十年江长贵游记等碑刻，及清代青石香炉（带烛台）、青石香炉、花岗岩香炉等附属文物。

泉州伊斯兰教圣墓印证着伊斯兰教文化经由海上丝绸之路传入泉州的悠久历史，记录了郑和航海壮举与泉州港的密切关系，是泉州港与海上丝绸之路繁盛的重要文物见证，充分体现其历史意义和文物价值，已引起国内外各界人士的高度重视。

1961年，伊斯兰教圣墓被福建省人民委员会公布为第一批省级文物保护单位。1962年，重修石墓亭，为仿木四柱歇山顶，并维修回廊及周围整治。1983年，泉州市人民政府印发《关于加强灵山圣墓文物风景区的保护和管理的通告》。1985年2月1日，成立泉州伊斯兰教圣墓文物保管所。1988年1月13日，伊斯兰教圣墓被国务院公布为第三批全国重点文物保护单位，编号3-0250-2-021。1996年，福建省人民政府划定伊斯兰教圣墓保护范围，并再次组织伊斯兰教圣墓整治。2003年4月6日，成立泉州市文物保护管理所，并对古墓葬进行全面、科学、翔实的调查，建立一整套文物记录档案。2012年7月，根据泉州市人民政府《清源山创建国家5A级旅游景区现场办公纪要》文件精神，泉州市文物保护管理所在保持所有权、监管权不变的情况下，将圣墓景区经营权及部分项目交由清源山景区服务中心统一管理。2014年，编制《伊斯兰教圣墓文物保护规划》。12月2日，福建省第十二届人大常委会第二十六次会议通过《泉州市海上丝绸之路史迹保护条例》。福建省文化厅、省住房和城乡建设厅联合印发《关于公布省级以上文物保护单位建设控制地带的通知》，划定建设控制地带。

**奢香墓** 为明代彝族女土司墓葬，位于贵州省大方县城北慕俄格古城街道办事处庆云村顺德路中段东侧云龙山麓的洗马塘畔。

奢香（1361～1396年），彝族名舍兹，为彝族恒部祖先穆阿卧后裔，为川南彝族大姓扯勒部第四十二代君长龙迁龙更之女，永宁宣抚司宣抚使禄照之妹。据清张廷玉等的《明史·贵州土司》等文献记载，明洪武六年（1373年），明廷下诏明确贵州宣慰使霭翠位各宣慰之上。洪武八年（1375年），14岁的奢香嫁霭翠为妻。洪武十四年（1381年），霭翠辞世，年方20的奢香摄贵州宣慰使，代夫执政，治理水西。当政期间，坚持与中央政权修好。当时的贵州都督马晔，"政尚威严，欲尽灭诸罗，以代流官"，故寻机"以事裸挞奢香，欲激怒诸罗为兵端"，受辱后的奢香为水西长久计，顾全大局，稳定部属。在摄宣慰同知的宋钦妻刘淑贞帮助下，于洪武十七年（1384年）赴京朝觐并诉马晔激变事。朱元璋得到奢香"愿效力开西鄙，世世保境"的承诺后，召马晔回京治罪。奢香返回贵州后，在朝廷和西南各民族人民的支持下"开偏桥、水东，西达乌蒙、乌撒及自偏桥北达容山、草堂诸境之道立龙场等九驿于境内"。为巩固西南边陲，发展水西经济，做出卓越贡献。洪武二十三年（1390年）五月，她派儿子阿期陇弟到京城入学，后被赐姓安，名的。自安的始，

奢香墓

称水西安氏。洪武二十九年（1396年）奢香死后，朱元璋赐封为"顺德夫人"并遣使祭奠。明代贵州提学副使吴国伦在《次奢香驿因咏其事》诗中赞美道："我闻水西奢香氏，奉诏曾谒高皇宫。承恩一诺九驿通，凿山刊木穿蒙茸。至今承平二百载，牂牁僰道犹同风。西溪东流石齿齿，呜咽犹哀奢香死。中州男儿忍巾帼，何物老妪亦青史。君不见！蜀道之辟五丁神，键为万卒迷无津。帐中坐叱山川走，谁道奢香一妇人。"

开辟龙场九驿，是奢香的伟大历史功绩，她不仅把驿政引进水西地区，促进水西的开发，而且沟通湘黔、川黔等四条驿道干线，在贵州交通史上占有重要地位。更具意义的是，与湘黔、川黔等四条驿道干线由政府和驻军管理不同，龙场九驿是彝族自己开设、自己出办和管理的驿道。明王士性《黔志》称赞，贵州道路，"惟西路行者，奢香八驿，夫、马、

厨、传皆其自备，巡逻干辖皆其自辖，虽夜行不虑盗也，彝俗固亦有美处"。郭子章在其《黔记·舆图志一》中也称赞："安氏龙场九驿，至永宁入蜀，其地近水西。夷法严而必行，道不拾遗，马可夜驰。"

奢香墓初建于明洪武二十九年（1396年），墓为土封石围，墓前有奢香祠、墓表、石像生等。清康熙三年（1664年），在平西王吴三桂"平南蛮""剿水西"时毁于兵燹。道光十三年（1833年），奢香后裔安淦辛请修；十八年（1838年），大定府（大方县）知府王绪昆和黔西州（黔西县）知州吴嵩梁重修，仍土封石围，立"明顺德夫人奢香墓"碑。

奢香墓占地面积约2万平方米，坐北向南。墓区北高南低，呈三层台，墓在最高一层台地上。土封石围，以精雕细刻之白色大理石砌成圆柱形，底径6米许，高4.5米。墓前二层台上立青石质方首抹角墓碑，碑阳竖向楷书阴

20世纪70年代的奢香墓旧照

刻"明顺德夫人摄贵州宣慰使奢香墓"。再前一层台地上置石狮和墓表各1对。二、三层台地外沿设望柱栏板,望柱柱头均为圆雕虎头,其原形系出土于墓旁省级文物保护单位慕俄格遗址的石雕虎头。

1961年,奢香墓被贵州省人民委员会公布为省级文物保护单位。1961年,贵州省文化局拨款600元,对奢香墓进行维修。20世纪60~70年代间遭到破坏。1981年再次维修。1982年,奢香墓被贵州省人民政府重新公布为省级文物保护单位。1985年,成立大方县文物管理所,承担奢香墓的保护和管理工作,2006年升格为大方县文化遗产管理局。1985年,征地约5000平方米,利用贵州省级财政文物保护专项补助经费重修奢香墓,1987年竣工。1988年1月23日,奢香墓被国务院公布为第三批全国重点文物保护单位,编号3-0251-2-022。1993年,选址墓葬东南隅修建奢香博物馆,征地15000平方米。奢香博物馆与大方县文物管理所合署办公,共同承担奢香墓的保护和管理工作。2002年,贵州省人民政府印发《关于我省国家级和省级文物保护单位保护范围及建设

控制地带划定方案的批复》,确定奢香墓保护范围与建设控制地带。2005年,大方县文化遗产管理局建立并保管奢香墓"四有"档案。

**海瑞墓** 是为纪念明代清官海瑞所修建的墓园,位于海南省海口市龙华区海垦街道疏港社区丘海大道39号。

海瑞(1514~1587年),字汝贤,号刚峰,海南琼山(海口市琼山区)人。海瑞一生经历明代正德、嘉靖、隆庆、万历四朝,是中国古代历史上清官的代表。嘉靖二十八年(1549年),海瑞参加乡试中举,初任福建南平教谕,后升浙江淳安和江西兴国知县,推行清丈、平赋税,并屡平冤假错案,打击贪官污吏,深得民心。自此,踏上官宦仕途,历任户部云南主事、兵部武库司主事、尚宝司丞、大理寺丞、南京都察院、右佥都御史、应天巡抚、吏部右侍郎、南京都察院、右都御史等职。他打击豪强,疏浚河道,修筑水利工程,力主严惩贪官污吏,禁止徇私受贿,是一条鞭法的试行者与践行者,强令贪官污吏退田还民,遂有"海青天""南包公"赞誉。万历十五年(1587年),海瑞病逝于南京都察院右都御史任上,赠太子太保,谥忠介。

海瑞墓门楼

海瑞墓

海瑞病逝后，明王朝在南京举行多次拜谒活动，并将灵柩运抵琼山（海口市）后，由海瑞同乡、钦差许子伟督造坟茔安葬于滨涯村，于万历十七年（1589年）二月廿二日立墓碑。

海瑞墓坐东北朝西南，是一处规模较大、布局严谨、内容丰富的明代著名官宦墓地，主要由墓冢、石牌坊、神道石像生及墓前石碑、望柱等组成。自2010年7月开始，省、市政府投入资金对海瑞墓园进行修缮及改扩建，在原占地面积1万平方米的基础上，新征土地4万余平方米。墓冢平面呈八边形，上圆下方，通高3.28米，由基座和穹隆顶两部分组成，位于园内的正中偏北。采用石条垒砌墓座，共四层，最下层周长10.48米，高0.3米，表面浅浮雕云波纹；向上二至四层分别浮雕荷花纹、花朵枝蔓纹及八卦符号等；上部圆穹隆顶，顶中心竖立一圆球，由七层石板垒砌，每层石板从下向

上逐小，最下层周长8.75米。

墓碑立于墓南侧，由碑身和碑座两部分组成，是明朝建墓时的原物，碑身呈上窄下宽的长方形，上窄0.82米，下宽0.88米，通高3.22米。碑正面两侧边阴刻花纹，是六组相互连接的纹饰图案，每组内容都为云气与上下飞翔的凤鸟构成。碑上部刻尾上翘、头朝中间的两只对称的飞龙；中间竖行楷书"皇明敕葬"四字。碑面中间刻"资善大夫南京都察院右都御史赠太子少保谥忠介海公之墓"楷书，右侧刻"钦差督造坟茔兼斋谕祭文行人司行人许子伟撰"，左侧刻"万历十七年己丑岁二月廿二日午时吉旦敬立"。碑下原有石座，"文化大革命"中被毁，1983年又重复制。

神道位于墓冢的正前方，从冢前一直通向牌坊，呈东北、西南向，全长104.35米，南北宽4米。石翁仲一对，原物在1966年被毁，

海瑞墓牌坊和神道

1983年重新复制。石鼓一对，1959年从院墙西侧地下挖出，为门下石刻（不应在神道两侧排列）。石狮子一对，明代石刻，南侧的为雄狮，右爪抓一锤；北侧的为雌狮，唯形体稍小。石马一对，南侧的一件为1983年复制；西边的为明代石刻，最高处1.46米，长2.13米，宽0.54米。昂首站立，马身鞍鞯等马具齐全，马尾下垂呈直线形。石羊一对，南侧一件为明代原件，北侧一件为1983年复制。最高处1.06米，长1.54米，宽0.43米。昂首站立，头上有双角，腰细，尾下垂弯曲，山羊造型。石虎一对，明代原件，南侧的虎颈系小铃，北边的虎颈无小铃。石牌坊、望柱、供桌、祭台、烛台等为1983年重建；谕祭碑为1992年重刻；院内尚存明代石牌坊方柱残段、石柱础等遗物。

海瑞墓是海南保存下来时代较早的古代高级官吏墓葬之一，其采用瑜祭葬礼，反映明代

十分严格的丧葬仪制和埋葬习俗，具有较鲜明的时代特征和地域文化风格。神道旁的石像生基本保存，是研究明代石刻的重要依据；墓葬的结构、造型、布局等都是研究古代墓葬的实物资料，具有很高的历史研究价值。

1962年，广东省人民委员会公布海瑞墓为广东省文物保护单位。海瑞墓历代有重修，核心区原貌基本没变。1959年，由政府拨款重修。1966年，海瑞墓遭到破坏，部分神道旁的石像生被砸。1983～1984年，海口市政府拨款对海瑞墓冢、石碑座、石像生、神道、牌坊等进行维修和重建，并新增建海瑞陈列室。1996年4月，海口市政府拨款对海瑞墓进行扩建，新增海瑞塑像、华表、不染池、清风阁、扬廉轩、八方亭及碑廊等，增辟为海瑞纪念园。1994年10月，海瑞墓被海南省政府公布为省级文物保护单位。1996年11月20日，海瑞墓被国

务院公布为第四批全国重点文物保护单位，编号4-0075-2-019。1983年，海口市海瑞墓管理处成立，专职负责海瑞墓的保护、日常维护管理及参观游客接待等工作。

利玛窦和外国传教士墓地　是北京地区历史最悠久的天主教墓区，位于北京市西城区车公庄大街6号。西、南邻马尾沟教堂遗存（山字楼、口字楼），东、北近中共北京市委党校教学楼。

利玛窦（1552～1610年），意大利人，是中国历史上中西文化交流的重要使者。1552年，出生在意大利安可纳州马切拉塔城一个贵族家庭。21岁时加入耶稣会，23岁在罗马学院接受神职教育，并从名师学习文学、法律、神学，还研习数学、天文学，擅长绘画和音乐，同时，对哲学、历史和文学也有很深的造

诣，28岁时升任神甫。明万历二十九年（1601年），利玛窦以进贡方物的名义到达北京。次年获准向明神宗进贡天主图像、天主圣母像、《天主经》、镶珍珠十字架以及报时鸣钟、《万国图志》等，并向明朝廷传授天文、地理等自然科学知识，对推动中国的地图学和地理学发展十分有裨益。利玛窦深得万历皇帝重视，被授予官职，获准在北京传教。利玛窦作为"西学东渐"的先行者，对中西文化交流做出很大的贡献。他于万历十年（1582年）到澳门，万历三十八年（1610年）病逝于北京，在中国传教近30年，并将西洋的绘画、音乐以及数学、天文学、测绘等先进科学技术传授到中国，成为中西文化交流发展史上有突出贡献的西洋传教士。

明万历三十八年闰三月十九日（1610年

利玛窦墓石门

931

5月11日），利玛窦在北京病逝，享年58岁。当时按照惯例，客死中国的传教士都埋葬在澳门。而西班牙籍传教士庞迪我等人给明神宗上奏章，希望将利玛窦就近葬于北京附近。经神宗皇帝批准，利玛窦被安葬在滕公栅栏，开外国传教士葬于北京的先河。滕公栅栏位于北京阜成门外1千米，得名于一位贵族滕公的私家花园。万历年间，成为一位杨姓太监的别墅。后来杨太监获罪，别墅被改建为一座寺庙——仁恩寺。

传教士们将仁恩寺改造为一座教堂。1611年11月1日，由龙华民在此主持葬礼，将利玛窦安葬在一座圆顶六角底座的小亭旁边。此后，邓玉函、罗雅谷、龙华民、汤若望、南怀仁、郭天爵、翟敬臣、南光国、樊继训、习圣学等耶稣会士相继葬于此地。

清康熙四十三年（1704年），由于罗马教廷禁止中国教民的祭祖、祭孔行为，从而掀起了一场礼仪之争。两年以后，康熙皇帝大怒，转而禁教，规定外国传教士凡不遵利玛窦之旧法，不服从中国礼仪的，不得传教，令其返回欧洲。自此以后，历雍正、乾隆、嘉庆直到道光朝，一直采取禁教的方针。此期间，虽然在北京的教堂多有毁坏，但滕公栅栏墓地暂交俄国道院代管，设施一切完好，并且又有部分传教士得以入葬，又葬戴进贤、刘松龄、鲍友管、傅作霖、高慎思、福文高、山遥瞻、汤尚贤、郎世宁等。

清咸丰十年（1860年），清政府与英法两国签订《北京条约》。条约规定，退赔所禁原天主教教产，外国传教士可在中国自由传教，自由买地造屋。此时的滕公栅栏墓地得到进一步扩大。原来的利玛窦和汤若望墓地，被称作葡萄牙墓地，葬有88位传教士，仅占其中的一

利玛窦和外国传教士墓地全景

小部分。墓地正南，分布着育婴堂、神父住宅和医院；西南是一所教会学校；北面是新辟的欧洲人墓地。

清光绪二十六年（1900年），滕公栅栏墓地在义和团运动中遭受洗劫，墓碑被砸碎，墓穴被挖开，其他建筑也被烧毁。次年，清政府与欧洲列强签订《辛丑条约》。特发帑银一万两，重修栅栏墓地，将利玛窦、汤若望、南怀仁、龙华民、索智能等六人的墓碑单独立起，将剩下77尊墓碑嵌入新建的教堂外墙。在育婴堂旧址新建"口字楼"，为法国遣使会修道院，民国15年（1926年）成为文声大修道院。宣统二年（1910年）在教堂正西，修建"山字楼"，为法国圣母会总院驻地，民国7年（1918年）在"山字楼"中创办私立上义师范学校。

20世纪50年代初滕公栅栏的产业转归中国天主教爱国会所有，宗教活动照常。1954年，中共北京市委党校筹建，购得山字楼、口子楼作为宿舍、食堂。将墓地的837座坟墓，迁至海淀区西北旺。1958年，天主教爱国会将马尾沟教堂赠予市委党校，成为学校的一座仓库。1966年，利玛窦等人的墓碑被深埋地下。1973年，马尾沟教堂被拆除，嵌在教堂外墙的77块教士墓碑散落各处。1979年，中国社会科学院开始计划修复利玛窦墓地。1981年，利玛窦、汤若望、南怀仁三座外国传教士墓地终于原地修复完毕。1984年，在市文物局的协助下，市委党校在利玛窦等人墓地东侧专辟一院，将原来嵌在马尾沟教堂外墙，后来散落在院中的60座石碑重新树立起来。北京市文物局还将所有碑文拓印存档。1988年9月27日，北京市文物

利玛窦墓碑

局和北京市委党校研究讨论，为妥善保护西方传教士墓地，由北京市委党校负责对散落在全校各处的西方传教士墓碑进行收集整理，新建一座碑林。至1989年7月，西方传教士碑林建成。1992年6月，因北京市委党校建设需要，同时为更好地保护原教堂石门，经西城区文物局同意，由校方出资，将位于党校南墙的小石门移至利玛窦墓地南面。至此，利玛窦和外国传教士墓地形成了今日所见之规模。

利玛窦和外国传教士墓地坐北朝南，南侧石门为1992年从市委党校南墙移至此处。石门为棂星门形式，仿木结构，面阔三间。当心间匾额镌刻满汉双文"钦赐"，额下置门簪四枚。门框两侧石柱出头，上置石狮。两次间为影壁造型，须弥座基础，雕龙影壁心，四岔角

汤若望墓

雕卷草图案，顶用冰盘檐承托筒瓦顶。门后不远即为利玛窦、汤若望、南怀仁三人的墓园。园门两侧有石雕宝瓶一对。

利玛窦墓碑居中而立，明万历三十八年（1610年）立。汉白玉石质。雕龙碑首，碑身高202厘米，宽105厘米。碑首浮雕中西合璧式图案，并刻有十字架标志。碑阳居中正书"耶稣会士利公之墓"，旁题简历，汉文、拉丁文合璧。

汤若望墓碑位于西侧，清康熙八年（1669年）立。青石质。碑首残，碑身高202厘米，宽105厘米。方首方座。额刻十字架标志。南面汉文、拉丁文合璧书汤若望生平。北面碑满汉文合璧，居中书"耶稣会士汤公之墓"，旁刻谕祭文。此碑约在1900年重修时改碑阳面北而立，原因待考。碑正面有皇帝祭文的满、汉两种文字。将满文刻于碑阳，是墓地中唯一的一例。

南怀仁墓碑位于东侧，清康熙二十八年（1689年）立。青石质。雕龙碑首，碑身高202厘米，宽105厘米。额刻十字架标志。碑阳汉文、拉丁文合璧，居中书"耶稣会士南公之墓"，旁题简历。碑阴满文、汉文合璧，镌刻谕祭文，述其生平。此谕用满、汉两种文字同刻于碑阴，墓地中只有汤若望和南怀仁之碑使用满文。

此墓园东侧还有一座较大的墓园，共有外国传教士墓碑60座及一座光绪二十九年（1903年）的重修碑。教士墓碑分立墓园花坛、甬路两侧。墓门外侧置有石羊一只、石座一尊。

利玛窦和外国传教士墓地是北京地区历史最悠久的天主教墓区，见证明清时代中西文化交流的进程，具有很高的历史价值。利玛窦和外国传教士墓地的石刻作品雕刻精美，具有较高的艺术价值。墓地的石碑、石门、石兽、宝瓶等石刻作品，多为汉白玉、青石质，以端庄肃穆的形象，构成墓园的整体格局。墓园石刻的题材内容和装饰图案涉及面广，丰富多彩。碑首多为中西合璧形式，盘龙螭首，额题处镌刻十字架或IHS（教会标志，耶稣圣名缩写）图案。碑身多以汉文、拉丁文合璧书写。碑座多雕刻二龙戏珠、狮子绣球、海水江崖、梅鹿、麒麟、仙鹤等中国传统图案。图案在雕刻技术上，显出娴熟的手法，浑圆生动，比例协调，细腻逼真，具有较高的艺术水平。

1984年5月24日，利玛窦墓及明清外国传教士墓地被北京市人民政府公布为北京第三批市级文物保护单位。1987年，北京市人民政府批转市规划局、文物局《关于第二批划定一百二十项文物保护单位的保护范围及建设控制地带的报告》的通知，确定利玛窦和外国传教士墓地保护范围和建设控制地带。2002年，对碑林内外进行绿化美化。2006年5月25日，利玛窦和外国传教士墓地被国务院公布为第六批全国重点文物保护单位，编号6-0222-2-

002。2007年，北京市古代建筑研究所建立利玛窦和外国传教士墓地全国重点文物保护单位记录档案。利玛窦和外国传教士墓地由北京市委党校管理。

阿巴和加麻札（墓） 为清代喀什地区伊斯兰教白山派首领阿巴和加及其家族的墓地，位于新疆维吾尔自治区喀什市浩罕乡艾孜热特村东南。

阿巴和加麻札由主墓室、高低礼拜寺、教经堂、加满礼拜寺、麦地里斯（经文学校）和门楼组成。始建于1640年前后，后经改建、扩建。陵墓是整个建筑群的主体，平面近长方形，高约26米，底宽约35米，进深29米。在陵墓建筑的四角，各有一底径3米左右的圆形立柱半嵌在墙内，圆柱顶端各有一召唤楼，楼顶有一弯表示伊斯兰标记的新月。陵墓顶部是用土块砌成的半圆形大穹隆，其圆拱直径17米左右。

在墓的穹隆顶端，有一个圆筒形的小楼和一弯新月。陵墓外墙从上至下用绿色琉璃砖贴面。砖面上刻有古阿拉伯文和波斯文的伊斯兰教训诫。主墓室内共埋葬阿巴和加家族五代72人。礼拜寺外殿装饰华丽，最外层列柱柱头形式多变，柱身雕刻细致。西侧的礼拜寺彩绘和砖雕图案精美，独具特色。位于礼拜寺转角处的高大塔楼与大门两侧塔楼构成伊斯兰建筑特征。

阿巴和加麻札始建于明崇祯年间，是新疆规模最大、保护较好的古代陵墓建筑。1990年，第二次全国文物普查过程中对阿巴和加麻札进行了调查、记录并建档。2008年7月，第三次全国文物普查过程中对阿巴和加麻札进行复查。

阿巴和加麻札的各处建筑都有着各自的形体特色和艺术风格。整个建筑造型稳重简洁，宏伟而肃穆。建筑内外的装饰体现出浓郁的民

阿巴和加麻扎主墓室外景

阿巴和加麻扎墓陵墓内景

族风格和地方特色，在装饰上多采用木雕、石膏雕花、彩绘砖拼花饰、木棂花窗、琉璃砖和花瓷砖相结合的形式，使整个建筑装饰丰富多彩，协调统一，美观精致。

1957年，阿巴和加麻札被新疆维吾尔自治区人民政府公布为第一批自治区级文物保护单位。1982年，喀什地区文物保护管理所成立，负责阿巴和加麻札日常保护和管理。1988年1月23日，阿巴和加麻札（墓）被国务院公布为第三批全国重点文物保护单位，编号3-0258-2-029。1996年4月至1997年10月，由国家文物局拨专款对主墓室进行一次整体维修。2002年，阿巴和加麻札保护管理所成立，专职负责麻札的日常保护和管理。2004年，建立"四有"档案，存放在喀什地区文物局。2005年，

国家启动丝绸之路（新疆段）重点文物保护工程，将阿巴和加麻札列为重点文物保护项目。2009～2013年，实施阿巴和加麻札抢险维修工程。2008年，阿巴和加麻札保护规划通过国家文物局审核批准。2009年，新疆维吾尔自治区人民政府批准公布《新疆维吾尔自治区喀什市阿巴和加麻札保护规划》。2009年，新疆维吾尔自治区人民政府印发《关于公布新疆维吾尔自治区全国重点文物保护单位保护范围、建设控制地带的通知》，公布阿巴和加麻札（墓）的保护范围和建设控制地带。

**郑成功墓** 系民族英雄郑成功的墓地，位于福建省南安市水头镇康店村。

郑成功（1624～1662年），本名森，字明俨，号大木，福建南安人，是中国历史上的民族英雄。明亡之后，他在福建坚持抗清，几度率军北伐，企图灭清复明，给清军以沉重打击。清顺治十八年（1661年）三月，他督师东渡收复台湾，至十二月十三日（1662年2月1日），在台湾人民的支援下，迫使荷兰殖民者扯起白旗，手捧降书投降，中国领土台湾回归祖国怀抱。康熙元年五月初八（1662年6月23日），郑成功病逝，葬于台南洲子尾。康熙三十八年（1699年），迁葬福建祖墓。1962年纪念郑成功收复台湾三百周年，福建省人民政府拨款重修该墓，并立碑记之。

郑成功墓位于南安县水头镇北复船山上。郑成功墓坐东南朝西北，平面呈"风"字形，外观为三合土拌糖水灰构筑，内为砖圹多室家族合葬，墓室前立有郑经和郑克塽分别书写的《石井乐斋郑公暨妣郭氏墓志》《郑延平王附葬祖父墓志铭》。墓用三合土构筑，分为九

郑成功墓全景

室，墓碑、墓道均为石砌，墓前有华表一对，石夹板九对。墓碑、墓道用花岗岩砌成。墓碑近似"凸"字形，高0.76米，上宽0.83米，下宽1.83米，阴刻楷体"明石井乐斋郑公、淑慎郭氏，桥梓五世孙、六世孙、七世孙莹域"。郑成功系乐斋六世孙。坟前设供案，石望柱分立左右，柱顶雕坐狮，两边还竖有夹杆石板9对，排列为左五右四，备立旗杆时使用。

1961年5月，福建省人民委员会公布郑成功墓为第一批省级文物保护单位。1962年，为纪念郑成功收复台湾三百周年，福建省人民委员会拨款重修该墓，南安县人民委员会树立《重修民族英雄郑成功陵墓碑记》。1982年2月23日，郑成功墓被国务院公布为第二批全国重点文物保护单位，编号2-0060-2-0005。

1986年6月，南安市文物管理委员会办公室成立郑成功墓文物保管所。1996年，福建省人民政府公布郑成功墓保护区划范围。2005年10月，按照国家文物局统一部署及相关规范，泉州市文物保护管理所建立郑成功墓记录档案。2011年，郑成功墓文物保管所等整合归入南安市文物保护中心。2014年，编制《郑成功墓保护规划》。2015年，郑成功墓安全防范系统工程列入《福建省2016年度全国重点文物保护单位安防消防防雷工程项目实施计划》，2016年编制《郑成功墓安全防范系统工程设计方案》。福建省文化厅、福建省住房和城乡建设厅印发《关于公布省级以上文物保护单位建设控制地带的通知》，公布郑成功墓的建设控制地带。

# 第四节　其他墓葬

**大伊山石棺墓**　是海岱历史文化区新石器时代的墓地，距今约6500年。墓址位于江苏省灌云县伊山镇大伊山东侧的山麓台地上。

1981年，发现大伊山石棺墓，经连云港市博物馆调查后初步证实为新石器时代墓葬。1985年，连云港市博物馆协同灌云县博物馆对残存遗址进行发掘，揭露面积200平方米，共发掘新石器时代墓葬38座，出土随葬品90余件，其中石制生产工具3件，玉饰品5件，陶器皿51件，骨制品6件。1986年，南京博物院、连云港市博物馆、灌云县博物馆对遗址进行第二次发掘，发掘面积350平方米，清理早期新石器时代文化的石棺墓24座，岳石文化和西周的灰坑各1个，汉代墓葬10座。24座墓葬中，有随葬品的仅11座。共出土随葬品20件，均放置于石棺内。石、骨制生产工具多置于腹部、脚部，装饰品多置于头部，陶制生活用品多置于头部和脚部。陶器以夹砂红褐陶、泥质红陶为主，以釜、钵、罐或鼎、钵、盆为基本组合，鼎、釜多带腰檐，钵多为平底，部分为盖在死者头部的红顶钵，其中3件底部有刻划符号。石器均磨制，有斧、锛、铲、凿等。

大伊山石棺墓

大伊山石棺墓近景

大伊山石棺墓 M44 号墓近景

大伊山石棺墓采集标本

发掘面积共550平方米，清理出石棺墓62座，分为三个葬区，墓葬同向排列，分布密集，均为竖穴土坑石棺墓。石棺是用大伊山上8～15厘米厚的天然片岩镶嵌而成。墓葬的建造过程，先是在地上挖出一个近似长方形的竖穴土坑，然后用稍经打制或自然剥落的长方形薄石板竖立在坑的四周做棺壁，棺底无铺底石板。在死者入殓后，上盖石板即成石棺。多为成人，少数为幼儿，均作单人仰身直肢葬，石棺长1.85～2.2米，宽0.38～0.8米，高0.28～0.45米，儿童棺更小，存在相互叠压或打破关系。

大伊山石棺墓是海岱历史文化区新石器时代文化的墓地，是中国发现的最早的石棺墓，也是东夷族早期文化遗存，属于青莲岗文化的

一个类型，具有很高的历史和科学价值。

1988年，大伊山石棺墓被公布为县级文物保护单位。1993年，大伊山石棺墓被公布为市级文物保护单位。同年，确定遗址保护范围，东、北、西面以桃花涧外沿为界，南面以遗址坡底脚向外延伸30米处为界。1996年，重新划定保护范围，以遗址四周护坡为零点，北、西、南外延各500米，东至大伊山到小伊山的公路；建设控制地带同保护范围。1995年，大伊山石棺墓被江苏省人民政府公布为省级文物保护单位。1996年11月20日，大伊山石棺墓被国务院公布为第四批全国重点文物保护单位，编号4-0057-2-001。2006年，灌云县开始规划建设大伊山遗址公园，已经建成，属于大伊山森林公园的一部分。大伊山石棺墓由连云港市灌云县博物馆负责管理。2004年，连云港市博物馆建立并保存"四有"档案。

**楼兰墓群**　为新石器时代至晋代（前20世纪左右～5世纪）古墓群，是新疆早期古人类文化遗存之一。墓群位于新疆维吾尔自治区巴音郭楞蒙古自治州若羌县罗布泊西北的荒漠地带，距干涸的罗布泊湖岸线5千米～20千米不等。墓群地处雅丹地貌中，主要分为铁板河墓

葬区和楼兰城郊墓葬区。铁板河墓葬区西南至楼兰古城20~30千米，东北至土垠遗址约10千米，南至LE古城4千米；楼兰城郊墓葬区西南距楼兰古城4~9千米。

楼兰墓群延续使用时间长，上限至少距今3800多年，下限距今1600年。公元四五世纪之交，随着丝绸之路的改道，管理、屯田机构的撤离和楼兰城的废弃，居民迁徙，此地逐渐沦为荒漠，墓地停止使用。民国3年（1914年），英国人斯坦因第二次进入楼兰故城遗址时，在楼兰故城东墓葬（编号LC）进行调查，挖掘墓葬14座。民国19年（1930年）和民国23年（1934年），中瑞联合考察团成员黄文弼在罗布泊北岸一带发现古代墓葬。民国23年（1934年），中瑞联合考察团的斯文·赫定、贝格曼等在铁板河以西的孔雀河畔发现部分古代墓葬。1980年，新疆社会科学院考古研究所楼兰考古队对楼兰城郊古墓群进行调查发掘，在平台墓地发掘墓葬7座，在孤台墓地发掘墓

楼兰壁画墓前室

葬2座，出土器物计200余件；另在罗布泊北端的铁板河三角洲地区发现古罗布泊人墓葬2处，对1座保存较完好的墓葬进行发掘，出土一具保存完好的女性干尸（俗称楼兰美女），尸体自然仰卧，四肢伸直，面容自如，神态安适，年龄约40~45岁，头颈、躯干及四肢均保存完整，全身皮肤呈棕红色，身长152厘米，重约10.7千克，年代距今约3800年。

据调查，楼兰墓群分布范围南北约30千

楼兰壁画墓全景

楼兰墓群长方形竖穴墓出土彩棺

楼兰墓群出土漆杯

米，东西约26千米，面积约250平方千米，墓葬达500余座。其中，铁板河墓群包括铁板河墓葬、LE北墓葬、LE西墓葬、LE东墓葬，是楼兰墓群中年代最早、延续时间最长、遗存数量最多、分布面积最广的一个区域，有墓葬400余座；楼兰城郊墓群主要有平台、孤台等墓地，有墓葬50余座。已发掘墓葬20余座，出土文物300多件，主要有丝、毛、棉织品，钱币，项珠，铜镜，木器，漆器，铜器，铁器，草编篓，以及干尸等，其中最具特色的是织有隶书文字的汉代织锦和保存完整的干尸。

据发掘资料研究，楼兰墓群在时间上可分为两大时期，即距今4000～3000年的墓葬和汉至魏晋时期的墓葬。从墓葬形制上看，距今4000～3000年的墓葬为竖穴土坑，部分地表有木桩，部分墓葬有葬具，实行单人葬，随葬品相对贫乏，编织篓为代表性器物，毛织品丰富。汉至魏晋时期的墓葬地表标志不明显，有竖穴土坑墓、单墓道竖穴土坑墓和单墓道洞室墓，部分墓葬有长方形木棺和壁画，有的木棺上有彩绘图案，多人合葬现象比较普遍。随葬品较为丰富，主要有丝毛织品、铜器、骨木器

等，其中织锦、漆器数量较多，保存较好，较为罕见。根据测量研究，早期墓葬的颅骨有欧洲人种高加索类型、地中海类型的特征；晚期墓葬主要为蒙古人种特征，部分为混合（欧、蒙混合）类型（研究者称为"楼兰类型"）。

楼兰墓群是中国西域古楼兰地区规模大，延续使用时间长，出土丝、毛织品最丰富的古文化遗存。出土文物融合浓厚的东西文化因素，对研究楼兰国古人类活动以及丝绸之路经济贸易、东西方文化交流、汉晋经营西域史等方面具有较高的价值。楼兰墓葬出土的干尸，是中国发现的保存最完整、年代最久远的人体标本。其中的一具女性干尸，距今约3800年，在考古学、古人类学、医学、环境保护学等诸多方面具有较高的研究价值。

1962年，楼兰墓群被新疆维吾尔自治区人民委员会公布为第二批自治区级文物保护单位。1982年，巴州文物保护管理所成立，1989年成立楼兰文物保护站，负责楼兰墓群的保护管理。1992年，新疆维吾尔自治区文化厅文物处（现自治区文物局）、自治区博物馆、自治区考古研究所、巴州文物保护管理所、日本

《朝日新闻》联合举办的"楼兰王国文物及悠久的美女展"，在日本东京、福冈等地展出（楼兰墓葬出土的女性干尸参展），引起轰动。2002年，在铁板河南岸设置保护工作站，负责罗布泊地区文物保护工作，包括楼兰墓群的日常保护工作。2006年5月25日，楼兰墓群被国务院公布为第六批全国重点文物保护单位，编号6-0289-2-069。2009年，巴州文物保护管理所更名为巴州文物局，负责巴州境内文物保护单位的保护和管理。2009年7月22日，新疆维吾尔自治区人民政府印发《关于公布新疆维吾尔自治区全国重点文物保护单位保护范围、建设控制地带的通知》，对楼兰墓群保护范围和建设控制地带进行公布。2014年，建立"四有"档案，档案资料存放在巴州文物局。

三海子墓葬及鹿石 是青铜时代墓葬及鹿石遗迹群，位于新疆维吾尔自治区阿勒泰地区青河县查干郭楞乡东北50多千米的三道海子夏牧场。

2013年6月，中国社会科学院考古研究所对三海子墓葬及鹿石遗迹群开始进行为期5年的考古发掘。2013年6月底至9月初对三道海子遗址群什巴尔库勒大冢西北湖边一个已经被破坏的遗址进行一期发掘，发掘面积600平方米，出土27块盾形石板。2014年6月底至9月初，对三道海子花海子三号遗址群进行发掘，发掘面积1000平方米，出土一具女性人骨和一枚铜镜、三颗玛瑙项链珠、一只银碗和铁器等随葬品，木质生产工具2件。根据出土文物的推断，墓葬为东汉时期。

遗址分为四个大的区域，分别是什巴尔库勒、却尔巴里库勒、托也勒萨依、阿腊勒托拜。四个分布区南北约6.5千米，东西约2.5千米，总面积约16.25平方千米，分布着较为集中的墓葬群和数量众多的鹿石，计有石围石堆墓、石棺墓30余座，鹿石19通。

三海子墓葬及鹿石远景

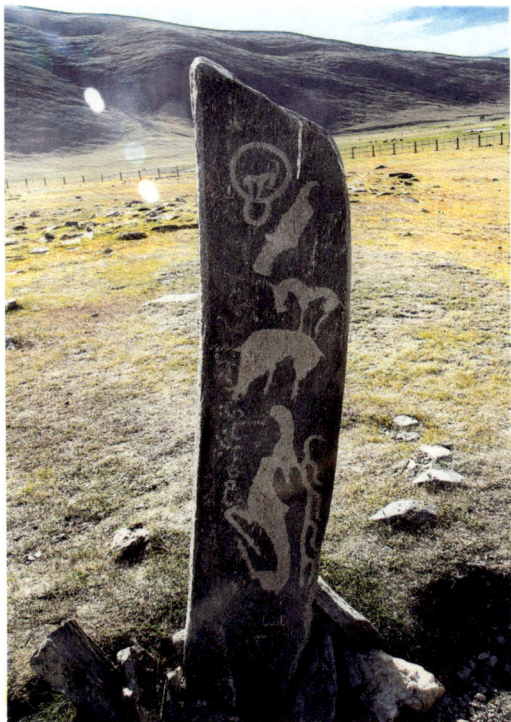

什巴尔库勒二号墓地鹿石

墓葬形制主要有环石围石堆墓、石堆墓、石棺墓等。其中，什巴尔库勒遗存一大型石围石堆墓，石堆直径78米、残高25米，石围直径210米、宽3～5米。石堆至石围之间有四条以片石铺成的石道，最宽处1.6米，为新疆境内特大古墓冢之一。

鹿石一般指经过人工敲凿雕刻加工而成的一种碑状石刻，因雕刻有鹿的图案而得名。根据内容不同而划分为典型鹿石和非典型鹿石。在三海子墓葬遗址中两种类型都有发现，典型鹿石3通，图案主要有圆圈、连点纹、鹿纹、剑、刀等，一般为正面或反面雕刻图案；非典型鹿石16通，主要图案有圆圈圈、连点纹、鹿纹、剑、刀等，一般为正面或反面雕刻图案；非典型鹿石16通，主要图案有圆圈、连点纹、鹿纹、剑、刀、写实性动物等。鹿石是早期草原文化的代表性器物。

三海子墓葬及鹿石是古代阿勒泰草原文明的象征之一，是亚欧草原文明史上具有代表性的一处文化遗产，具有较高的历史价值、科学研究价值和独特的文化艺术价值，为研究古代游牧民族的活动范围、迁移路线及亚欧草原与中原的文化交流提供了实物资料，对于研究古代宗教、祭祀、原始艺术以及埋葬制度等具有重要意义。

1993年，青河县文物保护管理所成立，负责三海子墓葬及鹿石的保护管理。1999年，三海子墓葬及鹿石被新疆维吾尔自治区人民政府公布为第四批自治区级文物保护单位。2001年6月25日，三海子墓葬及鹿石被国务院公布为第五批全国重点文物保护单位，编号5-0188-2-0044。2006年，青河县文物保护管理所更名为青河县文物局，专职负责三海子墓葬及鹿石的日常保护和管理。2004年，建立"四有"档案，档案资料存放在阿勒泰地区文物局。2009年7月22日，新疆维吾尔自治区人民政府印发《关于公布新疆维吾尔自治区全国重点文物保护单位保护范围、建设控制地带的通知》，划定三海子墓葬及鹿石保护范围和建设控制地带。

**石棚山石棚** 是中国遗存最早的地上建筑之一，为巨石文化的杰作。位于辽宁省盖州市二台子农场石棚村南500米的圆形台地上，当地称为石棚山，山相对高度20余米，顶部平缓，面积约4400平方米，上部有一座石棚。石棚曾作为寺庙使用，又被称为古云寺。

石棚，为中国古代用巨型石块做墓壁与封顶的墓葬构筑形式。石棚山石棚作为全国重点文物保护单位公布的时代为青铜时代，也有观点认为可能为更早的新石器时代晚期。

石棚山石棚原貌

盖州石棚山大石棚

石棚遗存四壁裸露于地表之上，所用石材以花岗岩加工磨制而成。东、西、北三面为整块巨石，南部空敞。据此可知其呈南北向，门方向为南偏东4°，全高3.1米。

顶石呈圆角梯形，前宽后窄，前高后低。四面出檐，东、西、南、北各伸出壁石外170厘米、160厘米、280厘米、325厘米。1991年，在顶石上面西南部发现阴刻的人头像，圆头，头顶向南，杏核眼，半圆形小嘴，长14厘米，宽11.5厘米。刻纹浅平，棱角不明显，表明刻划年代很久远。壁石均呈梯形，下宽上窄。其两侧壁石向内倾，北壁石倾靠在两侧壁上，并分别超出东、西两侧壁18厘米、19厘米。东壁石里面后端中偏上处发现阴刻两字，刻字较深，棱角明显，年代较近，多数人认定

是梵文，应是修建石棚庙时镌刻的。也有认为是原始图画文字：将人头像释为"首"字，另两个字释为"天"和"地"字，认为是原始社会后期，部落联盟首领禅让冠冕祭祀场所的文字见证。铺底石平铺于三立壁之内，已破碎，露出地面12厘米。

1963年，辽宁省人民委员会公布石棚山石棚为省级文物保护单位。1993年，辽宁省人民政府公布石棚山石棚保护范围和建设控制地带。1996年11月20日，石棚山石棚被国务院公布为第四批全国重点文物保护单位，编号4-0058-2-002。石棚山石棚现由盖州市文物管理处保护管理。石棚山石棚记录档案存放于营口市文化体育和新闻出版广电局。

**切木尔切克石人及石棺墓群**　是青铜时代古墓群，位于新疆维吾尔自治区阿勒泰市西南16千米切木尔切克乡（原称克尔木齐）境内的山间盆地中。

切木尔切克石人及石棺墓群以乡政府为中心，形成四条遗址分布线：北线，提依尔敏、科克舍木老克木齐、阿克托别、阔克托别古墓点；北偏西线，谢天尔德、海依那尔、喀腊希力克古墓点；西线，阿克希古墓点；西南线，喀腊塔斯、喀腊希力克别特古墓地。四线分布着数量较多的石雕人像及古墓葬，墓葬分布区南北宽12.5千米，东西宽3.5千米，总面积约43.7平方千米。

1963年，新疆科学院考古研究所在切木尔切克乡进行首次考古发掘，共发掘32座墓葬。出土器物包括石器、陶器、铜器、铁器、骨器等百余件文物。发掘简报对墓葬类型和年代做了进一步的研究。新疆维吾尔自治区博物馆王

博《丝绸之路草原石人研究》一书,系统研究了切木尔切克境内的墓葬和石人,对于墓葬及石人的类型和年代提出了较科学的分类,给出了较准确的年代,并最终确定了"切木尔切克文化"这一考古学名称。1988年8月,第二次全国文物普查过程中对切木尔切克石人及石棺墓群进行调查、记录并建档。2009年,第三次全国文物普查过程中对切木尔切克石人及石棺墓群进行复查。

墓葬地表形制主要有茔院制石棺墓、茔院制石堆墓、环石围石堆墓、方土石堆墓、方石棺墓、石棺墓、石堆墓等,以大型茔院制石棺墓和石围石堆墓、石棺墓最具代表性。石雕人像的数量及类型居阿勒泰之首。其年代上限可达青铜时代,下限晚至汉、魏时期。

其中,海依那尔古墓地是其中最具代表性的一处遗迹,其中的茔院制石棺墓是阿勒泰境内面积最大的一处,保存相当完好,墓前从南至北并列的五尊石人在新疆境内极为罕见;喀腊希力克别特古墓地是遗址中墓葬数量最多、

最为集中的一处,其特点是以大型墓葬居多,最大直径达64米。

切木尔切克石人及石棺墓群是阿勒泰地区保存墓葬及墓地石人数量最多、最集中的一处遗址,在研究北方草原古代民族属性、活动范围、迁移过程及生产、生活方式中具有突出的地位,对于研究古代宗教、祭祀活动、古代民族雕刻艺术及埋葬制度具有重要意义。

1962年,切木尔切克石人及石棺墓群被新疆维吾尔自治区人民委员会公布为第二批自治区级文物保护单位。1998年,阿勒泰市文物保护管理所成立。2001年6月25日,切木尔切克石人及石棺墓群被国务院公布为第五批全国重点文物保护单位,编号5-0191-2-0047。2004年,建立国保单位"四有"档案,档案资料存放在阿勒泰市文物保护管理所。2006年,阿勒泰市文物保护管理所更名为阿勒泰市文物局,负责切木尔切克石人及石棺墓群日常的保护和管理。2007年,修建保护围栏和看护房。2009年,新疆维吾尔自治区人民政府印发《关于公布新疆维吾尔

切木尔切克石人

自治区全国重点文物保护单位保护范围、建设控制地带的通知》，划定切木尔切克石人及石棺墓群保护范围和建设控制地带。

**洋海墓群**　是公元前10世纪至8世纪的古代墓群，位于新疆维吾尔自治区吐鲁番市鄯善县吐峪沟乡洋海夏买里村北约1.5千米的火焰山南坡的戈壁地带。

墓群分布在相对独立的三块略高出周围地面的台地上，台地呈长条形，总面积5.4万平方米。南北走向，南高北低，微有缓坡。三块台地相对隔离，上面均布满墓葬，其分布特征、墓形有较大差别，按类型分为一号、二号、三号墓地。

1987年，洋海墓地遭到破坏，吐鲁番地区文物局在墓地周边收缴、采集240多件文物。1988年11月，新疆维吾尔自治区文物考古研究所发掘82座墓葬，其中一号墓地77座，二号墓地5座，出土一批器物和保存较好的婴儿干尸。2003年3～5月，新疆维吾尔自治区文物考古研究所与吐鲁番地区文物局联合对洋海墓群进行抢救性发掘，3处墓地共清理发掘509座墓葬，其中一号墓地216座，二号墓地213座，三号墓地80座（均遭到破坏）。

一号墓地位于最西面，长300米，宽50米，面积1.5万平方米；二号墓地居中，长300米，宽80米，面积2.4万平方米；三号墓地位于二号墓地的南部，南北长150米，宽100米，面积1.5万平方米。墓地周围是一些寸草不生、起伏不平的沙丘、土梁，被戈壁小砾石覆盖。地面风蚀严重，地表墓葬口均开在表土层下。因墓地常被盗掘，台地表面多有盗坑。

洋海墓群根据分布可分为东、西两片墓地。墓葬形制有长方形竖穴墓、土坯墓和二层台墓、斜坡土洞墓几种。东片墓群为竖穴墓及竖穴偏室墓，属青铜时代后期至铁器时代早期。出土文物丰富，主要有石器、陶器、木器、毛织等生活用品及狩猎工具，晚期墓葬中有壁画、文书等物品，是吐鲁番史前时期及古

洋海墓群发掘现场

洋海墓群出土木桶

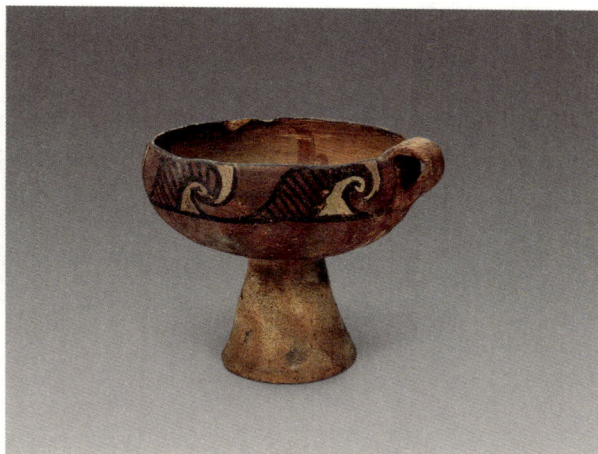

洋海墓群出土彩陶豆

代最具有代表性的古墓地之一。西片墓群规模大，以晋唐时期墓葬为主，以斜坡墓为主，出土的文书反映当时的民族、宗教、政治、文化及民间交易、生活习俗等情况。

洋海古墓葬出土的大量文物具有浓郁的地方文化特征。通过发掘，确认洋海墓地不同类型的墓葬是有规律地分布的，是氏族社会特有的埋葬形式，绝对年代为公元前1000年到公元8世纪。其出土的三角纹饰陶器在吐鲁番盆地广为流行，在其他地区很少见，为新疆地区彩陶文化的研究提供很好的资料。人颅骨标本遗存的许多穿孔现象和创伤，在人类学和病理学研究上都无疑是一批珍贵资料。

1978年，吐鲁番地区文物保护管理所成立，负责吐鲁番地区境内文物保护单位的保护管理。1994年4月，鄯善县文物保护管理所成立。2003年，吐鲁番地区土地勘测规划院和吐鲁番地区文物局联合对洋海墓群保护范围土地权属进行勘测，设立水泥界桩49个。2003年，洋海墓群被新疆维吾尔自治区人民政府公布为第五批自治区级文物保护单位。2004~2005年，在洋海墓群周边修建保护围栏及管理用

房。2005年5月，成立洋海—吐峪沟—胜金口文物管理所，专职负责洋海古墓群的日常保护和管理。2006年5月25日，洋海墓群被国务院公布为第六批全国重点文物保护单位，编号6-0291-2-071。2009年，新疆维吾尔自治区人民政府印发《关于公布新疆维吾尔自治区全国重点文物保护单位保护范围、建设控制地带的通知》，划定洋海墓群保护范围和建设控制地带。2014年，建立洋海古墓群全国文物保护单位记录档案，档案资料存放在吐鲁番市文物局。

**浙南石棚墓群** 是一种用巨石构筑而成的商周时期墓葬遗存，位于浙江省瑞安市、平阳县、苍南县境内。列入全国重点文物保护单位的共13座石棚墓，其中，瑞安市马屿镇棋盘山上3座，分布于东、西两个山岗上，东山岗1座，西山岗2座，东距市区约18千米；平阳县钱仓镇龙山头3座，分布于接近主峰的山脊上，东北方距县城7.5千米；苍南县钱库镇桐桥村7座，分布于村西面沿山脚平地上，西距县城约17千米。

1983年，瑞安市文物馆在文物普查时发现棋盘山石棚墓。1994年，浙江省文物考古研究

瑞安棋盘山石棚墓

所与温州市文物处和平阳县文物馆联合进行石棚墓专题调查，发现平阳龙山头石棚墓，并对1号石棚墓盖石下空间内进行简单试掘，在深0.3米处发现20多块陶片，石棚墓得以确认。1997年，苍南县文物馆在专题调查中，在桐桥发现7座石棚墓。随后于2000年，浙江省文物考古研究所与温州市文物处和苍南县文物馆联合对桐桥石棚墓群进行专题调查和全面记录，并对7号石棚墓进行局部试掘。依据瑞安岱石山的发掘情况，可知浙南石棚墓出土遗物为原始瓷、印纹硬陶、着黑硬陶、泥质陶、夹砂陶以及少量的青铜兵器和工具，其整体年代为商晚期至春秋晚期。

瑞安市棋盘山的3座石棚墓分布在东、西两个山岗上。其中，东山岗1座，编号瑞棋M1。瑞棋1号墓分布在岗顶部自然隆起处，1983年调查发现时石棚大部分已倒塌，盖石北面落地，但南面还有一块高大的支石支撑着，盖石下尚可见高1.2米左右的空间，其他倒塌部位的支石绝大部分压于盖石之下。1994年8月21日，南面支石也倒塌，石棚盖石平卧在地面上，局部遭破坏，呈不规则三角形，长3.7米，保存最宽处3.1米，厚0.45～0.75米。从遗迹情况看，1号墓是一座高大的石棚墓。西山岗2座，编号瑞棋M2和瑞棋M3。瑞棋2号墓保存较好，盖石完整巨大，南面还有一块支石支撑着，东面还有两块板状支石基本直立着，西面和北面支石倒入室内，压于盖石下，盖石由东南向西北倾斜，南面盖石下尚留有高1.2米左右的室内空间。盖石呈不规则梯形，体形巨大，东西长4.5米，南北宽3米，厚0.6～0.7米。此系浙南石棚墓中保存最好的一座，也是规模最大的石棚墓之一。瑞棋3号墓分布在2号墓之东约4.5米处，破坏十分严重，仅存一部分盖石和支石，盖石残长1.4米，宽1.1米，厚0.5米，支石残存3条，均已倒伏。

平阳县龙山头石棚墓的1号墓盖石保存完整，但整个石棚已向东侧倾斜倒塌，西面尚有一块直立支石支住盖石，可见高1米左右的室内空间。盖石系一块比较规整的长方形的自然巨石，东西长3.6米，南北宽3米，厚0.4～0.8米。2号墓以支石和石板组成三面墙体。盖石略呈长方形，东西长2.3米，南北宽1.8米，盖石厚0.6～0.7米。壁石三块，墓口高0.6米，宽0.7米，墓体前高后低。石棚空间宽敞，保存较完整。3号墓由支石和砾石组成墙体，上承盖石。盖石略呈长方形，东西长2.5米，南北宽2.2米，厚0.4～0.45米。

苍南县桐桥石棚墓的1号墓为四角立柱式石棚墓，保存四角直立的方柱形支石，盖石不存。依据保存支石情况，原先石棚平面呈东西向长方形，室内空间高度在1.3米以上，平面面积19平方米左右，盖石长宽应在5米以上，属大型石棚。2号墓形制结构与1号墓相同，盖石不存，四角柱形支石中的东南和东北角两块仍直立于地面，其中东南角支石高1.8米。西北角支石已倒卧在地埋于土中，西南角支石已毁不存。从支石分布情况看，原先石棚平面呈

南北向长方形，平面面积可达20平方米左右，盖石长和宽均5米左右，是一座大型石棚墓。3号墓现状为一块巨大的长扁石紧贴地面，无直立的支石或由块石、条石构成的墙体，仅在盖石两头垫支有一块长条石（横放），形成高0.9米左右的空间。形制与1号、2号石棚完全不同。保存着的盖石略呈长方形，形体并不规整，东西长3.55米，西头宽1.75米，东头宽1.4米，最厚处0.45米。4号墓在"文化大革命"中遭破坏，仅留破坏后的乱石堆，据了解原先也是一座有高大地面空间的石棚墓。5号墓地面仅存一块大体呈方形的盖石，盖石下未见支石，盖石东西长1.8米，南北宽1.6米，厚0.6米。6号墓仅地面上保留一块基本可判定为盖石的长方形大石，南端斜插于土内，无支、垫现象。大盖石并不规整，东西长1.80米，南北宽1.60米，中心厚0.60米。7号墓现状为一块平置而贴近地面的大盖石，朝东一面可观察到盖石下有数块小石支垫，形成高0.40米的空间。盖石略呈南北向三角形，南北长2.35米，东西宽（南头）1.75米，厚0.50米左右。

从遗存迹象分析，13座石棚墓在形制结构上大体可分为三种类型。第一种是在地面上每面用多块长条或长方形支石紧密埋立构建出

瑞安棋盘山西山岗2号石棚墓（东－西）

平阳龙山头1号石棚墓

三面墓壁，上用独块巨大的扁平石盖顶，形成裸突于地面的墓室，有较高的墓室空间。瑞安棋盘山3座与平阳龙山头1号墓和2号墓均属此类。此类石棚墓不但空间较高，而且大多规模巨大，如棋盘山西山岗2号墓、龙山头1号墓。第二种类型是在墓室四角各埋立一块高大的柱状支石，上置独块巨大盖石构成墓室，有高大墓室空间，苍南桐桥的1号墓与2号墓属于此类，两座石棚墓空间很高，规模特别巨大。第三种类型是盖石下无高大直立的支石，只垫支以低矮的块石，石棚显得十分低矮，与前面两类石棚墓明显不同，规模小，平阳龙山头3号墓与苍南桐桥3、5、6、7号墓均属此类。

浙南石棚墓的年代为商至春秋时期，是浙江地区与土墩墓和石室土墩墓基本同时期共存的另一种特殊墓葬形制，对于研究了解商周时期浙江地区的墓葬形制和埋葬习俗具有重要意义。石棚墓分布于浙南沿海地区，承载浙南沿海地区商周时期人类活动印迹及相应的文化特征，是研究浙南沿海地区商周时期的社会性质、经济状况和文化面貌的重要材料。浙南沿海是已知的中国南方地区唯一的石棚墓分布区，浙南石棚墓群的发现扩展了中国石棚墓的分布区域，有着独特的重要地位与学术意义，同时也是世界性巨石类文化遗存的重要组成部分，在形制结构上与中国东北地区石棚墓以及其他国家和地区存在的巨石类文化遗存相近或相似，特别是与邻近中国的韩国南部支石墓更为接近，作为东北亚地区巨石遗存的重要一部分，在整个东北亚地区支石墓中也具有比较重要的地位与作用，对于推进东北亚地区支石墓的整体研究方面意义重大。

1986年，瑞安棋盘山石棚墓被列为瑞安县第二批文物保护单位。1993年，平阳龙山头石棚墓确定为平阳县文物保护点。1997年，瑞安棋盘山石棚墓被列为浙江省第四批文物保护单位。1998年，根据浙江省人民政府《关于划定杭州六和塔等123处文物保护单位保护范围及控制地带的批复》，确定保护范围和建设控制地带。2000年，苍南桐桥石棚墓由苍南县人民政府公布为县级文物保护单位。2001年6月25日，三处石棚墓被国务院公布为第五批全国重点文物保护单位，合称浙南石棚墓群，编号5-0161-2-0017。棋盘山石棚墓由义务文保小组负责保护，龙山头石棚墓由钱仓镇垂杨村负责保护，桐桥石棚墓由业余文保员负责保护。

**荆竹坝岩棺群** 是战国至汉代大宁河流域典型的悬棺葬墓群，位于重庆市巫溪县白鹿镇香树村。

1980年，四川大学历史文化学院考古系崖葬科研小组对荆竹坝岩棺群进行调查，发现岩棺棺木25具，清理发掘其中一座墓葬（JM18）。1984年，巫溪县文化馆对大宁河悬棺进行考察，其中对荆竹坝岩棺群崖壁存留的24具岩棺进行重点调查，并做了详细记录。

荆竹坝岩棺群分布在大宁河支流东溪河荆竹峡西岸，置棺崖壁坎内，高出河面100～140米。岩棺棺木24具，尚存完整或较完整棺木15具，棺木为偶数成组排列，搁置在岩壁狭窄而绵长平台状的石墩上。上面岩石突出，形成天然岩檐，使棺木免遭日晒雨淋。棺木为整体楠木挖凿而成，制作粗糙，整底、整盖，盖身子母榫扣合，横切面近似方形，棺头内凹成挡板，盖身头尾两端各凿有拳头大小圆形孔洞，

荆竹坝岩棺群全景图

下铺成石块。其中最大一具棺木长约3米，高近1.5米，里面套有一具稍小棺木，是岩棺葬中特殊的外椁内棺形制。棺木排列，基本为两棺一组，或偶数多棺成组放置，凡可辨头向者，均朝河谷下游。

棺形大致可分为四种：盖作弧形隆起，面平齐，头尾中部各有一近圆形凹孔；盖顶呈现平面，全形近似长方体，两头端面均向内凹入10～15厘米，凹入部分略呈方形；外形同前，但棺侧观如倒"凹"字形；外形同前，棺盖稍作弧形。

荆竹坝18号岩棺系二次葬，出土有两具不完整尸骨，一具年龄约10岁，为女性，另一具年龄14～15岁，为男性，颅骨顶部有冠状凹陷情况，可能有以头顶负重的习惯。出土器物有铜带钩、铜镯。

荆竹坝岩棺群是所知悬棺葬中时代最早、保存集中、保存数量较多的重要墓葬之一，是研究巴楚文化交融及古代少数民族葬制的实物资料，鲜明的地区特色引起学术界的高度重

荆竹坝岩棺群18号棺正面

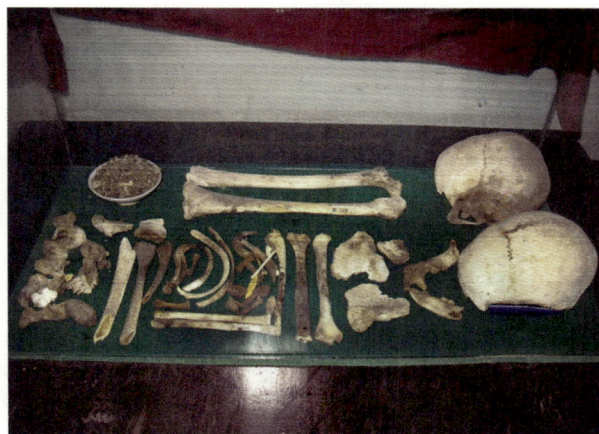

荆竹坝岩棺群棺内出土物

视，具有较高的研究价值。

1980～1987年，荆竹坝岩棺群由巫溪县文化馆负责管理。1987年起，荆竹坝岩棺群由巫溪县文物管理所管理。1988年第二次文物普查结束后，巫溪文物管理所拟申报荆竹坝岩棺群为省级文物保护单位。1991年，荆竹坝岩棺群被四川省人民政府公布为省级文物保护单位。1998年，荆竹坝岩棺群被重庆市人民政府公布为重庆市文物保护单位。2013年5月3日，荆竹坝岩棺群被国务院公布为第七批全国重点文物保护单位，编号7-0643-2-127。2014年，巫溪县文物管理所编制《全国重点文物保护单位荆竹坝岩棺群安全技术防范系统工程立项报告》。2014年，巫溪县人民政府印发《巫溪县人民政府关于划定荆竹坝岩棺群保护范围的通知》，确定保护范围。"四有"档案由巫溪县文物管理所建立并保管。

**合浦汉墓群** 是中国发现规模较大、墓葬较多的一处汉代墓群，位于广西壮族自治区合浦县廉州镇。

合浦于汉元鼎六年（前111年）设郡，之后合浦作为郡、县、州、路、府的治所，郡治的所在地，两千余年从未间断。合浦也是古代海上丝绸之路始发港之一，是古代岭南地区的一个政治经济文化中心。

合浦汉墓群分布于廉州镇四方岭及南、东北、北三面相关社区和行政村内，东起凸鬼岭东面山脚，西至下禁山西南山脚，南起鱼头岭南面山脚，北至中湾村北，范围南北长12.5千米，东西宽5.5千米，面积约68.75平方千米，共有汉墓5000余座，其中大部分墓葬封土堆已消失，地表上存封土的1056座。

合浦汉墓的考古发掘始于20世纪50年代，80年代起，配合基本建设进行抢救性发掘，清理汉墓近1000座，有土坑墓、木椁墓、砖木合构墓、砖室墓等墓葬结构形式，出土陶、铜、铁、金、银、玉、石、漆、琉璃、琥珀等文物1万余件，其中一级文物21件，二级文物177件，其余大部分为三级文物。出土的一大批与海上丝绸之路有关的琉璃、琥珀、玛瑙、水晶、绿松石、波斯陶壶等物证，证实合浦为汉代海上丝绸之路的重要港口之一。合浦汉墓具

四方岭

金鸡岭

合浦汉墓出土干栏式铜仓

有较高的历史文化、科学、艺术价值，对研究汉代岭南政治、经济、文化及海上丝绸之路通商史具有极其重要的史证价值。

1978年，始建合浦博物馆。1981年，合浦县人民政府将合浦汉墓群公布为县文物保护单位。1983年，广西壮族自治区人民政府核定公布为自治区文物保护单位。1996年11月20日，合浦汉墓群被国务院公布为全国重点文物保护单位，编号4-0065-2-0009。1983年，合浦县人民政府印发《关于公布我县的大士阁、海角亭等二十一处属区级、县级的重点文物保护单位保护范围的通知》，公布合浦汉墓群保护范围。1994年，广西壮族自治区人民政府印发《关于将合浦县四方岭定为汉墓保护区的通知》，明确四方岭汉墓的保护范围。2008年12月，合浦博物馆搬迁至新馆，更名为合浦汉代文化博物馆，地处合浦汉墓群四方岭保护区域内。2010年，合浦县成立合浦县文物管理局，负责对合浦县的文物进行管理、保护及利用。2013年，编制《广西北海市合浦汉文化公园规划方案》。2013年以来，合浦县人民政府组织编制《合浦汉墓群保护总体规划》，并获得国家文物局审批。2014年，北海市制定专

门针对合浦汉墓群在内的重要申遗点的保护法规——《北海市海上丝绸之路文化遗产点保护办法》。2014年，重新编制修订《合浦汉墓群保护总体规划》。合浦汉墓群全国重点文物保护单位记录档案、"四有"档案完善，由合浦县文物管理局、合浦县汉代文化博物馆管存。

**逯家庄壁画墓**　是一座保存完好的东汉壁画墓，位于河北省安平县逯庄村西南150米处。

1971年，农民在挖掘土丘垫地修渠时发现此墓。1971年10月，由河北省文化局组织，河北省博物馆发掘清理，挖开的墓道口重新封好，墓室及壁画仍被封土覆盖，基本保存完好。1985～1987年，安平县文化馆对该墓重新进行调查。

逯家庄壁画墓占地面积1529平方米。属于大型多室砖墓，墓上覆封土，为黄沙土掺杂褐色黏砂土夯筑而成，高3米，直径40余米。墓室方向92°，东西通长22.58米，南北最宽处为11.63米。从前至后分为墓门、甬道、前室和左侧室及右侧室、中室和左侧室及右侧室、后中室及左侧室、后室及西壁龛、北后室及西壁龛等，共十室二龛。其中，前右侧室、中右侧室和后中室有门道相通。墓室两侧虽不

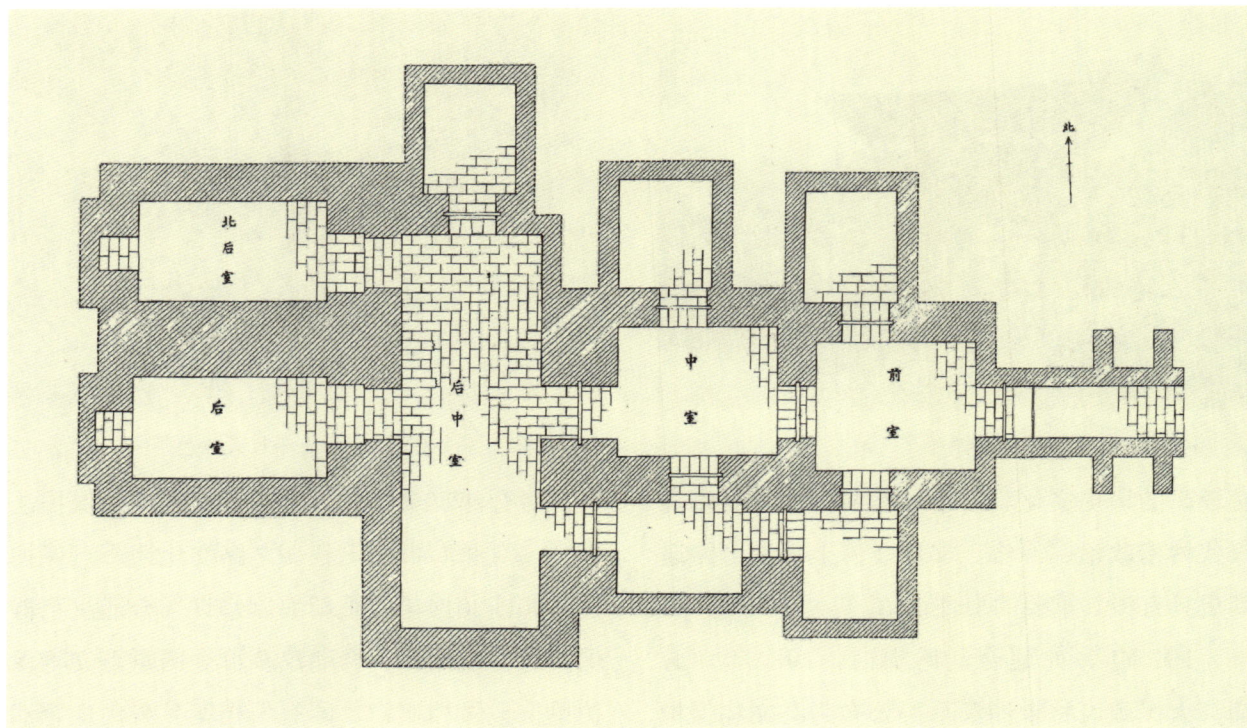

逯家庄壁画墓平面分布示意图

逯家庄壁画墓壁画车马出行图

对称，但是墓门与前室、中室、后中室、后室的门均在一条东西线上。砖用澄浆细泥烧成，火候纯正，质地坚实，呈青灰色，按形状可分为长方形、大扇面形、小扇面形、薄长方形等四种。砌砖采用磨砖对缝的方法，顶部纵向的砖与砖之间顺划一或二道阴线，作为连接时对准的记号，横向则由粉书文字来表示排列的顺序。各门与室顶均做半圆式券。室壁直立，用长方砖一横一竖的方法砌筑，底部用长方砖平铺地面。券顶、墙壁及铺地，几个正室均用二层砖，侧室用一层砖。

在中室、前室右侧室和中室右侧室中绘有壁画，壁画使用红、黄、青、白、黑赭色。壁画分别描写墓主人出行的盛况，下属管理治事、谒见，及墓主人的生活状况，体现墓主人的身份，对研究东汉末年的社会经济及绘画发展史具有重要意义。室内所存的文字为东汉晚期的隶书，点画波尾明显，有的刚健而工整，有的活泼流畅，同一字还有不同写法，是研究汉文字发展的新材料。特别是"惟熹平五年"题记，确定墓时间为东汉灵帝熹平五年，即公元176年，距今1800多年。文字是用毛笔蘸白粉浆写成，大都是作为砌券时排砖的字号而写在券顶的砖上。写法除个别者外，大都由左至右横书，也有由两端向中间书写的。粉字各室都有，只是有的粉刷时被覆盖未得显露。

墓葬早期曾遭破坏，故随葬品出土数量不多。墓主人葬于东汉熹平五年（176年），正值东汉末年王朝衰落之际，墓中发现有"惟进品"三字的砖上写有"赵"字，推测墓主人可能姓赵。当时在朝中擅权的宦官赵忠为安平人，墓下葬的时间正是他在朝中得意之时，墓主人葬制规格如此之高，推测可能与赵忠有极大的关系。

根据墓的形制和壁画出行图分析，墓主人属二千石的高级官吏。逯家庄壁画墓的发现，对于研究东汉时期房屋、衣冠和车马出行制度，研究东汉末年豪强割据的社会面貌和黄巾农民大起义的社会背景，以及研究绘画发展史，都有很重要的价值。

1982年，河北省人民政府核定公布逯家庄壁画墓为省级文物保护单位。1991年，安平县人民政府将其公布为县级重点文物保护单位。1991年11月15日，安平县文物保管所设立，负责安平壁画墓的保护和管理。1992年，河北省人民政府印发《河北省人民政府关于印发河北省国家级、省级文物保护单位保护范围和建设控制地带的通知》，确定保护范围和建设控制地带。1995年，衡水地区文物管理所建立墓的档案。1999年，河北省文物研究所再次打开逯家庄壁画墓对墓内壁画进行拍照。2001年6月25日，逯家庄壁画墓被国务院公布为第五批全国重点文物保护单位，编号5-0148-2-004。2002年，衡水市文物管理处对逯家庄壁画墓记录档案进行了修订。2004年，河北省文物研究所建立逯家庄壁画墓"四有"档案，保存于河北省文物保护中心和衡水市文物管理处。

**马茂庄墓群** 是一处大型汉代墓群遗址，主要为东汉时期的汉画像石墓，位于山西省吕梁市离石区城关镇马茂庄村西山垣上。

民国初年，马茂庄"左表汉墓"被洪水冲出。1979年，山西省离石县统一组织，分组对马茂庄进行实地普查。1990年，离石县文物管理所配合山西省考古研究所进行调查、钻探，首次用科学手段发掘汉画像石墓3座，出土画像石30余块。1992年，在离石扩城改河工程中，离石县文物管理所、山西省考古研究所再次调查、钻探、发掘，又发掘汉画像石墓3座，出土画像石近20块，其中一墓门扉石上墨书"熹平四年六月"。1995年秋，马茂庄村民在院内挖菜窖，发现一画像石墓，经抢救发掘出土11块汉画像石和2根石柱，其中一石柱上刻"建宁四年十二月"等铭文。

马茂庄墓群范围约2平方千米，年代主要集中在东汉时期，墓葬一般距地表深2～5米。墓葬形状有正方形、"凸"字形、长方形等。墓葬形制有单室（墓室）、二室（前、后室）、三室（即前、后、耳室）、四室（前室、后室、左耳室、右耳室，也称为多室）。墓室为砖石结构，大部分为画像石墓。墓道长

达30米左右。出土有确切纪年的画像石墓，多为公元150～180年间；画像石一般分布在墓门处和前室的四壁，发掘墓葬中最多的一处安置有29块画像石。

画像石墓分南部和北部两个区域。1990～1993年，发掘的6座汉画像石墓皆出自北部，有4座墓向南，1座向西，1座向北，相距不远。全部是砖石混合结构的墓葬，均有较长斜坡墓道，其中2座在近墓门处设一个小室。除1993年春发掘的一座单室墓外，其余均为前、后两室墓，其中较大墓的前室还附有一个或两个耳室。墓室皆以绳纹条砖用泥浆错缝砌筑，墓室内壁平直或略外弧。墓门外均以条砖错缝封砌。甬道均为并列式拱券顶，墓前室皆为起拱内收"四面结顶"的穹隆顶，后室和耳室亦为

马茂庄墓群出土画像石之一

马茂庄墓群出土画像石之二

穹隆顶或拱券顶。墓室地面多为纵向"人"字形铺地砖，也有错缝横铺条砖的地面。以上6座汉画像石墓，每墓均有墓门画像石5块，即门楣石、两侧立框石及两扇门扉石。墓门画像石内容极其稳定单纯，即门楣石上刻画车骑出行，显耀墓主人生前仕途等级，两侧门框石上刻画东王公西王母、拥盾持彗的门吏，两扇门扉石上刻画朱雀展翅与铺首衔环。

马茂庄墓群是汉画像石墓集中分布区域之一，也是晋西北具有代表性的一处汉画像石遗产，出土公元150～180年间有确切纪年的画像石，是研究汉代丧葬制度、文化生活、绘画艺术等重要的实物资料。

2001年6月25日，马茂庄墓群被国务院公布为第五批全国重点文物保护单位，编号5-0151-2-007。2001年，建立"四有"档案、相关保护管理文书档案、技术档案等资料，保存于山西省古建筑保护研究所。马茂庄墓群的日常管理和安全保卫工作由山西省离石市文物保护管理所负责。2002年，山西省人民政府印发《关于公布太原晋阳古城遗址等102处全国重点文物保护单位保护范围的通知》，确定保护范围与建设控制地带。

**北寨墓群** 是东汉时期的一处墓群，位于山东省沂南县城西3千米的界湖镇北寨村。

1954年3月6日，华东文物工作队奉中央文化部社会文化事业管理局指示，与山东省文物管理委员会联合前往清理。1956年3月，由南京博物院、山东省文物管理处合编《沂南古画像石墓发掘报告》出版。1994年夏，山东省文物考古研究所和沂南县文物管理所联合对2号墓进行清理发掘。1994年6月，山东省文物科技保护中心与沂南县文物管理所联合组队，对1号汉画像石墓周围地区进行钻探，钻探控制面积为4550平方米，发现小型砖室墓、石室墓2座，其他遗迹现象2处。1994年10月，北寨村村民挖地窖时发现4号墓。

北寨墓群探明古墓6座，占地面积近3.4万平方米，科学发掘3座。

1号墓，是1954年发掘的大型画像石墓，墓内分前、中、后三个主室，附有东、西侧室，共计八室，东西宽7.55米，南北长8.70米。墓室共用石材280块，其中画像石42块，刻画像73幅，分布于墓门和前、中、后三室的横额、壁面、过梁、柱、藻井、隔墙等处，总

沂南汉墓博物馆外景

面积44.227平方米。画像题材广泛，涉及社会经济、政治状况、阶级差别、民族关系、哲学宗教、神话传说、历史故事以及典章制度、建筑风格、风俗人情等诸多方面。

2号墓，是大型砖石结构多室墓，位于1号墓的南面偏东，两墓相距20米，墓葬布局与1号墓基本相同。2号墓出土完整和可复原的陶器、石器、铜器、银器等80余件，另有铁刀和漆器腐烂的痕迹。

3号墓，位于2号墓的正西面，相距12米，1970年群众修建房屋时发现，1994年山东省文物考古研究所组织人试掘，未发掘。

4号墓，位于1号墓西南100米处，1994年10月北寨村村民挖地窖时发现，由沂南县文物

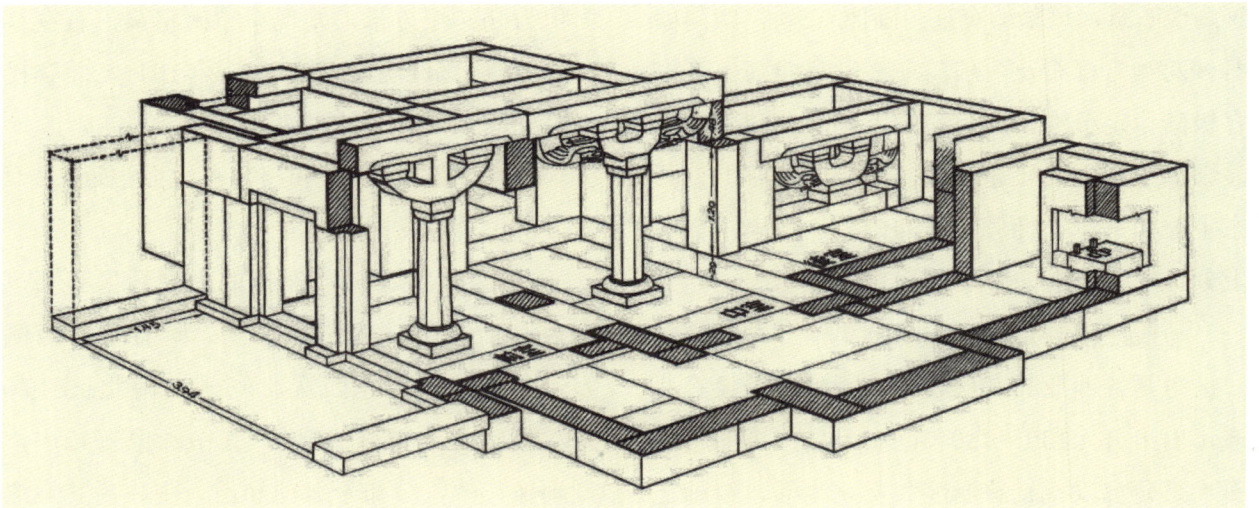

北寨墓群1号墓结构示意图

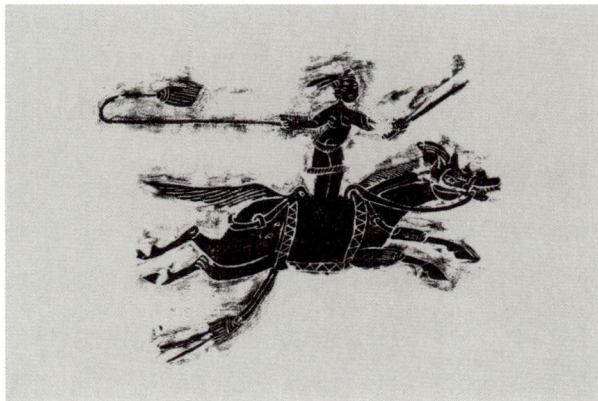

北寨墓群1号墓石刻画像马戏图拓片

管理所进行抢救性发掘，共清理出铁刀、金环、陶仓等各类文物50件。该墓为小型砖室墓，清理后回填土保护。

5号墓，距2号墓南约25米处，未发掘。

6号墓，距2号墓东南30米处，未发掘。

沂南北寨墓群墓室结构复杂，画像石及出土文物丰富，对于研究当时的社会经济状况、阶级矛盾以及风土人情、典章制度、建筑绘画、宗教哲学等有重要的参考价值。其中，1号画像石墓中有佛的图像，代表着佛教艺术在中国萌芽时期一种特有的色彩，有着深刻的文化内涵，为佛教历史研究提供重要实物资料。

北寨墓群1954年清理发掘后封土回填，由当地政府指定北寨村成立保护小组看管保护。1977年，北寨墓群被山东省革命委员会公布为第一批省级文物保护单位。1978年6月10日，沂南县革命委员会在北寨墓群1号墓上竖立省级保护单位标志碑一块，后移至沂南汉墓博物馆大门内西侧。1994年，沂南县报经上级批准，决定修建沂南汉墓博物馆。1996年，沂南汉墓博物馆正式成立并对社会开放，负责沂南北寨墓群文物的管理、展览和研究工作。2001年6月25日，北寨墓群被国务院公布为第五批

全国重点文物保护单位，编号5-0169-2-025。2013年12月，山东省人民政府印发《关于公布第四批省级文物保护单位保护范围和建设控制地带并调整公布其他省级以上文物保护单位保护范围和建设控制地带的通知》，正式公布北寨墓群的保护范围和建设控制地带。沂南汉墓博物馆除1号墓、2号墓对外展示外，所出土文物一直库存沂南县文物管理所保护。

**打虎亭汉墓**　是东汉晚期一座官宦之家的夫妇异穴合葬墓，位于河南省新密市西绥水南岸打虎亭村西。

打虎亭汉墓的墓主人，根据北魏郦道元《水经注》、清嘉庆年间《密县志》所载，确定为东汉晚期弘农郡太守张德（字伯雅）夫妇的异穴合葬墓。张德史书无传，事迹不详，《密县打虎亭汉墓》报告推断为"客死途中，并未赴任"而归葬乡里。

1959年12月发现，随后由河南省文化局文物工作队进行调查勘探，1960年2月开始发掘，先发掘一号墓，后发掘二号墓，到12月告一段落，1961年春季起开始进行绘图、照相、墨拓、壁画临摹，1964年底基本完成。

打虎亭汉墓由东西并列的两座大型墓葬组成，地面有两个高大土冢。西冢为一号墓，高15米，周长220米；东冢为二号墓，高7.5米，周长113米；两墓相距30米，总占地面积33000平方米。墓葬坐北朝南，由墓道和墓室组成，墓道呈斜坡状。墓室结构和建筑形式基本相同，均为砖石混合结构，用白灰砌缝筑成，由甬道、墓门、前室、中室、后室、南耳室、东耳室和北耳室组成。一号墓除前室甬道为砖筑外，其余部分均以青石筑成，墓室门框、门

扉、墙壁及券顶部均雕刻有画像，故称画像石墓；二号墓除门框、门扉、门楣及部分转角处为石筑外，其余部分均以砖砌筑，除墓门框、门楣局部雕刻画像外，室内墙壁上均彩绘壁画，故称为壁画墓。

一号墓形制略大。墓室南北通长近25.16米，最宽处17.78米，中室顶最高处为4.84米。由前室、中室、后室及东、南、北三个耳室共六室组成。后室放置主人棺椁，中室西部为祭台，放置石几、石案。墓内保存有雕刻精湛的石刻画像，面积达200多平方米。前室大门的半圆形横额上刻浮雕和减地线刻十鹿图，门扉中部刻高浮雕铺首衔环，二门及后室门门扉面刻浮雕图案；在门扉上刻减地线刻四灵图案，配以卷云纹组成图案花边。前室和甬道两侧，雕刻迎送宾客图。南耳室雕刻车、马、牛、羊及收租图。北耳室雕刻宴饮图。东耳室雕刻庖厨图，其中一组表示的是制作豆腐完整过程的画面，是世界上发现最早的有关豆腐及制作过程的记载。墓室内各分室顶券雕刻样式不同的藻井。

二号墓形制略小。墓室南北长20.48米、宽18.6米，中室顶高6.76米。二号墓的石刻画像主要雕刻在各室石门的门框、门额和门扉上，雕刻形式及画像内容与西墓相类。墓室内有300多平方米内容丰富的彩绘和墨绘壁画。壁画均绘在白灰墙皮上。前室、南耳室、东耳室和北耳室皆为墨绘壁画，内容与画像石墓基本相同。中室为彩色壁画，色彩鲜艳，内容丰富，券顶绘莲花、方格、卷草和菱纹组成的藻井。藻井两侧各绘7幅壁画，内容有人物、骑射、相扑、舞乐、三株树及瑞禽神兽等。北壁绘"宴饮百戏图"，长7.34米，高0.70米，面积约5.2平方米，是一幅横贯东西的巨幅壁画。画面上部绘彩色帐幔，下绘百戏图，左边绘红地黑色帷幕，帷幕为长方形庑殿式顶，其后并列4旗，前面绘大案，案面绘朱色杯盘。墓主人宴饮作乐，观看跳丸、盘舞等百戏图像。南壁上亦有一幅横长卷，绘"车马出行图"。中室南、北两壁下部画有高约1米的侍从人物画，北壁西部绘两个人物，中部绘4个人物。南壁与北壁相同。

打虎亭汉墓墓室形制结构基本保存较好。墓内石刻画像和彩绘壁画面积之大、数量之

打虎亭汉墓外景

打虎亭汉墓二号墓壁画车马出行图

打虎亭汉墓壁画相扑图

多、内容之丰富，真实地反映东汉贵族奢侈豪华的生活，为人们认识和研究汉代社会各方面的生活提供了宝贵资料。同时，又是东汉雕刻和绘画艺术的珍品，具有很高的研究价值，在中国美术史上占有重要地位。

1961年，墓葬发掘后由密县文化馆负责管理。1963年，打虎亭汉墓被公布为河南省第一批重点文物保护单位。1983年，成立打虎亭汉墓管理处。1988年1月13日，打虎亭汉墓被国务院公布为第三批全国重点文物保护单位，编号3-0239-2-0010。2号壁画墓已封护。2004年，河南省人民政府印发《关于调整我省全国重点文物保护单位、省级文物保护单位保护范围和建设控制地带的批复》，划定打虎亭汉墓保护范围。"四有"档案在河南省文物局保存，其他文书档案、技术档案在打虎亭汉墓管理处保存。

**郪江崖墓群** 是已知规模最大的崖墓群之一，位于四川省三台县的郪江、安居两镇。

郪江崖墓群的崖墓时代集中于汉晋时期，而以东汉墓数量最多且更具特色。

1981年，绵阳市及三台县相关文博部门初次对郪江崖墓群进行考古调查，选择金钟山（金钟山Ⅰ区）、紫荆湾、松林嘴等9座形制较大的崖墓进行清理和测量。2000年，四川省文物考古研究所和三台县文物管理所抢救发掘天台山、坟台嘴、胡家湾、刘家堰、洞子排墓群中已暴露的6座崖墓。2002年，经国家文物局批准，四川省文物考古研究所和三台县文管所对柏林坡5座崖墓、金钟山Ⅱ区的5座崖墓进行发掘。2002～2003年，四川省文物考古研究所、三台县文管所在实施紫荆湾、金钟山Ⅰ区墓群的保护工程中，对包括紫1～3号墓、金Ⅰ区1～4号墓在内的18座崖墓进行清理。2006年，四川省文物考古研究院、绵阳市博物馆、三台县文管所在复查郪江崖墓群的工作中，完成已发掘清理过的紫荆湾和金钟山Ⅰ区18座崖墓以及吴家湾1号墓、松林嘴1号墓的测绘。

经普查发现，在以郪江镇为中心，辐射安居、菊河等乡镇约150平方千米的范围内，分布着数以万计的崖墓，其中以郪江镇内的郪江、锦江两岸的沟湾山麓最为集中和最具代表性。以上述两江沿岸150平方千米范围为例，仅暴露的崖墓达1638座（资料统计截至2000年）。能进入墓中的1274座，双室以上墓791座，单室墓483座，有画像或仿生结构建筑形象雕刻的344座，有排水沟、灶台、案龛、壁龛、连岩房形石棺、龛形石棺、棺台和石床等各类附属设施雕刻的378座。崖墓以郪江镇为中心，以郪江和锦江为"T"字形分布。从丘陵地貌的二台土至山腰，又以山为中心而呈环形分布。

郪江崖墓往往是依照墓主生前居住的宅第（或墓主希望拥有的宅第）布局而建造，反映了汉晋南北朝时期地方门阀大姓、官僚地主庄园宅第的盛况。多在墓主生前已划定或建成一部分，其子孙继续凿建和使用。墓的基本结构一般可分墓道、墓门、甬道、墓室（前室、中室、后室、侧室、耳室）等。墓内还建有附属生活设施，葬具有石棺、瓦棺、砖棺和木棺。崖墓规模大小不一，小的长约3米，大的长达27米；小的面积在5平方米左右，最大的可以上百平方米，如坟台嘴1号墓有大小九室，面积达104平方米。

郪江崖墓均依山势凿崖为室，墓葬方向与墓室的开凿似无明显关系。开凿方式是先在缓坡上向山腹纵深开一明槽作为露明墓道，至岩石深处再凿出墓门与墓室，墓道长短与墓室大小无关。绝大多数墓葬都未构造专门的排水设施，排水利用墓室、墓道由内向外倾斜形成的坡度，加上岩石中的天然裂隙来完成。

崖墓结构多样，有简有繁，类型丰富，单室墓有方形、纵列长方形和横列长方形。多室

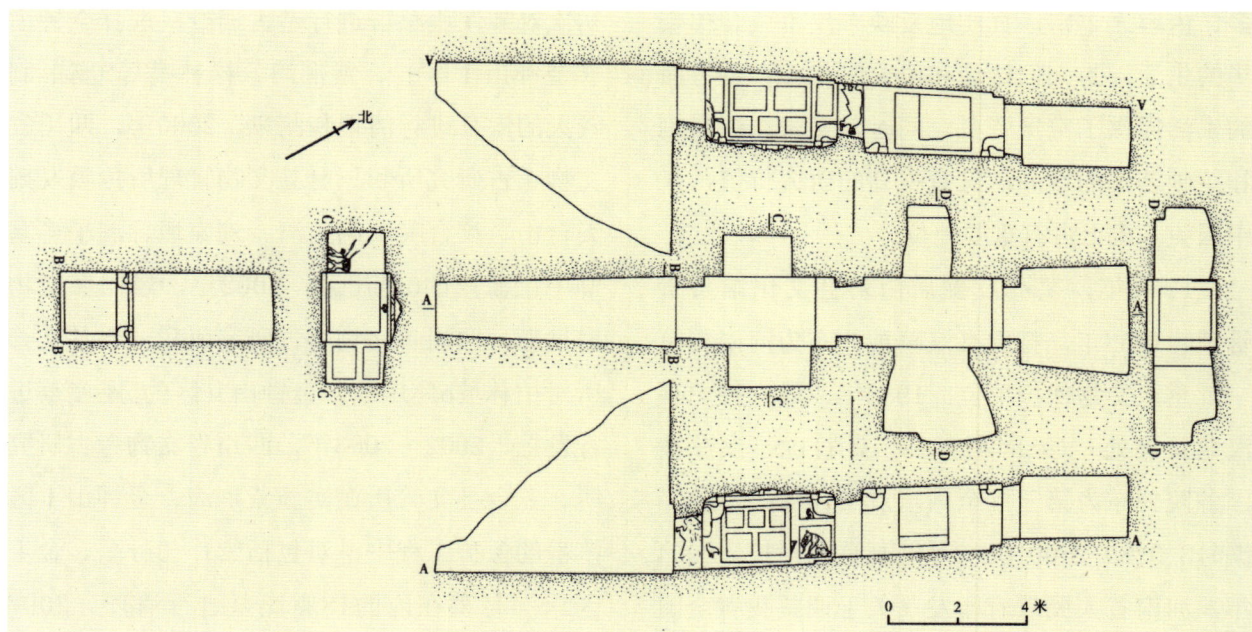

金钟山Ⅰ区M1号墓平、剖面示意图

紫荆湾一号墓形制

紫荆湾二号墓斗拱

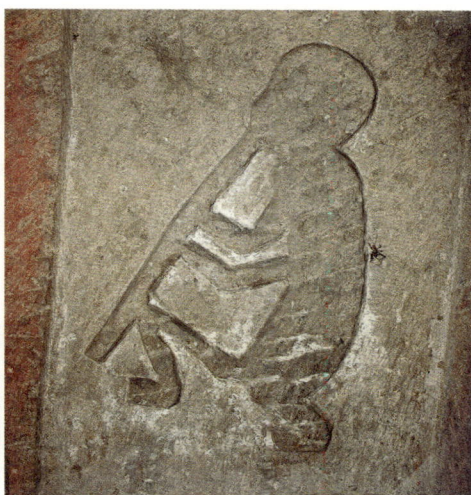

金Ⅱ区 M1 吹笛图

墓有一进二到一进四的墓，两侧还有数量不等的侧室和耳室。在多室墓中，大都把象征正堂的主室置于最后，象征居室的墓室位于中轴线的一侧，而象征厕所、厨房的墓室位于中轴线的另一侧，并且将厨房等放在前部或中部，且普遍见于郪江其他大中型崖墓中，是当时地主官僚宅第平面布局的典型模式。另外，紫2号墓、紫3号墓的墓室沿平行的二纵轴线分布，其左路从墓门而入，依次是前室、中室、后室。右侧辟有前右耳室及中右耳室，耳室间有门道相连，自成一体。二纵轴线的平面布局是当时民居的一种常见的形式。郪江崖墓群中约三分之一的墓有仿地面木结构建筑的装饰雕刻，展示汉代房屋的结构和用途。在墓外洞口处表现庭院建筑的墓不多，仅金钟山Ⅱ区2号墓。大多墓葬集中把庭院建筑搬进墓内，在室内表现直观的内部建筑，如屋顶梁架、斗拱立柱和墙壁装饰等。郪江崖墓有建筑装饰的墓

金钟山1号墓石刻狗咬耗子图

中，绝大部分都用红色涂刷，特别是板壁和斗拱柱。

郪江崖墓石刻画像有彩绘石刻画像和绘画相结合的画像，技法有阴线刻、平面浅高浮雕、弧面浅高浮雕和圆雕。画像石刻和彩绘均分布在墓内仿木结构木板墙或编壁墙的壁板和墓室甬道侧壁，雕像主要分布在墓室顶部天花枋和崖棺、石棺上。画像大多以单幅为主，其题材、内容比较丰富。画像石刻、雕像和彩绘的内容题材可以大致分为仙禽灵兽为代表的仙境或天界、现实世界墓主世俗生活、地下世界驱鬼镇墓三类。

郪江崖墓保存情况完好，对古代崖墓的研究价值有多方面的意义，其中非常重要的一条表现在崖墓墓室模仿地上建筑，表现得相当细致。造像的形态表现与彩绘相结合，也是一个特点。

1981年，郪江汉墓被三台县人民政府公布为第一批县级文物保护单位。1991年，三台郪江崖墓群被四川省人民政府公布为第三批省级文物保护单位。1996年11月20日，郪江崖墓被国务院公布为第四批全国重点文物保护单位，编号4-0066-2-010。1997年，郪江镇人民政府成立郪江崖墓文物保护领导小组，负责管理工作。2000年，四川省文物考古研究所和中国文物研究所完成金钟山Ⅰ区1～5号墓、紫荆湾1～4号墓、吴家湾1号墓、松林嘴1～2号墓的保护工程设计方案。2005年，三台县文物管理所编制"四有"档案，存于三台县文物管理所。2010年，利用灾后重建资金对郪江崖墓群的金钟山墓群、紫荆湾墓群进行维修加固和环境整治，对外开放展示。2014年，四川省人民政府印发《关于公布四川省全国重点文物保护单位和省级文物保护单位保护范围的通知》，公布郪江崖墓的保护范围与建设控制地带。

**江口崖墓**　是一处数量众多、分布密集、形制保存完好的古墓葬群，年代上限可至西汉晚期，下限不晚于三国，所以建墓的兴盛期当为东汉时期。位于四川省眉山市彭山区县城东北4.5千米的岷江东岸，在南北长10千米、东西宽3千米的地域内。

20世纪初，外国人纷纷到中国内地进行

M951崖墓群三号墓庑殿顶式房

考古调查，有不少人到彭山调查崖墓。民国30～31年（1941～1942年），国立中央博物院筹备处与中央研究院历史语言研究所联合组成川康古迹考察团，在江口地区发掘崖墓77座、砖室墓2座，出土文物数千件。1954年，彭山县文物管理所组织力量对江口地区崖墓进行调查。1980年，彭山县文化局组织力量对江口地区崖墓普查。1983年，彭山县人民政府公布7个重点文物保护区。1985年，彭山县文管所配合四川省考古所在江口地区发掘崖墓26座。1987年，彭山县政府组织力量对全县进行第二次文物调查，其中江口地区30.4平方千米范围内有崖墓4580座（未编号）。2014年10～12月，四川省文物考古研究院对彭山县岷东大道眉彭段公路建设工程涉及区域发现的汉代崖墓进行考古发掘和后期保护工作。

江口崖墓位于彭山区江口镇和江渎乡，包括江口崖墓4850座，江渎崖墓125座。其中，江口崖墓以梅花村为中心，周围依山势分布2148座崖墓，占江口崖墓的50%。出土的可移动文物部分存放于位于梅花村的汉崖墓博物馆内。

江口崖墓分布密集，部分被盗，大部分被草木掩埋，保存完好。江口崖墓皆依山开凿而成，石质一般为红砂岩，门楣石刻尚未完全风化。墓葬形式多为家族墓葬。墓葬由墓道、墓门、墓室三个部分组成，墓室结构与四川各地东汉崖墓大体相同，但也有其地方特色。

竖井横室墓，梅花、双江等村均有发现。如梅花村将台山87号墓，系于缓坡崖上凿一长方形竖井，井后壁顶下2米处开墓门，门内为主室，内附三侧室。井前壁底右角，有陶制承插式排水管道，穿过约3米厚的前崖。承插式排水设施在其他东汉崖墓中较为少见。

天井墓，梅花村最多。墓除墓道、墓门外，于墓室中部凿一天井，人在天井中可见蓝天白云，是仿庭院建筑的布局。

套间墓，墓由堂、厅、室和套间四部分组成。如双江村油房沟946号墓，于墓门内设享堂，后为横厅，中立四方柱。厅后为主室，其侧有一单间和一个套间。套间门上刻枋和斗，内设壁橱灶台，室右壁开门进入里间。整座墓宛然似一大院。

专设厨房墓，如梅花村寨子山500号墓。前一横厅，中立一四方柱，内为两间厨房，与主室

M951崖墓群二号墓门楣

M951崖墓群二号墓石犬

江口崖墓出土陶洗

间凿有10厘米厚的隔墙，墙上镂空雕出直根式石窗。一间凿两火眼的横灶，一间凿牛尾灶。

岩室与砖室结合墓，如双江村轮渡码头侧一墓。主室为崖墓，其左一侧室，由楔形和长方形的花边砖券拱而成。用青色长方素砖铺地，边墙平砌15砖起券，每拱券用砖15匹，共砌拱40层。

子母室墓，梅花村寨子山较多。这种墓系在大型墓额上，凿3至11座子室，一般为1立方米。其子室可能是用来放置随葬品的。

双翼式侧室带侧室墓，仅石龙村发现一墓。其墓呈"H"形，四周带有9侧室。

在已发掘的古墓中出土大量的随葬品，其中有陶器、铜器、铁器、玉器、石器、骨器及货币等。其中陶器数量居首位，计有以瓮、罐、釜、甑、案和耳杯为基本组合的日常生活品；有反映庄园经济生活的屋舍，有俑及动物形象等。其中，尤以陶俑最丰富、最有特色。铜器主要为小饰件、车马饰件等。铁器主要为兵器、生产工具、小饰件及棺钉。

江口崖墓数量多，分布密集，保存完好，是中国较早见于文字记载的纪年墓，融合四川岷江流域汉代崖墓的特点，独具特色，是研究中国古代建筑史特别是汉代建筑艺术不可多得的宝贵实物。江口崖墓的门楣墓室雕刻和出土的画像石、画像砖及丰富的出土文物，集中反映出汉代人高超、精湛的艺术才华，既为观察汉代的社会生活、民风民俗提供直观的视觉形象，又为研究汉代政治、经济、文化及宗教信仰等提供珍贵的历史资料，还为研究佛教是怎样从印度传入中国、南丝绸之路的干线及走向提供第一手实物资料，具有较高的学术价值。

中华人民共和国成立后，彭山县文物管理所开始对彭山江口崖墓进行保护管理。1956年，江口崖墓被四川省人民委员会公布为第一批四川省文物保护单位。1989年，以951号墓群为基地，成立彭山县古代雕塑艺术博物馆。2001年6月25日，江口崖墓被国务院公布为第五批全国重点文物保护单位，编号5-0177-2-033。2004年，彭山县文物管理所建立"四有"档案。2006年5月25日，国务院公布第六批全国重点文物保护单位时，将江渎崖墓作为合并项目，归入第五批全国重点文物保护单位江口崖墓。2014年，四川省人民政府印发《四川省人民政府关于公布四川省全国重点文物保护单位和省级文物保护单位保护范围的通知》，公布保护范围与建设控制地带。是年，彭山县古代雕塑艺术博物馆更名为眉山市彭山区汉崖墓博物馆。

**辽阳壁画墓群**　是汉晋时期的壁画墓群，位于辽宁省辽阳市太子河左岸老城的北部、东部、南部地区，其中位于城北的有三道壕1号、2号、3号、令支令、车骑墓，北园1号、2号、3号墓，东台子、南台子、棒台子、小青堆子墓，位于城东的有东门里墓、鹅房墓；位于城南的有南郊街墓。

民国32年（1943年），发现北园1号墓，日本人发掘。民国33年（1944年），发现棒台子墓，日本人发掘。1951年，发现三道壕车骑墓。1953年，发现三道壕令支令墓。1954年，发现三道壕1号墓、2号墓。1955年，对三道壕1号墓、2号墓进行清理。1959年11月，发现北园2号墓，未作正式清理。1961年，辽宁省博物馆文物队对东台子墓、小青堆子墓进行勘探，封土保存基本完好，未发掘。1974年8月，辽阳市文物管理所清理三道壕3号墓。1975年11月，辽阳市文物管理所清理鹅房墓。1983年11月，辽宁省博物馆文物队、辽阳市文物管理所清理东门里墓。1986年9月，清理北园3号墓。2001年9月，辽宁省文化厅邀请国家文物局文物保护专家到辽阳，将北园3号墓打开，提取墓葬内的理化指标，而后迅速封土保护。2004年4～7月，辽宁省文物考古研究所发掘南郊街墓。

壁画墓地表原来都有高大的封土，墓室一般低于地表1～2米。全部采用淡青色石板页岩构筑，白灰勾缝。石板打制规整，壁面较为光滑，构筑十分坚固。

壁画墓分大、小两种类型。大型墓由前室、后室、回廊、左右耳室和数目不等的棺室组成，平面呈"亞"字形、"土"字形或方形，长宽均在7～8米。小型墓由前后室、棺室和左右耳室组成，平面呈"工"字形或"丁"字形，长宽一般在4～5米。墓门设在前廊前壁正中，用石板封堵。各墓多为夫妻合葬或家族多人合葬。

随葬品以陶器为多，以罐、盘、楼、壶、勺、瓢、博山炉、案、盆、盒、钵、耳杯、长颈瓶、灶、井等明器为主。铁器有环首铁刀、剪。铜器有铜镜、顶针以及五铢钱等。银器有指环、银镯。

墓内皆有壁画，都是直接绘在光滑的墓内石壁上，内容丰富，色彩鲜艳，以表现墓主人经历和生活题材为主，一般在墓门两侧绘门卒和门犬，前室多绘场面巨大的百戏和乐舞，后室绘庖厨或阁楼，回廊绘墓主人车骑出行图，左右耳室绘墓主家居宴饮。壁画的题材还有流云及日月星座天象图等，多绘在前室的顶部。

辽阳棒台子墓封土堆

辽阳北园 1 号墓壁画凤凰楼阁图

辽阳北园 1 号墓壁画骈车图

辽阳北园 1 号墓舞乐杂技百戏图壁画线描图

其中车骑出行图，长骑结队，有主车、从骑之别，武士戴鍪着甲，持戈举旗为前驱，文吏宽衣博带随其后，马作昂首奔腾状，风格颇有"车如流水马如龙"之势。百戏图场面尤其宏大，杂技演员分别作舞轮、跳丸、反弓倒立等表演，乐师奏琵琶、吹箫、击鼓，高歌曼舞，鼓乐齐鸣，主人一面进食，一面观赏。各种不同的表演动态和神韵，莫不刻画入微。家居宴饮图则是墓主人的场面，多是屏风曲列，帷幕高悬，夫妇对坐，短几横列，奴婢奔走或侍立左右。而为墓主操持宴饮的庖厨图，则另有情趣，宰割蒸炙，食品繁多，多人的繁忙景象揭示墓主生前奢侈的生活方式。还有楼阁图、持经图、仓廪图、斗鸡图等，活灵活现，生动逼真。从壁画"魏令支令张□""小府吏""公孙夫人"等题字，可知其墓主身份为东汉至魏晋时期辽东的上层豪门贵族。

壁画墓内容丰富、构图复杂、色彩多样，生动而形象地反映当时豪门贵族的生活场景，再现辽阳地区汉魏晋时期的社会生活，为研究当时社会文化和生活习俗提供了弥足珍贵的考古第一手资料。

1960年，辽宁省辽阳市人民委员会将辽阳壁画墓群列为市第一批文物保护单位。1963年，辽阳壁画墓群被辽宁省人民委员会公布为省级文物保护单位。1961年3月4日，辽阳壁画墓群被国务院公布为第一批全国重点文物保护单位，包括北园1号墓、棒台子墓、东台子墓、南台子墓、小青堆子墓、三道壕1号、三道壕2号、三道壕令支令墓、三道壕车骑墓等九座，编号1-0167-2-006。2006年5月25日，国务院在公布第六批全国重点文物单位时，将鹅房壁画墓、北园3号墓并入辽阳壁画墓群。1998年始，在辽阳博物馆建立辽阳汉魏壁画墓陈列馆。辽阳壁画墓群由辽阳市文物保护中心专职保护。每个墓前均设立保护标志碑。2004年，建立全国重点文物保护单位的记录档案。2006年，编制《辽宁省辽阳市辽阳壁画墓群保护规划》。辽宁省人民政府发文相继公布保护范围和建设控制地带。2013年5月3日，国务院在公布第七批全国重点文物保护单位时，将南郊路壁画墓、东门里壁画墓、北园2号墓、三道壕3号墓又并入辽阳壁画墓群。2015年，补充鹅房壁画墓、北园3号墓、南郊路壁画墓、东门里壁画墓、北园2号墓、三道壕3号墓的档案，由辽宁省文物局保管。

**麻浩崖墓** 为东汉至两晋崖墓群，位于四川省乐山市凌云、乌尤两山之间的溢洪河道东岸。

民国29年（1940年）1月，当时任职于乐山仁济医院的杨枝高在荒草和乱石中发现了"麻浩崖墓"，在请人清除洞内外的荒草和乱石后，对崖墓进行了细致的考察和研究。此后，杨枝高先后邀商承祚和梁思成等到乐山对麻浩崖墓进行考察，麻浩崖墓丰富的画像石刻遂引起人们的重视。1973年，四川省文物管理委员会对麻浩及乌尤山的8座崖墓进行考古发

麻浩崖墓外景

掘。1985年，乐山市文化局对麻浩崖墓群进行调查编号整理工作，重点调查测绘麻浩1号崖墓。1989年8月，乐山市中区大湾嘴路建工程中发现汉代崖墓16座，市文物管理所对其中12座墓葬进行抢救性清理。1991年2月，公布《麻浩片区崖墓统计表》，其中统计麻浩崖墓共计351座。2001年2月，乐山大佛景区管理委员会、乐山大佛乌尤文物保护管理局编制《麻浩崖墓保护开发规划方案》。2001年3月21～28日，乐山大佛景区文管处对麻浩崖墓进行全面普查，对暴露在外的崖墓进行文字登记，对部分崖墓进行测量和绘图工作，统计麻浩崖墓共计379座。2013年，四川省文物考古研究院与大佛景区管委会配合对麻浩崖墓进行考古调查。

整个墓群北起大地湾，南至虎头湾，沿山崖分七层上下排列，共379座，包括麻浩崖墓博物馆内崖墓7座，博物馆外372座，馆外分为三个区，分别是A区（大地湾）135座，B区（虎头湾）192座，C区（大湾）45座。

崖墓形制结构分单室、双室和多室三类。崖墓大者深达29米，仿汉代地面住宅，墓室多者达13室。葬具有木棺、瓦棺和崖棺三类六种形式。墓内石刻数量极多，可分为建筑雕刻、石刻画像和石刻题记三种。建筑雕刻主要刻于墓门上沿和前室，均为仿木结构的柱、枋、梁、椽、斗拱、瓦当、瓦沿、阙等，其中阙的数量较多，形制结构较为完整，是麻浩崖墓的典型雕刻之一，共有9座墓有此类雕刻。石刻画像精美丰富，总数约111幅，题材多源于巴蜀上古神话，有中国最早的秦琵琶图、男女接吻的秘戏图等。其中，中国最早的坐佛图是对佛教传入中国路线的研究有较大价值。发现石刻题记约20幅，依其内容和文例，可分两类：一是铭记墓主人姓名者，如"王景墓""邓景达冢""尹武孙墓"等；一是铭记造墓时间者，如"阳嘉三年""延熹九年成□□"。

1号墓，坐东向西，位于麻浩崖墓博物馆内，是一座横前室并列三后室的大型墓。全长29米，宽11米，高2.8米，门高2.4米，共13

麻浩1号崖墓墓室

一号墓室

室。门楣刻圆柱、斗拱，浮雕乐伎、秘戏、跪羊、神兽、舞女等；房檐浮雕27个瓦当，橡挡间浮雕瑞鸟、鼠啮瓜、蹲兽、嘉瓜、嘉鱼等。墓门由两崖柱分为三个门洞，右门洞两侧分别浮雕话别图和董永事父图，中门洞两侧分别浮雕迎谒图和凯风图。前室横宽11米，进深6米，高2.9米。左右壁和后壁上浮雕房檐和48个瓦当，瓦当纹饰多为卷云纹、四叶纹等。右壁浮雕荆轲刺秦王图，后壁浮雕方士、朱雀、六博、挽马、坐佛、神兽、居宅、垂钓图，左壁浮雕门卒、挽辇图等。左室墓门门楣上刻有坐佛图，头部绕有光环，为中国最早的石刻结跏趺坐佛像。并刻有杨枝高题记"遍访川西北汉崖墓，此穴刻划第一精"、商承祚题记"精好为南安各墓之冠"。

2号墓，位于麻浩崖墓博物馆内，是一座大型双室制墓，墓门和前室均雕刻有仿木结构建筑的斗拱、瓦当以及神兽画像石等。左墓室有一扇青砂石门，是乐山崖墓群中仅存的两扇，尚可转动开合。

A区105号墓，为前堂单室墓，前堂中央墓壁上刻"尹武孙墓"题记，题记上方有"蹶张"图，题记左壁上有大鹏啖蛇高浮雕等瓦当图案。

B区23号墓，门楣有琵琶乐伎图，图中的秦琵琶是中国最早的秦琵琶图像。

B区64号墓，是一座大型的四后室的双室制墓，墓中刻有"阳嘉三年"（134年）题记和"邓景达冢""武阳赵国羊""王景冢""王凤冢"等墓主姓氏题刻。墓内外刻有门吏、龙虎戏壁、神符等画像石。

B区65号墓，是一座大型三后室的双室制墓，墓内有"延熹九年（166年）成"造墓年代题刻，有大鹏金翅鸟等画像。

B区101号墓，为双室制墓，前室四角浮雕转角斗拱，为曲拱或菱角状异形曲拱。左、右、后三壁枋上浮雕4幅画像：左壁一幅是荆轲刺秦王图，图中荆轲、秦王等人物动作比1号墓更夸张奔放；后壁二幅分别为董永事父图和六博图，比1号墓保存完整。

麻浩崖墓挽马图画像石

历年出土随葬品有画像石棺，陶棺，陶干栏式楼房，陶舞乐俑，陶猪、陶马、陶狗、陶鸡等畜禽，陶碗、陶钵、陶耳杯、陶罐等器皿，石俑，石马，铜镜，铁刀，五铢钱币等。

开凿于东汉中晚期的麻浩崖墓，是四川受中原横穴墓影响并结合本地地理环境发展，在贵族阶层流行的一种丧葬形式。其形制结构典型，随葬明器类型丰富，石刻内容精美、题材多样，反映出东汉时期四川南安地区发达的经济水平、社会文化风俗以及人们的思想观念，也为研究东汉时期四川墓葬特点及演变提供有力的实物资料，更是研究中国汉代社会政治经济、文化艺术、石刻建筑等的艺术宝库。麻浩崖墓反映了四川地区汉代的社会组织情况，家庭、家族成员间的关系、组织形态，是社会史研究的重要材料。此外，可能雕刻于东汉永和年间（136～141年）、位于1号崖墓内的佛像，是中国最早的有关佛的形象的实证之一，表明在佛教正式传入之前，佛的形象已被四川豪族在不晚于中原地区的时期内所接受，并视为一种具有法力的神灵，证实历史文献中关于蜀身毒道的记载，为中国佛教的传入与发展提供佐证。

1956年和1980年，麻浩崖墓先后两次被公布为四川省文物保护单位。1984年，以麻浩崖墓为馆址，建乐山崖墓博物馆，对崖墓进行保护和展示利用。同年，成立乐山大佛乌尤文物保护管理局，负责麻浩崖墓日常管理工作。1988年1月13日，麻浩崖墓被国务院公布为第三批全国重点文物保护单位，编号3-0238-2-0009。1996年，与乐山大佛一并被联合国教科文组织列入《世界自然与文化遗产名录》。

2014年，四川省人民政府印发《四川省人民政府关于公布四川省全国重点文物保护单位和省级文物保护单位保护范围的通知》，确定麻浩崖墓的保护范围。建有"四有"档案，存于乐山大佛文物保护管理所档案室。

**库车友谊路墓群**　为魏晋十六国时期砖室墓，是新疆地区一处规模较大的汉晋时期墓地，位于新疆维吾尔自治区阿克苏地区库车县友谊路南段。

2007年，库车县城友谊路进行地下街建设时发现墓葬，随即由新疆文物考古研究所进行发掘，清理墓葬10座，出土各类遗物300余件。2007年7～8月，新疆文物考古研究所对已发掘墓葬东侧新发现的5座墓葬进行发掘，出土各类珍贵文物350件。

墓葬均位于地下7～10米深处。墓葬数量15座，分为砖室墓及竖穴墓两种类型。墓葬出土各类遗物总计650余件／套，主要有陶罐、灯盏、铁镜、铁镟、骨博具、铜带钩、金箔饰物、五铢钱、剪轮五铢、龟兹小钱、半两等，还出土有马、羊的骨骼。墓葬以砖室墓为主，其中，穹隆顶砖室墓由斜坡墓道、墓门、甬道、墓室、耳室等构成。部分墓门上有照墙，上有砖雕的成排椽头、斗升、承兽、天禄（鹿）、四神、菱格、穿璧纹等雕饰。部分墓室墓砖上残存红、黄色彩绘。多人多次葬，有砖砌的棺床；残存髹漆贴金木棺的漆皮和贴金残片痕迹。库车县友谊路墓群墓葬形制与内地及河西地区酒泉、嘉峪关的魏晋壁画墓等砖室墓葬十分相似，墓葬构筑方式、雕砖风格等与敦煌佛爷庙湾墓地墓葬极其相似，具有典型汉地墓葬文化特征。时代约在3世纪末至4世纪末，魏晋十六国时期。

库车友谊路砖室墓数量较多，规格高，分布密集，表明是一处规模较大的墓地；墓群体现有茔区的区划。墓群反映出魏晋十六国时期，中原汉地文化对西域龟兹地区的直接影响，不仅对汉晋时期龟兹与中原王朝的关系史研究有补史、证史的重大价值和意义，同时为交流探讨新疆汉晋时期历史文化、丝绸之路历史提供重要的实物资料。

2007年墓葬发现后，库车县文物局进驻工地，参与考古发掘，并负责墓葬保护工作。2009年，库车友谊路墓群被库车县人民政府公布为县级文物保护单位。2009年，库车友谊路墓群被库车县人民政府公布库车县友谊路墓群保护范围和建设控制地带。2013年5月3日，库车友谊路墓群被国务院公布为第七批全国重点文物保护单位，编号7-0700-2-0184。2014年，建立"四有"档案，存放在库车县文物局。

**阿斯塔那古墓群**　为晋唐时期贵族和平民的公共墓地，位于新疆维吾尔自治区吐鲁番市东南约40千米的阿斯塔那及哈拉和卓附近，地处吐鲁番盆地火焰山南麓的戈壁滩，南距高昌故城约2千米。

阿斯塔那是维吾尔语"都城"和"京都"的意思。阿斯塔那古墓群是从西晋到唐代高昌都城居民的公共墓地。麹氏高昌时期（500～640年）和唐西州时期（640年～8世纪）均延续此种做法。高昌城及附近居民死后大都埋葬在城北的戈壁滩上（其中一部分采用家族丛葬的方式），逐渐形成一片断续相连的墓葬区。

从清末到20世纪初，英国、日本、俄国、德国等国探险家先后在此盗掘。中国考古学家张清（1910年，清宣统二年）和西北科学考查团的黄文弼（1930年，民国19年）先后对阿斯塔那进行过发掘。1959～1975年，新疆文物考古部门对阿斯塔那古墓群进行13次抢救性发掘。历年共发掘清理晋唐墓葬近400座，获得大批珍贵文物，其中包括大量汉文文书，总计2700多件。1975年后没有再进行有计划的发

阿斯塔那古墓远景

掘，仅作过少量清理。在此基础上，开展对墓葬分期、出土丝织品、文书等研究。根据墓葬形制和出土器物特征以及有纪年的衣物疏、墓志、文书等，可划分为三个时期，前后延续五个世纪。

墓葬区分布在阿斯塔那村北和哈拉和卓村东，整个墓群东北长5千米，南北宽2千米，占地10平方千米。阿斯塔那古墓群已发掘墓葬428座，其中西区（阿斯塔那）321座，东区（哈拉和卓）107座。墓葬地表为砾石所覆盖。墓葬为斜坡道土洞墓，由斜坡道和墓室组成。墓室为方形或者不规则方形，墓道上窄下宽，里面呈梯形。墓道口较宽，靠近封土的位置较窄。墓道口有的顺势竖立几块土坯，有的墓道壁上附有墓志，墓门采用土块封堵。出土有丝毛织品、陶器、木器、钱币、泥俑、墓志和文书等。其中，不少文书有年号，最早木简为晋泰始九年（273年），最晚者为唐大历十三年（778年）。文书有契信、籍账、官府文书、私人信札、经籍写本等，内容涉及社会经济、政治、文化等各个方面。出土的丝、毛、麻、棉织物千余件，包括锦、绮、绢、纱、刺绣等，品种繁多，色泽鲜艳，图案新颖。织物大部分来自内地，也有一些波斯和本地产品，为研究中国纺织发展史、新疆古代纺织发展史提供珍贵的标本。墓中所见绘画有壁画、版画、纸画、绢画、麻布画等多种形式，内容可分为人物画、花鸟画和天文图。出土的泥塑木雕俑像千姿百态，绢花、彩绘陶罐等各具特色，是不可多得的艺术珍品。墓中发现的千年古尸，是人类学研究的珍贵标本。

阿斯塔那古墓群保存着大量从西晋、南北朝到唐代的历史文化遗物。如大量的出土文书、各类陶器、木器、丝织品等，充分体现当时西域政治、经济、文化的繁荣与兴衰，说明当时西域与中原地区的密切联系，以铁的事实证明新疆自古以来就是中国大家庭的一部分。因而，阿斯塔那古墓群又被称为"高昌的历史

阿斯塔那古墓出土彩塑骑马女俑

阿斯塔那古墓出土彩绘泥塑劳作女俑

阿斯塔那古墓出土绢花舞伎图

阿斯塔那古墓出土木牛车

活档案""吐鲁番地区的地下博物馆"。阿斯塔那古墓群墓葬数量巨大，是反映晋唐时期高昌社会居民构成、思想文化、社会生活、丧葬制度的重要遗存。墓室格局及墓室壁画是反映地区晋唐时期墓葬规制的重要文物遗存。墓葬中出土各种文物万余件，对于研究新疆及吐鲁番地区的政治、经济、军事、文化史，对于研究晋唐时期新疆与内地的关系史，具有很高的学术价值。丰富的织物遗存是有关丝绸之路文化艺术与工艺技术交流等研究的重要资料，具有极高的文物与艺术价值。完好的干尸对于高昌居民的成分、体格特征、生活结构等各方面研究具有重要意义，是具有特殊价值的珍贵文物。

1957年，阿斯塔那古墓群被新疆维吾尔自治区人民委员会公布为第一批自治区级文物保护单位。出土的各类文物，藏国家、自治区及吐鲁番市等各级博物馆，有少量干尸留存墓中供展示。1988年1月13日，阿斯塔那古墓群被国务院公布为第三批全国重点文物保护单位，编号3-0241-2-012。1999年1月，阿斯塔那古墓群文物管理所成立，专职负责阿斯塔那古墓群的保护管理。2003年，编制《吐鲁番地区文物保护与旅游发展总体规划》，并获得国家文物局的审核批准，其中包括《阿斯塔那古墓群文物保护详细规划》。2003年9月，新疆维吾尔自治区人民政府批准公布《吐鲁番地区文物保护与旅游发展总体规划》。2004年，建立阿斯塔那古墓群全国文物保护单位记录档案，存放在吐鲁番市文物局。2007~2008年，对阿斯塔那古墓群实施安全技术防范系统工程建设，主要对古墓群区域地下文物和周边环境进行全面有效的实时监控。2009年7月22日，新疆维吾尔自治区人民政府印发《关于公布新疆维吾尔自治区全国重点文物保护单位保护范围、建设控制地带的通知》，对阿斯塔那古墓群保护范围和建设控制地带进行公布。

**阿日夏特石人墓** 为新疆地区隋唐时期突厥墓葬，位于新疆维吾尔自治区博尔塔拉蒙古自治州温泉县哈日布呼镇西北约25千米的阿尔夏特草原上。

1961年，新疆维吾尔自治区考古工作者调查时发现一尊石人，为一件圆雕突厥武士石人，通高285厘米，由花岗岩精刻而成，反映自6世纪开始生活在北疆草原上的突厥贵族或武士的形象。1973年，新疆维吾尔自治区考古队对两座墓前有石人的古墓进行挖掘，出土文物有铁刀、铁匕首、铁钉及石陶容器等，经鉴定确定为突厥文化遗存。温泉县境自隋朝至清朝先后为突厥、突骑施、葛逻禄、准噶尔、蒙古、卫拉特蒙古的游牧地。

墓群占地面积0.32平方千米。古墓葬100余座，墓葬地表形制有石堆墓、石围石堆墓（双层石围、单层石围、圆形石围、方形石围）。其中一座巨大的石围石堆墓，其主体由内围和外围两部分组成。石堆墓位于石围圆阵

阿日夏特石人墓全景

中央，高7米。墓基是由大小不等的单层卵石均匀排列围成的圆阵，墓基至顶部斜高16.5米，分布着17个由双排卵石砌成的甬道，内外围均为由宽1米的双排卵石砌成的双层圆阵。外围的甬道长12.1米。从整体看，整个石堆墓呈放射状，直径70米，周长219.8米。其他古墓葬散布在此墓的周围，形状不一，有大有小，最小的直径1米。

阿日夏特石人

阿日夏特石人墓时代特征比较明显，部分墓葬在新疆其他地区的石人石堆墓中颇为罕见，对研究中国古代游牧民族的民俗风情等具有一定的参考价值。

1993年，温泉县文物保护管理所成立，负责石人墓的保护管理。2003年，阿日夏特石人墓被新疆维吾尔自治区人民政府公布为第五批自治区级文物保护单位。2006年6月25日，阿日夏特石人墓被国务院公布为第六批全国重点文物保护单位，编号6-0292-2-0072。2007年，温泉县文物保护管理所更名为温泉县文物局，负责阿日夏特石人墓的日常保护和管理。2009年，新疆维吾尔自治区人民政府印发《关于公布新疆维吾尔自治区全国重点文物保护单位保护范围、建设控制地带的通知》，确定保护范围和建设控制地带。2014年，建立"四有"档案，存放在博州文物局。

**小洪纳海石人墓** 为新疆地区隋唐时期的墓群，是亚欧草原的重要文化遗存，位于新疆维吾尔自治区伊犁哈萨克自治州昭苏县洪纳海乡乌孙山南麓、小洪纳海河东岸的河谷阶地上。

1953年，当时的西北行政委员会文化局文物调查工作组到伊犁地区调查，最早记录石人的概况。小洪纳海石人立于由宽6.5米、深1米的环形壕沟所围绕的方形土台的东南角，高2.3米，整体系用花岗岩雕刻而成。石人右臂屈曲于胸前，手托杯；左手置腹部，手握刀。头部刻出头冠及发辫，发辫多至10条，披于身后，垂至腰际。腰部以下镌刻着粟特语铭文。铭文为纵行，行列自左向右，全文共约计20行，部分文字残损。铭文的第三至第四行意为"持有王国二十一年"，第六行意为"木杆可汗之孙，神圣的……尼利可汗"。

据史料记载，分布在亚欧草原上历史时期的石人，大多是古代突厥人的遗存，在中国新疆北部的阿尔泰山麓、准噶尔盆地周缘、伊犁河、额尔齐斯河流域的草原地带也有发现。对小洪纳海石人身上粟特语铭文的解读，可知此石人的原型即汉文史籍所记载的西突厥泥利可

小洪纳海石人（正、背面）

汗。据研究，泥利可汗约6世纪末在位，599年卒。因此，小洪纳海石人的制作年代应在此后不久。

小洪纳海石人保存完整，刻画出突厥人的基本特征，是古代游牧民族的艺术精品，为研究古代伊犁游牧民族的历史、文化提供重要线索。腰部以下部位刻有粟特语铭文，是研究突厥历史和文化的重要实物资料，具有极高的科学和历史研究价值。6～7世纪间粟特语的史料极为罕见，铭文对于了解粟特语及粟特文字的变迁也极有价值。

1962年，小洪纳海石人墓被新疆维吾尔自治区人民政府公布为第二批自治区级文物保护单位。1981年，昭苏县文物保护管理所成立，2008年更名为昭苏县文物局，负责小洪纳海石人墓的日常保护和管理。2000年，昭苏县文管所将该县散落于其他地方的9尊石人移至小洪纳海石人四周进行集中保护。2009年，昭苏县人民政府印发《关于同意划定昭苏县文物保护单位保护范围和建设控制地带的批复》，划定公布小洪纳海石人墓保护范围和建设控制地带。2013年5月3日，小洪纳海石人墓被国务院公布为第七批全国重点文物保护单位，编号7-0701-2-0185。2014年，建立"四有"档案，存放在伊犁州文物局。

**热水墓群**　是以甘青地区唐代吐蕃统治时期墓葬为主的墓葬群，位于青海省海西蒙古族藏族自治州都兰县热水乡血渭草场。墓葬以察汗乌苏河为中心，分布于从热水至那日马拉黑的察汗乌苏河两岸的靠近山根的山间谷地之上。

1982年，青海省文物考古队在都兰县热水乡进行古代文化调查时，意外发现此处古墓

群。是年起，青海省文物考古研究所陆续对血渭一号大墓和50余座墓葬进行考古发掘。

热水墓群共有墓葬300余座，墓葬大部分分布在察汗乌苏河南北两岸的山脚缓坡地带。"依山面河"，聚族而葬，均有封土堆，部分大型墓葬还有墓上祭祀性建筑。封土堆主要分为覆斗形和圆丘形两种，封土以夯土筑成或堆满砾石后盖以夯土，夯层间铺有沙柳枝条。夯土下方均筑有平面为等腰梯形的石墙，边缘砌有土坯或泥球，并在其外侧涂以红色石粉。墓室均位于封土堆梯形石墙的正中下方，由墓道、中室、左右侧室和后室组成。墓壁以石块砌筑，墓室上方盖有柏木。柏木上再盖砾石一层。墓底一般以石块和木板铺地。殉牲较为常见，有的墓葬有人殉。

其中最大的墓葬坐落在一座自然山丘之上，封土堆背靠热水大山，面临察汗乌苏河，高出地面30多米，远望犹如城阙一般雄伟壮观。墓葬封土堆高11米，东西长55米，南北宽37米，封堆下有3层用泥石混合夯成的石砌围墙，每层高约1米，宽3米，其上是泥石混凝夯层，以及砂石夯层和夯土层组合而成的墓墙。墓冢从上而下，每隔1米左右，便有一层排列整齐横穿冢丘的穿木，计有9层之多，一律为粗细一般的柏木。封土堆构筑形式和风格，为中国以往考古发掘中所仅见。墓冢从封土堆顶部往下约6米处，是一座长方形的动物陪葬墓，墓葬四周用石块圈砌而成，墓口以上棚有大型柏木数根，墓内有动物骨架若干，计有牛、马、羊、狗、鹿等70多个动物尸体。约9米处，有一座"十"字形陪葬墓，陪葬墓南北长21米，东西宽18.5米，由墓门、照壁、东室、西室、中室、南室等组成，各室均有开门，并有回廊相连。中室为木棺室，其余各室均为石室。其中，东室葬有许多兽骨，西室储有大量兽骨，中室和南室出土有大量的毛、丝

都兰热水墓群1号大墓

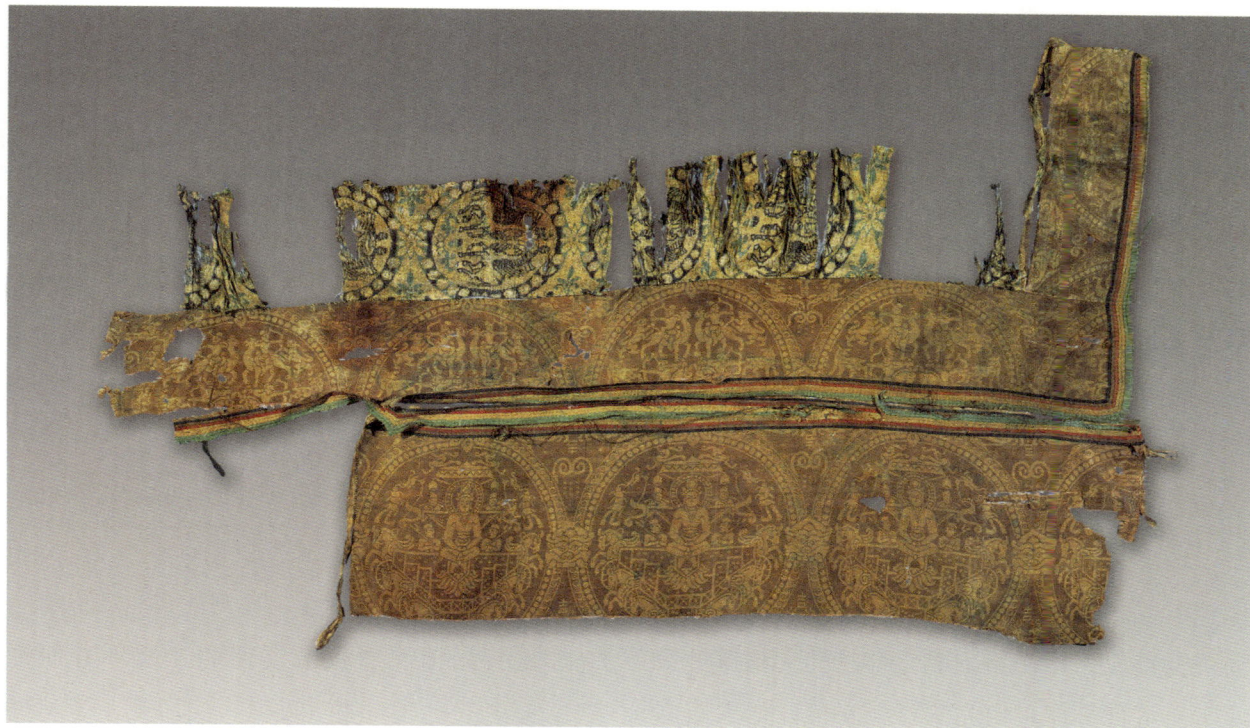

北朝红地云珠日天锦

铜鎏金凤鸟

对马锦

织物，以及各类木结构物品。在回廊中挖出大量的木件，以及丝、毛残片，随葬品丰富。

在众多的随葬品中，有古代皮靴、古藏文木片、古蒙古族文木牍、彩绘木片，以及金饰、木碗、木碟、木鸟兽和大量绚丽多彩的丝绸遗物。丝绸遗物质地良好，图案清晰，花纹艳丽，色泽鲜明，品种齐全，织造技艺精湛，时间跨度大（6世纪末至8世纪后半叶），是不

可多得的珍贵历史文物。

出土的丝绸品种有锦、绫、罗、缂丝、绢、纱等。其中织金锦、缂丝、素绫等均属国内首次发现。西方织锦中，独具浓厚异域风格的粟特锦数量较多；一件织锦有中古波斯人使用的钵罗婆文字，是所发现世界上仅有的一件确证无疑的8世纪波斯文织锦。图案有各种奇花异草、珍禽异兽、车马人物等，其中佛像、

人物射猎、西域人图像、织锦袜等是中国第一次发现的珍品。粮食陪葬品只有显贵墓中才有发现。

墓葬群的发掘，对研究吐蕃文明史，研究唐代中国西部地区的墓葬形制和当地与中亚地区的文化交流，以及对藏族族源的探讨均有重要价值。墓葬中出土的大量丝织品，有力地证明从南北朝晚期到中唐时期（6世纪末至8世纪后半叶），青海道是丝绸之路上的重要干线和东西方贸易的中转站，其地位绝不亚于河西走廊。

1986年，热水墓群被公布为青海省文物保护单位。1986~1996年，由青海省文物管理局负责管理。1996年，成立都兰县文物保护管理所，负责管理。1996年11月20日，热水墓群被国务院公布为第四批全国重点文物保护单位，编号4-0070-2-015。2002年，在一号大墓附近设立热水墓群文物保护站。2004年，成立都兰吐谷浑吐蕃研究保护中心。2004年，都兰县文物管理所建立"四有"档案，由青海省文物管理局和都兰县文物管理所保管。2013年，在进入热水墓群关键路口设立热水墓群文物检查站。2014年，在一号大墓及周边重要墓葬安装地波探测装置，开展实时防盗监管。海西州人民政府委托中国建筑设计院历史研究所编制《热水墓群保护规划》。

**瓦石悬棺** 为云南地区唐代中期悬棺墓群，位于云南省威信县长安乡瓦石村，主要分布在棺木岩和白虎岩崖壁上，距河面100~150米。

瓦石悬棺属唐代五溪蛮的二次葬葬制形式。据史书记载，"五溪蛮，父母死，于村外阁其尸，三年而葬。……尽产为棺，于临江高山半肋凿龛以葬之"。悬棺分布在陡峭的崖壁

瓦石悬棺近景

上，崖壁上凿孔，再插入支撑木桩，棺木横置于木桩上。棺木以整木树干剜成，外部未做深加工。盖与棺身间以子母口咬合。

白虎岩悬棺，距河面约100米。崖顶为瓦河沟村民小组，岩壁为西北—东南走向。1996年调查，残存木桩27根。棺木全部朽坏坠毁，判断为9具，分布面积约150平方米。白虎岩悬棺现存数十个凿孔和近20根支撑木桩。

棺木岩悬棺，离河面150米，崖顶为赵家湾村民小组，岩壁为西南—东北走向。1996年云南省地理研究所刘宏进行调查时，存木桩14根，木棺7具。其中，3具是原棺，4具是威信县文物管理所于1988年初复制。2000年，云南省文物考古研究所、昆明民族文化和自然中心等单位开展了瓦石悬棺清理发掘和保护工程，其木桩直径13厘米，长87～123厘米，插入崖孔15～19厘米。清理木棺3具。棺木为贞楠木。棺用整木剜成，头大足小，四角成直角，身盖为子母口套合。清理后，更换6具棺木支撑木桩20根，并用桐油对全部棺木和支撑木桩滚刷，进行防风化、防虫蚀、防腐蚀处理。对3号木棺作碳十四测年，测定距今为776±100年，相当于唐代中期。

1号棺，底部有3桩支撑。棺长210厘米，高41～53厘米，底宽42～55厘米、口宽33～46厘米。棺盖稍有移位。棺内有填充物，上层是碎石和小动物遗骸、粪便，中层是树枝和蕨草，底层是人骨及随葬品。人体骨架保存混乱，包含骨骼和4枚乳白齿。人体遗骸鉴定为一年老年妇女和一儿童。出土了木杖、木梳、木铲、木枕、2件金属环、竹制器残片及少量丝、麻织品。

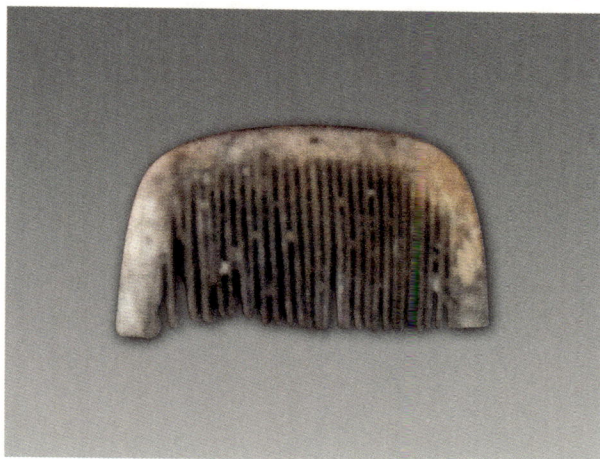

瓦石悬棺出土木梳

2号棺，底部有3桩支撑。棺长192厘米，高30～47厘米，底宽50～63厘米、口宽40～52厘米。棺腰两侧靠底部各有一高10～12厘米、长25～35厘米的蚀洞。棺内真土两端较中部厚，填充物多为树枝及蕨类植物。棺内人体遗骸鉴定为一男性成年个体，人骨用麻布紧紧包裹。棺中出土一圆形木片、麻绳、竹索及大量丝、麻织品。

3号棺，底部有2桩支撑。棺长203厘米，高28～41厘米、口宽30～40厘米。棺体风蚀严重，棺底及棺侧分别有一个较大的蚀洞。棺内填充物大多流失，仅余少量沙土。棺内发现少量麻织品及人骨碎片。

瓦石悬棺是云南境内发现的规模最大、保存最好的悬棺葬之一，是长江上游地区唐代悬棺的典型代表。其二次葬形制是悬棺葬中较为特殊的形制，丰富了悬棺葬的内容。悬棺出土的随葬器品，是研究并揭示当地民族经济、文化状况的重要实物参考。出土的人骨，对研究悬棺葬俗族群人类学具有重大的意义。瓦石悬棺在考古学、人类学、史学、民族学等方面有着极为重要的价值。

2003年，云南省人民政府公布瓦石悬棺为第六批省级文物保护单位。2003年，威信县人民政府公布了保护范围和建设控制地带。2013年5月3日，瓦石悬棺被国务院公布为第七批全国重点文物保护单位，编号7-0663-2-147。管理机构为威信县文物管理所，2015年建立"四有"档案，分别保存于云南省文物考古研究所、昭通市文物管理所和威信县文物管理所。

**藤桥墓群** 为唐宋时期伊斯兰教教徒墓群之一，位于海南省三亚市海棠区（原藤桥镇）东溪村1千米的番岭坡海滩上，一直延伸到陵水县与三亚市交界的陵水福湾海滩上。

1983年4月，广东省文物部门在海南开展文物普查时发现。1986年，广东省文物管理委员会业务人员对藤桥墓群进行调查考证，并试掘3座墓葬。

墓群位于沙丘地带，东南毗邻海棠湾，南临海300米，西北地势平坦开阔。其范围东西长约1000米，南北宽约500米，占地13400平方米。有墓葬100余座，其中，有墓碑的约45座，截至2013年可看到墓碑的墓尚有28座。墓葬形制皆为竖穴土坑墓，长1.8～2米，宽0.8～1米，深1.2米。墓内骨架侧身屈肢，头朝西北，面向西，无葬具和随葬品。每座墓葬前后两端各竖珊瑚石墓碑一块，墓碑雕刻碑文和花鸟图案的一面朝外。墓碑顶形制有玉圭形、双峰形、"山"字形等，碑高53～57厘米，宽35～57厘米，厚10～13厘米。碑文雕刻阿拉伯文古兰经经文。花纹图案有圆月形、卷云纹，或是花朵、树枝、锯齿纹带等形态各异的图案。据此推断，应属于伊斯兰教教徒墓群。从墓葬形制、葬俗等方面考证，藤桥墓群年代为唐宋年间，当与古代海上丝绸之路上的阿拉伯商人有关，有1300多年的历史。

藤桥墓群的多数墓葬，前后各竖一块珊瑚石墓碑作墓穴的标志，没有封土，此特征在中国其他伊斯兰教教徒墓葬的地区极少见到。广州、泉州、扬州等地区的宋元时期伊斯兰教教徒墓葬，墓室一般都为石板或砖结构，并用石板盖顶，没有两块墓碑，仅用一块碑双面雕刻，立于墓前。而藤桥墓葬群独特的墓葬形制，只有在伊斯兰教的发祥地阿拉伯半岛等地遗址有过发现。藤桥墓群的形制和使用珊瑚石作墓碑的习俗，明显是受到东非和阿拉伯半岛伊斯兰教文化的影响，可知是由阿拉伯商人传入的，与中国部分地区发现的伊斯兰教教徒墓葬相比，带有早期性。早期性的

藤桥墓群

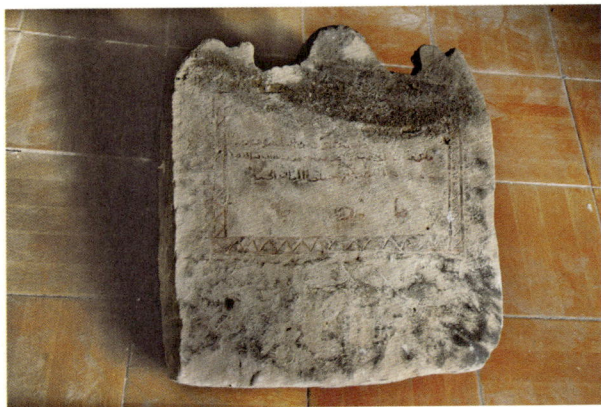

藤桥墓地出土阿拉伯文墓碑

体现，除墓葬的形制外，还有墓碑的装饰，首先，如以枝条茂盛的"生命树"、卷云纹、弦纹、圆月形为主要纹饰，碑文书写粗犷，两端加花朵图案；其次，墓碑风化程度严重；再次，古阿拉伯人在碑铭中常用花朵图案作为间隔，与藤桥墓群的碑文为以花朵、锯齿纹带等图案作为间隔形制是一致的。此种装饰风格的墓碑，应属于唐宋时期。还有少数墓碑和上述带有早期性风格的墓碑相比，有较大的区别，除墓碑风化程度较轻之外，纹饰中出现用文字组成的"长生鸟"图案，装饰性强，花纹图案变小，突出碑文，书写的笔画较为秀丽，与广州、泉州等地区的一些元明时期穆斯林碑文有相似之处，因此带有此特征的墓碑可推定为元明时期的墓葬。

藤桥墓群是迄今为止在中国分布最南、年代最早、规模最大、延续时间较长的穆斯林公共墓地之一。藤桥墓群的发现，表明三亚正是南海丝绸之路的所经之地，而墓葬都分布在临海的沙丘岸边，立有刻阿拉伯文的古兰经经文和纹饰图案，死者均面向伊斯兰教圣地麦加方向，从一个历史侧面反映阿拉伯人的商船从事海上对外贸易活动的事实。墓群对研究中国海南岛回族历史、宗教流传和古代海上丝绸之路史的传播，具有重要的历史价值。

1987年，三亚市人民政府立牌告示，并立石柱百余条对墓葬范围加以圈围保护。1990年，藤桥墓葬被三亚市人民政府公布为市级重点文物保护单位。1993年，三亚市人民政府批准划定墓葬群保护范围13400平方米。1994年，由海南省人民政府公布为省级文物保护单位。2006年5月25日，藤桥墓群被国务院公布为第六批全国重点文物保护单位，编号为

6-0272-2-052。2012年，三亚市政府组织编制《藤桥墓群保护规划》；是年10月，三亚市政府拨专款建立藤桥墓群保护围栏。2015年1月，由海棠区旅游文体局负责管理。

**吐尔基山墓**　为辽代早期贵族墓，位于内蒙古自治区科尔沁左翼后旗茂道吐苏木大吐尔基山东南麓的山坡上。

2003年，采石场工人取石时发现墓葬，内蒙古自治区文化厅委派内蒙古文物考古研究所与通辽市博物馆、科尔沁左翼后旗文物管理所组成考古队对墓葬进行考古发掘。

吐尔基山辽墓为石室墓，由墓道、天井、甬道、墓室及耳室组成，方向115°。墓道为长斜坡墓道，长40.9米。两壁用打磨过的石块垒砌，残高约11米。石块间用黑胶泥黏合，外侧亦抹有黑胶泥。墓道内堆积有大量石块，并发现盗洞一个。靠近墓门部分抹有白灰面，北壁及墓门上方有壁画。甬道长2米，宽1.38米，高1.5米。墓室近于正方形，长3.92米，宽3.7米，高3.36米，从距墓室地面约1.6米处开始叠涩起顶。墓室四壁抹有白灰，有红、黑两色壁画。耳室位于墓室的前部，呈长方形。左耳室长1.36米，宽0.9米，高0.98米；右耳室长1.3米，宽0.86米，高0.99米。左右耳室均有木门，两扇对开。葬具位于墓室内，靠近墓室墙壁摆放，有彩绘木棺、内棺及棺床。墓主人平躺在内棺中，全身盖有丝织品，头戴有棉帽，内有金箍状冠，头顶部有鎏金银牌，耳上戴摩羯形嵌宝石金耳坠，颈部挂三条由玛瑙、黑水晶、镂空金球串成的带香囊的项链。身穿11层丝质衣服，双手戴有手套，外面戴金戒指，手臂上有龙首金镯、玛瑙手链，腰部有

吐尔基山辽墓出土的玻璃杯

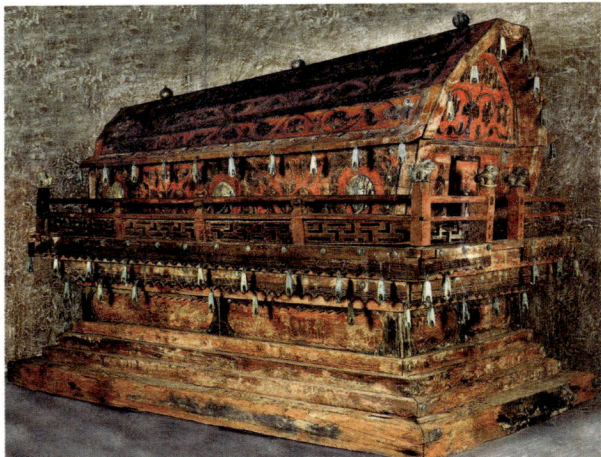

吐尔基山辽墓出土的彩绘木棺

两件荷包，腿部有两个针线包，两肩上各有一块圆形金银饰牌，脚和膝盖部位有铜铃，左脚边有缠绕非常整齐的鞭子。在棺内发现有大量水银。棺床前置有漆案，上面摆放着金银器、玻璃器、漆器等。在墓室的右半部出土有包银木马鞍、马镫、带饰、牌饰等；左半部出土大量金银器。

根据墓葬出土人骨的骨盆判断，墓主人为女性。经过对头骨、牙齿、椎骨、耻骨联合面和肢骨的分析，墓主人属于北亚蒙古人种，身高约159厘米，年龄30～35岁。根据墓葬形制及出土遗物分析，墓葬年代为辽代早期，是内蒙古地区发现的年代最早的契丹贵族墓葬之一。从墓主人随葬的华丽服饰、贴金彩绘木棺、大量金银器和珍贵玻璃器皿等可以看出，墓主人是一位身份极高贵的契丹族女性。

对彩绘木棺采取了整体迁移至室内进行实验室考古清理。墓中出土丝织品的清理保护，由瑞士阿贝格基金会出资设立联合保护修复文物合作项目。2006年5月25日，吐尔基山墓被国务院公布为第六批全国重点文物保护单位，编号6-0239-2-19。考古发掘清理后的墓室实施原址保护，地方政府公布了保护范围和建设控制地带。

**黔南水族墓群**　是明清时期当地水族先民的族群墓地，位于贵州省黔南布依族苗族自治州三都水族自治县和荔波县一带，由三都县境内的引朗墓群、水达墓群、水懂一号墓和荔波县境内的水甫墓群所组成。其中，引朗墓群位于中合镇水龙社区水龙村引朗寨，坐落于村民住宅旁；水达墓群位于九阡镇石板村上水达寨，附近为农田和荒坡；水懂一号墓位于九阡镇水懂村大寨组西北寨口，墓旁为民居；水甫墓群系坟山，位于荔波县玉屏街道办事处水甫村板本寨旁。

由于自然与人为的损毁，黔南水族墓葬受到较大破坏，许多墓已不存。从20世纪80年代开始，当地文物部门逐步加大关注力度，有关文物考古单位开始介入调查研究。1999年，三都水族自治县文体广电旅游局拨出经费对引朗墓群堡坎进行维修工作。2010年，荔波县文体广播电视局拨出经费安装铁丝网，对水甫墓群重要墓葬进行隔离保护。2006年12月，经国家文物局批准，贵州省文物考古研究所对水甫水族古墓群进行首次发掘，共清理不同类型墓葬9座，并全部进行修复还原。

墓地的规模大小不一，引朗墓群占地250平方米，水达墓群占地2200平方米，水懂一号墓占地仅10平方米，水甫墓群占地8000平方米。除去地面结构的异同，黔南水族墓葬地下埋葬方式均为长方形竖穴土坑，单人仰身直肢葬，个别为二次葬，随葬品较少，为随身佩戴的耳环、指环、发簪等饰品。单体墓葬的规模都不大，一般长2米多，宽不足1米，最高的水懂一号墓高度不到2米。用以构筑墓壁、雕刻画像的石料厚度一般为0.1米。黔南水族墓群保留下来的大多营建于清代，有纪年的以嘉庆、道光、咸丰年间为主。根据形制结构推断，其早期墓葬当始建于明代，到清代晚期则式微，进入民国后典型的长方体"箱式"墓基本就绝迹不再沿用。

引朗墓群，由11座画像石刻墓和1座圆形石围墓组成。画像石刻墓均为长方形，双层结构，上小下大，墓顶多雕刻成房屋顶部式样，前后装饰有双鱼纹"山"字形仿牛角石雕，个别墓有碑体。墓壁外侧多雕刻八仙人物、四骑征战、双狮麒麟、鹭鸟、凤凰、出行、放牧、钓鱼、祭祀等图案以及图文合一的"福如东海、寿比南山"吉语。

水达墓群，分为东、西两区，共有不同类型的墓葬58座。其中单层长方形石结构墓10座，双层6座，同类型墓上部已残层数不辨的3座；单层长方形石室墓8座；其余31座均为长方形乱石墓。在双层墓葬中，有3座墓的上层是用一块完整的长方体石料构成。在部分墓葬的前后雕刻或竖立有几何形状构图的拟人像。有的墓则将墓壁外侧用以加固结构的石柱雕刻成石俑形象。墓壁多为素面，雕刻

三都引朗墓群之一

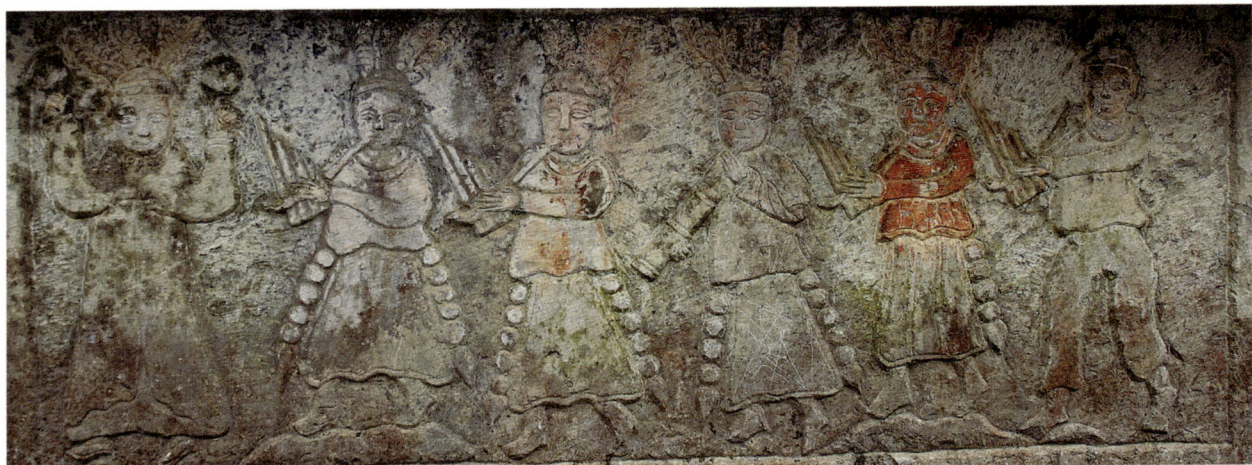

水懂一号墓乐舞图

画像较少。

水懂一号墓，是一座三层结构的长方体"箱式"叠砌墓，箱体内空，外壁12个壁面均装饰有画像石刻并施有彩绘，内容有铜鼓、骑马、抬轿、送礼、杂耍、双人舞蹈、野鹿衔枝、双龙抢宝、丹凤朝阳、喜上眉梢等。尤为重要的是一幅乐舞图，表现一排身着民族服饰的男女吹奏芦笙、芒筒等民族乐器的场景。墓后立有一块浮雕18人并列的抽象图案。

水甫墓群，本系坟山，墓葬分布较密，历代损毁较多，保留下来的墓葬形制不一，数量难以精确统计，经调查登记记录有43座墓。其中"箱式"单层石结构墓7座，双层3座；长方形石室墓3座；长方形石围墓12座；圆形石围墓8座；不规则石料堆砌的乱石墓10座。石刻装饰所见不多，但是墓后竖立石俑的现象比较普遍，个别墓后石俑的数量可达10余个。

黔南水族墓群是水族先民遗留下来的文化遗存，对研究探讨水族历史文化具有重要价值。

1982年，贵州省人民政府将水甫石棺墓群公布为贵州省文物保护单位。1985年，引朗墓群被公布为贵州省文物保护单位。2013年5月3日，黔南水族墓群被国务院公布为第七批全国重点文物保护单位，编号7-0657-2-141。2014年，三都水族自治县人民政府印发《关于公布我县全国重点文物保护单位引朗石板墓群等保护范围及建设控制地带的通知》，公布引朗墓群、水达墓群、水懂一号墓三处文物点的保护范围和建设控制地带；荔波县人民政府政府印发《关于公布全国重点文物保护单位黔南水族墓群（水甫石板墓群）保护范围及建设控制地带的通知》，公布水甫石板墓群一处文物点的保护范围和建设控制地带。根据属地管理原则，黔南水族墓群分属三都县和荔波县管辖，三都县文物管理所负责引朗墓群、水达墓群、水懂一号墓的管理保护，荔波县文物管理所负责水甫墓群的管理保护。2014年，三都水族自治县和荔波县共同建立黔南水族墓群全国重点文物保护单位档案，并报贵州省文物局、国家文物局备案。

# 第三章

# 古建筑

第一至七批全国重点文物保护单位中，古建筑为1907处。其中长城14处，阙14处，塔340处，桥梁75处，寺庙641处，坛庙142处，城郭84处，衙署41处，宅第142处，建筑群落116处，会馆祠堂145处，楼阁牌坊64处，交通水利33处，文教公益29处，商肆作坊17处，其他建筑10处。由于篇幅所限，本章仅记述从全国重点文物保护单位古建筑中选择的445处古建筑。

长城始建于春秋战国时期，为应对愈演愈烈的争霸形势，许多诸侯国开始修筑防御性的长城。战国后期，秦、赵、燕三国为防御匈奴的骚扰，在北部修筑长城。秦统一中国后把北部长城连成一体，构筑起西起甘肃东至辽东的长城。汉朝为保护通往西域的河西走廊又加建东、西两段长城，并在沿线修建边城。秦汉以后，北魏、北齐，隋、唐、金等朝代都修建过部分长城。规模宏伟且保留完整的是明朝建设的长城，明长城西起嘉峪关东到山海关，墙体长8851.8千米，习称万里长城。

阙是一种导引性的标志建筑，最早出现于西周，多在宫门外；汉代普遍使用，多设在城市、宫殿、祠庙、宅第等前方。遗存古阙近30座，多为汉阙，较为著名的有汉三阙（太室阙、少室阙、启母阙）、平阳府君阙、渠县汉阙（冯焕阙、沈府君阙、赵家村汉阙、王家坪汉阙、蒲家湾汉阙）等。

中国古代都城从春秋战国一直到明清都有城与郭的设置。夏商时期已经出现版筑夯土城墙，唐朝以后逐渐有了砖包夯土墙，宋朝的制砖主要用来包裹城墙，明代以后砖的产量增加，城墙均为砖包，墙内为掺有石灰的夯土。遗存城郭以明、清两朝保存较好，主要有明清时期北京城、明清时期西安城、明代南京城。

营垒设置多数产生于明代，明王朝北方沿长城建9个边防重镇和150个卫城和所城，同时南起广西北抵辽宁建有156个沿海卫城和所城，形成坚固的营垒防御体系，著名的有北京延庆的沿河城、居庸关城、柳沟营城以及辽宁兴城和山东蓬莱水城。

塔源于印度的建筑窣堵坡，译称塔，为释迦牟尼死后墓塔的演变。西汉后期塔随佛教传入中国，后来发展成为中国的传统形式。在类型上可分为大乘佛教的楼阁式塔、密檐塔、单层塔、藏传佛教喇嘛塔、金刚宝座塔和流传在西南地区的小乘佛教佛塔。楼阁式塔的形象最早见于魏晋南北朝时期山西大同云冈石窟，南北朝到唐宋是中国楼阁式塔的兴盛期，尤以黄河流域和南方为多，元代以后逐渐减少。遗存最为著名的楼阁式木塔为山西应县辽佛宫寺释迦塔，砖造楼阁式塔为江苏苏州虎丘云岩寺塔、江苏苏州报恩寺塔、福建泉州开元寺双石塔等。密檐塔较早实例有北魏的河南登封嵩岳寺塔、陕西西安荐福寺小雁塔、山西灵丘觉山寺塔。单层塔最早见于北齐，供奉佛像者为隋代，到唐代时单层塔外形全面模仿木结构建筑，塔身用砖砌出各种木构件造型，代表性的有河南安阳宝山寺双石塔、山东历城神通寺四门塔、河南登封会善寺净藏禅师塔。辽金时期是密檐式塔的盛期，较典型的为北京天宁寺辽塔。覆钵式喇嘛塔以西藏和内蒙古为多，内地覆钵式喇嘛塔始建于元代，明代其塔身变高瘦，清代又添焰光门，有北京妙应寺白塔、西藏江孜白居寺菩提塔、北京北海有焰光门的白塔。过街塔有北京居庸关云台。金刚宝座塔是在高台上建塔五座，中央一座比较高大，四角各塔比较矮小，仅见于明清两代，为数较少，高台上塔的式样或为密檐塔或为喇嘛塔，有北京正觉寺塔、北京西黄寺清净化城塔、北京香山碧云寺塔、内蒙古呼和浩特金刚座舍利宝塔。中国西南地区的傣族佛塔，外观较细高而俊秀，实例为云南景洪曼飞龙塔。

寺庙为佛教、道教、伊斯兰教等宗教建筑。中国唐代以前，佛寺以佛塔为中心兴建，建于东汉河南洛阳首座佛寺白马寺，建于汉末江苏徐州的浮屠寺，建于北魏河南洛阳的永宁寺等，为中国早期的佛寺建筑遗存。在魏晋南北朝的石窟中，许多洞窟都绘塑雕刻有以塔为中心的佛寺形制。后礼佛仪式举行移入室内，在佛寺中出现了可容纳多人的经堂和法堂。隋唐以后形成通用的佛寺形制，成为历代能工巧匠发挥智慧的建筑精品。中国历

史上最早的唐代建筑山西五台山佛光寺大殿，是中国最大的唐代木结构建筑遗存。宋辽时期木结构建筑都是佛寺大殿，典型的有河北正定隆兴寺、天津蓟州独乐寺、辽宁义县奉国寺、浙江宁波保国寺大殿、山西大同华严寺和善化寺、山西朔州崇福寺弥陀殿、河南登封少林寺初祖庵、河北涞源阁院寺文殊殿、广东肇庆梅庵大雄宝殿、山西平顺龙门寺，浙江南宋禅宗五台山寺院。西藏拉萨布达拉宫，是一组最大的藏传佛教寺院建筑群。内蒙古呼和浩特席力图召，汉名延庆寺，创建于明代万历年间，是一个汉藏混合的藏传佛教寺庙。明清以后，所有佛寺形成固有规制，寺主要大殿沿中轴线布置，为山门、天王殿、钟鼓楼、大雄宝殿、后殿和配殿，规模大的佛寺在中轴线侧另建若干庭院，如观音院、祖师院、方丈院、翻经院等。有的寺院则因宗教、派别教育和规模大小的不同，分别建有戒坛、罗汉堂、藏经楼、放生池等。道教祭拜场所为宫观、建筑平面布置和建筑形制基本为中国传统寺院，主要建筑布置在中轴线上，较著名的有湖北武当山道教宫观、山西芮城永乐宫。中国伊斯兰教礼拜寺早期建筑基本为传统寺庙建筑形式，沿中轴线布置主要建筑，有多个大殿相连的礼拜殿和邦克楼，另建有沐浴室、讲经室和会客室，著名的有北京牛街礼拜寺、福建泉州清净寺、陕西西安化觉巷清真寺。

坛庙祭祀是帝王或宗族重要的活动，坛庙都设置在国家的首都。明清政治中心北京坛庙建筑保存最为完整，有天坛、社稷坛、太庙以及地、日、月坛，先农坛和先蚕坛。全国重要的坛庙建筑有北京孔庙、山西太原晋祠、山东

曲阜孔庙等。

宫殿衙署是中国古代最重要的建筑物,据考古发掘的有秦代阿房宫、汉代未央宫、唐代大明宫含元殿、明代北京的奉天殿,保留最完整的是明清北京的宫殿。北京明清紫禁城的布局为所有衙署的布局提供了规范格局,明清时期著名的衙署还有北京颐和园、圆明园,承德避暑山庄和沈阳故宫。

宅第为单体建筑,群体宅第形成宗族建筑群落。汉代住宅已形成院落,元代已经形成四合院落。明清住宅根据地区分为多种类型,北方地区以四合院为主流,代表作品有北京崇礼住宅、山西祁县乔家大院等;长江以南主体住宅乃为四合院布局,住宅园林规模较大,在住宅旁设计池塘游廊亭阁等建筑,形成了以园林为主的南方住宅,典型的有江苏苏州拙政园、留园等。

中国的传统村落不仅是住宅的聚集,还是血缘关系的凝集与体现。确定为保护村落的均是保存较完整的明清住宅村落,较有代表性的山西临汾丁村民宅和北京门头沟爨底下古村落。

会馆建筑兴于明代末年,盛于清乾隆年间,可分为同乡会馆和工商会馆两类。同乡会馆原为乡、会场寓考而设,为同乡会组织,后随工商业发展,纯粹同乡性质的会馆极少。工商会馆则由同乡会馆发展而来,为同乡商人联谊而行商事为主,如北京安徽会馆、阳平会馆和湖广会馆。全国各地尤其是经济发达的城市也建立大量的会馆,如四川自贡西秦会馆、天津广东会馆等。到了清末,会馆建筑逐渐失去功能,最后消失或改为其他场所。

祠庙是祭祀先贤哲人和家族祖先场所。遗存祠庙多数是清代建筑。规模较大的有山西解州关帝庙和四川成都武侯祠。宗祠建筑样式多取地方传统样式,但建造质量是民间最精美的,如安徽歙县的祠堂、广州的陈家祠堂。清代民间建设许多先贤祠,如北京的文天祥祠、四川眉山三苏祠、江苏扬州史可法祠、四川都江堰二王庙、福建福州林则徐祠等。清代还发展出一种民间信仰,将有功于乡里的历史人物,作为地方的神加以崇拜,如福建漳州的开漳圣王、浙江湖州的安吉圣王以及广东德庆龙母祖庙和福建、广东的天后宫。

牌楼源自古建筑院落的大门,后发展成为立在宫殿、寺庙、陵墓等建筑群前面为标志性建筑,如北京颐和园大门前及万寿山前的牌楼、明十三陵神道大门前的石牌楼、北海天王殿前的琉璃牌楼,此外还有北京前门外大街的五牌楼。牌坊源于旌表,是封建国家表彰和纪念人或事的标志建筑。保存有安徽歙县许国石坊和棠樾村七座石牌楼、浙江武义郭洞村六座石牌楼等。清代中后期,商店的大门处建牌楼,功能是醒目招揽顾客。

元明清时期,城市中心十字路口均建钟鼓楼,较著名的有北京钟楼、鼓楼,山东聊城的光岳楼,陕西西安的钟楼和鼓楼,山西代州古城鼓楼。

中国古代产生司天建筑观象台,又称观星台。元代是中国天文科学较大发展的时期,元代河南登封观象台、明代北京观象台较为著名。

京杭大运河是由人工河道和部分河流、湖泊共同组成的,是中国历史上沟通南北运输的主要通道。

元代统一中国后,驿站作为传驿制度的主

要建筑为官方所建，规模宏大，元代驿站已无存。

明代的驿站制度非常完备，沿京杭大运河沿线有水驿站、驿路边有马驿站，驿站一般建在城外的驿道边，遗存较好的驿站有河北怀来鸡鸣驿、北京延庆榆林驿、江苏高邮盂城驿、山西应县安银子驿。

桥梁的种类很多，中国古代有高超的建桥技术，由于建筑材料多用木材很难留存下来，最多的古桥是石拱桥和石板桥。石拱桥保存最早的是隋代建造的河北赵县安济桥。宋代建造大量的石梁桥，这些石梁桥利用联排的石柱和石墩上架石横梁，利用石头本身的重力解决石质结构之间的连接，有福建泉州的洛阳桥和安平桥、山西晋祠的鱼沼飞梁桥。金代建的河北赵县永通桥、山西晋城的景德桥和山西原平的普济桥，都是单孔石拱桥。较著名的多孔连拱桥有金代建的卢沟桥。在福建、浙江、广西、贵州等地，石拱桥或石板桥上建有亭台建筑，被称为风雨桥或廊桥。明清以后虽然建造了许多石拱桥和石板桥，但是在建造技术上仍沿用传统方法。

元代国家最高学府称国子学，明初改为国子监。永乐年间在北京建国子监。元明时期，地方府州县建设学校叫地方官学，地方官学庙除供奉孔子的大成殿之外，还往往附有名宦祠和乡贤祠，如北京顺天府学附有文天祥祠，山西应州府学附有乡贤祠和名宦祠。地方官学多在棂星门前设置半月状的泮池，官学讲堂称为明伦堂。书院是民间教育机构，元明时期，书院在南方各省建立较多，书院以授业攻读为主，多选址在风景优美的山林里，如江西九江庐山白鹿书院、湖南长沙岳麓区的岳麓书院。书院兼有讲学、藏书、供祀的三大功能，故往往有三种单体建筑，讲堂和藏书楼以及祠堂，如元代的书院有江苏无锡周敦颐祠、湖北黄陂二程祠、陕西宝鸡张载词、江西婺源朱熹祠等，而明代的书院有贵州贵阳王阳明祠，陆九渊讲学的江西贵溪象山书院。另一典型建筑就是藏书楼，如明代浙江宁波天一阁，就是著名的私家藏书楼。

贡院是府州地方科考的场地，遗存完整的贡院是河北保定的定州贡院。

古建筑中还有商肆作坊和其他建筑，均以建筑为依托，保留有古老的酒窖、酿酒池等文物，如四川成都水井街酒坊遗址、山西汾阳杏花村汾酒作坊、四川泸州大曲老窖池等。河北沧州铁狮子、湖南湘西溪州铜柱、云南大理南诏铁柱和江苏苏州甪直镇保圣寺罗汉塑像，都是以其保留传统工艺而被列为文物。

# 第一节 长城

魏长城遗址 魏长城，又称魏西长城或河右长城，是战国时魏国为防御秦国而修建的军事设施。遗址主要分布于陕西渭南、延安和铜川地区。关于魏长城的分布范围及走向，学界主要有两种观点：一种观点认为，魏长城南起华阴，越渭河，沿北洛河东岸北上，经大荔、澄城、洛川、富县、绥德、米脂而达内蒙古自治区的固阳；一种认为，魏长城南端起于华阴，顺长涧河西岸向北延伸至渭河，过渭河后向西北延伸，穿沙苑经洛河，入大荔县境沿洛河东岸北上，至黄龙山南麓折而向东，顺黄龙山、射公山、梁山南麓，经白水、澄城、合阳，抵韩城南部黄河西岸。据史料记载，魏长城分别于魏惠王十年（前361年）、十二年（前359年）和十九年（前352年）三次修建。

1955年、1959年，中国科学院考古研究所黄河水库考古工作队分别对华阴、大荔县境内的魏长城遗址进行勘察和钻探，了解华阴长涧河至渭河、大荔党川村至长城村一带魏长城的分布、走向、长度及建筑结构等。1959年春，该队还对华阴魏长城进行局部试掘，出土一批战国时期的板瓦、筒瓦等建筑材料，为确定华阴长城的时代提供了实物资料。2006年7

魏长城韩城段遗址

魏长城合阳段遗址

魏长城华阴城南段遗址

魏长城大荔段顶部

月至2010年11月，陕西省考古研究所联合渭南市文物局启动"陕西魏长城资源调查项目"，采取历史文献、考古学、历史地理学相结合的方法，引入现代测绘技术和地理信息系统，对魏长城遗址进行全面深入的调查、测绘和研究。结果显示，魏长城主要分布在渭南市的华阴、大荔、澄城、合阳、韩城，铜川市的宜君，延安市的黄陵、富县、甘泉境内，遗存墙体长度共计约145千米。魏长城的修筑和布局不像其他时代长城那样连绵不断地延伸，并没有构成一个封闭式的防御体系，而是根据军事防御的需要，在不同区域，分地段、分时间多次修筑。魏长城的墙体均为夯土筑成，夯层厚5～10厘米，夯窝直径5厘米左右。墙体宽度和高度，也因长城所在区域地形地貌的差异以及是否为军事要地而不同。修建在平坦、交通要道及重要关口地域的长城墙体均高大宏伟，修建在高地、山梁上的墙体则相对低矮。有些区段还附有为数不多的敌台，有的在长城沿线建有烽火台。一些交通要道和战略要地的长城附近还建有军事性质的城堡，如华阴的阴晋城、大荔的洛阴城、韩城的少梁城以及甘泉的雕阴城等。

魏长城的分布地域可划分为六大段。华阴段长城，南北走向，起始于华山北麓的朝元洞，沿长涧河西岸北上，经北洞村、西关堡、红丰村，至渭河南岸，全长8.6千米，墙体上有墩台3处，附近有阴晋城遗址。大荔段长城，位于县域西北部，南北走向，自党川村向北，经党家窑、东高垣村，至长城村一带，全长6.4千米。合阳中部至澄城段长城，东西向，始于合阳黄河西岸的南顺村，经西王庄、长洼村、固池村，至澄城县城南的长城头村，全长31.94千米。黄龙山南麓长城，东西向，始于韩城黄河西岸的城南村，经韩城南部，合阳、澄城北部及黄龙县南部，至澄城与黄龙两县交会处的孙堡村，全长66.96千米（其中在韩城南部长城的北边筑有一道东西向的长城，形成两道防线）。宜君、黄陵段长城，呈东北西南走向，南起宜君县二十里铺村，经漱沟村、偏桥村、武家塬村，至黄陵县的周家圪村，全长12.1千米。富县段长城，大体呈东南西北走向，南起城关镇监军台村，经圣佛峪村、罗家塬村、伏龙村，至王乐村，全长17.9千米。

1957年5月，魏长城遗址被陕西省人民委员会公布为第二批陕西省文物保护单位。1992年4月，魏长城遗址（包括大荔县、白水县、澄城县、华阴市、合阳县诸段）被陕西省人民政府公布为第三批陕西省文物保护单位，同时公布保护范围。1996年11月20日，魏长城遗址（韩城段、大荔段和华阴段）被国务院公布为第四批全国重点文物保护单位，编号4-0032-1-032。魏长城遗址按辖区划段分别由大荔县文物局、韩城市魏长城遗址文管所、华阴市文物局负责管理。

**玉门关及长城烽燧遗址（包括大方盘、小方盘）** 是汉、西晋时期的关隘和军事防御设施遗址，包括玉门关（小方盘城）、河仓城（大方盘城）、长城及附属烽燧遗址。遗址位于甘肃省敦煌市市区西北90千米的戈壁滩上，地处疏勒河下游区域，北距疏勒河南岸1～5千米，周围为基岩戈壁地形，地面平坦，间有沙丘，地势东南高西北低。玉门关遗址，又名小方盘城，是西汉玉门都尉治所遗址。河仓城又名大方盘城，是汉至魏晋时期西部防线储备粮秣给养的军需仓库，西距玉门关12千米，坐落在疏勒河南岸高出河床2米多的自然土台上。长城烽燧遗址是敦煌境内保存完整的汉长城，位于玉门关北2千米处，东西走向。

遗址有西汉、新莽、东汉、西晋等四个时期的遗存。始建于西汉元狩二年（前121年）之后，与开河西、通西域、建丝路有直接关系，最晚至西晋元康五年（295年），前后沿用416年，进入东晋以后彻底废弃。《汉

玉门关全景

河仓城

吞胡隧

西碱墩隧

书·西域传》载："汉兴至于孝武，事征四夷，广威德。而张骞始开西域之迹。其后骠骑将军击破匈奴右地，降浑邪、休屠王，遂空其地，始筑令居以西，初置酒泉郡，后稍发徙民充实之，分置武威、张掖、敦煌，列四郡，据两关焉。"《后汉书·西羌传》载："通道玉门，隔绝羌胡，使南北不得交关。于是障塞亭燧出长城外数千里。"记述有始开河西时几次大的举动。出土的汉晋简牍文书与史籍所载亦互为印证。

玉门关遗址（小方盘），关城周垣尚在，方形，夯土修筑，遗存关城城墙南北长26.4米、东西宽24米、高9.7米，上宽3.7米、下宽4～4.9米，夯层厚0.1～0.15米，开西、北两

门，面积约630平方米。周围尚有营垒、古塔等遗址。

河仓城（大方盘），平面呈长方形，夯土修筑，坐北朝南，开南门，东西长132米、南北宽17米，墙高6.7米、厚1.5米，内有仓库3座，仓库隔墙上有上下两排通风窗口。城东、西、北面有坞墙，四周有角墩。仓城南100米处筑有一烽燧，名曰"仓亭燧"。

长城烽燧遗址。敦煌境内的汉长城全长约150千米，尤以玉门关附近保存最为完整。在长城线上修筑烽燧近80座。西汉长城的结构是由砂砾石夹芦苇（或红柳）间层叠压版筑而成，保存最好的一段长约400米，残高3.25米，基宽3米、上宽1米。长城线外侧有一条宽

6～7米的"天田"，为西汉边境的防御设施。

遗址从考古、历史、地理、政治、经济、军事、文化、民族、中西交流等方面为中国汉晋史、西北边疆史、丝绸之路史以及敦煌学、简牍学提供大量研究资料，具有重要的历史、艺术、科学价值和巨大的文化价值。

1963年2月，甘肃省人民委员会公布玉门关遗址为省级文物保护单位。1988年对河仓城墙体进行维修加固。1988年1月13日，玉门关及长城烽燧遗址（包括小方盘、大方盘）被国务院合并公布为第三批全国重点文物保护单位，编号3-0210-1-030。1991年7月27日，成立敦煌市玉门关汉长城（当谷燧段）管理所。1998年对玉门关东墙、北墙垮塌部分进行维修加固。1999年，甘肃省人民政府印发《甘肃省人民政府关于公布我省全国重点文物保护单位保护范围的通知》，公布玉门关、河仓城遗址及烽燧遗址的保护范围和建设控制地带。

2000～2003年，敦煌市组织实施玉门关、河仓城加固维修工程。2005年8月，建立甘肃省敦煌市西湖国家级自然保护区，遗址被纳入保护区内。2014年，玉门关、河仓城及烽燧遗址作为重要遗产点，被联合国教科文组织列入"丝绸之路：长安—天山廊道路网"世界文化遗产。

**克孜尔尕哈烽燧** 是汉代的军事设施，是新疆境内保存最好、年代最早的古代烽燧，是古代丝绸之路上一处重要文化遗产，位于新疆维吾尔自治区库车县伊西哈拉镇道来提巴格村西北3千米盐水沟东岸的戈壁台地上。

克孜尔尕哈烽燧始建于汉代。汉宣帝神爵二年（前60年）设西域都护府，自敦煌至龟兹，建烽燧、驿站，保障丝绸之路的畅通，抵御匈奴的侵扰。唐贞观十四年（640年），设安西都护府于西州。唐显庆三年（658年），移安西都护府于龟兹。唐朝在汉代烽燧的基础上，营建部分烽燧、驿站，抵御突厥的侵扰，

克孜尔尕哈烽燧

唐以后废弃。

烽燧平面呈长方形，由基底向上逐渐缩收，呈梯形，高约13.5米，基底遗存长6.5米、宽4.5米，顶部为木坯垒砌，并建有望楼，仅存木栅残留物。烽燧为夯筑，夯层厚10～20厘米不等，中间夹以树枝等。受自然侵蚀、风化作用，烽燧南侧中上部已呈凹槽状。

库车县境内有烽燧、关垒等遗址多处，主要位于却勒塔格山南部，大体呈东西走向带状分布，与境内古代丝绸之路基本一致。克孜尔尕哈烽燧保存基本完整，是研究古代烽燧选址、分布、军事传讯、结构形式、建造技术特点的珍贵实物。克孜尔尕哈烽燧是汉代中央政府在西域设置军政系统和丝路繁荣的见证，对于弘扬历史遗产文化、加强民族团结和爱国主义教育具有重要的历史意义和现实意义。

1957年，克孜尔尕哈烽燧被新疆维吾尔自治区人民委员会公布为第一批自治区级文物保护单位。20世纪90年代，对克孜尔尕哈烽燧盐水沟局部坍塌沟崖修筑防护墙。2001年6月25日，克孜尔尕哈烽燧被国务院公布为第五批全国重点文物保护单位，编号5-0131-1-131。2004年12月，建立克孜尔尕哈烽燧全国重点文物保护单位记录档案。2005年国家启动丝绸之路（新疆段）重点文物保护工程，克孜尔尕哈烽燧列为重点文物保护项目。同年5月，库车县文物保护管理所更名为库车县文物保护管理局，负责克孜尔尕哈烽燧的保护和管理。2007年10月，克孜尔尕哈烽燧保护总体规划通过国家文物局审核批准，2009年6月由新疆维吾尔自治区人民政府批准公布。2009年7月22日，新疆维吾尔自治区人民政府印发《关于公布新疆维吾尔自治区全国重点文物保护单位保护范围、建设控制地带的通知》，公布克孜尔尕哈烽燧保护范围和建设控制地带。2013年6月，重建克孜尔尕哈烽燧全国重点文物保护单位记录档案，存放在库车县文物局。2013年11月13日，新疆维吾尔自治区人民政府批准公布《克孜尔尕哈烽燧管理规划》。2014年，克孜尔尕哈烽燧作为重要遗址点被第38届世界遗产大会列为"丝绸之路：长安—天山廊道的路网"世界文化遗产。

**孔雀河烽燧群** 为汉至晋军事防御设施遗址，是古楼兰道以西一组性质单纯、布局有序、分布较广的军事设施，位于新疆维吾尔自治区尉犁县东北部的孔雀河沿岸，地处孔雀河流域的干涸河床或山坡上。

孔雀河烽燧群始建于西汉天汉元年（前100年）左右。汉武帝时期，为打击匈奴势力，汉朝政府派兵西出玉门关、阳关，开辟与西域联系的丝绸之路，并自敦煌以西修筑燧亭，过盐泽（罗布泊）向轮台延伸，为早期丝绸之路的楼兰道上重要的遗存。随着匈奴势力的减弱，丝绸之路北道的开通，楼兰道逐渐失去其作用。至西晋时期，楼兰道基本放弃，孔

卡勒塔烽火台

脱西克吐尔烽火台

库木什烽火台

雀河烽燧群等设施也遭废弃。

孔雀河烽燧群自东往西依次分布有脱西克烽燧、脱西西克烽燧、柯亚克库都克烽燧、卡勒塔烽燧、沙鲁瓦克烽燧、阿克奥尔得克烽燧、萨其该烽燧、孙基烽燧、亚克仑烽燧、苏盖提烽燧等11处烽燧。基本上从楼兰沿着孔雀河向库尔勒方向延伸，在孔雀河畔两岸断断续续分布，长达150千米，已发现的各烽燧间距多为5～10千米不等。烽体为方形，为夯土及土块修筑而成，残高3～10米。

孔雀河烽燧群结合地形，沿河畔修筑，分布较有规律。据研究，孔雀河烽燧的设置与《汉书·西域传》中记载的"自大宛破后，西域震惧，汉使入西域者益得职。于是自敦煌西至盐泽，往往起亭，而轮台、渠犁皆有田卒数百人"的史实相符。孔雀河烽燧印证了相关史料，是汉晋时期丝绸之路西域东段上遗存的重要实物资料，是楼兰道曾作为早期丝绸之路重要通道的历史见证。它东接楼兰、敦煌、玉门关，西连乌垒，在研究汉晋经营西域的历史以及军事通讯、丝路交通等方面具有重要意义。

1997年，尉犁县文物保护管理所成立，负责孔雀河烽燧群的保护和管理。1999年，营盘文物古迹保护工作站成立，兼管孔雀河烽燧群的日常保护和管理。同年，新疆维吾尔自治区人民政府将吐西克吐尔烽燧公布为第四批自治区级文物保护单位。2001年6月25日，孔雀河烽燧群被国务院公布为第五批全国重点文物保护单位，编号5-0132-1-132。2004年12月，建立孔雀河烽燧群全国重点文物保护单位记录档案，存放在巴州文物局。2009年7月22日，新疆维吾尔自治区人民政府印发《关于公布新疆维吾尔自治区全国重点文物保护单位保护范围、建设控制地带的通知》，公布孔雀河烽燧群保护范围和建设控制地带。

**昌吉州境内烽燧群**　为唐至清代的军事防御设施遗址。共有保存较完整的20座烽火台、5处驿站遗址和1处唐朝路，分布于新疆维吾尔自治区昌吉回族自治州境内古丝绸之路北道沿线。东起木垒哈萨克自治县，经奇台县、吉木萨尔县、阜康市、昌吉市、呼图壁县，西至玛纳斯县。

据文献记载，唐王朝为巩固在西域的管辖，抵御突厥的侵扰，加强安西、北庭两大都护府之间和都护府所辖各地州县的联系，在汉代长城资源的基础上，在丝绸之路交通沿线及军事要地附近修筑诸多军镇、戍堡、守捉、烽燧等军事设施。途经昌吉州境内的是丝绸之路北道，自瓜州（安西）经肃州（酒泉）至伊吾；或自沙洲（敦煌）出玉门关至伊吾。再从伊吾北越天山，沿天山北麓西行，经蒲类海（巴里坤湖）、车师后王廷（吉木萨尔县以北）、乌鲁木齐、玛纳斯、库尔哈拉乌苏、精河、伊犁，经过西域广袤的游牧地带到巴尔喀什湖畔的碎叶城。清朝初期，除加固维修历代烽火台设施进行通信外，还在清朝通往西域的主要通道，新建一批烽火台。从哈密开始，沿天山北麓经巴里坤、木垒、奇台、吉木萨尔、阜康至迪化（乌鲁木齐）一线的烽火台尤为多。清朝中期，随着清政府对西域统治的巩固，烽火台的功能逐渐萎缩。

塔西河古堡烽火台

三个泉子烽火台

西泉烽火台

五工台烽火台

昌吉州境内烽燧群大部分自1988年开始调查、记录。烽燧大部分为平面方形，截面梯形，整体呈四棱台形，由夯土及土坯修筑而成。5处驿站遗址位于木垒哈萨克自治县境内烽火台附近，均为清代所建，建筑均已倒塌，大体形状仍可辨识。唐代道路位于阜康北部古尔班通古特沙漠南缘，东西贯穿阜康全境，是丝绸之路新北道的一部分，保存较为完整，遗址及周边曾出土有大量的唐代遗物。

20世纪80年代，昌吉州各县市相继成立文物保护管理部门，负责域内烽燧遗址的保护与管理。昌吉州境内的烽燧遗址，大多处于戈壁荒漠地带与农田之中，自然条件差，遗址常

年遭受到风沙剥蚀、雨蚀、雪蚀的危害，加之人为因素，部分遗址破坏严重。2007年，三十里大墩烽火台、阿克木那拉烽火台、西泉烽火台、土墩子烽火台、老台烽火台、塔西河古堡、塔西河烽火台、烽火台村烽火台、头墩台子烽火台、十里墩烽火台、一碗泉子烽火台、三个泉子烽火台、沙河子驿站遗址、十里大墩烽火台及驿站遗址，分别被新疆维吾尔自治区人民政府公布为第六批自治区级文物保护单位。2009～2012年，昌吉市人民政府、呼图壁县人民政府、阜康市人民政府、吉木萨尔县人民政府、木垒县人民政府、玛纳斯县人民政府陆续公布其境内烽燧群的保护范围和建设控制地带。2013年3月5日，昌吉州境内烽燧群被国务院公布为第七批全国重点文物保护单位，编号7-0508-1-508。2014年11月，建立昌吉州境内烽燧群全国重点文物保护单位记录档案，档案资料存放在昌吉州文物局。

哈密境内烽燧遗址 是唐至清代军事防御设施遗址，位于新疆维吾尔自治区哈密市伊州区、巴里坤哈萨克自治县和伊吾县境内，共计63座。最早的烽燧建于唐代，目前仅存4座，分别为哈密二堡的拉克苏木烽燧、柳树泉的下

焉不拉克烽燧、巴里坤三塘湖烽燧、伊吾前山阔吐尔肖纳烽燧，其余为清代所建。

烽燧分布密度最高的是自巴里坤县城往西至萨尔乔克一线，每隔两三千米有1座，连绵相望有13座之多。萨尔乔克烽燧和巴里坤南湖滨的两个烽燧形状基本相同，基座呈正方形，燧体为向上收缩的棱柱形，均为夯土建筑，夯土中夹有红柳枝，并多用圆木构架。萨尔乔克烽燧长宽各8米、高7米多，燧体上下穿架着四层直径8厘米左右的木棍。哈密境内烽燧因地理环境、气候特点的不同，在构筑方式上存在着较大的差异：在干旱、炎热、多风的哈密市，烽燧多为土坯垒砌；而在较为湿润呈草原景观的巴里坤盆地，多为夯土筑造。

1978年，哈密地区文物管理所成立，负责境内烽燧管理。2007年，边关墩烽火台被新疆维吾尔自治区人民政府公布为第六批自治区级文物保护单位。2009年9月22日、2015年5月29

阔吐尔烽燧

中湖村烽燧

墩墩山烽燧

日，哈密市人民政府先后公布哈密市境内7处烽燧的保护范围及建设控制地带。2013年3月5日，哈密境内烽燧遗址被国务院公布为第七批全国重点文物保护单位，编号7-0510-1-510。2013年，实施哈密地区烽燧维修保护一期工程，共维修12座烽燧。2015年，开展哈密地区烽燧维修保护二期工程，对12个烽燧进行保护性维修。2014年11月，建立哈密境内烽燧遗址全国重点文物保护单位记录档案，存放在哈密市文物局。2015年5月28日，巴里坤哈萨克自治县人民政府公布境内10处烽燧的保护范围及建设控制地带；同日，伊吾县人民政府公布阔吐尔烽燧的保护范围及建设控制地带。

**万里长城——八达岭** 是中国古代伟大的防御工程万里长城的一部分，是明长城中保存最好的一段，也是最具代表性的一段。八达岭长城位于北京市西北60千米延庆区八达岭镇燕山沉降带西端，构筑在海拔600～1000米的山脊之上。长城在延庆南部的军都山，蜿蜒起伏，以北为延庆盆地，以南是关沟。因在关沟的北端，故又称北口。

长城由东、西两方向蜿蜒而至，横阻谷口，是居庸关的第二道防线。由于南去北京，北通延庆，西往宣化、张家口、大同的道路在此分岔，故名八达岭。从南口到北口（八达岭），层峦叠嶂，其间两山夹峙，长达20多千米，人们要从燕北、坝上进入北京，必须通过八达岭这个孔道。八达岭地势居高临下，形势险要，为居庸关的门户，是防守的主要阵地。战国时期此地已构筑长城防御工事。汉代在这里设置军都和居庸两座关城。北魏修造的"畿上塞围"长城，西起黄河，东至上谷军督山

北峰第三台至北峰第四台近景

（八达岭）。古时战争直接强攻八达岭取胜十分不易，多是绕道攻打南口，前后夹击，夺取居庸关，进而攻破北京。明崇祯十七年（1644年）三月，李自成的起义军攻占八达岭，就是分兵攻打防守较弱、地形略缓的柳沟，绕出居庸之南，从南口夹攻居庸关才取胜的。

据《四镇三关志》载，八达岭关城建于明弘治十八年（1505年）。关城墩台高大厚实，下部用十余层花岗岩条石垒砌，上部砌大城砖，城高7.5米、厚4米，呈东窄西宽的梯形，面积约5000平方米。关城有东、西两座关门，两门间相距64米。东门额曰"居庸外镇"，石匾宽3米、高1米，字为阴刻楷体，体势端厚；匾额右上方有"巡按监察御使陈豪书"，左下方有"嘉靖己亥仲秋吉旦立"的落款。西门额题"北门锁钥"，石匾宽3米、高1米，为4块宽0.75米的石板拼接而成，每板刻一字，字为阴刻双钩楷体，书体端庄，笔势遒劲；此款匾额上题"钦差总督蓟辽等处军务、兵部尚书、都察院左副都御使山阴吴兑，巡按直隶监察御使新喻敖鲲。万历十年岁次壬午五月吉日立建"。两门均为砖石结构，条石基础，砖券洞，券洞上为平台，台上四周砌垛墙，并于

南、北垛墙上各开一豁口，有登城马道可以下到城中。城门洞上，古时安装有巨大的双扇木门，门面铆钉嵌铁皮，门内安装有杠顶柱和锁闩。和平时期，大门敞开，行人商旅可以自由出入；遇到战时，则城门紧闭，严防谨守，一旦听到进攻的号令，城门洞瞬时成为千军万马发起冲锋的出口。从《四镇三关志》记载的关城修建年代，到两块匾额落款年代，其间相差近80年。在关城城台的宇墙上，嵌有万历十年（1582年）修居庸关八达岭长城、敌台的碑刻1通。从中可以看出，八达岭关城陆续修建，功能不断完备，工程之浩大。

八达岭长城的墙体宽大、结实、坚固，墙顶宽为5.8米，有的地段墙顶可容五马并骑或十人并行，是万里长城中最雄伟壮观的地段。关城西门南北两侧连接着高低不一、曲折连绵的长城，全部为砖石结构，建造十分坚固。城墙的高低、厚薄和敌台的大小位置以及形状等，无不体现因地制宜的长城修建原则。城墙一般建在山脊稍偏外侧部位，使墙外侧较高、内侧略低，以加强墙身的防御能力。城墙依山而筑，高低不一，用宽50厘米、高40厘米、长80～100厘米不等的石条砌筑，最长的石条达3.1米，重1500～1700千克，合缝处灌以灰浆。墙芯用泥土、石块夯实于墙体内。城墙平均高约7.8米、墙基宽约6.5米、顶宽5.8米。遇到山冈陡峭处，墙较低，有的仅3～5米；地势平缓处则墙较高，可达10米以上。墙身随山岭起伏，遇陡峭之处，城墙顶上就用砖砌出踏步，修筑成梯形，称作梯道，八达岭长城上的梯道长达千米。城墙内侧设置宇墙，外侧设置垛口，宇墙高1米余，垛口高约2米。垛口上部留有方孔为瞭望孔，用以瞭望敌人动向；垛口下部有一洞为射洞，用以射击敌人。城墙顶部由三四层砖铺砌而成，墙面上有排水沟和吐水嘴，将雨水引出墙外，避免雨水侵蚀冲刷

八达岭长城全景

八达岭关城及北城

墙基。吐水嘴是约1米长的石槽，伸出墙体以外，隔不多远设置一个。墙身里侧，每隔不远就设一个券门，券门是圆拱形小门，高约1.8米、宽约0.8米，券门内有砖或石梯通到墙顶上，供守城士兵上下。在城墙上每隔三五十米或一二百米建有一个墙台或敌台。

八达岭城墙经关城向南、北两峰展开，在南北两峰上各有4座敌台，南北遥相呼应。两峰相对高度较大，山势陡峭。关城到南峰顶上的第四楼，城墙长约685.8米，高度上升约127米，最险要处位于南峰第三台至第四台之间的一段，坡度约为70°，几乎是直上直下。从关城到北峰第四台，城墙长约767.5米，高度上升约155米，比南峰稍平缓。敌台由低向高依次峙立，在此观看长城，视野开阔，仰角大，加上坚固的城墙墙体，愈加凸显出长城的气势磅礴、高大雄伟。

勘查发现，记载长城修建情况的石刻碑保存在八达岭长城景区的有1块，树立在水关长城关口左侧；八达岭关城的石刻有"居庸外镇""北门锁钥"门额题刻和位于"居庸外镇""东北的摩崖""天险"石刻3块。

1953年，成立八达岭文物保护管理所，负责八达岭长城的保护和管理。同年，修补"居庸外镇"门洞及南四楼段城墙。1957年，重修"居庸外镇""北门锁钥"二门及南、北各4个墙台、敌台，基本恢复八达岭长城的原貌。1961年3月4日，"万里长城——八达岭"被国务院公布为第一批全国重点文物保护单位，编号1-0101-3-054。1978年，北京市园林局将"居庸外镇"石刻按原样修复。1983年，北京市文物局拨款修复北四楼至北六楼段长城和敌台。1981年6月，成立延庆县八达岭特区办事处，负责八达岭长城保护。1984年，先后修复敌台19座。八达岭特区办事处自筹资金修复北六楼至北八楼段长城334米，敌台2座。1985年，用"爱我中华，修我长城"社会赞助款修复北八楼至北十楼段长城531米，墙台、敌台2座。1985年，贵州省筹集赞助款修复南四楼至南七楼段长城426米，墙台、敌台3座。1986年，用"爱我中华，修我长城"社会赞助款，修复北十楼至北十二楼段长城578米，墙台、敌台2座。八达岭长城对外开放游览地段从南七楼到北十二楼，计3741延长米。1987年，八达岭作为长城的重要遗址点，被联合国教科文组织列为世界文化遗产。1990年，根据《北京市人民政府第三批划定7项文物保护单位的保护范围及建设控制地带的四至说明》划定"万里长城——八达岭"的保护范围和建设控制地带。1996年，八达岭特区办事处编制完成八达岭国保段长城记录档案，后不断充实完善。

**万里长城——山海关** 是明代军事防御型重镇，也是明长城的精华所在，坐落在河北省秦皇岛市山海关区一关镇。

山海关北临燕山，南襟渤海，山海间距7.5千米，东倚丘陵高地为屏障，西借石河为天然壕堑，辽西走廊与滨海走廊相互贯通，成为控扼华北通往东北的咽喉要冲。山海关素为兵家必争之地，春秋战国、秦、汉时期系临海要地。北齐天宝四年（553年），曾在境内筑城。关城西八里石河镇古城村"五花城"遗址相传为唐李世民东征高丽时所筑，为屯粮练兵之地。明洪武十四年（1381年），徐达发燕山等卫屯兵力5100人，修永平、界岭等32关，见渝水一带枕山襟海，地势险要奇绝，于是建关设卫，即山海关。山海关历经洪武、成化、嘉靖、万历、天启、崇祯等六朝修筑，前后用时263年，几乎贯穿明王朝由盛至衰的全过程，耗用大量资金，调动数以万计的军民，最终建成这一占地约230万平方米，具有"七城连环，万里长城一线穿"气势的军事防御系统。明崇祯十七年（1644年）四月，发生甲申山海关大战。清代，山海关得天独厚的战略优势逐渐变化，防御功能开始弱化，至溥仪宣布退位，山海关逐渐由军防重镇基本转变为沟通东北与华北地区贸易往来的商业化城市。

山海关境内长城南起老龙头，东到九门口（辽宁境），全长26千米。沿线分布10座关隘，由南向北依次为南海口关、南水关、山海关（关城）、北水关、旱门关、角山关、三道关、滥水关、寺儿峪关、一片石关（辽宁九门口）。山海关军事布防重点主要集中在平原地带，由关城、东西罗城、南北翼城、威远城、宁海城组成，宏观上构成"七城连环，主体两翼，左辅右弼，二城为哨，一线逶迤"的军事防御格局。据《临榆县志》记载，山海关关城设东西南北四座券门，上建城楼，依次为"东门镇东楼、西门迎恩楼、南门望洋楼、北门威远楼"。城中心建钟鼓楼，在城东门上建服远楼，城东南隅城台上建靖边楼（奎光楼），东罗城北隅建临闾楼，东罗城南隅建牧营楼，牧营楼南建新楼，在城东北隅建威远堂。其重要

山海关东门镇东楼

山海关老龙头石城

组成部分之一关城于明洪武十五年（1382年）建成。明万历十一年（1583年），时任山海路参将王守道请修山海关东罗城。万历十二年（1584年），兵部主事王邦俊、永平兵备副使成逊完成占地24万平方米的东罗城修建任务。西罗城傅大城之西关外，明崇祯十六年（1643年）巡抚朱国栋请建，工未毕而中止，规划部门根据控规中遗址带测算占地面积约64万平方米。南北翼城又名南北新城，位于山海关关城南、北两侧各1.5千米处，明崇祯元年（1628年）时任右佥都御史杨嗣昌建。宁海城距关城南5千米，在南海老龙头北，杨嗣昌建。威远城俗称呜咽城，在关城以东1千米的欢喜岭上，传为明末山海关总兵吴三桂建。

山海关长城设施完整，城墙走向脉络清晰，墙体坚实高大，设防严密，沿线关隘、敌台串联，烽堠星罗棋布。城、台、墙、堠因地制宜，用险制塞。平原地带多选择地势相对较高的台地筑城，山区则选择在山脊的分水岭。建筑形式和建筑结构因地制宜，就地取材。主要由五种结构形式组成：土筑砖包墙、砖石墙、块石墙、毛石墙，还有一种是利用自然山

崖、陡峭石壁为墙的山险墙，个别地段还有极少量的条石墙。附属构筑物关城、罗城、堡城、墙台、敌台、烽堠等，均采用外包砖石结构。境内长城按类型分为平原长城、山区长城及海防城。平原长城即由起点老龙头至角山下旱门关11千米平原地段的长城，绝大多数为土筑砖包墙；山区长城即由旱门关至一片石关15千米山区的长城，非重要地理位置，多为块石砌筑，而雄踞交通要冲的关口及两侧城墙，则为砖石包砌；海防城即入海石城老龙头，距山海关城南5千米，是明蓟镇所辖长城的东部起点，为明代蓟镇总兵戚继光建，相传城址伸入海中数里，曾用铁锅做建筑基础，上砌砖石。

关城占地面积达126万平方米，平面轮廓呈不规则梯形，西南和西北转角处呈弧形，东南角处呈锐角，略为突出。整个关城，平面北高南低，形成缓坡。东墙为长城主线，长1378米。平原地段平均高10米、厚9米，墙体底部以条石为砌筑，其上外包条砖，中间亚黏土或三合土夯实，城墙顶部用条砖、方砖铺面；内侧砌筑女儿墙，安放吐水嘴；外侧砌筑垛口墙，垛口下设置射孔。因平原长城所处位置系

山海关角山长城

向山区长城过渡，地势由南向北逐步升高，其外侧挑挖护城河，宽10～20米不等，深度2米左右。山区长城则依地势修筑，就地取材，城墙厚1.8～4.2米不等，墙高2.5～5.1米不等。老龙头高3丈（约合10米）有余，砌石垒，入海七丈（近24米），经专家考证，原址确有块石堆积，长约50米、宽约10米，石上有凿孔，并有铸铁痕迹，传为提高筑城所用材料的安全稳定性，守城官兵将铁水注入块石间，待其冷却后黏合成一体，城基变得十分牢固。

山海关长城由山海关区文物局负责管理保护。1952年，首次对箭楼进行大规模维修。1956～1975年，对箭楼和长城重要地段进行多次维修。1961年3月4日，"万里长城——山海关"被国务院公布为第一批全国重点文物保护单位，编号1-0102-3-055。1976年唐山大地震，山海关多处受损。1977年4月始，对箭楼进行加固修补，原貌重修二楼东面墙体，对山海关长城重要地段进行集中维护。1987年8月，山海关被联合国教科文组织作为长城的重要组成部分列入世界文化遗产名录。1992年3月，河北省人民政府印发《河北省国家级、省级文物保护单位保护范围及建设控制地带》的通知，公布山海关的保护范围和建设控制地带。1998年12月至1999年4月，对箭楼进行大规模整修。2003年，国家文物局批复的山海关区文物局《山海关东罗城文物保护规划》《山海关关城文物保护规划》，重新调整和划定山海关保护范围和建设控制地带。2007年，山海关区建立"万里长城——山海关"全国重点文物保护单位记录档案。

**万里长城——嘉峪关** 是明长城西端起点，也是明长城沿线保存最为完整的一座古代军事城堡。嘉峪关位于甘肃省嘉峪关市嘉峪山西麓的嘉峪塬上，自古是丝绸之路的必经之地，古有"西襟锁钥"之称。

据《明史》记载，"修筑边塞工程始自洪武三年（1370年）"，"终明之世（崇祯十七年，1644年），边防甚重，东起鸭绿，西抵嘉峪，绵亘万里，分地御守。初设辽东、宣府、大同、延绥四镇，继设宁夏、甘肃、蓟州三镇。而太原总兵治偏头，三边制府驻固原，

嘉峪关远景

亦称二镇，是为九边"。明洪武五年（1372年）征西将军冯胜始筑嘉峪关土城。弘治八年（1495年）肃州兵备道副使李端澄建关楼，正德元年（1506年）又监修东西二楼及官厅、夷厂、仓库等建筑。明洪武五年至嘉靖十七年（1372～1644年），嘉峪关仅是一座孤城，关城南北无防御工程。明嘉靖十八年（1539年）后至万历元年（1573年），经历30余年修筑成以关城为中心、周边相连接的完整防御体系。清乾隆年间，新疆重新归入清朝版图，嘉峪关失去军事防御和边关隘口作用，作为清兵驻地继续使用。清末民初，变成税卡。设监督1人，总理税务（见《甘肃外交志》）。军队和地方官员及家眷、部分百姓纷纷搬进关城居住。至1949年中华人民共和国成立时，关城已破烂不堪。原有嘉峪公馆、警卫营房、巡检

嘉峪关柔远门和光华门

衙门、嘉峪驿、瓮城值更房、南闸门楼、演武厅、嘉峪西关坊、嘉峪东关坊、魁星楼、同善堂等建筑早已被毁不存，仅存明代主要建筑群和长城、墩台等遗址。

关城平面呈梯形，面积33000多平方米，由外城、内城、罗城、瓮城及城楼附属建筑等组成。内城周长640米，东城墙长156米，西城墙长164米，南北城墙各长160米。城墙高9米，上建垛墙。内城有东西二门，名"光化""柔远"，其上均建有三层三檐歇山顶式城楼。城墙四角建角楼，南北墙正中建敌楼。内城中轴线北侧有清代游击将军府一座，是嘉峪关历任游击将军办公之处。内城西有罗城，呈"凸"字形，长191.3米、通高10.5米。青砖包砌，高与内城相同。罗城中间凸出部分开券门，为关城正门，门额题"嘉峪关"三字，门上建关楼。城南、北两角筑角楼。内城南、北和东侧外围均筑外城，西与罗城相连，南、北与内城平行并形成夹道，供车马通行。外城高3.8米、周长1100米，东北角上建闸门，上建一层三间式闸楼。外城四周有壕沟。关城内外还有官井、营房及文昌阁、关帝庙、戏楼等附属建筑。关城南、北两侧均筑有长城。关城与附近的长城、城台、城壕、烽隧等构成严密的军事防御体系，被誉为"天下第一雄关"。

嘉峪关是明代军事防御建筑工程的代表，对研究明史、军事史、商贸文化交流史、建筑工程技术史有重大价值。

1950年，抢修嘉峪关城楼。1958～1959年，对内城东西二楼、城墙、垛墙、井亭、游击府、关帝庙、文昌阁及大小楼阁进行维修，并对楼阁重新彩绘装饰。1961年3月4日，万里长城——嘉峪关被国务院公布为第一批全国重点文物保护单位，编号1-0103-3-056。1971年，局部维修关城城墙、垛墙、宇墙、游击将军府，并修建文物库房等。1973年3月，成立嘉峪关市文物管理所。1973～1975年，对关城部分城墙进行抢险加固。1979年，国家文物局委托麦积山加固工程办公室，对关城墙体进行喷浆加固试验。1981年4月，嘉峪关市人民政府印发《关于保护文物古迹的布告》，明确规定嘉峪关关城及周边文物古迹的保护范围和建设控制地带。1987年8月，联合国教科文组织世界遗产委员会将嘉峪关作为长城的组成部分列入《世界文化遗产名录》。2003年，成立嘉峪关文物景区管理委员会，负责关城和市境不可移动文物的开发、保护与管理。2006年9月，由中国城市规划设计研究院编制的《万里长城——嘉峪关文物保护规划（2008～2030）》获批，依据该规划，重新调整划定保护范围和建设控制地带。2013年，又多次对嘉峪关长城墙体（夯土）进行保护维修。

**万里长城——金山岭长城**　为明代修建的军事防御体系，隶属于明蓟镇古北口路，地处燕山褶皱与内蒙古背斜过渡带，位于北京市密云区与河北省滦平县交界之处。西距古北口北关2.5千米，东与司马台长城相连，长城一线为鱼脊状地形。

金山岭长城始建于明洪武十五年（1382年），由徐达主持修建，在成化、弘治年间（1465～1505年）修建墩台、墙体（毛石砌筑）。明隆庆三年（1569年）至万历六年（1578年）期间，戚继光主持重修改建，主要是将墙体进行包砖，敌台改建为空心敌楼。金山岭长城由

金山岭长城远景

烽燧、挡马墙、墙体、敌楼、关隘、指挥所等构成严密的防御体系。

遗存烽燧4座，其中圆形3座，长方形1座。挡马墙长0.8千米，随长城走势而建，用天然毛石砌筑。低洼处墙高2～3米，陡坡处墙高1.5～2米，除其中250米保存完好外，其余部分残损严重。墙体为石基砖体墙，石基以花岗岩条石经过人工打磨后叠砌，条石大多长1米，宽0.3米，厚0.3米，多为3～5层，有的地方因坡陡，条石为6～10层不等。上用青砖并使用白灰勾缝包砌。砌筑均采用平砌，"一顺一丁""砖缝岔分"。砌筑时随墙的高度做收分，一般为墙高25%左右，上窄下宽增加墙体的稳定性。外墙高8米左右、底部宽4.3米、上宽3.2米。当距离顶部马道0.5米时，填心部分全部采用白灰、黄土混合夯筑。墙体与雉堞墙或女墙连接处，用条石隔开出檐。北侧为

雉堞墙（垛口墙），南面为女墙。墙体上的礌石溜槽，修建于墙体北侧，宽0.43米，高1.5米，上与马道的礌石孔相连接，将泥坯的一侧削为弧形，弧度渐次加大，由0.5厘米递增至7.5厘米，进行编号烧制，在砌筑时，依编号进行砌筑，形成一个平滑的凹槽，这个凹槽用作施放礌石之用，有人称之为礌石"弹道"。雉堞墙高1.6米，宽0.4米，两个垛口间的距离为2.9米。垛口的建筑方法是在泥坯制作中，将一侧削成三角形烧制，再将这些异型砖叠砌成垛口，状如一正一反两个"八"字形，宽0.4米、高0.8米，这种形制扩大士兵的射击角度，增加了视野和防御范围。障墙建筑在马道之上，横亘于垛口墙一侧，与垛口墙连接的多道横向建筑实体。障墙与内侧女墙间留有1～1.2米的通道，障墙修建在冲要之地或陡峭的山坡上。在障墙的墙体上置射孔，有单孔、

1011

金山岭长城障墙

二孔、三孔。单孔设在中间，双孔并排而立，三孔成"品"字形。支墙连接于长城主体，修建于地处山脊的极卫之地，向防御一侧延伸，两侧均置垛口墙的一段墙体，称之为支墙。金山岭长城有保存完好的两条支墙，支墙的修建，使得长城的防御得以向纵深延伸，防御的范围得到扩大。

敌楼，外形有正方形、长方形、梯形、圆柱形四种，建筑结构有砖石结构、砖木结构、砖石与砖木结构三种，内部结构有拱券形、回廊形、钻天顶形、无梁殿式、十字交叉式五种。钻天顶形敌楼内的四周由四个主拱券围成一个回廊，内设一个正方形的中心拱券，拱券的顶部为四角或八角组成的藻井顶形。无梁殿形敌楼的内部结构由一个呈穹隆形的拱券组成，四周辅以

小拱券与箭窗相通。十字交叉形敌楼的底层以南北与东西各一道通拱垂直交叉组成。还有的敌楼，四周以多个十字交叉的小拱券组成回廊式的建筑。围成一个空旷的内室，内室再由木结构组成。

关隘，据《四镇三关志》《三边镇务总要》记载有4座，分别为龙王谷关、砖垛子关、沙岭儿寨、丫髻山寨。《九边图说》所载蓟镇图中，标注的关寨名称有7座，分别为五里坨寨、龙王谷关、狗儿洞寨、桃儿冲寨、砖垛子关、沙岭儿寨、丫髻山寨。丫髻山寨的东侧与司马台寨间还有2座，没有查找到史料记载。龙王谷关修建于洪武十五年（1382年），由徐达主持修建，重修时间不详。因原关隘地处沟谷底部，经过几百年的淤积，关北

一侧已被淤泥填淤成一片平地，高与关隘两侧马道平。从内侧看此关，已成为一个窑洞形。隘口宽2米，门洞通高2.5米、宽2.3米，南北相通10.7米。砖垛子关，始修于洪武十五年（1382年），由徐达主持修建。后万历年间，谭纶、戚继光主持蓟镇防务时，将此关东侧的战台修建为砖木结构的箭楼。2009年，因箭楼坍塌，管理处修复此关敌楼，使此楼成为金山岭长城遗存最壮观、最雄伟、最具代表性的建筑之一。关隘高2.26米、宽1.28米，门洞内外相通，高3.22米、宽1.65米。沙岭儿寨，修建于洪武十五年（1382年），由徐达主持修建，内外设门，中间露天。内外门大小相同，门宽0.93米、高2.34米。门内发拱，宽1.29米、高2.95米、进深1.2米。内外门中间有一近10平方米的平地，向两侧修建成砖砌梯道与马道连接。丫髻山寨，始修于洪武十五年（1382年），徐达主持修建。隘口高2.2米、宽1.2米，门洞高3.1米、宽1.6米。

金山岭有4处指挥所，保存相对完好的是千总楼南不足15米的指挥所。基础长9.3米，宽6.15米，内室三间，前设走廊，砖木结构，修复前砖木结构已经毁损，1985年进行修复。距砖垛子关城墙直线距离44米处的一座山梁上，残存房屋遗址，基础条石、地面铺砌的方砖保存完好。沙岭儿寨南侧163米处，残存一平台，在平台之上有房屋基础，长5.5米、宽3.2米。丫髻山寨南侧40米处，有房屋遗址一处，呈正方形，边长10米。

金山岭长城具有严密的军事防御体系。沙岭儿寨与砖垛子关是通往北京密云的两条重要通道。首先是在防御一侧高山之巅设立2个烽燧，作为敌情观察哨，在两条沟壑中间的山脊上修建长城分支200米的支墙。上修2座敌楼，建炮台13座，马道上两侧墙体修建垛口，作为侧面打击进攻两个关隘之敌。在墙体的北侧不足50米远的地方，利用毛石砌筑一道挡马墙用以阻敌军马。砖垛子关前修建两道挡马墙，以逐渐弱化敌人对砖垛子关的进攻。在千总楼下修建坞，形成保护千总楼的又一道战壕。砖垛子关、沙岭儿寨、千总楼南侧设立3个指挥所，构成指挥机构的紧密联系。指挥机构，敌楼、炮台、烽燧密集设置，有效配合，加之支墙、挡马墙、壕堑、坞等防御措施，形成不战而屈人之兵的防御典范。

1983年5月，全国长城保护工作会议在滦平召开，与会者一致认为，金山岭长城所处地域开阔，长城墙体大部分保存完好，敌楼密集，显示古代军事防御体系齐全，建造艺术精美，是万里长城的精华所在。

1976年文物普查时，金山岭长城引起国家文物事业管理局的重视，此后多次派专家考察。同年成立群众保护组织，确定保护人员。1987年前，国家文物局拨款修缮五眼楼至大金山楼间墙体1010米，敌楼15座，关隘2座，烽燧2座。1988年1月13日，金山岭长城被国务院公布为第三批全国重点文物保护单位，编号3-0058-3-006。包括为东起望京楼西至龙峪口，全长10.5千米。1992年2月21日，河北省人民政府印发《河北省国家、省级文物保护单位保护范围及建设控制地带》的通知，公布滦平县境内金山岭长城的保护范围和建设控制地带。2005年，滦平县成立金山岭长城管理处。2007年12月，国家文物局协调金山岭和司马台两个全国重点文物保护单位，确定金山岭的保护长度西起龙峪口东至东五眼楼，东五眼楼至碾子沟楼为司马台与金山岭两个保护单位共同管理，金山岭长城的保护长度为7千米，敌楼43座，烽燧4座、隘口9处。2009年3月，国家文物局拨款修复后川口东段墙体马道180米；2015年3月，国家文物局拨款修缮沙子楼至碾子沟楼段破损的马道和墙体。

**万里长城——紫荆关**　是长城内三关之一，也是明长城上九大关之一，位于河北省易县县城西北45千米处，因关城雄踞紫荆岭上而得名。紫荆关关城由五个大小不等的城圈组成，呈莲花形，城池方圆12000多米，建筑雄伟。其南以十八盘为险阻，北与居庸关遥遥相应，紧紧扼守着北京的南大门。

紫荆关主峰层峦叠嶂，陡壁悬崖，东西峰岭连绵不断，如一道天然屏障横于拒马河南岸。这里是由内地通往山西的要道。由于战略位置重要，自战国时代起就在岭上建有关城。

据《吕氏春秋》记载，紫荆关即古太行八陉的第七陉蒲阴陉，秦时始称上谷关，东汉时又名为五阮关。北魏时期，郦道元在《水经注》一书中称紫荆关为子庄关。宋金时改称金坡关，元代始称紫荆关。明朝在北京建都后，这座关城的战略位置更加重要，清康熙帝更称之为"畿南第一雄关"。紫荆关关城在明代以前已具相当规模，足以"控扼西山之险"，为"要害重地"。明代又进行了大规模的修建，到明中期已基本形成后世格局。及至清代，紫荆关虽然已属腹地，但因它的地理位置的重要，驻军兵额未减。

紫荆关长城分为关城、东线城墙、西线城墙和北线城墙四部分。关城面积约3平方千米。以城内真武山为中心，城墙依山起伏，向四面延伸，形成四个不规则的城圈。东线起自奇峰口东坡的棒槌崖，经东峪沟口、官座岭口、十间房口至大雁沟口；西线过犀牛山，经孙家沟、大勺沟、小勺沟、破死沟、山树沟接

紫荆关关城

紫荆关城门

瓦窑关口；北线紫荆关关城的西北过拒马河通往小新城，由小新城北垣向西北延伸至屏山顶，与蔡家峪的城墙形成防御体系。紫荆关城池墙体12000多米，建筑雄伟。紫荆岭上有东西二城相连，东城较小，设有文武衙门，西城较大，为驻兵之地。拒马河北岸有小新城，与西城隔河相望，呈掎角之势。关城东、西、南三侧墙外有墙，北墙下临拒马河，依山面水，形势险要。整个关城有东、西、南、北四门，北、东、南三门皆在东城，东西二门有门不通

关外，而只通外城；以南、北门为交通要道。北门系瓮城建筑，因墙外即是拒马河，故北门东开，瓮城内又有二门，西门通西城，南门通东城，呈三角形，俗称北三门。关城西侧有翼墙左右延伸，往西经大盘石段往东经君玉村至奇峰口，达20千米，沿途有口，各建城堡，并于大盘石、奇峰口设把总，分统东、西两口，此段城墙以小盘石村南瓦窑关口的一段墙体保存最好，垛口、女儿墙完好无损。往南往北皆有墙、楼布于崇山峻岭之巅。小金城建于明隆庆二年（1568年），和紫荆关关城隔河相望，成掎角之势，其他三座城堡建在由山区通往平原的隘口附近。长期的自然侵蚀和历代战争破坏，使紫荆关建筑布局遭到一定程度的破坏，仅存河山带砺门、紫塞金城门和二重门3座城门，以及战台19座、水门3座、水口29个、马道5条。

1979年，河北省文物管理处组织对易县境内长城的调查。1982年，易县文化局对紫荆关

紫荆关内城

长城进行历时两个月普查，对关城进行测量，绘制紫荆关长城分布示意图和关城、城门、水门、敌楼等单体图。1993年，北京建筑工程学院对紫荆关地区进行调查，绘制紫荆关关城实测图。1996年11月20日，"万里长城——紫荆关"被国务院公布为第四批全国重点文物保护单位，编号4-0132-3-054。2001年，河北省人民政府公布紫荆关长城的保护范围和建设控制地带。2001年9月25日，国家文物局印发《关于易县紫荆关长城维修保护技术设计方案的批复》，对紫荆关长城进行保养性维修。2003年3月11日至8月17日，第一期工程重点是对拒马河沿岸料石城墙进行修复，修复城墙81米。2004年4～8月，对紫荆关长城进行第二期维修，在一期工程基础上，向西推进，共修复墙体101米。2008～2016年对长城部分段落进行维修。

**万里长城——九门口** 是蓟镇长城段落之一，位于辽宁省绥中县城李家堡乡新堡子村与河北省抚宁县九门村交界处。地处燕山余脉东缘，后为群山，前临平原，南距蓟镇长城山海关15千米，其东62.5千米为绥中县城。

九门口段长城修筑于明洪武十四年（1381年）。大将徐达奉命发燕山等卫屯兵15100人，修永平、界岭等32关。这是明第一次大规模修筑长城。景泰元年（1450年），提督京东军务右佥都御史邹来学，组织修喜峰以东的石关城池。弘治年间（1488～1505年），蓟辽巡抚洪钟筑边墙，自山海关抵居庸关，共270处。《明史》记载，自明嘉靖朝，蓟镇边墙虽修，墩台未建。明隆庆年间（1567～1572年），中军门谭纶请筑敌台三千，自居庸关东接山海关，于隆庆五年（1571年）功成。

《永平府志》卷三十三城池篇记载："一片石城，在县东北三十里，石城后砌以砖，高二丈五尺，周二里。东、西、南三门。"《临榆县志》记载："一片石关，在临榆县东北三十里，一名九门口，东西门各一，其西门额曰：'京东首关'，东门外为边城关。正东向右折而东南，直抵角山之背，复设正关门六以泄水，合之九门云。"《永平府志》《临榆县志》的记载与遗存长城的规模基本一致。

九门口长城，南至山海关的海中，北抵锥子山，没有沿用历代长城旧线，基本为明代新筑。九门口段长城，在地理分布上呈南北走向，南起老牛山北侧山崖12号楼，北至20号敌楼止，全长1980米，其布局包括长城墙体、跨河城桥、一片石关城与墙体两侧的烽火台、拦马沟（壕堑）、拦马墙、哨楼、营盘等。计有敌楼9座，墙台1座，在城桥的两端有边台2座，桥身筑有8个梭形桥墩，其城桥外侧两边增筑围城2座，形成一个纵深数里的攻可进、退可守的完整的军事防御体系。

九门口段长城城墙体为三合土筑，土质坚致，夯打结实，夯土中含有石块，墙体内外两侧均用砖石包砌，基部为条石，上部砌砖。自老牛山北侧长城墙体至13号敌楼止，全长200米，属砖石结构，城体下宽4.5米、上宽4米、存高3.5米。这段属自然破坏，不甚严重。其中，12号敌楼保存较好，长8.5米、宽8.5米、存高8米，基础条石5层，上部砌砖至顶，敌楼建造为一层建筑，侧面仅有一券门通向顶部铺房，垛口残缺不全。13号敌楼破损较严重，仅有部分尚存。13～20号敌楼段，全长1500余米，其结构均为砖石，城墙上宽5米、下宽6

九门口长城远景

米、存高6米，遭严重破坏者465米，严重人为破坏的125米，一般自然破坏821米。13号敌楼之北为墙台，上面仍存置炮台基，另有3座敌楼保存完好。14号敌楼，长11米、宽11米、高8米，两侧设踏阶可至台顶，仅垛口不存。19号敌楼，长10.5米、宽9米、高10.5米，条石基础10层，上有10个箭窗，内部结构三大拱，三小拱。20号敌楼，长11米、宽10.5米、高11米，条石基础8层。此楼保存完整，楼门、窗及拱券均为预制石件，并雕有花纹，其西门石制门额上刻有"石黄十一号台"为明万历年间修。

关城，在九江河北岸内侧，平面呈长方形，东墙借用长城墙壁，其余南、北、西三面筑城墙。城南北长185米，东西宽135米，墙体外部墙基为条石，上部砌砖，墙体内侧为三合土，上有垛口和女墙，东西城墙中部辟有城门，东门为边城关，西门门额上刻"京东首关"四字，南墙中间有一拱券式小便门，下临九江河，是一座水门。在关城西南角，向西接筑一道城墙，延伸317米，回绕北山，复转向东，与20号敌楼北面山上长城相接，使之在关城西、北两面形成一座外城，墙体全部为石块砌筑，其西部辟有一门，东与关城西门相通。围城，九江口两岸的长城墙体外侧各有围城1座，始建于明天启六年（1626年），围城平面呈正方形，每边长12.6米，两围城各设炮眼7个，均分布在东、南、北三面迎敌方向。观其建筑结构及火力配置竟与现代碉堡军事要求无异。烽火台，在20号敌楼之东100米的山岗上，方形，长宽皆8米，高9.5米，底部用石块砌基础8层，上部砌砖至垛口为30层。垛口保存完整，顶部铺房墙壁犹存。烽火台上无通道，设软梯供上下，其外部四周残存围墙基石。哨楼有2座保存较好。一座位于20号敌楼，东侧的高山顶部，由于此楼位置较高，向南可见渤海，故名望海楼，其外侧四周筑有围

九门口长城近景

墙。一座在望海楼西南侧半山腰的低平山岗上，结构与其相同，此楼称之为英武楼，是九门口关门外的重要防御设施。拦马沟，在13～17号敌楼东侧南山脚下，其北过九江河，在18～19号敌楼东侧平地上，沟较宽，直抵长城北侧山根处。拦马墙，在12～13号敌楼下，用石块砌筑，墙体陡直。其作用是加强长城外侧的防御能力。

九门口长城布局规整，建设风格严谨，为保卫京师而筑，是明代蓟辽地区军事防御体系中的重要组成部分，具有完备的攻击与防守能力，保存状况基本完好。它不仅反映当时的历史科学和文化内涵，同时反映东北与华北地区在军事上、经济上、文化上的密切往来。九门口长城是明代军事防御体系的典型代表，翔实地见证了明末清初蓟辽地区的军事活动，具有极高的历史、科学、艺术价值。

1984年8月11日，辽宁省锦州市人民政府公布九门口长城为市级文物保护单位。1984年始，九门口长城由绥中县文物管理所管理。1986年3月，九门口长城管理处成立，负责日常开放管理工作。1986年6月至1988年12月，经国家文物行政管理部门批准，辽宁省文物考古研究所先后对九门口长城进行三次考古发掘。1988年，辽宁省人民政府公布九门口长城为省级文物保护单位。1989年6月26日，万里长城九门口段第二期修复工程竣工。1993年，辽宁省人民政府调整了九门口长城的保护范围和建设控制地带。1996年11月20日，万里长城——九门口被国务院公布为第四批全国重点文物保护单位，编号4-0136-3-058。2001年，辽宁省文物考古研究所建立九门口长城的全国重点文物保护单位记录档案，档案存放于九门口长城管理处。九门口长城管理处依照《文物法》和《长城保护条例》编制《九门口长城文物保护规划》。2003～2014年，管理处先后完成九门口长城墙体、一片石、敌楼、哨楼、战台等重点地段的保护性修复和重建工程。

# 第二节　阙

**太室阙**　太室阙是汉代太室山庙前的神道阙,是中国遗存最早的庙阙,与少室阙、启母阙并称"中岳汉三阙"。太室阙位于河南省登封市中岳街道中岳庙前。

太室阙始建于东汉安帝元初五年(118年),由阳城长吕常所建。太室阙为二重子母阙形式,分东、西双阙,母阙居里高大,子阙在外低矮。阙相对如门,间距6.75米,是太室祠的象征性门户。双阙均以青石砌筑,阙身平面呈长方形,通高3.96米、长2.13米、厚0.7米,子阙低于母阙1.31米,结构完全相同。阙由阙基、阙身、阙顶三部分构成。阙基用双层长方石板垒砌,平铺在坚实的土地上。阙身用长方石块垂直垒砌在阙基上,母阙计8层,每层平砌用石2～3块。阙身最上层石块似斗形,

上宽下窄。阙顶用3块巨石雕成仿木结构四阿顶,顶上雕垂脊和瓦垄,檐下雕橼,四周边沿雕瓦当和板瓦。阙顶除四角垂脊各为叠瓦脊外,南北两面各雕5条瓦垄,东西两面各雕3条。檐下除角橼外,南北两面各雕6橼,东西两面较窄,仅刻4橼。正脊以一块整石雕成,由三层筒瓦叠砌成叠瓦脊。脊两端向上微翘,正面刻扣合的瓦垄,两侧面各雕六面有柿蒂纹的瓦当,这是汉代建筑常见的叠瓦脊做法。子阙的阙顶结构与母阙顶基本相同,因一面紧靠在正阙上,所以只做成三面坡顶的四阿形式。西阙南面残存"中岳泰室阳城"六个阳刻篆字;西阙阴刻有隶篆参半的铭文,计27行,每行7字,上书"元初五年四月阳城□长左冯诩万年吕常始造作此石阙"等字,内容为赞颂

太室阙全景(老照片)

太室阙东阙

太室阙西阙

中岳神君的灵应和记述阳城县长吕常等建阙的缘由。阙身四周雕饰有反映汉代社会风俗和信仰浅浮雕画像，刻出人物、车马出行、马戏、剑舞以及动物等画像50余幅。其中代表性的画像有铺首衔环、比目鱼、辟邪柏、四灵图、虎食鬼、鲧画像、倒立图等。铺首衔环图是面目狰狞、巨口獠牙、口衔圆环的兽面画像，常见于商周青铜器纹饰，战国时称为饕餮。汉代认为饕餮善于看守财物，所以多雕在门或器物上，作为守卫。东阙北面第7层，左雕一幅斗鸡图，画面中部残坏，尚能看出左侧为高足雄鸡，右侧一只仅存长尾。斗鸡是古代一种娱乐活动，早在春秋战国时就已流行，汉代斗鸡之风更盛。东阙南面第五层左雕一兽似熊，小

眼，圆耳竖起，长鼻半卷，短尾，名貘。西阙南面第三层"车骑出行图"，一马驾轺车，饰伞形华盖，华盖下坐二人，前为驭手，后一人头戴进贤冠，拱手端坐，车后一人头戴平帻，身着斜襟长服骑马随从，栩栩如生，充满生活气息。西阙西面第四层中刻一常青树，树顶一人挽髻倒立，姿态健美。倒立也叫逆行掷倒伎，是汉代流行的杂技表演。西阙南面第四层刻一马，昂首扬尾，作奔跑状；一人在马背作倒立姿势，体态轻盈，形象健美，是一幅马戏图，可以直观地看到中国汉代马戏表演的精彩场面。太室阙是古代祭祀太室山神的重要见证，是中国古代祭祀礼制建筑的典范。

太室阙阙顶、阙体有残损，石材未见明

显的劣化现象，所有建筑构件及画像浮雕保存完好，位置和神道一直未变。民国31年（1942年），修建有太室阙保护房。1953年，对太室阙保护房进行维修。1961年3月4日，太室阙被国务院公布为第一批全国重点文物保护单位，编号1-0048-3-001。1993年前，太室阙隶属于登封县文物管理局。1994年后，登封撤县建市，太室阙由登封市文物管理局管理。1972年10月，在阙附近发现多块阙檐等部坍落的残石予以黏接归位，增加阙的完整性。2004年，河南省人民政府划定太室阙的保护范围和建设控制地带。2006年11月30日，郑州市人民政府颁布实施《郑州市嵩山古建筑群保护管理规定》。2006年12月，河南省郑州市文物管理局、郑州市规划局、登封市人民政府和清华大学建筑设计研究院共同编制完成《郑州市嵩山古建筑群总体保护规划》，其中包括太室阙的详细性保护规划。2008年，登封市文物局下设太室阙文物保护管理所，专门负责太室阙的日常保护、管理和对外开放等工作。同年，对阙房进行揭顶维修。2010年8月1日，太室阙作为登封"天地之中"历史建筑群的重要遗产地被34届联合国教科文组织世界遗产委员会列入《世界文化遗产名录》。太室阙建立有全国重点文物保护单位记录档案，存于河南省文物局。

**少室阙** 少室阙是东汉时期少室山庙前的神道阙，与太室阙、启母阙并称"中岳汉三阙"。少室阙位于河南省登封市区少林街道十里铺村西，距登封市区西8千米嵩岳南麓少室山下。

据《汉书·地理志》载，少室山庙始建于汉武帝时期，东汉安帝时又在庙前建阙。据叶

井叔《嵩阳石刻记》推知，少室阙建造年代与启母阙同时，由颍川太守朱宠兴创建于汉安帝延光二年（123年）。

少室阙坐南朝北，以青灰色石块砌筑，结构和太室阙基本相同。阙门间距7.6米，相对如门，是少室山庙的象征性大门。东阙通高3.37米，西阙通高3.75米，均长2.12米，厚0.7米。西阙保存较完整，阙基用两层长方形石板平铺于坚实的黄土上，下层石板较宽大，上层石板稍高而小，阙身用长方形石块垂直垒砌。阙身最上层石块雕作方斗形，承托阙顶。阙顶用三块巨石雕作四阿顶，上面雕瓦垄、垂脊，四边雕柿蒂纹瓦当和板瓦，下面雕椽。正脊单独用一块长条石雕成瓦条脊，中间低，两端高。正面雕成瓦垄，两侧雕柿蒂纹瓦当。子阙顶比正阙顶低，一侧与正阙相连，一侧雕出两垂脊和瓦垄，下部雕椽。东阙结构与西阙相同，唯正阙顶残缺，仅存一石，置于阙身上部东侧，正脊已佚。子阙顶较完整。遗存的东西两阙高低不一，层次有别，西阙用石10层，东阙仅8层。但西阙第4层和第9层的石块厚度和雕刻图案完全相同，推测可能是后人重修时错置了位置。

少室阙题额在西阙北面，有阴刻篆书"少室神道之阙"。阙铭也为篆书，约55行，每行4字，行与行之间有阴刻竖界线。因风化严重，前36行大都漫漶无存，只留后面题铭19行较完整。在东阙北面第4层右侧，另有江孟等题铭，共存4行，每行6字，其余皆剥蚀不清。少室阙是古代祭祀少室山神的重要实物见证，也是中国古代祭祀礼制建筑的典范之一。阙身画像剥蚀较为严重，保存较完整的有60余幅。

少室阙东阙

少室阙西阙

其中具有突出价值的画像有马戏图、狩猎图、蹴鞠图、兽斗图、月宫图、羽人图等。马戏图刻2匹四蹄腾空奔驰的骏马，前一匹马鞍上有一挽双丫髻的少女，穿紧身衣裤作弓形倒立。后面一匹马上有一女子舒展长袖随风向后飘扬。长袖的飘动和人体的自然后倾，刻画出马奔跑的飞快，显示出汉代马戏的惊险和技艺的高超。蹴鞠图画面为两个女子蹴鞠。东阙北面第八层右侧有一兽斗画像，一虎和一牛相斗，兽斗在汉代属角抵戏范畴，画像反映汉代角抵

之风。少室阙东阙南面第三层右刻一羽人画像，反映秦汉以来人们幻想长生不老的升仙思想。月宫图中蟾蜍和玉兔捣药画面，反映人们对月亮的向往和对月神的崇拜。

少室山庙明代初年坍毁，唯少室阙的相关建筑构件及画像浮雕保存完好。1953年，建设少室阙保护房。1964年，对庙址进行勘查，在少室阙南220米处中轴线上发现一处汉代遗址，发现许多绳纹砖、筒瓦、板瓦等汉代建筑遗物。1961年3月4日，少室阙被国务院公布为

第一批全国重点文物保护单位，编号1-0049-3-002。2004年，河南省人民政府划定少室阙的保护范围和建设控制地带。2006年12月，郑州市文物管理局、郑州市规划局、登封市人民政府和清华大学建筑设计研究院共同编制完成《郑州市嵩山古建筑群总体保护规划》，其中包括少室阙的详细性保护规划。2007年12月14日，郑州市人民代表大会常务委员会颁布实施《郑州市嵩山历史建筑群保护管理条例》。2008年，登封市文物局下设少室阙文物保护管理所，专职负责少室阙日常保护工作。2010年8月1日，少室阙作为登封"天地之中"历史建筑群的重要遗产地被34届联合国教科文组织世界遗产委员会列入《世界文化遗产名录》。少室阙建立有全国重点文物保护单位记录档案，存于河南省文物局。

**渠县汉阙** 渠县汉阙是渠县六座汉阙遗存被公布为全国重点文物保护单位时的统称，包括冯焕阙、沈府君阙、赵家村西东汉阙、王家坪汉阙和蒲家湾汉阙，共6处7座，分布在四川省达州市渠县土溪镇、水口乡和青神乡。冯焕阙是渠县东汉六阙中唯一有建造年代及阙主人题记的仿木结构墓前石阙，被称为汉代古建筑的活化石，位于土溪镇汉阙村四组赵家坪。

冯焕阙。冯焕（？～121年），字平侯，东汉巴西宕渠（渠县土溪）人。自幼勤奋好学，博览群籍。入朝为官后，永元元年（公元89年）随班固北伐北匈奴，为燕然山大捷做出重要贡献。后出任河南京令、豫州和幽州刺史等职。东汉建光元年（121年）初，冯焕奉令率玄菟太守姚光、辽东太守蔡讽等领兵征讨句骊王反叛集团，大获全胜。由于朝中贪官污吏

不满冯焕又立新功，伪作玺书谴责冯焕和姚光，并赐死。冯焕之子冯绲劝父上书自讼，帝派监察御史庞查实后平反，但冯焕已逝于狱中。冯焕阙即是冯焕平反昭雪后由其旧部出资修建的。

与河南登封太室阙、少室阙、启母阙为庙前神道阙有所不同，冯焕阙与渠县其他五阙均为墓前神道阙。建于东汉建光元年（121年），朝向西南，原为双阙，西阙已毁，仅存东阙。东阙原由母阙和子阙组合而成，母阙又称主阙，在主阙的楼部以下，曾有与之相接的子阙（副阙），仅能见到一些痕迹。母阙立于基座之上。阙高4.38米，由阙基、阙身、枋子层、介石、斗拱层、屋顶六部分组成，是一座完整的石质仿木结构建筑。阙基由整块青砂石凿成，长2.5米，宽1.3米，平面呈矩形。阙基之上矗立青砂石的阙身，阙身正面三柱两开间，正面铭文隶书"故尚书侍郎河南京令豫州幽州刺史冯使君神道"。楼部由四层大石叠就，第一层为整块青砂岩凿成，高2.7米、厚0.63米，下宽0.96米、上宽0.88米，略呈梯形，第二层为介石，高4.5厘米，四面平直，上面浮雕有方胜纹图案。第三层高0.25米，石块向上斜出，呈倒梯形，四角雕刻斗拱，两侧为曲拱，为一斗二升式结构，有较强的装饰性。拱眼壁上为线刻，正面青龙，背面玄武，刀法简练娴熟。最上面屋顶，庑殿式，双层檐，筒瓦精雕草叶纹，勾头雕刻葵瓣纹饰。冯焕阙雕刻画像内容不多，在阙身上有铺首，在楼部有青龙、玄武、蟾蜍、组合菱形纹、连续圆圈纹等。参考渠县其他汉阙画像可知，在冯焕阙的右阙上可能在同一位置原也有虎，其背面可能

冯焕阙

沈府君东阙

赵家村东阙

王家坪汉阙

蒲家湾汉阙

有朱雀。

沈府君阙，位于水口乡汉亭村燕家场，是渠县汉阙中唯一的双阙幸存者。沈府君阙约建于东汉延光年间（122~125年），但其子阙已经毁废。阙门间距21.62米，阙高4.84米。东阙之内侧有青龙浮雕，利吻紧咬玉环下之绶带，挣扎上仰，奋欲腾云。西阙之内为白虎浮雕，隆准短身，四足五爪，尾长而刚健，口亦紧咬玉环绶带，跃跃欲奔。阙周遍布反映生产、生活的人物、动物和作物的浮雕，如独轮车、农贸、猎射、戏兔以及牛、羊、马诸畜和果树、水草等等。西阙铭文"汉新丰令交趾都尉沈府君神道。"其书法乃汉隶之佳品。两千年来，世人纷纷前往观摩，其拓片流诸海外。沈府君阙，造型古朴，雕刻精巧，状物逼真，形态生动，不仅是造型艺术中的又一珍品，而且是研究汉代生产、生活、建筑、交通工具及书法、雕塑、绘画艺术难得的实物资料。

赵家村汉阙分布在土溪镇赵家村东和赵家村西两个地点。村西汉阙与冯焕阙为邻，原为双阙，仅存右阙。阙高3.96米，阙身正面素平，无铭文。唯其上雕刻朱雀，下刻玄武，两侧壁雕刻一白虎，虎尾卷住一蟾蜍。楼部之下四角为力士，四周布满雕刻画像图案，如裸体人捉鸟、妇人执物、戏虎、庖厨、六博、兽首人身像、骑怪兽者和交换物品等各种形象和场面。背面刻有"官人出行图"，为一马夫备好马车静待，三侍从肃立恭候，官人漫步前往，反映出封建社会上层阶级的生活情况。村东汉阙距冯焕阙520米左右，仅存东阙，除阙顶外，高4.17米。建造风格、形制与村西汉阙相似。阙身正面素平无铭文，上端雕朱雀，下端

浮雕玄武，西侧壁雕青龙，阙身之上的斗拱层四角为力士，承托整个楼部。楼四周布满雕刻画像，正面刻兽首，背面刻兽尾。该阙背面猎射场面中，左面是一犬追兔，右边是猎人作弯弓射杀状，场面动态逼真，引人入胜，如亲临其境。此阙上的朱雀、玄武、戏虎、庖厨、出猎等均为浅浮雕。

王家坪汉阙位于青神乡平六村王家坪，建造年代可能晚至西晋。仅存东阙。除屋顶外，阙高4.19米，建造风格与赵家村东、西无铭阙相似。阙身正面素平无铭文。唯上端浮雕朱雀，下端浮雕饕餮，西侧刻青龙。枋子层四角为力士，后侧转角处刻有双螭嬉戏。楼部第三、四层石块四周布满精美雕刻，如"荆轲刺秦图""玉兔椿碓""百戏"等场面以及负重者、骑兽者、执杖者、庖厨、人首鸟身、铺首等图像，形态生动，栩栩如生，保存较好。其中尤以荆轲刺秦王的画面紧张逼真，是一座不可多得的石刻佳作。

蒲家湾汉阙，位于水口乡团林村的小道旁，距沈府君阙约500米。仅存东阙，西阙及子阙已毁，阙高4.25米。阙身与渠县其他阙不同，系两块巨石相接而成。阙身正面平素无铭文，仅在上端浮雕朱雀，西侧浮雕青龙。楼部雕刻的枋、斗拱等建筑构件，均与沈府君阙相似。顶部为单檐、庑殿式。雕刻的图案与沈府君阙大体相似，其中楼部有一少见的禾本科植物，秆粗叶长，根多叶茂，形似高粱，为研究汉代农作物品种提供了史料。

民国3~6年（1914~1917年），法国传教士兼考古学家维克多·色伽兰一行三人到四川渠县考察汉阙，回国后出版《中国西部考古记》

《中国考古调查图录》。在欧洲读者中引起巨大轰动，引来世界众多考古学家光顾。民国28年（1939年）10月，梁思成和陈明达等学者到渠县考察汉阙，对冯焕阙的艺术价值给予肯定。

1961年3月4日，冯焕阙和沈府君阙被国务院公布为第一批全国重点文物保护单位，编号分别为1-0051-3-004和1-0053-3-006。1979年，国家文物事业管理局拨专款为冯焕阙及沈府君阙修建仿古围栏。1986年1月，成立渠县历史博物馆，负责冯焕阙和沈府君阙的日常保护与管理工作。2001年6月25日，国务院在公布第五批全国重点文物保护单位时将赵家村汉阙、王家坪汉阙、蒲家湾汉阙与第一批全国重点文物保护单位的冯焕阙、沈府君阙合并，并更名为渠县汉阙。2006年，渠县文物管理所建立渠县汉阙的全国重点文物保护单位记录档案。2014年3月，建成中国汉阙文化博物馆。同年10月，四川省人民政府印发《关于公布四川省全国重点文物保护单位和省级文物保护单位保护范围的通知》，划定渠县汉阙的保护范围及建设控制地带。

**嘉祥武氏墓群石刻**　是东汉时期武氏家族墓地的一组较完整而有代表性的石刻画像建筑群体，位于山东省嘉祥县纸坊镇武翟山村武翟山北麓。

据石阙铭文和石碑文记载，武氏一家是世代为官、显赫一方的官僚家族，其家族墓地石刻的建立，当在东汉晚期的桓灵时期（147～189年）。武氏墓地上的石刻建筑群，双阙立于原地保存，石碑和诸祠堂迟至宋代尚未完全倾塌，后历经河水之患，武氏诸石刻完全倾毁湮没于地下。清乾隆五十一年（1786

年），根据县志的线索，济宁运河同知黄易到此主持发掘，发现武梁祠的3块画像石，以及武梁祠后石室的7块画像石，前石室的12块画像石，3块"祥瑞石""孔子见老子"画像石、1对石阙，武斑碑以及刻有"武家林"字迹的断石柱。之后黄易主持修建保管室，计划将石刻进行原地保护，并撰有《修武氏祠堂记略》。清乾隆五十四年（1789年），在修建保管室过程中，当地乡绅李克正和刘肇镛陆续发现10块画像石和武荣碑；同治十年（1871年），画家轩辕华发现"有鸟如鹤"和"何馈"画像石。光绪六年（1880年）出土1块带有"王陵母"铭文的画像石。光绪八年（1882年），蔡纫秋发现1块祠堂三角隔梁石，2块祠堂屋顶残石。光绪三十三年（1907年），沃尔帕发现石阙前的1对石狮。宣统二年（1910年），时任县长吴君蔚在当地乡绅的支持下新

保存在阙室里的石狮、石阙、石碑

武氏墓群画像石水陆攻战图

武氏墓群画像石泗水捞鼎

武氏墓群画像石二桃杀三士

建武氏祠保管室，形成后世遗存的武氏墓群石刻的主体。

石刻保存在阙室、武氏祠画像石陈列室和西长廊共三个陈列室，主要有画像石46块、汉碑2块、清碑11通，石狮、石阙各1对，碣1块。另有，嘉祥县出土的其他画像石77块、隋碑1方、清墓志铭4盒、黄庭坚书法明代刻石4块。

石阙。武氏双阙面向西北，人们习惯称为东阙和西阙。两阙结构相同，子阙偎依母阙，皆仿照砖木建筑形制。全部由雕凿花纹图案、车骑人物的石块垒砌而成，由基座、阙身、栌斗和阙顶四部分组成，阙身四面都刻有丰富的画像。西阙遗存高4.30米，东阙遗存高4.28米。

石狮。位于武氏双阙前，东西相对而立。石狮为立体圆雕，体下镂空，四肢叉开迈步，基本呈站立的姿势。东石狮舌卷至上颚，头和颈部用线刻技法雕刻出卷曲形状的鬃毛，高1.26米，身残长1.58米，右前爪下按一蜷曲小

兽，除尾部和右后足残损外，基本保存完好。西石狮高1.28米，身残长1.48米，残损较甚，尾部、左前足和右后足均残缺，嘴部略残。两狮下均有覆斗状基座，高0.33米、长2.13米、宽0.93米，基座四周饰连弧纹和双菱纹。这是中国发现年代较早的石狮。

武氏诸碑。根据前人的发现和著录，武氏诸碑共有5通。自宋代以来，金石学家累有著录，它们是记载和研究武氏家族成员及石刻画像的重要资料。遗存武荣碑、武斑碑和一块无字碑，武荣碑存于济宁市洟碑亭，后两碑存于阙室。三碑形制相同，均呈圭形，碑额有一圆穿。武荣碑的碑首略残，通高2.46米，肩高1.74米，宽0.84米，厚0.26米，石面漫漶，刻字有不同程度的残失或模糊，碑额题字2行，每行5字，为"汉故执金吾丞武君之碑"；碑文字体工整，行距、字距整齐清晰，计274字。武斑碑通高2.1米、肩高1.7米，宽0.88米，厚0.25米，石面漫漶，字面模糊不清，参考武荣碑额

武氏墓群画像石荆轲刺秦王

题字，应为"汉故敦煌长史武君之碑"。

武氏祠画像石。汉画像石画像内容主要分为现实生活、历史故事、神话传说三类，画像旁多有文字榜题，标识画像石主题内容，从不同角度生动地展现汉代及以前的政治、经济、军事、文化、意识形态、风土人情等方面的场景，其思想内涵之深邃，雕刻技法之精美，取材内容之广泛居全国汉画像石之首。

中华人民共和国成立以后，嘉祥武氏墓群石刻先是由嘉祥县纸坊公社武翟山村兼管。1960～1969年，由嘉祥县教育局负责管理。1961年3月4日，嘉祥武氏墓群石刻被国务院公布为第一批全国重点文物保护单位，编号1-0055-3-008。同年，划定武氏墓群石刻保护范围及建设控制地带。1964年，将双阙、双狮原位提升并建立阙室保护，将原存放于清代保护房中的武氏祠画像石搬入陈列。1970～1990年，由嘉祥县文化局文物管理所负责管理。1981年，清理出2座石室汉墓和1座祭坛。随后，又发现汉墓1座。1984年，修建西陈列长廊7间，把收集的县内60余块汉画像石搬入陈列保护。1991年，成立嘉祥县文物管理局，为加强武氏墓群石刻管理成立武氏墓群石刻文物管

理所。1995年修建南展室。2003年，嘉祥县文物管理局委托山东省文保中心编制《武氏墓群石刻保护规划》。2004年，将武氏墓群石刻画像石进行化学保护并搬入南展室。2006年，对西长廊的汉画像石进行调整和封存保护。2010年，维修武氏祠并编制武氏祠文物保护规划。2013年，实施武氏祠排水抢险二期工程。2015年，经山东省文物局批准成立嘉祥武氏墓群石刻博物馆；同年，开展武氏墓群石刻保护工程前期工作。山东省文物部门已建立嘉祥武氏墓群石刻的全国重点文物保护单位记录档案。

**平阳府君阙** 平阳府君阙是中国遗存的成对的汉代子母石阙之一，位于四川省绵阳市游仙区一环路东段288号，富乐山下，芙蓉溪畔。

由于平阳府君阙自身题记缺失及早期历史资料的匮乏，其建造准确年代无可稽考，但根据其建筑形制及南阙枋头"汉"字题记推断，平阳府君阙应建于东汉晚期或是蜀汉期间。民间传说，此阙系三国蜀将张飞的一对书箱坠地化成，故乡人又称之为"书箱石"。南宋洪适《隶续》中有"平杨府君叔神"六字的记载，娄机《汉隶字源》仅有"汉平杨府君叔神道"八个字的记载。清同治《直隶绵州志》、民国《绵阳县志》等晚期志书均记载为汉平阳府君阙。20世纪80年代，尚存"汉□□平□杨府"字样，仅"汉""平"二字较为清晰可辨。南北朝时，佛、道教徒在平阳府君阙南北二阙阙身上，铲去阙身部分汉代雕刻，重新镌刻佛、道教造像五十龛和题记六则。

民国3年（1914年），法国传教士、考古学家色伽兰到绵阳实地考察、拍摄，并在其所著的《中国西部考古记》中发表相关资料。民

国28年（1939年）底，中国营造学社梁思成、刘敦桢等曾对其进行测绘、研究。中华人民共和国成立后，国内外众多学者也从各个角度对其进行全面的研究。

平阳府君阙属建于东汉末期的墓阙。此阙占地22.8平方米，坐西向东，阙门间距26.2米，南北二阙形制、结构、尺寸大体相同。阙为青灰砂岩所制，略呈黄色。石质硬度不高，不耐风化。阙为单檐子母阙，高的为母阙（主阙），低的为子阙（耳阙），子阙紧邻母阙，单阙平面呈横置的"甲"字形。母阙、子阙均由阙基、阙身、楼部、阙顶四部分组成。北阙残高5.24米，主阙共由15层石构垒砌而成，其中阙基2层，阙身6层，楼部5层，阙顶2层。阙基为条石和混凝土垫层组成，表面刻有斗子、蜀柱、地枋。阙基下方是1989年抬升汉阙时新砌的基础。阙身位于上层阙基中部，面宽1.64

米、长0.93米、高2.45米，自下而上相邻两层错缝叠砌。阙身第一至五层用减地平钑方法雕刻出深0.8厘米凹凸相间的5块竖长方形凹面，对应这5块凹面，阙身上形成下方横向及八块竖向矩形凸起，根据其与上方斗拱的对应位置，第六层处于柱头与斗拱间的水平石构正是辽宋年间出现的普拍枋的祖形。这些柱、枋、斗拱、屋顶等雕刻，使主阙形成面阔两间进深一间的仿木结构建筑。阙身上方为五层楼部，下方为两层斗拱。斗拱第一二层分别由南北并列和东西并列的2块石构组成，楼部第三层和第五层均为2块南北并列的薄石板组成，第四层由南北并列的3块石构组成下小上大的造型。阙最上面的阙顶部分，由两层石构组成，均残损严重。

子阙位于主阙北侧，高1.74米、宽1.18米，与主阙共用下方阙基，阙身五层，宽1.12

平阳府君阙

米、长0.7米、高1.75米。第一层因与最上层阙基石构组合，故其尺寸较上部其他四层小一半。上部四层阙身均分别用一块长方体整石雕成。子阙一至四层阙身正、背面四隅及居中位置均各刻一柱，柱中刻凹槽一道，柱脚联以横向的地栿，使阙身也形成形如面阔两间，进深一间的仿木结构建筑。

南阙残高5.35米，其形制、尺度与北阙大体相同。母阙共由15层石构垒砌而成，其中阙基2层，阙身6层，楼部5层，阙顶2层。阙基四角及东西立面正中向下0.1米处刻有一斗，下方刻有蜀柱支撑。南阙耳阙与北阙耳阙形制基本相同。

平阳府君阙上的南朝佛教、道教造像包括无量寿佛、观世音、释迦、多宝佛、天王、天尊等内容，纵跨萧梁、西魏、北周几代。虽所有造像都损毁严重，但这些造像和纪年题记是四川出现较早的佛、道教造像，是研究中国早期佛、道教传播史和佛、道教造像艺术的珍贵遗产。阙身上布满内容丰富、古朴生动的汉代雕刻和梁代大通年间的佛教造像，人物、驷马、飞禽走兽，生动逼真，惟妙惟肖。南阙主阙身上刻有浅浮雕驷马出行图。栌斗转角处高浮雕的角神，袒胸露臂，还有双猴相抱、蟾蜍相亲、朱雀展翅等。北阙介石上刻二虎相搏、力士驯虎、雄狮奔驰和饕餮图案。这对汉阙上雕刻的阙基、柱、枋、斗拱、橡、瓦、脊等构件及其结构关系，是研究汉代木构建筑的重要参考实物。平阳府君阙的汉代雕刻，十分娴熟地运用线刻、减地平钑、浅浮雕、高浮雕等手法，使雕刻形式多样，富于变化，极具形式美。这些雕刻主题明确，简练写实，图像态势表现准确生动，为克服砂岩材料不利于表现细节的困难，着意于通过构图与形象轮廓的准确把握和塑造去追求神似，堪称汉代雕刻珍品。

1961年3月4日，平阳府君阙被国务院公布为第一批全国重点文物保护单位，编号1-0052-3-005。1978年，成立绵阳市文化馆，负责平阳府君阙保护管理工作。1981年，成立绵阳市文物管理所，1985年绵阳市文物管理所、博物馆与绵阳市西山风景名胜区管理处合署办公，保护管理平阳府君阙。1986年，平阳府君阙保护管理工作由绵阳市文物保护管理所主要负责。1989年，国家文物局拨专款，新筑阙基，抬升并重新组装双阙，使长期被埋在泥土中的下段阙体重见天日。1993年，绵阳市文物管理所直接管理平阳府君阙。1994年12月14日四川省人民政府印发《关于武侯祠等88处全国重点、省级文物保护单位保护范围的通知》，公布包括平阳府君阙在内的88处文物保护单位的保护范围。2003年10月22日，绵阳市文物管理所与市博物馆合并，组建绵阳市文物管理局（加挂绵阳博物馆牌子），后平阳府君阙的日常保护管理工作由文物管理局接手。2006年，绵阳市文物管理局建立平阳府君阙的全国重点文物保护单位记录档案。2008年，"5·12"汶川特大地震后，国家文物局委托西安文物保护修复中心编制《绵阳汉平阳府君阙保护方案》，并依方案进行修复。2014年起，平阳府君阙保护管理工作由绵阳市文化广电新闻出版局负责。2016年，平阳府君阙修缮工程启动，并于2017年初竣工。

**高颐墓阙及石刻** 是目前全国唯一保存完整集墓、碑、道、兽和阙为一体的汉代葬制实物，位于四川省雅安市姚桥镇青衣古道旁，前临青衣江，后倚金鸡关。

高颐墓阙及石刻建于东汉建安十四年（209年）。高颐，字贯方，东汉益州汉嘉人，即四川雅安人，故里在雅安市雨城区姚桥镇。据汉碑记载，高颐学优从政，曾任益州太守等职，建安十四年八月卒，同年归葬故里。

高颐墓阙及石刻由墓、碑、道、兽（圆雕雌雄辟邪一对）和阙组成，占地600平方米。阙为扶壁式双阙，是仿木结构石质建筑。东阙残，只剩座和主阙身，阙顶为后世仿制；西阙完整，阙顶为"山"字形正脊，上有筒瓦雕饰。母阙十三层，子阙七层，是用多块大小不同的红色长石英砂岩堆砌而成的重檐五脊式仿古建筑，由基、身、楼、顶四部分组成。母阙高6米、宽1.6米、厚0.9米，从楼部开始逐渐向外伸出，上部宽4.94米、下部宽3.81米，出檐0.6米。子阙宽0.78米、长0.73米。阙座长4.3米、宽1.65米、高0.45米。整个阙座雕蜀

柱方斗。母阙阙身第2～5层的南北面阴刻双凹槽，槽长2.12米、宽0.44米、深0.012米。北面凹槽阴刻铭文"汉故益州太宁阴平都尉武阳令北府丞举孝廉高君字贯光"。第五层刻车马出行。第六层为楼部的开始，南北二面各雕大栌斗3个，共6个。其中转角栌斗上各雕一饕餮，一口衔鱼，一口衔蛇。四个转角处各雕1个负重力士，蹲于栌斗之上。第七层为斗拱层，为一斗2升。第八层雕花卉图案。第九层为阙之主浮雕层。第十层在24个枋木飞头上雕24字汉隶铭文"汉故益州太守羿平都尉武阳令北府丞举孝廉高君字贯方"。第十一、十二层为庑殿重檐式，雕瓦当，纹饰不清。第十三层为脊顶，为一嘴衔组绶之雄鹰，面对墓葬。子阙七层，高3.39米、宽1.1米、厚0.5米。在各种自然应力及环境恶劣的长期作用下，高颐阙的石刻产生严重风化，阙体承力部分损坏。阙前有东汉圆雕雌雄辟邪一对，称天禄、辟邪，

芦山地震灾后重建后的高颐墓阙及石刻

似狮非狮，似虎非虎，肩生双翅，昂首、张口、吐舌，威猛雄健，为东汉石刻精品。神道位于东西阙中线至高颐墓处，长168米。已被水泥路所覆盖。高颐墓坐北向南，封土呈圆丘形，略有损毁，宽12.58米、长19米。墓上有明代红砂石碑一通，高225米、宽110米、厚23厘米，碑首为半圆弧形，无穿。

高颐阙的建筑、雕刻风格、技艺和价值，受到后世金石、历史、建筑、文化艺术等方面的专家学者的重视。宋王象之在《舆地方纪胜》里记述，北宋政和年间（1111～1118年），雅州严道县令李纬慕汉高孝廉之贤，在高颐故里建景贤堂；南宋绍兴十七年（1147年）秋八月十四日，大梁张颜□、河南邵□□、洛阳程子□在高颐墓碑侧题刻以记其行。明嘉靖年间（1522～1566年），杨升庵、文宏杨重立高颐墓碑，文曰"孝廉高公墓"。清道光二十九年（1849年），上南道尹虎林韩泰华在高颐阙碑、阙旁侧题刻；清代刘善海在雅安考察后将碑文收录于《金石苑》中。清咸丰六年（1856年），何绍基于雅观汉阙并撰写《景贤堂留题》，即后刻立的《高君碑》。清光绪二十年（1894年），知府安康雷钟德重建孝廉祠。民国30年（1941年），雅安建"汉高君亭"，以保护高颐阙。后又在东阙南侧10米处修建景贤堂1间，将碑刻迁入保护，主要有东汉圆雕石兽1个、清代石兽1对、东汉建安十四年"高君颂碑"碑刻1通、黄云鹄清光绪十七年（1891年）碑刻1通、肖茂乾清光绪甲午（1894年）碑刻1通、何绍基清咸丰二年（1852年）碑刻1通、清光绪二十五年（1899年）"汉高孝廉祠"碑刻1通等。建南使者黄云鹄书刻"雅州孝廉里有高君碑，海内金石家重之"。李调元细心研考并撰文。康有为在《广艺舟双楫》中云："汉隶中有极近今真楷者，如《高颐阙》，帮益州举孝廉丞贯等字，阴都之邑旁，直是今真书，尤似颜真卿。"可见其价值之高。

1955年8月，西康省文化处重建高颐阙保护亭。1961年3月4日，高颐墓阙及石刻被国务院公布为第一批全国重点文物保护单位，编号1-0056-3-009。1978年，迁孝廉祠（姚桥小学）高颐墓碑及其他石刻于汉阙园内修亭集中保护。1983年，四川省文管会对高颐阙西阙进行落架复位加固工程，同时增修长廊、围墙等保护设施。1985年，成立高颐阙管理办公室，隶属雅安市（雨城区）文物管理所，主要对高颐墓阙及石刻本体进行保护和管理。1994年12月14日，四川省人民政府划定高颐阙的重点保护范围及建设控制地带。2001年5月，雅安市文物管理所委托四川省考古研究所制作《全国重点文物保护单位雅安高颐阙墓维修保护"十五"规划》。同年12月，成立高颐墓阙及石刻管理处，隶属雅安市文物管理所（现雅安市文物局），主要对高颐墓阙及石刻本体进行保护和管理。2002年12月，四川省考古研究所对东西两阙阙基进行考古勘探，并制作《高颐墓阙维修保护施工图及现状实测图》。2004年，雅安市文物管理所建立高颐墓阙及石刻的全国重点文物保护单位记录档案。2014年6月，四川省文物考古研究院对高颐墓阙及石刻进行考古发掘。

# 第三节　塔

嵩岳寺塔　是中国遗存最早的砖塔，位于河南省登封市区西北5千米处嵩山南麓峻极峰下。

嵩岳寺始建于北魏宣武帝永平年间（508～511年），原是宣武帝的离宫，后改建为寺院。北魏正光元年（520年）改名为闲居寺。据唐李邕《嵩岳寺碑记》载，其时孝明帝"广大佛刹，殚极国财，济济僧徒，弥七百众。落落堂宇一千间"。北魏正光四年（523年）建造佛塔即嵩岳寺塔。《嵩岳寺碑记》载："嵩岳寺者，后魏孝明帝之离宫也。正光元年，傍闲居寺……十五层塔者，后魏之所立也。拔地四铺而耸，凌空八相而圆。"隋仁寿二年（602年）改寺名为嵩岳寺。唐高宗与武则天游嵩山时，曾以嵩岳寺为行宫。唐代以后寺废塔存。

嵩岳寺塔为十二边形密檐式筒体结构砖塔，是遗存古塔中的孤例。塔高约37.045米，底层外径10.6米，内径5米余，下部壁体厚2.5米。塔整体由基台、塔身、十五层叠涩密檐和宝刹组成。密檐之间的矮壁上砌出各式门窗492个。密檐自下而上逐层内收，构成柔和的抛物线形塔身，塔顶冠以砖雕宝刹。基台为平面十二边形，高0.85米、宽1.6米。台基南筑月台，月台南辟踏道；台基北面，有甬道通向台后大殿。塔身，中部以腰檐为界将其分为上、下两层。下层上下垂直，东西南北四面辟

拱券式塔门通向塔心室。券门采用两栿两券砌筑法，门上有尖拱形门楣和卷云形楣角，门楣顶部置三瓣莲花组成饰物。上层外壁无券门八面，每面各砌出一座单层方形塔龛，塔龛自下而上由塔基、塔身、叠涩檐、绥花及塔刹组成，塔龛下部壶门内均有形态各异的砖雕护法

嵩岳寺塔

狮子。上层各转角处均砌出一根平面作八边形的倚柱，柱头饰火焰、宝珠与覆莲，柱底为砖砌覆盆式柱础。塔身上部即十五层叠涩密檐，各层叠涩檐之间的壁高自下而上稍有递减，檐宽逐层递减，使外轮廓舒缓地逐渐收分。叠涩檐之间塔壁上均辟有一门二窗，南面第五、七、九、十、十一、十三层及南面的第十五层辟真门，其余全是雕饰的假门和假窗。其门设板门2扇，门上皆有尖拱状门楣，楣角呈卷云形，门两边各配一破子棂窗。第十层因壁面狭小，仅一门一窗。塔刹通高4.745米，自下而上由基座、覆莲、须弥座、仰莲、七重相轮及宝珠组成，皆为青灰条砖平顺垒砌后砍磨而成，宝珠与七重相轮上涂白灰层。宝珠上部残为平顶，伸出金属刹杆，刹杆上饰件已失。塔心室结构为空筒式，直通塔顶，室内挑出叠涩檐八层将塔室分为九层。除底层平面为十二边形外，其余各层皆改为八边形。

塔院周边遗存建筑除嵩岳寺塔外，还有大雄宝殿、伽蓝殿和白衣殿，均为清代所建，均为面阔三间、进深二间的单檐硬山式建筑。

嵩岳寺塔作为遗存最古老的砖塔，在中国古代建筑史上具有重要价值。建筑学家刘敦桢《河南省古建筑调查笔记》载："后来的唐代方塔，如小雁塔、香积寺塔等，均脱胎于此……塔之内部，无塔心柱，足证唐砖塔平面，早已肇源北魏矣……自第二层以上，内室平面为八角形，足证八角形之建筑物，不始于唐。此于建筑史上，极为重要。"寺塔高近40米，历经1400余年风雨侵袭，仍巍然屹立。仰视全塔，挺拔刚劲，雄伟秀丽，不仅是一件完美的艺术品，而且该塔造型深受古印度佛塔的影响，塔身各部做"宝箧印经塔"（阿育王塔）式样，并做出火焰形尖拱等，明显具有古印度犍陀罗艺术风格，是中印古代佛教建筑相融合的早期实物见证。

1961年3月4日，嵩岳寺塔被国务院公布为第一批全国重点文物保护单位，编号1-0061-3-014。1981年开始，登封县文物局开始环境治理、塔院居民搬迁，并实施现场勘测。1989年4月，经国家文物局批准，对该塔进行全面的保护、维修，1991年9月1日竣工。2004年，国家文物局批复同意《嵩岳寺塔保护规划》，划定嵩岳寺塔的保护范围及建设控制带。2010年8月1日，嵩岳寺塔作为登封"天地之中"历史建筑群的主要建筑，被联合国教科文组织世界遗产委员会大会列入《世界遗产名录》。嵩岳寺塔由登封市文物管理局直接管理，嵩岳寺塔文物保护管理所负责日常保护工作。嵩岳寺塔建有全国重点文物保护单位记录档案，存于河南省文物局。

**法王寺塔** 为隋唐时期密檐式塔，也是河南遗存唐塔中最高大的寺塔，位于河南省登封市城北5千米嵩山南麓玉柱峰下。

法王寺是中国最早的佛寺之一，原为印度来华僧人摄摩腾、竺法兰译经和讲经处。寺院始建于东汉永平十四年（71年），因佛经尊释迦牟尼为法王，故称大法王寺。魏青龙二年（234年）更名为护国寺。隋仁寿二年（602年）因建法王寺舍利塔，更名为舍利寺。唐贞观三年（629年）更名为功德寺，开元年间（713～741年）更名为御容寺，大历年间（766～779年）复名法王寺。宋仁宗（1023～1063年）时赐名"东都大法王寺"。

登封法王寺塔

元代以后沿用"法王寺"之名。法王寺原规模宏大，自东汉以来历代多有增修扩建。尚存天王殿、大雄殿、地藏殿等清代建筑40余间，分为两进院落。寺内遗存有唐至清碑刻40余品，其中唐代"元珪塔铭"、元代"复庵和尚塔铭"及"月庵海公禅师道行碑"较为珍贵。寺后山坡上有唐至清砖塔6座，其中法王寺塔是寺院最为重要建筑。

法王寺塔是方形十五层密檐式砖塔，通高34.187米，每边长7米，由塔基、塔身和塔刹组成。塔基由河卵石砌护。塔身下部略瘦长，无基座。上部为十五层密檐，各层密檐的高度和外展宽度由下至上逐层递减，外廓呈优美的抛物线形，造型雄伟壮观。塔檐间有假门窗，通体用白灰敷皮。塔身南壁辟圆券门，门内为塔心室，平面为方形，直通塔顶。佛台上供有

泥塑佛像一尊，台下供奉明永乐七年（1409年）汉白玉佛像1尊。塔顶宝刹已损毁。整座大塔高居寺院后部台地上，成为全寺的标志。法王寺塔与西安荐福寺小雁塔、大理崇圣寺千寻塔，并称中国唐代三大密檐式塔。

法王寺塔东侧，建有一座唐代单层方形亭阁式砖塔，高15米，边长4.4米，南向开券门。叠涩檐上部砌大覆钵，塔顶用青石雕出精美的山花蕉叶、绶花和仰莲宝珠石雕塔刹，造型俊秀精巧，为唐塔中之珍品。2000年曾对此塔地宫进行抢救发掘，显示地宫由宫道、隧道、宫室三部分组成，宫室方形直壁，四角攒尖顶，内出土珍贵文物20余件。其中白釉细颈瓶、双系罐、黑釉瓷壶鉴定为晚唐邢窑系产品。宫室北部坐坛上为一跌坐真身高僧坐像，是河南发现的唯一一尊真身坐化像。单层亭阁式唐塔之北山坡上建有2座方形砖塔，塔顶损毁严重。通高分别为8米和7米，边长分别为4.25米与3米。从建筑形制、材料、手法和尺度比例及塔身砖石雕刻分析，两塔为唐代中晚期建筑。寺院西岭上有元代月庵海公圆寂之塔，建于元延祐三年（1316年）五月。为六边形七级密檐式砖塔，高19米。下砌须弥座，壸

法王寺二号塔地宫出土石迦陵频伽盒

法王寺二号塔地宫出土鎏金铜熏炉

门内有牡丹等花卉和瑞兽雕刻。塔身一级正面有砖雕假门，背面有塔铭。塔刹为石雕仰莲宝珠。寺西北隅有清弥壑澧公和尚塔，建于清康熙二十九年（1690年），为六边七级密檐式砖塔，高11米。下砌须弥座，壶门内有花卉及瑞兽砖雕等，塔身第一层上部砌仿木斗拱。正面镶石塔铭，塔刹由覆莲、圆盘、宝珠等组成。

1963年，登封县文物保护管理所成立，负责法王寺塔的保护管理。1994年登封撤县改市，法王寺塔由登封市文物管理局管理，嵩岳寺塔文物保护管理所负责日常保护工作。2001年6月25日，法王寺塔被国务院公布为第五批全国重点文物保护单位，编号5-0356-3-162。2004年，河南省人民政府印发《关于调整我省全国重点文物保护单位省级文物保护单位保护范围和建设控制地带的批复》，公布法王寺塔的保护范围和建设控制地带。2011年4月，郑州市委托编制完成《世界文化遗产登封"天地之中"历史建筑群总体保护规划》，法王寺塔也列入规划内容。2014年4月，国家文物局批复同意《登封法王寺塔文物保护规划》。法王寺塔的全国重点文物保护单位记录档案，保存于登封市文物管理局。

**仙游寺法王塔**　本名仙游寺舍利塔，俗称法王塔，为隋代方形八层楼阁式砖塔，也是中国遗存最早的方形砖塔。原址位于陕西省周至县马召乡金盆村南600米处的秦岭黑水峪口，新址位于原址北约2.8千米的金盆村北梁上。

仙游寺始建于隋开皇十八年（598年），原名仙游宫，系隋文帝避暑行宫，仁寿元年（601年）易宫为寺并立舍利塔。唐开元年间（713～741年）重修；唐元和元年（806年），诗人白居易驻寺作《长恨歌》；唐大中年间（847～859年）扩建为三寺，分置黑水两岸，南岸的仍称仙游寺，亦称南寺。明正统六年（1441年）重建，更名普缘禅寺。清康熙

仙游寺法王塔

二年（1663年）重修，复称仙游寺；清乾隆、道光年间及民国初年修葺。1988年文物普查资料显示，寺院尚存大雄宝殿5间、配殿3间、法王塔1座，另有明清僧人舍利塔6座（其中3座残），明代铁钟1口、清代碑石16通。

法王塔为方形七级塔檐而外观八层塔身，实测残高34.65米，底边长8.7米。底层南面辟券门，内设方形八角攒顶塔室，边长约3米，顶高4.38米。二层以上单壁中空，每面一间，均南面辟券门。塔身逐层收分，层间叠涩檐下施菱角牙子。其中，第三级塔檐下砌四排菱角牙子，其余塔檐下均砌作三排。塔顶平砖攒尖，塔刹及塔内木梯已毁。底层东、北、西三面各嵌碣石2方，东面南侧碣上有线刻人物像。原底层与二层隔离，佛事活动仅限于底层塔室。塔底层系原塔台座"副屋"（木结构"回廊"部分）因故损毁，使砖结构主体暴露在外，经后代整修所致。故外观上，由底向上，八个券门依次洞开，呈现八个层级。该塔砖缝细密，宛如水磨。1998年，对仙游寺法王塔进行保护搬迁过程中揭现塔体天宫和地宫。地宫在塔室地基下方，由砖砌甬道、石门和石宫室组成。出土有青石双面铭文"仙游寺舍利塔铭"1方、石函1具、熏香炉1件。石函内藏有鎏金铜棺1具，内置琉璃瓶一件，瓶中瘗藏舍利子10枚。"仙游寺舍利塔铭"碑阳刊刻隋代"舍利塔下铭"，内文有"维大隋仁寿元年（601年）岁次辛酉十月辛亥朔十五日丁丑，皇帝普为一切法界，幽显生灵，谨于雍州盩厔县仙游寺奉安舍利，敬造灵塔"等字样。

1992年4月，陕西省人民政府公布仙游寺为第三批陕西省文物保护单位，同时公布保护范围和建设控制地带。1996年11月20日，仙游寺法王塔被国务院公布为第四批全国重点文物保护单位，编号4-0080-3-002。1998年10月，配合西安市黑河引水枢纽工程，经国务院批准，对仙游寺法王塔进行保护搬迁。2001年8月至2003年10月，完成法王塔整体搬迁复建工程。原塔室所嵌碣石及相关文物移藏新建的仙游寺博物馆。

四门塔 是中国遗存最早的单层亭阁式石塔，位于山东省济南市历城区柳埠镇东北约3千米青龙山南坡，神通寺遗址的东南。

四门塔属神通寺，建于隋大业七年（611年），因其四面各有一个半圆券门，故称四门塔。神通寺始建于公元4世纪后半叶，始称朗公寺。寺院几经兴废。该寺创始人僧朗（史称竺僧朗，俗称朗公），俗姓李，冀人，前秦皇始元年（351年）竺僧朗到泰山一带，从事佛教活动。郦道元《水经注》载："苻坚时沙门竺僧朗，居琨瑞山，大起殿舍，连楼累阁，即此。"据《续高僧传》云："齐州泰山神通寺，即南燕主慕容德为僧朗禅师之所立也。燕主以三县民调用给于朗，并散营寺，上下诸院十有余所，长廊延袤千有余间……古号为朗公寺。"隋开皇三年（583年），因隋文帝杨坚"通征屡感，故改曰神通也"，遂改名为神通寺。隋唐时期，神通寺有僧五百余人，又大建佛塔，广造佛像，兴盛异常，从而成为当时山东佛教文化的中心。作为山东境内最早的寺庙之一，几经兴废。神通寺各庙宇后毁于清末大火，其殿、亭、阁已荡然无存，只在神通寺遗址的周围，还散布着一些隋唐以来的佛塔、墓塔、石刻造像、台基及元、明、清时代的碑

20 世纪 70 年代修复后的四门塔

东面佛像　　　　　　南面佛像　　　　　　西面佛像　　　　　　北面佛像

刻。其中位于神通寺遗址东南侧的四门塔即是之一。

四门塔通高15.04米，基座呈方形，塔墙边长7.4米。塔身用石灰石砌成，其上雕刻有方形浅席纹。塔檐由5层石条叠涩砌成，轮廓内凹。塔顶用23层青石板层层收缩叠筑，成四角攒尖方锥形，顶端由露盘、山花、蕉叶、相轮等构成塔刹。塔内中心有石砌方形塔心柱，与四面塔墙之间形成回廊。回廊顶部有连接塔心柱和塔墙四角的三角形石梁，共16块，其上覆盖石板，用以支撑塔顶。塔心柱四面砌有高约1米的方形台座，其上有刻工精细、技法精湛的石雕佛像一尊，皆螺髻、结跏趺坐，神态自若。四佛各有名号，西面为极乐世界无量寿佛，南面为欢喜世界宝生佛，东面为阿閦佛，北面为莲花庄严世界微妙声佛。四尊佛像风格不一，南北两尊稳重、厚重、明朗，面呈长圆形，眉间有白毫相，外着敷搭双肩袈裟，内着僧祇支，右肩外衣一角有吊带，并作小结；东西两尊则秀挺、扁薄、凝视，两眉间无白毫相，外衣无吊带。四尊佛像雕刻细腻传神、刀法流畅、纹饰清晰，极富中国文化、艺术的审美精神，是珍贵的佛教艺术精品。

1972年维修时，在塔顶一块石拱板上发现"隋大业七年造"的刻字，解决了学术界多年来关于四门塔建造年代的争议。在塔心柱正中距地面1.6米处出土了石舍利函、铜舍利函、舍利等重要文物，包括水晶珠4颗、黄石珠7颗、绿松石珠9颗、秦半两钱1枚、隋五铢钱1枚，颈间套有骨环、银环、铜环的微带绿色的胆形高颈瓶1个（已碎）等。

四门塔整座建筑结构简洁，外貌古朴，浑厚庄严，独具风格，对研究中国的佛教造像和古代建筑均有较高的历史价值和艺术价值。

1961年3月4日，四门塔被国务院公布为第一批全国重点文物保护单位，编号1-0062-3-015。1961年，山东省文化局建立历城县四门塔文物管理所，负责四门塔的保护、管理工作。20世纪70年代末，四门塔文物管理所被下放到历城县文化局管理。1972年因塔顶石板出现断裂，塔身出现裂缝等险情，济南市文物部门对四门塔实施"加固塔基、维修塔顶"工程。通过维修，四门塔文物本体的稳固性、完整性得到较好的治理改善。2000年5月，历城区政府成立四门塔风景区管理委员会，隶属区政府直接管理，正式接管包括四门塔、千佛崖造像、龙虎塔、九顶塔在内的整个四门塔风景区的保护、管理工作。1997年，东侧阿閦佛佛头被盗，后流失海外又辗转至台湾；2002年底，台湾法鼓山文教基金会将佛首赠还四门塔。2006年，济南市文物局建立四门塔的全国重点文物保护单位记录档案。2010年，编制四门塔、唐代台基等建筑维修保护方案，经国家文物局批复后于2012年2～7月对四门塔进行为期5个月的大型修缮。2013年，山东省文物局印发《关于公布第四批省级文物保护单位保护范围和建设控制地带并调整公布其他省级以上文物保护单位保护范围和建设控制地带的通知》，公布四门塔的保护范围和建设控制地带。

**房山云居寺塔及石经** 是北京地区最古老的寺塔，寺院对面石经山所藏房山石经是中国唯一的石刻大藏经。房山云居寺塔及石经位于北京市房山区大石窝镇水头村，距北京市中心70千米，东接上方山，西俯拒马河，云居寺四面环山，寺南1.5千米分别为宝瓶山、龟山和牛山，寺以西为后主山，寺北2.5千米最高峰为"猴儿寨"。

20世纪30年代，日本的佛教学者对房山石经进行调查研究。1956～1958年，中国佛教协会对房山石经进行全面调查、发掘和拓印工作，历时3年完成。1956年4月21日，佛教协会副会长周叔迦同北京图书馆金石部曾毅公率先启开石经山第三洞洞门，搬出经版开始拓印，

云居寺全貌

并对9个藏经洞进行编号，拓印工作于1957年年底结束。1957年夏，周叔迦会同北京大学考古系教授阎文儒对云居寺藏经地穴进行发掘，在南边探沟左端发现经版，地穴南北长19米、东西宽10米、深5米。此穴北部占全穴约三分之二，南部占三分之一，两穴之间隔有1米宽土墙。北部经版是一排排顺序排列，南部经版则纵横交错排列，埋藏800多年前的辽、金两代所刻经版共计10082块。1958年底，全部拓印工作完成。工作人员收集拓印散落于石经洞外和地穴外的残石400余块，拓印云居寺及石经山的全部碑记、经幢、题名、题记、造像、摩崖石刻等，这是房山石经开雕以来规模最大、最有系统的一次发掘整理工作。

云居寺始建于隋末唐初，经过历代修葺，形成五大院落六进殿宇，两侧有配殿和帝王行宫、僧房，并有南北两塔对峙，寺院坐西朝东，环山面水，形制宏伟，享有"北方巨刹"的盛誉。云居寺占地面积77000平方米，坐西朝东，随山势呈阶梯状逐层升高，平面分为中、南、北三路。中路为主要殿堂所在，依次为山门、毗卢殿、释迦殿、药师殿、弥陀殿、大悲殿，均为后期复建。北路主要建筑有北塔1座，平面为八角形，砖石结构，通高30.46米。塔最下层为塔座，塔座为须弥座形式，束腰处开壶门浮雕狮子头，须弥座之上又有一道束腰上开壶门，门内及两侧浮雕各种乐舞、菩萨像。之上为平座，平座下为五踩出斜拱砖仿木斗拱，座为两层塔身，塔身四面开券门，另外四面开仿木直棂假窗，塔檐下施以五踩砖仿木斗拱，一层塔身之上又为一层平座，座下三踩砖仿木斗拱，塔身内部为空心，中心为八棱塔心柱，柱周围有砖阶可由下层登到上层。塔身之上为塔刹，塔刹下层为须弥座，须弥座以上是圆形覆钵。再上为圆锥形九重相轮，相轮之上为两层仰莲承托宝珠。北塔四角各有一座石质小塔，形式相同。平面为四角形，一层为塔身，塔身背对北一面开方门，门头上火焰形雕饰，门两侧浮雕金刚力士像，塔身为空心，内塑佛祖释迦牟尼与其他两位弟子迦叶、阿难塑像，其中东北角小塔内壁还刻画着唐仕女形象和胡人形象。塔身上为六层密檐，六层密檐之上为塔刹，刹顶承托宝珠，塔外壁为阴刻纪年和记事铭文。四座小唐塔建造时间分别为唐景云二年（711年）、唐太极元年（712年）、唐开元十年（722年）和唐开元十五年（727年）。北塔东北侧还有3座形制为覆钵形藏式大白塔形式，砖石结构，建于方形平台之上，俗称三公塔，从南向北依次为清代寺院主持云光、圆通和了尘的墓塔。在北塔院西廊下，为一单层小方形石塔，龛内佛像完好，原置于水头村南梦堂庵。其庵乃唐代梦堂法师居住处。此外还保存有行宫院建筑等。南路遗存主要建筑有：压经塔，石质，塔座须弥座八角形，圭角处雕刻神兽，下枭处做成覆莲瓣，束腰处开壶门，门内浮雕乐舞人形象，塔座之上为仰莲式平座。平座之上为塔身，塔身为八角形，上楷书阴刻《涿州涿鹿山续秘藏石经塔记》，记载有关刻经史实。塔身之上为七层密檐，檐上为塔刹部分，塔刹下部为仰莲，再上宝珠缺失。压经塔下石经地宫中存放有10082块辽、金石经，这些经版的石质为青石和白石，辽、金石经均为双面刻字。其中小版石经有9918块，大版石经有164块。开山琬公塔，亦称琬公塔，正面阴刻"开山琬公之塔"字样。基础四角形，须弥座形式，塔上为两层塔身，下层塔身短矮，上层塔身细长，均为八角形，转角处为圆形壁柱，下层塔檐出砖仿木斜拱，塔身之上为三层密檐，檐上为塔刹，塔刹下层为单层仰莲瓣，仰莲瓣上为相轮，相轮上为宝珠。在《静琬法师塔》旁有《复涿州石经山琬公塔院记》碑石立于明万历壬辰年（1592年）岁秋七月望日知房山县事太原王育才立石，青石质，螭首方座，首身一体，碑座雕二龙戏珠、灵芝、海水江涯、流云等图案。

隋大业年间（605年），静琬大师开先河，在白带山凿石为室刊刻石经，至唐贞观十三年（639年）圆寂，其羊子玄导承师遗训率众弟子继续刊刻石经。历经唐、辽、金、元、明六个朝代，绵延1039年，镌刻佛经1122

北塔

部，3572卷，14278块，所刻经文达3500余万字，全部石经排列起来绵延12.5千米。辽、金时期所刻石经10082块，原藏于云居寺石经地穴内，后移存在云居寺石经地宫内，采用除湿设备控制温湿度对其进行保护。另一部分隋、唐时期的刻经，其中包括一小部分辽、金石经，仍保存在石经山的九个藏经洞中，共计4196块。房山石经在刻经过程中约有四次变革，石经的形制发生变化，得到改进。第一次是静琬法师从隋代始创刻经至唐开元二十八年（605～740年），为初级刻经阶段。这一段时期的刻经选刻流行的主要经典，或依捐施刻经人的发愿选刻，其碑式从单面到双面逐步改

进，碑形大小宽窄多不一致。第二次是唐开元天宝元年至唐乾宁元年（742～894年），依写经本刻经阶段。正式按《开元录》以"般若部"为首的原则，刻造六百卷《大般若经》的一至五百二十卷及其他一些杂经。刻经碑式有所统一，有经名卷次、条次之分，但无《千字文》帙号。辽太平七年（1027年），涿州刺史韩绍芳开洞"验明对数"，同年以同一原则续刻《大般若经》的后八十卷，并对唐刻《大般若经》的残碑作补刻，至辽重熙十年（1041年）完成。第三次是辽重熙十一年至清宁二年（1042～1056年），刻《大宝积经》一百二十卷，以《契丹藏》为底本刻经，统一经名、卷

辽金石经

次、条次及碑式，刻《千字文》帙号。第四次是辽大安九年（1093年），通理大师主办刻经，统一碑式为小碑沿袭到金代；改之前重在刻经，且多是大乘经为经、律、论并刻，为房山刻经史上又一大变革。

云居寺是佛教经籍荟萃之地，寺内珍藏石经、纸经、木版经，号称"三绝"。大部分石经镌刻技术精湛，书法秀丽严谨，通过历代不同书法风格可以看出中国书法变迁的历程。经版上出现的线刻佛、菩萨、天王、胁侍、飞天、花草等艺术形象，生动而丰富地表现了当时幽州地区民间的艺术风格。房山石经具有文化、文物、史料、版本、艺术和教育等重要价值，对于研究中国文化史，研究北京地区各时期的历史、经济、文化、雕刻、职官、民俗以及佛教史具有珍贵资料价值。房山石经工程之浩大，刊刻之宏伟，刻造历史之久远是其他地方刻经所无法比拟的。

云居寺有文献可考的大规模修复建设有8次。七七事变后，云居寺历遭兵匪之燹，从此走向衰落。中华人民共和国成立后，云居寺的保护受到党和政府的重视。1961年3月4日，云居寺塔及石经被国务院公布为第一批全国重点文物保护单位，编号1-0066-3-019。1974年，建立云居寺文物保护管理所。1984年4月19日，成立云居寺修复委员会。1985年8月17日，天王殿、毗卢殿落成。1987年4月1日，大悲殿群、天王殿南北配殿落成。同年，北京市人民政府划定公布房山云居寺塔及石经保护范围及建设控制地带；10月，云居寺作为社会历史类专题遗址博物馆对国内外游人开放。1988年6月，云居寺扩编为房山云居寺文物管

理处，7月19日，释迦殿群落成。1989年4月，弥陀殿、药师殿落成，同年北岩修缮竣工。1993年，南路僧房、木版经库房落成，北路行宫工程竣工。1995年12月，房山云居寺文物管理处正式注册登记为云居寺石经陈列馆，1998年前后分别隶属房山区文化文物局和房山旅游集团。云居寺二期修复工程（1998年7月26日至1999年7月）恢复弥陀殿及药师殿的南北配殿、梅坛殿及弥陀殿的照门、嘉庆御碑亭、天王殿前石桥、寺内钟鼓楼、牌娄、度母殿、地藏殿等建筑。2006年，房山云居寺管理处建立房山云居寺塔及石经全国重点文物保护单位记录档案。

**四祖寺塔** 古称幽居寺、正觉寺，又名双峰寺，是禅宗四祖道信大师于唐武德七年（624年）开山始建的中国第一座禅宗丛林，位于湖北省黄梅县大河镇四祖寺村双峰山南坡山腰处。道信（580～651年），隋唐高僧佛教禅宗四祖。道信大师在此践行西天禅学东土化的改革，携弘忍共创了"东山法门"，继开祖师禅之先河，是中国禅宗的策源地和根据地。作为全国重点文物保护单位的四祖寺塔包括唐代毗卢塔、宋代众生塔（种松塔，俗称鲁班亭）、衣钵塔、元代明月桥、灵润桥等禅宗历史文化遗存。这些遗存散落于四祖寺院周边山林中，地势高低起伏，北依门坎山，东与破额山相邻，西与笔架山遥相望，南至一天门谷地。

毗卢塔位于四祖寺西北约500米的青岭岗巅，坐北朝南，是四祖道信禅师之墓塔。唐高宗永徽二年（651年），五祖弘忍遵道信禅师法旨，建成毗卢塔（又称慈云塔），是中国禅宗大师实行塔葬制度的第一座墓塔。历代均有

毗卢塔

维修。毗卢塔属亭阁式四门塔类，砖石构，四注式顶（原为四角攒尖顶），通高11.4米。塔基平面呈正方形，基边长10米，上建高2.5米的双层须弥座。塔正身高4米、边长8米，东、西、南三面辟高大莲花券门，作为入口；北面无门，以避风雪。门顶两侧砌有雕字砖额，正书横列释迦八塔法名；塔体四角腰部砌有凸出构件，为金翅鸟造型。塔身上部有双层环绕全塔的牡丹花纹砖带和鸳鸯交手拱带，装饰承托厚重的塔檐。塔顶部高4米，两层滴水，上承高1.5米的铸铁空体覆莲宝珠塔刹。塔室平面呈正八边形，直径6米。转角处各设半圆倚柱。北壁为祖师宝座，三面为入口，相间各面有莲花券门形佛龛。柱间与柱顶饰牡丹花纹砖带造成额枋与平板枋形象，上以斗拱带向塔顶过渡。塔顶为小青砖叠砌收分的穹隆顶，收缩上举高4米。毗卢塔设计独具匠心。塔体外方内圆，外壁方中有变，打破了立方体的单调

众生塔

衣钵塔

灵润桥

外形；塔室八面与穹隆顶的结构，构成雄伟的无梁大殿；外方内圆的结构，既能造成内外有别，又增强了四角对塔顶的承受力；塔身用砖形制多达15种以上，使塔身内外修饰华美，庄重高雅，气度非凡。

众生塔俗称鲁班亭，位于寺北300米处的村庄内，朝向西南，塔通高7.5米，是一座花岗岩石塔。建造于北宋哲宗元符二年（1099年）。众生塔构造作法以至装门接榫全仿木构工艺。塔基平面为正六边形，单边长3米，每角立高2.5米的六棱石柱。柱间架有大小额枋，柱顶铺平板枋，上置粗壮豪放的斗拱12朵，运用六梁承托灯芯木的结构方法，在大斗上横架石梁，梁中立蘑菇状的六棱灯芯木石柱，由柱顶向各斗拱间辐射架设脊袋和石椽各6根出檐。檐下外侧单拱承方，内侧出挑承椽，造成伞状亭顶结构。相间平铺石板作瓦，顶面略带弧形，三实三空。中立高1.2米的莲

花宝瓶塔刹。整塔外形轮廓优美，朴实典雅。塔室内空约为4.4米。塔身柱间与顶部瓦面相对的北、东南、西南三面隔有石壁，中嵌钱纹花格眼窗；正南门额枋和门槛凿有门扇轴孔。塔室中间建有典型的禅宗塔——无缝塔（俗称蛋塔、卵塔）1座，通高2.25米；下设六面体须弥座，束腰处雕有各种动物图案，栩栩如生。上立高1.1米的浑圆规整的蛋形塔身。

衣钵塔又名祖师塔，建于宋代，位于寺北200米，朝向西南，北距众生塔100米，背靠老鹰山。为一单层亭阁式石塔，通高3.3米。自下而上可分为方形塔基，六方形须弥座，立鼓形圆柱塔身，六方厚重的飞角塔檐和通体六棱的莲瓣金瓜宝瓶塔刹。基座四方和须弥座束腰六面，镌有各种高浮雕瑞兽，刀法浑厚，造型写实，跃跃欲动。塔身正面刻有浅浮雕的莲花壶门和方形板门，门上有显示等级高贵的排排乳丁。全塔造型庄重秀美，雕工精细，是一座

明月桥

精美的石刻工艺作品。塔下有甬道与地宫。

灵润桥俗称花桥，位于四祖寺正前方200米处的古称龙头石的悬崖顶上。据桥拱东壁石刻铭文记载，灵润桥建于元至正十年（1350年），由四祖寺住持庭柏禅师募化所建。灵润桥为南北走向的单孔石桥，用凿磨平整的花岗岩石垒砌而成，桥长20米、宽6.1米、高4.9米，孔净跨7.2米。拱券为纵联砌置，券脸石单券单袱。石砌胶结料为糯米拌和石灰。桥上建有立柱框架长廊，高约5米，面阔三间，进深五间，抬梁式木构架，屋面盖小青瓦。长廊两端建有砖砌的八字牌楼门，三间三楼，中间为圆拱门。门楼屋顶为庑殿顶，有用小青瓦叠做的花脊和砖雕吻兽。灵润桥整体雄伟壮观，其历史价值、科研价值和艺术价值在鄂地均屈指可数，是不可多得的古桥珍品。桥下有以"碧玉流"为代表的古代石刻群。桥南头有一条盘山石径，蜿蜒上下，是古代出入四祖寺的唯一通道。

明月桥位于四祖寺院外西北侧玉带河上，呈东北西南走向，长8.5米、面宽4.3米，拱高1.7米，以花岗岩方条构成，单券发拱，一丁一顺双层砌。拱顶正中长石上刻有"大元后至元六年庚辰五月一日立"（1340年），已有660余年历史。

三座古塔均系砖石仿木结构，造型独特，风格迥异，制作精美。两座元代古石桥造型古朴，风格厚重，至今仍能承载车辆、人员通过。

民国时期四祖寺塔由寺内僧人管理。中华人民共和国成立后由黄梅县大河区人民政府监管。1959年4月1日，黄梅县人民委员会《关于公布第一批革命文物历史文物保护单位名单的通知》公布毗卢塔、众生塔、灵润桥为黄梅县第一批文物保护单位。1980年，黄梅县成立五祖寺文物管理所，四祖寺塔纳入五祖寺文管所保护管理。1981年，黄梅县五祖寺文管所清除壅埋众生塔身和全部塔座的泥沙。同年12月30日，湖北省人民政府批转省文化局关于公布《湖北省第二批文物保护单位名单》的请示报告的通知，公布四祖寺古塔为第二批省级文物保护单位。1984年，成立黄梅县博物馆，负责四祖寺塔保护管理。1995年6月，湖北省文物局拨专款维修毗卢塔。1997年，湖北省文物局拨款对灵润桥进行维修。2000年3月，成立四祖寺文物管理所，负责四祖寺塔及其他文物点的保护管理。2001年2月28日，黄冈市人民政府印发《关于公布黄冈市第一批重点文物保护单位的通知》，公布毗卢塔、鲁班亭、衣钵塔、灵润桥、明月桥为黄冈市第一批重点文物保护单位。2001年6月25日，四祖寺塔被国务院公布为第五批全国重点文物保护单位，编号5-0359-3-165。2003年12月，黄梅县博物馆委托陕西省古建设计研究所、西安交大古迹与古建筑研究所对四祖寺塔进行测绘，完成四祖寺地区文物保护规划草稿。2003年12月，国家文物局拨专款用于众生塔的临时支护工程。2006年，黄梅县博物馆建立四祖寺塔的全国重点文物保护单位记录档案。同年，国家文物局拨专款对众生塔进行维修，在维修过程中发现高约1.3米须弥座，重新制定维修方案。2010～2012年，国家文物局拨专款对灵润桥进行维修。2014年国家发改委拨专款对四祖寺塔进行环境整治和安防、消防建设。2015年，湖北省人民政府划定四祖寺塔的保护范围、建设控制地带。

**大雁塔** 大雁塔又名慈恩寺塔，系高僧玄奘的藏经塔，为方形七层楼阁式砖塔，为唐长安城的重要标志之一，位于陕西省西安市南郊雁塔区雁塔路南端（唐长安城晋昌坊慈恩寺内）。

慈恩寺始建于唐贞观二十二年（648年），是唐高宗李治为太子时，为追念生母文德皇后

大雁塔

长孙氏的养育之恩，在隋代无漏寺旧址上建造的皇家寺院。据《大慈恩寺三藏法师传》载，当时寺内重楼复殿，云阁禅房，计十多个院落，总1897间。寺建成不久，玄奘即由弘福寺迁至寺东院"译场"译经，创立中国佛教一大宗派"慈恩宗"。唐代以后，寺院屡遭兵燹。寺内遗存大雄宝殿、法堂暨藏经楼、东西厢房、钟鼓楼、山门等，均为明、清时期重建。

大雁塔始建于唐永徽三年（652年），时为方形五层，仿印度窣堵波形式。武则天长安年间（701～704年），依照中匡楼阁式样改建为七层（一说十层）。五代长兴年间（930～933年），西京留守安重霸再重修。北宋熙宁年间（1068～1077年），游人登塔不慎失火，经夜不熄；此次损坏后，游人无法再登。明嘉靖三十四年腊月十二日（1556年1月23日），关中大地震，塔刹震落，三藏圣教序碑被砸断，随后寺院及塔貌呈一片衰落景象。又经近50年风雨剥蚀，塔体损坏严重。直至明万历三十二年（1604年），咸宁县衙召集工程人员安装塔内木梯，并于塔体内外甃砖，进行一次重大维修加固。明清至民国20年（1931年），又多次对木梯、券洞、护栏等进行修葺。

据玄奘《大唐西域记》卷九载，在摩伽陀国的因陀罗势罗娄河山中，有雁塔，相传雁投身欲开悟小乘教徒。这一记事可谓雁塔名称的初始出处。而名大雁塔，也是为了有别于小雁塔（荐福寺塔）之故。自唐中宗神龙年间"雁塔题名"已形成京城风俗和一景观。凡新科进士及第，先一同游览曲江池，在杏园参加国宴，然后登临大雁塔，并题名塔下留念，以彰显新科进士及第之荣耀。当年27岁的白居易考

中进士，曾写下"慈恩塔下题名处，十七人中最少年"的诗句。

遗存大雁塔实测通高64.517米，底层每边长25.5米。塔基方形，每边长45.5～48.5米。塔身作仿木结构，以砖隐出倚柱、阑额，将壁面分作五至九间。其中一、二层为九间；三、四层七间；五层以上五间。倚柱各承栌斗一朵，其上为叠涩出檐，施菱角牙子。每层均当心间辟券门，内设方形塔室。塔内有木梯盘旋而上。塔顶平砖攒尖，置釉陶宝葫芦塔刹。

大雁塔外观各层的表面，古代工匠运用将砖石材料雕刻成精致的木结构式样，斗拱、门、窗、柱、枋，均刻画得非常细腻、逼真，特别是一些局部处理，更是达到鬼斧神工的地步。塔体收分明显，给人稳重、舒展、大方的感觉，为中国古代楼阁式砖塔的典型。大雁塔塔底层西面门楣上刻有佛殿、斗拱、梁头与柱头相交出挑等，与山西五台山唐代木构建筑南禅寺、佛光寺大殿斗拱不同，是研究斗拱发展演变及梁架关系的重要史料，特别是佛殿屋顶鸱尾、岔脊端头瓦件，更是研究唐代建筑形制宝贵的形象资料。南券门两侧辟碑龛，分别立有唐太宗撰"大唐三藏圣教序"和唐高宗撰"大唐三藏圣教序记"碑两通，均由褚遂良书，字体瘦劲秀丽，为中国书法艺术珍品。大雁塔是唐代高僧玄奘法师从印度回国后，在翻译由他从印度带回经卷时，特别为保存带回来的梵文原本而建，在中国佛教史上具有特殊的意义。

1956年，成立西安市大雁塔保护管理所。1954～1955年、1989年、1991年相继维修，加固塔基，翻修内壁、楼梯、楼板，整修塔檐、塔顶，安装避雷设施。1961年3月4日，大雁塔被国务院公布为第一批全国重点文物保护单位，编号1-0063-3-016。1989年，测出塔身轴心向西北方向偏离1.005米。1991年5～8月维修塔檐及塔顶时，发现明代包砌的外层塔壁，距离内层的唐代塔壁2～3厘米，形成良好的内外层隔离式保护空间。1992年4月，陕西省人民政府公布大雁塔保护范围及建设控制地带。2008年，"5·12"汶川特大地震波及西安地区，造成塔身轻微损伤，嗣后局部维修。2014年6月22日，大雁塔作为丝绸之路中国段22个申遗项目之一，被第38届世界遗产大会以中哈吉三国"丝绸之路：长安—天山廊道路网"名义列入《世界遗产名录》。大雁塔全国重点文物保护单位记录档案由陕西省文物保护研究院建立并保管，大雁塔三普资料数据库由陕西省文物局建立并保管。

**兴教寺塔** 为唐高僧玄奘和弟子窥基、圆测的灵塔，位于陕西省西安市长安区杜曲镇西韦村西北360米处的少陵原畔。

兴教寺塔共3座。唐总章二年（669年）因迁葬玄奘灵骨建塔，次年建寺，全称大唐护国兴教寺。唐大和二年（828年）重修。宋代仍具规模，张礼《游城南记》载："兴教寺殿宇法制，精密庄严。"历代屡有重建、修葺。清乾隆五十二年（1787年），僧大荣改建寺宇，邑生员胡日德铸钟。清同治年间（1862～1874年），寺殿悉数毁于兵火，唯三座灵塔幸存。民国8～13年，（1919～1924年）朱子桥及寺僧先后重修寺院和灵塔，并立"重修长安樊川兴教寺"碑。民国19～23年（1930～1934年），朱子桥再度主持增修寺宇，重塑玄奘、窥基、圆测三师像，并立"重修慈恩塔院记"碑。民国28年（1939年），经民国政府批准，改寺额为护国兴教寺。

寺院占地面积17344平方米，坐北朝南，由三个院落组成。中院自南而北依次为山门、大雄宝殿、法堂和新建卧佛殿，两侧有钟、鼓楼和僧寮。东跨院为藏经院，有五楹藏经楼一幢，内藏明清梵本佛经和近代影印佛经数千册。西跨院名慈恩塔院，矗立灵塔三座，呈"品"字形排列：玄奘塔居中，窥基塔和圆测塔分列两侧。

玄奘（602～664年），俗姓陈，名祎，河南偃师县缑氏镇人，13岁出家。为中国佛教唯识宗创始人之一，尊号三藏法师，俗称唐僧，与鸠摩罗什、真谛、不空并称为中国佛教

兴教寺塔

四大翻译家。唐贞观二年（628年）玄奘"冒越宪章，私往天竺"出长安城，沿丝绸之路赴天竺（古印度国名）取经，贞观十九年（645年）返回。主持译出佛经75部，凡1335卷，并撰《大唐西域记》12卷。麟德元年（664年）圆寂于玉华寺（位于陕西铜川），初葬白鹿原，总章二年（669年）改葬并建塔，开成四年（839年）修葺。灵塔坐北朝南，为方形五层楼阁式砖塔，通高21.04米，底层每边长5.2米。塔身底层南面辟龛室，内置玄奘泥塑像；北壁嵌开成四年（839年）"肃三藏大遍觉法师塔铭"碣1方。二层以上塔壁作仿木结构，每面三间，以砖隐出倚柱、阑额及"单拱"式斗拱，其中第二、四层面南辟券龛，内置供物。层间以十一层平砖叠涩出檐，施两排菱角牙子，檐角缀风铃。塔顶平砖攒尖，置宝瓶式塔刹（系民国时补葺）。

窥基（632～682年），玄奘嫡传大弟子。俗姓尉迟，系唐开国大将军尉迟敬德之侄。17岁出家，参与玄奘主持的译务，能博采众长，以创新精神阐发唯识宗的精义，被赞为"百部疏主"。灵塔始建于唐永淳年间（682年），大和三年（829年）重建。坐北面南，为方形三层楼阁式砖塔，高6.76米，底层每边长2.4米。塔身底层面南辟龛室，内置窥基泥塑像；北壁嵌有"大慈恩寺大法师基公塔铭并序"碣。二层南壁镶有"基师塔"砖铭。层间叠涩檐下施一排菱角牙子，塔顶平砖攒尖，置宝瓶式塔刹。

圆测（613～696年），玄奘门下的新罗（朝鲜）弟子。传为新罗王孙，3岁出家。唐初到中国，从学于玄奘法师，对唯识宗经典的

研究颇有造诣，后受朝廷派遣，至洛阳大内助译。武周万岁通天元年（696年）圆寂，遗骨分葬龙门香山寺北谷和终南山丰德寺东岭。北宋政和五年（1115年），又将丰德寺的一部分遗骨葬于玄奘塔侧，与窥基塔并排相伴。两塔形制几同，圆测塔通高7.10米。塔身底层面南辟龛室，内置圆测泥塑像；北壁嵌有"大周西明寺故大德圆测法师舍利塔铭并序"碣，系民国时朱子桥重刻（原碣石藏于西安八仙庵，已断为三截）。二层南壁镶有"测师塔"砖铭。

三座灵塔北侧另有刹殿三间，内陈"玄奘负笈图"及其两弟子石刻影像赞。

1953年春，因国务院总理周恩来要陪同印度总理尼赫鲁到兴教寺参观访问，国家修葺兴教寺和玄奘舍利塔。1955～1956年，为了保护名胜古迹，适应外事活动的需要，陕西省及长安县政府对寺内殿宇进行了一次全面修整、布置。1961年3月4日，兴教寺塔被国务院公布为第一批全国重点文物保护单位，编号1-0067-3-020。1980～1981年，主塔再次维修。1982年开始，在政府有关部门和中国佛教协会赵朴初的领导和指示下，中国政府和东南亚佛教国家的民间社团联合斥资对兴教寺进行了大范围的修葺和扩建。1983年，由民政部门交西安长安区民族宗教事务局管理，兴教寺被定为汉族地区全国重点寺院。1992年4月，陕西省人民政府公布兴教寺保护范围。2014年6月22日，在卡塔尔多哈召开的联合国教科文组织第38届世界遗产委员会会议上，兴教寺塔作为中国、哈萨克斯坦和吉尔吉斯斯坦三国联合申遗的"丝绸之路：长安—天山廊道的路网"中的重要遗址点列入《世界遗产名录》。

**香积寺善导塔**　为唐代方形十三级密檐式砖塔，位于陕西省西安市长安区郭杜镇香积寺村香积寺内，地处潏水和滈水交汇一侧的神禾原上。

香积寺系佛教净土宗祖庭，始建于唐永隆二年（681年），曾兴盛一时。历经天宝十四年（755年）安史之乱、建中四年（783年）朱泚叛乱、会昌五年（845年）毁佛事件，寺院渐趋衰落。宋太平兴国三年（978年）曾一度改名开利寺，历元、明、清渐趋荒圮，清同治年间毁于兵火，清光绪年间重修。

善导（613～681年），俗姓朱，山东临淄人，被称为净土二祖。抄有《阿弥陀经》数万卷，绘"净土变相"300余壁。其《观经四帖

香积寺善导塔

疏》于8世纪传入日本，日僧法然据此创立日本净土宗，广为流传。

善导灵塔、供养塔均始建于唐永隆二年（681年），一说供养塔建于神龙二年（706年）。遗存善导塔原为方形十三级，1979年整修时，残存十一级，残高33米。底层每边长9.5米、高约5.5米；以上各层高度骤减，层间叠涩出檐，施两排菱角牙子。塔壁仿木结构，每面均作3间，以砖隐出倚柱、阑额及斗拱。各层均于当心间辟券门，次间施朱绘直棂假窗。底层南门额刻"涅槃盛事"四字，系清乾隆年间添置。关于善导塔旧貌，宋明两代文人笔记有"中多石像，塔砖中裂"和"寺塔中裂，院宇荒凉"等记载，可见塔身"中裂"现象延宕近千年之久。整修时弥合裂隙，做了钢筋混凝土内框架，并逐层做了塔体内圈梁和外腰箍（隐蔽处理），在增强抗震能力的同时，保持了"残存十一级"的旧状。

香积寺占地约2.67万平方米，其建筑风格和布局采用现代中国汉地佛教寺院的模式，从南向北依次建有山门殿、天王殿、钟鼓楼、大雄宝殿、法堂等主要殿宇，并以这些主要殿宇为中轴线，在两侧分别建有客堂、配房、念佛堂、僧房、离堂等配套设施。中轴线西边是塔院，院墙开门与寺院连通。在善导塔的西北角，有香积寺前任住持续洞法师的舍利小塔。在寺院东面围墙外的香积寺村村头，有净业法师塔1座。

1956年8月，陕西省人民委员会公布香积寺塔为第一批陕西省文物保护单位。20世纪70年代末，陕西省人民政府出资30万元整修，恢复寺院面积18460平方米，其时尚存善导塔、

净业塔及清末建殿宇3间，另迁建子午镇城隍庙大殿5间，新建法堂3间、僧房10间。1992年4月，陕西省人民政府公布香积寺保护范围和建设控制地带。2001年6月25日，香积寺善导塔被国务院公布为第五批全国重点文物保护单位，编号5-0418-3-224。

**净藏禅师塔** 是中国遗存唯一一座唐代八角形仿木结构砖塔，位于河南省登封市区西北6千米处的嵩岳太室山南麓积翠峰下会善寺西侧500米。

净藏禅师塔始建于唐天宝五年（746年），单层重檐仿木结构亭阁式砖塔，平面作八角形，通高10.345米，自下而上由基台、塔身和塔顶三部分组成。基台是全塔的承重

净藏禅师塔

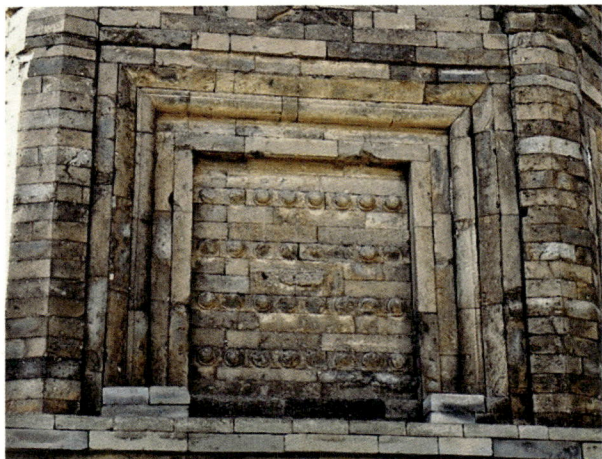

净藏禅师塔实榻大门

部分,高2米许。上、下略施阶台,中部为直壁,下边作散水一周。塔原基台损毁严重,一些转角崩塌呈空洞状。遗存塔基台是1964年修复复原后之面貌。塔身为平面八角形,高约2.8米。塔身的下部是精美的须弥座,每面做法相同,即由上枋、束腰与下枋组成。束腰部分每面砌出壸门3个,壸门高宽比1:4,具有明显的唐代壸门形制特征。须弥座以上,塔身各角砌出凸出塔壁以外的倚柱,柱根不砌柱础。柱子外露五面,其完整柱平面当为八角形,倚柱柱头作覆盆式,柱径与柱高比约1:5,柱头之上直接承托转角铺作。转角铺作为一斗三升、斗口出劈竹耍头。塔身南面砌一单券门,因拱券较高,额枋只能砌在东西两铺作斗口上下。因额枋距塔檐之间距离较近,故补间铺作仅可置一直斗。除正面因券门之故额枋上移外,其余七面均将阑额置于栌斗之下的两倚柱之内,其上部置一硕大的曲脚人字拱,此人字拱与柱头的铺作共同承托起檐枋。除北面整个壁面作一规整内凹边框护围着石刻塔铭外,其余七面皆在倚柱下部约半米处砌出腰串(横枋)一道,使之成为破子棂窗的下槛。在

倚柱最下部,两柱根之间,再置一横枋,名为地栿。腰串与地栿之间,砌出榑柱、心柱和障水版等结构。在塔身的东、西两面分别饰以砖雕的实榻大门,大门雕出规整的上下四排门钉,每排8枚,门中心雕传统古锁一把。门扇四周的门框上,有门额、立颊、子桯等,比例合理,制作精美。在东、西、南、北四主面以外的四侧面上,各雕出破子棂窗1座。其窗周之边框做法与实榻门类同,但高度略低于门高。在窗心内立11根破子窗桯,断面呈三角形,棱尖向外。这些做法,均仿照木构建筑的细部做法雕成。在塔身部分还有塔室一间,正面设券门,室内为八角形空间,上部为八角攒尖顶,没有艺术装饰。塔室地面以下为地宫部分。塔顶由塔身檐枋以上叠涩砖檐层、砖雕山花蕉叶、绶花及石雕宝刹组成。由于塔顶残毁严重,其原貌已难以准确记述。唯存塔刹由青石雕造而成,高1.7米。自上而下,由火焰宝珠、承珠云盘、覆斗及仰覆莲刹座组成,是一组精美的石雕艺术品。在雕刻技法上,塔刹使用了压地隐起(或剔地起突)、混作等传统雕刻技法,也是研究唐代石刻艺术的实物资料。

净藏禅师塔为研究佛教建筑与中国传统建筑融合发展提供了极其珍贵的实物资料,其造型以砖代木,逼真地表现出唐代八角亭式木结构的柱子、额枋、铺作、门窗等做法,实属难能可贵,体现出唐代精湛的建筑工艺与时代特征,是不可多得的建筑瑰宝。20世纪30年代以来,梁思成、刘敦桢合著的《塔概说》曾对净藏禅师塔的价值给予高度评价:"净藏禅师塔非常真实地反映了唐代仿木结构建筑。""唐代砖石结构的墓塔中,采用木构式样最多的,

只有净藏禅师塔一处。盛唐木建筑的式样，可由此推测一部分。但单就平面采用八角形一点而言，在现在已知资料里，没有比它更重要，年代更古的了。"梁思成《中国建筑史》说："除天宝间之净藏禅师塔外，唐代佛塔平面一律均为正方形；如有内室亦正方形。"鲍鼎《唐宋塔的初步分析》和刘敦桢《河南省北部古建筑调查记》等论著中，对净藏禅师塔均有论述。在1950年5月中央人民政府文化部文物局重印，由国立清华大学、私立中国营造学社合设建筑研究所编的《全国重要建筑文物简目》中，已将净藏禅师塔列入，并在塔名前加注了3个着重符号。中国佛教协会编《中国佛教》载："（唐代）塔的形式则始创八角形的结构，如玄宗时（746年）在嵩山会善寺所建的净藏禅师墓塔等。"由此，净藏禅师塔首创八角形结构墓塔的价值及特殊性可见一斑。

1964年，文化部文物管理局拨经费进行维修，由河南省文化局文物工作队负责塔基台复原设计，工程于1965年10月开工，1966年3月竣工。1998年，河南省古代建筑保护研究所又对净藏禅师塔塔身严重损坏的部分，包括铺作、塔身各面、塔顶、塔基个别砖层以及环境整修等制定维修方案，进一步对古塔开展保护工作。

净藏禅师塔由登封市文物管理局直接管理，会善寺文物保护管理所负责日常保护工作。1988年1月13日，净藏禅师塔被国务院公布为第三批全国重点文物保护单位，编号3-0137-3-085。2004年，河南省人民政府批准公布净藏禅师塔保护范围和建设控制地带。净藏禅师塔全国重点文物保护单位记录档案，保存于河南省文物局。

**治平寺石塔**　是华北地区盛唐时期汉传佛教最著名的佛塔，为联合国教科文组织命名的"千年古县"赞皇县的重要标志之一。石塔位于河北省赞皇县城南的嘉应寺村村北平地中间。

据金代明昌三年（1192年），朝散大夫、南京都水监丞刘仲尹所撰《重修治平寺碑》记载，治平寺原名嘉应寺，隋开皇三年（583年）敕建；唐玄宗天宝八年（749年）修建石塔1座，周围小石塔4座；宋英宗治平二年（1065年）改嘉应寺为治平寺，并赐匾额。治平寺原有山门、钟鼓楼、大石塔、小石塔、经幢、天王殿、大雄宝殿、禅房等建筑。仅存大石塔、小石塔、经幢、碑刻及散落石构件等。

治平寺石塔是一座石砌楼阁式实心塔，平面呈八角形，高11.72米。从外观看，由塔

治平寺石塔

1053

治平寺石塔局部

基、塔身、塔刹三大部分组成，设计合理，砌筑严谨。塔基为条石砌八角形台基，高0.9米。塔身共三层：一层由须弥座、塔身、铺作、屋檐组成，高3.62米。须弥座高1.18米，由圭脚、下枋、下枭、束腰、上枭组成，束腰部分环刻一组伎乐人，奏乐者手持乐器，舞蹈者翩翩起舞，刻工娴熟，生动有力；塔身高1.33米，平面八角形；转角处均辟有佛龛，龛内浮雕天王力士像；铺作高410毫米；屋檐高700毫米。二层塔身由平座、塔身、铺作、屋檐组成，高2.11米。平座高330毫米；塔身高1.03米，平面八角形，内部中空；铺作高270毫米；屋檐高480毫米。三层塔身由平座、塔身、铺作、屋檐组成，高1.485米，平座高270毫米；塔身高630毫米，平面八角形；铺作高265毫米；屋檐高320毫米。塔刹由刹座、刹身、刹顶三部分组成，共九层，高3.47米。刹座类似须弥座，由三层组成，高1.23米，下层为圆形；中部为束腰，八边形；上部为华盖，平面八角形。刹身由五层组成，一层莲座、两层八棱柱、两层莲瓣，高1.76米。刹顶为四棱锥式样，高480毫米，四角出棱雕刻火焰珠式

样。每层塔身和塔檐分别用整块石料，中心用轴连接，并按照木结构楼阁形式雕琢。塔身一至三层均开凿佛龛，各层均刻出假门、假窗。塔檐结构复杂，每层檐下刻制重重斗拱，以挑托深远的塔檐。各层塔檐均刻制椽子、飞头、瓦陇，八角处均高浮雕像、狮等兽头，兽头下均吊一风铎。第一、第二层塔檐上均刻出平座栏杆，雕饰华丽。第三层塔檐上高浮雕卷云纹、兽头，形象各异，逼真精美。第四层之上置巨大华盖，塔的顶部覆以仰莲座，上冠葫芦形宝刹和宝珠。整座石塔有浮雕24组，雕刻佛祖、菩萨、弟子、力士、供养人等大小造像近百尊，是"八相成道"的佛传故事图案，雕饰丰富，雕技极其精湛，石料砌磨精致，玲珑秀巧，无论形制和艺术都反映盛唐时期的艺术风格，实属一件巨大的雕刻艺术品。

1982年7月23日，治平寺石塔由河北省人民政府重新公布为省级文物保护单位。1987年，赞皇县文物管理所成立，负责管理治平寺，对治平寺石塔进行简单的加固维修，并在保护范围内修建围墙210米。1992年，河北省人民政府公布保护范围和建设控制地带。1996年11月20日，治平寺石塔被国务院公布为第四批全国重点文物保护单位，编号4-0081-3-003。2011年，东侧小石塔移至公安局院内。

**灵光塔** 是鸭绿江上游地区唐代渤海时期重要的佛塔建筑，是渤海时期留存地面唯一的一座比较完整的古建筑，位于吉林省白山市长白朝鲜族自治县长白镇西北塔山西南端一平坦的台地上。

灵光塔原名无考，始建确切时间不详。清光绪三十四年（1908年），清朝首位长白府

知府张凤台将塔喻为西汉时鲁之灵光殿，遂名灵光塔。张凤台撰《长白汇征录》记载："塔身五层，围八丈，虽无碑碣可考，按法库门古塔，金石家称为元塔，以此类推，其为辽元间古迹无疑。"清朝安图县知事刘建封撰《长白山江岗志略》记载："土人云，十数年前，潘姓见塔（灵光塔）前有一石碑甚小，上勒篆文不能辨，后被韩人毁。查此塔建立已久，碑记无存，未易考核，惟所称皆系唐人，其为唐塔无疑。"清宣统元年（1909年），长白府在灵光塔右前侧盖木石小房三间，名曰塔山精庐，请王姓道士居住以护塔。精庐后毁于战火，遗留有清代塔山精庐遗址。

灵光塔为方形五级楼阁式空心砖塔，南北向，通高12.8米，由通道、甬道、地宫、塔

灵光塔塔刹

身、塔刹五部分构成。通道为阶梯式，修有11个台阶，台阶和通道两壁均为原生土，唯台阶中央部位铺砖。甬道均为砖砌，底铺三层砖，在甬道出土陶器口沿5件、陶器器底1件、陶器器耳1件、甄器器底6件、陶瓦8件、陶片4件。地宫平面呈长方形，南北长1.9米，东西宽1.42米，高1.49米，四壁为砖砌，底铺3层砖，顶盖石板，墙壁和顶部均涂抹白灰，曾有影作木结构的彩绘。地宫后墙中央偏东处有一石块砌筑的台座，应为放置舍利盒之处。塔身由长方砖、圭形砖、多角砖砌筑，共五层，底层最大，向上递减，收分明显，层间平行叠涩砖檐，叠涩间隔以菱角牙子。第一层边长3.3米、高5.07米，正面（南面）有一拱券门，高1.65米、宽0.9米。在拱门上部两侧和另外三面，分别砌有整块的褐色花纹砖，东西两侧为莲花瓣纹，南北两侧为卷云纹。这些花纹砖分别构成一个字：东面为"国"字，南面为"立"字，西面为"王"字，北面为"土"字，按顺序可读做"王立国土"或"国立王土"。塔身第二层边长3米、高1.65米。第三层边长2.4米、高1.5米。第四层边长2.1米、高

灵光塔

6

1.2米。第五层边长1.9米、高1.44米。塔身南面第二、三、五层各有一方形壁龛，高宽各约0.2米。塔身南面第四层和东西两侧的二、三、四、五层都建有一方形直棂窗，边长约0.2米。塔刹已佚，1984年维修时补葺为葫芦状，高1.98米。灵光塔周围出土4件风铎，塔周出土刻有文字的砖，字迹有"子""子子"等。

灵光塔为唐代渤海时期的建筑，具有唐代建筑风格，已有千余年历史。灵光塔有力地证明唐代中原文化对渤海地区的深刻影响，其建筑艺术是与中原文化交往的实物见证。灵光塔为研究中国疆域史、渤海国史、佛教文化史、建筑技术史以及与中原文化的关系等提供了宝贵实物资料。

民国25年（1936年），长白县地方士绅曾捐资补葺塔顶塔刹。中华人民共和国成立后，灵光塔得到有效的保护和管理。1955年，对塔基进行维修，砌筑石墙。1980年，鉴于灵光塔东南部已明显下沉、倾斜，长白县人民政府拨款维修和保护。同年，通化地区长抚靖文物调查组对灵光塔进行重点调查，完成拍照、绘图，采访和材料收集工作。1980年以后长白县文化局负责灵光塔的保护管理。1981年，吉林省人民政府公布灵光塔为第二批省级文物保护单位。1984年，吉林省人民政府对灵光塔进行全面维修。1988年1月13日，灵光塔被国务院公布为第三批全国重点文物保护单位，编号3-0141-3-089。1992年，长白县文物管理所成立，负责灵光塔的管理、保护工作。同年，吉林省文化厅公布灵光塔的保护范围和建设控制地带。2000年，国家文物局拨款开展灵光塔墙体和地面的防渗工程。在此期间，长白县文物

管理所坚持对灵光塔塔身倾斜和地下水位变化情况进行测量。2003年，开展灵光塔环境整治项目。2005年，长白县文管所建立灵光塔的全国重点文物保护单位记录档案。

**小雁塔** 为方形十五级密檐式空心砖塔，是中国早期密檐式塔的代表作，与大雁塔同为唐长安城的重要标志之一。小雁塔位于西安碑林区友谊西路南侧（唐长安城安仁坊荐福寺内）。

大献福寺始建于唐睿宗文明元年（684年），以高宗李治驾崩百日，皇族贵戚为其"献福"而修，故名。武则天天授元年（690年）易名大荐福寺。神龙二年（706年）义净在寺内译出佛经56部，计230卷，并著成《大唐西域求法高僧传》一书。景龙年间（707~710年）在南安仁坊另辟塔院，建造荐福寺塔（即小雁塔）。唐末寺院毁于兵燹，唯塔存。宋时，塔院名圣荣院。明清时，以塔院为荐福寺。寺内建筑遗存除小雁塔外，均为明清及近代所建，殿宇集中在山门直对小雁塔的中轴线上，大体保存着明正统年间重修时的布局。主体建筑有慈氏阁（二层）2间、大雄宝殿5间、藏经楼（二层）3间、小雁塔1座、白衣阁（二层）3间，两侧有钟楼、鼓楼、配殿、碑亭和新建长廊等。遗存有北宋政和六年（1116年）"大荐福寺修塔碑"，金明昌三年（1192年）铁钟、明正统十四年（1449年）青石线刻荐福寺殿堂图，清康熙二十九年（1690年）"补修荐福寺宝塔碑"，雍正十二年（1734年）"荐福寺来源碑"等。其中金代铁钟高3.5米，口径2.5米，重万余千克，以其音质洪亮，曾誉为"雁塔晨钟"，列关中八景之一。

小雁塔始建于唐中宗景龙元年（707

年），北宋政和六年（1116年）修葺。明洪武年间（1368～1398年）、宣德七年（1432年）和正统十四年（1449年）相继维修。明成化二十三年（1487年）和嘉靖三十四年十二月（1556年1月）关中两次大地震，使塔顶坠毁，塔身中裂。

小雁塔残存十三级，实测残高43.395米，底层每边长11.38米。塔基座为瓷砖方台，底边长23.38米、高3.2米。基座下为砖砌地宫，由前室、甬道和后室组成。基座以下及四周为唐代夯土，分布于基座周围约30米范围内。靠近基座的夯土深约2.35～3.6米，外围延伸夯土深约1.4～1.7米。塔身底层较高，南北向辟券门，以上各层均南北向辟券窗。二层以上高度逐层递减，越上越促，整体轮廓呈自然缓和的梭形曲线。层间以砖叠涩出檐，砌一排至两排

菱角牙子；其中，第五至第十一层南券窗两侧饰有方形小塔各一（遗存有须弥座）。第十四层以上早年已毁。塔身结构为单壁中空，内设木构楼层及砖阶梯供登临。底层青石门楣、框上线刻有天人供养图案及牡丹、蔓草、祥云纹饰，各层塔壁有唐至清代题刻多处。据明正统十四年（1449年）荐福寺殿堂线刻石，原塔刹由圆形刹座、两层相轮和宝珠刹尖组成。

小雁塔作为唐代皇家寺院——荐福寺中的佛塔，将营建技术与雕刻工艺有机结合，无论是整体设计还是局部处理，均表现出古代工匠的精湛技艺。特别是每层收分明显，使塔体呈现出向内曲的弧线，反映唐代密檐式塔的特点。塔底层石门楣上刻出供养人、蔓草等图案，刀法精细，线条流畅，代表初唐时期的艺术风格。小雁塔是中国唐代密檐式塔的重要实

小雁塔

例，对研究中国古塔的发展演变具有非常重要的价值。

1961年3月4日，小雁塔被国务院公布为第一批全国重点文物保护单位，编号1-0064-3-017。1963年，成立西安市小雁塔保护管理所。1964～1965年，修整加固，对塔体二、五、七、九、十一等各层外加钢箍和排水、避雷设施，并发掘塔基，维修保持了500年来无十四层以上的旧状。1989年11月，采用"三角高程"测量法测定一至十四层的层间高度，并据此推算原塔总高（含塔刹）在50～55米区间。1992年4月，陕西省人民政府公布小雁塔保护范围及建设控制地带。2007年，西安博物院建成并对外开放，小雁塔隶属博物院管辖。2014年6月，第38届世界遗产大会上，小雁塔作为丝绸之路中国段22个申遗项目之一，以"丝绸之路：长安—天山廊道路网"为名列入世界遗产名录。小雁塔全国重点文物保护单位记录档案，由陕西省文物保护研究院建立并保管，小雁塔三普资料数据库由陕西省文物局建立并保管。

**朝阳北塔**　是东北地区年代最早的古塔之一，位于辽宁省朝阳市双塔区北塔街道慕容街北端的北塔广场上。与南塔、东塔（在关帝庙内，已毁，仅存塔基）呈鼎足之势，被称为"东北第一塔"。

北塔肇建于北魏。《魏书》载，文成文明皇后冯氏于北魏孝文帝太和年间（485年前后），在三燕龙城宫殿旧址上，为其祖父北燕王冯弘祈祷冥福和弘扬佛法而修建木构楼阁式塔，史称思燕佛图，后毁于火灾。隋仁寿年间，在"思燕佛图"旧址上诏建方形密檐式砖塔，称梵幢寺塔。唐天宝年间修饰一新，在束腰处饰以彩绘，名开元寺塔。辽初和辽重熙十三年（1044年）两度维修，并更名为延昌寺塔，形成后世以三燕宫殿夯土台基为地基，思燕佛图夯土台基为塔基，隋唐砖塔为内核，辽塔为外表的"五世同体"的佛宝塔。

朝阳北塔为方形空心十三级密檐式砖塔，由夯土台基、台座、须弥座、塔身、塔檐、刹顶构成，存高42.6米。朝阳北塔下设一个宽大的方形台座，青砖砌筑，二层台式，南面有一座庑梁殿式建筑与台座相接，经过南面踏步走上台座进入塔心室。庑梁殿式建筑基址已埋

北塔全景

于地面之下，台座修复成一层台式，且在内部东、南、北三面留出空间，修成券洞式廊道，以便让人们清楚看到排列有序的三燕宫殿的柱础和北魏"思燕佛图"的夯土台基，还能进入那神秘、幽暗的地宫。宽大坚固的台座上砌筑须弥座，为中间束腰形台座。须弥座形制复杂，雕饰繁复，由下至上，由砖台、假门、圭脚、枋、枭、束腰等组成。南面开券门通塔心室，另三面中央设假门，门两侧束腰均以版柱隔成3个壸门。束腰四大角立盘龙柱。须弥座雕饰主要布置在假门和束腰上。假门仿双扇朱漆版门，门饰莲瓣形门钉，一对莲花铺首衔环，上安门簪，下置门砧，门楣似祥云，两侧雕守门力士或飞天。东、西面假门雕力士，头戴兜鍪或束发，身穿铠甲，腰系带扣，足着长靴，一手托宝珠，另一手持剑或杵，面向假门而立，表情严肃，令人望而生畏。北面假门一反常规，两侧雕飞天各一，头朝下，上身袒露，腰系裙带，头梳发髻，饰璎珞，戴臂剑，手托供物，飞舞于空中。壸门每面6个，门内雕莲花或兽面，立颊刻化生童子或伎乐人物、缠枝牡丹，版柱刻驮有人物或莲蓬的异兽。舞伎共16人，头顶花冠，颈系璎珞，手持彩带，翩翩起舞。乐工亦16人，臂挽丝带，袒胸着裤，盘腿坐在莲花上，吹、打、弹、拉，演奏着各种乐器，可辨识的有杖鼓、鼗鼓、方响、拍板、碎子、排箫、横笛、笙、琵琶、曲颈琵琶等。须弥座束腰是雕刻艺术精华之所在，共设24个壸门，雕饰图案则有化生童子、兽面、缠枝牡丹、团莲、异兽、舞伎、乐工等，精心布置于假门及券门两侧，每半面三个壸门雕饰又可单独构成一组，伎乐人物和异兽动姿皆朝

向中间之假门或券门，布局严谨，排列井然，构成一个个丰富和谐的画面。塔身砖雕图像，皆中央一尊坐佛，旁为胁侍菩萨，外置灵塔，佛头与灵塔上方华盖两侧各有一飞天，四面合起来，为密宗金刚界四方如来（中央大日如来居塔心室佛殿内），八胁侍菩萨、八大灵塔、二十四飞天，此即密宗特有的曼荼罗坛。四方佛皆头戴五佛宝冠，颈系璎珞，身披袈裟，手结契印，结跏趺坐于生灵莲座上。生灵座一佛一种，东方阿閦如来佛，象座；南方宝生如来佛，马座；西方阿弥陀如来佛，孔雀座；北方不空成就如来佛，迦楼罗座。胁侍菩萨姿态，装束基本相同，披袈裟束腰基本相同，披袈裟，系璎珞，手捧供物，面佛而跪。飞天戴冠饰或梳云髻，璎珞、臂剑、手镯俱全，上身袒露，下着长裙，两两成对，或立或倒，双手或托盘，或持莲枝，作空中飞舞状，天衣飘曳，祥云缭绕，姿态优美，分外妖娆。灵塔为方形十三级密檐式，南、西、北面塔身刻释尊坐像，螺髻，披袈裟结说法印，结跏趺坐在莲座上。东面南侧塔身刻涅槃像，释尊头枕右手，侧卧于"七宝"床上，床后有两棵娑罗树。北侧塔身刻维摩大士，扎巾戴帽，身着袍服，侧身坐在床上。灵塔内侧碑身刻写塔名，从南往西依次是：净饭王宫生处塔、菩提树下成佛塔、鹿野苑中法轮塔、给孤独园名称塔、曲女城边宝阶塔、耆阇崛山般若塔、庵罗卫林维摩塔、娑罗林中圆寂塔。八大灵塔塔铭记述了佛祖释迦牟尼的生平事迹。塔身以上共有十三层密檐，层层叠起，逐层内收，塔檐外轮廓略呈弧线形。每层檐角梁下和中间均垂挂风铎。塔刹早已坍毁不存，已依据原构件修复砖莲座、

绿釉琉璃仰莲座和琉璃覆钵。

北塔有地宫、中宫和天宫。地宫发现于1986年，位于塔心室（中宫）之下的塔基内，以青砖筑城，高4.48米、长2.05米、宽1.76米。宫内矗立一座雕刻精美的石经幢。因早年被盗，地宫里珍藏的佛教文物已被洗劫一空，只残留少量器物碎片、铜钱及盛放舍利的石函、题记砖等，另外，地宫南壁上通中宫的通气孔内也发现些残瓷器、滑石器等。中宫原有佛殿，供奉大日如来佛和菩萨像，仅存柱础和墙基。天宫发现于1988年，位于第十二层塔檐内，为方形，用6块石板筑成，南面有甬道、门道，用砖封堵。门外立有物账碑。天宫曾遭火灾，所藏文物受到不同程度的损坏。天宫内发现佛祖释迦牟尼佛真身舍利两粒及盛装佛舍利的玛瑙罐、金塔、木胎银棺及七宝塔。还有波斯玻璃瓶、金银经塔，鎏金银塔、银菩提树、石香炉等以及砖石题记和各种材料制成的供器、饰物和佛教法器等，其数量之大、种类之多，在中国考古史上实属罕见，是中国佛教考古的一个重大发现。

朝阳北塔创建于北魏，是东北地区年代最早的古塔。其独特的"塔上塔""塔包塔"的特殊构筑形式较为罕见。北塔塔檐上的唐代仿木构彩画，是中国首次发现的唐塔彩画，是绘画艺术史研究的珍贵资料。

中华人民共和国成立后，各级政府非常重视北塔文物保护工作。1963年，辽宁省人民委员会拨款，动迁塔周围居民，划定文物保护范围。1984～1992年，对北塔进行加固和修缮工作。1988年1月13日，朝阳北塔被国务院公布为第三批全国重点文物保护单位，编号

3-0140-3-088。1992年，成立延昌寺文物管理所，2001年更名为朝阳市北塔博物馆。1993年，辽宁省人民政府公布朝阳北塔的保护范围和建设控制地带。2001年7月，辽宁省文物考古研究所建立了朝阳北塔的全国重点文物保护单位记录档案。2003年，朝阳市老城区改造工程启动，北塔原馆舍拆除，新馆经重新规划、设计，2004年建设完成并投入使用。2015年，朝阳市北塔博物馆对馆舍实施改扩建工程。

**修定寺塔** 是中国遗存唯一的一座饰面全部用模制花砖嵌砌的砖结构唐塔，位于河南省安阳县磊口乡清凉山东南麓原修定寺旧址上。

据清嘉庆四年安阳县知县赵希璜纂修的《安阳县金石录卷第十三补遗》所载唐开元七年（719年）"大唐邺县修定寺传记碑"，修定寺创建于北魏，初名天成寺；北齐改称合水寺；北

安阳修定寺塔

周武帝灭法，寺院被毁；隋开皇间重建改称修定禅寺，唐贞观年间寺院全面恢复。据寺内碑文及塔砖题记，修定寺塔复建于唐建中二年（781年）至贞元十年（794年）间。清末寺院建筑已大多，倾圮破败，仅塔存。

修定寺塔为一座单层方形叠涩檐亭阁式砖塔，原由塔基、塔身和塔顶三部分组成，全塔通高20米。存塔身高9.30米。每面宽8.25米，塔南壁辟拱券门。门额至券顶间有石雕三世佛造像龛，火焰形背光，两侧刻二弟子、二菩萨、二天王，雕刻手法和形式均具唐代特点。券顶上方正中嵌砌一砖雕大型衔环兽面，两旁是对龙和力士，券门两侧左为青龙吞云，右为白虎吐雾。塔心室平面近正方形，南北4.12米，东西4.33米，室内壁面均用绳纹小砖垒砌，澄黄泥黏接，地面青砖平墁。塔基已毁，平面呈八角形，原有须弥式基座，基座外壁用浮雕砖嵌镶。塔基周围发掘清理出的残砖，图案、题材和风格均与遗存塔身外壁雕砖完全不同，经考查塔基至迟应为北齐所建。就基座残迹及发掘收集的塔基雕砖观察，其图案有力士、伎乐、飞天、滚龙、飞雁、帐幔、花卉以及仿木建筑结构的斗拱等30多种。塔身四面外壁全用菱形、三角形、矩形及平行四边形等各种形制的模制高浮雕花砖计3775块嵌砌而成，整个砖雕面积达300平方米。浮雕内容有人物、动物和以莲花为主题的花卉图案，共计76种。每一壁面的浮雕，都设计成一幅整体构图，自檐部起整个壁面如同覆垂的一幅华丽的大帐幔。其中壁面最上部的五层雕砖，雕饰彩铃、华缨、彩带等装饰图案，形似帐首；自第六层起，至塔身的最底一层之间，均以菱形浮

修定寺塔塔身花砖

雕砖嵌砌而成。雕饰优美多姿的人物、动物及花草装饰，为整副帐幔的帐身部分；各壁面的最底一层，皆横嵌矩形砖一列，表面镌刻卷草花纹。塔身四隅各砌成角柱，柱面遍雕精致的小型团花，柱身以下为石雕覆莲柱础。塔檐外挑，大部分残缺。塔顶已全毁，发掘清理时，发现不少塔顶琉璃构件，表面均施有红、黄、绿色彩釉，就琉璃残构件的造型及纹饰特征来看，和明代的琉璃阁楼构件风格相仿。再据相关碑文记载，明成祖朱棣之三子朱高燧封藩至安阳为赵简王，一度把修定寺定为赵王府香火院。嘉靖二十八年（1549年），曾对修定寺进行过一次大的修缮。由此可知，发现的琉璃塔顶残件应属明代之物。

修定寺塔四壁雕砖的嵌砌技术独具特色。不同图案和造型的雕砖背面制榫卯，与内壁素面砖犬牙交错，相互扣合牵拉；以雕砖的不同厚度呈榫卯，与内壁素面砖互相嵌砌；用铁钉、铁片支托拉牵，使之固定；塔檐采用木骨与外挑花砖榫卯相套，拉于塔顶中心固定。

中华人民共和国成立之前，塔身雕砖被盗严重，为保护该塔，当地群众用白灰泥将塔身四壁雕砖覆盖起来，塔的本身面目长期不为外人所知。1961年，河南省文物工作队进行全省文物普查时发现该塔，因塔身为白灰泥所覆盖，未能了解它的本来面目。1973年，中央美术学院教授王式廓来安阳，现场考察该塔，建议文物部门妥善保护。1973年秋和1978年冬，河南省文物工作队、安阳地区文物管理委员会及安阳县文物部门，在当地群众的协助下，先后两次深入调查，精心剔除白灰泥，使塔精美雕砖展示给世人。1982年2月23日，修定寺塔被国务院公布为第二批全国重点文物保护单位，编号2-0016-3-001。1978～1983年，河南省古代建筑保护研究所会同安阳市、县文管会联合组成以文物考古人员及烧砖技师参加的联合研制小组，实施修定寺塔雕砖重新制模复制，在安阳县本地的善应镇、铜冶镇就地取材，就地烧制。此次塔砖复制共修复塔身所缺花砖1500余块，各种图案雕砖56种。补齐塔身雕砖和塔檐条砖，并对破裂的雕砖和背榫，采用环氧树脂黏合，铁耙子连接，对雕砖和素面砖之间的空隙用稀料礓泥灌注。经论证，参照遗存唐代单层方塔塔顶，修复复原塔檐和四角攒尖塔顶，1984年工程竣工。修定寺塔塔砖复制科技成果正式参加1986年在北京举办的"全国文化科技成果展览"，获专家高度评价。1989年，划定修定寺塔保护范围及建设控制地带。2010年，国家文物局划拨修定寺塔本体维修资金，由安阳县文化旅游局、中国文化遗产研究院、上海德堡建筑材料有限公司三方联合，实施修定寺塔维修保护工程。2011年，国家文物局安排安阳县三处国保单位（灵泉寺石窟、小南海石窟、修定寺塔）环境综合整治资金，2013年3月开工，2014年1月竣工。2012年，安阳县机构编制委员会成立安阳县修定寺塔文物保护管理所负责日常管理保护工作，已建立全国重点文物保护单位记录档案。

**崇圣寺三塔** 是云南省年代最早、规模最大的佛塔，位于云南省大理市大理镇三文笔村。

崇圣寺始建于南诏国劝丰佑时期（相当于唐823～859年），是大理历史上规模最为宏大的古刹。南诏丰佑年间曾有殿宇千间，大理国时期是皇家的寺院。有9位大理国皇帝逊位后，在此参佛清修。经宋、元两代的重修扩建，明成化年间（1465～1487年）修缮千寻塔上下二台塔基座，下台塔基座四周加设青石围栏；明嘉靖年间（1522～1566年），李元阳修葺三塔，加主塔塔身青砖贴面保护层。明正统九年（1444年）五月六日地震，千寻塔震裂如破竹，旬日后复合如故，塔刹震歪，倒向东南。清代乾隆年间曾修葺三塔。民国14年（1925年）地震，千寻塔塔刹震落，铜函内文物散落于地，被哄抢殆尽。主塔东照壁上明人沐世阶所书"永镇山川"四字中的"永镇山"三字碑石震落破碎。邑人严子珍捐资修碑壁，周子安道尹以双沟法将破碎三字钩添，"易石镌成"，并原位装上。明代李元阳重修，亦有三阁、七楼、九殿、百厦。当时寺中有五宝：三塔、巨钟、雨铜观音、证道歌碑和佛都匾。清朝咸丰、同治年间，崇圣寺建筑群毁于战火。仅留下寺前三座耸入云端的佛塔。

崇圣寺三塔由一大二小组成，呈等腰三角形分布。主塔又名千寻塔，当地称文笔塔，为方形密檐式砖塔通高69.13米，底方9.9米，十六级，塔身内有环形木制楼梯供人攀登至塔顶。塔台基为上下两层，上层砖砌须弥座，下层沿边砌青石栏板望柱。塔身底层高13.45米，为最高的一层，二至十五层结构相似，逐步收分，第十六层为塔顶。第二层塔身高1.35米，面阔10.2～10.5米，檐口砌出叠涩状，檐四翼角向上翘起，使屋面曲线飘逸自然。二层塔身东、西面正中设龛，内置石佛一尊；南、北面正中则开券形窗洞。第三层塔身则南北为龛，东西为洞，其上逐层交替，而各层洞龛两侧均砌一亭阁，内置大理石刻梵经咒。南北小塔均为十级，高42.19米，为八角形密檐式空心砖塔。第二层八方有佛龛，内供佛像；第三层底部饰仰莲、瑞云，之上有亭阁；第四、六、八层设平座斗拱，上有砖雕楼阁建筑。除一层外各层皆饰以浮雕。南、北双塔造型优美，具宋代风格，为大理国时期建造。三座塔鼎足而立，千寻塔居中，二小塔南北拱卫，雄伟壮观。崇圣寺三塔，因崇圣寺而建，深受佛教传入影响。崇圣寺三塔中的千寻塔，与西安的小雁塔在形制上并无二致，是典型的唐塔风格，但细部结构又有所差别，颇具地方民族特色。另两个小塔，也明显具有宋塔的特点。

崇圣寺三塔

**千寻塔塔座题刻**

　　崇圣寺及三塔历经1200多年屹立不倒，其结构特点发挥着至关重要的作用。千寻塔塔基部分做成大放脚，塔心底部采用七层砖铺设上又有青砂夯实支撑塔的做法，加大了塔基的着地面积，提高了塔基的稳固性和承载能力。加之塔身为环筑厚壁式结构，四壁紧系，上下贯通，承受横向荷载的能力极强，使千寻塔具有超乎想象的抗震能力。

　　崇圣寺及三塔是研究云南佛教传播史、白族文化史和建筑史的重要实物资料。三塔所出的造像等文物，为首次南诏大理国文物的发现，是研究南诏大理国的珍贵实物资料。

　　1961年3月4日，崇圣寺三塔被国务院公布为第一批全国重点文物保护单位，编号1-0065-3-018。1978～1981年，国家文物事业管理局拨款对三塔进行维修，恢复原貌，维修时出土有南诏大理国时期文物680多件。1981年7月，大理县文物保护管理所成立。1989年，建崇圣寺三塔文物陈列室。1994年11月，成立崇圣寺三塔文物保护管理所，对崇圣寺三塔常年安全监测。1995～1996年编制《崇圣寺三塔建设保护规划》，并报国家文物局批准通过。1997年，云南省人民政府批转《省文化厅关于云南省国家级和省级文物保护单位保护范围和建设控制地带划定方案的通知》，划定并公布崇圣寺三塔的保护范围和建设控制地带。2002年，通过《崇圣寺三塔保护建设规划（修编）》，征用前区两侧驻军汽车营和工兵营营区，完成三塔东大门修建、前区主通道铺筑、塔前广场（上下两平台）修建、环境整治及绿化美化等前区改扩建工程。2006年，在崇圣寺遗址区外重建崇圣寺。2007年，建立崇圣寺三塔全国重点文物保护单位记录档案，存于大理市文物保护管理所。2010年，崇圣寺三塔文物保护管理所、大理市文物保护管理所合并为大理市文物保护管理所，隶属于大理市文化局（后为大理市旅游文化广播电视局），负责三塔管理职能。2015年，云南省文物局组织实施三塔文物建筑残损勘测和检测系统建设的科技保护项目。

　　**凌霄塔**　是正定古塔中最高的一座，为古城正定的标志性建筑之一，位于河北省正定县正定镇城区街道中山东路北侧原天宁寺内。

　　天宁寺始建于唐代宗年间（763～779年），据《正定县志》载，寺院鼎盛时期，寺内建筑顺中轴线自南而北有牌坊、天王殿、重门、前室、凌霄塔、后殿。宋庆历五年（1045年）重修，塔身下三层砖构部分为宋代在唐残塔基础上重建。1982年地宫出土的宋崇宁二年（1103年）石函铭文记，塔名慧光塔。大观二年（1108年）奉敕改为天宁禅寺。金皇统元年（1141年）大修，塔身木构部分重建。正隆六年（1161年）重修地宫，藏佛牙舍利塔铭，遗存地宫为此时重修时所建。明正统十三年（1448年），澄公长老起盖正殿5间。

嘉靖三十一年（1552年）、清顺治四年（1647年）、顺治十年（1653年）重修。乾隆二十六年（1761年）塔前建大殿五间，抱厦三楹。同治十三年（1874年）重修天宁寺正殿。《重修天宁寺佛殿碑记》中有"此寺列为八寺之一，而又宝塔凌乎霄汉，当非郡中之名胜乎"之语。故后多称为"凌霄塔"

天宁寺遗存建筑为凌霄塔和重门，其中凌霄塔为唐至宋代遗存。凌霄塔坐落在天宁寺中后部，是座砖木结构的九层楼阁式塔，平面呈八角形，坐北向南。据载凌霄塔塔高60米，为正定城中最高的建筑，1986年重修后塔高41米。塔身底层边长6.2米，自下而上每层高度递减，而每层首份递加。塔身一至三层为砖仿木构，四至九层为木结构，各层檐下均施斗拱，形制特殊，结构简洁。塔身第一层甚高，四正面辟圆拱形洞门，由东、西、南门可进入首层塔心室，室内顶作穹隆式，北门则为登塔而设，可达顶层。四层塔心室中心部位，立一木质中心柱，柱脚坐在三层顶部十字交错的大梁上，上至顶层，中心柱周身附有八根抱柱，每层顶部八根扒梁自各抱柱柱头始呈放射状置于塔壁转角处，上托龙骨楼板。这种塔心柱结构在中国遗存古塔中仅此一例。凌霄塔南侧为重门，始建年代不详。

凌霄塔为佛教建筑，是正定域"九楼四塔

天宁寺凌霄塔

八大寺"的组成部分，是正定作为国家级历史文化名城的重要构成要素。其采用塔心柱结构形式，在塔身第四层中心部分竖立了一根直达塔顶的木质通天柱，并依层用放射状的八根扒梁。此种形式对稳定塔身极为有利，在早期的木塔中屡见不鲜，而在遗存古塔中仅此一例，具有极高的历史价值和科学价值。

1966年，邢台地震时，塔刹坠毁，墙体残破甚重。1979年，正定县文物保护管理所修砌长94.25米、宽31.24米的围墙。1987年3月23日，凌霄塔正式对外开放。1981年，国家文物事业管理局批准并拨款对凌霄塔进行落架重修。1982年9月，河北省古建队对其基础进行勘测时，于底层塔心室中部发现地宫，发掘清理出土文物57件，1986年竣工。1982年7月23日，凌霄塔被河北省人民政府重新公布为省级文物保护单位。1988年1月13日，凌霄塔被国务院公布为第三批全国重点文物保护单位，编号3-0139-3-087。1992年，河北省人民政府公布保护范围和建设控制地带。2004年，正定县文物保护管理所建立天宁寺凌霄塔的全国重点文物保护单位记录档案。2013年4月3日，国家文物局批复《正定天宁寺凌霄塔文物保护规划》。2013年8月16日，根据《河北省人民政府办公厅关于公布正定凌霄塔文物保护规划的通知》，重新公布调整后的凌霄塔保护范围和建设控制地带。

**云龙寺塔**　为唐代四方塔，坐落于广东省仁化县董塘镇安岗村后山坡上。

明正德十四年（1519年）《重建西山寺碑记》载："宝塔巍峨，上载乾宁之号；断碑始迹，中书光化之年。"从该塔的建筑风格和塔

基四周所残留大量的唐代莲花瓣瓦当可知，此塔建于晚唐乾宁、光化年间（894～900年）。清同治《仁化县志》载："此塔为仰山禅师塔。"知属寺庙塔，明代重修。距塔200米处原有一寺庙，原名西山寺，清代更名为云龙寺，已不存。塔也因之更名为云龙寺塔。

云龙寺塔平面呈四方形，为五层仿楼阁式砖构实心塔，四角攒尖顶，塔刹残缺。经重修后，底层塔身边长2米、高10.34米。塔身各层每面辟有壶门，排列在同一直线上，均设平座佛龛。各层用线砖与菱角牙砖相间叠涩出檐并挑出假平座。四面用仿木构筑法，用砖隐砌出倚柱、门拱、栏额、普拍枋、檐枋、假门、栏杆、平座等。各面用砖砌柱间隔成三间，柱头

云龙寺塔

上置仿木构的阑额和普拍枋构件，普拍枋上设三朵栌斗承挑拨檐砖和菱角砖叠涩出檐。塔砖灰红色，采用错缝平铺顺砌方式，黏接材料使用膏泥而不用石灰。云龙寺塔外形古朴，造型独特，具有典型唐代四方塔之风格，是研究广东早期古塔建筑形式的珍贵实物。

1988年1月13日，云龙寺塔被国务院公布为第三批全国重点文物保护单位，编号为3-0133-3-086。1985年起，云龙寺塔由仁化县博物馆负责日常保护和管理。1994年，广东省人民政府公布云龙寺塔的保护范围和建设控制地带。2013年，编制云龙寺塔保护规划，2016年实施。云龙寺塔的全国重点文物保护单位记录档案由仁化县博物馆编制、管理与保管。

**怀圣寺光塔** 是伊斯兰教传入中国后较早兴建的清真寺塔，位于广东省广州市越秀区光塔街道怡乐里社区光塔路56号。

怀圣寺始建于唐代，为纪念伊斯兰教创始人至圣穆罕默德，故名怀圣寺。元代，寺毁于火灾，仅存光塔。塔刹于明洪武二十五年（1392年）和清康熙八年（1669年）两次毁于飓风，后多次重修。遗存的塔刹为民国23年（1934年）所修。怀圣寺的其他建筑均为清至民国时期重建。

光塔在怀圣寺内西面。东面主要为寺院，中轴线为三道门、看月楼、礼拜殿和藏经阁。建筑还有长廊、碑亭、水房等。怀圣寺光塔为阿訇呼号礼拜的宗教建筑，原名呼礼塔，波斯语音读作"邦克塔"，据说因"邦"与"光"在粤语中音近，遂误称为光塔。一说因塔呈圆筒形，耸立珠江边，古时每晚塔顶高竖导航明灯而得名，故又是古代的导航标志。塔高36.3

怀圣寺光塔

米。塔建筑平面为圆形，用砖石砌成，外抹蚬壳灰，呈下大上小的圆柱体，收分明显。中为实柱体。有梯两条各自连通前后塔门，塔身有长方形小孔采光。塔内南北沿壁绕塔心分砌盘旋梯直至塔顶露天平台。在平台正中又有一段圆柱形塔刹，塔顶原有金鸡一只，可随风旋转以测风向。遗存塔刹用砖牙叠涩出线脚，其上改为葫芦形宝顶。主体建筑中的看月楼，为清康熙三十四年（1695年）重建。重檐歇山顶，面宽5.98米，进深4.88米，红砂岩墙，四面开拱券门，东西券门接回廊，上檐施三挑斗拱，设棋盘形天花；下檐施四挑斗拱，建筑风格尚存明代特征。

怀圣寺光塔是中国伊斯兰教最大的邦克塔之一，与新疆吐鲁番的苏公塔大小相仿佛。

光塔形体独特，为中国塔林所罕见。虽屡经修建，但仍保持伊斯兰的建筑风格，为国内伊斯兰教建筑最早最具特色的古迹之一，极具历史、建筑、艺术和文物价值。

1956年11月8日，广州市伊斯兰教协会在怀圣寺成立，负责怀圣寺光塔的保护与管理。1957年全面维修。其后，国家宗教部门和广州市人民政府先后3次拨款维修，广州市伊斯兰教协会亦自筹部分款项，对光塔进行维修。1994年，广东省人民政府公布怀圣寺光塔的保护范围及建设控制地带。1996年11月20日，怀圣寺光塔被国务院公布为第四批全国重点文物保护单位，编号为4-0085-3-007。2006年5月，广州市伊斯兰教协会将紧邻怀圣寺东北面围墙的朝天路崔府街37号首层与寺连成一体。中国建筑设计研究院建筑历史研究所与广州市文物考古研究院编制《怀圣寺光塔保护规划》。怀圣寺光塔的全国重点文物保护单位记录档案，由广州市文物考古研究院负责编制和保管。

**鸠摩罗什舍利塔**　为唐代八角亭阁式石塔，是唐代为西域高僧鸠摩罗什所建的舍利塔，位于陕西省户县草堂镇草堂寺舍利塔院内。

草堂寺原为后秦姚兴所建的逍遥园，鸠摩罗什入居后，更名草堂寺。原址在汉长安城东南，唐时迁建，唐中叶曾易名栖禅寺。宋初重修，改称清凉建福院，但草堂、栖禅之称谓，历金、元、明、清一直沿用。清同治年间遭兵燹，殿宇焚烧殆尽。遗存殿舍均为近现代所建，唯鸠摩罗什舍利塔为唐代遗构。鸠摩罗什（344～413年），天竺（今印度）僧人，与真谛、玄奘、不空并称中国佛教四大译家。后

秦弘始三年（401年）住入草堂寺，受姚兴礼拜，奉为国师，创佛教三论宗和成实宗。鸠摩罗什于弘始十五年（413年）病逝，葬草堂寺，并建造鸠摩罗什舍利塔。

鸠摩罗什舍利塔由八色大理石及玉石分段拼雕而成，又称八宝玉石塔。塔通高2.47米，由底座、须弥山仙境、八角塔身、方形塔顶和扁圆宝珠刹等组成。底座方形，边长1.69米，周围有16组浅浮雕图案。其上为递升的四个层次合成想象中的须弥山仙境：底部为幅面较大的圆盘状，沿盘面浮雕山峦及佛、兽等；以上层次均呈圆形，依次雕饰海浪水波、二重流云、蔓草花纹等。底座和须弥山仙境构成了早期须弥座雏形，较之后世常见的简单化须弥座形式要复杂很多。其上托八角塔身，雕出倚

鸠摩罗什舍利塔

柱、阑额、板门、直棂窗等。塔顶为四角攒尖式，雕出橡头、屋脊和瓦垄。塔刹由须弥座、受花、仰覆莲及扁圆宝珠构成。塔体各部分比例匀称，雕饰适度，造型端庄、典雅。但塔刹受花以上已被后世改动。

鸠摩罗什舍利塔为中国遗存时代较早也是鲜见的亭阁式玉石雕作之塔，并为研究须弥座早期式样提供了珍贵实例。

中华人民共和国成立以后，舍利塔由草堂寺主要僧侣自行管理，政府曾多次拨款对草堂寺进行整修。1971年，陕西省文化局下文将草堂寺收归直接管理。陕西省文管会、博物馆在此设立疏散文物库，并于1972年成立草堂寺文物管理所。1984年3月1日，根据国务院文件，将草堂寺划归宗教部门，草堂寺移交给西安市

户县民政局，舍利塔由僧侣自行管理。1992年，陕西省人民政府公布保护范围及建设控制地带。2001年6月25日，鸠摩罗什舍利塔被国务院公布为第五批全国重点文物保护单位，编号5-0414-3-220。鸠摩罗什舍利塔全国重点文物保护单位记录档案，由陕西省文物保护研究院建立并保管。

**功臣塔** 是遗存五代吴越国最早的楼阁式塔，位于浙江省临安市锦城街道锦桥村功臣山巅。

功臣塔确切建造年份无考。王士伦《吴越浮屠匠心独具》一文依据临安西墅街海会寺经幢题记，推测所遗存五代吴越塔以临安县功臣山上的功臣塔为最早。大约创建于后梁乾化五年（915年）。经幢建于五代（已毁），吴越国王钱镠（852～932年，临安石镜乡人，谥武肃）在建幢记中云："乙亥岁，暂归故里。遍集胜因，以功臣塔之奇峰，岁崇禅寺观竹林寺之秋溢，重构莲宫。半载之中，庀严俱毕。"乙亥岁即后梁乾化五年，十一月改元贞明，为公元915年。宣统二年《临安县志》也载："功臣塔，钱武肃王建，今为儒学异峰塔，影映入泮湖，如文笔荡漾砚池之文风系焉。"可见功臣塔建于五代后梁贞明元年（915年）。

功臣塔四面五层，由塔基座、塔身、塔刹组成，通高25.3米，为仿木结构楼阁式砖塔。整座塔逐层收分，比例适度，出檐浅短，给人以俊秀挺拔之感，具有唐代方塔遗风。塔基座用青砖直接砌筑在岩石上，方形、直壁，边长5.36米、高0.44米。塔心原有地宫，凿石而成，早年被盗，1982年重修时以土石填充，青砖铺墁。塔身方形，五层，每层均由平座、正身和腰檐组

鸠摩罗什舍利塔塔铭

成。塔内上下直通，塔壁厚1.26米（底层），塔身高22.06米。下部三层平座和檐下内外均设扶壁拱。檐下斗拱五铺作，平坐下斗拱四铺作。正身每面隐出转角倚柱、兼柱、地栿、腰串、阑额及重拱，正中均设壶门，门内通道顶部设藻井，以叠涩法砌成穹隆顶，一、二层为八角形，三、四、五层为方形。门内通道两侧相对设佛龛。腰檐用平砖叠涩法伸出，下设重拱，补间铺作3朵、五铺作，作支橑。二、三层设平座，平座平砖叠涩法伸出，四铺作支橑，内壁直通，三层以下设斗拱。塔外壁第一层腰檐向上，塔壁隐出部分小方木条，长0.4～0.6米、厚（高）0.7米，分布不甚规律，起木筋拉牵作用。塔顶四坡，通高2.12米，下部五层平砖叠涩出挑，其上25层平砖叠涩内收，之上六层平砖圆形斜收。刹高2.62米，生铁铸造。

自下而上由覆钵、宝珠、宝珠、刹杆组成。第五层塔内至刹杆有一圆形刹杆木。刹杆木由上下两层交叉梁承托，梁端插入塔内转角处，上下交叉梁之上置叉手，固定刹杆木。刹杆木顶部一直插入塔刹刹杆内，固定塔刹。

功臣塔西侧，另有北宋（1044年）摩崖石刻。山之南麓，有功臣寺遗址。功臣寺遗址规模之大，保存之完好，在浙江省已发掘的同时期建筑遗存中绝无仅有，是近年来浙江考古的重大发现。对研究唐末五代佛教寺院建筑历史、吴越国佛教历史和吴越国经济文化社会发展历史等具有重要研究价值。功臣塔是功臣寺形制的一部分。

功臣塔是吴越时期所建浙江诸塔中遗存最早的一座，为研究五代时期吴越国古塔形制提供实物依据，具有重要历史价值。不同于吴越

功臣塔全景

国时期主流的六边八边形塔，功臣塔的方形平面反映了唐塔向宋塔的过渡，其砖木混合结构的构造方式也是吴越国时期塔的重要特征，对吴越国时期江南地区塔的演变发展具有重要研究价值和科学意义。功臣塔建于功臣山上，是临安市的地理标志，且与临安吴越国时期重要墓葬包括钱镠墓、钱宽水丘氏墓和康陵都有着视线的朝应关系。功臣塔自身比例适度，雄浑古朴，峻拔秀美，具有相当的艺术价值。1982年，修缮时发现塔身内外有卯孔和被焚烧过的木构残件，说明塔内外原有木结构。功臣塔是遗存时代较早的砖木混合结构仿楼阁式塔，其体例一直为后期同类塔所沿用。

1958年，临安县文物管理委员会建立，文物工作由县文化馆兼管。1984年6月，文物馆独立建制（1996年改名临安市文物馆），负责功臣塔保护管理。1990年11月12日，浙江省人民政府印发《关于划定湖州铁佛寺等十三处省级文物保护单位的保护范围及建设控制地带的批复》，确定并公布功臣塔保护范围及建设控制地带。2001年6月25日，功臣塔被国务院公布为第五批全国重点文物保护单位，编号5-0303-3-109。2004年8月30日，临安市文物馆建立功臣塔全国重点文物保护单位记录档案。2012～2013年，组织东南大学等编制《临安功臣塔保护规划》，报经国家文物局批复。2014年7月18日，浙江省人民政府调整了功臣塔及功臣寺遗址保护范围和建设控制地带。同年10月30日，完成功臣塔及功臣寺遗址中的功臣寺遗址记录档案编制工作。2015年12月，国家文物局批复同意功臣塔及功臣寺遗址环境整治项目方案。

**栖霞寺舍利塔** 为八角形密檐式五级石塔。位于江苏省南京市栖霞区栖霞街社区栖霞街，在栖霞寺东侧，千佛岩西峰前。

一般认为，塔始建于隋仁寿元年（601年），南唐时（937～975年）重修，也有认为全系南唐的建筑，据明葛寅亮撰《金陵梵刹志》卷四载隋文帝《立舍利塔诏》云：“……宜请沙门三十人，谙解法相兼堪宣导者，各将侍者二人，并散官各一人，熏陆香一百二十斤，马五匹，分道送舍利，先往蒋州栖霞寺。钵三十州，次五十三州等寺起塔……仁寿元年六月十三日内史令豫章王臣谏宣。”该书又载：“舍利塔，高七级，在无量寿佛之右，隋文帝造，高数丈，五级，锥琢极工，南唐高樾、林仁肇复建塔。”建塔缘由有二说，一为《帝京景物略》所载：“隋文帝遇阿罗汉授舍

栖霞寺舍利塔

浮雕力士

利一囊，与法师悬迁数之，莫定多少，乃以七宝函致雍岐等三十一州，州建一塔。"二为同治《上江两县志》卷三所载："相传文帝遇异尼，得舍利数百颗，分八十三州，各树塔，蒋州其一也。"虽为二说，大同小异。

遗存的栖霞寺舍利塔，应为南唐时建。根据之一是史籍上有南唐笃信佛教的两位大臣高越和林仁肇，在已毁坏的隋唐舍利木塔的基础上，重建舍利石塔；根据之二是石刻的艺术风格颇具南唐特征。南唐二陵的石刻酷似舍利塔之石刻，而舍利塔的造型和装饰，又近乎镇江甘露寺铁塔。铁塔为晚唐作品，虽经北宋时重建，塔基仍为晚唐原物。栖霞寺舍利塔自南唐重修后，虽经多次兵燹，加上千余年的自然损坏，每层塔檐都有残损，部分石刻被损坏，但保存基本完好。据舍利塔东侧《重修摄山隋

舍利塔记》记载，民国19～20年（1930～1931年）由叶恭绰主持，刘敦桢等设计，根据当时原存部分复原四周的石栏杆，填补、重修塔基的缺损和部分仰覆莲石刻等，基本恢复旧观。相轮仿北魏云中寺塔补建，非原貌。

舍利塔，石质，仿木结构。有五级八面，塔平面作八角形，下有塔基和须弥座，上为密檐式五层，全高18.4米，塔周栏杆边长5.34米。塔基上下二层，一层每边长3.00米，边刻缠枝莲纹；二层每边长2.51米，边刻飞凤和莲纹。上为须弥座，上下刻仰、覆莲瓣，其间八面浮雕释迦八相图，依次为托生母胎、降生、出游四门、出家和苦行、成道、降魔、说法、涅槃。八相间转角处均浮雕力士或怪兽。舍利塔的基坛上为一上仰的莲花座，座上为塔身的第一层，以石柱隔成八面。其中2面雕作门户状，门旁石柱上刻有金刚经；4面各浮雕有天王像，天王造型也与李昇陵中的石刻武士像很相近。还有1面浮雕骑着白象的普贤菩萨，与普贤像对称的另一面虽然被毁，但按照佛教石刻的惯例，应为骑着青狮的文殊菩萨像。每一层飞檐下的横楣上雕有体态肥胖多姿的飞天，风格与敦煌石窟中的五代飞天很类似。在各像之间的柱上阴刻金刚、提谓等经文。自第二层以上四层飞檐间的四级八面，每面都雕有2个小石龛，里面均有坐佛1尊，共计64尊。顶为相轮，系民国20年（1931年）所加，五层密檐刻成瓦筒状，每角飞檐作龙头。

栖霞寺舍利塔造型秀丽，是唐宋之际江南石塔的代表作。整个建筑精密稳重，工程较大，保留有当时石工所刻精美的浮雕和线刻纹饰，构造上采用先做好石块，接榫安装的技术，充分说

明当时的建筑技术水平和浮雕艺术的成就，在中国的石刻艺术、佛教建筑史上都有重要价值。

1988年1月13日，栖霞寺舍利塔被国务院公布为第三批全国重点文物保护单位，编号3-0143-3-091。1993年，国家文物局委派文物保护专家对舍利塔进行抢救维修。同年，南京市人民政府公布栖霞寺舍利塔的保护范围。2011年，南京市文物局建立栖霞寺舍利塔的全国重点文物保护单位记录档案。

**安阳天宁寺塔** 俗称文峰塔，是中原地区具有明显藏传佛教风格的佛塔建筑，位于河南省安阳市文峰区大寺前街路北，古天宁寺院内西南隅。

清乾隆、嘉庆《安阳县志》均载，天宁寺始建于五代后周广顺二年（952年）。后人一直以此为据，将天宁寺塔定性为五代时期建筑。明成化二十三年（1487年）《河南总志彰德府天宁寺》载："（后）周广顺二年凤林禅师建永庆院（天宁寺前身），宋治平二年（1065年）造浮图宝塔，（金）贞祐间（1213～1217年）毁，（元）延祐二年（1315年）明真博济禅师重修。"可知后周二年所建乃天宁寺前身永庆院，塔之创建在北宋治平二年，遗存建筑为元延祐二年重修，其建筑具藏传佛教风格，与元代重修的年代吻合。明洪武初年置僧纲司于内。明成化五年（1469年）重修。明嘉靖三十九年（1560年），赵康王再次重修宝塔。清乾隆三十七年（1772年），彰德府知府黄邦宁修葺此塔，在门额上题"文峰耸秀"四字，故此后又称文峰塔。

安阳天宁寺塔通高38.65米，共分5层，为砖木结构楼阁式塔，由塔基、塔身、塔刹三部分组成。塔身平面为八边形，拱券门，南向，塔体自下而上逐层外扩，形成上大下小呈伞状的外观。塔基分为两层，下层为青砖八角须弥座，上层为七层砖雕莲瓣组成的莲花宝座。须弥座与莲花座之间有一周缠枝西蕃莲花带，塔基南面有18级台阶进入塔门。一层塔身较为高大，高10.5米，四正面为拱券门，南门为真门，门额上刻"文峰耸秀"4个大字，其余三面均为装饰性假门。假门为砖质槅扇门，槅心雕坐龙、璎珞等图案。四隅面为方形直棂假窗，窗框饰有砖雕缠枝花卉。八根倚柱为砖砌圆形龙柱，柱上浮雕飞龙和卷云。八面门窗上部各有一幅高浮雕图案，内容为释迦牟尼降生、修行、说法、涅槃、侍佛和南海观音等佛

安阳天宁寺塔

传故事，雕刻手法细腻，人物造型丰满，神态自然生动，表情端庄慈祥。檐下有砖砌阑额，额头刻霸王拳，普拍枋与阑额呈"T"形，普拍枋上置砖质斗拱，转角铺作使用附角斗，耍头做成批竹昂形式，补间铺作用45°斜拱。整层斗拱为五铺作单拱出双杪。一层以上四层低矮，直径逐渐增大，连同出檐形成上大下小的独特外观，每层塔身各有4个通风门洞，各层门洞方位交错，既保证塔内通风良好，又使塔身结构合理，整体性强。每层檐下只有砖砌普拍枋，上置斗拱均出双杪。补间铺作一、四两层用45°斜拱，三、五两层用30°斜拱，每层檐角下均安装风铎。塔内结构为八角形筒状塔室，壁内折上式，分5层，与外檐分层相同。通过第一层阶梯通道，折转进入第二层塔室。第二层塔室顶部，有四铺作转角斗拱八朵，并全部使用鸳鸯交首拱。第三层塔室只向心叠涩四层。第四层为十六朵单杪华拱造，其上向心叠涩两层承托隔板。第五层为十六朵单杪华拱造，带30°斜拱单杪华拱造八朵。塔内铺作用材粗壮硕大，栌斗颤度明显，风格古朴。每层斗拱承托向心叠涩成砖质平座，平座中间用"井"字形支条，组成上下塔室相通的方形孔洞。唯第五层有8根木柱，以承托塔刹。塔室内壁凿佛龛，内供佛像，数量各层不等。塔壁厚4.8～3.7米，逐层递减，以减轻塔体重量。塔壁内券筑旋转梯级通道，每层通道设在各不相同的方位。沿梯级通道穿过第五层，即为塔顶露天平台，可容纳200余人俯瞰全城风貌。平台周边用青砖砌成女儿墙。塔刹高10.8米，为一完整的喇嘛式砖塔，刹座平面为八角形，东、西、南三面开设通风门洞，刹身为覆钵形，刹顶为铜制十三天。刹内结构为"井"字形支架，中间置"十"字交叉横梁，交叉点上立一刹柱，直撑刹顶。

民国17年（1928年），天宁寺寺院废除，改为中山公园。民国年间，先后由博爱小学、古物保存所、彰德中学使用和管理。中华人民共和国成立后，曾作为安阳市第二中学校址。1964年，河南省财政拨款，由安阳市文化局组织修缮天宁寺塔。1988年，由安阳市古代建筑保护研究所负责管理和保护。2000年，恢复重建及整修后的天宁寺包括天宁寺塔作为旅游景点对外开放。2001年6月25日，安阳天宁寺塔被国务院公布为第五批全国重点文物保护单位，编号5-0352-3-158。2010年，成立安阳市市区文物景点管理处，接管天宁寺塔的管理、保护和维修工作。2015年9月，由国家财政拨专款对天宁寺塔进行全面修缮。安阳天宁寺塔划定有保护范围及建设控制地带。

**苏州云岩寺塔** 是八角形楼阁式塔遗存中年代最早、规模宏大且结构精巧的实物，位于江苏省苏州市姑苏区虎丘街道虎丘社区山塘街的虎丘山顶。

云岩寺又名虎丘山寺。东晋时司徒王珣与弟司空王珉建别墅于此，东晋咸和二年（327年）各捐为寺，东西并立。唐会昌五年（845年）寺毁，重建时合二寺为一。唐人避讳，名为武丘报恩寺。宋至道年间（995～997年）又毁，大中祥符中期重建，改名云岩禅寺。元、明、清几经重修。清咸丰十年（1860年）毁。清同治十年（1871年）至民国初年略加重修，未复旧观。

云岩寺塔俗称虎丘塔。南朝陈代和隋仁

寿元年（601年）曾先后在山上建塔。据考，遗存之塔初建于五代后周显德六年（959年）至北宋建隆二年（961年）之间。自南宋建炎四年（1130年）到清咸丰十年（1860年），曾7次遭受火焚。元至正和明永乐、正统、崇祯年间屡经修葺，遗存第七层即明崇祯十一年（1638年）改建。

遗存云岩寺塔无刹，自地坪至覆钵体，通高48余米，原为七层八面以砖结构为主的楼阁式塔，自下而上逐层收敛，外轮廓略呈曲线。但檐椽和平座勾栏已毁。塔身由外壁、回廊、内壁、塔心室组成，自底层副阶至塔顶，各层木梯设在回廊内。内壁八角形，四面辟壶门。塔心室平面除第二、七两层作八角形外，皆为方形。塔内各层壁面隐起圆柱，上出斗拱梁枋，叠砌藻井。第三层于挑尖上置连珠斗。

云岩寺塔

壁面以沥粉法堆塑各种图案，以各式折枝杜丹为主，还有"七朱八白"，第五层的五幅湖石勾栏尤为罕见。壶门内藻井则饰以卷草、椀花、金钱、如意等。由于地基原因，自明代（1368～1644年）起，虎丘塔向西北倾斜，塔顶中心偏离底层中心2.3米，斜度2°40′，被称为东方比萨斜塔。

塔有附属古建筑云岩寺二山门，建于元至元四年（1338年），建筑面积91平方米。明嘉靖、天启，清道光，以及1953年、1957年、1992年曾有维修。二山门为单檐歇山顶，面阔三间13米，进深五檩7米，自台基外地面至正脊顶通高9.2米。脊博分左右两段，在明间中央接合，故俗称断梁殿。仅门扉、连楹、屋顶瓦饰及部分斗拱系后世修补，基本上尚属元代遗构。二山门内立有元代的《虎丘云岩禅寺兴造记》和明代的《虎丘云岩禅寺修造记》《苏郡虎丘寺塔重建记》《敕赐藏经阁记》等碑刻。塔内还出土有五代铜群佛像、五代银质镀金镂花锁、五代十二生肖铜镜、五代铜十一面观音、五代铜镜、五代越窑青瓷莲花碗、宋石函、唐檀龛宝相、五代经箱、五代残织锦经帙、五代残刺绣经帙等文物共13件，藏于江苏省苏州博物馆。

虎丘寺塔为砖木混合结构楼阁式，内部为套筒式回廊结构，采用浮搁活动木梯，内壁只以楼面与外壁相联系，较之把楼梯砌于塔体内的结构古老，且保存唐代以前空筒式结构塔的一些特点，许多局部手法表现出唐、宋建筑之间的过渡风格，其斗拱、塔檐的做法与北宋《营造法式》所规定的制度相符。该塔在建筑艺术、考古和科研上都有很高的价值。所发现的珍贵文物，为考证建塔年代，研究苏州历史文化，提供重要实物资料。

1956～1957年，政府拨款抢修塔体，逐层加箍，铺设楼面，补砖喷浆，全面加固。1961年3月4日，云岩寺塔被国务院公布为第一批全国重点文物保护单位，编号1-0068-3-021。1965年，塔体复现裂缝，倾斜日趋严重。1981年11月，实施维修，经过加固地基、补作基础、修缮塔体、复建塔座等，于1986年8月竣工。1992年，地方政府划定苏州云岩寺塔的保护范围和建设控制地带。同年12月，苏州市文物管理委员会办公室、苏州市修塔办公室建立苏州云岩寺塔的全国重点文物保护单位记录档案。

**六和塔** 为中国古塔的典范之作，是古代楼阁式塔的杰出代表之一，也是历史文化名城杭州最主要的宋代高层建筑遗存，位于浙江省杭州市西湖区钱塘江北岸的月轮山南麓。

六和塔全貌

北宋开宝四年（971年），吴越国国王钱弘俶于钱氏南果园建六和塔及开化寺，塔为八面九级楼阁式塔。北宋宣和三年（1121年）遭兵灾焚毁，南宋绍兴二十六年（1156年）重建，隆兴元年（1163年）竣工。元元统二年（1334年），重修塔身第七层，重铸塔刹。塔刹葫芦上铸有元统二年二月五日舍钱及修造人姓名。明嘉靖年间（1522～1566年），倭患杭州，塔遭破坏；万历年间（1573～1620年）重加修缮。清雍正十三年（1735年），修建六和塔。道光三十年（1850年），塔遭毁坏。光绪二十六年（1900年），将塔身平座改造为八面三开间，外观十三层，木构围廊。

六和塔由台基、塔体、塔顶三部分组成，总高59.89米。塔体为八角砖木双套筒结构，由外及里，分别为外墙、回廊、内墙和塔心室四部分，形成内外双环的双筒体结构。外墙外壁面转角处设倚柱，并连接木檐。墙体四面辟门，门内即甬道，甬道两侧下部做成须弥座，上施壁龛。甬道里侧为回廊，内壁四边辟门，另四边为壁龛，相间而成，每个门洞里面也形成与外墙大致相同的甬道，壁龛里嵌有《四十二章经》石刻。登塔踏道布置在回廊中，各层踏道位置变化不一，逆时针盘旋而上。回廊采用筒券结构。塔心室四周以叠涩砖挑出，除第六、七层作平顶外，余设藻井。回廊及塔心室内均施硕大铺作。塔心室造作十分讲究，完全仿木构建筑形式，其上用菱角牙子叠涩收缩成藻井式室顶。塔实为七级，原在塔体之外有层层挑出的木构檐子及平座，因极易损坏，清光绪年间修复时，将原平座位置改成回廊式，整体上成为完整的一层，又因原塔每层高多在7米以上，故将一层改为两层处理。原有平座位置有门洞可通檐廊，塔身每层上下门洞之间不能与塔体相通，故作暗层处理。塔外观层数由七层变成十三层，其中内有六层封闭，七层与塔身内部相通，塔身外墙外壁在每个暗层部位有明显的折线形收分。从内部登塔时，六个暗层只能从上一层外廊地板上作上下单向开关的门板设梯下抵，形成七明六暗的格局。

六和塔附属建筑有六和碑亭（乾隆御碑亭）、"静宇江天"牌坊等，附属文物则有乾隆登六和塔开化寺记碑、乾隆诗碑等。

六和塔是宋代以来杭州地区历史文化的生动体现和权威见证，塔屡毁屡建，拥有宋元明清各代不同的建筑历史印记，包含丰富的历史信息，是一处具有历史可读性的重要文物建筑。底层的"南宋尚书省牒碑"等附属文物，对于研究六和塔塔史以及宋代官方发文形式等极具参考佐证作用。

六和塔是历史文化名城杭州最主要的宋代高层建筑遗存，具有很高的建筑科学与艺术价值。砖松塔身为内外双槽形式，是五代双套筒结构在南宋的延续，塔墙厚实，有利于支撑塔身，也使塔整体显得坚实、劲节。塔心室铺作铺排稠密，且用连珠斗形式，承托的菱角牙子叠涩成华丽深邃的天花藻井，铺作硕大，用材规格与宋制二等材相符。塔内须弥座束腰上的宋代砖雕，题材广泛，形象生动，造型简洁，技法高超，极富装饰效果。这些纹饰与宋代《营造法式》所载"彩画作"图样如出一辙，是极为难得的实物资料和艺术珍品。六和塔壶门线条流畅，为南宋典型做法。须弥座上的砖雕，构图、风格，颇具装饰趣味，与宋代《营造法式》所载"彩画作"图样如出一辙，是十分珍贵的实物资料。外围

六和塔塔心室天花藻井

塔檐淡化了清代建筑的繁缛、绮丽，建筑手法明了、简洁，与塔身整体风格协调，塔檐层层支出，出檐由下而上逐层递减，塔檐与塔身的明暗关系处理适度，使得整座塔显得层次分明，富有节奏感。

中华人民共和国成立以来，六和塔进行过三次大修。1953年，主要修缮塔顶解决顶层屋面漏水，并粉刷油漆砖塔内外墙壁与木制外廊全部。1961年3月4日，六和塔被国务院公布为第一批全国重点文物保护单位，编号1-0072-3-025。1971年，再次修缮、解决顶层屋面漏水，涂杀蚁药水，除治白蚁等。1991～1992年，实施结构加固、屋面整修、虫害治理、消防补配、必要照明等工程。并于1957、1979年，两次安装避雷装置。1991年大修后，保存完好。保护机构为杭州市园林文物局钱江管理处六和塔文保所。1995年3月，杭州市园林文物局、杭州市文保所组织编制全国重点文物保护单位记录档案。1998年9月5日，浙江省人民政府公布了六和塔的保护范围及建设控制地带。2002年8月29日，再次组员补充、修改、编制成完整的六和塔全国重点文物保护单位记录档案。

**罗汉院双塔及正殿遗址**　是苏州唯一一处作为文物保护的宋代建筑遗址，位于江苏省苏州市姑苏区双塔街道定慧寺巷社区定慧巷68号。

唐咸通二年（861年）始建佛寺，初名般若院，五代吴越钱氏改为罗汉院。北宋太平兴国七年（982年）至雍熙中，王文罕兄弟捐资重修殿宇，并增建砖塔2座。至道二年（996年），更名寿宁万岁禅院，又称双塔寺。塔曾于南宋绍兴五年（1135年），明嘉靖三十九年（1560年）、崇祯九年（1636年），清康熙年间、乾隆二十六年（1761年）、道光二年（1822年）几度维修，以重修塔顶相轮居多。寺院殿宇几经兴衰，于清咸丰十年至同治二年（1860～1863年），毁于战火，仅存双塔及正殿遗迹。

双塔是东、西比肩而立的两座七层八角楼阁式砖塔，形式、结构、体量相同，底层墙表相距仅15米，高约33.3米，底层对边5.5米。双塔形制模仿木塔，二层以上施平座、腰檐，腰檐微翘，翼角轻举，逐层收缩，顶端锥形刹轮高8.7米，约占塔高1/4，整体造型玲珑秀丽，旧时喻之为两支笔。腰檐以叠涩式板檐砖和菱角牙子各三层相间挑出，上施瓦垄垂脊。各层外壁表面隐出转角倚柱、槏柱、地栿、阑额、斗拱，均仿木结构式样。平座亦以叠涩砖及砖砌栌斗、替木构成。座上原有栏槛，已无存。底层原有副阶周匝，早已倾圮，仅存角梁榫眼和砖石台基。

正殿故基在双塔之北，距离塔心21米，南向。其中轴线较双塔中轴线偏西3.5米。根据柱础排列位置可知，正殿面阔与进深皆为三间，东、西、北三面绕匝副阶，总面阔18.4米，总

罗汉院双塔

正殿遗址

进深18.2米，属正方形平面，明间有露台向南伸展。遗存四周石制檐柱16根，高约4米，造型有雕花圆柱、瓜棱柱、八角柱3种。石柱础30个皆为覆盆式，前檐六柱位及础为圆形，通体浮雕牡丹、夏莲、秋葵等缠枝花卉婴戏纹饰，堪称宋代建筑石雕艺术精品。

集中在新建碑廊中的碑刻有10余方，如吴郡寿宁万岁禅院之记碑、定慧禅寺重建佛殿碑、重修双塔寺殿记碑、重修双塔记碑、重修双塔禅寺殿记碑、双塔寺印造藏经记碑、重修双塔寺大雄殿记碑、寿宁寺修双塔碑记碑、清风高节图石刻、重建观音宝阁碑记碑、苏文忠公宋本真像石刻等，记录了寺院、宝塔、殿阁的兴衰沿革，是珍贵的历史文献。

罗汉院双塔及正殿遗址均具有重要的历史、艺术、科学价值。据刘敦桢在《苏州古建筑调查记》中对双塔价值的分析，塔之外形虽改为八角形，但其内部配置仍遵守北魏以来旧法，足为唐宋间砖塔变迁的实物例证。内部方室之方向，各屋依次调换45°，在平面上互相重叠。因是之故，各层门窗位置亦随之变换，不但外观参差错落，富于变化，且令壁体重量之分布较为平均，结构合理，充分说明了当时

经营方案颇具匠心。双塔形制纯系沿袭中国固有之木塔式样，在砖塔采用木造式样过程中，不失为重要物证。双塔紧靠，对地基的要求极高。风雨千年，双塔依旧挺立，引起了中外建筑学家的高度关注。

中华人民共和国成立后至20世纪90年代，双塔和正殿遗址有过多次维修保护。1991年12月，成立罗汉院双塔及正殿遗迹文物保护小组。1993年，苏州市文化局、苏州市文物管理委员会，划定罗汉院双塔及正殿遗址的保护范围及建设控制地带。1996年11月20日，罗汉院双塔及正殿遗址被国务院公布为第四批全国重点文物保护单位，编号4-0084-3-006。同年，苏州市文物管理委员会办公室、苏州市市区文物保护管理所建立罗汉院双塔及正殿遗迹的全国重点文物保护单位记录档案。

**万部华严经塔** 是辽代砖木结构的楼阁式佛塔，因塔身涂一层白垩土，故俗称白塔。万部华严经塔位于内蒙古呼和浩特市赛罕区太平庄镇白塔村西南，耸立在丰州古城的西北隅。

丰州古城建于辽神册年间（916年～922年），金大定二年（1162年）"奉敕重修"。万部华严经塔建于辽兴宗至道宗时期（1031～1101年）。据塔内第三层题记可知，元朝时佛寺名为宣教寺，白塔一层正南券门上方镶有"万部华严经塔"篆书石刻一方，是建塔时所制。1982～1986年，内蒙古文化局文物处组织呼和浩特市文物部门进行维修，使白塔得到妥善保护，并基本保留辽代建筑风格。

白塔通高55.6米，八角七层，属砖木结构楼阁式佛塔，由塔基、塔座、塔身、塔刹组成。塔内有回廊阶梯，可以逐级攀登到塔顶。

经实地观测，白塔建于面积较大的夯土地基之上，塔基为辽代特有的须弥座，呈莲花盛开之状，并饰以天马、孔雀等，给人以清平盛世之感。七级塔身分别由平座、八面塔体、塔檐组构，从下至上围绕中心轴线微向内收，几乎通体垂直，形态沉稳雄浑，七层塔顶上置塔刹。塔门采取单、双层上下交错布列；筒壁式组构，梯道置于塔心壁内，为壁内折上式，亦为上下层之间不同方向互折形式；筒壁式砖砌结构中运用大量水平木骨结构，形成砖木结构的有机结合。这种设计结构，有利于各个方位的均衡负重，同时，达到外观的对称与美观。砖构斗拱集三种不同类型14种构造形式且保留华拱为木构的做法，极为鲜见。底层塔表大型砖

万部华严经塔

雕佛教人物造像及蟠龙柱及其立面收分甚微的整体造型，显示出辽塔的时代特征及其独特的个性特征以及建筑技术的创新，为研究辽塔建筑技术和抗震设计提供了典型的实物范例。

塔外各层共装饰铜镜200余面，悬有风铎，随风而鸣，光声相和，神韵无限。在白塔内的回廊中镶嵌原有金代石碑9通，遗存有6通。石碑上雕刻着捐资者的姓名，从碑铭中可知丰州城的街道名称、大致布局及周边村落的基本情况。塔身外面的第一、二层有砖雕佛教造像。第一层的东、南、西、北角的直棂窗上是佛像，高53厘米，螺发，面目不清，右袒袈裟。力士造像8尊，分别伫立在门的两侧。力士肌肉表现形象逼真，身高1.8米左右，手拄金刚杵，赤足站立在低矮的台座上，上身裸露，着短裙，充分显示力士的健壮与威武。天王造像共有8尊，全部在二层之上，通高1.8米左右，执法器，着盔甲，每尊天王各执法器不同。塔身佛教造像、砖雕装饰精美，是辽代上乘之作。

白塔内部各层内廊壁画上还保存有自金大定二年到清末的历代游人题记400余条，以汉、蒙古、藏、契丹、女真、八思巴及古叙利亚、古波斯等文字书写的400余条题记。在白塔一层金代碑刻题记中，载有当时丰州城内很多街、巷、坊的名称，还有一些城镇周围的村名以及捐资修塔人的姓名、地方官及其职官名称等。石碑中的街、巷、坊比较形象地描绘出当时城镇的布局，而且应当与辽代基本类似，牛、麻、染、酪、坊之类的内容，也是对当时城内的经济结构一种反映。碑中的人名和姓氏，真实地展现了这个多民族杂居地区的历史

状况。1982～1986年维修期间，呼和浩特文物工作者在塔内积土中发现一张元代"中统元宝交钞"纸币，是世界上发现的最早纸币实物。修缮期间还发现一通残碑，上刻有"将军完颜希靖"，可证为金代碑铭无疑，当为塔内失存金碑之一。

1960年实施局部修整，1978年国家文物事业管理局拨款进行修缮。1982年2月23日，万部华严经塔被国务院公布为第二批全国重点文物保护单位，编号2-0018-3-003。1986年，万部华严经塔主体复原工程竣工时，万部华严经塔陈列室也正式对外展出。塔的日常保护、管理由隶属于呼和浩特市文物事业管理处的白塔文物保护管理所承担。2004年，内蒙古自治区人民政府印发《关于公布万部华严经塔等三十六处全国重点文物保护单位保护范围的通知》，确定保护范围和建设控制地带。

**三影塔** 是广东省仅存的绝对年代可考的北宋早期砖塔，位于广东省南雄市雄州街道民主社区，三影塔广场，北面背靠南雄市博物馆。

三影塔又称延祥寺塔，因塔旁原有延祥寺，已毁。塔始建于北宋大中祥符二年（1009年）。据清道光四年《南雄州志》记载，祥符二年异人建塔，其影有三，因立三影堂，其影阴晴俱见于壁间，二影倒悬、一影朝上，故曰"三影塔"。明正统十一年（1446年）曾重修。

塔平面呈六角形，为九层楼阁式砖塔，通高50.2米。塔身南面第一层有"大中祥符二年三月十四日"铭文砖一块。塔身用规格不等的青砖平铺顺砌，砖与砖之间用黄泥浆黏合，相邻砖缝为错开叠砌方法。塔身各层饰仿木结构的阑额、普拍枋、柱和斗拱。平座和塔檐均用菱角牙子砖叠涩出檐，平座安装木栏杆，塔檐盖铁红色重唇板瓦和筒瓦。塔身每层均伸出飞檐和栏杆，檐脊的末端则各蹲伏着一匹酱红色的陶制貔貅，寄寓祛灾托福之意。各个翼角下有夔龙首老角梁头，飞檐的梁头上都悬挂着一只铃铎，全塔共有48只。风声乍起，叮当作响。塔刹由铁铸覆盆、宝瓶、九层相轮和铜铸宝珠组成。以六条铁索（风浪索）固定在檐脊上。塔内铺砌楼板十六层，每层均有六角形内室，内壁四面有佛龛，外壁正向六面各开一门，每层环置阶梯与各层平座相连，为穿壁绕平座式登塔布置，可逐层登塔，览阅远近风光。

1988年1月13日，三影塔被国务院公布为第三批全国重点文物保护单位，编号3-0144-

三影塔

3-092。1990年起，由南雄市博物馆负责管理和保护。2014年7月委托北京建工建筑设计研究院编制完成保护规划。1994年，广东省人民政府印发文件，公布三影塔的保护范围和建设控制地带。三影塔全国重点文物保护单位记录档案，由南雄市博物馆编制、记录和保管。

**瑞光塔** 是北宋南方砖木混合结构楼阁式塔成熟的代表作，位于江苏省苏州市姑苏区南门街道瑞光社区东大街1号（盘门景区内）。

瑞光寺初名普济禅院。据志书记载，为三国吴赤乌四年（241年）孙权为迎接西域康居国僧人性康而建。赤乌十年（247年），孙权为报母恩又建十三层舍利塔于寺中。根据塔内砖石铭刻和1978年发现的文物考证，塔为北宋景德元年（1004年）至天圣八年（1030年）所

瑞光塔

建。相传塔上屡放五色祥光，故称瑞光院塔。寺、塔几经重修。清咸丰十年（1860年）又遭兵燹，寺毁，塔独存。清同治十一年（1872年），曾加以维修。

塔为七级八面砖木结构楼阁式。砖砌塔身由外壁、回廊和塔心三部分构成，外壁以砖木斗拱挑出木构腰檐和平座。每面以柱划分为三间，当心间辟壶门或隐出直棂窗。底层四面辟门，第二、三两层八面辟门，第四至七层则上下交错四面置门。内外转角处均砌出圆形带卷杀的倚柱，柱头承阑额，上施斗拱。转角铺作出华拱三缝，补间铺作三层以下每面两朵，四层以上减为一朵。全塔腰檐、平座、副阶、内壁面、塔心柱以及藻井、门道、佛龛诸处，共有各种木、砖斗拱380余朵。

修复后通高约53.6米，底层外壁对边11.2米。层高逐层递减，面积也相应收敛，外轮廓微呈曲线。入塔门，经过道即回廊，回廊两壁施木梁连接，铺设楼面。第二、四层转角铺作上有月梁联系内外倚柱，廊内置登塔木梯。一至五层回廊当中砌八角形塔心砖柱，底层作须弥座式，第六、七两层改用立柱、额枋和卧地对角梁组成的群柱框架木结构。其中，第三层为全塔的核心部位，砌有梁枋式塔心基座，抹角及瓜棱形倚柱、额枋、壁龛、壶门等处还有"七朱八白""折枝花"等红白两色宋代粉彩壁塑残迹。第六、七两层及塔顶木构架为后代重修，但其群柱框架结构在现存古塔中并不多见。塔身底层周匝副阶，立廊柱24根，下承八角形基台，周边为青石须弥座，对边23米，镌有狮兽、人物、如意、流云，简练流畅，生动自然，堪称宋代石雕佳作。基台东边有横长方

塔腰檐、平座

形月台伸出，正面砌踏道。塔东存清康熙十五年（1676年）重立之文震孟隶书《明太祖御制瑞光塔赞》碑1方，西南存原寺院古井1口。

1978年，在塔心发现五代铜质大金涂塔、唐和五代金书妙法莲华经卷、宋墨书佛说天地八阳经卷、宋木刻妙法莲华经卷、宋木刻大隋求陀罗尼经咒、唐嵌螺钿黑漆经箱、北宋真珠舍利宝幢、北宋彩绘四天王像内木函、北宋黑漆木贡真珠舍利宝幢外木函等一批秘藏近千年的珍贵文物，确认为北宋初期建塔时的遗存，有的是晚唐、五代的文物。

瑞光塔形制古朴，清秀柔和，隽秀挺拔，保存着唐宋古塔的建筑风格。与苏州虎丘云岩寺塔、罗汉院双塔相比，瑞光塔在构造、用材等方面有显著的发展。瑞光塔较好地解决了砖砌体与木结构的连接问题，发挥了木结构的优点，增加腰檐、平座的出挑长度，获得木塔所具有的比较大而优美的出檐和比较宽阔的平座，提高了塔的造型美，改进了实用功能，还保留了砖塔所具有的强度和耐久性好，适应南方气候潮湿的自然条件等优点。在用材和砖砌技术方面，采用石灰浆砌筑，提高了砌体强度。瑞光寺塔在当时南方楼阁式塔从以砖结构

为主向砖木混合结构为主的演变发展中产生过一定的影响。此外，在塔内发现的文物对研究当时的政治、经济、文化、宗教以及工艺、美术、造纸、印刷、丝绸、刺绣等提供重要的实物资料，对研究确定瑞光塔这一古建筑的修建年代提供了有力证据。

年久失修，瑞光寺塔日趋残破，至中华人民共和国成立时，大都毁坏。1978年4月，在塔内发现一批珍贵文物时，塔壁裂缝丛生，砖体坍落，腰檐、平座、斗拱大部脱落，塔刹、副阶荡然无存。1979年，对塔顶和破壁实施修补，排除险情，并砌围墙保护，开始调查测绘，研究确定重修设计方案。1987年，瑞光寺塔全面整修工程动工，包括大修塔顶和重安塔刹，修复各层腰檐、平座、楼面、扶梯，加固塔基，修复基台须弥座，重建副阶等。1988年1月13日，瑞光塔被国务院公布为第三批全国重点文物保护单位，编号3-0147-3-095。1992年，苏州市文物管理委员会《关于上报我市全国重点文物保护单位保护范围的报告》获批，确定瑞光塔的保护范围及建设控制地带。同年12月，苏州市文物管理委员会办公室、苏州市修塔办公室建立瑞光塔的全国重点文物保护单位记录档案。2013年9月，再次大规模维修，对瑞光塔塔顶险情进行抢修及对塔身进行保养性维修。瑞光寺塔由苏州市文物保护管理所管理。

**藏娘佛塔及桑周寺** 藏娘佛塔是青海省遗存最为完整的北宋时期建造的藏传佛塔，位于青海省玉树市仲达乡歇格村，占地面积8万余平方米，总建筑面积约8500平方米。

藏娘佛塔及桑周寺的创建和历史，《安多政教史》《红史》《青史》《藏娘佛塔盛德

山志》《藏娘佛塔和桑周寺志铭》等藏汉史志均有记载。藏娘佛塔全称为"藏娘确登·贝吉隆宝"，其意为"藏娘佛塔旺伟自成"，为藏传佛教后弘期的代表人物之一、著名印度佛教尊者班禅·弥底嘉纳（亦译为孟德嘉纳、班禅弥地、米地等）于北宋天圣七年（1029年）设计并主持建造，在塔顶尚未完成之前举行开光加持仪式，并预言将来其转化身会继续修建塔顶。明永乐二十二年（1424年）左右，尊者孟德嘉纳二世噶然江巴·贡嘎意西修葺佛塔顶，增加相轮十三天。并于明宣德五年（1430年），把藏娘地区的仁真敖赛寺（苯教）、巴钦班觉寺、巴格达宗寺三座寺院合并，在藏娘佛塔附近创建桑周寺，全称"桑周德庆岭"，意为如意大乐寺。17世纪，阿如喇嘛贡嘎广筑

佛殿、行宫等，寺院形成一定规模。清乾隆二十二年（1757年），藏娘佛塔塔基因地震陷入地下，西藏鄂日寺大堪布巴旦曲迥对佛塔进行修缮。清咸丰九年（1859年），重修佛塔上部的十三层宝盖。清咸丰十年（1860年），对藏娘佛塔进行修缮。20世纪初，形成各类建筑数十座、僧人180多名的规模。

藏娘佛塔及桑周寺整体布局分佛塔区和寺院区两部分，两处文物建筑同处在一个二级阶地上。藏娘佛塔位于桑周寺建筑群以北约300米处的通天河畔，经过累世的建造、修补，形成以佛塔为中心，包括小经堂、弥底嘉那修行处、长寿殿遗址、佛塔、转经廊、擦擦房等十数座建筑组成的佛塔建筑群，大部分建筑都坐北朝南，与正南方向的桑周寺建筑群遥望相

藏娘佛塔与桑周寺

对。寺院区建筑群遗存古建筑有大经堂、护法殿、僧舍等。

藏娘佛塔为土石木混合结构，坐西朝东，由塔基、塔身、塔顶三部分组成，塔体总高28.3米。塔基由四层方形塔座叠垒，层层收分，最底一层塔座边长约20.7米，最上一层塔座边长12.1米。塔基由当地产的黑褐色片石砌筑，各层塔座檐部由片石挑出形成墙帽，表面涂刷红色涂料，塔座主体表面涂白色涂料。最上一层塔座四角各有一个石砌小塔。藏娘佛塔塔身覆本平面为圆形，分塔身底座、塔身及塔身坡顶三部分，塔身南面设有一板门，从其处进入塔身内的壁廊，宽约1.2米。塔心为4米见方，用片石砌筑，中部为塔心柱，其中空1.4米见方，其内部装藏。屋（塔身）顶斜椽挑出形成檐口。塔顶位于塔身塔心体之上，由顶基（塔斗）、相轮十三天、塔刹三部分组成。顶基（塔斗）为方形，边长3.9米左右，用片石垒砌。顶基之上是相轮十三天，原为20世纪80年代水泥石片砌筑，2011年玉树地震灾后修复为铜制贴金。塔刹包括伞盖、日月轮、火焰三部分。土、木、石结构，带壁画的内回廊，暗室、暗道及进入这些部位的通道设计是藏娘佛塔突出的建筑特征。佛塔周边为嘛呢石堆、"擦擦"房以及转经廊相围，其东面有一座闭关房和一座小经堂，南面则是长寿佛殿遗址，转经道环绕。转经道距江面高约100米，形成藏娘佛塔建筑组群。

小经堂位于藏娘佛塔东侧，西南角紧挨着弥底嘉那修行处，坐北朝南，平面呈"凸"字形，平顶带天井一层建筑。主体分前厅和经堂两个部分，凸出部分为前厅及门廊，东西最宽

桑周寺小经堂

约12米，南北长约14米。小经堂通过21级台阶踏步上至门廊处，南墙上设有头道板门进入门厅，面阔三间，进深两间。门厅北侧墙正中设有二道板门，由此进入12柱经堂，经堂面阔五间，进深四间。进深由南向北第三间为天井，上部南侧有高侧窗，光线由此进入室内。天井下空间保存并供奉有据说是弥底嘉那尊者留下的自塑像、手印石、脚印石、靴子、奠基石等历史遗物。经堂内沿北墙供奉有佛像，北墙上还有残留的壁画。小经堂没有楼梯，可以通过西侧的土坡上至经堂女儿墙西北角的板门，进入屋面。弥底嘉纳修行处紧挨着小经堂西南侧，坐北朝南，东西最宽约5米，南北长5米，平面大致呈梯形，北墙略宽，共计两层。传说是藏娘佛塔始建时弥底嘉那居住并在此修行的场所。一、二层分别从南门和东门进入。一层没有窗户，二层紧挨小经堂南墙上设一扇窗户，每层的室内中间位置均设柱一根。大经堂位于桑周寺中部，前为法会广场，东侧为接待室及厨房，东南为护法殿，西侧为僧舍及展佛廊。佛殿坐北朝南，平面呈方形，东西宽约18米，南北长21米，是寺院举行法会活动的主要场所。前设两柱入口门廊，檐口有椽板装饰。

桑周寺大经堂

由正门进入门厅，面阔三间，进深两间。门厅西侧为楼梯间，东侧为一间储藏间。门厅北墙正中二道板门装饰精美，门头椽板硕大，显示出进入主要殿堂的规格和等级。经堂为20柱，面阔七间，进深六间，正中2根木柱直通二层。经堂北侧未设后佛堂，布设佛像、佛塔，南墙及东、西两侧墙壁上都镶、挂有间堂布画，两侧立有经柜。门厅西侧设木楼梯上至二层楼面，开有条形窗，室内十分明亮，面阔三间，进深两间，地面铺设木地板。由楼梯间西北板门进入二层天井，天井北侧为下层经堂的高侧窗，窗框为普通红色，没有过多的彩饰。周围为回廊，东侧设有一间房间。护法殿位于大经堂东南侧，坐北朝南，东西最宽约15米，南北长17米，平面大致呈方形，共计两层。门厅面阔三间，进深二间，四壁墙上镶、挂有间堂布画。门厅西侧设有木楼梯进入二层楼面，东侧为一间储藏间（南墙开有小窗）。门厅北墙正中设有二道板门，由此进入15柱殿堂，面阔五间，进深四间，正中2根木柱直通二层。殿内南墙及东、西两侧都镶、挂有间堂布画，两侧立有经柜，北侧供有佛像。楼梯间东侧门进入二层阅经室，面阔三间，进深二间，室内

有两根柱子。由楼梯间北侧木门可直接到达一层屋面天井，南侧开有高侧窗，东、西及北面设环廊。屋顶东南角为一小房间。由天井爬梯可以上至三层屋面，屋顶四角用牦牛毛编制的黑色法幢，是藏传佛教寺院护法殿的重要标志。

藏娘佛塔因其是藏传佛画、佛塔等工艺、权衡制度的制定者——班禅·弥底嘉纳尊者亲自建造，而被认为是藏传佛塔之标准典范和实物样本，并被历代藏传佛教各派法王、高僧公认为是世界最著名的三座藏传佛教名塔之一（另两座是尼泊尔的苏瓦扬布佛塔、印度的金刚座塔）。藏娘佛塔为尊胜塔，塔身用石块砌筑成圆柱形，弧度圆润，十分精致，且圆柱形塔身覆钵，与八塔中尊胜塔的锥体覆钵形制有所差别，如塔基四层塔座为方形，与八塔中尊胜塔塔座为圆形不同，成为研究藏传佛教佛塔发展演变过程的重要实物遗存。藏娘佛塔及桑周寺建筑群明显带有玉树特有的风格，见证了藏传佛教后弘期以来的发展历史，反映了玉树藏娘地区社会、文化发展的历史。转塔膜拜、法会活动，成为宝贵的非物质文化遗产。藏娘佛塔及桑周寺的附属文物主要有壁画、彩绘和石刻，反映藏娘地区精湛的、在藏区独树一帜、自成体系的绘画技艺。特别是绘制在塔身内廊壁上的壁画，成为整个佛塔极有价值的信息载体之一。石刻有小经堂台阶旁、转经廊端头矗立的"藏娘佛塔和桑周寺寺志铭"，有为数极多的石刻佛、菩萨、护法、人物像以及嘛呢石等，反映藏娘地区传统工匠、信徒的高超技艺和历史文化。藏娘佛塔及桑周寺保存有自苯教、唐蕃时期以来大量的可移动文物，反映不同时期的艺术风格特点、制作工艺以及材料

等历史信息，实为珍贵。

1983年，对藏娘佛塔进行修复，在原址上修复重建大、小经堂和护法殿以及僧舍。2000年6月6日，藏娘佛塔及桑周寺被青海省人民政府单独补充公布为第六批省级文物保护单位。2001年6月25日，藏娘佛塔及桑周寺被国务院公布为第五批全国重点文物保护单位，编号5-0438-3-244。2002年3月14日，成立桑周寺文物管理委员会，次日成立桑周寺文物管理所。2004年，青海省文物管理局组织编制全国重点文物保护单位记录档案，分存于青海省文物管理局和玉树州文物管理所。2004～2006年，完成藏娘佛塔部分加固，大经堂、小经堂、护法殿屋面及装修，藏娘佛塔周边转经道整治、寺内部分地面等工程。2010年4月14日，青海玉树发生地震，藏娘佛塔及桑周寺文物建筑受到严重损坏，被国家文物局列为灾区文化遗产重点抢救保护单位之一，先后实施抢险修缮工程、壁画保护修复工程、边坡加固工程等项目。

**涿州双塔** 由南塔智度寺塔和北塔云居寺塔组成，位于河北省涿州市城内东北隅。

涿州双塔南北对峙，南塔称智度寺塔，北塔称云居寺塔，因寺得名，两座寺院不知毁于何时，各仅存佛塔一座，合称涿州双塔，均为八角形仿木构楼阁式砖塔。南塔五层，通高44米，始建于辽景福元年（1031年）；北塔六层，通高56米，始建于辽大安八年（1092年）。双塔时代特征明显，颇具辽代建筑典型风格，在国内有一定影响。

智度寺塔为八角五层砖仿木构楼阁式舍利塔。须弥座式塔座，束腰处砖雕间柱壶门，壶门内嵌乐伎、瑞兽等砖雕。束腰上为砖雕斗拱挑出平座。座上置塔身五层，五层塔身的外部形制、式样相同，东、南、西、北四面均以八角形间柱分隔为三间，当心间辟券门，次间砖饰障水板及腰串。四隅面当心间做破棱盲窗。塔的各层柱头贯以栏额、普拍枋。一层檐斗拱为双杪计心造五铺作带斜拱，上四层檐均为双杪计心造五铺作斗拱。回廊的内墙上设有佛龛，局部残存有壁画，塔内还设多处通风、采光口。

云居寺塔与智度寺塔形制、风格基本相同。须弥座上为六层塔身，通高56米，仿木构券门、盲窗、额柱。一至四层斗拱均为双杪计心造五铺作带斜拱；五层为双杪计心造五铺作带华拱；六层为双杪计心造五铺作带60°斜拱。塔内部结构为双环壁中心柱套筒式，从

涿州智度寺塔

涿州云居寺塔

外墙至中心柱形成双层回廊，一至四层内部结构相同，五层取消中心柱形成叠涩砌顶的塔心室，六层只存有外回廊一周。回廊墙壁上有佛龛。云居寺塔是国内少数几个阁楼式辽塔之一，保存基本完好，但因年久失修，塔基座砖雕酥碱严重，并有部分残缺。斗拱、椽飞局部缺损。内部踏垛残毁，塔体出现裂缝。

1982年7月23日，云居寺塔、智度寺塔由河北省人民政府重新公布为省级文物保护单位。1983年5月，涿州市文物保护管理所成立，负责管理涿州双塔。1992年3月，河北省人民政府公布云居寺塔、智度寺塔保护范围和建设控制地带。1996年，河北省古代建筑保护研究所对双塔进行勘察测绘，制定加固修缮方案。2001年3月，由河北省古代建筑保护研究

所负责施工的双塔修复工程开工，完成智度寺塔塔座至塔刹的主体修复工程，并开始对云居寺塔进行维修。2001年6月25日，智度寺塔、云居寺塔以"涿州双塔"之名被国务院公布为第五批全国重点文物保护单位，编号5-0218-3-024。2015年，涿州市建立涿州市博物馆，负责涿州双塔日常保护与管理。

**祐国寺塔（铁塔）** 是中国遗存最高、历史最为悠久、保存最为完整的一座大型琉璃砖塔，位于河南省开封市顺河区北门大街（开封城墙东北角）的开封市铁塔公园内。

祐国寺塔始建于北宋皇祐元年（1049年），前身为开宝寺木塔。开宝寺原为建于北齐天宝十年（559年）的独居寺，北宋开宝三年（970年），宋太祖赵匡胤以北宋开宝年号，改其名为开宝寺。太平兴国七年（982年），宋太宗在开宝寺的福胜院内仿造天宫形状，建开宝寺木塔，收藏供奉从吴越国领地杭州迎取的佛舍利；开宝寺塔由著名的木工喻皓负责设计和监造，历时八年，于端拱二年（989年）竣工落成。木塔八角十三层，高360尺（120米），上安千佛万菩萨，塔下作天宫奉安佛舍利，因建造在开宝寺的福胜院内，故初名福胜塔。宋大中祥符六年（1013年），"有金光出相（塔顶铜宝珠放光），车驾临幸，舍利乃现，固赐名灵感塔"。宋庆历四年（1044年）六月，灵感木塔遭雷击而焚毁，仅存世56年。宋仁宗皇祐元年（1049年），诏重建灵感塔藏舍利。重建的灵感塔比照灵感木塔而建，考虑到木塔容易遭雷击火焚，而改用琉璃砖建造，并将塔的位置从福胜院移到开宝寺的上方院。因建在开宝寺内，亦称开宝寺塔。

明代易寺院名为祐国寺，塔始称祐国寺塔。又因塔之外壁为褐色琉璃砖镶砌，观之若铁色，故俗称铁塔。

祐国寺塔为八角十三层仿楼阁式琉璃砖塔，地面以上部分高55.08米，由塔基、塔身、塔刹三部分组成。塔身由下至上逐层递减，形成自然收分，整体造型秀丽挺拔，外壁琉璃花砖集北宋琉璃工艺之大成，为宋代建筑与艺术完美结合的经典之作。塔基早年因黄河历次水患而淤埋于地下。塔身每层开设有不同方向的一个圭形门，以便采光、通风、远眺。外壁除圭形门和八面转角所立的倚柱，

祐国寺塔

其他采用模制花砖，用平丁砖做框，顺立砖为心，预制卯口，比连组合成镶嵌式壁面结构。因比照木塔的式样而建，烧制成的砖有椽形、柱子形、瓦形，大小和形状各不相同的"结构砖"，形状达28种之多。把它们装配在一起，使得整座塔处处显示出木质结构的特征。塔身外壁镶嵌的模制花砖图案丰富多彩，达50余种，有佛龛、菩萨、坐佛、立僧、飞天、伎乐、胡人、狮子、麒麟、各色花卉、璎珞流苏等，造型生动富于变化。塔身各层檐部以重杪计心五铺作承托，从一层到十三层铺作规格相同。各层面阔的尺度，随檐部与平座铺作数目的多少而变化。檐口以龙纹瓦当和莲瓣形重唇板瓦做装饰，瓦的后部则做成平砖。塔檐转角处撩檐枋相交呈"八"字形，檐角安置蝉形老角梁，梁的两侧用砖砌成升头木，使翼角挑起。老角梁之上用两块异型砖制作成子角梁，前端安置麒麟套兽。塔顶为八角攒尖式，8条垂脊顶端合拢托起莲花座，其上置宝珠形塔刹。塔内设随着塔心柱盘旋登临的梯道，计168级，可登临塔顶。

祐国寺塔（铁塔）历经地震、水淹等诸多灾难，所处寺院多次荒废或被毁，唯塔屹立于世。民国27年（1938年）5～6月，日本侵略军攻打开封，塔身中弹七八十发，北侧遍体鳞伤，第八、九层被打穿，留下了2个大深洞，铁塔仍昂首挺胸，巍然屹立。1952年，中共中央主席毛泽东到开封视察黄河时，要求维修铁塔。1953年7月，河南省政府把维修铁塔列为名胜古迹重点修缮工程，1954年组织工程技术人员和考古人员对铁塔进行全面勘察设计，1956年成立铁塔修复委员会，1957年进行了铁塔历史上最

祐国寺塔琉璃砖雕狮子

大的一次全面修复，千年宝塔以崭新的面貌展现在世人面前。

1955年，开封市政府将铁塔周围辟为铁塔公园，负责祐国寺塔（铁塔）的日常保护和管理。1961年3月4日，祐国寺塔（铁塔）被国务院公布为第一批全国重点文物保护单位，编号1-0069-3-022。2011年，建立并完善祐国寺塔（铁塔）全国重点文物保护单位记录档案。同年，成立铁塔公园文物保护工作领导小组和铁塔公园文物安全应急分队，制定铁塔公园文物安全应急预案。2004年8月19日，河南省文物局印发《关于公布全国重点文物保护单位和省级文物保护单位保护范围和建设控制地带的通知》，划定祐国寺塔的保护范围和建设控制地带。2012年，对铁塔周边环境进行改造。2013年以来，防雷、安防以及修缮等围绕祐国寺塔（铁塔）的文物保护工作逐步展开。

**普利寺塔**　又名普利塔、千佛塔，是一座少有的融合唐宋佛塔建筑风格的北宋方形七级密檐式仿木结构砖塔，位于河北省临城县城关镇东街村临泉路绿岭广场南侧100米。

据塔院出土北齐武平五年（574年）石造像底座题记，普利寺始建于北朝。普利寺塔位于普利寺院后，据《重修普利寺碑记》（该碑"文化大革命"期间毁损），普利寺建于北宋皇祐三年（1051年）。明嘉靖十五年（1536年）大震，普利寺塔毁损严重，明嘉靖十七年（1538年）重修。明嘉靖二十四年（1545年）、明万历四年（1576年）两次修缮。

普利寺塔由塔台与塔体两部分组成，塔体由塔基、塔身、塔刹组成。塔台由页岩和石灰岩石块包砌而成。高5.83厘米，东西面阔22.44米，南北进深24.64米。平面近似方形，北面二角略收呈圆形。高台四周用蓝砖砌有1米高的女儿墙，北面开口可进出塔台。塔台地面方砖铺墁。普利寺塔坐落在塔台的中央，通高27.35米。塔基为砖砌方形须弥座，高1.2米，长宽均为7.17米。塔身为实心，共七层。一、二层之间加一层平座，塔身三层以上收分明显。一至三层各面均做普拍枋、阑额，在阑额处做出圆形柱头，每面均为三间四柱。四至七层墙身均为一间，不施阑额、柱头，只施普拍枋，其下为砖砌墙体。普利寺塔除外檐铺作、檐飞、槫、枋外，各层撩檐槫上均用砖做生头木，角部翘起。塔身一层高达6.8米。正面（南面）辟券门，券面用石灰岩质条石发券。门高2.8米、宽1.26米。券门上方中央镶嵌一重修题记石刻一方，石灰岩质，匾额式，高32厘米、宽72厘米，上边框阴刻二龙戏珠纹、云纹；正文双钩楷书"重修宝塔"四字，上款阴刻楷书"大明嘉靖拾柒年拾月壹日吉日立"十五字，下款阴刻楷书"直隶真定府赵州临城北磐石善人"十四字，题记记录重修的情况。四面墙身均为砖砌佛龛（20.2厘米），每龛镶嵌一尊佛雕佛像，佛像跌坐于莲花座上，均有项光、背光，雕刻细腻，技艺精湛。东、西、北三面各有佛像22、12、264尊；南面有佛像182尊（其中五龛无佛像）。佛像之上周圈施一砖厚的木线腰，线下用砖砌出生起。四面从角部向内2米处开始微微生起6厘米。一、二层塔身除作佛像外，其余各层均为平砖丝缝砌法。

塔心室内四面墙体3.40米之上均饰隐形铺作，铺作之上用一层竖砖一层卧砖从窟内由方形渐变为八角形，层层叠涩，直通穹顶，顶部又变为方形。铺作之下砖砌佛龛一周，龛内镶嵌浮雕佛像1尊，共计42尊。清代《临城县志》载，塔心室内有井，井内有志云："异僧持佛骨、佛牙舍利葬于内。"原塔心室供奉有汉白玉释迦牟尼佛像1尊，系明朝嘉靖年间文物，为1986年重新置入。各层檐下铺作均为五铺作双

普利寺塔

杪斗拱，但其布置及式样各层有所不同。一层面阔三间，各间补间铺作一朵，补间铺作为五铺作出30°斜拱。柱头铺作为五铺作出双杪，不施斜拱。转角铺作，除角部出45°斜拱外，其两侧均出与补间相同的30°斜拱。一层与二层之间加一层平座。平座斗拱的布置，各面均为三间，每间4朵补间铺作，柱头2朵，转角2朵，共计16朵。除角部施45°斜拱外，其余柱头、补间均为五铺作出双杪斗拱。平座斗拱之上直托二层墙体，四面各有佛像4尊，角部各有力士2尊，共计24尊。做法为先用砖砌出大样，然后泥塑彩绘，形态各异，生动逼真。佛像之上为阑额、普拍枋、斗拱，阑额、普拍枋呈"T"形（一至三层相同）。斗拱的布置与一层斗拱的布置正好相反，柱头出斜拱，补间为直拱。各面均为三间，每间施补间铺作1朵。因次间面阔较小，故补间铺作、转角铺作与柱头铺作（单边）的泥道拱连成一体，作鸳鸯拱式只施一斗。三层斗拱与二层斗拱布置、式样基本相同，不同之处仅在所有泥道拱均连成一体，鸳鸯拱上施一斗。四层面阔为一间，各面施七朵补间斗拱，每面除正中施30°斜拱外，其两侧为3朵五铺作。五层四面为五铺作出双杪斗拱，每面除角部为斗拱外，其余均为12朵补间铺作。六层四面均为三铺作，正中为双杪，其两侧为半边30°斜杪，比其他各层30°斜拱少半侧。七层每面1朵补间铺作，为五铺作双杪斗拱。塔檐斗拱之上为砖质撩檐枋、撩檐榑，其上作生起，承托檐飞和塔檐，塔檐檐部六至七层平砖丁砌错缝覆盖，层层叠涩至上层塔身。角部施柏木角梁，梁头施铁制套兽及风铎。每一角梁出头悬挂风铎2只，共计56只，第三层

四面各悬挂2只，全塔总共有64只。"晚风袭来，叮当作响"，有"普利晚钟"之称，为临城古八景之一。七层塔檐之上为砖砌刹座和铁铸刹身。刹座为方形须弥座，从塔顶向上用平砖丁砌错缝三层至束腰，每面砌三壶门。其上用砖层层叠涩出承托平座，平座檐部四面各做两个排水沟。刹座顶部用平砖丁砌错缝七层，层层叠涩收起至覆钵基座。基座呈八角形，东、南、西、北四面各砖砌一佛龛，龛内各置一尊鎏金铜佛，共四尊。砖砌覆钵之上为铁铸塔刹，由下到上依次为仰莲受花、两层相轮、仰莲宝珠。受花与第一层相轮之间为八角形刹柱，每面开壶门佛龛，龛内置鎏金铜佛一尊，共八尊。相轮之上为六角形刹柱，对称铸为三壶门，三实榻大门。正北壶门铸有铭文"大明嘉靖拾七年五月造，□□□□□"十五字，正北、西南实榻大门作启门状，后者门内有一小沙弥，作右手扶门探头观望状。第二层相轮上为抹角方形刹柱，刹柱各面铸有镂空长形窗户，且样式各不相同。东窗四角、中间各一朵莲花；南窗六格，每格一朵莲花；西窗六格，每格一米字；北窗六格，每格一十字。最上为含苞仰莲宝珠。

普利寺塔平面为方形，一层塔身高大，形制具有唐塔的特点。塔台高大，添加平座，塔身镶砌佛像、力士，塔刹置佛像、铸莲花，则是宋辽金塔的特点。一层塔身和塔心室四壁镶嵌佛像1016尊，塔心室供奉释迦牟尼佛像一尊，二层平座塑有佛像16尊，力士8尊，塔刹安置佛像12尊，全塔共有佛像1053尊，又体现了宋金供奉佛塔的万佛涌现、装饰繁复的特点。加之各层斗拱样式、布置多变，错落有

致，和谐统一，使得普利寺塔浑厚雄壮、造型严谨、挺拔秀美、装饰繁复，有着很高的艺术价值。临城自古多地震，普利寺塔存续已近千年，又建在5.83米的高台上，期间仅重修过一次，可见宋代工匠已经解决了方塔抗震能力差的问题。

民国以前普利寺尚存，普利寺塔属于高僧塔冢，由普利寺负责管理。1965年，普利寺塔遭雷击，塔刹二层仰莲被击落，刹顶向西北歪斜。1966年3月，邢台6.8级大地震将塔身震出2～3厘米裂缝，并向东北倾斜。1981年3月前，普利寺塔由乡镇、县文教部门兼管。1981年3月，临城县文教局指定文化馆设专人管理普利寺塔保护工作。1982年7月23日，普利寺塔由河北省人民政府重新公布为省级文物保护单位。1983年7月23日，临城县人民政府批准成立临城县文物保管所。1984年，临城县人民政府印发《关于新增文物保护单位和划定保护范围、确定文物保护员的通知》，划定普利寺塔保护范围及建设控制地带。1992年3月，河北省人民政府公布普利寺塔保护范围和建设控制地带。2001年6月25日，普利寺塔被国务院公布为第五批全国重点文物保护单位，编号5-0217-3-023。2004年4月，国家文物局批准《河北临城普利寺塔勘察报告及维修方案》，并拨款100万元用以维修。同年12月，临城县文物保护管理所建立普利寺塔的全国重点文物保护单位记录档案。

**彬县开元寺塔**　为北宋遗存八角形砖塔的代表作，位于陕西省彬县城关镇西街南侧紫微山下的开元广场。

传开元寺始建于唐贞观年间（627～649年），

由尉迟敬德监修,天宝末年安史之乱后毁圮。清邠州知州张金度咏塔诗曰:"浮图耸矗碧山头,顶上藤罗老树秋。天宝乱离经过来,开元遗迹亦还留。"据此推测,开元寺塔始建于中唐初期以前,历战乱而颓废。大历六年(771年)郭子仪等《重修邠州开元寺残碑》记载:"天宝年(742~755年),干戈未戢,天下宿忧,邠郊之地,兵车聚会,刊刻隳毁。"可知在天宝年间的战乱中,地处军事要冲邠郊之地的开元寺遭受到的严重的损失毁坏。虽有"将吏信向,虽或缮理",但"未为崇大"。只有汾阳三"关内河东副元帅司徒"兼中书令汾阳郡王郭子仪"与佛同道,神之营之,缀以琅玕,点以银黄,擞胶葛而干云霓",使"堕毁"的开元寺"煌如也"。此系开元寺可寻觅的唯一一次维修记载。也有学者据《重修邠州

开元寺残碑》认为,开元寺是为适应唐中宗复位,大唐中兴的政治形势而于唐神龙元年(705年)"肇建",并以中兴寺为名;又于唐神龙三年(707年)为适应"内外不得言中兴"的政治气候而改名龙兴寺;唐开元二十六年(738年),为适应第三种政治气候又被改为开元寺。综上,开元寺的兴衰和重修应发生在唐中宗、玄宗和代宗三朝。唐以降,寺院及塔的维修、沿革阙载。1985年4月,文物管理部门修葺开元寺塔时,在塔刹莲花座上发现铸有"大宋皇祐五年(1053年)岁次癸巳秋八月十四建成谨记"19字塔铭,确证该塔重建于北宋皇祐年间(1049~1054年)。1957年和1963年,考古专家根据塔的形制和建筑风格,将开元寺塔定为宋塔。

彬县开元寺塔,坐北朝南,通高47.84米,底层每边长5.74~5.99米。塔身单壁中空,底层南向辟券门,门高2.95米、宽1.45米、壁厚5.13米;其他东、西、北三面辟假券门,门高2.06米、宽1.29米。二层以上每面作仿木结构三间,以砖砌出倚柱、阑额和平座勾栏,加饰平座斗拱。每层当心间辟券门或带乳丁的假板门,券门和假板门依次相间,隔层位置交错;券门两侧饰直棂窗,假板门两侧饰海棠花窗。层间叠涩檐出双排椽头,施菱角牙子、瓦垄和五铺作双杪斗拱,其中一至四层当心间置补间铺作两朵,五层、六层各置一朵。塔顶平砖攒尖,置铁质塔刹。1985年修葺塔身时,在塔刹莲花座下及周围发现神态各异的铜佛像21尊,以及佛座、铜棺(无棺盖)、铜镜、莽币、宋代铁钱等遗物。修缮后的塔内设170级木梯盘旋而上,可供游人登临,并于塔

开元寺塔

1093

顶安装有避雷设施。

开元寺塔造型庄重，雕饰精美，收分柔和，整体显出和谐华贵之美，在建筑设计上和营造技术上都表现了唐宋时期建筑的辉煌成就。该塔是仿木结构的楼阁式砖塔，用砖雕出塔柱，每层腰檐上均置仿木平座栏杆，斗拱飞檐，塔刹如一奔放的莲花，而塔身从二层至顶部，收分比较明显，使塔体外观挺拔、秀丽、曲线柔和优美。该塔经受了明中叶关中大地震的考验仍然完好，对于研究中国唐宋时期建筑艺术及防震有着极其重要的参考价值。明《邠州志》载："开元寺，与普照相邻，唐贞观中建，古塔巍然独存，工巧备至。"开元寺塔对于研究中国佛教文化有着极其重要的价值，也是研究宋代美术史与宗教史的宝贵实物资料。

彬县古塔文管所成立前，彬县开元寺塔由彬县文化馆管理。1983年10月，成立彬县古塔文物管理所，负责古塔的日常维护和管理工作。1984年3月，开元寺塔维修正式施工，对塔的塔檐、斗拱、平座栏杆、券洞、门窗、角梁及塔体、塔内楼板阶梯等进行加固和修复。1986年10月维修竣工。1992年，陕西省人民政府将彬县塔更名为开元寺塔，并公布保护范围及建设控制地带。2001年6月25日，彬县开元寺塔被国务院公布为第五批全国重点文物保护单位，编号5-0423-3-229。彬县开元寺塔全国重点文物保护单位记录档案，由陕西省文物保护研究院建立并保管。

**定县开元寺塔（料敌塔）** 是中国遗存最高的砖塔之一，也是同时期同结构建筑物中最高的建筑物，位于河北省定州市南城区仓门口街。

定县开元寺塔又名料敌塔，建于宋真宗

定县开元寺塔

咸平四年（1001年），建成于北宋仁宗至和二年（1055年），一直是佛教活动的重要场所。据文献记载，它的修建原因，一说是供奉佛经，塔内二层碑刻记载，北宋时，开元寺内高僧令能曾奉旨前往印度求取真经，为了供奉佛经而修建此塔；另一说是登高料敌。宋初，定州正好处在宋、辽的边境，建塔可观望敌情，料敌制胜，故这座塔又称料敌塔。元大德元年（1297年）重修塔内佛像；明成化十四年（1478年）修开元寺塔，嘉靖十三年至十五年（1534～1536年）修塔，万历三十三年（1605年）重修此塔；万历四十五年（1617年）重修鎏金装固佛像及宝瓶；清顺治十三年（1656年）和康熙二十四年（1685年）重修此塔；清康熙末年至雍正七年（1729年）重修塔刹及佛像。

定县开元寺塔建于原开元寺内，塔因寺而得名，寺已无存，唯留这座千年古塔。开元寺塔坐北朝南，为八角形楼阁式建筑，塔身十一层，由著基座、塔身、塔刹三部分组成。内部结构由外塔体环抱内塔体，中间以回廊相连，楼梯由内塔体穿心而上。塔身每层四个正方向都辟有门，四个侧方向装饰彩绘盲窗。塔刹由砖雕莲花瓣底座、束腰仰覆莲纹铁钵、两个铜制宝珠和一个铜制宝顶组成。

定县开元寺塔内共镶有自北宋至清代碑刻30多块，名人题记数十处；二层壁画《天宫朝拜图》，采用了工笔重彩的手法和沥粉贴金的技法；一层西南面回廊两侧壁画为宋代原绘，线条清晰流畅，刻画人物栩栩如生，代表北宋时期高超的绘画水平；回廊顶部平棋纹饰丰富、寓意吉祥。图案有花纹、钱纹、人物纹等；斗拱彩绘主要以红、黑两色为主，纹饰有花卉纹、回纹等。塔内碑刻、题记或苍劲有力或工整隽秀，有楷书、草书、行书等，是书法艺术的宝车。整个塔体雄伟壮观、气势恢宏，它是中国遗存最高的砖塔，被誉为"中华第一塔"，是定州示志性古建筑，也是北宋时期砖结构建筑的典范，是中国古代建筑史上的丰碑。

民国10年（1921年），定县开元寺塔由定县古物保护管理所管理。1949～1958年，由定县人民政府文教科管理。1959年起，由定州市博物馆管理。1961年3月4日，定县开元寺塔被国务院公布为第一批全国重点文物保护单位，编号1-0070-3-023。1973年，定州市博物馆修复塔内阶梯，增设铁制栏杆。1983年，文化部文物事业管理局拨款进行全面维修。1988～1993年，国家文物局对开元寺实施第一

期抢险加固工程。1995～2001年，顺利完成东北角塌落部分修复工程；2002～2003年，维修塔基座，进行一层连墙加固工程。1992年，河北省人民政府公布保护范围和建设控制地带。2004年2月，定州市开元寺塔文物保护管理所成立。2005年，定县开元寺塔文物保护管理所建立定县开元寺塔的全国重点文物保护单位记录档案。2015年3月31日，国家文物局批复同意《定县开元寺塔保护规划》。

**佛宫寺释迦塔（应县木塔）**　是中国遗存年代最早、最高的木构楼阁式古塔，位于山西省应县城西北佛宫寺内。

应县木塔创建年代有两种说法：《图书集成》、清雍正《山西通志》和清乾隆《应州续志》载"晋天福间建（936～943年）"，辽

佛宫寺释迦塔全景

清宁二年（1056年）重建；另有明万历间田蕙编《应州志》载辽清宁二年。田和尚奉敕募建，至金明昌四年（1193年）增修完毕。根据古建学家陈明达分析判断，塔的建造应以辽道宗清宁二年（1056年）的记载为可信。《契丹国志》载："尤重滔屠法，僧有正拜三公三师兼政事令者凡二十人。"加之辽代本有为帝王建筑寺塔的习惯，与田蕙在重修佛宫寺塔记中称奉敕募建相合，可知辽清宁二年（1056年）应是完工的一年。自木塔建成后，共经历七次较大的维修，分别是在金明昌二年至六年（1191~1195年）、元延祐七年（1320年）、明正德三年（1508年）、清康熙六十一年（1722年）、清同治五年（1866年）、1928~1929年和1974~1980年。历次维修，未曾改动木塔原有的风格。其中第一次维修是距塔建成后130余年，由明昌二年（1191年）铸钟、田志记明昌四年（1193年）增修益完、"释迦塔"牌匾记明昌六年增修益完等所推断，塔内后加方柱、平坐内后加枝樘等，可能是这次所增修。后加构件，大大增加塔的结构强度，是努力加固的措施。元延祐七年（1320年）的修理没有详细记录。第三次是明正德三年（1508年），有"出帑金命太监周善修补"的记载，推测主要是增加第一层华拱头下的柱子，同时拆砌内外墙，工程规模不小。第四次清康熙六十一年（1722年），章弘"捐清俸同阁郡官绅衿士口民议修共成善事"，而"是役也经始于二月廿一日，至七月望日落成"，经过五个月时间，除修理塔外还"创建东西禅堂六楹，左右客房两座""钟鼓楼比旧址崇五尺""周围新建墙垣花墙八十余丈""明堂

口增高三尺有夸"等等，这是自正德以后最大的一次修理，第五层内槽西面一块匾记记录这次修理情况。第五次同治五年（1866年），以彩画妆銮为主的，但范围较为普遍。第六次是在民国15年（1926年）木塔遭受军阀内战炮击二百余弹后进行的。修理范围从"塔顶之云罗宝盖"到"各级之檩柱补修"，从遗存情况判断，可能只限于塔顶和屋面被击部分修补，梁柱斗拱等主要结构均未触动。第七次是1974年的一次现状抢险加固维修。

释迦塔位于佛宫寺南北中轴线上的山门与大殿之间，属于"前塔后殿"的布局。这种以塔为中心的平面布局，是南北朝时期佛寺建制的延续。塔坐北朝南，平面呈八角形，外观五层，夹有暗层四级，实为九层，通高67.31米。底层重檐，四周环廊。二层以上皆设平座围栏，挑檐层层举折平缓，每层檐下各种形制不同的斗拱如云朵簇拥，塔上瓦顶八角攒尖式，与高达10米且制作精细的塔刹组合在一起，挺拔秀丽，雄伟壮观。木塔下有4米高的石砌台基，上、下两层分别为八角形和方形，转角处安角石并凸雕辽代石狮。平面柱网布列，依宋《营造法式》副阶周匝之制，除底层增设廊柱一周外，各层及平座皆设檐柱和内柱两周。柱之侧脚、生起显著，柱头作卷杀。塔身立柱为辽金时期盛行的叉柱造手法，逐层檐柱向内收半柱径，形成塔体收分的优美轮廓。梁枋层层叠架构成庞大的筒形框架，提高了塔身的强度，利于空间布置与构架的整体稳定性。木塔梁架结构合理而富有创造性，是研究传统木结构工程不可多得的实物资料。围廊柱头斗拱上用乳栿加角背，设蜀柱、叉手、

承椽枋。一至四层外槽用乳栿和草乳栿贯固内外，内槽用两道六椽栿，纵横联以枋材。平座外槽设承重枋，当心立柱，两向设斜撑，各间梁与内槽柱间均施立柱与内柱与斜撑。塔顶层梁架第一缝施乳栿和草乳栿承下平梁，内槽六椽草栿叠架，上承四椽栿。二、三两缝分别于六椽草栿和四椽栿上架承椽枋。外槽和塔顶梁架使用明、草两种做法，明层梁枋规整，暗层多使用斜撑稳固塔身加强承载能力，同时也节省了用料。由于木塔结构完善，科学运用力学原理，从而有效地提高了塔身抗弯和抗震能力。斗拱是塔体结构的重要部分，分布于各层柱头、补间和转角处，依位置、作用不同而造型、结构各异。遗存斗拱形式达五十四种之多，集中国古建筑斗拱之大成，在大型建筑实物中尚属仅见。檐头斗拱五铺作双杪、七铺作双杪双下昂六铺作三杪三种形式均有出现，均为偷心造。补间斗拱栌斗或普拍枋上直接出挑，或华拱下加施驼峰，为五铺作双杪。各层设异形拱，转角处加施斜拱。耍头有昂形、蚂蚱形、麻叶、云形等形式。八角攒尖式塔顶，筒板布瓦覆盖。砖砌刹座高1.86米，其上铁质塔刹高9.91米，由仰莲、覆钵、相轮、仰月和宝珠组成。各层塔身每边面阔三间，当心辟门。底层南北两面装板门，余以厚墙封砌。塔内明层均有塑像。一层塑释迦佛，高11米，庄严肃穆，壁面绘有6尊如来画像、12尊飞天，姿态逼真，优美生动，为壁画中佳作。三层塑四方佛，面向四方。五层中央塑释迦坐像，八大菩萨分坐八方。利用塔心无暗层的高大空间布置塑像，强调佛像的庄严，是建筑结构与使用功能设计合理的典范。塔内曾发现辽代佛经、"神农采药图"画卷等珍贵文物，为研究辽代佛教活动和中国雕版印刷技术提供重要资料。对其木结构体系所能达到的强度、高度和规模的极限及其可能存续的时间的研究，有助于探索这种结构体系的创造和发展情况，为研究古代高层建筑的构造方法提供珍贵实例。整

佛宫寺牌坊

个木塔，包括其历经近千年沧桑后的残损状态，都是极其可贵的历史遗迹；历次修理工程留下的遗存，是研究传统木结构工程的不可多得的实物资料。应县木塔是中国传统木结构建筑中占有主导地位的殿堂式类型的重要代表，也是佛塔建筑中的极品。

1953年，成立应县木塔文物管理所，负责佛宫寺释迦塔的安全保卫工作。1961年3月4日，佛宫寺释迦塔（应县木塔）被国务院公布为第一批全国重点文物保护单位，编号1-0071-3-024。1991年，鉴于木塔已发生变形，国家文物局委托北京建工学院对木塔进行测量，开始全面监测木塔。2002年8月27日，山西省人民政府审核批复山西省文物局和山西省建设厅对佛宫寺释迦塔（应县木塔）的保护范围及建设控制地带的划定。2004年，山西省古建筑保护研究所在应县木塔布控监测点，试行全年检测。2010年和2011年，国家文物局连续两年安排专项经费用于应县木塔安全监测项目。2012年，国家文物局批准佛宫寺释迦塔保护规划。2013年，国家文物局批准佛宫寺环境部分区域监控高度调整方案和佛宫寺释迦塔环境整治方案。

**湖镇舍利塔** 为七层六面仿木楼阁式实心砖塔，是浙江北宋仿木砖塔较为突出的实例，位于浙江省龙游县湖镇通济街下街的舍利塔院内。

湖镇舍利塔始建年代无考。据北宋庆历五年（1045年）赵抃《大宋衢州龙游县白革湖新修舍利塔院记》载："太末之地有舍利塔院，年祀弥远，栋败梁仆，邑人江延厚遹新其废建释迦殿与其像。"太末县，（秦）始皇二十六年（前221年）始置，五代吴越宝正六

年（931年）起改称龙游县。可见，至迟在唐初此地就有舍利塔院。北宋明道二年至庆历四年（1033～1044年），邑人江延厚重修舍利塔院。1989年1月，调查塔上文物被盗情况，发现在塔之第二层、第六层等有多处铭文砖上阳刻楷书"嘉祐三年戊戌七月江迶重造宝塔"等，遗存之塔为北宋嘉祐三年（1058年）邑人江迶重建。明嘉靖三十二年（1553年）和清康熙十九年（1680年）、道光年间（1830年），曾数度修塔。清光绪二十九年（1903年），住持周普登重修舍利塔，并修复塔院。抗日战争期间，塔院受损。

湖镇舍利塔由塔基座、塔身、塔刹组成，

湖镇舍利塔全貌

总高27.31米。塔基座边长2.33米,高1.52米,青砖实砌,直壁,每面有清晚期彩绘莲花图案。地宫形制不明,未发现扰动痕迹。塔身七层,每层由平座、正身和腰檐组成。每层每面隐出倚柱、阑额、斗拱,每面中间设壶门式佛龛,内供释迦牟尼佛像,佛龛两边设方柱。转角倚柱八边形,倚柱间用阑额相连,上置转角、补间铺作各1朵,四铺作单拱造。斗拱制作规整,皆五瓣卷杀。泥道拱为扶壁拱,上托素枋,令拱上托撩檐枋,两端逐渐生起,使各层腰檐檐口呈弧线状。腰檐用"菱角牙子"叠涩出檐,层层起翘,弧度较大。檐顶覆盖三合土,翼角起翘较大,每角各悬铁铸风铎一只。倚柱柱头转角为四铺作,阑额上施补间铺作1朵,单拱四铺作,泥道斗拱为扶壁拱,斗拱制作规整,五瓣卷杀。塔刹总高4.91米,刹座砖砌,下半部为直圆桶形,中起向上内收,刹杆上依次套有铁铸莲花覆钵。瓜棱形宝球,莲花仰钵、七重镂花相轮和宝盖,刹顶为青铜宝瓶(葫芦状),有6根铁质垂链连接宝盖与六角。整座塔逐层收分,比例适度,俊秀挺拔。

舍利塔纪年明确,保存状况良好,保留有丰富的建筑艺术信息。舍利塔外部结构完全仿造木楼阁式结构,斗拱、平座、壶门等一应俱全。斗拱做法十分细致,砖制拱刹十分清晰,特别是灵巧的塔身,大弧度起翘的腰檐,更显玲珑俊巧、轻灵秀丽。这为研究宋代木建筑斗拱做法提供翔实的例子,极有研究价值。塔刹保存相当完好,有铁铸莲花覆钵、瓜棱形宝球、莲花仰钵及七重镂花相轮和宝盖,顶刹青铜葫芦状宝瓶上镌刻"大明嘉靖三十二年冬本寺僧周普满重修宝塔钱钡刊",可知是明代之

物。塔刹保存如此完好,在浙江宋塔中也不多见。塔上佛龛中的大量文物也极有研究价值,如方形铜塔、各式佛像等,对研究佛教发展也有相当重要的价值。

舍利塔历经千年,未出现重大损坏,保存状况良好。塔身倾斜轻微。经明、清各代多次维修,塔体仍较完好,但也出现部分砖块风化松动脱落,铁制铜制构件断裂等险情,如部分腰檐有所损坏,刹杆略有倾斜,相轮缺失一重,宝盖锈烂,垂链脱落,风铎缺失,玉佛被盗等。1985年10月4日,龙游县文化局公布成立龙游文物管理委员会,负责湖镇舍利塔的保护管理工作。1988年1月,成立县博物馆,专门负责文物保护工作,包括舍利塔管理。1992年,全面维修舍利塔,恢复玉佛和风铎。1994年12月22日,浙江省人民政府划定湖镇舍利塔保护范围和建设控制地带。2001年6月25日,湖镇舍利塔被国务院公布为第五批全国重点文物保护单位,编号5-0295-3-101。2004年8月10日,湖镇舍利塔由龙游县文物管理委员会建立完整的全国重点文物保护单位记录档案。

**天中万寿塔** 是中国较大的宝箧印经塔式佛塔,位于福建省仙游县枫亭镇辉煌村塔斗山上。

天中万寿塔,俗称塔斗塔、青螺塔,又称"阿育王塔"。据史志记载,天中万寿塔由五代南康郡王陈洪进所倡建。北宋嘉祐四年(1059年),由端明殿学士蔡襄主持重修。

塔坐西南朝东北,全部用长方形花岗岩大石条筑成,为石构四角五层实心塔,通高7.4米,由基座、塔身、塔檐、塔刹组成。基座用长方形石块砌成,边长5.2米、高0.7米。塔身共分四层,第一层在每面束腰处浮雕两条蟠

天中万寿塔

龙，形态各异，转角雕刻四尊护塔侏儒，边长3.7米、高0.97米。第二层东北面勒石碑文，楷书，35行，满行6字；其他三面束腰处浮雕花卉，转角雕四尊金刚力士，边长3.1米、高1.07米。第三层每面各雕佛弟子像3身，四面共计12身，头戴风帽，胸有圆形裂裟扣，面貌和打坐状态也各不相同；四角各雕1个身着盔甲、手持刀剑的武士。第四层四面束腰处各浮雕一尊男像观音，转角处雕刻金翅大鹏，边长2.3米，高2米。各层边缘出檐都雕有卷草花纹和莲花覆瓣组成的图案。塔檐呈山花蕉叶，塔刹有七轮，此为七墩八塔之一。

天中万寿塔塔身所雕的男相观音菩萨与全国各地古代石窟或各种佛像图相较，颇有其独特之处。万寿塔南面雕像右手持未敷莲花，应是圣观音法相，或称正观音；西面雕像右手托一净瓶，应是清凉观音；北面与东面的雕像只雕头像，应是鹰瓶观音和无碍观音。四面观音庇护四方民众，并代表一年四季，极具研究价值。天中万寿塔的结构形式，充分体现中国古代先进的建塔技术，塔身雕刻的内容体现了当时中国对外交流的情况，为研究中国古塔建筑提供宝贵的实物资料。塔建于海滨塔斗山上，建于枫慈溪和沧溪的入海口，是一座镇海风水塔，并为当地渔民出海捕鱼及航运发挥航标的作用。

1980年，天中万寿塔经仙游县人民政府批准恢复为县级文物保护单位。1985年10月，经福建省人民政府公布为第二批省级文物保护单位。2000年2月，成立天中万寿塔文物保护管理所。2001年6月25日，天中万寿塔被国务院公布为第五批全国重点文物保护单位，编号5-0324-3-130。因塔体自然风化，2001年遭受雷击，塔顶产生裂缝，2002年对天中万寿塔进行加固维修，2003年3月竣工。2004年，仙游县文物管理委员会办公室建立《天中万寿塔记录档案》。2016年，福建省人民政府印发《关于公布全国重点文物保护单位（第四至七批）保护范围的通知》，公布了天中万寿塔的保护范围。2016年11月，福建省文化厅、省住房和城乡建设厅印发《关于公布省级以上文物保护单位建设控制地带的通知》，公布天中万寿塔重新划定建设控制地带。

**泰塔** 为北宋八角七层楼阁式砖塔，是宋代砖塔的珍品，也是旧时旬邑县的标志性建筑，位于陕西省旬邑县城北街东侧旬邑中学院内。

泰塔又称宝塔寺塔、旬邑塔。传泰塔寺始建于唐，泰塔之名的由来，一般认为与《易经》卦象有关，即塔的选址在"泰卦"之位，取意乾坤和畅，道路通达。清乾隆五十五年（1790年）版《三水县志》记载："泰塔在城东北隅。高15丈，七级八角二十四窗。"又载："唐吐蕃入寇，塔经火焚，积久损伤，塔遂东斜。万历年，县人文运开葺之，顺治甲午六月十日，地震仍端正如初，辛亥旧屯厅沈光禧闻其胜□，捐资筑垣，邑人庶因重修焉。"1957年维修时，在塔身第六层发现一块砖刻题记，上刻有"嘉祐四年正月中建"字迹，说明该塔始建于北宋嘉祐四年（1059年）正月。明万历年间（1573～1620年）修葺。

泰塔通高53米，底径12米。塔身底层北

泰塔全景图

面辟券门，内设塔心室；以上每层辟四券门，隔层位置交错。二层以上每面作仿木结构三间，以砖砌出倚柱、阑额、平座勾栏；当心间辟券门或饰方形假板门，两侧雕饰直棂窗或菱格窗。层间叠涩出檐，以石材作角梁，外端雕成龙头形螭首，自翼角伸出，上系风铃。每层檐下和平座均施砖雕斗拱，形式为五铺作出双杪，当心间补间铺作一朵。顶置石雕宝瓶式塔刹，为20世纪50年代整修时所加；顶部还置有铁人两对，相向而跪，颈系铁索，连缀塔顶中央。塔身结构为单壁中空，内设木梯可登临。

泰塔造型瑰丽、挺拔，雕饰精湛、典雅。清顺治年间（1644～1661年），文人周崇雅曾题诗《宝塔凌空》赞其气势曰："玲珑金刹跨豳阳，七级芙蓉舍利藏。风雨翠屏形突兀，云霞白色镜苍茫。"泰塔作为陕西众多砖塔中的代表，在建筑和营造上集唐宋建筑技术、艺术之大成。塔身外观从二层开始到顶层，逐层收分上举，既造成强烈的向上动感，又让人感到端庄、稳重。该塔虽为砖木混合结构，但在做法上均仿制木结构建筑，每层出檐均为叠涩而成，整个塔体或局部，均制作得十分精致，增强了塔壁整体刚性。泰塔具有较高的历史价值、科学价值、独特的艺术价值和较深刻的文化内涵。

1957年，泰塔被公布为陕西省重点文物保护单位。1978年，修复塔内木梯及部分门窗。1992年4月，陕西省人民政府公布保护范围和建设控制地带。2001年6月25日，泰塔被国务院公布为第五批全国重点文物保护单位，编号5-0417-3-223。2002年，旬邑县政府批准成立旬邑县泰塔文物保护管理所，负责管理泰塔管理工作。2005年，测出泰塔向东北倾斜，偏离中心线2.051米，且墙体出现几处裂痕。2006年，陕西省文物局拨付专款10万元，用于局部维修。2008年5·12汶川大地震波及陕西，造成塔身倾斜加剧，"塔顶中心点偏移2.154米，较2005年增加10.3厘米"。泰塔全国重点文物保护单位记录档案，由陕西省文物保护研究院建立并保管，三普资料数据库由陕西省文物局建立并保管。

**兴圣教寺塔**　是承袭唐代方形塔旧法的宋塔，为唐宋塔形制嬗递中的特例，位于上海市松江区中山东路235号方塔园内。

五代后汉乾祐二年（949年），邑人张仁舍宅建兴圣教寺，北宋熙宁、元祐年间（1068～1093年）建成此塔。元至元二十一年（1284年），僧人行高募款修葺。元大德六年（1302年）飓风吹落塔刹相轮，毁栏杆，僧清裕募款修理。元末，寺遭兵燹，殿宇全毁，而塔与钟楼独存。明洪武三年（1370年），寺僧在塔旁建忏堂，额曰"兴圣塔院"。明正统十二年（1447年），巡抚周忱捐款重建。明万历年间（1573～1620年）为募款修塔，僧大振断臂以示虔诚。清顺治十七年（1660年）、乾隆三十五年（1770年）和道光年间均曾修葺。清咸丰十年（1860年），钟楼及塔院俱毁。民国26年（1937年），城隍庙殿宇大部分遭日军轰炸焚烧，塔与寺前照壁幸免于难。

兴圣教寺塔平面正方形，俗称方塔。砖木结构，楼阁式，九层，总高42.65米。砖身底层每面6米，逐层收缩。砖身外壁每面建砖制柱划分为三间，正间设壶门，入内为方室。砖身各层外均有腰檐、平座、栏杆，底层在西

兴圣教寺塔

面围廊中置扶梯，穿过砖身中的踏步进入第二层，其余各层皆在方室内置楼板和木梯。第八层设横木交叉，承托塔心木，长13米，穿出顶层8.2米，套上铁制的塔刹，以覆盆、露盘、相轮、宝瓶等组成。塔各层木构件，修复前从二至九层，存斗拱177朵，保存宋代原物111朵，占62.7%，以松木制，华拱用足材，卷杀柔和，符合宋《营造法式》大木作制度的规定；第七、八、九层斗拱全部为清乾隆年间修缮时更换。撩檐枋、罗汉枋等亦有一部分为宋代原物。修复时原木构件除腐朽严重者更换外，一律保留，并加涂剂防护。塔刹与塔心木均为清乾隆三十五年（1770年）更换，塔刹第三重相轮上铸"乾隆庚寅桂珎秋董铸"，第五重相轮铸"乾隆寅桂秋董事又募众姓重铸

大小铁器共念伍件"等。塔心木亦镌"大清乾隆三十五年府治华亭县东北三图，信士□□济同侄其浦敬助塔心"。清道光二十六年（1846年）修理时，因塔心木损伤，在柱外包一层柏木。1975年重修时，因塔刹及塔心木损坏严重，均予更换。在塔第三层西面外檐柱头铺作与补间铺作间的拱眼壁上，发现有彩色佛像画二尊，结跏趺坐，面部已较模糊，经鉴定为宋代绘法。

1974年，由上海博物馆考古组清理方塔地宫，在底层地面正中部分，揭开1.5平方米的方砖，露出地宫券顶，地宫为砖砌方室，内置石函，器身下部浮雕双龙、云气，两端刻双狮。盖上置铜佛一尊，面北结跏趺坐，旁散置唐宋钱币41枚。石函内有漆匣，以帛包裹，已腐，匣内有铜卧佛1尊，左右各有1个银盒，盒内藏舍利和动物化石，底部镌"蔡溥舍银造匣追荐亡妻俞氏超生""郭椿年舍银匣追荐亡母赵氏超生"，漆匣底有钱币97枚。钱币有唐开元通宝和北宋政和、宣和通宝和南宋建炎通宝。

1962年，兴圣教寺塔被公布为上海市文物保护单位。1963年，上海市文物保管委员会全面勘察该塔的结构和损坏情况，同年10月确定塔身围廊廊柱的地位以及历代修缮时所用砖瓦等。1973年4月拟订《松江兴圣教寺塔修缮方案》，1975年开工修缮，1977年5月竣工。1978年，经上海市基本建设委员会批准，上海市园林局以兴圣教寺塔为中心，动迁南面苗圃和三公街一带居户、工厂，征地114000平方米，建成方塔园，归上海方塔园属地管理。日常保护管理档案存松江区文化广播影视管理局。1982年对外开放。1996年11月20日，兴圣教寺塔被国务院公布为第四批全国重点文物保护单位，编号4-0083-3-005。1999年3月29日，上海市人民政府印发《关于同意重新编制的上海市国家级和市级文物保护单位保护范围及建设控制地带的批复》，规定了兴圣教寺塔的保护范围和建设控制地带。

**崇兴寺双塔** 是中国保存较为完好的对峙布局密檐式砖塔的最早实例，位于辽宁省北镇市城正东北隅，北部为崇兴寺旧址。

双塔的建筑年代，旧有唐建之说，但无文献及碑碣记载。根据双塔的造型风格、建筑结构、砖雕技法及细部装饰等考证，应为辽代晚期所建，即辽道宗或天祚帝时期（1055～1125年）。《重修崇兴寺塔记》碑载，元皇庆年间（1312～1313年）曾维修。《重修广宁崇兴禅寺并双塔之记》碑载，明宣德七年（1432年）

崇兴寺双塔

崇兴寺双塔局部

又修。明嘉靖（1522～1566年）、万历二十八年（1600年），主要维修两塔的基座和塔檐。清光绪年间（1875～1908年）加固塔基，用花岗岩条石包砌各面。民国时期，崇兴寺双塔遭到严重破坏，塔座、塔檐及塔身破损严重，大部风铃及铜镜脱落丢失。

双塔东西相对，相距43米。东塔高44.46米，西塔高43.15米。两塔的形制基本相同，均为砖筑实心八角十三层密檐式，皆由塔基、塔座、塔身、塔顶（塔刹）四部分组成。塔后有明、清时期所建的崇兴寺，仅存正殿五间。

塔基为砌筑八角形，外皮包砌一层长条石，存高3米。塔基之上为塔座，分两层。上层为硕大的莲花座，座上承塔身。下为仰覆莲须弥座，下枭上的覆莲为图案花卉。每面束腰壸门柱及角柱都有雕花，柱间设3个壸门，门中各有一伏狮，作负重状。在须弥座上坊内收25厘米处，起勾栏平座，下置束腰，上作勾栏，中为斗拱。束腰每面3间，每间中有壸门，门中雕伎乐人。壸门两侧雕供养人或祥云、宝瓶、行龙等。壸门柱上，西塔雕罗汉，东塔雕花卉。金刚柱上均雕升龙，柱两侧雕力士。斗拱每面补间铺作三朵，转角铺作二朵，均为双杪五铺作计心造，斗拱尺度较大，疏朗大方。勾栏上每面望柱2根，蜀柱3根，华板4块。华板雕"卐"字及曲尺纹。瘿项云拱两侧也装饰以华板，刻有莲花、卷草等纹饰。东塔则有对鱼、对凤等雕饰。塔身通高5.65米，每面宽5.05米，塔身转角圆形倚柱，柱有侧角及卷杀，柱头上承阑额与普拍枋，枋上施斗拱，斗拱间补间三朵，转角二朵，均为二杪五铺作计心造。斗拱上托撩檐枋，枋上木制檐椽，飞檐各一层，每屋24根，椽上覆筒、板瓦，做成勾头、滴水、瓦垄，角脊上置垂兽。角梁上有套兽，梁下系大风铎，椽下系风铃。塔身每面有拱形佛龛，龛内各雕一坐佛，后雕火焰式背光。东塔各佛皆有宝冠。拱楣上雕忍冬等缠枝花纹。东塔佛龛两侧各有一浅龛，龛内浮雕立侍菩萨，脚踏莲花，头戴璎珞，头后有圆形项光。西塔佛龛两侧未设浅龛，立侍菩萨浮雕于壁面上。每面佛龛上均有垂幢纹璎珞式大宝盖。东塔宝盖顶平直，为倒梯形。西塔宝盖圆润，为伞形。宝盖上方中部各嵌有铜镜一面，大宝盖下方中部也嵌有铜镜一面。在宝盖上方两侧各雕有飞天，轻翔于祥云之上。塔檐十三层，除第一层用砖雕斗拱承托塔檐外，其余十二层，每层均用砖叠涩出檐，檐下塔面等高，每面嵌铜镜，下五层每面嵌铜镜3面，以上各层嵌铜镜两面，塔檐向上每层逐渐内收，作一斜直线。东塔内收坡度小于西塔，坡度不大。第十三层塔檐作八角攒尖收顶。顶上再用砖砌仰莲形受花二层，宝瓶一个，瓶上置铁覆钵，上树刹杆，杆上置四枚圆形相轮，刹尖为铜制葫芦形宝珠。刹杆用8条浪风索连接角脊，在角脊连接处置一个较大的铁宝珠。受花每面嵌铜镜1面。南面设一扇封闭式门，门板为用暗紫色沉积砂刻雕的石碑，为明宣德七年重修广宁崇兴禅寺并双塔之记碑。在西塔东北面的勾栏华板中嵌有长方形的石碑1块，为黄色沉积砂岩质，上刻文字已风化，模糊不清，但可辨识为明万历二十八年（1600年）之《重修崇兴寺塔记》碑，并刻有李成梁、李如梅等姓名。

崇兴寺双塔采用东西并立的建筑布局，双塔规模宏大，造型精美，雕刻细致，具有较高的历史和艺术价值，是研究辽代的政治、经济、建筑艺术和可续文化等的重要参考资料和实物依据。

中华人民共和国成立后，北镇县人民政府派专人管理崇兴寺双塔。1965年，北镇县文教科成立文物保管所，负责对崇兴寺双塔的保护管理工作。1980年1月，成立北镇县文物保管所，负责对崇兴寺双塔的日常管理工作。1988年1月13日，崇兴寺双塔被国务院公布为第三批全国重点文物保护单位，编号3-0151-3-099。1993年，辽宁省人民政府划定公布了崇兴寺双塔的保护范围及建设控制地带。1997年，经国家文物局审核立项，由辽宁省文物保护中心监理，由大连古建筑园林工程有限公司施工，对崇兴寺双塔东塔进行大修。2001年，北镇市文物保管所和辽宁省考古研究所联合建立崇兴寺双塔的全国重点文物保护单位记录档案，由辽宁省考古研究所保管。2013年，又对西塔进行大修。

**圣寿宝塔** 是中国保存较完整的宋代楼阁式石塔，位于福建省长乐市吴航南山山顶。长乐吴航北临闽江口，是东海进出闽江的一大港口，古为著名的太平港所在地，往来商船货物在此地集散。

圣寿宝塔建于北宋政和七年（1117年），为寺僧募缘而造。原名圣寿宝塔，寄托南宋臣民对被金人俘走的宋徽宗、宋钦宗的祈福。据《长乐县志》记载，明代航海家郑和下西洋往返泊舟于长乐太平港时，多次出资修葺圣寿宝塔及其塔寺，重修时曾题寺额"三峰塔寺"，因而此塔又名三峰寺塔。明弘治年间（1488~1505年），知县潘府为祝愿长乐人才辈出，刻"雁塔"于一层门额，故又俗称雁塔。

圣寿宝塔坐南向北，仿楼阁式石塔，平面八角，七层，通高27.4米，穿心式结构，内设塔梯，外设平座，由塔基、塔身、塔刹三部分组成。须弥座塔基十分讲究，造型宽大，琴腿

圣寿宝塔

塔基，花枋九重，上、下枭分别施仰、覆莲，束腰转角刻跪姿力士，每面开壶门三个，壶门中雕狮、象、虎等动物。塔身一层又设束腰基座，上下枭施仰、覆莲，束腰每面以间柱隔成三间，开壶门三个，勾栏式上枋；束腰座之上立有8尊高大金刚雕像代替转角倚柱，造型威猛各异；塔身四面雕2排4列小佛坐像，另四面设一内凹壶门形佛龛，佛龛两侧浮雕菩萨；每面上方浮雕飞天，下雕佛教故事对弈、骑龙、凿石、出海，线条流畅，形象生动。一层南面壶门上额刻"雁塔"两字，一层采用混檐式样。二层以上设腰檐、平座栏杆，仿木建筑屋面做勾头、瓦垄，转角瓜棱倚柱，抬梁式铺作承托

出檐挑角，转角为单杪双下昂，补间铺作出单杪，柱斗用大斗。塔身二层以上设一圭角形塔门，其余各面均设一壶门形佛龛，二层南面圭角形正门上方挂石制匾额"圣寿宝塔"。六、七层塔外壁刻造塔铭文若干段，七层有"时政和丁酉十月二十三日圆满……"等字样的铭记。二至六层塔室内均开一壶门形佛龛，塔室楼梯天井用石块层层叠涩承托形成上层楼层，七层塔室穹隆顶，施月形梁一根，梁底有铭文"当今天子□延圣寿"。塔顶部为葫芦形塔刹。全塔用石块叠造，坚固异常，造型优美。

圣寿宝塔建于北宋，保存完好，具有很高的历史价值。圣寿宝塔是一座全国为数不多的石造仿楼阁式七层穿心塔，此塔的式样、构造、做法极具福建地方特色。据史料记载，此塔历经宋德祐元年（1275年）、元至正二十七年（1367年）、明成化十一年（1475年）的三次大地震而不倒，可见此塔不仅整体造型优美大方，而且设计合理，结构科学，施工水平高。塔基座、一层塔身有金刚、力士、菩萨、飞天、佛教故事等雕刻内容，且雕刻技艺水平极高，有立体雕刻、浅浮雕等；雕刻纹样既有宗教图案规范化特点，又渗透出传神生动的生活气息，线条细腻流畅，刀法讲究娴熟。仿楼阁式塔身用石块雕凿叠涩腰檐、勾头、瓦垄、翼角、瓜棱柱、斗拱等，精致而不呆板。圣寿宝塔既是经济文化的历史产物，又是佛教信仰的文物建筑，是研究宋代经济文化和宗教文化交流的重要实物资料，也对研究地方史具有重要的史证作用。

1961年，圣寿宝塔被福建省人民委员会公布为第一批省级文物保护单位。1981年，福建

省人民政府拨款修缮加固，加设平座栏杆，安装避雷针。1982～1984年，福建省、市、县政府又先后7次拨款维修加固。1985年，郑和纪念馆对圣寿宝塔进行管理。2002年，成立圣寿宝塔文物保护小组。2006年5月25日，圣寿宝塔被国务院公布为第六批全国重点文物保护单位，编号6-0581-3-284。2014年，长乐市委托福建博物院文物保护中心编制《长乐市圣寿宝塔文物保护规划》。同年，圣寿宝塔文物保护小组建立圣寿宝塔的全国重点文物保护单位记录档案。2016年，福建省人民政府印发《关于公布全国重点文物保护单位（第四至七批）保护范围的通知》，公布圣寿宝塔的保护范围。2016年11月，福建省文化厅、省住房和城乡建设厅印发《关于公布省级以上文物保护单位建设控制地带的通知》，公布了圣寿宝塔重新划定建设控制地带。

**崇教兴福寺塔** 原名崇教宝塔，俗称方塔，是江南体量最大的遗存古塔之一，也是江苏省内保存比较完好的一座宋塔，是历史文化名城常熟的一座标志性古建筑。崇教兴福寺塔位于江苏省常熟市虞山镇方塔街塔弄。

崇教兴福寺塔原名崇教宝塔，俗称方塔。据文献记载，南宋建炎四年（1130年）建寺基。南宋咸淳年间（1265～1274年）僧法渊撤遗构重建，高九级。明洪武八年（1375年）寺僧净慧重修，历8年告竣。清乾隆十一年（1746年）灯火焚毁木构，次年督粮道程光矩倡众重建。清咸丰十年（1860年），寺毁于战火而塔独存。清光绪三十年（1904年）重建。民国时期，佛寺遗迹荡然无存。抗战初期，塔体受损。

塔为四面九层砖壁木檐楼阁式塔，塔体为单筒式结构，每层塔身的高度逐降，面宽亦逐渐减小，外廓有显著的收分。每层有平座，至七层起有塔刹柱，贯通三层，上承塔刹，塔总高67.14米，每层面阔、进深三间。每层檐下斗拱出两挑，平座下斗拱出一挑，塔壁内各层以木楼板相隔，以木扶梯相通，四面墙壁上砌夯柱、阑额、斗拱。地层平面呈方形，面阔、进深均五间17.5米，高8.28米，东、南、西、北四面作拱门，塔壁宽9.03米、厚1.96米，室内平面呈八边形。底层与二层间作一暗层，高3.02米。塔檐副阶周匝，进深两架。二至八层室内皆作方室，层高渐减，分别为

崇教兴福寺塔

5.6、5.48、5.37、5.26、4.51、4.62、4.48米，四向中砌火焰状壸门，两次间作直棂子暗窗，表现了楼阁式特点，楼梯的方位每层交替安设，平座进深0.9～1.1米不等，每边设几何形栏杆3扇。九层为盝顶，高7.87米，塔壁宽5.89米。塔刹为铁制，高15.55米，自下而上由覆钵、鼓形束腰、承露盘、七重相轮、宝盖、盝形龙首翼角、宝瓶、宝珠等构件组合而成，塔刹柱为圆柱状，由三截连接而成，直径0.6米、长32.44米，七层用两根大驼梁承托，八、九层用井字梁固托。

崇教兴福寺塔是历史文化名城常熟的一座标志性的建筑，也是中国古代风水塔的早期实例。崇教兴福寺塔遵风水理论而建，属中国早期风水塔之列，塔虽经明、清两代屡次修葺，但木构件及塔身形制仍保留宋代的建筑风格与营造特征。崇教兴福寺塔的老角梁与仔角梁已采用嫩戗发戗的做法，但起翘角度约141°，较《营造法源》所载之130°为缓，起翘值介于宋《营造法式》与清《营造法源》之间，为揭示江南地区古代建筑之角梁构造从起翘平缓逐步发展为起翘高耸的演变提供了过渡性实例。崇教兴福寺塔最有价值之处在于其底层外壁建有木构平座。这种做法在中国遗存古塔中实属罕见，关于为宋《营造法式》平座造结构形制的研究提供了实例。

崇教兴福寺塔经过多次维修。1963年9月6日至1964年9月底，先后两期实施抢修加固工程。1986年，按宋塔原有结构式样修复方塔的塔衣，至1987年7月竣工。1991年5月，常熟市碑刻博物馆成立，成为崇教兴福寺塔的专职保护机构。1997年，文物部门和古建筑专家多次考察，发现该塔各层角梁、斗拱、平座、栏杆等均有下沉、移位和朽蚀，塔壁砖墙有裂缝，存在严重险情，应尽快实施抢救性维修。1998年，方塔大修工程被列入市政府为民办实事工程，正式实施。1999年9月竣工，方塔重新对外开放。2002年11月，常熟市碑刻博物馆并入塔园，由崇教兴福寺塔古迹名胜区进行专职管理。2004年12月，成立常熟市城市古迹名胜区管理处，对崇教兴福寺塔进行专职管理。2005年，江苏省文物局、江苏省建设厅联合印发《关于公布苏州市省级以上文物保护单位保护范围及建设控制地带的通知》，划定并公布崇教兴福寺塔保护范围及建设控制地带。2006年5月25日，崇教兴福寺塔被国务院公布为第六批全国重点文物保护单位，编号6-0511-3-214。2007年，常熟市文物管理委员会建立崇教兴福寺塔的全国重点文物保护单位记录档案。

**飞英塔** 为南宋楼阁式砖木高塔，位于浙江省湖州市吴兴区飞英塔街道塔下街61号飞英公园南部。

飞英塔始建于晚唐。据宋《嘉泰吴兴志》等记载，唐咸通中，名僧云皎游历长安得"舍利七粒及阿育王饲虎面像"，归建石塔藏之。飞英塔由内、外两塔组成。平面呈正八边形，占地约400平方米，南北轴线偏西6°。内塔始建于唐中和四年（884年），成于乾宁元年（894年），名上乘寺舍利石塔。外塔始建于北宋开宝年间（968～976年），因有"神光现于绝顶"之说，增建木塔于外，"凡三十七层，高六十五丈"，形成"塔中塔"结构。取佛家语"舍利飞轮、英光普现"之义而名飞英塔。宋景德二年（1005年），寺名改飞英寺。

南宋绍兴二十年（1150年），塔遭雷击被焚，因确认舍利无恙，募化重建石塔，遗存石塔上刻有"绍兴二十四年""绍兴二十五年""绍兴三十一年"等年代题记可证。此后主要有元延祐元年至五年（1314～1318年）、明景泰三年至天顺五年（1452～1461年）、嘉靖二十八年（1549年）、万历三十七年（1609年）、清道光十五年至十八年（1835～1838年）等几次大修。内、外二塔遗存均保留宋代建筑风格。民国18年（1929年），外塔塔顶倒塌，内外塔均遭重创。寺庙也于民国年间逐渐荒圮。"文化大革命"期间，内塔雕刻遭破坏。

内塔为仿木构楼阁式石塔，全用青白石砌筑，八面五层，塔刹已毁，残高14.55米，塔身遍雕精美的佛教图案。石塔分段雕刻叠砌而成，每层均有平座、塔身、腰檐斗拱和塔檐四个结构层，每个结构层由隐蔽处以生铁扒锔牵连，层层叠压。塔刹与各层栏杆均毁。基座刻"九山八海"，须弥座刻仰覆莲和缠枝花卉，间有"化生"，束腰雕狮。塔身转角用瓜棱柱，各层各面均雕有千佛造像和佛传故事造像。塔身遗存佛像1031尊，其中大佛17尊，千佛像984尊，其他30尊，另有动物造像51具，题记31条约1437字，大多清晰可辨。

外塔系砖身木檐楼阁式，八面七层，通高55米，罩于内塔之外。因内含石塔，故四层以下中空。内壁设悬挑式扶梯和回廊，可盘旋至顶。外壁各层设塔檐和平座。每层塔壁中均施数道木质龙骨圈梁。各层均设内外平座及栏杆，栏杆望柱头刻有莲瓣。塔刹高12.34米，

飞英塔

飞英塔内塔

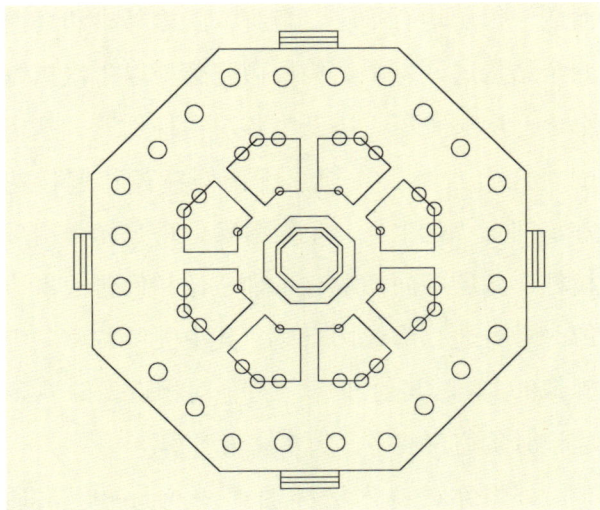

飞英塔底层平面示意图

自下而上依次为覆钵、大宝珠、仰莲、七级相轮、宝盖、两颗宝珠、仰月、小宝珠、宝葫芦，以套筒串联。

飞英公园内遗存碑刻两种：明天顺七年（1463年）《重修飞英舍利塔记》、明万历三十七年（1609年）《吴兴重修飞英塔记》。飞英塔曾出土重要文物5件：五代时期嵌螺钿经函（含经卷）1盒，南宋七曲银盒、铜铸阿弥陀佛坐像、铜铸观世音菩萨坐像、铜铸大势至菩萨坐像各1件。

飞英塔用外塔保护内塔的做法，在中国古建筑史上极为罕见。内石塔精雕细刻，各种建筑构件形制规整。石刻铺作采用"偷心造"；塔身转角雕出梭形瓜棱状椅柱，櫍形柱础；塔身各面大部分辟壶门状佛龛，内雕大幅佛教故事和千佛造像，如"一字大悲观音像""八方石狮""化身童子像""九山八海图"等等，体态丰腴，造型各异，形态逼真，整座石塔堪称石雕艺术珍品。空筒式的外塔保护内塔免遭风化，又为礼佛观赏提供方便，造型稳重挺拔，结构紧凑合理。六层底部架设十字相叠的

大栿，上置27米高的塔心木，直插塔刹顶部，塔顶梁架采用斜柱结构，坚实稳固。木质铺作用材硕大，种类甚多：副阶角柱头施五铺作双杪，檐柱头施四铺作单杪；二层以上檐下均施六铺作双杪单上昂，三、四层内平座下施五铺作双杪；四层天花下施五铺作单杪单上昂；除二层内平座铺作为偷心造外，其余均为计心造。整座外塔在营造技术方面基本符合宋《营造法式》的一般法则，又因塔中有塔的特殊形制而创制了自身特有的营造技术和结构形式。飞英塔建造年代久远、纪年明确，结构形式独特，佛教造像精美，为研究中国建筑史、艺术史、佛教史等提供丰富的实物例证，具有重大文物价值。其自建成之日即为湖州标志性建筑之一，历代文化名流对之赞赏题咏不绝。苏轼有"忽登最高塔，眼界穷大千"，赵孟頫有"梯飙直上几百尺，俯视层空鸟背过，千里湖光秋色尽，万家烟火夕阳多"等歌咏名句。

1981年之前，飞英塔一直由湖州市有关文博单位兼管，并无专门的保护机构。1981年起，由湖州市文物管理委员会管理。1983年12月，成立湖州市飞英塔文物保管所，作为飞英塔的专职保护管理机构。1982～1986年，国家拨付资金重修飞英塔。1988年1月13日，飞英塔被国务院公布为第三批全国重点文物保护单位，编号3-0148-3-096。1989年5月5日，经浙江省人民政府批准，浙江省文化厅和浙江省建设厅联合发文公布飞英塔的保护范围和建设控制地带。1994年11月20日，湖州市飞英塔文物保护管理所建立完整的《浙江省文物保护单位档案——飞英塔》。2002年9月，湖州市将飞英塔、嘉业堂、铁佛寺三处文保所合并组建

湖州市文物保护管理所（与湖州市博物馆合署），下设飞英塔管理站，专门负责飞英塔的保护、开放管理工作。2010年、2012年、2014年进行过3次保养维修、防雷排险和环境整治工程，整体保存状况良好，内外塔塔身基本垂直，结构稳固。2013年，湖州市文物保护管理所、湖州市博物馆分设，飞英塔文保站隶属湖州市文物保护管理所。

辽阳白塔　是东北地区遗存最高的古塔，位于辽宁省辽阳市白塔区胜利街道公园社区白塔公园内。

辽阳白塔始建于辽代，因塔身、塔檐的砖瓦涂抹白灰而俗称辽阳白塔。据塔的建筑风格、使用的材料，雕刻手法、纹饰与风格等，

都与纪年明确的锦州大广济寺塔、沈阳塔湾无垢净光舍利塔、北镇崇兴寺双塔等相一致。白塔用砖皆是压印大沟绳纹砖，兽面圆珠纹饰瓦当、仿木构的砖雕斗拱、砖雕牡丹、双龙、胁侍、飞天等也与辽代中晚期的同类遗构雷同，白塔实为辽代中晚期的建筑。1988年，在白塔塔顶须弥座底下发现明代维修白塔的5块铜牌（重修记4块，护持圣旨1块），其中明永乐二十一年（1423年）《重修辽阳城西广佑寺宝塔记》载"兹塔之重修，获睹塔顶宝瓮傍铜葫芦上有镌前元皇庆二年重修记。盖塔自辽所建，金及元时皆重修，迨于皇朝积四百余年矣"，可知塔当建于辽代的太平、重熙年间（1021～1055年）。1990年，维修清

白塔远景

白塔塔身石刻

理刹杆须弥座时，在刹杆与砖的缝隙间，发现在砸碎填缝的铜片上，有"年"及汉字偏旁部首，亦当为金、元维修时铸的文字。《重修辽阳城西广佑寺宝塔记》提到圆公和尚（葬身塔在辽阳城东台子沟有塔铭述其生平事略）主持重修时"平治基址，得旧时广佑寺碑，遂复寺额"，证明在明永乐年间修复庙宇时，发现前代寺碑，明初以白塔为名，便恢复其原寺名。其寺就在塔周围，该塔即称为广佑寺白塔，亦即辽代所建的东京广佑寺大舍利塔。明隆庆五年（1571年）的重修碑记，叙其寺有牌楼、山门、钟鼓楼、前殿、大殿、后殿及藏经阁、僧房、都纲司衙门等建筑149间，是辽东佛教的活动中心。明诗人张鏊到辽东曾写诗赞曰："宝塔雄西寺，黄金铸佛身。"塔南的铜铸鎏金大佛，就是广佑寺的遗物。

辽阳白塔高70.04米，是一座八角十三层密檐式实心砖塔。塔建在平面呈八角形的石砌台基上，台基上为砖筑八角形须弥座。每边长10.3米、高9.4米。上部嵌以短柱相隔的双狮纹饰花砖，每面中间砌一壶门形小龛，龛内雕一狮首卧兽。其上部每面镶砌砖雕一佛二胁侍像四组，转角处雕金刚力士像。须弥座顶部

是仿木结构的砖雕平座斗拱，每面补间铺作4朵，转角处出斜拱，上承砖砌额枋及阶梯形顺水坡面。塔身以两层仰莲承托，平面为八角形，转角处为砖砌圆倚柱，高10余米，每面砌筑拱门龛，门楣上为砖雕精美的缠枝牡丹，宝相花及双龙等图案。龛内石雕坐佛1尊，背后火焰纹衬托，八面坐佛形象雷同，做工远不及塔上其他砖雕，可能是明代维修时补作的。龛门左右两侧浮雕胁侍像。坐佛、胁侍像头上皆有砖雕垂贴幔式璎珞纹宝盖，上部浮雕相对两飞天，中间镶有铜镜。塔身上的这些浮雕，造型各异，形象稳重肃穆，线条生动流畅，是这一时期砖雕中的优秀作品。塔檐有十三层。第一层每面有砖雕斗拱补间铺作3朵，转角斗拱出斜拱承托檐枋，砖枋上为柏木檐椽、飞椽外，其余则是叠涩式砌筑塔檐，八角置柏木角梁，上砌筑垂脊，覆以筒瓦，装饯兽，角梁头装套兽，悬铁风铎，一如木构建筑。每层檐面无底瓦，用大砖平铺。檐口砖磨成半月形，雕出麦穗纹图案的滴水瓦的形状。砖缝间覆以筒瓦，兽面圆珠纹的瓦当上有圆孔，用铁钉钉进砖缝白灰中，防止筒瓦下滑。塔顶以平面呈八角形的砖筑须弥座收顶。其上砌出二层仰莲瓣，仰莲上砌筑覆钵，中间竖一高9.5米的铁刹杆。刹杆上装有铜制圆光、宝珠、相轮等。刹杆顶端套装1个铜牌铸喇嘛塔，圆光上部刹杆上有八孔铁铸件，挂八条铁链与塔顶垂脊上的8个铜宝瓶相连接。整个塔的造型，主要以上、下两部分的繁密来衬托中部平整的塔身，使塔身显得刚健有力而成为全塔的主体。十三层塔檐长度逐层递减，使塔檐轮廓具有缓和的内敛，顶部用装饰闪光的金属高刹结束，给人

以安定优美的感觉。

1986年之前，辽阳白塔由辽阳市文物管理所管理，1986年后，辽阳市文物管理委员会为市级管理单位。1988年1月13日，辽阳白塔被国务院公布为第三批全国重点文物保护单位，编号3-0152-3-100。同年，白塔维修中，从塔身、塔顶取铜镜24面，风铎15个，铜碑5块（四块重修记，一块护持圣旨），银杖1件，流光碧汉木质匾4块，铜宝珠1个和其他建筑构件等70余件。1989年11月，由国家文物局推荐的西安市古建园林规划设计处负责辽阳白塔的测绘工作，采用航空遥感技术测定白塔的高度。1990年5～7月，由北京市崇文区古建维修队承担白塔的维修工作。1993年，辽宁省人民政府公布白塔保护范围和建设控制地带。2004年，建立了全国重点文物保护单位辽阳白塔的记录档案。2006年后，辽阳市成立文物保护中心，专职保护管理辽阳白塔。

**释迦文佛塔**　俗称广化寺塔，是仿中国传统木楼阁式的石塔，位于福建省莆田市城厢区凤凰山广化寺东侧。

广化寺始建于南朝陈永定二年（558年），初名金仙庵，后扩建为寺。唐景云二年（711年），睿宗皇帝赐名灵岩寺。北宋太平兴国元年（976年），太宗皇帝改名广化寺。释迦文佛塔在寺前左侧普门庵前，塔身内外有宋、元、明历代题刻46处。据塔门旁游人登塔题刻推算，当建于宋乾道元年（1165年）以前。

石塔坐北朝南，通高30.6米。塔体石质为青花岗岩，五级八角形，由须弥座和塔身组成。1983年，经过对塔基进行勘察，塔基占地面积151.29平方米。须弥座为八角开明，由上

下坊，上下枭，上下皮条线和束腰构成。束腰八面浮雕狮子滚球及花卉，每角和束腰每面中间雕力神。座上置八面形回廊，由满雕海水卷云纹的石栏板砌成。须弥座冥腰转角和束腰每面的中间浮雕负重力士形象的力神，表现出用双手、单手擎塔的姿势，也与用肩顶、头顶塔的姿势，共22尊。穿插间隔于力神之间的浮雕为形态各异的牡丹和狮子滚球图。塔身每层平面皆为正八边形。塔底层南面砌一小塔殿，东、西塔门直通塔心室。石墙第1层塔室南的壁龛内壁上有自左至右竖刻楷书两行"舍利塔镇旧基"，可知此石塔之前还曾有过一不知建于何年的舍利塔。塔第2～5层的塔身，其东、西、南、北面均设矩形塔门，各个门上面

释迦文佛塔

皆有门额。第2~4层塔身北门内皆设阶级通塔上下层。第2~5层，每层塔身东南、西南、东北、西北面外壁皆设矩形石龛，内置圆雕坐佛。每层均有塔心室和环塔外回廊。每层塔身八角瓜棱连楯倚柱，皆露三面瓜面。倚柱上置栌斗，栌斗上出华拱，上置齐心斗，再承一个下昂，昂上又出一挑斗拱，承上面饿角昂，使柱头呈一杪一昂再加一杪一昂的铺作。补间铺作一个，也呈一杪一昂再加一杪一昂的结构。栌斗和齐心斗的斗欹皆有顿，斗底皆有假皿板。塔每层的栌斗大小一样，齐心斗的大小也一样。每层塔身八面浮雕立佛、花卉、飞天。层层斗拱叠涩出挑，每个拱头均雕朵云、牡丹、凤凰、飞天、菩萨等佛教图案纹饰，上盖以石雕筒瓦扇形条石塔檐，八角雕龙首状白鸟吻翅脊，顶层塔面用石雕筒瓦扇状石板雨披覆盖，塔顶装相轮塔刹。塔心室层层筑，可递上各层塔心和塔身外回廊。塔檐是由石雕筒瓦扇形条石砌成，每层塔檐石筒瓦的圆形瓦当雕莲花图案，每层垂脊均是雕龙首状鸥吻的翅脊。每层塔檐下的两层叠涩，各由许多拱状石组成，每个拱头皆有浮雕。浮雕的形象有迦陵频伽、云中坐佛、云中菩萨、云中仙人、天将、云中仿木楼阁式石塔、砖塔、喇嘛塔、阿育王式塔、宝钟、浮云托日、凤凰、牡丹、莲花、半支莲、卷云等等。释迦文佛塔是仿木结构楼阁式的石塔建筑，石塔每层的柱头铺作和补间铺作，都表现为一杪一昂再加一杪一昂的出四条七铺作的结构形式。

释迦文佛塔的斗拱结构独特，在古建筑中较为罕见。石塔的栌斗和各齐心斗的耳、平、敬之间的尺寸比例不符合《营造法式》，为研究古代建筑的斗拱结构等提供不可多得的实物资料。石塔造型独特，宏伟壮观，塔身上佛像生动逼真，塔身许多精美的浮雕体现了较高的艺术水平，尤其是罗汉立像的面部表情神态，刻画生动，且有个性。特别是石塔浮雕的菩萨和罗汉，或手施密宗手印，或手持铃之类的密宗法器。这些密宗形象的浮雕，是研究宋代历史与艺术的珍贵实物资料，为研究南宋佛教密宗在莆田这样的东南沿海地区的传播提供了宝贵的实物见证。

1957年，福建省文物管理委员会拨款重修释迦文佛塔。1961年、1979年和1983年福建省政府三次拨款，对石塔进行全面勘察和维修。1963年12月，释迦文佛塔被福建省人民委员会公布为第一批省级文物保护单位。1988年1月13日，释迦文佛塔被国务院公布为第三批全国重点文物保护单位，编号3-0149-3-097。同年，莆田县文化局负责管理。1996年，福建省人民政府印发《关于公布国家重点和省级文物保护单位（第二批）保护范围的通知》，确定释迦文佛塔的保护范围。1999年，委托南山广化寺看护管理；2002年，石塔具体管理权转移给广化寺管理。2004年，莆田市城厢区文物管理委员会建立《释迦文佛塔记录档案》。2016年11月，福建省文化厅、省住房和城乡建设厅印发《关于公布省级以上文物保护单位建设控制地带的通知》，重新划定释迦文佛塔的建设控制地带。

**开福寺舍利塔**　原名释迦文舍利宝塔，俗称景州塔。舍利塔位于河北省景县景州镇景安大街原开福寺内。

民国21年（1932年）版《景县志》记载：

开福寺舍利塔全景

"开福寺古塔上层悬有铁匾，匾内铸有齐、隋重修字样，重修既在齐、隋，其创建当在北魏时代。考：北魏永平好佛。奖励寺庙，浮图之建设一时在全国州郡希旨承风……景县开福寺之古塔雄伟壮观，世无甚匹，此项大建筑当必在北魏永平年间。"塔内第二层回廊墙壁上捐资修塔石碑碑文有"时大宋元丰二年（1079年）"字样。1980年，中国科学院自然科学研究所教授张驭寰对此塔进行实地考察，根据该塔的建筑风格、特点，认定为北宋时期的建筑。宋元祐六年（1091年）、金天眷二年（1139年）、元至治三年（1323年）、明正德十二年（1517年）、清同治八年（1869年）以及民国时期都分别予以维修。该塔遗存建筑形式为宋代建筑。开福寺舍利塔周围原有无量

殿、千佛阁等寺庙建筑，1967年被毁。

开福寺舍利塔属楼阁式砖塔，八面棱锥体，外观十三层檐结构十二层，二层下施平座。通高63.85米，占地面积316平方米，总建筑面积1500平方米。塔基为条石砌筑，塔身为砖砌筒体结构，外围为厚重砖墙，中心砖砌塔心柱，二者之间形成回廊。每层外墙四正面均辟有券门，每层塔心墙均为正中设穿心式蹬塔砖梯，单层塔梯为南北向，双层塔梯为东西向，盘旋而上至十二层。一层砌有塔心室，顶由砖叠涩成藻井。十二层中心立一直径30厘米的木柱支撑塔刹，塔刹为3个大小不同的铜葫芦相串而成，下用铁网罩托。

开福寺舍利塔体量巨大、做工精巧，在衡水地区宋代佛教建筑中具有十分重要的地位，

具有很高的历史、科学、艺术价值。开福寺舍利塔结构独特，具有宋代的建筑风格，体现宋塔特有的建筑风貌，与同时期河北境内的定州料敌塔均为宋代重要的高层建筑遗存，其平面布局、建造形式对研究宋代建筑具有重要的史料价值。开福寺舍利塔结构严谨，重心稳定，曾经受过多次地震的考验，均未损坏，显示出该塔在建筑技术上具有较高的水平。开福寺舍利塔是研究当地古代经济、文化及建造工艺，不可多得的实物资料。开福寺舍利塔造型精美，雄伟壮观，比例匀称，是劳动人民的智慧结晶，具有十分重要的景观艺术价值。

1969年，对"文化大革命"初期损坏的舍利塔底部进行维修。1973年春，大修舍利塔，重点维修11～13层及塔顶。维修时，从塔顶铜葫芦里取出《大乘妙法莲花经》《大乘诸品经咒》《药师琉璃光如来本愿功德经》等明朝木

版佛经三卷和释迦卧式铜佛1尊，铜镜5块，铁牌5块。1992年，河北省人民政府印发关于《河北省国家级、省级文物保护单位保护范围和建设控制地带的通知》，公布开福寺舍利塔的保护范围及建设控制地带。1996年12月25日，开福寺舍利塔被国务院公布为第四批全国重点文物保护单位，编号4-0082-3-004。1997年，设立景县文物保护所，负责保护与管理开福寺舍利塔。2003年，经国家文物局批准，河北省古代建筑研究所启动开福寺舍利塔加固维修工程。2004年，河北省文物研究所制作开福寺舍利塔全国重点文物保护单位记录档案，保存于河北省文物保护中心和衡水市文物管理处。

**广教寺双塔** 是中国唯一一处北宋时期沿用唐代四方形楼阁式形态建造的古塔遗存，位于安徽省宣城市敬亭山南麓。

广教寺原名新兴寺，始建于唐大历年间

广教寺双塔

（766～779年），会昌法难中被毁。大中元年（847年），唐宣宗敕复佛寺，宣州刺史裴休延请高僧黄檗希运禅师募化，重建寺庙。至宋代，广教寺极为兴盛。延至元代，广教寺荣佑崖法师蒙皇帝召见，受赐金袈裟。元末战乱，寺庙毁坏甚多。明代复兴，洪武二十四年（1391年）立为丛林。清初著名画家石涛，在清康熙年间曾寓居广教寺多年。清乾隆年间，寺庙几乎全毁，仅剩双塔和石佛殿。民国27年（1938年），日军入侵，国民党部队利用广教寺石佛殿作弹药库，后引爆炸毁，广教寺建筑除双塔外，全部沦为瓦砾。

双塔建造的具体时间，根据其形制和有关史料推测为北宋时期的建筑，有两种说法：北宋初期宋太宗时（976～997年），太宗赐给广教寺御书120卷，并建造藏经阁和观音殿，这时在寺前修建双塔是有可能的；第二种可能是北宋绍圣三年（1096年），根据是塔身二层内壁上遗存的两块苏轼所书《观自在菩萨如意轮陀罗尼经》刻石署款为"元丰四年（1081年）二月二十七日责授黄州团练副使眉阳苏轼书以赠宣城广教院模上人"，后跋为"绍圣三年（1096年）六月旦日宛陵乾明寺楞严讲院童行徐怀义募刊于石普劝受持同增善果"，可知双塔至少在宋绍圣三年以前就已经存在。1999年和2014年，安徽省文物考古研究所对塔院内的寺庙遗址进行两次发掘，发现宋至民国时期寺庙的基址。

广教寺双塔东、西对峙耸立，相距26.9米。两塔外观均为七级四方形楼阁式方塔，东塔高17.86米，西塔高17.87米。东塔形体稍大，底层塔身南北长2.66米，东西宽2.64米；

塔身佛像

西塔底层塔身南北长2.33米，东西宽2.30米。两塔塔身多数是用佛砖砌成。塔外四角四面，每一面都用圆柱砖条划分三间，中为圆拱门，有阑额、角柱、檐有华拱出挑，墙面饰嵌宝相花座佛像砖雕。砖的形制甚多，有100余种。两塔底层三面设门，东塔无东门、西门无西门。塔外每层有平座腰檐、仿木斗拱，塔内中空，面积很小，每层有楼板、楼梯，供人登至顶端一览青山绿水。

广教寺双塔历代损毁和维修状况史料不详，从清初画家梅清和石涛的画作中可知，双塔塔刹在清初就已毁坏不存。1988年1月13日，广教寺双塔被国务院公布为第三批全国重点文物保护单位，编号3-0145-3-093。同年，安徽省政府划定广教寺双塔保护范围和建设控制地带。1989年在国家文物局支持下对双塔进行抢救性维修。1992年，重修广教寺山门和塔院。1997年，成立宣州市广教寺双塔文物保护管理所。2003年，宣州区文化广电新闻出版局建立广教寺双塔的全国重点文物保护单位记录档案，于2012年移交至宣城市文物局保管。2009年，国家文物局批复同意《广教寺双塔总体规划》，重新划定保护范围。2011年，宣城市政府公布新的保护范围和建设控制地带。2014年，国家文物局拨付资金对广教寺双塔进行第二次维修。

**崇觉寺铁塔**　是以熔铁浇铸的八角形楼阁式佛塔，位于山东省济宁市博物馆院内的崇觉寺。

崇觉寺，又名释迦寺，始建于北齐皇建元年（560年）。当时寺内无塔，唯有大雄宝殿。崇觉寺自创建以来，历经重修和拓建，到明代已具备一定规模。寺院坐北朝南，占地约2万平方米，分东、中、西三路，中路前为山门，门左右为钟鼓楼，再向北依次为铁塔、大雄宝殿、藏经阁等。东路布置为观音殿、藏王殿、僧寮房和方丈楼等建筑。清末改为僧王祠，祀僧格林沁。西路布置居士客厅，已被改建成济宁市博物馆主楼。

据《济宁直隶州志》记载，宋崇宁四年（1105年），徐永安妻常氏为还夫愿，出资在

崇觉寺铁塔

崇觉寺大雄宝殿

崇觉寺内以铁浇铸释迦塔，寺院也由此俗称铁塔寺。由于连年战乱，铁塔仅建七级而停工。明万历九年（1581年），河道分府龚勉同郡守萧公倡议集资聚众动工，亦用铁浇铸，增高二级，塔顶又冠以铜质鎏金天门，伟岸挺拔，美其名曰文峰塔。

铁铸塔身9层，计塔座在内共11层，通高23.8米，为八角形楼阁式建筑。铁塔的下部是一砖砌的八角形基座，南面辟门，室内顶部砌作斗八藻井。室内有宋代的石刻千手佛像和清光绪七年（1881年）的塔铭。铁塔塔身呈八角形，内部充填砖体，每层均设塔檐、平座、勾栏等。塔檐和平座都施有斗拱，塔刹是鎏金的宝瓶式。每层塔身四面辟门，其余四面设龛，并放置佛像。在第一、二层塔身上有"皇帝万岁，重臣千秋"字样及"大宋崇宁乙酉"题记，第六层塔身北壁上亦有文字，惜剥蚀严重，已辨认不清。原塔檐四周悬挂风铎，已保存无几。整个铁塔的构件均为仿木结构形式的雕模铸制，不仅反映宋代木构建筑的形制，也体现了宋代铸造技术的高超水平。1973年，在明代增建层内出有铜佛2尊，铜镜1面、铁质佛敕令牌1枚，明版《大乘妙法莲华经》1部，在宋建第一层内出有石棺1口，棺内置银质舍利匣，匣内放舍利子。

中华人民共和国成立前，崇觉寺铁塔由寺内僧众管理。中华人民共和国成立后，由济宁专区及济宁县文化、文物部门管理。1973年，国家拨款对铁塔进行大修。1983年，国家再次拨款对大雄宝殿进行大修。1985年，济宁市博物馆成立，负责崇觉寺铁塔的保护管理工作，同年建立崇觉寺铁塔保护档案，存放于济宁市博物馆。1988年1月13日，崇觉寺铁塔被国务院公布为第三批全国重点文物保护单位，编号为3-0146-3-094。2012年1月，国家文物局拨付文物保护专项经费，对崇觉寺铁塔附属建筑大雄宝殿进行落架大修。2013年，国家文物局批准崇觉寺铁塔保护规划，划定崇觉寺铁塔的保护范围和建设控制地带。同年3月，国家文物局拨付文物保护专项经费，进行崇觉寺铁塔安防工程项目建设。

**水西双塔** 一为大观塔，一为小方塔，为宋代砖木混合式塔，是研究皖南地区宋代佛教及其建筑的珍贵实物资料，位于安徽省泾县城西水西白云山麓，三面环山（白云山麓），一面览水（青弋江）。

大观塔因建于北宋大观二年（1108年）得名，又因始建于崇宁年间，故又称崇宁塔。属楼阁式砖塔，七层八面，高45米，底层直径12米，壁厚3.5米。每面均有砖圈拱门，层层

双塔夕照（旧照片）

大观塔

小方塔

用叠涩法砌出短檐，檐下用砖做成斗拱，每层出檐双层，砖块错落有致，形成工整典雅的图案。层与层之间的转角处用半圆形砖砌成半圆柱，整个塔体显得和谐、壮丽、挺秀。大观塔造型独特，江南罕见。塔体厚重，八面八角，上下收分不明显。塔内原有楼梯和楼板，已无存。大观塔内外壁镶嵌大小石刻36方，其中在六层内壁处有一方碑文记载："……宝胜禅院建造释迦舍利塔一座十三层，为诸众生作归依处……政和六年三月望日。"可知，古塔原计划建造十三层，由于北宋末期战争频繁，财力有限，第七层后再无力量继续建造，故留下上下一样粗细的下半截宝塔。从对塔顶的考察情况来看，这种原因更加明显，塔顶是砖砌穹隆式用叠涩法草草收顶，做工极其草率。清嘉庆

版《泾县志》的"水西风光图"所绘大观塔，就没有塔刹，只在塔顶画上一蓬树枝丫。有人推测，该塔诞生时可能就没有古刹。

与大观塔遥相对应的小方塔建于南宋绍兴年间（1131～1162年），又名绍兴塔。小方塔，因塔身呈正方形，塔体较近侧的大观塔为小，故得此名。小方塔为楼阁式砖结构，七层四面，底层直径3.5米、高21.3米。第1层南北两面塔壁嵌有石刻佛像，佛像北面为浮雕佛光，整个佛身雕工精细，线条流畅，形象生动。据资料记载，营建大观塔一层一面耗资125贯（125两白银），小方塔一层一面30贯（30两白银），这也与当时社会的经济环境有关。但古代工匠巧运匠心，将大观塔建造得宏伟壮丽，小方塔却显得小巧玲珑。水西双塔旁

建有宝胜禅寺，相传唐代高僧结庐其下，原名五松院。宋代重建，元改为宝胜禅寺，清乾隆年间又增修正殿、藏经阁、斋堂。

1994～1995年，国家文物局拨款对双塔进行了抢救性维修，并添建塔院围墙、保护墙等保护附属设施。1995年，成立泾县水西双塔管理所，负责对水西双塔进行保护管理。2001年6月25日，水西双塔被国务院公布为第五批全国重点文物保护单位，编号为5-0314-3-120。2002年，对大观塔副阶进行修缮。在历次维修中，遵循"修旧如旧"的原则，古塔总体保存完好。2004年，泾县水西双塔管理所建立水西双塔全国重点文物保护单位记录档案。2013年，国家文物局审批通过《安徽省泾县水西双塔文物保护规划》，划定新的保护范围及建设控制地带。2015年，国家文物局拨专款对小方塔塔本逐层进行维修，并增加塔刹，同年9月完工。2016年6月，因持续强降雨，导致大观塔副阶受损严重。

**天宁寺塔**　是辽代佛塔中不可多得的珍贵文物，也是研究辽南京城地理位置的重要依据，位于北京市西城区广安门外天宁寺前街甲3号。

天宁寺始建于北魏孝文帝延兴年间（471～476年），初名光林寺；隋朝仁寿年间（601～604年）称弘（宏）业寺（一说认为始建于唐代，北魏孝文帝时所建弘业寺是另外一个寺院）。唐开元年间（713～741年）改名天王寺。契丹国会同元年（938年）重修天王寺，辽天祚帝天庆九年至十年（1119～1120年）在寺庙后院添建天王寺舍利塔，并立有石碑。主持建塔者是天祚帝的叔叔耶律淳。金大定

二十一年（1181年），改寺名为大万安禅寺。元末寺庙毁于兵火，仅存高塔兀立。明代初年，明成祖朱棣命重建寺院，至明宣德十年（1435年）改称天宁寺。明正统十年（1445年）改名广善戒坛，后恢复天宁寺之名。明正德十年（1515年）、嘉靖三年（1524年）重修，康熙二十一年（1682年）、乾隆二十一年（1756年）、清乾隆四十七年（1782年）以及民国27年（1938年）都曾进行改建和修缮。1976年唐山大地震时将塔刹震落。

天宁寺坐北朝南，仅存山门、接引佛殿（弥陀殿）、两配殿、天王塔。天宁寺塔为八角十三层密檐式实心砖塔，通高55.38米，最下面为方形平台，平台之上是两层八角形基座，基座上层为须弥座。下层须弥座各面以短柱隔成六座壶门形小龛，龛内雕有狮兽头，龛

天宁寺塔

天宁寺塔塔身正面

塔基平座处斗拱

与龛之间雕缠枝莲图案，转角处雕有造型极为生动的金刚力士像。上层须弥座稍小，每面也以短柱隔成五座壶门形小龛，龛内雕坐佛一尊，龛与龛之间雕有守护佛像的金刚力士像，转角处亦雕有顶扛塔基形象的金刚力士像。平座位于须弥座之上，平座每面都有砖雕仿木重拱偷心造斗拱，补间三朵，平座勾栏上雕缠枝莲、宝相花等纹饰。平座之上用三层仰莲座承托塔身。莲瓣原为铁制，逢节日可在其中倒上蜡油，插上蜡烛，以供佛祖。遗存所见之石质莲瓣，为清代重修时所改。塔身平面呈八角形，四正面辟券门，四斜面饰直棂窗，门窗上部和两侧浮雕金刚力士、菩萨、天部等神像。塔身转角处的砖柱上浮雕升降龙。所有雕饰造型均生动完美，线条流畅，堪称中国古代雕刻艺术的精品。塔身之上建造十三层塔檐，檐下均施以仿木结构的砖制双杪斗拱，第一层作出辽代建筑中特有的45°斜拱，其上各层无斜拱使用。各层塔檐自下而上逐层递减，轮廓线形成丰满柔和的收分，各层塔檐的角梁均为木质，各种瓦件和脊兽、套兽等构件，全部用琉璃烧制，建筑工艺十分讲究。塔檐每层檐

角悬有铜铃，据《京城古迹考》中记："天宁寺……据寺僧传册所记，上有铃2928枚，合计重10492斤。风雨荡摩，年深钮绝，渐次零落。亦颇残缺矣。"塔刹为两层八角形，仰莲座之上置小须弥座承托宝珠。

天宁寺是北京最古老的寺院之一，天宁寺塔是为数不多的辽代遗存密檐式砖塔之一，也是北京城内最古老的建筑之一，具有极高的历史价值。天宁寺塔是辽南京城、金中都城内唯一一处地上遗存建筑物，具有极高的文物价值。塔建造结构合理、坚固，能够留存千年之久，造型雄伟壮丽，稳重挺拔，有很高的建筑艺术水平，对研究中国古代建筑和古代宗教文化艺术意义重大。

1984年，北京市人民政府批转市规划局、市文物局《关于第一批划定六十项文物保护单位的保护范围及建设控制地带的报告》的通知，划定天宁寺保护范围及建设控制地带。1988年1月13日，天宁寺塔被国务院公布为第三批全国重点文物保护单位，编号3-0150-3-098。1991年，北京市古代建筑研究所对天宁寺塔进行测绘。1992年，实施天宁寺塔的修缮工

程。1996年3月，北京市古代建筑研究所对天宁寺文物建筑进行详细调查，建立完成记录档案。2002年5月至2004年4月，实施天宁寺塔院修缮工程。2003年僧人进驻成立天宁寺塔院，管理使用单位为北京市佛教协会，隶属于北京市宗教管理局，兼职负责文物建筑的保管利用工作。2006年11月，北京市古代建筑研究所建立天宁寺塔全国重点文物保护单位记录档案。

银山塔林 是北京地区保存最好、最为集中的密檐式塔群，位于北京市昌平区兴寿镇海子村西南500米。

古时，银山曾是佛教讲经说法的圣地，同时又是文人墨客隐居的最佳场所。唐元和年间（806～820年），高僧邓隐峰在此筑寺修行，讲经说法讲经的地方叫"说法台"，高僧圆寂后，众僧在说法台的岩石上建造一座石塔以资纪念，高丈许，俗称转腰塔，保存完好。辽寿昌年间（1095～1101年），满公禅师创建宝岩寺，其后通理、通圆、寂照三位禅师先后在此说法修行。金天会年间（1123～1137年），云门宗名僧佛觉大禅师海慧来到此山，于金天会三年（1125年）重建庙宇，名大延圣寺，寺有殿宇三重。当时北方最负盛名的佛觉、晦堂、懿行、虚静、圆通五位大禅师曾在此讲授佛法，殿宇丹墀之间先后建有埋奉金代名僧舍利的密檐式砖塔五座，初步形成一个与寺院建筑融为一体，布局相对集中的塔林区域。据金大定年间（1161～1189年）的碑文记载，这里常住僧人有500余名。银山与南方镇江著名的金山大寺齐名，历史上有南金北银之说。元朝及

银山塔林

元代墓塔

其以后，银山一带的寺院建筑又不断有增加和改建。明宣德四年（1429年）四月，司设监太监吴亮出资重修大延圣寺，明正统二年（1437年）二月告成。同年，明英宗朱祁镇钦赐寺额"法华禅寺"。当时的法华禅寺，有殿5座，山门、禅堂、方丈斋厨大小建筑完整配套，为银山一带主寺，其所领还有周围许多小寺院，时称七十二庵。此后，因遭兵燹，且年深岁久，风雨摧残，寺院建筑残坏严重。明成化二十年（1484年）二月至五月间，神宫监太监余文同募缘僧人福清、福瑞、如山等人再次组织修缮，不仅中轴线上的殿堂全部修葺坚固，且左伽蓝堂、右祖师堂，以及廊庑、僧房等也全部修饰一新。清朝康熙十三年（1674年），法华禅寺再度修缮。银山所存其他寺庙建筑，按清光绪《昌平州志》记载，还有铁壁寺、弥勒院、碧峰庵、逊峰庵、松棚庵等数区。

银山塔林是银山的重要标志，造型各异的宝塔，分布在山坡沟谷和丛林之中，高者数丈，矮者数尺，墓塔林立错落，数不胜数，均为生活在这里的高僧、和尚、尼姑的灵骨塔。民间有"卢沟桥狮子数不清，银山佛塔数不尽"的说法。民国时期，由于战乱，寺庙等建筑遭到极大的破坏。民国30年（1941年），侵华日军进犯八路军平北抗日根据地，经过银山时，焚毁全部寺院建筑，只有几座大塔和十余座小塔留存于世。保存最完整、最大的佛塔是大延寿寺废墟上的5座砖塔和后面的2座塔，其余则分布在附近，统称为银山塔林，均为金、元、明各时期遗物。

银山塔林遗存18座古塔，大小高矮不等。从塔的形制大体上可分为密檐式塔和覆钵式塔两大类。几座大型墓塔均为仿木结构的密檐式砖塔，有六角形和八角形两种，塔身自下而上逐层递减。塔的高度不等，最高的佛觉禅师塔高22.8米。造型最为精美的是懿行大师塔，塔高18米，平面为八角形，塔基由须弥座和斗拱勾栏平座组成，须弥座雕有狮头宝瓶等纹饰，整个塔基除斗拱外，满布花纹，雕刻繁缛，颇具匠心。仰莲之上为塔身，塔身八隅施圆柱，顶端砌以阑额普拍枋，檐下每间补间施斗拱一朵，单杪四铺作。塔身四面辟假门，其余四面辟方形假窗。塔共出檐13层，每层用叠涩手法向外砌出五层，代替檐椽，逐层收减，呈现出丰满有力的卷杀。懿行大师塔造型俊秀挺拔，雄伟壮丽，是典型的金代佛塔，体现出中国古代建筑艺术的高超水平。覆钵式塔大部分是石塔，砖塔较少。除这两类墓塔形式外，还有一种组合式墓塔，将密檐和覆钵两种形式结合起来的异形塔，堪称塔林中的上乘佳作，是研究中国古代佛教艺术和砖石建筑的宝贵遗产。

1981年，昌平十三陵特区办事处接管银山塔林文物保护工作。1982年2月8日，"八达岭——十三陵风景名胜区"被国务院公布为第一批国家级重点风景名胜区，银山为其中景区之一，面积为17平方千米。1988年1月13日，银山塔林被国务院公布为第三批全国重点文物保护单位，编号3-0153-3-101。1990年，北京市人民政府公布银山塔林的保护范围及建设控制地带。1992年9月，十三陵特区办事处组织银山塔林修缮、法华禅寺遗址清理保护和景区的开发建设工程，1993年8月竣工，由北京市古代建筑研究所修缮设计，以结构复杂的密檐式砖塔为重点，贯彻"修旧如旧"的原则，凡已不存在的部位，如塔刹相轮、宝珠、仰月等均不予复原；考虑到砖塔浮雕艺术性较强的情况，对华板、束腰、券门槅扇已残坏部分，分别按其外轮廓经素砖修补；对斗拱、仰莲等法式化的砖雕构件比较旧物加以修复。此后，相继对景区内的邓隐峰说法台、古佛岩、白银洞、朝阳洞、中峰顶等处古迹及环境进行整治和清理。1996年9月，成立十三陵特区办事处银山管理处，负责银山塔林的文物保护工作。2006年，北京市昌平区十三陵特区办事处建立银山塔林全国重点文物保护单位记录档案。

**石塔寺石塔**　为南宋所建十三级密檐佛塔，位于四川省邛崃市高何镇高兴村镇西山山麓石塔寺内。

南宋乾道五年（1169年），僧静安倡议在镇西山山麓修建佛塔，以"赞扬圣教，修明佛法"，"镇妖气"而祈"五谷丰登，人民安阜"，"安耕乐业"。经邛州火井县奏请朝廷批准并敕令僧静安负责修建，南宋乾道八年

（1172年）竣工。明正统年间（1436～1449年），僧云昌历时三年重修寺庙正殿和僧廊，维修石塔塔顶，保持原寺塔布局。

因塔为石制，故名石塔。塔平面呈四边形，十三级密檐式，坐北朝南，通高17.8米。塔身全部用红砂石雕砌而成。塔下为四方形素面台基，边长5.55米，高出地面0.4米。其上为一卷腿基座，边长5.5米，高0.78米，其上置双重须弥座，下大上小。下重须弥座边长4.75米、高1.8米。束腰高0.68米，每面辟三个壸门，刻有佛像和莲纹、芙蓉等图案。上重须弥座边长4.4米、高1米。束腰仅高0.3米，每面辟壸门3个，刻卷草纹图案。束腰四角处

石塔寺本体

出一兽头，状若辟邪。上下两重须弥座上边沿刻宽大莲瓣一周。须弥座上正中置一方形平座，其上起第一层四方形塔身，边长1.84米、高2.9米。每面有塔匾1块，正面塔铭"释迦如来真身宝塔"，上款"大宋壬辰乾道八年仲秋兴建石塔僧安静记"，下款"左迪功郎县尉主簿王觉书"。双重雕刻精美花卉图案的须弥座上砌附阶围廊，12根檐柱支撑第一层宽大如雨篷的塔檐，平面呈正方形，边长5.18米，四角微有反翘。第一层塔身上部叠涩八级挑出，与12根八棱石檐柱及石梁、石檐檩共同支撑第一层宽大的塔檐。每边普拍枋上施石刻栌斗7朵（柱头栌斗4朵、辅间栌斗3朵），枋下刻缠枝纹。檐柱高2.69米，其下置仰覆莲纹三重柱础。第一层塔檐上出密檐十二级，石刻叠涩四级挑出短檐。每层塔身四面各刻圆拱形佛龛3个，内刻高浮雕坐佛1尊，共计144尊。塔身刻《大悲咒》《观音经》《地藏本愿经》三卷（已残）。第二至十三层塔身甚矮。第二级最矮，高仅0.44米，第五级最高，为0.58米，三、四、六、七级为0.5～0.54米，第八层以上均为0.47米。塔身外轮廓从第一层上部起至第五层，每层略有增大，到其上又逐层收分，形成梭柱状。塔顶为两重覆钵上仰莲承托一火焰形塔刹，上浮雕相轮1个。

石塔在高大的须弥座上设附阶，为中国古塔所少见。在第一层塔身的龛门上，以石刻叠涩八层挑出，与附阶檐柱共同支托第一层宽大的塔檐。塔檐亦为石制，四角有反翘，表现了中国南方建筑的风格。据《重刊古志碑》记载，塔的基台四面，塔身轴线的四方约半米处，分别立四天王像，具有四大天王托塔之

意，为其他塔所未见。石塔不仅在建造年代和建造过程方面有确切年代和碑记可以查考，而且在寺塔关系、塔身造型和雕刻艺术上均有特点，对于研究中国古塔的历史与构造艺术是不可多得的实物。

1954年以前，石塔寺石塔为寺庙，由寺庙负责保护管理。1954～1981年，由沙坝公社高兴生产队负责管理。1982年起，交由邛崃县文物保护管理所负责管理。1982年12月，四川省考古所会同邛崃县文物管理所对石塔进行全面维修。1996年，邛崃市委、市政府进一步维修保护石塔，在保护范围附近修建红军长征邛崃纪念馆，形成以石塔为中心的文物保护区。1997～1998年，四川省文物处、邛崃市政府组织维修石塔塔基，塔基四周地面铺筑石板，修砌石栏杆。2001年6月25日，石塔寺石塔被国务院公布为第五批全国重点文物保护单位，编号5-0385-3-191。2013年4月20日芦山地震后，使用灾后恢复重建中央资金约250万元进行石塔寺维修加固工程，对石塔寺石塔本体及其附属建筑进行维修，增加防雷设施。2014年，四川省人民政府印发《关于公布四川省全国重点文物保护单位和省级文物保护单位保护范围的通知》，划定并公布石塔寺石塔的保护范围及建设控制地带。石塔寺石塔建有全国重点文物保护单位的记录档案。

**天宁寺三圣塔** 是十三级叠涩密檐式砖塔，位于河南省沁阳市城内东南隅天宁寺旧址内，为沁阳市博物馆所在地。

清道光五年（1825年）《河内县志》载，天宁寺隋文帝时所创，名长寿寺，唐武后改名为大云寺，并在寺后建木楼阁。金大定十一年

（1171年）更名为天宁寺，并在唐时所建木楼阁处创建三圣塔。早年寺废，仅大殿基址及三圣塔得存。明洪武十年（1377年），塔经维修，加固基座，增用方石包砌。清嘉庆十七年（1812年），寺内住持比丘道源再次修葺。抗战时期，第九至十二层南面塔檐被击坏。

沁阳天宁寺三圣塔占地144平方米，为十三级叠涩密檐式砖塔，平面正方形，由基座、塔身、塔刹三部分组成，总高32.76米，塔门南向。基座呈方形，边长12.24米，高5.60米。其上逐层内收至须弥座。基座和须弥座外部都用青石块包砌，内部青砖砌筑。基座一层南侧设一券门入口，券门上镶砌横额1块，中刻"中天一柱"4个大字，出自清代怀

沁阳天宁寺三圣塔

庆知府张曾羽之手笔。塔身一层四面设门，施隐窗，普拍枋以上设砖砌斗拱承托撩檐枋，以上各层叠涩密檐下均施菱角砖，并砌出腰檐。各层高度由下而上逐层递减，宽度也逐级收敛，致塔体外形呈优美的抛物线形。天宁寺三圣塔内部结构独具匠心。自基座至第十层，各层结构皆不相同，或为双环体壁、设回廊、塔心室；或开方形心室，四面设佛龛；或为"十"字形洞门、甬道。各层的室、洞、龛平面布局又有差异。各心室均为四角叠涩攒尖收顶，构成了图案优美的藻井，各平行洞道均覆以穹隆顶，塔内以方形竖井通道上下沟通。全塔竖井道与其相通的平行洞道各为10个，各个长度、高度虽不相同，方位亦有变化，但井道与平行洞道的总长度则完全相等，均为25.2米。竖井道及平行洞道均为南北转折，但剖面及平面又不对称，东西向虽没有直接贯通上下的竖井道，但其室、洞、道的平面及剖面系对称结构。从一至十层的中心部位均留有0.16米的活口，作为上下贯通的垂直线孔道，以便掌握整座塔上下立面正直和四出外檐数据。三圣塔还巧妙布设气窗、风洞，保寺各部位空气流通。这些特点，使三圣塔造型美观，各部体量平衡，加大整体刚性，是建塔者精心设计与高超技能的体现，堪称中国古代建筑的精品之作。三圣塔的塔刹由相轮、宝瓶和宝珠三部分构成。相轮为喇嘛塔之十三天式，相轮上施宝瓶，瓶口处再施宝珠，宝珠与宝瓶皆为生铁铸造，分块箍合。宝珠顶端原有铸铁天柱，因早就残断，不知其高。

大云寺皇帝圣祚之碑，位于三圣塔前百米许的轴线东侧，立于武周大足元年（701年）。

碑高3.2米、宽1.25米，半圆形碑首，其上阴刻篆书"大云寺皇帝圣祚之碑"，由武周上柱国贾膺福撰并书。碑文隶书，计32行2270余字，较为详细地记载大云寺早期的兴废沿革过程，其中所载唐贞观十七年（643年）寺主资助太宗伐高丽，及临川郡王武嗣宗、河内郡王武懿宗奉诏改寺名的原因，可补地方史志之不足。

三圣塔的造型融合唐代、宋代以及辽金时期砖塔的建造特征。内部将回廊、竖井、壁龛、塔心室、拱券等各种建筑构造巧妙地融合为一体，砖、木、石并用，别具风格。刘敦桢《豫北古建筑调查记》载："此塔不论在式样上或内室的结构上都是北魏嵩岳寺塔以来单层多檐式砖塔的嫡系。不过塔顶过于平坦，其上圆筒形状的相轮，表面凸起线道五层，至顶再施炮弹式宝珠，俱未见于他处。"阐明此塔学术上的研究价值。塔内尚保存金代建塔题记《舜都栖岩寺骷髅和尚铭》和"一佛二菩萨"石刻造像等，这些石刻遗存，为三圣塔建塔时代的考证提供宝贵资料，对进一步研究中原地区金代建筑及佛教石刻造像艺术具有重要的历史价值。

中华人民共和国成立以前，寺塔皆由寺僧管理。1949～1979年，由沁阳县文化馆文化科负责保护管理。1953年，国家拨专款，沁阳县政府按原样维修基座、须弥座和第一层塔身外皮，修补第九至十二层塔檐。1979～1984年，由沁阳县文物管理委员会管理。1995年后，由沁阳市文物局管理。1991年，建立天宁寺三圣塔文物保护单位记录档案，存放于沁阳市文物局。2001年6月25日，天宁寺三圣塔被国务院公布为第五批全国重点文物保护单位，编号5-0341-3-147。2004年，河南省人民政府印发《关于调整我省全国重点文物保护单位省级文物保护单位保护范围和建设控制地带的批复》，公布三圣塔保护范围和建控地带范围。2015年4月，由郑州大学城市规划设计研究院编制的《沁阳天宁寺三圣塔文物保护规划》，已经国家文物局批复。

**宝轮寺塔**　宝轮寺塔全名为宝轮寺三圣舍利宝塔。因在其周围拍掌击石，回声酷似蛤蟆鸣叫，人们又称其为"蛤蟆塔"，是中国遗存古代四大回音建筑之一。宝轮寺塔位于河南省三门峡市陕州故城东南隅宝轮寺旧址上。

宝轮寺塔由尼道秀于隋仁寿元年（601年）

三门峡宝轮寺塔（修复前）

所建，始建为木塔，后被毁。北宋景祐元年（1034年）重修木塔，靖康元年（1126年）毁于金兵。金大定十七年（1177年），僧人智秀复建。830余年间，经受了16次地震，其中4次破坏性地震，但仍巍然屹立。

宝轮寺塔坐北向南，为方形十三级叠涩密檐式砖塔。塔下为四方形台座，上为塔身，高26.5米。塔基每边长5米，台座中有通道。塔身第二层正面嵌一高约0.4米、宽0.3米的长方形石刻塔铭，塔铭石中央竖刻"三圣舍利宝塔"，石之右上方阴刻小字"金大定十六年四月初八起塔至十七年五月初八上相轮记"。塔檐角风铎遗失，塔身平座处的腰檐砖花被人破坏，平座上的三圣石刻造像也已损毁。近年经

三门峡宝轮寺塔（修复后）

测量塔体向西、北倾斜严重，据测量向北倾斜79.5厘米，向西倾斜26.5厘米。系因三门峡大坝蓄水，水位升高，塔基长年经水浸泡，基础松软所致。

宝轮寺塔通体由青灰条砖一顺一丁垒砌而成，塔壁砖全部采用纯白灰膏砌筑，内部为黄色泥浆铺砌。塔身下部南北券门佛龛相通。中上部的壁内通道，与同类型其他砖塔迥然不同，独具一格。塔体除上面4个券门神龛之外，壁面平素无华。塔身上部是叠涩腰檐砖花，上置平座，平座上又是一段塔身，四面均砌有三圣佛龛，南边佛龛最大，从造型特点上看，宝轮寺塔与洛阳白马寺齐云塔和沁阳天宁寺塔类同。塔体每层叠涩密檐之间，均有一段垂直的素面塔身，其高度随着塔身的收分逐渐递减，而每层陶砖叠涩挑檐的层数，随着外形曲线变化而逐层变化减少（分别为12、13、12、11、10、9、8、7、6、5层砖）。每层陶砖叠涩檐下，均砌有两层斜砖"牙子"以增加变化。叠涩檐每皮砖的出挑量为渐增式，既突出塔檐的艺术效果，又提供了声波反射的有利条件。此种密檐与各段垂直塔壁和塔内孔道，组成连续而规律的声波反射壁，任何声波都会变成独特而固定的回声波组，具有典型的蛤蟆叫声效果。

中华人民共和国成立后，宝轮寺塔先后由三门峡市文教局（1956年起）、三门峡市文物保护管理委员会（1980年起）、三门峡市文物事业管理处（1990年起）、三门峡市宝塔苑文物管理所（1994年起）管理。1991年，河南省文物管理局和黄河水利委员会筹资，由河南省古代建筑保护研究所对塔体进行维修加固，

修复塔刹、回廊等。1992年、1993年，三门峡市文物管理局先后修复月台，在塔四周筑起围墙。1998年，宝轮寺塔划归三门峡市博物馆管理，成立塔苑管理部，行使对宝轮寺塔的管理职权，博物馆的相关部门分工负责宝轮寺塔的古建保护、治安和消防工作。2000年，三门峡市委、市政府筹资对宝轮寺塔周围环境进行全面整治，划定保护范围，并重新修建围墙。2001年6月25日，宝轮寺塔被国务院公布为第五批全国重点文物保护单位，编号5-0338-3-144。2009年，宝轮寺塔正式对外免费开放。2014年，三门峡市博物馆组织相关专业技术人员对保护区进行文物调查、勘探试掘工作。2015年3月，编制完成《宝轮寺塔文物保护规划》，同年11月通过国家文物局评审。

**广惠寺华塔** 是中国花塔类型之孤例，位于河北省正定县燕赵南大街路东。

广惠寺为河北正定八大寺院之一，寺额为明景泰二年（1451年）敕赐。寺内主要建筑为华塔，金皇统年间（1141～1149年）被毁，大定年间（1161～1189年）重新修复。明正统十二年（1447年）《重修华塔记》载："初始于唐之神尧高祖。"明嘉靖二十七年（1548年）碑记载："寺建于隋，兴于唐，寺中有浮图，高数十丈。"嘉靖三十一年（1552年）《重修广惠寺塔殿记》中则记："浮图始建于魏隋之间，历修于唐宋之际。"万历十二年（1584年）《重修华塔记》载："创于赵，修于唐，即毁于金之皇统，复修于金之大定也。"而《正定府志》《正定县志》只记寺

广惠寺华塔

为唐贞元中建，而没有建塔年代。民国22年（1933年），中国古建筑学家梁思成在《正定调查纪略》"广惠寺华塔"条中曾有"塔号称唐建……其确实年代甚为可疑"之说。据塔内遗存二方刻有铭文的石佛座及三处宋太平兴国四年游人题记和1991年对广惠寺遗址勘察，证实广惠寺华塔的修建年代下限不晚于宋代。

广惠寺占地约4000平方米。华塔坐落在寺内中轴线中部，坐北朝南，由主塔和四小塔组成，平面呈八角形。主塔上下共分四层，高33.35米，各层檐下均饰砖仿木斗拱。最上冠以攒尖式青瓦盖顶，顶端饰仰莲和高大的宝珠。其四小塔建在主塔的四隅角与主塔以回廊相隔，紧紧环抱为一体。主、小塔均建在八角形台基之上，台基东、西、南、北四正面边长11米，东南、东北、西南、西北四侧面边长4.4米，高0.71米。基下设青石地栿一道，中以青砖砌筑，上置阶条石，各角立角柱石，最下以青砖散水铺墁。基东、西、南、北四正面各设垂带踏跺十步。其北面可由此穿越塔基，步入主次塔之间的回廊，直登主塔平座之上。主塔底层为正八角形，周以回廊环绕，东、南、西、北四正面安拱形木板门两扇，可供人出入。四侧面各附扁六角形的单层套室，谓四小塔。小塔正面做木质方格窗，余四面各设青砖直棂假窗。主次塔檐下均置砖仿木构斗拱，其中主塔补间铺作大小相间，共五朵。大拱（主拱）为双杪偷心造，第一挑华拱两侧各出45°抹角斜拱托拽枋。第二挑上托令拱，中出耍头。小铺作位于两大铺作之间，栌斗底皮坐于拱眼壁中上部，栌斗正中，华拱之下施华头子之类的构件。拱上托令拱，中也出耍

头。四小塔檐下铺作式样与主塔相同。但补间为一大两小，大小相间。顶部沿六角的垂线设垂脊，上以正脊连接，脊中以仰莲托覆腰形刹座，上置椭圆形宝珠，两侧饰钵形构件各2个。主塔二层下与底层间出狭窄的腰檐，檐下也以拱支垫。补间每面四朵，式样为六铺作单拱造，其泥道拱、瓜子拱、令拱均作交手式。二层每面三开间，东、南、西、北四正面明间施四抹木质方格门2扇，南、北面两次间饰砖仿木四抹球纹盲窗各1扇，东、西面两次间饰四抹方格盲窗各1扇。东南、东北、西南、西北四侧面明间饰四抹直棂假窗，次间饰四方格假窗。檐下斗拱为五铺双杪偷心，其补间铺作只设置在明间。廊内塔身外壁除北、东两面设拱形门洞外，余各面及廊内壁均置方形佛龛，每壁四龛一组，呈上、下两行排列。三层塔身坐落于宽大的平座之上，因周无回廊，故而骤然缩小。塔身南、北两面安木质板门，南为双扇，北为单扇。东、西两面做半掩假门，上饰圆形门簪。西北、东南为四抹斜方格假窗，西南、东北为三抹斜方格假窗。其内为菩心室，室内供石质坐佛2尊，为唐遗物。门及窗两侧用柱，柱上施砖仿木栏额，额上中置补间铺作，每间1朵，铺作栌斗中出华拱两挑，两侧各置斜拱两挑，其上托枋、椽飞及瓦檐。第四层塔身呈圆锥体形，周身均做壁塑，是华塔精华之所在，通体沿八角八面的布局交叉塑有力士、海兽、狮、象、单层亭状小塔以及佛像、菩萨等艺术品。其上为塔之顶层，檐下补间施华拱一挑，柱头（角部）则除角华拱外，两侧还施斜拱两挑，上托高高耸起的八脊青瓦塔顶，顶之最上冠以仰莲和宝珠。

华塔为一座造型独特、结构富于变化的塔，整体造型别致，艺术表现手法独特，创意性很高，为中国花塔类型之孤例，是研究中国古塔的历史、艺术、类型等珍贵的实物遗存。华塔位于古城南北轴线南端，与南城门对古城南北轴线的城市天际线起到重要作用，具有很高的景观价值。

1961年3月4日，广惠寺华塔被国务院公布为第一批全国重点文物保护单位，编号1-0073-3-026。1986年11月13日，文化部文物事业管理局同意对华塔采取抢险加固措施进行维修；同月29日，河北省文化厅文物事业管理局要求河北省古代建筑保护研究所制定维修工程预算和实施方案。1987年3月6日，河北省文化厅文物事业管理局要求暂时对华塔采取"把塔基悬空处用普通砖垒填起来，其他部位不动"的维修方案。1991年4月，河北省文物研究所对华塔周围进行勘察和试掘。1992年，河北省人民政府公布保护范围和建设控制地带，其管理及日常保养由正定县文物保护管理所负责。1992年4～7月，河北省古代建筑保护研究所对华塔基址进行钻探和试掘，完成华塔修缮设计方案。1994年9月，修缮工程正式开工，河北省古代建筑保护研究所负责施工，1999年9月竣工。2004年，正定县文物保护管理所建立广惠寺华塔的全国重点文物保护单位记录档案。2013年4月3日，国家文物局批复《正定广惠寺华塔文物保护规划》，重新调整和划定保护范围及建设控制地带。

**美椰双塔** 是海南岛北部宋末元初建造的古塔建筑，是澄迈的标志性建筑，位于海南省澄迈县金江镇美亭乡杨坤村委会美椰村东南。

美椰双塔，史籍称"美椰二塔"，又称"姐妹塔"，建于宋末元初，为佛教舍利石塔。据明正德年间（1506～1521年）琼山府城（海南省海口市）人唐胄所撰《正德琼台志》载，元人陈道叙为纪念其两个女儿而建此塔。原为辑瑞庵前塔，后庵毁塔存。

美椰双塔为姐妹两塔，姐塔为六角五层，坐东南向西北，通高13米，塔身为仿木空筒设廊阁楼式结构。底部为双层台基座，塔内中空，呈单双壁构造。须弥塔座上雕刻神兽像、卷云纹，上层立有竹芦形圆柱，六面各有文臣武将石像。塔身五层各设带头拱圆柱，须弥座正中壁龛内有一石神像，左角阴刻"大石塔"三字。塔顶为相轮珠宝塔刹。妹塔为四方形七层，坐东北向西南，高12.6米，为单壁空筒楼

美椰姐塔

阁式，造型比姐塔更精致灵秀。须弥座四周浮雕精美，其四壁各雕刻有虎、马、狮、象、麒麟等瑞兽图案及佛教莲瓣纹饰，四角倚柱有形象生动的力士头顶手托。塔心室供释迦、弥陀二佛，亦雕饰众多佛教造像及装饰图案，塔身左右壁龛置六护法金刚，四蟠龙石柱分立四角，一二层设廊。塔刹为仰莲座，上承七层相轮和刹顶宝珠。双塔相距20米，分别坐落在立于池水中带石柱围栏的塔基上，每一塔基前设有月台，均有弧形引桥式石阶梯连接池外。民间相传姐姐还俗嫁人，故塔身供养的都是文武官员雕像；妹妹一生与佛相伴，故其塔身雕像全是佛教人物雕像。可见姐塔是为"官塔"，妹塔为"佛塔"，在建塔规制上既礼佛又礼官，且是先礼官后礼佛。注重礼官功能，是中

美榔妹塔

国宋元佛教建筑与历史进程发生交错时所能体现出的较为完美的一个文化范列。

美榔双塔是海南省遗存最古老的古代建筑之一，保留了许多中原早期的建筑特色，诸如斗拱的做法中甚至还保留北齐和隋唐时期的风格，在同一建筑中反映多个不同历史时期的建筑特色。造型独特，采用当地玄武岩石条干摆建成，淳古朴拙，石工精巧细致，装饰图案形象生动，是建筑艺术颇高的石佛塔。美榔双塔是研究海南古代建筑史的珍贵实物资料，双塔诸多雕刻、雕塑十分精美，是反映海南古代文化的珍贵艺术宝库。

双塔历经700余年自然侵蚀和人为破坏，已出现倾斜、物件脱落和损毁。1996年11月20日，美榔双塔被国务院公布为第四批全国重点文物保护单位，编号4-0086-3-008。1997年5月30日，澄迈县机构编制委员会发文，成立澄迈县美榔双塔管理处，澄迈县政府公布美榔双塔保护范围和建设控制地带。1999年10月16日，美榔姐塔动工修复，2000年1月竣工。2003年8月，完成横穿两塔之间、对双塔环境景观产生严重影响的公路改线工程。

**妙应寺白塔** 是北京年代最早、建筑规模最大的覆钵式塔，也是中国最大的覆钵式塔遗存之一，位于北京市西城区阜成门内大街171号。

元世祖忽必烈定都北京后，于元至元八年（1271年）下诏在大都西部兴建象征王者之都的大佛塔，诏令精于此道的尼泊尔艺术家阿尼哥负责主持设计和施工，于元至元十六年（1279年）建成，并迎释迦牟尼佛舍利藏于塔中。同年，以白塔为中心划地建寺，于至元二十五年（1288年）建成，赐名大圣寿万安

白塔

寺。寺院殿堂林立，富丽堂皇。在元统治的近百年间香火鼎盛，元政府规定凡有重大仪式，必须于举行前三日在大圣寿万安寺预演排练。元至正二十八年（1368年），特大雷火击中寺院，焚毁大圣寿万安寺中所有的殿堂，只有白

塔幸存。明天顺年间（1457～1464年），英宗皇帝诏令在原大圣寿万安寺废墟上重建寺庙。明成化四年（1468年），寺庙告成，赐名妙应寺，白塔放置于妙应寺最后面的最高处，成为妙应寺最重要的标志性建筑。妙应寺白塔历史上进行过多次修缮，每次竣工，或勒石刻碑立于庭院，或将小铜牌、小石碑置于塔上、嵌入塔座，在塔顶和天盘的华幔处，甚至华幔下吊着的风铎上均可发现刻迹。史载，元至正四年（1344年）、明朝宣德八年（1433年）、天顺元年（1457年）、万历二十年（1592年），清康熙二十七年（1688年）、乾隆十八年（1753年）、嘉庆二十一年（1816年）、民国14年（1925年）和民国26年（1937年）均有修缮。清康熙二十七年（1688年）修缮白塔后，御制有《圣祖御制妙应寺碑》，放置在大觉宝殿两侧。历史上规模最大的一次修缮是清乾隆十八年（1753年），修缮耗资巨大，乾隆将御制的佛教藏品敬装塔中，用以为镇，竣工后在七佛宝殿前左右两侧竖立两通石碑：东侧为御制重修妙应寺碑，西侧为御制重修白塔碑，碑文由乾隆用满汉两种文字。

寺院为藏传佛教寺庙的建筑风格，坐北朝

白塔寺一进院

南，主要建筑全部建于南北中轴线上，自南而北建有山门、天王殿、意珠心境殿、七佛宝殿和位于塔院中的具六神通殿四重大殿，主殿的两侧对称建有钟楼、鼓楼、东西配殿、僧房等建筑。其中的具六神通殿供奉的清代木雕三世佛像，是难得的艺术珍品。

白塔位于妙应寺最后面的塔院内中央偏北，通高近51米，由塔基、塔座、覆钵、相轮、华盖和塔刹六部分组成，是一座典型的藏传佛教覆钵式塔。塔座分三层，每层向上收分二折，平面呈多角的"亞"字形，须弥座上端雕刻着24瓣如意莲花。莲花座上承托着体态硕大无朋、造型丰满浑厚的覆钵式塔身。塔身直径为18.4米，外形雄浑，周身环绕7条铁箍，使塔身成为一个坚固的整体。覆钵体与位于其上的相轮之间体形稍小的"亞"字形须弥座相互衔接。相轮为圆锥体，由13个直径逐渐缩小的水平轮圈组成，13层相轮表明此塔是佛教界地位最高的舍利塔。相轮顶上便是一直径达9.7米的华盖，又称"天盘"。华盖上面耸立着高达5米呈小宝塔状的铜质镏金塔刹。

中华人民共和国成立后，由于历史原因，白塔寺内只剩下4个大殿和1座白塔，其余为

白塔寺西路大觉能仁殿

居民占用，仅筑一临时围墙隔开。1961年3月4日，妙应寺白塔被国务院公布为第一批全国重点文物保护单位，编号1-0074-3-027。1972年3月12日，国务院总理周恩来批示："重修尼泊尔工程师为我修建的西城白塔寺，不作庙宇，只作古迹看待，专供游览。"1976年唐山大地震，白塔受到损伤。1978年秋，国家拨专款对白塔寺进行大规模修缮，在塔刹铜著顶内部发现清乾隆十八年（1753年）修缮时存留的一批珍贵佛教文物。其中有数量达724函的龙藏新版《大藏经》，还有乾隆皇帝手书经咒、20厘米高铜三世佛、黄檀木观音像及数十粒舍利子、精雕的赤金舍利长寿佛、玉佛冠、补花袈裟和哈达等。1980年春，北京市白塔寺文物保护管理所成立，1987年转属首都博物馆管

白塔寺二进院

白塔寺三殿

理。1987年，北京市人民政府批转市规划局、文物局第二批划定文物保护单位的保护范围和建设控制地带的报告，公布妙应寺白塔保护范围及建设控制地带。1997年6月，启动白塔寺山门和寺内建筑修复工程，拆除1969年所建西城区白塔寺副食商场，搬迁住在东侧古建房屋和临时住房中的居民。1998年10月，白塔寺复建山门、钟鼓楼及东配殿、厢房的建筑工程全部完工，白塔寺重新对外开放。2001年，北京市委、市政府投资3000万元对长期占用白塔寺西路的居民进行搬迁，并对西路的文物建筑进行修缮。2003年底，白塔寺西路对社会公众开放。同年，北京市白塔寺管理处成立。2006年，北京市古代建筑研究所建立妙应寺白塔全国重点文物保护单位记录档案。

**阿育王塔**　为喇嘛式砖塔，以佛祖释迦牟尼的舍利瘗埋于此而闻名于世。阿育王塔位于山西省代县县人民政府院内。

阿育王，为印度孔雀王朝（约公元前324～前188年）第三任国王（前273～前236年在位）。他的前半生是"黑阿育王"时代，主要是经过奋斗坐稳王位和通过武力基本统一印度；后半生是"白阿育王"时代，主要是在全国努力推广佛教，终于促成了这一世界性宗教的繁荣。据佛典《涅经》记载，佛祖释迦牟尼入灭后，弟子们焚化他的遗体，将舍利收殓保存，在王舍城建塔供养。相传，阿育王即位后取各处所藏的佛舍利，在佛教所及之地建造舍利塔。

代县阿育王塔始建于隋仁寿元年（601年），初为木塔。唐武宗会昌二年（842年），下诏全国灭佛，阿育王塔同寺院一并遭毁。唐

宣宗李忱即位后，重兴佛教，大中元年（847年）重建代州塔，改塔名为圆果，成为一座普通的佛塔，担当"保境安民""护佑边关"的重任。北宋神宗元丰二年（1079年），圆果塔因雷击再度被毁。徽宗崇宁元年（1102年），代州塔再度重建。金宣宗兴定二年（1218年），数万蒙古兵侵入雁门关，占领代州，木制的圆果塔被烧毁。1271年，元朝建立，忽必烈定喇嘛教为国教，在全国广兴佛寺佛塔。至元十二年（1275年），代州塔重新屹立，为显江山和塔永固，此次塔敕建成砖塔。之后，清康熙、光绪等历代均有修葺保护。据《代县志》载，阿育王塔原为圆果寺内建筑，1937年日军拆毁寺院，仅存砖塔。

阿育王塔为喇嘛式砖塔，通高40米。塔

阿育王塔

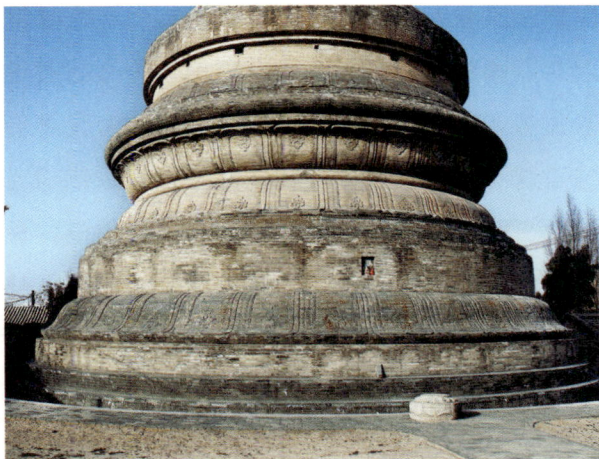

阿育王塔基座

下有地宫，储存有佛舍利、佛像、佛经等物。地宫上建塔基。台基平面为长方形，南北长50米，东西宽30米，高1.5米。塔身建于塔基中央，平面为圆形，砖砌，状如倒覆之钵，周长60米，高40米，由塔座、塔身、塔刹三部分构成。塔座高大，作覆仰莲瓣及重涩混肚与方涩的须弥座式，束腰周围雕刻着各种花饰、荷瓣、忍冬纹和印度的"陀罗尼经"，是其他喇嘛塔中少见的雕刻方式。塔刹分为刹座、相轮、伞盖和宝珠，刹座为曲尺形须弥式，座中心矗立一根铁质刹杆，原有砖砌相轮十三层，象征佛教的十三天，两层已毁，上置圆形露盘，中连金顶宝珠。阿育王塔造型秀美，雄健挺拔，砖雕艺术高超，在中国元代喇嘛塔遗存实例中，此塔的造型、比例和建造艺术均有其独特之处，是中国藏式塔中的佳作。

代县阿育王塔不仅颇具独特的文物建筑价值，而且从文化的层面上来说也极具历史价值。它融多元文化元素于一体，既有中原文化与草原文化等的碰撞，又加入佛教文化的元素，成为多元文化的象征。

2001年6月25日，阿育王塔被国务院公布为第五批全国重点文物保护单位，编号5-0234-3-040。2002年8月27日，山西省人民政府印发《关于公布太原晋阳古城遗址等102处全国重点文物保护单位保护范围的通知》，公布阿育王塔的保护范围及建设控制地带。2006年国家文物局拨款修补。

**开鲁县佛塔** 是内蒙古地区保存不多的元代藏传佛教覆钵式塔之一，位于内蒙古开鲁县开鲁镇东南隅。

开鲁县佛塔建于元至元十六年（1279年），通高17.7米，砖砌结构，外表涂以白灰，俗称"白塔"。整座塔比例适中，刚劲挺拔，颇为壮观。民国年间文人墨客留下"巍巍势想与天齐，绝顶登临四望低，已历辽金观胜败，犹存扎鲁贯东西"等诗句。

开鲁县佛塔

开鲁县佛塔建造的年代，有不同说法：日本学者绪方笃太郎于民国24年（1935年）编的《开鲁经济情况》，称此塔为明代末期北元林丹汗所建；上海辞书出版社1979年出版的《辞海》，将开鲁县佛塔定为辽代建筑；2002年，内蒙古建筑历史编辑委员会编印的《内蒙古古建筑》定该塔为元代建筑。专家认为：元朝时期，开鲁地区为宁昌王封地，元朝大都、上都以及应昌、全宁、大宁、宁昌等路州之地，均有佛寺禅林。当时，身为宁昌王的驸马阿失，也深受元朝朝廷好佛和两位公主（亦里哈牙公主和买的公主）的影响，故此在自己管辖的宁昌王府所在地修筑佛塔。推断开鲁白塔，应始建于元大德五年至元延祐三年（1301～1316年）间。

开鲁县佛塔由地宫、台基、塔座、覆钵、十三天、塔刹等部分组成。基台为正方形。塔座为正方形须弥座，边长6米、高4.1米，上部作五层砖阶收缩，南面设券门。塔身中空，下圆上方，下半部圆形塔身呈覆钵状，高3.7米，上宽下窄，四面各置佛眼，南面佛眼下有券门可通塔心室。塔心室为方形，边长约2米。上半部塔身呈方形，相轮十三天亦为砖构，外形为八角形，逐层收缩，共计十三层。塔刹为圆形，砖构，最上端为黄铜铸圆形葫芦状刹顶。佛塔造型匀称，塔体修长，相轮肥壮，八角形，不设华盖，显示蒙古族地区特有的覆钵塔的地区性特点。

经考察，塔体有5种以上不同形制的砖，由此推断，至少维修过5次。已知的是1962年内蒙古自治区人民政府拨专款维修，其余几次维修难以考证。据记载，1962年维修时曾在塔内取出一批经卷，惜已散佚。1993年，国家文物局、内蒙古自治区文化厅对开鲁白塔进行重新维修，从塔内发掘出一批珍贵文物，主要有鎏金佛像8尊（立佛6尊，坐佛2尊），用藏文书写八佛名的请佛牌；陶质浮雕佛像3座，分别为阿力布鲁（武佛）、释迦牟尼和尊圣佛母；绘画佛像4帧，观世音驾麒麟1帧（绢）、释迦牟尼1帧（绢）和八面观音2帧（布）。1993年维修后的白塔，分为基台、塔座、钵体、十三天和塔刹几部分。

开鲁县佛塔是内蒙古地区保存不多的元代藏传佛教覆钵塔之一。历史上科尔沁草原上由于时代的变迁和天灾人祸之故，大部分佛塔已经被毁坏或倒塌。开鲁佛塔经过重修，已恢复古貌，其形制原始、古朴典雅，不失为草原佛教建筑之杰作。

2001年6月25日，开鲁县佛塔被国务院公布为第五批全国重点文物保护单位，编号5-0281-3-087。当地依托佛塔建设起白塔公园，园内除开鲁佛塔外，还建有革命烈士纪念碑、麦新纪念馆等。佛塔的管理与保护由开鲁县文物资料管理所负责。2016年国家文物局批准佛塔防雷工程建设。

**居庸关云台**　是中国遗存过街塔中建造年代最早、规模最大、雕刻最为精美的一座，位于北京市昌平区居庸关关城的中心位置即昌平、延庆两区交界关沟之内。

云台是过街塔的基座，建于元至正二至五年（1342～1345年）。建成之初，云台之上建有三座并排的白色覆钵式佛塔。塔基上仅存有佛殿柱础石，显示开间宽大，可知原有建筑的规模。在过街塔北面原有寺庙一座，名永明

居庸关云台

寺，过街塔曾是永明寺的一部分，元末明初时毁于地震。明代初年，在塔的基础上改建小型的佛祠一座，名泰安祠。明正统八年（1443年）春，因佛祠失修，在镇守宣府等处右少监赵琮、总兵永宁伯谭广、镇守居庸关指挥李景相的倡议下，殿宇得以重建，于明正统十三年（1448年）落成。殿内供奉毗卢遮那与文殊、普贤菩萨等佛像，英宗皇帝敕其额为"泰安"。清康熙四十一年（1702年）五月，该殿毁于火灾。塔座呈梯形，全部用白色大理石砌成，通体洁白。塔座高9.5米，塔座正中开有券门，贯通南北，门洞顶部呈六边形，其形式是宋元以前城关门洞的常用建筑做法。券门两边的券面中央，雕刻着1尊迦楼罗像，即金翅大鹏鸟，为护法神天龙八部之一，两边是华云鲸鱼、华云龙子、华云童男骑兽王和象王。

券门以内全部是佛教图像纹饰和经咒等高浮雕图案。在券门洞顶的斜面两侧各雕五尊佛像，代表着十方佛，周围浮雕着1020尊小型佛像，取千佛之意。券门洞顶上还雕有5个曼荼罗图案。券门洞壁的两头雕刻着佛教的护法神四大天王，四大天王为保护众生，脚踩妖魔，不许

居庸关云台上层雕亥

居庸关云台券雕

居庸关云台雕刻

妖魔作怪为害。这些高浮雕，形态雄劲生动，是元代雕刻的优秀作品。天王之间的门洞壁上刻满用梵文、藏文、八思巴文、维吾尔文、西夏文和汉文六种文字刻写的佛教经咒——《陀罗尼经咒》和除梵文外其他五种文字的《造塔功德记》。多种文字同时刻在一起，在中国古代石刻中仅此一例，也是中国元代各民族人民的文化交流和互相往来的真实写照。台顶顶部挑出石平盘两层，上层刻有云头，下层刻有兽面和璎珞垂珠。平盘四周立有55根方形石雕栏杆。远观整个建筑，在居庸关古长城间，与两山夹峙、中束一沟的关沟天然地貌，极为和谐一致。故有"石阁云台"之称，为"居庸八景"之一。

居庸关云台是中国罕存的一座藏传喇嘛教建筑，是中国古建筑的功能、结构和艺术三个方面有机结合的典范。云台的功能是布施佛教影响，颂扬皇室的建塔功德。云台雕刻纹样图案60余种，包括几何、自然物、动物、植物、人物、服饰、法器、兵器、乐器等种类，浮雕和石刻技巧精湛，令人叹为观止，实为中国和世界东方的艺术瑰宝。居庸关云台对研究中国建筑学史、雕刻美术学史、佛学史、语言学史、考古学等都有着可贵的历史和艺术价值。

1961年3月4日，居庸关云台被国务院公布为第一批全国重点文物保护单位，编号1-0098-3-051。1981年6月，成立昌平县十三陵特区办事处，负责居庸关文物古迹的保护和管理。1990年，北京市人民政府公布第三批划定七项文物保护单位保护范围及建设控制地带，明确界定居庸关云台的保护范围和建设控制地带。2006年12月，北京市昌平区十三陵特区办事处建立居庸关云台的全国重点文物保护单位记录档案。

**一百零八塔** 因由108座塔组成而得名，是西夏时期重要的佛教建筑，也是遗存较稀有的大型塔阵，位于宁夏回族自治区青铜峡市。

一百零八塔建于西夏时期，历经元、明、清数次修缮，总体布局和基本形制仍保存着始建时的建造风格。一百零八塔在始建时为土坯塔，土坯外抹一层白灰泥，用红色彩绘。第一、二次维修在土坯塔外又抹过两次白灰泥，仅粉妆了塔的表面，规模不大。在清代前期的第三次大规模维修时，将塌毁严重的土坯残塔用砖砌外壳包在里面，使土坯塔变成了砖砌塔。1963年，因一百零八塔下游修建青铜峡水电站，宁夏博物馆考古人员对塔前即将淹没河滩地上的百八塔寺遗址及2座小型覆钵塔进行发掘和清理。1号塔位于塔群下方东南侧约20米；2号塔位于塔群下方与百八塔寺中间，距塔群约5米。在2号塔距地面高20厘米处的塔基座内，发现彩绘绢质佛画2幅，各自成卷，夹于麦草之间，画面均严重污染，且多处破损。这两幅作品是藏密风格的卷轴画《千佛图》，两幅作品的布局、尺寸及装裱方法完全相同。有一幅画面较为清晰，另一幅画面漫漶不清。画面中部的主尊为大日如来佛及两尊菩萨。一幅画背面右下角书有几行西夏文字，这是宁夏地区出土最早的西夏文字。出土有砖雕佛像、彩绘泥塑像、泥塔模、西夏文残经页等100余件文物，这些出土的文物具有西夏文物的明显

一百零八塔（局部）

特征。其中001号塔出土的泥塔模与拜寺沟方塔、宏佛塔内出土的泥塔模基本相同。塔内出土的砖雕佛像，风格古朴，具有西夏和元代早期文物的特征。塔群北侧砖塔残基内发现的西夏文经书，可断定一百零八塔始建于西夏。直至1987年文物部门彻底维修以前，塔群的砖砌外表又小规模抹过几次草泥和白灰泥。

一百零八塔全景图

一百零八塔出土文物

一百零八塔由108座覆钵塔组成，塔群依山势凿石分阶而建，共有阶梯式护坡平台12级，由下至上，逐级增高，第一级护坡平台至第十二级护坡平台的高差为31.63米，总宽55.70米，长54～12.20米。在12级护坡平台上，总共建塔108座，按1、3、3、5、5、7、9、11、13、15、17、19奇数制排列呈等腰三角形状。一百零八塔的所有塔均由塔座、塔身、塔刹组成，塔的单体结构略有差异，塔座有十字折角形和八角形束腰须弥座两种。塔身整体有覆钵式、葫芦形、圆筒状和折腹式四种，塔刹通为相轮伞盖宝珠顶。在第12级护坡平台上筑有一座最高的塔，高5.6米，在塔后方建有一小庙宇；其余塔的高度均在2.5～3.5

米左右。

1985年，青铜峡市文物管理所成立，负责一百零八塔日常管理工作，隶属于青铜峡市文化体育广电局。1987～1988年，经国家文物局审批同意，宁夏回族自治区文物管理委员会对一百零八塔进行彻底清理和修缮加固，扒拆除近代覆盖在砖塔外的泥皮，按照保存较为完整的清代时期砖砌塔形制，将其坍塌损毁部位挖补修复，再现塔群的原始风貌。1988年1月13日，一百零八塔被国务院公布为第三批全国重点文物保护单位，编号3-0155-3-103。2005年5月，编制完成《一百零八塔文物保护规划》。同年9月，青铜峡市文物管理所建立一百零八塔的全国重点文物保护单位记录档案。2010年11月，宁夏回族自治区人民政府印发《关于发布一百零八塔等4处全国重点文物保护单位文物保护规划的通知》，划定一百零八塔的文物保护范围及建设控制地带。全国重点文物保护单位记录档案存于青铜峡市文物管理所。

**妙湛寺金刚塔**　是中国为数不多且建造年代最早的一座全用砂石砌筑的金刚宝座式类型石塔，位于云南省昆明市官渡区官渡街道办事处官渡古镇南北中轴线北端。

据明天顺二年《新建妙湛寺石塔记》记载，妙湛寺金刚塔始建于明天顺元年（1457年），历时半年，于次年春建成。此塔系由当时任特进荣禄大夫镇守云南总兵沐璘"首倡"，镇守云南太监罗珪捐资建造。建造的目的是因民俗崇尚佛教。基台四壁有清康熙三十五年《重修妙湛寺塔记》，记载清康熙年间塔因地震受损，于康熙三十五年（1696年）由昆明县令罗国珍重修。塔座北壁亦嵌有明天顺二年的《新建妙湛寺石塔颂》《新建妙湛禅寺石塔铭》石碑2块，后者系梵、汉两种文字，惜后两碑石质风化，字迹剥落甚多，已难通读。

妙湛寺金刚塔原系妙湛寺建筑群的组成部分，又因全为石砌，故名妙湛寺石塔。塔的基台四面皆有券洞可穿心而过，俗称穿心塔。妙湛寺金刚塔属于金刚宝座式类型，它的形制和雕刻，表现了佛教密宗金刚界佛部、金刚部、宝部、莲华部、羯摩部五部的内容。塔的下部为高大的方形须弥座式基台，边长10.4米、高4.7米，下部中空为"十"字形拱券通道，四面各辟一券拱门，皆可相通，中心顶部嵌砌一金轮，上雕刻佛像九尊，中以菩提树构隔，即九会曼荼罗。基台顶部平面为利于泄水，中央略高于四周，周边边沿有石质护栏。基台之上有塔5座，中为主塔，由基台底部到主塔顶高16.05米，塔座方形折角须弥式，边长5.5米、高2.7米。四角各雕力士像1尊，东、南、西、北四面皆有雕刻，每面两侧为金刚界五部佛之佛座，东狮、南象、西孔雀、北迦楼罗。每面的正中分别雕刻的宝珠、莲子、金刚子等属五部佛之念珠。这些雕刻构图匀称，造型生动，刻工精致。须弥座之上为七重莲瓣组成的覆莲座，承接上面的覆钵形塔身，塔身中段四面各开一壶门（又名眼光门），内有佛像一尊。塔身上为平台和覆、仰莲，上承肥大的十三天，又上为铜质宝伞，伞上有四天王小铜像，分立一方。伞檐垂镂空之流苏和铎，皆铜制。再上为塔刹。塔刹由宝座、塔身、摩尼珠和宝瓶等组成，实为一小型喇嘛塔。四小塔形制一致，分立基台四角，最下为方形基台，边长1.4

金刚塔全貌

金刚塔浮雕

金刚塔浮雕

米，高0.7米。上方为方形折角须弥座，其上为方涩和覆钵，又上有仰莲和六角形石板，石板上立八面形柱，柱顶放平版，上置一座圆顶小石殿，殿顶安葫芦形宝瓶。

妙湛寺金刚塔造型古朴典雅，庄严雄伟。大小塔及其各部位的比例协调，但形制有异，且多变化。它既表现佛教密宗的内容，也保留着早期喇嘛塔的特点，同时在小塔之身上，采用汉晋以来流行的墓表式纪念性石柱的形制，颇为别致，当与此塔为功德宝塔的性质有关。

1964年和1983年，妙湛寺金刚塔先后经昆明市人民政府和云南省人民政府拨款修葺，并增建铁栅围护。1965年，云南省人民委员会公布为第一批省级文物保护单位。金刚塔由官渡

区文化馆负责管理。1984年，成立官渡区博物馆。1993年，官渡区文化局划定妙湛寺金刚塔的保护范围。1995年，在博物馆的基础上成立官渡区文物保护管理所，馆所合一。1996年11月20日，妙湛寺金刚塔被国务院公布为第四批全国重点文物保护单位，编号4-0087-3-009。1997年，官渡区博物馆建立妙湛寺金刚塔的全国重点文物保护单位记录档案。妙湛寺金刚塔由于地基下沉和周边村民建房双重原因，塔基下沉地面2.6米，塔基长期处于水浸泡的状况。2001年5月，国家文物局审批通过《昆明市官渡区妙湛寺金刚塔整体顶升方案》。2001年6月至2002年1月，河北省古建筑保护研究所与河北省建筑科学研究院专业技术人员勘察、制定、论证、调整《金刚塔整体顶升工程具体实施方案》。2002年6月24日，金刚塔整体顶升准备工作基本完成后开始试顶并成功；7月12日，金刚塔整体顶升2.6米，结束了塔基长期受水浸泡的状况。

**真觉寺金刚宝座（五塔寺塔）** 是北京遗存年代最早、最精美的金刚宝座塔，因其由五座佛塔组成，俗称五塔寺。真觉寺金刚宝座塔位于白石桥东侧长河北岸，北京市海淀区五塔寺村24号——北京石刻艺术博物馆内，馆址也是明代寺庙真觉寺遗址。

真觉寺始建于明永乐年间（1403～1424年），金刚宝座塔到明成化九年（1473年）方建成。《帝京景物略》载："成祖文皇帝时，西番板的达来送金佛五躯金刚宝座规式，诏封大国师，赐金印，建寺居之。寺赐名真觉。成化九年，诏寺准中印度式建宝座，累石台五丈，藏级于壁，左右蜗旋而上，顶平为台，列塔

五塔寺塔

五塔寺塔背面

五，各二丈。"建成后的五塔寺前临长河背倚西山，成为当时京城士人重阳登高、清明踏青的好去处。清王朝建立后，乾隆为给其母做寿曾两次重修五塔寺。清乾隆十六年（1751年），第一次重修后为避雍正皇帝"胤禛"名讳，改名为大正觉寺。清乾隆年间，大正觉寺南北向中轴线上依次排列着牌楼、山门、天王

殿、大雄宝殿、金刚宝座、毗卢殿、后大殿；东西分别列钟楼、鼓楼、廊庑配殿等大小200余间房间。寺内主要建筑屋顶全部换上黄色琉璃瓦，显示出皇家寺院的威严气势。

金刚宝座塔是古塔中的一种特殊的建筑形式，其主要特点是主供五方佛。五座佛塔建在金刚宝座上，中间一座大塔，高8米共13层，塔顶是铜质的覆钵式塔刹，传说印度高僧带来的五尊金佛就藏在这座塔中。塔座南面正中，刻有佛足一双，寓意佛迹遍天下，是金刚宝座塔的重要景观。四角分别建有1座小塔，高7米共11层。建筑南北长18.6米，东西长15.73米，整体呈长方形，建筑总高15.7米，其中宝座高为7.7米。宝座内部为孔砖砌筑青里，外部青白石砌筑。宝座最下层须弥座，由下而上分为圭脚、下枋、束腰、仰莲、上枋等几个部分，外表雕刻有梵文、佛像、法器等花纹，梵

五塔寺塔塔门雕刻

文内容除佛经外，还记述有关建塔事迹；须弥座中雕刻五方佛坐骑有大日狮子座、阿象座、宝生马座、阿弥陀孔雀座、不空成就迦楼罗金翅鸟王座，表现为狮子、马、象、孔雀、金翅鸟五种动物形象雕刻；宝座上还雕刻有八宝金刚杵、菩提树、法轮、花瓶、四大天王、降龙伏虎罗汉、卷草纹等；须弥座至宝座顶分五层，每层挑出石刻短挑檐，檐头刻成方椽子、勾头和滴水，每层四周雕刻佛龛，龛内各刻有坐佛1尊，形态各异，有千佛之称。龛与龛之间及转角处刻有花瓶式柱子，柱头刻有一斗三升斗拱，用以承托枋、檩、短挑檐。南北立面各有一方形塔柱，塔柱东南西北四面各有一小佛龛，龛内原有佛像早已遗失。宝座南北券门，内设过室、塔室、塔室中心柱、佛龛、佛像等；拱门券面上有动物形象雕刻纹饰；南面券门上嵌有"敕建金刚宝座、大明成化九年十一月初二日造"的石匾额；金刚宝座塔过室东西两侧各有一四十四级盘梯可通宝座顶的罩亭内。宝座的建筑外形顶部比基础收进约半米，给人以稳固、高大、庄重之感。

五塔寺金刚宝座塔是印度佛陀迦耶精舍（释迦牟尼得道处伽耶山寺所建的纪念塔）形式的佛塔。在中国同类塔中五塔寺的金刚宝座塔的建造年代较早，样式秀美，堪称明代建筑和石雕艺术的代表之作，同时也是中外文化结合的典范之作。金刚宝座塔融合了藏传佛教建筑与中原建筑的表现方式，中国工匠在保留塔体原有风格的同时，利用每层的出檐、浅浮雕花纹、同时利用对称的手法，动静结合，古雅脱俗，很好地展现出传统中式风格与外来建筑文化互相结合的创造性。佛塔还雕刻大量的梵文、藏文，内容大多属藏传佛教题材，对佛学研究有重大参考价值。这些工整刚健苍劲的铭文投射出非凡的艺术魅力，也为这座古建筑平添几分神秘和肃然之气。这在中国同类塔中是不多见的。

自清朝后期开始，五塔寺逐渐衰败，到民国初年仅剩一塔兀立于一片瓦砾中。宝塔的铜质鎏金塔刹多次被盗。民国时期，真觉寺金刚宝座由北平古物保管委员会派人看管。中华人民共和国成立后，五塔寺由雍和宫派喇嘛看管。北京市文物管理处成立后，委托北京动物园代管。1961年3月4日，真觉寺金刚宝座被国务院公布为第一批全国重点文物保护单位，编号1-0075-3-028。1976年唐山地震，金刚宝座塔塔基下沉、后部开裂，1979年较全面地对古塔进行修缮。1980年，成立北京市五塔寺文物管理所。1982年，金刚宝座塔再次对外开放。1987年，北京市政府批准利用真觉寺旧址成立北京石刻艺术博物馆，同年公布真觉寺的保护范围和建设控制地带。2001年、2002年北京市政府拨款对真觉寺和金刚宝座塔进行全面修缮，恢复其历史面貌。2004年6月28日，北京石刻艺术博物馆制定《北京石刻艺术博物馆"四有"工作规范》，并建立真觉寺金刚宝座（五塔寺塔）全国重点文物保护单位记录档案。

**广德寺多宝塔** 是中国仅存的几座金刚宝座式塔之一，位于湖北省襄阳市襄城区广德寺内。

广德寺原名云居寺，寺址隆中山。唐末十分荒凉。明景泰年间（1450～1457年）重建，明成化年间（1465～1487年）迁建。成化十八年（1482年）改名为广德禅林，弘治七年至九年（1494～1496年）建多宝塔。明末寺宇遭兵燹，唯存多宝塔。清代至20世纪70年代，广德寺历经多次改建、维修，甚至征作他用，但多宝塔一直保存较好。

广德寺多宝塔为砖石结构，分塔座、塔身两部分，通高16.80米。塔座高7.26米，呈八方形，每面长5.32米，八面墙上都有石崖佛龛

广德寺多宝佛塔

中心塔

亭式小塔

多宝佛塔塔座佛像

和佛像，南、北、西、东四面各有石砌券门。南门正面上方横嵌"多宝佛塔"石匾一方，石匾上面又嵌有三块刻有"佛"字的方石。塔座顶部分为五塔，中心塔由八方须弥座、覆钵式塔身、相轮和铜制刹顶组成。中心塔东南、西南、东北、西北四隅各有亭式小塔1座，均高

6.65米。五塔塔身嵌内供佛像（如来佛）的大小石雕佛龛33个。

广德寺多宝塔建筑比例均衡，装配适宜，结构严谨，形制古朴，其额、枋、斗拱等建筑构件、石龛、佛像以及石座上装饰纹样的雕刻手法，都具有明代建筑的特点，它既体现中国建筑的传统风格，又吸收印度佛塔的建筑特点，充分显示了中国古代劳动人民在建筑技术和艺术上的卓越成就。

民国27年（1938年）至1949年，广德寺一直被相关学校和单位使用管理；1950～1978年，由襄阳市文化馆管理；1978年后，由襄阳市文物管理处管理。1957年湖北省人民委员会拨专款维修多宝佛塔。1979年、1989年，国家拨专款对佛塔进行全面维修。1988年1月13

日，广德寺多宝塔被国务院公布为第三批全国
重点文物保护单位，编号3-0156-3-104。1993
年10月，襄阳市文物管理处设立广德寺文物保
护管理所，负责广德寺多宝塔的保护和管理；
1997年，襄阳市宗教局设立广德寺管理委员
会，负责广德寺多宝塔的保护和管理。2000年
7月29日，湖北省人民政府办公厅印发《关于
公布文物保护单位保护范围和建设控制地带的
通知》，划定广德寺多宝塔的保护范围及建设
控制地带。2004年，广德寺多宝塔的全国重点
文物保护单位记录档案，由襄阳市文物管理处
制作完成并保管。

邵阳北塔　系七层楼阁式砖塔，位于湖南
省邵阳市北塔区状元洲办事处北塔社区内，处
于资水由东流而北折的回湾地带，东、北两面
濒临资水。

邵阳北塔是一座风水塔，于明隆庆四年
（1570年）由湖广参议吴兑、保德知州高冈凤
等与士绅合议倡建，于明万历元年（1573年）
烧砖制瓦，破土动工。因工程浩大，施工数
年，仅建三层。明万历十年（1582年）知府胡
梗倡捐俸金若干，不足两月，即告竣工。据明
万历年间南京礼部尚书邵阳人车大任所撰《北
塔》载，修建北塔的原因，是因邵阳城东北二
里许，资江邵水"汇流其间，一折而北，大任
为儿时即闻乡父老言，谓宜鼎建一塔以镇之，
以培风水而振人文"。北塔建成后，在塔的附
近建有北塔寺和无念阁，相传明代高僧镇江人
大错和尚钱邦芑曾在此静养。因此，在明清时
期北塔曾是一个佛教活动场所。北塔位于宝庆
府城（邵阳市）市区资水河岸，曾起到水运航
标的作用。

邵阳北塔

塔门

北塔的塔檐

邵阳北塔通高37米，塔基以青石砌筑，平面八边形，边长6.25米，露明高1.95米。塔身由青砖砌筑，砖面多模印"万历元年信士施砖""皇明万历元年"等字样。塔顶有葫芦宝瓶，一层东墙外嵌有石碑记述施工匠人、信士姓名、籍贯及嵌碑年月等。塔内空，有砖砌旋梯逆时针方向旋转而上可登顶层阁室。基石入地数丈。清道光版《宝庆府志·工书》记载："石基插地若千丈，诚可垂亿万年不拔者。"阁室、甬道全部以叠涩穹隆顶手法砌筑，使塔心室、内壁、甬道、外壁联结一体，经历400多年的风雨雷震，其重心无倾斜，内部结构无坼裂现象，说明该塔在建筑技术上已达到很高的水平。塔基甚广，底层可容百余人，一至三层檐下砌如意斗拱，四至七层檐下叠涩二层后出檐。一层北向开一门，塔内东西两侧有砖砌旋梯可通顶层。每层对开券门两道，门外两侧各有一小佛龛。塔逐层收分，每角均有铜铃，微风吹动，铃声悠悠。北塔与双清亭的亭外亭相峙，每当月夜，塔身倒影入资水，宛然有姗姗过江与亭相会之姿，故一层有联曰"云带钟声穿树去，月移塔影过江来"，可谓传神写照。

民国33年（1944年），日本侵略军空袭邵阳，轰炸中塔上重500千克铁宝瓶震落，塔一角被宝瓶撞坏。1983年起，邵阳北塔一直由文物部门负责管理。1998年2月，邵阳市城市规划设计研究院编制北塔修缮工程施工图；1999年，中国文物研究所在此基础上对北塔维修设计做出详细补充方案，方案得到国家文物局批准。2000年，国家文物局拨专款用于北塔主体维修，至2004年6月全面竣工。2001年6月25日，邵阳北塔被国务院公布为第五批全国重点文物保护单位，编号5-0365-3-171。同年8月30日，邵阳市人民政府公布邵阳北塔的保护范围及建设控制地带。2004年，邵阳市北塔文物管理所成立，隶属邵阳市文物管理局。

**泾阳崇文塔** 为楼阁式砖塔，是中国著名的砖塔之一，位于陕西省泾阳县城东南约10千米的崇文镇太平村。

《铁佛崇文塔寺常住田供众记》碑载："县东旧有铁佛寺，在今寺北，年久倾坏，其移而南建，有塔也。"寺始建年代不详，明清时臻盛，曾占地面积约4.8万平方米，中轴线上依次有山门、关帝庙、罗汉殿、圆觉殿、药师殿、天王殿、大雄宝殿，两侧有钟鼓楼、乐楼、东西寮房等。清同治元年（1862年）寺院被焚，仅存崇文塔与五间山门。

据塔旁遗存清顺治十六年（1659年）碑石记载，塔由李世达（号渐庵）于明万历十九年（1591年）主持重修寺院时提议修建，旨在倡导泾阳、三原、高陵三县学童努力向学；万历二十一年（1593年）正式起塔，每年建一层，每层均刻有捐资人姓名；修至第九层时李世达亡故，由其女继承父愿，于明万历三十三年（1605年）竣工。据塔身底层西南面所嵌"皇明万历二十一年"碑石记载，修塔匠人为"镇江塔匠丁良益、龚念肆，邑匠田得时、高汝清"等。

泾阳崇文塔为楼阁式砖塔，为八角十三层，1998年实测总高87.218米，由塔基、塔身、塔刹三部分组成。塔基八角形，底边长10.5米，高1.9米；塔身底边长约9米。塔身底层作重檐，南向辟拱券门，额题"崇文宝塔"四字；其余各面设佛龛，仅存4尊石佛像，均佚头。二层以上每层辟四券门、四佛龛，上下层门、龛依次相错，龛内均置佛像1尊，其中四层正南龛内为贴金佛像。层间叠涩出檐，施仿木构椽头、额枋、斗拱和菱角牙子，额枋上饰砖雕莲花、瑞兽、飞天、寿星等图案。塔壁角施砖雕圆柱，檐角缀风铃；二、四、六层增设垂莲柱，将每面分为三间。各层塔檐上砌有宽1.4米的平座（外廊），上置木质栏杆（早年已毁）。顶置铜质宝葫芦塔刹，周围圈以城垛式护墙。塔内构造为穿心式结构，内设券顶式环廊（内廊），有砖阶梯沿中心柱盘旋而上。塔身二至十层门、龛旁设有砖雕灯龛1对，每至佳节，层层灯火，蔚为壮观。何平主编《泾阳县志》载："塔顶原暗藏鎏金铜造像8尊，系释迦牟尼、如来佛、弥勒佛及天王等，藏于县博物馆。"塔前尚存明《泾阳县崇文塔乙酉科提名记》、万历甲寅年（1614年）《泾阳县壬子科崇文塔提名记》、万历丙辰（1616年）季春《泾阳县崇文塔提名记》，清顺治十六年（1659年）《铁佛崇文塔寺常住田供众记》等碑石5通。

崇文塔始虽为砖结构，楼阁式塔，但在建筑设计和营造上集中反映了明代建筑的特征。

它体态雄伟、结构巧妙、设计合理、内部空间层层升高并向心聚拢，外观从二层起逐层向里收分，形成曲线柔和的外轮廓，整个塔体给人以高耸挺拔之感觉。特别是塔刹用铜制成宝瓶状，高达4.91米，远看耀眼夺目。崇文塔是中国最高的一座砖塔，有其较高的历史价值、科学价值及艺术价值。

1985年以前，崇文塔由县文教局负责管理。1985年12月，设立崇文塔文管所，隶属泾阳县文化局。1992年4月，陕西省人民政府公布泾阳崇文塔的保护范围和建设控制地带。同年对塔体一层、二层、十三层的台阶进行修

泾阳崇文塔远景

复。1997年，泾阳县文物旅游局成立，设崇文塔文物管理所为专职文物保护机构。2001年6月25日，泾阳崇文塔被国务院公布为第五批全国重点文物保护单位，编号为5-0422-3-228。2008年5·12汶川大地震，造成塔壁内外和各层券洞顶部明显裂缝，裂隙最宽处3～4厘米，间有砖块脱位欲坠现象，嗣后修葺。2013年，搬迁崇文中学，拓宽新修崇文塔院，周围筑工艺花墙，辟东南西北院门（兼办公场所），塔身四周铺设青砖广场和花圃。泾阳崇文塔全国重点文物保护单位记录档案，由陕西省文物保护研究院建立并保管。

**金刚座舍利宝塔**　原为清代归化城慈灯寺（五塔寺）内的一座建筑，塔座上有五座方形舍利塔，位于内蒙古呼和浩特市玉泉区五塔寺后街48号。

慈灯寺为小召（崇福寺）的属庙，是一处藏传佛教的寺院，建于清雍正五年（1727年）。雍正十年（1732年），清廷赐名为慈灯寺。相传建造绥远城时，遭到归化城喇嘛与乡绅的反对，认为建造绥远城破坏了归化城的风水，于是上奏朝廷建造寺庙以起到镇护的作用，所以慈灯寺又称"新召"。原慈灯寺的建筑布局，经文献资料、考古发掘相互佐证，应有三重院落。从山门进入一进院，中间为三世佛殿，两侧分别为圣观音殿和二十一度母殿；经随墙门进入二进院，正面为金刚萨埵殿，东配殿为阿弥陀殿，西配殿为不空成就佛殿；三进院正面为大日如来殿，东配殿为南方宝生佛殿，西配殿为东方阿閦佛殿。寺院的最北端便是金刚座舍利宝塔。五塔寺在清代雍正年间修建，乾隆年间重建，以后道光和光绪年间也曾

有几次修补。

金刚座舍利宝塔，俗称五塔，砖构。宝塔为藏传佛教慈灯寺供奉金刚界五部部主的舍利塔，仿造印度菩提迦耶式塔而建。塔平面呈"凸"字形，由台明、塔基、金刚座及顶部5座方塔构组，总高16.5米。台明砖砌，阶条上施玲珑矮墙。塔基为须弥座式，高近0.9米，束腰雕刻金刚五部主狮、象、天马、孔雀、迦楼罗等坐骑及法轮、金刚杵等。金刚座高近8米，四周须弥座上雕刻有佛教吉祥物和五方佛的坐骑，金刚座分有七层，每层都有琉璃瓦挑檐，上面砖雕千佛环绕，佛像曾用黄金装饰。座上耸立着5座小塔，代表的就是金刚界五方佛，即大日如来佛、东方阿閦佛、南方宝生佛、西方阿弥陀佛、北方不空成就佛。中央塔七层，其余4座小塔为五层，施琉璃短檐，分层密布五佛造像，南面券门之上嵌有蒙、汉、藏文"金刚座舍利宝塔"石刻匾额，券脸上雕金翅鸟、龙女、飞马、狮象、金刚杵结等花纹；券脸下的须弥座雕狮子1对；两侧刻四天王像。进券门分长方形无梁殿三间，东面一间设有楼梯，可上台顶，出口处于台顶角侧作四角攒尖式亭子。金刚座底部刻有梵文《金刚经》及佛教吉祥语文字，五佛雕像刻写梵文六字真言。顶部平台于正中及四隅各置一座方塔，四隅方塔为五级，唯中央一塔较高，七级6.26米，塔体遍布佛龛，内嵌五佛造像。塔基佛像为金刚界五部主之造像，正前置有1座四角攒尖罩亭，可供登塔出入。塔身雕刻的五佛造像总计1661尊，故又称千佛造像、千佛塔。

金刚座舍利宝塔上的五座塔宝塔后面有六道轮回图、须弥山分布图、蒙文石刻天文图三

块石刻。蒙文石刻天文图是世界上唯一一幅石刻天文图，全部用蒙文标注星座名称，传说为明安图绘制。明安图，蒙古族人，是中国清代天文学家，曾经担任过钦天监监正。

金刚座舍利宝塔，是以古印度金刚塔为规式的外来建筑形式与中国建筑文化相结合的产物，在建筑上和艺术上均达到较高的水平，是清代砖作中少有的建筑。其雕饰工艺之精，造型之美堪与北京真觉寺五塔媲美，同为金刚座式五塔之精品。

到清末召庙衰颓，佛像残缺不全，后来又遭严重破坏。中华人民共和国成立后，人民

金刚座舍利宝塔

政府多次拨出专款维修保护五塔寺，供中外游客参观。1987年，隶属呼和浩特市文物事业管理处的金刚座舍利宝塔陈列室正式对外展出。1988年1月13日，金刚座舍利宝塔被国务院公布为第三批全国重点文物保护单位，编号3-0158-3-106。2012年以来，先后实施砖石雕文物科技保护、安全防范等保护工程。

**曼飞龙塔**　是西双版纳重要的南传上座部佛教建筑，位于云南省西双版纳傣族自治州景洪市勐龙镇曼飞龙村的后山上。

曼飞龙塔，傣族称之为塔糯，即为"笋塔"之意，据傣文经书《佛主巡游》记载，佛主来到此山，在大石上留下脚印，嘱言：此地为勐龙坝子中心，希望人们在此地建塔，之后人们便在此地建立佛寺和佛塔。佛历1000年（456年），当地佛教徒始建一座高约1.5米的小塔，成为佛教活动的重要场地。明崇祯九年（1636年）重建为后世的笋塔。

曼飞龙塔建筑占地面积450平方米，全塔通高16.29米，属于金刚宝座式群塔式，由一圆形须弥座塔座上的一个主塔和八个相同小塔构成。主塔与小塔都为串字叠置式，每个小塔座下设一个佛龛。塔座为圆形平面须弥座，高3.9米、直径14.25米，分四级并逐级微微收分，底层八个方向各向外延伸出一方形佛龛，八个佛龛上都砌成纵向两面坡的殿宇，并开有券门，内壁上则雕刻了众多小型佛像浮雕，并各供佛像1尊。佛龛脊上装饰着龙、凤、孔雀、小型佛陀等陶塑，券门沿面有花草、卷云纹饰，并有2条大龙雕塑。塔座和佛龛端壁上

曼飞龙塔

涂以红、黑、黄、蓝色，与白色塔身、金属塔刹形成鲜明对照。颇具傣族风味的雕绘色彩艳丽，并且通塔只有塔座和佛龛部分有颜色绘制，风格朴质，通过龙凤、卷云这些传统汉族纹饰反映出上座部佛塔装饰工艺的地域性演化。塔身平面呈梅花状。主塔居于塔座中的最高一级台面中央，高12.13米（除塔刹），圆形平面座，主塔身为三层覆钵相叠成串，自下而上逐渐收分，横向划分清晰明显，层层间的衔接处，均有圆环状仰莲雕饰，承托着收分的覆钟，上设九个相轮、莲座雕，承托有三个葫芦宝瓶，上插金属刹杆，围绕主塔而立的八座小塔，平均分布于中央塔周围塔座的台面上，各高8.3米（含刹高0.8米）。它们建筑形式均一致，都是一圆形束腰须弥座边饰莲瓣花纹，塔身只一个钵体，上承托喇叭状仰雀立雕和三段葫芦形宝瓶宝瓶，金属刹杆上有风铎及三层华盖。主塔塔刹杆上有4个风铎，上下串连5层相轮。大、小塔的塔刹均贴以金箔。

曼飞龙塔是滇南金刚宝座式塔的代表，一个塔座上共建若干座塔，群塔围绕主塔而立的建筑风格，是具有本土化艺术特色的佛教建筑艺术精品。

1978～1980年，当地民众对塔进行修缮。1988年1月13日，曼飞龙塔被国务院公布为第三批全国重点文物保护单位，编号3-0157-3-105。1995年以前，景洪县文化馆委托曼飞龙村，由该村安排专人对塔进行管理。1995年12月，景洪市文化局与曼飞龙村签订保护合同书，在文物部门监督下实施管理。1996年，由云南省文化厅申报，经国家文物局立项，对其进行全面的维修保护。1997年，划定曼飞龙塔

的文物保护范围及建设控制地带。曼飞龙塔全国重点文物保护单位记录档案由云南省考古研究所建立，西双版纳州文物管理所保管。

**海宝塔** 俗称北塔，是宁夏隋唐至清代最重要的汉传佛教古塔，位于宁夏回族自治区银川市兴庆区进宁北街海宝塔寺内。

海宝塔寺因海宝塔而得名，占地2万平方米。寺内中轴线上自东向西主要建筑有山门、天王殿、大佛殿、海宝塔、韦驮殿、卧佛殿，寺院两边建有配房。海宝塔是丝绸之路宁夏段上的重要建筑遗存，是历史文化名城银川的标志性建筑。

海宝塔始建年代不详。明《弘治宁夏新志》载："黑宝塔，在城北三里，不知创建所由。"明万历《朔方新志》载："黑宝塔，赫

海宝塔全景

海宝塔正门

海宝塔券门

连勃勃重修……"《朔方道志建置志》载："始建无考，五代时赫连勃勃重修，故又名赫宝塔。以'赫宝塔'转音为'黑宝塔'和'海宝塔'。又因地处城北郊，乡人俗称北塔"。清康熙五十一年（1712年）和清乾隆四十三年（1778年）因地震破坏，曾两度重修。

海宝塔位于海宝塔寺主要建筑的中轴线上，坐西朝东，是一座方形九层十一级楼阁式砖塔，由塔基、塔座、塔身、塔刹四部分组成，全部由青砖砌筑，通高53.9米。塔基平面呈正方形，高5.7米，边长19.2米，占地368.6平方米；台基四面用条砖砌筑，稍有收分，平直无饰。塔基檐口用三层菱角牙子叠涩砖外挑45厘米，其上又有三行平砖收进。台基四周有砖砌花墙。台基东面正中有台阶可以直上塔座。塔后有廊桥通向另一高台院落韦驮殿和卧佛殿。在台基中央立楼阁式塔身十一檐，高约48.2米，全部为砖砌。塔身立面，按外形变化，可分为底层、顶层和中间各层三段。塔身的底层建成高台状，高4.2米，每边长14.4米，其正面，即东壁辟一券门，券门前置卷棚歇山顶抱厦一间，抱厦起翘很高，突出塔的入口，玲珑美

俏。塔门内有一很小的方室，西壁正中设龛，供奉罗汉龛。方室南北两侧有砖砌曲尺形通道可上塔。塔身的第二层到第十层，平面形制完全相同，只各部分尺寸略有缩减。平面略呈正方形，底边边长10米，四壁出轩，成为"十字折角"的平面。以第二层塔身为例，塔身每边长9.55米，中间出轩的长度为3.95米，出轩的纵深有60厘米。每边的壁面分成三部分的比例是3：4：3。在被出轩而分割的塔身两侧的壁面上，每层都有一个半圆形的拱券壁龛，面宽65厘米，龛深80厘米，阴影对比效果强烈，显得格外凹深。第三、五、七、九层的券龛顶砖，隐砌为尖拱形状。每层塔檐都模仿木构架坡顶形式，分作两层：上面的一层，用三行平砖叠涩向外挑出，如同一个"平座"；下面的一层，先用三层菱角牙子叠涩砖向外挑出，然后又以三行平砖收进，好似木构建筑的檐口。四面转角处都悬挂铁质风铃。中间出轩部分的塔壁上，每层也都有相同的半圆形券门和檐口。每层出轩部分的檐口，都比两侧部分的檐口高出几行砖，使出轩部分突出于塔身的透视感更为强烈；塔壁每层出轩，上下连贯，自然地在

塔身的每个壁面上又生一塔，像中国石窟中的一些浮雕佛塔一样，且又使其两侧的塔壁上下也成塔状。这九层塔身内部平面完全一致，中央是一个方室，上下贯通，以木梁楼板分层相隔，有木楼梯可达第十层。每层方室的四面，都有一个拱券通道，与出轩部分的券门相通。塔身的顶层，立面轮廓仍是以下各层的延续，但各面均不设洞龛，檐口处理也不同于以下各层。塔壁两侧的檐口，作五层菱角牙子叠涩砖外挑，而中间出轩部分的檐口，由于第十层檐高于两侧，为保持顶层塔身壁面的均衡，只作三层菱角牙子叠涩砖外挑，并在塔身上部作一腰线。顶层檐口之上的塔顶，采用攒尖形式，但不起脊。塔的四角和出轩部分的顶角，都在塔顶交棱，共有12条棱被束向塔刹。塔刹的刹座为砖砌覆斗形，平面四方，上面砌筑绿色琉璃砖贴面的桃形四角攒尖式刹顶，无相轮、华盖、宝珠等部分，这种形制的塔刹较为罕见。

海宝塔"亚"字形的塔身，四面的券门，众多的棱角，四角的尖顶；外形线条明朗，层次分明，风格古朴、粗犷，为中国古塔所罕见，被视为中国古代建筑的杰作。

1961年3月4日，海宝塔被国务院公布为第一批全国重点文物保护单位，编号1-0076-3-029。1979年和1998年，分别对海宝塔台基和内部进行了两次较大规模的修缮。1982年，成立银川市文物管理所，负责文物保护管理，1984年成立海宝塔寺管理所，专门负责海宝塔的日常管理工作。1983年，划定海宝塔的保护范围。2005年，银川市海宝塔寺管理所建立海宝塔的全国重点文物保护单位记录档案，存于银川市文物管理处。

**苏公塔**　又称额敏塔，是中国境内伊斯兰教古建筑中保存最完整、体积最大的一座古塔，位于新疆维吾尔自治区吐鲁番市葡萄乡木纳尔村。

在苏公塔的入口处存有建塔时的石碑1块，石碑两面分别用维、汉两种文字记载了建塔的原因。额敏和卓是鲁克沁王后裔，清康熙三十三年（1694年）出生于新疆吐鲁番东南哈拉和卓，是吐鲁番地区的统治者和宗教领袖，因维护祖国统一，被清政府封为扎萨克，在平定准噶尔、大小和卓的斗争中，屡建功勋。其子吐鲁番郡王二世苏来满为追念其对清王朝的忠诚、对真主安拉的虔诚及其功绩，于清乾隆四十二年（1777年）耗银7000两建立此塔。当地维吾尔族人相传，苏公塔为清代维吾尔族建筑大师伊布拉音等人设计建造。

苏公塔为砖砌筒状高塔。塔身高44米，塔基直径11米，顶部直径2.8米。塔身与周围附属建筑占地2500平方米。塔以砖块砌筑，外表叠砌成菱格花、山纹、水波纹、变体四瓣花纹等各种花纹几何图案，达15种之多。塔体在不同方向和高度留有14个窗口。塔内有螺旋形72层台阶，可以缘梯而上，直至塔顶。塔顶有1个约10平方米的小阁楼，四周是敞开的大窗，可将周围景色尽收眼底。塔为无木料，全凭一根砖砌螺旋中心支柱支撑整个塔的重量。

苏公塔北面是一座有高大拱门和门楼的礼拜寺。寺院平面为长方形。南北45米，东西72米（包括门前平台）。由大门、门厅、圣龛（拱巴）和周围布道小室等组成。大门正面作尖拱状券口，上层为敞厅。门厅为方形平面上覆圆拱顶，向南通往苏公塔。礼拜大厅面阔23

苏公塔全景

米，进深32米，采用木构梁枋及密肋支撑棚顶，天窗采光。大厅西端中心为圣龛所在，上覆圆拱顶。大厅南、北、西三侧有回廊、小室，共20余间，均为圆拱顶。整体建筑显示出浓郁的伊斯兰建筑风格。

苏公塔被誉为新疆古代建筑艺术珍品，虽属伊斯兰建筑风格，既不同于波斯，也不同于阿拉伯，可视作独树一帜的创造。苏公塔建造历史的碑文，载有清代吐鲁番郡王对中原王朝的隶属关系，是两百多年来新疆民族团结、文化传承保护的见证者。

1978年，吐鲁番地区文物保护管理所成立，负责苏公塔保护管理。1988年1月13日，苏公塔被国务院公布为第三批全国重点文物保护单位，编号3-0159-3-107。1995年，成立吐鲁番地区文物局，负责吐鲁番地区境内文物保护单位的保护管理。1999年，成立苏公塔文物管理处，专职负责苏公塔的保护管理。2000～2001年，对苏公塔和清真寺进行保护性修缮加固。2003年，对苏公塔围墙进行加固，并实施苏公塔二期拓展工程。2003年，新疆维吾尔自治区文物局委托中国文物研究所、中国建筑设计研究院建筑历史研究所共同编制的《吐鲁番地区文物保护与旅游发展总体规划》通过国家文物局的审核批准，其中包括《苏公塔文物保护详细规划》。同年9月，新疆维吾尔自治区人民政府批准公布《吐鲁番地区文物保护与旅游发展总体规划》。2004年12月，苏公塔全国重点文物保护单位记录档案建立，存放于吐鲁番市文物局。2009年7月22日，新疆维吾尔自治区人民政府印发《关于公布新疆维吾尔自治区全国重点文物保护单位保护范围、建设控制地带的通知》，公布苏公塔保护范围和建设控制地带。

# 第四节  桥梁

**安济桥（大石桥）**　是世界上遗存最古老、跨度最大的单孔圆弧敞肩石拱桥，位于河北省赵县城南2.5千米处，南北横跨于洨河之上。

赵县古称赵州，故安济桥又俗称赵州桥，建于隋开皇十五年至大业初年（595～605年），由杰出匠师李春设计建造。北宋哲宗皇帝北巡时赐名安济。安济桥建成后，历经洪水冲击，地震摇撼，车辆重压，风摧雨蚀，仍屹立于洨河之上。唐代《朝野佥载》，唐高宗龙朔年间（661～663年），桥望柱上所雕2个石狮子被高丽谍者盗去。除此之外，安济桥基本保持原貌，根据记载分别在唐贞元八年（792年）、宋治平三年（1066年）、明嘉靖四十一

至四十二年（1562～1563年）、明万历二十五年丁酉（1597年）、清道光元年（1821年），安济桥或因洪水冲击、风雨腐蚀、盗抢、车辙碾压、桥下航运起火等诸多因素，有过较大的修缮。除以上史籍所记载的历代修缮外，民间还流传有一些维修的说法。如明末桥西侧外边五道拱券坍塌，于清乾隆年间（1736～1795年）得到修缮。

安济桥用青石砌成。全长64.4米、高8.65米、宽9米，跨度37.02米，拱矢7.23米，矢跨比为1：5.12。拱腹线的半径为27.31米，拱中心夹角85°20′33″，桥面坡度6.5%。安济桥主拱由28道拱券并列砌筑，拱石厚1.03米，主

安济桥

安济桥栏板

拱上履有自拱脚处厚度为24厘米，拱顶处厚度为16厘米的变厚度护拱石。主拱之上两端各设2个小拱，靠近拱脚处的两个小拱净跨为3.81米，近桥中央的两个小拱净跨为2.85米，4个敞肩拱亦均由28拱券并列砌成。拱券石厚65厘米，小拱之上护拱石厚16厘米。相邻的拱石之间均嵌有双角锭形腰铁联结。主拱背和4个小拱背共横穿9根带圆帽头的铁拉杆。桥两侧各置1.8米外头向下延伸的钩联石6块，以加强桥体横向连接力。主拱外侧与拱圈平行分布3条凸线，4小拱稍作收回，各起线2条，在主拱顶部浮雕龙头图案（吸水兽，也称撞拱石）。桥顶两侧各置一道桥檐石，出檐38厘米，上面和外面侧浮雕八瓣莲花图案。桥面两侧各设栏板21间，望柱22根，均两面浮雕图案，共分两种类型，两侧中部各5间栏板，皆高浮雕，居中为饕餮，其余为各式蛟龙图案，配以6根蟠龙竹节望柱。两侧南北各8间为斗子卷叶图案栏板，亦为浮雕。地栿和寻杖间设盆唇一道，卷叶数为2、3、4不等，配以竹节宝珠望柱16根。经机械钻探和人工坑探，查明安济桥为低拱脚式基础短桥台，基础由5层排石垒成，呈矩形，层石厚度不一，自下而上递薄。总厚度为1.57米，南北长约5米。

安济桥是世界遗存年代最久、保存最好、科学水平极高、艺术形象极美的古代石拱桥，在世界建筑史上占有极其重要的地位，自古即为"天下之雄胜"，今人誉其为"天下第一桥"。安济桥敞肩圆弧拱的出现，是石拱桥建筑史上的里程碑，是富有重要意义的伟大发明创造。拱肩敞开，减轻桥身自重，既节省材料，又能减轻桥基负担，也利于下部结构的简化。拱石抗压强度极高，这是安济桥主拱圈千年不坠的重要原因。敞肩拱可以辅助泄洪（安济桥4个小拱大约可增过水面积16.5%）而减轻水流对大桥的平推力。4个小拱全部过水，大大增加泄洪能力。安济桥为古代圆弧拱大跨度之首，打破以前半圆拱的惯例，这是拱桥发展的一个飞跃。安济桥的桥台坐落在天然地基上，桥的地基也并未作任何加固处理，是第四纪冲积层（亚黏土层），地层稳定，地质均匀，是良好的天然地基。河水从上游所挟泥沙到此逐渐淤积，河床淤积大于冲刷，对保护桥基也有很好的作用。说明中国古代建桥匠师对水文、地质、结构力学已经有了较深的认识，能够综合掌握运用。安济桥无较大损坏，主要因为主拱采用了纵向并列砌筑法，外券损坏不危及全桥，容易维修保养。

1953年，国家拨款并派出专家，结合当地政府组成安济桥修缮委员会，主持安济桥修缮工程。1955年6月至1958年11月，对安济桥进行全面修缮。1956年6月，成立赵县文物保护管理所，负责全县文物的保护管理工作。1961年3月4日，安济桥被国务院公布为第一批全国重点文物保护单位，编号1-0058-3-011。1991年9月，美国土木工程师学会选定安济桥为第十二处"国际土木工程历史古迹"。1992年，河北省人民政府公布安济桥的保护范围和建设控制地带。1993年，河北省政府制定"污水绕流、建坝蓄清、保护古桥"的治污方案，1994年3月至1995年3月底完成治污工程。1995年，建立安济桥全国重点文物保护单位记录档案纸质资料，2004年，建立电子档案资料。2012年，国家文物局拨款用于安济桥安防工程，2013年4月竣工验收。

**观音桥** 是南方地区遗存古桥梁中年代最早的纵列单券榫卯结构的花岗石古桥。观音桥位于江西省星子县白鹿镇玉京村观音桥景区、庐山南麓栖贤谷中。桥北有观音寺，故称观音桥，是旧时连接南北，通往栖贤寺的必经之路。

观音桥横跨在庐山南麓西贤谷的三峡涧上，又称栖贤桥、三峡桥，三峡涧涧水自庐山五老、汉阳、太乙诸峰倾泻而下，汇合众支流，流量巨大，水势凶猛，桥下是涧水深造的"金井"以及断续的深渊，水深三四十米，观音桥就建在巨石耸立的峭壁上，兀立于峭壁与石峰之间。

观音桥建于北宋大中祥符七年（1014年）。清道光年间，桥头应真阁的主持僧人觉

观音桥

观音桥桥面

观音桥桥底券面

源，在桥面两旁增建石栏杆。观音桥自宋代建成之后，经过几次维修，至今整体结构保存较好。遗存桥体除桥面石栏杆是清代修建外，其余均为北宋修建。民国25年（1936年），爱国将领冯玉祥在三峡涧玉渊潭旁的石地上书刻奉劝蒋介石抗日的《墨字篇》，石刻占地70平方米，为庐山最大的一通摩崖石刻。观音桥东有"天下第六泉"，桥西有观音寺（慈航寺）、蒋介石行宫，桥下有"金井"等摩崖石刻。

观音桥为单孔石构桥，桥面以大石铺成，两侧有石栏杆，桥长20.45米、宽4.33米，建筑体通高9.8米，整座桥梁由105块各重1000千克的长方形花岗岩石凸凹相楔榫接而成，设计独特别致，结构精巧坚固。桥孔内圈由七行长方形石首尾相衔，凹凸榫结，渐弯呈弓形。桥底拱券上刻有"维皇宋大中祥符七年岁次甲寅二月丁巳朔建桥""江州匠陈智福，弟智海、智洪"等字。

观音桥历经千年完好如初，具有很高的历史、科学和艺术价值，是研究宋代古桥梁的"活化石"。1975年，星子县文物管理领导小组将通向桥面的公路拦断，改为步行游览道，申报观音桥为省级文物保护单位。1979年，星子县文物管理所成立，负责全县的文物保护与管理工作。1981年，国家文物事业管理局拨款维修观音桥，维修工将桥面石翻开时，发现桥内部的拱石用铁架（俗称大头挂）固紧，时近千年，铁卡子历历如新，于是只将桥面稍加修整。1988年1月13日，观音桥被国务院公布为第三批全国重点文物保护单位，编号3-0067-3-015。1992年，江西省人民政府印发《关于公布全国重点文物保护单位保护范围和建设控制地带的通知》，划定观音桥的保护范围和建设控制地带。1998年，国家文物局拨专款，由星子县文物部门组织，对观音桥进行全面维修。2009年，国家文物局拨专款，星子县文物部门组织编制《观音桥保护规划》。星子县文物管理所建有观音桥全国重点文物保护单位记录档案，存于文物管理所。

**洛阳桥** 又名万安桥，是中国第一座跨海平梁式大石桥，位于福建省泉州市洛江区与惠安县交界的洛阳江入海口处，横跨于洛阳江面上。

洛阳桥，始建于北宋皇祐五年（1053年），至嘉祐四年（1059年）竣工，由泉州郡守蔡襄主持建造。桥长731米，呈南北走向，北接惠安县洛阳镇，南连洛江区桥南村。桥墩的迎水面砌成三角形分水尖，桥面铺设所用的石板最大的长11米、宽0.9米、厚0.8米。桥两侧立有500根栏杆石柱，其中28根雕有石狮。桥上原有石亭7座，仅存中亭和西川甘雨亭（又称"泉南佛国亭"）2座。遗存4尊宋刻石将军、6座宋代石塔及历代石碑、摩崖石刻、对联等100余方和保存完好的26通历代修桥碑记（其中宋代1通、明代9通、清代12通、民国3通）。在桥的两侧亦建有与洛阳桥的建造活动有关的3座纪念性文物建筑，分别是位于桥南侧的蔡襄祠（又名蔡忠惠公祠）和桥北侧的昭惠庙及义波祠（又名真身庵）。

洛阳桥与卢沟桥、赵州桥、广济桥并称为中国古代四大名桥。洛阳桥是泉州海外贸易达到鼎盛时期、闽中地区普遍兴起造桥运动后留存下来的标志性建筑，是中国第一座跨海平梁式大石桥。洛阳桥首创"筏形基础""种蛎固基"和"浮运架梁"等造桥工艺，代表着当

洛阳桥

时先进的造桥技术，载入世界桥梁史册，也展现泉州历史上海陆交通发展的成果，是宋元时期泉州海外贸易兴盛和社会经济繁荣的重要体现。洛阳桥保存石碑、摩崖石刻、楹联，记载着洛阳桥修桥历史，褒颂历代仕宦乡贤治理洛阳江及官吏德政、惠民利民功绩，从另一个侧面展示泉州刺桐港形成、发展和泉州海外通商贸易繁荣的史实，是泉州海上丝绸之路史迹的重要组成部分。桥南蔡襄祠中蔡襄手书的《万安桥记》碑刻，更被誉为文、书、刻俱佳的"三绝碑"，是极为珍贵的书法艺术珍品和重要历史记载。

1985年1月25日，泉州市人民政府批准建立蔡襄纪念馆及洛阳桥文物保护管理所。1985年6月，泉州市人民政府拨款，对洛阳桥进行勘察、测绘和试修。1988年1月13日，洛阳桥被国务院批准公布为第三批全国重点文物保护单位，编号3-0068-3-016。1993年2月7日至1996年10月11日，实施洛阳桥抢修工程，通过国家文物局组织的竣工验收。1996年，福建省人民政府公布洛阳桥的保护范围。2003年4月16日，成立泉州市文物保护管理所，负责洛阳桥保护管理，同时撤销原洛阳桥保护管理所。2005年10月，泉州市文物保护管理所编制《洛阳桥记录档案》。2016年11月，福建省文化厅、省住房和城乡建设厅联合印发《关于公布省级以上文物保护单位建设控制地带的通知》，重新划定洛阳桥的建设控制地带。

**广济桥** 是世界上首座启合式桥梁，位于广东省潮州市湘桥区湘桥街道，坐落在潮州城东门外韩江之上，东西走向，东面为广济门，西面有笔架山（虎山）。

广济桥俗称湘子桥，始建于南宋乾道七年（1171年），初为浮桥，称"中蟠石洲"，名康济桥。南宋淳熙元年（1174年），浮桥毁于洪水，太守常祎重修，开始在西岸修筑桥墩，至南宋绍定元年（1228年），期间朱江、王正功、丁允元、孙叔谨等太守于西段增筑桥墩10座，易西桥名为丁公桥。南宋绍熙五年（1194年），太守沈宗禹开始"蟠石东岸"，随后陈宏规等太守相继于东段修筑桥墩，至南宋开禧二年（1206年）建成十三墩，东桥名为济川桥。中间一段因水流湍急，仍架舟为梁，以连接东西两桥。明宣德十年（1435年），知府王源主持规模空前的修桥工程，竣工后西桥为十墩，东桥为十三墩，中间89米以24只船为浮桥，并在桥上修筑桥楼12座，桥屋126间，统一称为广济桥。正德八年（1513年），知府谭

伦增筑一墩，减船六只，形成"十八梭船廿四洲"的独特风格。此后历代均有修筑，但格局基本不变。

广济桥横跨韩江，东、西两端为梁桥，中间以十八梭船形成浮桥。梁桥上为形态各异的亭阁楼台。全长约520米，遗存古桥墩21座，古石梁10余条，石梁最大的长约15米、宽1米、厚1.2米，重约50吨（5万千克）。2009年修复后的广济桥，东、西两端各有桥墩12座，中间有18梭船，上铺木板以形成浮桥。

广济桥居闽粤交通要津，集梁式桥与浮桥于一身，是世界上首座启合式桥梁，其规模和结构技术为中国遗存古代桥梁中所罕见，是中国桥梁史上的孤例，反映了中国宋代造桥

广济桥（老照片）

广济桥古桥墩

广济桥遗存古石梁

潮州广济桥

的最高成就。明清时期，桥上形式各异的楼台亭阁，兼作经商店铺，有"廿四楼台廿四样""一里长桥一里市"之美称。

1986年，成立潮州市文物管理委员会作为保护与管理机构。1988年1月13日，广济桥被国务院公布为第三批全国重点文物保护单位，编号为3-0069-3-017。1994年3月，广东省人民政府公布广济桥保护范围及建设控制地带。2004年7月，广东省潮州市文物管理委员会编制和保管广济桥全国重点文物保护单位记录档案。2009年，对按明清时的图样对广济桥进行恢复性维修，展现集梁式桥与浮桥于一身的风貌。2010年，成立潮州市广济桥文物管理处作为专职保护与管理机构。

永通桥（小石桥） 为单孔敞肩石拱桥，与安济桥并称赵州"奇胜""伯仲"。永通桥位于河北省石家庄市赵县赵州镇西关村，东西横跨于洨河的支流清水河上。

关于永通桥的修建年代，《赵州志》称"建置莫详"，《河朔访古记》载"金明昌年间（1190～1195年）所建"，但据宋人题永通桥诗以及1986年出土的《修桥主题名石》所刻"泰初……敬造此桥，合家供养"等，考证此桥建造于唐代宗永泰初年（765年），《河朔访古记》所载应是重修的年代。永通桥修建以来，历史上有记载的重要修缮一共有4次：明正德二年（1507年）八月增补栏板；明万历二十六年（1598年）秋至次年夏季修缮桥面铺石和栏板；明崇祯六年（1633年）集资修缮桥面、栏板和桥拱；清嘉庆三年冬至四年夏（1798～1799年）由官方修缮。

永通桥为单孔敞肩石拱桥。主拱由20道拱券纵向并列砌筑，全桥长34.53米、宽6.95米，桥高6.29米。主拱净跨23.48米，弧矢5.14米。占地面积238.94平方米。主拱两端栿设4个小拱。桥型与安济桥相似，唯其桥体规模小于安济桥，故当地人称小石桥。永通桥继承了安济桥的建造特点，并有所发挥。如小拱与主拱之比大于安济桥，桥面近于水平，更便利交通。而永通桥的桥饰雕刻比安济桥则更胜一筹，它的各个小拱撞券石上均雕有河神像，

东西两端的小碹墩上浮雕有飞马、游鱼、开山力士等图案。桥面栏板的形式分两类：一类以驼峰托斗，蜀柱、力士承托寻杖，华板通长无格，明显地保留了宋代以前的手法；另一类以荷花墩代替斗子蜀柱，华板分为两格，属明代艺术风格。此类华板下凹，浮雕题材广泛，人物图案有历史故事、神话传说等，还有奇禽异兽、花卉蔬果等图案。刻工精细，形象逼真，神态兼备，异彩纷呈，意趣浓厚，引人入胜，故民间有"大石桥上看功劳，小石桥上看花草"之说。

永通桥把圆弧敞肩拱桥形推进到一个新的水平。在圆弧敞肩拱的发展上起到承前启后的

永通桥

永通桥桥拱

永通桥桥栏板浮雕

作用，对于形成敞肩拱流派有重要作用，是研究圆弧敞肩拱桥及其发展时间最早的珍贵实物例证。明代王之翰在《重修永通桥记》中，把永通桥和安济桥并称赵州"奇胜""伯仲"，使两桥名闻天下。永通桥重大的科学价值虽与安济桥不能比，但也不失为拱桥建筑中的佳构杰作。永通桥的建成，使洨河的支流冶河也有巨桥连接，对当时和以后的交通起到巨大作用，更加强了南北之间的交往，使"地居九都之冲，途扼西京之要""九省往来为股肱上郡"的赵州，成为港埠通达，交通繁忙之地。永通桥不仅具有很高的科学技术水平，而且造型艺术十分优美，它的独跨弧形主拱和四个敞肩拱造型使桥体空盈、匀称秀逸、曲线优美，既雄伟又格外雅观，如彩虹挂天，似神龙腾飞，历代文人墨客咏赞永通桥美妙异常。宋杜德源诗赞曰："并驾南桥具体微，石材工迹世传稀。洞开月夜轮初转，蜃启春龙势预飞。"

中华人民共和国成立以后，永通桥已非常残破，岌岌可危。1956年6月，成立赵县文物保护管理所，负责永通桥的日常管理及维护工作。1961年3月4日，永通桥被国务院公布为第一批全国重点文物保护单位，编号1-0060-3-013。1984年6月，国家文物局批拨专款127万元对永通桥进行全面修缮，1986年12月动工，1988年11月15日完工，1989年1月5日通过国家文物局组织的专家验收。2009年8月建成永通桥公园，免费对外开放。1992年3月，河北省人民政府公布永通桥的保护范围和建设控制地带。1995年，建立永通桥全国重点文物保护单位档案资料；2004年，建立永通桥电子档案资料。上述档案资料保存于赵县文物保护所档案室。

**八字桥** 为宋代梁式石桥，位于浙江省绍兴市区八字桥直街东端。桥架于三河交汇处，八字桥直街从西向东迄桥而止。主桥东西向，横跨稽山河，桥西踏跺通八字桥直街，桥南设踏跺两道，分别通东双桥东河沿和西河沿，成"八"字形，桥南西侧踏跺跨一断河；桥北设踏跺一道，通广宁桥直街。

南宋《嘉泰会稽志》载："八字桥在府城东南，两桥相对而斜，状如八字，故得名。"由此得知，八字桥至迟于宋嘉泰年间（1201～1204年）已建成。南宋宝祐丙辰年（1256年）重建。清乾隆二十八年（1763年）修。1982年再度整修。八字桥保存完整。

八字桥主桥为东西向，总长32.82米，桥洞净跨4.91米、宽3.2米、桥洞高3.84米。金刚墙用条石叠砌，主桥孔两侧各立9根石柱，与金刚墙连接。其西侧第五根石柱上镌刻"时宝丙辰冬吉日建"题记。此题记年代应为八字桥重建之年，即南宋宝祐四年（1256年）。桥面用7根石梁铺就，梁面微拱。两侧设覆莲望柱与勾栏。石桥设落坡踏跺匹道，东端分南、北坡，与沿河石板路相连，西端分西、南落坡连接八字桥直街和沿河路。八字桥为中国早期简支梁桥中的孤例。建造者根据特殊的地形，因地制宜，合理设计跨越三河、沟通四路、状如"八"字的桥梁，巧妙地解决复杂的水陆交通问题。

八字桥是遗存为数不多的具有确切纪年的南宋古石桥，已具700余年的历史，桥身依然坚实。古建园林专家陈从周在20世纪50年代所写的《绍兴的宋桥》一文中对八字桥这样评价："宋桥我们除在宋画李嵩的水殿纳凉图，

八字桥全景

张择端的清明上河图等上面见到外，实例至为难得。这两座桥（另一座指已毁的绍兴保佑桥）在中国建筑史与桥梁史上不失为重要的证物了。"八字桥的选址与布局，一方面反映绍兴当时该地区人口稠密的居住环境和经济活动频繁的程度，另一方面建桥者独具匠心的构思，因地制宜的布局解决了复杂地形的水、陆交通问题，使简单的石构桥梁造型更显美观。八字桥结构简洁、建筑稳固，体现南宋绍兴地区建桥技术的成熟，为研究宋代的桥梁建筑技术提供了难得的实例。绍兴素有水乡、桥乡之

八字桥局部

称，而"桥乡"之美誉的确定，除了因桥梁众多外，更重要的因素是桥梁古老的历史。八字桥作为绍兴遗存最古老的桥梁，在绍兴这座历史文化名城中有其独特的地位和重要的价值。

1962年1月，八字桥西边小桥墩被洪水浸冲下沉，使桥栏踏步倾塌下陷，桥身石块开裂分离，浙江省文化厅、财政厅立即下拨维修经费抢修八字桥。1963年3月，由绍兴县文物管理委员会，专职管理保护八字桥。1984年，由绍兴市文物管理处负责全市文物保护管理工作，包括对八字桥的保护、管理。1980年，浙江省考古所协同绍兴县文管会对八字桥的地理位置、总体布局、结构、建造年代等进行全面调查。1982年，绍兴市文物管理委员会根据八字桥破损情况进行修缮。1988年5月26日，浙江省文化厅、建设厅联合发文确定八字桥保护范围及建设控制地带。1998年6月，清华大学建筑学院对八字桥水街保护更新进行规划。1999年6月，建立绍兴市文物管理局（专职机

构），负责全市文物保护单位（包括八字桥）的日常管理、保护工作。2000年3月，绍兴市城乡建设委员会委托上海同济城市规划设计研究院对八字桥水街保护开发区进行规划，规划以八字桥为中心，展示绍兴水乡独特的传统民居、街巷空间、水乡生活和文化内涵，充分体现绍兴"水乡""桥乡"的特色。2001年6月25日，八字桥被国务院公布为第五批全国重点文物保护单位，编号5-0301-3-107。2003年4月，成立绍兴市文物考古研究所，负责全市未开放文物保护单位（包括八字桥）的日常保护管理工作。2004年9月30日，绍兴市文物考古研究所建立八字桥全国重点文物保护单位记录档案。2014年6月22日，八字桥作为"中国大运河"中"浙东运河杭州萧山—绍兴段"的运河水工遗存，被第38届联合国教科文组织世界遗产委员会大会列入《世界遗产名录》。

**古月桥** 是中国可考最早出现的肋骨拱拱券结构的折边形石拱桥，位于浙江省义乌市赤岸镇雅治街村外的龙溪上，西南东北向横跨龙溪。

古月桥建于南宋嘉定六年（1213年），桥顶南侧石梁面上刻有"皇宋嘉定葵酉季秋闰月建造"字样可资为证。相传此桥为南宋工部侍郎、邑人徐侨（文清公）所筑。清嘉庆《义乌县志》记载古月桥原名大桥，后被称为古月桥。

古月桥全长31.20米，底拱长14.67米，拱矢高4.99米，桥面两侧宽约4.91米，中部宽4.45米，东西两侧引桥各为7.65米，坡度约为25°，自起拱处至拱最高处为3.745米。古月桥系单拱纵联分节并列砌筑的王边形石拱桥，桥身分四层，底层共五折。每节用6块长2.8米、厚0.55米、宽0.3米的石条直砌，条石之间距离0.55米，搭接处用长4.75米、高0.58米、宽0.3米的横锁石承接。全桥共用30根条石、4根横锁石。中间层为条石横砌，规格不一；桥面以沙泥和方石铺成，桥面两侧设有宽0.5米、高0.4米的压栏石，无柱无板，无雕饰。桥两头的基础均设在红砂岩层上。

古月桥桥型古朴、别致，充分反映了古代劳动人民高超的技术水平和杰出的创造才能。

古月桥全景

古月桥梁架结构仰视图

古月桥为石结构折边形拱桥，该结构肇始于汉代，滥觞于两宋，并在此时大量运用于桥梁，著名宋画《清明上河图》中的虹桥即为木构折边形拱券的拱桥。此后这类拱桥被密折边拱壁的拱桥代替而逐渐消失，仅在浙江绍兴一带以及浙南、闽北地区有所保留。

古月桥于1982年文物普查时首次发现，1985年7月作现场调查记录，随后古月桥一直得到一定程度的保护，由文物部门及所在村落组织人员进行日常保护。1987年，胡桥被义乌县政府公布为县级文物保护单位。1989年，浙江省政府公布为省级文物保护单位。1994年12月22日，浙江省人民政府印发文件《关于划定慈溪上林湖越窑遗等五十四处全国、省级文物保护单位保护范围及建设控制地带的批复》，划定古月桥保护范围和建设控制地带。2001年

6月25日，古月桥被国务院公布为第五批全国重点文物保护单位，编号5-0289-3-095。2004年8～11月，义乌市博物馆委托中国地质大学、北京冈崎地层环境力学研究中心对古月桥石质进行测试。2004年10月，义乌市博物馆对古月桥两侧的驳岸进行加固，重修上下游各30米长的驳岸，并对河道进行挖淤疏浚。同年11月20日，义乌市博物馆建立古月桥全国重点文物保护单位记录档案。义乌市文化体育局为古月桥保护的管理机构。

**江东桥**　是宋代独梁最长的石梁桥，也是世界上遗存最长的石梁桥，位于福建省漳州市龙文区与龙海市的界线上，横跨于九龙江北溪江面上。

江东桥古称虎济桥，又名通济桥，是一座多孔梁式石桥，始建于宋代嘉熙元年（1237年）始，历时3年建成。元、明、清各代，桥身屡毁屡修。民国17年（1928年）因开拓漳嵩公路，在其上方加建钢筋混凝土公路桥。抗战期间公路桥被毁。1970年，于古桥上加高架设钢筋混凝土公路桥。

靠西岸公路桥下，尚存古桥的五座桥墩和两跨桥面，残长100.35米。墩间每跨以5条石梁铺成桥面，石梁每条长22～23米、宽1.15～1.2米、厚1.3～1.4米，重达81吨。遗存的江东桥的整个桥体由15个桥孔（14座桥墩、2个金刚墙）以花岗岩条石砌筑的一座梁式石桥，符合宋嘉熙元年造桥时"酾水一十五道"的记载。1970年，为架设钢筋混凝土桥面的需要，在12号桥孔中部增加了一个桥墩，故外现呈16个桥孔。

江东桥的结构由基础、桥墩、分水尖、桥

面、栏杆五部分组成。各桥墩基础下部已被块石、淤泥埋没，基础上部被水淘空部分分别于1970年、1999年用混凝土及块石填塞加固，并在基础外围用块石抛填以防止桥基被洪水再冲刷掏空。由此形成一道连接着各桥墩、宽度距桥墩上下游各6米左右、总宽约18米的水下石堤，两次的"抛石固基"虽暂时加固了桥墩，但乱石堆埋没了老桥构件。

江东桥桥墩遗存两种状况，10～14号为保存较好的老桥墩，后来在上面建水泥公路桥时在老墩上再砌使墩体加高，使得10～14号墩的下部为原墩，承托老桥板，上部为后砌墩体，承新建钢筋混凝土梁；而1～9号墩，露出水面部分为后砌桥墩，墩长7米，墩宽为1.5～1.8米不等，高8.5米左右，上、下游作半圆形，其条石二凿面层并用水泥砂浆勾缝，同时也将部分老桥墩一并勾抹，新墩基本完好。各桥墩上下游均设分水尖，遗存5个完整老桥墩的分水尖均在水面以上，明晰可见，分水尖的宽同桥墩，尖长2.4～3.3米不等，其高度在老墩上

皮以下0.5～0.6米处，均用条石横纵相勾垒砌呈三角形，尖端上翘，式样同泉州洛阳乔"船形墩"。分水尖与桥墩各层的条石不搭茬，分别砌筑，经多次修葺，部分条石改用块石垒砌，并于上面浇筑混凝土或抹水泥砂浆层。另9个桥墩的分水尖因砌筑新墩而被拆掉几层，所以老墩及分水尖均在水面以下。后建的钢筋混凝土桥桥面基本水平，由"T"形梁和拱形梁承托，其中T形梁架在新砌的桥墩上，而拱形梁底脚落在老桥墩上，与遗存桥板同一水平面，增加了桥墩承载力。老桥板遗存10块，分别架在第12号、14号孔、第15号孔上。改建钢筋混凝土桥时将石构栏杆全部拆除，改为金属栏杆。

江东桥被《世界之最》列为最大的石梁桥，其梁长23.7米、宽1.7米、高1.9米，重20多万千克，在古代能开采、搬运、架设如此巨大石梁，实属难能可贵，对研究中国古代桥梁建筑具有重要价值。自宋以来，江东桥一直担负着重要的交通使命，同时已为研究当地历史

江东桥

沿革、文化经济交流、交通关系发展等提供重要的历史资料。

1982年，江东桥被龙海县列为第一批文物保护单位，建立龙海县文物保护领导小组，成立江东桥保护管理小组。1992年，江东桥被福建省政府列为第三批文物保护单位。1993年6月，福建省人民政府印发《关于公布全国重点文物保护单位和省级文物保护单位（第一批）保护范围的通知》，公布江东桥的保护范围。2001年6月25日，江东桥被国务院公布为第五批全国重点文物保护单位，编号5-0332-3-138。同年，江东桥划归漳州市文物管理委员会办公室直接管理，建立《江东桥记录档案》。2002年3月，聘请中国文物研究所专业技术人员开展勘察、测绘和维修方案的编制。同年6月，国家文物局批准江东桥维修方案。2004年4月，经福建省文化厅同意，泉州刺桐古建筑工程公司承担维修工程。2016年11月，福建省文化厅、省住房和城乡建设厅印发《关于公布省级以上文物保护单位建设控制地带的

通知》，公布了江东桥的建设控制地带。

**清华彩虹桥**　为长廊式行人风雨桥，坐落于江西省婺源县清华村上街西端浮溪水面上。

清华村为婺源县治旧址，位于婺源县北偏西约34千米的浙源水和古坦水合口处，以清溪萦绕、华照增辉而名。《婺源县志》载，唐开元二十八年（740年）婺源建县时，县治设此。唐天复元年（901年），县治迁弦高镇（蚺城）；天祐三年（906年），改为清华镇，自古以来便是婺北商品集散中心。

清华彩虹桥得名源于李白诗句："两水夹明镜，双桥落彩虹。"彩虹桥始建于宋代。桥横跨浮溪最宽处，全长140米、宽3.1米，由两头引桥、四墩五间与六亭五廊构成。桥基四墩青石叠砌，前锐后丰，呈流线型，呈半截船形。墩长14.37米、宽7.15米、高8.1米。两桥墩之间跨径为15米，以木梁横联，上铺木板成桥面，椽瓦结顶为廊，两侧围以木栏。每个桥墩上设有亭子，亭内有石桌石凳，中间一间辟为一砖木结构的神龛，龛内正中供奉治水的大

清华彩虹桥

清华彩虹桥桥面

禹，两侧为建桥的创始者胡济祥、胡永班。亭廊上盖有青瓦，整齐完好。两桥头悬挂的匾额"彩虹桥"三字，为婺源县博物馆首任馆长詹永萱于1984年所书。桥的下游60米处，建有一座石堰。石堰使桥的所在处水位增高，流速减缓，有效缓解汛期山洪对桥墩的冲击。

婺源古属徽州，与饶州交界，清华彩虹桥是婺源徽饶古道的交通要冲，对两地经济、文化的繁荣发展起到积极促进作用。彩虹桥整体结构洗练、做工古朴、未施雕琢，体现厚实、古朴的风貌，有便利交通和供人休憩双重功能作用。

清华彩虹桥管理单位为2004年成立的婺源县文物局，前身为1992年成立的婺源县文物管理所。2000年，清华彩虹桥被江西省人民政府公布为省级文物保护单位。2006年5月25日，清华彩虹桥被国务院公布为第六批全国重点文物保护单位，编号为6-0605-3-308。同年，婺源县文物局建立并保存清华彩虹桥全国重点文物保护单位记录档案。2010年，江西省人民政府印发《关于公布江西省第五第六批全国重点文物保护单位保护范围的通知》，公布清华彩虹桥保护范围。2012年，国家文物局下拨保护维修专项资金，对彩虹桥进行整体维修，2013年通过江西省文物局组织的验收。

**龙脑桥** 是石雕艺术精湛、布局奇特的平桥式石桥，位于四川省泸县玉蟾街道龙华村，建在九曲溪上，南北走向。

《泸县志》载，龙脑桥为明洪武十一年至三十一年（1378～1398年）修建。据发现的残碑记有"张诸公动念修造""念为善之乐"

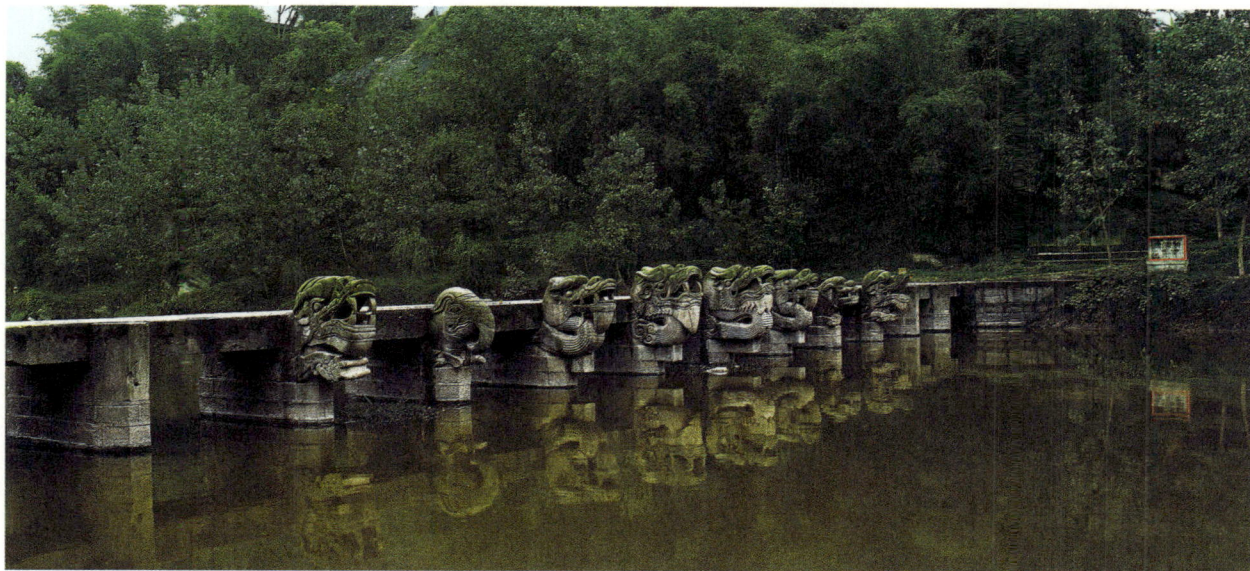
龙脑桥

等字样，推测建桥当为募资行善之举。乾隆四十三年（1778年），乾隆皇帝曾"钦命永宁道泸州以北九十华里九曲河龙脑桥加以保护"，据传当时桥北端曾立有圣旨碑。

龙脑桥为一座笔直的平桥式石桥，桥高5米、长54米、宽1.9米。结构简单，全桥用30块长3.6米、宽0.95米、厚0.6米的石块铺成，2块一组，并列铺成桥面。共有12个桥墩，将桥分成十三孔。以其石雕艺术精湛、布局奇特而著称。龙脑桥的石雕，布置在中间的8个桥墩上面，其中间4个桥墩，每个墩一条龙，再向左右分开，左侧一墩雕狮，右侧一墩雕象，靠近狮、象的两侧桥墩，都刻麒麟。这些石雕动物的脊背上安置桥面石板，在桥的一侧露出头部，一侧露出尾部。这些雕刻比例匀称，造型古朴，形态生动自然，雄壮威武，昂首虎视九曲溪上游。四条龙的口内各衔一个重数十斤又能滚动的"石宝"。每条龙的鼻孔都能吹出响声，鬼斧神工，别具匠心。龙脑桥以石雕艺术精湛造型雄伟、布局奇特著称。从雕刻手法上看为圆雕，整座石桥雕刻浑厚刚毅，比例匀称，属四川明代早期的造型风格。整座平桥用墩座14座，总长54米。每段由2块石梁板并列安置在桥墩槽口内，使桥面平整，石梁不左右滑动，增加其稳定性。桥墩彩石面打凿的粗糙纹条，增加物体表面摩擦力，体现古代匠师卓越成就。

龙脑桥在研究泸县古代九曲河水利工程和四川古代桥梁史方面占有重要地位。古建筑专家罗哲文评价："如此巨大比例形象的龙、兽群雕，如此精美的桥梁石刻艺术，在全国古桥中确属罕见。特别是保存如此完好，更是难得。"

1996年11月20日，龙脑桥被国务院公布为第四批全国重点文物保护单位，编号4-0079-3-001。2014年，四川省人民政府批准，划定龙脑桥的保护范围和建设控制地带。龙脑桥保护管理的机构为泸县文物局，日常管理由泸县龙脑桥镇文物保护领导组负责。其全国重点文物保护单位记录档案已建立完善，保存于泸县文物局。

**宝带桥**　是中国遗存最长的石拱桥，位于江苏省苏州市吴中区经济开发区宝南村东北处。

宝带桥创建于唐元和十一至十四年（816～819年），400多年后坍圮，南宋绍定五年（1232年）重建。元代修筑为长石拱桥。明正统十一年（1446年）重建为遗存形制与规模。清康熙九年（1670年）被大水冲圮，3年内修复。清道光十一年（1831年）由林则徐主持修理，费"工料银六千六百七十两有奇"。清咸丰十年（1860年）毁3孔。清同治二年（1863年），英军戈登驾舰攻打苏州，拆去桥中间大孔，酿成南面26孔连续倒塌之惨状。抗战时期，南端6孔被日军炸毁。

宝带桥呈南北走向，横跨澹台湖东出口，与古运河平行。桥全长316.08米，两端孔脚间长249.08米，北端引桥长23.2米，南端引桥长43.08米，桥面宽4.1米。整桥采用53孔连拱薄墩形式，桥身狭长，多孔连缀。北起第14孔逐渐加大隆起，第15孔为最大孔，径跨6.95米，矢高7.5米；其余各孔平均径跨约3.9米，矢高约2.0米。拱券为纵联分节并列砌置，每孔由5排拱石和4根龙筋石相嵌筑成，每排由7～9块拱石组成，除顶部一排为方形拱石外，余为长方形拱石。桥面两侧均施锁口石压沿，中间横铺条石，规格大小不一，桥的两侧金刚墙均用侧塘石叠砌，立面呈倒梯形。相邻两孔拱脚宽平均为0.55米，拱券顶部距桥面为0.50米。在北起第27、28孔间，两孔拱脚宽为1.20米，称之为刚性墩。桥体用料以花岗石为主，间有青石和武康石。

桥北堍有花岗石碑亭1座，同治十一年（1872年）重建。单檐歇山式，石亭仿木结构。亭作方形，边长4.32米，通高6.13米。石亭敞开式，南、北两侧有石栏，可供纤夫、路人歇脚。桥北堍与桥中间刚性墩西侧各有宋代石塔1座，塔高4米，五级八面，以整块青石雕凿而成，刻海浪云龙纹，每级各面雕凿出佛龛，为镌小佛像。石狮、石塔风化十分严重，通体裂缝，塔檐80%已毁，北塔向东北方向倾斜约15°，南塔塔刹已毁，后用水泥修补。桥南端引桥有青石狮2只，桥北端有青石狮1只。

宝带桥坐落的地域属长江下游冲积平原的河网区域，表土层松厚，宝带桥采用软地基加固法，防止桥基下沉，具体方法是：用直径15～20厘米、长120厘米左右的木桩、每墩密排60根，分5行，每行12根，排列有序，顶部桩间用块石嵌紧、其上再用整块盖桩石压顶，使其成为整体。采用打木桩加固软地基，省工省资，施工简便，十分实用，木桩常年浸泡在水底，不易腐朽。尤其是密打的木桩，不仅起到挤密土体的作用，而且与在木本身的桩尖阻力一起，可共同起着承载作用，从而减省墩体陷沉的可能。宝带桥在设计营造上，科学、合理地创用柔性墩与刚性墩相结合的方法。建造者大胆摒弃笨重的重力式实体墩，而采用上大下小，轻巧薄型的"柔性墩"，宝带桥最大孔的跨径与墩厚比为11.6：1，居世界石拱桥之首。宝带桥柔性墩相邻两孔拱券的拱脚落嵌在水盘石预留的沟槽内，两拱脚间距仅10厘米，用一块倒梯形块石嵌紧，桥面与拱券间空腹内，用石灰三合土填充，减轻了桥身的自重，使墩体所受的水平推力大大减少。宝带桥柔性墩的创用，揭示了拱桥内力传递途径的变化，克服重力式桥墩的弊端，实现省工省钱、减轻自重，利于泄流行船，造型美观的优点，是中国桥梁建筑工艺技术的一大发展与突破。宝带

宝带桥

桥在北端起的第27号墩上建造一个单向推力墩，即刚性墩，防止多孔薄型桥墩的变形。刚性墩由2个桥墩并立而成，体积大，凭借它的自重可平衡来自单向的推力，一旦一端拱券倒塌，不致波及另一端的其他各孔。刚性墩的构思和设置，说明中国古代的造桥匠师对多孔拱式结构力传递规律的深刻认识。宝带桥的拱券工艺，集并列法、纵联法之长，运用拱券砌筑的新工艺——联锁多绞拱发券。其结构是采用联锁法成拱，同时在版拱石两端各凿石榫，嵌入长绞石预留的榫眼内，并留有空隙，可容许微小的移动。这种筑拱工艺的独特优点是：当出现温差变化、基础沉陷或不对称活荷载等情况时，能通过石榫眼内的微小运动，可自动对拱券的形状作细微的调整，而使拱券的受力有所改善。

宝带桥桥梁是三度空间的永久性建筑。桥孔之多，结构之精巧，在中外建桥史上极为罕见。在规划设计时，对桥体形式与功能，桥体形式与环境的结合上构思极为巧妙，凝聚中国古代造桥匠师的聪明才智。桥面平坦以利纤夫行走，桥下53孔连缀，方便行船，又能宣泄澹台湖上游之水。宝带桥狭长如带，多孔连缀，远山近水，交相辉映，犹如"长虹卧波、鳌背连云"，具有极高的观赏价值，是古代建筑艺术与生态环境完美结合的典范，具有较高的历史价值、科学价值和极高的桥梁工艺价值。

1956年，宝带桥被江苏省人民委员会公布为江苏省文物保护单位。1996年4月6日，江苏省人民政府办公厅公布宝带桥保护范围及建设控制地带。2000年后，宝带桥的保护管理由吴中区吴中经济开发区街道办事处负责。2001年

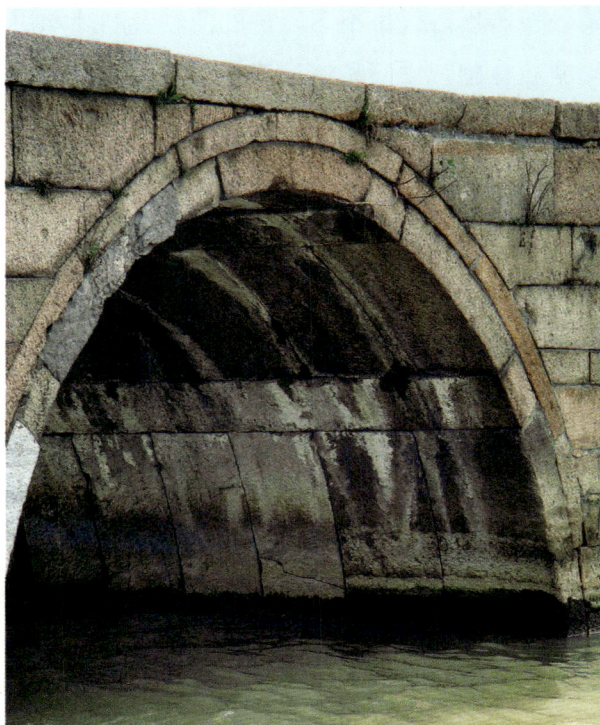

宝带桥拱圈结构

6月25日，宝带桥被国务院公布为第五批全国重点文物保护单位，编号5-0285-3-091。2002年，国家文物局拨款，对宝带桥进行全面整体维修。随着苏南地区经济的快速发展，水上航运的繁荣，使运河内的船舶密度、吨位、船速急剧加大，撞桥事故屡屡发生。2004年7月，吴中区文物管理委员会委托太湖古建研究所设计所，完成"抛石筑坝"防护工程方案，并上报国家文物局。2004年，吴中区文物管理委员会建立宝带桥的全国重点文物保护单位记录档案。2012～2013年，吴中区历时一年半，完成宝带桥本体加固和环境整治工程。2013年9月，联合国教科文组织的专家对大运河苏州段进行现场考察评估，对宝带桥文物价值给予较高评价。2014年6月22日，宝带桥作为"中国大运河"重要遗产点，被38届联合国教科文组织世界遗产委员会大会列入《世界遗产名录》。

**古纤道** 是浙东运河上拉纤行舟的通道，位于浙江省绍兴市柯桥区，它自东而西穿越绍兴全境。

浙东运河是浙江东部一条水上交通大动脉，它西起钱塘江古渡口西兴，流经绍兴、上虞、余姚、宁波，至镇海注入东海。纤道，初名运道塘，俗称纤塘路，又名纤塘、纤道桥，是背纤人行走的道路。唐元和十年（815年），孟简出任浙东观察使，深感改善航运事业为当务之急，在城西筑起一条行舟背纤的土堤型纤道——运道塘，成为古纤道形成的最初形式（《新唐书·志第三十·地理五》）。明孝宗弘治初年，部分路面改用青石铺砌。自明末至民国年间，石砌古纤道历经乡宦、善士、高僧及地方政府捐资重修。

古纤道遗存最具代表性且保存尚好的一段全长7.7千米。东起柯桥街道上谢桥，西至湖塘街道板桥，行政管辖区划涉及绍兴柯桥街道、钱清镇、湖塘街道3个镇（街道）。它的建筑结构及形式，可分为单面临水依岸砌筑和两面临水破水砌筑两大类。它们相互间隔，相互衔接，宛如一条水上飘带。

单面临水依岸砌筑的古纤道，一般在河面不甚宽阔的地方，采用顺河坎用条石错缝间丁石向上叠砌，也有用一顺一丁叠垒，上用石板横铺，高出水面约1米。两面临水破水砌筑的古纤道，多在水深河宽的地方，最典型的当数十八洞头、宝带桥段、玉带桥段纤道，为古纤道精华所在。它的砌筑方法有实体砌筑和石墩上架石梁的平桥式砌筑两种，采用大块条石一顺一丁平砌，墩与墩之间上架3根石梁，并列铺成。所有两面临水实体纤道或石墩纤道，每隔里许便架有凸起的拱桥或梁桥，其中影响较大的有明代始建、清代重建的"太平桥"，明代单孔石拱桥"融光桥"等，它们既是独立的古代建筑，更是古纤道不可分割的组成部分。

上谢桥至柯东桥纤道全长1610米，两侧临水，其间有梁式石桥1座，东段纤道长750

古纤道

米，西段长860米，路面宽2.5米左右。纤道两侧用石板竖砌，并加石板钉扣，以榫卯交接，上铺石板路面。自柯东桥以西到柯华大桥段大多为单面临水类型，构造简单。它北临运河，南靠农田，依田而筑，或以条石砌坎，或纯以土埂为路，上铺石板路面。此段有明代石砌拱桥融光桥跨越运河，与纤道呈"丁"字形。柯华大桥以东至柯西桥尚保存长600余米的双面临水纤道，路基宽达4米，临运河以条石错缝叠砌，上面横铺石板，宽1.8米左右；南侧临河用条石叠砌石坎外，路面仍为泥地且低于石砌纤道数十厘米。古纤道最初发展阶段路面宽达4米左右，这是保存下来的一段实例。清代晚期整体修缮时，收集利用了原有的石材，铺设成宽1.8米的石砌路面和近2米的石坎泥路。柯华大桥以西至太平桥，全长1150米，局部地段纤道南侧为池或河。太平桥为清代建筑，是一座由一孔拱桥，八跨梁桥组合而成的石桥，呈南北走向，横跨运河，南端拱桥为"丁"字形，与纤道相连接，古纤道沿拱券脚内而过。太平桥向西至玉带桥端纤道，为古纤道保存精华部分，全长2500余米，最典型的为十八洞头。十八洞头，以设有十八跨梁式桥洞而名，全长59.7米，桥墩砌筑为条石顺丁交错实叠，每墩间距1.5～2.5米，两墩间搁置3块石梁为桥面，并依次连接而成，桥面宽度在1.5米左右。十八洞头西端至宝带桥东端，全长405.4米，为依岸而筑的单面临水纤道。宝带桥段纤道以其该段中间的宝带桥命名，共计有梁桥114孔，全长436.7米，俗称一百洞头，以条石顺丁错缝层叠实砌为墩，呈长方形，桥墩高度随河床深浅而不一，一般保持常年水位线以

古纤道玉带桥段

上二层条石的高度，桥墩上搁3块石梁为纤道路面。宝带桥段纤道往西450米系单面临水纤道。以西即玉带桥段双面临水的桥墩桥梁或纤道桥，玉带桥段纤道结构、形式和规格与宝带桥段基本相同，全长256米，由153跨梁式平桥组成，以玉带桥为中心，桥东40跨，桥西112跨，俗称二百洞头。玉带桥段纤道向西约350米，即板桥，该段纤道为单面临水型。

从古纤道的建造可以想见当时运河上船舶的众多和运量的巨大，也是绍兴水乡悠久历史的缩影，对研究绍兴的地理面貌变迁，社会经济、社会生产的发展，以及水利、交通、航行、农业生产、手工业生产的发展和绍兴城的发展具有一定的意义。古纤道延绵数百里，沿途或桥或路，高低错落，富有地方特色；宽广的运河水景，郁郁农田，间以水桥、人家、炊烟，构成一幅优雅的景观。古人曾有"白玉长堤路，乌篷小画船"等优美诗句来赞誉古纤道。

1984年7月，成立绍兴县文物保护管理所，具体负责古纤道日常保护管理工作。1988年1月13日，古纤道被国务院公布为第三批全国重点文物保护单位，编号3-0070-3-018。1989年，浙江省文物局拨款对南钱清行义炼油

厂东侧玉带桥段纤道二孔桥梁、三个桥墩及玉带桥按原样进行修复。1992年至1994年4月,国家文物局拨专款,地方自筹完成第一期古纤道维修工程。1994年12月22日,浙江省人民政府发文件,批复划定古纤道保护范围及建设控制地带。1996年,国家文物局拨专款,地方自筹完成第二期古纤道维修工程。2001年5月,国家文物局拨款实施古纤道保护维修的第三期工程。2013年7月28日,绍兴县文化发展中心(原绍兴县文物保护管理所)建立全国重点文物保护单位记录档案。2014年6月22日,古迁道作为"中国大运河"中"浙东运河杭州萧山—绍兴段"的运河水工遗存,被第38届联合国教科文组织世界遗产委员会大会列入《世界遗产名录》。

**如龙桥** 是存有最早重修确切纪年的编梁木拱廊桥,位于浙江省庆元县举水乡月山村南侧,大致呈南北走向,横跨举溪,其势与后山山脊古松依稀相连,桥似龙首下倾,故名。

如龙桥始建年代不详,遗存桥梁为明天启五年(1625年)重新修造,其当心间随脊枋上仍有"明天启五年岁在乙丑肆月十二日乙丑谷良旦吴门从(重)新修造"等25字墨书题记,可证。清嘉庆七年版举水《吴氏宗谱》转载明代里人吴懋修的撰文中,即有对如龙桥的描述。宗谱内"月山村示意图"所绘如龙桥与遗存桥梁相同。当心间东面所设神龛上额悬挂的"如龙桥"三大字的木匾,相传是吴懋修的六岁幼儿吴之球由其父抱着挥毫疾书的。

如龙桥系木拱廊桥,其结构由木拱架和廊屋两大部分构成。木拱架为单孔(净跨19.5米),外观呈"八"形,但内由二层拱骨系统组成。第一系统为七组"八"形拱骨(三节苗),第二系统为六组五乔边形拱骨(五节

如龙桥全景

木拱架

廊屋内景

苗）。整座拱架具有抗压、抗弯、抗拉、抗侧移等功能，稳固性极强，在拱架平面上横铺桥面板，上部再架桥屋。廊屋全长28.2米、面阔5.09米，设廊屋9间。北端建三重歇山顶钟楼，东西辟门，下设台阶。南端设桥亭，其与桥廊当心间皆为重檐歇山顶。桥亭三面辟门，穿过桥亭是去闽古道。当心间设神龛，上悬"如龙桥"古匾。钟楼、桥亭地面卵石铺墁，桥面用厚4厘米的木板铺钉。桥身自檐口至拱架外壁全部鳞叠铺风雨板，并在桥廊栏杆处开启几何形小窗，以作采光和眺望。屋面施方椽、望板，小青瓦合铺。桥屋面阔三间，明间作通道，次间设长木凳供行人小憩。梁架各缝用九檩四柱，柱子固定在桥面板下的垫木上。

如龙桥位于村落的水口处，也是一座"风水桥"，村民常于此聚会议事，成为村民交流的公共场所。桥内还设置祀奉平水王（大禹）神龛，乡里旧俗，几乎每年年节都要到桥上拜祀瞻仰，遗风依旧。如龙桥是有确切纪年的、时代最早的编梁木拱廊桥，其木拱架构造具有较强的科学性，造型美观、构造复杂、工艺精湛，在中国桥梁技术史上具有重要意义。

庆元县文物保护管理委员会全面负责如龙桥保护管理工作，日常具体管理由桥所在地举水乡负责。1993年底，庆元县文物部门采取在拱架的间隔处用圆木支撑顶紧的方法对南端拱架进行加固，使桥身不再下沉或产生侧移。1997年3月，浙江省匀碧古建筑工程有限公司对如龙桥进行一次较大规模的全面修缮。1998年9月5日，浙江省人民政府印发文件划定公布如龙桥保护范围及建设控制地带。2001年6月25日，如龙桥被国务院公布为第五批全国重点文物保护单位，编号5-0296-3-102。2004年，庆元县文物管理委员会完成全国重点文物保护单位档案记录工作。2004年4月，拱架及北端钟楼再次出现扭曲、歪闪等现象，庆元县文管会组织编制如龙桥维修方案，2006年获国家文物局批准。2014年，庆元县文管会重新委托浙江省古建筑设计研究院编制完善如龙桥维修方案。

葛镜桥　是中国明代大跨度圆弧尖券石拱桥，位于贵州省福泉市城东南3千米处，横跨麻哈江，是湘黔古驿道的必经之地。

根据《葛镜桥碑记》，葛镜桥为明代平越卫指挥葛镜独资兴建。明万历十六年（1588年）始建，初选择在吴家桥下游建桥，未建成即倒塌，称上倒桥。二次修建时筑于鸭坝下游，再次倒塌，称下倒桥。葛镜发誓："吾罄家资必成此桥。"明万历四十三年（1615年）第三次建桥，于万历四十六年（1618年）初建成。桥建成后葛镜赋诗曰："亘时昨庆桥成矣，江流湍急桥复圮。持一片心盟白水，桥不成兮镜不死。"为建桥梁葛镜将其富足之田产，除去每年自用口粮外，全部用于建桥，总计不下"五六千金"。因劳累成疾，桥竣工不到两年，葛镜病故。时任贵州巡抚张鹤鸣，"嘉镜之行，怜镜之死，又喜其桥成"，将其所建桥梁命名为葛镜桥，并撰写《葛镜桥碑记》勒石于桥上。清康熙二年（1663年），因天久阴雨，桥面塌裂，巡守道徐宏业将桥维修加固。康熙九年（1670年），于桥北建三元阁。同年，巡抚佟凤彩在桥两端修建腰墙数十米，使桥面更为牢固。道光十六年（1836年），葛姓家族在桥边建庙，并铸钟一口于庙内，后毁。桥南、北头石壁上各嵌有清、民国时期诗碑各1通。《葛镜桥碑记》毁于20世纪60年代，残碑立于桥南头当栏反用。

葛镜桥南北向，横跨福泉市城厢镇双桥村内的犀江（麻哈江）。桥在绝壁之上起拱，借江心一礁石为桥墩，设计两跨成桥，为三孔厚墩联拱石拱桥，是国内变截面圆弧尖拱石拱桥典型代表，为厚墩联拱石拱桥中净跨最大者。葛镜桥为三孔石拱桥，造桥所用石料方不足尺，形如豆腐，故又名豆腐桥。桥长52.7米、8.5米、高23米；三孔跨径分别为25.62米、12.3米、6.26米，三孔拱高分别为9.61米、9.9米、5.02米。葛镜桥设计绝妙，用料考究，工艺精湛，坚固如初。葛镜桥以在迎水面桥柱变截面，其桥基凿于峭壁，并在中间桥孔、桥体

葛镜桥远景

葛镜桥石拱

均用均匀的方形石纵向并列筑，每个拱券都可独立承重而成为圆弧尖拱石拱桥的代表。

中华人民共和国成立后，葛镜桥先后由平越县教育局、县文物管理委员会、福泉市文物管理局负责管理和保护。1982年，葛镜桥被福泉市人民政府公布为县级重点文物保护单位。1985年，被贵州省人民政府公布为省级文物保护单位，同年5月成立福泉市文物管理所。2006年5月25日，葛镜桥被国务院批准公布为第六批全国重点文物保护单位，编号6-0737-3-440。2006年3月，《葛镜桥修缮工程设计方案》编制完并获批；2006年4月28日开工，同年7月7日竣工。2011年，福泉市文广电旅游局进行机构合并后，下设福泉市文物管理局。2014年，福泉市文物管理局编制并保存葛镜桥全国重点文物保护单位记录档案工作。2014年5月，福泉市人民政府公布葛镜桥的保护范围和建筑控制地带。

**泸县龙桥群**　是四川南部地区明清时期重要的雕龙石板梁桥群体，位于四川省泸县，包含46座龙桥，分布于四川省泸州市泸县17个镇1532平方千米的范围内。

泸县龙桥的最早建造时间为宋代治平年间。《泸县志》和《募资修泸县特凌桥引》记载，"泸城东不二十四里有特凌桥。传宋志平年中，有女子因母病归省，溪涨不能渡，忽见一木横凌水面，遂舍生以渡，人以为孝感，寻造桥因名"。这是目前所知泸县龙桥建造的最早时间，即北宋治平年间（1064～1067年）。为保护桥梁永固、安澜平波，雕龙镇水，出现龙雕等装饰。因多数石板梁桥桥墩有雕龙装

苦桥子桥

蜘蛛桥

金罢桥

饰，故称龙桥群。

泸县龙桥群，共有龙桥46座，均为石墩石梁式平板桥，分布在泸县17个镇（街道办），分别是苦桥子桥、旧桥、石鸭滩万寿桥、水口寺桥、仙济桥、江安桥、五子凼桥、栏湾桥、三元桥、狮子洞桥、梨园桥、金罢桥、龙洞桥、顺对桥、小龙桥、永济桥、新桥、铁垆滩桥、济众桥、高桥、高阁桥、毗卢万寿桥、杨湾桥、白鹤桥、白鹤村观音桥、白思桥、薄刀桥、翘墩桥、双龙桥、子母桥、玉带桥、桥墩河桥、狮子桥、母猪桥、福水桥、百和观音桥、蜘蛛桥、龙凤桥、桂花坝桥、保寿桥、如此桥、龙岩星桥、风水桥、金龙桥、鸿雁桥、龙灯桥。每座龙桥建造地点，主要在过往行人较多、河床质地较硬且较为狭窄、水流较缓之地。龙桥长者有100余米，短的仅1米左右，宽的有1～5米。桥的形制大小与地形及河溪大小密切相关。桥在石滩河床上，以条石累砌石墩，石墩之上放置桥梁板，桥梁到两岸两侧有桥头泊岸。桥墩在河流的上游一侧雕刻各种祥瑞之物，雕刻物头部在河流上游一端，尾部在下游一端，多为圆雕，其中雕龙最多。雕龙与桥体大小相符，和谐统一。一座龙桥上的雕龙

最多者有18个，保存下来最多的达6个，最少有1个。这些以龙为主的雕刻物各具特色，无一雷同。

明清龙桥建造比较盛行。《泸县志》记载，惠济桥建于明万历年间（1573～1620年）。《泸县志》"津梁部分"记载，永济桥建于清康熙五年（1666年），新桥建于清雍正年间（1723～1735年）；清乾隆时期（1736～1795年），龙桥的建造和修葺尤为盛行，龙桥大多均建于乾隆年间；济众桥建于道光年间（1821～1850年）。据江安桥碑记，仙济桥于同治六年（1867年）培修。泸县龙桥的建造一直持续到民国时期。据民国38年（1949年）所立麟会桥碑记："夫麟会两乡之界，三代以前至大清而后，上下河溪皆有桥也，而独于天下……"20世纪60年代仍有建造。1960年，位于泸县县城福集的跃进桥竣工，也雕凿装饰了龙。部分桥梁被洪水冲毁等，后经多次重修、维修。

泸县龙桥群，数量众多，分布集中，这在中国的桥梁建筑史上是难得一见的现象，反映当时社会经济及移民等时代特点。泸县龙桥兼备实用性、艺术性，并承载着希望和信仰，能保存数

鸿雁桥

顺对子大桥

龙灯桥

百年,足见建造的科学性。泸县龙桥以圆雕龙为主的雕刻,技艺熟练,线条明快舒畅,粗犷中显细腻,夸张与写实结合,继承和发展秦汉、唐宋石雕艺术传统,体现西南乃至中国石刻艺术的传承与发展,为中国石刻艺术史和中国美术史尤其是四川地区石刻艺术的历史传承与发展的研究提供了丰富和重要的实物资料。泸县龙桥突破桥梁建筑装饰在桥梁栏板和望柱上雕刻的艺术成规,将硕大的吉祥物群雕与桥梁结构融为一体,是桥梁建筑装饰艺术的首创和又一个里程碑,在全国桥梁史中独树一帜。

1981年起,泸县人民政府文化部门负责管理龙桥文物。1987年,泸县文物管理所成立,对龙桥文物等实施管理。2005年,泸县人民政府组织泸县龙桥文物调查。2008年,多数镇成立文物管理所,加强对龙桥的管理。2007~2011年,在第三次全国文物调查中,对龙桥位置、环境、平面图、本体等基本情况进行记录,记录档案存于泸县文物局。2013年3月5日,泸县龙桥群被国务院公布为第七批全国重点文物保护单位,编号为7-1321-3-619。2014年,四川省人民政府印发《关于公布四川省全国重点文物保护单位和省级文物保护单位保护范围的通知》,划定并公布泸县龙桥保护范围及建设控制地带。

**闽东北廊桥** 廊桥是指桥身内部大木相贯、桥面加盖廊屋的木拱廊桥,它们是中国古代大跨度木拱结构的杰出代表。闽东北廊桥是福建东北部系列廊桥的总称，主要包括武夷山市的馀庆桥，寿宁县的蟾溪木拱桥群（飞云桥、升平桥、仙攻桥、登云桥）、鸾峰桥、杨梅州桥，古田县的田地桥，柘荣县的东源桥和屏南县的百祥桥、千乘桥、万安桥。馀庆桥位于武夷山市区南门街南端，鸾峰桥位于寿宁县下党乡，千乘桥位于宁德市屏南县棠口乡棠口村棠口溪上游，万安桥位于宁德市屏南县长桥镇长桥村。

闽东北廊桥遗存的桥体主要建于清代，形式多样，有单孔、二孔、三孔、六孔之分，长度从十多米到近百米不等，结构巧妙，外形美观，有很强的实用性，大部分仍发挥着交通要道的功能。

鸾峰桥为已知单拱跨度最大的单孔木拱廊桥。明代，下党村民修建于下党溪下游。清嘉庆五年（1800年），村民王中盛重建，此后时有修缮。遗存的鸾峰桥建于清嘉庆五年（1800年），单孔，桥长47.6米、宽4.9米，拱跨37.6米。桥南北走向，南面桥台用长条石砌筑，北面桥台利用悬崖凿成。桥屋四柱九檩穿

斗式结构，17开间，72柱，上覆双坡顶。桥面距溪中水面高达17.2米。桥屋檩梁下皮墨书造桥木匠、捐款人等。整座桥体的主要受力结构由第一受力系统的八字撑（即三节苗）和第二受力系统的五节苗交错相叠组成，为研究贯木拱桥的建造技术史提供珍贵的实物资料。桥边小山岗有清道光年间（1821～1850年）建的下党文昌阁，为鸾峰桥之附属文物。

千乘桥，初名祥峰桥，始建于南宋理宗年间（1225～1264年），处于古代屏南、古田二县间的交通要道上。明末清初，桥毁于火患。清康熙五十四年（1715年），棠口村周维极等人重建，雍正十年（1731年）落成。嘉庆十四年（1809年），"二河伯争长"，桥复被大水冲毁无存。遗存的千乘桥建于清嘉庆二十五年（1820年），由棠口村秀才周大权等人募建，以其结构牢固、承载力强，古改称千乘桥。桥一墩二孔，方向北偏西19°，桥身沿南北方向展开，左右24间，宽4.9米，总长62.70米。中部的桥墩用条石纵横叠砌，平面呈船形，长9.73米，宽3.78米，来水方向做成尖形，首

屏南千乘桥

部上昂，墩尖雕成鸡啄的形状。桥墩剖面为"凸"字形，顶面平，作为桥屋当心间的地面；内收的二肩处分立左右两侧拱架的立柱。二孔桥身内部均用大木相贯，由第一受力系统的左右九组、每组3根长拱，与第二受力系统的左右八组、每组5根短拱共同组成稳定的受力组合体系；桥身内部使用斜撑，在中、下方横木（大牛头、下牛头）与立柱间分设二组剪刀撑以加强桥身的前后稳定；拱架二外侧的立柱（将军柱）均向上伸出，兼做桥屋的侧面立柱，使桥面与桥下木构架联结成为稳定的一个整体。拱桥矢高5.72米，离水高度9.70米，南、北二个拱架的单拱跨度分别为28.74米和26.48米。千乘桥桥屋以处于桥墩正上方的当心间为界，南面11间、北面12间（其中第11间位于桥台上方），二端最外二缝梁架使用角梁用以支顶歇山角梁外，中间的23缝梁架均为四柱七檩前后挑檐、中部五架抬梁式；东南角采取减柱的形式，给下行台阶留出行路空间，整个桥屋左右25缝梁架，立柱99根。桥屋的两头，均做单檐歇山顶。千乘桥桥中设有神龛，

祀五显灵官大帝。桥屋内梁、檩的下皮普遍遗有墨书，对建桥的董事、协缘、主绳、副绳、石匠、锯匠等做详尽记录。桥南立有清道光二年（1822年）立的造桥纪事碑4通，其中记载捐款人的姓名和金额的3通，造桥董事周大权撰写的《千乘桥记》1通。

万安桥，初名龙江公济桥，俗名长桥、彩虹桥，始建于宋代，为五墩六孔的木拱廊桥，是中国遗存最长的贯木拱廊屋桥。据正中桥墩背面所嵌石碑所记，万安桥至迟修造于北宋元祐五年（1090年）。明末盗毁。清乾隆七年（1742年）重建。乾隆三十三年（1768年），又遭盗焚。道光二十五年（1845年）复建，为33间136柱桥屋。民国初年，桥被烧毁。遗存的万安桥建于民国21年（1932年），位于长桥村东面的长桥溪上，方向北偏西57°，桥沿西北—东南方向展开，左右37间，五墩六孔，总长98.20米，宽4.7米，两岸建桥台，桥台内侧做金钢墙，上起拱桥。西北面桥台为平地起建，内侧向来水方向做成尖首状，台宽7.82米、高4.83米，向西北方设石阶36级以供上

屏南万安桥

寿宁杨梅桥

下；东南面桥台建于山石之上，宽5.35米，向桥两侧分设10级石阶上下。桥墩5个，墩台用条石纵横叠砌，平面呈船形，来水方向做尖首；墩台剖面为"凸"字形，在内收的二肩上分立左右两侧拱架的立柱。桥身六孔，每孔桥身内部均用大木相贯，由第一受力系统的左右九组、每组3根长拱，与第二受力系统的左右八组、每组5根短拱，共同组成稳定的受力组合体系；桥身内部使用斜撑，并在下方横木（下牛头）与立柱间设一组剪刀撑以加强桥身的前后稳定；每孔拱架中仅有一对立柱（将军柱）向上伸出，兼做桥屋的侧面立柱，使桥面与桥下木构架连为一体。拱桥矢高3.08米，离水高度8.50米，六孔不等跨。万安桥的桥屋北端屋面做歇山顶，南面为悬山二面坡形式，左右37开间，共38缝梁架，152柱；除北端梁架因为做歇山顶而采用角梁外挑外，其余均为四柱七檩前后挑檐、中部五架抬梁式。桥屋当心间原设神龛，祀观音，后为防火而拆除。桥屋两侧设通长的条凳，后有椅靠，利于村民憩坐。椅靠之下，在桥身外方密钉博风板，以保护桥身梁木免遭风雨之侵。桥屋的部分梁、檩下皮有墨书，其中当心间之前额枋的下皮，墨书有造

桥之工匠名。万安桥东南桥头的东侧，有大圣庙。庙有戏台、拜亭、大殿及两侧的厢房，戏台的下方左右通透，地面铺卵石，是沿溪上下的重要通道；戏台及拜亭、厢房等木雕精致，是格局完整、保存完好的清代中后期建筑。

馀庆桥横跨崇阳溪，是一座两台、两墩、三孔的木拱廊桥，是古时通往赤石、五夫的重要通道。馀庆桥始建于清光绪十三年（1887年），全长79米、宽6.7米，拱高8.6米，边孔净跨24米，中孔净跨24.4米。桥上建有长廊，中间条石走道，两边铺砌河卵石，设有1.3米高的木栏杆，两侧竖柱100根，灯柱52根，盖有以青瓦披覆的桥顶，可以避风躲雨，也可以在桥上进行商业贸易。桥头东侧有石阶18级，桥头西侧有石阶24级，两端砖砌楼式门墙，券顶门洞。匾额阴刻"馀庆桥，光绪十五年仲秋，鹅湖孟国瑞题"字样。

2006年5月25日，国务院将寿宁县的蟾溪木拱桥群（飞云桥、升平桥、仙攻桥、登云桥）、鸾峰桥、杨梅州桥，古田县的田地桥，柘荣县的东源桥和屏南县的百祥桥、千乘桥、万安桥等11座闽东北廊桥合并公布为第六批全国重点文保单位，编号6-0593-3-296。2006年6月，百祥桥主体结构毁于火，只留下两岸桥墩。2009年7月，由中国文化遗产研究院完成的《福建省屏南百祥桥保护修复工程方案》上报后，国家文物局于2011年原则同意所报方案。2011年5月28日，馀庆桥因火灾造成木构件损毁，仅余桥墩。2013年11月，由安徽省文物保护中心设计的《闽东北廊桥之武夷山馀庆桥修复设计方案》通过国家文物局审批。2014年百祥桥原址复建完成。2014年7月20日至

2015年2月，完成馀庆桥修复工程。2014年，屏南县文化体育新闻出版局、寿宁县博物馆、柘荣县博物馆、古田县博物馆和武夷山市文物与文化遗产管理所各自完成本辖区域内的闽东北廊桥全国重点文物保护单位记录档案制定。2016年4月20日，福建省人民政府公布闽东北廊桥的保护范围。同年11月8日，福建省文化厅、福建省住房和城乡建设厅公布闽东北廊桥的建设控制地带。

**仕水矴步** 为双层堤梁式桥，位于浙江省泰顺县仕阳镇溪东村。

仕水矴步始建年代不详，清乾隆五十九年（1794年），乡贤温开炳等人筹资重修，次年闰二月完工，同时在其南端东侧建一石桥名义桥，再东行百米处建一石亭，名义亭，将捐款者姓名立碑于亭中。亭下溪边埠头备有小船，洪水漫过矴步时，可撑船过渡。嘉庆六年（1801年）冲坏一次，再修理。到嘉庆十九年（1814年）又冲坏一次，期间矴步常有冲坏。嘉庆二十四年（1819年），乡贤温应钰为首筹资修建，改进矴步滩，增设木框架，采用卵石铺地，于次年阴历三月竣工，在桥头北侧修建"安兰"墩，墩中立有航标灯竿，竿上挂灯，

矴步

便于夜间通行。道光元年（1821年）勒石碑为志立于亭中。

仕水矴步为双层堤梁式桥，整座矴步形如"一"字，全长136米，共223齿，为泰顺境内长度最长、宽度最宽、齿数最多、造型最为精致的矴步，矴步分高级（主矴步）和低级（副矴步）二层。高低两层设计利于行人交汇，双色石材的使用便于夜间辨认行走。高级矴步由两块斑白色花岗岩并立砌成，每块石长1.78米、宽1米、厚0.24米，露出滩面部分高0.7米，每齿相距0.6米。低级矴步紧贴高级西侧，由青石并立砌成，每块青石长1.1米、宽0.9米、厚0.24米，露出滩面部分高0.5米。东侧有一块更小的花岗石紧贴高级矴步，该桥正中间铺一块活动石板宽1米、长0.6米。可让挑重担者歇脚立柱，又可在洪水季节开动板石以利溪水流畅无阻。

仕水矴步的独特之处为上下游石滩，上下游南北向长144.4米，平均每隔7.6米埋一方格形松木框架，共19支，东西向长19.6米，自西每隔6.7米、5.3米、7.6米处分别埋一排木桩，共3排，木桩上压横木、形成井字网格状，前后左右上下六方联结。木框架内铺卵石，砌成平面，卵石大小不一。下游南北向长136.8米，平均每隔7.2米埋一长方体松木，共19支东西向宽17.9米，自东每隔6.8米、7.1米、9.6米处各埋一排木桩，共3排，桩上压横木，构成网格状框架内铺卵石。

仕水矴步桥北端有"安兰"栏杆墩，墩离水面高约10米，边沿以青条石围成栏杆，共11段，每条青石上刻有捐款人姓名，长1.7米，横条石镌于立柱上，柱高1米，正中条石刻有

仕水矴步全景

"安兰"二字。墩坪中残存一杆座,相传原有灯杆,以便夜间行走照明。

仕水矴步的设计与建造较为科学,有较典型的地域特征及较高的科学、艺术价值,保存状况较好,一直为行人渡水通道。

1987年遭强台风袭击,高级矴步四齿条石被毁,一齿断斜,中心踏板被洪水冲走,有四十二齿之间被滩面卵石冲击阻塞,同年9月修复。1990年8月20日,又遭受台风袭击,部分石齿被冲毁,浙江省文物局补助重修。1991年9月5日,泰顺县文物管理委员会发文成立仕水矴步文物保护管理领导小组。2000年,浙江省人民政府印发《关于划定宁波镇海口海海防遗址等54处文物保护单位保护范围及建设控制地带的批复》,划定了仕水矴步的保护范围和建设控制地带。2004年10月21日,泰顺县文化局成立泰顺县文物管理所,全面负责县域内文物保护管理工作。2006年5月25日,仕水矴步被国务院公布为第六批全国重点文物保护单位,编号6-0559-3-262。2007年,泰顺县文博馆完成了全国重点文物保护单位档案记录工作。

**地坪风雨桥** 是贵州遗存最高的不等跨平衡式伸臂木梁桥,位于贵州省黎平县地坪乡地坪村上寨西南,西北东南向跨地坪河。

地坪风雨桥,地坪上寨、下寨和甘龙的侗族村于清代光绪八年(1882年)建造。风雨桥建于流经寨子间的地坪河上,联系河流上下两岸三个寨子。

地坪风雨桥是一座二跨石墩伸臂式木梁廊桥,由桥墩、桥台、桥梁和楼廊三部分组成。东南为小跨,西北为大跨。桥墩筑于伸出河心的岩石上,迎水面做分水尖。桥墩外用料石砌筑,内以毛石填充,纵向以8%收分,横向部分以5%收分。西北桥台及保坎(内台)外用料石砌筑,内以毛石填充。东南桥台及保坎(内台)以毛石砌筑。中间桥墩上,叠架丙排平衡式双向伸臂梁(托架梁),每排9根,梁端用穿枋铆固。两端桥台及后座上,叠架两排单向

地坪风雨桥

伸臂梁，每排9根，梁端用穿枋铆固。伸臂梁上置两排简支木梁（平梁），每排7根，梁端用穿枋连接和铆固。因使用原木，根茎与梢端交错叠架，由于木料大小不等，在排与排之间加梁垫或木墩找平。桥面，在梁上加垫木，其上置枕木，铺桥板形成桥面。桥面上建25间悬山顶木结构桥廊，桥墩和桥台位置桥廊抬升为桥楼，共三座。其中，南北两端桥楼为三重檐歇山顶，中间的桥楼为五重檐四角攒尖顶。构架用当地盛产的杉木制作，穿斗结构，小青瓦屋面。中间桥楼檐口使用俗称"蜂窝"的如意斗拱，和典型的如意斗拱不同之处，是仅用拱，不用斗，系如意斗拱的一种简化做法，为侗族地区特有。桥廊内设栏杆、坐凳，连接柱廊，栏杆外设"腰檐"，增强桥体结构的整体性，丰富立面造型，保护桥面和下部的梁架。

五重檐四角攒尖顶桥楼的西北面桥廊正脊彩塑"二龙抢宝"，东南面桥廊正脊彩塑"孔雀开屏"。歇山顶桥楼正脊彩塑葫芦宝顶及卷草，寓意"平安是福"。两端桥廊正脊分别彩塑宝瓶和祥鱼，寓意"年年有余，岁岁平安"。桥楼内设藻井，施彩画。其中东南桥楼藻井彩画"仙鹤"图，藻井下部走马板分别彩画侗族风情画"古楼耶声"（东南面）、"踩歌堂"（东北面）、侗姑"织锦"（西南面）和《三国演义》故事"斩蔡阳兄弟释疑"（西北面）；中间桥楼藻井彩画"二龙抢宝"和"麒麟献瑞"图，藻井下部走马板分别彩画侗族风情画"地坪风雨桥"（东南面）、"吹笙踩堂"（东北面）和《西游记》故事"三打白骨精"（西北面），以及"杨门女将"（西南面）；西北桥楼藻井彩画"孔雀开屏"，藻井下部走马板分别彩画侗族风情画"侗姑纺纱"（东南面）、"琵琶弹唱"（西北面）、"南江小景"（东北面）和"行歌坐月"（西南面）等。在三个桥楼两侧栏杆上部彩绘侗族生产、生活风情画6幅。

地坪风雨桥自建造以来，先后遭受过火灾和水害。1959年，风雨桥楼廊不幸毁于火。1964年，黎平县人民政府拨款按原样修复。

1981年，黎平县人民政府再次拨款修葺。1981年8月24日，地坪风雨桥被黎平县人民政府公布为县级文物保护单位。1982年2月23日，地坪风雨桥被贵州省人民政府公布为省级文物保护单位。1984年，黎平县文物管理所成立（2010年，升格为黎平县文物局），负责地坪风雨桥的保护和管理。2001年6月25日，地坪风雨桥被国务院公布为第五批全国重点文物保护单位，编号为5-0402-3-208。2002年，贵州省人民政府印发《关于我省国家级和省级文物保护单位保护范围及建设控制地带划定方案的批复》，公布了地坪风雨桥的保护范围和建设控制地带。2004年7月20日，山洪暴发将地坪风雨桥冲毁。同年10月，贵州省文物保护研究中心与广西文物保护研究设计中心合作，承担地坪风雨桥原址复建设计工作。2005年，贵州省文化厅向国家文物局报送《关于送审地坪风雨桥原址复建工程设计方案的报告》并获批。2007年6月20日，地坪风雨桥原址复建工程竣工。

**波日桥** 是藏区保存最完整、跨度最大的石木结构伸臂桥，堪称桥梁建筑史上一大奇迹，有"康巴第一桥"之称。波日桥位于四川省新龙县乐安乡境内的雅砻江上。

波日桥建于清道光二十四年（1844年），系藏族杰出建筑大师唐通吉布的作品。在高寒山区、峡谷高深、江水险急的雅砻江上，用圆木、卵石、树藤缠绕、叠砌为墩，从两岸逐层悬挑，在悬臂上架横梁铺桥板，上装木制栏杆而建成。伸臂挑梁和桥墩是该桥最具特点部分，是先在两岸用条石构筑桥台基础，伸臂梁自两桥墩中部，平行一排伸出4～5根圆木挑梁（底根），底层一排往上昂（斜）挑出，利用杠杆作用的力学原理，在靠桥台一端的木料上压上土石，使伸向河中的一端能够承受一定重量而不致倒塌，第二层比第一层伸出的部分更多一些，依此类推，但第二层起斜度减缓，往上由于受荷载变形后看似平出，自下而上，逐层伸出挑梁并逐层向河心延长，每层递增伸出

波日桥全景

波日桥桥墩

2.3～2.6米不等，圆木梁层间垫以厚薄不等的一层或二层横枋，横枋端部辟孔，孔中竖插销杆将各层伸臂挑梁紧锁固定形成一近似拱券的半弧形整体，以便有效地传递荷载。

波日桥是一座设计独特的木悬臂桥。桥为木石结构三孔平桥，东西走向，横跨雅砻江上，总长70米。两岸边依坡建有两桥台，桥台平面一为半圆形，一为弧形；在河心立两桥墩。桥墩平面近似桃形，墩南背水面边缘呈弧形，墩北迎水端部收尖成分水尖。两侧边孔跨度各8米左右，由桥墩与桥台间搭圆木简支梁；中孔跨度35.6米，由两桥墩中部向河心层层叠叠伸出挑梁，最上层挑梁端部分别与圆木简支木梁相搭接。木梁上铺桥板，两侧立桥栏成桥。桥墩立于基岩之上，高6米左右，上立桥亭。亭高3米，毛石垒墙，上架木梁、木檩，覆两坡顶，盖片石瓦。桥墩为石木结构，中间填石块，周边横砌圆木围绕叠墩沿成墙（井干式构造），砌墙圆木一般粗20厘米、长150厘米，层层横置的圆木层间缝中插木栓（木棍端部辟孔）于墩中，木栓长度不等，粗13厘米左右。插入墩中的木栓被上填石块紧压，外露的木栓缝间镶嵌石块，石块一般大16

厘米×10厘米，在木栓之上再沿墩边叠绕置一层横木，横木上插一层木栓，如此层层向上反复叠压。共19～23层至顶，木栓外露部分长10厘米不等，端部辟4厘米×8厘米孔，用一厘米粗藤条由上至下，或垂直或交叉，双股相并穿入孔中，起到捆绑、固结叠木墙的作用。桥面宽2.2米。桥板厚8厘米、宽22厘米、长2米。

1936年7月，中国工农红军第四方面军与第二方面军会师后由此桥经过北上抗日，所以该桥也叫"红军桥"。波日桥是康巴地区仅存的跨径最大的悬挑木结构悬臂桥，是研究康巴地区交通史、桥梁建筑史的实物见证。波日桥悬挑木结构伸臂上架横木铺桥板，两侧装木制栏杆。从侧面看，巨大敦实的木石垒砌的桥墩向江心延伸六层，圆木叠压的悬挑伸臂，形成拱形。桥墩高大厚重，桥身轻盈舒展。整座桥结构独特，造型粗犷、质朴、美观，显示出康巴人因地制宜、就地取材的聪明才智，同时也体现了桥梁建造的艺术。波日桥悬挑跨径70米，不用一铁一钉，全用木榫头和藤条，其构思新颖，结构独特，符合建筑力学原理，是中国横断山区独有的桥梁建筑精品，是世界桥梁建筑史上的一朵奇葩。

波日桥历史上经过多次维修。1989年，波日桥被公布为县级文物保护单位后由新龙县文教局负责管理，2000年后，交由新龙县文化局管理。2006年5月25日，波日桥被国务院公布为第六批全国重点文物保护单位，编号6-0720-3-423。2008年，四川省文物局补助资金，对波日桥进行局部加固维修。2009年，国家文物局补助维修资金，新龙县编制完成《新龙波日桥抢险维修保护方案》并获批，2010年对波日桥实施抢险加固维修工程。2014年，四川省人民政府印发《关于公布四川省全国重点文物保护单位和省级文物保护单位保护范围的通知》，划定波日桥的保护范围和建设控制地带。同年，甘孜州文物局建立波日桥的全国重点文物保护单位记录档案。

**泰顺廊桥** 包含15座不同类型的廊桥，位于浙江省泰顺县境内，分布在泗溪镇、筱村镇、三魁镇、龟湖镇、雅阳镇、仙稔乡、横坑乡、洲岭乡等乡镇。

泰顺县存有编梁木拱廊桥、八字撑木拱廊桥、伸臂梁木平廊桥、木平梁廊桥、石拱木拱桥等32座造型各异的廊桥。其中溪东桥、北涧桥、三条桥、仙居桥、文兴桥、薛宅桥、刘宅

三条桥全景

桥、永庆桥、毓文桥、普宾桥、文重桥、南阳桥、霞光桥、城水桥、池源桥共15座廊桥为全国重点文物保护单位。

溪东桥、北涧桥、三条桥、仙居桥、文兴桥、薛宅桥等6座为编梁木拱廊桥。溪东桥

溪东桥

文兴桥全景

又名泗溪上桥，位于泗溪镇下桥村。始建于明隆庆四年（1570年），清乾隆十年（1745年）重修，道光七年（1827年）当地群众捐资"依样修造"。桥长41.7米、宽4.86米、高10.35米、单孔跨径25.7米，宫殿式，飞檐翘角，中央有主檐阁楼，极为雄伟美观。北涧桥又名泗溪下桥，位于泗溪镇下桥村。始建于清康熙十三年（1674年），嘉庆八年（1803年）重修，并在桥头立"北涧桥碑"，道光二十九年（1849年）又重修。桥长51.87米、

文兴桥拱架

宽5.37米、高11.22米、单跨29米，亦为木拱廊桥，有桥屋20间。泗溪上、下桥相传为同门师徒所建，故称泗溪师徒桥或泗溪姐妹桥。三条桥位于洲岭乡和溪乡交界溪上，始建于南宋绍兴七年（1137年）九月十三日，重建于清道光二十三年（1843年）。由原先三条巨木跨河为桥而得名，长26.63米、宽4米、离水面高10米，建桥屋11间。据泰顺《分疆录》记载，道光年间修建时曾发现唐贞观旧瓦，是泰顺县文献记载历史最早的桥梁。仙居桥于明景泰三年（1452年）由泰顺县首任知县郭显宗筹建，成化十九年（1483年）六月水毁，弘治四年（1491年）知县范勉重建，嘉靖三十九年（1560年）桥崩圮，3年后，知县区益重建。存桥为清康熙十二年（1673年）正月里人张友云、张时煇为首重建。仙居桥位于仙稔乡仙居村水尾，长42.83米、宽5.3米、离水面高12.6米、净跨34.5米。文兴桥建于清咸丰七年（1857年），民国19年（1930年）重修。文兴

桥位于筱村镇坑边村，系编梁木拱廊桥，全长46.2米、宽5米、单孔净跨29.6米、离水面高11.5米。薛宅桥始建于明正德十年（1515年），万历七年毁于大水，清咸丰六年（1856年）重建。薛宅桥位于三魁镇薛宅村。全长51米、宽5.1米、单跨29米、离水面高10.5米，建桥屋15间，桥头坡度30多米，拱矢斜度大。造型古朴独特，气势雄伟壮观。

刘宅桥和普宾桥为木平梁廊桥。刘宅桥始建于明永乐三年（1405年），清康熙五十五年（1716年）重建，乾隆四十一年（1776年）再重建。刘宅桥位于三魁镇刘宅村，古称仙洞虹桥。长24.8米，八开间，宽6.15米，三开间，跨径9.2米、离水面高3.5米。普宾桥位于雅阳镇新久村，建于清道光元年（1821年）。桥长13米、宽4.3米、跨径8.54米。

永庆桥、南阳桥、文重桥等3座为木伸臂梁廊桥。永庆桥位于三魁镇战州下溪坪村，建于清嘉庆二年（1797年），道光二十二年（1842年）重修，民国4年（1915年）再重修。全长33米、宽4.5米、离水面高8米。南阳桥建于清同治九年（1870年），位于泗溪镇玉岩村，为一墩二孔伸臂梁木平廊桥。桥长4.17米、宽4.6

刘宅桥全景

刘宅桥廊屋

米。文重桥始建于清乾隆十年（1745年），屡建屡毁，民国10年（1921年）重建，位于筱村镇东洋村水尾，桥面宽4.7米、全长26.2米、净跨22.4米，为重檐歇山顶。

毓文桥和霞光桥为石拱木廊桥。毓文桥建于清道光十九年（1839年），位于洲岭乡洲边

永庆桥

1195

毓文桥

村。全长23米、宽4米、单跨7.6米。拱券青石筑砌，呈半月状，横跨两山之中。上建廊屋七间，三层楼阁式，屋面重檐悬山式，屋脊中有葫芦顶，四翼角高翘，造型别致。霞光桥始建于清雍正元年（1723年），咸丰、同治年间均有修建，前两次均毁于大火，位于横坑乡华洋村，桥长17.26米、宽4.42米、跨径13.2米。

城水桥和池源桥为八字撑木拱廊桥。城水桥建于民国31年（1942年）阴历八月廿四，位于龟湖镇后章岗村，桥长15米、宽4.17米、跨径8米。池源桥始建年代不详，清道光三年（1823年）及咸丰七年（1857年）重建，位于横坑秀池源村，桥身长21.03米、桥面宽4.27米、离水平面4.4米、桥屋高4.11米、跨度9.5米。

泰顺廊桥结构形式多样，造型独特。有编梁式木拱廊桥、八字撑木拱廊桥、木伸臂梁廊桥、木平梁廊桥、石拱木廊桥等具有历史悠久、环境优美的廊桥。泰顺廊桥中的编梁式木拱廊桥数量达6座，这些廊桥跨径普遍较长，如仙居桥有单孔跨径达34.5米，建筑质量普遍较高，具有相当

的群体优势。其形制特殊。编梁式木拱桥国内仅存于浙、闽交界的山区，其木拱结构与全国其他地区（如广西、云南等）的廊桥迥然不同，与宋式汴水虹桥的造型与结构有较大的差别，有着自己独立的发展体系。廊桥结构分拱架和廊屋两部分，编梁式木拱廊桥为单孔"八"字形，比较适用于山区溪流经常暴涨的实际情况，其三折边、五折边及交叉木的木撑拱构架已趋成熟，比较科学地解决了木拱廊桥力学的诸多问题。廊屋构架多较为简朴，出檐多较为深远，颇具宋风，两廊多设桥凳，有较典型的地域特征及较高的科学、艺术价值。泰顺廊桥在中国桥梁技术史上有着重要的地位，是研究中国古代桥梁史典型的实物依据。

中华人民共和国成立以后，政府重视泰顺廊桥的保护。1982年11月4日，在三条桥实地考察中，发现旧古瓦片，上刻"绍兴七年"。1986～1990年，以村民集资为主，县交通局、县文博馆及浙江省文物局补助，先后对薛宅桥、毓文桥、刘宅桥、文兴桥等进行维修、重

修。1986年、1990年、2007年先后3次维修溪东桥；1987、1990年维修北涧桥，并建造三只防火水泡；2003年4月，浙江省文物局再次拨款修葺，由临海古建筑工程公司对下桥桥头西侧桥屋进行修复，并校正桥体。按原样修复的仙居桥抬高了1.5米。2000年，浙江省人民政府印发《关于划定宁波镇海口海防遗址等54处文物保护单位保护范围及建设控制地带的批复》，划定泰顺廊桥保护范围和建设控制地带。2004年10月21日，泰顺县文化局成立泰顺县文物管理所，全面负责保护廊桥等文物保护管理工作。2006年5月25日，泰顺廊桥被国务院公布为第六批全国重点文物保护单位，编号6-0558-3-261。2007年，泰顺县文博馆完成全国重点文物保护单位档案记录工作。

**岜团桥** 又称岜团风雨桥，是侗族地区最独具匠心的木结构立交风雨廊桥，位于广西壮族自治区三江侗族自治县独峒乡岜团村东南的苗江河上。

岜团桥，由当地侗族群众集资修建。始建于清光绪十六年（1890年），光绪二十七年（1901年）建成。岜团桥呈西南—东北走向，为二台一墩木构廊桥，采用台亭空间体系，墩台为攒尖雷公式体系，中国传统建筑的穿斗式空间结构。由石筑墩台、伸臂托架桥面及梁柱体系的席和亭三部分组成。桥面长50米，桥高6.8米，桥面分人行和畜行高、低两道，人行道宽3.1米、高2.4米，畜行道宽1.4米，高1.9米。全部为杉木穿斗组合结构，是古今中外绝无仅有的木悬臂立交桥。其建筑艺术独特，颇有艺术价值。国内桥梁专家谓之为"立体交叉桥"。桥下一墩两孔，孔跨度达20余米，墩台外壳用料石围砌，料石填心，整体呈六面柱体，迎水面呈分水尖状。桥墩上采用密布式悬臂托架筒支梁二层拱托桥面，托架上铺大梁，其原理与作用与程阳永济桥相同。亭廊坐落在

岜团桥

大梁上，用榫卯结合体系联成整体。廊柱间设有木栏杆。桥面三亭两廊，亭为三层重檐楼阁式，皆作歇山顶。中亭底层檐下向桥两侧挑出一层风雨檐。两廊共十间，双重檐。桥两侧栏杆下方向外挑出飘檐。整座桥身结构严谨，大小柱枋全用杉木凿榫穿枋，不用一钉一铆。采取人畜分道的设计，在过人的长廊边，另设牲畜行道小桥，使之成为彼此间距不大的双层木桥，两者浑然一体，又保证桥面清洁和行人安全；桥呈弧形，使桥与当地地形地貌巧妙结合。近百年人畜行走及多次遇到山洪冲击，始终安然无恙，主体十分坚固。

1994年，岜团桥被广西壮族自治区人民政府公布为自治区文物保护单位。2001年6月25日，岜团桥被国务院公布为第五批全国重点文物保护单位，编号5-0378-3-184。2003年，广西壮族自治区人民政府印发《关于印发广西农民运动讲习所旧址等20处文物保护单位保护范围

和建设控制地带的通知》，公布岜团桥的保护范围及建设控制地带。2007～2009年，多次实施局部维修。2015年10月，完成对岜团桥整体维修。岜团桥由三江侗族自治县侗族博物馆（原三江侗族自治县文物管理所）保护管理，建立保管岜团桥全国重点文物保护单位记录档案。

**程阳永济桥** 是侗族地区保存最好、规模最大的木结构风雨廊桥，位于广西三江侗族自治县县城北约20千米的林溪镇，横跨林溪河。

程阳永济桥又叫盘龙桥，干栏式建筑，采用穿斗构造，台亭空间悬柱体系，是中国传统建筑典型的穿斗式空间结构。程阳永济桥始建于民国元年（1912年），民国13年（1924年）竣工，由当地群众和过往客商捐献钱物修建而成。桥由石筑墩台、伸臂托架桥面及梁柱体系的廊和亭三部分组成。桥面长77.76米、宽3.75米，桥高10.7米，桥下三墩四孔，孔跨度达14米。石墩外壳用巨大的青石垒成。石墩

程阳永济桥

内部结构为料石填心墩台。桥墩呈六面柱体，上、下游均为68°锐角，以减少洪水的冲击力。桥台竖向以8%收分，桥面结构用密布式悬臂托架简支梁的体系，全木构架。由于托弯强度的限制，一般梁的跨度不超过10米，减少大梁的跨度与承受力。墩上设两层托架梁。托架上铺大梁两层，整座桥共铺56根胸径60厘米、长17～20米的特等杉木大梁。亭廊坐落大梁上，用榫卯结合的梁柱体系连成整体。长亭廊间的柱间设有栏杆栏外挑出一层风雨檐。整座桥梁承在桥台墩上。桥面五亭四廊，亭为三层重檐楼阁式，中亭为六角攒尖顶，其两边各一亭为四角攒尖顶，桥两端亭作歇山顶。四廊共19间，当中为走道，两旁设坐凳木栏杆，栏杆下侧向外伸出一层挑檐。此外层层檐口均绘有富于侗族传统缤纷的图案，飞角、屋脊塑以侗家虔敬的吉祥鸟兽，廊、亭顶缀以朱红葫芦宝顶。

1963年2月26日，广西壮族自治区人民委员会将程阳永济桥公布为自治区文物保护单位。1982年2月23日，程阳永济桥被国务院公布为第二批全国重点文物保护单位，编号2-0042-3-027。1983年夏，程阳永济桥遭特大洪水冲毁北端，当地政府和群众积极投入抢险工作，打捞了部分木材。文化部文物事业管理局拨专款于1985年修复。1993年，国家文物局拨专款维修程阳永济桥的部分构件和涂防腐桐油保养，并重修保护站。1999年～2000年，国家文物局拨专款修建程阳永济桥两个消防水池及维修部分桥面。2006年12月13日，广西壮族自治区人民政府印发《关于公布经略台等113处文物保护单位保护范围和建设控制地带的通知》，公布了程阳永济桥的保护范围和建设控制地带。2015年底，全面维修程阳永济桥。程阳永济桥由三江侗族自治县侗族博物馆负责日常管理及维护，其全国重点文物保护单位记录档案存于该馆。

# 第五节　寺观

**娲皇宫及石刻**　娲皇宫是中国最大的奉祀上古天神女娲氏的古代建筑群，位于河北省涉县城西北14.5千米处的唐王山腰。

唐王山，亦称凤凰山，汉时称中皇山，属太行山八陉之第四陉滏口陉的腹地，自古就是秦晋与齐鲁间的交通要道。北齐时，这里是邺都与晋阳两都之间的必经之地。娲皇宫始建于北齐时期（550～577年），为文宣帝高洋在位时所建之行宫。《涉县志》载："北齐文宣帝高洋自邺返太原，尝道经山下，起离宫以备巡幸。"又载："北齐离宫在唐王山麓，文宣帝高洋性侈，好土木，往来晋阳所过多起离宫；又信释氏，喜刻经像。"娲皇宫山崖的石窟和刻经为高洋在位时（550～560年）的遗物。后以此为基址，经历代重修、续建，才渐成后世之规模。

娲皇宫，占地面积为1437平方米，建筑面积为432.80平方米。娲皇宫分山上、山下两部分，由朝元宫、停骖宫、广生宫（山下）和娲皇宫（山上）四组建筑组成，其间以十八盘山道连接。占地面积为15033平方米，建筑面积1632平方米。朝元宫原名大悲准提庵，因其

娲皇宫山上建筑远景

朝元宫

娲皇宫远景

为山前首庙，故名朝元宫。建于清康熙年间（1662～1722年），咸丰三年（1853年）重修，民国27年（1938年）被侵华日军焚毁，1992年恢复原貌。坐东北面西南，共有两进四合院组成；占地面积为1392平方米，由中轴线上的天王殿、大乘殿、水池房和北侧的华佗庙、三官殿及其遗址等组成。停骖宫亦名

歇马殿，位于朝元宫东100米处，为皇帝巡幸及豪门富户进香憩息之所。建于清康熙六年（1667年），咸丰三年（1853年）重修。为一独立的四合院，由正殿、南北厢房、门楼和倒座组成，占地面积为576平方米。正殿，名歇马殿，建于清康熙六年（1667年），重修于咸丰三年（1853年）。系砖木石结构，面阔五间

停骖宫

广生宫

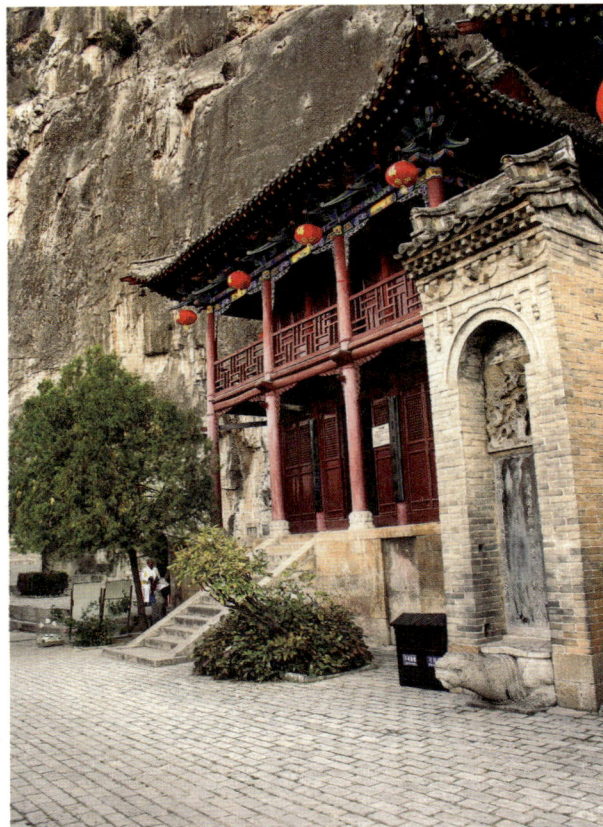

梳妆楼

13.8米，进深两间8.23米，高7.9米。单檐悬山灰布瓦顶。殿内塑娲皇圣母、紫霞元君和碧霞元君神像，两山墙及后墙上都绘有清代壁画，其内容分别为"女娲出宫""娲皇宫图""佛道儒三教图""竹林七仙图""孟浩然踏雪寻梅"等。从线条运用等画法看，当属两家画法，是娲皇宫保存较好的清代壁画。每年阴历三月十五娲皇圣母诞辰之日，民间许多善男信女在此举行众神庆寿之仪。广生宫俗称子孙殿，位于停驿宫东南30米处，为传说中求子之场所。正殿名曰子孙殿，内塑广生圣母神像。始建于元末明初，重修于清乾隆五十九年（1794年），咸丰二年（1852年）毁于大火，翌年兴工复原。由于宫院地处山脚，与停驿宫一样，依地形而建，独立的四合院，由东正

殿、南北厢房、西门楼和倒座组成。子孙殿，面阔五间14.2米，进深两间9.29米，高7.86米，前出廊，两端各开拱门，硬山布瓦顶。殿脊装透雕龙凤，中镶狮子宝瓶，两端置吞脊吻兽。彩绘多青、绿、白三色。娲皇宫主体建筑娲皇阁建于山崖下一个半圆形石坎中，上临危岩，两旁有梳妆、迎爽二楼相陪衬，左钟（楼）右鼓（楼）南北对峙，余皆山门、牌坊、石窟等建筑，布局合理巧妙。

娲皇宫古迹中首推摩崖刻经。摩崖刻经始于北齐，镌刻在凤凰山腰娲皇宫建筑背后的山崖上，共有6部，总面积为164平方米，137400余字，计1189行，由南而北依次为《思益梵天所问经》《十地经》《佛垂般涅槃略说教诫经》《佛说盂兰盆经》《深密解脱经》《妙法莲花经观世音普门品》，是中国遗存唯一一处北齐佛教刻经，也是中国遗存摩崖刻经时代较早、字数最多的一处。字体主要为魏碑书法，"银钩铁画，天下绝奇"，堪称艺术珍品，也是娲皇古迹之精髓，具有极高的研究价值，被誉为"天下第一壁经群"。对于早期佛教地域、流派的研究以及中国书法镌刻演变的研究具有弥足珍贵的价值，成为佛教早期经籍中极为重要的资料。

1978年12月，涉县人民政府公布娲皇宫为第一批县级文物保护单位。1979年，成立娲皇宫管理处，娲皇宫及石刻由涉县文物保护管理所和娲皇宫管理处共同管理。1982年7月23日，娲皇宫及石刻被河北省人民政府重新公布为省级文物保护单位。1992年3月，河北省人民政府颁布《关于印发〈河北省国家级、省级文物保护单位保护范围及建设控制地带〉的通

知》，公布了娲皇宫及石刻的保护范围和建设控制地带。1996年11月20日，娲皇宫及石刻被国务院公布为第四批全国重点文物保护单位，编号4-0088-3-010。同年，河北省人民政府划定娲皇宫及石刻的保护范围和建设控制地带。2001年，涉县文物旅游局建立娲皇宫及石刻的全国重点文物保护单位记录档案。2010年，经国家文物局审批立项，河北省文物局批准，对娲皇宫危岩体进行抢险加固，2012年10月至2013年6月底，对娲皇宫实施三阁楼修缮工程。2013年，《娲皇宫及石刻文物保护规划》编制完成，2014年国家文物局核准。

**万佛堂、孔水洞石刻及塔** 是京西著名的古代建筑遗存，位于北京市房山区河北镇万佛堂村西云蒙山南麓。

万佛堂是孔水洞古刹仅存的一座殿宇，原名万佛龙泉宝殿，因殿内嵌有《文殊、普贤万菩萨法会图》，俗称万佛堂。万佛堂始建于唐大历五年（770年），为幽州卢龙节度使朱希彩布施出资创建，原名龙泉大历禅寺，为唐代宗御赐。在创寺同时，雕巨幅汉白玉浮雕《文殊、普贤万菩萨法会图》，嵌于孔水洞上端的石崖上。辽宋时期，经过战乱，寺院被毁；金代初期，海慧禅师将寺院修复。元代，寺院再度被毁，明弘治末年（1505年）到明正德十一年（1516年），重新修复寺院，在孔水洞的西北侧修建天王殿、伽蓝祖师殿、天妃圣母殿等多座建筑，又在孔水洞上山崖前建造万佛龙泉宝殿，将唐代宗大历年间雕制的《文殊、普贤万菩萨法会图》残部从所嵌山崖上取下，组嵌于万佛龙泉宝殿内的后壁和左右两山。明万历十七年（1589年），重修龙泉宝殿。龙泉寺建

万佛堂

万佛堂雕刻（局部）

万佛堂雕刻近景

筑已然不存，只有这座石刻保存尚好。

万佛堂是一座明代重建的无梁殿式建筑，面阔三间，歇山顶，灰筒瓦屋面，全部用砖砌筑而成，汉白玉拱券形门窗，券面上雕飞禽花卉图案。门楣上嵌有石额，楷书"大历古迹万佛龙泉宝殿，大明万历己丑春吉日重建"。石额四周浮雕莲花图案。殿内正面和左右侧面墙壁上镶嵌有《文殊、普贤万菩萨法会图》，图长23.8米、高2.4米，由31块汉白玉高浮雕组成。浮雕主题内容是释迦牟尼说法的场面，正中雕释迦佛坐像，两侧雕乘狮文殊菩萨像和乘象普贤菩萨像。前后有天王、神人、侍者等，或双手合十，或献花奉宝，形态不一。其中以伎乐天浮雕最为精美，肌肉丰满，形态自如，是唐代雕刻艺术的杰作。全部石雕内容极为丰富，人物面颊丰腴，衣纹流畅，姿态优美，表现出古代工匠缜密的构思和具有时代特征的丰富想象力，堪称唐代浮雕艺术珍品。

孔水洞，位于万佛堂的下面。洞前依山势砌筑砖石墩台，中辟石砌券门，券脸石上浮雕望水兽，内通孔水洞。孔水洞原名水帘洞，是源于自然形成的喀斯特地貌景观，是发育在奥陶纪石灰岩地区的巨大溶洞。洞内有泉，原

水势巨大，四季喷涌，后流量渐小，水质清冽甘甜，含有丰富的矿物质。可乘舟驶入，蜿蜒曲折，幽深难测。洞中有三大洞厅，其中以第三大洞厅最为壮观，厅前一排石钟乳低俯水面，厅后遍布千姿百态、洁白晶莹的石笋、石钟乳、石花。孔水洞以泉水著称，历史文献多有记载，初见于北魏郦道元所著《水经注》，1400年前孔水洞已经引起关注，有佛教徒惠弥入洞探险，这应是佛教徒第一次涉足此地。隋代，佛教徒开始在洞内雕凿佛像、刊刻石经，成为北京早期刻经的发祥地之一。通过对孔水洞隋代刻经的考察，有专家认为孔水洞很可能是隋代静琬的早期刻经地之一。孔水洞内仍保存完好的有隋大业十年（614年）刻经、隋唐造像、金代题记等历史文物，其中造像面积高1米，宽2.5米，总计6尊。这些石刻艺术文化遗存，清晰可辨，为北京佛教文化的研究提供珍贵的实物资料。1982年，洞内泉水一度干涸，在洞中曾发掘出动物化石、铁器和7条唐代金龙。

万佛堂花塔及元代佛塔，是万佛堂、孔水洞的重要组成部分。花塔辽咸雍六年（1070年）始建于万佛堂西北侧山崖上，是北京遗

存准确年代最早、造型最美观的花塔。该塔坐北朝南，砖结构。平面呈八角形，每边长3.1米，周长24.8米，通高约20米。须弥座高5米，笋状塔身，基座上部雕刻出斗拱和平座栏杆。塔身第一层采用辽代砖塔常用的式样，四个正面开券门，门的两侧雕佛像、菩萨、天王力士像，雕镂精致，其余四面做砖质直棱窗。塔身之上是塔檐，檐子亦用斗拱承托。塔檐之上建有斗拱平座，其作用是用来承托上层巨大的圆形花簇状塔身。第二层塔身十分高大，几乎占了全塔的一半，塔身呈花束形状，最下一层做出城楼和城门的形式，其上连续做单层屋宇形状佛龛，共九层，塔围成圆形，且逐层收分，由屋宇组成的诸层塔身，象征着佛教中通常应用的十三天。塔顶冠以八角形小型基座，最上为宝珠结顶。该塔外观雄浑壮丽、造型优

美、浮雕内容丰富、表现手法细腻，是花塔中之珍品。塔体雕刻内容丰富，表现手法细腻。其装饰题材的佛教内涵，表现毗卢遮那佛所居住的莲花藏世界，因而称这种表现莲花千佛造型的塔为花塔。这种造型象征着佛塔建筑开始摆脱仿木构形式的束缚，努力表现宗教意识，开创了佛塔艺术创新的道路。塔上有"咸雍六年""寿昌七年"等题记，为研究中国花塔雕刻艺术和建筑技术提供了纪年实物资料。

龄公和尚舍利塔，元代建于万佛堂、孔水洞的右翼。东向，平面呈八角形，是一座七级密檐塔。砖结构，通高约15米。基座由斗拱和平座组成，平座之上为三层仰莲；塔身则位于仰莲莲瓣之中。塔身八面，四个正面为券门，门楣呈半月形，上雕乐神、蔓枝莲等纹饰；正门楣嵌汉白玉石一块，其上双钩阴刻龄公和尚

万佛堂花塔

龄公和尚舍利塔

舍利塔。塔身其余四面辟方形假窗。塔身之上为七层密檐，每层檐下都建造有斗拱，用以承托塔檐。塔刹部分损坏。

1979年，万佛堂、孔水洞及石塔被公布为北京市第二批市级文物保护单位。1987年，北京市人民政府划定公布万佛堂、孔水洞石刻及塔的保护范围和建设控制地带。2001年6月25日，万佛堂、孔水洞及石塔被国务院公布为第五批全国重点文物保护单位，编号为5-0200-3-006。2003～2004年，北京市文物局对万佛堂、孔水洞进行修缮。2006年，北京市古代建筑研究所再度建立全国重点文物保护单位记录档案。万佛堂、孔水洞石刻及塔的日常管理工作由北京京煤集团有限责任公司负责。

**昌珠寺** 系吐蕃时期较早兴建的佛教寺庙之一，是山南市"三圣寺"之第一，位于西藏自治区山南市乃东区昌珠镇。

昌珠寺建于松赞干布时期（617-650年），其西藏地区最早的遗存是主寺对面的

小殿，名乃定位康，习惯称之为乃定学（第一层）、乃定当（顶层）。乃定学东西长10.2米，南北宽7.3米，内有6柱。殿内后壁原供奉佛像甚多，本尊则为松赞干布。乃定当与乃定学体量相同，本尊为莲花生。据说该幢早期建筑当年是用边玛草堆砌而成，遗存建筑为石木结构，说明是晚期修缮的格局。昌珠寺最初的规模很小，据说只有六门六柱和祖拉康，该寺在原有基础上曾经三次较大规模的修缮和扩建。寺史载"乃东贡马司徒菩提幢曾对该寺大加修建"，其时代不会早于元至正十一年（1351年）。修建后增添较多佛堂，大体奠定了后世昌珠寺的格局。五世达赖时期曾对该寺作过较多修缮和增建，加盖大殿金顶、错钦大殿的门楼，除其底部留有少量原来建筑外，余皆五世达赖时期改建和增建。该寺前庭院南侧的桑阿颇章也系其时的建筑。寺史还记载"七世达赖罗桑嘉措亦曾修缮此寺"。数次修缮和扩建后的昌珠寺，规模扩大百倍，面积达4667

昌珠寺外景

平方米（长81米、宽57.6米），拥有21个拉康和漫长的转经回廊，屋顶饰以富丽堂皇、熠熠生辉的金顶、更显得非同凡响。五世达赖以后，历世达赖每年定期到此添香礼佛。

寺院原大门内门道上部悬有铜钟1口，上有藏文铭文两圈，阳文。字形与桑耶寺钟同。据考证，钟系吐蕃王朝赤德松赞时期所铸，施主王妃菩提氏，与桑耶寺钟施主甲茂赞为同一人。此钟系汉僧监铸，是唐蕃之间文化、宗教密切交流的历史见证。步入二门，是昌珠寺的拉康大院，为寺的主体和建筑精华所在。大院前有高大的门廊，门廊两端与围绕在整个大殿外面的转经回廊相接，连成一周，是该寺外转回廊。门外两侧塑护法神像二尊，门内两边又塑四大天王。大院内，前部中央为天井院落，其后接措钦大殿。围绕天井院落和错钦大殿一周，则是内转经回廊。沿着回廊四周，内向分布着12个内容各异的拉康，形成井然有序的朝佛序线，布局和大昭寺大殿布局相似。内回廊均以单拱柱或十字拱柱承檐，但拱柱形制有早有晚，早期的拱柱下的础石形如覆盆，上刻莲瓣，后期础石则无雕凿。回廊南北西三面墙壁上均绘有壁画，南北壁绘佛传故事，西壁则绘有五世达赖、固始汗、第巴·桑结加措三像。壁画风格拘谨，为清代以后的作品。措钦大殿的形制颇特殊。错钦大殿面阔五间、进深三间，其四周并不用石墙封闭，而是梁柱成间，全为明堂，且开间很大，与早期建筑风格迥异，应是后期增建部分。内转回廊四周12个拉康里，祖拉康地位为最重要，右乃为脱切拉康，门皆西向。3个拉康连为一组，周转又筑回廊一周。祖拉康开间较大，规模三进三间，

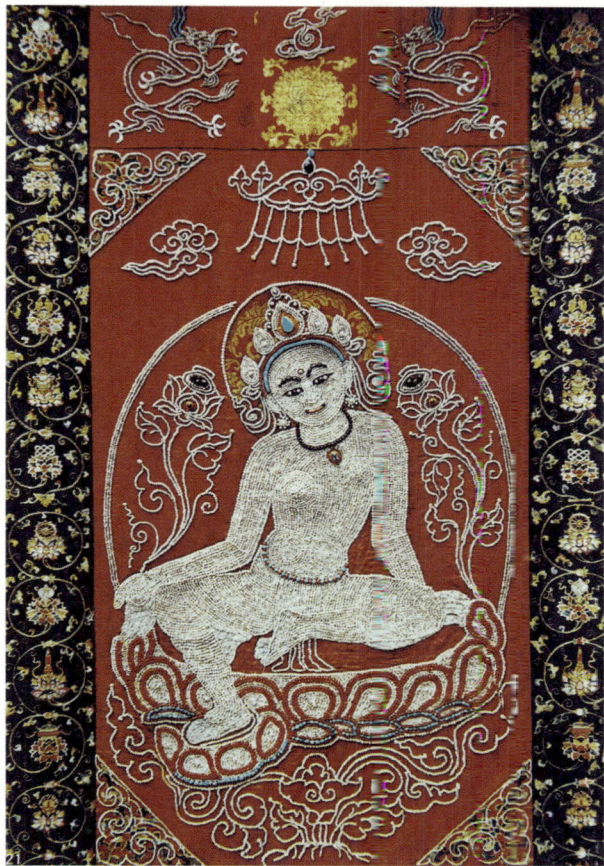

昌珠寺藏珍珠唐卡静息观音

主像为五部佛，两侧塑十大菩萨立像。五部佛系石雕造像，精致秀丽，从面形看，似融入了中原某些风格。其背光、头布亦较为简单，然而雕刻精细。祖拉康和措钦大殿之间有廊房相接。廊房三进五间，中间部分有矮柱，在中间的左右门柱上各有一座木雕的护法神坐像，坐像体形矮胖，形态怪异，略以内地方士造像。雕像浑厚有力，作风古朴，是较早期的艺术创作。在廊房的左右各置有小塔数座。

昌珠寺藏有大量珍贵的历史文物，对研究西藏的早期建筑等具有重要的价值。1961年3月4日，昌珠寺被国务院公布为第一批全国重点文物保护单位，编号1-0081-3-035。2004年，寺院建立"四有"记录档案工作，编制有

昌珠寺保护规划。山南市文物局建立昌珠寺全国重点文物保护单位记录档案。2007年，西藏自治区人民政府公布昌珠寺等32处全国重点文物保护单位的保护范围和建设控制地带。

**少林寺** 是中国佛教禅宗祖庭，少林武术的发源地，位于河南省登封市西北13千米的嵩岳少室山五乳峰下。

北魏太和二十年（496年），魏孝文帝元宏为安顿印度僧人跋陀，在登封嵩山创建少林寺。北魏孝昌三年（527年），印度僧人菩提达摩游化于嵩洛一带，传其在少林寺西北山麓结庵面壁修禅，传播大乘佛教，后人称之为禅宗初祖，称少林寺为禅宗祖庭。北周建德三年（574年），周武帝禁灭佛道，少林寺被毁。周静帝于大象年间（579～581年）重兴佛教，少林寺得以复兴，更名陟岵寺。隋开皇年间（582～600年），复称少林寺，并赐田百顷，奠定了寺院庄园的基础。隋末农民军袭击少林寺，火焚少林寺塔院和附近的殿堂屋宇。唐初，因寺僧助战李唐政权有功，得到唐太宗李世民的封赏，寺院发展到鼎盛时期。唐贞观年间（627～649年）以来，几次修整，至玄宗年间，少林寺建筑规模已相当宏伟。唐会昌三年（843年），武宗灭佛，寺中许多殿宇、佛像被毁，此后少林寺发展缓慢。直到元、明之际，又有较大发展。元代裕公主持少林寺期间，兴建藏经阁和许多殿宇。元末兵火之后，明代重修藏经阁、千佛殿、立雪亭等，奠定后世少林寺之规模。清代以后，少林寺逐渐衰微。民国17年（1928年）三月，军阀混战，石友三火烧少林寺，中心建筑天王殿、大雄宝殿、钟鼓楼等荡然无存，千年名刹变成一片废墟。少林寺主要遗存建筑，系1979年后渐次修复重建而成。

常住院即通常所称的少林寺，是少林寺主体。遗存文物建筑有横跨少溪河之上的少阳石桥、山门、东西石坊、方丈室、立雪亭、白衣殿、千佛殿。包括修复重建建筑在内，中轴

少林寺山门

线上依次分布山门、天王殿、大雄宝殿、藏经阁、方丈室、立雪亭、千佛殿等七进院落。中轴线两侧有钟楼、鼓楼、六祖堂、紧那罗殿、东西寮房、文殊殿、普贤殿、白衣殿、地藏殿等附属建筑。再外，西有塔院，东有禅堂、僧房等。

少阳乔为单孔石拱桥，清道光二十六年（1846年）始建。山门创建于清雍正十三年（1735年），面阔、进深均三间，单檐歇山式建筑，额悬康熙帝御题"少林寺"横匾，山门内塑有弥勒佛像和韦驮像，门前一对清代石狮左右相向蹲踞于须弥座之上、两侧掖门八字墙东西两端连接对称的两柱单楼柱不出头式庑殿顶石牌坊，东石坊建于明嘉靖二十三年（1544年）五月，西石坊建于明嘉靖三十四年（1555年）。上雕狮子绣球图案及门额对联，东坊额枋题"祖源谛本跋陀开创"，西坊额枋题"大乘胜地嵩少禅林"。天王殿，民国17年（1928年）焚毁。遗存建筑系1981~1982年按原貌重建，面阔五间，进深三间，重檐歇山式绿琉璃瓦顶。殿后东西两侧为钟、鼓二楼。钟楼内供奉的地藏王铁像为明弘治元年（1488年）铸造。钟楼北侧放置的大铁钟系金泰和四年（1204年）铸造，高2米，重5500千克，据传撞击声闻三十里。大雄宝殿，民国17年（1928年）毁于兵火。1984年按原貌重建。大殿面阔五间，进深四间，重檐歇山式绿琉璃瓦顶。藏经阁，又名法堂。面阔五间、进深四间，为单檐歇山式绿琉璃瓦顶建筑。阁前甬道东侧放置有明万历四年（1576年）十一月铸造的大铁锅一口，重650千克。西侧放置明嘉靖四十三年（1564年）造的石磨1合。方丈室面阔五间、

进深三间，单檐硬山式建筑，前后出廊。方丈室前门东侧钟架上悬挂一铁钟，于元顺帝至元二年（1336年）铸造，重325千克，钟铭记有当时日本留学少林寺的僧人"书记邵元"等人名，是古代中日交流往来的珍贵文物例证。立雪亭原名初祖殿，又名达摩亭，传为禅宗二祖慧可向达摩求法，立雪断臂之处。达摩亭为单檐庑殿式建筑，殿内悬乾隆帝御题"雪印心珠"横匾，佛龛内供明正德年间铸造达摩铜像。东次间有明万历十七年（1589年）铸造的铜钟一口，重五百余斤（250千克）。殿亭虽小，然造型精美，极具文物价值。千佛殿又名毗卢殿，面阔七间、进深三间，单檐大式硬山绿琉璃瓦顶建筑，创建于明万历十六年（1588年），乾隆四十年（1775年）重修。殿前有月台，青石栏杆，南、东、西三面筑踏跺，明间檐下悬"西方圣人"匾，殿内明间正中置清乾隆十五年（1750年）的木制神龛，龛内供毗卢铜像，系明代遗物，东墙下供明周王赠汉白玉"南无阿弥陀佛"一尊，东、西、北三壁绘"五百罗汉朝毗卢"大型壁画，地面留存48个武僧练功站桩的脚窝。

常住院及周围遗存古塔14座，其中唐塔4座、五代塔1座、宋塔2座、元塔1座、明塔2座、清塔4座，具有重要的建筑艺术价值。达摩洞位于常住院后五乳峰中上部，传为佛教禅宗初祖菩提达摩面壁九年处。二祖庵位于寺南钵盂峰上，遗存文物主要有清代二祖殿，苦、辣、酸、甜四眼古井，明、清碑碣9品和庵后武周万岁登封元年（696年）建造的无名塔，庵前元泰定元年（1324年）建造的缘公庵主之塔，庵西南明崇祯二年（1629年）建造的隐光

璞公之塔等。甘露台位于常住院西侧，传为少林寺创始人跋陀译经处。当年跋陀与勒那、流支一起，在此共译《十地经论》，天降甘露，因此得名。台为土筑，略呈圆形，高约9米，底部直径34.5米。南园位于常住院前少溪河南岸略偏东，创建于明代，遗存有白衣殿和断墙。白衣殿又名锤谱殿，单檐硬山式建筑，出前廊。殿内佛龛中供铜铸白衣菩萨像，北墙绘16组拳术散打对练观武图，南墙绘持械格斗图，东墙被神龛一分为二，北半部绘"十三棍僧救秦王"，南半部绘"紧那罗王御红巾"，殿内壁画是研究少林寺历史的重要资料。祠堂位于常住院西墙外，遗存清代建筑3间。王家门石窟位于常住院东塔沟，遗存北朝至唐代小型窟龛4个。

寺院内遗存有北齐至民国碑刻245品，《混元三教九流图赞碑》系北齐年间所立，《皇唐嵩岳少林寺碑》立于唐开元十六年（728年）。另有金至清代匾额、对联、金属文物百余件和古树名木等，具有较高的历史、艺术、科学价值。

1963年，河南省人民委员会公布少林寺为河南省第一批文物保护单位。1984年前，少林寺由登封县文物保管所负责保护与管理。1985年4月经国务院批准，交由宗教部门管理，由少林寺事务管理委员会负责日常保护管理工作，登封市文物管理局负责检查、监督、指导工作。1979年6月至1989年6月，先后重修殿堂、改建院落、新筑围墙、铺设甬道、整修踏道等，初步恢复少林寺原貌。1990年以来，依据日本人士1928年（民国17年）前所拍照片资料，对少林寺中轴线及其两侧的紧那罗殿、六

祖堂、斋堂、客堂、白衣殿（含壁画揭取、加固）、文殊殿、普贤殿、方丈室、廊然堂等殿堂落架重修。1992年，由登封县文物管理局负责修复保护碑刻356块，新移入碑廊及镶嵌壁碑78块，粘补、修复、加固碑碣48块。2004年，河南省人民政府公布了少林寺的保护范围和建设控制地带。2004年2月至2006年5月，登封市人民政府对少林寺进行全面整修，包括文物建筑保护加固、寺院两侧扩建、常住院内部整修和基础配套设施四大项工程。2010年8月1日，第34届世界遗产大会上，少林寺常住院作为"登封'天地之中'历史建筑群"的重要遗存，被列入《世界遗产名录》。2011年4月，启动《嵩山历史建筑群总体保护规划》修编工作，委托设计单位在原规划成果的基础上编制《世界文化遗产登封"天地之中"历史建筑群总体保护规划》。同时，组织编制《少林寺塔林、初祖庵、常住院等建筑群保护规划》。2013年3月5日，少林寺被国务院公布为第七批全国重点文物保护单位，编号7-1162-3-460。

**灵岩寺** 是世界自然与文化遗产泰山的重要组成部分，是山东地区最古老的佛教圣地之一，坐落于泰山西北麓的山东省济南市长清区万德镇境内方山之阳。

据寺内遗存最早的碑刻《灵岩寺碑颂并序》记载，灵岩寺为北魏正光初年（520～524年）法定和尚所建。北周武帝（560～578年）时灵岩寺庙宇毁坏严重；宣帝（578～579年）时灵岩寺佛教又很快得到恢复，成为天下名刹之林。唐贞观年（627～649年）中，慧崇高僧重新开辟山场，营建寺院，先建造千佛殿和御书阁，并将太宗皇帝赐予的手敕，供奉于御书

灵岩寺山门

阁内，后另在山顶处开凿积翠证盟龛造像。元和年间（806～820年），在宰相李吉甫纂《十道图》中被誉为"四绝之一"："润之栖霞、台之国清、荆之玉泉，合兹寺为四绝。"唐会昌五年（845年），武宗灭佛，灵岩寺遭到空前劫难，寺院庙宇所剩无几，仅存方山造证盟功德龛造像。至唐大中五年（851年），住持上书朝廷，获准重修灵岩寺。北宋景德年间（1004～1007年），灵岩寺敕赐更名为"景德灵岩禅寺"。北宋景祐至嘉祐间（1034～1063年），琼环长老重建千佛殿，营建五花阁，修筑辟支塔，运来毗卢遮那佛像，塑造罗汉像，一时寺宇蔚为壮观，香火极为兴盛。北宋熙宁三年（1070年），灵岩寺敕赐更名为"十方灵岩禅寺"。北宋大观、政和年间（1107～1118年），寺院主持仁钦和尚营建崇兴桥，妆銮功德顶，修建御书阁，创建献殿、孔雀明王殿和绝境亭。继任主持妙空法师运输木质贴金罗汉五百尊（宋《施五百罗汉记》碑）于灵岩，创建转轮藏殿，营造钟鼓楼，建造海会塔。灵岩寺的范围，金以前不见记载。据金明昌五年（1194年）《十方灵岩禅寺田园记》碑和《灵岩志·疆界》称："东至棋子岭，南至明孔山，西至鸡鸣山，北至神宝寺。"东西二十里，南北十里，规模壮观。明成化四年（1468年），灵岩寺被朝廷敕赐为"崇善禅寺"，至嘉靖年间（1522～1566年），复改名灵岩寺。明崇祯十三年（1640年）及清，灵岩寺荒废，据清乾隆四十年（1775年）史料记载，从寺院至山巅尚有殿阁36处，亭榭18座，尚残存一定的规模。历经1500余年的发展，灵岩寺内的早期建筑多已不存，遗存所见多为宋代及以后营建。从遗存建筑及基址看，灵岩寺的各组建筑系依山就势，按传统建筑格局沿轴线左右对称布局。寺区主要由殿阁、鲁班洞、辟支塔、墓塔林和方山上的积翠证明功德龛等组成。

千佛殿

御书阁

殿阁多为坐北朝南，有金刚殿、天王殿、钟鼓楼、大雄宝殿、五花殿遗址、千佛殿、般舟殿遗址及御书阁等。这些建筑多为明清形

辟支塔

制，但保留不少宋代构件。金刚殿又称山门，系硬山顶清代建筑，殿前御碑崖上镶嵌有清乾隆皇帝在灵岩寺吟诗碑刻数通。天王殿又称二山门，因殿内原塑有"护法四大天王"而得名，系明代建筑，但柱础沿用宋代构件。钟鼓楼位于天王殿北，皆为单檐歇山顶的清代建筑。东侧的钟楼上悬挂着明正统六年（1441年）铸造的重约2500千克的铜钟。钟鼓楼后即为大雄宝殿，始建于宋代，称献殿，明代更名为大雄殿。遗存建筑硬山与卷棚勾连搭式屋面，上施黑瓦。五花殿位于大雄宝殿以北，又称五花阁，始建于宋代，原为两层，仅存一层部分石墙、石柱等遗迹。千佛殿为灵岩寺的主要建筑，因殿内四壁所安放的铜、木制小佛数量过千而得名。殿内四壁须弥座上，放置有40尊高约1.5米保存完好的泥塑敷彩罗汉坐像，被近代学者梁启超誉为"海内第一名塑"。般舟殿遗址位于千佛殿北，1995年秋进行抢救性发掘，揭露出的建筑基址表明该殿于唐、宋、明清三个时期曾经历大的建筑和修缮过程。御书阁位于千佛殿东北的方丈院内，传为唐代主持僧为存放皇帝敕书而建，阁内外墙上嵌有历代石刻多方。

鲁班洞位于大雄宝殿西侧，为灵岩寺早期上山入寺的山门，为中国目前地面遗存建筑中时代较早的拱券式门洞建筑。

辟支塔位于千佛殿西北侧，始建于宋淳化五年（994年），为八角九层楼阁式砖塔。塔通高约55米，塔基为石筑八角束腰须弥座形式，上有浮雕。塔身为青砖砌就，塔身自下而上逐层递减，收分得体。塔顶置铁质塔刹，由覆钵露盘、相轮、宝盖、圆光、仰月、宝珠组成。

墓塔林位于千佛殿西侧的山坡上，是灵岩寺历代高僧圆寂后的墓地。塔林中遗有北魏、唐、宋、金、元、明、清历代墓塔167座，墓志铭、石碑81通。墓塔旁通常有墓碑，记载有高僧生平。

积翠证明功德龛，又称证明功德龛、证明殿，位于寺北方山之阳，为依山而凿的隋代石窟造像。窟内台座上存有一铺五躯。佛像基座及窟壁上刻有唐、宋以来题记多则。

灵岩寺文物内涵丰富，价值很高。特别是千佛殿内保存完整的40尊泥塑敷彩罗汉坐像，摆脱了一般佛教造像的固有模式，细致刻画各位高僧的衣着、面貌，突显性格，制作精湛，栩栩如生，为中国古代泥塑罗汉的代表之一，具有极高的艺术、科研价值，是研究中国佛教史、雕塑史和美术史的珍贵资料。寺内遗存唐代李邕撰书《灵岩寺颂碑》、元代日本僧人邵元撰书《息庵禅师道行碑》等唐宋以来重要碑碣多方，具有较高的历史价值和艺术价值。

中华人民共和国成立后，灵岩寺由长清县人民政府接管，文化主管部门直接管理。1956年以来，国家多次对灵岩寺主要建筑物进行全面维修，恢复其原貌。1963年，长清县政府派驻专门人员负责管理。1978年，灵岩寺被山东省人民政府公布为省级文物保护单位。1982年2月23日，灵岩寺被国务院公布为第二批全国重点文物保护单位，编号2-0021-3-006。1989年4月，长清县政府成立灵岩寺旅游区管理委员会。1997～1998年，灵岩寺管委会组织实施千佛殿殿顶和罗汉像修缮保护工程。2004年，灵岩寺管委会组织编制《山东省灵岩寺保护利用规划》，2005年获国家文物局批准。2006年，根据规划要求编制的《山东省灵岩寺文物建筑勘查报告及修缮方案》获国家文物局批复。2006年，济南市文物局建立灵岩寺的全国重点文物保护单位记录档案。2007年以来，灵岩寺文管理会先后对接官亭、山门广场和寺院山

墓塔林

积翠证盟龛

门、天王殿、大雄宝殿、钟鼓楼、千佛殿、御书阁等处文物建筑进行保护修缮；对五花殿、鲁班洞等处遗址进行保护清理和全面维修；发掘保护转轮藏殿和常驻大禅堂建筑遗址；复建大雄宝殿前东、西厢房；修建寺院地面排水工程，对寺院地面进行铺墁，提升文物建筑本体及周边环境。2013年，山东省文物局印发《关于公布第四批省级文物保护单位保护范围和建设控制地带并调整公布其他省级以上文物保护单位保护范围和建设控制地带的通知》，公布灵岩寺的保护范围和建设控制地带。

**昭仁寺大殿** 是唐代祭祀战殁亡灵的殿宇，位于陕西省长武县昭仁镇东街村北。

唐贞观二年（628年），唐太宗为祭奠在长武浅水原大战中阵亡将士亡灵，敕建昭仁寺，并于次年颁行《为殒身戎阵立寺刹诏》，凡举义征剿的主要战地同建七处佛寺，以超度战殁亡灵。昭仁寺位列七佛寺之首，系在原慈福寺基础上扩建而成，历代均有修葺。昭仁寺坐北朝南，原规模较大。20世纪70年代，寺院面积压缩至大殿附近范围，南北长70米，东西宽22米，由六角亭、昭仁寺大殿和东西厢房组

昭仁寺山门

成。六角亭内有贞观四年（630年）"豳州昭仁寺碑"、清嘉庆二十三年（1818年）"重修昭仁寺碑亭碣"及明代昭仁寺铁钟等。1995年，迁建原东岳庙配殿1座，改为昭仁寺后殿，内置1992年芋园乡柳泉村出土的北魏至隋唐时期造像碑5通、佛像3尊、碑首1块；还陆续添置有库房、碑廊、花园等，寺院面积扩大至4869平方米。

昭仁寺大殿，又名大雄殿，始建于唐贞观三年（629年），嗣后历经修葺。民国26年（1937年），陕西佛教会长武分会在修大殿时因瓦件缺失，挪用岱庙天齐殿屋面吻兽、筒瓦，安装于大殿屋顶。殿身立于高1米的青砖台基上，通面阔三间12.8米，进深三间15.2米，单檐歇山灰瓦顶，透花脊，两端置正吻。梁架为彻上露明造，由四根角梁和四根转角梁构成歇山收山和翼角构架，结构简洁合理。歇山收山近半间，老角梁后尾直抵平梁端头之下；柱头铺作为四铺作出单杪；补间铺作一朵，为"把头绞项造"，耍头后尾起跳斡压在下平槫之下；转角铺作为重拱偷心造。其构架方式和斗拱形制仍保留有某些宋代以前做法的特征，具有建筑史研究价值。遗存门窗均系1955年大修时改建，形式为前檐当心间置四扇雕花槅扇门，次间辟圆形方格窗，当心间额悬"大雄殿"三字竖匾。殿内原有明万历四十年（1612年）铁身铜首释迦牟尼佛、泥身铜首阿弥陀佛、药师佛等坐像三尊，"文化大革命"中被毁。一说该大殿可能系原昭仁寺山门所改建。

昭仁寺大殿室内没使用柱子，梁架部分采用抹角梁承托上部的梁、枋等大木构件，其构架方式比较独特。另外斗拱用材尺寸较大，屋

昭仁寺大雄宝殿

面举折较为平缓，出檐也比较深远，保留下来许多唐、宋时期的建筑特征，是陕西省保存下来为数不多的唐宋时期木构建筑。

民国时期至1952年，昭仁寺由佛教僧众管理。1953～1965年，由县农机公司使用管理。1955年大修，1966年，转交县文化馆管理。1975年，对大殿进行维修保护。1982年，再次修缮并成立昭仁寺文物管理所，1984年改为长武县博物馆管理。1988年1月13日，昭仁寺大殿被国务院公布为第三批全国重点文物保护单位，编号3-0109-3-057。1992年4月，陕西省人民政府公布昭仁寺大殿保护范围和建设控制地带。1992年，陕西省文物保护中心，对昭仁寺大殿进行实地勘察、研究、并制定维修设计方案。2000年经国家文物局批准，对昭仁寺大殿进行维修并于2000年底完工。

**小昭寺** 为典型的藏传佛教寺院，是西藏历史久远的佛寺之一，位于西藏自治区拉萨市城关区吉崩岗办事处吉崩岗居委会热木齐路49号。

小昭寺为唐贞观十五年（641年，吐蕃松赞干布时期）由唐文成公主主持修建完成，为典型的汉藏结合式建筑。小昭寺藏语意为藏宝之所，早期曾供奉文成公主由长安带来的释迦牟尼十二岁等身铜像。为防唐朝派兵进藏夺回释迦牟尼像，于永徽三年（652年）将佛像藏至大昭寺。先天元年（712年），入藏的金城公主取出密室中的释迦牟尼佛像供于大昭寺，将赤尊公主带来的释迦牟尼八岁等

小昭寺维修后

身像移至小昭寺，从此两佛像易寺而居。朗达玛（799~842年）灭佛时寺庙遭受严重破坏，直到后宏期开始时（10世纪）才逐渐恢复。15世纪，蔡巴噶举在蔡巴贡嘎多吉时期重建小昭寺。1474年，一世达赖弟子贡嘎顿珠因治理拉萨地区洪水有力，在小昭寺担任主持一职，寺庙遂增名上密院。

　　寺院坐西向东，占地4000平方米。遗存寺庙由集会大殿1座、僧舍2座、千盏灯房1座等建筑构成。前部是庭院，其后是门楼、神殿、转经回廊。门楼为三层，底层是宽敞的门廊，二、三层是僧房和经室。神殿是寺院的主体，殿高三层，底层依序为门厅、经堂与佛殿。神殿第三层前部房间，是为达赖喇嘛专设的房间，共有大小房屋6间。后部为金顶殿，殿门向东，殿身南北长10.4米、东西宽5.24米，内有两排8根柱子，左右开小窗。殿左右及后侧为一个三面环绕的狭窄回廊，廊以木栏相绕。金顶属汉式风格，为歇山式屋顶，檐下用斗拱。殿内门、窗、壁画及柱子造型、装饰等，均为藏式风格。

　　小昭寺建寺1300余年几次遭火灾，几经修缮，但基本保持原状，具有很高的历史、文化与艺术价值。小昭寺是唐蕃友好的历史记录，是中华民族各族人民长期和睦相处的历史见证。小昭寺是典型的藏传佛教寺院，局部保留早期吐蕃建筑的遗存。小昭寺一直作为宗教活动场所使用，15世纪以来成为藏传佛教格鲁派密宗最高学府之一，在藏传佛教寺庙中具有特殊的地位。

　　1962年，小昭寺被公布为西藏自治区级文物保护单位。"文化大革命"期间，寺庙主殿内大部分壁画被毁，释迦牟尼八岁等身像亦遭受严重破坏。1980年，国家投资对其进行了维修，并批准开放。1984年，维修小昭寺藏不动金刚佛像。1985年，国家拨款对小昭寺进行维修。1995年起，拉萨市文物保护管理局对小昭寺实施管理和保养维护。同年，天井周围发生火灾，1996年进行局部维修。"十一五"期间，国家投资对小昭寺主殿、千佛廊、转经廊、围墙、地垄、门楼主体与木构件修缮，后追加小昭寺壁画和四大天王塑像维修工程。"十二五"期间，国家投资对小昭寺安防、消防、电气线路进行改造。2001年6月25日，小昭寺被国务院公布为第五批全国重点文物保护单位，编号5-0411-3-217。2003年7月，西藏自治区发展计划委员会批复小昭寺维修立项，维修资金由国家拨款。2004年10月，中国文物

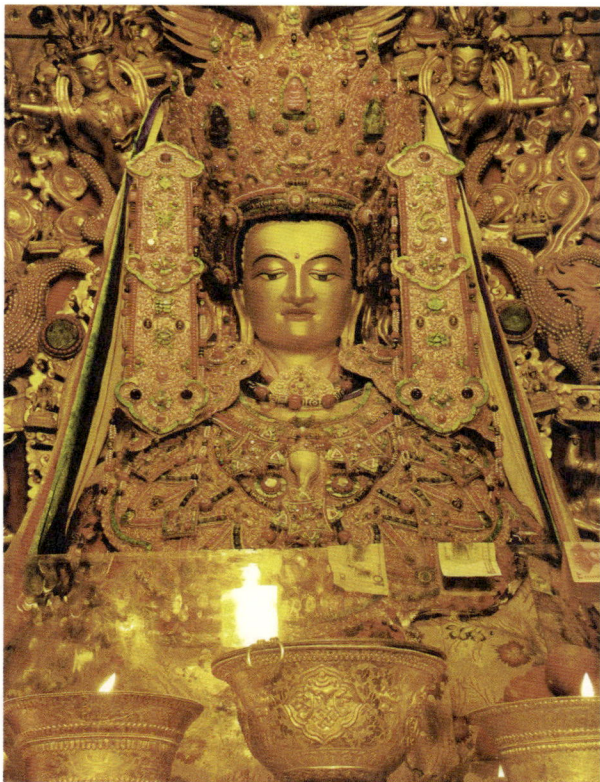

主供不动佛

研究所对小昭寺进行现状勘察，并制订维修工程设计方案。2007年，西藏自治区人民政府印发《关于确定布达拉宫等32处全国重点文物保护单位的保护范围和建设控制地带》，划定小昭寺保护范围和建设控制地带。2011年11月，拉萨市城关区人民政府设立小昭寺管理委员会，负责小昭寺宗教事务管理和文物保护管理等工作。

**大昭寺** 是西藏最著名的寺庙，位于西藏自治区首府拉萨市老城区八廓西街2号，雅鲁藏布江支流拉萨河中下游北岸。

7世纪初，赞普松赞干布统一西藏，并迁都逻娑（拉萨），建立吐蕃王朝。是时，佛教传入西藏，吐蕃王室和一些贵族为适应统治的需要，极力扶持佛教，以抵制当时藏族社会上流行的苯教。尼泊尔赤尊公主和唐朝文成公主先后进藏，对佛教的传播起了推动作用。大昭寺于7世纪中叶始建。据史料记载，松赞干布、文成公主和赤尊公主都曾参与大昭寺的修建活动。《西藏王统记》载，大昭寺在文成公主抵拉萨的第三年，藏历火羊年（贞观二十一年，647年）铺筑基础，一年后建成。唐长庆三年（823年），唐朝与吐蕃王朝在拉萨大昭寺门前10米处立下一通"唐蕃会盟碑"，这是吐蕃时期汉藏兄弟情深谊厚、友好相处的历史见证。11世纪初，阿里地区著名翻译家桑噶·帕巴西绕第一次对大昭寺觉康佛殿进行较大规模的维修，并扩建出六面突出部分。南宋乾道三年（1167年）前后，山南达波地区活佛慈诚宁波增建神殿周围转经廊，并维修壁画。13世纪初，拉萨地区公塘勘布桑杰的弟子格瓦木布，在神殿四周建瓦飞檐。13世纪中叶，

萨迦王朝统一西藏。在近100年中扩建释迦牟尼殿，新建大门及护法神殿，塑造松赞干布、文成公主和赤尊公主像等。其中最大工程，是在神殿第三层的东、西、北建造佛殿和加盖金顶。15世纪初，宗喀巴为发展格鲁派势力，命乃东王扎巴坚赞在神殿增修部分顶盖，并在天井树立12根木柱，上覆高侧天窗。五世达赖，从明崇祯十五年（1642年）起，历时30年，对大昭寺进行扩建、改造。五世达赖执政及第斯时期，对三楼进行修葺、扩建，增加4个佛殿，更新屋顶，增盖部分金顶和4个高楼佛殿。清乾隆十五年（1750年），清政府在西藏正式建立地方政府机构噶厦，设在大昭寺二楼南面，其他地方政府机关也设在大昭寺附近。

大昭寺墙体多为石墙，且比较厚。外墙的内壁垂直，外部却有较大收分，大约每层（层高2.2～3米）收分23～25厘米，这种砌筑方法，有利于建筑的稳定。大昭寺的木构架主要由梁、柱组成，平面为正方形格网。木柱带收杀，柱顶承大斗，斗下柱头有木雕瓔珞。斗上承垫木和大雀替，雀替上再放梁枋。一般梁与纵墙平行，木椽横摆，梁柱榫接，不用铁件。各层木构间无连接措施，只是保持柱位重叠，上层柱直接在楼面柱石上。木构件中，斗拱在大昭寺中被广泛采用，常作为承托的支架，恰当地发挥了斗拱悬挑的功能作用，为研究建筑力学和空间力学提供了丰富的资料。大昭寺金顶尖端装置铁叉，通过铜制排水管道接地，可起避雷作用。大昭寺整个神殿的内外结构，其梁、枋、檐、雀替、藻井、斗拱及其榫卯的应用，均采用汉式营造法。其石砌墙体与墙面洞开黑边方窗、阿嘎土屋面处理以及房顶金幢、法轮的运用，充分体现出藏式建筑典型风格。其神殿中内向所辟数十个佛殿，又显见印度、

大昭寺

大昭寺内景

大昭寺金顶

尼泊尔寺庙建筑的特征，如将四面内向所辟佛殿直线展开，即可见内地石窟寺营造的格局。佛殿和回廊内外满布的壁画，均具有很高的史料及艺术价值。其中《文成公主进藏图》《大昭寺修建图》尤为珍贵。其内廊檐间所布108个具有尼泊尔、印度特色的伏兽中，见一狮身人面浮雕独异其中，别有神韵，与埃及金字塔人面狮身像似有异曲同工之妙，是研究藏汉艺术史发展不可或缺的实物见证。

大昭寺是西藏最具特色的古代建筑之一，集藏、汉、印度、尼泊尔建筑风格之大成，经过元、明、清历代不断扩建、改造逐渐形成规模，大昭寺在平、立面布局和许多建筑装饰方面，出现不同时期的时代特征，对探讨西藏佛寺建筑的编年分期，有着重要的标志性意义。大昭寺在世界佛教发展史，特别是在藏传佛教的形成和发展中占有极为突出的地位，对传播和弘扬佛教、促进藏汉民族团结，对西藏的历史和社会文化产生过重要的影响。寺内大量壁画，梁、枋、柱、斗、雀替、金幢等建筑元素，及其彩绘、浮雕、泥塑、经幡、唐卡、碑刻等从不同侧面反映西藏古代社会生活、佛教故事、历史人物传记、重要政治事件和民间传说，积淀了千百年来藏汉社会历史信息，具有重要的历史价值。

1959年起，政府对大昭寺采取保护措施。1961年3月4日，大昭寺被国务院公布为第一批全国重点文物保护单位，编号为1-0081-3-034。1971年，国务院总理周恩来批示维修大昭寺。1980年，对大昭寺进行恢复性维修。1991～1993年，国家拨款对大昭寺进行全面维修。2000年11月30日，大昭寺作为拉萨布达拉宫历史建筑群的扩展项目被联合国教科文组织第24届世界遗产大会列入世界遗产名录。2001年，中国文物研究所测绘并编制《西藏拉萨大昭寺维修工程方案》。2004年，拉萨市文物局建立大昭寺全国重点文物保护单位记录档案。同年，经国家文物局批准，对千佛廊、千盏灯房附属设施进行维修。2007年，西藏自治区人民政府确定大昭寺保护范围和建设控制地带。2009年，国家投资对大昭寺主殿、千佛廊、转经廊、围墙、地垄、门楼三体与木构件修缮，屋面阿嘎土夯铺，修复局部壁画，维修面积达16733.72平方米，基本完成对大昭寺本体的修缮。2010年，拉萨市文物局委托中国文化遗产研究院编制《大昭寺文物保护规划》。2011

年11月，拉萨市人民政府设立大昭寺管理委员会，负责大昭寺宗教事务管理和文物保护管理等工作。自2012年起，国家财政投入资金启动大昭寺壁画保护修复，修复存在重大病害的2200平方米的珍贵壁画。2012年，西藏自治区政府投资实施大昭寺安消防工程。2013年，国家、西藏自治区和拉萨市共同投资实施大昭寺金顶维修工程。

**法兴寺** 是集唐塔、宋代殿宇和彩塑为一体的佛教寺院群落。原址位于山西省长子县东南15千米的慈林山，1996年搬迁复建后的法兴寺，坐落于长子县张店乡翠云山南坡崔庄村，占地4万平方米。

法兴寺始建于后凉神鼎元年（401年），初名慈林寺，唐上元元年（760年）改名广德寺，北宋治平年间（1064～1067年）始称法兴寺，宋、元、明、清历代均有修葺。20世纪70年代，对法兴寺开展现场调查，对寺址的地理位置、自然环境进行多次探索。法兴寺地处慈森山煤矿采掘区，年久失修，千年风雨侵蚀，

20世纪70年代末，寺院周围地势严重下陷，庙基裂缝，殿宇变形，山西省文物局有关专家认定不能原地修复，研究决定全寺搬迁。1984年，法兴寺搬迁复建工程破土动工，1996年，主体工程竣工。

法兴寺坐北朝南，规模不大，中轴线上分列舍利塔、燃灯塔、圆觉寺和后殿。整个建筑依山势而布局，从石阶、山门、舍利塔，白墙绿顶，古刹深幽，圆觉殿至毗卢殿，层层升高，以石阶相连，古朴典雅、雄浑庄重，保留了古建筑特有的风韵。

山门为五代时期创建，遗存建筑按宋代结构形制复建，石砌台基高0.75米，宽9.4米，长12.1米，方砖铺墁，建筑面积113.7平方米，面阔三间，进深四椽三间。四架椽屋分心通檐用四柱，置板门，四铺作单杪单拱，无补间铺作，瓦条脊，琉璃鸱吻，灰瓦悬山顶。

舍利塔，又称石殿。据记载，为唐咸亨四年（673年）郑惠王所建。塔通体为石砌构建，平面呈"回"字正方形，故又称回字塔，暗寓

法兴寺外景

法兴寺山门

佛教六道轮回的思想。塔高10.4米，四边边长8.8米，建筑面积77.44平方米，叠涩重檐楼阁式，塔檐叠山三层，安拱形石板门。前后辟壶门，塔刹为山花蕉叶仰莲宝珠。内部顶端置石砌四方藻井，八瓣莲花浮雕，四坡施檩椽、斗拱、脊吻、四角攒尖宝珠顶。塔内存放37粒舍利。舍利塔破常规佛塔锥形之感，方方正正，似殿堂，然四周却无一根大梁，故又称无梁殿。舍利塔造型别致，甚为罕见，对于中国古代建筑技术的研究，有较高的科学价值。舍利塔前，左右两侧对称竖立两座形制相似、规格相近的唐代石塔。塔座方形，塔身八边形，高4.5米，三层叠涩出檐，塔刹为仰莲相轮。塔檐由下而上逐层收分。轮廓线条优美，结构匀称，比例协调，简练明快之中更蕴含几分小巧玲珑之感，是中国诸多塔林中一组不易多得的石塔遗存。燃灯塔石雕，平面八角形，基座两层，下层基座叠涩束腰式，底盘周围雕凿

兽、壶门、乐伎。由隔柱刻铭"唐大历八年清信士董希璇……于此寺敬造长明灯台一所"，知建于唐大历八年（773年）。塔高2.4米，塔座八边形，塔身三层，底层雕有伎乐人和12只神兽，二层雕圆形仰覆莲瓣，顶层为仿木结构形式，雕四门空心八角灯亭，塔身中空，每门边雕刻束莲柱一根，上置栌斗，两柱间上刻阑额，雕有方形与破子棂窗，夜间灯光由四门射出，光照四周。柱头隐刻一斗三升斗拱与阑额，塔身顶部雕刻八角盝顶形式，塔刹为山花蕉叶置宝珠。燃灯塔雕刻精致，造型玲珑隽秀，是研究唐代建筑、戏曲、服饰以及雕刻艺术的重要实物资料。圆觉殿创建于宋元丰四年（1081年），以彩塑精美而著称。元、明、清各代均有修葺。1996年，按原形制复建，遗存建筑仍为宋代形制。石砌台基，高1.05米，长13.72米，宽13.1米，平面方形，建筑面积179.73平方米，面阔三间，进深三间，六架椽

法兴寺圆觉殿

法兴寺舍利塔

屋通檐用四柱，梁架结点为宋式做法，七铺作重拱双杪双下昂斗拱，真昂之制，一跳三跳偷心，里转七铺作重拱出四杪，一跳至三跳偷心，四跳置异形拱，无补间铺作。屋顶为单檐歇山式灰瓦顶。殿内中间及两山墙设"凹"字形佛台上，结跏趺坐的释迦、躬身相侍的二弟子、驾狮骑象的文殊、普贤以及护法金刚，为宋政和元年（1111年）作品，它们造型俊逸、工艺之佳，都是宋塑中的精品，具有极高的艺术价值。殿内环墙而砌的佛台上，端坐着宋塑十二圆觉像。东侧第四尊圆觉像一手托腮作思惟状，神情溢于眉梢，言语流于口角，给人以和颜悦色的亲近之感，人们称之为"东方的维纳斯"，是遗存9尊圆觉像中最为精致的精品之作。整组塑像技艺娴熟，意境深远，唐塑"理想化的风格"与"宋塑世俗化、民族化的风格"浑然相融，不仅留下了精美绝伦的艺术形象，更为研究唐宋时期彩塑艺术提供了珍贵的实物遗存。毗卢殿为清代建筑形制，建在高0.75米的石砌台基上，面阔五间，进深六椽三间，六架椽屋乳栿对四椽栿通檐用三柱，前出廊，槅扇门窗，琉璃剪边悬山顶。

法兴寺存唐代至清代的碑刻17通，记载有寺史沿革和建制情况。寺内宋代殿宇、唐塔和彩塑荟萃，为研究古代建筑、石刻、雕塑艺术的珍贵实物资料。

1988年1月13日，法兴寺被国务院公布为第三批全国重点文物保护单位，编号3-0106-3-054。1993年3月1日，山西省人民政府审核批准印发《关于公布晋国遗址等十六处全国重点文物保护单位保护范围的通知》，公布法兴寺的保护范围和建设控制地带。法兴寺全国重点文物保护单位记录档案保存于山西省古建筑保护研究所。2011年，国家文物局批准法兴寺环境整治方案。2014年，国家文物局批准山西省古建筑保护研究所设计编制的法兴寺保护规划。2015年，国家文物局批准法兴寺保护维修项目立项，山西省文物局批准法兴寺保护维修方案。

**风穴寺及塔林**　风穴寺是北魏至明清时期中原地区著名佛教寺院，以保存丰富的古代建筑遗存及寺庙园林艺术而知名。风穴寺位于河南省汝州市东北崎岭乡刘沟村，地处嵩岳少室山主峰南坡的风穴山中。

风穴寺创建于北魏。历史上几易寺名。北魏称香积寺，隋代改称千峰寺，唐代更名称白云寺。唐开元二十六年（738年）建七祖塔（贞禅师塔），北宋宣和七年（1125年）悬钟阁挂钟，明永乐七年（1409年）周王献汉白玉石佛，明成化十一年（1475年）建大雄宝殿，明万历、正德、弘治、嘉靖，清康熙、雍正、乾隆、道光、光绪、和民国年间屡有修茸。明万历年间寺院规模宏大，有殿堂房舍250余间。

遗存建筑有七祖塔、悬钟阁、中佛殿、罗汉殿、天王殿、大雄宝殿、观音阁、地藏殿、望州亭、涟漪亭、方丈室、关圣殿、三官殿、六祖殿、水陆殿及上塔林共12座，下塔林共59座。寺内有明汉白玉佛像1尊；明铸铁祖师像1尊；清朝木雕弥勒佛、释迦牟尼佛像、摩诃伽叶佛像、阿难佛像各1尊；历代碑碣20余通。

风穴寺的殿堂禅舍，全部依山就势而建，错落有致，玲珑秀丽。寺院遗存建筑中，以七祖塔、钟楼、中佛殿最为珍贵。七祖塔，寺内最高建筑，始建于唐开元年间（713～741年），平面方形九级密檐式砖塔，通高24.17米。塔身下长、宽各3米，建在高1.5米基台

之上，一层塔身内设塔心室，以上各层均为实心。塔刹由覆钵、相轮、宝盖等组成。中佛殿，面阔三间、进深三间，单檐歇山式建筑，灰瓦覆顶。建筑翼角翘起，轻盈欲飞，梁架保留了金代建筑遗构，惜殿内原塑佛像"文化大革命"中被毁不存。钟楼，面阔、进深均三间，三重檐歇山式建筑，建在石砌高台上。内部梁架简洁，中间横梁悬宋宣和七年（1125年）铸造的大铁钟一口，建筑保留有较多金元时期的结构特征。毗卢殿居中佛殿之后，明成化十一年（1475年）重建。面阔五间，进深三间，单檐悬山式建筑。殿内置明永乐七年（1409年）周王赠白玉石佛1尊。

寺内其他建筑。天王殿，面阔三间，进深三间，单檐悬山式建筑，灰瓦覆顶，檐下斗拱为三踩单下昂。六祖殿，面阔三间，进深二间，悬山前廊式建筑，灰瓦覆顶，檐下斗拱为

风穴寺全景

风穴寺塔林

单拱交麻叶头。大雄宝殿，面阔五间，进深三间，单檐悬山式建筑，顶覆黄色琉璃瓦，檐下施五踩双下昂斗拱。水陆殿，面阔五间，进深三间，硬山式建筑，灰瓦覆顶；观音阁，面阔三间，进深三间，重檐悬山式建筑，灰瓦覆顶。望州亭，歇山式建筑，灰瓦覆顶，檐下施三踩斗拱；方丈室，面宽五间，进深三间，建筑面积147.42平方米，硬山前廊式建筑，灰瓦覆顶。

塔林分布在寺院外山坡上，依地势高低分作上下塔林两部分。原有历代墓塔115座，遗存元明清历代砖塔83座。其中元塔16座，多为方形和六角形，五层者较少，最高8米，三层者居多，最低3.5米。瑞公、显公大禅师合葬塔1座，为国内塔林中罕见。明塔52座，多方形，其中六角形塔6座，八角形塔1座，石塔1座。清塔14座，民国年间塔1座。是仅次于少林寺塔林的河南省第二大塔林。

寺内碑碣，上自五代后汉乾祐三年（950年）的《风穴寺七祖千峰白云禅院记》碑，下迄宋元明清各代，记事、游览，内容兼备，真草隶篆，书体俱佳。

民国时期，寺内部分建筑和文物遭到破坏。民国38年（1949年），汝州解放后，风穴寺内先后被汝州学校、医院单位占用。"文化大革命"期间，寺院建筑、塑像曾遭严重破坏。1963年6月20日，风穴寺及塔林被河南省人民委员会公布为第一批省级文物保护单位。1979年9月，成立临汝县风穴寺文物保管所，负责风穴寺日常文物保护管理工作。1980年，改建寺院山门，为仿木结构卷棚顶绿琉璃瓦建筑。1980～1981年，河南省拨款修缮毗卢殿、塔林和奎光塔基座，次年春完成维修。1982年春，维修毗卢殿。1984年5月，国家文物局拨款修葺观音阁、涟漪亭、接圣桥、大慈泉、钟楼等。1988年1月13日，风穴寺及塔林被国务院公布为第三批全国重点文物保护单位，编号3-0108-3-056。1990～2004年，国家文物局前后10次拨款用于风穴寺及塔林的维修。2004年，河南省人民政府印发《关于调整我省全国重点文物保护单位、省级文物保护单位保护范围和建设控制地带的批复》，划定汝州风穴寺的保护范围和建设控制地带。2005年7月，汝州市人民政府颁布《汝州市风穴寺保护管理办法》。

**潮州开元寺** 为粤东地区第一古刹，位于广东省潮州市湘桥区湘桥街道开元居委开元路32号。

潮州开元寺始建于唐开元二十六年（738年），历代多有修缮。宋加额为"祝圣道场"，元称开元万寿禅寺，明称开元镇国禅寺，明末加额万寿宫，至清光绪二年（1876年），移建万寿宫于本城东府巷。昔开元寺山门内上方，原有额向内曰"万寿宫"，"文化大

潮州开元寺外景

革命"期间被毁。清以后"开元镇国禅寺""开元寺"并称。

潮州开元寺占地面积11031平方米,主要建筑物面积约2580平方米,坐北朝南,是一座宫殿式的四合院建筑群。整体布局分为三路,主要建筑有金刚殿(山门)、天王殿、大雄宝殿、藏经楼、观音阁、地藏阁等。金刚殿面阔七间,进深三间,单檐歇山顶,为明代建筑。天王殿面阔十一间50.55米,进深四间15.77米,单檐歇山顶。檐柱下端为八瓣圆肚形石柱,上端用叠斗形柱。大雄宝殿为寺内主体建筑,重檐歇山顶,面阔五间,进深三间,殿身附阶周匝,前有月台,两侧护栏各嵌栏板8块,精雕有释迦牟尼出家的故事及奇花异草,珍兽瑞禽,造型古朴,线条凝练,分刻"佛日增辉法轮常转,皇风永扇帝道遐昌"十六字。左右置地藏阁、观音阁和五观堂,后置两层藏

经楼,对大雄宝殿成环抱烘托之势,使开元寺整体恢宏开阔,雄伟端庄。寺内保存有唐代的石经幢、宋代政和四年(1114年)潮州铸造的大铜钟、宋代阿育王塔、元泰定二年(1325年)的石刻香炉以及铜云板,明代的潮州木雕千佛塔,清代雍正版、乾隆御赐的《大藏经》7240余册。还有抗日战争时期该寺方丈释智诚闭关三年刺舌血成的《大方广佛华严经》等珍贵文物。

潮州市开元寺保留唐代的平面布局,又凝结宋、元、明、清各个不同朝代的建筑艺术,是研究古代寺院建筑的珍贵样板。天王殿的木石相衔檐柱,柱下端为八瓣圆肚形石柱,上端为圆木柱,柱础为石覆盆;明次间的石金柱上层叠十一个圆形瓣式檐斗承托老檐檩等,均属国内古建筑中罕见的形式。遗存众多具有珍贵价值的历代构件,如唐代石经幢、明增建的大

潮州开元寺大雄宝殿

雄宝殿石围栏等，雕刻造型古朴雅致，线条浑重凝练。各时期的文物，均具有较高的历史价值和艺术价值。

　　1955～1957年，广东省文化局先后三次拨款修缮天王殿、伽蓝殿、大雄宝殿之残坏部分，修复两廊前半段、照墙、大石经幢、铺砌天王殿部分石板、更换藏经楼残坏部分，重建观音阁，维修地藏阁顶开元寺。1962年，广东省人民委员会公布潮州市开元寺为第一批省级文物保护单位。1971～1973年，广东省文物管理委员会两次拨款对大雄宝殿前周围石栏杆及部分建筑物进行补漏。1975年，国家文物事业管理局拨款修复香积厨、初祖堂及六祖堂走廊、方丈厅及大雄宝殿屋脊大葫芦等装饰。1977～1979年，广东省文化局分四次拨款维修开元寺。1980～1983年，开元寺进行大规模的维修，主要修建大殿、观音阁、地藏阁、天王殿及重塑释迦佛、阿弥陀佛及其他62尊佛像。1987年成立潮州市开元寺僧人管理委员会，为开元寺保护管理机构。1989年，潮州市人民政府划定开元寺的保护范围和建设控制地带。2000年广东省文化厅拨款对开元寺的大雄宝殿、天王殿、山门、地藏阁及观音阁等屋面嵌瓷进行维修。2001年6月25日，潮州市开元寺被国务院公布为第五批全国重点文物保护单位，编号5-0376-3-182。由潮州市文物管理委员会编制全国重点文物保护单位记录档案和保管，并由潮州市开元寺僧人管理委员会备份保管。2015年广西文物保护研究设计中心编制保护规划。

　　**吉如拉康**　是吐蕃时期建造的一座古寺，是西藏自治区遗存最古老的建筑之一，位于西藏自治区山南市乃东区结巴乡吉如村。

　　吉如拉康寺始建于吐蕃时期第五代普赤德祖丹时期（704年～755年）。坐西朝东，面宽32.4米、进深30.3米，面积982平方米。寺院遗存建筑大体分属五个时期：第一期建筑那姆纳拉康，其时代当为吐蕃早、中期；第二期建筑为释迦佛堂及其转经迦廊，时代为8世纪上半叶，是最初意义上的吉如拉康，在此基础上扩建形成寺院规模。第三期建筑为嘎登曲工拉康，是藏传佛教后弘期最有影响的大师、孟加拉僧人阿底峡在该地传教时借住的地方，时代为11世初期；第四期建筑为释迦佛堂前的集会堂及其两侧的转经廊、转经廊上部的僧房、寺院大门口的两柱廊房，时代约为16～17世纪；第五期建筑为1957年进行大规模扩修改建后形成的建筑群，拥有3个拉康、2个集会堂和为数不少的经廊、僧舍。

释迦佛堂位于寺南部最后，宽8.8米、进深7.65米、高6.5米，面积合67米，佛堂面阔三间，进深三间，中央一间稍大。佛堂四周砌以石墙，墙厚0.95米，砌石较粗糙。墙体已有4处裂缝，北壁距后柱7厘米处裂缝贯通上下，

吉如拉康转经道

宽处竟达3厘米。释迦佛堂建筑制属藏式密梁平顶结构，梁柱斗拱硕大、古朴。四内柱是将原材稍加斧斫而成的，大体仍保留自然的不很规则的圆木形状，木柱直径0.38～0.4米、高4.4米，皆已自上部开裂，古顶部束有铁箍。四柱柱头作法颇别致：下部为栌斗，栌斗正面长0.46米，侧宽0.4米，高0.14米；栌斗之上为柱拱，紧接斗上的小拱长0.78米，上部的大拱长2.05米。大小拱之间精心雕刻三升形象，

吉如拉康外景

吉如拉康玛尼石刻莲花生像

在柱头上显示出鲜明的一斗三升结构。斗拱结构上部置梁架。梁共6根，方形，截面30厘米×30厘米，南北相向。梁上置有截面方形的承椽托木，托木长1.2米。椽条系圆材、直径30厘米，每间5根。椽条为三根椽条首尾对齐架设的，接点下部的托木正和这种架椽方式相应，直达东西墙脚。椽条上部平铺一层望板，望板整齐划一，合缝严密。释迦佛堂转经回廊围绕在佛堂的南、北、西三面，东侧为回廊的进、出口，进、出口与佛堂大门位置平齐。回廊建筑大部分已在晚期扩建修葺寺院时拆除，只南侧东端还幸存原有经廊的一段。此段转经回廊顶部横棚短椽，椽系圆木，粗细统一，直径一般为0.26米，椽间距0.3米，其上望板亦摆布平齐严密，材木特点和佛堂完全一致。据调查，原回廊内无窗，廊内光线极弱。释迦佛堂建筑与经廊建筑的结合错落有致，纵横高下

都体现着既均衡对称又主次分明的布局特点。相对较低的转经回廊拱围高大的佛堂，又是一种很稳固的结构形式，体现古代藏族人民的建筑设计水平。释迦佛堂建筑构件上有珍贵的早期线刻艺术作品。各明柱柱拱上雕有生动的卷草纹饰外，还在各大拱拱心正面刻以各种图案，前排右柱拱心刻一美丽的摩尼宝珠。右柱柱拱刻一威猛的雄狮，作疾驰中回首顾盼状，神态生动用刀简捷，蓬松的鬃毛只用一个椭圆形的轮廓线便表现出来。后排左柱拱心刻一龙，龙躯呈"S"形，长躯细腰曲颈昂首，似在腾跃中，后肢已蹬起，背鳍排列细密。后排右柱拱心虎纹图案与左柱所刻龙的形象极似，躯体亦呈"S"形，只是有翼无角，头较圆而唇短，尾回卷至腹部。龙、虎的四肢略长，腰部富于夸张，显得矫捷劲健。各柱拱的背面不施雕饰。

释迦佛堂塑像共13尊，全系泥塑彩绘。主供释迦牟尼，余为八大弟子、二力士及供养人夫妇。释迦佛堂两侧塑像身后的经架高2.85米、宽0.7米，长与佛堂东、西墙相抵。经架形制古老，粗大稳固，既用以藏经，又是形体高大的塑像赖以屹立的支架。经架的竖柱按塑像数量而定，竖柱的间距和塑像间距相对应。经架的平面形状则根据佛堂整个布局要求，将左侧经架作成曲尺形，以经架东侧向内折出部分，与对面塑像行列中横排过来的供养人夫妇相呼应，使佛堂整体布局均衡对称，富有变化，是一种严密、完整、独特的设计。

吉如拉康藏有大量手抄经卷，有40余万页。不少属吐蕃时期，字体古朴，纸质较好，经页中心有供穿缀用的圆孔；也有很多是14世

纪遗物，从吐蕃时期经书中辗转抄写。

1996年，成立吉如拉康寺院民主管理委员会，负责寺庙的管理与保护。2001年6月25日，吉如拉康被国务院公布为第五批全国重点文物保护单位，编号5-0412-3-218。2006年，山南市文物局建立吉如拉康全国重点文物保护单位记录档案。

**南禅寺大殿** 是中国木构古建筑遗存中已知最早的实例，位于山西省五台县县城西南22千米的李家庄。

南禅寺创建年代不详，据寺内大殿保存题记"因旧名大唐建中三年岁次壬戌月居戊申丙寅朔庚午癸未时重修法显等谨志"，可证寺院重建于唐德宗建中三年（782年）。宋、元、明、清各代均有修葺。

南禅寺坐北向南，寺内遗存殿宇6座。大殿为唐代建筑，其余菩萨殿、龙王殿、山门皆为明清建筑。寺院南北宽51.3米，东西长60米，总面积3078平方米。寺左侧东旁院：原有阎王殿3间、东厢房6间，已辟为工作室和游人休息之所。

南禅寺大殿面阔、进深均三间，平面近方形，单檐歇山灰色筒板瓦顶。前檐明间安板门，两次间安破子棂窗，其他三面砌檐墙。檐柱12根，其中3根为抹棱方柱，应是始建时遗物；其余9根为圆柱，柱头稍有卷杀，为唐德宗建中三年（782年）重建时的手法，有的柱上还留有北宋政和元年（1111年）的游人题字，表明当时柱子是露明的。各柱施素平青石柱础。1973年，重新修葺殿前两侧清代增建的伽蓝殿、罗汉殿，发掘出原来的阶基和月台遗迹。阶基高110厘米，与越台相连，前檐后宽，呈倒梯形。正面设踏跺五级。殿内外用方砖铺墁，四周方砖散水。大殿梁架结构为

南禅寺大殿

四架椽屋通檐用二柱，檐柱生起、侧脚显著，柱头仅施阑额一道，至角柱不出头。柱头斗拱为五铺作双杪偷心造，不用补间铺作。仅在明间正中的柱头枋上隐刻出驼峰，上置散斗。木构梁架上施叉手，与平梁组成一缝三角形人字架，平梁下两端用驼峰压在四椽栿背。屋顶坡度为1∶5.15，是已知木结构古建筑屋顶中最平缓的。1973年修缮时恢复台明、月台原状，并尽量保留大殿原有构件。大殿历经修理，檐椽被锯短，修缮时根据旧有台明的位置，和同时期木构建筑的出檐规律，恢复唐代殿宇建筑出檐深远的浑朴雄放面貌。大殿门窗恢复原来的式样。大殿华拱外棱和耍头底面均刷白，用紫色画"凹"形图案，阑额上涂朱色，上加白圆点，风格与佛光寺大殿相同，为明代以前的彩画。殿内还保留与木构架同时代的泥塑佛像17尊，安置在凹形的砖砌佛坛上，面积约为殿内面积的二分之一。佛坛高71厘米，三面砌须弥座，底层莲瓣浑圆，年代较早；束腰壶门内砖雕花卉、动物、方胜等图案，形象生动，刀法简洁，可能是宋金时期的遗物。佛坛上后部正中为释迦牟尼塑像。结跏趺坐于八角形须弥座上。庄严肃穆，总高近4米；像后的木雕背光，插入檩间，显示主像高大的艺术效果。佛两侧塑有佛弟子、菩萨、天王等。这组塑像未经近代装銮，基本保存原有风貌，是遗存唐代塑像的杰出作品。寺院内还有唐代石塔1尊，明、清石碑4通，保存基本完好。

南禅寺大殿是中国遗存最早的木结构建筑，比佛光寺东大殿早75年。其建筑特点主要为：斗拱拱头卷杀每瓣都有内有颤，约为3厘米，是木构建筑中的特殊案例；西山面3根檐柱为方形，四角略为抹角，是始建时遗物；木构梁架上施叉手与平梁组成一缝三角形人字架；大殿建在1.7米高的台明上，殿前筑有月台。中国唐代所建殿堂，均无月台，唯南禅寺殿前设有月台，在唐代建筑中实为罕见。大殿内所存17尊佛像，为唐代塑造，各像造型比例适度，面体丰满，神态自若，与敦煌莫高窟的唐代塑像，如出一辙，尤其是释迦牟尼流畅的衣纹、须弥座精美的莲花、仰望童子逼真的神情、供养菩萨恭虔的神态，均体现出唐代彩塑的精美技法。

中华人民共和国成立后，南禅寺保护管理工作由住在寺内的姚姓农民管理。1953年，山西省人民政府文物管理委员会设立五台山古迹保养所，负责全县文物古迹的保养工作。1961年3月4日，南禅寺大殿被国务院公布为第一批全国重点文物保护单位，编号1-0079-3-032。1970年，五台县文物管理所成立，负责全县文物管理工作。1972年，山西省文物工作委员会派技术人员勘察、发掘、测量、绘图，制成初步修缮方案，成立山西五台南禅寺施工领导小组。1974年，对初步修缮方案进行修改和补充，对南禅寺周围的地形进行测绘，报请国家文物事业管理局核准。在保证完成主体工程的同时，对东配殿、小围墙、山门和门墙月台踏道和寺内外地基、寺区环境进行维修整治，1975年8月竣工。1979年，山西省古建筑保护研究所成立，负责南禅寺的文物保护和管理工作。1980年，五台县南禅寺文物保护管理所成立，隶属于山西省古建筑保护研究所，负责南禅寺的文物保护、管理和维修工作。2002年，山西省人民政府印发《关于公布太原晋阳古城遗址等102处全国重点文物保护单位保护范围的通知》，划定南禅寺的保护范围和建设控制地带。2007年，山西省古建筑保护研究所南禅寺管理所成立，负责南禅寺的保护和管理工作。2009年6月26日，在33届世界遗产大会上，南禅寺大殿作为五台山的重要组成部分，被列入世界遗产名录。2015年，国家文物局批准南禅寺大殿山门、东西配殿修缮方案。南禅寺的全国重点文物保护单位记录档案保存于山西省古建筑保护研究所。

**初祖庵及少林寺塔林**　初祖庵是为纪念佛教禅宗初祖菩提达摩而修建的纪念性建筑，位于河南省登封市少林寺西北2千米的少室山五乳峰下。塔林为少林寺历代高僧的墓地，也是中国遗存古塔数量最多的塔群。

初祖庵始建于北宋中后期，后废毁。宋崇宁至宣和年间（1102～1125年）复建，宣和七年（1125年）在旧庵处建大殿，金兴定四年（1220年）重修，元代有修建。明初形成有山门、大殿、面壁亭、厨舍等诸多殿堂的寺庵，明代中期建成三重院落的完整寺院。后多次遭毁且不断重修，但基本保存历史原貌。

初祖庵南北长82米、宽38.5米，占地约3000平方米。建筑坐北向南，有山门、大殿、千佛阁和达摩洞等。山门原名伽蓝祠，初建于明代，民国初年坍塌，遗存建筑系在原基址上修复。山门面阔三间13.5米，进深两间4.6米。单檐悬山式建筑，灰筒板瓦覆顶绿琉璃瓦件剪边。大殿平面近方形。面阔三间11.125米，进深三间10.615米。单檐九脊殿式、绿琉

少林寺初祖庵大殿

璃瓦剪边顶。檐下置五铺作单杪单下昂重拱计心造，补间铺作施真昂。檐下立12根八角石柱，柱面浮雕海石榴、卷草、飞禽、伎乐及化生童子等。殿内石柱4根，上面浮雕天王、龙凤和频迦等。殿上梁架为彻上明造，后内柱用移柱造。殿内明间置佛龛。殿内东、西山墙和后墙壁均有彩色壁画，为历代禅祖修法像，像旁均有题榜，记各祖法号、俗名、籍贯等。殿中部佛台上有佛龛，石座各面均有雕饰，佛龛系木雕而成，上檐雕斗拱，龛内供达摩塑像，二祖慧可、三祖僧灿、四祖道信和五祖弘忍的脱纱塑像侍立左右。千佛阁，是初祖庵最北一座建筑，面阔三间，进深三间，单檐硬山式建筑，小灰瓦顶。前面有板门，方窗两个，门上方嵌石匾额，书"千佛阁"三字。达摩洞，位于初祖庵后五乳峰中峰顶下10米处之山坡，为一天然石洞，传说是初祖达摩面壁九年修行处。洞外有明万历三十二年（1604年）建的石

牌坊1座，坐北向南，为二柱一楼柱不出头庑殿式建筑。檐下用四攒斗拱，南面额枋题"默玄处"，北面额枋题"东来肇迹"。为明代乾清宫监胡滨所题。初祖庵有六祖手植柏，位于大殿前，传为佛教禅宗六祖慧能于唐初用钵盂从广东带回并亲手植此。院内尚存包括宋代黄庭坚《达摩颂碑》、蔡卞《达摩面壁之庵》在内的古代碑刻49通。

初祖庵大殿的建造年代与中国古代建筑科学巨著《营造法式》的成书年代相近，其铺作、梁架、雕饰多与《营造法式》的制度相契合，是宋代木构建筑技术的重要例证，也是河南尚存最早木结构建筑之一。

少林寺塔林整体呈扇形分布，由北向南、从高到低按照师徒辈分和时间早晚依次展开。宋代始具祖茔墓地雏形；金代墓塔增多，称为古坟或祖坟，成为真正意义上的少林寺僧人墓地，初具后世遗存规模；元代和明初，墓塔大

少林寺塔林远眺

量增加，称为祖茔；明代中后期，墓塔数量激增，称为塔院，成为名副其实的全国最大的塔林。直至清代前期，塔林的规模不断扩大。当代建有三座和尚墓塔。少林寺塔林是中国遗有古塔数量较多的塔林，面积2.1万余平方米，唐、宋、金、元、明、清各代砖石墓塔计228座，其中唐塔2座、宋塔3座、金塔16座、元塔51座、明塔146座、清塔10座，余则为无纪年题记者。塔的层级，一般为1~7级，高度都在15米以下，大都有著铭和题记。造型有四角、六角、柱体、瓶形、圆形等，种类繁多。唐贞元七年（791年）的法玩禅师塔、宋宣和三年（1121年）的普通塔、金正隆二年（1157年）的西堂老师和尚塔、元至元二十七年（1290年）的中林禅师之塔、明万历八年（1580年）的坦然和尚之塔及清康熙五年（1666年）的彼岸宽公禅师灵骨之塔为代表作。

法玩禅师塔，位于塔林中北部，建于唐德宗贞元七年（791年）。塔以黄泥和水磨砖砌筑而成，为方形单层亭式塔。南北长3.02米、东西宽2.97米、高6米。塔刹用5层石雕组成。塔正面拱形塔门内嵌一石门，门额浮雕直立嫔伽；额侧浮雕飞天；门两侧雕两武士，石门上雕乳丁和门锁。普通塔，位居法玩禅师塔东南，建于宋宣和三年（1121年）。塔用青砖与白灰浆砌筑，为平面方形亭阁式塔，塔身东西长2.11米、南北宽2.08米、高6米，叠涩檐外出十二层。塔顶的基座为砖砌方形平台，塔刹为五层石雕组成，塔正面拱形门洞内镶嵌石门1座，门口和门栏均为素面。塔基中部雕刻花草、瑞兽、人物等图案，这些精美图案是北宋时期的代表作。普通塔是埋葬众僧骨灰公用之

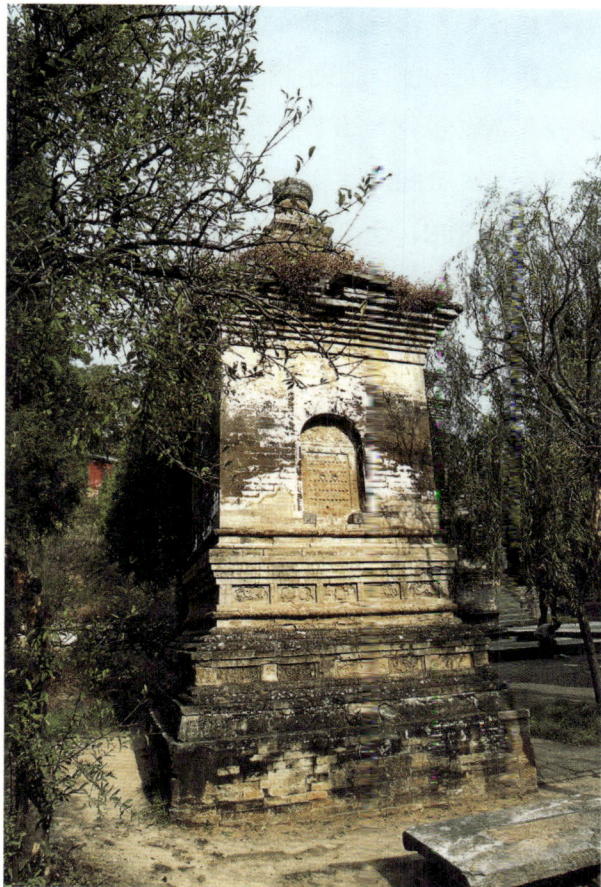

法玩禅师塔

塔。西堂老师和尚寿塔，位于塔林中北部，建于金正隆二年（1157年）。用水磨砖和石灰砌成，为正方形单层亭式塔，高约6米，塔基的壶门内刻飞天、马、鹿、花草等28组纹饰。塔身正中有拱形塔门，门上浮雕乳丁与铺首衔环。塔刹上有石刻云盘、仰莲。塔林中重要古塔还有元中林禅师塔、明坦然和尚塔、清彼岸宽公禅师塔等。塔林附属文物遗存古代供桌62座、现代和尚墓塔3座。

1959年，国家首次对塔林进行修整，抢救了大量古塔。1963年，河南省人民委员会公布初祖庵、塔林为河南省第一批文物保护单位。1963~1964年，登封县文物保管所对初祖庵千佛阁殿顶进行检修。1979年起，国家对塔林进

行整修，修补部分风化严重的古塔，加固倾斜的濒危古塔，从淤土中挖掘出8座小型石塔。1984年前，少林寺由登封县文物保管所负责保护与管理。1985年4月，经国务院批准，交由宗教部门管理，由少林寺事务管理委员会负责日常保护管理工作，登封市文物管理局负责检查、监督、指导工作。1996年11月20日，初祖庵及少林寺塔林被国务院公布为第四批全国重点文物保护单位，编号4-0089-3-011。2004年，河南省人民政府印发《关于调整我省全国重点文物保护单位省级文物保护单位保护范围和建设控制地带的批复》，划定初祖庵、塔林的保护范围和建设控制地带。2006年12月，郑州市文物管理局、郑州市规划局、登封市人民政府和清华大学建筑设计研究院共同编制并获批的《郑州市嵩山古建筑群总体保护规划》中，包括初祖庵、塔林详细保护规划。2010年8月1日，在第34届世界遗产大会上，联合国教科文组织世界遗产委员会将初祖庵和塔林作为"登封'天地之中'历史建筑群"重要组成部分，列入世界遗产名录。2011年4月，启动《嵩山历史建筑群总体保护规划》修编工作，在原规划成果的基础上编制《世界文化遗产登封"天地之中"历史建筑群总体保护规划》。同时，组织编制《少林寺塔林、初祖庵、常住院等建筑群保护规划》。

**佛光寺** 为唐代五台山著名佛寺，寺内遗存唐代建筑东大殿是中国殿堂式古建筑的杰作。

《古清凉传》载，佛光寺创建于北魏孝文帝时期（471～499年）。隋唐时，寺况兴盛，唐武宗会昌五年（845年）灭佛，寺宇被毁。唐宣宗继位后复法，至唐大中十一年（857年）由京都女弟子宁公遇布施重建。

佛光寺坐东朝西，依山而造，高低层叠，气势雄伟。占地面积3.4万平方米。寺内殿、堂、楼、阁120余间，高低错落，主从有致，

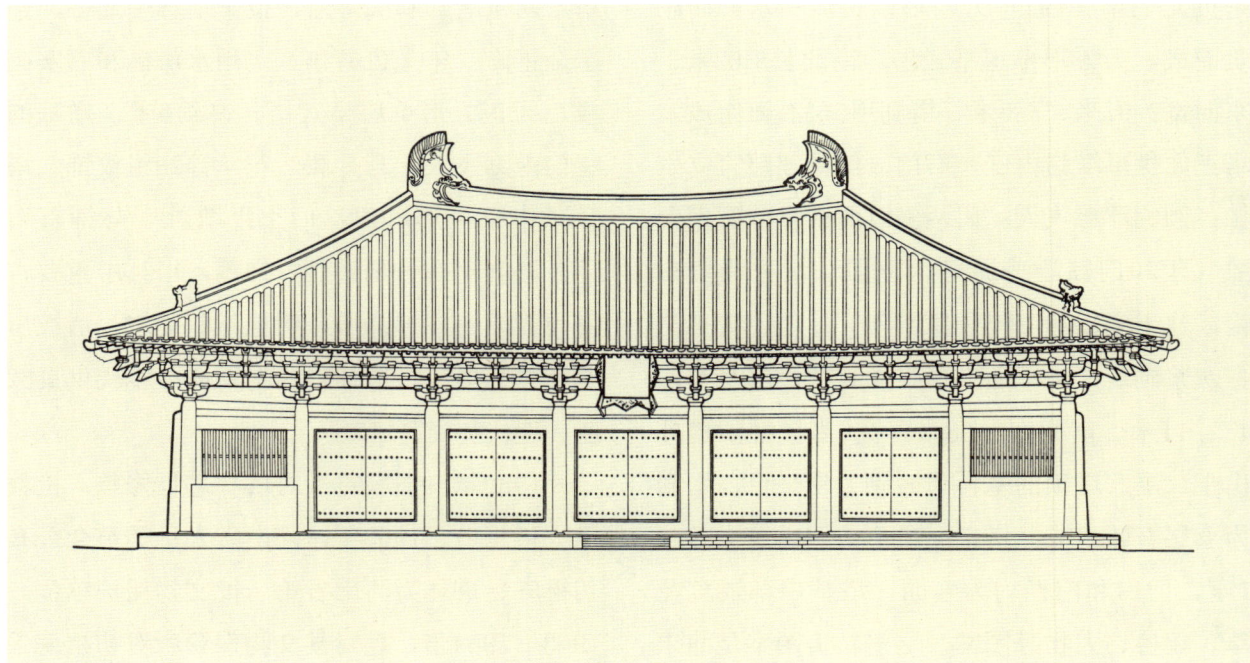

佛光寺大殿立面图

佛光寺东大殿前侧景

巍峨壮观。遗存建筑主要有北魏遗物祖师塔，依山而建的唐代建筑东大殿，前院的金代建筑文殊殿，其余建筑如山门、伽蓝殿、万善堂、香风花雨楼及厢房、窑洞等皆为明清所建。

寺内主体建筑东大殿，坐落于佛光山腰，高13米的台基上，其上又筑0.95米高的基座。殿身坐东朝西，面阔七间，进深四间，八架椽，单檐庑殿顶。殿顶仰覆板瓦覆盖，正脊两端矗立两只雄健硕大的鸱吻，为元代遗物。檐下内外柱头和补间处均设置体积硕大、形制古朴的斗拱。外檐柱头斗拱七铺作，双杪双下昂，偷心造，补间斗拱五铺作，双杪无昂。内槽柱头斗拱七铺作，偷心造，内槽补间斗拱，拱下无栌斗，从第三层柱头枋上出华拱三重，偷心造。东大殿的斗拱对外承托挑出的深远屋檐，对内缩短梁枋间的净跨荷载，是结构中的重要组成部分。殿身四周檐柱，侧角生起明显，柱身直柱造，柱头卷杀和缓，内柱柱础石素平无饰，檐柱柱础石雕宝装莲瓣。柱间用阑额相互联系，转角处阑额不出头，无普拍枋，为唐代建筑固有规制。前檐中五间装板门，两尽间砌坎墙设直棂窗，两山及背面筑以厚壁，抱框及板门背面保存有书咸通七年（866年）、咸通八年（867年）、乾符五年（878年），后梁龙德元年（921年），后唐同光三年（925年）等游人墨书题记。殿内梁架结构分为明、草。平梁上不用驼峰与侏儒柱，仅用两枝大叉手斜向支撑，以承平梁上荷载，为中

佛光寺文殊殿

佛光寺祖师塔

国汉唐时期固有做法。四橼栿下留有唐人墨书题记"上都送供女弟子宁公遇"，与殿前石幢相互验证，是该殿重建年代的重要依据。大殿檐头不加飞橼，无飞檐翘起之感，平直古朴，殿顶举折较平缓，为中国早期建筑的特点。

金代建筑文殊殿，位于佛光寺山门内前庭院北侧，系金天会十五年（1137年）重建。殿宇坐北朝南，面阔七间，进深四间，八架橼，单檐悬山式屋顶。殿顶仰覆板瓦铺盖。正脊翘起显著，鸱吻卷尾剑把式，脊刹为黄绿釉琉璃制品，元至正十一年（1351年）烧造。殿身前后檐柱上设置斗拱，五铺作单杪单下昂，单拱造。前檐各间补间斗拱在华拱两侧出45°斜拱，是辽金建筑独特的形制。檐柱直径较大，

柱头卷杀和缓，侧脚生起显著。殿身前檐当心间和两次间设板门三道，两梢间安直棂窗，后檐当心间设板门一道，前后可以通行。殿内柱网，为礼佛参拜活动方便，除前檐柱外，殿内柱子大量减去，是辽金建筑中减柱造的典范。面阔七间的大殿，殿内仅用内柱4根，扩大空间，殿内梁架全部彻上明造，因内柱减少，殿内空间和纵向跨度增大，梁架结构发生特殊变化。前后槽均用长跨三间的大内额，后槽在内额间用斜材传递负荷，构成近似人字桁架的屋架，构思大胆，设计合理。

东大殿南侧的祖师塔，建于北魏。塔平面呈六角形，青砖砌筑，高8米。为佛光寺创建时期保留至今的唯一实物。寺内还保存唐代墓塔4座、经幢2座及唐、金彩塑等珍贵文物。

民国26年（1937年），建筑学专家梁思成同中国营造学社调查队莫宗江、林徽因、纪玉堂等4人，对佛光寺进行实地勘察，根据东大殿梁间墨迹题名及殿前经幢刻字证实，东大殿是大中年间原物。1951年国家拨款修缮金代建筑文殊殿。此后，历年陆续拨款维修佛光寺。1953年，成立佛光寺古迹保养所，修铺文殊殿院的甬路、石踏跺、花栏墙、厕所等。1961年3月4日，佛光寺被国务院公布为第一批全国重点文物保护单位，编号1-0080-3-033。1975年，国家拨款新修大佛殿附属建筑，改建迎宾厅。1993年，山西省古建筑保护研究所受山西省文物局委托对文殊殿进行修复设计。2000～2002年，文殊殿进行落架大修。2002年8月，山西省人民政府印发《关于公布太原晋阳古城遗址等102处全国重点文物保护单位保护范围的通知》，划定佛光寺的保护范围和

建设控制地带。2004年，山西省古建筑保护研究所对佛光寺东大殿进行勘测，初步制定修缮方案。2007年，佛光寺文物保护管理所更名为山西省古建筑保护研究所佛光寺管理所。2008年，国家文物局批准佛光寺天王殿4座建筑的保护维修方案和佛光寺保护规划。2009年6月22日，在第33届世界遗产大会上，把佛光寺作为五台山的重要组成部分列入世界遗产名录。2015年，国家文物局批准佛光寺大德方便和尚塔等8座墓塔修缮项目立项。山西省古建筑保护研究所设计编制《佛光寺环境整治方案》。佛光寺全国重点文物保护单位记录档案保存于山西省古建筑保护研究所。

开元寺　是河北省正定城内遗存寺院中始建年代最早的寺院，是研究佛教寺院以塔为中心转向以殿阁为中心过渡时期的珍贵实例。开元寺位于河北省正定城内燕赵南大街西侧。

据《常山贞石志》中《三门楼石柱赞并序》载，开元寺始建于东魏兴和二年（540年），原名净观寺，隋开皇十一年（591年）改称解慧寺，何时更名开元寺，尚无确切文字可考。《唐会要》载："开元二十六年，敕天下诸州各以郭下定形胜观寺，改以开元为额。"可知正定开元寺之名定于此时。寺内砖塔始建于唐贞观十年（636年），钟楼始建于晚唐，乾宁五年（898年）重修；明嘉靖四十三年（1564年），万历庚子（1600年）重修；清康熙七年（1668年）紫衣老衲自成入京师请大檀越相助修浮图余材饰前后殿宇，修复钟楼。嘉庆十年（1805年）九月钟楼颓后始修，成于嘉庆十四年（1809年）四月。民国11年（1922年）重修。综合寺内遗存资料可知，开元寺鼎盛时期寺内南北中轴线及两侧的建筑依次为：石柱三门楼、天王殿、左伽蓝殿、右给孤堂、毗卢殿、韦驮殿、左钟楼、右砖塔，最后为法船正殿。至中华人民共和国成立，寺

开元寺钟楼及须弥塔

内只保留后改作天王殿的小式建筑三楹、钟楼、砖塔、法船正殿及三门楼残石柱。1990年9月19日，在清理钟楼底层水井时，于附近发现一砖砌地宫，清理、出土石函一方，内套铜函、木函、金函（内有舍利），石函内放开元通宝铜钱、五铢铜钱和铁钗等，均运至正定县文物保护管理所保存。

开元寺坐北向南，占地约1万平方米。遗存建筑为钟楼、须弥塔、天王殿等，其中钟楼、须弥塔经专家鉴定为唐代遗存。钟楼位于正殿左侧，坐东向西，是一座重檐歇山二层楼阁式建筑，平面呈正方形，高14米，面阔、进深均三间，其梁架结构简洁，柱有明显卷杀，侧脚生起，柱头用材奇大，明间补间只是浮雕刻拱，板门和直棂窗之装修和屋顶举折及制作手法等均明显保留着唐代风格。楼上悬钟一口，高2.9米，亦为唐代遗物。须弥塔为一座砖石结构的密檐式方塔，据清康熙七年《真定开元寺重修浮图记》中的记载及其平面布局和朴素简洁的结构分析，始建年代应为唐代，自唐至民国进行过不同程度的修补。须弥塔高41.37米，叠涩出檐九层，建于正方形台基上，塔身第一层正面中间开一石券门，门上嵌"须弥峭立"石匾一方，为清康熙元年（1662年）郡人梁维枢题字，二层以上开方窗，塔身通层缩短，外部收刹明显。天王殿位于开元寺中轴线南部，为硬山布瓦顶，面阔三间，进深一间。法船正殿于1966年被拆除，遗址位于开元寺中轴线北部。

开元寺见证了东魏以后正定佛教文化的发展变化。开元寺主殿在后，钟楼、砖塔于正殿前左右对峙的布局，是唐代佛教寺院建筑布局

的典型实例，塔和楼相对称的平面格局，为中国遗存寺院中之孤例，是研究中国佛教寺院布局演变的珍贵遗存。钟楼为中国遗存唯一的唐代钟楼，是研究唐代钟楼结构及钟和楼之间力学关系的重要实物建筑。

1956年，开元寺钟楼由河北省人民政府公布为省级文物保护单位。1982年7月23日，开元寺钟楼、塔由河北省人民政府重新公布为省级文物保护单位。1986年，征地6600平方米，1987年搬迁22户，修筑围墙，面积扩大至9791平方米。1988年1月13日，开元寺钟楼被国务院公布为第三批全国重点文物保护单位，编号3-0105-3-053；2006年，开元寺须弥塔在国务院公布第六批全国重点文物保护单位时，与开元寺钟楼合并，合称为开元寺。正定县文物保护管理所负责看护和日常保养。1988年6月2日，国家文物局批准开元寺钟楼修缮方案，1990年10月竣工。1990年，须弥塔进行修缮。塔座、塔身、塔刹总体保存状况较好。2004年，委托河北省古代建筑保护研究所编制三门楼修缮设计方案，2007年恢复三门楼。2004年，正定县文物保护管理所建立开元寺钟楼的全国重点文物保护单位记录档案。2013年4月3日，国家文物局批复《正定开元寺文物保护规划》。2013年8月16日，河北省人民政府办公厅印发《关于公布正定开元寺文物保护规划的通知》，公布开元寺调整后的保护范围和建设控制地带。

**天台庵** 为是中国遗存四座唐代木结构古建筑之一，位于山西省平顺县城北25千米北耽车乡王曲村。

天台庵创建年代及其沿革，文献未见记

载。仅存正殿及庵院东部唐碑一通。唐碑因风雨侵蚀,字迹模糊不清,不能辨考。大殿的形制、结构和手法均呈现出鲜明的唐代特征,故被认定为唐代遗构。

正殿平面正方形,面阔三间,通面宽为7.05米,进深三间四椽,总进深为7.03米,单檐歇山顶。当心间较大,次间仅及当心间之半,为中国遗存早期建筑平面中所罕见。基座片石砌,无月台。柱础覆盆式,柱头卷杀和缓。柱间施阑额,无普拍枋,阑额不出头,栌斗直接安放在柱头上。柱上斗拱简练,自栌斗口外出华拱一跳,跳头上横施替木承撩檐槫,无令拱与耍头之设,宋《营造法式》谓之"斗口跳",是国内较罕见的实例。华拱后尾为四椽栿伸至檐外制成,斗拱梁架构成一体,建筑

天台庵柱头斗拱

刚度极佳。柱头枋两层,上置压槽枋一道。补间斗拱仅设于四面当心间,斗口内承柱头枋,枋上隐刻横拱,无华拱,出麻叶形耍头一材。转角处出角华拱一跳,压在大角梁之下。拱身较长,斗较深,拱枋用材规格不一,与中唐时期的南禅寺大殿略相同。

天台庵

天台庵保存有较多的唐代风格。柱头卷杀高6～8厘米，较宋制和缓，柱头上有阑额相互联系，无普拍枋，至转角处阑额不出头，显然为唐制；柱头斗拱简洁，从斗口跳承托檐部荷载，斗拱梁栿一木制成，构为一体；殿内无金柱，四椽栿通达前后檐外，其上设置驼峰、叉手、平梁，以承檩椽，整个殿宇构架简洁，相交严实。上述特征正是天台庵正殿早期时代特征和古代艺术、科学价值之所在。

1988年1月13日，天台庵被国务院公布为第三批全国重点文物保护单位，编号3-0107-3-055。1991年，山西省古建筑保护研究所对天台庵进行实地测绘，绘制天台庵复原修缮设计图，作为全国重点文物保护单位记录档案保存。1993年3月1日，山西省人民政府印发《关于公布晋国遗址等十六处全国重点文物保护单位保护范围的通知》，公布天台庵的保护范围和建设控制地带。平顺县大云院文物管理所负责日常管理与保护。2004年，国家文物局批准天台庵护坡加固方案。2011年，国家文物局批准天台庵环境整治方案。2013年，山西省文物局批准天台庵全面维修方案。2014年，国家文物局批准天台庵全面维修项目立项。

**光孝寺**　是中国佛教禅宗六祖慧能出家削发受戒处，为岭南佛教丛林之冠，遗存建筑主要为五代至明朝时期。光孝寺位于广东省广州市越秀区东风街道彭家巷社区光孝路109号。

东晋隆安五年（401年），昙摩耶舍始建大雄宝殿始称王园寺，唐代称乾明法性寺，五代南汉时称乾亨寺，北宋时称万寿禅寺，南宋绍兴七年（1137年）为报恩广孝禅寺，绍兴二十一年（1151年）易名为光孝寺，得以沿用。明成化十八年（1482年）获敕赐光孝禅寺匾额。遗存建筑年代最早的是西铁塔，称千佛塔，铸于南汉大宝六年（963年），仅存三层。东铁塔铸于南汉大宝十年，七层完好。清顺治七年（1650年）清军南下入城后，光孝寺被占为兵营。次年因广东贡院在清军入城时毁

大雄宝殿

西铁塔

东铁塔

瘗发塔

于战火，故将光孝寺作为贡院。期间，光孝寺进行过修缮。

光孝寺中轴线为主体建筑，自南向北有山门、天王殿、钟楼、鼓楼、大雄宝殿、瘗发塔；其西有西铁塔、佛殿、大悲幢；其东有六祖殿、伽蓝殿、洗锦泉；再东有碑廊、洗砚池、东铁塔等。光孝寺大雄宝殿面阔七间35.36米，进深五间24.8米，高13.6米，重檐歇山顶，外檐斗拱外施六铺作单杪双昂，里出三跳华拱，出檐达2.5米。梁架为抬梁式与穿斗式相结合，较多地保留侧昂、棱柱、侧脚、生起、举折、叉手等南宋建筑风格，为岭南地区最雄伟的大殿。大殿神龛中间的佛像高5米多，是释迦牟尼如来佛，结跏趺坐，左手横放在左脚上，右手举起，屈指作环形，正在向众生说法。侍立两旁的是迦叶尊者和阿难尊者。释迦牟尼左边菩萨是文殊师利，又叫大愿菩萨；右边是普贤，又叫大行菩萨。这一佛两菩萨三尊佛像合起来称作"华严三圣"。瘗发塔是六祖慧能削发受戒后瘗藏头发之处，是唐

住持僧法才为纪念惠能大师在光孝寺出家剃度因缘而募款兴建，后经修缮，塔内瘗藏六祖头发。以石为基础，砖灰砂结构，八角形，九层，高7.8米。每层有佛龛，嵌有泥塑佛像。东铁塔为南汉后主刘鋹捐建，西铁塔则为宦官龚澄枢捐建，均为千佛塔，七层。西铁塔于民国抗战期间被毁去四层，仅存三层。寺内诃子、菩提等古木婆娑，葱茏如伞，环境清幽。光孝寺文物史迹众多，有书代至清代碑刻多方。1950年在大佛腹中发现一批木雕罗汉像，经考证均是唐代木雕。木雕收藏在广东省博物馆，为难得的唐代文物精品。光孝寺气势十分雄伟，殿宇结构工艺威严壮丽，结构严谨，特点鲜明，具有唐宋风格。

1950年，广东省人民政府文化局接管光孝寺，在光孝寺创办人民文学艺学院，不久改为华南歌舞团及舞蹈学校。1961年3月4日，光孝寺被国务院公布为第一批全国重点文物保护单位，编号1-0083-3-036。1972年起，光孝寺由广东省博物馆光孝寺管理处负责管理。1979

年国务院拨款维修光孝寺大殿和祖堂等处。1980年起光孝寺对外开放。1986年3月5日，国务院批准恢复光孝寺作为宗教活动场所。1986年12月起，广东省佛教协会负责管理光孝寺。1987年开始大规模的重修、重建工程。20世纪90年代重建山门、钟楼、鼓楼、五祖殿（睡佛殿）、东西廊等殿宇，新建僧舍、斋堂等建筑。1999～2004年对大殿、六祖殿、天王殿、伽蓝殿等文物建筑进行修缮。1994年，广东省人民政府公布光孝寺的保护范围和建设控制地带。广州市文物考古研究院负责光孝寺的全国重点文物保护单位记录档案资料编制和保管。2014年，经国家文物局同意、广东省人民政府批准，广州市人民政府公布《光孝寺保护规划（2013～2030）》。

**大云院** 是中国为数不多保存五代木构建筑的寺院之一，位于山西省平顺县城西北23千米石会村北龙耳山中。

大云院创始于五代，寺内宋天禧四年（1020年）《敕赐双峰山大云院十方碑》载："天福三年戊戌岁，……降迹卦□锡于双峰山下，……洗心创修住持，……至天福庚子岁。……牒请住下王琮、王贵、王密等十方都维那，盖造佛殿，枋杖（方丈）室。"此记可证，寺创始于后晋天福三年（938年），至天福五年（940年）建造大佛殿（弥陀殿）及方丈诸室。后周世宗诏敕废佛，教势大衰，七宝塔被掘土掩埋。宋太祖建隆元年（960年），降诏复法，寺貌随之兴隆。宋咸平二年（999年）《敕赐大云禅院铭记》云："自创以来殿宇有一百余间，功德及五百余事。幸蒙皇王大惠，潜赐鸿恩，于太平兴国八年（983年）三月七日特降敕额，改仙岩为大云禅院。"宋、元两代，兴工碑石未曾觅得，亦无修缮，巍然遗迹可证。据大云院内碑文所载，在明成化、万历年间，清顺治、康熙年间，有过几次修建，始成规模。大云院历经千载，屡次修补，弥陀殿古貌仍旧，原构依然，呈现出苍劲宏伟的雄姿。

大云院坐北朝南，占地面积4000平方米，建筑面积594.95平方米，平面布局略长。主要建筑有山门（天王殿）、中殿（弥陀殿，亦称

大云院远景

大云院弥陀殿

大云院弥陀殿梁架

大佛殿）、后殿及两庑。弥陀殿是大云院的正殿，始建于五代后晋天福五年（940年），是中国仅存的三座五代木构建筑之一。大殿台基正面高1.3米，青石垒砌，其余三面台基随地势渐高而筑。殿之前檐辟门、窗，后檐亦有门道通行。殿身面阔三间，通面宽11.7米，进深六椽，总进深10.1米，平面近方形。柱头卷杀圆和，柱础为覆盆宝装覆莲式，檐柱以上阑额普拍枋叠交成"冖"字形，转角处阑额不出头，普拍枋斜向搭交。檐下斗拱疏朗，柱头五铺作，双杪偷心造，耍头为昂形。殿内前槽无金柱，后槽明间设金柱两根。梁架为四椽栿对后乳栿用三柱，梁前端刻成月梁式，栿上两个大驼峰承托平梁及平槫，平梁上叉手颇大，瓜柱甚窄。大殿所用驼峰种类达8种，尺度不一，形制有别，曲线简洁流畅，兼具承托和装饰双重功能，为他处罕见。殿内保存五代壁画20余平方米。斗拱、拱眼壁上彩画隐约可见，风格古朴，为早期彩绘珍品。殿内保存有五代石雕香炉，下刻铭记"仙岩禅院广顺二年岁次壬子八月十五日"。大佛殿前有北宋乾德四年（966年）石经幢、北宋咸平二年（999年）石经幢以及石雕罗汉1尊。寺外南侧耸立七宝塔1座，建于五代后周显德元年（954年）。塔为

石制，双层重檐八角形，高约6米，由双层须弥座、双层塔身和三重塔刹组成，造型优美，雕饰丰富生动，尚具唐风。

1988年1月13日，大云院被国务院公布为第三批全国重点文物保护单位，编号3-0112-3-060。1992年9月，大云院复原维修工程动工，由山西省古建筑保护研究所负责实施，于1995年11月竣工。1993年3月1日，山西省人民政府批复印发《关于公布晋国遗址等十六处全国重点文物保护单位保护范围的通知》，公布大云院的保护范围和建设控制地带。大云院全国重点文物保护单位记录档案保存于山西省古建筑保护研究所。2003年6月13日，平顺县大云院文物管理所成立，负责大云院保护管理工作。2011年，国家文物局批准大云院环境整治方案。2015年5月，大云院全面维修项目正式开工，至2016年5月完工。

**龙门寺** 是集五代、宋、金、元、明、清诸代建筑于一处的佛教寺院，位于山西省平顺县城石城镇源头村龙门山麓。

龙门山层峦叠嶂，峭壁耸峙，谷内峡石突起，形如龙首，故曰龙门山。龙门寺创建于北齐天保年间（550～559年），五代后唐及宋金时期有大规模扩建，北宋建隆元年（960年）

达到极盛，后历代皆有修葺。遗存五代、宋、金、元、明、清建筑70余间。

龙门寺坐北朝南，东西宽65米、南北长78米，占地面积5070平方米。布局为东、中、西三路轴线，各条轴线又分为前院、中院和后院。建筑依地形而建，高低错落，主次分明。中轴线上建筑主要有前院的山门、东西廊房、东西配殿、佛幢、中殿、钟楼。后院有东西僧舍、后殿；东线有圣僧堂5间、水陆殿7间及禅堂、僧舍、马厩等附属建筑；西线有前后两组四合院僧舍及库房等附属建筑。

山门，即天王殿，位居中轴线前端，金代建。面阔三间，进深四椽，单檐悬山顶。斗拱五铺作双下昂重拱计心造，昂为假昂，昂下刻假华头子。门内设中柱一列。山门两侧的廊房，其柱额斗拱及梁枋制作与山门类同，皆具金代建筑风格。西配殿位于中轴线前院西侧，

为寺内最古老的建筑。创建于五代后唐同光三年（925年）至清泰二年（935年）之间。面阔三间，进深四椽，单檐悬山顶。明间设板门，两次间设直棂窗，殿内无柱，四椽通达内外。柱头不施普拍枋，阑额不出头，栌斗直接坐于柱头之上，承小拱头，出斗口跳，跳头为华拱由四椽栿两端伸至檐外砍制而成。斗拱四铺作出单杪，无补间铺作，补间仅设隐刻拱形。梁架简洁，四椽栿直通前后檐外。殿顶举折平缓，檐头仅施圆椽，无飞椽。构造简洁，具有唐代建筑的遗风，是唯一的五代时期悬山式建筑遗存。东配殿位居前院东厢，与西配殿相对而建。面阔三间，进深四椽，单檐硬山顶。前后插廊，明间设板门，两次间置直棂窗。重建于明弘治十一至十七年（1498～1504年）。中殿即大雄宝殿，位于中轴线的正中，创建于北宋绍圣五年（1098年）。面阔、进深均三间，

龙门寺远景

龙门寺天王殿

龙门寺大雄宝殿

平面近方形，单檐歇山顶。台基高达1.4米，基前不设月台。明间设门，两次间设窗，背面仅明间设门，可前后穿通。外檐和山面共十二柱，内檐仅设二金柱。前檐四根檐柱及后檐二角柱均为方形抹棱石柱，柱头斗拱为六铺作单杪双下昂重拱计心造，里转为双杪偷心造。无补间铺作。殿内梁架为四椽栿后接乳栿。殿顶脊兽皆为黄、绿琉璃烧制，为明成化年间制品。殿宇虽经明、清补葺、装修，但从开间比例到构件的细部做法，均保留宋代建筑的特征。后殿，即燃灯佛殿，位于中轴线最后，元代建。面阔三间，进深四椽，单檐悬山顶。梁架构件均为自然木材稍加砍制即使用，断面不规整，极具特点。东线建筑有水陆殿、天宫殿等；西线为两进院落，多为僧舍、厨库等，大多为清代晚期或民国年间所建。

龙门寺历史久远，规模宏大，集五代、宋、金、元、明、清建筑于一寺，具有很高的历史艺术、科学价值。山西已发现五代木结构古建筑三座，平顺龙门寺西配殿为其中之一。这座殿宇虽为小三间，但它具备早期建筑特征，四架椽屋，单檐悬山式屋顶，这是已发现的古建筑唯一实例。寺院内大雄宝殿是北宋绍圣五年的建筑，其结构规范合理，负重有力，

属建筑范例。山门的建筑结构与形制，和大同善化寺天王殿比较，金代建筑特征显著。燃灯佛殿，结构简练，梁枋断面不拘一格，元代风格明显。其余配殿、禅院等，皆为明清重建。寺院布局，基本上建筑齐备，对研究和认识中国建筑史具有重要的价值。

1986年，山西省长治市博物馆和城建局组织保护范围测绘队，对龙门寺进行实地测绘，划定保护范围并上报有关部门批准。1991年，山西省古建筑保护研究所组织技术人员对龙门寺进行总体规划设计。1996年11月20日，龙门寺被国务院公布为第四批全国重点文物保护单位，编号4-0092-3-014。1999年，国家文物局批准龙门寺西配殿保护维修方案。2000年，国

龙门寺大雄宝殿斗拱

家文物局批准龙门寺东配殿、后殿保护维修方案。2002年8月27日，山西省人民政府批复印发《关于公布太原晋阳古城遗址等102处全国重点文物保护单位保护范围的通知》，公布龙门寺的保护范围及建设控制地带。龙门寺全国重点文物保护单位记录档案保存于山西省古建筑保护研究所。2003年6月13日，龙门寺文物管理所成立，负责龙门寺的安全保卫工作。2011年，国家文物局批准龙门寺保护规划和龙门寺环境整治方案。

**托林寺**  是古格王国（10～17世纪）在阿里地区建造的第一座佛寺，位于西藏自治区札达县托林镇托林村驻地，地处象泉河南岸台地上。

宋乾德四年（966年），因崇佛教而出家为僧的古格王国第三代国王松埃在象泉河畔创建托林寺。庆历二年（1042年），古格王沃德及其兄绛曲奥从印度摩揭陀国的超岩寺（在印度比哈尔邦南部），恭迎上座高僧阿底峡进藏，驻锡托林寺。熙宁九年（1076年），即藏历火龙年，古格王沃德之子阿达政德在托林寺

举行著名的大法会，史称"丙辰大法会"。12～14世纪，噶举、萨迦两派先后向阿里地区开展弘法，其中萨迦一派影响极大，古格及托林寺都曾归萨迦派统治。明崇祯三年（1630年），五世达赖喇嘛收复阿里后，托林寺由拉萨三大寺派来的僧人管理。18世纪初，七世达赖喇嘛格桑嘉措时期，正式颁文决定，托林寺归属色拉寺扎仓，托林寺堪布等僧官由其扎仓派出。清道光二十一年（1841年），道格拉王室在英国的支持下进攻阿里，托林寺许多珍贵物品遭抢。

托林寺占地面积约19200平方米。托林寺由迦萨殿、拉康嘎波、杜康和玛尼拉康、吐吉拉康、乃举拉康、强巴拉康、贡康、僧舍、经堂、大小佛塔、塔墙等建筑组成，其中保存较好者有迦萨殿、拉康嘎波、杜康、贡康以及3座佛塔。寺内殿堂有方形殿堂、方形殿内部带转经道、"凸"字形平面、"亚"字形平面、殿前带门廊式几种。殿堂、僧舍的墙体均为土坯砌筑的土质实墙，墙体收分很小或没有收

阿里托林寺

扎达古塔

分，除出入口外几乎不设任何窗子，这与阿里地区多大风、日照时间长有关。女墙的外部做檐口装饰，托林寺各殿堂的墙上均未有边玛草，用多层片石砌出檐口，并通过不同着色突出檐口。托林寺托木介于卫藏和古格形式之间，轮廓较为简单，立面雕饰不复杂，分三个层次；侧面为上宽下窄的形式。托林寺柱头托木多为双层，上层长，下层短，宽度和厚度基本相同。靠墙壁承托梁端的托木，一般为单层。托林寺将24座殿堂和8座佛塔有机地结合一体，其布局和造型体现一种抽象的概念，代表宇宙的曼陀罗思想。

托林寺是阿里地区最大的佛教寺庙，在藏传佛教后弘期建立并在上路弘传中起过极为重要作用，寺内珍藏许多珍贵文物，具有一定的历史价值。

1959年，西藏民主改革后，托林寺由阿里地区札达县管理，设专人管理寺庙事务，宗教活动照常进行。"文化大革命"期间，托林寺遭到破坏。20世纪80年代以后，托林寺得到保护和维修，并恢复宗教活动。1997年，阿里文物抢救办公室考古人员对遗址进行清理发

掘，出土有壁画、建筑构件、唐卡、擦擦、供器、塑像残块等文物。1981年，西藏工业建筑勘察设计院组织专业人员对托林寺进行测绘考察。1996年11月20日，托林寺被国务院公布为第四批全国重点文物保护单位，编号4-0110-3-032。1997～1999年，经国家文物局批准，阿里文物抢救办公室开展对托林寺迦萨殿、金殿前殿、罗汉殿等建筑维护加固等工程。2006年，阿里地区文物局建立托林寺全国重点文物保护单位记录档案。2007年，西藏自治区人民政府印发《关于确定布达拉宫等32处全国重点文物保护单位的保护范围和建设控制地带》，划定托林寺的保护范围和建设控制地带。

**华林寺大殿** 是中国南方遗存最古老的北宋时期木构厅堂式佛殿，位于福建省福州市鼓楼区华林路78号。

华林寺创建于宋乾德二年（964年），初名越山吉祥禅寺，由吴越东南安抚使鲍修让戍守福州时兴建，明正统间改称华林寺。自始建至清代，历代均有修葺，最大的一次是清嘉庆二十三年至道光六年（1818～1826年）。除大殿外，曾有过转轮经藏、文昌祠、普陀岩、法堂、祖师殿、天王殿、山门、准提楼、火神庙、金佛殿、大士阁、经房、僧寮等建筑物。1953年尚存天王殿、经房、僧寮。1963年，仅存的一座附属建筑火神庙倒塌殆尽。大殿是寺院留存的唯一的始建时原构建筑物。

大殿为全寺的主体，位于中轴线后部。大殿坐北朝南，面阔三间四柱，通面阔15.87米，当心间6.51米，两次间4.68米；进深四间五柱，通进深14.68米，前间与后间各深3.84米，中间两间各深3.5米；内用四柱，前后内

华林寺大殿

柱的中距为7米。殿身有柱18根，4根内柱高7.2米，前后檐平柱与两山次角柱、中柱均高4.78米，4根角柱高4.86米，各柱高度均包括柱础高0.2米，至角有0.08米的生起，但柱身无侧脚。内外柱均为梭柱。内柱、角柱，前檐平柱与两山前次角柱底径0.64米。后檐平柱，两山后次角柱与两山中柱底径0.6米。柱础为石质，分上、下两层，下层方形，边长1.8米，顶面与室内地面平，上层高0.2米。檐柱柱头间均用阑额连接。后檐与两山阑额广0.42米、厚0.17米。前檐阑额为月梁造，阑额至角均出头约0.20米，垂直斫截，额上无普拍枋。前檐补间铺作栌斗，直接坐于阑额上。外檐铺作外转均为七铺作双杪双昂出四跳。第一、三跳偷心，第二跳头施重拱承罗汉枋，第四跳跳头施令拱承撩檐枋，与令拱相交的耍头位置出昂，故外观为双杪三下昂。

大殿为北宋木构，是长江以南最古老的木构建筑，具有极高的文物价值，是研究唐宋间古建筑构造及其演变的珍贵实物资料。

1963年，华林寺大殿被公布为福建省省级文物保护单位。1981年，福州市文物管理委员会从福建省机关事务管理局接管大殿。同年3月，国家文物事业管理局委托清华大学建筑系在福建省、福州市文管会的配合下，对大殿进行法式测绘，对大殿的结构、年代进行论证。1982年2月23日，华林寺大殿被国务院公布为第二批全国重点文物保护单位，编号2-0019-3-004。1985年，福州市政府批准成立华林寺大殿保管所（于2004年划归福州市博物馆管理）。1996年，根据福建省人民政府印发《关

华林寺大殿斗拱

于公布国家重点和省级文物保护单位（第二批）保护范围的通知》，划定华林寺的保护范围。2000年，国家文物局拨专款对华林寺大殿屋面进行翻修。2006年，华林寺大殿保管所建立华林寺大殿的全国重点文物保护单位记录档案。2016年，福州市博物馆委托浙江省古建筑设计研究院编制华林寺大殿修缮设计方案，并获得国家文物局批复。同年11月，福建省文化厅、省住房和城乡建设厅联合印发《关于公布省级以上文物保护单位建设控制地带的通知》，划定华林寺大殿的建设控制地带。

**隆兴寺** 是华北地区一处规模庞大的宋代佛教建筑群。寺内医保存有高21.3米的宋代铜铸千手观音像，俗称大佛寺。坐落于河北省正定县城内东隅。

隆兴寺是中国遗存时代较早、规模较大而又保存较完整的一座著名的佛教寺院。原名龙藏寺，唐改额龙兴寺，清代改称隆兴寺。据寺内隋代《恒州刺史鄂国公为国劝造龙藏寺》碑记载，隆兴寺创建于隋开皇六年（586年）。北宋开宝二年（969年）闰五月，宋太祖敕令重铸大悲菩萨金身于隆兴寺，并建大悲宝阁。开宝四年（971年）七月兴工，开宝八年（975年）十一月落成。尔后以此为主体，采用中轴线布局，向南进行扩建，形成一座南北纵深、规模宏大的宋代建筑群，倍受历代皇室的重视。元代，皇室曾多次赐金重修，并赐田亩、经卷、长明灯钱等支持寺院经济和佛事，隆兴寺僧徒增多，规制完善，日渐隆盛。明代，除多次敕修寺内主要建筑和佛像，还增建弥陀殿、药师殿、净业堂、祖师殿、伽蓝殿和龙泉井亭，使寺院布局更加严整。清朝康熙、乾隆

年间，隆兴寺达到鼎盛时期。康熙、乾隆二帝出巡曾多次于此驻跸，拈香礼佛，赋诗题额。乾隆以后，隆兴寺日渐颓败，寺庙的殿阁倾圮，僧堂损漏。西侧的帝王行宫于清咸丰八年（1858年）被天主教堂占用。光绪十三年（1887年），皇帝的替僧意定由京师到正定隆兴寺，先后主持修葺方丈院和龙泉井亭。民国初年，隆兴寺处于维持状态，无力维修，规模宏大的宋代建筑大觉六师殿坍塌，寺内一片荒废景象。民国20年（1931年），纯三和尚住持隆兴寺，誓愿复兴，因工程浩大，力所不及，于民国22年（1933年）采取权宜之计，在须弥座上兴建一个十丈高的佛龛，保护大悲观音菩萨。民国30年（1941年），隆兴寺在当时的伪华北政务委员会委员长王揖唐和伪河北省省长吴赞周的发起和倡导下，拆去砖砌佛龛，重修大悲阁，民国33年（1944年）完成，却因财力不足，遂拆掉两侧耳阁（御书楼和集庆阁），将其旧木料用于主阁上，大悲阁面积缩小，风格改变，两侧耳阁也被毁。

寺院遗存面积8.25万平方米，南面近门为一座高大的琉璃影壁。影壁北面过三路单孔石桥为天王殿。天王殿是隆兴寺中轴线上的第一

天王殿

隆兴寺主体建筑外景

座大殿，面阔五间，通面阔23.28米，进深二间，通进深9.62米，重檐歇山顶，青瓦中心，绿琉璃剪边，七檩中柱式的砖木建筑。摩尼殿是隆兴寺内古建筑中最重要的一座，也是寺内遗存4座宋代木构建筑中唯一一座有明确纪年的建筑。大殿建于1.2米高的砖砌台基上。殿身面阔七间33.29米，进深七间27.12米，建筑总面积1400平方米，重檐歇山顶，绿琉璃瓦剪边，殿四面正中各出一山花向前的抱厦，故平面形成"十"字形。由于殿身和四抱厦的整体组合，大殿外观形成16个凸转角和8个凹转角，使其显得重叠雄伟，别具一格。著名古建筑学家梁思成称："这种的布局，人们平时除去北平故宫紫禁城角楼外，只在宋画里见过，那种画意的潇洒，古劲的庄严，的确令人生起一种不可言喻的感觉，尤其是在立体布局的观

慈氏阁

毗卢殿

慈氏阁弥勒菩萨像

大悲阁铜铸千手观音像

点上，这摩尼殿重叠雄伟，可以算是艺臻极品，而在中国建筑物里也是别开生面。"

转轮藏阁为宋代建筑，位于主体建筑大悲阁前西侧，建在高0.94米砖石台基上，歇山顶，青瓦盖顶，绿琉璃瓦剪边，前出副阶，二层楼阁式建筑。殿身面阔三间，进深三间，通面阔13.98米，通进深13.3米。梁思成称："转轮藏的梁架结构，可以说是建筑中罕有的珍品……此外，各梁柱间交接处所用的角替、襻间，驼峰等等，条理不紊，穿插紧凑，抑扬顿挫，适得其当，唯有听大乐队之奏名曲，能得到同样的锐感。"

慈氏阁为宋代建筑，位于大悲阁前面东侧，重檐歇山顶，青瓦覆盖，绿琉璃瓦剪边、前出副阶，二层楼阁式建筑。面阔三间12.95

米，进深三间12.34米，副阶进深一间4.42米，建筑面积为337平方米。慈氏阁在结构上采用永定柱造的做法，底层斗拱和平座分别由地平立柱承托，平座柱和底层柱相依并列。此处的永定柱结构是国内遗存最早的实物例证。

大悲阁1997～1999年参照宋《营造法式》复建，为一座出檐三层、歇山顶式楼阁。底层面阔七间，进深六间，总面积1643.5平方米。大悲阁内2.25米高的石质须弥座上矗立着主尊千手观音像，像高21.3米，系北宋于宝四年（971年）奉宋太祖赵匡胤之命铸造。

御书楼、集庆阁位于大悲阁两侧，其结构与外观完全相同，均为出檐两层、中设平座、歇山顶式的二层楼阁。面阔五间，进深四间，通面阔19.3米，通进深12.19米。

隆兴寺历经千年，见证唐宋至民国时期中国北方佛教文化的发展变化，寺院基本保存了宋代的建筑格局，是国内遗存宋代建筑、塑像及石刻较多的寺院建筑之一，是研究宋代建筑、造像、雕刻艺术特别是营造法式最珍贵的实物遗存。隆兴寺内的隋龙藏寺碑，明代壁塑、壁画、铜像等历代艺术珍品，是研究中国古代艺术审美和工艺技术发展的重要代表。

1953年，成立正定县文物保护管理所。1957年9月至1958年10月，由文化部古代建筑修整所的专家设计并主持施工，落架复原重修慈氏阁。1961年3月4日，隆兴寺被国务院公布为第一批全国重点文物保护单位，编号1-0089-3-042。1973年12月15日，国家文物事业管理局批准摩尼殿落架重修，1980年完成；1974年经河北省文化局批准，落架重修方丈院；1986年3～11月，恢复戒坛前牌楼门。1992年，河北省人民政府公布隆兴寺保护范围及建设控制地带。1992年5月25日，国家文物局批准对大悲阁进行落架复原性重修，1997年8月24日开工，1999年9月19日告竣。2005年，正定县文物保护管理所建立隆兴寺全国重点文物保护单位记录档案。2014年3月至2015年10月，开展隆兴寺天王殿修缮工程。2017年5月26日，河北省人民政府批准公布重新划定的隆兴寺保护范围和建设控制地带。

**峨眉山古建筑群**　是佛教圣地峨眉山珍贵的文物遗存，位于四川省峨眉山市峨眉山风景区中低山区。

峨眉山古建筑始建于东晋，共有寺庙30余处，建筑大部分为明清遗构，总建筑面积约5万平方米。代表性建筑有报国寺、伏虎寺、万年寺、清音阁、洪椿坪等。

报国寺位于峨眉山市黄湾乡，建于明万历四十三年至清同治五年（1615～1866年），占地面积4万平方米，建筑面积11600平方米。建筑均

报国寺远景

圣积铜钟

为木结构，复四合院式，依山就势，按中轴线逐级升高，主体建筑依次为山门、弥勒殿、大雄殿、七佛殿、藏经楼。圣积铜钟，据钟体铭文记载，为明嘉靖四十三年（1564年）铸造，用铜12.5吨（1.25万千克）。明隆庆元年（1567年）悬于圣积寺老宝楼（宋时名真境楼）中，故名圣积晚钟，有"巴蜀钟王"之誉。

伏虎寺位于峨眉山市黄湾乡。建于清顺治八年至康熙十年（1651～1671年），占地面积6.7万平方米，建筑面积1.8万平方米。建筑均为木结构，复四合院纵横交错与散点布局相结合的格局。中轴线上从低到高为殿宇三重，即天王殿、普贤殿、大雄殿。大雄殿西南侧为圣积寺铜塔（华严宝塔）亭，西北侧为五百罗汉堂，东面为御书楼，殿后偏西为观音殿。普贤殿南为晴云轩。山门前有引道，长达200余米，迂回曲绕，横穿虎溪、瑜伽河，引道设有木坊2个、小桥4座。

万年寺位于峨眉山市黄湾乡万年村。建于明万历二十八年至清康熙四年（1600～1665年），占地面积6.7万平方米，建筑面积1.02万平方米。中轴线上以砖殿为中心，散点布局，按山门、弥勒殿、砖殿、巍峨宝殿、大雄

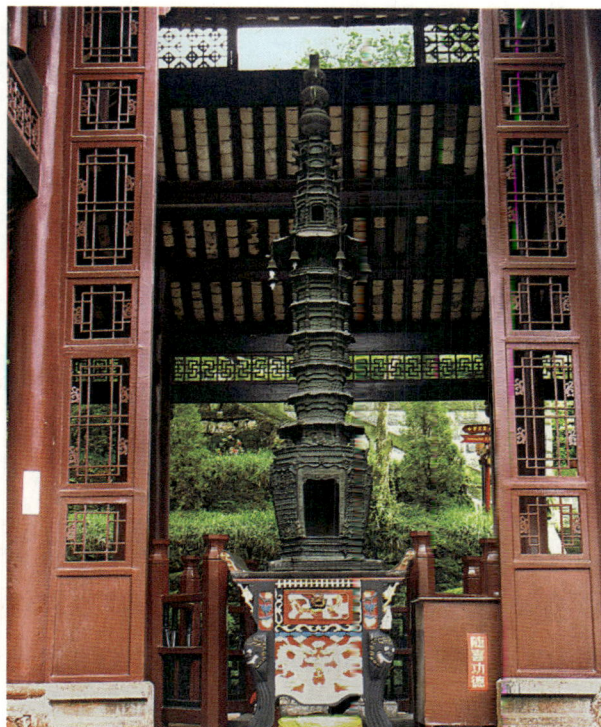
伏虎寺圣积寺铜塔

殿由下而上顺序排列。砖殿东为藏经楼，西为行愿楼，东南侧为般若堂，西南侧为斋堂，殿后为巍峨宝殿和大雄殿组成的复四合院。

清音阁位于峨眉山市黄湾乡龙门村。始建于唐，后历代均有修葺。占地面积4平方千米，建筑面积8252平方米。中轴线以阁为中心，取散点布局，依山形水势，按台、亭、楼、阁由下而上顺序排列。阁左为广福寺，后为延福寺。

洪椿坪位于峨眉山市黄湾乡龙门村。建于清乾隆四十七至五十五年（1782～1790年），占地面积2万平方米，建筑面积3614平方米。为木结构建筑，殿宇三重，系复四合院式，依山就势逐渐升高，主体建筑有山门、观音殿、大雄殿、普贤殿。

峨眉山古建筑群选址、设计和营造别具匠心，建筑风格带有地方民居特点，与寺庙殿堂

万年寺远景

融为一体。峨眉山古建筑群数量众多，风格各异，周围环境和谐优美，有着丰富的文化内涵和很高的历史价值。

1954年3月15日，经四川省人民政府批准，成立峨眉县文物保护管理所，负责全县、全山文物的保护管理。1961年3月4日，峨眉山圣寿万年寺铜铁佛像被国务院公布为第一批全国重点文物保护单位，编号1-0133-6-002。1975年10月5日，经中共乐山地委批准，建立峨眉山管理处，与峨眉县文物保护管理所合署办公，直属峨眉县革命委员会领导。1984年4月20日，四川省编制委员会批准新建峨眉山博物馆。2006年5月25日，峨眉山古建筑群在国务院公布为第六批全国重点文物保护单位时，与第一批全国重点文物保护单位峨眉山圣寿万年寺铜铁佛像合并，更名为"峨眉山古建筑群"。2007年，峨眉山文物管理局完成峨眉山古建筑群的全国重点文物保护单位记录档案建

清音阁近景

档工作。2013年，编制《全国重点文物保护单位——峨眉山古建筑群保护规划》《峨眉山世界遗产地监测规划》《峨眉山文化遗产保护总体规划》。2014年10月31日，四川省人民政府印发《关于公布四川省全国重点文物保护单位和省级文物保护单位保护范围的通知》，公布峨眉山古建筑群的保护范围和建设控制地带。

**独乐寺** 是中国仅存的三大辽代寺院之一，位于天津市蓟州区城内武定街41号。

独乐寺始建于隋代，遗存主体建筑为辽统和二年（984年）重建。《日下旧闻》载："独乐寺……至辽时重修，有翰林院学士承旨刘成碑，统和四年孟夏立石。其文略云：故尚父秦王，请谈真大师入独乐寺，修观音阁，以统和二年冬十月再建，上下两级，东西五间，南北八架，大阁一所，重塑十一面观世音菩萨像。"元大德至至大年间（1297～1311年），绘制独乐寺观音阁壁画。明成化至正德年间（1465～1521年），修葺独乐寺，重绘观音阁壁画。明清之交，蓟城多遭兵燹，很多人集中于独乐寺，誓死保护，"故城虽屠，而寺无恙"。清康熙初年，寺僧春山和户部尚书王弘祚倡修，知州胡国佐相助，修葺独乐寺山门及观音阁等。王弘祚撰写《修独乐寺记》，惜碑已佚。康熙《蓟州志》中载有碑文。清乾隆

独乐寺山门

十八年（1753年），直隶总督方观承倡导修葺独乐寺。乾隆二十一年（1756年），蓟州知州夸喀撰文、励宗万书写《重修独乐寺碑记》。光绪二十六年（1900年）十一月初匹，德军侵入蓟州城，独乐寺行宫、正殿、宝座及佛像、各处门窗户壁均被烧砸，佛前幔帐陈设和卧佛所铺棉褥亦被劫去。光绪二十七年（1901

独乐寺观音阁

独乐寺观音像

独乐寺观音像

年），对独乐寺修葺粉饰。民国6年（1917年），独乐寺西院由蓟县师范学校使用。民国13年（1924年），陕军进驻在独乐寺，为寺内驻军的开始。民国16年（1927年），蓟县保安队驻此。民国17年春至民国18年春（1928年春至1929年春），军阀孙殿英部队驻独乐寺。民国20年（1931年），独乐寺全部拨给蓟县乡村师范学校使用。

独乐寺原建筑格局不详，遗存辽代的山门和观音阁，其余建筑均为明清时期所建。占地总面积16500平方米，建筑面积1630平方米。整个院落由东路、中路、西路三部分组成：东路以清代乾隆辟建的坐落为主体建筑；中路由照壁、山门、观音阁、韦驮亭、四合院等建筑组成；西路由清代民居、两座垂花门等50余间清式建筑组成。

山门为中国遗存最早的庑殿顶山门实例，为面阔三间、进深二间的单层建筑物，中间穿堂而过。山门属分心斗底槽殿堂类型，侧脚和生起明显，梁架作彻上露明造，斗拱具有唐宋时期的特点。山门正脊两端鸱吻，是中国保存在建筑屋顶上年代最早的鸱吻。观音阁是中国遗存最古老的木结构楼阁之一，面阔五间，进深四间，外观两层，中间夹一平座暗层，实为三层。大阁全部结构围绕中间的巨型观音像设计。观音阁整体木构件属殿阁结构，按结构层可分为七层，即柱框三层，斗拱三层，最上梁架一层。屋顶梁架由明间梁架，次间梁架及纵向梁架共同组成一座歇山式的屋顶梁架，进深八椽，平槫以上为草栿做法，以下为平闇做法。主像十一面观音耸立在观音阁正中的须弥坛上，像通高15.4米，连同佛坛总高16.08米，为中国遗存最大的泥塑之一。主像两侧胁侍菩萨两尊，高3.2米，赤足立于莲台上。

民国21年（1932年）4月，古建筑学家梁思成与其弟梁思达对独乐寺"实地研究、登檐攀顶、逐部测量、速写摄影，以记各部特征"，并进行寺史之考证。梁思成在林徽因的协助下，撰写《蓟县独乐寺观音阁山门考》，载于《中国营造学社汇刊》第三卷第二期"独乐寺专号"。

1956年9月7日，河北省人民委员会将独乐寺公布为河北省第一批文物保护单位。1961年3月4日，独乐寺被国务院公布为第一批全国重点文物保护单位，编号1-0084-3-037。1972年，蓟县文物保护管理所成立，独乐寺由文物保护管理所管理。1980年5月10日，独乐寺正式对游客开放。1986年开始，天津市文化局组织编制完成《独乐寺观音阁动力特性实测报告》《蓟县独乐寺观音阁16米塑像抗震性能的探讨》和《蓟县独乐寺变形观测分析》三个报告。1987年，天津市文化局委托山西省测绘局航空摄影测量大队对独乐寺进行近景摄影测绘，完成山门、观音阁四个主面，十一面观音像轮廓线图和等值线图共10张测绘图。为独乐寺维修提供了重要的参考资料。1990年3月，国家文物局将独乐寺维修列入国家重点文物维修计划，到1998年10月全部维修工程竣工。2015年，天津市人民政府印发《关于天津市境内国家级、市级文物保护单位保护区划的批复》，公布独乐寺的保护范围和建设控制地带。独乐寺全国重点文物保护单位记录档案工作已完成，分别保管于天津市文物管理中心、蓟州区文物保护管理所。

**青莲寺** 为山西宋金寺庙建筑的代表性作品，位于山西省泽州县东南17千米硖石山麓。

青莲寺分古青莲寺和青莲寺两部分。古青莲寺创建于北齐天保年间（550～559年），初名硖石寺，至唐大和二年（828年），创建上院，即青莲寺。咸通八年（867年），敕赐"青莲"为额。北宋太平兴国三年（978年），上院赐名"福岩禅院"，下院仍称古青莲寺，至此两寺分立。福岩禅院明代复称青莲寺，之后青莲寺、古青莲寺之名沿袭下来。

古青莲寺坐北朝南。遗存建筑有正殿和南殿，原东西配殿仅存基址。东侧有明万历二十四年（1596年）建造的砖结构藏式八角形舍利塔1座，寺院西侧有一唐代慧峰法师石作墓塔，系1986年从寺西迁移而来。正殿，亦称大佛殿，面阔三间，进深六椽，单檐悬山顶。明间设板门，次间为直棂窗。柱间施阑额，柱头置普拍枋。斗拱五铺作双下昂计心造，里跳双杪五铺作。梁架为彻上明造，四椽栿对乳栿用三柱。殿内方形佛坛上塑有释迦、阿难、迦叶、文殊、供养人共6尊彩塑，造型端庄，肌肤丰润，唐风犹存。南殿，面阔、进深均三间，平面长方形，单檐悬山顶。明间前后辟门，殿内佛坛宋代所筑，佛坛及两山墙下尚存残缺的宋代及晚期彩塑12尊。佛坛扇面墙后塑观音及童子。殿内保存有唐、宋、金碑各1通。唐碑上有宝历元年（825年）刻"硖石寺大随元法师遗迹记"佛殿图。比西安大雁塔阴刻佛殿图稍晚，在建筑史上具有较高价值。

青莲寺即上院，唐以后历代皆有增建。寺前为平台，上建东西阁，阁后依次为天王殿、藏经阁、释迦殿、大雄宝殿，两厢建有观音阁、地藏阁、经堂、僧舍，左右对称，高低错落。释迦殿面阔三间，进深六椽，平面呈方形，单檐歇山顶。梁架为彻上明造，四椽栿对乳栿通檐用三柱，斗拱单杪单下昂五铺作，昂与耍头均作批竹式。补间无斗拱，只作隐刻。

青莲寺大雄宝殿

青莲寺远景

斗拱用材肥硕，制作规整，合宋《营造法式》六等材。殿顶举折平缓，出檐深远，屋面以灰布筒板瓦覆盖，琉璃剪边。大殿前后檐均在明间设板门，两次间置破子棂窗，前檐明间的地、立颊、上槛均为石作，表面线刻花卉纹饰，刻工精细，四周立柱为方形抹棱石柱。从石柱、门楣石刻题记可知，释迦殿创建于北宋元祐四年（1089年）。殿内佛坛上遗存宋塑四尊。两厢的观音阁、地藏阁，创建于北宋建中靖国元年（1101年），除石柱、斗拱、梁等保留宋代建筑风格外，整体结构为清代重修样式。观音阁上遗存宋代观世音像和十六尊者彩塑，地藏阁上存有地藏菩萨和十殿阎王，为宋塑。观音阁楼下后墙中部，镶嵌北宋政和八年（1118年）《罗汉碑记》石碑1通，刊载十六罗汉及五百罗汉名号，其中五百罗汉名号，是

青莲寺地藏殿

青莲寺藏经阁

文献记载中时代最早的。

1981年以前，青莲寺由山西省晋城县文化馆管理。1988年1月13日，青莲寺被国务院公布为第三批全国重点文物保护单位，编号3-0110-3-058。同年，晋城市文物管理处对青莲寺钟鼓楼及南殿背光进行抢修。1989年对青莲寺护坡进行维修。山西省古建筑保护研究所于1993年、2003年分别对青莲寺大佛殿、南佛殿以及西配殿、讲经堂、僧舍进行重点调查，提出维修设计方案及施工要求。2002年8月27日，山西省人民政府审核批准，印发《关于公布太原晋阳古城遗址等102处全国重点文物保护单位保护范围的通知》，公布青莲寺的保护范围和建设控制地带。青莲寺全国重点文物保护单位记录档案保存于山西省古建筑保护研究所。2004年，国家文物局批准青莲寺建筑维修方案。2007年，国家文物局批准青莲寺彩绘泥塑保护维修方案。同年6月，成立晋城市青莲寺文物管理处。2009年，国家文物局批准青莲寺护坡保护维修项目立项及青莲寺保护规划；山西省文物局批准青莲寺护坡保护维修方案。2013年，国家文物局批准晋城青莲寺消灾项目立项；山西省文物局批准晋城青莲寺消防方案，2014年12月竣工，2015年通过验收。

**梅庵** 是古端州名刹，为供奉六祖惠能而兴建，以其独特的建筑艺术著称岭南。梅庵位于广东省肇庆市端州区城西街道滨江西居委梅庵路15号。

梅庵始建于北宋至道二年（996年）。智远和尚为纪念先师，在唐代禅宗六祖惠能插梅处建庵，庵以梅命名。明嘉靖年间（1522～1566年）改为夏公祠，将佛像迁移宣后。明万历元年（1573年），有宝林寺僧复梅，并重修庵。清康熙九年（1670年）重修山门与六祖殿；康熙

梅庵山门

梅庵碑廊

三十五年（1696年）重修大雄宝殿。乾隆、道光年间又多次重修。民国24年（1935年）在梅庵东侧建六云亭和常光亭。

梅庵坐北朝南，遗存山门、大雄宝殿、祖师殿。山门前有六祖井泉和碑廊。庵内有六祖殿、众缘堂、荃香室、常光亭、六云亭等。梅

梅庵六祖井

庵的主体建筑由山门、大雄宝殿、六祖殿、前后天井、前后两廊组成，砖木结构。占地面积5000平方米，建筑面积1400平方米。

大雄宝殿面阔14.78米、进深9.6米、通高9.1米，硬山顶。梁架、斗拱等保留宋代的建筑风格，为广东省遗存最古老的木构建筑之一。斗拱为七铺作，双杪三下昂，出挑总长达120分。斗拱拱头无拱瓣，为宋《营造法式》问世以前的古风；斗底刻皿板，保留中唐以前之古制；同时斗拱还保留有拱栓、昂栓，这一突出特色全国罕见。梅庵的山门前为当年惠能所掘的井，被称为六祖井，又称六祖甘泉。井深约8米，水清澈，井旁有刻碑记述。附属建筑有头门、平台、六祖井、庵舍、禅脉堂、高深莫测池、赏梅亭、常光亭、六云亭、碑廊和

梅园等。

梅庵在中国古建筑的结构上、建筑艺术上和建筑技术史上，都有着重要的科学研究价值，有"千年古庵，国之瑰宝"的美誉，在佛教史上也具有很高的历史和文物价值。

1950年以来，广东省文化厅、肇庆市人民政府多次对梅庵进行修缮。1962年，梅庵被公布为第一批广东省文物保护单位。1979年，梅庵辟为肇庆市博物馆。1990年，成立肇庆市梅庵管理办公室，隶属肇庆市博物馆，负责保护、管理和对外开放工作。1994年8月，肇庆市博物馆建立并保管梅庵文物保护单位记录档案。同年，广东省人民政府划定梅庵的保护范围和建设控制地带。1995年，梅庵进行全面维修与扩建，增建禅脉堂、赏梅廊、高深莫测池、客堂等附属建筑，四周筑围墙。1996年11月20日，梅庵被国务院公布为第四批全国重点文物保护单位，编号4-0109-3-031。2013年，抢修加固梅庵头门。2016年，广州大学建筑设计研究院编制梅庵保护规划。

**岱庙** 旧称岱岳庙、东岳庙、泰岳庙、泰庙，是历代帝王奉祀泰山神的庙宇，也是具有皇家建筑典型风格的寺庙建筑群。岱庙位于山东省泰安市泰山区。

岱庙为供奉泰山神、举行祭祀大典的场所，是泰山遗存规模最大、保存最好、历史最为悠久的一处古建筑群。汉至唐时神庙较岱庙位置偏北。宋代大规模兴建岱庙，迁建改址。其后金、元、明、清历代对岱庙均有重修，岱庙内的碑刻亦多有记载。岱庙历经千年沧桑，饱受火灾战乱之害，尤其在民国时期，遭受巨大破坏，古建损毁严重。

岱庙总体布局，坐北朝南，仿帝王宫城形制营造，城堞高筑，周辟八门，四角有楼，前殿后寝，廊庑环绕。南北长405.7米、东西宽236.7米，总面积103500平方米。采用以三条纵轴线为主，两条横轴线为辅，均衡对称，向纵横双方扩展的组群布局形式。主要建筑依次排列在南北向的中轴线上，其他建筑对称于左右两侧。从岱庙南门外的门户建筑遥参亭起，岱庙坊、正阳门、配天门、仁安门、天贶殿、后寝宫、厚载门由南向北依次坐落在中轴线上。在轴线两侧，东线有汉柏院（原炳灵殿院）、东御座、鼓楼、东寝宫、东花园；西线有唐槐院（原延禧殿院）、雨花道院、钟楼、

岱庙全景

修复后的岱庙西城墙

西寝宫、西花园，两侧呈对称分布。

岱庙遗存建筑主要为明清以来的重建或增建建筑，保持宋代以来的建筑风格。遥参亭，前接通天街，后连岱庙，原为岱庙第一门，古代帝王凡有事于泰山，必先至此进行遥祭参拜，而后入庙谒神。唐代置有草参门，宋代在门内筑台建亭，更名为草参亭。明嘉靖元年（1522年），山东参政吕经改称为遥参亭，奉祀元君像于其中，遂与岱庙分隔，成为一座独立的三进式院落。院落南北长66.2米、东西宽52米，总面积3442.4平方米。以山门、仪门、正殿、台亭、后门为中轴线，东西设以配殿及厢房。正殿为九脊歇山式，五楹，面阔10.8米、进深7.75米、通高7.9米。岱庙坊，清康熙十一年（1672年）山东布政使施天裔主持建造。石坊，四柱三间三楼式，面阔9.8米、进深3米、通高11.3米。岱庙坊结体浑厚，造型凝重，是泰山上下体量最大、雕刻工艺最为精美的一座牌坊。岱庙城垣及四向八门均由青砖砌筑，城垣高5.5～6米，顶宽2.8～3.6米，墙体明显收分，外围雉堞，内设女墙，周长1500余米。配天门及仁安门，是进入岱庙后的第二、三道庙门，皆五间，起于高1.2米的基台之上，两基台由甬道相接，呈"工"字形。配天门，其名取意于"配天作镇"，为单檐歇山顶，创建年代不详。屋面重修于清代，具有典型的宫殿式建筑特点。东西两侧为配殿，东为三灵侯殿，西为太尉殿，两配殿在"文化大革命"中被毁，1998年在遗址发掘的基础上，报经国家文物局批准后复建。配天门前院碑碣林立，其中有宋《宣和重修泰岳庙记碑》《大宋东岳天齐仁圣帝碑》及《大元太师泰安武穆王神道之碑铭》等。明万历年间所铸两尊铜狮，分置于配天门前。仁安门，取意于《论语·里仁篇》中的"仁者安人"。仁安门始建于元至元三年（1266年），歇山式屋顶，覆黄色琉璃瓦。门有扶脊和脊枋。内金柱施一斗二升斗拱，檐柱用七踩重昂，是庙内唯一保留元代营造风格的建筑，具有较高的历史价值。

天贶殿为岱庙的主体建筑，宋时称嘉宁殿，元代称仁安殿、明清时称峻极殿。创建于宋，历代多有重修。天贶殿采用"九五"之制及重檐庑殿顶的形式营造，为中国古建筑的最高形制。与北京故宫的太和殿、曲阜孔庙的大成殿并称为中国古代三大宫殿式建筑。天贶殿起于双层石砌高台上，台前沿及两侧作须弥座，周围石雕栏。大殿面阔九间43.67米，进深四间17.78米，通高22.3米，重檐庑殿顶，上覆黄琉璃瓦，双檐中间高悬"宋天贶殿"巨匾。殿身由60根大木圆柱组成柱网。外檐柱28根，承下檐斗拱及围廊天花；中圈金柱20根，承上檐斗拱及外槽天花；内槽金柱12根，承内顶天花，正中作斗八藻井。上檐斗拱用单昂三踩，下檐用单翘重昂。殿内正中设神台，上置木雕神龛，内有东岳大帝泥塑像。龛正中高悬"配天作镇"木匾，为康熙御书。东侧悬雍正御赐"岱宗锡福"匾，西侧悬乾隆"大德曰生"匾。殿内东、北、西壁，绘有著名的《泰山神启跸回銮图》，壁画始绘于宋代，历代有重绘，全长62米、高3.3米，展示泰山神东岳大帝出巡与回銮的壮观场面。东部为"启跸图"，西部为"回銮图"，人物形象的塑造，基本保留宋代的风格，为中国壁画之珍品。

露台东西两侧，各建六角攒尖亭1座，内立乾隆御制诗碑。后寝宫，创建于宋代。分东、中、西三宫，均为单檐歇山顶。泰山神在

岱庙东御座

宋代被封为"天齐仁圣帝"，诏封泰山神夫人为"淑明后"，遂建后寝之宫以祀之，前有甬道与天贶殿相通。厚载门，始建于宋祥符二年（1009年），明称后宰门，已称鲁瞻门，是岱庙的北门。原门毁于20世纪30年代，厚载门1984年复建。

汉柏院，院内旧有炳灵宫，建筑早已不存，院内有古柏6株，传为汉武帝手植，以"汉柏连理""赤眉斧痕"两柏最著名。有历代碑刻、经幢80余处，形成岱庙小碑林的独特景观。东御座，旧称迎宾堂，创建于元代，是达官贵人的住憩之所。清康熙年间增建三茅殿，内祀三茅真人。清乾隆三十五年（1770年）拓建时改为驻跸亭。此组建筑由垂花门、仪门、大门、正殿、东西厢房组成。东御座是岱庙内保存最为完整的一个院落，泰山最早的秦李斯小篆刻石收置于此院内。

岱庙院内保存有自秦至清历代碑碣211通，除其中60余通为外部移入外，大部为岱庙旧存，如大宋东岳天齐仁圣帝碑、宣和重修泰岳庙记碑、大宋封祀坛颂碑、明洪武去封号碑、明洪武祭祀碑、大金重修东岳庙碑、清康熙重修东岳庙记碑、清乾隆重修岱庙碑记、清岱庙庙产碑等。这些碑刻为研究岱庙历史沿革，以及中国古代史、封禅史、建筑史以及文学、书法、雕刻等提供了珍贵的实物资料。岱庙院内还有散存的各种形制、质地的附属文物如明铜狮、清石狮等16件／套。

中华人民共和国成立后，中央人民政府多次对岱庙进行修葺，先后换顶、勾抹、翻修天贶殿、配天门、仁安门、三灵侯殿及太尉殿、东西二神门等；对李斯小篆碑、唐槐、汉

柏等增设护栏；将历代珍贵碑刻移至一处排列存放，加以保护。1977年，岱庙被山东省革命委员会公布为山东省重点文物保护单位。1986年，泰安市博物馆重新建立，负责岱庙的日常管理。1988年1月13日，岱庙被国务院公布为第三批全国重点文物保护单位，编号3-0125-3-073。2004年2月5日，国家文物局审批通过《岱庙北、东城墙修缮保护方案》。2006年，泰安市博物馆建立并保管岱庙的全国重点文物保护单位记录档案。2009年4月7日，国家文物局审批通过《岱庙天贶殿及中寝宫保护方案》。2011年4月7日，国家文物局审批通过由山东省文物科技保护中心编制的《岱庙碑亭修复保护方案》。2011年，委托敦煌研究院对岱庙天贶殿壁画保护现状及主要病害情况进行调查，编制《岱庙天贶殿壁画保护修复方案》，2012年获得国家文物局批准。2013年，划定岱庙保护范围和建设控制地带。

**天宁寺大殿**　是江南地区重要的元代建筑遗存，位于浙江省金华市城区东南隅。

天宁寺大殿建于一处地势较高的红砂岩山坡上。据清康熙《金华府志》等记载，天宁寺原名大藏院，始建于北宋大中祥符年间（1008～1016年），赐号"承天"。宋崇宁年间（1102～1106年）改名崇宁万寿寺；宋政和年间（1111～1118年）赐名"天宁万寿禅寺"；南宋绍兴八年（1138年）高宗赵构为崇奉父亲宋徽宗，赐名"报恩广寺"，后又改名报恩光孝。元延祐五年（1318年）重建，明正统年间（1436～1449年）重修，名天宁万寿。清乾隆四年（1739年）改建为万寿宫。清同治十年（1871年）重建。中华人民共和国成立初期，天宁寺尚有山门、天王殿、大雄宝殿、大悲阁。1958年"大跃进"时除大殿外，其余建筑均被拆除。1994年重修山门。

天宁寺大殿坐北朝南，前设月台，面阔、

天宁寺大殿

天宁寺大殿斗拱

天宁寺大殿梁架

进深均三间12.72米，梁架为八架椽屋前三椽栿后乳栿用四柱，厦两头造，转两架椽，采用彻上明造，内部空间高敞。柱子侧脚生起明显，柱头卷杀圆和，周圈阑额不设普拍枋，上直接置斗拱。设方格直棂槅扇门窗。殿内梁栿采用拼合梁做法，月梁造。柱头、内额皆施斗拱，梁下用丁头拱承托；平梁上设侏儒柱和叉手支撑脊槫。大殿补间铺作当心间用3朵，次间用1朵，斗拱为六铺作单杪双下昂，单材高17厘米，足材高23厘米、宽10.5厘米，相当于《营造法式》七等材。斗拱泥道单拱素方造，外转第一跳偷心，第二跳重拱造，双下昂后尾挑斡下平槫，补间及转角铺作里转增设上昂挑斡下昂后尾。大殿木构刷枣红色土漆，墙抹白垩。天宁寺大殿的梁架书有元代墨书题记6条，全部采用双钩填墨，题记内容包括纪年、人名、锭额和祈福等。其中明间内槽东三椽栿下皮有"大元延祐五年岁在戊午六月庚申吉旦重建，恭祝"字样。寺内保留有铸于南宋建炎二年（1128年）的龙泉宝钟1口。清光绪二十一年（1895年）仿吴道子观音石刻碑一块。

民国23年（1934年），营造学社诸学者考察延福寺返程路过金华，发现天宁寺大殿，认定其为元代建筑。

1949年金华解放后，天宁寺大殿由金华军分区管理。1961年，浙江省人民委员会公布天宁寺大殿为第一批浙江省重点文物保护单位。1978～1981年，金华文物管理委员会对天宁寺大殿进行落架大修。拆除后期加建的下檐廊，恢复天宁寺三间殿堂外观。1988年1月13日，国务院公布天宁寺大殿为第三批全国重点文物保护单位，编号3-0116-3-064。同年，金华军分区将天宁寺大殿移交金华市文物管理委员会管理。1988年，浙江省文化厅、浙江省城建厅批复《关于划定绍兴鲁迅故居等二十五处文物保护单位保护范围和建设控制地带的批复》，同意金华市人民政府划定的天宁寺大殿保护范围和建设控制地带。2002年6月，完成天宁寺浙江省文物保护单位档案。

清净寺 是中国遗存最早古阿拉伯风格的伊斯兰教寺院，位于福建省泉州市鲤城区涂门街中段。

清净寺，又名圣友寺，始建于北宋大中祥符二年（1009年）。元至大三年（1310年），来自波斯设拉子的艾哈玛德·本·穆罕默德·贾德斯进行重修，15～19世纪，地方乡绅亦曾多次重修。遗存主体建筑有石砌门楼、奉天坛和明代始建的闽南特色的木构建筑明善堂三部分。

门楼通高12.3米，基宽6.6米。全部用加工平整的花岗岩石和辉绿岩石砌筑。寺门外墙采用长石条及正方形丁头混砌，使外观每隔一层便呈一方块形，颇有特色。门楼整体由高度依次递减的三层四道高大相连的半穹顶或穹顶尖拱门组成。第一道拱门高10米，宽3.8米。第一、二道拱门的半穹门顶分别以精雕细琢的辉绿岩石或花岗岩石叠涩拼成绚丽多姿的几何图案，前者为网状拱形宝盖，后者为穹隆形藻井。第三、四道对称的拱门上方，则是一圆形大穹顶，象征无限的宇宙空间，匠心独运。门楼中有由四门三室重叠相连的一条甬道，贯穿南北，直达寺内，结构新颖独特。甬道东西两墙共辟有6个尖拱顶壁龛。门楼南墙尖拱门上方有一《古兰经》经文石刻。北墙尖拱门上额则镶嵌载有清净寺始建及修建情况的古阿拉伯文石刻。门楼屋顶作平台，名望月台，是伊斯兰教斋月里阿訇登临望月，以决定开斋日期的地方。台的三面筑有"回"字形垛子，使门楼显得更加巍峨壮观。奉天坛在门楼西侧，坐西面东，为阿訇率穆斯林诵经礼拜之处所。屋顶无存，尚遗柱础及残柱9根。四周墙壁均为花岗岩砌成，砌法类同寺门外墙。南墙临街，全长23米，高6米、厚1.2米，开设8个长方形大窗。北墙和东墙也各设有一个长方形窗户。西内墙（奎布拉墙）正中凹入，设一尖拱形宝盖状龛，称为米哈拉布墙，南、北两侧也各有3个同样的壁龛。7个壁龛之间，各开有尺寸相同的通向后院的长方形大门洞。7个壁龛内分别浮雕有《古兰经》句铭文。这种建筑格局的礼拜殿，被称为宽敞型大殿，是伊斯兰教崇高清净的体现，为中世纪中东地区伊斯兰教礼拜大殿的流行模式，阿拉伯地区所存无多。奉

清净寺外景

奉天坛

天坛北侧有明善堂，始建于明隆庆元年（1567年），1998年重修，系闽南古民居建筑风格，为礼拜场所。

清净寺是穆斯林叩拜真主、举行宗教活动的神圣场所。寺之门楼北墙上，横嵌着两列长方形古体阿拉伯文浮雕石刻，真实地记载着这座千年伊斯兰教古寺的始建和重修年代的历史。清净寺建筑造型精美，形式奇特，结构别致，规模宏大，体式庄严肃穆，雄伟壮观，是国内仅存的全部以花岗岩与辉绿岩建造的具有中世纪中亚建筑风格的伊斯兰教寺院，是伊斯兰教从海上丝绸之路传入中国的重要历史见证，也是中国人民与阿拉伯人民深厚友谊和文化交流的历史见证，具有极高的历史、科学和艺术价值。

1953年，重修清净寺，拆除门道旁的厨房荟建，"重修清净碑记"和"重修清净寺碑"两方古碑重现天日。1961年3月4日，清净寺被国务院公布为第一批全国重点文物保护单位，编号1-0087-3-040。1968年11月26日，文化部派古建筑专家杜仙洲等4人会同福建省文物管理委员会检查清净寺情况，并进行测绘。1979年，泉州市文管会对清净寺礼拜殿进行首次考古试掘，发掘清理出宋代瓷香炉和钱币等物。1987年2月，再次对清净寺进行考古发掘。2001年，清净寺纳入泉州市文物局、泉州市宗教事务局管理，清净寺管委会和泉州市伊斯兰教协会具体负责日常管理和维护工作。2005年，泉州市文物管理局制定清净寺全国重点文物保护单位记录档案。同年11月，福建省文化厅、省住房和城乡建设厅联合印发《关于公布省级以上文物保护单位建设控制地带的通知》，重新划定清净寺的保护范围和建设控制地带。

**保国寺** 是江南地区重要的早期建筑遗存，位于浙江省宁波市西北，依山而建，处在灵山、马鞍山之间的山岙中。

根据清嘉庆十年（1805年）《保国寺志》记载，东汉时期，中书郎张齐芳隐居于灵山，舍宅为寺，即保国寺前身灵山寺；唐武宗会昌五年（845年）灭法，寺废，至僖宗广明元年（880年），可恭、宝定二尊者住持其间，由刺史奏请复建，赐额"保国寺"；北宋大中祥符四至十年（1011～1017年），德贤、德诚两大师中兴保国，"山门大殿，悉鼎新焉"；治平年间（1064～1067年），赐额"精进院"；崇宁元年（1102年），国宁寺僧等捐造石佛座；南宋绍兴年间（1131～1162年）创建法堂，开凿净土池；后寺院多经兴废。保国寺建筑沿中轴线排列，自南而北有山门、天王殿、大殿、观音殿、藏经楼，两侧有钟鼓楼和僧舍。大殿重建于北宋大中祥符六年（1013年），其余建筑清代以后修建。寺院占地面积13280平方米，建筑面积6000平方米，有寺林400余亩。

保国寺大殿坐北朝南，偏东36°。前临净土池，有石板铺墁月台，宽1.61米、深1.37米。大殿为重檐歇山顶（背面为单檐），通面阔七间21.6米、通进深六间19.85米，其中内三间为宋代遗构，周围廊为清康熙二十三年（1684年）扩建。宋遗存大殿三间，殿身总面阔11.83米，总进深13.38米，梁架为八架椽屋前三椽栿后乳栿用四柱，厦两头造，转一架椽，内部采用彻上明造，使用精致的瓜棱柱、月梁造、讹角斗、琴面昂，前廊三间分用穹顶式斗八藻井3座，辅以平闇、平棊，当心间地面设置雕纹拜石，与藻井上下呼应，共同构成前廊礼拜空间。殿身补间铺作当心间用2朵，次间用1朵。斗拱用七铺作双杪双下昂，材高21.8厘米、厚14.1厘米，相当于宋《营造法式》的五等材。斗拱除华拱偷心外，多用单拱素方造，双昂平行挑斡下平榑，山面及后檐柱头铺作昂尾跨两架椽直抵内柱，以大梁压后尾，发挥斜向构件昂的作用。前檐柱间用檐额

与蝉肚绰幕，两山及后檐用重楣，额枋皆做"七朱八白"刷饰。大殿后内柱间设佛屏背板，佛像已毁，仅留须弥座式石座，背面嵌有崇宁元年"造石佛座记"碑1通，周围廊三面设置砖砌罗汉台，塑像亦毁。

保国寺大殿具有鲜明的地方特色，有些做法保留并影响到元代建筑，并成为江浙地区惯用的建筑手法。保国寺大殿是一座罕见的古代木结构建筑，它较好地保留其建造时代的建筑形制和构件，且能够与《营造法式》的做法相印证，为全面地研究古代建筑史、深入探讨《营造法式》提供难得的实物例证。

清末保国寺逐渐荒废。1954年，中国建筑研究室调查小组在浙江调查古建筑时，发现深藏山中的保国寺。1957年，中国建筑研究室《余姚保国寺大雄宝殿》一文，揭示保国寺重要的文物价值。1957～1963年，浙江省政府对大殿进行支撑加固，调换部分斗拱等构件。1961年3月4日，保国寺被国务院公布为第一批

保国寺全景

保国寺大殿

保国寺大殿前槽三连藻井

大殿进行大规模修缮。1976年，成立保国寺文物保管所，2006年4月更名为宁波市保国寺古建筑博物馆。1987～1989年，修善大殿、落架大修藏经阁、恢复山门。1993年9月18日，修复遭雷击毁坏的大殿西北角垂脊、戗脊，南面上檐西首等瓦陇。1997～1999年，实施保国寺总体维修。2007年底，启动文物建筑科技保护监测系统，并对大殿变形与沉降进行监测。2008年，对大殿进行材质勘察，治理白蚁及有害生物。2012年4月，浙江省人民政府公布保国寺的保护范围和建设控制地带。2015年9月，保国寺全国重点文物保护单位记录档案完成。

**元妙观三清殿**　是江南较早的一座保留宋初营造手法，且有独特的地方风格与宋代木构建筑，位于福建省莆田市荔城区梅园东段391号。

道观创建于唐贞观二年（628年），宋大中祥符二年（1009年）重建，敕名天庆观，元元贞元年（1295年）改名玄妙观，清圣祖康熙即位（1662年）后因避名讳而改称为元妙观。整座

全国重点文物保护单位，编号1-0090-3-043。同年，宁波市民政局福利厂和文化局成立保国寺文物保护小组。1972年，寺产由宁波市民政局部门移交给市园林部门。1975～1977年，对

道观原建筑群以山门、三清殿、通明殿、九御殿、四宫殿为中轴线，以五帝庙、东岳殿、五显庙、西岳殿为两翼，规模宏大，布局对称严谨，主次分明。整个建筑群仅存山门、三清殿及东、西岳殿、五帝庙、五显庙等。

遗存三清殿面阔七间，进深六间，殿前后重檐，两侧为单檐，阴阳布瓦歇山顶造。殿身结构除前檐及两侧廊是明、清时期增建外，主体建筑保存着宋代原构，为八架椽屋前后乳栿对四椽栿，栿作月梁形，其两端卷杀明显，线条流畅。柱头铺作为七铺作重拱出双杪双下昂（耍头亦作昂状），第一、三跳偷心，第二跳头施瓜子拱，慢拱承托罗汉枋，第四跳头施令拱由替木承撩檐桁。各间补间铺作1朵，作法同柱头铺作。殿内均用花岗岩石柱，部分石柱略带梭形。莲花覆盆石础，为宋代遗构，各间的椽、斗拱等构件，尚存部分墨线绘画并以云纹、卷草图案为主。木柱、丁栿、四椽栿、平栿及素枋等木构件于1956年维修时均涂刷红丹色油漆。殿的当心间脊木专下题有"唐贞观二年敕建""宋大中祥符八年重修""明崇祯十三年岁次庚辰募缘修建"等墨迹。

根据宋李俊甫《莆田比事》、明代《八闽通志》《兴化府志》、清代的《莆田县志》等文献记载，结合遗存的结构、法式特征等分析，三清殿虽经历代修建，基本保存宋大中祥符八年（1015年）重修后的风貌，为研究中国古代木结构建筑的发展、南北方建筑的差异与融合、《营造法式》相关建筑形制等提供了宝贵的实物资料和例证。三清殿东厢房有宋徽宗赵佶书《神霄玉清万寿宫碑》，及中华人民共和国成立后移存的宋绍兴《祥应碑记碑》等碑刻，是研究宋代建筑、书法、艺术及地方文献的珍贵资料。

三清殿由莆田市三清殿文物保护管理所负责管理保护。1956年12月，中央文化部拨款修缮三清殿。1961年，元妙观三清殿被福建省人民委员会公布为福建省文物保护单位。

元妙观三清殿

三清殿内斗拱

1985～1986年，福建省文化厅拨专款修复东岳殿。1993年9月1日，福建省人民政府印发《关于全国重点文物保护单位和省级文物保护单位（第一批）保护范围的通知》划定元妙观三清殿的保护范围。1996年11月20日，元妙观三清殿被国务院公布为第四批全国重点文物保护单位，编号4-0103-3-025。1998～2001年，国家文物局拨专款修缮三清殿、山门、正廊及内外石埕。2003年，修复东岳殿、西岳殿、五帝庙、五显庙、福神殿及文昌三代祠等附属建筑。2005年，莆田市三清殿文物保护管理所制定13卷册《元妙观三清殿记录档案》。2016年11月，福建省文化厅、省住房和城乡建设厅联

合印发《关于公布省级以上文物保护单位建设控制地带的通知》，划定元妙观三清殿的建设控制地带。

**崇庆寺** 是以彩塑艺术价值表现突出的佛教寺院，位于山西省长子县县城东南22千米的紫云山山腰下。

崇庆寺始建于北宋大中祥符九年（1016年），宋元丰二年（1079年）完备塑像，明清均有扩建和修葺。据清嘉庆三年（1798年）碑载："千佛殿居其北，卧佛殿居其东，大士殿居其西，天王殿居其南。"遗存建筑总体布局基本与之相符，仍是原有规制。

寺庙坐北朝南，由两进院落组成，中轴线上为天王殿和千佛殿，两侧东西配殿即卧佛殿和三大士殿，西北隅为地藏殿，东北隅为方丈院。

千佛殿为寺内主殿，面阔三间，进深六椽，平面近方形。单檐歇山顶，布灰筒板瓦覆盖，琉璃剪边。檐柱均砌入墙内，生起明显，柱头置扁平的普拍枋。柱头斗拱系单杪单下昂五铺作偷心造，下昂之上又出下昂式耍头。梁架结构形式为四椽栿对乳栿用三柱。前檐明间辟板门，次间为直棂窗。殿内佛坛上塑一佛二菩萨，背后为倒坐观音，塑像具有宋塑风格。千佛殿整体建筑结构及用材沿袭早期建筑手法和规制，梁架、椽枋、斗拱等主体，几乎全是宋代原构。梁架结构为彻上露明造，六架椽屋四椽栿对乳栿通檐用三柱。各栿式样呈弯月形状，殿顶椽飞全部卷杀，纵观梁架严谨有序，构造合理，承载负荷均衡，结构规范有力。天王殿内塑四大天王，威武有力。三大士殿亦称罗汉殿，殿内梁枋柱额几乎全部为宋制。殿内佛台上雕塑文殊、普贤、观音三大士，两侧分

崇庆寺正殿

别是十八罗汉。佛台前檐铭刻着造像年款及布施者姓名，此题记证实了塑像制作的确切年代，也增强了这批彩塑的历史、艺术价值。地藏殿内塑地藏菩萨与十王像，技艺极佳，据佛坛题记，为宋元丰二年（1079年）作品，在中国宋代殿宇中极具代表性。

1983年，崇庆寺安全保卫工作由长子县文物保护管理所负责。1996年11月20日，崇庆寺被国务院公布为第四批全国重点文物保护单位，编号4-0098-3-020。1999年，崇庆寺千佛殿落架大修，2003年工程竣工。2002年8月27日，山西省人民政府审核批准，印发《关于公布太原晋阳古城遗址等102处全国重点文物保护单位保护范围的通知》，对崇庆寺的保护范围及建设控制地带予以公布。2004年，山西省文物局组织，勘察、测绘，并编制《长子崇庆寺修缮工程设计方案》，2007年获国家文物局批准。2008年，国家文物局批准崇庆寺保护规划。2009年，国家文物局批准崇庆寺彩塑壁画保护维修方案。2010年，山西省文物局批准崇庆寺补充设计保护维修方案、崇庆寺阎王殿、罗汉殿补充维修方案。2012年，山西省文物局批准崇庆寺罗汉殿泥塑神台保护维修方案。崇庆寺的全国重点文物保护单位记录档案保存于山西省古建筑保护研究所。

**奉国寺** 为辽代建筑，奉国寺大雄殿是中国佛教寺院古老遗存中最大最完整的宏伟建筑，坐落在辽宁省义县古城东北的义县东街18号。

奉国寺始建时称为咸熙寺，俗称大佛寺、七佛寺。奉国寺内碑刻记载，辽代始建时的建筑有七佛殿、后法堂、观音阁、三乘阁、弥陀阁。辽乾统七年（1107年）创建长廊。金朝改咸熙寺为奉国寺，金天眷三年（1140年），接续完成42尊贤圣"众彩涂金"。元至元二十七年（1290年），发生以大宁路治所武平（赤峰宁城）为震中的强烈地震，奉国寺受到严重影响，建筑墙体有不同程度的损坏。元大德七年（1303年）维修奉国寺的所有建筑。元至正十四年（1354年）主持僧宗淳对奉国寺进行维修。明成化二十三年（1487年）、嘉靖十四年（1535年）、万历二一七年（1599年）、万历三十一年（1603年）曾对奉国寺进行过4次小规模维修。清顺治年间（1644～1661年）在大雄殿西侧已毁建筑旧址，创建奉国禅林。康熙四十九年（1710年），重修无量殿3间、建牌坊1座。清康熙六十一年（1722年）重建佛殿5间。乾隆五年（1740年）大雄殿竖碑3架，新建大悲殿5间、韦驮殿1间、龙王土地配殿2间、二门三门周围群墙。嘉庆十六年（1811年）、道光二十七年（1847年）、光绪七年（1881年）春季至八年（1882年）秋，光绪十四年（1888年），多次维修、修葺奉国寺，包括佛殿、僧房、山门、围墙。

奉国寺整体建筑贯穿在一条南北走向的中轴线上，左右配殿呈均衡对称排列。奉国寺遗存建筑包括外山门、内山门、牌坊、无量殿、碑亭、钟亭、大雄殿、西宫禅院、东宫禅院等建筑，建筑形式各异，体量不同。

外山门位于南北中轴线最南端，1989年于辽代山门遗址前重建，悬山式，有前廊。内山门建于清代，在中轴线上外山门北100米，面阔一间、进深一间，高5.8米，东西两侧各有便门1间。牌坊建于清代，位于中轴线上内山门北，四柱三楼单檐瓦顶木牌楼，通面阔7.95米、高7.3米。无量殿建于明代，位于牌坊北，歇山式建筑，面阔三间，通面阔16.14米，进深两间，通进深12.22米，另有周围廊。清代碑亭位于大雄殿西南，四角攒尖顶，面宽3.2米、高5.36米。清代钟亭位于大雄殿东南，六角攒尖顶，面宽1.6米、高5.36米。西宫禅院位于大雄殿西侧偏南。东宫禅院2004年复建，位于大雄殿东侧偏南与西宫禅院对称

奉国寺远景

奉国寺大雄殿

布局，根据碑刻记载在东宫旧址，仿西宫禅院重建。

大雄殿是奉国寺建筑群的主体建筑，位于建筑群中轴线北端，殿身南向。台基高达3米，平面随殿身作长方形，前附月台。大雄殿面阔九间55米，进深五间33米，高24米，为单檐庑殿式建筑。建筑巧妙地运用了侧脚、生起、减柱等做法。斗拱用材粗犷硕大，屋顶坡度平缓，面阔与进深约为二比一。前檐中间七间及后檐当心间辟门。殿内中央七间，沿后槽老檐筑佛台。佛台上供佛像7尊、胁侍14尊、天王2尊，佛台前设石香炉座、石烛台14座。外槽东侧立石碑6通，西侧立石碑5通。佛台北侧正中，供男像倒座观音1尊，偏东立石碑1通。佛台东、西、北距山墙各宽1间，为殿内的通道。檐柱下径67厘米、高5.95米，柱高为下径的8.9倍。柱头卷杀成覆盆状。所有檐柱的上端都微向内倾，4根角柱尤为显著，据实

测角柱约高6.35米，向内倾斜13厘米，侧角约合2%。从立面上看，檐柱的高度，各间不等，由当心间向两端依次升高。角柱比平柱高40厘米，约合宋匠尺11.5寸，大于《营造法式》"九间生八寸"的规制。大雄殿的斗拱采用七铺作双杪双下昂的做法，是中国古代木构建筑高规格形制中的珍品。

在大雄殿内槽砖筑佛台上，东西并列泥塑佛像7尊，每尊佛像前两侧各塑胁侍菩萨1尊，共14尊，东西两侧各塑天王像1尊，均为辽代原作。七佛合座通高均在9米以上，面部圆润慈祥，皆正面端坐，披红色通肩袈裟，唯有各尊佛手印变化不同，从东至西依次为迦叶、拘留孙、尸弃、毗婆尸、毗舍浮、拘那含牟尼和释迦牟尼。14尊胁侍像高2.7米以上，姿态优美，服饰飘动流畅，形象姿态各有特点，面型和身材较唐代塑像更修长，比例更匀称，更接近现实人物。面部表情，身体动作，衣纹飘带

的处理细致、含蓄。主尊背后塑1尊明代倒坐观音像，高3.8米，为佛教寺院罕见的男相观音。奉国寺大雄殿保存的建筑彩绘约2000平方米，主要绘于大雄殿梁架、斗拱内侧及内槽斗拱上，全部为辽代原作。彩绘内容包括飞天42幅，莲荷花、牡丹花、海石榴和草凤等若干幅，其中彩绘飞天在中国古代建筑彩绘中极为罕见，在建筑彩绘史和美术史上都占有极其重要的地位。大雄殿内七佛像月台南侧，每尊佛像前面都设有辽代遗存石雕供器，石雕供器雕刻简练古朴。奉国寺内共有清代遗存牌匾12块，辽、金、元、明、清代遗存碑刻17通。

奉国寺的辽代建筑、彩塑、彩绘、石雕供器，元、明两代的壁画，金、元、明、清历代碑刻、牌匾以及远古佛教寺院伽蓝格局遗址等，共同构成奉国寺独有的历史文化艺术内涵，是中国古代多民族文化融合的杰出范例。奉国寺大雄殿及寺院格局，上承唐代遗风又独具个性和风范，是中国古代杰出的建筑典范。奉国寺大雄殿是中国古代建筑由唐宋时代发展到辽代，进而影响金元时期以后建筑发展趋势，是中国古建筑史上最重要的阶段，是中国古代建筑的里程碑。建筑学家梁思成在《中国

奉国寺大雄殿塑像

建筑史》中，称辽代寺院为"千年国宝、无尚国宝、罕有的宝物。奉国寺盖辽代佛殿最大者也"。建筑学家陈明达将中国古代建筑样式分为佛光寺、海会殿、奉国寺三种典范，称奉国寺是古代建筑殿阁相结合式的典范。文物专家杜仙洲在调查报告中赞道："奉国寺大雄殿木构建筑，千年仍平直挺健，是中国建筑史一项极为光辉的成就。辽代七佛像高大庄严，权衡匀整，柔逸俊秀，神态慈祥，极为壮丽。梁架上飞天面相丰颐美悦，色调鲜明绚丽，是国内极为罕见的辽代建筑彩画实例。"

1961年3月4日，奉国寺被国务院公布为第一批全国重点文物保护，编号1-0086-3-039。1980年，成立义县文物保管所。1984～1989年，国家文物局组织实施对大雄殿全面修缮，主要以大雄殿落架维修工程为主。1993年，辽宁省人民政府印发文件，划定奉国寺的保护范围及建设控制地带。2011年，国家文物局批准实施由义县文物管理处、辽宁省文物保护中心、清华大学合作编制的《奉国寺文物总体保护规划》。同年，国家文物局安排资金对大雄殿屋顶进行抢险维修。2013年，国家文物局，对奉国寺大雄殿彩绘泥塑保护前期勘察项目作出立项批复。2014年，国家文物局批复批准奉国寺大雄殿壁画保护修复研究及设计项目立项。2015年10月，成立义县文物管理局，负责对奉国寺保护管理和开发利用。

**华严寺** 为辽、金著名寺院建筑，位于山西省大同市区西南隅。

据《辽史地理志》载："清宁八年（1062年）建华严寺，奉安诸帝石像、铜象。"辽末战乱，寺院部分建筑被毁，金天眷三年（1140年）

重修。辽、金两代平城（大同）定为别都，华严寺受皇室重视，数百年间为云中巨刹。明初寺被没收为官产，明宣德、景泰年间重修，明成化、万历年间（1465～1620年）分为上、下两寺，各开山门，自成格局。清代几经修缮。

寺内建筑依东西轴线布局，总面积16700平方米。上寺以大雄宝殿为中心，分为两院，有山门、过殿、观音阁、地藏阁及两厢廊庑，布局严整，高低错落，井然有序。下寺以薄伽教藏殿为中心，有辽代塑像、石经幢、楼阁式藏经橱和天宫楼阁等，布局灵活，格调古雅。除两座主殿为辽金建筑外，其余皆为清代重建。

大雄宝殿于金天眷三年（1140年）重建，基本保留辽代风格。大殿建在高4米的青砖台基上，月台敞朗，长33米、宽19米，与石级、勾栏构成"凸"字形平面。两侧是明代增建的六角钟鼓亭。殿身面阔九间，进深五间，单檐庑殿顶，面积1443.5平方米，为辽金佛寺遗存

中的最大殿堂。殿前檐当心间与梢间装板门，外施门牙子，形制古朴别致。殿顶举折平缓，出檐3.6米，筒板布瓦覆盖，黄绿色琉璃剪边。殿正脊上的琉璃鸱吻规模甚大，高达4.5米，由8块琉璃构件组成，北吻系金代原物，光泽依旧。南吻系清代补制，是中国古建筑最大的琉璃吻兽。斗拱硕大，形制古朴，外檐斗拱五铺作，双杪重拱计心造，补间分施斜拱。梁架原为彻上明造，明宣德至景泰年间（1426～1456年）增补平棊，清代施以彩画。为扩大殿内空间，便于礼佛，采用减柱法，减少内槽金柱12根。殿内佛坛上塑五方佛，两侧塑二十诸天，均系明代佳作。四周满绘壁画，为清代作品。画面高达6.4米，面积887.25平方米。

薄伽教藏殿是下华严寺的藏经殿，据梁上题记，建于辽重熙七年（1038年）。台基高阔，月台敞朗。殿身面阔五间，进深八椽，单檐歇山顶。殿顶举折平缓，出檐深远，檐柱生起明显，犹存唐代遗风。殿内环绕排列双重楼

华严上寺大雄宝殿远景

华严下寺薄伽教藏殿远景

阁式木构壁藏38间，下层为束腰须弥座，上置经橱，内存明清藏经1700余函，计1.8万余册。经橱之上为腰檐，其上置佛龛，外设勾栏，上覆屋顶，使用斗拱18种之多。中设腰檐平座，上部有木质瓦顶、脊兽和鸱吻。勾栏、栏板均剔透雕刻，花纹图案精巧之至。后檐明间与门楣之上制成拱桥与天宫楼阁，两侧壁藏浑然一体。此壁藏规制严谨，雕造精绝，玲珑剔透，是中国唯一保存完好的辽代壁藏。壁内佛坛上，满布辽代塑像31尊，造型优美，为中国辽代彩塑艺术的珍品。

华严寺集中辽金建筑、小木作天宫楼阁、彩塑、壁画等各类文物，均居同类作品中的上乘，在中国建筑史、宗教史和艺术史研究中占有重要地位。

1949年10月以前，华严寺一直由僧人管理；下寺除薄伽教藏殿外，其余所有建筑由下寺坡小学占用。1958年该小学搬迁，大同市政府决定在大同市古迹保养所的基础上筹建大同市文物陈列馆。1959年1月1日，大同市文物陈列馆成立并正式对外开放，馆址设在下华严寺，陈列展出部分出土文物。1961年3月4日，华严寺被国务院公布为第一批全国重点文物保护单位，编号1-0091-3-044。1964年，大同市文化局根据上级指示将上寺、下寺合并，统一交由云冈石窟文物管理所管理。1969

薄伽教藏殿内壁藏转角局部

年，维修上华严寺大雄宝殿，在殿以北砌筑保护围墙。1978年，构抵殿顶，木构件全部用生桐油渗透。1984年，根据国务院的通知将上华严寺移交大同市佛教协会，主管部门是大同市宗教局。下华严寺归大同市博物馆管理。1988～1993年，国家文物局拨款对下华严寺薄伽教藏殿进行落架大修，1990年5月大殿及其附属建筑维修竣工。其后进行二期工程，修复前院天王殿、西北配殿，复建山门和南北厢房，1993年7月竣工。1990年，揭取加固大雄宝殿东墙壁画，施工中发现该殿原建七道门，同时在西南角柱内发现元代地震后维修记录。1994年，山西省古建筑保护研究所对大同华严寺进行实地勘测，并对上华严寺大雄宝殿的保护管理提出维修设计方案。1996～2001年，对华严寺大雄宝殿进行落架大修。2002年8月27日山西省人民政府印发《关于公布太原晋阳古城遗址等102处全国重点文物保护单位保护范围的通知》，划定并公布华严寺的保护范围及建设控制地带。华严寺的全国重点文物保护单位记录档案保存于山西省古建筑保护研究所。2008年，大同市委、市政府实施名城复兴工程，将上、下华严寺再次合并，2010年9月成立大同市华严寺文物管理所，专职负责华严寺的文物保护与旅游开放等工作。2013年，国家文物局批准大同华严寺安防方案，工程于2014年5月15日开工，8月15日竣工，并通过验收。2015年，国家文物局批准华严寺彩塑保护项目立项。

**广济寺古建筑群** 是保留辽代建筑遗存的寺院建筑组群，是历史文化名城锦州的标志性文化符号，位于辽宁省锦州市古塔区北三里1号古塔公园北侧。

广济寺俗称大佛寺。始建年代不详，一说肇建于隋大业辛未年（611年），称普济寺；一说肇建于唐代。据明嘉靖十一年（1532年）左督御史、郡人文贵撰写的《广济寺重建前殿记》载："锦城广济寺，古刹也，肇建于契丹之初"。又据史料记载，肇建于辽道宗清宁六年（1060年）。广济寺自创建以来，曾经过多次重修和扩建：明代于永乐十二年（1414年），弘治六年（1493年），正德八年（1513年）、十三年（1518年），嘉靖五年（1526年）、十一年（1532年）重修。清雍正二年（1724年）在广济寺西侧修建天后宫；乾隆二十八年（1763年），嘉庆六年（1801年）、七年（1802年）、九年（1804年）重修。嘉庆十四年（1809年）寺院毁于火。道光六年（1826年）前郡太守、郡守尉等为祈求甘露，捐资重建，道光九年（1829年）竣工。光绪十四年（1888年）重修。光绪二十四年（1898年）在广济寺大殿东侧修建昭忠祠。

广济寺古建群由广济寺、广济寺塔、观音阁、天后宫、昭忠祠组成。

广济寺由南向北依次为天王殿、东配殿、碑亭、关帝殿、大殿。寺内除大殿基座部分构件为辽代原物外，余者均为清道光时期所建。建筑平面呈长方形，坐北朝南。南北长84米、东西宽44米。在中轴线上建有前、中、后三大殿，中殿前方两侧有碑亭及东西配殿等建筑。前殿又称天王殿，台基东西长18.9米、宽13.5米、存高0.4米。殿为单檐歇山顶，大式木架结构，布瓦顶，面阔五间，进深五架。明间辟门，次间辟洞窗，门前有石狮1对，塑有四大天王像。中殿又称关帝殿。坐落在方形须弥座台基上，台高1.3米，殿面阔三间，进深二间，屋顶形式为前卷棚悬山顶后接硬山式即一殿一卷式，布瓦顶。正殿又称大殿。坐落在须弥座式台基之上，台长28米、宽16米、高1.4米。台基束腰浮雕瓶形蜀柱，柱间雕有鹿、

麒麟及八卦等吉祥图案，台基踏步3路，中为御路，台上有石栏杆。正殿为重檐歇山造，布瓦顶，正脊砖雕"慈云广敷，慧日长明"8字，面阔七间，进深五间。檐下置三翘七踩斗拱。整个殿宇气势雄伟，华贵庄重。殿前有明嘉靖十一年（1532年）碑1通。碑亭建在关帝殿前左右各一，均为四角攒尖式方亭。东碑亭内藏清道光九年（1829年）的《重修大广济寺碑记》2通；清咸丰五年（1855年）《皇图永固》碑1通。西碑亭内藏道光九年（1829年）《重修大广济寺碑记》续碑2通；咸丰五年（1855年）《皇图永固》续碑1通。东西配殿在一进院，两侧均为硬山式建筑。面阔七间，东配殿进深三间，西配殿进深四间，因该殿又是天后宫的东配殿，故而前后均设廊间。

广济寺塔的建造年代为辽清宁三年（1057

广济寺大殿

年），是辽道宗耶律洪基为尊藏其母仁懿皇太后肖挞里所赐之舍利而建。广济寺塔坐落在广济寺古建筑群的中轴线上，为八角13层实心密檐式，残高53.11米，维修后高71.25米。由基座、塔身、塔檐、塔顶四部分构成。基座又分台基、须弥座束腰、勾栏平座、仰莲四部分。塔身八面，均有砖雕像。正中辟拱形佛龛。塔檐共13层。塔顶塔刹已毁，原形制无考。维修时参照同时期辽塔复原设计。

观音阁位于广济寺的中轴线最南端，北距广济寺塔10米。观音阁的建筑历史，据有关专家考证，最早应建于辽代，与广济寺塔同时代，是广济寺的重要组成部分，但在一些志书上把它单列出来，称观音阁或观音堂。据《锦

广济寺塔

县志》记载：观音阁始建于明成化年间，屡修于明万历、天启年间，清顺治十一年（1654年）、道光十八年（1838年）重修，光绪年间又重修。观音阁正殿三楹，前厅三楹，东西廊各三楹，大门一楹。遗存的观音阁为大殿三间，前殿三间，东西配殿各三间，只缺大门，基本保持了光绪年间重修时的建筑布局。

锦州天后宫又称天后行宫，位于广济寺西侧，俗称娘娘宫、妈祖庙，是供奉妈祖的地方。锦州自契丹天显元年（926年）归临海军管理和控制海运事宜，而后历朝均为漕运之中转站。明清时海上交通尤为发达，往来的多为江浙、福建一带商贾。锦州天后宫即为这些商人捐资修建的。据清乾隆二十八年（1763年）《重建天后宫碑记》载："雍正二年锦府李公讳大受劝捐。三年择地鼎建正殿，妆塑圣像，大殿三间，东西配殿四间。"而后每隔几年均由江浙、福建捐资扩建或重建。据相关资料记载，清代北洋大臣李鸿章曾作对联曰："俎豆重辽西舞德颂功鸾凤恍从天际下；歌播如山海扬帆鼓棹轴舻如在镜中行。"天后宫为四合式二进院落。由山门与过厅、东西朝房（东朝房与广济寺共用）组成第一个四合院。过厅与大殿、东西配殿组成第二个四合院。山门两侧为碑亭。

昭忠祠位于广济寺大殿东侧，祠堂为清光绪皇帝敕建，建于清光绪二十四年（1898年）。昭忠祠是全国唯一一座为纪念在中日甲午战争陆战中牺牲将士而建的祠堂。昭忠祠面阔五间17米，进深三间8米。其建筑结构为硬山五架梁前加一步架卷棚。屋顶形式为前悬山式卷棚后接硬山式，即一殿一卷式，布瓦顶。

卷棚进深1.6米。檐下施五踩斗拱。

1949年以前，观音阁与广济寺建筑一起归江浙会馆"众商公会"管理，曾作过金银交易市场，20世纪50年代改作锦州市皮毛厂的职工宿舍。1963年9月30日，广济寺及塔被列为辽宁省文物保护单位，观音阁及附近住房归文化部门管理，作为文化部门的办公及住房。"文化大革命"期间逐渐由居民占用。1986年，归宗教部门管理，由僧人进驻。1993年，辽宁省人民政府印发《关于公布一百九十五处省级以上文物保护单位保护范围和建设控制地带的通知》，公布广济寺的保护范围和建设控制地带。1999年，古城改造，在广济寺西侧建博物馆新馆舍，恢复广济寺的建筑功用。2000年，锦州市政府修建古塔历史文化公园，将僧人迁入广济寺东侧新建场所（新观音阁）。至此，观音阁归公园管理。2001年6月25日，广济寺古建筑群被国务院公布为第五批全国重点文物保护单位，编号5-0282-3-088。2003年，锦州市博物馆建立广济寺古建筑群全国重点文物保护单位记录档案。国家对广济寺古建筑群进行过多次维修，1989～1991年对广济寺进行全面维修，1993～1996年对广济寺塔进行全面维修，2007年对广济寺、昭忠祠彩绘进行保护；2008～2013年对广济寺古建筑群进行全面维修。

**戒台寺** 正名万寿禅寺，因寺中有中国遗存最大的古戒坛闻名于世，故而有"天下第一坛"之称，位于北京市门头沟区永定镇。

戒台寺始建于隋开皇年间（582～600年），时名慧聚寺。辽咸雍年间（1065～1074年）道宗将亲抄的金字《大乘三聚戒本》授予该寺高僧法均。这件戒本被认为是律宗正统代表的信

戒台寺山门

物，奠定戒台寺北方佛教最高传戒寺院和律宗圣地的地位。至元代末年，因战乱，戒台寺受到破坏。明宣德年间（1426～1435年），由皇家先后数次对寺院加以修葺，形成后世遗存格局。明正统五年（1440年），改称万寿禅寺，并敕令如幻法师在此开坛传戒。明嘉靖年间对寺院大修，历时7年，寺院规模进一步扩大。清代，康熙和乾隆皇帝敕令对戒台寺进行保护和修缮。清末至民国时期戒台寺受到较好的保护。

戒台寺依山势而建，坐西朝东，为辽代寺院朝日习俗的体现。戒台寺由南北两路组成。各殿都建在逐层升高的平台上，遗存主要殿宇均为清代或近代所建。南路为主要建筑所在，山门面阔三间，庑殿顶，筒瓦屋面，山门前有清康熙手书《万寿寺戒坛碑记》。山门外有地藏院，坐北朝南，一进院落。天王殿在山门后，面阔三间，庑殿顶，绿琉璃瓦屋面。天王殿前两侧有钟、鼓二楼。大雄宝殿建于月台

之上，面阔五间，进深三间，硬山顶，绿琉璃瓦屋面，明间悬有乾隆皇帝手书匾额"莲界香林"。殿内供有明代铸造的铜质三世佛，屋顶装饰有3个蟠龙藻井。大雄宝殿前南北两侧各有配殿3间，硬山顶，筒瓦屋面，北侧为伽蓝殿，南侧为祖师殿。大雄宝殿后为高台，台上有千佛阁，建筑为复建。千佛阁后为高台，台上建有观音殿，面阔三间，硬山顶，筒瓦屋面。观音殿南侧有房3间，为清末恭亲王奕䜣所建书房。观音殿后为九仙殿。千佛阁南北两侧各有1座院落，称为南宫院、北宫院，原为行宫的一部分。北宫院又称牡丹院，其建筑风格巧妙融合北京传统的四合院与江南园林艺术；南宫院南侧另建有2座小院为僧房，称为上院与下院。大雄宝殿南侧建有方丈院，为一座两进院落。东西两侧分别建有东西静室，形成了一组独立的多个四合院相连的建筑群，有房舍50余间。外院西房3间，靠北一间倒座，是方丈院的大门。北房5间与东侧3间伙房相连是当年僧人吃斋的斋堂。南房5间两侧各有两

间耳房是方丈事室，东西房各5间是寮房。东静室是一座两进院落，西静室是一个小院，东西静室是当年的经室。从明代开始，戒台寺的主持和高僧就住在这里静修。

戒台寺北路为戒坛院，明王殿面阔三间，歇山顶，筒瓦屋面，为戒坛院的山门。明王殿前有2座八角形石经幢。戒坛殿位于戒坛院内，始建于辽咸雍五年（1069年），金、元、明、清各代均有维修。大殿平面呈方形，面阔、进深均为五间，重檐盝顶，筒瓦屋面，屋顶正中平台有铜质镏金宝顶，呈金刚宝座塔样式分布。戒坛位于大殿正中，由青石砌筑而成，平面呈方形，通高3.25米，分为三层。其底层高1.4米，各边长11.3米；中层高0.95米，各边长9.6米；上层高0.9米，各边长8.1米。每层台均为须弥座造型，束腰处雕有佛龛，龛内有戒神1尊。戒坛共有佛龛113座，戒神113尊，是中国遗存戒坛中最大、最精美的一座。殿内原有沉香木雕花椅，系传戒时三师七证的座位，已无存，仅摆放有10把紫檀木

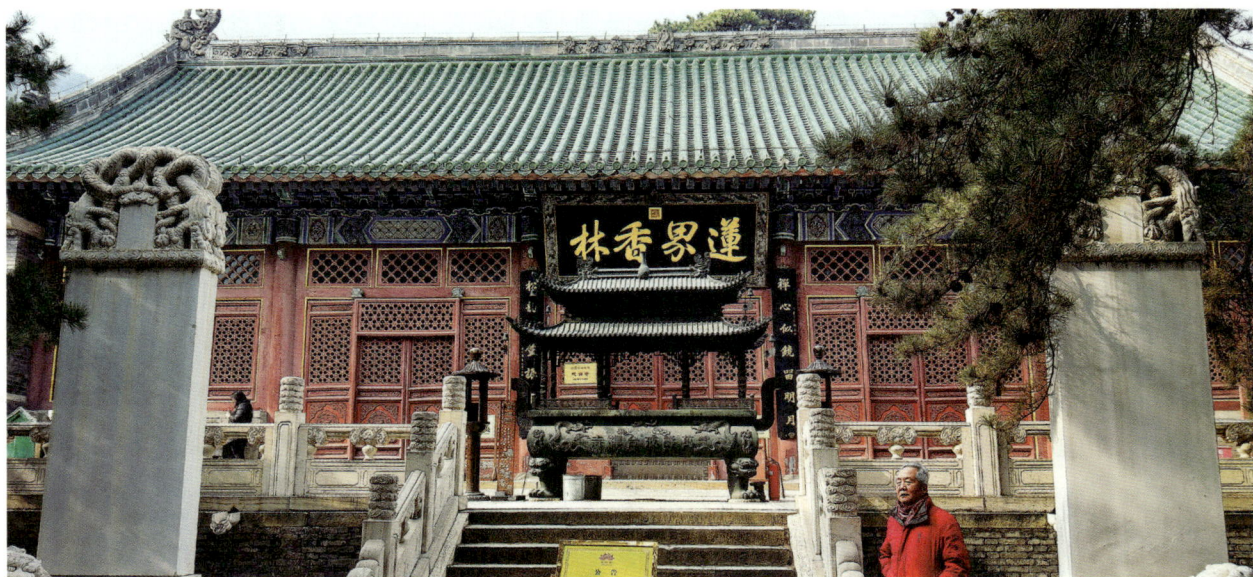

戒台寺山门大雄宝殿

戒台寺天王殿

戒台寺千佛阁

椅及桌案。大殿顶部装饰有斗八方藻井，做工极其精美，是遗存藻井中的精品。大殿两侧各有南北配殿18间，为罗汉堂，原有泥塑彩绘的五百罗汉，已无存。大殿后为大悲殿，面阔五间，硬山顶，筒瓦屋面。戒坛院东侧为戒台寺塔院，其台下南北并列两座砖塔。北塔为法均墓塔，原建于辽大康元年（1075年），明正统十三年（1448年）重修，为七层八角密檐式塔。北塔之南有辽大安七年（1091年）王鼎撰文的《法均大师遗行碑》。南塔为法均衣钵塔，为五层八角密檐塔。

20世纪30年代后期，戒台寺因战乱受到严重破坏。1957年10月，戒台寺被北京市人民委员会公布为第一批市级文物保护单位。1965年8月17日，北京市接管戒台寺，修整后开辟为旅游景点。1980年，成立北京市潭柘戒台风景区管理处。北京市政府拨款，对戒台寺进行大规模的整修，并于1982年重新对外开放。1987年，北京市人民政府批转市规划局、文物局《第二批划定文物保护单位的保护范围及建设控制地带》的报告，划定戒台寺保护范围及建设控制地带。1996年11月20日，戒台寺被国务院公布为第四批全国重点文物保护单位，编

号4-0094-3-016。戒台寺滑坡整治工程2005年4月8日开工，至2006年10月24日竣工。2006年，北京市潭柘戒台风景区管理处建立戒台寺全国重点文物保护单位记录档案。

**张掖大佛寺** 又名睡佛寺，因寺内有巨大的佛涅槃像而得名，是丝绸之路上的一处重要佛教建筑群。大佛寺位于甘肃省张掖市甘州区。

大佛寺源于西晋时迦叶如来寺，初建于西晋惠帝永康元年（300年）。据卧佛腹内出土的清乾隆十二年（1747年）重修卧佛殿碑记载，西晋至北朝时期，张掖一带佛教活动繁盛，至北魏太平真君四至七年（443～446年），北魏太武帝拓跋焘灭佛，迦叶如来寺僧人将佛像埋于地下。西夏永安元年（1098年），思能国师在大佛寺大土台一侧挖出几尊古涅槃像，法静和尚将三尊敬献西夏主崇宗李乾顺。西夏贞观三年（1103年）乾顺为其母祈求冥福，在原迦叶如来寺旧址上敕建"卧佛寺"。清吴广成《西夏书事》载："崇宁二年，夏贞观三年春二月，建卧佛寺于甘州……乾顺自母梁氏卒，思供佛为母祈福。甘州僧法净于故张掖西南甘浚山下，夜望有光，掘之，得古佛三，皆卧像也。献于

大佛寺大佛殿

乾顺，乾顺令建寺供之，赐额卧佛。"元至元十八年（1281年），元皇朝为始祖别吉太后在大佛寺建立庙祀，元仁宗延祐七年（1320年），元顺帝妥懽帖睦尔出生于大佛寺藏经殿。明洪武五年（1372年），大佛寺遭兵燹。明永乐九至十七年（1411～1419年）重建，敕赐"弘仁寺"之额。明永乐十八年（1420年），《沙哈鲁遣使中国记》记述大佛寺"东西南北各有五百公尺"，是古代文献对大佛寺规模的唯一确切记载。明宣德二年（1427年）重修卧佛殿。清康熙十七年（1678年），御赐"弘仁寺"之匾；雍正十二年（1734年）维修大佛寺；乾隆十至十二年（1745～1747年），卧佛殿倒塌，重建。光绪三十一年（1905年）维修；宣统二至三年（1910～1911年）彩绘大佛寺。

张掖大佛寺建筑具有浓郁的汉藏建筑融合风格。大佛寺占地约2.3万平方米，为坐北朝南的规则式对称布局。在东西向中轴线上，

依次分布有山门、牌坊、钟楼、鼓楼、卧佛殿、大成殿、藏经殿、土塔等8座建筑。其中卧佛殿、藏经殿、土塔始建于西夏时期，元、明、清重修。山门、牌坊、钟楼、鼓楼、大成殿为明清建筑，20世纪80年代从张掖其他地方迁入。中轴线前后院南北两侧对称的四座建筑，提督衙门二堂为20世纪80年代迁建的明代建筑，其他为完善建筑布局新建的仿古建筑。1986年，大佛殿东侧建有市区迁来的二郎殿。

大佛殿为全寺主体建筑，位于中轴线中心，始建于西夏永安元年（1098年），为二层重檐歇山顶四周围廊的楼阁式建筑。通面阔十一间，进深十二架椽。屋面为花脊青瓦，正脊饰吻兽及瑞兽，正脊中央置砖砌方形须弥座，座上置铜塔。塔之两侧有四个坐狮对望，垂脊、戗脊脊端均置瑞兽。两山砌"二龙戏珠"砖雕。大木结构为抬梁式。金柱上承七架梁。斗拱为地方"花板代拱"做法。墙体为土

坯砌筑，外包青砖。其装饰构件充分体现藏式建筑风格。室内屋顶以棋盘天花装饰，槅扇门框为藏式花纹雕刻。殿内须弥座上塑释迦牟尼涅槃像，塑像为木骨泥胎、金装彩绘，胎内分上中下三层，为贮藏法宝密室。卧佛首、脚及身后塑有大梵天、帝释天及十八弟子举哀像，殿两侧塑有十八罗汉。一层内壁皆绘壁画，以佛教主题为主。藏经殿，始建于西夏，明万历十八年至二十二年（1590～1594年）重修。面阔五间，进深三间，单檐起脊前后廊歇山，大木构架为抬梁式。青砖墙体围合，正面两梢间在砖墙开月洞窗。斗拱亦为"花板代拱"。土塔，原称弥陀千佛塔，创建于西夏。由塔基、塔身和塔刹三部分组成，为典型的金刚宝座式

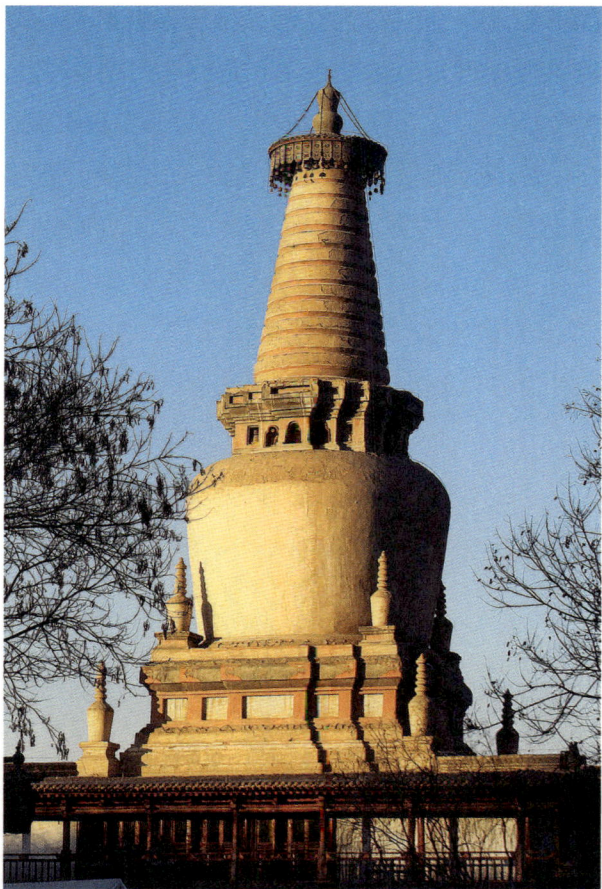

大佛寺土塔

佛塔，砖土混筑，通高32.5米。塔身结构从下往上依次为两层方形须弥座、覆钵式塔体、十三重相轮、刹盘、宝顶，两层方形须弥座四角各置覆钵式小塔1座，共8座，高3.64米。塔底须弥座周围建有四坡木构围廊，围廊为上下两层，面阔九间，进深两间。上下两层均在前金柱间建有墙体和门窗，形成外围走廊。二层设围栏，屋顶为青瓦。这种变形的金刚宝座塔，在中国仅此一例。牌坊为四柱三楼木构牌坊，斗拱为"花板代拱"，小青瓦屋面。钟楼、鼓楼为四角攒尖正方形二层木构楼阁，青瓦屋面，一层檐柱为廊柱，沿金柱为清水砖墙，二层金柱间镶槅扇。山门为三开间悬山木构建筑。

1949年后，大佛寺由张掖市文化馆文物股和张掖市文物管理委员会共同管理。1962年，由甘肃省人民委员会公布为甘肃省文物保护单位，1981年再次由甘肃省人民政府公布为省级文物保护单位。1986年，成立张掖市博物馆，负责大佛寺的日常管理工作。1995年，经国家文物局审批立项，对大佛殿十大弟子塑像进行扶正维修。1996年11月20日，张掖大佛寺被国务院公布为第四批全国重点文物保护单位，编号4-0112-3-034。2000年，编制完成《张掖大佛寺大殿修缮方案》。2002年，张掖市博物馆更名为甘州区博物馆，负责管理大佛寺。2005年7月至2008年8月，对大佛寺大殿进行修缮。2011～2014年，甘州区人民政府组织编制《张掖大佛寺文物保护规划》，并获甘肃省人民政府批准。

**善化寺** 俗称南寺，是中国遗存最完整、规模最大的辽金寺院建筑，位于山西省大同市

善化寺远景

城区西南隅南寺街。

　　据寺内金大定十六年（1176年）《大金西京大普恩寺重修大殿记》碑载，善化寺始建于唐开元年间（713～741年），时称开元寺，五代后晋初，更名为大普恩寺；辽末保大二年（1122年）金兵攻陷西京，寺院大部分毁于战火，栋宇所仅存者，十不三四；金初，该寺上首圆满大师主持重修，自金天会六年至皇统三年（1128～1143年）工程竣工。元代仍名普恩寺。明宣德三年（1428年）僧人大用主持修缮，正统十年（1445年）又奏请朝廷敕颁藏经，并赐名善化寺。清康熙四十七年至五十五年（1708～1716年），僧人源庆主持修缮，并画壁画60间；乾隆年间（1736～1795年）又加整修。

　　全寺占地约1.5万平方米，遗存主要建筑有山门、三圣殿、普贤阁、大雄宝殿、东西朵殿等。山门、三圣殿、普贤阁为金代所建。大雄宝殿始建于辽，金天会、皇统年间（1123～1149年）重修。其中，山门、三圣殿、大雄宝殿依次排列在中轴线上，层层叠高。东有文殊阁（已毁），西为普贤阁，主次

善化寺天王殿

善化寺三圣殿

善化寺大雄宝殿

分明，左右对称，尚有唐代布局之规。寺内平坦，松柏成林。

善化寺山门，又称天王殿，面阔五间，进深两间，单檐庑殿顶。门前有月台、踏步，一对石狮雄踞于上。左右次间有明代塑的四大天王像。山门殿柱分布整齐，前后檐柱各6根，纵向立柱6根。内外柱同高，为此殿独特之处。山门梁栿皆为月梁式，砍削规整，形制美观，是中国遗存最大的金代山门。山门悬"威德护世"匾额。三圣殿，俗称过殿，建于金天会、皇统年间。因殿内置毗卢遮那佛、文殊菩萨、普贤菩萨，合称华严三圣，故名。三圣殿面阔五间，进深四间，单檐庑殿顶。檐下斜拱宏大华丽，为金代斗拱的典型做法。殿内部平面采用减柱法，显得空间十分开阔。左右次间补间各出60°斜拱，形如花朵怒放。佛坛上的华严三圣为金代原塑。殿内尚存4块石碑，其中金大定十六年（1176年）《大金西京大普恩寺重修大殿记》为南宋使金通问副使朱

善化寺五龙壁

弁所撰，为研究善化寺的重要文献资料。大雄宝殿始建于辽，金天会、皇统年间重修。殿台高3米，殿前月台东西长31米，南北宽21米，明万历年间（1573～1620年）增建牌坊3间，钟鼓亭各1座。大殿面阔七间，进深五间，单檐庑殿顶。屋顶坡度平缓，无推山，表现了辽代建筑特征。殿内正中有平棊藻井2间，余为彻上露明造，斗八藻井内围列斗拱两层，雕制精湛，其形制、手法属典型辽代形制。大殿正中佛坛上塑有五方佛，为辽代泥塑，端坐在莲台上。佛身高4.05米，泥塑，金身，衣纹流

畅，姿容凝重，气宇轩昂。东西两侧的24尊诸天，高3米余，体态丰伟，神情各异。西、南两壁上的佛教故事壁画，线条流畅圆润，人物宛然如生，虽为清初作品，尚存元代遗风。1980年，从大同市南门外兴国寺将一座明代琉璃五龙壁迁移至大殿西跨院，其色泽鲜艳、五彩斑斓，壁高7米、宽19.9米、厚1.48米。迁移来的文物还有原大同市东门外御河西岸的镇河铁牛等。普贤阁为一座三间见方、结构精巧、形式独特、重檐九脊顶的楼阁式建筑。金贞元二年（1154年）重修。两层间设有平座暗层，其做法与应县木塔相似。虽为金贞元年间修建，但建筑结构和手法均模仿辽代，是研究中国木构建筑发展历史的重要例证。

民国22年（1933年）9月，中国营造学社梁思成、刘敦桢等一行4人，对善化寺进行调查、测绘、拍摄，在《大同古建筑调查报告》中详细论述善化寺大雄宝殿、普贤阁、三圣殿、山门等以及明代建筑及配殿。

中华人民共和国成立初期，善化寺由住持和尚管理。1952年，设立大同市古迹保养所。1955年，大同市古迹保养所改为山西省云岗古迹保养所。1961年3月4日，善化寺被国务院公布为第一批全国重点文物保护单位，编号1-0088-3-041。1981年，善化寺正式对外开放。1992年6月20日，经大同市编委同意新组建大同市古建筑文物管理所。1994年3月，国家文物局拨专款的大雄宝殿修缮工程正式落架，1997年底竣工。2002年8月27日，山西省人民政府审核批准，印发《关于公布太原晋阳古城遗址等102处全国重点文物保护单位保护范围的通知》，公布善化寺的保护范围和建设控制地带。2014年，国家文物局批准善化寺安全防范工程项目方案，工程于2015年4月开工，12月竣工。

**晋城二仙庙** 是崇祀民间俗神的早期建筑，位于山西省晋城市区东16千米泽州县金村乡东南村。

晋城二仙庙过殿

晋城二仙庙拜殿

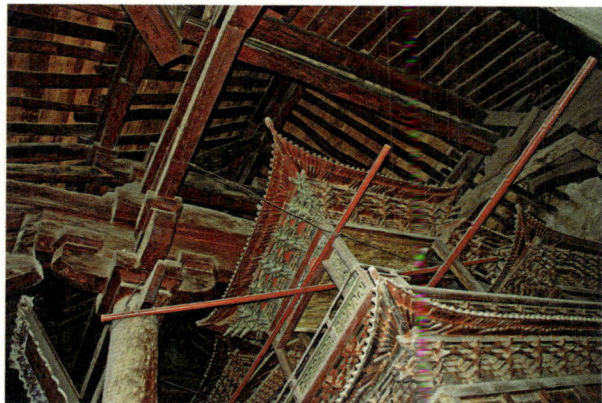

晋城二仙庙正殿梁架

二仙庙，以崇祀传说中的乐氏二仙女命名，亦名二仙观。创建于北宋大观元年（1107年），元、明、清各代均有修葺。遗存建筑除正殿外，皆为明、清所建。庙内宋代创建碑尚存。根据实地勘察，正殿及左右朵殿为宋建体制。寺前山门已毁，遗存东西配殿及中轴线上的乐台和香亭，均属明清建筑。

二仙庙，整个庙宇建筑由二进院落组成，占地面积为1232平方米，坐北向南，中轴线上乐台、香亭、大殿依次排列。一进院乐台、香亭为明清建筑。二进院大殿始建于宋大观元年（1107年），宋政和七年（1117年）竣工。大殿面阔三间，进深六椽，歇山式屋顶。从斗拱形制和梁架组合来看，应为宋代原构。殿内有3座单体楼阁式建筑和1个大跨度的单拱弧式木结构"天桥"组成的宋代木制"天宫壁藏"。楼阁比例协调，结构合理。斗拱柱枋，门窗构栏，吻兽脊瓦皆为木制材料做成，工艺水平高超。斗拱为八铺作重拱出双杪三下昂，斗拱出跳之多在早期小木作楼阁中少见。殿内后槽的仙台上塑二仙姑泥像，两侧立胁侍4尊。

二仙庙庙内正殿建筑具有宋代特征，殿内木制"天宫壁藏"，雕刻精致，金碧辉煌，是不可多得的艺术珍品。二仙塑像及侍女像，体态修长，眉清目秀，为宋塑中的佳作。庙内宋代创建碑尚存，为印证此庙始建年代提供了宝贵的实物资料，具有极高的历史价值。

1996年11月20日，晋城二仙庙被国务院公布为第四批全国重点文物保护单位，编号4-0097-3-019。1998年6月15日，成立晋城市二仙庙文物管理所，负责管理。2002年8月27日，山西省人民政府审核批准，印发《关于公布太原晋阳古城遗址等102处全国重点文物保护单位保护范围的通知》，划定晋城二仙庙的保护范围和建设控制地带。二仙庙全国重点文物保护单位记录档案保存于山西省古建筑保护研究所。2009年，国家文物局批准由山西省古建筑保护研究所设计编制的晋城二仙庙保护规划。

济渎庙　全称济渎北海庙，为祭祀中国古代四渎之一济水的神祇而建的庙宇，位于河南省济源市区济渎大街西段原庙街村。

济渎庙位于古"四渎"之一的济水发源地，初创于隋开皇二年（582年），是隋文帝杨坚为祭祀济水之神敕建的庙宇。隋开皇四年（584年），在济渎庙西侧续建天庆宫。唐贞元十二年（796年），在济渎庙后增建北海祠。五代后晋天福七年（942年），宋开宝六年（973年）、嘉祐四年（1059年），金正大五年（1228年），元大德二年（1298年），明宣德、天顺年间，清康熙、乾隆、嘉庆年间曾多次重修扩建，基本保持隋唐规制。至明天顺四年（1460年），有殿宇400余间，占地达8万余平方米，周围庙地达35万平方米，当时的《济渎北海庙图志碑》反映了济渎庙的盛大庙貌。遗存济渎庙与图志碑所示布局基本一致。

整座建筑坐北朝南，古建筑排列在三条轴线上，总体平面呈"甲"字形，形成前有济渎庙，后为北海祠，左列御香院，右傍天庆宫的总体格局，占地面积86255平方米，遗存有宋元明清历代建筑20多座，唐至清碑碣石刻40余通，被誉为"中原古建筑博物馆"。

清源洞府门，即济渎庙山门，系明代重修的砖木牌楼，由主楼和左右两掖门组成。主楼面阔三间，四柱悬山造，斗拱为双翘双下昂九踩重拱造，4根中柱为通柱，由砖砌厚墙包固，以墙体代替牌楼常见的戗木或夹杆。这种由4根单排木柱承托着大屋顶的木构牌楼建筑，造型奇特，巍峨壮观，国内罕见，为河南省明代牌楼建筑之冠。寝宫，为济渎庙主体建筑，重建于北宋开宝六年（973年）。面阔五间，进深四架橡，单檐九脊殿，是河南省遗存时代最早的歇山造木结构殿堂建筑。渊德殿遗址，殿基面阔七间，进深三间，尚存排列有序的宋代覆盆柱础。据《济渎北海庙图志碑》可知，原为单檐庑殿式建筑，平面布局为室内双槽，台基前设东西双阶，保存早期礼制中的阼阶、西阶遗制，为中国古建筑中极为罕见之实例。大殿后门通过覆道与寝宫相连，外围有内转82间，外转90间的回廊。临渊门即北海祠山门，重建于元大德四年（1300年）。面

济渎庙清源洞府门

济渎庙临渊门

济渎庙寝宫

阔三间，进深四架椽，单檐不厦两头造。室内梁架采用四椽栿和平梁，前后檐用四铺作单下昂斗拱，明次间各1朵；补间铺作用真昂，昂嘴扁瘦，较具特色。龙亭，又名水殿，濒临济渎池，是一座保留有元代遗构，明代早期重修的木构建筑。面阔三间，进深三间，单檐歇山式建筑。檐下斗拱，均为五踩单翘单下昂，补间斗拱用真昂，当心间无柱头斗拱，前后檐平身科用五攒斗拱，山面平身科用三攒斗拱。檐柱与阑额粗巨，额下施绰幕枋式替木，亭内五架梁头直接压在前后檐斗拱之上，四角采用垂莲柱。玉皇殿，清康熙年间重修。面阔五间，进深三间，单檐歇山式建筑。斗拱为龙首五踩，雕造精美。殿内施七架梁，梁架之间置荷叶墩。灵渊阁，面阔三间，进深两间，单檐歇山式建筑。阁前置石勾栏1副，在盆唇、地栿之间雕有镂空"卍"字华板，即《营造法式》所述的"华板卍字造"单勾栏，为中国唯一幸存的只《营造法式》记载的"宋代石勾栏"样板。济渎池即济水东源，也是祭祀济水神的场所，分作东西二池，东池称龙池，长43.5米、宽23.5米；西池称小北海，长66.5米、宽42.5米。墙外有珍珠泉，池周亭台楼阁与石桥交相

辉映，一派北方古典园林风光。

庙院内遗存碑刻40余通，其中《济渎北海庙图志碑》刊立于明天顺四年（1460年），碑面详细刻绘有济渎庙整体轮廓和各个建筑的形制、殿宇名称，可与记载庙宇整体布局及单体建筑的位置功能的碑文相互对照印证；《大明诏旨碑》，明洪武三年（1370年）立，为明太祖朱元璋改革神号称谓，诏定五岳、五镇、四海、四渎、城隍等神号的圣旨；其他如宋《灵石碑》、元赵孟頫所书《投龙简记》等多为历代祭文碑刻。

1978年7月，成立济源县文物保管所，负责包括济渎庙在内的文物建筑的日常保护管理。1983年12月14日，济源县人民政府公布济渎庙为县级文物保护单位。1986年11月21日，河南省人民政府公布济渎庙为第二批省级文物保护单位。1992年，河南省古代建筑保护研究所对济渎庙第一期工程进行勘测，制定相关维修方案。1993年，占据庙院的济源县第一中学全部迁出，逐步拆除由学校增建的违章杂房，多次组织编制济渎庙文物保护规划，对济渎庙第二期工程进行勘测并制定维修方案，由河南省古建所对东西两侧院的长生

阁、玉皇殿、厢房、广生殿、御香殿、接官楼等建筑进行维修，并复建两水池附近的围墙，改善院内环境。1996年11月20日，济渎庙被国务院公布为第四批全国重点文物保护单位，编号4-0107-3-029。1997年成立济源市济渎庙管理处，专职负责济渎庙日常保护管理工作。2003年7月，济源市委、市政府提出拯救"国保"行动，一期抢救整修北海池，二期拆迁建设控制地带内不协调建筑，三期对庙内部分古建进行修缮和恢复。2004年，河南省人民政府划定并公布济渎庙的保护范围和建设控制地带。2006~2007年，复建天庆宫太清殿；2008~2015年，历年均有维修。

大雄宝殿

**崇福寺**　是规模宏伟、气势壮观的五进院落寺院，位于山西省朔州市朔城区东大街北侧。

崇福寺古名林衙院，俗称大寺庙，创建于唐高宗麟德二年（665年）。辽代曾为官府占据，称林衙署。后改为僧舍，名曰林衙院或林衙寺。金熙宗崇佛，于金皇统三年（1143年）敕命增建弥陀殿、观音殿，改寺为净土宗佛刹。金天德二年（1150年）海陵王完颜亮赐额"崇福禅寺"。元、明、清各代均有重修。遗存建筑中除弥陀殿、观音殿为金代遗构外，皆

崇福寺全景

弥陀殿

崇福寺弥陀殿槅扇棂花

为明清建筑。

崇福寺坐北向南,规模宏伟,气势壮观。寺宇前后五进院落,中轴线上依次排列有山门、金刚殿(天王殿)、千佛阁、三宝殿、弥陀殿和观音殿。东西两侧从前至后有钟楼、鼓楼、文殊堂(西配殿)和地藏殿(东配殿)。

观音殿位居寺之最后,面阔五间,进深三间,殿前有月台。单檐歇山顶。檐下斗拱六铺作单杪双下昂计心造,耍头砍成批竹昂式,古朴简洁。明次间皆装槅扇,无窗。殿内梁架为四椽栿对乳栿前后用三柱,前槽金柱全部减去,增大空间。四椽栿跨度增大至10米,平梁上和平梁前端施通长的人字叉手,将前槽上部荷载传递到前后檐柱上,减轻荷载。这一结构上的创新,反映建筑技术上的独具匠心。寺内主体建筑弥陀殿,面阔七间,进深四间八椽,单檐歇山顶,坐落于高2.5米的台基上,殿前月台宽敞,广及五间。殿顶三彩琉璃剪边,两只鸱吻高大雄健,立于正脊两端,造型古雅。檐下四周斗拱庞大雄壮,为七铺作双杪双下昂,斗拱后尾挑承在殿内乳栿和丁栿下。前檐柱头与后檐补间铺作上除施华拱外,左右各出45°斜拱,显现出金代建筑惯用斜拱的特点。

殿内柱网设置,减去当心间两柱,扩大殿内空间。殿内梁架彻上明造,分内槽与外槽两部分。除四周乳栿和丁栿外,居中的四椽栿前端置于大内额上,额枋为较大的复梁式结构,分作上、下两层,其间用斜材支托,类似叉手,构造之法近似人字杈架的作用。弥陀殿的装修,前檐五间槅扇门,后檐明、梢间设板门。槅扇及横披上的棂花图案,玲珑剔透,镂刻精美,有三角纹、古钱纹、挑白球纹等纹样达15种之多,极富装饰效果。大殿前檐下悬有"弥陀殿"竖匾,是金大定二十四年(1184年)的原物。殿内设有宽大佛坛,供奉主像3尊,正中阿弥陀佛,两侧为观世音和大势至二菩萨。塑像比例适度,服饰精致,面型丰满,神态端庄,有唐、宋造像之风韵,是金代塑像中的上品。殿内四壁满绘壁画,内容以说法图为主,大都属金代原作。弥陀殿规模庞大,气势雄伟,其建筑形制、雕刻艺术、塑像绘画艺术以及琉璃烧造工艺等均有较高的历史、科学、艺术价值,为金代建筑上乘之作。

1953~1954年,山西省人民政府拨款,对崇福寺观音殿进行现状修整;1957~1958年,维修崇福寺建筑残坏的瓦顶、台明及围墙。1965年，山西省人民委员会公布崇福寺为山西省重点文物保护单位。1975年，拨专款维修寺庙两侧围墙、寺内排水及山门台明。1987～1991年，国家文物局拨专款，对崇福寺弥陀殿进行重点修复。1988年1月13日，崇福寺被国务院公布为第三批全国重点文物保护单位，编号3-0117-3-065。1996年，崇福寺山门立项维修。2002年8月27日，山西省人民政府审核批准，印发《关于公布太原晋阳古城遗址等102处全国重点文物保护单位保护范围的通知》，公布崇福寺的保护范围和建设控制地带。崇福寺全国重点文物保护单位记录档案保存于山西省古建筑保护研究所。

**开元寺** 为福建省最大的佛教建筑群，是闽南宗教建筑的代表，也是中国遗存保留唐代密宗规制的寺庙之一，位于福建省泉州市鲤城区西街历史街区中段。

寺院始建于唐垂拱二年（686年），后赐额"莲花寺"。武周长寿元年（692年）改名兴教寺，唐神龙元年（705年）又改称龙兴寺。唐开元二十六年（738年），玄宗诏令全国诸州（道）各立一佛教寺庙以纪年，龙兴寺被选中，始称开元寺。元至元二十二年（1285年），赐额"大开元万寿禅寺"，寺院规模至最大。自唐至元，为开元寺全盛年华，高僧辈出。

寺院坐北朝南，主体建筑分布于南北中轴线上，依次有紫云屏、山门、拜圣亭、拜庭、大雄宝殿、甘露戒坛、藏经阁。大殿东侧有檀樾祠、准提禅林，西侧有功德堂、尊胜院、水陆寺等。大殿前方东、西两侧，峙立镇国塔和仁寿塔。寺内有石经幢数座，舍利塔10余座。其中以拜庭、大雄宝殿、戒坛、镇国塔和仁寿塔最具价值。

紫云屏即开元寺之照壁，建于明万历四年（1576年），在山门对面，砖石砌成的照墙，正中有明代陈于王的隶书"紫云屏"石刻，高

开元寺大殿

5.80米、宽15.50米。山门始建于唐，明代也有修葺，为单檐硬山顶，平面保持唐宋状，构架为明式，保留宋营造法式，面宽五间、进深四间，面积353平方米。拜庭在拜圣亭与大雄宝殿之间，花岗岩条石铺就，有唐、宋、元、明期间建造的石经幢和石塔15座，南北长约45米，东西宽65米，总面积约2900平方米。大雄宝殿是开元寺内的中心建筑，位于中轴线上，拜庭之后。始建于唐，历代均有修葺，构架主体保持明洪武二十二年（1389年）扩建重修后的形制。大殿重檐歇山顶，面阔九间42.7米，进深六间32.5米，建筑面积1387.75平方米。原立柱百根，因在柱头铺作、补间铺作、转角铺作上的灵活运用，减柱14根，实主柱86根，扩大中心地带的空间，因此殿又名百柱殿。甘露戒坛位于中轴线上，大雄宝殿北侧，始建于宋代，其木构部分为清康熙五年（1666年）重建，五重檐，八角攒尖顶，面积820平方米。藏经阁位于甘露戒坛后，面积1864平方米，元到民国年间经历多次修葺，民国14年（1925年）改建为二层混凝土仿木结构。阁内收藏27000多册五代以来珍本经书，不少为罕有的国宝。

檀樾祠处于藏经阁东翼，元、清修葺，硬山顶，四进，各进间有天井，东侧有护厝，供奉开元寺施主黄守恭牌位，并悬匾彰显宗族中科第者。准提禅林位于檀樾祠东侧，建于清代，布局仿照开元寺中轴线，俗称小开元。占地面积3200平方米，辟为佛教博物馆。

功德堂位于藏经阁西侧，民国建筑，两进，三开间，供奉开元寺匡护祖师及一些施主牌位，面积347平方米。尊胜院在功德堂边，

开元寺双塔

清代建筑，原是匡护祖师驻锡之所，单层硬山式，一代宗师弘一法师五次驻此，面积800多平方米。水陆寺位于尊胜院西侧，清代建筑，单檐歇山顶，面阔进深均三间，供奉三世尊佛，内收藏有唐、宋石刻观音，面积217平方米。

东西塔分别位于大雄宝殿东南、西南侧，相距200米。双塔均为仿木构楼阁式石塔。东塔为镇国塔，在大雄宝殿前东侧，宋代形制，为八角五层仿木结构石塔。西塔即仁寿塔，在大雄宝殿前西侧，同为宋代形制，为八角五层仿木结构石塔。

1962年，开元寺被列为福建省文物保护单位。1982年2月23日，开元寺被国务院公布为第二批全国重点文物保护单位，编号2-0020-3-005。1996年，福建省人民政府公布开元寺保护范围。2005年，泉州市文物管理局建立《开元寺记录档案》。2011年，国家文物局批复大雄宝殿的修缮方案。2013年，启动天王殿、拜亭和戒坛修缮工程。2014年，修缮大雄宝殿。2015年，开元寺文物保护规划获得国家文物局的批复。2016年11月，福建省文化厅、省住房和城乡建设厅重新划定开元寺建设控制

地带并予以公布。开元寺现设有开元寺寺务委员会，负责开元寺的旅游管理。

**岩山寺** 原名灵岩院，为遗存规模最大、艺术水平最高金代壁画的佛教寺院，位于山西省繁峙县城五台山北麓天岩村。

据寺内碑刻记载，岩山寺创建于金正隆三年（1158年），元延祐二年（1315年）重修，明清屡有补葺。遗存建筑文殊殿为金建元代大修遗物，余皆为明清遗构。

岩山寺，坐北朝南，两进院落，平面呈不规则长方形，寺内存有山门、钟楼，东西配殿、南殿、禅院等建筑。寺区南北长80米，东西宽100米，总面积达8000平方米。文殊殿，亦称菩萨殿，因内塑文殊像而得名。殿身面阔五间，通进深11.86米，单檐歇山顶，建筑面积271平方米，殿身内外皆施斗拱，明次间施补间斗拱各1朵，梢间无补间铺作。殿内采用移柱造，内有金柱4根，前槽二柱设于前檐和两山次间中线上。殿内梁架，因内柱移位发生相应的变化。前后槽设长跨三间的大内额各1通，两端插入金柱之内，前后槽设乳栿，角梁后尾搭在额枋外端丁栿之上。这种建筑结构可谓中国建筑史上的一种创新。殿内的大佛坛面阔三间，坛上原塑有彩塑12尊，遗存9尊。中为文殊像，文殊已毁，狮兽尚存，左右菩萨胁侍各一，前有撩蛮牵狮和仰望童子，左右老幼侍者各一，扇面墙之后有水月观音和右金刚1尊。塑像虽已残肢断臂，但宋金风韵依然，不失为中国彩塑中的佳品。殿内壁画分西壁、东壁和北壁三部分，东西两壁为画面主题，北壁次之。西壁内容为佛传故事，通面以宫廷建筑为中心。人物故事穿插其中。画家王逵之名就见于西壁边沿墨书题记之中。东壁内容为经变故事和本生故事。北壁西隅为商船航海遇难故事。东隅画七宝舍利塔院。南壁仅东梢间残留殿台楼阁及供养人像等画面。

岩山寺文殊殿

岩山寺文殊殿为金代遗构。殿内佛坛上塑像体态优美，形象逼真，四壁保存有金代壁画近97平方米，为遗存规模最大、艺术水平最高的金代壁画。壁画内容，除佛教主题外，还有许多宋、金时期的社会风貌和各种人物的活动，为研究宋、金时期的社会风貌提供可靠的资料。壁画中大量的建筑图景，几乎占据壁画面积的一半。最值得注意处是壁画中宫城正门外双阙为重檐十字脊屋顶，主殿平面呈"土"字形，前殿后楼，中间连以柱廊，后楼之后向北突出之间二层小楼，其北又突出之间单层歇山小殿。壁画左上方有金大定七年（1167年）题记，为宫廷画匠王逵68岁时所绘。王逵，成长于宋室，服役于金庭。东壁壁画南侧画一组较大的宫殿，正门外有单檐歇山顶的子母双阙。正殿侧有砖砌高台，上建小殿。北侧画有一座小磨坊，水磨传动部分画得很准确。北壁东梢间画一重檐顶的七层塔，塔后城墙马面上画敌

岩山寺钟楼

楼，下为木柱，上为平顶，突出城外的三面用板封闭，开箭孔，向内一面敞开，敌楼顶上有瞭望用的白露屋，形如穹庐。这是所见较早的敌楼形象。东壁壁画中歇山顶子母阙反映唐至北宋前期宫殿门阙的特点，西壁壁画中十字脊阙楼则反映金代特点，所画"土"字形主殿与史载金代宫殿形制大致相合，由于宋、金、元的宫殿已毁，壁画对宫廷建筑的真实描绘，是探索宋元时期建筑形制、殿宇结构的实物例证，为研究宋、金宫殿制度提供可靠资料。

1981～1986年，山西省文物局拨专款对岩山寺建筑揭瓦抢险，进行日常保养和防护加固。1982年2月23日，岩山寺被国务院公布为第二批全国重点文物保护单位，编号2-0023-3-008。1987年，山西省文物局委托山西省古建筑保护研究所，对岩山寺建筑进行勘测并编制维修设计方案。从1988年开始，根据国家文物局审批的设计方案，陆续对岩山寺建筑进行维修。1989年6月至1990年6月，初步完成阎王殿、伽蓝殿、马王殿的大部分现状修整，归整歪闪坍塌构件，修补残缺损坏构件，在基本保持现状的前提下进行一般的保护工程。1993年3月1日，山西省人民政府审核批准，印发《关于公布晋国遗址等十六处全国重点文物保护单位保护范围的通知》，公布岩山寺的保护范围和建设控制地带。1996～1998年完成文殊殿的维修工作。2004年3月4日，成立忻州市繁峙县岩山寺文管所，负责岩山寺的日常管理和安全保卫工作。2014年，国家文物局批准繁峙县岩山寺文物保护规划项目立项。岩山寺全国重点文物保护单位记录档案保存于山西省古建筑保护研究所。

**白马寺** 为佛教传入中国后创立的第一座佛寺，有"释源""祖庭"之称。白马寺位于河南省洛阳市老城东12千米处，汉魏故城内城西城墙遗址西2千米。

白马寺创建于东汉永平十一年（68年）。东汉明帝永平八年（65年），汉明帝夜梦金人飞行殿庭，乃访群臣，傅毅始以佛对。汉明帝派遣蔡愔、秦景等出使西域，拜求佛法。东汉使者在大月氏遇到印度沙门摄摩腾、竺法兰，并得见佛经、佛像。永平十年（67年），汉使梵僧以白马驮载佛经、佛像返回国都洛阳。汉明帝于永平十一年（68年），在洛阳城西雍门外三里敕建白马寺。永平求法及白马寺的创建是中国佛教史上最大的一件事。《魏书释老志》中有"中国有沙门跪拜之法，自此始也"的记载。

白马寺于东汉初创，历经王朝更迭，屡毁屡兴。东汉时期的白马寺，地面上已无遗迹可寻。曹魏、西晋时期仍为重要的译经道场。北魏、唐、宋、元都曾重修。隋唐时期，特别是武则天时期，白马寺呈现出空前繁荣景象，规模宏大，建筑豪华，致有"跑马关山门"之说。之后，白马寺规模逐渐变小，至明嘉靖三十四年（1555年），太监黄锦主持重修白马寺，寺内所存《重修古刹白马禅寺记》记载了这次重修。这次重修大体上奠定后世白马寺的规模和布局。

白马寺坐北朝南，长方形院落，占地面积约4万平方米。遗存建筑主要包括寺院和齐云塔院两大部分。山门建于明代，为牌楼式砖石混建拱券三门洞，单檐歇山式灰瓦顶。山门内东西两侧，即寺院的东南角、西南角分别为民国时期修建的钟、鼓楼。为平面呈方形两层的单檐歇山顶楼阁。第二进天王殿，建于明代，民国重修，单檐歇山式建筑，以殿内供奉有四大天王而得名。面阔五间17.84米，进深四间11.68米，建于长26米、宽14.5米、高0.9米的石砌直壁式台基之上。第三进大佛殿，为明代所建，民国重修。单檐歇山顶。东西面阔五间19.6米，南北进深四间13.25米，建于长22.6米、高0.86米、宽16.3米石砌直壁式台基之上。第四进大雄殿，初建于元代，明清重修。悬山式建筑，东西面阔五间19.95米；南北进深四间11.55米，建于长22.7米、宽14.2米、高0.98米砖石包砌直壁

白马寺山门

式台基之上。殿前有六边形月台。第五进接引殿，于清同治年间毁于火灾，光绪年间重建。硬山式建筑，面阔三间9.27米，进深二间7.47米，建于双层石基之上。

清凉台与接引殿相连，是一座高台建筑。据传，永平年间蔡愔等从印度取经归来，佛经和佛像即放置在清凉台上；印度高僧摄摩腾和竺法兰在此翻译佛经，故又名清源台。清凉台东西42.8米、南北32.4米、高约6米，砖石包砌而成，明代重修，大门内东西两侧各有三间廊庑式建筑，长9.6米、宽1.9米。清凉台上以毗卢阁为中心，周围环绕配殿、僧房和廊房等，构成一封闭式院落。毗卢阁为明代重修，重檐歇山顶。东西面阔五间17.03米，南北进深四间11.07米。殿内置木质佛龛，龛内佛坛上供置塑像3尊，中为毗卢佛，殿因而得名。东西配殿分别为摄摩腾殿、竺法兰殿，均为三开间硬山式建筑，南北7.9米、东西6.1米。殿内分塑印度高僧摄摩腾、竺法兰像。清凉台东西两侧，分别新建藏经阁、法宝阁各1座，均坐北朝南，重檐歇山顶。面阔五间18.5米，进深四间12.95米，建于东西长25.2米、南北宽22.5米、高5米台基之上。

中轴线两侧为附属建筑，东侧为门头堂、客堂、斋堂，西侧为云水堂、禅堂、祖堂，均为硬山式建筑。2000年后，陆续把斋堂辟建为卧三佛殿、禅堂辟建为玉佛殿、祖堂辟建为六祖殿。

在白马寺山门内东西柏树林中，有摄摩腾、竺法兰两座高僧墓。两座墓葬形制相同，墓冢呈圆丘形，均用弧形青石围砌，高3.2米，直径8.7米。冢上青藤茂密，周植松柏、

白马寺千佛殿元代罗汉塑像

翠竹。东侧墓碑上刻"圣旨""敕赐""汉启道圆通摩腾大师墓"，西侧墓碑上刻"圣旨""敕赐""汉开教总持竺法大师墓"。墓碑立于明崇祯七年（1634年），由"赐进士中宪大夫，知河南府事尹明翼"重立。

齐云塔，本名释迦舍利塔，亦称金方塔，位于白马寺山门外东南300余米。金大定十五年（1175年）在五代木塔原址上重建四方形叠涩密檐式砖塔，共十三层，通高约25米。底部为方形须弥座式，边长7.8米。顶置宝瓶式塔刹。据寺内碑石记载，齐云塔建于东汉永平十二年（69年），即白马寺创建的第二年。五代造木塔1所，北宋末被焚毁，金大定十五年（1175年）重建为砖塔，即遗存之齐云塔，是

白马寺齐云塔

洛阳一带地面遗存最早的古建筑。

　　白马寺各殿堂遗存的佛教造像，多为元、明、清时期作品。其中供置于大雄殿内的元代夹纻干漆造像三世佛、二天将、十八罗汉。天王殿的弥勒佛为明代夹纻干漆造像，系1973年由北京故宫大佛堂迁来，造像神情独特，气韵生动，是一组文物价值极高的佛教文物瑰宝。大雄殿内的韦力天将是白马寺完整保留下来唯一的一尊元代泥塑像。另有明代泥塑像4尊、清代泥塑像10尊等。

　　白马寺遗存历代碑刻共40余方。其中宋代4方、金代1方、元代3方、明代8方、清代20方。最具历史价值的有宋崇宁二年（1103年）刻石、金"重修释迦舍利塔记"碑，元"龙川和尚遗嘱记"刻石、"洛京白马寺祖庭记"碑，明"重修古刹白马禅寺记"碑等。宋碑《摩腾入汉灵异记》，记述齐云塔创建原委，"字体绝类《圣教序》"；崇宁二年刻石，镌有宋徽宗追赐腾、兰二高僧的封号；元代刻石保存有商挺的"七古"诗，音节琅琅，十分上口；元至顺四年（1333年）《洛京白马寺祖庭记》碑，叙白马寺历史由来，传为赵孟𫖯所书，字体丰神秀骨，工整端丽；明王净诗刻石，字体飘洒，独具风采。明代《重修古刹白马禅寺记》，清代《洛京白马寺释教源流碑记》、龙川塔志、密教塔铭、如琇塔铭，也都具有重要的历史艺术价值。民国期间，白马寺曾出土1尊玉石弥勒坐像，身高2.16米，系北魏造像佳作，惜散失海外，存美国波士顿博物馆。

　　中华人民共和国成立后，先后于1952年、1954年、1957年3次进行维修。1961年3月4日，白马寺被国务院公布为第一批全国重点文物保护单位，编号1-0092-3-045。1972年，为迎接柬埔寨西哈努克亲王访问，对白马寺进行全面修复。1973年，成立洛阳市白马寺汉魏故城文物保管所，为白马寺、汉魏故城的专门管理机构。1979年，白马寺对外开放。1987年，对山门、大佛殿、天王殿进行维修加固。1990年，扩建齐云塔院。1998年，文物部门建立白马寺"四有"档案，档案保存在洛阳市文物局。2004年，河南省人民政府印发《关于调整我省全国重点文物保护单位省级文物保护单位保护范围和建设控制地带的批复》，划定白马寺的保护范围和建设控制地带。2009年7月8日，启动白马寺齐云塔主体加固修缮工程，2010年9月完工。2011年3月，洛阳文物部门对白马寺天王殿、大佛殿、大雄殿、接引殿和清凉台内的所有佛像及佛龛进行除尘、除污、除霉、除锈，对佛像基座进行维修、粉刷，同时对佛殿外部进行彩绘。2013年，编制白马寺文物保护规划；2014年获得国家文物局批复。

**玄妙观三清殿** 是江南乃至全国最大的宋代木构建筑，位于江苏省苏州市姑苏区观前街道玄妙观社区观前街94号。

玄妙观创建于西晋咸宁二年（276年），被称为"江南第一古观"，最初名叫真庆道院。唐开元二年（714年），改称开元宫。北宋至道中（995～997年）更名玉清道观，大中祥符二年（1009年）易额天庆观。南宋建炎四年（1130年）观毁于兵火。南宋淳熙二至四年（1175～1177年）建三清殿，淳熙六年（1179年）殿遭火毁，重建。宝祐二年（1254年）、景定二年（1261年）修葺。元至元二十六年至二十七年（1289～1290年）重修。元贞元年（1295年）改名玄妙观。至元末观遭兵毁。明洪武四年（1371年）置道纪司于观，并一度称为正一丛林。宣德四年（1429年）重修三清殿。正统五年（1440年）建成弥罗宝阁。嘉靖十六年（1537年）修三清殿。清康熙初（约1662～1666年）重修三清殿，改称圆妙观。嘉庆二十三年至二十四年（1818～1819年）修三清殿。清咸丰十年（1860年）弥罗宝阁毁，光绪九年（1883年）重建，民国元年（1912年）毁。1956年与1981年两次重修三清殿、正山门等。

清代玄妙观极盛时有殿宇30余座，占地5.5万平方米。中轴线上自南而北依次为正山门、三清殿、弥罗宝阁，其他殿阁分布在25处自成院落的"子院"内，如众星拱月般从东、西、北三面围绕着中轴线上的主要殿阁，形成一片巍峨壮丽的建筑群。各殿所供神像大都出自神话传说，如太阳神、雷神、火神、关帝、文曲星、灶神、土地、八仙、寿星、观音等，体现苏州地方文化特色和民间信仰的色彩，曾是城乡老百姓精神寄托和休闲娱乐的去所。但

玄妙观山门

三清殿

自咸同之际（1860年前后）遭受战火后，渐趋衰落，未能恢复旧观。三清殿仍保留着宋代建筑的风貌与特点，雷尊殿为明代建筑，其余为清代建筑。

主殿三清殿，面阔九间、进深六间，高约30米，建筑面积1125平方米，重檐歇山，巍峨壮丽。殿内供奉高达17米的三清（元始天尊、灵宝天尊和道德天尊）塑像，堪称宋代雕塑的上佳之作。正山门位于三清殿南约80米处，重檐歇山造，面阔五间20米，进深12米。雷尊殿为坐北朝南的重檐歇山式建筑，面阔三间16米，进深14米，前加卷棚顶轩廊3间，与下檐形成勾连搭屋顶，通进深21米，梁架结构及柱础制均有明代特征，殿南尚存山门3间。

观内保存有大量各朝古碑，上起宋代，下迄清末。其中道德天尊像座有老君像石刻，高

1.8米、宽0.91米，为唐吴道子绘像、唐玄宗题赞、颜真卿书，由宋代刻石高手张允迪摹刻是中国仅存的两块老子像碑之一。

民国25年（1936年）夏，中国营造学社刘敦桢、梁思成等在苏州勘察古建筑十余处，重点测绘玄妙观三清殿。刘敦桢在《苏州古建筑调查记》中认定三清殿内槽中央四缝所用六铺作重杪上昂斗拱，为中国唯一可珍之孤例。

1956年，玄妙观三清殿被江苏省人民政府公布为第一批江苏省文物保护单位。同年，苏州市文物管理委员会主持第一次维修，重点修葺三清殿和正山门，将数十方碑移至祖师殿遗址，建廊加以保管。1981年，苏州市文物管理委员会配合，苏州市民族宗教事务处主持第二次维修，以整修三清殿和正山门为主。1982年2月23日，玄妙观三清殿被国务院公布为第

二批全国重点文物保护单位,编号2-0022-3-007。1984年,苏州市文物管理委员会办公室对玄妙观的现状做全面调查。1991年,苏州市道教协会成立玄妙观三清殿文物保护小组,负责玄妙观的保护与管理工作。1992年,苏州市人民政府批复苏州市文物管理委员会《关于上报我市文物保护单位保护范围的报告》,划定并公布玄妙观三清殿的保护范围和建设控制地带。同年,苏州民族宗教事务局主持进行第三次维修,进行三清殿外墙粉刷等,完成三清殿内十二天将、六十甲子星宿和正山门内六大天将神像的重塑。1993年5月,苏州市文物管理委员会办公室、苏州市道教协会建立玄妙观三清殿文物档案,存于江苏省文物局。

**云岩寺** 云岩寺的飞天藏殿是中国遗存为数不多的宋代建筑,也是四川省最古老的木结构建筑。云岩寺位于四川省江油市北25千米的窦圌山上。

云岩寺始建于唐中和年间(881~885年),元至正中(1341~1368年)重修,明末毁于兵火,飞天藏是幸存的唯一宋代建筑。云岩寺的建筑布局依山就势,大体对称。从山门起,沿中轴线依次为文武殿、天王殿、大雄殿、观音殿,东西两侧为东客厅、般若堂、法堂、西客厅、飞天藏、祖堂、娘娘殿,山顶双峰上分别建有超然亭、东岳殿、玉皇殿、窦真殿、鲁班殿。

飞天藏,建于南宋淳熙七年(1180年),面阔17米、进深19米、通高16.9米,重檐歇山大木建筑。建筑屋面月十三檩,前后各六檩。两金柱头上放置六椽栿(前二檩后四檩),其上置蜀柱、栌头承四椽栿(前二檩后二檩);后金柱与后檐柱间有斗拱挑斡连接,用两个步

架。前檐柱和前金柱间用四个步架,前两个步架同后檐做法一样,在前檐柱和金柱间另加一立柱,柱端搭设横梁、立柱架檩,承接后2个步架。两个山面在山墙柱和金柱间做法基本同后檐做法,有斗拱挑斡杆件承重。下部屋面两个山面梁架做法与上部山面做法相同;前檐施挑檐枋,后端插于檐柱,前部廊柱承接,挑檐枋上施短柱,前檐共用四檩;后檐斗拱假昂后尾插于金柱放木柱,上置檩条、椽子,承屋面。建筑上下层四面均设斗拱,斗拱出两跳五铺作,局部构件做法有区别。殿内的转轮经藏又名星辰车,高10.5米、直径7.2米,

云岩寺山门

外形轮廓如木塔，自重6000千克，可自由转动。经藏分三层，藏身四周壁板上饰有大小木雕人像200个，表情生动，姿态各异，工艺精美。转轮藏装在一根直径48厘米的中心木立柱上，轴上端用两根木梁固定，下端立于圆形地坑的铁轴承上，可旋转自如。大轴上穿梁枋、连接各层梁枋形成八角形框架，在框架上铺板壁，外出平座，施斗拱，装天宫楼阁藏木雕人像。藏座呈须弥座形式，束腰部完好，圭角已失原貌。民国20年（1931年）维修时只做简略装配。藏身在藏座上，下出副阶，8个角部各施缠龙柱1根，柱间置雀替，上下枋间嵌透雕花卉，柱上顶腰檐斗拱。斗拱由栌斗、交互斗、平盘斗、四方散斗、菱形散斗和华拱、斜华拱、泥道拱、慢拱、瓜子拱及斜昂、假下昂

飞天藏

等构件组成。由于斗拱密集，慢拱变成通长拱枋，将斗拱连成一片。八面板壁上装木雕道教神像三排，全部缺失，板面左、右、下方雕刻有花卉。天宫楼阁层，分为上中下三层。上层每面立抱厦于腰檐平座上，两边上下平行，用行廊与左右角楼连接，转通八面。下层天宫楼阁，抱厦居中。抱厦四柱三间，上下檐斗拱均为三杪，左右出斜拱六铺作。上下行廊单杪四铺作。中层和下层抱厦位置相同，上层抱厦与下两侧抱厦位置相错。所有抱厦、角楼、行廊均安置木雕人像，即天尊像，二十八宿星君等神像。

飞天藏殿是中国遗存的为数不多的宋代建筑，是四川省遗存的最古老木结构建筑；飞天藏是中国道教的转轮经藏，是中国不可多得的珍贵历史文化遗产。

1988年1月13日，云岩寺被国务院公布为第三批全国重点文物保护单位，编号3-0115-3-063。1991~1992年对东禅堂、法堂、般若堂一组建筑进行全面维修，更换屋面椽、檩，处理屋面脊式，新做屋面，重新油漆。1992年，重建观音堂（震经楼）、十王殿。同年，江油窦圌山管理处、江油市云岩寺文物保护所成立，负责云岩寺的文物保护利用。1993年，国家文物局拨专款对东岳殿进行重点修缮。1994年，四川省人民政府印发《关于武侯祠等88处全国重点、省级文物保护单位保护范围的通知》，划定云岩寺的保护范围和建设控制地带。1999年底，成立江油市云岩寺文物保护管理所，负责对云岩寺文物进行全面管理保护。云岩寺全国重点文物保护单位记录档案存于江油市云岩寺文物保护管理所。2003年，江油市

云岩寺文物管理所经国家文物局审批，对飞天藏殿、天王殿、东岳殿、窦真殿、鲁班殿进行抢险加固。2008年，5·12汶川特大地震中，山顶5座建筑有4座全部垮塌，寺内其他建筑受到不同程度破坏，国家文物局拨付灾后重建资金对山体及古建筑进行全面维修；2012年7月，除飞天藏殿外的其他工程已全面完工。2015年对飞天藏殿进行维修。

**奉仙观** 为古代道教建筑群落，是建筑结构中使用"减柱造"的典范之作，位于河南省济源市北海区荆梁北街。

奉仙观，全称奉仙万庆宫，原名奉先观，因主殿三清大殿采用荆木作梁，俗称荆梁观。观创建于唐垂拱元年（685年），唐代二鲁真人（鲁希言、鲁和光）和宋代全真派道士贺兰栖真曾修道于此。贺兰栖真主持该观时，受宋真宗赐号宗真大师且获赐大量财物并免除奉仙观税赋，得以增修与补建奉仙观，其规模达到顶峰，时占地4万多平方米。金大定二十四年（1184年），重建三清大殿。元至元二十七年（1290年），道士崇宁葆光大师卫志隐主持奉仙观，重修观内玉皇殿、三清大殿等。明正统十年（1445年），住持道士韩嵩岩重修讲堂。清乾隆十七年（1752年）重修三清大殿，重建山门和厢房4座16间。

遗存奉仙观为两进院落，坐北朝南，平面呈长方形，南北长90.5米、东西宽45.5米，占地面积约4200平方米。建筑沿中轴线布局，依次为山门、东西厢房、玉皇殿、东西配殿和三清大殿等，共计9座25间。

山门，面阔三间，进深两间，单檐悬山式木构建筑。清乾隆十七年（1752年）重建，两

济源奉仙观三清大殿

1305

侧翼门为清式垂花门。玉皇殿，面阔三间，进深三间，单檐悬山式木构建筑。重修于明正统十年（1445年）。前檐斗拱为三踩单下昂，后檐采用三踩单翘斗拱，内部梁架采用五架梁，屋顶采用蓝色琉璃脊兽，檐下小八角石柱为金元时期构件。三清大殿，为奉仙观主体建筑，重建于金大定二十四年（1184年），面阔五间，进深七架椽，单檐悬山造。殿基采用室内单槽，减柱造，8根金柱减去6根，仅以2根硕大的后金柱承托全部屋顶重量，与建于金天会十五年（1137年）的山西省五台山佛光寺的文殊殿有异曲同工之处，为国内减柱造建筑的典型作品，且二金柱没有采用当时流行的二柱相叠的"叉柱造"手法，而是采用"通柱造"手法，以提高减柱后金柱的荷载能力。殿内梁架采用四椽栿对乳栿、劄牵，当心间梁架结构特点与《营造法式》所载极为相似。其前檐为五铺作单杪单下昂，补间铺作使用真昂，结构和制作手法同登封少林寺初祖庵极为相似，且昂拱和耍头的卷杀形制为断面狭而高的撩檐枋，正心枋上施重拱素枋，铺作后尾偷心，施华拱二跳等，皆为宋代风格，但令拱位置与第一跳的慢拱为同一高度，是晚于宋代建筑的证据之一。三清大殿用材奇特，大胆创新，采用罕见的千年古木枣木、荆木、柿木、桑木作为二梁二柱，且四种用材是古代忌讳的"早经死丧"的谐音，道家反其意而用之，践行了"天生我材必有用"的道理。悬挂于殿内梁柱上的清代木牌分别记载着二梁二柱的来源。荆王、枣林、柿槟、桑榆河四个村名皆因这四种材料而得名。古建筑专家刘敦桢评价三清大殿手法豪放与运思奇特，尚属初见。

观内尚存唐太上老君石像碑、宋赐贺兰栖真敕书并赠诗序碑、宋鲁先生诗、宋章圣皇帝御制诗并记、元崇宁葆光大师卫公道行之碑、明重修奉仙宫讲堂记重要碑刻6通。唐太上老君石像碑立于唐垂拱元年（685年），碑高3米、宽1.1米、厚0.33米。正面文字因岁月久湮，风蚀殆尽，正面莲花宝座上雕太上老君和二真人像。碑文30行，满行56字，落款"唐垂拱元年十二月初四立"。碑文记述先帝唐高宗的功勋，称颂大唐盛世的功业；阐述在王屋山道教圣地奉仙观内建造老君石像的意义，以及刊立此碑的河阳县令李儒意、云骑尉李公协、骑都尉李德爽等李姓宗姓250人的仕途宦绩等。《太上老君石像碑》不仅在于其历史价值，也在于其碑文辞章和书法造诣。其碑文用六朝骈体文写就，引经据典，气势磅礴。清代叶昌炽《语石》称赞此碑："文章宏瞻，书笔道美，为唐代道家碑碣之冠。"刘敦桢誉其"碑身权衡均妥，碑首蟠龙遒劲，碑阴题额道像或坐或立，是唐代佛道合流的实物例证"。1973年，《太上老君石像碑》拓片在日本展出，受到国外专家学者的高度评价。

民国38年（1949年）以前，奉仙观主要由道士使用负责管理和维修。中华人民共和国成立后，奉仙观被粮食局第一仓库占用。1983年，奉仙观被济源县人民政府公布为县级文物保护单位。1984～1985年，河南省文物局拨款，济源县文管所主持，对奉仙观东西四座配殿落架维修，并油漆彩绘。1985年，奉仙观由济源县文物保管所接管并实施管理，且逐步对外开放。1986年11月21日，奉仙观被河南省人民政府公布为第二批省级文物保护单位。1988

年1月至1989年12月，由河南省古代建筑保护研究所勘察设计和施工，对三清大殿进行了落架维修，并发现"大定二十四年"题记。2001年6月25日，奉仙观被国务院公布为第五批全国重点文物保护单位，编号5-0348-3-154。2004年，河南省人民政府印文公布奉仙观保护范围和建控地带范围。2004年1月，河南省文物建筑保护设计研究中心对奉仙观山门及玉皇殿进行测绘，编制保护方案。2013～2015年，奉仙观安全技术防范工程和消防工程相继完成。

**萨迦寺** 是藏传佛教萨迦派的主寺，位于西藏自治区日喀则市萨迦县萨迦镇萨迦村境内。

萨迦寺由萨迦北寺和萨迦南寺两部分组成。北寺建筑群主要位于奔波日山南坡，第一座建筑为北宋熙宁六年（1073年）藏传佛教萨迦派创始人昆·贡却杰布（1034～1102年）修建，之后历代萨迦法王在此区域内陆续修建大小殿堂50余座。北寺主要由果荣森吉嘎波殿、乌孜大殿、喜托拉章、顿确拉章及其建筑群组成，"文化大革命"期间遭毁，20世纪80年代在原址上重建、维修3座小型殿堂。北寺遗址主要由德确颇章、乌孜宁玛等9座建筑组成。

1268年萨迦本钦释迦桑布为南寺大殿奠基，1274年竣工。南寺建筑保存较好。寺庙为院落式布局，拉康钦莫大殿位于庭院中部，为一天井式独间大堂，由门廊、拉康钦莫大殿、欧东仁增拉康殿、普巴拉康殿、格尼拉康殿、次久拉康殿、萨迦法王拉章等组成。拉康钦莫大殿位于寺庙中部，门向东，面阔十一间十柱66.4米，进深五间四柱23.3米，柱径1.65米。中央开有天窗，殿内主供释迦牟尼鎏金铜像。萨迦法王拉章位于拉康钦莫殿南约25米，由衮嘎桑布创建，门向东，高二层，底层为库房，二层为拉章。次久拉康位于拉康钦莫大殿前厅二层北侧，面阔四间三柱21.3米，进深二间一柱8.3米，格尼拉康殿位于拉康钦莫大殿前厅二层南侧，面阔二间一柱15.6米，进深二间一柱9米。普巴拉康殿位于拉康钦莫大殿南部，门向北，面阔六间五柱26米，进深三间二柱15米。欧东仁增拉康殿位于大经堂东北侧，门向

萨迦寺北寺

萨迦寺南寺大殿

南。其北壁辟一小门内为拉康强多门塔，面阔七间六柱27.9米，进深三间二柱11米，共有佛塔6座。2005～2007年的考古工作中，主要清理发掘萨迦南寺东面、南面、西面的羊马墙以及护城河壕沟与东面的2座门址。羊马城城墙和护城河壕沟环绕在萨迦南寺内城的四周，羊

萨迦寺释迦牟尼佛像

萨迦寺金刚佛母像

马城墙直接建在护城河壕沟内侧之上，和内城墙共同构成立体防御体系。

萨迦寺是藏传佛教萨迦派的祖寺，各地分寺约150座，僧侣人数达1.1万余人，在中国藏传佛教史上占据重要的地位，是西藏文化的宝库之一。以大经堂为主的藏经库，2万余卷。其中"甲龙马"的经卷，其缮写和雕刻异常精美，相当于目录或索引。寺内藏有2000余块印版以及具有很高艺术价值的近千幅唐卡和壁画"坛城图"，为研究当时萨迦法王的宗教生活和了解当时藏族社会生活的实物资料。寺内保存众多贵重文物，有元朝中央政府封赐西藏地方官员的封诰、印、佛像、法器、瓷器等，证明西藏自元代就加入中华民族大家庭的历史史实。萨迦南寺集藏、汉、蒙建筑风格于一体，雄伟、壮丽，被誉为中国的"第二敦煌"。

1961年3月4日，萨迦寺被国务院公布为第一批全国重点文物保护单位，编号1-0095-3-048。日喀则市文物局建立萨迦寺全国重点文物保护单位记录档案。

**龙兴寺**　原名龙兴讲寺，为湖南遗存最古老的寺庙之一，坐落于湖南省沅陵县虎溪山麓。

据清同治十一年（1872年）《沅陵县志》及寺内所藏的碑刻记载，龙兴寺于唐贞观二年（628年）由唐太宗李世民敕建。明景泰三年（1452年）、嘉靖四十年（1561年）、隆庆二年（1568年）、万历二十三年（1595年），清康熙二十六年（1687年）、乾隆十五年（1750年）及二十三年（1758年），郡人先后捐修。

龙兴寺占地1.7万平方米，古建筑面积4125.53平方米。依山傍水，背北朝南，中轴布局完整。中轴线上自南向北为山门、过殿、天王殿、韦驮殿、大雄宝殿。山门为牌坊式门楼，三间硬山，中间拱门，上额为"龙兴讲寺"，并嵌"唐三藏取经图"砖雕。过殿为三间硬山，原供哼哈二将。天王殿为五间重檐悬山，清光绪年间重修，其五架梁作月梁，置驼峰蜀柱，存早期做法。韦驮殿为前檐砌三间牌坊式门楼，中间拱门，上额"敕建龙兴讲寺"，旁嵌圆形龙纹砖雕，后檐与东西厢房各

龙兴寺正立面照

三间相连。大雄宝殿后庭院较为宽阔，北为观音阁，东有旃檀阁，西有弥陀阁，均为清乾隆时期建筑。观音阁后为始建于明代、1986年重建的阳明书院（又名虎溪书院）。

大雄宝殿为全寺的中心，为湖南遗存最古木构。殿阔五间，明间特大（7.5米），超出次间梢间之和；进深四间16.95米，内减中柱，形成殿中宽大空间。台基较低，明间采用"东西阶"古制。重檐歇山顶，下檐左右硬山，形成歇山与硬山结合的特殊形制。内柱八根承天花、上檐，高8.65米的梭柱。最大径处距地2.3米，径约0.6米。柱础之上垫有莲花雕饰的木楯。天花以上用穿斗式梁架，外柱十八根承下檐。梢间用小枋连系，应是重修所改。斗拱材宽在宋式八等以下，清式八九级之间，仅7厘米，但材高13.5厘米，高宽比近1:2，超出宋、清比例，反映其地方特色。其梁枋、拱眼尚存有较早的彩绘。门窗装饰雕饰丰富多样，颇具地方特色。根据大雄宝殿的基本特征，及1986年对其内柱的碳十四测定结果，应

属宋遗构，且保留不少唐宋做法特点，是湖南极为珍贵的古建文物。20世纪70年代，古建筑专家陈从周考察发现龙兴寺大殿的梭柱下的木楯，认为其为中华大地上仅存的实物标本，十分珍贵。

龙兴寺历经千年，经宋、元、明、清、民国历代多次修缮，至今保留不同历史时期的构件和做法特点，反映中国南方木构建筑的发展演化过程，为研究中国南方早期建筑提供了重要资料。它是当时五溪地域佛教高僧的进修场所，是较为古老的佛教学院性质的寺院，在国内同类寺庙中为数不多，具有重要的历史价值。以龙兴寺为中心的建于不同历史时期的火神庙、东岳庙、黔王宫、虎溪书院等，与寺院共同形成中国特有的儒、释、道和睦共存，并与市井生活紧密相关的传统文化景观。其砖雕与木雕主题独特，雕工精致，表现了本地域内的特征、传统和建筑艺术风格。

1956年7月24日，龙兴寺被湖南省人民委员会公布为第一批省级文物保护单位。"文

龙兴寺航拍照

天王殿

大雄宝殿

化大革命"期间，龙兴寺曾作为沅陵县织布厂厂房、仓库和奶牛厂，拆毁火神庙、东岳庙，改建黔王宫，寺内十几座建筑内石板地面被拆毁，铺设水泥地面，龙兴寺遭到极大的破坏。1983年，沅陵县文物管理所成立，迁出织布厂、奶牛厂。1983年10月10日，龙兴寺再次被湖南省人民政府公布为省级文物保护单位。1985年，沅陵县人民政府对龙兴寺内外进行环境整治；1987年3月，沅陵县博物馆成立，负责龙兴寺的日常管理工作，并在寺内开辟文物陈列室对外展出。龙兴寺成为集文物保护、管理、研究、展示为一体的综合性博物馆。1992～1995年，维修龙兴寺大雄宝殿。1996年11月20日，龙兴寺被国务院公布为第四批全国重点文物保护单位，编号4-0108-3-030。1998～1999年，维修龙兴寺天王殿。2003～2004年对旃檀阁进行维修。《龙兴寺保护规划》于2009年编制并经国家文物局审批同意，2010年湖南省人民政府批准实施。2010～2011年对弥陀阁进行维修；2014～2015年，对观音阁、大雄宝殿进行维修，实施龙兴寺安防与避雷工程；2016～2017年，对头山门、二山门、天王殿、韦陀殿、碑廊、东西厢

房进行修缮；2017年，完成龙兴寺基础设施改造工程。

**凤凰寺** 原名真教寺，又称礼拜寺，是中国遗存的南方伊斯兰教四大古寺之一，位于浙江省杭州市中山中路。

凤凰寺的创建年代，有关文献及明、清重修碑记的记载不一，主要有四说：唐代始建，南宋绍兴二年（1132年）始建，元延祐年间（1314～1320年）回回大师阿老丁建，元世祖至元辛巳（1281年）始建，尚无定论。但据"文化大革命"前寺内所藏宋代雕砖镌刻的"宋杭州定造京砖"戳记可知，凤凰寺在宋代已存在。重建凤凰寺的确切纪年，一般认为是在元代中期的延祐年间（1314～1320年），寺内礼拜殿即为重建时遗物。明清时期，规模较大的修缮有：明景泰辛末年（1451年）、清顺治丙戌年（1646年）以及乾隆初年、光绪年间的修缮。民国17年（1928年），杭州辟建中心马路，拆除大门、望月楼、长廊等。

凤凰寺原建筑规模宏伟。因整个建筑群布局形似凤凰，故名。平面呈矩形，占地面积2660平方米，大门坐西朝东，使礼拜者面向西方的圣地麦加。寺内中轴线上依次有门厅、礼

堂、大殿。在礼堂与大殿之间有廊屋相连，保持着古代工字殿的形制。轴线左侧有碑廊和教长室，右侧厢房为浴室、殡仪室等。寺院四周用高大的砖墙围护。

大殿是全寺的主体建筑，为元代所建，由3个穹隆顶相连成长方形砖结构无梁殿顶，外观做成3个攒尖顶，中间为重檐八角，两边为单檐六角，是中西建筑文化融合的产物。内部以圆拱门相通，内壁四隅上端转角处作菱角牙子叠涩。殿内有明代彩画。寺内保存10数通明清时期中、阿文碑刻和墓志。碑文记录了凤凰寺历代维修情况。

凤凰寺主体建筑大殿为元代遗构，是国内遗存时代最早的礼拜殿之一，对研究中国东南沿海砖石结构建筑有参考作用。凤凰寺具有一般清真寺应有的设施，在结构和功能上保持

凤凰寺大门

着浓厚的阿拉伯建筑风格，制度上也严格遵守伊斯兰教教义，同时又受到中国传统建筑的影响，呈现出中国式的伊斯兰教建筑形式。建筑形制上，礼拜殿内用柱很少。在艺术形象上，凤凰寺的装饰彩画中出现动物形象，较为罕见。

凤凰寺附属文物丰富，主要有"天经一

凤凰寺全景

凤凰寺礼堂

礼拜殿内景

函"1件（明景泰二年，1451年，存大殿内），石柱础4个，阿拉伯墓碑18通，其他碑刻7通：《杭郡重修礼拜寺记》碑（明弘治六年，1493年）、《重修真教寺记》碑（清顺治五年，1648年）、《真教寺碑记》碑（清康熙九年，1670年）、《重修真教寺碑记》碑（清乾隆八年，1743年）、《众乡者捐资芳名》碑（清乾隆八年，1743年）、《重修真教寺碑记》碑（清光绪十八年，1892年）及波斯文碑1通。另有《洛中元爽》匾1件（民国23年5月，1934年），《丁鹤年墓碑》拓片1件（清光绪十年，1884年）等。寺内保存十数通明清时期中、阿文碑刻，4座早期石质须弥座以及明代木质经函等，记载、见证了中国和阿拉伯人民古代友好往来的历史和文化的交流。

1950年，凤凰寺由杭州市伊斯兰教协会和杭州清真凤凰寺管理委员会共同管理使用。1953年，整修大殿，新建礼堂和办公用房。20世纪60～90年代，对凤凰寺大殿、礼堂等进行多次维修、整修。1998年9月5日，浙江省人民政府批准并公布凤凰寺的保护范围及建设控制地带。1999年，再做详尽调查，写成《杭州凤凰寺调查记录》并加审订、补充。1999～2004

年，浙江省古建筑设计研究院、省建筑科学研究院、华东勘测设计研究院、杭州市勘测设计研究院等多次对凤凰寺进行勘测，并制订沉降观测记录、制定保护维修方案。2001年6月25日，凤凰寺被国务院公布为第五批全国重点文物保护单位，编号5-0298-3-104。2004年12月10日，由杭州市文物保护管理所建立凤凰寺全国重点文物保护单位记录档案。2000～2011年，先后三次维修大殿屋面、大殿穹顶彩绘、大殿地板进行维修，并于2009年复建望月楼。

**牛王庙戏台** 也称魏村戏台，为中国遗存最早的戏台之一，位于山西省临汾市尧都区魏村镇魏村西北黄土坡垣上的牛王庙内。

牛王庙戏台，始建于元至元二十年（1283年）。大德七年（1303年），古平阳一带发生大地震，牛王庙戏台遭到严重破坏。至治元年（1321年），由乡民集资对牛王庙进行重修，对"残损构件补配齐备……戏台也随之予以补葺"。明清两代进行过多次整修。

牛王庙院落南北长65米，东西宽52米，总面积3380平方米，为单进院落，坐北朝南。庙内中轴线上主要建筑为广禅侯殿、献亭、戏台等建筑，附属文物有牛王、马王、药王及侍女塑像7

尊，碑碣8通。《牛王庙元时碑记》记述了牛王庙创建缘由、元代的建筑规模等内容。广禅侯殿之名源于宋真宗因其随从"众马皆病"，对"通圣朗"神"祭之"，且"无不应也"，于是宋真宗封此神为广禅侯；碑文叙述了当时牛王庙"一方之奇观"的建筑规模；展现元代牛王庙酬神演戏"途歌里咏，伛偻提携，往来而不绝者"的宏大场面，是研究中国元杂剧、戏曲以及地方社戏发展演变的直接资料。

广禅侯殿遗存三间，前檐设廊，廊柱、斗拱、额枋等部分构件仍保留元代形制，单檐歇山顶，殿内梁架与屋顶脊兽已由清代匠人更换，殿内牛王、马王、药王等主像也经清时工匠重新妆绘，但面貌体态、衣着服饰仍保留明代塑像风格。广禅侯殿前遗存一座用于晏飨祭祀的献亭，四面敞朗，其建筑结构奇巧独特，形制纤秀，檐下斗拱为五踩重昂之制，亭内藻井由两层斗拱构成，单檐十字歇山顶，全部梁架构件系明代遗构。牛王庙戏台，坐南朝北，是古代用于祭祀的酬神建筑，也体现上述建筑等级制度。戏台平面近方形，面阔一间，通面阔7.45米，进深二间，总进深7.55米，三面敞开。戏台台基长10.75米、宽10.85米、高1.1米，建筑面积116平方米。台明置压沿石，方砖墁地。中柱至后角柱为木柱，前角柱为小八角砂岩雕花石柱，其上雕有牡丹花图案，二柱镌刻文字，东柱雕有"维大元国至治元年岁次辛酉孟秋下旬九日竖"等字，西柱雕有"蒙大元国至元二十年岁次癸未季春竖石"等字。中柱至后檐三面围墙，两山为短墙，为"舞亭"形式向明清戏台过渡的实物佐证。梁架前檐采用大额枋加雀替的手法，形成"井"字框架，梁架内部形成二层"井"字框架，顶部为八角藻井。平梁之上设侏儒柱，合踏稳固侏儒柱，叉手通过丁华抹颏拱稳固脊檩。斗拱为三层即檐头斗拱、内部梁架斗拱、装饰性斗拱，檐头

魏村牛王庙全景

魏村牛王庙戏台

斗拱共计12朵，承挑撩檐枋与内部梁架，五铺作重昂计心造，里转六铺作，琴面昂，昂下刻华头子，耍头为蚂蚱头。其用材相当于宋《营造法式》规定的七等材。屋顶与举折总举高2.73米，前后撩檐槫之间为8.65米。檐头不采飞，仅设圆椽，单檐歇山顶，灰布瓦顶，灰陶脊兽，瓦条脊。

牛王庙戏台为中国遗存最早的戏台之一，和古平阳地区陆续发现的王曲戏台、武池戏台、曹公戏台，以及侯马董氏墓中金代戏俑和洪洞广胜寺明应王殿的戏曲壁画等，共同反映了元杂剧盛行时期的演出状况和中国戏剧发展与演变的过程，表明古平阳地区是中国戏曲艺术的发源地。牛王庙戏台是研究古代平阳地区的民风民俗以及中国古代戏剧发展史十分珍贵的实物资料。戏台遗存形制，对中国古代戏剧史的发展演变以及古平阳地区元杂剧的演出盛况的研究提供可靠的依据，也是中国古代建筑艺术的重要实物资料。中国宋代出现的"勾栏"，是真正意义上的演出场所，也是戏台的前身，宋金时期在勾栏的基础上产生能够称之

魏村牛王庙戏台藻井

魏村牛王庙戏台西面石柱题记

为建筑的"舞亭""舞楼"。元代戏台不但保留"舞楼"或"舞亭"的形式，同时也为演出功能完善的明清戏台的出现奠定物质基础。

1978年，山西省古建筑保护研究所受山西省文物局委托，对牛王庙戏台进行勘测设计。同年进行落架维修。1996年11月20日，牛王庙戏台被国务院公布为第四批全国重点文物保护单位，编号4-0116-3-038。1998年9月1日，临汾市尧都区魏村文物管理所成立，负责文物的调查征集、保护管理、日常维护修缮。1999年1月，魏村文物管理所对牛王庙献亭进行抢险加固。2002年8月27日，山西省人民政府印发《关于公布太原晋阳古城遗址等102处全国重点文物保护单位保护范围的通知》，划定戏台

的保护范围和建设控制地带。同年，国家文物局批准牛王庙戏台保护维修项目立项。2013年8月魏村牛王庙戏台消防工程开工，12月竣工，2014年通过验收。

**万荣东岳庙** 亦称岱岳庙、泰山庙，是祭祀东岳泰山之神的庙宇，位于山西省万荣县城内东南隅。

唐贞观年间（627～649年）置汾阳郡时即有此庙，元至元二十八年至大德元年（1291～1297年）重建，明景泰、天顺、万历年间和清代屡有扩建修葺。遗存建筑多为元建明修，飞云楼为明建清修。寺庙坐北向南，占地面积16600平方米。平面呈庭院式布局形制，遗存主要建筑有飞云楼、午门、献殿、享亭、东岳大帝殿、阎王殿等。按中国早期寺庙布局规制，楼塔设置在中轴线前面。中轴线上的建筑建造年代不一、功能各异，建筑风格、造型各具特色，建筑形制自成一格。

飞云楼高23.19米。平面呈方形，三层四滴水，十字歇山式楼顶。二三层皆有勾栏，每面各出抱厦，平面呈"十"字形。飞云楼构架奇巧，在内槽四角立四根通天金柱，从底层直达顶层。四柱间分层设额枋、间枋、地板枋、穿插枋等多层枋材相连贯，形成庞大的正方形筒式框架，作为整个楼阁的骨干。檐下斗拱密致，近三百攒之多，依不同位置结构造型各异，有五踩、六踩、七踩，耍头有蚂蚱头、麻叶形单幅云、龙头式等，昂有象鼻昂、琴面昂等，宛如云朵簇拥，与翘起如飞的翼角组合在一起，增强建筑的艺术造型。飞云楼用材繁而不乱、杂而有序、设计精巧、结构合理、造型别致、风格独具，是中国明清楼阁式木构建筑

的精品。午门面阔七间，进深六椽，单檐歇山顶，梁架简朴，檐下斗拱五铺作，元代遗构。献殿面阔七间，进深六椽，硬山式屋顶，斗拱四铺作，前后檐及中柱上皆用大额枋，元代特色显著。享亭平面方形，单檐十字歇山顶，琉璃脊兽齐备，四周勾栏，雕流云和盘龙，望柱上刻有布施者姓名题记，为正德年间遗物。东岳大帝殿为东岳庙正殿，面阔、进深各五间，平面近方形，重檐歇山顶，斗拱四铺作，上檐单昂，下檐出单杪。前檐石柱收刹较大，殿内梁架多为圆材略加锛砍后制成，元代遗构。殿顶琉璃脊兽，纤细华丽，为清代所制。享亭和东岳殿位于同一座"凸"字形基础之上，都采用石质盘龙柱，大木结构做法一致，故判断遗存两座建筑为同一时期，享亭基础东南侧角石留有元大德元年（1297年）题刻，应为享亭、东岳殿的始建年代，东岳殿前檐盘龙柱留有明代正德六年至八年（1511～1513年）

题刻，享亭狮子栏板上留有正德十一至十六年（1516～1521年）题刻，推测现存享亭、东岳殿为明代正德六年至十六年（1511～1521年）重建而成。子孙神母圣堂遗址位于东岳殿后侧，仅存台基遗址，据《重修子孙神母圣堂碑记》，该殿于明代正德五年（1510年）重修。寝宫创建于明代正德五年（1510年），根据《重妆修阎王殿碑记》及寝宫明间石柱上的题刻，寝宫于万历三十二年（1604年）进行大修，更换石柱16根。

中华人民共和国成立后，万荣东岳庙的日常管理工作由万荣县博物馆负责。1988年1月13日，万荣东岳庙被国务院公布为第三批全国重点文物保护单位，编号3-0129-3-077。1992年7月，山西省古建筑保护研究所对万荣东岳庙进行实地勘测，完成单体建筑现状实测图，撰写勘察报告，编制总体规划及维修工程设计图。1993年，山西省人民政府印发《关于公布

万荣东岳庙远景

万荣东岳庙飞云楼檐口

万荣东岳庙齐天大帝殿及享亭

万荣东岳庙飞云楼顶部梁架

万荣东岳庙飞云楼转角斗拱

万荣东岳庙齐天大帝殿斗拱

晋国遗址等十六处全国重点文物保护单位保护范围的通知》，公布万荣东岳庙的保护范围和建设控制地带。万荣东岳庙的全国重点文物保护单位记录档案保存于山西省古建筑保护研究所。2000～2004年，山西省古建筑保护研究所对万荣东岳庙、飞云楼、午门、享亭进行复原维修，对东岳大帝殿、献殿、阎王殿进行落架大修。2002年12月，万荣东岳庙文物管理所成立。2010年，国家文物局批准万荣东岳庙文物保护规划项目、万荣东岳庙全面维修项目立项。2011年，山西省文物局批准万荣东岳庙全面维修方案。2012年，国家文物局批准万荣东岳庙文物保护规划。2013年，山西省文物局批准万荣东岳庙飞云楼维修方案。2014年，国家文物局批准万荣东岳庙山门及管理用房保护维修方案以及飞云楼监测项目立项。2015年，国家文物局批准万荣东岳庙山门保护维修方案。

**广胜寺**　是由上、下两寺和水神庙三处寺庙院落构成的文物建筑群，位于山西省洪洞县县城东北17千米霍山南麓。

广胜寺创建于东汉桓帝建和元年（147年），原名俱卢舍寺，亦称阿育王塔院，唐代改称广胜寺。唐大历四年（769年），中书令汾阳王郭子仪撰牒文奏请重建。宋、金时期，广胜寺被兵火焚毁，随之重建。元大德七年（1303年），平阳（临汾）一带大地震，寺庙建筑全部震毁，大德九年（1305年）秋重建。明嘉靖三十四年（1555年）和清康熙三十四年（1695年），平阳一带地震，寺宇未遭大的损坏。除上寺飞虹塔及大雄宝殿明代重建外，其余仍为元代建筑。

广胜寺分上、下两寺和水神庙三处建筑。上寺在霍山巅，翠柏环抱，古塔耸峙，琉璃构件金碧辉煌。下寺在山麓，随地势起伏而建，高低错落，层叠有致。水神庙与下寺毗邻，墙垣相连，内奉明应王。

上寺由山门、飞虹塔、弥陀殿、大雄宝殿、毗卢殿、观音殿、地藏殿及厢房、廊庑等建筑组成。寺前为三间悬山顶山门，金刚二尊左右对峙，威武雄壮。门内矗立着高大的琉璃砖塔，名飞虹塔。塔始建于东汉，屡经重建，存为明代遗物。塔平面呈八角形，十三级，高47.31米。外壁用黄、绿、蓝三彩琉璃装饰，富丽堂皇。各层檐下有斗拱、倚柱、佛像、菩萨、金刚和花卉、鸟兽等图案。塔底层周设回廊。塔内中空，有阶梯可攀至十层，设计巧妙，为中国琉璃塔的代表作。塔后为弥陀殿，面阔五间，进深四间，单檐歇山顶。殿内主像阿弥陀佛、观世音菩萨和大势至菩萨，是元代塑像中的佳品。东壁及扇面墙上满绘三世佛及诸菩萨。大雄宝殿面阔五间，进深六架椽，单

檐悬山顶。殿内佛龛雕刻精巧，龛内供释迦、文殊、普贤像。佛像均为木雕，比例适度，肌肉丰润，神态自若。殿两侧铁铸十八罗汉和龛背观音、韦驮等像，均为清代补造。毗卢殿面阔五间，庑殿式，殿内两山施大爬梁，结构奇特，是富有创造性的元代建筑艺术实例。殿内神台上塑三佛四菩萨。周设木雕佛龛，龛内置铁佛三十五尊，殿后壁绘释迦和十二圆觉菩萨像，技艺尤佳。

下寺由山门、前殿、后殿、朵殿等建筑组成，均为元代建筑。山门高耸，三间见方，单檐歇山顶。前殿五开间，悬山式，殿内仅用两根柱子，梁架施人字枋架大爬梁，设计精巧。最后是大雄宝殿，面阔七间，进深八椽，单檐悬山顶，建于元至大二年（1309年）。殿内主像三世佛，两旁为文殊、普贤二菩萨，衣褶披垂自然，均属元代珍品。原殿内四壁满绘壁

广胜寺上寺全景

广胜寺上寺大雄宝殿

画,民国17年(1928年)被寺僧盗卖出国,藏美国纽约大都会博物馆。残存于山墙上部的壁画内容为善财童子五十三参,画工精美,色泽富丽。

水神庙分前后两进院落,由山门、仪门、明应王殿及其两侧厢房窑洞组成。明应王殿面阔进深各五间,四周围廊,重檐歇山顶。殿内塑水神明应王及其侍者像11尊,其相貌、衣饰和手法皆元代风格。殿内四壁满布壁画,计197平方米,内容为祈雨降雨图及历史故事。南壁一幅《大行散乐忠都秀在此作场》壁画,记载元代戏剧演出情况,是研究中国戏剧史极其珍贵的资料。

广胜寺建筑在建筑科学和结构力学方面都有独到之处,寺内保存元明时代壁画、木雕、泥塑及琉璃作品等珍贵文物。特别是保存于国家图书馆的金代皇统版的《赵城藏》数千卷,对研究中国印刷史和宗教史具有重要价值。

抗日战争中八路军抢救保护广胜寺“赵城金藏”的实际已成为中国共产党重视文物保护的典型事例。1952年12月1日,山西省文物管理委员会成立赵城广胜寺古迹保养所,设专人管理寺内文物。1961年3月4日,广胜寺被国务院公布为第一批全国重点文物保护单位,编号1-0096-3-049。1973年国家文物事业管理局拨专款,山西省文物局委托山西省古建筑保护研究所承担对广胜寺的全面维修,工程历时8年,对广胜寺上寺弥陀殿、毗卢殿进行落架重修,维修广胜寺上寺后院的东西配殿和东西厢房。1993年3月,山西省人民政府印发《关于公布晋国遗址等十六处全国重点文物保护单位保护范围的通知》,审核批准广胜寺的保护范围及建设控制地带。1995～1997年年,落架重修广胜寺下寺后大殿。1999年,洪洞县文物旅游局成立,直接管理广胜寺文物管理所。2002年,国家文物局批准广胜寺下寺前殿保护维修方案。2009年,国家文物局批准广胜寺飞虹塔边坡保护维修项目、广胜寺部分建筑保护维修项目立项;同年,两个维修方案经山西省文物局批准。2011年,山西省文物局批准广胜寺

广胜寺下寺明应王殿

广胜寺下寺天王殿

消防设施建设方案，项目于2011年6月开工，2013年竣工，9月通过验收。2012年，国家文物局批准广胜寺保护规划以及广胜寺彩塑壁画前期勘察项目立项。2013年，国家文物局批准洪洞广胜寺技防方案和广胜寺彩塑壁画修复方案。广胜寺技防工程于2014年1月开工，11月竣工，同年通过验收。2013年，山西省文物局批准广胜寺全面修缮方案。2015年，国家文物局批准广胜寺环境整治方案。广胜寺的全国重点文物保护单位记录档案保存于山西省古建筑保护研究所。

**夏鲁寺** 是藏传佛教夏鲁派的祖寺。夏鲁寺位于西藏自治区日喀则市甲措雄乡夏鲁村内，年楚河西岸。

宋哲宗二年（1087年），时值藏传佛教后弘初期，杰尊·喜饶迥乃创建夏鲁寺。杰尊·喜饶迥乃为吐蕃大臣的后裔，拥有相当的影响力。元延祐七年（1320年），夏鲁寺迎请尼泊尔佛学大师布顿·仁钦珠（1290～1364年）主持寺务，遂开西藏佛教的夏鲁派。元天历二年（1329年）夏鲁寺被山洪冲毁，唯有"大悲观音像"没有受损。元元统元年（1333年），元朝统治者支持夏鲁万户重建夏鲁寺，从内地运送琉璃瓦、瓷雕、方砖等建筑材料，请汉族工匠和当地工匠合作，使夏鲁寺具有藏、汉两种不同的建筑风格。

夏鲁寺占地面积约1.5万平方米，由主殿、拉康、僧舍等构成。夏鲁寺的主体建筑是一座有三层楼房高的措钦大殿，包括大经堂、转经回廊和多个神殿。

夏鲁寺外景

夏鲁寺正殿堂

夏鲁寺建筑风格融藏式汉式于一体，殿堂系藏式不规则的方整石墙，殿内筑有左旋式大回廊，而屋顶都是琉璃瓦，高屋脊、双泻水具有吻兽飞檐的内地式建筑，在西藏独一无二。

夏鲁寺是西藏佛教重要流派——夏鲁派的发祥地与大本营。夏鲁寺保存绘制精美、风格独特、具有较高的艺术价值的壁画。转经廊内壁画具有明显的中原艺术风格，同时受到印度、尼泊尔佛教艺术的影响，为研究西藏早期的绘画艺术提供珍贵的实物资料；大量元末壁画以佛经故事最为精美、最具艺术价值。

1988年1月13日，夏鲁寺被国务院公布为第三批全国重点文物保护单位，编号3-0118-3-066。2006年，日喀则市文物局建立夏鲁寺全国重点文物保护单位记录档案。2007年，西藏自治区人民政府批复《关于确定布达拉宫等32处全国重点文物保护单位的保护范围和建设控制地带》，划定并公布夏鲁寺的保护范围和建设控制地带。

**北京东岳庙**　供奉东岳大帝众神体系，是中国道教正一派在华北地区的第一大道观，位于北京市朝阳区朝外街道神路街141号。

东岳庙始建于元延祐六年（1319年），玄教创始人张道陵的三十八世孙张留孙被元成宗封为玄教大宗师后，深感当时全国各地都有祭祀东岳大帝的东岳庙，而大都却没有，便在当时的齐化门外购置土地准备修建，未及开工，张留孙去世。由其弟子吴全节于元至治三年（1323年）将庙建成，朝廷赐名东岳仁圣宫。元泰定二年（1325年），鲁国大长公主于宫后捐建帝妃寝宫，元天历元年（1328年）竣工，赐名昭德殿。明代玄教并入正一派，东岳仁圣宫改名为东岳庙。明正统十二年（1447年），在原址基础上全面重建庙宇，嘉靖和隆庆年间进行整修。万历三年（1575年），遵照太后懿旨发宫帑大规模扩建东岳庙。清康熙三十七年（1698年），庙遭大火，绝大部分建筑被烧毁。康熙三十九年（1700年）敕令重建，至康熙四十一年（1702年）修复。乾隆二十六年（1761年），重修整座庙。道光年间，东岳庙住持马宜麟募化增筑东西两座跨院，修建房屋百余间，创办义学。1900年，义和团民众曾在东岳庙江东殿前设坛习武。后受八国联军入侵、民国初年军阀混战等战乱，东岳庙毁损严重，渐趋衰落。

北京东岳庙坐北朝南，以中路为轴线，辅以东西跨院组成。中路由南至北依次为琉璃牌楼、庙门（已拆除）、洞门牌楼、瞻岱门、岱宗宝殿、育德殿和后罩楼，两侧配以附属建筑，主次分明，前后呼应，左右对称，颇具皇家道观气魄。中轴建筑格局虽经清代扩建、重建，仍保留宋、元建筑的形制和特点。其中七十六司配庑的梁枋、斗拱，皆为元代之物，尤具历史、艺术价值。琉璃牌楼始建于明万历三十年（1602年），三间四柱七楼式，歇山顶，绿琉璃瓦屋面，檐下施仿木琉璃砖斗拱。正楼檐下各嵌南北石额一方，南面书"秩祀岱宗"，北面书"永延帝祚"，传为明代严嵩所书。牌楼东、西原本各有一座木制牌楼，已拆除。原有庙门三间，是东岳庙原本的正门，歇山顶，筒瓦绿剪边屋面，1988年因拓宽朝外大街被拆除。洞门牌楼一座，为东岳庙的第二道门，俗称牌楼门，在山门拆除后，即作为东岳庙正门。此门为庑殿顶，筒瓦绿剪边屋面，原挂于山门上的康熙皇帝御书"东岳庙"横匾移至此处。门内左右为钟楼、鼓楼，平面呈方形，歇山顶，筒瓦绿剪边屋面。洞门牌楼正对瞻岱门，又称瞻岱殿，面阔五间，庑殿顶，筒瓦绿剪边屋面，明间、次间为穿堂，梢间供奉哼哈二将和十太保，因哼哈二将称为神龙、虎

东岳庙全景

琉璃坊南面

将，故瞻岱门又称龙虎门。殿内梁架及架构均具有典型的明代建筑特征。出瞻岱门是一条称为福路的御道，直通岱宗宝殿。福路两侧各设碑亭一座，黄琉璃瓦屋面，原放置康熙皇帝和乾隆皇帝御笔亲题石碑。沿院落东西两侧各有一组回廊，共72间，代表东岳大帝掌管下的地狱七十二法司。原地狱七十二法司每司供神像1尊，后又增建了四司，故共有76尊神像，惜已不存。1995年重建时由"泥人张"的传人重塑泥塑。福路北端为岱宗宝殿，是东岳庙的主殿，面阔五间，庑殿顶，筒瓦绿剪边屋面，殿前出轩三间，殿身所用梁、柱、檩、枋均绘有皇家才允许使用的金龙和玺彩画。正面檐下悬挂匾额一方，曰"岱岳殿"。岱宗宝殿后亦带四檩悬山抱厦一间，与通往寝宫的长廊相连。大殿前建有月台，摆放铜香炉和石五供，台前东西设焚帛炉。殿内原供奉东岳大帝及其侍臣像，已不存。大殿两侧设东西朵殿各三间，歇

岱宗宝殿侧面

育德殿西南面

山顶，其中东朵殿供奉三茅真君塑像、统领三山正神炳灵公塑像。东配殿三间，为阜财殿；西配殿三间，为广嗣殿，均为歇山顶，筒瓦绿剪边屋面。岱宗宝殿之后为寝宫，两座殿宇之间用一条长廊相接，廊檐下施一斗二升交麻叶斗拱，额枋绘墨线大点金旋子彩画，为北京遗存少有的元代建筑布局形式。寝宫名育德殿，面阔五间，庑殿顶，筒瓦绿剪边屋面，檐下施单翘重昂五踩斗拱，殿前出轩，原本供奉东岳大帝和淑明坤德帝后的神像。寝宫东西配殿各三间，歇山顶。东岳庙中路最后为一座两层的后罩楼，原为玉皇阁、碧霞元君殿、斗姥殿、大仙爷殿、关帝殿、灶君殿、文昌帝君殿、喜神殿、灵官殿、真武殿等。已改为北京民俗博物馆的展厅。建筑为连檐通脊，筒瓦绿剪边屋面，额枋绘旋子彩画，西边楼下有三间御座房，供皇帝来庙祭奠或去东陵祭祖路过时休息之用。

东跨院为东岳庙的主要居住区，建筑较分散，生活气息较浓。西跨院为东岳庙的另一祭祀区域，由供奉各路神祇的多组小型院落构成，包括东岳宝殿（祠堂）、玉皇殿、三皇殿、药王殿、显化殿、马王殿、妙峰山娘娘殿、鲁班殿、三官殿、瘟神殿、阎罗殿以及判官殿等，其殿宇规模不大，多由民间人士自资修建而成。

东岳庙有神像多、石碑多、楹联多三大特色。东岳庙内共有神像3000多尊，尤以地狱七十二法司著名，为雕塑中的精品，故有"东岳庙神像甲天下"之说。东岳庙各院落内都立有石碑，最多时达160多通，数量居京城之冠。遗存100多通石碑，全为元、明、清三代作品，多为修建东岳庙碑记和民间善会石碑，种类齐全，内容丰富，具有较高的艺术和史料价值。其中最著名的是赵孟頫的行书《张天师神道碑》（俗称《道教碑》）。风格古朴遒劲，为元代书法艺术的珍品。东岳庙楹联多，内容多为对各殿神司职能的诠释和对人们的劝诫。

自民国时期起，国内外学者对东岳庙历史资料进行整理搜集和初步研究。关于东岳庙碑刻的整理，最早见于民国年间善士刘澄园的《七十六司考证》。民国20年（1931年），日本建筑学者荒木清三绘制《东岳庙平面图》，用图标注碑刻所在方位，或龟趺或方座。民国25年（1936年），学者刘厚滋用金石学的研究

七十六司外景

碑楼（西）全景

方法整理出版《北平东岳庙碑刻目录》，对碑刻资料进行全面梳理。

中华人民共和国成立后，朝阳区公安分局和北京市国家安全三局相继进驻东岳庙。1957年10月28日，经北京市人民委员会公布东岳庙为第一批市级文物保护单位。1987年，北京市人民政府公布东岳庙的保护范围和建设控制地带。1995年12月18日，东岳庙房产权、管理权、使用权移交朝阳区人民政府。1996年11月20日，东岳庙被国务院公布为第四批全国重点文物保护单位，编号4-0113-3-035。1996年，对北京东岳庙进行古建修缮，1997年9月竣工。同年，正式成立东岳庙管理处和北京民俗博物馆，1999年春节，博物馆正式对外开放。2001年朝阳区委、区政府对东岳庙西院进行收复腾退，2002年开始古建修缮。2006年，北京民俗博物馆建立北京东岳庙全国重点文物保护单位记录档案。

**延福寺**　是重要的早期寺庙建筑遗存，位于浙江省武义县（原属宣平县）桃溪镇陶村东南0.5千米处。

根据延福寺元、明碑刻记载，延福寺始建于唐五代时期，初名福田寺。南宋绍熙年间（1190～1194年），更名延福，赐紫大师守一增扩寺院，随后照堂日师又大兴土木，延福寺日渐兴盛。元延祐四年（1317年），皆山师德环等重修延福寺大殿，并立碑为记。明正统年间（1436～1449年）处州宣慈矿工起义，宇毁，唯大殿幸存；起义平定后，延福寺复业，僧文碧、涧清重修延福寺，建廊厢，图绘殿室，于明天顺七年（1463年）立碑。清朝以来，延福寺几经修葺和增建，雍乾时期（1730～1748年）创建天王殿并两廊厢房21间，道光十八年（1838年）重建山门，光绪三十一年（1905年）重建观音堂。民国时期，延福寺再度衰落，香客稀少，寺内建筑因无力维修，残败不堪。

延福寺沿中轴线有山门、天王殿、放生池、大殿、观音堂及周边两配房、两厢房、两廊庑，寺院占地面积4347平方米，建筑面积1660平方米。

延福寺大殿坐北朝南偏西10°，平面呈正方形，面宽五间11.70米，进深五间11.75米，重檐歇山屋面，内三间为元代遗存，下檐廊为明代天顺年间增建。梁架为八架椽屋前三椽栿后乳栿用四柱，副阶周匝，厦两头造，转一架

延福寺远景

延福寺大殿

椽。室内原为彻上明造，清乾隆年间修葺时于大殿正中添置天花。大殿用梭柱，梁栿均为琴面卷杀的月梁做法。大殿补间铺作当心间用3朵，次间1朵。上檐斗拱为六铺作单杪双下昂，单材15.5厘米×10厘米，足材21.5厘米×10厘米，斗拱泥道用单拱素方，华拱出跳偷心，昂尾挑斡下平槫。大殿下檐为五铺作双杪，单材11.5厘米×6.5厘米，足材16.5厘米×6.5厘米，泥道两层重拱素方。大殿四内柱之间设置佛坛，原有一佛二弟子四胁侍7尊造像，"文化大革命"期间被毁，仅留倒"凹"形佛坛。大殿外廊用编竹夹泥墙，上绘山水壁画及墨书题字。

寺内保留有南宋宝祐三年（1255年）延福寺铁钟1口、元泰定甲子（1324年）刘演《重修延福院记》碑1通、明天顺七年（1463年）陶孟瑞《延福寺重修记》碑1通等附属文物。

民国22年（1933年），宣平县乡绅向政府提议保护延福寺，同年浙江省教育厅发文训令宣平县政府设法查明保护。民国23年（1934年），营造学社梁思成、林徽因夫妇到延福寺测绘调研，成果引用到《营造法式注释》和

延福寺大殿梁架

延福寺大殿斗拱

《中国建筑史》中，延福寺开始受到建筑学界的关注，成为研究江南元代建筑的"活化石"。1950年，宣平县人民政府颁发布告保护包括延福寺在内的古寺庙。1953年，延福寺由桃溪区文化站接管。1960年，古建筑学家陈从周在省文管会委员朱家济陪同下考察延福寺，考察成果《浙江武义县延福寺元构大殿》发表在《文物》1966年第4期。1961年4月，浙江省人民委员会公布延福寺为第一批浙江省重点文物保护单位。1981年4月，浙江省人民政府重新公布延福寺为省级文物保护单位。1983年，浙江省文物局批准建立延福寺文物保护管理所。1986年，浙江省人民政府印发《关于审定萧山葛云飞墓等十八处省级文物保护单位保护范围和建设控制地带的批复》，划定了延福寺的保护范围及建设控制地带。1996年11月20日，延福寺被国务院公布为第四批全国重点文物保护单位，编号4-0121-3-043。2000年，经国家文物局批准，开展延福寺修缮工程，重点修缮大殿，对延福寺的其他建筑和寺院环境进行整治，消除延福寺大殿的结构安全隐患，及因排水不畅造成的水患影响。2007年，延福寺文物保护管理所组织编写的延福寺"四有"档案通过浙江省文物局组织的评审和验收。2015年，实施延福寺保护规划编制工作，同年开展延福寺环境整治与管理展示用房项目及木材残损监测工作。

**永乐宫** 原名大纯阳万寿宫，是中国最完整的元代道教宫观，也是保存最完整的元代建筑组群。永乐宫位于山西省芮城县城北3千米龙泉村东侧。原址在永济县永乐镇，因三门峡水利工程，1959年将全部建筑和壁画迁址复原保存。

据有关道藏典籍和宫内碑文记载，"八仙"之一的吕洞宾诞生于此。吕氏死后，乡人将其故居改为"吕公祠"，金末扩充为道观。蒙古乃马真后三年（1244年）毁于火，其时新道教全真派丘处机等人受朝廷宠信，祖师吕洞宾更受尊崇，次年敕令升观为宫，封真人号曰

永乐宫山门

永乐宫三清殿

"天尊",并派河东南北路道教提点潘德冲主持营建永乐宫。从开工到元至正十八年（1358年）纯阳殿壁画竣工,历时110年。明清曾有小修和补绘。

永乐宫坐北朝南,沿中轴线上依次排列着山门、龙虎殿、三清殿、纯阳殿和重阳殿五座主体建筑,占地8.6万余平方米。除山门为清

永乐宫三清殿殿内屋顶

代重建外,余皆为元代遗物。

龙虎殿又称无极门,原为永乐宫大门。殿基高峙,殿身面阔五间,进深二间六椽,单檐庑殿顶。内部梁架简洁,为典型的元代山门形制。殿内壁画为神荼、郁垒、神将、神吏、城隍、土地等26位神祇,手持剑戟等器,威反凛然,铠甲庄重,虽略有残损,但原作气魄尚存。

三清殿,又名无极殿,是永乐宫内规模最大的一个殿宇。殿建在高大平坦的台基上,雄伟壮丽,面阔七间,进深四间,单檐庑殿顶。殿顶脊兽全为黄绿蓝三色琉璃制成,高大的两个孔雀蓝盘龙鸱吻,是元代琉璃勿中唯一的形制,色泽和形态尤为引人注目。殿内壁画满布,画面高4.26米、全长94.68米,面积403.3平方米,为元泰定二年（1325年·河南洛阳马君祥等人所绘。其内容为《朝元图》,即诸神朝拜道教始祖元始天尊图像,构图严谨,场面开阔,人物刻画细致,表情栩栩如生。壁画线描精湛,重彩勾填,设色多以石青、石绿,纯朴浑厚。衣冠和宝盖部分,大量运用沥粉贴

永乐宫三清殿壁画局部

金，绚烂精致，主次分明，堪称珍贵的古代绘画杰作。

纯阳殿亦称吕祖殿。殿面阔五间，进深三间，单檐歇山顶。殿内仅用4根金柱，大梁跨越四间，空间异常宽阔。殿内四壁和扇面墙壁上满绘描写吕洞宾生平事迹的"纯阳帝君仙游显化之图"计52幅，相互间用山水、云雾、树石自然景色相隔、相系，每幅画自成构图，画面上的亭台楼阁、酒肆茶馆、园林私塾，层次分明，错落有致。贵官、学士、商贾、平民、农夫、乞儿等各类人物神态动人，表情迥异，是研究元代社会生活的珍贵资料。殿的神龛背

永乐宫纯阳殿前檐下斗拱

永乐宫重阳殿壁画局部

面，绘有吕纯阳向钟离问道的壁画，画面开阔，景色秀丽，用笔简练，技法精湛，具有元代绘画的独特风格。此殿壁画为元至正十八年（1358年）朱好古门人张遵礼等人所绘。重阳殿，面阔五间，进深三间，单檐歇山顶。殿内以连环画的笔法描绘道教全真教创始人王重阳的传教活动，计49幅，刻画细腻，与纯阳殿同属一畴。

永乐宫遗存元代壁画面积达1000余平方米，题材丰富，笔法高超，为中国绘画史上的杰作。永乐宫壁画中绘有许多建筑，如宫廷、城门、民居、府第、酒肆、饭店、寺院、亭台、楼阁、桥梁、牌坊、古塔等，透视准确，笔法工精，是研究元代建筑艺术的重要资料。

1958年因永乐宫位居黄河治理工程淹没区内，遂制定永乐宫迁建工程方案。永乐宫迁建委员会主要参加单位有山西省文化局、山西省文物管理委员会，永济县政府、永乐乡政府、北京古代建筑修整所。1959年，在太原召开永乐宫迁建委员会第一次会议，讨论通过迁建组织机构和永乐宫迁建新区工程方案。搬迁工程从1959年开始，至1965年结束。1961年3月4日，永乐宫被国务院公布为第一批全国重点文物保护单位，编号1-0093-3-046。1985年，永乐宫移交给芮城县政府，作为地方综合性博物馆。1993年3月1日，山西省人民政府印发《关于公布晋国遗址等十六处全国重点文物保护单位保护范围的通知》，公布永乐宫的保护范围和建设控制地带。永乐宫的全国重点文物保护单位记录档案保存于山西省古建筑保护研究所。2011年，国家文物局批准永乐宫壁画监测系统项目立项。2012年，国家文物局批准永

乐宫全面维修项目立项、永乐宫壁画前期勘察项目立项。同年，山西省文物局批准永乐宫全面维修方案、芮城永乐宫消防工程方案。永乐宫消防工程于2013年11月开工，2014年竣工，2015年通过验收。

**北岳庙** 是历代帝王遥祀北岳的庙宇，位于河北省曲阳县城西南恒州镇。

北岳庙始建于北魏宣武帝景明、正始年间（500～508年），原占地面积17万多平方米，遗存占地面积8万平方米，建筑面积4000余平方米。北岳庙有上下之分，据《水经注》载：古北岳恒山脚下所建之祠为恒山上庙。据清《曲阳县志》载，西汉天汉三年（前98年）始立北岳祠（西庙）于上曲阳，称为下庙。下庙又有东西之分。曲阳故城在城西北2千米处，所建之祠为东庙。北魏宣武帝年间（500～515年）北岳庙随城迁建，即东庙，西庙遂废。唐开元二十三年（735年）扩建。宋淳化元年（990年）契丹入侵，纵火焚庙，次年宋太宗诏旨重修。元代初年辟为道教活动场所，明嘉靖年间北岳庙规模达到顶峰。清顺治十七年（1660年）改祀北岳庙于山西浑源，曲阳北岳庙逐渐荒废。

北岳庙三山门

北岳庙德宁之殿

北岳庙德宁之殿东壁壁画

北岳庙德宁之殿西壁壁画

北岳庙遗存建筑有敬一亭、凌霄门、三山门、德宁之殿等10座建筑及飞石殿遗址。神门、钟鼓楼、宰牲房、神厨、库房等建筑无存。其建筑从南往北依次有登岳桥、牌坊遗址、朝岳门、御香亭、凌霄门、三山门、飞石殿遗址、德宁之殿。中轴线两侧有洪武碑楼、东、西宋宜碑楼、大宋碑楼、王禹偶碑楼、韩琦碑楼、东、西昭福门、碑廊。朝岳门为歇山布瓦式建筑，御香亭为八角三层青布瓦攒尖顶式建筑，凌霄门为硬山式，三山门为悬山式建筑。德宁之殿是北岳庙的主体建筑，面阔九间，进深六间，外带回廊环绕，重檐庑殿顶，绿琉璃剪边，黄色琉璃瓦为殿脊，高30米，占地面积2009平方米。整个大殿建在石砌的台基之上，殿内柱子的配列采用减柱法，梁架为中柱式。下层四周为走廊，地面均以方砖、条砖墁地。殿前有月台，四周有石栏板望柱，柱头装饰有石雕狮像。建成后屡有修缮，为中国尚存的元代最大的木结构建筑之一，殿内存有国内罕见的巨幅壁画。庙内存北魏到民国诸代碑刻200余通。北岳庙建筑、碑碣、壁画均具有较高的历史、艺术和科学价值。

中华人民共和国成立后，北岳庙由文化部门管理。1973年成立北岳庙文物保护管理所，由专人看管保护。1978年曲阳县革命委员会将北岳庙公布为县级文物保护单位。1981年至1987年10月，国家拨专款全面维修北岳庙，对德宁之殿进行落架重修，对三山门、凌霄门、御香亭等进行维修。1982年2月23日，北岳庙被国务院公布为第二批全国重点文物保护单位，编号2-0024-3-009。1992年3月，河北省人民政府印发《河北省国家级、省级文物保护单位保护范围及建设控制地带》，公布北岳庙保护范围和建设控制地带。2009年，《曲阳北岳庙文物保护规划》经国家文物局批复同意并经河北省政府办公厅批准，重新调整并划定保护范围和建设控制地带。

**青龙寺** 是山西境内以壁画为主的宗教艺术遗产，体现了中国古代寺院壁画艺术创作的高峰。青龙寺位于山西省稷山县城西4千米的马村西侧。

据县志和相关碑文记载，青龙寺始建于唐龙朔二年（662年），工部尚书王政奉敕而建，翌年改名青龙寺。元至元二十六年（1289年）重建腰殿。大德七年（1303年）地震，唐代建筑全毁。至正十一年（1351年）重修大雄宝殿。元、明、清各代多次重修、补绘。遗存建筑腰殿、大雄宝殿及朵殿为元代原构，系元代至大、至元、至正重修，并始终保持元代风格，其余天王、地藏、罗汉诸殿大都是明清建筑。民国11年（1922年）青龙寺壁画被劫，后被追回补上。

青龙寺寺域近方形，东西长97米，南北70.7米，面积为6000多平方米，建筑面积约787平方米，存有壁画185平方米。青龙寺分为前后两进院落，大小殿宇共8座，寺内遗存古建筑，自南而北依次为山门（天王殿）、十王殿、罗汉殿、腰殿（中殿）及朵殿（左为祖师殿、右为无名殿）、大殿及朵殿（左为护法殿、右为伽蓝殿）、东西厢房，各殿塑像皆不存。其中，山门、十王殿和罗汉殿位于前院，其余建筑均位于后院。腰殿和大殿建筑均系五架三间，进深8米，单檐悬山顶，斗拱五铺作，筒板瓦覆顶，基本保持元代式样。腰殿

青龙寺远景

的壁画为水陆画，是青龙寺壁画的精华部分，描绘的是僧徒礼三界诸佛、普度幽冥所作的水陆道场，其主旨是宣扬六道轮回、因果报应、超度亡魂、祈求冥福等。西壁中央，上画三世佛并坐，两旁菩萨胁侍和礼佛图，下画六斗星君。北壁上为十八罗汉，下为十殿阎君、六道轮回等，另有阴曹地府行刑场面。东墙壁画因日晒雨淋，眉目难辨。四壁佛教、道教及各色人物形象500余个，分画在130平方米的墙面上。上下三层交错，大小依次排列，画面结构严谨，笔力遒劲流畅，色彩柔和协调，人物繁而不乱，人体比例适度，造型优美，形象生动，衣饰飘然，千姿百态，栩栩如生，继承了中国唐宋以来的绘画表现技巧，被视为元、明两代绘画之杰作。大殿壁画分布在东西南三壁上，东壁是《佛说法图》，中间绘释迦牟尼，两侧为阿难、迦叶二弟子和文殊、普贤二菩萨，以及护法金刚护卫，上有人首鸟身的飞

青龙寺大雄宝殿

青龙寺大雄宝殿西方三圣壁画

青龙寺腰殿历代先贤及烈女众壁画

天。西壁是《弥勒变》，中间绘弥勒像，左右为观音、地藏二大菩萨和众弟子，下方西侧为国王和王妃剃度图，有宫人围侍。南壁大门两侧绘有二天王。大殿壁画据南壁窗槛画工题记可知为明洪武十八年（1385年）补绘或重装，西南隅少部分为元代印迹。壁画人物均为寻丈巨制，线条流畅，比例适度，色彩典雅浓厚，给人以气势雄浑的整体感，表现出古代绘画艺术的高超技术和技能。

青龙寺是有很高价值的宗教艺术遗产。青龙寺壁画成形期是中国壁画艺术创作的高峰期，寺内壁画艺术手法和色彩考究，具有较高的历史和艺术价值，是研究中国古代绘画的珍贵史料。青龙寺建筑结构、布局和造型反映晋南地区古建筑的地方特色，是研究中国古代建筑的珍贵史料。遗存主要建筑腰殿和大殿基本保持元代式样，结构科学，布局合理，特殊的结构使得壁画不受自然界干扰，清晰可辨，是古代建筑的又一特色。

1976年起，国家陆续拨专款对青龙寺进行全面维修，1979年修复工程全部结束，青龙寺基本上保持了原有风貌。2001年6月25日，青龙寺被国务院公布为第五批全国重点文物保护单位，编号5-0275-3-081。青龙寺的日常管理和安全保卫工作由青龙寺文物管理所负责。2002年8月27日，经山西省人民政府审核批准，印发《关于公布太原晋阳古城遗址等102处全国重点文物保护单位保护范围的通知》，公布青龙寺的保护范围和建设控制地带。2012年，国家文物局批准对青龙寺全面维修项目的立项；山西省文物局批准青龙寺全面维修方案。2013年，国家文物局批准稷山青龙寺保护规划编制项目。

**七曲山大庙** 为祭祀张亚子的"亚子祠"，是一组结构宏伟、体系完整的古建筑群，位于四川省梓潼县城北9千米的七曲山脊上。

大庙始建于东晋，以祭祀"文昌帝君"而闻名于世。元延祐三年（1316年）张亚子被封为"文昌帝君"后，在此建造"文昌宫"。经元、明、清三代均有扩建，形成后世规模。大庙占地面积12万多平方米，建筑面积6000平方米，保护区内有全国最大的纯古柏林，计有古柏2万余株。

大庙遗有殿宇亭阁23座，其中盘陀石殿为元代建筑；家庆堂、天尊殿、桂香殿、风洞楼、白特殿、关圣殿、应梦仙台、晋柏石栏、观象台属明代建筑；正殿、百尺楼、瘟祖殿、灵官殿、钟楼、鼓楼、望水亭、启圣宫、五瘟

七曲山大庙

殿、善教祠、客院属清代建筑。它们较完整地展现了从元至民国时期的建筑风格。

盘陀殿是大庙中最早的建筑。面阔三间宽8.4米，进深三间计8.3米，面积69.72平方米。单檐歇山式黄琉璃瓦屋顶，殿内施内柱两根，前檐减去檐柱，用长约8米的阑额。此殿造型比例匀称，梁架结构简练，斗拱实用古朴，是四川古建筑中较完美的元代遗物。正殿位居真庆宫中轴线的中心部位，是供奉文昌帝君的主殿。据清咸丰版《重修梓潼县志》记载，灵应祠肇造于绍兴十六年（1146年）。后渐有毁损。明洪武二十五年（1392年），蜀王朱椿（明太祖之第十一子，被封为蜀王），拨银三万两，仍按王宫仪制进行修复。清雍正四

七曲山大庙正大门

文昌正殿及九龙壁

年（1726年）毁于火灾，雍正十年（1732年）重建。正殿前置皋门，左右（南北）配有戟门，北曰迎祥门，南曰化吉门。由皋门而入，登二十四级垂带踏道（俗称二十四孝石阶）。踏道之中雕刻有"九龙朝圣"的浅浮雕图案，以示殿宇之庄重、肃穆。升阶后，即入拜殿、高歌台（献舞乐、祭祀、行大礼之殿）。正殿呈正方形，穿斗抬梁式梁架，大木结构，十一架梁前后乳栿劄牵五柱，面阔22.5米、进深四间21.5米、通高12.3米，明间及次间为殿堂，两梢间系走廊。其斗拱分配均为四铺作，泥道拱雕饰菊花图案，施以五彩编装，成为装饰斗拱，唯屋前后乳栿前端延伸出柱头之外，其上置以大斗，并雕饰螭首。屋脊为单檐歇山造，覆盖绿色筒瓦，饰火珠、鸱吻。拜厅之南北两壁，绘刻有麒麟各一幅。正殿陈列神像9躯。文昌像居于正中高台，全身鎏金，头戴冕旒，身着绣龙袍服，执笏正坐。左右8躯侍神，自外至内可分为4组，第一组值殿功曹左右各一人，第二组录事仙官左右各一人，第三组左考功郎，右文选郎，第四组左天聋、右地哑。上列9躯神像，后背均有铭文，铭文为"崇祯元年陕西金火匠人薛姓"。正殿拜厅悬有清乾隆时期四川

盘陀殿

总督岳钟璜撰写的"紫极敷文"横匾。

七曲山大庙以古建筑、古铸铁像、古柏林"三古"著称。其中的古建筑既有江南园林的小巧玲珑，又有宗教寺庙的肃穆庄严，更有皇家家庙的威严气派。整个建筑依山而建，曲折迂回，跳荡起伏，布局上以文昌帝君为中心，有形散而神不散的建筑特点。林中有庙，庙中有林，古柏古庙互相映衬，相得益彰，是一座极其珍贵的人类文化遗产。七曲山古建筑荟集合宋元明清和民国的建筑风格，是研究中国古代建筑的实物标本。梁思成在其《中国建筑史》中称七曲山大庙为"古建筑博物馆"。

中华人民共和国成立后，梓潼县人民政府对七曲山大庙进行管理和保护，管理机构为梓潼县文化馆。1978年，梓潼县文物管理所成立，专门负责七曲山大庙的保护管理工作。1980年，四川省人民政府印发《关于重新公布全省文物保护单位的通知》，划定七曲山大庙的保护范围和建设控制地带。1996年11月20日，七曲山大庙被国务院公布为第四批全国重点文物保护单位，编号4-0125-3-047。2008年"5·12"汶川大地震发生后，七曲山大庙被列为四川全国文物重点抢险维修单位之一。2009年10月22日，七曲山大庙抢险维修工程和七曲山大庙壁画和彩绘保护修复工程项目开工，梓潼七曲山大庙的灾后全面维修工程正式启动，历经1年有余，全面恢复古建筑原貌。

**长治玉皇观** 是遗存比较完整的元代木构建筑群体，位于山西省长治县城东南15千米南宋乡南宋村中。

玉皇观创建年代不详。根据观内遗存建筑形制分析，五凤楼、东配殿两座建筑主梁

长治玉皇观五凤楼

架、斗拱、柱额等大木结构方面保留诸多元代建筑的特征，故玉皇观可能为元代建筑。其他殿宇，香亭为明代建筑，灵霄宝殿、钟鼓楼等则主要保留清代建筑的特征，但灵霄宝殿脊部仍具有较为明显的金元时期建筑特征。由此可知，明、清时期对玉皇观原有建筑进行局部补添或更换构件等维修，并增建或重建正殿、香亭等建筑。观内可考证的资料还有五凤楼明间东侧柱面镌刻"大明万历肆拾壹年五月日新添石柱贰根"，西侧镌刻"乡约秦安之、社首米时柒，王三锡"等楷书题记；二楼额枋背后和底层大板门背后均有清乾隆、嘉庆年间重修的题记与刻记；灵霄宝殿正脊东侧吻兽侧面，有"明万历四十二年二月初二日重修"及住持道人、琉璃匠师、三社管则等人的题记，同时还记载筹资修缮的有关事项；在殿内东山墙上镶嵌着一块墙碣，记载明崇祯年间（1643年）金妆圣像的详情。资料显示，明清时期曾多次对玉皇观进行修葺。

玉皇观坐北朝南，一进院落布局。占地面积1407.36平方米，建筑面积946.96平方米。中轴线遗存建筑有五凤楼、香亭、灵霄宝殿，东西两侧建有钟鼓亭、东西配殿、廊房。

灵霄宝殿为明建清修。面阔五间，进深六椽。单檐悬山顶。筒板瓦覆盖，黄绿琉璃脊饰、吻兽。前檐设方形抹棱石柱，均为二节墩接而成。前檐明间、次间均施六抹四扇槅扇门，两梢间置直棂窗。柱头科斗拱为十三踩单翘五重昂，蚂蚱形耍头。每间设平身科斗拱各一，两梢间平身科斗拱形制同柱头斗拱，两次间平身科于45°出斜。后檐柱头科为五踩单翘单昂，平身科为五踩双翘。梁架结构为五架梁对后双步梁通檐用三柱。东配殿为元代遗构。面阔三间，进深四椽。单檐悬山顶。檐下柱头斗拱八朵，补间斗拱两朵，均为五铺作双昂，蚂蚱形耍头。殿内梁架为四椽栿通达前后檐。四椽栿为自然原木，四椽栿上设蜀柱，上承平梁，平梁上设蜀柱、大斗、丁

长治玉皇观正殿

华抹颏拱、大叉手共承脊槫。五凤楼为观内建筑之精华，为二层四檐楼阁式，高20余米。面阔、进深各三间。平面近方形。四重檐歇山顶。筒板瓦覆盖，黄绿琉璃脊饰。前檐于下层设垂莲柱挑檐门楼，外观前檐为五重檐，东西两山及后檐为四重檐。下层四角均设方形抹棱石柱，柱身微向内倾，形成侧脚，柱上施大额枋，枋上施斗拱承托着深远的屋檐。斗拱五铺作，华丽精巧。二重檐下设平座，平座上仅施柱头斗拱，为四铺作单杪，檐下斗为一斗二升交耍头，并于大斗下悬垂莲柱各一，垂柱间由枋连接。三重檐下仅施柱头斗拱，四铺作单杪。四重檐下柱头斗于栌斗拱内四十五度出斜昂。下层前檐明间设板门两扇，进入门内沿东山墙设木制楼梯道达二层。一层内梁架结构为方形井架结构，与上层之间有木制楼板相隔。上层四周围廊，顶部为八角形藻井，由层层斗拱叠架而成。

玉皇观观内建筑形制特殊，结构华丽，技

长治玉皇观五凤楼斗拱

长治玉皇观正殿斗拱

法纯熟，是当地具有较高知名度的道观，是研究晋东南地区建筑、艺术、技术和道教发展历史的珍贵例证。观内有元、明、清及近代的实物遗存，其修建及历次修缮的历史痕迹，对研究晋南地区建筑结构和形制的发展变化有重要意义。观内主体建筑五凤楼、香亭、灵霄宝殿建筑造型独特，为晋东南同类庙宇中具有代表性的建筑，具有较高的历史研究价值。五凤楼建筑雄伟壮观，构思巧妙，在檐部斗拱及层层叠架的藻井等力学结构运用方面，设计合理，对山西元代建筑与元代木楼阁建筑历史有重要意义，对研究当时科学技术发展水平具有重要的参考价值。观内保存的石碑对于考证玉皇观以及周边村庄的历史发展有重要的作用。

1984～1986年，揭顶维修五凤楼，扶正主体框架，更新三四层檐。1985年，揭顶维修灵霄宝殿。1993年，长治县人民政府批准成立玉皇观文物管理所，主要负责玉皇观维修保养和安全卫生。同年，修复东西厢房。1994年，修复西佛堂。2001年，在原旧址上依东配殿形制复建西配殿，并配置五凤楼木制楼梯。2001年拆除玉皇观周边违章建筑，国家文物局下拨专项经费用于玉皇观保护修缮和编制玉皇观保护规划。2006年5月25日，长治玉皇观被国务院公布为第六批全国重点文物保护单位，编号6-0416-3-119。2007年11月2日，山西省人民政府审核批准，印发《关于公布太原市王家峰墓群等157处全国重点文物保护单位保护范围及建设控制地带的通知》，公布玉皇观的保护范围和建设控制地带。长治玉皇观的全国重点文物保护单位档案保存于山西省古建筑保护研究所。2009年，国家文物局批准长治玉皇观保护规划和长治玉皇观环境整治方案。2012年，国家文物局批准玉皇观全面维修项目，山西省文物局批准玉皇观全面维修方案。

**碧云寺** 是北京西山的著名寺院之一，位于北京市海淀区香山街道公主坟村，地处"山川景最佳丽，地势荡荡开朗"的素有"太行山第八陉"之称的西山风景区中。

碧云寺始建于元至顺二年（1331年），由元丞相耶律楚材之后裔耶律阿吉舍宅为寺，初名碧云庵。明正德九年（1514年），御马监太监于径拓修碧云庵，在寺后修建坟墓，改名为碧云寺，后因获罪，不能葬身此处。天启三年（1623年），太监魏忠贤扩建庙宇，再次建坟，整座寺院的格局业已成形。清乾隆十三年（1748年），对寺宇重加修葺，按寺僧所贡奉图样，建起金刚宝座塔，新建行宫和罗汉堂，对其他殿宇无大变动。民国14年（1925年）3月，孙中山逝世后，曾停灵柩于碧云寺后殿，此殿改称中山堂。民国18年（1929年），碧云寺内设立"孙中山纪念堂"和"孙中山先生衣冠冢"。民国年间，碧云寺作为文化教育事业的重要场所使用。"文化大革命"时期，寺门内的哼哈二将等塑像被毁。

碧云寺坐西朝东，依山势而建，规模宏

碧云寺山门殿

碧云寺全景

伟，是一座等级相当高的寺院——行宫建筑群。总体建筑格局分南、中、北三路。中路为主要殿堂所在，基本保持明代的建筑风格。建筑自东向西依次有山门殿、钟鼓楼、天王殿、大雄宝殿、菩萨殿、孙中山纪念堂、汉白玉牌坊、八角形碑亭、金刚宝座塔。最前方为一座单孔石桥，东桥头有明代雕制的汉白玉石狮一对，荷花柱头，净瓶栏板，虎皮石砌筑桥体。山门位于桥后，是入寺院的第一道门，为无梁殿形式，硬山顶调大脊，筒瓦屋面。其山面各连一座碉楼式建筑，两层，歇山顶，筒瓦屋面，虎皮石墙面。山门殿面阔三间，为第一进院正殿，庑殿顶，筒瓦屋面，额枋绘旋子彩画，殿内供奉哼哈二将。左右为随墙门。弥勒殿为第二进院正殿，面阔三间，歇山顶，筒瓦

屋面，额枋绘旋子彩画，殿内供奉弥勒佛。院内鼓楼、钟楼各一座，二层，歇山顶。大雄宝殿位于弥勒殿后，面阔三间，庑殿顶，筒瓦屋面，带回廊，额枋绘旋子彩画，后檐明间出抱厦一间，额枋绘旋子彩画，殿内天花、蟠龙藻井，主佛供奉释迦牟尼。殿前月台上南北经幢各一座。南北配殿各三间。菩萨殿位于大雄宝殿后面，面阔五间，四周回廊，殿内供奉菩萨像。殿前月台上六角碑亭一座，二层，攒尖宝顶。孙中山纪念堂位于菩萨殿后，面阔五间，歇山顶，筒瓦屋面，额枋绘旋子彩画，孙中山纪念堂南北配殿各三间，开辟为孙中山生平展室。金刚宝座塔在中路的最后面，塔前建二柱一门木牌楼、四柱三门三楼石牌坊、七楼砖石牌楼作为前导。金刚宝座塔通高34.7米，下部

碧云寺牌坊

碧云寺金刚宝座塔

砌两层虎皮石基座，其上建塔。塔用汉白玉砌成，分上、下两部分，下为金刚宝座，正面正中开券洞，孙中山的衣冠封葬于此。循石阶登上塔座，出口处置一方亭，左右各有一藏式覆钵塔，后为5座13层密檐方塔——中央为主塔，四隅各建子塔。金刚宝座塔是中国目前仅存的几座金刚宝座塔之一，是难得的建筑、艺术精品。整个塔满布雕刻精美的浮雕，有大小佛像、天王、力士、龙凤狮象和云纹梵花等，依西藏传统形式雕刻，是清乾隆年间的石雕精品。

水泉院位于碧云寺北跨院，是一座融园林景观和居住殿堂于一体的皇家行宫建筑。院落坐西朝东，前三进院为含青斋建筑群，后两进院为水泉院。

罗汉堂位于碧云寺南路。建于清乾隆十三年（1748年），仿杭州净慈寺罗汉堂而建。坐西朝东，面阔九间，庑殿顶，筒瓦屋面，正吻装饰一座小型覆钵塔。前檐出三间歇山顶抱厦，明间檐下金字卧匾书"罗汉堂"。正门内供奉四大天王，室内有罗汉像508尊。罗汉形态各异，生动传神，表现了高超的雕塑技艺，是碧云寺的一绝。殿中心为三世佛像，四面通道上各立一尊佛，东面为护法金刚韦驮，北面为疯僧，西面是地藏菩萨，南面为接引佛。北

面房梁上有济公活佛。大殿正中顶部有一间四面歇山顶的建筑，顶部正中耸立着象征"西方净土"的宝塔。

1952年，北京市人民政府批准北京市公园管理处接管碧云寺等处，成立西山风景区管理所。1954年9月，碧云寺作为公园正式对外开放。1955年，对孙中山纪念堂进行挑顶修缮。1957年10月28日，碧云寺被公布为北京市第一批文物保护单位。20世纪60～80年代，多次进行维修、修缮和复建。1983年，西山风景管理处更名为香山公园管理处。1987年北京市人民政府批转市规划局、文物局第二批划定文物保护单位的保护范围和建设控制地带的报告，划定公布碧云寺的保护范围和建设控制地带。1997年，对罗汉堂进行挑顶修缮，更换保护栏杆。1998年11月26日，罗汉堂整修工程开工，1999年9月20日工程竣工。2001年6月25日，碧云寺被国务院公布为第五批全国重点文物保护单位，编号5-0203-3-009。2004年，北京市古代建筑研究所建立碧云寺全国重点文物保护单位记录档案。

**武当山建筑群** 是中国遗存规模最大、分布最广、形制最高、保存最完整的明清皇家道场。武当山建筑群遗存66处单元建筑，分布于湖

北省十堰市武当山旅游经济特区和丹江口市。

武当山，又名太和山，明代皇帝曾封其为"大岳""玄岳"，方圆400千米，主峰天柱峰如擎天一柱，拔地冲霄，周围有七十二峰拱立，二十四涧环流，灵岩奇洞幽藏其间，白云绿树交相笼映，蔚为壮观。明代地理学家徐霞客盛赞"山峦清秀、风景幽奇"，认为"玄岳出五岳上"。

武当山道教建筑，始建于唐贞观年间（627～649年），宋代有增建。元世祖忽必烈入主中原后，利用道教笼络人心，在皇室的资助下，进一步扩大建筑规模。明永乐十年至二十一年（1412～1423年），明成祖朱棣曾多次下令营建武当山道教宫观，经12年的营建，形成号称九宫九观、三十六庵堂、七十二岩庙的道教建筑群，并派遣道官、道士驻守、修炼，使之成为皇室利用宗教实行思想统治的重要场所。明嘉靖三十一年（1552年），进行全面维修，并给武当山赐名"玄岳"，新建"治世玄岳"牌坊以示旌表，经此次维修，较好地保存了以八宫二观为主体的建筑体系。嘉靖皇帝下令拨徙流犯人到武当山拓荒，供养宫观；令均州驻军专一巡视山场，着役洒扫宫观，"设官铸印"以守，封为"大岳太和山"。至此，武当山成为皇家庙观。200多年里，明代每个皇帝都遵从祖制，对建筑进行维修和保护，使之得到很好的保存。

武当山建筑群遗存建筑有太和宫、南岩宫、紫霄宫、遇真宫4座宫殿，玉虚宫、五龙宫2处遗址和元和观、复真观以及大量庵堂、

武当山建筑群俯瞰

金殿远景

神祠、岩庙等，共有古建筑200余栋，建筑面积5万平方米，占地面积100万平方米。

武当山建筑群的整体布局以天柱峰金殿为中心，以官道和神道为轴线向四周辐射，依托《真武经》中"玄天上帝"真武修炼的故事，建筑主体以宫观为核心，庵堂祠庙分布于宫观附近，岩庙则占峰据险，形成"五里一庵十里宫，丹墙翠瓦望玲珑"的历史杰作。遗存国保单位文物点包括遇真宫、襄府庵、玄岳门、冲虚庵、元和观、玉皇顶、玉虚宫、泰山庙、玉虚宫火星庙、玉虚宫北天门遗址、仙都桥、遇仙坪、复真观、磨针井、关帝庙、回龙观、回心庵、老君堂、老君洞、八仙观、玉虚岩、龙泉观、剑河桥、财神庙、南岩宫、飞升岩、太上观、雷神洞、上院、中院、下院、"不二"和尚塔、榔梅祠、四座塔墓群、黄龙洞、朝天宫、一天门、二天门、文昌祠、太和宫管委

会：金殿、古铜殿、太和宫、三天门、天仙岩、清微宫、高楼庄、碧云山庄、上观、中观、下观、紫霄宫、太子岩、威烈观及威烈观桥、五龙宫、自然庵、凌虚岩、华阳岩、灵应岩、长生岩、尹仙岩、将军庙、姥姆祠、仁威观、蒿口古戏楼及泰山庙、五龙行宫、净乐宫石牌坊及赑屃66处。

武当山建筑群规模巨大，整体性强，建筑中以金殿为中心，宫、观、庵、堂按不同规制排列，具有很强的等级观念。在营建时，充分利用峰峦的高大雄伟和岩洞的奇峭幽邃，使每个建筑单元都建造在峰、峦、岩、洞的合适位置上，使建筑与周围环境有机地融为一体。同时营建伊始体现了道教"崇尚自然"的思想，工匠们严格遵循明成祖朱棣"相其广狭""定其规制""其山本身分毫不要修动"的原则，依山就势地设计布局。武当山建筑群附属文物

类型繁杂，包括道教造像、壁画、彩绘、匾额、抱对、供器、法器、乐器、经书、陶瓷、玺印、钱币、家具、织绣、拓片、摩崖、碑刻、砖石木雕等众多范畴。其中一级文物713件、二级文物197件、三级文物4326件、未定级1909件，共计7145件。武当山建筑群在建筑艺术和建筑美学上达到很高的成就，有着丰富的中国古代文化和科技内涵，是研究明初政治和中国宗教历史的重要实物见证。

武当山建筑群因兵火战乱、自然坍塌、泥石冲毁、用火不慎以及丹江口蓄水、南水北调中线工程等人文和自然因素，部分建筑出现毁损。1961年3月4日，武当山金殿被国务院公布

为第一批全国重点文物保护单位，编号1-0094-3-047。同年，武当山文物管理所成立，负责武当山建筑群保护工作；至1981年，保护工作以日常性保养维护工程为主。1982年2月23日，紫霄宫被国务院公布为第二批全国重点文物保护单位，编号2-0025-3-010。1988年1月13日，"治世玄岳"牌坊被国务院公布为第三批全国重点文物保护单位，编号3-0101-3-049。1994年12月17日，联合国教科文组织将武当山古建筑群列入世界遗产名录。1996年11月20日，南岩宫被国务院公布为第四批全国重点文物保护单位，编号4-0123-3-045。2001年6月25日，玉虚宫遗址被国务院公布为第五批全国重

玄武门

紫禁城

玉虚宫

太子坡

点文物保护单位，编号5-0090-1-090。2006年5月25日，国务院公布武当山建筑群为第六批全国重点文物保护单位，编号6-0666-3-369。1981～2003年，先后修缮磨针井、复真观、回心庵、泰山庙、朝天宫、太常观、火星庙、黄龙洞房间计169间；抢险加固冲虚庵；三天门及道院、会仙桥、太子坡北道房、三层楼；修复琼台中观钟鼓楼、大殿、东配房。2004～2005年，修缮元和观。2009年，武当山特区文物局编制的《武当山玉虚宫文物保护规划》，国家文物局予以批复。2010～2015年，武当山特区文物局编制完成《武当山建筑群保护与管理总体规划》。2015年，湖北省人民政府公布武当山建筑群保护范围和建设控制地带。已建立武当山建筑群全国重点文物保护单位记录档案，保存于国家文物局、湖北省文物局、武当山特区文物局各一份。

**悬空寺** 是一座罕见的高空绝壁建筑，为恒山十八景之一，位于山西省浑源县城南5千米北岳恒山下金龙口西崖峭壁上。悬空寺背依翠屏峰，面对天峰岭，上载危岩，下临深谷。

悬空寺一带是中国历史上兵家必争之地，地处北岳恒山的金龙峡西岸翠屏峰峭崖上，地理位置十分重要。据《恒山志》记载，悬空寺始建于北魏晚期，后经历代重修。全寺遗存建筑有山门、钟鼓楼、伽蓝殿、观音殿、地藏殿、三圣殿、纯阳宫、五佛殿、大雄宝殿等大小殿阁40余间，大多是明清遗构，但主要构件及制作手法均保留了早期建筑风格。

全寺建筑悬挂在陡立的峭壁上，坐西朝东，寺门南向，自山崖的南面向北，渐次增高。寺院长数十米，宽约5米，有大小殿阁40余间，共分三组。进入山门，是一座双层楼阁，既是碑亭，又是门楼。山门两侧是2座方形楼阁，为钟、鼓楼。这组建筑以三圣殿为主体，殿内供奉道教塑像。中间一组建筑以三圣殿为主体，殿内供奉佛教造像。最后一组建筑以三教殿为主，奉儒、释、道三教之祖，为全

悬空寺全景

悬空寺雷音殿、三官殿、纯阳宫

悬空寺钟鼓楼

悬空寺重修碑记

寺最高的建筑，三层檐歇山顶九脊。北魏时道武帝拓拔珪发兵数万人在金龙峡东岸劈山凿道为"云阁"，又在金龙峡最窄处修通一座连接东西两岸的架空飞桥"虹桥"，栈道的方窟和"云阁"两字依稀可辨。

悬空寺的建筑，构思精巧，设计奇特。其先在山崖上凿出水平向的洞眼，然后在洞眼内安设木梁挑出崖外，再在挑出的木梁上铺板立柱，构筑各种形式的梁架、屋顶等结构。挑出的殿堂楼阁的周围安设栏杆。全寺南北高低错落，中隔断崖，有飞架栈道相通，曲折回环。梁架上下呼应，廊栏左右相接，疏密相宜，浑然一体。登楼俯视，如临深渊；谷底仰视，悬崖若虹；隔峡遥望，如壁间雏凤欲飞。正如古人在栈道绝壁上所云："公输天巧。"悬空寺

建于悬崖峭壁间，充分利用力学原理、半插飞梁、巧借岩劲、构造合理、别具匠心、上载危岩、下临深谷；红墙灰瓦、错落有致；全寺建筑自山崖的南面向北一字排开；渐次增高，有如蟠龙贴伏在崖壁之上，是中国建筑中的精品，具有较高的历史、科学、艺术价值。

1966年，山西省文物管理委员会拨款加固悬空寺基座。1973年和1978年，山西省文物局拨款重修寺内栈道，对悬空寺通体彩绘。1982年2月23日，悬空寺被国务院公布为第二批全国重点文物保护单位，编号2-0030-3-015。1983年，国家文物局拨款对悬空寺下面风化岩石进行加固处理。1992年，成立恒山管理局。1994年，山西省文物局、山西省建设厅对悬空寺屋顶、楼板进行修缮。2001年，恒山文物管

理局实施悬空寺消防水源工程。2002年8月27日，山西省人民政府印发《关于公布太原晋阳古城遗址等102处全国重点文物保护单位保护范围的通知》，公布悬空寺的保护范围和建设控制地带。悬空寺的全国重点文物保护单位记录档案保存于山西省古建筑保护研究所。2013年，国家文物局批准悬空寺石崖天沟加固项目立项。2015年，国家文物局批准悬空寺彩画、油饰保护项目立项；山西省文物局批准悬空寺石崖天沟加固方案。2015～2016年，完成悬空寺危岩处理及环境整治工程。

**玉泉寺及铁塔**　是中南地区隋至清最大的佛教寺院建筑群，位于湖北省当阳市玉泉办事处玉泉风景区内。

东汉建安二十四年（219年），游方僧人普净禅师结茅于玉泉山下，为玉泉寺建寺之始。南朝梁大通二年（528年），梁武帝敕建覆船山寺并赐土地。隋开皇十二年（592年），智者大师奉诏建寺，在覆船山东北麓选定基址，建造规模宏大的寺院，隋文帝赐额玉泉寺。北宋嘉祐六年（1061年），玉泉寺住持务本募化资金，建造供奉舍利的如来舍利塔，即玉泉铁塔。南宋至元代，玉泉寺屡修屡毁，明代初年，恢复玉泉寺的名字。明成化年间（1465～1487年），广演禅师重建玉泉寺，万历三十年（1602年），慈圣太后赐银1000两，

玉泉寺全景

天王殿

大雄宝殿

无迹禅师化缘重修玉泉寺、度门寺，明神宗敕赐"荆楚第一丛林"额。明崇祯十五年（1642年），荆州惠王赐银300两，寺僧海福主持维修大雄宝殿。明代末年，玉泉寺遭兵毁，大殿犹存。清顺治年间（1644～1661年），寺院荒芜，寺僧海福化缘重修；康熙十二年（1673年），莲月禅师重修，玉泉寺八堂十三家的格局，逐步形成；道光二十二年（1842年），寺僧慧山重修；光绪年间（1875～1908年），寺僧亮山圆妙、永光重修。民国21年（1932年），当阳县政府投资重修毗卢殿，寺内八堂共同捐资落架大修天王殿。

天王殿面阔七间，进深三间，除了高大的中门外，在尽间各开一圆窗，粉墙高5米，屋面为单檐硬山灰筒瓦顶，正脊的云龙拼版和吞脊大吻，全部是灰陶制品。大门门框以青麻石绘制，门侧用青砖凸砌，做成仿木结构的四柱三间小门楼，其顶三檐错落，覆盖小青瓦，挑檐下做成弧形拱，作为简单的装饰。坊心上

有"玉泉寺"三个颜体字。殿内梁架为木结构穿斗式。次间与梢间用墙隔断，留园门作为通道。大雄宝殿始建于隋朝初年，代有重修，屡毁屡建，宋元时期的建筑手法隐约可见，遗存为明代重修。大雄宝殿高21米，台明面阔40米、进深30米、高0.40米，建筑面积1253平方米。台明上立柱三层，即廊柱、檐柱、金柱各24棵，72棵立柱全部是金丝楠木，台明中间的金柱，每根高12米，净材积近4立方米。金柱是承受梁架的主构件，子角梁依附老角梁，老

毗卢殿

角梁做通榫，穿过角金柱，使下檐翼角出檐深远，下檐梁架以抬梁式为主。上檐排山梁架以穿斗式为主，通过斗拱联结檐枋，正心枋，传递屋面重量，结构严谨，受力均衡。殿中斗拱分内槽、外槽两种，共154朵，外槽斗拱起到实际承担负荷的作用，分柱头斗拱、补间斗拱、转角斗拱三种，下檐补间斗拱的后尾，保存宋、元时代的建筑风格。内槽斗拱安装在金柱顶部之间的联系梁上，散斗的斗口卡住十字架，梁上开有凹槽，扣住天花板。天花板共91块，每块厚0.05米，1.66米见方，上面用矿物颜色粘贴彩画，彩画种类有火珠、云龙、莲荷，色彩边缘以松烟墨重重勾勒。大殿屋面为重檐歇山灰色筒板瓦顶，正脊高1.3米，以40余块灰陶花板拼成，两面各有高浮雕5条腾云驾雾的蛟龙，正脊两头的吞脊大吻，各高1.8米，大吻似短尾龙。大雄宝殿采用的是重檐歇山式庑殿顶，这是帝王宫殿和佛寺正殿特有的殿庑顶形式。毗卢殿的门楼两侧，各有3间僧寮，小青瓦顶薄叶灰青砖斗墙。大堂面宽五间，进深三间，两坡水硬山小青瓦顶，结构简单。三园门是一座青砖坊，总面阔15米，墙高5米，墙根厚0.5米，墙肩有明显的收分，墙面

三门洞开，中门略高。坊心两侧，有青淡的水墨山水画。三园门顶部，三檐错落，中间檐部抬高，正脊两端以堆灰手法雕卷尾小吻2支，正脊下两坡水盖小青瓦，用白石灰做瓦头，下面砖砌斗拱。园门坊心背后中有"邮亭夕照"四字。

在东禅堂北侧，有一条东西轴线，轴线上布置牌坊、甬道、四合院。牌坊以青砖砌成，面宽三间一门，中间顶部略高，做成歇山顶式样，大吻以堆灰法塑成，翼角高挑，墙面土黄色，坊心上刻"般舟堂"三字，坊心下是一幅清晨入古寺的水墨画，门框内点缀写意花鸟画。天井南北侧各有厢房3间，南厢房门框上楹联一副："看破世界惊破胆，识透人情冷透心。"

玉泉寺铁塔原名佛牙舍利宝塔，位于玉泉寺前三门北侧青龙山余脉岗地上，通高16.94米，重2.6万千克，由须弥座、塔身、塔刹组成，仿木构楼阁式。塔平面呈八角，身十三层，每层有平座和腰檐。须弥座是铁塔的基座，搁置在土丘上，基座分三层，逐层内收，第一层八方侧面高浮雕水云纹，第二层八方侧面高浮雕火焰纹，顶面八方，浅刻细密的波涛，七位仙人，怀抱乐器，踏浪而行，一只乌龟跃出水面，引颈张望，第三层侧面浮雕火焰纹，8个隅角处，各铸仙山1座，上立金刚1尊，金刚全身比例适度，戴头盔，披铠甲，前胸着护心镜，两腿叉开，右臂叉腰，左臂皆从肘关节处截断，金刚的头部顶托着上面八角形的平台，平台以上是第一层塔身。塔身由下而上，逐层内收，整体外观美观轻巧。每层塔身的平座、壁、倚柱、地栿、壸门、小额枋、阑额、普拍枋、斗拱等构件铸为一个整体，塔

塔身每层3块，刹顶2块。44块构件，依顺序上垒，不用焊接，仅在接缝处以铁片垫塞，保持稳定。

玉泉寺在选址上，慧眼匠心，独擅佳境；其从隋朝开皇十二年（592年）开始兴建，历经唐、宋、元、明、清各代，代有维修，遗存建筑，有明显的宋元时期建筑风格。在建筑形式上，将殿阁楼堂等巧作安排，既照顾实用，又表现了形式美，既渲染地形的起伏变化，又显现了建筑的错落有致，北方建筑的浑厚严谨与江南建筑的轻巧灵活熔为一炉。玉泉寺大雄宝殿采用宫殿建筑的手法，显示和强调其建筑等级的崇高，整体梁架吸收中国南北古建筑的优良传统，采用穿斗与抬梁相结合的手法，立柱有收分和侧脚，榫卯结构，具有很好的防震功能，明间立柱的中心距6.44米，次间6米，用材硕大，是长江中下游一带屈指可数的单体大佛殿之一。铁塔工艺精湛、造像生动、不用焊接，是研究北宋时期铸造工艺的实物证据。

1953年，文物部门对玉泉寺的文物状况进行详细调查，并绘制文物平面图。1974年前后，由当阳县文化局负责管理。1980年，当阳县文化局在寺内设玉泉寺文物管理所。1982年2月23日，玉泉寺及铁塔被国务院公布为第二批全国重点文物保护单位，编号2-0017-3-002。1985年8月，成立玉泉寺民主管理委员会。1999年6月，重新成立玉泉寺及铁塔文物保护管理所，负责文物陈列开放和保护管理工作。2000年，公布玉泉寺及铁塔的保护范围及建设控制地带。2004年，当阳市文化体育旅游局建立并保存玉泉寺及铁塔的全国重点文物保护单位记录档案。

铁塔

壁外安装栏杆。每层斗拱，在普拍枋以上有转角锺作及补间铺作各8朵。塔刹在铁塔塔身第十三层的顶端，分两个构件：其一为天盘莲花座，底盘呈八角形，中心铸有榫头，套住铜刹，其二为铜刹；状如葫芦，中空，外形铸成5个逐层收缩的鼓腹，上刻弦纹及"工"字形的工纹。整座铁塔共分44块大构件，其中须弥座4块，第一层塔身2块，第二层至第十三层

**显通寺** 为佛教初传中国时的早期寺宇，位于山西省五台山区台怀镇北侧。

显通寺始建于东汉永平年间，初名大孚灵鹫寺，北魏扩建，唐代重修，并更名大华严寺。明初重建，太祖赐额"大显通寺"。随后寺僧分裂，塔院寺与菩萨顶分庭独立，显通寺仅留中心部分，东向另辟山门，清代又予重建，始成后世规模。

显通寺占地面积43700平方米，坐北朝南，中轴线上建殿宇七重，均以明清时期建筑为主，依次布列观音殿、文殊殿、大雄宝殿、七处九会殿（无量殿）、千钵文殊殿、铜殿和藏经殿（后高殿）寺院两侧建伽蓝殿、地藏殿、五百罗汉殿、客堂、祖堂、厨库等各类建筑300间。寺区古松参天，林荫蔽日，环境清幽。

显通寺钟楼

显通寺全景

显通寺观音殿

显通寺大雄宝殿

钟楼建于寺门前，雄伟壮丽。楼身底层面阔三间，进深三间，石砌台基，平面方形，明间为砖券拱门可通行，两层雕出勾栏平座。重檐歇山顶，布灰筒板瓦覆盖。内悬巨钟，为明天启年间（1621～1627年）铸造。观音殿面阔五间，进深两间，台基石条垒砌，平面由金柱和檐柱构成柱网，五架梁对前后单步梁用五柱，大梁出头雕作卷云头，单檐硬山顶，仰覆板瓦顶，殿顶中央置平棊，彩绘龙凤，殿内中央设佛坛三间，木雕金身三大士塑像，端坐于束腰须弥座上，身后为火焰形背光，前方两侧为胁侍泥塑善财、龙女、哼哈二将四尊。文殊殿面阔五间，进深两间，青石台基，垂带踏步五级，殿内构架为六架梁对后单步梁通檐用三柱，单檐歇山顶，布灰筒板瓦覆盖，殿顶正脊中央置宝刹。殿内大梁施旋子彩画，佛坛中央塑文殊菩萨及其三化身，两山佛坛上为十二圆觉菩萨。殿内明间悬挂清乾隆十一年（1746年）"十地圆通"御匾。大雄宝殿是显通寺的主体建筑，是举办盛大佛事活动的场所，清光绪二十五年（1899年）重建。大殿建于高0.9米的石砌台基上，明间与尽间设垂带踏步，殿身面阔七间，进深九椽，四周围廊环绕，转

角处向内收缩，亦名"转角殿"。殿身前檐通间用木雕雀替，雕饰龙凤图案，刀法工整，形制富丽。殿顶为五间重檐歇山顶，殿内平棊彩绘盘龙，圆光及佛说法像。殿内中央三间设佛坛，须弥座上分别为释迦佛、药师佛、阿弥陀佛。两山佛坛上为十八罗汉像，置于龛柜内，表情慈祥，姿态各异。后檐明间、次间置槅扇棂花门，门上方悬清乾隆二十三年（1758年）"象教精严"匾额，门上障日板绘佛传故事壁画30幅。七处九会殿亦称无量殿，系纯砖结构，殿身底部为石砌台基，垂带踏步，面阔七间，进深一间，外观二层，内部实为一层，重檐歇山顶，是完全仿木结构的砖雕建筑。前檐各间砖雕须弥座门柱，柱身为圆形，束腰雕如意，卷草纹。柱头斗拱五彩双翘。大斗为双重莲瓣式，横拱雕作三副云，额枋雕缠枝花，如意纹。斗拱布列密致，显得华丽清秀。外观二层雕出勾栏平座。明间栏板看面雕行龙，额枋各间补间刻三组荷叶墩。殿内明间供奉无量寿佛，结跏趺坐束腰须弥座上。千钵文殊殿面阔三间，进深二间，平面长方形，长檩卷棚前出廊式建筑，梁枋施以彩绘，单檐硬山卷棚顶，筒板瓦覆盖，前檐各间均施槅扇门，覆

显通寺铜殿、铜塔

盆柱础。殿内明间佛坛上为千钵文殊铜像，五种头形相叠，两侧千臂伸张，其中双臂高擎1尊佛像于头顶，其余臂膀如扇翼于胁间，构思奇特。铜殿为明万历三十七年（1609年）青铜铸造。妙峰禅寺主持，该殿面阔三间，进深三间。平面近方形，完全仿木构建筑，外观两层，内为一室，二层挑出勾栏平座。殿顶为重檐歇山，铸山脊兽，瓦陇，勾滴。殿内奉文殊铜像，内壁铸雕小佛像，象征万佛朝拜文殊的佛教场面。佛殿前原有铜塔5座，象征五台山的5个台顶，仅存2座，为明万历三十五年（1607年）铸就。铜塔高7米余，13层，平面八边形，塔体为阁楼式，逐层收缩，每层塔面均铸佛像，外观玲珑秀美。西铜塔下层西南角铸有拇指大小的铜庙，内供土地神祇。藏经殿面阔三间，进深三间，石砌台基。平面呈凹形，在凹口部位设踏步三级。此殿为二层砖木结构前出廊建筑，殿顶为硬山式。二层廊下设平座勾栏，砖雕脊饰，制作手法别具一格。藏经殿已辟为显通寺佛教文物陈列室，主要保存康熙年间华严寺经字塔、魏孝文帝镇风印、旃檀佛、南北朝石雕观音及胁侍菩萨、北宋雷峰塔藏经及书屏印章等丰富的佛教文物珍品。

显通寺荟萃有中国明清时期木构、砖构、铜构各类建筑及佛教文物的精华，寺内铜殿材质独特，造型奇巧，比例适度，是国内仅存的铜铸建筑。显通寺规模宏大，类型丰富，佛教悠久繁盛，以显通寺为中心的台怀寺庙群，是五台山佛教文化全盛时期的实物例证。

显通寺自创建以来一直到清代，由官府及寺院僧侣和地方绅士共同参与维修养护事宜。民国时期（1912～1949年），由僧侣、商会和地方人士参与维护。中华人民共和国成立后，显通寺归五台山区政府管理。1982年2月23日，显通寺被国务院公布为第二批全国重点文物保护单位，编号2-0026-3-011。1986年以来，由五台山风景名胜区宗教文物局负责行政管理，显通寺寺庙管理委员会负责日常管理和保护工作。2002年8月27日，山西省人民政府审核批准，印发《关于公布太原晋阳古城遗址等102处全国重点文物保护单位保护范围的通知》，公布显通寺的保护范围和建设控制地带。显通寺的全国重点文物保护单位记录档案保存于山西省古建筑保护研究所。2009年6月26日，显通寺作为五台山的重要组成部分被联合国教科文组织列入世界遗产名录。

**北镇庙** 是中国历代帝王祭祀医巫闾山的庙宇，是全国五大镇山庙中唯一保存最为完好的一座大型镇山庙。北镇庙位于辽宁北镇市西郊的山岗上，西距医巫闾山大观音阁4千米。

北镇庙始建于隋文帝开皇十四年（594年），当时称"医巫闾山神祠"。金大定四年（1164年）重修，改称"广宁神祠"。元末战乱，北镇庙内建筑遭到兵燹，只遗存正殿3间。明洪武二十三年（1390年），太祖朱元璋下诏重修北镇庙，在元代遗存正殿南建瓦屋3间，左右司各1间，又分别于庙东建宰牲亭、神库、神厨各3间，并缭以垣墙。明永乐十九年（1421年），朝廷下令对北镇庙进行大规模的重修和扩建，基本确立北镇庙的整体规模和布局。明成亿、正德、万历和清康熙、乾隆年间朝廷都组织过对北镇庙的修缮。清光绪十八年（1892年），由奉军统领记名提督高州镇总兵左宝贵奉命主持的维修最终形成北镇庙的规模和布局。

北镇庙坐北朝南，建在一座天然的山岗之上，为一长方形的院落，南北长280米、东西宽178米，占地面积49800平方米，其中建筑面积5000平方米。庙宇依山势而建，北高南低，布局严整、深远。主体建筑分布在由南向北的中轴线上，依次为石牌坊、山门、神马殿、御香殿、大殿、更衣殿、内香殿、寝宫。神马殿后东西两侧为钟、鼓楼。附属建筑分布在中轴线两侧，布局规整，左右对称，形制结构相同。在神马殿前东西两侧各建有朝房5间，神马殿后甬道两侧各有碑亭2座。沿钟楼往北依

次建有土地祠、真官祠、僧房、神库。沿鼓楼往北依次建有土地祠、城隍祠、道房、神厨等建筑。寝宫西侧还建有揽秀亭1座。各主体建筑周围有石栏杆环绕。

御香殿位于神马殿后24.5米的第三层月台之上，是用以贮藏朝廷降香诏书之所。始建于明永乐十九年（1421年），明成化、万历及清乾隆年间曾重修。清光绪十八年（1892年）再次重修。保留有明代建筑风格和特点。该建筑为单檐歇山式大木架结构，面阔五间20.3米，进深三间8.9米。上覆青瓦及吻兽，檐下置斗拱。殿内梁架施彩绘。殿前及左右有台阶，周围缭以石栏杆。月台下东侧上层平台上建有石造歇山顶焚香亭1座，西侧有石造日晷1座。同时东西两侧还立有清代皇帝御祭诗文碑14甬。建筑保存完整。主体建筑大殿，位于御香殿后23.5米处，是历代君王祭祀医巫闾山之神，举行祭典活动的重要场所。始建于明永乐十九年（1421年），明成化、弘治、万历和清康熙、雍正、乾隆年间曾多次维修。清光绪十八年（1892年）重修时将原七间改为五间。大殿为

北镇庙全景

歇山式大木架结构，面阔五间23.25米，进深三间13.95米。绿琉璃瓦顶，飞檐下置斗拱。殿内梁架彩绘鲜明，东、西、北三面壁上绘有胡大海等32个人物画像，画艺精湛。殿中部有一砖砌长方形须弥座神座，座上置神龛，龛内供奉有泥塑医巫闾山神像1尊。龛上悬挂有乾隆御书"乾始坤枢"牌匾1块。神台下左右有泥塑文武神像4尊。寝宫又称寝殿，位于内香殿后17.50米处，是为供奉山神及娘娘塑像的场所。始建于明洪武二十三年（1390年），明永乐、弘治、万历及清康熙、雍正、乾隆年间曾重修。清光绪十八年（1892年）再次重修。1990年再次重修。该建筑为歇山式大木架结构，面阔五间22.15米，进深三间10.47米。绿琉璃瓦顶，飞檐下置斗拱，槅扇式门窗。殿内梁架彩绘如新，色彩鲜艳。东、西、北三面壁上原有壁画（无存）。明间中部有砖筑长方

形须弥座，座上有泥塑山神、山神娘娘及侍童塑像4尊。神龛上原悬挂有康熙皇帝敬献亲书"郁葱佳气"横匾1幅。建筑保存完整。

北镇庙除主体建筑外，其庙内尚存有元、明、清历代封山、祭山、重修庙宇及诗文碑56通。这些碑刻是中国古代祭祀山神活动的见证，同时也为了解中国古代的礼仪制度、社会意识形态及社会风俗提供足够宝贵的文字资料。特别是清代康、雍、乾三代皇帝的御笔碑，不仅反映了清代最高统治者为巩固其统治地位祈祷北镇山神保佑，并为其歌功颂德的史实，而且，刚劲优美的笔迹也不失为永传后世的书法艺术品。庙东侧墙外有乾隆年间所建的广宁行宫1座，建房81间；在钟楼东侧建有万寿寺及观音堂。在鼓楼西侧建有大仙堂。这些附属建筑虽无存，但基址尚在。

北镇庙历史悠久，建筑规模宏大，气势

北镇庙大殿

碑林与御香殿

神马殿与钟鼓楼

雄伟，布局深远，是全国五大镇山保存最为完好的一座大型镇山庙，对研究和考证北镇庙的建筑规模和布局以及祭山礼仪制度均有较高的历史价值和史料价值。北镇庙遗存建筑自成系列，石狮、石坊、山门、旗杆、钟楼、鼓楼、碑亭、诸殿、碑林等，可以从不同侧面反映中国古代特别是明清时期的建筑特点及艺术风格，为研究中国的建筑史提供可靠的实物资料。北镇庙又是一处设施齐备的道教建筑群，庙中所设有的神马殿、御香殿、大殿、更衣殿、内香殿、寝宫等建筑设施以及殿内的壁画等，对研究中国道教在进行祭祀等宗教活动中的历史及程序等提供了重要的佐证。

民国时期，北镇庙处于无人管理状态，庙内主体建筑两侧的附属建筑及广宁行宫、万寿寺、观音堂、大仙堂等建筑被损毁，主体建筑的大殿、寝宫及部分石碑遭到严重破坏。中华人民共和国成立后，国家及当地人民政府十分重视对北镇庙的保护管理工作，派专人管理北镇庙。1960年8月23日，北镇庙被北镇县人民委员会公布为第一批县级文物保护单位。1963年9月30日，被辽宁省人民委员会公布为第一批省级文物保护单位。1980年1月，北镇县文

化馆文物股撤销，成立北镇县文物保管所，负责北镇庙日常管理工作。1988年1月13日，北镇庙被国务院公布为第三批全国重点文物保护单位，编号3-0127-3-075。1993年，辽宁省人民政府印发《关于公布一百五十九处省级以上文物保护单位保护范围和建设控制地带的通知》，公布北镇庙的保护范围及建设控制地划。2005年，北镇市文物保管所和辽宁省考古研究所联合建立北镇庙的全国重点文物保护单位记录档案，由辽宁省考古研究所保管。2005年，由北镇市文物处申请，经国家文物局审核立项，辽宁省文物局批准，辽宁文物保护中心监理，由大连古建筑园林工程有限公司承揽，对北镇庙的山门、神马殿、御香殿、大殿、更衣殿、内香殿、寝宫及地面海墁进行大修，工程2013年11月18日竣工。

**佛山祖庙** 为明清时期奉祀北帝的祠庙，位于广东省佛山市禅城区祖庙街道恩光社区居委祖庙路21号。

佛山祖庙始建于北宋元丰年间（1078～1085年），最初又称龙翥祠，祠庙并称，亦庙亦祠。历元至明，皆称祖堂，其实就是北帝庙。元毁于战火。明洪武五年（1372年）重建。明

正统十四年（1449年），敕封为"灵应祠"。明景泰二年（1451年）得到朝廷的支持扩建，并塑北帝铜像。祖庙由民间祭祀之地变成官方祭祀之地。清光绪二十五年（1899年）大修。

祖庙主体建筑沿南北中轴线排列，从南而北依次为万福台、灵应牌坊、锦香池、钟鼓楼、紫霄宫三门、前殿、正殿和庆真楼。建筑整体坐北朝南。灵应牌坊始建于明景泰二年（1451年），建筑为三楼三层式，威严耸立，檐柱间大量施用斗拱，飞檐叠翠，飘逸凌云。正面顶层正中有竖书"圣旨"二字匾，下层横书"圣域"和"灵应"；背面顶层竖书"谕祭"二字匾。锦香池位于灵应牌坊西，于明正德八年（1513年）开凿。初为土池，清雍正年间改建为石池。池中有象征北帝的石雕龟蛇像。万福台始建于清顺治十五年（1658年），高2.07米，台前有宽阔的石铺场地，东西两侧是两层式长廊。三门是整座神庙的门面，面阔九间，顶端有一条1米多高的陶塑人物瓦脊，

全长32.02米。檐下是贴金木雕，中间是红色砂岩围墙并排配以三个进深为一米的圆拱门洞，下为石砌台级。祖庙大殿又名紫霄宫，前殿建于明宣德四年（1429年），为歇山顶式建筑，檐下为如意斗拱，层层相叠雄伟壮观。正殿是祖庙的主体建筑。也是祖庙最重要和最早的建筑物，明洪武五年（1372年）重建。采用宋代营造法式，施用大量斗拱，使之大幅度向外延伸，保护下面的柱子免受南方雨水的侵蚀，形体固实厚重，外观雄伟稳健。殿周三面围墙，南面敞开，面宽进深各三间，柱子16根，殿前左右两侧有廊，与前殿相连，中间有天井。祖庙的建筑装饰大量采用陶塑、木雕砖雕、灰塑等。其中陶塑瓦脊共有6条，分别装置在三门、前殿、正殿、前殿两廊和庆真楼等建筑的屋顶脊之上。三门瓦脊规模最大。祖庙两旁门、额的灰塑艺术造型生动传神，栩栩如生，色彩绚丽。祖庙大殿三门前两侧砖雕雕刻细腻，层次多，构图集中概括，主体感强，雕

祖庙山门

祖庙前殿

灵应牌坊

刻工艺娴熟，多用圆雕、透雕、浮雕、刀法刚劲利落极富于装饰性，制作工艺令人惊叹。正殿内置有明正统年间制作的真武大帝（北帝）铜造像，是祖庙供奉的主要神像。祖庙前殿、正殿所陈列的大型神台，是禅城著名的金漆木雕杰作之一。所雕刻的内容包括"荆轲刺秦王""李元霸伏龙驹""竹林七贤"与"薛刚反唐"等故事。附属建筑有孔庙、节孝流芳牌坊、黄飞鸿纪念馆、叶问堂等。祖庙陈设有许多珍贵的文物，如唐"贞观二年"款阳文"禅城"碑刻，元"龙翥祠重浚锦香池水道记"碑，明宣德五年"重建祖庙碑"、万历八年"重修真武庙碑记"，清康熙"北帝玉玺"，70件33种铜铁兵器、仪仗，直径1.31米的巨型铜镜、大型铜鼎、铜钟和铜香炉；铁器有铁鼎、铁栏板等，反映了明清时期佛山高超的工艺技术。

祖庙是一组建筑艺术高超、装饰工艺精美的具有岭南特色的建筑群。整体布局规整庄严，疏密有致，亭台廊榭的设置严格遵守中国

佛山祖庙锦香池

祖庙三门檐下木雕花衽板

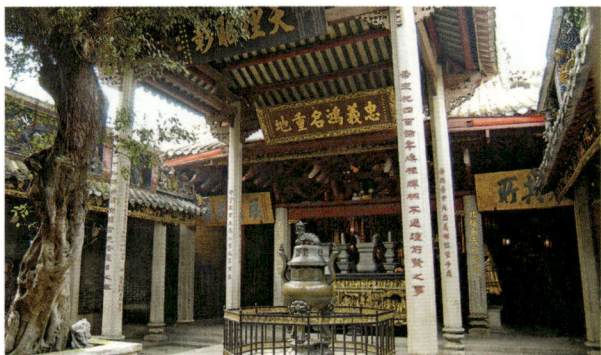
正殿香亭

古代园林建筑的原则，以藏和露的巧妙辩证使内部空间含蓄、内敛、复杂、神秘继而产生肃然起敬之感。灵应牌坊是广东遗存最雄伟壮观的木石混合结构牌坊。万福台对粤剧的发展起过重要的推动和引领的作用。

1959年10月，在祖庙成立佛山市博物馆，实施对祖庙的保护管理。1962年，广东省人民委员会公布佛山祖庙为第一批省级文物保护单位。1994年，广东省人民政府划定佛山祖庙的保护范围和建设控制地带。1996年11月20日，佛山祖庙被国务院公布为第四批全国重点文物保护单位，编号4-0152-3-074。2004年8月，佛山市文化局建立和保管佛山祖庙全国重点文物保护单位记录档案，由佛山市祖庙博物馆备份保管。2008年8月，佛山市博物馆迁出，成

立佛山祖庙文物管理所；2010年12月，更名佛山祖庙博物馆，负责祖庙的整体保护和管理。2007年11月，佛山祖庙全面修缮工程启动，2010年10月修缮工程基本完成。

**青龙洞** 是贵州东部明清时期山地建筑的典范，位于贵州省镇远县舞阳镇东中河山麓，东峡街14号，建于石灰华沉积岩形成的中河山西麓和断崖之上，前临潕阳河。

据文献和遗存碑刻记载，青龙洞古建筑群始建于明代初年。明洪武二十一年（1388年）于中河山建真武观，是为最早建筑。嘉靖九年（1530年）建朱文公祠及紫阳书院。万历十一年（1583年）和三十七年（1609年）、崇祯元年（1628年）后，逐步修建青龙洞、中元禅院、万寿宫等建筑群。清康熙十二年（1673年）、雍正元年（1723年）和十二年（1734年）、道光三十年（1850年）各组建筑屡有增修、陪补和扩建。咸丰、同治年间，古建筑多毁于兵燹。同治十二年（1873年）、光绪元年至六年（1875～1880年），光绪二十八至三十一年（1902～1905年）陆续重建，1982～1986年全面维修。

青龙洞山门，坐北向南。为四柱一门三

楼砖石牌楼，两侧带八字墙。宽5.4米、高8.5米。正楼和边楼均为庑殿顶，翼角起翘，脊饰卷草，中置葫芦宝瓶。筒瓦屋面，檐下饰如意斗拱。正楼枋下嵌竖匾，竖向阴刻草书"青龙洞"三字。匾额周围高浮雕透雕相间蟠龙。楼柱、边柱、门柱均有对联。山门上方偏南为吕祖殿，始建年代不详，清光绪三十年（1904年）重修，1983年维修。吕祖殿坐东向西，占地面积116平方米，建筑面积约260平方米。穿斗式木结构四层三檐歇山青筒瓦顶。通面阔13.8米，高18.4米，依崖就势建在高低两层台地上。底层进深仅3米，作为通道。二层膳堂楼身立于台地上，进深8.4米，三面带廊，前为挑廊。三层客堂，四层吕祖殿，四面带廊。吕祖殿同时供奉药王和邱真人。膳堂、吕祖殿前廊分别与南侧一楼一底、面阔两间的僧房相连。吕祖殿北侧为观音殿，于清光绪三十年（1904年）重建，1985年维修。观音殿坐东向西，占地面积约50平方米，建筑面积约120平方米，穿斗式木结构二层二檐封火山墙青筒瓦顶。建在高低两层台地上。观音殿在二层，面阔三间带前廊，通面阔13.8米，进深7米；一层三面带廊，山墙外挑出披檐，檐下连廊与前廊接，廊装吴王靠。北山墙外配偏厦一间，通面阔15.4米，进深4米。前檐柱吊脚，立于不同高度岩石上。南山墙外有2.5米长连廊通吕祖殿三楼客堂。观音殿檐下悬"是真南海"匾。观音殿下为砖筑正乙宫。观音殿上方为玉皇阁，包括凌霄殿与望江楼，是青龙洞建筑群的制高点。清光绪三十一年（1905年）重建，

青龙洞全景

1985年维修。玉皇阁坐东向西，占地面积54平方米，建筑面积约30平方米，建在岩洞、崖壁间，面阔三间，通面阔12米，进深二间，通进深3.2米，穿斗式木结构二层三檐庑殿和歇山青筒瓦顶。利用悬挑结构，在青龙洞主洞口挑出外廊及披檐，构成凌霄殿。在偏洞上挑出半边小阁楼及披檐，构成望江楼。并使这两座建筑的前廊，及一、二层披檐连为一体，从而形成一座三重檐的悬空阁楼，且楼中有洞，这在地形利用、房屋构造和外部造型上，别具匠心。观音殿往玉皇阁道边悬崖上，利用天然石洞洞口建斗姥宫。

紫阳洞，位于中和山中段山腰，青龙洞北侧。明嘉靖九年（1530年），镇远知府黄希英倡建朱文公祠，"并置田若干亩，立石碑于洞口，曰紫阳书院"。书院旁就是太和洞。紫阳洞又称"紫阳书院"。历经变迁，遗存建筑有山门、谐趣亭、考祠、老君殿、圣人殿等建筑。其中圣人殿、老君殿均为光绪初年重建。考祠于1982年春被山水冲塌，1984年修复。中元洞，位于中和山北段。明嘉靖九年（1530年），镇远知府黄希英于此倡建中山寺，称中元禅院。后"工部侍中赵之绪构藏经楼。兵毁"。清康熙五年（1666年）僧太圆重修。中元禅院，也称中元洞，即古称的"北洞"和"中和洞"。存有山门、大佛殿、藏经楼、望星楼、独柱亭、六角亭等建筑，均为光绪年间所重建。西接祝圣桥。万寿宫即"江西会馆"，位于中河山中段紫阳洞下部，临古驿道。为高封火墙围护的三进院落，从南至北有山门、宫

青龙洞山门

青龙洞建筑组群

门、戏楼、东西厢楼、杨泗将军殿、客堂、许真君殿、文公祠等，皆清代晚期所重建。

祝圣桥，俗称老大桥，又称潕溪桥，据称为庆祝康熙执政60周年改名。横跨潕阳河，东西向。始建于明万历三十七年（1609年）。崇祯元年（1628年）巡按刘士祯捐金再建。清康熙、雍正年间几经复建。七孔石拱桥，长135米，宽8.5米。中间五孔净跨15米，东、西两孔净跨12米。矢高8米。东起第三、四孔之间桥面建有通高15米之三重檐八角攒尖顶的魁星楼。民国23年（1934年）底，中央红军在桥上与国民党激战后攻克镇远。

香炉岩为青龙洞前潕阳河畔一座独立岩石。明嘉靖初建有疑岘亭，后圮。遗存疑岘亭系1956年重建，为单檐六角攒尖顶，俗称莲花亭。令公庙，在中和山南东关上，始建于清嘉庆年间。咸丰八年（1858年）毁于兵燹，光绪元年（1875年）重建。坐东向西，北靠石壁，南临溪水，依山就势而建。占地面积约500平方米。遗存山门、两厢、正殿、偏殿及6米高封火围墙。建筑面积368平方米。正殿面阔三间，通面阔11.5米，进深二间，通进深4.8米，穿斗式木结构封火山墙青瓦顶。东山寺，在中和山南端东侧。面积328平方米。始建于明永乐十一年（1413年）。清代重加修葺。坐东向西。原由山门、两厢、正殿组成。依山就势而建，建筑面积167.8平方米，为毁复建。

青龙洞是儒释道众神汇聚共享人间烟火的"入黔第一洞天"，具有深厚历史文化内涵，见证了明清以来黔地经济社会的发展。

1981年，青龙洞被镇远县人民政府公布为第一批县级文物保护单位。1982年，青龙洞

中元洞

被贵州省人民政府公布为贵州省重点文物保护单位。1982～1986年对青龙洞进行全面维修。1987年1月，专门成立青龙洞管理所，加强保护管理。1988年1月13日，青龙洞被国务院公布为第三批全国重点文物保护单位，编号3-0132-3-080。1995年7月，抢救复原了遭受大洪水袭击冲垮的万寿宫大门前古驿道堡坎。2000～2002年，完成祝圣桥维修加固工程和中元禅院、万寿宫的大部分屋面维修。2002年12月，贵州省人民政府批复并公布青龙洞的保护范围和建设控制地带。2004年，对青龙洞古建筑群危崖进行加固处理。2005年4月，完成青龙洞望星楼、六角亭、吕祖殿、玉皇阁、青龙洞山门、万寿宫山门等6个单体建筑的维修。2005年11月，收集整理资料，完成青龙洞文物四有档案的建立，由镇远县文物局保管。

塔尔寺 属藏传佛教格鲁派寺院，位于青海省湟中县鲁沙尔镇。

塔尔寺藏语称衮本贤巴林。藏语意译为十万身像弥勒洲，因藏传佛教格鲁派创始人宗喀巴诞生地而闻名。宗喀巴大师罗桑扎巴于藏历火鸡年（元至正十七年，1357年）十月十日

塔尔寺近景

诞生在大金瓦殿内的大银塔处，16岁赴西藏求学深造，藏历土猪年（明永乐十七年，1419年）在拉萨甘丹寺圆寂，享年63岁。据《塔尔寺志》记载及相关研究，塔尔寺初建年代是明洪武十二年（1379年），宗喀巴母亲香萨阿切与当地头人和信民共议，用宗喀巴托人带回的阴模翻制狮子吼佛像10万尊，置树四周，用黄绸把树裹起来，作为塔的中心，四周堆砌石片，建成一座莲聚宝塔（藏语称白邦乔典），以纪念大师诞生。明洪武十三年（1380年）修建一覆盖宝塔的瓦屋。明嘉靖三十九年（1560年），大禅师仁钦宗哲坚赞在塔旁修建一座小禅寺，创塔尔寺建造殿宇之始。因先有塔，后有寺，故名"塔尔寺"。明万历年间（1573～1620年），塔尔寺初具规模。经明、清两代不断扩建、改建、重建、修缮，终成

规模宏大、地位显赫的大寺。清乾隆十四年（1749年），乾隆书"梵教法幢"匾额，并赐寺名为梵宗寺。

塔尔寺建造历史大致分为五个阶段：明洪武十二年至天启二年（1379～1622年），建莲聚宝塔、禅庙、宗喀巴纪念塔、达赖行辕、三世达赖灵塔殿、三世佛殿、至宗上师宗喀巴依怙殿、大经堂、释迦佛殿、菩提塔、大金瓦殿、藏经楼等。清顺治初年至道光末年，建大金瓦殿、达赖班禅行宫、玉赤贡麻、大厨房、小金瓦殿、祈寿殿、文殊菩萨殿、四门塔、医明学院、如来八塔、印经院、阿嘉活佛府邸、赛多活佛府邸、却西活佛府邸、西纳活佛府邸。另有29座活佛院无年代记载，根据遗存建筑形制特点，应为清代遗存。清咸丰初年至民国末年，建有密宗学院、时轮学院、三世

达赖喇嘛灵塔殿、大经堂、法舞学院、时轮金刚塔、大吉哇、三座嘛呢轮亭、龙宝赞康、赤康、酥油花上院、酥油花下院、密宗经院事务处、医明经院事务处、时轮经院事务处、郭拉路菩提塔、龙王殿、四座本康、公馆（寺院管委会）。中华人民共和国成立后，建有郭拉路及和合塔、时轮坛城殿、酥油花展览馆、塔尔寺藏医院、青海省佛学院、山门、藏式牌坊等。2000年后，重建有藏经楼、酿呢康、龙王殿、4座本康、三门塔、度母殿、酥油花展览馆。

塔尔寺建筑沿溪壑依山面沟层叠修建，占地面积45万平方米，总建筑面积105489平方米，文物建筑面积60114平方米。遗存各类殿、堂、塔等主体建筑51处（组、座）、活佛府邸33处，僧舍216处。房屋9300余间，其中绝大多数修建于明清时期。建筑分布以大金瓦殿为中心，大经堂、文殊菩萨殿（九间殿）、释迦佛殿、依怙金刚殿、弥勒佛殿等建筑簇拥在大金瓦殿周围，稍晚建成的小金瓦殿、祈寿殿等面朝大金瓦殿方向。塔尔寺主体建筑风格多为藏汉结合式，保存状况基本完好。

塔尔寺主建筑为全寺中心的大金瓦殿，

明天启二年（1622年）始建，清康熙五一年（1711年）重建，坐西朝东，是一座融合藏汉建筑风格的宫殿式结构，三层歇山式屋顶，建筑面积为1938平方米，殿墙由碧绿琉璃砖砌成，殿顶为镏金铜瓦，金碧辉煌，巍然壮观。屋脊安置大金顶宝瓶和喷焰宝饰。殿内正中为12.5米高的大银塔，外壳和基座系纯银制作，表面包金并用珊瑚、玛瑙、绿松石、青金石等周身镶嵌，供有宗喀巴大师药泥像。大银垛周围形成由佛像、佛塔、灵塔、佛经及众多法物、艺术品环绕的世界。殿内珍藏宗喀巴师徒著作及手抄藏蒙文经书数百卷，塑有诸佛、菩萨像等，极具艺术价值。大殿正檐下悬挂"梵教法幢"匾额，系乾隆御笔敕赐。

大经堂位于大金瓦殿前，明万历三十一年（1603年）始建，崇祯十二年（1639年）改建为平顶藏式结构，建筑面积3443平方米，屋顶装饰镏金铜镜、幢、对鹿等；堂内有108根明柱。柱上围裹幡龙图案的彩色藏毯，彩绘栋梁、斗拱、藻井，墙体镶、挂佛教故事的间堂布画悬挂着帏幔、幡、伞盖、剪堆、刺绣等。正面设有达赖、班禅及塔尔寺法台的弘法宝座。

弥勒佛殿位于大金瓦殿的南侧，建于明万

阿嘉活佛院

阿嘉活佛院

历五年（1577年），是塔尔寺遗存最早的一座佛殿，两层歇山式建筑，呈正方形，15根藏式八棱柱承飞檐斗拱形成回廊殿，建筑面积320平方米；内塑12岁身量未来佛弥勒佛像，右侧是仁钦宗哲坚赞舍利塔，左侧为塔尔寺第一任大法台俄色嘉措舍利塔，前面佛龛中供奉宗喀巴大师等塑像；殿门两旁2块藏文石碑，一块记载九世班禅驻锡塔尔寺期间的活动情况，另一块记载清朝宣统元年（1909年）九世班禅洛桑却吉尼玛章嘉活佛、巴周活佛等捐银修葺佛堂的史实，为研究塔尔寺的重要史料。

释迦佛殿位于大金瓦殿北侧，建于明万历三十二年（1604年），平顶重檐歇山顶方形楼阁式建筑，建筑面积250平方米，内供释迦牟尼佛像，佛冠上镶有珍珠、宝石，俗称珍珠殿。依怙金刚殿位于大金瓦殿东北，建于明万历二十二年（1594年），单檐歇山顶方形楼阁式建筑，建筑面积134平方米，内塑宗喀巴大师及大威德金刚等本尊佛像。三世达赖灵塔殿（遍知殿）位于九间殿以东，建于明万历十八年（1590年），重檐琉璃瓦顶，建筑面积310平方米。文殊菩萨殿，又称九间殿。明万历二十年（1592年）初建，清雍正十二年（1734

年）扩建成遗存规模，三大间、九开间格局，有上下两层前廊的悬山式建筑，主供三大菩萨等众多佛像，建筑面积593平方米。此外，塔尔寺的重要建筑还有阿嘉活佛宅邸、赛多、却西、西纳活佛宅邸等主要活佛宅邸，以及上下酥油花院。坛城亦称曼陀罗，塔尔寺建有时轮立体坛城殿，殿内利用整体空间、建有巨大的时轮立体坛城；其他各殿均有不同质地、名称各异、大小不一的立体坛城。塔尔寺还有诸多高僧大德的灵塔，有体量较小的药泥、金、银、铜、木质佛神像和佛塔，有大小不等的众多转经轮、转经亭。

各个殿堂、扎仓、佛塔、府邸等处均供养着质地、体量、造型、名称各异的佛像，绝大部分是明、清、民国时期原物。壁画、间堂布画和彩绘多出自青海黄南藏族自治州同仁县"热贡艺术"艺人之手，反映内容有各种神佛像和佛经故事。清代和民国时期的石、木刻碑14通；清、民国匾额数十方。雕刻有木雕、砖雕、石雕三种类型。内容主要有佛教故事、历史故事、人物传记、花草树木、飞禽走兽、佛像和人物等等。堆绣悬挂于殿堂之上，内容多用于神佛像。

九间殿

塔尔寺释迦牟尼佛像

塔尔寺宗喀巴大师像

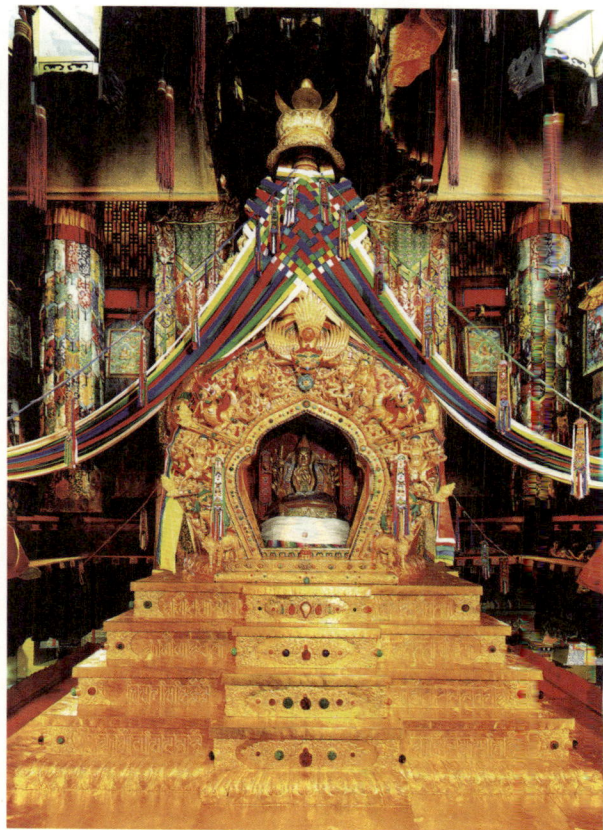

塔尔寺大威德金刚本尊佛像

1958年，塔尔寺完成宗教民主改革，成立寺院管理委员会。同年，湟中县政府批准成立塔尔寺博物馆，承担文物保护和研究等工作。1959年，塔尔寺文物管理所成立。1961年3月4日，塔尔寺被国务院公布为第一批全国重点文物保护单位，编号1-0111-3-064。1982年12月，塔尔寺文物保护管理工作移交塔尔寺寺管会。1992年6月9日至1996年8月22日，完成小金瓦殿、吉祥行宫、大经堂、大金瓦殿、弥勒佛殿、宗喀巴殿、大吉哇、过门塔等重点殿堂维修加固工程。2001年，进行大金瓦殿屋面镀金、更换木构件、土建维修和彩绘工程。2004年，青海省文物管理局组织编制塔尔寺全国重点文物保护单位记录档案，由省文物管理局和湟中县文物管理所保管。同年，青海省人民政

府印发《关于公布塔尔寺保护范围和建设控制地带的通知》。2009年，国家文物局批复青海省编制的《塔尔寺文物保护总体规划》，青海省人民政府印发《关于公布青海省塔尔寺文物保护总体规划的通知》，公布调整后的塔尔寺的保护范围和建设控制地带。

**元山寺** 为汕尾八景之一，是岭南地区重要的古建筑，位于广东省汕尾市陆丰市碣石镇玄武山旅游区内。

元山寺原称玄山寺，奉祀真武帝，于寺后山巅建福星塔和一鉴亭（四美亭）。后因避清康熙（玄烨）帝讳，改"玄"作"元"，称元山寺。元山寺始建于南宋建炎元年（1127年），明洪武二十二年（1389年）碣石建卫，碣石卫总兵侯建高主持规划扩建，设计成一座

元山寺全景

宫殿建筑。明万历五年（1577年）再次扩建，形成后世格局，清代多次修葺。

元山寺格局为多重四合院对称式宫殿建筑，坐北朝南，依山傍海。从南至北依次为山门、中殿、正殿、左右配殿、庑廊等房屋99间，沿着中轴线递高而建。明万历年间，建福星塔于山巅。清乾隆十五年（1750年）建戏台于寺前。至清光绪二十二年（1896年）起，例定每十年一度进行维修重光。戏台、寺庙、福

星塔，三点一线，构成元山寺基本格局。

元山寺建筑重斗叠拱，雕梁画栋，多种木雕、石雕、嵌瓷、花鸟虫鱼，千姿百态，巧夺天工，宫殿庙顶，高脊飞瓴，寺内各式铜铸、玉雕、陶瓷、泥塑，无不形神兼备，工艺精湛。寺内供奉有玄天上帝，悬"武当飞来"匾；元山寺同时供奉释迦牟尼、观音菩萨、弥勒等佛像，兼有释道汇流的特点。寺内保存有明代碑刻和历代名人贤达留下的摩崖石刻、题匾数十通，其中林则徐的"水德灵长"和刘永福的"灵声满道"题匾被列为中华名匾。四美亭、自得居环绕在塔的西面，有良辰、美景、赏心、乐趣"四美"的雅称。明万历年间，参戎郑谦山、巡道成雨泉、姚龙聚会于山亭共商抗倭大计，撰文共立"三台保障"碑记。

元山寺是粤东闽南一带海内外民众的信仰中心，也是古代粤东海防的军事指挥中枢。寺

元山寺戏台

福星塔

内大量的珍贵文物记载着广东沿海人民抗击外来侵略、保家卫国的辉煌史迹。元山寺又具有典型的明清时期建筑风格和艺术特点，布局合理、结构严谨，具有重要的历史、艺术价值。

1980年，成立碣石镇修复元山寺理事会，对元山寺按原貌修复。1986年，由碣石镇玄武山管委会和玄武山文物管理处负责管理和保护。1991年，陆丰市文化广电新闻出版局与玄武山管委会编制元山寺的全国重点文物保护单位记录档案，由玄武山管委会备份保管。1994年，广东省人民政府公布元山寺的保护范围和建设控制地带。2001年6月25日，元山寺被国务院公布为第五批全国重点文物保护单位，编号5-0372-3-178。

**瞿昙寺** 为明代外城内寺形式的群组建筑，位于青海省海东市乐都区瞿昙镇新联村。

明洪武二十五年（1392年），瞿昙殿建成，明宣德二年（1427年）以隆国殿为代表的后院落成，瞿昙寺历经37年建成。寺院东北角的囊谦（活佛府邸）约建于清末民初。清乾隆四十七年（1782年），对瞿昙殿维修和添加抱

瞿昙寺全景

瞿昙寺瞿昙殿

瞿昙寺宝光殿

厦，清代对山门维修改建。

瞿昙寺占地面积1.5万平方米，建筑面积近万平方米，其中文物建筑面积8446平方米，房屋526间。瞿昙寺建筑布局是典型的以中轴线左右对称分布排列的形式。寺院坐落在长方形城堡之内，其建筑依地势高低起伏而建，缓缓升起。全寺由前、中、后三进院落组成，中轴线上依次为山门殿、金刚殿、瞿昙殿、宝光殿、隆国殿5座大殿，其余建筑与主体建筑两边对称排列。山门殿与东西御碑亭组成前院，金刚殿、瞿昙殿、宝光殿与小钟鼓楼、护法殿和三世殿、四座配殿、四座香趣塔组成中院，隆国殿与大钟鼓楼、经堂组成后院。中、后院由72间壁画回廊、抄手斜廊围合并相连接。寺外东北侧还有囊谦1座，西侧建有天官殿1座。在距寺院南约5千米，建有其附寺1座，名为药草台寺。原古城墙有内外两道，环绕寺院，外城前有瓮城，夯土筑。遗存内城墙西段180米，北段175米。

瞿昙寺山门面阔三间，进深两间，单檐歇山顶，明代前期修建。御碑亭建成于明代成化二年（1466年），建筑风格和北京故宫的角楼屋顶相似，藏语又称四门亭，东、西御碑亭

除砖雕山花装饰略有细微差别以外，整体形制相同。平面正方形，重檐十字脊顶。高14米，四面砖砌厚墙，下肩为清水，墙身抹灰刷白，各墙面居中辟出券洞门一道。金刚殿建于明宣德二年（1427年），面阔三间，进深两间，单檐悬山顶，面积160平方米。瞿昙殿建成于明洪武二十五年（1392年），面阔五间，进深四间，重檐歇山周围廊。前出抱厦三间，为清乾隆四十七年（1782年）维修时添加。面积300平方米。正脊、垂脊、戗脊及围脊，山花和博风，均作砖雕。殿外周除后檐明间及前檐当心三间辟门而外，均砌筑厚墙，外部下肩作清水，墙身抹灰刷红，两山墙各开有圆窗各一对。外墙内砌有夹墙（清代增添），构成周匝殿座的暗廊。前檐抱厦通面阔设栅栏门，内为槅扇门三间，后檐明间装槅扇。殿内供三世佛，顶上施棋盘天花，中部作八角藻井。抱厦内的壁画上绘密宗"曼陀罗"坛城等图案。宝光殿建成于明永乐十六年（1418年），面阔、进深均五间，重檐歇山顶，平面接近正方形，周围采用副阶明廊，面积约500平方米，高12米，脊饰砖雕略同瞿昙殿而稍简，山花、博风均用木板，无雕饰。殿前出月台，其东西

两端有与大殿成正交的八字照壁一对。前檐廊步之后明、次间设门，各施五抹槅扇四扇，两山、后檐廊外循檐柱施直棂栏杆，使廊内外不能相通；廊内则围砌厚墙，内墙面均作大幅佛像壁画。大鼓楼和大钟楼建成于明宣德二年（1427年）。大鼓楼座东西向，面阔、进深均三间，共两层，施平座，单檐庑殿顶；下檐平面、瓦顶与两侧游廊连为一体，廊道相通，檐口相齐；两山及后檐砌筑厚墙，明间辟门，装四抹长槅扇，嵌正方格棂子，两次间开槛窗；楼上前后开门窗，两山砌墙，外绕走廊，边沿以栏杆相围，以平座斗拱衬托；平座斗拱外镶磨砖如意云形滴珠板；楼中置宣德初年朝廷所施大鼓一面；梁枋遍绘明代早期官式彩画。大钟楼坐西朝东，形制与大鼓楼同，不同之处是下层北次间隔出，陈列十八罗汉；明次间均用槅扇门且各不相同，为后人改装；上层梁架又加增梁枋，用以悬挂明宣德二年（1427年）所铸黄铜大钟。隆国殿建成于明宣德二年（1427年），建于高大的石刻须弥台座上，周设望柱、栏板，台座呈"凸"字形，突出的部分为殿前月台，月台两侧设抄手踏跺，大殿面阔七间、进深五间，四周出廊，上下两层分施单翘重昂七踩和重昂五踩斗拱；高17米，面积近千平方米；两山和后檐砌筑砖墙；前檐明间和次间开门装四抹槅扇，裙板部分别地起雕三幅云；东西两梢间装二抹槛窗，槅心菱花与福扇同；室内为棋盘天花。回廊在大钟鼓楼以南的廊子均是于中柱一线砌筑厚墙，面向院内的一侧敞开，而另一侧则封闭，辟户凿牖，分隔成若干可供使用的房间。活佛宅院为前后两进院落。大门开在西南角，前后院中间为过厅，面阔七间，一层；前院两侧分别为上南楼和下南楼，主体面阔三间，二层；前院大门东侧为伙

瞿昙寺隆国殿

房；后院两侧分别为上北楼和下北楼，面阔五间，二层；上南楼和上北楼之间、下南楼和下北楼之间分别为天井式上转楼和下转楼。

药草台寺建于明万历四十四年（1616年），主要由贡哇囊谦、三世殿、大经堂等组成。贡哇囊谦位于寺院最高处，明代建筑，系贡哇佛府邸，分为正院、东院和西院三部分组成，占地面积1242平方米，南墙正中为悬山式大门，正院北面为正房，二层木质楼阁民居式建筑，西院正房为悬山式建筑，东院单独设门。主要屋舍为坡瓦顶，其余为泥背平顶式建筑。三世殿位于寺院前院，为一幢三开间七檩周围廊歇山式建筑，面阔三间，进深三间，面积158平方米，殿内供奉有泥塑三世佛，梁架上敷以彩画，殿内墙面绘有壁画。大经堂建在后院，为二层平顶藏式建筑，平面呈"凸"字形，面阔五间，进深五间，前廊三间向前延伸出一间，民间称"三转五"建筑，殿堂中心为二根通天柱，形成中间为天井的藏式风格，二层天井周匝回廊，整个建筑在高70厘米的台基上，四边及阶梯用花岗岩条石并铺，面积为450平方米。

瞿昙寺遗存壁画1523平方米，其中明代壁画约占80%，其余为清代所绘。瞿昙寺建筑彩绘分为官式和地方两种类型，保存较好的内檐彩绘800余平方米。瞿昙寺石雕数量多，种类繁，基本为官式须弥座形象，规制统一。主要有宝光殿、隆国殿佛台莲花座，须弥山、六伏狮曼陀罗、象背云鼓、鼎座、磬座、灯座、御碑须弥座螭首、隆国殿、御碑亭须弥座望柱栏板等。瞿昙寺内存有五通明代御制碑刻，其中以洪熙元年（1425年）和宣德二年（1427年）的两块御碑为最大，分别立于瞿昙寺前院的左右碑亭内。

1959年3月16日，瞿昙寺被青海省人民委员会公布为第三批省级文物保护单位。1959年，设立瞿昙寺文物管理所。1982年2月23日，瞿昙寺被国务院公布为第二批全国重点文物保护单位，编号2-0034-3-019。1985年，进行瞿昙殿的落架大修。1995年3月30日，国家文物局审查通过由天津大学建筑学系编制的瞿昙寺维修方案，4月13日正式予以立项批复。1995～2001年，国家文物局拨款实施三期保护维修工程。2003年11月成立瞿昙寺文物管理所。2004年，乐都县文物管理所编制瞿昙寺的全国重点文物保护单位记录档案。2014年，国家文物局批准瞿昙寺城墙修缮工程立项，青海省文物管理局批转批复工程方案。2015年，国家文物局批准瞿昙寺回廊及围墙修缮工程、瞿昙寺瞿昙殿修缮工程立项，两项工程于2016年相继开工。2016年，国家文物局批准瞿昙寺壁画保护修缮工程立项。《瞿昙寺文物保护规划》已划定保护范围和建设控制地带。

**双林寺** 原名中都寺，因平遥县曾为战国时赵国都邑"中都"而得名，位于山西省平遥县城西南6千米的桥头村。

据寺内北宋大中祥符四年（1011年）《姑姑之碑》记载，中都寺创建于北齐武平二年（571年），后毁于兵火，宋时修茸一新，并取佛经上"佛陀双林入灭"之说更名"双林寺"。以后明景泰、天顺、弘治、正德、嘉靖及万历年间予以重建，清道光、宣统年间曾进行多次茸补。遗存建筑、塑像多为明代建造。

双林寺坐北朝南，建在3米多高的土台基上，四周围以夯土高墙，形成寺堡，建筑面积3711平方米。寺内布局完整，有两条轴线，经堂禅院在东，寺宇殿堂居西，由三进院落组成。西路中轴线上依次排列着堡门、天王殿、释迦殿、大雄宝殿和佛母殿。前院两侧为罗汉殿、地藏殿、武圣殿、土地殿，释迦殿两侧有钟、鼓二楼对峙。

天王殿重修于明弘治十二年（1499年），单檐歇山顶，面阔五间，进深六椽，前后插廊，前檐如意假昂，明间置板门。释迦殿建于明嘉靖年间，面阔五间，进深六椽，单檐悬山顶，外设廊庑，无斗拱。中院宽阔。大雄宝殿重建于明景泰年间（1450～1457年），位居正中，东西配殿为千佛殿、菩萨殿。大雄宝殿面阔五间，进深四间，单檐九脊顶。前檐设廊，槅扇棂花及殿内藻井雕工精细。殿顶琉璃剪边，造型、釉色均属明代佳作。殿内佛坛供三身佛。千佛殿、菩萨殿结构相同。均面阔七间，单檐悬山顶。佛母殿，亦称娘娘殿，是第

三进院落主殿，建于明正德年间，面阔五间，进深三间，单檐歇山顶。

寺内大小10座殿宇内满布塑像。大者丈余，小者尺许，共计2052尊，完好者1500余尊。天王殿内塑四天王像，高约3米，两侧塑八大菩萨。天王及金刚像威武雄壮，筋骨外露，隆起的肌肉富有弹力。罗汉殿内，等人大小的十八罗汉，或坐或立，各具特色，形貌动态传神达意，极富变化，技法写实，特具生活意趣。地藏殿内的十殿阎君、六曹判官以及十八层地狱冥罚，塑造得狰狞恐怖。释迦殿内当心塑释迦佛及二胁侍菩萨，周置悬塑，布满四壁，内容为佛本行故事，共80余幅，全部以连环画的形式，人物山石与建筑浑然一体，技艺纯熟，富有很强的立体感。扇面墙背面塑南海观音像，左右有善财、龙女，后有十大弟子，十大明王在前开道，十二圆觉布列两旁，

双林寺山门

双林寺天王殿

双林寺释迦殿

比较完整地表现了观音渡南海至普陀山设道场的场面。大雄宝殿内佛坛上塑三身佛及二菩萨，均经后人重妆，已失原作之风韵。大雄宝殿左右的千佛殿、菩萨殿内，数以千计的彩塑布满四壁，上下排列达五六层之多，构思独特而巧妙，表现了佛教意境的清幽和神秘。彩塑人物除明间神龛内观音及金刚、夜叉较为突出外，皆为仅有几十厘米高的造像，衣饰富丽，形态各异，犹如群仙聚会。主像观音为千手千眼观音，服饰华丽，体态自如，肌肉丰润，表情含蓄。侧壁塑众菩萨400余尊，满壁生风。护法武士韦驮像，身高1.6米，姿势雄健，文武兼备。双林寺的彩塑大都属明代作品，为彩塑精华，在中国美术史上占有重要的一页。

1980年，国家文物事业管理局拨款对双林寺山门和后殿等建筑进行维修。1988年1月13日，双林寺被国务院公布为第三批全国重点文物保护单位，编号3-0120-3-068。1991～1998年，山西省文物局成立"双林寺维修工程领导小组"，委托山西省古建筑保护研究所，对双林寺建筑进行全面勘察设计，国家财政先后拨款对天王殿、地藏殿、罗汉殿、释迦殿等建筑进行现状整修。1993年3月1日，山西省人民政府审核批准，印发《关于公布晋国遗址等十六处全国重点文物保护单位保护范围的通知》，公布双林寺的保护范围和建设控制地带。双林寺的全国重点文物保护单位记录档案保存于山西省古建筑保护研究所。1997年12月3日，双林寺与平遥古城、镇国寺一同由联合国教科文组织世界遗产委员会列入世界遗产名录。2012年，国家文物局批准双林寺保护规划项目立项。2013年，国家文物局批准双林寺大殿修缮方案、双林寺彩塑壁画勘察项目立项。同年，山西省文物局批准双林寺大殿抢修方案。

**西安清真寺**　是西安地区保存至今规模最大、最为完整的一组明清古建筑群，也是中国同类清真寺中规模最大的一座，位于陕西省西安市莲湖区北院门化觉巷。

西安清真寺原名清修寺，俗称东大寺，始建于明洪武二十五年（1392年），嘉靖元年（1522年）、万历三十四年（1606年）、清乾隆二十九年（1764年）重修、扩建。一说寺始建于唐天宝元年（742年），宋、元修葺，明洪武年间敕赐"礼拜寺"。因地处西安大学习巷清真寺之东，俗称东大寺。

遗存寺院占地面积约1.2万平方米，坐西

朝东，呈长方形五进院式布局，东西245米，南北47米，建筑面积约4000平方米。寺由北侧入门，自东向西，一进院落有歇山琉璃顶砖雕照壁、木牌楼及五间门楼；二进院有石牌坊、碑亭、经学堂和敕修殿等；三进院有省心楼及南北厢；四进院有一真亭、夹亭及礼拜大殿；大殿两侧设有月亮门通后院，即第五进院，原为阿訇墓地，南北侧各建有一座望月楼。1984～1989年对大殿等建筑进行全面整修。

木牌楼，建于清康熙年间（1662～1722年），乾隆时翻修。四柱三间三楼式，高约9米，通面阔15米，歇山顶，覆蓝色琉璃瓦。前檐额书"敕赐礼拜寺"五字。门楼，俗称五间楼。面阔五间，进深四椽，单檐歇山顶，檐下施五踩斗拱。明间辟双扇朱漆板门，楼两侧设八字屏墙。敕修殿，俗称二门，为明

嘉靖年间（1522～1566年）重修寺院时的正门。面阔三间12.3米，进深四椽8.6米，单檐歇山灰瓦顶，施琉璃脊。五架梁，露明造，梁上用驼峰、叉手，檐柱有明显侧脚和生起，仍保留有早期建筑的特征。檐下置五踩斗拱，明间平身科二攒，次间一攒。明间设双扇板门，次间置槛窗。前、后檐额悬明天启年间董其昌书"敕赐礼拜寺"及清慈禧太后御书"派衍天方"木匾各1方。殿内有清代碑石数通，其中有清雍正十年（1732年）刻立的阿拉伯文"清真月碑"，系清初本寺掌教小西宁编著的每年计算封、开斋（"斋月"）的方法理论依据，极为珍贵。石牌坊为四柱三间三楼式，四周置石栏杆，通面阔8.7米。门楣及立柱雕有花草纹饰，明间额题"天监在兹"四字，两侧额枋上分别刻有"钦翼昭事"和"虔诚省礼"。背

西安清真寺照壁

西安清真寺木牌坊

面额书阿拉伯文。牌坊左右侧各有一碑亭，分别置有明万历三十四年（1606年）"敕赐重修清修寺碑"及清乾隆三十二年（1767年）"敕修清真寺碑"各1通；前者碑阴摹刻有宋米芾书"道法参天地"五字，后者碑阴摹刻有明董其昌书"敕赐礼拜寺"五字。省心楼，又名邦克楼，为伊斯兰教宣礼塔。八角二层木结构，通高约12米，底层每边长4.1米。一层地面嵌有石雕二龙戏珠图案，各层均设有回廊，重檐三滴水八角攒尖顶，覆蓝色琉璃瓦。额悬"省心楼"三字竖匾。每层檐下均施有斗拱，分别按三、五、七踩出跳。顶层屋架系用各种木件叠架，造型独特，巧具匠心。一真亭，清乾隆三十年（1765年）增建。中央主亭呈六角形，

西安清真寺石牌坊

西安清真寺五间楼

蓝色琉璃攒尖顶；两侧夹亭为三角形，状如两翼；三亭搭连，宛若凤凰展翅，故又称凤凰亭。主亭东檐下有明建文元年（1399年）兵部尚书铁玄书"一真"雕龙斗匾。亭南北两侧各有厢房7间。礼拜大殿，建于围有石栏的高大月台上，月台前置三座石牌坊，均为二柱一间单楼式。大殿坐西朝东，平面呈"凸"字形。前部面阔七间36米，后窑殿面阔三间15米，通进深七间带前廊42米，总建筑面积1278平方米。为两座单檐歇山顶建筑搭连而成，相邻檐柱用双柱，上作南北排水天沟。屋面覆孔雀蓝琉璃瓦，正脊中央矗立鎏金铜质宝顶，高1.35米。殿内构架为前部七架梁、后窑殿五架梁。在西墙处设有"圣龛"，前左为宣喻台，供阿訇说教时站立。大殿外檐施五踩重昂斗拱。殿内顶棚装饰600余幅富有伊斯兰教特色的天花藻井图案，每幅中心的阿拉伯文"都阿"构图着色各有千秋，壁板彩画刻饰蔓草花纹，套雕阿拉伯文。地坪铺板，上铺毡垫，可容千余人礼拜。

西安清真寺以中国传统庭院建筑布局为基础，融入伊斯兰教寺院建筑风格。布局合理，主次分明，每进院落划分适宜，并各具特色，

西安清真寺敕赐殿

无论是木结构的殿堂，还是砖结构的照壁或牌楼，均体现出了古代工匠们的精湛技艺。

1952年10月，对西安清真大寺进行维修。1956年8月，陕西省人民委员会公布清真寺为第一批陕西省文物保护单位。1972年后，西安清真大寺的维修工作全面展开。1984年，对礼拜大殿及寺院主要建筑进行维修、修复，增设一些仿清代建筑形式的厅堂等。1988年1月13日，西安清真寺被国务院公布为第三批全国重点文物保护单位，编号3-0135-3-083。1992年4月，陕西省人民政府公布西安清真寺的保护范围和建设控制地带。1995年3月，西安清真大寺管理委员会成立，负责清真大寺的日常管理工作。

**大士阁** 是岭南地区明代重要的鼓楼建筑，位于广西壮族自治区合浦县山口镇永安行政村永安村。

大士阁原名永安鼓楼，因供奉观音大士而称大士阁。因其前、后两座重檐木构楼阁相连的建筑形式，又被称为四排楼，是海上丝绸之路始发地合浦境内的一处名胜古迹。明崇祯十年（1637年）《廉州府志备楼》记载："皇明洪武二十七年（1394年）七月，始命安陆侯吴杰、永定张金宝等率致仕武官往广东训练沿海卫所以备倭，是时方有备楼之名，天下镇守凡二十一处"，其中永安守御千户所是最南端的海防要塞，明成化五年（1469年）重修永安城并增建防御设施，同时修建报警的军事设施——鼓楼（大士阁）。入清以后，随着永安城军事地位逐渐下降，鼓楼的功能随之减弱。阁内清道光六年（1826年）廉州知府何天衢《永安城重修大士阁碑记》载："（永安城）创于明代……中城旧有大士阁，上奉大士，下

大士阁

为四达之衢。"可知在清道光六年前鼓楼已改称大士阁，成了供奉观音大士的宗教场所。民国30年（1941年），国民政府通令沿海拆除城池、碉堡，抵抗日军侵略，永安城城墙城门等大部分被拆毁，大士阁幸存。

大士阁占地面积约167.5平方米。建筑坐北向南，木结构，由前、后两座紧相连的单体二层楼阁相连而成，中无天井分隔。基础四周以条石围护，内以土夯实，灰沙地面。前阁为九檩，穿斗式木构架，后阁为十檩，穿斗式与

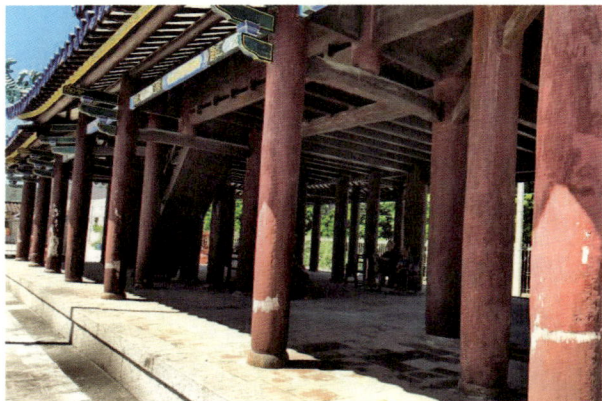

大士阁承重柱

抬梁混合木构架，面阔三间10米，进深六间16.75米，均上下两层，前阁高6.38米，后阁高7.43米。两阁相连，融为一体。下层敞开，无围护；上层四壁以木板壁围护，设镂花边内镶四瓣环形通花或变异回纹形木刻窗板，木面楼板。两阁均以四柱厅为中心，36根承重柱支撑在宝莲花石础上，各柱间有72根木梁相连，屋檐有三级跳梁，梁柱间以木垫支承，榫卯连接，无一钉一铁，重檐歇山顶，筒瓦和板瓦覆仰相扣，琉璃勾头滴水，脊饰龙凤、花草、鸟兽、鳌鱼等灰雕。封檐板绘飞鸟走兽、奇花异草。建筑手法上保留宋元时期遗风。

大士阁因自然的侵蚀，瓦面及部分檩条、梁枋残损。1959年，广东省拨款对大士阁进行保养维修。1973年及1982～1984年，广西壮族自治区文化局先后拨款对大士阁进行维修。1978年起，合浦博物馆负责对大士阁进行保护、管理。1983年，合浦县人民政府公布大士阁的保护范围和建设控制地带。1988年1月13

日，大士阁被国务院公布为第三批全国重点文物保护单位，编号5-0103-3-051。同年8月13日，合浦县人民政府对原公布的保护范围和建设控制地带进行调整，并报自治区人民政府核准公布。1989年，国家文物局批准大士阁的落架维修方案，1990年9月由广西壮族自治区文物工作队对大士阁进行整体落架维修，并经论证报国家文物局批准，提高台基50厘米，工程于1992年11月竣工。2006年，合浦县博物馆按规范要求建立大士阁全国重点文物保护单位记录档案。2008年12月，合浦县博物馆改名为合浦汉代文化博物馆。2010年11月，合浦县人民政府设立合浦县文物管理局，大士阁档案分别由合浦汉代文化博物馆、合浦县文物管理局管存，由合浦汉代文化博物馆负责对大士阁进行保护、管理。2013年后，合浦县文物管理局再次委托广西文物保护研究设计中心对大士阁进行全面维修，2016年竣工。

**噶丹寺** 是藏传佛教格鲁派创始人宗喀巴在西藏建立的第一座格鲁派寺院，位于西藏自治区拉萨市达孜区章多乡恰村强木措自然村西约600米的旺坡日山南麓。

噶丹寺始建于明永乐七年（1409年），系格鲁派（黄教）始祖宗喀巴大师亲自主持修建措钦大殿。次年，宗喀巴主持盛大的开光仪式，并担任第一任噶丹赤巴（噶丹法王）。永乐十四年（1416年），羊八间建成。万历三十八年（1610年），四世班禅加盖羊八间金顶。清康熙五十九年（1720年），藏王加盖措钦大殿金顶，乾隆十四年（1749年）晋美多吉对其进行扩建。明永乐十七年（1419年），宗喀巴圆寂后，第二任噶丹赤巴杰策·塔玛仁钦和堆僧·扎巴坚参建造宗喀巴灵塔，第五十任噶丹赤巴根堆平措期间，洛桑丹增把青海地区一年的税收折成黄金，在塔外包了一层纯金，十三世达赖于民国元年（1912年）再次修葺了

噶丹寺全景

金塔。1996年9月2日,噶丹寺斯东康金顶经过一年的施工,正式圆满完成。2001年,由甘肃拉卜楞寺捐金150千克对灵塔进行重新饰金。

噶丹寺占地面积达7.75万平方米,主要建筑有宗喀巴寝殿、大经堂、僧舍等殿宇。后经多次增建或扩建,遍布于汪古尔山上。整个寺院内设2个"扎仓"(僧学院),22个"康村",每个"康村"管辖若干"米村"(康村、米村是扎仓下面的地域性组织,亦是僧人食宿之地)

噶丹寺借鉴和直接采用不同时期的不同汉式营造法式,融入印度、尼泊尔等其他外域建筑方式和风格。梁、枋、柱、架、垫、翘、檐、昂、雀替、藻井、斗拱、金顶、金幢及内外廊壁和天花板的彩绘、浮雕,以及各类造像、雕塑、灵塔、唐卡、经幡、帐幔制作的构

噶丹寺阳八井殿

思、设计、编排、布局、色彩、纹饰、技艺、技法,乃至石质墙的砌筑、木构架的榫卯、木结构大空间高楼层建筑的平面与空间架构的处理,以及金属锻铸和镶嵌鎏镀等方方面面,均反映出藏传佛教建筑的典型特征及其超高的技艺和水平。

寺内藏明永乐皇帝于永乐十六年(1418年)

噶丹寺措钦大殿

噶丹寺阳八井殿内师徒尊像

御赐给辞京侍师的宗喀巴大师的弟子强钦曲杰、强钦曲杰又敬奉给恩师宗喀巴的23幅传为唐代文成公主亲手所绣的十六罗汉织品（甘丹刺绣像）、林帐（大金塔帐篷）、满缀珠宝的金银曼荼罗和大量各色绸缎。清乾隆二十二年（1757年），乾隆皇帝御赐给该寺的一套自身穿过的缀满珠宝、用金线精绣的九龙甲胄，准噶尔王赐予的蒙古包，纯金经书《丹珠尔》225函，制作精湛、经十三世达赖重修、用厚纯金包镶、嵌有大量珠宝、高5米余的宗喀巴灵塔，以及各类经幢、壁画、法器等珍贵文物。对研究西藏建筑、宗教、政治、经济、文化、艺术及藏汉民族友好等方方面面的历史和发展，具有极其重要的历史价值、艺术价值和科学价值。

1961年3月4日，噶丹寺被国务院公布为第一批全国重点文物保护单位，编号1-0108-3-061。20世纪80年代，在原有基础上重修噶丹寺宗喀巴灵塔，了央巴金经院壁画，重印《噶珠尔》和《丹珠尔》大藏经，维修20多幢经堂佛殿僧舍。2007年，西藏自治区人民政府划定公布噶丹寺等32处全国重点文物保护单位的保护范围和建设控制地带。拉萨市文物局建立噶丹寺

全国重点文物保护单位记录档案。2011年11月，拉萨市人民政府设立噶丹寺管理委员会，负责噶丹寺宗教事务管理和文物保护管理等工作。2013年，国家投资对噶丹寺杰绒康村、多康康村总面积约3929平方米的建筑本体进行维修。

哲蚌寺 是藏传佛教格鲁派最大规模的寺院，位于西藏自治区拉萨市城关区功德林办事处当巴居委会北约700米处的根培乌孜山南坡的山坳里（北京西路270号）。

哲蚌寺始建于明永乐十四年（1416年），由格鲁派始祖宗喀巴的及门弟子绛央曲杰·扎西班丹主持修建。绛央曲杰·扎西班丹的父亲出资，并得到当时帕木竹巴地方政府属下贵族和富商大贾慷慨捐助或拨赠土地。明永乐十七年（1419年），哲蚌寺中心建筑竣工，其他附属建筑续建。同年，阿巴扎仓建成，宗喀巴为其开光投用。15世纪初，宗喀巴嘱乃东王在措钦大殿西北侧修建一小殿（强巴通真佛殿），主供8岁等身强巴（弥勒）佛通真像。明嘉靖九年（1530年），二世达赖根敦嘉措主持修建噶丹颇章，并世袭而居。七世达赖格桑嘉措时期，颇罗鼐被清廷委任总理卫藏事务期间（1728～1747年），对措钦大殿进行整修，并拓展大殿后右侧佛堂和经厨。

哲蚌寺由措钦大殿、扎仓、颇章、僧舍、接待室、餐厅等构成。占地面积约25万平方米。寺庙大兴土木前，这里只有绛央曲杰的山洞和小庙。山洞名让雄玛，位于哲蚌寺措钦大殿东侧地平下面，范围狭窄，仅能容纳一人，内有宗喀巴和绛央曲杰的石质浅浮雕形象。小庙名札多玛，建造简陋，北面借一巨石，省去一面墙体，其室内只有一柱，房屋面

哲蚌寺全景

积仅10平方余米，主供石刻文殊。小庙两边各有白塔一座。

哲蚌寺措钦大殿、噶丹颇章、洛色林扎仓、郭芒扎仓、德阳扎仓、阿巴扎仓以及各自康村和僧舍库房等相对独立且结构严谨，反映出藏式建筑的高超技艺和水平，在很多方面借鉴和直接采用不同时期的不同汉式营造法式，融汇印度、尼泊尔等其他外域建筑方式和风格。

哲蚌寺内所藏明永乐皇帝御赐两面鎏有文殊坐像的鎏金文殊铜镜、清同治皇帝御赐"输诚向化"匾额、清廷驻藏大臣琦善所献"穆隆元善"匾额、明永乐八年（1410年）红印本甘珠尔、万历四十二年（1614年）云南土司木增所奉理塘版甘珠尔和第三任第巴洛桑土登祝贺五世达赖六十大寿于清康熙十年（1671年）用金汁抄写的甘珠尔及康熙二十二年（1683年）北京版甘珠尔各1部，以及各类唐卡和不同时期不同质地的各类塑像、法器及浮雕、壁画等

哲蚌寺措钦大殿

哲蚌寺大殿内部

诸多珍贵文物，积淀着诸如君臣厚谊、民族深情等丰富的历史信息。哲蚌寺对研究西藏建筑、宗教、政治、经济、文化、艺术和藏汉民族团结等历史和发展，具有重要的历史价值、艺术价值和科学价值。

1982年，国家文物事业管理局和西藏自治区及拉萨市政府投资对哲蚌寺进行较全面的恢复性维修。1982年2月23日，哲蚌寺被国务院公布为第二批全国重点文物保护单位，编号2-0027-3-012。1998年，由国家文物局拨款对哲蚌寺进行全面维修。2001年和2003年，国家文物局投资对哲蚌寺全寺电线线路进行全面改造，为哲蚌寺新修消防上下水管道和生活用水及生活污水排水管道。2001年6月，西藏自治区文物管理局会同南京建筑工程学院完成《哲蚌寺测绘图》。2007年，根据西藏自治区人民政府"关于确定布达拉宫等32处全国重点文物保护单位的保护范围和建设控制地带"的批复文件精神，划定公布哲蚌寺的保护范围和建设控制地带。2009年，中央投资对哲蚌寺措钦大殿、甘丹颇章和四个扎仓的结构、构件、屋面、墙体、部分壁画及给排水进行保护性修缮。同年由国家投资实施哲蚌寺给排水工程。2011年11月，拉萨市人民政府设立哲蚌寺管理委员会，负责哲蚌寺宗教事务管理和文物保护管理等工作。2014年，拉萨市文物局委托同济大学建筑设计研究院编制了《哲蚌寺文物保护规划》。同年，国家投资实施哲蚌寺安防、消防及电气线路改造等配套工程。2016年，国家投资实施哲蚌寺馆藏文物预防性保护项目。拉萨市文物局建立哲蚌寺全国重点文物保护单位记录档案。

**大宝积宫与琉璃殿** 为两座相邻又分属不同教宗的佛教建筑，位于云南省玉龙纳西族自治县白沙乡。大宝积宫与琉璃殿，一前一后，紧紧相连，廊接殿通，古时因教派不同各有主持，互不统属。琉璃殿属佛教禅宗，大宝积宫为藏传佛教密宗。

琉璃殿建于明永乐十五年（1417年），为重檐歇山顶，坐西向东，面阔三间，进深四间，抬梁式结构，用柱26根，檐下施斗拱，排列疏朗，粗壮简朴。殿内存有壁画21幅，每幅横120厘米、纵60厘米。画作于明永乐年间至清末，早期作品风格朴实，晚期作品线条粗犷。

大宝积宫，建于明万历十年（1582年），重檐歇山顶，坐西向东，面阔、进深均为三间，前廊式建筑，造型庄重典雅。上下檐均施斗拱，排列较密，重叠交搭，构成网状如意斗拱，颇具特色。大宝积宫共有壁画12幅，面积61.48平方米。属佛教殿宇题材的3幅，绘"孔雀明王法会""如来说法""观音普门品"等经变故事；属佛教密宗题材的7幅，画大宝法王、黄财神、绿度母、降魔祖师、金刚、亥母、百工之神等；道教题材2幅，画天、地、水、三宫，文昌、真武、四天君、风雨雷电4

琉璃殿壁画

神。壁画内容多样，是明代纳西族木氏土司吸收多种宗教文化在绘画艺术上的反映。壁画色彩富丽，用笔严谨精巧，线条细腻流畅，造型准确，有唐代道释画风，兼有藏传佛教画风和纳西东巴画色彩丰富、对比强烈的特点。西壁的"莲花生祖师图"中，织布、捕鱼、舞俑之情态，具有鲜明的云南地方特点。普门品故事画中的官吏、差役、旅客、罪犯，是当时社会生活的写照。琉璃殿与大宝积宫中的明清壁画，既有藏族特点，又有汉族风格，具有很高的科学与艺术价值，是中国古代壁画中的精品。竖于金刚殿前的"重修金刚大定二刹碑记"，具有重要的史料价值。

中华人民共和国成立后，大宝积宫及琉璃殿由丽江纳西族自治县文化馆负责管理。

大宝积宫藻井

1955、1961年，曾先后两次对大宝积宫与琉璃殿进行维修。1965年，云南省人民委员会公布大宝积宫与琉璃殿为云南省第一批省级文物保护单位。1986～1988年，云南省文化厅先后三次拨款对琉璃殿部分落架维修，大宝积宫墙体和木结构、藏经楼维修，金刚殿的落架翻修及

大宝积宫

大宝积宫壁画

大定阁的临时加固防漏工程。其中大宝积宫内正中大幅画，原在壁后，维修中经云南省文化厅批准移至前正面。1994年，经云南省文化厅批准，由丽江县博物馆主持完成大定阁的维修及壁画的揭取加固工程。1996年11月20日，大宝积宫与琉璃殿被国务院公布为第四批全国重点文物保护单位，编号4-0159-3-081。1996年，丽江地震，大宝积宫与琉璃殿损毁严重，国家文物局拨款50万元，由丽江地区文物管理所主持完成琉璃殿与大宝积宫的加固维修，其中琉璃殿为落架维修，1999年3月竣工。2002年，经国家文物局审批立项，云南省文化厅批准，对文昌宫进行原状维修，在中国西南地区古建维修中属首例，次年竣工。2002年，丽江县人民政府将大宝积宫与琉璃殿的经营权与管理权分离，博物馆负责业务管理。2007年1月8日，玉龙纳西族自治县文物保护管理所进驻大宝积宫与琉璃殿，负责日常管理工作。2010年，国家文物局拨款，由玉龙县文物保护管理所负责，对壁画进行本体修复，历时两年。2012年，国家文物局先后拨款395万元，由玉龙县文物保护管理所负责，对琉璃殿与大宝积宫建筑及壁画进行维修。

**公输堂** 为明代民间堂馆，保存有工艺精湛的小木作"天宫"模型，位于陕西省西安市户县（鄠邑区）渭丰乡祁南村。

公输堂本名源远堂、源远宫，俗称祁村宫，又称公师堂、万佛堂等，始建于明永乐年间（1403～1424年），曾为民间"白阳三会"教（亦名园顿正教）的礼拜场所。"白阳三会"教融佛道儒三教于一体，信众集中在晋陕两地。明永乐年间（1403～1424年），教会弟子为纪念祖师功德，在户县组织当地能工巧匠修建"源远堂"，历时11年竣工。源远堂作为"白阳三会"教的礼拜堂，同时还供奉有佛像数百尊，故又名"万佛堂"。据民国22年《重修户县志》卷一《乡村表》"祁村南堡"条附记："有公师堂，俗传鲁班所修，雕刻极其精巧。"所述雕刻乃指堂内的"天宫"模型。1957年申报陕西省文物保护单位时，户县文化馆根据堂内"天宫"模型东阁门楹联"法堂巍巍雕刻若得公输巧，圣像翼翼彩绘似有道子能"而更其名为公输堂。

公输堂坐北朝南，原规模较大，中轴线自南而北依次有木牌楼、照壁、山门、前殿、中殿、后殿，两侧有偏殿、客房等。木牌楼早年已毁，照壁、山门、前殿、中殿、偏殿等，在"文化大革命"期间先后拆除。仅存后殿，核心是殿内的小木作"天宫"楼阁模型，殿宇是"天宫"外围的保护性建筑。后殿占地面积约106平方米，面阔三间，进深两间，单檐硬山灰殿瓦顶，五架梁。"天宫"模型占据后大部分空间，其高约6米，自上而下分为藻井、天宫阁楼和室间穿堂。平面布局为东西三间，南北两进。从结构上将室内空间一分为

公输堂正面照

六，称之为穿堂。在第二进明、次间之间，又隔出一夹室。沿北壁设佛帐11间，东西山墙每进为三间，一周共计佛帐23间。每进均以六抹透花槅扇门相隔。第一进的门上东西方向设三重天宫楼阁，层层以廊相连。六间穿堂之上均有藻井和天宫楼阁环绕一周，形式各不相同。明间为三重楼阁，其上部为前六重、后三重藻井；次间为两重楼阁，其上部为前五重、后两重藻井。在夹室与佛帐之上，以开间和进深为单位，布置天宫楼阁和藻井，形式均为一层楼阁和单层藻井。楼阁与藻井中斗拱均出昂，层层密布。整个内部小木作木雕楼阁、藻井、连廊、平座、梁、枋、柱、额及斗拱等，均按照建筑实物的1∶30比例制作。楼阁共计137座；斗拱形式多样，主要有重拱计心造、如意拱，

也有通拱不出翘；斗拱出翘一般为七踩至十一踩不等。藻井形式有斗八、斗四、方形、长方形；据粗略统计，构件总数达10万余件。整座"天宫"模型均施以油漆彩画，其中穿堂构架、槅扇用沥粉，颜色以红、黄、黑三色为

公输堂木雕

主；斗拱多用石绿刷饰；椽、板则用石红。彩绘装饰以旋子彩画为主，黑红打底，沥粉粘金，将仙草、花卉、山水、人物、龙凤、博古等包融一起，反映了佛道儒三教故事。木槅扇裙板均雕刻人物、花卉等图案，槅扇两侧则题有金字楹联。

遗存模型西次间之穿堂连带上部天宫楼阁、藻井及佛帐已倒塌；前后两进各存六抹槅扇门四道，门楣上的挂落亦遗失过半。因隔壁居民拆迁补偿尚未解决，使修复事项暂时搁置。殿内原有各类大小佛像数百尊，供奉于佛帐及天宫楼阁内，惜已不存。

公输堂"天宫"模型集彩绘、雕刻、书法、绘画等各种装饰艺术于一身，制作精细，结构严谨，为国内遗存古代小木作的精品。仅山西大同下华严寺薄伽教藏殿内的辽代小木作藏经楼阁和拱桥与之类似，其他尚无实例可考。

1957年5月，陕西省人民委员会公布公输堂为第二批陕西省文物保护单位。公输堂由户县文物管理处负责保护管理，1990年，设置专职驻堂管理人员，负责古建的保护管理工作。1992年，陕西省人民政府公布公输堂的保护范

公输堂藻井

围和建设控制地带。其文物保护单位记录档案，由陕西省文物保护研究院建立并保管，三普资料数据库由陕西省文物局建立并保管。2001年6月25日，公输堂被国务院公布为第五批全国重点文物保护单位，编号5-0415-3-221。

棒托寺 是藏传佛教宁玛派寺院，在历史上曾与降扎寺、色塔群齐名，并称藏区三大塔群，位于四川省壤塘县茸木达乡。

据寺志记载，棒托寺始建于元至元二十四年（1287年），全称棒托夏周罗尔伍伦，意为棒托弘修宝珠寺，系藏传佛教宁玛派寺院。明宣德二年（1427年），措尔基寺院活佛扎亚巴扎在此建造降妖塔。正统三年（1438年），措尔基寺院开始主持刻写藏文大藏经《丹珠尔》。嘉靖八年（1529年），为纪念藏区第二佛陀逝世1202周年，生根多吉创立棒托寺。清康熙五十五年（1716年），棒托寺活佛夺尔基扎巴修建尊胜塔。嘉庆二年（1797年），阿米上师唐雀沃色桑齐皮修建经堂（小经堂）。宣统二年（1910年），棒托寺活佛仁青达尔基主持修建吉祥门塔。宣统二年（1910年）至民国7年（1918年），仁青达尔基主持刻写藏文版大藏经《甘珠尔》。20世纪80年代活佛泽真夺尔基主持修建大经堂和佛住宅。

棒托寺寺院主体由佛塔、石刻藏经组成，后期添建经堂、活佛住宅等建筑。寺院范围内共计分布佛塔32座，多为明、清、民国时期陆续修筑，集中分布于该寺院中部长465米、宽25米的范围内。佛塔均为方形塔基，覆钵式塔瓶，十三相轮塔刹和宝顶。塔瓶中空，内供千手千眼佛、释迦佛、无量寿佛、莲花生、佛

母、绿度母、白度母等塑像及壁画。其中以吉祥门塔、降妖塔、尊胜塔为代表，坐南向北，由西至东顺序排列。

降妖塔是该塔群中历史最悠久、体量最大，亦是最高的佛塔。占地90.25平方米，边长9.25米，高32米。内壁绘明代壁画，主尊为释迦牟尼佛，并供奉佛像。尊胜塔大小形状与降妖塔一致，内壁绘清代壁画。吉祥多门塔占地面积484平方米，塔基边长21.5米，通高42米。塔身内壁绘壁画，并供奉大量佛像。石刻藏经主要集中堆放在塔群中部，用不规则页岩片石正反两面刻制而成，部分经文用红、蓝、黄施彩绘，亦有少量线刻佛像。经文主要是藏文版《大藏经》，分《甘珠尔》和《丹珠尔》两部，按经文顺序页码堆放。《丹珠尔》64572片，《甘珠尔》33748片，由于石片不规则，最后用50万石片刻制而成。石刻经墙堆放成不规则的长方形，左长46米，右长39米，左

宽16米，右宽13米，左高9.7米，右高9.2米，被废弃物掩盖2～3米深。《甘珠尔》为明正统年间刻成，以甘孜德格印经院木雕版为蓝本。《丹珠尔》为清末民初该寺活佛任清达尔基主持历时9年刻制而成。经堂和活佛院为后期修建，总占地面积近1000平方米。经堂占地面积680平方米，为二层藏式平顶建筑，加盖金顶。经堂内主尊供奉莲花生上师。

棒托寺塔群规模宏大，气势雄伟，建筑精致，塔内壁画及泥塑色彩鲜艳，笔法细腻，造型精美，具有较高艺术研究价值。石刻藏经图文并茂，笔画流畅，疏密有致，阴阳相背，满板生辉，其数量之多，全国罕见，是中国保存最为完整的石刻《大藏经》。《甘珠尔》采用甘孜德格印经院明代木雕版为蓝本雕刻，极具重要的版本研究价值。

20世纪80年代，随着国家宗教政策的全面落实，棒托寺被批准为开放寺院，成立了寺

棒托寺全景照片

棒托寺降妖塔及尊胜塔

棒托寺塔林（局部）

棒托寺石刻藏经（局部）

尊胜塔中的彩绘壁画

院管理委员会，在州、县文化文物部门的监督指导下，具体负责塔群及石经的保护、管理、维修等工作。1989年1月，阿坝州人民政府以"棒托寺喇嘛塔及石刻"之名公布为第一批阿坝州文物保护单位。1991年6月，四川省人民政府以"棒托寺塔群及石经"之名公布为第三批四川省文物保护单位。2001年6月25日，棒托寺被国务院公布为第五批全国重点文物保护单位，编号5-0394-3-200。2009年9月，阿坝州文物管理所、壤塘县文体局组织编制完成《壤塘棒托寺保护维修设计方案》和《壤塘棒托寺文物保护规划》。2011年和2013年，国家文物局先后两次下拨专项维修经费各200万元。2012～2013年、2014～2015年，壤塘县文广新体局组织实施两期维修工程，对吉祥多门塔和降妖塔（一期）以及剩余的30座大小佛塔进行维修加固、环境整治（二期）。维修工程已全面完成，棒托寺的塔群及石经恢复原貌，周围环境焕然一新。2014年10月，四川省人民政府公布棒托寺的保护范围和建设控制地带。2005年建立棒托寺全国重点文物保护单位记录档案，由州县文物管理部门纳入专门的档案管理，棒托寺院管理委员会收藏一份，并不断补充和完善。

**色拉寺** 是格鲁派（黄教）六大名寺之一，位于雅鲁藏布江支流拉萨河中下游北岸、西藏自治区拉萨市北郊约5千米的色拉乌孜山南麓（娘热路58号附4号）。

色拉寺措钦大殿

色拉寺创建于明永乐十七年（1419年）。由格鲁派始祖宗喀巴弟子释迦也失敬遵宗喀巴亲嘱主持创建。明永乐十七年，释迦也失主持修建色拉寺麦扎仓；请后藏雕塑家夏艾瓦塑造大威德塑像，塑像腹中放有热罗扎瓦的一个拇指，塑像完工后，释迦也失亲自主持开光诵经仪式。同年，吉扎仓创始人洛真仁钦亲自塑造马头金刚像。永乐十九年（1421年），释迦也失应明永乐皇帝的邀请再次赴京面驾，委任宗

色拉寺主殿吉扎仓

喀巴亲传弟子曲桑达杰布主持色拉寺。宣德十年（1435年），后贡久洛真·仁钦森格依宗喀巴意愿兴建吉扎仓。由后任扎仓堪布的娘东自觉伦珠，在第司颇罗鼐和普布角活佛阿旺强巴的资助下，扩建吉扎仓。清康熙四十九年（1710年），由当时主持西藏政务的蒙古和硕特拉藏汗助资，修建毁于雷火的麦扎仓。康熙五十一年（1712年），阿巴扎仓毁于准噶尔蒙古军。康熙五十九年（1720年），按旧制重建被毁的阿巴扎仓。清乾隆年间，乾隆御赐并亲自为色拉寺题书"福缘恒护"匾额一方。

色拉寺由措钦大殿、吉扎仓、麦扎仓、阿巴扎仓和33个康村及其僧舍与库房等组成。现占地约11.5万平方米。措钦大殿是色拉寺最大的殿堂，也是色拉寺宗教事务的管理中心。位于色拉寺的东北部，高四层，由殿前广场、经堂和5个拉康组成。殿前广场遍铺片石，面积约2000平方米；经堂大门面向正南，门外为双

色拉寺土其拉康内保存的经书

排10柱的前廊，廊壁彩绘四大天王像。经堂方柱如林，有长柱89根、短柱36根，面积近2000平方米。经堂中央以长柱生起天井，用以采光。吉扎仓是色拉寺最大的扎仓，面积1702平方米。初建于宣德十年（1435年），创建人为贡久洛真·仁钦僧格。吉扎仓，高四层，仅经堂就有柱100根。经堂内遍挂唐卡、伞盖、帏幔，四周墙壁遍绘释迦传记和各种护法神像。二层有两个佛殿：西侧是面容殿，主供吉扎仓保护神马头金刚的面容；东侧为观音殿，主供观音菩萨像。三层有个尊胜殿，四层中间为达赖到寺讲经进的卧室，两侧为扎仓堪布和其他管理人员的住房。麦扎仓，面积1620平方米。经堂中有长柱8根、短柱62根，经堂北侧有4个神殿：最西边是护法神殿，护法神殿东侧依次为罗汉殿、释迦牟尼殿和宗喀巴殿。阿巴扎仓是密宗扎仓，初为色拉寺的措钦大殿，康熙四十九年（1710年）现措钦大殿建成后始改为

扎仓。面积1517平方米。高三层，由经堂和4个佛殿组成。经堂有长柱4根、短柱42根。

色拉寺作为格鲁派六大名寺之一，对西藏历史和社会文化的发展、对藏传佛教的传播和弘扬、对藏汉民族的友谊与团结的促进，做出重大贡献。庞大建筑群反映出藏传佛教建筑的典型特征及其超高的技艺和水平。在很多方面借鉴和直接采用不同时期的不同汉式营造法式，融汇印度、尼泊尔等其他外域建筑样式和风格。色拉寺内所藏明永乐皇帝御赐永乐八年版藏文汉目《甘珠尔》大藏经、明宣宗御赐"大明宣德内加金银造"铜钹、明宣宗御赐的缂丝唐卡、清乾隆帝御赐并亲自题书的"福缘恒护"匾额和不同时期不同质地的各类塑像、法器，以及浮雕、壁画等诸多珍贵文物，具有重要的历史价值、艺术价值、科学价值。

1982年2月23日，色拉寺被国务院公布为第二批全国重点文物保护单位，编号2-0028-3-013。1984年，国家和西藏自治区及拉萨市政府投资对色拉寺进行恢复性维修。1994年、1997年，国家两次拨款建色拉寺消防上下水管道及急用水塔，对全寺电线线路进行全面彻底的改造。2006年，拉萨市文物局建立了色拉寺全国重点文物保护单位记录档案。2007年，根据西藏自治区人民政府批复关于确定布达拉宫等32处全国重点文物保护单位的保护范围和建设控制地带的文件，划定色拉寺保护范围和建设控制地带。2011年11月，拉萨市人民政府设立色拉寺管理委员会，负责色拉寺宗教事务管理和文物保护管理等工作。2012年、2014年、2015年，国家先后投资实施色拉寺保护维修工程，对措钦大殿金顶鎏金、洛巴康参主体建筑进行

修缮，实施色拉寺安全消防配套工程及周边环境整治以及色拉寺梯庆康萨及周边环境整治工程。2014年，拉萨市文物局委托同济大学建筑设计研究院编制《色拉寺文物保护规划》。

**法海寺** 以寺内保存有大量精美的明代壁画而闻名于世，位于北京市石景山区模式口大街北翠微山南麓半山腰。

法海寺始建于明正统四年闰二月廿二日（1439年4月），由历事五朝的太监李童集资，宫廷工部营缮所修建，动用木匠、瓦匠、石匠、妆銮匠、雕銮匠、漆匠、画士等良工善众约170人，于正统八年十月十五日（1443年11月）建成。明英宗钦赐额曰"法海禅寺"。《法海禅寺记》载："刻雕藻绘，像设庄严，香华器物，凡寺之所宜有者，靡不毕具。……四方学徒之来游者日益众，蔚然京

师名刹也。"正统十年（1445年），明英宗钦赐法海寺《大藏经》一部，永充供养。在药师殿北又开一进院落，建藏经楼，楼前立御颁法海寺大藏经圣旨碑。明孝宗弘治末年法海寺衰败。弘治十七年（1504年），皇帝下诏修缮法海寺，至正德元年（1506年）完工。据正德十年（1515年）所立《重修法海禅寺记》碑文记载，修缮后的法海寺"金碧交辉，楼阁掩映，光彩夺目"。明世宗曾赐予法海寺香炉、花瓶等法器。清康熙廿一年（1682年），朝廷再次重修法海寺。民国25年（1936年），寺内尚有木雕、泥塑佛像三四十尊，尤以三世佛、十八罗汉楠木雕像最为珍贵；有房屋63间，耕地2万平方米，山地10万平方米。

法海寺坐北朝南，前后四进院落，东西宽72米，南北进深150米，院落占地1.08万平方

法海寺大雄宝殿

法海寺山门殿

法海寺天王殿

米。中轴线上依山势逐级建有护法金刚殿（山门殿）、天王殿、大雄宝殿、药师殿和藏经楼。两翼对称建有钟鼓二楼、伽蓝祖师二堂、方丈之所与选佛之场，以及僧房、廊庑、厨库等，外则环修以垣。于山口处修远门，开坦途直通寺内。四柏一孔桥，位于法海寺前，桥宽3米，长5米。桥拱弯得像罗锅一样，本地人称"罗锅桥"。桥拱两侧的石缝中，南北对称地长着4棵苍翠的古柏，由此得名。远山门，临近模式口大街，已无存。山门殿，20世纪50年代曾大修，遗存为1983年修缮。面阔三间，歇山顶。黄琉璃瓦屋面，门额横匾"法海禅寺"。山门后是一东西横向长方形院落，正中设数十级台阶，通向天王殿和大雄宝殿。天王殿，1986年重建。天王殿面阔三间，歇山顶，削割瓦黄剪边屋面。因原殿已毁，殿中明代绘制的壁画及佛像无存，弥勒佛是从天台山慈善寺外路旁移来。天王殿前，山门殿东西两侧原有钟鼓二楼，已无存。院内古槐下，有2座雕龙石碑，东侧为明正统八年（1443年）英宗时礼部尚书胡濙（胡淡）撰写的《敕赐法海禅寺碑记》，西侧是英宗时吏部尚书王直撰写的《法海禅寺记》。大雄宝殿，坐北朝南，位于法海寺中轴线第二进院内。面阔五间，单檐庑殿顶，削割瓦黄剪边屋面，檐下施以重昂五踩斗拱，门窗装修为五抹三交六碗菱花槅扇，上置横披窗，门额横匾上是赵朴初手书"大雄宝殿"。殿内保存有精美的明代壁画。大雄宝殿内天花板上有3个曼陀罗藻井。中央藻井顶部绘有毗卢遮那佛曼陀罗，东边藻井绘制药师佛曼陀罗，西边藻井绘制弥陀佛曼陀罗。从曼陀罗的形式上看，法海寺曼陀罗属大曼陀罗；从内容上看，法海寺中央藻井为普门曼陀罗，东、西两侧藻井为别尊曼陀罗。第三进院为药师殿，左右是方丈房、选佛场。第四进院是藏经楼。这两进院于2006年复建完毕。

法海寺遗存壁画共十铺，面积236.7平方米，主要分布于大雄宝殿的佛龛前后、东西山墙和后墙壁。壁画所绘是佛教内容，主要包括三世佛身后的祥云图、东西墙壁的佛众赴会图、龛背的三大士图和后墙壁的帝释梵天礼佛护法图。据《楞严经幢》记载，壁画作者为宫廷画士官宛福清、王恕，画士张平、王义、顾行、李原、潘福、徐福林等15人。壁画采用工笔重彩卷轴画法，显示出构图严谨、笔法细腻、技巧纯熟、用色考究的特点，堪称典范。1993年，经中国文

法海寺壁画鬼子母

物界、美术界专家论证，法海寺壁画的艺术水平、绘制技术、制作工艺及保存完好程度等方面堪称中国明代壁画之最，是中国元明清以来少有的由画师所作的精美壁画遗存，是北京历史文化名城在壁画方面的杰出代表。法海寺藻井曼陀罗，把佛的世界转化为人眼所看得见的形象，把密宗的义理和修法通过艺术的手法流传后世，堪称密教艺术之精品。

1953年，北京市人民政府拨款维修大雄宝殿。1957年，法海寺被北京市人民委员会公布为北京市第一批文物保护单位。1983年10月28日，法海寺文物保护管理所成立，负责保护管理利用。1985年5月1日，法海寺正式对外开放，常年展出法海寺壁画真迹、敦煌壁画图片展、永乐宫壁画图片展。1987年，北京市人民政府批转市规划局、文物局《第二批划定文物

保护单位的保护范围及建设控制地带》文件，划定法海寺（含光泉寺）的保护范围及建控地带。1988年1月13日，法海寺被国务院公布为第三批全国重点文物保护单位，编号3-0119-3-067。1991年，北京古建博物馆对法海寺全貌进行勘测、规划、设计。1993年、1995年，由北京市文物局拨款实施天王殿落架大修及东转角房、廊庑一期抢修工程，加固大雄宝殿。2001年8月31日，北京市古建研究所对药师殿原址勘测，发现地热设施。2002年1月至2005年10月，完成石景山三大寺修缮工程暨法海寺藏经楼、药师殿复建工程，2006年7月7日通过竣工验收。2005年9月20日，开始法海寺壁画复制工程。2006年，北京市法海寺文物保护管理所建立法海寺全国重点文物保护单位记录档案。2007年，经过"人文奥运"文物保护计划修缮工程，进行壁画原大复制工作，2008年北京奥运会前正式向社会开放。

**艾提尕尔清真寺**　是新疆规模最大的清真寺，是伊斯兰教重要的宗教场所，位于新疆维吾尔自治区喀什市吾斯塘博依巷1号。

艾提尕尔清真寺始建于明正统七年（1442年）。嘉靖十六年（1537年），当时喀什伯克吾布力阿迪进行第一次扩建。清乾隆五十二年（1787年），疏勒县汗俄力克乡的一名妇人祖丽菲亚出资进行第二次扩建。嘉庆十四年（1809年），喀什噶尔阿奇木伯克伊斯坎德尔（？～1811年），进行全面修建，挖水池，栽树木。道光十九年（1839年），伯克祖尔丁哈克扩建喀什市，艾提尕尔清真寺变成城里的中心清真寺，并再次经历较大的修整，取名艾提尕尔清真寺。同治十二年（1873年），柏德维

艾提尕尔清真寺远景

来特（阿古柏）时代，第三次扩建清真寺，分成两部分，西边是清真寺，东面是教经堂，在教经堂部分的北面、南面、东面修建72间宿舍，东北面修建供100人沐浴的浴室，东面还修建门楼和邦克楼。

艾提尕尔清真寺由大门、拱拜、宣礼塔、庭院、教经堂、外殿、正殿七部分组成，总面积达1.68万平方米，可同时容纳4200人进行礼拜。教经堂位于寺院前部，南北两边延伸对称，由房屋和教室组成，东北角是厕所和浴室。院内有2个水池。礼拜殿坐落在西边，长140米、进深16米，总面积2200多平方米，分为内、外两部分。礼拜殿由140根木柱支撑，大门两侧的砖砌圆柱体塔楼高18米，两塔间距28米。大门内侧的门楼高12米，大门高4.7米、宽4.3米，门厅为多角形穹隆顶，顶部有一小型圆柱塔楼。

艾提尕尔清真寺的整体布局、造型、结构和装饰具有浓厚伊斯兰特色和独特的维吾尔族风格，是极具代表性的维吾尔民族优秀文化遗产，是喀什历史文化名城的标志性建筑。

1955年，对清真寺进行过一次全面维修。

艾提尕尔清真寺南教经堂

艾提尕尔清真寺内殿

1962年7月11日，艾提尕尔清真寺被新疆维吾尔自治区人民委员会公布为第二批自治区级文物保护单位。1983年，对清真寺进行全面维修，新建浴室、卫生间等配套设施。20世纪80～90年代，先后维修清真寺正门门楼和东墙店铺、北麦德日斯，新盖23间砖房和53间店铺，修复正殿两侧的外殿房顶等。1987年8月至1999年6月，清真寺移交伊斯兰教协会管理。2000年9月清真寺移交喀什市文物保护管理所管理，并设有清真寺保护管理组。2001年6月25日，艾提尕尔清真寺被国务院公布为第五批全国重点文物保护单位，编号5-0440-3-246。2004年12月，建立艾提尕尔清真寺全国重点文物保护单位记录档案，存放在喀什地区文物局。2008年8月，新疆维吾尔自治区文物

局组织编制艾提尕尔清真寺保护规划并获得国家文物局审核批准。2009年6月，新疆维吾尔自治区人民政府批准公布《新疆维吾尔自治区喀什市艾提尕尔清真寺保护规划》。2009年7月22日，新疆维吾尔自治区人民政府下发《关于公布新疆维吾尔自治区全国重点文物保护单位保护范围、建设控制地带的通知》，对艾提尕尔清真寺保护范围和建设控制地带进行公布。2010～2013年实施艾提尕尔清真寺保护维修工程。

**牛街礼拜寺**　是北京地区遗存历史最悠久、规模最大的清真寺，居北京四大清真寺之首，位于北京市西城区牛街18号。

牛街礼拜寺创建于辽圣宗十三年（995年）明正统七年（1442年）重修，增建东大厅

大影壁后檐

（俗称东七间或七间房），相传同时修建南北讲堂。成化十年（1474年）奉敕赐名"礼拜寺"。弘治九年（1496年），再次修葺，重建邦克楼，翻修大殿并新建南北围廊，将两座大殿连接在一起，初步形成勾连搭形式。大殿东侧的两座碑亭，修建于此时。至万历四十一年（1613年），镌刻《敕赐礼拜寺碑记》，存南讲堂廊东端，成为研究寺史的重要资料之一。康熙十五年（1676年）、康熙三十五年（1696年），该寺两次大修。第二次大修时在大殿东部接建抱厦3间，奠定其后来的规模。光绪二十八年（1902年），再次修葺，在东大厅东侧新建与之朝向相反的5间对厅（后殿）。

历经元、明、清各代的扩建与重修，牛街礼拜寺形成融中国古典宫殿式建筑和阿拉伯式清真寺建筑两种风格于一身独具特色的中国式伊斯兰古建筑群，其整体布局集中、严谨、对称。牛街礼拜寺坐东朝西，采用中轴线对称布局，主要建筑自西向东依次为影壁、望月楼、礼拜大殿、邦克楼（宣礼楼）、南北讲堂、东大厅、后殿等。

正对牛街礼拜寺西门，坐落着一座30米长砖石砌筑的大影壁。灰筒瓦庑殿顶，青石须弥座。朝向望月楼一侧的正脊正中有一组莲花砖雕，为复制品。影壁东面大门西侧立有一座坐东朝西的四柱三楼式木牌楼，清水脊灰筒瓦屋面。牌楼明间正中悬"达天俊路"匾，原匾为皇帝手书，惜毁于"文化大革命"，此为1979年依原样复制。牌楼下方坐落着一汉白玉四柱石桥。牌楼后为望月楼，坐东朝西，为礼拜寺

望月楼前檐

礼拜大殿正身部分内景

北碑亭山面

南碑亭前檐

正门。二层六角攒尖宝顶，黄琉璃瓦绿剪边屋面。望月楼二层正面悬有"牛街礼拜寺"匾额一方，亦为1979年复制。礼拜寺大殿是全寺的主要建筑，坐西朝东。西出抱厦，建于清代，

面阔三间，进深两间，灰筒歇山顶，三面出廊，前廊用擎檐柱。东侧大殿正身建于明代。面阔五间，进深七间，由一个歇山庑殿勾连搭再加周围的披厦组成。总进深39米。建筑面积

760平方米。可容纳上千人同时做礼拜。大殿正身部分的内装修既包括伊斯兰民族形式的红色木隔断（上有沥粉贴金阿拉伯文《古兰经》经文和赞言，其字体为罕见的阿拉伯古代艺术书体'库法体"），又包括中国传统的点金旋子彩绘、井口天花等装修。殿内梁柱、花罩和天花板等处均饰有博古、各式花卉和阿拉伯文字等装饰图案，古朴素雅。礼拜大殿东侧月台的南北两侧，各有1座碑亭。南碑亭坐南朝北，北碑亭坐北朝南。两座碑亭形制相同。面阔、进深皆一间：重檐歇山灰筒瓦，两座亭内分别立有明弘治九年（1496年）以汉、波斯两种文字刻成的"敕赐礼拜寺记"碑（南侧）和万历四十一年（1613年）所刻"万古流芳"碑（北侧，碑文为《敕赐礼拜寺重修碑记》）。正对礼拜大殿的东侧是邦克楼，为一座重檐歇山顶方亭。为做礼拜前登楼呼唤教众告知其时间并召唤教众前来礼拜之用，所以又称为宣礼楼或唤醒楼，共两层，面阔、进深均三间。邦克楼南门两侧、碑亭的后方为南北讲堂，均面阔三间，硬山灰筒瓦挑大脊，前檐出廊，通过游廊与大殿相连通。北讲堂原名善庆堂，南讲堂原名阐一堂。邦克楼东侧建筑为东大厅，面阔七间，进深两间，硬山灰筒瓦调大脊，前檐出廊。东大厅为明正统七年（1442年）增建，已辟为宾客接待室、文物陈列室和藏书室使用。东大厅的东侧后殿，和其共用后墙，系清光绪二十八年（1902年）增建。后殿朝向与东大厅相反坐西朝东，面阔五间，进深两间，卷棚歇山灰筒瓦。砖石台基，青石垂带踏步三级。后殿以东南北两侧，各有五间制式相同的建筑。卷棚硬山灰板瓦挑大脊。整个院落的东

南角为礼拜寺后门殿，坐南朝北，面阔七间，进深一间；卷棚硬山灰板瓦挑大脊。

牛街礼拜寺内的建筑保存完好、风格独特，历史悠久，一直是广大穆斯林教众重要的宗教活动场所。礼拜寺融中国古典宫殿式建筑和阿拉伯式清真寺建筑两种风格于一身，造就了一组独具特色的中国式伊斯兰古建筑群，对于研究中国古代建筑、阿拉伯艺术等都具有重要价值。寺内还保存有其他重要遗迹、碑刻与文物，如东大厅南侧的筛海坟、嘉庆大铁香炉，南讲堂廊东端的"敕赐礼拜寺记"碑，邦克楼南侧的康熙敕赐大铜锅，明代古瓷香炉和至今已有300余年历史的《古兰经》手抄本等等，见证了伊斯兰教在北京地区的传播与发展，成为珍贵的历史文物。

中华人民共和国成立后，牛街礼拜寺的日

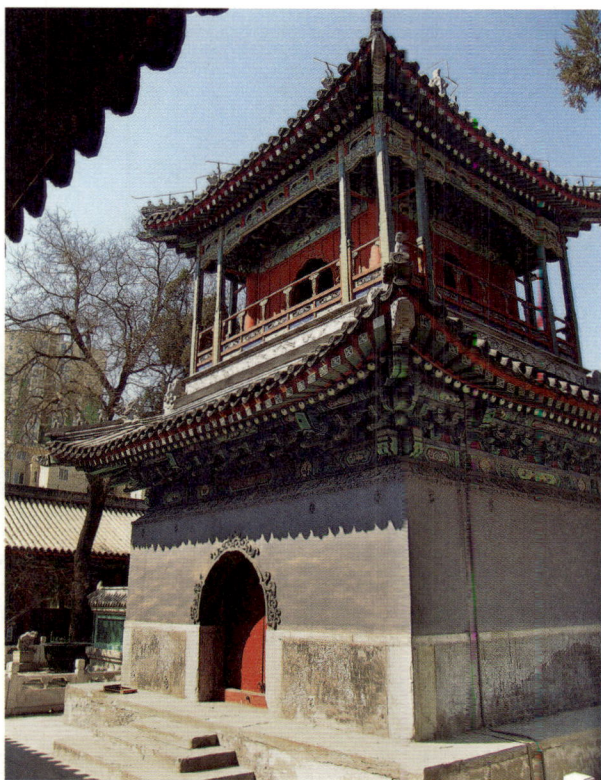

邦克楼

常保护、维修等工作由牛街礼拜寺管理委员会具体负责。1955年，国家拨款对牛街礼拜寺进行修缮。1979～1980年，北京市政府拨款对牛街礼拜寺进行大规模修缮，范围包括自大影壁至东大厅的各古代建筑，重点修葺礼拜大殿。1979年8月21日，牛街礼拜寺被北京市人民政府公布为北京市第二批文物保护单位。1984年，北京市人民政府批转北京市文物局、北京市规划局《关于第一批划定六十项文物保护单位的保护范围及建设控制地带的报告》，划定公布牛街礼拜寺的保护范围和建设控制地带。1988年1月13日，牛街礼拜寺被国务院公布为第三批全国重点文物保护单位，编号3-0134-3-082。1994年，宣武区政府拨款对礼拜寺进行全面测绘、摄影，调查历史沿革。2004年，北京市文物局和市财政局拨款实施牛街礼拜寺

修缮与改扩建工程，在原礼拜寺东北侧新建女寺，2006年10月竣工。2006年8月，牛街礼拜寺管理委员会建立北京牛街礼拜寺全国重点文物保护单位记录档案。

**智化寺** 是北京地区遗存最完整，规模最大的明代寺庙建筑，以精美的古建艺术、佛教文化和古老的"京音乐"而享誉中外。智化寺位于北京市东城区禄米仓胡同5号。

智化寺始建于明正统九年（1444年），原为司礼监太监王振的家庙。天顺元年（1457年），英宗复辟，在智化寺内为王振建旌忠祠，立塑像。天顺六年（1462年）特颁赐大藏经一部。万历五年（1577年）、清康熙十八年（1679年）经过二次修缮。乾隆七年（1742年）以王振乃"明代之罪人"为名，毁智化寺内王振塑像。光绪二十六年（1900年）八国联

智化殿

智化寺山门

大悲堂

军拆毁寺院围墙。光绪三十二年（1906年）智化寺开始以出租度日。民国年间，智化寺破烂不堪。据民国18年（1929年）北平庙宇登记，智化寺当时有土地1.33余万平方米，房屋199间，有住僧8人，以出租房屋度日。日伪统治时期，智化寺成了大杂院。

智化寺坐北朝南，原共有五进院落：第一进院内有智化门、钟鼓楼等。智化门黑琉璃筒瓦单檐歇山顶，面阔三间，单昂三踩斗拱，殿前有二碑，西题"敕赐智化禅寺之记"，东题"敕赐智化禅寺报恩之碑"。第二进院内有智化殿及东西配殿等。智化殿在智化门正北，南向。黑琉璃筒瓦单檐歇山顶，面阔三间，重昂五踩斗拱，后有卷棚顶抱厦一间。大智殿，西向，为智化殿东配殿。黑琉璃筒瓦单檐歇山顶，面阔三间，单昂三踩斗拱。藏殿，东向，为智化殿西配殿，形制与大智殿相同，内有北京遗存年代最早的八角形转轮藏一具，藏橱雕有金翅鸟、龙女、神人、兽等。第三进院内有如来殿（万佛阁），在智化殿正北，南向。殿内奉如来像，故名如来殿，殿上下二层，黑琉璃筒瓦庑殿顶，下层面阔五间，单昂单翘五踩斗拱；上层面阔三间，单翘重昂七踩斗拱。殿

下层中供如来像，左右列胁侍二尊，像东南有汉白玉制明天顺六年（1462年）英宗颁赐藏经碑一座。殿两侧有梯可达楼上，楼上供三世佛，东、北、西墙壁遍饰佛龛，置小像约9000躯。天花中央原有斗八式云龙藻井于20世纪30年代初为寺僧盗卖，存于美国密苏里州堪萨斯城的纳尔逊-阿特金斯博物馆。第四进院内有大悲堂，旧称极乐殿，黑琉璃筒瓦单檐歇山顶，面阔三间，单昂三踩斗拱。第五进院万法堂，面阔三间，硬山筒瓦卷棚顶。方丈院在大悲堂东，原建多已无存，为学校占用。

智化寺是北京地区遗存唯一一座为宦官兴建的明代寺庙建筑，是北京最大的明代木结构建筑群。智化寺建筑，在结构上可以称得上是一座小型的建筑博物馆。寺中各殿基本保存明初规制，为研究明代建筑提供很好的实例。智化寺建筑彩画为遗存明代建筑中罕见之佳例，最为突出的是梁枋之上的旋子彩画，表明明代旋子彩画不但已广泛采用，而且形成一定规制。智化寺所保存的"京音乐"（佛教音乐），有管乐谱48首，是王振于明正统十一年（1446年）将宫廷音乐移入家庙智化寺中，师徒相承，未曾改动，已有28代传人，一直严格

如来殿（万佛阁）

保持古乐风貌，是中国遗存最古老的音乐之一，被视为世界音乐珍宝，又有音乐"活化石"之称，列入国家级非物质文化遗产名录。智化寺保存的精美古朴的佛教艺术，既反映明以前的风格，又表现出强烈个性。民国20年（1931年），南京中央大学建筑系教授刘敦桢对智化寺进行调查和测绘，著有报告《北平智化寺如来殿调查记》，为研究智化寺提供宝贵的材料。

1953年前后，文化部社会文化事业管理局对智化寺进行过一次大修。1955年，北京市文化局工程队进驻智化寺，迁走院内住户。1957年，智化寺被北京市人民委员会公布为第一批市级文物保护单位。1958年，北京市人民委员会拨款整修智化寺。1961年3月4日，智化寺被国务院公布为第一批全国重点文物保护单位，编号1-0110-3-063。1982年，柏林寺清代"龙藏"经版移到智化寺保存。1984年，北京智化寺文物保护管理所成立。同年11月21日，北京市人民政府公布第一批划定60项文物保护单位的保护范围及建设控制地带的说明，确定智化寺保护范围及建设控制地带。1986年，国家文物局拨款全面整修智化寺。1986～1990年，国家拨款对智化寺进行大规模重修。1992年，在智化寺原址上成立北京市文博交流馆。2001年，由北京市文物建筑保护设计所设计，北京文物古建工程公司施工，对智化寺进行全面的修缮。2003年，成立北京智化寺管理处，同年中国文物研究所承担智化寺佛像保护修复工作。2005年，北京市文物局拨付经费，对智化寺壁画、佛像、经书、家具、油漆彩绘等进行修复。2006年11月，受智化寺管理处委托，北京市古代建筑研究所建立智化寺全国重点文物保护单位记录档案。2012～2013年，对智化寺中路主体建筑进行抢险大修。

扎什伦布寺 是最大的藏传佛教格鲁派寺庙，也是历代班禅的驻锡地，位于西藏自治区日喀则市西尼色日山南坡。

扎什伦布寺于明正统十二年（1447年），在后藏大贵族曲雄朗巴·索朗白桑和琼杰巴·索朗白觉的资助下，由宗喀巴的弟子根敦珠巴创建。始称刚坚曲培，意为雪域兴佛。寺庙建成后，根敦珠巴起名为扎什伦布寺。四世班禅（1567～1662年）在担任扎什伦布寺"池巴"时大规模扩建扎什伦布寺，经堂56座，宫殿6座，僧舍6000多间，以措钦大殿为中心，下设显宗和密宗的四大札仓之建筑格局。

寺院依山而筑，殿堂重叠，错落有致，雄伟壮观，建筑面积近30万平方米，绕寺庙的围墙一周，不包括背靠的山脊，长达2800多米。现寺庙由强巴佛殿、释松南捷殿、四世班禅灵塔殿、五至九世班禅合葬塔殿、措钦大殿、吉康扎仓、阿巴扎仓、格旦南捷拉康、格桑色巴殿、讲经场、展佛台、尼色日山摩崖造像、尊胜殿、一世达赖喇嘛灵塔殿等构成。

扎什伦布寺最早建筑措钦大殿历时12年建成。面积有48根柱子之阔，可容纳2000余人，殿堂内有班禅的宝座、释迦牟尼佛像和未来佛堂、度母佛堂。大殿左侧是明天顺五年（1461年）修建的强康，堂中塑一尊11米高弥勒佛像，是扎什伦布寺最古老的塑像。大经堂里古代壁画，体态优美，画工精细，色泽鲜艳，别

扎什伦布寺全景

具一格。四世班禅灵塔殿由觉康吉兴建于清康熙元年（1662年），是寺内诸塔中最大的一座。扎什伦布寺原有4个札仓。夏孜、吉康两札仓创建于根敦珠巴（1391～1474年）时期，夏孜已毁，时代不晚于15世纪。强巴佛殿始建于民国3年（1914年），与扎什伦布寺其他建筑相比，属于晚期建筑，规模宏大，殿内供奉驰名中外的镀金铜佛像。佛殿系藏式风格的石木建筑，面积862平方米，共有5层。强巴佛高22.6米，面部长4.2米，约用115875千克铜皮和25千克黄金。佛像工艺精巧，造型生动，体现了藏族人民的智慧。"文化大革命"时扎什伦布寺历世班禅的灵塔遭到破坏，1989年，修复五至九世班禅的合葬灵塔殿，十世班禅逝世后，修建十世班禅灵塔殿。

扎什伦布寺建筑主要由佛殿、经堂、祀殿等组成，多为数层的高大建筑，建筑墙体均用石块砌成。佛殿和经堂逶迤于山麓之间，重楼叠阁，气势磅礴、碧瓦金顶、庄严凝重，它们与前方排列有序的低层平顶僧舍红白相对，交相辉映，组成一座具有浓郁藏族特色又融有汉族风格的布局严谨的建筑群。扎什伦布寺珍藏大量文献典籍，以30多卷《宗喀巴传》最为著名。寺内各种雕塑、壁画、唐卡和清朝皇帝赐给历代班禅的礼品，金册金印、诰封敕书和永乐古瓷，元明织锦、珐琅刺绣等文物，成为研究西藏历史和藏汉关系史的重要资料和历史见证。寺内供奉有堪称世界之最铜铸强巴像。历

扎什伦布寺四世班禅灵塔殿

扎什伦布寺十世班禅灵塔殿

代班禅历来有着爱国爱教的光荣传统，特别是四世班禅是西藏极有影响的人物，他同五世达赖喇嘛一起平息西藏内乱，与中央政府建立密切联系。寺内珍藏文物足以证明西藏与祖国不可分割的历史。

1961年3月4日，扎什伦布寺被国务院公布为第一批全国重点文物保护单位，编号1-0109-3-062。2007年，西藏自治区人民政府确定了扎什伦布寺等32处全国重点文物保护单位的保护范围和建设控制地带。日喀则市文物局建立了扎什伦布寺的全国重点文物保护单位记录档案。

三清山古建筑群 是中国道教名山三清山所存的相关古代建筑群落，保存从宋至明的宫、观、府、殿、亭、台、坊、塔、桥、池、泉、井、古墓葬、山门、石雕、楹联、摩崖题刻等相关文物遗迹。三清山古建筑群位于江西省玉山县南山乡上横坦村村东部。

东晋道士葛洪，曾云游清江县和赣东北一带，被人们尊称为葛仙翁，遗存三清福地丹井即其修道炼丹遗址。后又有李尚书，李仙姑结庐修道（王氏宗谱《三清宫记》），此为三清山成为道教名山之始。南宋乾道六年（1170年），王氏先祖王霖在三清山创建三清宫，供奉三清尊神（《三清宫记》），三清山之名由此而来。元遭兵灾，宫观损毁严重。明景泰年间（1450～1457年），王霖后裔王祐偕弟永羽、永优同族中长者景阳等重整基址，起建宫殿并后阁两廊，修缮门、牌额、膳堂、斋舍、卧房及圣像等（《三清宫记》）。明弘治年间（1488～1505年），汾水村步云桥落成，由此登山步步升高，三清山道教宫观建筑和道教活动进入全盛时期。清代，三清山少有修建。民国初期，木构建筑倾圮过半，王氏后裔和汾水村民对三清宫和吊桥玉灵观屋面及部分牌坊、香亭等加以修盖。"文化大革命"中，三清山沿途神道和庙中造像惨遭破坏，许多造像头部被砸去，石壁上部分浮雕造像和题刻幸存。

三清山古建筑群文物本体包括风门、众妙千步门、冲虚百步门、天门、王祐墓、风雷塔、龙虎殿、纠察府、詹碧云墓、演教殿、涵星池、飞仙台、三清宫和古丹井、九天应元府、西华台及石造神像20余处，摩崖题刻80余处。

风门，即玄关，入道之门，为马鞍形凹口，上三清福地的唯一入口。道教将诸神分为天神、地祇、人鬼"三界"，故设东西北三门，仅存遗址和断头神像。天一水池，为象征方位的石凿，正方形，边长0.9米，无纹饰，字为楷书阴刻，保存完好。众妙千步门和冲虚百步门为风门（往南）向上至三清福地途中奇峰峡道隘口上的两道山门，均为石砌券拱门，门洞进深各2米许，高近3米。

天门居三清福地入口处，东为灵龟峰，西为天门峰，形势险要，入门即为开阔山中盆地。按传统建筑手法，中轴线上前后两座石牌坊；中安香炉，长方4米许，雕刻精美；前置左右门神庙，为仿木斗拱歇山顶缩形石建筑，内塑神像。占地面积约20平方米。东侧为潘公庙，形制同门神庙。丹井在三清福地中央盆地低洼处，人工掘成，深3米、直径1米，石砌

筑，旁有丹炉遗址，仅存石上洞眼。按八卦五行，中间为土位，与内丹学派大小周天理论相对应。飞仙台在三清福地西北"乾"位，是道教迎仙会仙之重要建筑。台仿印度早期窣堵波式，结合南方传统建筑手法，作二重台基（近似须弥座）。台身也作两层，中间隔以复钵披水，下层六门，成六边形，上层四门，呈圆形，皆作仰莲瓣形开光，顶部复钵之上加七级宝塔，以寓道教三清四御之意。台高6.8米，台底直径2.77米，巨石雕凿砌成，建于明弘治年间（1488～1505年）。演教殿在三清福地西南"坤"位，本为道教行术、演教、传道的重要建筑。同于天师道的"赞教厅""演法观"一类建筑。此处为仿木斗拱缩形石建筑，面阔2.7米，进深1.5米，三开间，方形石柱，重檐歇山顶，脊吻有云纹鸡公头形，是为特例（其他建筑均作鳌鱼尾龙头形）。殿内有神像18尊。龙虎殿在三清福地正东"震"位。殿前石雕龙虎二真形。殿呈长方形，面阔6.63米，进深7.2米，建筑面积48平方米，前庭后殿，仿木斗拱缩形建筑，左右廊庑配殿。内奉老子神像等21尊。殿门转角处脊梁顶端作翘角挑起，有汉魏阙遗风，古朴粗放厚重。涵星池在三清福地正西"兑"位，虎头岩下，天然低洼积水处，人工稍加围筑而成，兑代表沼泽，故设涵星池。王祐墓和詹碧云墓分别处三清福地东北"艮"位和东南"巽"位。王祐是三清山明代开山祖，詹碧云是王祐聘请上山主持观务的全真道道士。两墓均依山坡而建，层层升高，前陵后寝，墓后封土与山平。王墓封土上建方形小庙供神像，庙前有牌坊；墓封土前正中设须弥座，座上仿印度早期佛教传统置一圆形小祠

庙，供神像，祠庙上复镇以七层宝塔。所有材料均用花岗石。两墓周匝围以矮墙，壁、柱和柱头石狮等雕刻精美，规模宏大，地表建筑各占地近2000平方米。风雷塔建在灵龟峰和龙首山之间的峡谷悬岩上，塔依整块岩石雕凿而成，底层面宽0.62米、塔高1.96米，仿唐宋木楼阁式七层六角。石塔临空屹立，气势轩昂、壮观。风雷塔原系三祐墓的附属建筑，从堪舆观点出发为避山口风雷而建。

九天应元府（雷神庙）位于中轴线最南端，仿木斗拱歇山顶石构建，居正南"离"位缩形建筑。离者火也，雷神司火，雷神道号为"九天应元普化天尊"。故正面额枋上题"九天应元府"。庙面阔1.86米、进深1.5米、脊高3.14米，歇山前后坡顶各由2块整石分段凿成，上段较陡，下段较平缓，垂脊短，戗脊几乎成水平，正脊粗壮，两端鱼龙大吻，吻尾垂直翘起，正中置葫芦，造型优美，雕刻线条流畅，梁枋柱斗拱逼真。

三清宫在三清福地中轴线上，丹井南边，坐南朝北，前殿后阁，木石结构，三开间，面阔10.4米、进深19.82米，石梁石柱为明遗制，上层木构架系解放初期村民所加，非原形制。三清宫前今存左右厢房，石香炉，石香亭，石惜字亭，牌坊和牌坊左右灵官、魁星殿（缩形建筑）总占地面积约500平方米。

西华台居风门下西路王家岩上，与东路玉零观遥相对应。仿印度早期窣堵波式石建筑，在四方形台基上重置须弥座，承托四层台身，每层有覆钵坡水，六边形，翼角微翘，近似中国传统楼阁式，台身收分大，台顶与塔顶相轮类同，不过更粗简笨拙而已。台身底层直径2.19

米、台高7.69米，外形古朴，在建筑工艺上的主要特色是须弥座上柱石的叠砌纯用简易的榫卯结构，无任何黏合剂，历500多年而不倾。

摩崖造像及题刻主要包括分布从西华台王家岩至九天应元府、玉京峰一线沿两侧山体岩壁上的摩崖造像及题刻，造像20余处，题刻80余处，类型包括文字和神像。

三清山古建筑群管理单位为三清山风景名胜区管理委员会，下设三清山风景名胜区文物管理所，负责三清山辖区文物的日常保护管理工作。1987年，三清山古建筑群被公布为江西省文物保护单位。1994年，江西省文物部门对三清山古建筑群开展抢救性维修。1995年，上饶地区文物管理所、上饶地区三清山风景名胜区文物管理所对三清山重要建筑龙虎殿、飞仙台、西华台、九天应元府、纠察府、演教殿、王祐墓和詹碧云墓等10余处古建筑进行保护维修。2006年，对三清宫主体建筑进行日常维护。2013年3月5日，三清山古建筑群被国务院公布为第七批全国重点文物保护单位，编号7-1114-3-412。同年，建立三清山古建筑群的全国重点文物保护单位记录档案，由三清山风景名胜区文物管理所保存。2017年4月14日，江西省文化厅和江西省住房和城乡建设厅联合印发《江西省文化厅江西省住房和城乡建设厅关于公布江西省第七批全国重点文物保护单位保护范围和建设控制地带的通知》，公布三清山古建筑保护范围和建设控制地带。

**觉苑寺** 集佛教建筑艺术、彩塑艺术、木雕艺术、石刻艺术和壁画艺术于一体，是多元文化艺术荟萃的殿堂，位于四川省剑阁县西南的武连镇北部。

觉苑寺大雄宝殿

觉苑寺逍遥楼

据寺中碑记及有关史料考证，觉苑寺始建于唐代贞观年间（627～649年），名弘济寺。北宋元丰年间（1078～1085年）赐名"觉苑寺"。南宋时新建大藏经阁，元末寺毁。明天顺（1457～1464年）中期重新修葺寺庙建筑，

于大殿内泥塑三身佛像、木雕二十四诸天、镂空石刻香炉，并在殿内四壁绘制释迦牟尼年谱，曾一度名普济寺，清代复称觉苑寺。

寺院坐北朝南，中轴线对称，全为木质结构建筑青瓦屋面。遗存建筑依次为藏经楼又

觉苑寺大雄宝殿内佛像

名天王殿、逍遥楼。中为大雄宝殿，后为观音殿，东西两侧完整的厢房。全寺南北94.59米，东西50.7米，占地面积为4796平方米，古建筑2558平方米，三殿沿南北中轴线依山就势而建，三重殿宇层递而建立于不同的高台上，与左右厢房形成四合院格局。大雄宝殿与观音殿之间以三处水池相连，梯桥皆石为之。

藏经楼亦名天王殿、逍遥楼，始建于宋代，民国时期复建，面阔五间25米，进深三间12.7米，重檐歇山式屋顶，小青瓦屋面，抬梁式与穿斗式混合的梁架结构（明间金柱间用九架梁，前后廊步用穿斗。次间、梢间为穿斗式十三架椽用七柱），无斗拱，通高12米，台基高0.85米，阶梯式踏道三级。因楼内原塑四大天王像，亦名天王殿，后毁于"文化大革命"；殿前曾立有唐大历七年（772年）颜真卿书"逍遥楼"石碑，故名逍遥楼。大雄宝殿，建于明天顺初年（1457～1464年）。面阔五间25.95米，进深三间13.11米，单檐歇山顶，青灰色筒板瓦屋面，抬梁式梁架，通高11米，月台高1.72米，前用七踏，左右用五踏与

东西厢房相连，台基比月台高0.1米。柱础为石质覆盆式素面柱础，径0.78米。檐柱径0.48米，高5.5米，金柱径0.52米，高6.55米。梁架用减柱造，九架前后用四柱。殿堂周围用檐柱12根，殿内明间前侧两根金柱减去。檐下施单翘交麻叶拱托假梁头托挑檐檩。明间正中施四方形平顶藻井，边长3.7米，高0.68米。殿内佛坛塑有明天顺时期（1457～1464年）三身佛泥金彩塑，高2.95米，结跏趺坐于莲台，背饰桃形蟠龙火焰纹光屏。佛前正中镂空雕刻明天顺时期（1457～1464年）石香炉，分上、中、下三层。上层为罗汉禅坐、中层为琴棋书画、下层为歌舞伎乐，所雕人物，惟妙惟肖、精彩纷呈。香炉左、右分别为明正德年间（1506～1521年）泥塑彩绘佛祖弟子阿难、迦叶像，面相端静虔诚。佛坛背壁泥质彩绘悬塑明代"西方三圣"和阿弥陀佛像，大殿内明间二金柱塑善财和龙女各乘一蟠龙。室内两山内额枋上悬置清代樟木圆雕二十四诸天神像，均高1.2米。大殿四壁以工笔重彩、沥粉堆金技法绘制释迦牟尼佛本生故事，计14铺209个。

觉苑寺大雄宝殿右壁

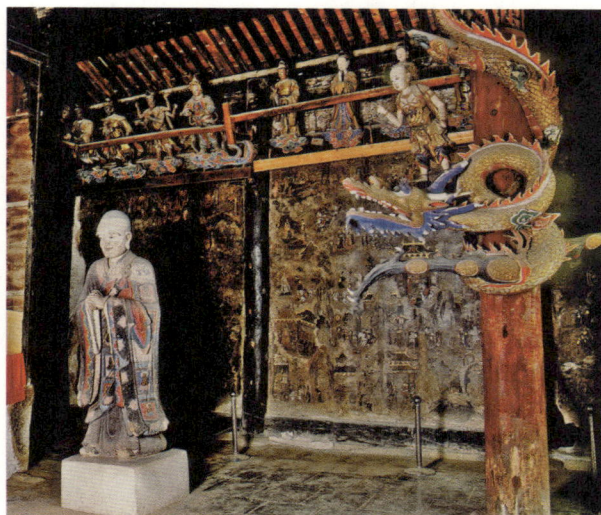

觉苑寺大雄宝殿左壁

内容为出生、成家、悟道、成佛、传教、涅槃的整个人生故事历程。观音殿建于清代，面阔五间21.5米，进深五间13.8米，通高8米，单檐歇山式屋顶，小青瓦屋面，无斗拱，梁架为穿斗式，明间十三架前后廊用六柱，次间、梢间十三架前后廊用七柱，通高8米。月台高1.6米，用七踏，明间殿内泥塑彩绘观音、文昌、药王像，东梢间陈列历代名人与觉苑寺碑刻。文昌宫位于观音殿东梢间，建于清代，面阔一间4.66米，进深三间8.58米，小青瓦屋面，其屋顶与观音殿相连。梁架为穿斗式，十一架前后廊用四柱，高6.4米。属搭建建筑，室内地面比观音殿低0.55米。

觉苑寺佛传壁画绘制在大雄宝殿的内壁上，为木骨竹胎泥面，分为14铺，共139.79平方米。佛坛背壁北侧有3铺壁画，内容为礼佛和护法，共计33.79平方米。壁画的绘制时间为明代。四壁上的连环画由209个故事组成。觉苑寺壁画继承唐宋以来的工笔重彩技法，运笔更加规范，色彩更加深沉。壁画中的人物形象注重"骨法用笔"，使其形态表情、举止都表现得深邃入微。

觉苑寺历史悠久，布局严谨，规模宏大，建筑精美，壁画完整精妙，故历来被文人墨客称为"蜀道明珠""艺苑奇珍""国之珍宝"，同时也是研究中国古建筑发展、佛传壁画的珍贵史料载体。觉苑寺古建筑集中体现了布局的对称美和完整美。大雄宝殿采用减柱造梁架及覆盆式素面柱础，是宋元时期建筑风格的遗风；建筑中存在的与古建筑规制有别的独特的柱侧脚做法，为认识古人的设计理念提供绝好的教材。建筑亦反映明清及民国时期的地方建筑规制。大雄宝殿内明代佛传壁画、彩塑，清代二十四诸天樟木圆雕和唐代弘济寺新制石灯、明代镂空雕方斗石香炉石刻法物，无不珍贵。以明代以前和明代佛传壁画最为珍稀。

1984年，剑阁县人民政府经请示绵阳地区行政公署，将觉苑寺移交剑阁县文物部门管理，由剑阁县文物保护管理所负责觉苑寺日常管理工作，直接管理觉苑寺大雄宝殿、观音殿，及东西厢房。1999年，天王殿由武连粮站移交剑阁县文管所管理。1984～1985年，采取拆除背墙整铺揭取技术，对觉苑寺佛传壁画重装复原，并对大殿进行局部维修。20世纪90年代四川省文化厅文物局、剑阁县政府曾3次拨款对觉苑寺观音殿、左右厢房进行维修。1994年，四川省人民政府印发《关于武侯祠等88处全国重点、省级文物保护单位保护范围的通知》，划定觉苑寺的保护范围和建设控制地带。2001年6月25日，觉苑寺被国务院公布为第五批全国重点文物保护单位，编号5-0387-3-193。2004年2月，国家文物局《关于四川剑阁觉苑寺勘察报告及修缮方案的批复》，批准了觉苑寺保护维修方案。2004年，剑阁县文物保护管理所建立觉苑寺全国重点文物保护单位记录档案。2005年9月，觉苑寺建筑保护维修工程启动，至2007年12月完成藏经楼和东西厢房的整体维修。2008年"5·12"汶川特大地震后，故宫博物院古建部对觉苑寺进行实地勘测，编制《觉苑寺加固维修方案》，并报国家文物局批准。2010年，实施觉苑寺地震灾后加固维修项目，工程于3月开工，至9月竣工。2014年10月31日，四川省人民政府对觉苑寺原有保护区划重新划定公布。

**平武报恩寺** 是土官管辖地区一座保存完整的佛教建筑群，乜是一座优美的艺术之宫，坐落在四川省平武县城的东北角。

平武报恩寺由龙州宣抚司土官佥事王玺、王鉴父子奉旨主持修建。史载，洪武四年（1371年）大军伐蜀，王玺的祖父王祥随众归顺，太祖朱元璋为表彰王祥忠勇，敕大藏经一部，并授予判官之职，世代相传。王玺，字廷璋，生于明永乐三年（1405年），宣德三年（1428年）承袭父职为龙州衙门（后为龙州宣抚司）判官。由于王玺屡立战功，德政俱优，被朝廷破格提升为龙州宣抚司土官佥事并赐封为昭信校尉。正统三年（1438年）、正统四年（1439年），王玺两次赴京奏请在龙州治地修建为皇上"祝延圣寿"的寺庙，得到允许。正统五年（1440年）开始营造报恩寺。正统十一年（1446年），报恩寺主体建筑基本完成。景泰三年（1452年），王玺去世，其子王鉴（字景昭），继承父职，以先父未竟之志，再次前往京师，奏于帝廷，获得皇帝"准从"，继续装塑修

茸。天顺四年（1460年），报恩寺全部建成。王玺修建报恩寺，一是感谢太祖赐封其家族世袭龙州土官，并提升自己为龙州宣抚司土官佥事之职，且诰封为昭信校尉；二是通过弘扬佛法来教化当地民众，从而达到"保国护民"的目的；三是利用这座寺庙给皇帝"祝延圣寿"；四是存放明太祖皇帝所敕赐的大藏经。

报恩寺东西长278米、南北宽100米，占地面积27800平方米，建筑面积3518平方米，坐西向东，平面布局由东而西次第升高，主体建筑在一条中轴线上，附属建筑左右对称配列。分前、中、后三进院落。第一进院落起于山门，止于天王殿，中有金水桥相连，北侧置钟楼一座，门前有八字琉璃墙、台阶、狻猊、经幢、广场。天王殿以后为第二进院落，由正殿大雄宝殿和配殿华严藏、大悲殿、天王殿4座建筑组成。大雄宝殿以后为第三进院落，由万佛阁、南北碑亭和34间廊庑组成。万佛阁后侧有方丈、斋房、库舍、龙神祖师之堂等建筑围绕。

报恩寺既是一座完整的佛教建筑群，更

报恩寺山门

天王殿

是一座优美的艺术之宫。其方位选择匠心独运，平面布局设计考究，单体建筑严格按照宫殿式手法建筑，细部装修灵活运用地方技巧，无不体现古代匠师的艺术才华。除山门为单檐五开间悬山式建筑，其余多为重檐歇山式建筑。屋面施琉璃配件，色调饱和；天花藻井绚丽多姿；檐下斗拱千姿百态，翼角装修玲珑剔透。寺内壁画、彩绘古朴素雅，殿内佛像造型

八字墙（维修后）

优美，形象生动；古雕泥塑构图巧妙，内容丰富。尤其是寺内所有柱、额、梁、枋、天花藻井、瓦当滴水、香炉匾额，或雕或塑，或刻或绘有众多张牙舞爪的龙。在建筑艺术上具有浓郁的地方特色和民族风格。全寺所有木构件为楠木，具有不结蛛网和高度的抗震性能。自修建以来，经历明万历三十八年（1610年）、清康熙三年（1664年）、1976等多次强烈地震，均受损不大，被中外建筑、地震专家誉为"明初罕见之遗构""独具匠心的抗震建筑"。

中华人民共和国成立后，平武报恩寺由平武县文化馆实施保护管理。1981年，成立平武县文物保护管理所，负责以报恩寺为主全县范围内的文物保护管理工作。1996年11月20日，平武报恩寺被国务院公布为第四批全国重点文物保护单位，编号4-0156-3-078。国家文物局于1988年、2000年、2001年、2003年、2005年、2006年拨款，分别用于维修万佛阁、报恩

寺消防工程改造、大悲殿、报恩寺消防通道建设、报恩寺保护规划编制、华严藏维修。2008年5·12汶川大地震，平武是极重灾区县，报恩寺古建筑物受损，国家文物局拨款5700万元用于文物保护修缮。平武县人民政府办公室成立平武县灾后文化重建项目工作领导小组，平武县文物保护管理所、平武报恩寺博物馆为业主，对报恩寺进行全面维修。2010年6月29日开工，2013年4月10日竣工。2001年，成立平武报恩寺博物馆。2001～2012年，由平武报恩寺博物馆负责报恩寺管理工作。2005年，平武报恩寺博物馆组织编制《四川省平武县报恩寺文物保护规划》，2007年获得国家文物局批复同意，2010年3月由四川省人民政府公布实施。按照规划，报恩寺完成了平武报恩寺全国重点文物保护单位记录档案。

**西岳庙** 又称华山祠、华岳庙，为历代祭祀华山神祇的庙宇，也是陕西省现存较完整的古建筑群之一，位于陕西省华阴市华山北麓岳庙街东侧。

西岳庙初创于春秋战国时期，至汉代已具规模。唐先天二年（713年）始封华山神为金天王，北宋时加封金天顺圣帝。自汉以降，历代屡有重修、增建；明清修葺愈频，其中以清乾隆四十二年（1777年）扩修规模为巨，历三年竣工，使庙制益臻宏伟、完整。清末和民国时期频遭战乱，部分墙垣、殿宇、楼阁被毁。

西岳庙规模宏大，布局严谨，建筑形式仿北京故宫。西岳庙遗存建筑多为明建清修或近年恢复，总占地面积逾12万平方米。庙墙为宫苑重城式建制，坐北朝南，面向华岳，平面呈长方形。外城南北525米，东西225米。墙体为夯土甃砖，高约8米，基宽6米，顶宽4米。城正南辟门，并设瓮城，组成二重城门。内城俗称内宫，分前后两院。建筑整体按中轴线对称布局，自南而北依次为琉璃影壁、灏灵门、午门（五凤楼）、棂星门、石牌楼、金城门、金水桥、泮池、灏灵殿、御书楼、石牌楼、万寿阁；两侧有钟楼、鼓楼、灵官殿、冥王殿、吕祖堂、望华亭及碑亭等。

灏灵门，西岳庙第一道门，即瓮城正门。俗称连三门。通面阔33米，高约10米。下部为

西岳庙远景图

灏灵门

牌坊全景

砖石砌筑台座，辟有3个券洞门；上部为木结构，单檐歇山顶，覆黄色琉璃瓦。门前有明代七龙琉璃影壁1座，面阔20余米，高6米，厚2米。午门，西岳庙第二道门，即外城正门，又称五凤楼。遗存三连形式的台座，通面阔124米，中央宽逾23米，高约10米。原台座上建有面阔七间、进深五间的门楼及左右侧楼各1座，三楼以穿廊连通，中楼高耸，两侧楼如翼；形制宏伟、峻拔，已毁，仅残留部分柱础。中楼已予修复。台座两侧为上下马道。棂星门，内宫前院大门，建于清代。为3座木牌楼以砖砌夹墙合成连三门形式，通面阔33米，单檐歇山顶，覆黄色琉璃瓦。檐下施斗拱，边楼两端夹墙与红色宫墙相连。夹墙做成悬山顶，覆灰陶板瓦。前院石牌楼，又称"天威咫尺"石牌楼，建于明万历年间（1573～1620年）。四柱三间五楼式石牌楼，通面阔8.6米，进深2.68米，高约8米。庑殿顶，明楼檐下石雕仿木构斗拱五攒，次楼、边楼各三攒。明楼上层竖刻"敕造"二字，中层横题"尊严峻极"，下部额题"天威咫尺"。楼体雕刻各种卷草花纹、人物、团龙、麒麟、狮兽等，雕工精细。四柱东西两侧分别设夹杆石予以固

定。金城门，亦称重门，内宫后院正门，建于明代，清代修葺，近年修复。占地面积356平方米。面阔五间，进深三间六椽，单檐歇山琉璃瓦顶。构架为分心槽，山墙不用中柱。斗拱布置疏朗，前后檐明间及次、梢间平身科均用一攒。

灏灵殿，内宫后院大殿，即西岳庙正殿，是历代帝王祀庙之处，为陕西最大的殿堂建筑遗存。明代初建，清代修葺。立于"凸"字形大月台上，占地面积1169平方米，月台高1米，设5处踏跺。建筑为九梁十三檩六十八柱的大式木作，通面阔七间加廊步两间37.2米，进深五间带廊22.6米，单檐歇山顶，覆灰陶板瓦和琉璃筒瓦。殿身为双槽平面，内槽有两排金柱，计12根；构架为明、清"抬梁式"作法，但梁上仍保留驼峰、叉手。斗拱布置协调，柱头科为七踩三下昂；平身科做法与金城门类似，明间用坐斗5个，次、梢、尽间各3个；角科亦用坐斗3个。殿后有通廊连接寝殿，相接成"工"字殿形式。殿前两侧有歇山顶碑楼和攒尖顶八角亭各1对。殿内悬有慈禧太后、同治和光绪帝御书"仙掌凌云""瑞凝仙掌""金天昭瑞"木匾。寝殿，近年修复。

平面呈长方形，面阔五间，进深六椽，单檐歇山顶，覆黄色琉璃筒板瓦。檐下施五踩双下昂斗拱。前檐明间辟福扇门，次、梢间置槛窗。

万寿阁，又称望河楼，建于明万历年间，清同治二年（1863年）毁于火，已修复。万寿阁立于甃砖高台上，台东西长68米，南北宽47米，高约9米，自下而上设60级台阶。阁身上下三层，通面阔五间，进深六椽，重檐三滴水歇山顶，覆黄色琉璃瓦。底层周围廊，二层与顶层分别设有木栏杆与栏板，每层檐下均施斗拱。顶层南面额悬"万寿阁"三字匾。阁两侧原设有悬空飞廊与左右转藏楼相通，转藏楼上下二层，面阔三间，进深四椽，重檐歇山顶，覆黄色琉璃瓦；底层周围廊，二层设木栏杆、栏板，每层檐下均施斗拱。民国21年（1932年）毁于火，台基、柱础仍存原位。

庙内遗存历代修庙和祭祀华山的碑石数十通，其中以东汉延熹八年（165年）"西岳华山庙碑"残石、失年款汉"华岳庙碑"残石、北周天和二年（567年）"西岳华山神庙之碑"和唐开元十三年（725年）玄宗御书"华山铭"残碑等为珍贵。西岳华山神庙碑，北周刻石，唐代补刻。青石质，六螭首，龟趺，通高4.07米，宽1.1米，厚0.32米。北周天和二年（567年）立。圭额篆"西岳华山神庙之碑"。碑文隶书，20行，行54字，颂华山巍峨及华神之灵验等。万纽、于谨撰，赵文渊书。碑侧有唐书法家颜真卿于唐乾元元年（758年）游谒西岳庙的题刻83字。碑阴续刻唐兴元元年（784年）"华岳精享昭应之碑"文，记西岳庙祀雨灵验一事。五岳河渎碑，明代刻石。青石质，六螭首，龟趺，通高8.28米，碑身宽1.88米，厚0.74米。明洪武三年（1370年）立。碑文楷书，19行，满行40字，刊朱元

万寿阁

璋祭祀山川神位的诏谕。为陕西最高大的碑刻遗存之一。敕修西岳庙碑，清代刻石。青石质，双螭首，独角龙首龟身座，通高6.6米；碑身高5.05米，宽1.65米，厚0.44米。乾隆四十二年（1777年）立。碑身边栏线刻龙纹。碑文楷书，刊陕西巡抚毕沅书乾隆皇帝关于重修西岳庙的敕文。龟趺以下方形础石浮雕海水仙山，四角雕出水浪涌起鱼、鳌、虾、蟹，堪为石雕精品。

1979年，西岳庙文物管理所设立。20世纪80年代后，陆续修复金城门、棂星门、西城墙部分塌陷墙段，拆除庙门前棋盘街17家单位36户居民住房。1988年1月13日，西岳庙被国务院公布为第三批全国重点文物保护单位，编号3-0126-3-074。1994年，开始维修东西城墙和内城，清理棋盘街，发掘下马石、铁幡杆、牌楼基座等遗址。1992年4月，陕西省人民政府公布西岳庙的保护范围和建设控制地带。1996年4月18日，西岳庙正式对外开放。1998～2007年，陕西省人民政府、国家文物局和陕西省文物局先后拨付专款，历时10年，对西岳庙进行全面整修。

**观音寺**　为川西地区著名佛寺，保存有精美的壁画与塑像，位于四川省新津县永商镇宝桥村九莲山山麓。

观音寺始建于南宋淳熙八年（1181年），元末毁于兵燹，明代曾重建殿宇十二重，明末清初遭焚毁，清康熙、乾隆、道光年间修葺。“文化大革命”期间，观音寺地藏殿、太师殿等部分建筑遭到人为损毁。但明代建筑毗卢殿、观音殿及殿内壁画、塑像保存基本完好，清代的山门、弥勒殿、接引殿等建筑也得以保留。观音寺占地39600平方米，遗存有山门、弥勒殿、接引殿、毗卢殿和观音殿。

山门建于清康熙五十二年（1713年），重檐歇山式建筑，面阔三间，进深四间，檐下

观音寺山门

施如意斗拱。匾额"九莲胜景"为清翰林院编修童宗颜榜书；两则楹联为"地辟奇观九峰拱卫、天开胜景七星盘旋"。弥勒殿建于清光绪年间（1875～1908年），面阔三间，进深两间，中间塑弥勒佛。因正中塑弥勒佛得名。塑像两侧有一副楹联，其文曰："大笑连笑，笑中有道；明佛今佛，还在享福。"接引殿建于清光绪年间，面阔五间，进深四间，中间塑西方三圣，中为阿弥陀佛，左胁侍为观世音菩萨，右胁侍大势至菩萨。毗卢殿，主供毗卢遮那佛，建于明天顺六年（1462年），为单檐歇山式建筑，面阔三间，进深三间六架椽。屋面用筒瓦覆盖，正脊的两端安鸱吻，垂脊和戗脊的前端用兽面装饰，其装饰丰富舒展，优美轻盈，主重肃穆，宏伟壮观。殿正中头戴高宝冠的为毗卢遮那佛，手印为菩提印。左边为卢舍那佛，手印为禅定印；右边为释迦牟尼佛，手印为施无畏印。毗卢殿内左右两壁有明成化四

观音寺毗卢殿

年（1468年）绘制的十二圆觉菩萨、二十四诸天及十三个供养人像，以及佛龛背后的"香山全堂"，共7铺，面积计94平方米。毗卢殿壁画中的菩萨、尊天及供养人像，全部按照佛教《造像量度经》的规定绘制。观音殿为观音寺的大殿，存有塑像653尊。观音殿主供观音三大士和五百罗汉像，建于明宪宗成化五年（1469年）。面阔五间20.8米，进深十架椽16米，占地333平方米。正中塑像从左到右，

观音寺观音殿

观音寺壁画之清静慧菩萨

观音寺塑像之飘海观音

为文殊、观音、普贤三大士，塑像高度均为5米左右。观音三大士像，均头戴花冠，身披璎珞，面颊丰满，神态端庄，庄严肃穆，身材匀称。背屏壁塑中的奇花瑞草、灵禽异兽，八宝图案，色彩显得格外鲜艳夺目，富丽堂皇。背面为峨眉山、普陀山和五台山全景深浮雕像。其中普陀山胜景中雕塑的飘海观音像，在中国佛教造像艺术上较为少见。

观音寺明清时期建筑群较为完整，其营造技术在研究四川古代建筑及南方木结构建筑方面具有重要价值。毗卢殿和观音殿汇聚明代建筑的精华，体现了明代建筑艺术的丰富内涵。观音寺内毗卢殿壁画及观音殿塑像，是中国明代艺术精品之一，在研究传统佛教艺术方面具有重要价值。抗战时期，古建筑专家梁思成、历史学家顾颉刚等学者先后到川，关注并积极推介观音寺建筑及宗教艺术。民国28年9月至29年2月（1939年9月至1940年2月），中国营造学社梁思成、刘敦桢、莫宗江、陈明达等古建专家调查四川和西康省诸市县的古建筑遗存，整理的文稿中配录的4幅观音寺老照片是目前可见较早的观音寺影像记录，为研究近代以来观音寺风貌历史变迁提供珍贵的实景资料。民国29年（1940年），入驻新津机场的美军企图将观音寺壁画揭取并盗运回美国，曾在壁画四周镶框准备揭取，后因运输不便未果。

1950年1月，川西人民行政公署印发文件，通知新津县政府要妥为保护观音寺。川西文物考古普查工作队对省内明代壁画、塑像做了重点调查。1956年8月16日，四川省人民委员会批准公布观音寺明代壁画及塑像为第一批省级文物保护单位。1957～1983年，四川省文化厅先后6次对观音寺进行维修。1983年，新津县文物管理所成立，具体负责观音寺的保护管理工作。1994年，四川省人民政府印发《关于武侯祠等88处全国重点、省级文物保护单位保护范围的通知》，划定观音寺的保护范围和建设控制地带。2001年6月25日，观音寺被国务院公布为第五批全国重点文物保护单位，编号5-0392-3-198。2004年12月，新津县文物部门完成观音寺全国重点文物保护单位记录档案工作。2006～2009年，成功实施观音寺古建保护维修工程和壁画、泥塑、石刻彩绘病害治理工程。

**水陆庵** 是以壁塑闻名的佛教寺院，保存有比较完整的彩绘泥塑组群，位于陕西省西安市蓝田县普化镇秦岭支脉王顺山下。

水陆庵原是秦岭七十二峪之一——悟真峪北普陀蓝渚庵内的水陆殿，因坐落于三面环水的河心岛上，故名。水陆庵始建年代不详，一说六朝，一说隋代。唐时，此地佛寺林立，分为南普陀与北普陀，常住僧达千人以上。唐末因兵火之扰，诸寺渐趋荒落。明代时，秦藩王朱怀墡喜爱这里的山水，奉庵为家祠佛堂，于明嘉靖四十二年（1563年）动工翻建，整修壁塑，历时五年竣工。清代及民国时期曾3次修葺。

水陆庵坐西向东，占地面积约8500平方米，总建筑面积逾2100平方米。中轴线上依次有山门3间、前殿5间、中殿3间、大殿5间，两侧有厢房各13间。遗存明代壁塑人物像3700余尊、北魏和唐代造像碑5通。1989年，将空寂寺遗址的唐"大福和尚碑"迁至庵内，建亭保护。近年设立水陆庵壁塑博物馆。

水陆庵山门，为近年复建，面阔三间，进深四椽，单檐歇山灰瓦顶。明、次间均辟拱券门洞。前殿，置于长方形砌砖台基上，面阔五间，进深三间带前后廊，单檐歇山灰瓦顶，檐下施斗拱与旋子彩画。中殿，面阔三间，进深一间，单檐硬山灰瓦顶。左右厢房，位于东西轴线两侧，均为面阔十三间，硬山灰瓦顶。大

水陆庵鸟瞰图

北山墙东南壁

报身佛卢舍那、三教领袖

殿，置于长方形甃砖台基上，面阔五间，进深四间，单檐硬山灰瓦顶，前檐明、次间辟槅扇门。殿内正中供奉三世佛，中央为释迦牟尼本尊，两侧各为西方净土阿弥陀佛和东方琉璃药师佛；释迦佛前立有阿难、迦叶。三尊大佛背面为三尊菩萨坐像，中间为观世音，左右为文殊、普贤。

水陆庵壁塑，传为明代匠人乔仲超所塑。原前殿、中殿壁塑毁于民国时期。"文化大革命"期间，红卫兵曾闯至庵前欲捣毁壁塑，因有驻军保护，得以幸免。遗存壁塑集中于5间大殿内，分为东檐墙、西檐墙、中隔壁（又分3个区间）及南、北两山墙等部分，计有人物像3700多尊，个体高在一掌至真人大小之间。作者融绘画、雕塑、镂刻等艺术手法为一体，采取连环画塑的表现形式，纵横罗列、叠塑佛本生和各种经变故事，间以佛道儒三教并尊，

同排塑释迦、老子、孔子三像，以及中国历史上的十大名医和取材于民间传说的五百罗汉过海等。内容丰富、布局精妙、气势恢宏，为现实生活的写真。其中的人物有帝王将相、隶役走卒、商贩屠户、农樵牧渔、妇孺仆姬，又布以山川湖海、金殿。当地人以"三石六斗菜籽"形容其内涵丰富以至不可计数。

水陆庵以琳琅满目的泥质彩塑、壁塑、悬塑著称于世，是陕西省目前保存数量最多、最完整的古代泥塑群之一，为国内同类保存比较完整的彩绘泥塑组群之一。水陆庵泥塑群设计严谨，布局合理，造型逼真，内容丰富，把圆雕、浮雕、悬塑、镂刻等艺术手法融为一体，充分表现古代工匠的丰富想象力和精湛的技法，在中国雕塑艺术史上占有一定的地位。是了解和研究中国古代雕刻、建筑、艺术、音乐以及宗教文化等方面的重要资料，也是追溯古代中外文化交

流以及民间友好往来的实物佐证。

1956年8月，陕西省人民委员会公布水陆庵为第一批陕西省文物保护单位。1980～1984年，陕西省文物局拨款加固维修大殿等。1981年，蓝田县人民政府批准成立水陆庵文物管理所。1992年4月，陕西省人民政府公布保护范围和建设控制地带。1996年11月20日，水陆庵被国务院公布为第四批全国重点文物保护单位，编号4-0162-3-084。2001年，陕西省、西安市文物局批准中德合作开展2002年度水陆庵修复方案。2005～2007年，中国西安文物保护修复中心与美国西北大学技术部开展"三维扫描及数字化图像制作技术在蓝田水陆庵的应用研究"项目，在物质文化遗产的数字化采集、处理、储存、共享技术的应用上取得成果。

**美岱召** 是一座汉藏结合、城寺合一的古建筑群，位于内蒙古自治区土默特右旗东部。

美岱召始建于明万历初年。16世纪中叶，统领蒙古土默特部的阿拉坦汗与明廷达成封贡协议，隆庆五年（1571年）明廷封其为顺义王。明万历元年（1573年），明廷将阿拉坦汗在土默川创建的城堡赐名为"福化城"，经考证即为今美岱召。据城门上石匾记载，明万历三十四年（1606年），阿拉坦汗的孙媳五兰妣吉建灵觉寺泰和门，证明美岱召原名灵觉寺，清代赐名"寿灵寺"。因麦达力活佛在此掌教坐床，俗称灵觉寺为麦达力召，后通称美岱召。

美岱召古建筑群由一座略呈方形的戒堡和城内十个单体建筑构成。占地面积3万佘平方米。主体建筑沿中轴线布局，中轴线上的建筑由南向北有泰和门、大雄宝殿、琉璃殿（殿南左右有观音殿、罗汉堂），西侧有乃琼庙、佛爷府、西万佛殿、八角庙，东侧有太后庙、达赖庙。

美岱召外城墙平面为一座不规则的四边形，南墙、西墙较直，东墙、北墙外折。东城墙全长178米，南城墙全长157.8米，西城墙全长183.6米，北城墙全长172.4米。城墙剖面下宽上窄呈梯形，四面墙体的宽度七不尽相同，以南城墙最为宽厚高大，底宽5.7米，顶宽3米，高5.2米。其他三面墙体底宽4.5～5.7米，顶宽1.6～2.7米，高2.8～4.9米。城墙是由表皮和内墙体两部分构成，内墙体就地取土夯筑，内外墙表面用大块卵石及不规则石块包镶砌筑成虎皮石墙。原城墙上有土筑的垛墙，已不存。城墙上砖砌垛口和墙顶面铺砖均为维修时补砌。城墙四角筑有向外凸出的角楼墩台，墩台的大小及三条边均不相等，四角墩台

美岱召全景

上各建歇山式双重檐角楼1座，角楼面阔、进深均为一间，四面置廊柱形成围廊。围廊地面毛石铺墁，角楼三面是砖墙、面向城内的一面设门，室内条砖铺地。西南、东南角楼相向的墙面上，距地1.9米处各设有1个内进式佛龛，两佛龛规格略有差异。

南城墙中间稍偏西位置设城门——泰和门，城门由门墩和门楼两部分组成，城门墩内墙体夯筑，外表面砌砖，正中为砖券顶拱形城门洞。城门洞由内城门洞和外城门洞两部分组成，两门洞顶部都采用三券三伏的砖券法，以增大门洞的承载力，内外门洞之间装有8厘米厚双扇实木门。门洞正前面上方镶嵌明代万历三十四年（1606年）石刻1块，石刻周边雕刻花草图案。右题文竖4行"元后敕封顺义王俺答呵嫡孙钦升龙虎将军大成台吉妻七庆大义好五兰姚吉誓愿虔诚敬赖三宝选择吉地宝丰山起

盖灵觉寺泰和门不满一月工城圆备神力助佑非人所为也"，每字1.5厘米；碑体正中匾上镌刻"皇图巩固帝首成宁万民乐业四海澄清"16字，后落款2行24字："大明金国丙午年戊戌月己巳日庚午时建木作温伸石匠郭江"。石刻汉文上端有横行藏文小字，内容为"顶礼识一切锁南坚措"等。

大雄宝殿建在1米高的台基上，台基南北长61.47米、东西宽40.7米，台基面用条砖铺砌方形界格，界格内选直径4厘米左右的卵石子铺嵌。台基正面为六层青石台阶，东西两侧铺设石条踏步。宝殿面阔19米，进深43.6米，高17.5米，坐北朝南，重檐两层楼，南厅经堂，北厅佛殿，三者勾连一体，殿顶均是歇山式。墙外由白色藏式砖墙相裹，构成汉藏结合的建筑体。门前有两棵明代古松。南厅经堂一层东西壁绘有十八罗汉图，经堂的二层（天

美岱召泰和门

美岱召大雄宝殿

美岱召琉璃殿

美岱召大雄宝殿内西壁三娘子像壁画

井）绘有11幅壁画，正面（北面）绘五幅，东西壁各绘三幅。壁画绘于黑色方框内。正面正中绘宗喀巴师徒三尊，外罩桐油一层，是召庙中唯一一幅罩桐油的壁画。北壁其他四个单元，内绘释迦牟尼佛、白度母、药师佛、阿弥陀佛、文殊菩萨、无量寿佛等神像。经堂殿顶正中有八边形藻井，藻井内原有彩绘，经堂天花板绘有彩绘。横梁沥粉绘龙纹图案，也有绿色底墨线加白勾勒的莲花图案及装饰陛花卉图案。佛殿四壁及顶部均有绘画，顶部有十六罗汉及八十四成就者等木版画。殿内北壁绘有释迦牟尼画传，东壁绘宗喀巴及其画传，西壁绘三世达赖画传。在壁画中最为重要的是西壁下方的蒙古贵族供养人图。北面一组画幅长6.65米，高1.78米。有人物19人，中心醒目位置画一老年妇女像，为忠顺夫人三娘子。南侧一男性老者为第三代顺义王扯力克，二者之间为一战神，是神化的阿勒坦汗。北侧一女子为着冬装的五兰妣吉。另外在南壁还有一组重要壁画。长6.65米，高1.8米。描绘人物43个，按画面大小人物分为主要人物5人，次要人物2人，配景人物36个。主要为五兰妣吉（后封忠义夫人）迎请麦大力活佛场面。壁画和彩绘均是明、清时期原作。

美岱召的其他附属建筑主要有琉璃殿、乃琼庙、佛爷府、西万佛殿、八角庙、达赖庙、太后庙、宝丰塔等。琉璃殿为歇山式三重檐楼阁，因建筑屋顶覆盖琉璃瓦，俗称琉璃殿，本是阿勒坦汗朝殿，阿勒坦汗信仰佛教此殿不再作朝殿后，改为佛殿，并塑有三世佛像，绘制壁画，又称三佛殿。面阔14.75米，进深11.35米。乃琼庙位于中轴线西侧之首，为明代蒙式二层建筑，麦大里活佛住房。麦大里活佛离开美岱召后，这里常住有乃琼僧人，故称乃琼庙，是美岱召仅存的一座白色藏式殿宇，内供有乃琼及其他护法神像。佛爷府即活佛府，清代建筑，面阔23.3米，进深4.3米，原有屋脊，现作卷棚顶。在清代无常住活佛，巡行活佛到召时居住。主房三间，用于活佛在此布道和接见民众。西万佛殿位于八角庙西侧，面阔11.4米，进深9.7米。因东城墙外曾有座东万佛殿，故称西万佛殿。原供有众多佛像。

美岱召对于研究明史、蒙古史、建筑史、美术史等都具有重要意义。它由阿勒坦汗兴建，由三娘子扩建经营，是藏传佛教传入蒙古草原的一个重要弘法中心。美岱召是土默川上的第一座城寺结合的建筑群，阿勒坦汗的重孙第四世达赖喇嘛曾在美岱召居住。第三世达赖喇嘛和迈达力活佛都曾在此从事过弘扬藏传佛教的活动。

革命战争时期，乌兰夫、王若飞等革命家都以美岱召为掩护，在这里开展过革命斗争。至今，美岱召里还存有乌兰夫革命斗争遗址，被地方政府建为爱国主义教育基地。1996年11月20日，美岱召被国务院公布为第四批全国重点文物保护单位，编号4-0135-3-057。美岱召现由土默特右旗文物管理所承担文物保护与管理的职责。美岱召的维修保护工程开始于20世纪80年代，先后完成两期的维修工程。1996年包头地震后，又进行抢险。2011年开始，陆续对除大雄宝殿和琉璃殿之外的所有建筑进行了维修。

**经略台真武阁**　是在经略台上运用杠杆原理修建的木结构道观建筑，位于广西壮族自治

经略台真武阁全景

真武阁

区容县容州镇东外街57号真武阁公园内。

据明嘉靖三十一年（1552年）梁佩《嘉靖武当宫记》、清康熙年间（1662年～1722年）徐发《真武阁记》，可知真武阁的经略台始建于唐乾元二年（759年），为唐朝著名诗人元结任容管经略使时所建，台以官名，称经略台，原用于操练军士、演习礼仪和观景。明洪武十年（1377年）在经略台上修建道观，奉祀北方水神真武大帝，为真武阁。明嘉靖二十九年（1550年），乡耆李文祥、程贤、潘泓、梁世全、余珊等力募葺修。万历元年（1573年），潘泓与龚承恩等30余人，募金扩基寻丈，重修三层楼阁，清康熙四十二年（1703年），知县徐发等捐资修整正殿、围墙，次年告竣。据载，明万历四十八年（1620年），清康熙四十二年（1703年）、雍正十年（1732

年）、乾隆八年（1743年）与五十六年（1791年）、同治十二年（1873年）曾六次维修，内部结构依然如故。清以后，在其周增建前亭、花廊、面面亭等建筑。1979年，以真武阁为基础建成人民公园。

经略台真武阁由经略台、真武阁、前亭、游廊等组成。经略台高出绣江水面约20米，为夯筑的长方形土台，台高4米，东西宽15米，南北长50米，面积约750平方米。四周以砖石包砌，台上部铺有约1米厚的沙土，面铺砖石，四周边沿有砖砌矮围墙，台上修建有真武阁、前亭等建筑。

真武阁为明代木结构建筑，建于经略台上，坐北向南，面阔三间13.8米，进深三间11.2米，高三层13.2米。台基以条石围砌、砖石铺面。阁底层为无围护敞厅，立廊檐柱12

真武阁上层内部结构及梁架

真武阁底层当心间的月梁式乳栿

真武阁悬空柱

根，顶置如意斗拱，各层层高不大（底层5.33米，二层3.33米，三层2.33米），斗拱特大，出檐深远，底层以繁复的如意斗拱出挑1.5米，二层用长条形拱眼的水平枋出挑2.1米，三层挑枋头加设向下斜出的昂嘴出挑1.75米，瓦檐层层收拢。金柱4根，二、三层周为木板壁，开槛窗，二层设4根内金柱，承受上层楼板、梁架、配柱和屋瓦脊，柱脚悬空不着地，悬空距楼面2～3厘米，是全阁中最精彩的部分，其方法是分上下两层18根枋穿过檐柱，组成两组"杠杆结构"的斗拱，以8根落地柱和4根辅柱为支点，72根硬挑（穿拱）为杠杆，悬起的金柱为力利用斗拱出檐并托起悬空的4根金柱，从而传递阁内屋面和三楼楼面的荷重。整阁为穿斗式构架，重檐歇山顶，盖琉璃瓦，正脊、斜脊、饯脊饰鸟兽、"卍"字曲水

和自由花草等琉璃配件。阁旁立明代嘉靖武当宫碑，清代重建古经略台碑文真武阁记碑、重修容县城东真武阁碑等碑刻3方。真武阁用约3000条大、小格木构件，以卯榫串联成稳固整体。被建筑界誉为"天南构杰"。

前亭在真武阁前面20余米，建于清同治十二年（1873年）。平面呈长方形，面阔一间3.1米，进深二间2.6米，高6.9米，下层外檐，上层屋面均以斗拱支撑。前后檐柱4根，为方形抹角石柱，出挑中柱2根，穿斗式构架，重檐歇山顶，脊饰"卍"形曲水、花草。游廊在真武阁的经略台的东侧，为清代建筑，后部分遭到损坏，1995年修复。游廊木构廊式建筑，面阔三间17.1米，进深一间6米，高7.4米，面积约102.6平方米，廊柱二排8根，穿斗式木构架，歇山顶，盖绿色琉璃瓦，脊饰宝

珠、博古，廊两侧置木兰杆、座凳。

古建筑专家梁思成1962年发表《广西容县真武阁的"杠杆结构"》，认为真武阁的"杠杆结构"是"从未见过的结构类型"，真武阁"在中国建筑史中占着一个很重要的位置"。

1953年10月至1954年1月，中央文化部拨款对真武阁进行维修。1963年，广西壮族自治区人民委员会将经略台真武阁公布为自治区文物保护单位。1979年9月，容县文物管理所成立，负责对真武阁的保护管理工作。1982年2月23日，真武阁被国务院公布为第二批全国重点文物保护单位，编号2-0033-3-018。1992年、2001年、2008年，国家文物局先后三次拨款对真武阁进行维修。2006年，广西壮族自治区人民政府印发《关于公布经略台真武阁等113处文物保护单位保护范围和建设控制地带的通知》，公布经略台真武阁的保护范围和建设控制地带。同年，容县文物管理所对真武阁原有的档案进行规范整理，建立真武阁的全国重点文物保护单位记录档案，档案由容县文化局、容县文物管理所保存。2013年8月，国家文物局批准《经略台真武阁维修设计方案》，并拨款修缮。

**天台山伍龙寺** 是贵州高原山地石材建筑的典型代表，位于贵州省安顺市平坝区天龙镇东南2千米大山坝村南。

据文献和大梁题记、碑刻记载，天台山伍龙寺始建于明万历十八年（1590年），"僧白云始开山卓锡于此"（《安平县志》）；万历四十四年（1616年）重修大佛殿；崇祯十年（1637年）重修玉皇阁。清康熙三十六年（1697年）建成祖师殿前天街诗廊，嵌明、清

诗碑；乾隆十三年（1748年）重建经堂，乾隆二十二年（1757年）重修"黔南第一山"山门，乾隆四十六年（1781年）重修祖师殿；咸丰八年（1858年）重修倒座、东西厢房和祖师殿；光绪年间重修"天中之天"山门。民国6年（1917年）建孤苦洞，民国9年（1920年）重修"清净禅院"山门，民国25年（1936年）修"印中禅院"山门、月台和吟风亭。

伍龙寺坐东南向西北。由山脚向上有"大观在上"石刻、"黔南第一山"山门、"天中之天"山门、"清静禅院"山门、"吟风亭"石刻、"印宗禅林"山门、倒座、东西厢房、大佛殿、天街诗廊、望月台、玉皇阁、祖师殿、经堂、粮仓、干碾房、马厩等。占地面积

天台山伍龙寺

约1200平方米，建筑面积约2000平方米。

大佛殿面阔三间，通面阔10.16米；进深13檩，通进深8.45米，通高7.9米。为前带廊，单檐悬山顶石墙维护木结构建筑，上覆青筒瓦。明间为抬梁式结构，八柱落地，两次间为穿斗式结构，十四柱落地。均装有藻井。前廊挑枋上为柁墩，其上装鹅颈椽及板，廊间穿插枋上雕饰瑞草花纹。檐口下施垂瓜柱，额枋下为瑞草纹挂落，明间前檐柱下有石质须弥座圆雕狮子柱础1对。倒座平面呈"凸"形，面阔三间，通面阔8.15米，明间进深八檩5.03米，次间进深六檩4米，通高5.45米。高因地势限制，柱网布局不规则，后檐墙随山势呈弧形。明间前檐屋顶为歇山顶，次间为两坡顶，明间后檐上金檩与次间脊檩相连。东厢房面阔三间，通面阔6.25米，进深三间，通进深5.4

天台山伍龙寺大雄宝殿

米，通高4.92米。前檐装鹅颈椽及板，为两坡顶穿斗式木结构建筑，后檐屋顶与干碾房屋顶连成一体。西厢房面阔三间，通面阔6.25米，后檐随山势，明次间进深不相等，最大通进深5.4米，通高4.92米，前檐装鹅颈椽及板，为两坡顶穿斗式木结构建筑。

玉皇阁位于大佛殿后，面阔三间，通面阔8.9米，进深三间，通进深7.88米，通高10.75米。一层有前廊，廊前天井有一石板镶砌的放生池。明间前檐为三层重檐穿斗式歇山顶木结构建筑，次间与经堂、祖师殿相连接。经堂面阔五间，通面阔13.39米、进深8.63米，进深三间，通进深7.86米，高7.87米。为两层重檐悬山木结构建筑，二层一侧山面和后檐有石墙维护，另一侧与玉皇阁相连。

祖师殿面阔五间，通面阔12.53米，进深三间，通进深7.23米，通高4.82米。为三面石墙维护硬山顶木构建筑，明间为抬梁式结构，次、梢间为穿斗式结构，一侧与玉皇阁相连，祖师殿前为月台。

粮仓面阔三间，通面阔8.45米，进深三间，通进深5.18米，通高5.8米。为前带廊硬山顶木结构建筑，明间二榀为抬梁式结构，次

天台山伍龙寺玉皇阁

天台山伍龙寺倒座

间为穿斗式结构，底层为封闭式储藏室。

平坝天台山伍龙寺古建筑群体现了贵州屯堡建筑风貌和战争理念特色，是研究中国古代山地军事建筑的珍贵资料，是研究地方历史及民俗文化的标本。

20世纪60年代后因天台山地处军事辖区内，伍龙寺由军队管理，80年代中后期管理权逐步移交给文物部门。1985年11月，贵州省人民政府公布平坝天台山伍龙寺为省级文物保护单位。1987年，贵州省文化出版厅拨款全面维修天台山伍龙寺。1989年，平坝县文物管理所成立，负责天台山伍龙寺的管理和使用。2000年9月，国家文物局拨款对天台山伍龙寺古建筑群整个屋面进行维修。2001年6月25日，天台山伍龙寺被国务院公布为第五批全国重点文物保护单位，编号5-0396-3-202。2002年12月，贵州省人民政府印发《关于我省国家级和省级文物保护单位保护范围及其周围建筑控制地带划定方案的批复》，划定天台山伍龙寺的保护范围和建设控制地带。2004年，平坝区文物管理所建立《天台山伍龙寺"四有"档案》，2005年被国家文物局评为全国"优秀"档案，由安顺市平坝区文物管理所保存。2011

年，贵州省文物保护研究中心编制完成平坝天台山伍龙寺修缮工程勘测设计方案。2013年11月至2014年4月，国家文物局下拨全国重点文物保护专项补助资金，对天台山危岩进行防护加固。2015年4～8月，国家文物局下拨全国重点文物保护专项补助资金，整体修缮天台山伍龙寺建筑群，复建单体建筑"粮仓"。2016年2月，成立安顺市平坝区天台山伍龙寺管理处，设在安顺市平坝区文物管理所内。

**阳台宫** 全称大阳台万寿宫，为河南遗存著名道教宫观，位于河南省济源市王屋镇愚公村天坛山华盖峰南麓前阳台上，南距黄河20千米。

唐开元十二年（724年），著名道士、道教上清派第十二代宗师司马承祯（647～735年）奉敕"自选形胜"创建。开元十五年（727年）落成，始名阳台观，唐玄宗御题匾额"寥阳殿"。五代后晋时期，大部分殿宇毁于兵燹，金贞元二年（1154年）重修三清殿，始易名阳台宫。明万历二十四年（1596年）新建玉皇阁，把三清殿木柱抽换为石柱，遗存院落布局规模和建筑形制即为明万历年间形成。清康熙二十八年（1689年）、嘉庆六年（1801年）曾重修玉皇阁与东西二殿。

建筑群落南北依次为山门、东西厢房、大罗三境殿、玉皇阁，两侧有白云道院、过厅及厢房等。散存元、明、清碑碣11通，明代八鋬大铁镬与雕花石槽各1件。

主体建筑大罗三境殿，又名三清殿，面阔五间，进深四间，单檐歇山顶，覆灰色筒板瓦，为河南省最大的明代木结构殿堂式建筑遗存。殿前置月台，殿内外方形石柱上分别雕刻云龙、丹凤及"八仙过海"故事，殿内山墙壁

阳台宫

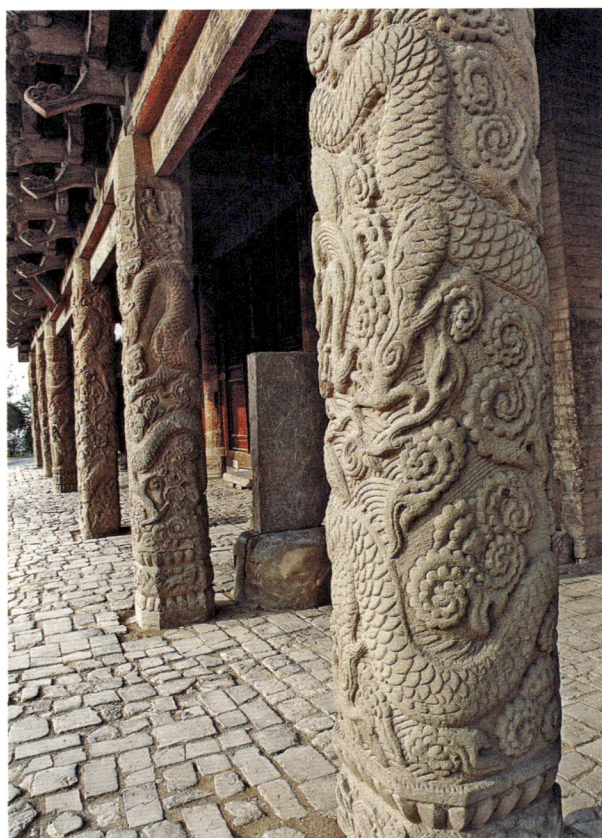

阳台宫玉皇阁龙柱

面保留有清代山水人物壁画，明、次间分设圆形、八角形藻井四组，大殿诸多构件保留了宋、元时期的营造手法。玉皇阁为明代创建，重建于清代，面阔三间，进深三间，三重檐歇山楼阁式建筑，绿琉璃瓦覆顶，四周回廊环绕，为河南省最高大的清代楼阁式建筑。玉皇阁周匝20根明代方形石柱上浮雕盘龙翔凤和"苏武牧羊"等故事，阁内12根通天柱高达9.9米，尚存有明万历年间题刻。二层明间四抹头槅扇窗透雕云龙山水，堪称明代木雕珍品。三层原置槅扇窗，凭窗远眺，莽莽太行、滔滔黄河、尽收眼底。宫内存有元《圣旨碑》《昊天玉皇上帝碑记》，明《重修三清殿碑记》《新建玉皇阁记》，清《重修阳台宫记》《重修三清阁碑序》等碑碣石刻11通，分别记载阳台宫兴废、王屋山道教发展及明末农民起义军经由此地等史实。

民国25年（1936年），古建筑学家刘敦桢到阳台宫调查，发表《河南省北部古建筑调查记》一文，对大罗三境殿给予很高的评价："三清殿，单檐歇山，面阔五间，进深显四间，面阔与进深，约为五与四之比。内、外方形石柱所雕龙云，很忠实地表示明代作风。唯外檐柱础不与柱身适合，所雕莲瓣，亦类宋、元间物。"

1978年，济源市文物保管所成立，负责阳台宫的管理。1982年，济源县文物保管所主持维修大罗三境殿屋面。1983年12月14日，阳台宫被济源县人民政府公布为县级文物保护单位。1986年11月21日，阳台宫被河南省人民政府公布为第二批省级文物保护单位。1999年6月，维修阳台宫东廊房。2001年，落架维修东

廊房，并重修山门。2004年，落架维修道院过厅，并对山门前踏道进行整修。2004年，河南省人民政府公布阳台宫的保护范围和建设控制地带。同年11月，重修玉皇阁月台塌方部位及山门院墙西侧塌方。2006年5月25日，阳台宫被国务院公布为第六批全国重点文物保护单位，编号6-0643-3-346。2010年10月至2013年10月，进行阳台宫古建群保护维修工程。2012~2013年，实施阳台宫消防工程。2014年3~8月，完成阳台宫防雷保护和安全技术防范工程。

**南华寺** 是佛教禅宗六祖惠能弘扬禅法的场所，是中国佛教的著名寺庙之一，坐落于广东省曲江县城东南7千米之曹溪河畔。

南华寺面向曹溪河，背靠宝林山，坐北朝

南华寺全景

南华寺山门

南。始建于南朝梁武帝天监元年（502年），天监三年建成，御赐额"宝林寺"。唐高宗龙朔元年（661年）重修。唐仪凤二年（677年），六祖惠能到寺弘法，顿悟禅法37载，弟子遍布天下，陆续发展临济宗、沩仰宗、曹洞宗、云门宗、法眼宗等五宗，因此，南华寺享有"祖庭"之称，成为禅宗的道场。唐中宗神龙元年（705年），敕改为"中兴寺"，神龙三年改为"法泉寺"。宋初寺半毁于火灾。宋开宝元年（968年）复修，并敕赐"南华禅寺"，沿用至今。元末寺三遭兵劫，僧德颓败，祖庭衰落。明万历二十八年（1600年），敢山德清和尚到山治理，大力中兴8年，寺庙逐步改观。清康熙七年（1668年），平南王尚可喜重修全寺，延清僧雪樵主持，寺略具规模。民国23年（1934年），福建鼓山涌泉寺和尚虚云主持重修，经过十多年的募化修建，调整布局，除保留灵照塔、祖殿、方丈室外，将原来的庭院式建筑风格改为沿山势呈阶梯式中轴线布局。

南华寺建筑面积近1.5万平方米。寺内建筑多为民国时期所建。主要分三部分，前部由山门、曹溪门、宝林门等组成；中部由大雄宝

南华寺大雄宝殿

南华寺宝林道场

南华寺方丈室

殿、天王殿、藏经阁、钟鼓楼、伽蓝殿、祖师殿等组成；后部为灵照塔、六祖殿、方丈室等。绝大部分保存完好。中轴线上由南至北依次为曹溪门（头山门）、放生池（上筑五香亭）、宝林门（二山门）、天王殿、大雄宝殿、藏经阁、灵照塔、祖殿、方丈室。自天王殿始作封闭，东侧依次为钟楼、客堂、伽蓝殿、斋堂等；西侧依次为鼓楼、祖师殿、公德堂、禅堂、僧伽培训班等。主体建筑院落外，北侧有卓锡泉（俗称九龙泉）、伏虎亭、飞锡桥；西侧有无尽庵、海会塔、虚云和尚舍利塔；东侧有中山亭。全寺殿堂飞檐斗拱，以重檐歇山顶、一斗三升居多。青砖灰沙砌墙，琉璃碧瓦为面，灰脊，琉璃珠脊刹、蔓草式脊吻。重要殿堂的脊吻与脊刹间置琉璃鳌鱼，正脊两端饰夔龙脊头。多用木圆柱为支柱并将殿堂分为多间。石柱础多覆盆式。门窗则多花格门、格子窗棂。主要殿堂和钟鼓楼的木梁都是用巨大铁力木（坤甸木）架成（为清初平南王尚可喜重修南华寺时所用之木）。大雄宝殿面阔七间34.2米，进深七间28.5米，高16.7米，重檐歇山顶，前后乳栿用七柱、二十六檩，柱头铺作为六铺作，三杪，无昂，偷心，补间铺

作二朵。琉璃碧瓦，灰脊，琉璃珠脊刹、蔓草脊吻。格子窗棂，前后均花格门。灵照塔为楼阁式八角五层叠涩出檐平座砖塔。塔高29.6米，底径11米。塔顶用生铁铸成窣堵波式，铜铸宝瓶塔刹。初建时为木塔，唐先天年间（712～713年）和唐元和七年（812年）宪宗赐额曰"元和灵照之塔"。多次焚毁重建，至明成化年间（1465～1487年）始改为砖塔。遗塔仍保持明代原貌，为南华寺最古老、最高的建筑。

南华寺的附属建筑包括有寺内两边的厢房、客堂、斋堂、楞颜堂、云水堂、公德堂、祖堂等。其他文物有唐代的禅宗六祖惠能和尚真身，明代的丹田和尚真身、憨山德清和尚真身；北宋庆历五年至八年（1045～1048年）间的木雕罗汉像360尊，明成化十七年（1481年）的四大天王木雕像，清代木雕罗汉133尊，民国时期的三宝大佛塑像、观音菩萨泥塑、五百罗汉泥塑群、弥勒佛塑像（又被称作欢天喜地佛及布袋和尚）、四大天王塑像、护法神韦驮天将。还有北齐皇建元年（560年）小铜佛像，隋或唐初的铁铸摩利支天人像，南汉大宝七年（964年）铸的铁钟，南宋乾道三

年（1167年）的大铜钟，明景泰五年（1454年）铸的铁鼓，明宣德年间（1426～1435年）铜香炉，元至元四年（1338年）的千僧铁锅，以及塔座是南汉（917～971年），塔身是清雍正五年（1727年）佛山铸造的千佛铁塔；相传为六祖惠能使用的铁禅杖（亦称锡杖），隋唐之际的铁铸观音坐像，宋以后的铜质香炉、佛像钟、塔、瓶、镜、鼓等；唐高宗龙朔元年（或为武则天所赐）的寺藏千佛袈裟，以及唐武则天圣旨；元八思巴文圣旨、护寺免差敕；明英宗圣旨、英宗正统十年（1445年）赐大藏经敕书和各朝木匾、楹联、碑碣等。

南华寺是一座具有1400多年历史的古寺，闻名于岭南乃至东南亚一带，享有"岭南禅林之冠"和"祖庭"之称的盛誉。建筑规模堪称岭南古建筑之首，其建筑风格具有浓郁的岭南明、清建筑遗风。寺内珍藏的文物价值高，影响大，数量多，有很高的历史和文物价值。

1958年5月，成立南华寺事务管理委员会作为专门保护管理机构。1962年7月，广东省人民委员会公布南华寺为第一批广东省文物保护单位。1978年，南华寺管理处成立，与曲江博物馆共同负责寺内的维修工作。广东省文化厅曾多次拨款维修南华寺大雄宝殿、藏经阁、灵照塔、钟鼓楼。1980年，香港佛教人士捐款重修六祖殿，修复六祖惠能等真身塑像。1983年、1984年，先后修缮方丈室和海会塔。1986年，曲江县人民政府拨款维修曹溪山门。1999年，修葺南华禅寺东西两厢危房，重修伽蓝殿、祖师殿、斋堂、上客房、僧寮等，修建虚云和尚舍利塔和惟因和尚舍利塔，恢复曹溪佛学院。1994年，广东省人民政府划定南华寺的保护范

围和建设控制地带。2001年6月25日，南华寺被国务院公布为第五批全国重点文物保护单位，编号5-0370-3-176。2012年，编制《南华寺保护规划》，并获得国家文物局批复同意。2004年8月，韶关市文化广电新闻出版局建立南华寺全国重点文物保护单位记录档案，同时由曲江县文化广电新闻出版局备份保管。

**寿县清真寺** 是明至清代伊斯兰教寺院，是华东地区保存较完整且表现不同风格的伊斯兰教建筑，位于安徽省寿县寿春镇西大街清真寺巷南端西侧。

寿县清真寺旧称礼拜寺、回教堂，建于明代，历经多次重修。据清光绪版《寿州志》载："清真寺在城内留犊坊，康熙年间建。"1981年，维修寺院时，发现两块藏于殿顶的纪年砖，铭文一为"明天启年建，道光年重修"，一为"光绪年重修"。1986年，大殿大修时，又在瓦椽上发现有墨书"民国二十九年（1940年）修"字样。

寿县清真寺建筑群坐西向东，中轴线上为三进重院。院落东西长128米，南北宽44米，占地面积5632平方米，有各式房屋40余间。从正门至正殿月台前中轴线上，有宽约3米的砖石铺砌步道。由东向西，一进正门为大中门，面阔三间，前有内廊，设有栅栏和栅门，两侧设偏门，前院无厢房。二进正屋为二门，面阔三间，两侧亦设偏门。中院，南北两侧设有厢房，北厢房西接"筛海洞"。近月台处步道两侧有5株古银杏树，参天蔽日。三进正殿为无像宝殿即礼拜殿，殿前设宽广的月台。后院由无像宝殿环以垣墙组成。

寺内建筑主要采用当地汉族传统建筑结

清真寺无像宝殿

构形式。大中门、二门、中院南北厢房均为硬山顶、砖瓦粉脊，大中门、二门比较高大，两侧的偏门小而低矮；南北厢房稍矮。无像宝殿，重檐歇山顶，面阔五间19.3米，进深七间31.8米，高13.64米。四周设廊，立有石廊柱。殿之正面（东面）通设槅扇门，两侧面则各开券门五道。该殿由前后明清两代建筑组成，檐口采用勾连搭式衔接。殿内明柱50根，

清真寺无像宝殿

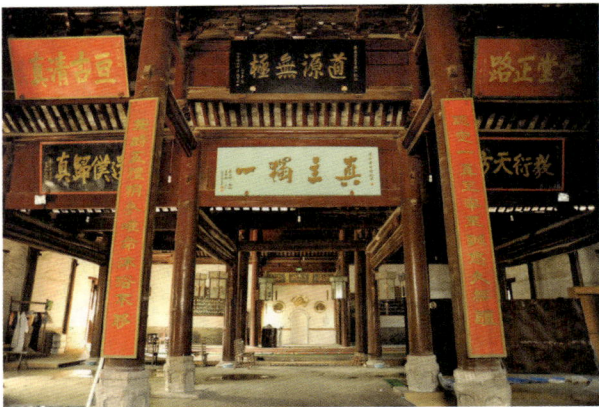
清真寺无像宝殿内部全景

内涵49间半，面积936平方米。结构、雕饰均具有明代建筑的特点。南北面观，檐飞角翘，璧合珠联；东西向望，壮阔雄伟，浑然一体。无相宝殿的前后两部分规模大致相同，做法略有区别。前殿（东部）侧廊稍宽，推测为建后扩建或重修所致。廊柱均为石造，前殿明次间四柱均为八角，角柱及两侧廊柱为四面梅花柱；后殿（西部）廊柱、角柱均作四方切角，柱高4.2米，边长0.35米。前殿侧廊枋上置垫木2块，上刻回纹；后殿枋上作花垫板，上刻卷草纹。正面柱上仅设坐斗、无拱，斗上直接架抱头梁，上置挑檐檩，重檐作三跳，下昂斗拱三朵，偷心造，角梁下立撑木，撑木中部雕莲瓣纹。宝殿的南、北两侧券门上施水磨青砖门罩，做法简洁，仅额材两头及枋柱交接处施雕，其余券门则为磨砖对缝线脚。券眉施四方球形雕饰。后殿券眉雕卷草纹样，构图、技法较前殿精湛。材额上亮花垫板的构造亦较前殿复杂，后殿做法显见明代痕迹。前殿柱础为清代，墩饰较精细。正面廊柱用鼓墩式，上下刻莲瓣，底座刻蔓草纹；金柱用四、六柱墩，下设鼎座，各面刻植物纹样；殿顶覆灰筒瓦，戗脊雕蔓草纹，上置脊兽（已毁）山花作直棂板

状，博风板紧贴其上，上施如意卷草垂鱼。梁架简洁，前后双步中点立柱作重檐，侧檐做法亦同，重檐檐步，底层廊步设穿插材，内槽大梁设随梁枋，月梁底部挖槽，蜀柱置抱梁云。殿内旧时悬有清康熙至宣统年间赐匾20余方，已不存。

寺内设有南北讲经堂和中文务本小学，曾设有阿文大、中、小学，是安徽省伊斯兰教的最高学府，与河南开封大寺并称。民国时期著名的阿訇王敬斋曾主持该寺，寺内存有清乾隆至光绪年间碑刻20方，记载义民捐施事项。

寿县清真寺古建筑群，有明确纪年和清晰的修缮历史，独特门向方位，勾连搭式的建筑结构，中西文化元素融合的砖雕、木雕和石雕构件，正史无载的历史文化信息等多方面都具有重要的学术价值和艺术价值。《中国伊斯兰教建筑》一书称之为"国内较为少见的巨大华丽的伊斯兰教建筑"。清真寺布局按照回族宗教功能分布，建筑风格选用汉族的建筑风格，为研究地域宗教历史、回汉文化的交融以及古代建造思想、技术、形制的变迁提供极为重要的实物资料。清真寺成为寿县历史文化资源的重要组成部分，是寿县地区伊斯兰教建筑标志和文化载体，是宗教活动、休闲、娱乐和历史、文物、文化等知识教育的重要空间。

寿县清真寺由寿县清真寺管委会负责保护管理，县文物局负责监管和业务指导。1986年7月，安徽省人民政府公布寿县清真寺为第二批省级文物保护单位。1992年，安徽省文物事业管理局、安徽省城乡建设环境保护厅印发《关于公布安徽省第一、二、三批省级文物保护单位的保护范围及建设控制地带的通知》，

划定寿县清真寺的保护范围和建设控制地带。1995~1996年，国家拨款对清真寺进行整体维修。2000~2009年，实施清真寺维修和改造等工程。2013年3月5日，寿县清真寺被国务院公布为第七批全国重点文物保护单位，编号7-0048-1-048。2013年，建立寿县清真寺全国重点文物保护单位记录档案，保存于寿县文物局。

千佛庵 又名小西天，是始建于明代的佛教寺院，位于山西省隰县城西里许凤凰山巅。

千佛庵始建于明崇祯七年（1634年），由东明禅师主持兴建，清代各朝多次修补。据庙碑以及大雄宝殿明间脊檩下皮和琉璃脊刹背面题记记载，千佛庵由东明禅师（法号"道亮"）始建于明崇祯二年（1629年），崇祯十七年（1644年）主要建筑告竣。清顺治十三年（1656年），悬塑落成，寺院初具规模。康熙二十五年（1686年）、四十五年（1706年）、雍正十三年（1735年）、乾隆十八年（1753年）、道光十年（1830年）、咸丰六年（1856年）、光绪二十六年（1900年）及民国时期屡有修建，始呈今日规模。

千佛庵坐西朝东，有山门二重，布局分为上、下两院。上院主要建筑为大雄宝殿，左右为文殊、普贤二配殿，两侧有北极殿、马王祠；下院有无量殿、韦驮殿、摩云阁、八卦亭及钟鼓二楼。千佛庵分布于有限的空间内，面积1100余平方米。建筑借山布景，据险而筑，高低有别，错落有致。

山门砖券拱洞，石匾题额"小西天"。拱洞长20余米，沿蹬道向上为第二道山门，额题"道入西天"，由此北转，进入小西天主院

千佛庵无量殿与大雄宝殿

千佛庵大雄宝殿塑像

落。无量殿，砖结构无梁殿，面阔五间，前檐辟为砖券拱形门窗。单檐悬山布灰筒坂瓦顶，蓝色琉璃剪边，砖雕狮驼殿亭、宝瓶脊刹。殿内后部券以洞龛，明间券龛上部木雕华丽的天宫楼阁，龛内分别为三世佛与文殊、普贤菩萨塑像五尊，铁铸鎏金，结跏趺坐于束腰须弥座上，塑造精巧细腻。韦陀殿为砖结构，一间见方，额枋仿木构砖雕花卉、垂莲柱，檐下斗拱三朵，五踩重昂，蚂蚱形耍头。悬山布灰筒瓦顶，砖雕龙吻、宝瓶。大雄宝殿又名千佛庵，为小西天的主体建筑，位于凤尾的最高点上。运用院落间的不同高差，无量殿顶成为大雄宝殿前一个相对宽敞的活动平台，同时大雄宝殿的位置避开殿基荷载直接分布于无梁殿顶之上，古代匠师科学、合理、创造性地利用十分有限的自然空间。大殿建在高0.7米的台基上，面阔五间15.1米，进深六椽13.3米，前檐插廊（进深一椽）。外檐斗拱一斗二升交麻叶，补间斗拱耍头为卷云龙状。梁架结构简明，彻上露明造，五架梁对前后单步梁用四柱式，五架梁、三架梁叠架，上施蜀柱、叉手、雕花驼峰共承脊檩。脊檩下皮墨书题记"时崇祯十七年岁次"等字。单檐悬山布灰筒坂瓦顶，举折陡峻，屋面曲线轻巧。大殿两侧建文殊殿和普贤殿两座配殿，面阔三间，进深四椽，前插廊式，柱头科、平身科斗拱均为一斗三升式，出蚂蚱头或卷云头。悬山布灰瓦顶，砖雕脊刹、仙人、吻兽十分精美。

大雄宝殿因其中塑像丰富而得名。殿内塑像以佛教西方弥陀净土极乐世界为题材，五座天宫楼阁象征须弥山，其中的泥塑使"极乐世界"的含义具体化。通间佛坛上自南至北主佛像彩塑五尊，并以每尊佛像为核心，与胁侍菩萨、悬塑天宫楼阁及佛国人物、琼楼玉宇、廊庑栈道、勾栏平座形成辉煌富丽的佛国世界，即"三大师宫""弥陀内院""七佛宝宫""毗卢内院""弥勒内院"。两山面侍立姿态各异的十大弟子，身后槅扇门内有小沙弥张望或侍奉。三大师宫供奉文殊、普贤与观音菩萨"三大士"；弥陀内院奉西方极乐世界教主阿弥陀佛，观音、大势至菩萨胁侍，即"西方三圣"；七佛宝宫奉释迦佛及其前世六佛，即毗婆尸佛、尸弃佛、毗舍婆佛、拘留孙佛、拘那含牟尼佛和迦叶佛；毗卢内院奉法身毗卢遮那佛；弥勒内院奉未来弥勒佛。五尊主像上方前部为三层十字歇山顶层楼，雕花门饰以垂莲柱，镏金斗拱十一踩，分别为"极乐世界""西方圣境""金色世界"等主题。层

千佛庵普贤菩萨殿

楼内或有乐队伴奏、乐伎歌舞，或有力士挥舞双剑，天王、罗汉、弟子、菩萨各具神态，比例适度，其间以波浪翻滚、莲花欲放、琼楼玉宇的景致，将不同画面连贯为一个整体。歇山顶，檐下九踩镏金斗拱密致，翼角起翘，与悬塑融为一体。大雄宝殿内满堂木骨泥质造像，计1030余尊，最大者高3.2米，最小者仅如手指大小。人物多贴金敷彩，用黄金总计7千克，其他雕塑多施暖色，如朱红、石绿、赭石等，形成金碧辉煌、富丽光鲜、精美绝伦的佛国极乐世界。小西天大雄宝殿彩塑、彩绘突破了程式化的桎梏，通过佛教主题寄托人们对现实生活的希冀，技艺高超，和谐中富于变化，恢宏中不失精妙，可谓明清时期难得的雕塑艺术、建筑艺术和历史文化珍存。

1979年12月14日，成立小西天（千佛庵）文物管理所，负责小西天（千佛庵）日常管理与安全保卫工作。1981～1985年，修建小西天人工湖、排洪渠，维修观音阁、文殊殿、地藏殿、藏经舍，新建"道入西天"门。1986～1988年，进行千佛庵北坡、南坡护坡加固工程。1986年8月16日，山西省人民政府公布小西天为省级文物保护单位。1990年，山西省古建筑保护研究所对大雄宝殿进行实地勘测，并修订维修设计方案，1992年，国家文物局拨款对大雄宝殿落架大修，次年工程告竣。1996年11月20日，千佛庵被国务院公布为第四批全国重点文物保护单位，编号4-0134-3-056。山西省文物局和山西省建设厅对千佛庵的保护范围及建设控制地带进行专门划定，并报山西省人民政府审核。2002年8月27日，山西省人民政府审核批准，印发《关于公布太

原晋阳古城遗址等102处全国重点文物保护单位保护范围的通知》，公布千佛庵的保护范围和建设控制地带。千佛庵全国重点文物保护单位记录档案保存于山西省古建筑保护研究所。2011年，国家文物局批准千佛庵护坡加固项目立项。2012年，国家文物局批准千佛庵塑像保护方案。2013年，国家文物局批准千佛庵保护规划项目、千佛庵彩塑数字化项目及隰县千佛庵消防项目立项。同年，山西省文物局批准千佛庵护坡加固方案、隰县千佛庵消防项目方案，工程于2014年3月开工，11月竣工，2015年通过验收。2014年，国家文物局批准千佛庵保护规划。

**南岳庙**  是南岳之神享祀的主庙，是中国南方规模最大、总体布局最完整的宫殿式古建筑群之一，位于湖南省衡阳市南岳区南岳镇北正街，衡山72峰之一的赤帝峰南麓。

南岳庙始建年代不详。唐天复二年（902年）道士李冲昭所著《南岳小录》中记载："南岳有司天王庙，原在祝融峰顶，隋代移于山下。"据此知南岳庙应至少在隋代即已存在。唐开元十三年（725年），唐玄宗下诏建南岳真君祠；开元十五年（727年），南岳庙受特大火灾，后陆续修复。南宋绍兴二十五年（1155年），正殿被火烧毁，后重修，稍复旧观。元至元二十三年（1286年），朝廷下诏重修南岳庙；至元二十八年（1291年），加封南岳司天昭圣帝；至正八年（1348年）全面翻修，历时两年。明正统七年（1442年）、成化六年（1470年）、嘉靖二十一年（1542年），经3次较大重修。清顺治五年（1648年）火灾后受损，康熙四十四年（1705年）修复。此后，历雍正、乾隆、嘉庆、同治、光绪，代有修葺。其中光绪五年（1879年）整修全庙，为建庙以来规模最大的一次重修。自清代开始，庙东、西两侧分别建起一组道观和寺庙，与南岳庙一起形成一个大规模古建筑群，整体布局至今未变。民国27年（1938年），日军飞机将正殿东前角下檐、正南门城楼、东碑亭炸毁，次年修复正殿檐角。1997年按明代官式做法重

南岳庙航拍图

南岳庙御碑亭

南岳庙圣帝殿

建正南门城楼。

南岳庙构架雄伟,建筑形制吸收南北各方特色,独具风格。坐北朝南,占地面积76800平方米,四周红墙环绕,四隅角楼高踞。前后纵深375米,左右横宽前半截139米,后半截174米。中轴线上主体建筑由四重院落,九进建筑组成。层次分明,疏密有致。中轴建筑两侧,以内红墙为界,隔断东西两翼的八寺八观。进与进之间,主体建筑与两翼寺观之间,既自成体系各饶特点,又门通道连互为表里。中轴线上自南向北依次为棂星门、奎星阁、正南门、御碑亭、嘉应门、御书楼、圣帝殿、寝宫、北后门。

第一进棂星门。宋仁宗天圣六年(1028年)筑郊台外垣,始置棂星门。原为木构,民国21年(1932年)失火,改建为石牌楼门式。高20米,宽20米,厚1.1米,门上竖额"岳庙"二字。其下白色大理石"棂星门"横额一方,"文化大革命"中被毁,1983年重刻。

第二进奎星阁。建筑在高约2米的花岗石墙基上,清光绪八年(1882年)重建。重檐歇山顶,建筑面积139平方米。因原祀有奎星神像而得名,是湖南省保存最完好的古戏台之

一。藻井内有一条木雕盘龙,故俗称盘龙亭。下层台基有"十"字通道,正中通连前后,左右通连东西钟鼓亭。整座阁楼,背靠前门,立有一对白色大理石雕麒麟。戏台面朝正殿,两侧有雕花槅扇。

第三进正南门。为城楼式建筑。城台上是重檐歇山城楼,两侧各有石磴登临,面积570平方米。

第四进御碑亭。八角重檐歇山式建筑,上檐施一斗三升斗拱,重檐彩绘,红柱雕栏。亭周为四面红墙,四方各开一拱门。亭中立清康熙皇帝于康熙四十七年(1708年)撰写的《重修南岳庙记》青石碑1块,全文297字。整碑高6.6米,碑座为大青石赑屃,长3.2米,宽2米。

第五进嘉应门。七间单檐歇山式建筑,阔36.9米,深16米,高18米。两侧东、西角门,面阔三间,进深两间,单檐悬山式建筑,其中部分斗拱存宋构特征。嘉应门与东角门间竖立有清代张凤枝、卞宝第所撰《重修岳庙记》两块碑刻。

第六进御书楼。重檐歇山式建筑,面阔七间30米,进深六间20米,高15米,四周回廊,环以木栏。檐下设如意斗拱,形制奇特,七踩

三翘，为中国古代斗拱的特例。楼正面悬"御书楼"匾额一方，为霍松林书。

第七进圣帝殿。重建于清光绪五年（1879年），是南岳庙的主体建筑。面阔九间53.68米，进深七间34.84米，重檐歇山式建筑，高31.11米，面积1877平方米，建筑在一座高2米面积2300平方米的花岗石台基上，保留宋代工字殿的形制。前有月台、御道，围以白色大理石栏板。全殿由72根花岗石圆柱支撑，寓意南岳72峰。其中正殿前面突出的两根檐柱，是整块花岗石凿成，高6米。计回廊四周外围槽柱30根，各周长2.5米；殿内40根，各周长3.05米。石柱上叠木梁、木柱，联以斗拱，施以丹青彩绘。檐下木枋雀替间雕刻人物故事，屋面覆黄色筒瓦。

第八进寝宫。又称谨身殿、后殿，俗称圣公圣母殿，塑有圣帝和景明皇后像。始建于宋大中祥符五年（1012年），清同治四年（1865年）重建。面阔五间，进深五间，副阶周匝，重檐歇山式建筑。

第九进为北后门。是中轴线上的最终点。面阔三间，进深两间，单檐悬山式建筑。东侧有注生殿、西侧有辖神祠，均为面阔三间，进深三间，单层悬山式建筑，外有墙垣与东北、西北角楼相连。

南岳庙建筑装饰种类繁多，具有很高的艺术价值。圣帝殿后墙上的"三龙戏珠"和"丹凤朝阳"为泥塑的代表。"三龙戏珠"全长11.5米，高3米；"丹凤朝阳"全长19.5米，高3米。木雕将雕刻、敷色及贴金相结合，以圣帝殿四周雀替上的36台古典故事和奎星阁外檐挂落上的木雕最为精美。石刻以圣帝殿周围白色大理石栏板为最，共有双面浮雕石刻144块，图画288幅，故事题材源自《山海经》，造型生动，古朴奇特。瓦件、彩画、门窗、碑刻、塑像等，也呈现出不同时期的历史风貌。

民国10年（1921年）设岳庙岁修工程处。民国31年（1942年）改为岳庙保管委员会，常年驻庙办公，负责祭祀、庙产管理、建筑物修缮诸事宜。1952年设南岳管理局，下设文物股，负责南岳庙的保护管理和维修工作。1956年、1972年、1983年，南岳庙先后三次被湖南省人民政府公布为省级文物保护单位。1995～2003年，湖南省成立全面修复南岳大庙委员会，总计修缮、重建24096平方米，全面恢复南岳庙的历史原貌。2006年5月25日，南岳庙被国务院公布为第六批全国重点文物保护单位，编号6-0673-3-376。2007年，建立了南岳庙的全国重点文物保护单位记录档案。2009年，设立南岳区文物管理局，下设南岳大庙管理所，负责南岳庙文物的保护管理。2010年，《南岳庙保护规划》经国家文物局批准，湖南省人民政府颁布实施。2015年10月至2016年8月，国家文物局拨款对圣帝殿进行全面维修。

**松格嘛呢石经城和巴格嘛呢石经墙**　松格嘛呢石经城是康巴藏区重要的宗教建筑，是世界上最长的嘛呢石经墙，也是康巴藏区历史悠久，艺术价值较高的石刻艺术长廊。松格嘛呢石经城位于四川省石渠县阿日扎乡，坐落在雅砻江支流洛曲河两岸一处两山对峙的宽谷之带，距石渠县城70千米。巴格嘛呢石经墙位于四川省石渠县长沙贡马乡，距石渠县城43千米。

松格嘛呢石经城始建于11～12世纪，相传格萨尔时期，在霍岭之战中，格萨尔王军师阿柯西奔的儿子隆乌玉达和贾查兄弟绒查玛勒被格萨尔王的叔叔阿柯晁通出卖,战死在思德神山,阿柯晁通为忏悔和让死者亡灵得到安宁便在思德神山下建起嘛呢堆和白塔,当地百姓为缅怀格萨尔王及将士的功绩,纷纷前来朝觐,嘛呢堆越垒越高大,形成一座嘛呢石经城。因所在的地区藏语称"松",故当地百姓称之为"松格嘛呢"。

松格嘛呢石经城占地面积4000平方米,建筑面积3431平方米,整座城呈长方形,东西长73米,南北宽47米,城外墙高10米,城中心主体部分最高15米,城的四周外墙上布满一排排重重叠叠看似"窗口"的神龛,共有383处,其中正南面墙204处,东西墙68处,西南墙62处,北面墙49处。神龛内大多放置各种雕刻精美的彩绘、原色石刻佛像、神像和经文。石经城正面偏西位置开有一道宽1米的小门,可进入到石经城内。城内堆放着刻有各种经文和佛像的嘛呢石板,还有一处用5个依次大小的石圆圈重叠起来的地方,是石经城的中心,为城内地势最高处。石圆圈的中央有一深不见底的小洞,从小洞里能传出不同的声音。松格嘛呢石经城包括佛塔2个,小石经堆1个。佛塔建筑面积50平方米,石经堆建筑面积23平方米。

松格嘛呢石经城建于11~12世纪的石渠大草原,是英雄格萨尔王活动的主要地域。经城

巴格嘛呢石经墙全景

巴格嘛呢石经墙局部

松格嘛呢石经城全景

采用石渠独有的青石板堆砌，将寺庙建筑与石刻文化有机结合，体现了康区民族建筑的独特性，对于研究康区民族文化和石刻技艺的发展极具考古价值和历史价值。

巴格嘛呢石经墙于明崇祯十三年（1640年）由第一世巴格喇嘛桑登彭措堆建。第二世巴格喇嘛根绒活佛在原有的基础上扩建，并在此地长期举行转法轮会。第三世巴格喇嘛尼美曲吉翁波扩建嘛呢石墙，邀请降拥嵌哲翁波等大德高僧开光。第四世巴格喇嘛贡夏曲尼多吉对巴格嘛呢石经墙进行维修和扩建，在原有石墙上增加《甘珠尔》《丹珠尔》等经文内容，同时修建8座佛塔，并邀请了47座寺院的僧侣为其开光加持两次。"文化大革命"期间，巴格嘛呢石经墙后端墙体遭到破坏，嘛呢石板被用于堆砌草库。1988年，近代巴格喇嘛降村然拥活佛对巴格嘛呢墙进行全面修缮，恢复石经墙原有的风貌。

巴格嘛呢石经墙总占地面积4760平方米，全长1.7千米，墙体平均宽2～3米，高2.5～3.5米。石经墙的四周外墙布满形似"窗口"的神龛，共计568处，其中正南西墙有460处，北面墙有108处，神龛内放置各种石板刻绘，刻绘

将藏民族雕刻手工艺与汉族雕刻手工艺有机结合，形成石渠独特的雕刻艺术。整座石经墙内刻绘包括各种佛像3000多种，藏文《甘珠尔》《丹珠尔》各两部，《贤劫经》1000部，《解脱经》5000余部，还有其他数以亿计的刻有六字真言的嘛呢石板。在巴格嘛呢石经墙正南面上端向下20米处和70米处有很小的墙中墙，这两处墙中墙更显示出该石经墙的古老和久远。石经墙还包括大佛塔9个，小佛塔4个。佛塔建筑面积225平方米，石经堆建筑面积36平方米。

巴格嘛呢石经墙是一座经过历代巴格活佛、百姓的不断努力堆砌而成的奇迹，是历代巴格喇嘛不断扩建、维修的伟大功业的见证，也是350多年来石渠民族文化历史的发展见证。其独特的雕刻技艺对研究康区民族文化和艺术具有重要的考古价值和学术价值。

巴格嘛呢石经墙和松格嘛呢石经城分别于1988年、2000年对外开放。1998年巴格嘛呢石经墙被石渠县人民政府公布为县级文物保护单位后，由石渠县文化教育体育局负责管理，2003年交由石渠县文化旅游局负责管理。2004年1月16日，松格嘛呢石经城被石渠县人民政府公布为县级文物保护单位，由石渠县文化旅

游局负责管理。2006年5月25日，松格嘛呢石经城和巴格嘛呢石经墙合并被国务院公布为第六批全国重点文物保护单位，编号6-0715-3-418。2009～2010年，国家投入重点文物保护专项经费，石渠县文物主管部门启动实施松格嘛呢石经城和巴格嘛呢石经墙局部维修加固和周边环境整治。2014年，甘孜州文物局建立松格嘛呢石经城、巴格嘛呢石经墙的全国重点文物保护单位记录档案。同年，四川省人民政府印发《关于公布四川省全国重点文物保护单位和省级文物保护单位保护范围的通知》，划定松格嘛呢石经城、巴格嘛呢石经墙的保护范围和建筑控制地带。2016年，国家文物局立项，启动编制松格嘛呢石经城和巴格嘛呢石经墙保护规划。

**洪水泉清真寺**　是青海东部重要的伊斯兰教寺院建筑，位于青海省海东市平安区洪水泉回族乡洪水泉村。

洪水泉清真寺的确切修建年代和历史沿革，缺乏相关的历史文献记载，尚不清楚。据民间口传和诗文分析，寺院始建于明永乐二年（1404年），始建时仅在大院西南建有简易礼拜房屋共9间，俗称下尕寺，后经历史上5次扩

洪水泉清真寺山门

建形成遗存规模，其中以清乾隆年间修建规模较大。

洪水泉清真寺围墙东西最长处约65米，南北最长处约45米。现存文物建筑有影壁、山门、邦克楼、礼拜殿、照壁（2处、与围墙同体）、经学堂、邦克楼南、北侧门、围墙（3段）。院内主体建筑礼拜殿和邦克楼在中轴线上东西排列，形成不完全规整的两进院落，邦克楼与南侧山门、经学堂、东围墙组成前院，礼拜殿与北西南三侧围墙组成后院，礼拜殿北由水塘、厨房等现代建筑形成类似偏院。寺院东西围墙各镶嵌照壁，照壁成围墙的一部分。山门外是一庑殿顶的大式青砖一字影壁，院外东侧是寺院广场，寺院总占地面积4500余平方米。

礼拜殿为寺院核心建筑，坐西朝东，属前大殿后窑殿形式，前廊顶部做内卷棚，后窑殿前承大殿，为重檐歇山顶十字脊。面阔五间，进深九间，前出廊；仅东向开门，其余三向被砖墙封闭；五开六抹双扇门，屋脊为镂空琉璃砖花脊与宝瓶；大木作，明、次间缝上中央用七步梁，形成人字坡顶棚。礼拜殿装修十分华丽，卷棚左右廊心墙以水磨青砖干摆作底，上雕四扇屏式样的砖雕，外接八字影壁，砖雕题材丰富。后窑殿面阔三间，进深三间，突出于大殿之后，四周采用大量木雕工艺装饰，且安装有楼堂殿宇式模型建筑，屋檐花草、槅扇门窗、围栏走廊等，制作精巧，俨然是一座木雕艺术的殿堂。内部有壁画，殿顶中间有用木条嵌成、俗称天落伞的一座八角藻井；下部格心雕刻2首阿文诗词、4首汉语诗词及"三潭印月""雷峰塔"及松柏沧海、仙山楼阁等南方景色；裙板雕刻24个不同篆体的"寿"字，下

洪水泉清真寺全景

须弥座也雕有"暗八仙""琴棋书画"等纹样；西面正中为圣龛，边缘雕刻卷草纹饰，后窑殿的整个室内装修全为木材本色，不施油漆彩绘。邦克楼坐落在山门北的方形台基上，坐西朝东，是一座三层三重檐六角攒尖顶木结构的塔式建筑，各层均采用七踩斗拱，有外廊环绕。底层平面略呈矩形，面阔三间，进深两间，二、三层呈六角形，金柱之间设华丽的棂子门窗，檐柱之间环绕平座腰檐，上覆六角盔形攒尖顶。有两根直径约40厘米的通天巨柱支撑直插三层，起到楼体的稳固作用，二层檐柱均为一层到二层的通柱，二层金柱由两个大通柱和四个垂柱组成，二层金柱通到三层变为檐柱，三层另加六根金柱。底层四周墙体用水磨

礼拜殿

礼拜殿斗拱、花草

青砖砌成，严丝对缝，东西正中各开有一门。山门是寺院唯一出入口，位于寺院东南角，坐北朝南，面阔三间，进深三间，前出廊，后带厅，歇山顶。前廊金柱三间均为大门，梁架均由抱头梁挑起垂柱支持单步梁和三架梁，无大梁；顶棚全用短横木交错攒架，平板枋上一圈均为七踩斗拱，山门两侧作一砖砌"八"字屏墙。照壁位于寺院东南主入口正南，临崖而建，"一"字形平面，青砖砌成，庑殿顶，由基座、墙身、屋顶三部分组成。基座有上下两层花版，似为重台，满布花纹；墙身两端立砖墩以为倚柱，下设雕刻精美的须弥座，两柱中夹一框；屋顶由青砖雕成枋、椽、斗拱、滴水、瓦当等仿木构件。礼拜殿正西照壁位于东围墙之中，青砖砌筑，庑殿顶，由基座、墙身和屋顶三部分组成。基座以条砖横向铺砌而成，墙身于条砖铺砌的柱墩之间，又以方形水磨砖斜向干摆出光滑平整的墙面，四角与中央分别设砖雕装饰图案；中央图案略有差别，正面中央砖雕蛇纹图案，背面中央则砖雕梅花图案。屋顶无斗拱，以条砖铺砌出墙帽。邦克楼正东照壁位于西围墙之中，青砖砌筑，双坡硬山顶，由基座、墙身和屋顶三部分组成。基座于条砖铺筑的柱墩之间，砌筑成须弥座形态；墙身于条砖铺筑的柱墩之间，以方形水磨砖斜向干摆出光滑平整的墙面，四角与中央分别设砖雕装饰图案；屋顶斗拱、椽子等均为砖砌。东立面呈现为墙身和屋顶两部分，墙身全部为条砖横向铺砌，无雕刻。学房原建筑位于礼拜殿北侧，面阔三间、前带廊、平顶建筑。"文化大革命"时期被毁。遗存建筑系用寺院（碑亭）所拆的木料修复重建，位于邦克楼北侧，

邦克楼

面阔十间，上下两层，带前廊，硬山顶。

中华人民共和国成立前，洪水泉清真寺隶属于湟中县。1958年9月25日，宗教制度改革，寺院关闭。1961年9月，洪水泉人民公社成立，办公地点在寺院内。1966年，寺院内碑亭被拆除，寺院关闭，礼拜殿用作公社粮仓。1979年，洪水泉清真寺隶属于平安县。1982年，第

邦克楼屋檐斗拱

二次文物普查对洪水泉清真寺古建筑正式做登录。1986初，青海省文物管理处对洪水泉清真寺进行复查和资料录入。同年5月27日，洪水泉清真寺被青海省人民政府公布为第四批省级文物保护单位，由平安县文物管理所兼管。2005年5月，平安县文物管理所聘请青海省文物考古研究所对洪水泉清真寺进行测量绘图工作。2009年，洪水泉清真寺文物管理所成立。同年，青海省文化和新闻出版厅、青海省住房和城乡建设厅公布洪水泉清真寺保护范围和建设控制地带。2013年3月5日，洪水泉清真寺被国务院公布为第七批全国重点文物保护单位，编号7-1470-3-768。2014年，编制完成《洪水泉清真寺保护维修设计方案》，2015年1月通过国家文物局审批，2016年4月工程开始施工。2016年，根据《洪水泉清真寺文物保护规划》，调整洪水泉清真寺保护范围和建设控制地带。2015年，西宁市乐都区文物管理所组织建立洪水泉清真寺全国重点文物保护单位档案。

**沙溪兴教寺** 是云南省保存年代最早、最完整的明代木构建筑和佛教密宗寺庙建筑群，位于云南省剑川县沙溪镇寺登街区。

沙溪兴教寺始建于明永乐十三年（1415

沙溪兴教寺大门

年）。据鹤庆城西坪明宣德三年（1428年）《故世守鹤庆知府高侯行状墓碑志》载，永乐十一年（1413年）鹤庆知府高兴发动剑川十家土司捐资兴建兴教寺，因工程庞大，仅建成大雄宝殿、天王殿（包括大殿和二殿）。明嘉靖十一年（1532年），兴教寺门楼及南北厢房建成，兴教寺形成一进两院的建筑格局。清乾隆十四年（1749年），兴教寺门楼内新建设观音楼，兴教寺形成一进三院的建筑格局。清嘉庆年间，在兴教寺东面新建戏台，与兴教寺寺门、观音楼、中殿、大殿在一条中轴线上，整个兴教寺的风貌完全形成。清同治、咸丰年间，因战事引发火灾，大殿、中殿幸免于难。清光绪四年（1878年），重修寺登街古戏台。清光绪十六年（1890年），重建兴教寺牌坊式门楼。光绪二十年（1894年），重建兴教寺观音楼。民国11年（1922年），因匪祸，兴教寺门楼及观音楼被纵火烧毁。1952～1954年，重建兴教寺门楼、观音楼，增建中殿南北厢房。

兴教寺占地面积6240平方米，为一进三院建筑格局。第一院落为门楼、南厢房、天井、观音楼、北厢房；第二院落为中殿、南北厢房；第三院落为大殿、南北厢房及偏院组成。山门对面戏台始建于光绪四年（1878年），坐东朝西。大殿、中殿、观音楼、寺门、戏台建在一条中轴线上，东西相距120米，南北相距52米。遗存大殿、中殿及戏台。大殿又称万佛殿，坐西向东，单层木构建筑，通面阔五间18米，通进深五间14.5米，四面回廊。抬梁式结构，重檐歇山顶，斗拱置于普拍枋之上，斗拱结构古朴，梁柱肥硕大方，下檐翼角飞翘，具明代建筑特色。殿壁四周里外两面满绘重彩描

沙溪兴教寺大殿

金的佛教壁画，为明代永乐十五年（1417年）沙溪甸头禾村人白族绘画大师张宝所绘。仅存20幅。"南天降魔释迦如来图"位于大殿明间正门楣上端，是兴教寺中保存最为完好且较大的一幅壁画。"大日如来和阿难迦叶图""佛弟子阿难图""佛弟子迦叶图""东方阿閦佛""罗迦大佛母""炽盛金轮佛""毗卢遮那佛""太子游苑图"等均为大理白族历史上密宗阿吒力教的内容，极具地方文化特色。造型生动，线条精美，是云南最早的佛教密宗壁画。中殿，又称天王殿，坐西向东，单层木构建筑，通面阔五间19米，通进深五间16.5米，前后出廊。抬梁式木结构，单檐悬山顶，殿宇结构多梁多柱，柱46棵，每间13架梁。戏台为三层木结构建筑，平面呈方形，边长8.6米，高13.5米。系魁阁带戏台重檐楼阁，上层是魁

沙溪兴教寺中殿

沙溪兴教寺观音楼

星阁、中层是戏台、下层是商铺。穿斗式木结构，重檐歇山顶，中层的两边向南北西侧挑出出角的檐厦，使得整座建筑呈现出层层叠叠的面貌，从广场向上观看，戏台竟有14个飞角翘然高挑，有振翅欲飞的动感。

兴教寺及寺门外街坊和戏台，是寺登村的主要公共活动场所，是滇藏茶马古道上唯一幸存的古集市，整个建筑格局体现宗教性与民俗性紧密结合的特征，融汇儒教、佛教、道教三教合流的中国传统文化，完整地保留了古集市、寺庙及戏台的历史风貌。兴教寺是中国唯一遗存的研究白族佛教密宗阿吒力在明代流行情况的历史实物依据。兴教寺遗存的大殿、中殿，绝大多数构件为原件，保存完好，是剑川白族工匠在学习汉式建筑基础上大胆发展创新的结果。

1952年以前，沙溪兴教寺由寺内的僧侣承担管理。1952年起，以沙溪中心校、沙溪乡政府和石钟山石窟文物保护所共同管理保护兴教寺（1988年，剑川县文物管理所成立，由县文管所管理）。1954年，云南省文物管理委员会翻修大殿屋顶。"文化大革命"期间，殿内佛像、殿上历代匾联、殿顶脊带几乎全部捣毁，壁画也局部被毁。1980年，云南省文化局美影室派员将残存的壁画临摹了7幅共3套。一套存云南省美术学院，一套存大理州博物馆，一套存剑川县文化馆。1987年，兴教寺被云南省人民政府公布为第三批省级文物保护单位。1990年、1994年，剑川县文管所先后实施兴教寺大殿揭顶维修和二殿揭顶维修工程。1997年，云南省人民政府转发省文化厅《关于云南省国家级和省级文物保护单位保护范围和

建设控制地带划定方案的通知》，划定兴教寺的保护范围和建设控制地带。2006年5月25日，兴教寺被国务院公布为第六批全国重点文物保护单位，编号6-0754-3-457。2002年，剑川县人民政府同瑞士联邦理工大学开展合作。2003～2010年，中瑞合作先后完成兴教寺二殿、大殿和戏台的修缮，重建兴教寺大门，试验性修复2幅壁画。2009年和2012年，国家文物局先后投入资金完成兴教寺三防工程，修缮兴教寺厢房。

**南堂** 俗称宣武门教堂，是北京城区最古老的天主教堂，亦是北京四大天主教堂之一，位于北京市西城区西长安街街道前门西大街141号。

南堂俗称宣武门教堂，又因地处北京城南，与北堂遥相呼应，故称为南堂。南堂前身为明神宗皇帝批给来华耶稣会士的住地。意大利籍耶稣会士利玛窦（1552～1610年）到京后在此地居住。利玛窦以黄金五百两买下住地旁的"首善书院"（原为明东林讲学之所），作为私人祈祷所，规模很小，只在醒目位置安放一座十字架以示其天主教堂的身份。明万历三十三年（1605年），利玛窦将其改建成一座小礼拜堂。清顺治七年（1650年），日耳曼籍耶稣会士汤若望（1591～1666年）将其建成一座大的文艺复兴式教堂。同时在西侧建神父住宅、天文台、藏书楼和仪器馆，在教堂的顶端树4米高的铁十字架。教堂竣工后，汤若望立碑记其事（此碑仍留在圣堂两侧）。清顺治九年（1652年）、十四年（1657年），顺治帝先后御笔亲书"钦崇天道"匾额、"通玄佳境"（后为避康熙皇帝玄烨之讳，改"玄"

为"微",而成"通微佳境")御制天主堂碑铭。清康熙五年（1666年），汤若望去世，比利时耶稣会士南怀仁接手。康熙十四年（1675年），康熙帝两次亲临南堂，回朝后为南堂御笔"万有真源"匾额和"敬天"匾额，命悬挂于南堂内。康熙二十九年（1690年），成立北京教区，任命意大利籍会士伊大仁（又名康和之）为主教，南堂作为主教府。康熙四十二年（1703年），康熙赐银重修，改之为西洋风格。康熙五十九年（1720年），南堂于京师地震中损毁。次年以葡王斐迪南三世之款第二次重建南堂，重建后的南堂采用当时在欧洲非常流行的巴洛克式建筑风格，教堂屋顶做穹隆状。雍正八年（1730年）京师地震，南堂受损，后第三次重建。乾隆四十年（1775年）南堂不幸毁于火灾，原顺治帝和康熙帝为南堂御书的匾额及对联全部被烧毁。乾隆帝赐银一万两，饬令将天主堂照康熙朝旧例重建。

圣母山

所有匾额和对联由乾隆亲笔御题，完全恢复旧观。道光十八年（1838年），清政府取缔天主教在华的一切活动，南堂被关闭，直到第二次鸦片战争结束后才将教堂发还。咸丰十年（1860年）南堂重修，并由北京孟主教重新开堂。光绪二十六年（1900年）6月14日，南堂在义和团运动中被焚，光绪二十八至三十年（1902～1904年），南堂第五次重建。

南堂坐北朝南，由东、西两组院落构成。

南堂东院大门

建筑面积约1300平方米，附属建筑约400平方米。中式大门面阔三间，进深七间，前后出廊，过垄脊覆灰筒瓦，铃铛排山脊。明间实榻大门两扇，中槛置门簪四枚，阶条石铺地，两次间为值房，前檐柱装修卷草纹雀替。两侧有倒座房共五间，东三西二，硬山顶花瓦脊，干槎瓦屋面。院内迎门设影壁1座，东侧有叠石堆砌的圣母山1座，正中立有圣母玛利亚雕像1尊。过北侧券门二进院内有北房11间，西房9间，过垄脊合瓦屋面，前出廊，是神职人员起居用房。过圣母山东侧的拱券门，为东跨院。东跨院是教堂的主体院落。南侧有一西洋式门楼，半圆形拱券门，两侧砖壁柱装饰，上承托双层檐口，顶部饰以十字架。此门只在举行重大宗教活动时打开，以疏导人流。教堂前有长方形的月台，两侧置2块残损的碑石，碑刻文字已斑驳不清。据《日下旧闻考》载，教堂东

侧《御制天主堂碑记》是清顺治十四年（1657年）二月立，是顺治帝御书。教堂西侧碑载述利玛窦和汤若望两人的事迹及建堂的历史。主堂建筑仿西洋古典主义风格，坐北朝南，南北长39.30米，东西最宽处24米，砖木结构，通体磨砖对缝。该建筑平面略呈长方形，南立面三间，北侧钟楼部分内缩为一间，东西两侧立面各十二间。顶部为木制三角桁架，上覆灰筒瓦。主立面（南向）用四根砖壁柱把立面分为三间，柱础为中式须弥座式，柱头以西洋式涡卷、草叶装饰。首层明间入口处为拱券门，两侧为砖壁柱承托双层冰盘檐，上置巴洛克弧形山花，正中雕饰十字架。券肩、檐口、山花内部雕以中式卷草、花卉图案。次间入口与明间大门形式相同，仅是开间略小。中层每间开一拱券窗，外置雕花窗套，次间券窗稍低，也略小于明间，其上方腰檐部分置冰盘檐口，内部

南堂侧立面

南堂券窗

南堂内部

雕饰中式卷草、花卉图案。上层为三角山花部分，两次间用巴洛克曲线雕饰。明间下部雕有瑞兽、海水、五星、卷草等中西合璧的图案。上部两侧用巴洛克曲线装饰，中间雕饰圆形宗教徽记，顶部安装十字架。

南堂有400多年历史。它是基督教在北京建立的第一座教堂，成为北京历史最为悠久的基督教堂，对于传播西方近代科学和促进中西文化的融合，起到过积极作用。这也是北京近代史及基督教文化的重要组成部分。南堂是北京除西什库教堂外，建筑规模最为宏大的教堂建筑。南堂历经5次重修，建筑形式由中国传统宅院式向西洋式风格转化，最终形成近代折中主义巴洛克形式。

南堂作为天主教北京教区的主教堂，也是天主教北京教区主教府和北京市天主教爱国会的所在地。1979年8月21日，南堂被北京市人民政府公布为第二批市级文物保护单位。

1984年，北京市人民政府批转北京市规划局、北京市文物局《关于第一批划定六十项文物保护单位的保护范围及建设控制地带的报告的通知》，划定公布南堂的保护范围及建控地带。1996年11月20日，南堂被国务院公布为第四批全国重点文物保护单位，编号4-0165-3-087。1999年5月19日，对南堂进行抢险养护施工。2006年4月，由北京市古代建筑研究所设立南堂全国重点文物保护单位记录档案。2013年，南堂整体修缮工程实施。

**宝光寺** 是四川著名禅寺，为清朝以来中国南方"四大佛教丛林"之一，位于四川省成都市新都区宝光街81号。

宝光寺相传建于东汉，初名大石寺。从宝光寺"寺塔一体、塔距中心"这一中国早期佛寺的典型布局判断，寺最迟建于隋代。唐开元二十九年（741年）即名宝光寺，寺中有塔叫宝光塔。中和元年（881年），黄巢起义军攻破长安，唐僖宗南逃入蜀，驻跸于此，迎请高僧知玄（悟达国师）到新都，重修宝光塔，扩建宝光寺。宋时宝光寺香火极盛，僧侣达3000之众。元代，寺庙一度残破。明正德年间（1506～1521年）宝光寺由杨廷和与状元杨升庵父子捐资培修。明末宝光寺毁于战乱。清朝康熙九年（1670年），笑宗禅师在原来基础上重修殿宇，此后不断培修和扩建，至清咸丰年间，奠定遗存规模。

宝光寺坐北向南，寺院规模宏大、布局严谨，占地10万平方米，建筑面积2.7万平方米。宝光寺的布局设施展示了中国佛教禅宗寺院的完整风貌。

寺内遗存有一塔、二坊、三楼、五殿和十六庭院，大部分为清代重建。从山门外福字照壁起山门殿、天王殿、舍利塔、七佛殿、大雄殿、藏经楼、紫霞山依次而立，并以它为中轴线，旁边有钟鼓楼、二牌坊、左右廊庑、东西方丈对称，显示出中国古代宫殿式建筑的庄严、雄伟和整齐。殿堂内泥塑菩萨佛像，屋脊上的陶制宝珠垂兽细致精巧，形态逼真，反映出古代工匠的高度艺术成就。

山门殿建于清道光十五年（1835年），单檐悬山式，中开一门，旁开二门，"宝光禅院"金字石匾嵌在中门上方。山门内两侧龛中各塑一尊执金刚杵护持佛法的天神叫金刚力士。山门内有地方名人杨廷和、杨升庵父子塑像。天王殿建于清同治二年（1863年），单檐歇山式殿堂，两边塑"四大天王"，其坐像高3.6米。天王殿正中一龛塑弥勒佛。舍利塔又叫宝光塔，是一座高30米的密檐式四方形砖塔。建造的确切年代不详，塔身13层，每层的

宝光寺全景

宝光寺山门

四面嵌佛像，四角都挂铜铃，底层龛内塑有释迦牟尼佛的贴金坐像。塔基为古朴的须弥座，护以八角形砖石勾栏，栏板上刻释迦牟尼佛应化故事；整座塔庄重雄伟、卓越多姿。宝光寺塔屹立在寺庙的中轴线上，展示中国早期佛教寺院以"寺、塔一体，塔踞中心"的典型布局。钟楼、鼓楼在宝光寺塔的东西两旁，形如双峰对峙。二楼均为卷棚屋顶，青色筒瓦、飞檐翘角，蔚为壮观。钟楼的窗户呈钟形，楼上挂洪钟一口；鼓楼的窗户呈鼓形，楼上架巨鼓一面。七佛殿建于清咸丰十一年（1861年）单檐歇山式。七佛殿之七佛均为贴金站像，每尊皆高4.8米，依据佛经所谓"丈六金身"塑造。塑像按透视原理，把头部塑得较大，身体略前倾，人们在下仰望，感到佛像身体直立、比较匀称。大雄宝殿为全寺的主殿，建于咸丰九年（1859年），单檐歇山式，下有约1米的台基，五楹五进，占地700多平方米，全殿共用36根木柱支撑，结构牢实、雄伟壮观。殿内主要供奉释迦牟尼佛，当心柱上刻着清人何元普撰书的一副楹联"世外人法无定法，然后知非法法也；天下事了犹未了，何妨以不了了之。"殿内宽敞、宏阔，蒲团整齐，供具精

宝光寺大雄宝殿

宝光寺藏经楼

宝光寺罗汉堂

美，钟、鼓、鱼、磬等法器均按佛教仪轨陈列。藏经楼是全寺最大一重阁楼，为重檐歇山顶建筑。占地1千多平方米，进深五间，面阔九楹，楼高20米。清道光二十八年（1848年）动工，成于清咸丰元年（1851年）。藏经楼上有彩绘十八诸天壁画，珍藏着雍正、乾隆年间印行的佛教《大藏经》共725函6361卷。楼下为说法堂，法堂内挂有和尚竹禅根据佛经所绘的《捧沙献佛图》和以自创"九分禅字"所书的《华严经序品》，字画各高6米、宽5米。罗汉堂堂内有塑像577尊，是中国遗存四大罗汉堂中历史最久，规模最大的泥塑罗汉堂。罗汉堂为抬梁式木石构架的正方形建筑，建于咸丰元年（1851年），九进九间，占地1600平方米。内有4个天井，平面呈"田"字形。堂中央，屋面作穹隆状生起，宽阔的空间矗立1尊高约6米的四面观音塑像。塑像围绕"田"字，内外四层，中以"十"字相连，使得通道四环曲折，堂内俨若迷宫。

1956年，四川省人民委员会公布宝光寺为省级文物保护单位。1983年，寺内僧众经过民主选举，成立宝光寺管理委员会，管理一切寺务。2001年6月25日，宝光寺被国务院公布为第五批全国重点文物保护单位，编号5-0383-3-189。2004年，新都区文物管理所建立宝光寺的全国重点文物保护单位记录档案。2014年10月31日，四川省人民政府印发《关于公布四川省全国重点文物保护单位和省级文物保护单位保护范围的通知》，公布宝光寺的保护范围和建设控制地带。

**普陀山普济寺**　作为中国佛教圣地和观世音菩萨应化道场首寺，是清代建筑杰作，是普陀山佛教文化发展的重要见证，位于浙江省舟山市普陀区普陀山镇前山村香华街15号，地处白华顶南灵鹫峰麓。

普陀山被奉为观世音菩萨应化道场，与山西五台山、四川峨眉山、安徽九华山并称为中国佛教四大名山，素有"海天佛国""南海圣境"之称。普济寺为全山主寺，是最早以主殿供奉观音大士的佛教寺院，由此成为普陀山佛教圣地之肇始。

普济寺又名宝陀观音寺、普济禅寺、前寺等，为普陀山三大寺庙之首。唐大中年间（847～859年），日僧慧锷请五台山观音像回国，在普陀莲花洋受风阻上岸，在普陀山潮音洞旁建"不肯去观音院"，后梁贞明年间

（915～920年）迁址。北宋元丰三年（1080年），赐名"宝陀观音寺"。南宋嘉定七年（1214年），皇帝御书"圆通宝殿"匾额，定为专供观音的寺院，后屡有毁建。遗存古建筑主要建于清康熙、雍正年间。康熙三十八年（1699年），赐额"普济群灵"，始称"普济寺"。清嘉庆、光绪年间及民国初期不断修缮。1956年，住持妙善进行过全面整修。

普济寺坐北朝南，南起观世音照壁，北至方丈殿后的膳房，南北纵深254米，东西宽87～129米。寺庙地势缓升，南低北高，层层殿宇错落有致。寺内有一条长达151米的中轴线，自南向北依次分布着山门（御碑殿）、天王殿、圆通殿、藏经殿、方丈殿等主要建筑；两侧分布次要建筑，有钟楼、鼓楼、伽蓝殿、祖师殿、白衣殿、灵应殿、关帝殿、罗汉堂、僧寮等，共计殿堂37座，总建筑面积10400平

方米，占地面积26000平方米。

轴线主要建筑均为重檐歇山顶。山门（即御碑殿）面阔五间16.96米，进深三间9.7米，殿内中央立康熙御碑"补陀罗迦山普济寺碑记"。天王殿，面阔29.1米、进深15.1米，殿内正中供奉弥陀、韦驮，两侧立四大天王。天王殿两侧，东为钟楼，西为鼓楼，形制、体量及工艺基本一致，皆为四重檐歇山楼阁式建筑。圆通殿为普济寺主殿，用琉璃黄瓦，通面阔七间40米，通进深五间24.85米，殿内供奉的观音坐像高达8.8米。圆通殿疏朗博大，宏伟巍峨，百人共入不觉宽，千人齐登不觉挤，有"活大殿"之称。殿内外额枋均施彩绘，以人物、山水为主题，画法各异，有锦文、卷云、花朵。殿前设月台，面宽32.8米、进深8.8米、高1.65米，条石护砌，四周雕刻石栏杆，多为明代旧物。藏经楼面阔七间27.68

普陀山普济寺圆通殿

米、进深三间19.23米，楼上藏经，楼下供奉消灾延寿的药师佛、释迦牟尼佛、阿弥陀佛。方丈殿旧称景命殿，因康熙御题"狮子窟"，又称狮子窟，面阔五间21.8米，进深三间14.4米，单檐硬山顶。殿前垂花门与四周围墙将方丈殿围成独立小院。

寺院山门外轴线延伸段上，自南向北依次为照壁、御碑亭、海印池等。照壁位于轴线最南面，大书"南无观世音菩萨"七字。御碑亭在海印池南，平面正方形，建于清雍正十二年（1734年），重檐歇山顶，琉璃筒瓦，内槽彩绘。亭内立雍正十二年（1734年）汉白玉碑，碑高5.08米、宽1.31米、厚0.32米。须弥基座，蟠龙碑首，上刻雍正帝御书碑文。海印池又名莲花池或放生池，在御碑亭与山门之间，原为寺前一清流小溪，明代拓为池，东西长76米，南北宽32米，面积约1万平方米。池上设三桥，中为平桥（清雍正九年建），北接普济寺正山门，南连御碑亭，桥上建八角亭。池东

普陀山普济寺照壁

建永寿桥，明万历三十四年（1606年）始建，为单孔石拱桥，两侧石栏杆望柱雕刻小狮子，形态各异，精巧逼真。池西于清康熙年间建瑶池桥，块石叠砌，单孔石拱，四隅饰螭兽。海印池中清波如镜，四周花木葱茏，梵刹、古塔倒映其中。夏日莲花盛开，清风拂面，花香袭人，烘托出寺之肃穆、恬静，成为普陀山著名的"莲池夜月"胜景。

普济寺与全山佛教文化和信仰的兴衰紧

普陀山普济寺海印池

普陀山普济寺御碑亭

密相连，成为普陀山佛教文化发展的最重要见证。作为中国传统建筑技术及其艺术风格成熟的杰出代表，普陀山普济寺具有恢宏大气的艺术形象，规范合理的空间布局，是古代传统建筑与自然地理环境完美结合的典型范例。既恪守传统建筑的布局方式，又因地制宜巧妙地合理安排不同属性、用途的单体建筑，有着严格的方向性、向心性和连续性。普济寺的总体布局既采用传统的中轴线方法，又充分利用地形地段来安排单体建筑，用其前部平坦的地形建造牌坊、亭、桥、池等辅助建筑，又以辅助建筑的幽雅、清净来烘托后部依山势逐步升高的主体建筑，凸显主体建筑的宏伟庄严。在建筑设计和营造上独具匠心，集清代建筑之大成，为浙江清代官式建筑的代表，具有很高的历史、艺术、科学价值。

普陀山普济寺历来为观音道场，作为佛教开放场所。清末成立"僧教育会"，民国期间由普陀山佛教会等管理。1962年起由普陀山佛教协会负责保护管理至今。

普陀山普济寺作为全山第一大寺和佛事活动中心，保存状况较好。寺院格局保持原样，殿宇除因防雨、防火等有所修缮外，未发生明显改动，结构稳固，环境整洁。1979年以来，普陀山佛教协会对普济寺曾作大规模维护修缮。近年来，又对其进行小规模维修，包括翻修漏雨的屋顶、粉刷外墙、设置隔离栏等。2008年，第三次全国文物普查开展过程中，舟山市文物部门对普陀山普济寺进行了较为系统、全面的调查。2010年，再次完成勘察测绘。2010年浙江省人民政府公布普陀山普济寺的保护范围和建设控制地带。2013年3月5日，普济寺被国务院公布为第七批全国重点文物保护单位，编号7-1037-3-335。2015年1月12日，舟山市文物保护考古所对普陀山普济寺建立了完整的全国重点文物保护单位记录档案。

**雍和宫** 是北京地区规模最大的藏传佛教寺院，由三座精致的牌坊和五进宏伟的大殿组成，位于北京市东城区雍和宫大街28号。

清康熙三十三年（1694年），在明代太监官房旧址上，改建雍亲王胤禛的府第，成为一处颇具规模的建筑群。清雍正三年（1725年），雍亲王府升格为皇家行宫，赐名"雍和宫"；以备每年夏日"方泽事毕，临此园少歇，进膳"，随行文武官员"亦去朝服，换常服"。为此，对东花园进行彻底修葺；扩建大和斋、五福堂、如意室，增建平安居、慈宁宫、画舫、松柏室、清净地、大块文章地等楼、厅、堂、所。雍正十三年（1735年），雍正帝驾崩后曾在雍和宫内神御殿（永佑殿）停灵一天，随后将雍和宫建筑屋顶绿琉璃瓦统一换成黄琉璃瓦。雍和宫遂成为供奉清帝祖先的地方，众多喇嘛常年在此为亡灵诵经。清乾隆九年（1744年），将雍和宫改为藏传佛教格鲁派（黄教）寺院。乾隆九年至十五年（1744～1750年），相继扩建、翻盖雍和门殿、雍和宫殿、永佑殿、法轮殿，讲经殿、密宗殿、药师殿、时轮殿、东配殿、西配殿等10座建筑；乾隆十三年至十五年（1748～1750年），建造万福阁及配阁永康阁、延绥阁；新建雅曼达嘎楼、护法关帝庙，翻建昭佛楼、绥成殿及东西顺山楼。清嘉庆至光绪年间，均有不同规模的修缮。

雍和宫占地面积66400平方米。第一进大殿称雍和门。雍和门面阔五间，歇山顶调大脊。内部为天王殿格局，有四大金刚、弥勒

雍和宫

雍和门

雍和宫南立面

佛、韦驮等塑像。出雍和门，迎面为一尊青色的铜鼎，铸造于清乾隆十二年（1747年），炉高4.2米，上方6个火焰喷门，雕有6对云龙戏珠，图案精美，是清帝进香所用。铜鼎后面是御碑亭，重檐四角攒尖顶。亭内有1块乾隆五十七年（1792年）所立的四体文碑。碑文为乾隆所撰《喇嘛说》，记述喇嘛教的源流和清

政府的宗教政策，碑文用汉、满、蒙、藏四种文体书写。第二进大殿称雍和宫。雍和宫原为雍正会见文武大臣的场所。大殿为雍亲王府的银安殿改建，单檐歇山式，面阔七间，前后出廊。匾额"雍和宫"用汉、满、蒙、藏四种文字写成，四周环绕金色蟠龙木雕。大殿栋梁、斗拱、天花板、藻井上饰以彩绘花纹。现供一

雍和门法轮殿

雍和门万福阁

尊高2.8米的释迦牟尼铜像。大殿前东西两厢，各有硬山灰瓦顶配楼14间。第三层大殿是永佑殿（神御殿）。永佑殿是雍王府时期的寝殿，是雍正帝继位前居住的地方。殿内正中供奉三尊佛像，中为无量寿佛，右边是药师佛，左边是狮吼佛。永佑殿东厢为药王殿，西厢为数学殿。第四层大殿是法轮殿。法轮殿呈"十"字形建筑，大式歇山顶，殿顶仿西藏风格建立5座镏金宝塔。法轮殿是全庙喇嘛集中念经的地方，殿堂高大，殿正中供奉一尊铜质宗喀巴大师像，高6.1米。宗喀巴大师像背后是一座五百罗汉山，用檀香木细雕精镂而成，高3.4米，宽3.45米。第五层大殿万福阁，又称大佛楼，是雍和宫内最高大的建筑。高30余米，三重飞檐，全部为木结构。殿内供奉一尊高18米、宽8米的大佛像。万福阁东西两侧各有飞虹天桥，西通延绥阁，东通永康阁，是辽金时代的建筑遗风。雍和宫最北边的院落为绥成楼，又称雍和宫后楼。楼内供奉1尊三头六臂形状的"大白伞盖佛母像"。左边供奉白救度佛母像，右边是绿救度佛母像。楼左边是东顺山殿，右边是西顺山殿，内供有密宗五祖像。

雍和宫是雍正继位前的府邸，乾隆的出生地，是清朝两代皇帝在潜之居。乾隆将其改为喇嘛庙后，起到沟通西藏，团结西部、北部民族的重要作用。雍和宫在清朝是皇帝寺庙，是全国喇嘛事务中枢。雍和宫的堪布、经师由西藏各大寺选派德高望重的高僧担任，僧员由蒙古选送。清乾隆时期制定活佛转世必须进行"金瓶掣签"的制度，清政府特制两个金瓶，一个送往西藏大昭寺；一个供放在北京雍和宫内，用来进行"呼必勒罕（转世活佛）"的掣签认定。除西藏外，青海、蒙古等地藏传佛教大活佛转世金瓶掣签在雍和宫举行。用来掣签的金奔巴瓶完好地保存在雍和宫内。雍和宫不仅是藏传佛教圣地，更是享誉海内外的多民族文化交流的宝库。

1950年、1952年，两次拨款修缮雍和宫。1957年，雍和宫被公布为北京市文物保护单位。1961年3月4日，雍和宫被国务院公布为第一批全国重点文物保护单位，编号1-0114-3-067。"文化大革命"期间，国务院总理周恩来指示保护雍和宫，使这座古建筑群得以完好地保存下来。1976年，雍和宫管理处成立。1979年，政府拨款全面修整雍和宫。1981年，作为宗教活动场所对外开放。1987～1992年，雍和宫自筹资金修缮万福阁，重新贴金弥勒巨佛，重修雅曼达嘎楼并在楼内新塑关公像。1984年11月21日，北京市人民政府公布确定雍和宫的保护范围及建设控制地带。1995年，在原东书院旧址修建僧舍楼2栋；修缮僧舍内佛龛、卫生间等设施，改善僧人们的居住条件。2006年，由北京市古代建筑研究所编制雍和宫全国重点文物保护单位记录档案。

**景真八角亭** 是傣汉文化交融的南传上座部佛教建筑中的戒堂，是景真佛寺建筑群中的一个独立建筑体，位于云南省西双版纳傣族自治州勐海县勐遮镇景真村。

根据傣文经书《博岗》记载，八角亭始建于清康熙四十年（1701年，傣历1063年）。咸丰二年（1852年，傣历1214年）和宣统二年（1910年，傣历1272年），因民族、土地纠纷，遭到严重破坏。

景真八角亭通高18.19米，宽8.9米，由基座、亭身、屋顶三部分组成。砖木结构，四面设门，上承木结构屋檐。亭顶形式绚丽多彩，屋檐多达11层，最下层檐为圆形，在圆形屋檐上分8个方向，建成8组心层悬山式的小屋顶群，攒尖顶屋面，铺傣式平瓦。亭顶刹，由相轮覆钵仰道及宝瓶组成。基座为折角"亞"字

景真八角亭

形，砖砌须弥座，亭身为多角砖砌墙，亭室内外饰有各种花卉、动物、人物图案，保存状况良好。

资料显示，民国2年（1913年）、民国35年（1946年）进行过修葺。"文化大革命"期间，作为破四旧的对象，八角亭受到人为破坏，处于即将倒塌的境地。1973年，景真八角亭由云南省博物馆、勐海县文化馆工作人员实地考察，确认为有保护价值的民族古建筑。1977年，由文化部文物保护研究所和云南省、勐海县的专业技术人员对景真八角亭进行实地测量，并绘出平面图、结构图、俯视图。1978～1979年初，省、县拨款实施大修复原工程。1983年，云南省人民政府公布景真八角亭为第二批云南省重点文物保护单位。1986年，云南省文化厅拨专款实施护坡保护工程。1988年1月13日，景真八角亭被国务院公布为第三批全国文物重点保护单位，编号3-0124-3-072。1990年7月，云南省文化厅拨款进行防虫，防白蚁和防腐药物处理。1992年11月，云南省文化厅组织专业人员对八角亭进行全面测量、绘图，图纸资料入档长期保存。1993年，国家文物局派摄像人员对八角亭进行全年录像制作工作。1993年11月至1994年4月，由国家文物局、云南省文化厅拨款对八角亭进行落架大修，并进行防虫、防白蚁、防腐、防雨水侵蚀等保护工作。景真八角亭1995年前由景真中心佛寺佛爷都罕良管理。1995年以后由景真村公所与勐海县文化体育局签订合同，共同管理。

**拉卜楞寺** 是中国藏传佛教格鲁派六大寺院之一，是藏传佛教格鲁派在西藏之外的最大寺院和宗教中心，为中国西北地区藏传佛教最

高学府，位于甘肃省夏河县城西0.5千米处。

拉卜楞寺本名噶丹夏珠卜达吉益苏奇贝琅，简称扎西奇寺，清康熙四十九年（1709年）由第一世嘉木样阿旺宋哲大师创建。康熙五十年（1711年），始建闻思学院大经堂。康熙五十三年（1714年），修建拉章（即嘉木样佛宫），"拉章"音变为"拉卜楞"，始有拉卜楞寺之称，意为寺院最高活佛府邸。康熙五十五年（1716年），建立下续部学院修习体制，形成显密双修的修行格局。乾隆四十二年（1777年），二世嘉木样将80根明柱的大经堂扩建为140根明柱，能容纳3000多僧众同时诵经。同年，乾隆向拉卜楞寺颁赐有汉、藏、满、蒙四种文字的"慧觉寺"匾。乾隆四十九年（1784年）、乾隆五十三年（1788年）、嘉庆十四年（1809年），先后创建医学院、弥勒佛殿、狮子吼佛殿。光绪五年（1879年）四世嘉木样创建喜金刚学院，并自任法台。光绪三十三年（1907年），建白伞盖佛

殿。民国17年（1928年），国民革命军中央陆军新编第三十六师师长马仲英（原名马步英，1908～?）率兵洗劫拉卜楞寺，烧毁宗喀巴等佛殿。同年，五世嘉木样创建上续部学院，至民国31年秋（1942年）上续部学院落成。民国25年（1936年），九世班禅大师驾临拉卜楞寺并为五世嘉木样授比丘戒。民国28年（1939年），扩建印经院，创办女子小学。民国29年（1940年），嘉木样仪仓建立。六世嘉木样火尔藏仓建白度母佛殿。拉卜楞寺经历代嘉木样和僧众300余年营建，建成占地86.6万平方米，建筑面积40余万平方米，包括显、密二宗的闻思、续部下、续部上、医学、时轮和喜金刚六大学院的庞大寺院，最盛时僧众达4000余人。建筑群主要有48座佛殿和囊欠、500多座僧院。拉卜楞寺有108个属寺和8大教区。

闻思学院是全寺中心，又称大经堂，有前殿楼、前庭院、正殿和后殿共数百间房屋，占地6700多平方米，为藏式和古宫殿式的混合结

拉卜楞寺全景

构，顶上有鎏金铜瓦、铜山羊和法轮、幡幢、宝瓶等装饰物，以显宗为主，着重研习印度佛学家所著的五部大论。全寺所有梵宇，均以当地的石、木、土、苘麻为建筑材料，绝少使用金属。建筑下宽上窄，近似梯形，外石内木，"外不见木，内不见石"。各庙宇依不同功能和等级，分别涂以红、黄、白等土质颜料，阳台房檐挂有彩布帐帘，大中型建筑物顶部及墙壁四面布置铜质鎏金的法轮、阴阳兽、宝瓶、幡幢、金顶、雄狮。部分殿堂还融入汉式建筑样式，增盖宫殿式屋顶，上覆鎏金铜瓦或绿色琉璃瓦。

拉卜楞寺内珍藏的民族文物和佛教艺术品共计1万余件。各殿堂内高8米以上的铜质鎏金或檀香木雕的大佛16尊；有质地多样的中小型佛像、菩萨像、佛塔、法器等。寺内珍藏有历代嘉木样的衣物和生活用品；有帝王册封和赠赐的金敕、印鉴、封诰、匾额、千佛树、珍珠塔等。

拉卜楞寺宗教体制的组成以闻思、医药、时轮、吉金刚、上续部及下续部六大学院为主，为藏传佛教寺院中建制最为健全者。寺院建筑群，整体规模庞大，建筑等级分明，建筑材料和色彩极具民族特色，具有较高的科学研究和景观价值。寺内包含大量附属文物，包括佛像、唐卡、壁画、灵塔等珍贵文物，具有重要的文物价值。

1957年，国家拨款对因失火造成残损的喜金刚学院进行修缮。1979年以后，将拉卜楞寺交给寺院保护管理。1981年，寺院成立拉卜楞寺寺院管理委员会和拉卜楞寺文物管理委员会两个机构，寺管会主要处理寺院内部宗教管

弥勒佛殿正西侧

理事项。1982年2月23日，拉卜楞寺被国务院公布为第二批全国重点文物保护单位，编号2-0043-3-028。1985年，由国家拨款对被火灾烧毁的大经堂进行重建。1988年，国家拨款新建藏经楼。1992年，夏河县人民政府发文确定拉卜楞寺保护区范围。2008年，国家文物局批复《拉卜楞寺文物保护总体规划》。2009年，甘肃省人民政府批准公布《甘肃省拉卜楞寺文物保护总体规划》，重新调整拉卜楞寺的保护范围和建设控制地带。拉卜楞寺全国重点文物保护单位记录档案存于夏河县图书馆。2012年9月，国家文物局、国家发改委拨款启动拉卜楞寺文物建筑修缮工程和消防、安防及基础设施配套建设工程，全部工程于2017年年底竣工。

**溥仁寺** 是清代皇帝在承德修建最早的一座寺庙，位于河北省承德市狮子沟镇喇嘛寺村武烈河东岸的原野上，河西岸是雄奇秀丽的避暑山庄。

清康熙二十年（1681年），康熙在河北省承德地区设置木兰围场，于每年秋季率领宗室亲王，满、汉、蒙古等民族王公、大臣，行围射猎，训练军队。召见蒙古各部首领，推崇藏传佛教，不断发展、密切同蒙、藏等民族的关

系。康熙四十二年（1703年）起在热河修建行宫，至康熙五十年（1711年）行宫初具规模，并更名为"避暑山庄"。康熙五十二年（1713年），正值康熙六十大寿，清廷依蒙古各部王公贵族之请，循在多伦诺尔建汇宗寺的先例，在避暑山庄外武烈河东修建溥仁寺。

溥仁寺坐北朝南，典型的汉式"伽蓝七堂"布局，平面呈长方形，南北长250米，东西宽130米，占地面积32500平方米。寺内有二层墙垣，四进院落，沿中轴线南北依次排列有山门、天王殿、慈云普荫殿（大雄宝殿）、宝相长新殿（后殿）、垂花门；两侧对称布局置钟楼、鼓楼、配殿、配房、回廊、僧舍等建筑。步入山门即为第一进院落。东、西两侧各立一幢杆，山门之东有钟楼1座，山门之西有鼓楼1座。院内御路往北为天王殿。天王殿面阔三间，进深二间，单檐歇山布瓦顶建筑，正中檐下悬挂康熙御书满、汉、蒙三种文字云龙匾"溥仁寺"。殿内迎面的石须弥座上供大肚弥勒（布袋和尚），屏风后是护法韦驮神像，

东西两侧为护法四大天王，四天王脚下为八部鬼众，以示守护正法，降伏恶魔。从天王殿往北为第二进院落，院内古松苍翠，古槐垂荫如伞，在院中御道两侧有二座御碑。东侧为康熙御笔题书的《御制溥仁寺碑文》，记述修建溥仁寺的缘由及目的，御碑的背面刻乾隆御题"诣溥仁寺"诗。御碑以北即为寺内的主体建筑慈云普荫殿。大殿面阔七间，进深五间，单檐歇山黄琉璃瓦顶，大殿前檐悬挂康熙亲题满、汉、蒙三种文字"慈云普荫"云龙陛匾。大殿坐落在石砌台基上，殿内正中供有佛教中塑三世佛，西为过去佛迦叶，中为现在佛释迦牟尼，东为未来佛弥勒。在释迦牟尼两侧有2尊站立的罗汉像，系释迦牟尼的两个弟子。左为摩诃迦叶，右为阿难陀。从造像中反映康熙年间塑像还保留明末清初雕塑艺术的风格。原殿内陈设有紫坛连三龛3座，玻璃门内各供铜佛3尊，明间左右设铜塔6座，中供铜佛1尊，左右设鸾翎扇3对，红油供桌3张，上设木金漆七珍八宝3份，高宗御笔药师琉璃光如来本愿

溥仁寺慈云普荫殿

宝相长新殿内无量寿佛

功德经5部，高宗御笔千手千眼观世音菩萨大悲院罗呢经5部，铜王供各一份，殿内北面挂高宗御笔具大自在匾、字对各1面，高宗御笔诗匾11面。有的现已无存。殿内靠近东西山墙的砖砌须弥座上供奉着十八罗汉，采用中国传统工艺髹漆夹纻彩绘而成。慈云普荫殿东西两侧各有配殿五间，进深三间。宝相长新殿位于慈云普荫殿之北的第三进院落，单檐带吻兽布瓦硬山顶，有前后廊，面阔九间，进深三间，明间面南挂康熙御书"宝相长新"匾1面。殿内石须弥座上供无量寿佛9尊，两边沿山墙供八大菩萨。院落的东西配殿，面阔五间，进深二间，单檐带吻兽布瓦硬山顶，原存放《甘珠经》《丹珠经》256部。

溥仁寺外层院主要是喇嘛生活区，包括僧舍、经堂、禅堂、茶舍、库房、厨房等附属建筑，组成若干个四合院落。溥仁寺建成后，内蒙古四十九旗，每旗派一名喇嘛到该寺，寺内的一切费用由清政府定期发放。每到康熙的寿辰之日，喇嘛在寺内举行盛大的诵经法会，为国家祈福，为帝王祝寿。

溥仁寺随清王朝衰落而衰败。军阀统治热河时期，配殿廊庑、僧舍百余间被拆毁；日军侵占时期，山门、钟鼓楼遭到破坏，寺内的文物被洗劫一空。

1982年7月23日，溥仁寺由河北省人民政府重新公布为省级文物保护单位。1987年，国家拨款对溥仁寺进行全面整修。修葺后的溥仁寺主要形制基本恢复完整。同年，成立溥仁寺文物保护管理所。1992年3月，河北省人民政府公布溥仁寺保护范围和建设控制地带。1994年12月，溥仁寺及其他皇家寺庙与避暑山庄一同，被联合国教科文组织列入世界文化遗产名录。2001年6月25日，溥仁寺被国务院公布为第五批全国重点文物保护单位，编号5-0214-3-020。2005年，溥仁寺重建全国重点文物保护单位记录档案。

**嘉应观** 本为皇家敕建的祭祀黄河河神和封赏历代治河功臣的庙宇，后成为集宫、庙、衙署三体合一的清代官式建筑群，位于河南省武陟县城东南13千米的嘉应观乡杨庄村。

嘉应观始建于清雍正元年（1723年）。道光九年（1829年）《武陟县志》载："嘉应观在二铺营东，雍正初年，以黄河安澜，奉敕建，规模壮丽，有铜碑刻。"康熙末年，

黄河曾4次在武陟境内决口，洪水威逼京畿，形势危急。为治黄安民，康熙派四皇子雍亲王胤禛到武陟督办河工，最终成功堵口。雍正元年（1723年），为祭祀龙王，封赏治河功臣，同时也为永葆黄河安澜，敕命河臣齐苏勒在当年堵口处建造"淮黄诸河龙王庙"；雍正三年（1725年）二月，龙王庙中轴线建筑落成，雍正皇帝钦赐龙匾，定名嘉应观；雍正四年（1726年），在嘉应观东西两侧修建河台、道台衙署，在观西侧建陈公祠；嘉庆二十五年（1820年）在陈公祠西建卢公祠。

嘉应观主体建筑南、北两大院之间原有的两座牌坊，南院的戏楼，观西侧的陈鹏年、卢顺二公祠已荡然无存，唯北院保存完整，有殿宇249间。

嘉应观遗存本体为嘉应观原北院，采用典型的宫殿式建筑工艺，分中大院、东跨院、西

嘉应观山门

嘉应观御碑亭

跨院。东跨院为河道衙署，系清代治理黄河的最高行政机构，清朝治理黄河的指挥中心。西跨院为道台衙署（河北道道台衙署），系清代治理黄河的地方行政机构，管辖彰德、卫辉、怀庆三府24县河工河务。中院仿故宫建造，是祭祀黄河河神的庙宇，也是纪念历代治河功臣的场所。中轴线上依次为山门、御碑亭、严殿、中大殿、恭仪厅、禹王阁；两侧有东西掖门、拴马亭、钟楼、鼓楼、东西更衣殿、东西配殿、风神殿、雨神殿及香客房。为河南省保存最完整的清代官式建筑群，同时又因其宫、庙、衙三体合一，有别于中国其他古建筑群遗存，其在治黄史和建筑史上都具有独特而重要的地位与价值。

山门面阔三间，进深两间，单檐歇山顶，

覆蓝色琉璃瓦。檐下施五踩重昂斗拱。明间正中做圆券门，门上方置青石匾额"敕建嘉应观"。两次间作圆券窗，门外两侧置石狮1对。御碑亭平面呈六边形，下有须弥座台基，台上建重檐六角碑亭，下层六面坡顶，上檐为圆攒尖顶，覆黄色琉璃瓦。亭中立清雍正二年（1724年）铁胎铜皮碑1通，高4.3米、宽0.95米、厚0.24米，盘龙碑首额题"御制"二字，碑身四周雕24条飞龙，碑座为蛟龙，龙头、牛身、狮尾、鹰爪，造型奇特，寓意深长。碑文由雍正帝撰文，自述其关心黄河水患，修筑堤防御洪，建庙祭祀河神，祈念靖国安民之意。辞章华美，书法流畅，配以铜碑精湛工艺，为国内罕见。大王殿面阔七间，进深四间，重檐歇山顶回廊式建筑，覆孔雀蓝色琉璃瓦。檐部

1469

施五踩重昂斗拱，彩绘明丽。殿内天花藻井彩绘65幅龙凤图，为满族艺术风格。正中供奉"钦赐润毓"金牌，考证为赐予在此堵口有功的嘉应观首任主持都御史牛钮，牛钮是雍正的皇叔。

嘉应观遗存文物建筑运用木雕、砖雕、石雕、琉璃、铁铸、铜铸等多种工艺，融合圆雕、高浮雕、镂雕、阴刻等多种技术，技法多样、工艺精良。

自古黄河有铜头、铁尾、豆腐腰之说，嘉应观正处黄河豆腐腰地段，位置险要，担负着固河防、保安澜的重任。民国年间，观内曾设立"沁声中学"。民国37年（1948年）武陟解放，冀鲁豫黄河水利委员会成立"沁河大樊堵口工程处"，后改为黄委会第五修防处，其所属的武陟黄河段办公地点设于嘉应观东道院。民国38年（1949年），新乡黄河修防处进驻嘉应观办公。同年，最后一批道士还俗。1949年11月，第五修防处接收嘉应观庙产，沁声中学迁木栾店。1950年1月，嘉应观内禹王阁西侧新建苏式建筑，成立黄河水利委员会引黄灌溉济卫工程处。1963年6月22日，河南省人民委员会公布嘉应观为第一批省级文物保护单位。"文化大革命"期间，河南省河务局新乡修防处对嘉应观进行多方保护。1984年1月，嘉应观中轴线上的殿宇楼阁等建筑及文物移交河南省古建所，"中原石刻艺术馆"将嘉应观作为办公地点。1984年，文化部文物事业管理局拨款对古建筑殿宇进行维修。1990年9月18日，河南省古建所将嘉应观移交给武陟县政府，同年9月20日成立"武陟县嘉应观文物管理所"，负责嘉应观的管理和保护。2001年6月

25日，嘉应观被国务院公布为第五批全国重点文物保护单位，编号5-0343-3-349。2004年，河南省人民政府划定嘉应观保护范围和建设控制地带。2004年、2005年，国家文物局两次拨款维修嘉应观东道院、西道院古建筑。2007年、2011年11月至2013年4月、2013年10月至2014年7月和2013年11月至2014年1月，国家文物局先后4次拨款，完成嘉应观中轴线重点消防设施增设、改造、中轴线古建群维修工程、中轴线建筑油漆彩绘工程以及中轴线建筑安装防雷设施。

**德格印经院** 是一座独具藏区建筑特色的密梁平顶土木结构建筑，坐落在四川省德格县城东欧普龙沟口。

德格印经院全名"德格印经院吉祥多门大法库"，系德格第12代土司曲吉登巴泽仁于清雍正七年（1729年）创建。整个建筑坐东北朝西南，占地面积1640平方米，建筑面积5886平方米。德格印经院经历代德格土司不断增刻书版权，扩建房屋，规模不断扩大，设备逐渐完善。有藏版库、储纸库、晒书库、洗板平台、裁纸齐书屋以及佛殿、经堂等上百间。屋顶有孔雀法轮、宝幢金顶等装饰。四壁绘制壁画，梁柱均饰彩绘。"文化大革命"中，将印经院辟为藏医院，得以保存。

印经院保存有桦木所刻藏文典籍书版27万多块和藏画版。主要内容为各种佛教经典、传记、医学、哲学、天文历算等，共82部，586册。其中著名的有德格版藏文《大藏经》《四部医典》《西藏王统明鉴》《唐东王传》等。德格印经院所藏的大量书版中，有许多珍本、绝本、孤本和范本，其中收藏的《般若波

罗蜜多经八千颂》刻于清康熙四十二年（1703年），即建院26年前。

德格印经院的雕塑主要表现佛、菩萨、罗汉、护法神、历代高僧和历史人物的泥塑像，大多为18～19世纪的清朝时塑造。大经堂内置有14尊，小经堂护法殿内置有61尊。塑像大小不等，大的高2.5米左右，中的1.2米左右，小的半米左右，造型生动、色彩鲜明，充分显示出藏传佛教雕塑艺术的审美情趣和技艺。

德格印经院的刻版技艺师徒相传，雕刻工匠必须经过严格考核，达到技术完全熟练后才能担任。同时要求工匠具备较好的藏语文化功底和绘画基础。印经院自创立之日起，规定每人每天只能刻3厘米版面。书法要求优美、刀工熟练、深度适度、左右横刻、配置插图。刻完后必须经过反复校对、挖刻、改错，直到完全无误后再放到酥油锅内浸泡一天，取出晾干，再用一种名叫"苏巴"的植物之根须熬水清洗，晾干入库。这种技艺为中国的青藏高原藏民族地区独创，而德格印经院在整个藏民族地区最具代表性。该院保存的近6000幅画版代表了藏族刻版画最高艺术成就。

德格印经院是藏传佛教寺庙的标志性建筑，以收藏藏民族文化典籍印版最为广博、藏传佛教五大教派经典门类最齐全、文字错误最少而著称，位居藏区三大印经院之首，被誉为"雪山下的藏族文化宝库"。德格印经院是藏族雕版印刷文化的历史见证，是世界印刷文化中独具特色的代表，是世界文化遗产中缺少的一个品类的代表。寺内珍藏的藏文《大藏经》（《甘珠尔》《丹珠尔》）以其错字极少，版面设计美观大方，插图刻制精美，字体清晰优美被藏学界首推为最具权威性的版本。

1979年，成立德格印经院文物保护管理所，

德格印经院全景

德格印经院藏经阁

此后德格印经院由德格县文化旅游和广播影视局以及德格县印经院文物管理局负责管理。1980年，德格印经院经四川省人民政府批准公布为四川省重点文物保护单位。1988～1990年，在国家民委、国务院文化部、四川省文化厅、省宗教局及甘孜州府的支持下，本着保留外墙，保护壁画，保持原样不变的维修原则，对印经院进行大规模的维修。1996年11月20日，德格印经院被国务院公布为第四批全国重点文物保护单位，编号4-0183-3-105。1996年，对平顶楼上的法

丹珠尔经版

轮、孔雀、法幢及金顶进行小规模的调整维修。2004年，甘孜州文物局建立德格印经院的全国重点文物保护单位记录档案。2005～2008年，对印经院内的壁画实施恢复工程，对印经院《甘珠尔》和《丹珠尔》库房的木料结构进行重新补画工程，为印经院新筑佛像及孔雀法轮、金幢等贴金，《绿度母》《萨迦五祖》画版雕刻，对印经院屋顶及屋檐进行阿嘎土夯筑，完成对大经堂中释迦牟尼、四臂观音、2尊小像、五大教派五尊计9尊佛像的装藏。2014年，四川省人民政府公布四川省全国重点文物保护单位和省级文物保护单位保护范围，划定德格印经院的保护范围和建设控制地带。

**觉生寺** 是北京西郊的著名敕建寺庙，是一座保存比较完整的清代佛教寺院，位于北京市海淀区北三环西路甲31号。

觉生寺俗称大钟寺，始建于清雍正十一年（1733年）。在清代，觉生寺作为皇家寺院享有崇高的地位，是祈雨和京城庙会的重要场

所。晚清民国后，大钟寺变得萧条冷清，僧俗零落，寺院逐渐荒废。中华人民共和国成立后，觉生寺尚保留中路的主体建筑和厢房，但已残破不堪，寺内原有的佛像及陈设已经毁坏散失，唯大钟楼及华严钟（俗称永乐大钟）保存较好。

觉生寺整体建筑格局基本保持清代原有风格，整个建筑群总占地面积约3万平方米。觉生寺坐北朝南，建筑由南向北依次为山门、钟鼓楼、天王殿、大雄宝殿、观音殿、藏经楼、大钟楼以及东西翼楼等主体建筑，两侧围以配殿和厢房。大雄宝殿坐北朝南，面阔五间，硬山顶。前檐接抱厦三间，歇山卷棚顶。寺内原有的佛像及陈设已经毁坏散失，唯大钟楼保存较好。大钟楼为重檐圆顶，左右有东西翼楼，大钟楼的重檐瓦顶上圆下方，悬乾隆御书匾额

觉生寺山门

"华严觉海"。大钟为明永乐年间铸造，通高6.75米，直径3.3米，重46.5吨。钟内外共铸佛经咒文17种，计22.7万多字，字体整齐匀称。

觉生寺附属文物包括大钟楼檐下"华严觉海"木质匾1方（清代）；大钟楼殿内"大钟歌"汉白玉石碑1通（清代）；库房"般若真诠"木质匾1块（清代）；展区觉生寺铜质

觉生寺大雄宝殿

觉生寺大钟楼

铜钟1件（明代）；展区石狮子1对2件（清代）；展区铁质铁狮子1对2件（明代）；展厅铜质六鋬锅1口，年代不详；展厅"万古流芳"木质匾1块（清代）；展厅"觉生常住"瓷质青花花卉碗残片1片（清代）。

觉生寺已辟为大钟寺古钟博物馆，馆以寺内钟楼的明永乐年间铸造的华严钟闻名于世。华严钟俗称永乐大钟，有"世界钟王"之称，是中国古代先进的冶炼铸造技术与声学、合金学知识运用水平的标志，具有很高的历史、文化、艺术价值。大钟寺古钟博物馆收藏钟铃遗物700余件，为融科学、历史研究及旅游观光休闲为一体的专题性国有博物馆。

1980年2月，北京市文物局下属的大钟寺文物保护管理所成立。1983～1984年，原北京第二食品厂等单位陆续从大钟寺搬出，建筑得以修缮复原。1984年，北京市政府印发《关于第一批划定六十项文物保护单位的保护范围及建设控制地带的报告》，划定觉生寺（大钟寺）的保护范围及建控地带。同年11月，大钟寺古钟博物馆成立，负责觉生寺筹备开放时期的各项工作。1985年10月5日，觉生寺正式向公众开放，大钟寺古建筑群得到全面的修缮。1991年，海淀区文化文物局对觉生寺进行抢救性修缮。1993～1995年，完成觉生寺东路整体修建。1994年，建成九亭钟园。1996年11月20日，觉生寺（大钟寺）被国务院公布为第四批全国重点文物保护单位，编号为4-0166-3-088。2005年，邀请专家组对大钟的钟架结构和架上彩绘的保护进行调查和测量，对各组建筑进行维修整治。2005年10月，北京市古代建筑研究所建立觉生寺的全国重点文物保护单位记录档案。

**五当召** 本名为巴达嘎尔召，藏语，意为白莲花寺，俗称五当召。五当召为内蒙古西部藏传佛教格鲁派（黄教）寺庙，还是培养高级学问僧、弘法化众的高等学府。位于内蒙古包头市石拐区吉忽伦图苏木吉忽伦图山的南坡。

五当召始建于清康熙年间（1662～1722年），清乾隆十四年(1749年)大规模扩建，基本形成后世规模。

五当召建筑依山势而建，没有庙墙，取"佛法无边"之意。全寺占地二百余亩，共有屋宇二千五百余间。全部殿宇均为典型的西藏式建筑，按南北、东西两条中轴线交叉布局。南北向中轴线以苏古沁独贡作中心点，西邻为却依拉独贡，东有大容肯(法会中使用的大厨房)和大甲巴。在南北中轴线上还有洞阔尔独贡、金刚独贡、洞阔尔甲巴。东西向中心线上以洞阔尔活佛府中心点，其南有章嘉活佛府，其北有甘珠尔瓦活佛府。在这些建筑群中，苏古沁独贡、洞阔尔

独贡、阿会独贡、喇弥仁独贡、却依拉独贡、当圪希德独贡为主要诵经场所。

苏古沁独贡（独贡，藏语宫殿），是全召最大的经堂，位于寺院最前部，前为广场。面阔28.8米，进深47米，占地面积1500平方米，高三层，一楼前大厅是经堂，为全召喇嘛大众集会诵经之所，有八十根方柱上部雕刻和彩绘着各式花纹图案，外裹云龙图案的栽绒地毯。四壁满绘释迦牟尼佛传故事和各种护法神像。后厅为藏经阁，供奉着各种佛像、唐卡、曼陀罗坛城，二楼回廊处绘有"九大佛寺建筑"鸟瞰壁画极为珍贵。

却依拉独贡（却依拉，藏语法苑），位于苏古沁独贡西邻，两独贡并列，居于其他各殿之前。清道光十五年(1835年)建造，建筑面积1162平方米，其规模仅次于苏古沁独贡。殿三层，面阔23.8米，进深29米。殿中供奉有弥勒佛、哈喀勒佛与本召五世活佛塑像。此殿是研究佛教哲学学部。

洞阔尔独贡（殿），为最早的殿堂，建于乾隆十四年（1749年），是以研究天文、历

五当召全景

法、数学和造曼陀罗法则为主的时轮学部。位于苏古沁殿正北,居全召中心位置。殿高三层,面阔19.5米、进深25.5米。乾隆二十一年(1756年)赐名"广觉寺",用满、汉、蒙、藏四种文字牌匾悬于大殿门楣。殿前有石筑的讲经台。

当圪希德独贡(殿),是供众金刚的殿堂,殿门上端有藏文"错贡桑根",意为护法秘神之殿,俗称驯服殿。建于乾隆十五年(1750年),面阔15米,进深11.5米,殿两层,供有大威德金刚、降阎魔尊像等九尊。喇弥仁独贡(殿),俗称新殿,位于建筑群的最高处。清光绪十八年(1892年)建造,建筑面积420平方米,殿三层,面阔16.7米,进深17.4米,是喇弥仁学部的经殿,殿内供有9米高的宗喀巴铜像,是内蒙古宗喀巴铜像中最大的一尊,为察哈尔某王公所献。两侧供有一千尊模制泥塑像—宗喀巴大师化身的干佛。金科独贡(殿),是供僧人静坐休持的殿,2003年在本召原努尼殿殿址上新建。阿会独贡(殿),位于洞阔尔活佛府东邻,是本召唯一一座坐西面东的学部经殿。殿两层,面阔16米,进深16.2米。设有阿会(密宗)学部和附设的医学部;供有毗卢遮那佛、胜乐金刚、白度母等,也有医学部供奉的无量寿佛等。

佛殿以外,五当召设有专供僧侣学习诵经的却依拉(显教)、喇弥仁(成佛之道学)、洞阔尔(时轮)、阿会学部(密宗学部)四大学部,并定期举行法会等宗教活动

五当召保存有大量珍贵文物,金铜佛像300余尊,大多保存在各殿的佛龛中;另外还保存有较多的唐卡400多幅,分布于每座佛

五当召洞阔尔独贡

五当召白塔

殿；绘有大面积的精美壁画，达800多平方米，内容为佛传故事及各类佛造像等。

五当召在历史上曾是黄教最有影响的寺庙之一，以八大经堂（遗存六座）、三座活佛府邸和一幢安放本召历世活佛舍利塔的灵堂组成。五当召建筑群规模宏大，均为深基厚墙平顶的典型的西藏式殿宇。外墙均涂白灰，显得十分庄严。这种独特的建筑结构和形式，是内蒙古现有的寺庙中独一无二的。

1996年11月20日，五当召被国务院公布为第四批全国重点文物保护单位，编号4-0169-3-091。五当召由包头市文物管理处和当地政府实施管理。2009年6月9日，包头市第十三届人民代表大会常务委员会公布实施《包头市五当召保护管理条例》，由包头市人民政府民族宗教事务行政主管部门负责五当召保护的保护

管理工作，划定并公布五当召全国重点文物保护单位的保护范围和建设控制地带。

中岳庙 是历代祭祀中岳嵩山的祠庙，也是五岳中遗存规模最大的祠庙建筑群，位于河南省登封市区东约3千米的太室山南麓黄盖峰下。

中岳庙前身是太室祠。据《山海经》记载，先秦时已有之。汉武帝时封禅五岳制度形成，太室祠成为祭祀中岳神的地方。《汉书·武帝纪》载，西汉武帝时大规模扩建太室祠，并禁止砍伐树木，且以山下三百户为之奉邑。北魏时，道士寇谦之在此修行数十年，创立北天师道。道士杨龙子奉皇帝之命重修，约此前后更名为嵩岳庙。庙制规模随着历代帝王对嵩山中岳神的封祀，不断增修扩建。唐开元十八年（730年），唐玄宗加封中岳神为天中王，并下令依照汉武帝旧制重新整修，扩建殿宇。宋开宝六年（973年），敕修中岳庙。大中祥符六年（1013年），增修峻极殿、崇圣殿等殿宇850间，金妆神像，绘制功德壁画470余幅。金章宗承安五年（1200年）刻立的《重修中岳庙图碑》，详细绘制了中岳庙当时的格局和建筑情况。元初中岳庙尚有殿堂庙房755间，元末因战火仅存百余间。明成化十八年（1482年），开始历时一年零八个月的大规模维修，复建寝殿等建筑。嘉靖十四年（1535年）又重修，嘉靖四十一年（1562年）重修黄中楼并改其名为天中阁。崇祯十四年（1641年），峻极殿及廊庑遭遇火灾。清顺治十年（1653年）至康熙二年（1663年）重建。乾隆年间（1736～1795年），高宗颁布《钦修中岳庙图》，下令大加修整，进一步奠定中岳庙的格局。民国时，成立中岳风景区整建会，修缮

中岳庙全景图

中岳庙。抗日战争期间，日本侵略者飞机炸毁峻极殿东北一角。

中岳庙坐北向南，庙院南北长650米、宽166米，面积约10万平方米。地势前后高差达27米。中轴线建筑主要有太室阙、中华门、遥参亭、天中阁、崇圣门、化三门、峻极门、中岳大殿、寝殿、御书楼、黄盖亭等，共11进院落。从中华门向北至御书楼甬道全部用条石平铺而成。

庙门前500米有东汉太室阙。中华门前有汉代石翁仲1对，分列甬道两侧对称的方亭内。石翁仲高1.22米。石翁仲后原建木牌楼，额"名山第一坊"。民国31年（1942年）改建为砖瓦结构的庑殿式牌坊，更名中华门。1990年，中华门改建为四柱七楼式牌楼。中华门后为遥参亭，原为清式四角亭，民国31年（1942年）改建为八角重檐亭。亭为过往行旅拜谒中岳神的场所。天中阁，在遥参亭北，原名黄中楼，是中岳庙原来的大门。明嘉靖四十一年（1562年）改建。面阔五间、进深一间，高20米，为重檐歇山式建筑，绿琉璃瓦覆顶。天中阁是嵩山一带众多寺庙中最为壮观的高台建筑。阁后为配天作镇坊。坊为清初木结构建筑，四柱三楼柱不出头式，庑殿顶覆琉璃瓦。原来皆为屋宇式大门，形制和峻极门相似，民国31年（1942年）改建为不合规制的面阔五间、进深二间之单檐歇山式建筑。崇圣门后东西两侧有互相对称的2座清式四角攒尖顶砖亭。西亭内有1通无字碑；东亭为古神库，神库四角各立1尊铁人。铁人威武雄壮，通高2.6米，铸于宋英宗治平元年（1064年），是中国遗存最大最完整的"守库铁人"。至此向东、西两侧开东华门和西华门。两门内各立2碑，合称宋金"四状元碑"，分别为宋代王曾、卢多逊、陈知微和金代黄久约撰写。化三门后的甬道两侧有2组对称的4座砖石结构的台子，台上原有建筑已无存，俗称四岳殿台，象征五岳共存。东岳和南岳殿台之间有北魏《中岳嵩高灵庙之碑》1通，是中岳嵩山遗存最古老的碑刻。峻极门在化三门北。面阔五间，进深二间，单檐歇山式建筑。檐下用五踩斗拱，顶部覆以绿色琉璃瓦，是清代典型官式建筑。门前有金正大二年（1225年）铸造的铁狮一对，门两侧有东西掖门。东掖门内有《大金承安重修中岳庙图》碑，是用中国传统的主体透视手法刻绘的中岳庙图，保存了780多年前中岳庙的全貌。嵩高峻极坊，在峻极门北，为四柱三楼式木牌坊，坊后为拜台，台左右有清乾隆御碑亭各1座。亭后为峻极殿。峻极殿，又称中岳大殿，面阔九间，进深五间，重檐庑殿式建筑，覆以黄色琉璃瓦。大殿面积1200多平方米，是河南遗存规格最高、体量最大的祠庙殿宇。上下檐分别施七踩和五踩斗拱。其斗拱和梁架均饰有清制最尊贵的和玺彩画，殿内天

花板中部有精雕的盘龙藻井。大殿左右及东、西、南面建廊屋一周，共80余间，保持唐宋时期的廊院形制。大殿后建垂花门，是寝殿四合院的院门。再后为寝殿，面阔七间，进深三间，单檐歇山式建筑，覆黄色琉璃瓦顶。寝殿后为御书楼，原名黄箓殿，面阔十一间，进深三间，假歇山式二层楼房，初建于明万历年间（1573～1620年），是神宗敕降道藏经函，贮放道藏经书的地方。遗存御书楼为民国年间重建。在中岳庙中轴线两侧置六宫，即神州宫、祖师宫、太尉宫、行宫、火神宫、小楼宫等，皆为小型四合院建筑群。

中岳庙遗存金石铸器、石刻造像等金石文物101件，其中东汉、北魏及唐至清金石造像36座、碑碣83品。主要金石造像有汉代石雕翁仲、4座宋代铁人、金、明铁狮、清代石狮。重要碑刻有北魏"中岳嵩高灵庙之碑"，唐碣与宋幢，宋、金四状元碑，大金承安重修中岳庙图碑，元代"圣旨碑"，元代名道吴全节诗碑，王铎"中岳庙告文碑""五岳真形之图

中岳庙峻极殿

碑"，清代乾隆御碑、谒岳庙碑等。中岳庙内现存汉、唐、宋以来的古柏330余株，最高的古柏达14.5米，最粗的古柏树围达6.2米，为中国古柏最多的寺庙之一。

中华人民共和国成立后，政府数次拨款，逐年修葺，并设登封县文物保管所，加强保护管理。1953年10月，登封县人民文化馆负责为中岳庙前的两个汉代翁仲和北魏中岳嵩高灵庙碑分别加盖四角攒尖亭保护。1963年，河南省人民委员会公布中岳庙为第一批文物保护单位。1963年冬至1964年夏，登封县文物保管所负责修补中岳大殿、落架翻修峻极门和修补围墙等工程。1978年，登封县文物保管所负责落架大修黄盖峰上的八角重檐黄琉璃瓦顶亭。1986年4月至1987年8月，河南省古代建筑保护研究所负责重修中岳大殿，重点修葺了民国31年（1942年）被日寇飞机轰炸的大殿东南角和东北角，更换糟朽腐烂的木构件，整修工程共用木材600余立方米。1992年，河南省古代建筑保护研究所负责落架翻修神州宫三仙殿。1994年，经河南省文物局批准，由中岳庙道管会筹资重建火神宫火神殿，殿面阔五间、进深三间，硬山灰筒瓦顶出前檐。1995年，经河南省文物局批准，中岳庙道管会筹资落架翻修寝殿。1999年，由中岳庙民主管理委员会自筹资金维修祖师宫院落内的配房。2001年6月25日，中岳庙被国务院公布为第五批全国重点文物保护单位，编号5-0357-3-163。2004年，对天中阁进行挑顶维修。2007~2008年，为配合世界文化遗产申报工作，对整治周边环境，维修加固了基础配套设施等。2004年，根据河南省人民政府印发《关于调整我省全国重点文物

保护单位省级文物保护单位保护范围和建设控制地带的批复》，公布了中岳庙的保护范围和建设控制地带。2010年8月1日，在第34届世界遗产大会上，联合国教科文组织世界遗产委员会把中岳庙作为登封天地之中历史建筑群的重要组成部分，被列入《世界文化遗产名录》。2011年4月，启动《嵩山历史建筑群总体保护规划》修编工作，委托设计单位在原规划成果的基础上编制《世界文化遗产登封"天地之中"历史建筑群总体保护规划》。

**普宁寺**　是清政府平定准噶尔部达瓦齐的叛乱后在承德修建的一座寺庙，是避暑山庄及其周围寺庙中最主要的庙宇之一，位于河北省承德市避暑山庄北部武烈河畔。

普宁寺兴建于清乾隆二十年（1755年），竣工于乾隆二十四年（1759年）。乾隆二次平定准格尔叛乱，取"臣庶咸愿安其居、乐其业，永永普宁云尔"之意。

普宁寺以西藏"三摩耶庙"为蓝本，寺庙的主体沿南北中轴线布置，是一座典型的汉藏结合式的寺庙。整座寺院占地面积达3.3万平方米，全长259米。寺院坐北朝南，全对称纵深格局，以大雄宝殿为界分前后两部分。前半部是汉式的"伽蓝七堂"典型格式；寺院的后半部"藏式"部分南北长100米，东西宽110米。是最早藏式风格寺庙建筑。

普宁寺前半部分由山门、幢竿、钟鼓楼、碑亭、天王殿、东西配殿和大雄宝殿等组成，南北长155米，东西宽70米。山门前原有3座牌坊围合而成庙前广场，惜已毁。进入山门，东为钟楼，西为鼓楼，中间为碑亭。碑的四面分别用满、汉、蒙、藏4种文字镌刻着乾隆御笔

普宁寺远景

碑文。碑文记述了清政府平息叛乱、统一天山南北的经过。碑亭后是天王殿、东西配殿、大雄宝殿。山门殿面阔五间22.53米，进深一间7.85米。单檐歇山顶覆黄琉璃瓦绿剪边，明间外檐挂"普宁寺"陡匾1面，明次间前后檐下石拱券门。单翘单昂五彩斗拱。殿内有木胎泥彩塑哼哈二将神像2尊。碑亭面阔三间12.66米，进深三间12.66米。须弥座台基高96厘米，四周荷叶净瓶石栏板、云龙头望柱、四面明间石台阶。重檐歇山顶，上檐单翘重昂七踩、下檐单翘五彩斗拱。室内有3通石碑，乾隆御书《普宁寺碑文》《平定准格尔勒铭伊犁之碑》《平定准格尔后勒铭伊犁之碑》。天王殿面阔五间23.1米，进深二间10米。石台基高98厘米，阶条石下陡版石，前后明次间连三垂带踏跺，木板墙。单檐歇山顶，檐下单翘单昂五踩，天花、井口支条"六梵文"天花蕊。

梢间栅栏内左右四天王、八护法（木胎泥彩塑）附石须弥座。大肚弥勒佛像、木雕韦驮像各1尊，各有木供桌及法、供器。大雄宝殿面阔七间26.85米，进深五间21.46米。大殿坐落在高100厘米的须弥座石台阶上。殿前月台上按荷叶净瓶栏板、云龙望柱头，月台前左右垂带扶手踏跺五出，中为云龙纹御路丹陛。殿后明次间台阶三出，台前石香炉座四座。重檐歇

普宁寺曼陀罗建筑

普宁寺大雄宝殿

大雄宝殿三世佛

大雄宝殿十八罗汉后面的彩绘壁画

千手千眼观世音菩萨像

山顶，正脊中琉璃须弥座、鎏金舍利宝顶，上下踞七走兽。上檐单翘重昂七踩，下檐单翘单昂五踩，和玺彩画，双龙、六梵字枋心。殿外檐悬挂陛匾二面，上为"大雄宝殿"（竖），下为"金轮法界"（横）。殿内对联三副，字匾一面，均乾隆御笔。3尊木胎金漆三世佛供于殿内正中，石须弥座。殿内两侧为木胎彩塑十八罗汉像，墙壁配以十八罗汉佛教壁画；正中两侧墙壁是佛教八大菩萨的壁画。殿内原有数百件文物，至今所剩无几。

普宁寺后半部分藏式结构以大乘之阁为中心，四角有4座不同颜色的喇嘛塔。大乘之阁面阔七间27.71米，进深五间19.97米；高为三层，有暗层在一、二楼之间，二、三层均围曲廊楼阁，总高39.16米。立面，前视六层檐，左右五层檐，后视四层檐；内部真三层、假四层，内有高27.21米、宽为17.5米的千手千眼观音。雕像重达110吨，用木材120立方米，是世界上最高大的金漆木雕佛像，佛像比例匀称，纹饰细腻，绘色绚丽，生动地表现了观世音菩萨的表情和神采，是中国雕塑艺术的杰作。大乘之阁外顶檐下"大乘之阁"匾，明间正中乾隆御笔匾及对联。阁内佛前金柱黑漆泥金字楹联。北俱卢洲殿面阔三间，进深三间；分上、下两层，正方形，建于庙高处假山上。单檐黄琉璃瓦硬山顶，有"小红山"上下层梯形盲窗。上层前后券门洞，两侧假券门洞；下层前后券门洞。单翘单昂五踩。殿内北方多闻天王一尊，木供桌、五供等器物。南瞻部洲坐

落在8.92米的高台上。上、下二层，底层为狭长碉房式平台，二层平面呈梯形，面阔前檐1间后檐3间，进深1间，单檐庑殿顶黄琉璃瓦，单翘单昂五踩。正脊中有一琉璃宝顶。下层小红台，呈"T"形砖券结构，左右侧石磴道42级。东胜神洲位于大乘之阁东，据载"东胜神洲，东狭西广；三边量等，形如半月"。这座平面新月形的碉房式平台，台上建汉式庑殿顶小殿，单翘单昂五踩斗拱。西牛货洲位于大乘之阁西，据载"西牛货洲，圆如满月"。这座平面略近椭圆形的碉房式平台，台上建汉式庑殿顶小殿，单翘单昂五踩斗拱。八小白台为8座藏式碉房式平台，因佛教的象征意义不同，围绕在大乘之阁周围。以四大部洲为主，各置2小白台，造型各异。南瞻部洲东、西侧各有一小白台，名"遮末罗洲"和"伐末遮末罗

大乘之阁

洲"。六边形石台阶双层,平顶小殿。北俱卢洲殿东、西侧各有一小白台,称"矩拉婆洲"和"峤拉婆洲",白台六边形石台基上双层,台上为平顶小殿。东胜神洲殿前后有"提河洲"和"毗提河洲"两小白台,双层长方形石台基平台。西牛货洲前后小白台一为矩形,一为扁六角形,双层。

妙严室为清代著名活佛讲经的地方。面阔五间,进深一间;四周游廊围成四合院式,正中有石台阶蹬道,硬山卷棚布瓦顶,室内方砖地面。曾作为皇帝礼佛时休息的场所。已辟为接待室。讲经堂面阔五间,进深一间;石台阶,独立院落。用曲墙围成硬山卷棚布瓦顶,室内方砖地面。

1961年3月4日,普宁寺被国务院公布为第一批全国重点文物保护单位,编号1-0115-3-068。1985年6月1日,普宁寺管理处成立。1988年,对该殿进行油饰彩画,为大佛除尘。1994年12月,普宁寺作为"承德避暑山庄及周围寺庙"的重要遗产地,被联合国教科文组织列入《世界文化遗产名录》。1997年,由中国林业科学院、承德市文物局和承德市普宁寺管理处组织开展对大佛的勘察,并实施维修等工程。2010年5月,避暑山庄及周围寺庙景区管理委员会成立,普宁寺管理处正式划归其管理。

**普佑寺** 是清代在承德离宫所设外八庙之一,位于河北省承德市双桥区狮子沟镇上二道河子村西侧。

普佑寺建于清乾隆二十五年(1760年)。寺庙坐北朝南,南北长116米、东西宽59.3米,占地面积6608平方米,建筑面积2761.5平方米。建有山门、大方广殿、天王殿、法轮殿、经楼及配殿等建筑,部分建筑于1964年毁于雷火。以天王殿为界,将全寺分成前后两个部分。

山门以北原为大方广殿,惜已焚毁,仅存基址。大方广殿前东西两侧,各有面阔三间、进深一间的配殿,歇山布瓦顶,砖木结构。东配殿内砖砌须弥座上供有三尊泥塑彩绘藏密护法神像,即降阎魔尊(俱势法王)、吉祥天

普佑寺山门殿

普佑寺法轮殿基址

普佑寺大方广殿基址

普佑寺东配殿

普佑寺西配殿

母、大黑天。西配殿内砖砌须弥座上供有泥塑彩绘观音、文殊、普贤三大士菩萨像。大方广殿以北是面阔三间、进深一间的天王殿，建于石砌台基上，上覆单檐歇山绿剪边琉璃瓦顶。殿内设置石雕须弥台座，上供有泥塑彩绘四大天王神像。后院正中是该寺的主体建筑——法轮殿，惜已焚毁，仅存基址。原法轮殿前东西两侧有配殿各一，均建于高0.56米的台基之上，平面呈矩形，面阔五间，进深一间，上覆单檐硬山绿剪边黄琉璃瓦顶。斗拱为一斗二升交麻叶，构架是七檩插金六架梁。梁架大木等处绘旋子彩画。东配殿内石砌须弥座上供有泥塑彩绘藏传佛教祖师像，中间为宗喀巴像。西配殿后墙与普宁寺围墙砌为一体，殿内石砌须弥座上供奉泥塑彩绘藏传佛教师徒三尊：中间为宗喀巴像，左侧是一世达赖喇嘛像，右侧是

一世班禅喇嘛像。住寺僧众除每年按规定时间进行佛事活动外，平时在此殿修习显教教义，此学殿设"戛保珠"学位。与东西配殿相接的是东西禅房，建于高0.56米的台基上，平面呈矩形，面阔九间，进深一间，上覆单檐硬山布灰瓦顶，砖木结构，梁架大木绘旋子彩画。东禅房内砖砌须弥座上供奉泥塑彩绘药师佛，设为"药师殿"，存有《四部医典》，是喇嘛学习研究藏医学的地方。学堂设有"曼仁巴"学位。西禅房后墙与普宁寺围墙合为一体，殿内砖砌须弥座上供有泥塑彩绘时轮金刚像。此房设为"历算殿"，为喇嘛学习研究天文历算、律仪及闭关静修的地方。学殿设"泽仁巴"学位。经楼位于法轮殿之后，是该寺最后一座建筑，惜以焚毁，仅存基址。

普佑寺原为承德外八庙喇嘛的"经学院"，

藏语称"扎桑",是清朝鼎盛时期全国仅有的两所喇嘛经学院之一,另一所在北京雍和宫。当时普佑寺喇嘛云集,不仅是研习佛教经典、理论、天文历算的经学院,也是进行宗教活动的重要场所。

1964年9月10日夜,普佑寺遭雷击起火,烧毁建筑94间计1500平方米,包括法轮殿49间780平方米、经楼36间540平方米,东执一房9间180平方米。寄存在普佑寺的508尊金漆木雕罗汉也未幸免,仅余193尊。1980年,调拨18尊罗汉安置在北京法源寺,其余175尊陈设在普佑寺东西顺山房。1982年7月23日,普佑寺由河北省人民政府重新公布为省级文物保护单位。1991年成立普佑寺文物保护管理所。1994年12月,普佑寺作为"承德避暑山庄及周围寺庙"的重要遗产地,被联合国教科文组织世界遗产中心列入《世界文化遗产名录》。2006年5月25日,普佑寺被国务院公布为第六批全国重点文物保护单位,编号6-0353-3-056。

**殊像寺** 是承德外八庙之一,是18世纪皇家建筑的典型之作,殊像寺位于河北省承德市狮子沟镇殊像寺村。

殊像寺为清乾隆三十九年(1774年)在承德避暑山庄北面,仿香山宝相寺而建。寺内主尊文殊菩萨。殿、堂、楼、阁略仿五台山上的殊像寺,故取名殊像寺。又因寺庙喇嘛都学习满文经卷,此庙又称家庙。殊像寺为典型汉式寺庙建筑,坐北朝南,东西115米,南北200米,占地面积2.3万平方米,建筑面积4859.9平方米。寺内遗存建筑有山门殿、会乘殿、钟鼓楼(后修复)、僧房等,其余建筑仅有基址。寺庙后部采用庭院布局手法,大规模叠砌

殊像寺会乘殿

殊像寺会乘殿内三大士

假山，散植松树，风格独特。

会乘殿为寺庙主殿，面阔七间，进深五间，重檐黄琉璃瓦歇山顶。下层是单翘单昂五踩斗拱，上层为单翘重昂七踩斗拱，檐上悬一乾隆御书"会乘殿"立匾，用满、汉、蒙、藏四种文字镌刻。殿内正中有木质金漆佛像三尊，自西而东依次为观音、文殊、普贤三大

士，分别骑坐朝天犼、青狮、白象，置于莲台之上。一般寺庙三大士观音居中，而此庙文殊居中，是为此庙的主尊像。佛像前有三个供柜，再前为3张供桌，原每张供桌上有一小供柜，每个供柜内置三个楠木佛龛，龛内有金、玉、翠质八寸小佛，被军阀姜桂题盗走（原庙喇嘛希凌阿口述材料）。供桌两侧有漆木珊瑚树及2座八角三层楠木塔，塔高6.7米，每座塔上有304个佛龛，每个龛内各有一尊铜鎏金无量寿佛，共608尊，仅存寿塔，铜鎏金佛已在姜桂题任热河都统时期被盗。殿内东西两侧山墙置有杉木经阁，分上下4层，每层11格，每边经阁44个，共88个。上三层原存满文《大藏经》三部，日军侵华时劫走一部，存于东京；一部流落西欧，存于巴黎图书馆；一部下落不明。最下一层经阁中存放乾隆使用过的银壶、象牙

殊像寺宝相阁

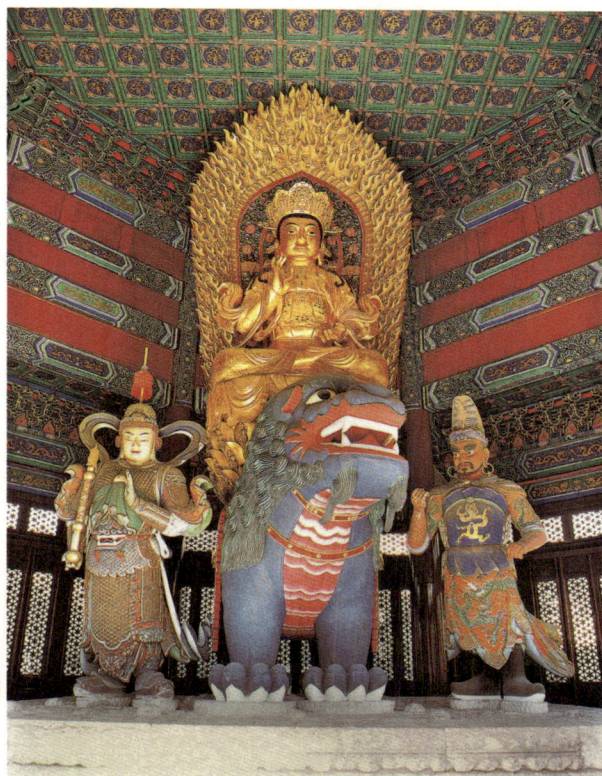

殊像寺宝相阁内文殊菩萨

箸、瓷盘、金碗、衣物等生活用品。原殿内两侧悬挂殿钟、殿鼓各一，仅存支架。殿内正中两根柱上有乾隆御书楹联。前门额上正中面南原悬一"会通三际"匾，下方悬诗匾1面，镌刻着乾隆丙申年写的御笔诗。两块木匾已撤回存入文物库房保管。会乘殿两侧原各有3间配殿，东为"指峰"，西为"面月"，殿内各有三尊利粉菩萨像，两座配殿只剩基址及三个石须弥座。会乘殿后是一座气势恢宏、体量庞大、造法流畅、自然高雅的假山，山石嶙峋，洞府通幽，是中国古代寺庙建筑艺术之精华，也是中国古典园林艺术中不可多得的精品。

在寺庙的东西两侧建有僧仓、僧舍、大厨房，建筑早已无存。大厨房在钟楼东侧，面阔五间，举行大型宗教活动时，僧众吃斋饭在此做饭。房内有一口外八庙最大的锅，深1.33米，直径2.41米，壁厚6厘米，由88块铜块铸接而成，重约5000千克，由18根铁柱支撑，保存在承德普宁寺院内。

据清乾隆年间记载，殊像寺殿堂内陈设各类文物几万件，至晚清时，遗失甚多。据清宣统三年十二月《殊像寺佛像、供器等项清档》记载，有佛像1916尊，供、法乐器485件，经卷18部216套，佛龛87座，其他632件，总计3354件。民国36年（1947年），国民党十三军拆毁僧房几十间，砍伐古树木修炮楼、建工事。至中华人民共和国成立前夕，殊像寺仅有少数建筑和附属文物得以保存。

1950年，国家组织专业人员对殊像寺古建筑进行全面普查，并在寺庙周围进行植树造林。1976～1985年，国务院批准"避暑山庄和外八庙十年整修规划"，外八庙的修缮工程得到了较好的完成。1986年，国务院批复《避暑山庄及外八庙第二个十年整修规划（1986～1995年）》，并逐年拨款修复，迁出殊像寺内小学，修复围墙、钟楼。1982年7月23日，河北省人民政府公布殊像寺为河北省重点文物保护单位。1987，殊像寺文物保护所成立，负责殊像寺日常事务，隶属承德市外八庙管理处。1988年1月13日，殊像寺被国务院公布为第三批全国重点文物保护单位，编号3-0121-3-069。1992年，河北省人民政府公布保护范围和建设控制地带。1994年12月，殊像寺作为"承德避暑山庄及周围寺庙"的重要遗产地，被联合国教科文组织世界遗产中心列入《世界文化遗产名录》。2005年，殊像寺建立全国重点文物保护单位记录档案。

**安远庙**　是清朝皇帝在京师之外修建的喇嘛庙之一，为承德外八庙中的一座，位于河北省承德市狮子沟镇喇嘛寺村。

安远庙建于清乾隆二十九年（1764年），寺庙仿照新疆伊犁河畔固尔扎庙的样式修建，又称伊犁庙。乾隆二十四年（1759年），厄鲁特蒙古准噶尔部一支——达什达瓦部2千多人，从伊犁迁居热河。乾隆皇帝下令仿照被毁的固尔扎庙，修建此寺庙，供其从事宗教活动，并御书题额为"安远庙"，有安定、安抚边远之意。

安远庙坐东面西，占地面积约为2.6万平方米，建筑面积约为1.16万平方米，庙内共分三进院落。主要建筑有山门、配殿、白台门、回廊、碑亭、普度殿和门楼殿。

普度殿，为该庙主体建筑，面阔七间，进深七间，平面为正方形。殿分三层，通高27

安远庙

米，第一层为砖石砌筑，外观一层，内分两层，墙壁饰以藏式盲窗。下层正中有三座圆形拱门，在拱门的券面石上雕有云龙。二、三层为汉式重檐歇山顶楼阁，中间装有木制菱花槅扇，檐下高悬由乾隆皇帝题写的满、汉、蒙、藏4种文字的"普度殿"云龙匾额。最上层殿顶全用黑琉璃瓦覆顶，正脊上装置有3座铃状藏传佛教佛塔，侧面两山配以八宝法器式样的纹饰。殿内正中三间为空井，四周有32根金柱。上下分为三层，一层为白色，二层为绿色，三层为红色，与顶部方圆同心云龙藻井交映生辉，色彩分明，蔚为壮观。殿内供奉主尊木雕饰漆绿度母佛像，呈游戏坐于木雕饰漆莲台上，佛像通高10.58米。在佛像前的柱上，悬挂乾隆御笔"竺乾云护三摩崿，朔漠风同万里绥"楹联。殿内陈设有金漆木雕供桌，供奉八宝、五供，木质饰漆珊瑚和木熊虎各一。二

层楼上原供奉木雕饰漆三世佛像，三层楼上供奉木雕饰漆大威德金刚等。殿内周围墙壁绘有工笔重彩壁画。一层自底部1.2米以上满绘壁画，画幅部分高3米，二层墙上亦绘有壁画，画幅部分高1.5米。一层壁画内容为绿度母经变故事，每组皆画有绿度母，周围有佛国净土的琼楼玉宇；还有以现实生活为题材的城市村落、寺塔伽蓝、帐房毡包以及山水、人物、花鸟等景物。二层楼壁画以"佛国源流"的内容构图，情节繁变，题材广泛。画中有庄严的佛，端庄的菩萨，矫健的天王，凶猛的力士，线条流畅，造型生动，富有生活气息。但壁画多遭破坏。

安远庙南侧，有一处坐东朝西的院落，因院内有一小佛殿，俗称小殿子，这是清政府为随同达什达瓦部迁居热河，曾协助清军平叛卓有功绩的原固尔扎庙的光虹活佛修建的小佛

堂。院内有35间僧房，11间殿堂，二门里正中5间为小殿子，内供三世佛，是喇嘛每天上殿念经的地方。

安远庙在建筑上打破了汉式寺庙坐北朝南"伽蓝七堂"的传统布局。在风格上明显地保留原固尔扎庙所有的民族风格，巧妙融汇汉、藏民族的建筑精华，使整个庙宇别具一格，引人注目。

1976～1985年，国务院批准"避暑山庄和外八庙十年整修规划"。1982年7月23日，河北省人民政府公布安远庙为省级文物保护单位。1983年，国家拨款对该庙进行整修恢复，先后整修恢复普度殿（殿顶翻新）、碑亭、周围穿堂三座、配殿、山门及围墙，1985年全部竣工。1985年5月1日，安远庙正式对外开放。同年，安远庙文物保护管理所成立，负责安远庙的保护和管理工作。1988年1月13日，安远庙被国务院公布为第三批全国重点文物保护单位，编号3-0122-3-070。1992年3月，河北省人民政府印发《河北省国家级、省级文物保护单位保护范围及建设控制地带的通知》，公布安远庙的保护范围和建设控制地带。1994年12月15日，安远庙作为"承德避暑山庄及周围寺庙"的重要遗产地，被联合国教科文组织列为《世界文化遗产名录》。2005年8月，重新建立安远庙全国重点文物保护单位记录档案。

**普乐寺** 是承德外八庙之一，是继安远庙之后在塞外敕建的又一座皇家寺庙，位于河北省承德市狮子沟镇喇嘛寺村。

普乐寺建于清乾隆三十一年（1766年）。因寺内的主体建筑旭光阁仿北京天坛祈年殿建造，俗称圆亭子。据乾隆《普乐寺碑文》中说明，普乐寺的形制和格局采纳了内蒙古喇嘛教

普乐寺全景

领袖、国师章嘉的建议。普乐寺的建立与乾隆皇帝修建的外八庙其他寺庙一样，是清王朝统一西北边疆地区历史进程的产物。

普乐寺坐东面西，依山就势，面向避暑山庄，与外八庙其他寺庙呈众星捧月般环绕避暑山庄周围。普乐寺的平面布局南北稍短，东西稍长，平面、立面十字对称，是外八庙中布局最严谨的一座寺庙。普乐寺的中轴线设计非常巧妙，其东端与磬锤峰相对，西端与避暑山庄的永佑寺舍利塔相垂直，使人工创造与天然景物有机地结合起来。普乐寺占地面积2.4万平方米，建筑面积4140.4平方米。普乐寺的前半部为汉族寺庙传统的伽蓝七堂式。后半部分的主体建筑是一座阇城，也称曼荼罗。寺内主要建筑有石雕狮子、山门、钟楼、鼓楼、天王殿、宗印殿、胜因殿、慧力殿、阇城（曼荼罗）等。主体建筑为旭光阁。

普乐寺旭光阁内上乐王佛

阇城建于石条砌筑的高台上，从平面看共分内外三层。最外一层是周边呈正方形的群房，每边各21间共84间，群房已毁。四面各有门，面西是正门，正门上方有乾隆御题"真如镜"的木质匾额。两侧各有20级石蹬道，门殿建筑面积109.87平方米，面阔三间，进深一间，单檐歇山琉璃瓦顶，门殿内建有汉白玉石乾隆御碑，上面镌有用满、汉、蒙、藏4种文字撰写的乾隆《普乐寺碑记》，记述建造普乐寺的缘起及目的。第二层为正方形石台，长、宽约为44.4米，高8米，总面积为1971.36平方米。上面砖墙上有雉堞，方台四周正中均辟有石拱门，东、西两侧拱门与门殿之间有甬路相通，从远处望去，高大的方台俨如城池。正面拱门正中嵌有乾隆御书"舍卫现祥"石匾，拱

门内两侧有石蹬道直通台顶；正南拱门正中嵌有乾隆御书"须弥臻胜"石匾，南、北二面拱门是封闭式的，门内悬挂佛像画轴，惜已无存。从蹬道至二层台顶，出口处各建有风雨亭，风雨亭建筑面积均为94.28平方米。台上四角和四面的中间建有8座形状、色彩各异的佛塔，塔分青、黄、白、紫、黑五色，即四角的四座为黄色，正东为黑色，正西为紫色，正南为青色，正北为白色。第三层亦为正方形石台，长、宽约32.8米，高近7米，总面积为1075.84平方米。石台四周各辟有拱门，墙上四周饰以黄琉璃瓦檐，上有67个石栏杆围绕，平台正中是寺内后半部的主体建筑旭光阁。

旭光阁是一座圆形殿，直径21米，建筑面积为366.4平方米，高24米，重檐黄琉璃尖

普乐寺宗印殿内三世佛

顶。外形上与北京天坛祈年殿相仿。正门上方悬挂乾隆御书"旭光阁"木雕云龙匾。殿内结构是以中国独特的柱梁斗拱构成，檐柱、金柱各12根，环布成两个同心圆。檐柱支撑下檐，金柱支撑上檐，额枋、垫板均制成圆弧状。每层檐都铺有黄色的琉璃瓦，顶部冠以巨大的鎏金宝顶，配上朱红色的木柱、门窗、白色的台基，使建筑的色彩格外绚丽多彩。殿内中央圆形石须弥座上建有一个大型立体的"曼荼罗"模型。在"曼荼罗"正中供奉一躯铜铸面部鎏金上乐王佛双身像。旭光阁天花采用三层重檐重昂九踩斗拱形式，层层缩小，直径5.7米，井深七层，外层往里依次是云龙、斗拱、龙、凤、双重斗拱和团龙戏珠，中心的浮雕团龙口衔宝珠垂下约一米。旭光阁的天花藻井，雕工精细，光彩夺目，具有极高的艺术价值。

民国3年（1914年），军阀姜桂题占据热河时，盗走宗印殿的全部供法器。为修兵营拆毁了阁城围廊70余间。民国15年（1926年），军阀汤玉麟统治热河期间，从普乐寺盗走鎏金塔、楠木塔、珐琅塔4座，及阁城上八座莲花佛塔颈上的琉璃金顶。民国26年（1937年），日本侵略军占领热河，抢劫殿内陈设各类文物

数百件。民国36年（1947年），国民党十三军肆意砍伐古树木，拆毁古建筑，修掩体，筑工事等。民国末年，普乐寺建筑存有石雕狮子一对、山门、钟楼、鼓楼、天王殿、慧力殿、宗印殿、阁城中正山门殿、旭光阁等。

民国37年（1948年），承德解放后，成立外八庙保管委员会，隶属民族事务委员会。1956年，普乐寺被列为河北省第一批文物保护单位。1961年3月4日，普乐寺被国务院公布为第一批全国重点文物保护单位，编号1-0116-3-069。1976～1985年期间维修普乐寺宗印殿殿顶，更换殿脊琉璃八宝饰件等。1979年5月1日，普乐寺正式对外开放，并增添人员加强管理。1984年，普乐寺文物保护管理所成立，负责普乐寺日常事务。1985年，承德市外八庙管理处成立，辖普乐寺文物保护管理所。1986～1995年间，普乐寺维修山门，钟、鼓楼及天王殿等处殿顶，并更换殿脊部分琉璃饰件等。1991年，河北省人民政府公布确定普乐寺保护范围和建设控制地带。1994年12月15日，普乐寺庙作为"承德避暑山庄及周围寺庙"的重要遗产地，被联合国教科文组织列入《世界文化遗产名录》。2005年，承德市外八庙管理处对所辖各寺庙建立全国重点文物保护单位记录档案。

**普陀宗乘之庙** 是清朝皇帝在承德修建的外八庙中规模最大的一座喇嘛庙，仿西藏布达拉宫修建，故有"小布达拉宫"之称。普陀宗乘之庙坐落在河北省承德市狮子沟镇狮子沟村。

普陀宗乘之庙创建于清乾隆三十二年（1767年），仿西藏政教合一的统治权力中心和宗教圣地——布达拉宫而建。在庙内的

碑亭，竖立3通巨碑，碑文由乾隆用满、藏、汉、蒙4种文字亲笔撰写，显示多民族国家的统一和巩固。其中《御制普陀宗乘之庙碑记》记述建寺的缘由。另两块石碑为乾隆亲笔撰写的《土尔扈特全部归顺记》和《优恤土尔扈特部众记》，纪念土尔扈特蒙古人民摆脱沙俄的奴役，不远万里回归祖国的英雄业绩。

普陀宗乘之庙采用藏族建筑平面布局的传统手法，依山就势，主体建筑大红台雄踞山巅，气势宏伟，散布在红台周围的各式碉房、台塔等自由散置在山间，没有明显的中轴线。普陀宗乘之庙占地面积22万平方米，是承德外八庙中规模最大的一座庙宇。主要建筑有五孔石拱桥、石雕狮子、山门、幢杆、碑亭、石雕像、五塔门、大小白台、钟楼、三塔水门、琉璃牌坊。罡子殿、大红台、千佛阁、文殊圣境、哑巴院、御座楼、群楼、洛伽胜境、权衡三界、万法归一殿、塔罩亭、慈航普渡亭、圆台等。

主体建筑大红台高25米，上宽58米，下阔59米，形成明显收分。外观七层，一至四层为实心台座。台壁饰六层藏式盲窗，上面三层上下左右间隔开窗，最下层是汉式长方形窗。在红台南面正中自上而下嵌饰6个琉璃佛龛，龛内供6尊无量寿佛像。大红台上端的女儿墙以黄琉璃佛龛93个装饰正面和东西两侧，龛内供93尊无量寿佛像。在红台东西两侧设入口，有石阶通拱门盘缘而上，可达红台台顶。大红台内部是三层四面的群楼，面积为4334平方米。平面正方形，四十四间群楼环成"回"字形。群楼四面均面阔九间，南北进深五间，东西进深一间，外有回廊。万法归一殿位于大红台群楼的中部，是大红台的主要建筑，建筑面积480平方米，坐落在群楼正中的条石须弥座上，平面呈正方形，大殿面阔、进深皆为七间，南北正中三间、东西正中一间皆有门，周

普陀宗乘之庙

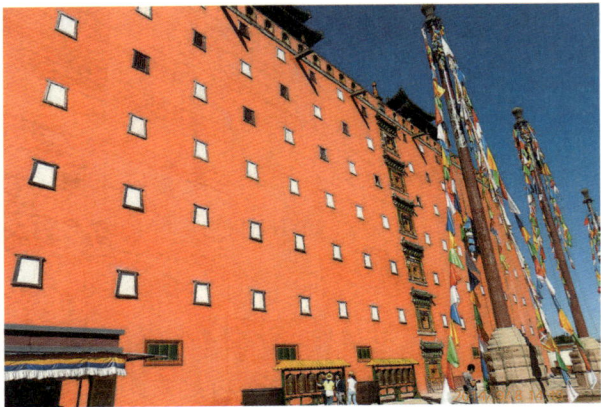

普陀宗乘之庙大红台

普陀宗乘之庙山门

围有回廊，雕梁画栋，单翘单昂斗拱，重檐四角攒尖顶。上层收为五间，横窗上枋为金龙和玺彩画，檐下为单翘重昂斗拱，正中悬挂乾隆御书"万法归一"满、汉、蒙、藏四体字云龙陛匾。整个殿顶全部采用鎏金鱼鳞状铜瓦覆盖，宝顶为藏式法铃状，殿脊饰以水波纹，四角飞檐高挑，装饰豪华，仅殿顶铜瓦鎏金一项即用头等金叶逾500千克（一万多两）。殿内6间，正中3间为空井，周围环列20根金柱，正中为斗四套叠八角形方井，藻井中心为金漆蟠龙，四周天花以梵文"六字真言"为图案。殿内四壁梁枋、壁板是以藏传佛教为题材的重笔彩绘图案。殿内屏风上方悬挂乾隆御书"万缘普应"匾额。面南悬挂乾隆御书楹联。

民国3年（1914年），军阀姜桂题占据热河时，拆毁普陀宗乘之庙部分殿堂和僧房；盗走铜鎏金小佛像、唐卡、挂画、供、法器物等百余件。民国26年（1937年），日本侵略军占领热河时，对普陀宗乘之庙古建筑进行勘测，为搞清万法归一殿建筑结构，拆开铜鎏金瓦顶进行内部勘测，劫掠宝贵的资料和文物。民国36年（1947年），国民党十三军将大红台群楼、御座楼、千佛阁及文殊胜境等建筑拆毁；

万法归一殿、慈航普渡及权衡三界下层的鎏金铜瓦的鎏金，大部被刮走；盗走殿堂部分供奉佛像、佛龛及陈设品。到中华人民共和国成立前夕，普陀宗乘之庙遭到严重的破坏，文物遗失，金瓦被盗，佛像残破，殿宇坍塌。建筑仅存有五孔石桥、山门、石狮、碑亭、石象、五塔门、钟楼、琉璃牌坊、罡子殿、五塔白台、单塔白台、大红台、万法归一殿、慈航普渡、权衡三界亭。

1950年，国家组织专业人员对普陀宗乘之庙古建筑全面进行普查。1961年3月4日，普陀宗乘之庙被国务院公布为第一批全国重点文物保护单位，编号1-0117-3-070。1976～1985年，国务院批准避暑山庄和外八庙第一个十年整修规划，其中外八庙修缮工程和规划得到较好的完成。1980～1985年，国家拨款对普陀宗乘之庙进行全面整修。1986年，国务院制定第二个十年（1986～1995年）整修规划。同年，承德市文物园林局制定恢复大红台群楼的计划，报文化部文物事业管理局并得到批准。1987年3月至1992年4月，对大红台群楼、万法归一殿、塔罩亭、御座楼、慈航普渡亭、洛伽胜境、权衡三界亭全面恢复、整修，重新覆瓦及油饰彩绘等。1991年初，河北省人民政府公布确定普陀宗乘之庙保护范围和建设控制地带。1994年12月15日，普陀宗乘之庙作为"承德避暑山庄及周围寺庙"的重要遗产地，被联合国教科文组织列入《世界文化遗产名录》。2005年，普陀宗乘之庙建立全国重点文物保护单位记录档案。

**须弥福寿之庙** 是清朝皇帝在承德修建的外八庙之一，是外八庙中最后建成的一座喇嘛庙，位于河北省承德市狮子沟镇狮子沟村的北山之上。

须弥福寿之庙建于清乾隆四十五年（1780年）。参照清顺治皇帝在北京德胜门外修建西黄寺的先例，仿西藏日喀则的扎什伦布寺在承德修建须弥福寿之庙。供六世班禅居住讲经，俗称"班禅行宫"。

须弥福寿之庙占地面积为3.79万平方米，建筑面积11756.84平方米。寺庙的建筑布局因山就势，错落有致。整体平面呈正方形，周围石墙环绕。主要建筑有五孔石拱桥、石雕狮子、山门、角楼、碑亭、石雕像、琉璃牌坊、大红台、妙高庄严殿群楼、御座楼、吉祥法喜殿、生欢喜心殿、假山磴道、万法宗源、金贺堂、大小白台及琉璃万寿塔等。

主体建筑大红台位于须弥福寿之庙的中部，妙高庄严殿是须弥福寿之庙大红台内的主殿，此殿平面七间、高三层，屋顶为重檐攒尖顶，覆盖鎏金鱼鳞铜瓦，每条脊上各有上下相对的2条铜龙，每条铜龙重约320千克，趋向中心宝幢四脊4条龙昂首向上，体现着"四方"与中心观念，体现出天下一统的思想。外侧檐脊的4条铜龙，昂首向外，体现出无限的空间意识。顶层檐下饰七踩斗拱，二层檐下饰五踩斗拱，旋子彩绘。正面檐下中央悬挂乾隆御笔"妙高庄严"木雕云龙匾，用满、汉、藏、蒙4种文字书写，再用铜錾刻鎏金，嵌于匾上。此殿为六世班禅到承德祝寿时讲经之所。殿内一层供奉木雕金漆释迦牟尼佛1尊，木雕金漆宗喀巴1尊，像前木雕饰漆供桌上供有七珍、八宝、五供及海螺等，还陈设有珐琅佛塔和楠木供桌等。二层正面供木雕金漆释迦牟尼佛一尊，两侧为其两大弟子阿难、迦叶，像前木雕饰漆供桌上供有经书1部、佛龛、八宝、五供等。三层正面原供秘密佛1尊，左右有铜珐琅狮子1对，东西间有3尊密宗佛，墙壁原挂十八罗汉像。殿内悬挂乾隆御笔"宝地祥

须弥福寿之庙全景

须弥福寿之庙山门

须弥福寿之庙大门

须弥福寿之庙乾隆书"妙高庄严"匾额

轮""福缘恒演"横匾和楹联。吉祥法喜殿，位于红台的西北角，为班禅住锡之所，建筑面积为701.92平方米，面阔五间，进深三间，高二层。殿内一层明间上悬挂乾隆御题"芬陀普涌"匾额。二层当时陈设有金、银、玉各类佛像、法器及供器等。此殿正面檐下中央悬挂乾隆皇帝御笔"吉祥法喜"木雕云龙匾，用满、汉、藏、蒙4种文字书写，再用铜錾刻鎏金，嵌于匾上。吉祥法喜二楼殿内原供奉五百罗汉中仅存157尊，2005年6月5日移至普佑寺陈展。万法宗源与金贺堂位于红台北部，这两组建筑组成一处院落，原为六世班禅弟子和藏族喇嘛翻译经书的地方。建筑面积为940.95平方米。万法宗源，面阔九间，进深三间，黄琉璃瓦绿剪边歇山顶。殿外重檐中央悬挂乾隆御书"万法宗源"匾，一楼正面立柱上悬挂乾隆御书"便有香风吹左右，似闻了义示原因"楹联。金贺堂建于南面石砌高台上，建筑面积为205.17平方米，面宽、进深各三间，前一进为单层，后两进为二层，北部上下出廊，前檐装槛窗，后檐立槅扇，东西抄手廊与北面万法宗源殿相接。琉璃万寿塔位于行宫后山坡上，建筑面积为291.73平方米，建于方形白台之上，下部是白台雕砌，塔身为八角形，高七层，底

层有广阔的大廊，顶覆黄琉璃瓦。塔身壁面用绿琉璃砖做成，上面饰以精美的佛龛和佛像。

经历民国军阀混战盗抢、日本侵略军掠夺破坏以及国民党军队的破坏，须弥福寿之庙建筑遭到严重破坏，文物也大有减少。到1948年，须弥福寿之庙文物遗失，佛像残破，殿宇坍塌。建筑存有五孔石桥、石狮子1对、山门、碑亭（内有一赑屃驮石碑）、石象1对、琉璃牌坊、大红台、妙高庄严殿（内有乾隆御笔"宝地祥轮"匾、楹联、佛像、佛塔及供桌等）吉祥法喜殿及万寿琉璃塔等。

民国37年（1948年），承德解放，外八庙保管委员会成立，隶属民族事务委员会。1956年，须弥福寿之庙被列为河北省第一批文物保护单位。1961年3月4日，须弥福寿之庙被国务院公布为第一批全国重点文物保护单位，编号1-0118-3-071。1976~1985年，国务院批准避暑山庄和外八庙第一个十年整修规划，外八庙修缮工程和规划已经得到较好的完成。1979年，须弥福寿之庙正式对外开放。1984年3月，成立须弥福寿之庙文保所，负责日常事务，隶属承德市外八庙管理处。1986年，国务院制定第二个十年整修规划，并逐年拨款修复。1991年，河北省人民政府公布确定须弥福

寿之庙保护范围和建设控制地带。1994年12月，须弥福寿之庙作为"承德避暑山庄及周围寺庙"的重要遗产地，被联合国教科文组织列入《世界文化遗产名录》。2005年，须弥福寿之庙建立全国重点文物保护单位记录档案。

**同心清真大寺**　是宁夏遗存历史最久、规模最大的清真寺，位于宁夏回族自治区同心县县城西南角。

同心清真大寺的始建年代，史书记载甚少，从保存的建筑群体风格及石刻题记看，当在元代喇嘛寺基址上于明初改建而成。清真大寺修建在隆起地面7米的高台上，明、清时期3次重修。第一次维修在明代万历年间（1573～1620年），在入口院内北侧高台墙上存大明万历年刻制的石刻匾，长年风化剥蚀，中间字迹不清。第二次重修，在清乾隆年间（1791年），嵌在入院北面高台墙上的另一块"遵道"石刻，落款"乾隆五十六年辛亥满月重修"。此次重修规模较大，殿、楼建筑的屋顶全部饰以绿色琉璃脊兽和简瓦，体量上为以

后的重修定下规制。光绪年间（1907年）进行第三次重修，大寺照壁上砖刻落款为"皇清光绪三十三年岁在丁未满月毂旦"。此次重修保持乾隆年间重修后的规模，但装修、装饰方面不及以前富丽堂皇。

同心清真大寺占地3542平方米，建造在一个面积3500平方米、高7米的砖砌台座上。主体建筑由礼拜大殿、邦克楼、南北厢房、照壁等组成。大寺正门开3个券门，由正中券门进入，过暗道经33级石台阶上到寺院内。礼拜大殿坐落在台基北院中轴线上，坐西向东，青砖青瓦，布局适应伊斯兰教向西——麦加圣地朝拜的需要，具有伊斯兰教礼拜的功能。大殿由抱厦和前后殿相连组成，抱厦卷棚顶，面阔五间，进深两间；前殿硬山顶，面阔七间28米，进深五间20米，高12米；后殿硬山顶面阔三间，进深四间。礼拜大殿、八字墙及码头上均有精美砖雕。大殿内中空采用四悬柱套榫卯而成四角，四檐角又运用斜梁搭建巧妙解决木构架的承重问题，使殿内阔朗明亮。邦克楼位

同心清真大寺全景

同心清真大寺照壁

于大殿南侧，原有三层，民国初期被一场龙卷风损毁，后改建为两层。楼体为高约22米的二层亭式木构建筑，四角攒尖式顶，底边呈正四方形，面阔、进深均为8米，每面各立四廊檐柱，中间又用4大通天柱支撑，四周用磨砖包砌而成空心方体栏杆，无槅扇。亭式楼内有19级木梯通顶，屋脊顶端装有1尊黑色发亮的烧瓷"宝葫芦"。南北厢房坐落在大殿正面南北两侧，各为五间带檐廊的硬山配房，进深5米，加檐廊共为8米，檐廊柱房间，镂刻着精美的云纹挂落。厢房廊檐左右墙壁，用磨砖雕

成套环形、菱形和传说中八仙人物的代表图案。厢房与大殿之间，建有八字墙，墙侧辟有一小门，将内外院分割，其中南厢房西侧小门楣上砖刻"出入是门"四字，南侧小门楣上砖刻"进退有度"四字。照壁竖立在大寺入口拱门正西处，宽9米，高6米，全为青砖砌筑，雕刻磨制。立面上下分成三段：下段是一个须弥座，中间墙身，有一副名为"月挂松柏"的松月图。两边的一副砖雕对联是："万物偏生沾主泽，群迷普渡显圣恩。"四周又用青砖镂雕成传说中的八仙人物代表图案，形象生动，雕刻精巧。照壁上端砖雕出斗拱、飞檐，每个斗拱呈45°方向朝前挑出砖拱，再承托一排砖斗，并在其上伸出砖雕麻叶云头，更显得玲珑别致。

同心清真大寺是一座具有重要历史价值的古建筑，在中国革命史上也有着重要地位。民国25年（1936年）10月12日，红军西征时期在同心清真大寺成立陕甘宁省豫海县回民自治政

同心清真大寺大殿

同心清真大寺南厢房

府，这是中国共产党领导的第一个县级回民自治政府。同心清真大寺既是回汉各民族团结的象征，也是宁夏地区人民同阿拉伯国家、地区穆斯林，以及世界各国人民友好往来的一条纽带。是中国共产党正确的民族宗教政策在世界友人面前的见证。

1978年以前，清真大寺一直由当地民众自发管理。1980年以后，清真大寺管理委员会成立，负责大寺日常管理。1980年12月，同心县人民政府成立同心清真大寺维修领导小组，1982年5月至1983年12月完成大寺维修面积5469.4平方米。1988年1月13日，同心清真大寺被国务院公布为第三批全国重点文物保护单位，编号3-0136-3-084。1992年，国家文物局拨款对寺院进行环境整治。1993年，中国文物研究所对寺院进行全面测绘。1995年，宁夏回族自治区政府印发《关于划定公布我区六处全国重点文物保护单位保护范围及建设控制地带的请示报告》，公布同心清真大寺的保护范围和建设控制地带。2004年，同心县文物管理所建立同心清真大寺的全国重点文物保护单位记录档案。2009年、2015年先后对清真大寺排水系统，以及安防、消防、基础设施等安全防范设施和历史环境风貌进行完善和整治。

**九华山化城寺** 是佛教名山"九华山"的著名寺院，也是皖南地区重要的汉传佛教寺院建筑，坐落在安徽省池州市九华山风景区九华镇芙蓉社区。

化城寺，又名地藏寺，为九华山开山祖寺，始建于东晋隆安五年（401年）。因四山环拱如城，故名化城。唐至德初年（756年），乡绅诸葛节买檀公旧地，为金乔觉（696～794年，新罗僧，修行于九华山）兴建禅居，盖起一座台殿式寺宇建筑。建中初年（780年），池州郡守张岩慕金乔觉之圣德，奏请朝廷移旧额"化城"于该寺。贞元十年（794年），金乔觉99岁圆寂，僧众视其为地藏菩萨化身，化城寺逐渐成为闻名海内外的地藏道场。明隆庆六年（1572年），化城寺毁于火灾，徽商黄龙鼎捐款重修殿宇。万历三十一年（1603年）化城寺遭灾，住持僧量奉皇太后（即李太后）颁银重建化城寺兼修地藏塔院。清康熙二十年（1681年），池州知府喻成龙重修并增建聚华楼。咸丰七年（1857年）化城寺毁于太平天国战火，仅存藏经楼。光绪十六年（1890年）住持僧法轮与贵池居士刘含芳等募款重建殿宇四进。明清鼎盛时期，有东西两序72家寮房，僧众六七百人。

化城寺平面为四进五开间（明三暗五）木结构祠堂式建筑，建筑占地面积1381.28平方米。三进院落各有高差，充分满足建筑的通风与采光的需要。第二进与第三进之间采用回廊围天井的方式，更兼顾并突出大雄宝殿的威严。第一进为灵官殿，进深16.5米，面阔五间，有两个小井，两侧为厢房。其台基比平面高出3.7米。第二进为天王殿，宽20米，进深

化城寺门厅

20.5米，敞厅堂，有落水天井，东、西两侧有伴廊。殿厅上方的藻井，四周镶画板一圈，呈满天星斗状，结构严谨，造型精美。其台基比第一进高出1.5米。第三进为大雄宝殿，进深20.5米，为木结构抬梁式，增加大殿内的活动空间。殿宇门楣以上为水纹格棂。殿梁上，原悬有明崇祯帝和清康熙帝、乾隆帝题赐匾额，"文化大革命"中被毁。殿门正面佛像台基乃汉白玉砌成。大雄宝殿正上方有大、小3个藻井，建于清光绪十五年（1889年）。大藻井的八角部共雕饰8条飞龙，加藻井顶端一条矫龙和珠球，组成"九龙戏球"。九条缠绕交错的游龙，首尾相顾，龙头伸向正中的一颗明珠。殿内有一副"愿将佛手双垂下，摸得人心一样平"的楹联。佛像的造型，虽形状各异，从未有两手下垂的造型，楹联对仗工整，通俗易懂，祈求佛的法力使人心公平。最后一进为三层藏经楼，高20米，进深14米，其台基比大殿

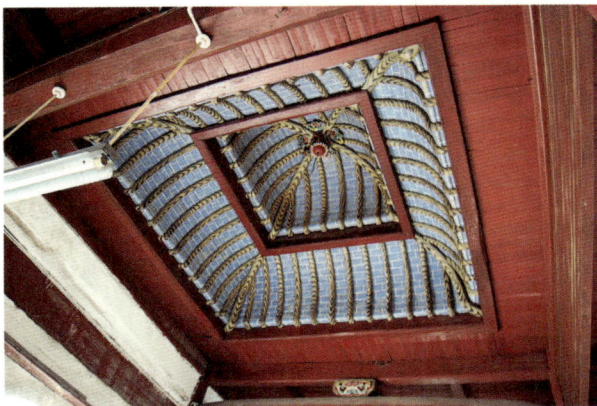

天王殿藻井

大雄宝殿藻井

高2.7米，为明朝建筑。珍藏着包括明万历圣旨、宋代贝叶经、明版《大藏经》677函6771卷、历代地藏菩萨金玉印在内的2000余件佛教文物。其中国家一级珍贵文物7件，二级珍贵文物11件，三级珍贵文物248件。化城寺寺前有半月形偃月池（放生池）和花岗岩铺成的广场，广场面积1864平方米，是九华山举行庙会和大型佛事活动的主要场所。

化城寺古寺庙建筑是研究明清时期古建筑艺术以及佛教建筑和本土建筑相互影响的不可或缺的一座重要寺庙，同时也是研究佛教在皖南的传播以及佛教文化与中国传统文化、建筑艺术等相互影响交融的一个寺庙实例。化城寺为九华山佛教的开山祖寺，在九华山佛教中乃至在中国佛教界有着巨大的影响。

1958年，青阳县人民政府重修化城寺。1968年，全寺佛像"文化大革命"期间被毁。1981年9月，安徽省人民政府公布化城寺为全省文物保护单位。1982年，九华山管理处重修化城寺，辟为九华山历史文物馆，陈列九华山重要的佛教文物1000余件。1992年，安徽省人民政府公布安徽省第一、第二、第三批省级文物保护单位的保护范围和建设控制地带，划定

藏经楼

化城寺的保护范围和建设控制地带。2001年，经安徽省文物局批准，九华山佛教协会自筹资金对化城寺藏经楼进行维修。2012年，购置安装高清视频监控系统，添置消防器材和消防设施。同年经安徽省文物局批准，化城寺住持释常敏自筹资金对化城寺进行全面修缮。2013年3月5日，化城寺被国务院公布为全国重点文物保护单位，编号7-1057-3-355。

**广允缅寺** 为南传上座部佛教寺院，位于云南省沧源佤族自治县勐懂大街北侧的网俄村内。

广允缅寺，俗称学堂缅寺（傣语瓦广允，意为城东佛寺），始建于清代，据传为清道光八年（1828年）清政府调停耿马土司内讧，册封罕荣高为土司时所建。

广允缅寺占地2200平方米，由主殿、南北大门、僧舍等建筑构成。原有戒堂一座，已不存。1990年复修南门。1997年重修北门、僧舍，增建陈列室。主殿坐西向东建于高0.5～1.5米的基座上，面阔14.4米，进深24.4米，为穿斗式木架结构，由一围廊式歇山顶三重檐殿堂与四方形五重檐亭阁组合而成。殿前亭阁为重檐歇山顶，五重上跳，檐下饰斗拱，拱部饰云纹。殿堂为三重檐歇山顶，第三层檐下两侧面和背面形成殿堂回廊，亭阁下为过厅。殿堂门窗作透雕装饰，梁坊门柱遍饰傣族传统工艺的"金水"图案，过厅左右二柱上2条木雕巨龙盘旋而下，造型生动，气势非凡。

殿堂内外墙面及藻井均绘有彩画，殿内壁画计10幅48平方米。内容为佛传故事而具有社会风俗内容。主殿风格较多受汉式建筑的影响，同时保留了上座部佛教寺院建筑的基本形式，是汉式建筑外形与傣族寺院内部装饰的有

广允缅寺亭阁

机结合体，在建筑艺术上独具一格。

　　1982年，广允缅寺被沧源县人民政府公布为县级文物保护单位。1987年，被云南省人民政府公布为省级文物保护单位。1988年1月13日，广允缅寺被国务院公布为第三批全国重点文物保护单位，编号3-0123-3-071。1997年，云南省政府划定保护范围及建设控制地带。同

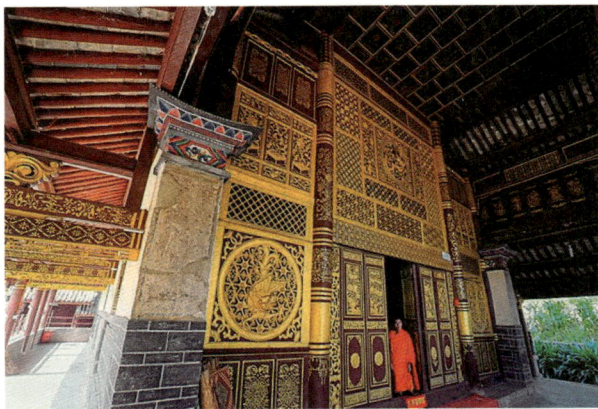

广允缅寺主殿

年建立广允缅寺全国重点文物保护单位记录档案，由云南省文物局，临沧市文物管理所及沧源县文物管理所保管。

　　**万荣后土庙**　是奉祀后土的场所，俗称后土祠，也是中国现存最早的后土祠庙，位于山西省万荣县城西南40千米的宝鼎乡庙前村。

　　明天启三年（1623年）重刻的庙貌碑载："汉文帝十六年诏，更以明年为元年，治汾阴庙。"汉武帝元狩三年（前120年），"东行汾阴……遂立后土祠于汾阴睢上"。由此推断，后土庙一带是中国历史上著名的汾阴睢地，后土祠建于汉元狩二年（前121年），东汉、唐、宋屡事兴建，后来屡遭黄河水患，清同治九年（1870年）易地重建为后世遗址。遗存建筑以晚清所建居多，但山门仍为元建，秋风楼为明代遗构。

万荣后土庙远景

后土庙庙址坐北向南，占地面积约17600平方米。庙宇东西宽105.21米，南北长240.81米，占地面积25268平方米。遗存建筑以中轴线自南而北有山门，并列戏台、献殿、享亭、圣母殿、秋风楼，献殿前东西两侧分别为东西五虎殿，碑亭位于圣母殿东侧。整座庙宇布局严谨，结构合理，是一组气势宏伟的建筑群。

山门位于庙址最南端，三开间歇山顶，后加插廊式倒座戏台，两侧又建四柱歇山顶便门。山门面阔三间，进深四椽，分心用三柱式，明间置板门，次间筑墙。插廊进深二椽，双步梁后尾交于山门后檐。两侧便门各用四柱呈方形。

"品"字戏台，为后土庙中三座戏台，布局别具一格，过路山门关闭是一个戏台，山门与献殿之间又有左右并排两个戏台，组成

"品"字形戏台，在庙宇中这种平面布置较为少见。台基东西长22.52米，南北宽9.09米，其中过道宽2.4米。戏台面阔三间8.9米，进深6.75米，两山前檐设砖雕八字墙各一，后檐墙被后人改制。戏台用木柱32根，石柱4根。各柱柱下均设石质柱础。戏台梁架为四椽栿对抱头梁，通檐用三柱，次间用四柱。中柱头直抵

万荣后土庙山门

万荣后土庙并列戏台

梁下，柱身装屏风板，后檐柱头设随檩短雀替承单步梁头及檐檩，三梁架中部设脊瓜柱承脊檩，两侧置叉手，前檐柱头置大额枋、小额枋各一，额枋上托一横木，其前部挑承雕仰覆莲垂柱，后尾挑承素面方柱，该方柱头与横木中部的方柱头一并顶于三架梁下皮，小部垂莲柱头上设平板枋，置单昂三踩斗拱，昂身弧度明显，昂嘴成云形。明间补间斗拱三踩，额枋与正心枋之间用雕花垫木板填塞。戏台顶部为单

万荣后土庙并列戏台梁架

檐硬山顶。

献殿俗称过殿，台基东西长24.72米，南北宽12.15米，山台明高2.09米。献殿面阔五间17.22米，进深四椽8.63米，前檐台明设压沿石，两山为牙子砖。献殿梁架为三架梁对前后抱头梁，通檐用四柱，抬梁式结构。金柱柱头置平板枋承三架梁，柱头横向设雀替，单步梁后尾通过金柱做成翘头托坐斗，上置异形拱及雀替。三架梁上立脊瓜柱。后檐柱头设额枋、替木及平板枋各一道，额上设大斗托单步梁头及檐檩。前檐柱头结构与后檐基本相同。前后檐檩水平距离为9.03米，总举高3.21米。献殿屋顶为单檐硬山顶。

坤柔圣母殿（正殿）台基宽24.51米，深17.43米，高2.1米，占地面积427.2平方米。正殿用柱21根，均设柱础石，上雕各种花卉图案，工艺精致。梁架结构为五架梁对前后抱头梁，通檐用四柱，梁枋之间用驼峰及一斗三升

万荣后土庙献殿

斗拱支撑，脊部立瓜柱，设叉手、角背，各梁枋间均用余塞板填充。前檐柱头平板枋上置单翘三踩斗拱托梁头及檐檩，大斗正心出垫板，其两侧饰镂空雕刻的异形拱。各柱间均置额枋，大额枋起纵向连接作用，前檐柱间增设雕花通替一道，起装饰作用。正殿屋顶通板布瓦覆盖，琉璃剪边，正脊、垂脊上置琉璃制品。

秋风楼为后土庙的主要建筑，遗存楼身结构为明代形制，建筑在汾河入黄口的东岸。楼坐北向南，高33余米。建在一高大的台基上，台基当心间辟有高大的拱券门洞，周围砖砌花墙。台基上沿高出地平1.5米，周设勾栏花墙东西向辟门，门上砖雕横匾一方，东曰"瞻鲁"，西曰"望秦"。楼身三层，四周围廊，十字歇山式楼顶，一、二层四面各凸出龟须座一间，上筑歇山式瓦顶，山花向外，巧妙而精致。一、二层四面筑以檐墙，辟门窗。三层以槅扇为壁，四周均可环视。第二、三层廊下设斗拱和平座。秋风楼与其他楼阁式建筑相比较，构造合理，形制壮丽，挺拔秀美，为楼阁中的精品，在中国建筑史上具有重要地位。楼上第二、三层都存有汉武帝《秋风辞》碑。

此外，东、西五虎殿分别在献殿前方的东、西两侧，三开间单檐硬山顶，构架为抬梁

万荣后土庙秋风楼全景

万荣后土庙秋风楼梁架

式用二柱。其中东虎殿明间二盘龙石柱为明正德年间遗物，由何处迁来不详。

后土庙秋风楼一带，历史上曾经是秦晋枢纽和历代帝王祈谷之地，风光优美，庙貌辉煌，楼阁壮丽，更由于楼上存有汉武帝《秋风辞》而名扬中外。秋风楼藏有元至元八年（1271年）和清代镌刻《秋风辞》楷书石碑，属山西石刻名碑。寺内保存有唐明皇碑、宋真宗碑等珍贵的石刻文物，具有较高史料价值。

1961～1962年，万荣县政府组织力量对秋风楼进行局部维修，揭砜瓦顶，修建楼梯，使秋风楼屋顶坍塌之处恢复完整。1985年10月，秋风楼文物管理所成立。1989年，万荣县政府和当地文物部门组织对后土庙山门进行维修。1993年11月，山西省古建筑保护研究所对万荣后土庙进行全面勘察，提出对戏台、献殿的设计，同时编制万荣后土庙总体规划。1996年11月20日，万荣后土庙被国务院公布为第四批全国重点文物保护单位，编号4-0167-3-089。2000年，国家文物局批准万荣后土庙戏台、献殿保护维修方案。同年，山西省古建筑保护研究所对万荣后土庙戏台、献殿又一次进行详细勘测，针对残损情况，补充完善维修设计方案。山西省文物局和山西省建设厅对万荣后土庙的保护范围及建设控制地带进行专门的划定，并报山西省人民政府审核。2002年8月27日，山西省人民政府审核批准印发《关于公布太原晋阳古城遗址等102处全国重点文物保护单位保护范围的通知》，公布后土庙的保护范围和建设控制地带。万荣后土庙全国重点文物保护单位记录档案保存于山西省古建筑保护研究所。2005年，国家文物局批准万荣后土庙正殿、享亭、龙虎殿保护维修方案。2010年，国家文物局批准万荣后土庙全面维修保护规划项目立项。2012年，国家文物局批准万荣后土庙全面维修，戏台、献殿，正殿、享亭、龙虎殿以及秋风楼保护维修项目立项。2013年，国家文物局批准万荣后土庙全面维修保护规划。2014年，山西省文物局批准万荣后土庙秋风楼保护维修方案。2015年，国家文物局批准万荣后土庙戏台、献殿保护规划。

**太和宫金殿** 又名铜瓦寺，是云南著名的道观，位于云南省昆明市盘龙区东北郊鸣凤山（俗称鹦鹉山）麓金殿公园太和宫内。

太和宫金殿始建于明代，因其全部构件均为青铜冶铸并组装而成，远看熠熠生辉，故名金殿。据清光绪十六年（1890年）舒藻《重修太和宫碑记》载，太和宫金殿系明朝云南巡抚陈用宾于明万历三十年（1602年）创建。仿湖北武当山金殿，供奉北极真武上帝。崇祯十年（1637年）巡抚张凤翮移建大理宾川鸡足山。遗存金殿乃清康熙十年（1671年）平西王吴三桂所造。

太和宫系道教建筑，宫城高5米许，四面有门，正门上建有城楼。金殿居宫城内，四周

太和宫金殿

砖城环护。金殿为青铜质，仿木结构重檐歇山式建筑，平面方形，面阔、进深各三间，斗拱、梁架、藻井以及外檐装饰等均为仿木构样式。门窗用镂空及浮雕手法，刻铸龙凤草纹，锦绣图案。瓦当、滴水均雕云龙纹，殿门为六抹槅扇，裙板雕麒麟、凤纹、云龙纹等，具有鲜明地方特色。殿内所奉北极真武像，造型精美，帷幔台座等亦用铜浇注，重达二百五十余吨，面阔、进深均三间6.2米，通高6.7米。脊檩上书"大清康熙十年岁次辛亥大吕月十有六日之吉平西王吴三桂敬铸"题款。殿内供真武帝像，两侧有金童持卷玉女捧印，亦均铜铸。整个建筑雕刻细腻，比例匀称，造型美观，且极其精细逼真地模仿了重檐歇山式木构古典建筑。殿基边沿环绕大理石雕凭栏，台阶、御路、地坪皆大理石砌成；殿前还有明代所植紫薇2株、茶花1树。

太和宫金殿是中国遗存最大、最完整的纯铜铸殿，为研究云南省明清以来的冶金铸造技术和云南清代木结构建筑的造型及装饰，提供

太和宫金殿内真武帝像

了重要的实物资料。

中华人民共和国成立后，太和宫金殿开放为金殿公园，为市民提供休闲娱乐场所。隶属于昆明市园林局管理。1982年2月23日，太和宫金殿被国务院公布为第二批全国重点文物保护单位，编号2-0038-3-023。2004年起，由盘龙区文物管理所负责保护工作。太和宫金殿全国重点文物保护单位记录档案已建立，保存于昆明市盘龙区文物管理所。

**九华山月身殿**　是皖南地区重要的汉传佛教寺院建筑群，位于安徽省池州市九华山风景区九华街神光岭。

月身殿原名金地藏塔，又名月身宝殿，因金地藏肉身葬在殿内七层木塔之下而得名，"月"音"rou"，佛教为避讳"肉"字，采用"月"偏旁代替。月身殿是佛教名山九华山一座重要寺庙，同时也是汉传佛教一座重要的寺庙。月身殿始建于唐贞元年间（785～805年），坐南朝北。据唐朝诗人费冠卿《九华山化城寺记》载，唐开元末（约741年），有新罗国（朝鲜半岛南部）王族金乔觉，法名地藏，又称金地藏，辗转至江南青阳九华山，苦心修持。贞元十年（794年），金乔觉99岁圆寂。3年后，颜状如活时，"异动骨节，如撼金锁"。僧徒们便认定金地藏是来到娑婆世界普度众生的地藏菩萨化身，并在芙蓉峰西北侧山岭（即后来月身殿位置）建造肉身墓塔供奉，传说墓塔岭头夜晚常发光如火，故名其岭为神光岭。宋代以后，僧众在肉身塔外新置殿宇，称为肉身殿。

九华山月身殿

唐代，金地藏塔仅为三层石浮图，至宋代始建塔院。明朝万历初，在塔殿周围先后建有玉香亭、神光楼、会仙桥。朝廷颁银重修殿宇并赐额"护国肉身宝殿"。清康熙、乾隆年间，在宝殿南坡下建有十王殿、洗心亭。康熙二十二年（1683年），池州知府喻成龙重修殿宇。咸丰七年（1857年）遭兵燹。同治三年（1864年）僧人炽光、惠庭等募建。同治六年夏遭火灾，十三年僧人定禅、古勋等募建。光绪二十四年（1898年），贵池县刘含芳捐立大殿四维石柱20根。民国6年（1917年），大总统黎元洪书赠"众生度尽，方证菩提。地狱未空，誓不成佛"16字篆书地藏大愿匾额。

九华山月身殿建筑为典型的南方木结构风格。歇山顶、双层飞檐木结构宫殿式建筑。本体建筑保存状况较好，基础为正四边形，落地柱36根，其中四围20根柱为花岗岩落地石柱。每边长16米，木结构，四周外廊用石柱20根，脊高16米，铸铁筒瓦屋面。大殿正中为七层八面木塔，每层每面均供奉地藏菩萨坐像，木塔基础为正方形，每边长6米。木塔内置石塔，木塔顶部罩穹顶藻井，木塔两侧供奉十王站像。大殿外为花岗岩台基，北下20步台阶为花岗岩石砌筑的面积约为800平方米的大平台。平台两侧为钟、鼓楼。宝殿一层与二层飞檐之间悬挂赵朴初题写的"护国月身宝殿"匾额。一层飞檐下悬挂本地施玉藻（清末青阳县本地乡绅，清末举人）题写的"东南第一山"匾额。南面一层飞檐下廊檐，悬挂民国临时总统黎元洪题写的16字篆书匾额。

月身殿在九华山佛教乃至中国佛教界享有很高的盛名。月身殿集木雕、石刻艺术之大成，飞檐翘角，雕梁画栋，殿内建有七层木塔，结构精巧，这种"塔外有殿，殿内有塔，塔中有肉身"的独特建筑特色是研究古建筑不可或缺的一座重要寺庙，对于了解中国悠久的历史文化尤其是佛教文化有着极为重要的作用。月身殿其建筑集古代佛教文化、哲学、历史、建筑美学、生态学于一体，处处体现了与自然环境的和谐统一，体现了"天人合一""因缘和合"的指导思想和审美情趣，是研究佛教文化、皖南古建筑艺术的重要范本。

1955年，青阳县人民政府曾重修殿宇。1974年，十王殿被人为纵火焚毁。1981年，安徽省人民政府公布月身殿为省级文物保护单位。同年，九华山管理处自筹资金进行修缮。1991年，九华山佛教协会自筹资金恢复十王殿。1992年，安徽省人民政府划定月身殿保护范围和建设控制地带。同年，在安徽省文物考古研究所、安徽省文物保护中心主持下，对月身殿进行全面测绘并组织修缮。月身宝殿现由九华山佛教协会管理和使用。按照"四有"的要求，划定保护范围，建立保护档案。2013年3月5日，国务院公布九华山月身殿为第七批全国重点文物保护单位，编号7-1058-3-356。